沉管隧道设计施工手册

基础篇

中国交通建设股份有限公司

科学出版社
北京

内 容 简 介

本书依托港珠澳大桥沉管隧道工程，对沉管隧道基础的设计与处理进行了详尽介绍，主要包括地基处理方法、基槽开挖、先铺法组合基床施工、后铺法基础施工、基槽清淤、CDM工法、SCP工法、深插钢圆筒设计施工等内容。

本书适合土木工程、结构工程、材料工程等专业的高校师生及建筑施工企业和勘察设计单位技术人员阅读使用，也可作为工程建设项目中从事设计、监测和施工工作的相关人员的参考书。

图书在版编目（CIP）数据

沉管隧道设计施工手册　基础篇 / 中国交通建设股份有限公司编. —北京：科学出版社，2020.4

ISBN 978-7-03-064634-7

Ⅰ. ①沉…　Ⅱ. ①中…　Ⅲ. ①沉管隧道－隧道工程－设计－手册②沉管隧道－隧道施工－手册　Ⅳ. ①U459.9-62

中国版本图书馆CIP数据核字（2020）第037719号

责任编辑：郭勇斌　邓新平 / 责任校对：王萌萌
责任印制：师艳茹 / 封面设计：黄华斌

科学出版社出版
北京东黄城根北街16号
邮政编码：100717
http://www.sciencep.com
中国科学院印刷厂印刷
科学出版社发行　各地新华书店经销
*
2020年4月第　一　版　开本：787×1092　1/16
2020年4月第一次印刷　印张：50 1/2　插页：14
字数：1 173 000

定价：288.00元

（如有印装质量问题，我社负责调换）

“沉管隧道设计施工手册”

编委会

《基础篇》编辑组

组　　长　尹海卿

成　　员（以姓氏笔画排序）：

刘　馨　李元庆　杨润来　何　波
宋　奎　赵　辉　姚辉博　莫日雄
高　潮　陶宗恒　韩小锐　靳　胜
魏红波

1 概　述

沉管隧道的基础处理主要是进行基槽开挖及清淤，解决开挖引起的槽底不平整、地基土软硬不均造成的沉降不均匀和基槽回淤、砂土液化等问题。

沉管隧道基础设计与处理是沉管隧道，特别是矩形沉管隧道施工的关键技术之一。沉管隧道的地基、基础沉降问题与一般地面建筑的情况截然不同。沉管隧道在基槽开挖、管节沉放、基础处理和最后回填覆盖后，抗浮系数仅为1.1～1.2，作用在沟槽底面的荷载不会因设置沉管而增加，相反有所减小。由于沉管受到水的浮力作用，对基础的荷载很低，一般情况下把管节直接放在开挖沟槽坑底上，其承载力是足够的。

在沉管隧道沉管段中构筑人工基础，一般不会发生沉降问题。有些国家（如日本）更是明确规定，当地基容许承载力$[R]\geqslant 20\ \mathrm{kN/m^2}$，标准贯入试验击数（简称标贯击数）$N\geqslant 1$时，不必构筑人工沉管基础。在沉管段基槽开挖时，无论采取何种挖泥设备，浚挖后沟槽地面总留有15～50 cm的不平整度。沟槽底面与管节表面之间存在众多不规则空隙，导致地基受力不均，引起不均匀沉降。同时，地基受力不均也会使管节结构受到较高的局部应力，导致开裂。因此，必须进行适当的基础处理，以消除这些有害隐患。

沉管隧道基础处理主要解决以下问题：①基槽开挖作业所造成的槽底不平整问题；②地基特别软弱或软硬不均等工况；③考虑施工期间基槽回淤或流砂管涌等。

沉管段基础垫层处理方法大致可分为先铺法和后铺法。先铺法又可分为刮铺法（刮砂法和刮石法）和桩基法两种；后铺法（后填法）则分为喷砂法、压砂法、灌砂法、灌囊法和注浆法（灌浆法）。

通过对先铺法和后铺法进行比较，先铺法存在以下缺点：

①先铺法需要专用的刮平设备，若购买或者重新制作整套刮铺设备，投资较大。

②施工难度大，施工精度不易控制，若隧道所处的河流段河水浑浊，能见度低，要依靠潜水员水下观察来使基础达到设计要求很难控制。

③沉管隧道的施工地基回淤不可避免，因此，基础刮平后，在沉管沉放到位过程中会出现基槽回淤现象，需不断地清淤，施工程序较为复杂，且基础质量难以保证。

④先铺法作业时间长，作业船停留在水面的时间长，会对通航产生较大的影响。

相比之下，后铺法不需要特殊的作业设备，在沉管沉放定位后，可对基槽重新清淤，然后马上进行基础填充，从而避免了再次回淤的影响，有利于施工质量的控制，压砂（浆）、灌砂等作业既可驳船进行，也可在沉管内进行，如采取在沉管内作业，则对航运的影响较小。

而后铺法存在以下缺点：

①沉管安装完成后，基础遇到地震、较大振动及其他地质变化时，容易液化。

②当沉管管节体量较大且采用节段式结构时，不适宜对管节进行临时支撑。

③对施工回淤控制较为严格，在回淤量较大水域，严重影响施工质量。

近几年，一些大型的沉管隧道工程采用改进后的先铺法，如韩国釜山—巨济沉管隧道和中国的港珠澳大桥岛隧工程。这些大型工程建设对沉管基础的要求比较高（港珠澳大桥岛隧工程对基础要求为整平精度满足±40 mm）；同时由于这些工程隧道规模大、造价高，采用先铺法施工配置整平设备均摊费用相对较低。随着装备业发展，这一方法又焕发了新的活力。对于外海水深大、水流复杂、管节体量大的工程，若使用后铺法基础需要对管节两端进行临时支撑，而节段式管节在简支状态下受力较为不利，因此海中沉管隧道一般优先考虑先铺法基础垫层处理方法。港珠澳大桥岛隧工程沉管隧道即采用了先进的碎石铺设整平船。该船是目前世界上最大、国内第一艘用于外海施工的自升平台式深水抛石整平船，型长 81.8 m，型宽 46 m，型深 5.5 m，设计吃水 4 m；4 根 90 m 长的桩腿可实现船舶自身升降，整平深度可达水下 50 m，一次碎石铺设厚度可达 1.7 m，铺设整平精度可控制在±40 mm 以内。该整平船按拟定纵坡均匀下料铺设的精度高，代替了传统的刮铺法处理工艺，实现了整平船的准确定位、平台升降锁紧控制、下料管升降及整平台车纵向和横向移动的控制、抛石管整平刮刀的高程调节、基床整平的同步质量检测等自动化控制，克服了在深水施工中的技术难题。

2 地基处理方法

2.1 概述

地基处理方法就是按照上部结构对地基的要求，对地基进行必要的加固或改良，提高地基土的承载力，保证地基稳定，减少上部结构的沉降或不均匀沉降，并提高抗液化能力的方法。地基处理方法主要包括置换法、垂直排水法、水泥搅拌处理法、高压旋喷处理法、事先混合处理法、挤密砂桩加固法、碎石桩法、振冲法、强夯法、作为液化对策的排水法、表层处理法、药液注入法、管中混合固化处理法及刚性桩复合地基等。

在对软弱地基进行地基处理时，须考虑基础地基的性质、项目的种类及规模、施工的难易度及工期、经济性、对环境的影响等因素，选定适合的处理方法。

即将建设的设施，在给定的作用条件与给定的原地基条件之下无法确保稳定，或者设施的功能不允许建设中或建设后产生预测的变形时，这样的地基称为软弱地基。即地基是否定义为软弱地基并不仅取决于地基条件，还与设施建设的过程、规模、施工速度及设施的用途、功能密不可分。因为软弱地基在建设过程中产生的诸多问题不仅会对设计、施工造成麻烦，还会在竣工后留下诸多问题，所以必须采取相应措施加以处理。除新建地基的稳定与变形问题外，针对软弱地基建设处理过程中对周边邻近已建构筑物或环境影响问题，需采取合理必要的应对措施加以消除。

软弱地基处理的方法，可分为以下 4 种。

①改变设施结构以适应地基。

a. 降低荷载或弯矩。

b. 扩大设施底部面积以降低地基反力。

c. 利用桩基以穿越地基软层。

d. 其他（例如，在大面积软弱地基区域，通过一定措施使设施与周边地基一同沉降，其目的是消除不均匀沉降）。

②开挖换填法——挖除软弱地基后，采用良好回填料置换。

③改善软弱地基工程特性，以临时地或长久地满足设施建设的要求。

④向软弱地基中掺入具有土所不具备的特性的材料（加固材料），形成适合设施建设的地基条件。

地基改良方法的基本原理大致可分为以下几点。

①置换；

②密实、排水；

③振动密实；

④化学性、热性固化；

⑤加固。

进一步细分，地基处理方法的种类可达数十种（参照表 2-1），不存在适用于所有情况的方法。在选择地基处理方法时，应正确掌握地基的粒度及力学性质的同时，并从设施的种类、功能、重要性及规模等设计条件出发，明确地基处理目的，在考虑各种方法的施工难易度、工期、经济性、对环境的影响等后，再慎重选择。

表 2-1　基于基本原理的地基改良方法分类

基本原理	方法名称	备注
置换	置换法	包含爆破置换、强制置换
排水	①堆载预压法 ②真空预压法 ③联合预压法、超载预压法 ④电气浸透法 ⑤降低地下水位法 （井点降水法、深井降水法） ⑥砂石排水工法	①、②、③、④主要通过黏性土排水达到固结效果 ④、⑤、⑥主要根据砂性土的排水情况，在水位下降处设置井点，还可以利用增加的荷载压实下部地基液化
密实	挤密砂桩加固法 振冲法 强夯法 爆破固结法 电气冲击法	使砂性土的密实、碾压也包含在内
化学固化	水泥搅拌处理法 浅层混合处理法 事先混合处理法 轻量混合处理法 管中混合固化处理法 喷射搅拌法 药液注入法 生石灰桩法	包含路基材料的改良；关注桩体的固化情况
热处理	烧结法 冻结法	主要为临时固化
浅层加固	土工加固法（薄膜法、网状法*等）	也包含铺设、绳网等

* 薄膜法主要是指在平面上加一层较薄的加筋材料，如聚乙烯等高分子材料，以达到加固地基的工法，形象地称为 sheet 工法；网状法主要是指把加筋桩等结构在平面上按网状均匀分布，以达到加固地基的目的的工法，形象地称为 net 工法。

2.2　表层处理法

表层处理法一般是针对黏性土超软弱地基的表层处理，混合各种稳定材料后形成处理土的方法。使用薄膜或绳网等覆盖表层的方法，被用作覆土的补助措施。

①在表层处理法的选定和性能验算时，应当充分研究对象地基和构造物的特性、施工可行性。

②表层处理法的种类和特征。表层处理法通常用在用软弱黏性土或超软弱黏性土填埋的超软弱地基，目的是保证为了地基改良事先进入场地的施工机械的可通行性、增加软弱地基表面的支持力、防止对填埋地附近的居民的影响（如所产生的危险、恶臭、因积水产生的病害虫及封锁有害物等）。

③对软弱地基进行表层处理的几种主要方法如下。

a. 挤出法。由于出现较早，此法应用最普遍，是将砂或山体泥土按顺序挤出的一种方法。虽然挤出的方法和厚度有很多种，但基本都是先在超软弱地基的表面嵌入大小不一的砂石，将软弱黏性土从表面挤出。因此，在最终的施工阶段集中处理淤泥时也会有许多困难。另外，嵌入的量根据场地的不同会有很大的变化，这也是后期产生不均匀沉降的原因。近来，也有许多尝试使用轻量材料来减少嵌入的量的做法。

b. 表层覆盖法。此法是为了减少挤出需要的局部嵌入的量，事先在超软弱地基的表面覆盖一层薄膜、绳网或竹片网等的一种物理表层处理方法。部分的挤出应力由薄膜等的张力来支撑，从而在减少嵌入量的同时也减轻嵌入的变动。像薄膜或绳网这种刚度较小的覆盖层，需要在其端部进行加固与固定。对于刚性较大的覆盖层，由于具有较大的抗弯刚度，端部的固定没有问题。

c. 表层混合处理法。此法是一种将石灰或水泥等化学稳定材料与地基表面的软弱土进行混合，通过水化反应等化学作用进行固化表面土体的处理方法。虽然稳定材料的种类和混合方法有很多，但通常价格较高。最近，相较于整体处理，更多的处理都限于局部处理，且多用于表层覆盖法中所述的薄膜等的端部固定及固化地基。

d. 干燥排水法。使超软弱黏性土的表层土自然干燥，并直接将重机搬入也是可行的。但是，因为自然干燥需时较长，通常要配合如强制排水、暗渠排水、毛细管干燥等工序以缩短时间，不过实际案例相对较少。

2.3 排水固结法

2.3.1 概述

垂直排水法是以加速固结为目的，人为地在黏性土层中排设垂直排水通道的方法，一般与预加载法、超载法、真空预压法并用。虽然竖管可显著缩短工期，但在大多数情况下，仍需要一年左右的完整工期，另外，施工管理也较为烦琐。

虽然使用砂桩的砂井作为排水通道较为普遍，但也有将砂桩换成以合成树脂或无纺布等材料（预制排水板）的工法。另外，因可确保在极软弱的地基中砂桩的连续性，使用砂井排水可令施工易于管理，也有使用袋装砂排水的做法。

2.3.2 基本性能验算

①垂直排水法必须根据地基处理目的确保以下性能。

a. 满足作为目标的强度增加量。

b. 残留沉降量为允许值以下。

c. 确保设施必要的稳定性。

②垂直排水法的性能验算与其他地基处理的性能验算相同，与设施本身的性能验算密切相关，实际性能验算中，不应单独对垂直排水法进行验算。垂直排水法的性能验算中，一般结合以下几点实施，且必须充分考虑设施的稳定、作用于设施的土压力及地基的承载力。

a. 目标强度增加量。

b. 设施的允许沉降量。

c. 垂直排水法的施工范围。

③地基条件。与垂直排水法的性能验算有所关联的地基条件中有原地基的不排水强度、强度增加率、单位体积重量、压实系数、体积压缩系数、先行压实荷载、压实厚度等。作为压实荷载使用填土时，填土的抗剪强度及单位体积重量也包含在内。

④性能验算的顺序：垂直排水法一般用于缩短加载预压法、超载预压法或真空预压法的固结时间。垂直排水板打设后，原地基的强度与处理前相比，不会立刻发生变化，为得到需要的处理效果，通常需要多次施加压实荷载（一般为填土）。各阶段中所需施加的压实荷载（填土的高度）受前一阶段的压实荷载的大小及固结度（垂直排水板的配置及放置时间）影响。因此，为达到所需的处理效果，要先计算出必要的压实荷载（填土的高度、宽度及形状）（参照地基处理所必需的填土高度、填土宽度及填土稳定性的内容），同时为了使所有填土堆积与压实在工期内完成，需要讨论垂直排水板的配置（参照排水板的性能验算），垂直排水法的性能验算顺序见图 2-1。

⑤施工管理。关于垂直排水法，排水板材料选择、施工深度、排水板的配置及连续性的管理均非常重要。此外，填土施工中应注意黏性土层内的孔隙水压的变化，对强度增加、地基沉降量、填土断面形状及单位体积重量进行勘察，确认是否发生预定的强度增加及地基沉降，同时还需要注意填土的稳定性。

2.3.3 性能验算

2.3.3.1 决定填土高度及填土宽度

1. 地基处理所必要的填土高度及填土宽度

①加载预压法及超载预压法中，作为压实荷载使用填土时的填土高度及填土宽度，必须考虑施工过程中及完成后填土稳定所需的强度增加量、建筑设施的稳定性及允许沉降量、对周边环境的影响等之后再决定。

②填土顶端宽度宜超过地基处理需要的宽度（图 2-2）。

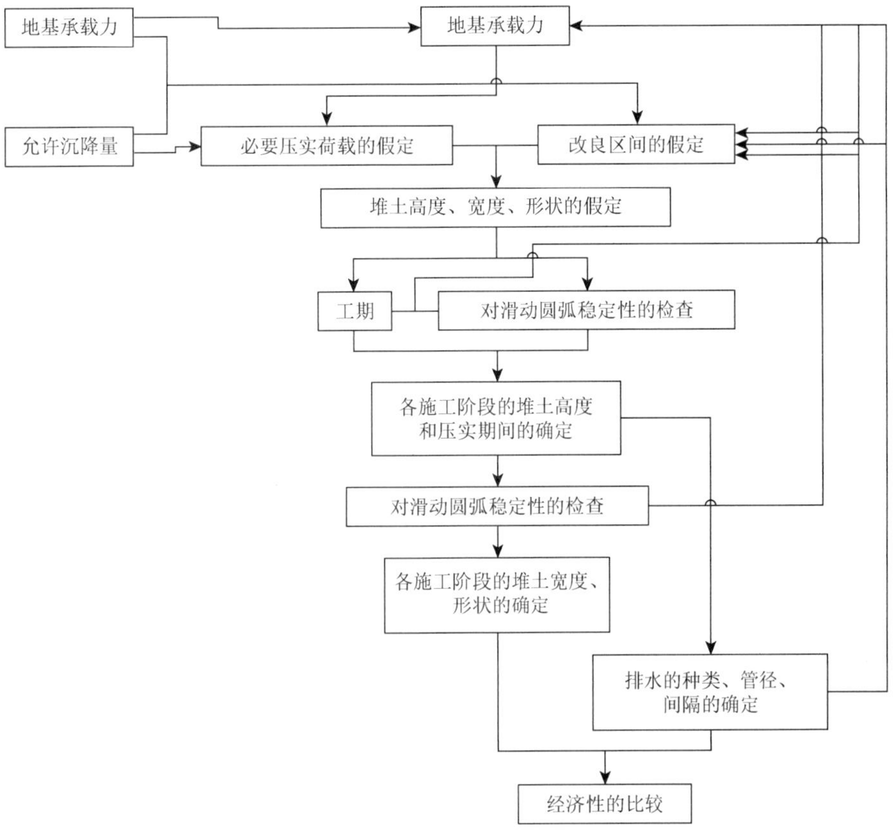

图 2-1 垂直排水法的性能验算顺序

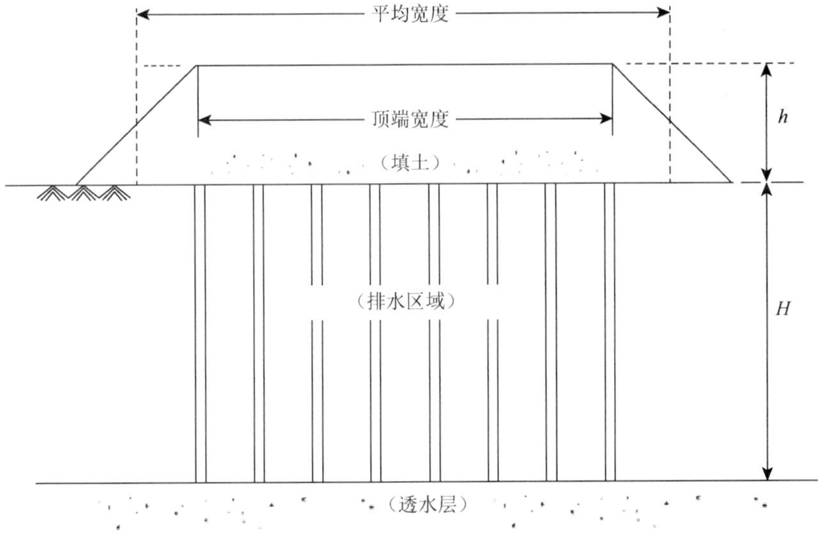

图 2-2 垂直排水的填土宽度

③在讨论原地基的强度增加量（Δc）及沉降量（ΔS）时，可用式（2-1）及式（2-2）。

$$C_{\mathrm{a}} \leqslant \Delta c$$
$$\Delta c = \Delta c / \Delta p(p_0' + \alpha\gamma' h - p_{\mathrm{c}}')U \tag{2-1}$$

其中，C_{a}——目标强度增量（$\mathrm{kN/m^2}$）；

h——填土高（m）；

p_0'——初期压力（施工前垂直压力）（$\mathrm{kN/m^2}$）；

p_{c}'——前期固结压力（$\mathrm{kN/m^2}$）；

U——固结度；

α——应力分布系数［地基内的分布应力和压实荷载（填土荷载）的比］；

γ'——填土的有效单位体积重量（$\mathrm{kN/m^3}$）；

Δc——强度增量（$\mathrm{kN/m^2}$）；

$\Delta c / \Delta p$——强度增率。

$$S_a \leqslant \Delta S$$
$$\Delta S = m_{\mathrm{v}}(p_0' + \alpha\gamma' h - p_{\mathrm{c}}')H(1-U)$$
$$\Delta S = \frac{\Delta e}{1+e_0}H(1-U) \tag{2-2}$$
$$\Delta S = \frac{C_{\mathrm{c}}}{1+e_0}H \lg\frac{p_0' + p'}{p_0'}(1-U)$$

其中，C_{c}——压缩系数；

h——填土高（m）；

H——固结层厚（m）；

m_{v}——体积压缩系数（$\mathrm{m^2/kN}$）；

p'——固结压力（$\mathrm{kN/m^2}$）；

p_0'——初期压力（施工前垂直压力）（$\mathrm{kN/m^2}$）；

p_{c}'——前期固结压力（$\mathrm{kN/m^2}$）；

S_{a}——容许残留沉降量（m）；

U——固结度；

e_0——原地基的初始孔隙比；

α——应力分布系数［地基内的分布应力和压实荷载（填土荷载）的比］；

γ'——填土的有效单位体积重量（$\mathrm{kN/m^3}$）；

Δe——原地基的孔隙比的减少量；

ΔS——残留沉降量（m）。

应力分布系数根据布西内斯克（Boussinesq）的弹性解计算（参照相关行业规范的规定）。但是，处理宽度大且填土顶端宽度超过处理宽度时，亦可使用波士顿码（Boston Code）法。此时，一般做法为填土宽度取其平均宽度（图 2-2），固结对象层中央深度的值视为与深度方向上分布应力相同。波士顿码法所得的应力分布系数，可参照相关行业规范的规定。存在填土的有效单位体积重量不同、每个荷载阶段的填土宽度或固结度显著不同、固结对象层不均匀等情况时，式（2-1）及式（2-2）可适用于各荷载阶段或各层。

2. 填土稳定性的讨论

①相对于“地基改良所必需的填土高度及填土宽度”中所决定的填土高度及填土宽度，有必要通过滑动圆弧等计算，对填土稳定性进行验算。填土自身的稳定不能确保时，须将最终的填土分割成若干阶段，然后分别对填土各阶段的稳定性进行验算。

②滑动面破坏对填土稳定性的讨论。

关于通过滑动圆弧计算讨论填土稳定性，可参照相关行业规范的规定。另外，关于计算中所用的部分系数，可参照各设施的滑动圆弧计算中相关的部分系数。同时，在这种情形下，地基强度必须通过式（2-1）计算来考虑强度增加量。

③强度增加量的概算值。

使用填土作为压实荷载时，通常填土分阶段施工。所以，式（2-1）及式（2-2）中使用的固结度（U）随载荷填土阶段不同而不同，但一般假定整体的80%左右的固结度来计算强度的增加。

3. 各施工阶段的填土高度及填土宽度

①实际施工中，“地基处理所必需的填土高度及填土宽度”中所决定的最终断面分数个阶段施工。各施工阶段的填土断面形状要考虑前一阶段的固结对象层的强度增加量，分析各阶段填土稳定性来决定。

②固结度：增大一个施工阶段的固结度，会要求排水板间隔变小或各施工阶段的工期延长，因此经济性不佳。另外，减小一个施工阶段的固结度，会导致强度增加变小，下一阶段可堆砌的填土高度也变小，因此会增加施工阶段数量。一个施工阶段的固结度通常设定为50%～90%，一般都设定为80%左右。

③断面的再讨论：在决定排水板的埋设间隔后，宜计算出正确的固结度后再讨论各施工阶段的填土断面形状。某一阶段的固结度达到 80%时，就意味着在这之前的压实荷载也是在 80%以上。另外，水位较高（一部分填土受到浮力影响）时，随着固结沉降，压实荷载逐渐减少。为进行高精度的性能验算，最终的研究中也应该考虑此类效果。

④去除预加载荷时的注意事项。当预加载荷的填土作为设施的一部分使用时，无须考虑去除载荷的问题。但是，固结放置后，将作为预加载荷的填土部分或全部去除时，因为随着时间推移，黏性土地基吸水膨胀，强度降低，故必须留意有关建筑设施稳定性的性能验算（参照相关行业规范的规定）。

2.3.3.2 排水管的性能验算

进行排水管的性能验算时，在考虑排水管间隔、排水管直径及固结对象层的上下面排水条件的基础上，还需考虑排水管材料的透水特性、敷砂的透水特性及厚度后再进行计算。

1. 排水管及敷砂

①排水管及敷砂能够达到要求的排水功能。

②固结速度基本与排水管直径成正比，与排水管间隔的 2 次方成反比。一般来说，比

起使用大口径排水管大间隔搭设，使用小口径排水管密集搭设能减少使用排水管材料。但是，在使用砂井排水法的情况下，砂桩直径过小时，黏土细粒侵入有可能导致堵塞，或者在载荷及固结期间比地基沉降慢，砂桩有可能在途中断掉。在当今的砂井排水工法的施工案例中，直径多为 40 cm，一般在 30～50 cm。小口径袋装砂井排水法一般将直径 12 cm 的砂桩放入合成纤维的袋中，使用轻量打设机械一次打入 4 根砂桩，在陆上超软弱地基中的应用案例较多。另外，打设直径 40 cm 左右的砂桩的装袋砂井排水法也有被用于改良超软弱地基。

③用于砂桩的砂要选用透水性好，且不会因黏土细粒堵塞网眼的粒度良好的砂。根据太沙基（Terzaghi）理论，以井穴为对象时，砂的 15%粒径（D15）必须为固结对象土的 15%粒径 4 倍以上，且为固结对象土的 85%粒径（D85）的 4 倍以下。另外，根据压力损失的固结理论，用砂的粒径比太沙基理论更大。图 2-3 是以往的砂桩用砂施工案例，但近年的案例越来越多地采用了比这些案例更多细粒成分的材料。

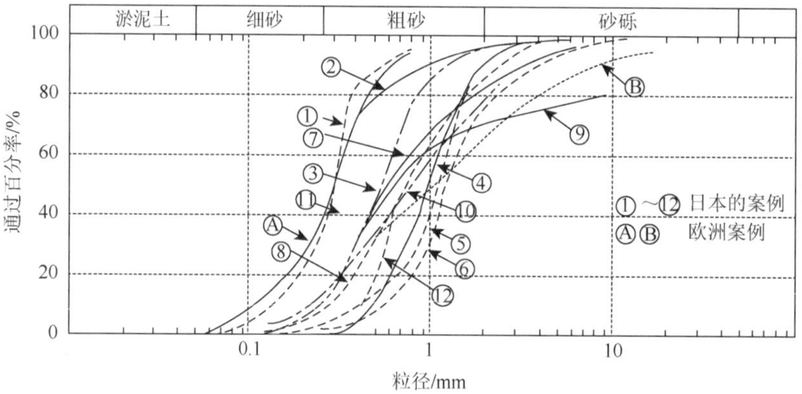

图 2-3　砂桩用砂的施工案例

④预制装配排水等材料。排水管除了用砂，也有开发出以无纺布及合成树脂为芯，由不织布构成的袋装过滤器的复合构造物、特殊加工聚氯乙烯的多孔质单一构造物。一般称为预制装配排水材料（表 2-2）。在对该类袋装排水管（一般宽约为 10 cm，厚约为 5 mm）进行性能验算时，换算成同外周长的圆形排水管。通常按照等价于通常直径 5 cm 的砂桩的砂井排水法进行性能验算。另外，排水管的排水能力较小时，必须要留意垂直排水管端部（固结层下部）上是否有发生固结时间的延迟。

表 2-2　各种预制装配排水材料的构造类型和材质

断面形式	构造类型	材质（根据厂家产品手册）
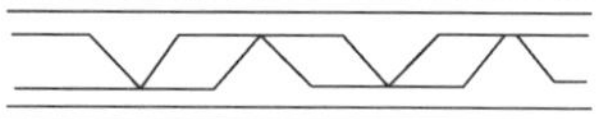	多孔单一构造型	特殊氯化乙烯树脂
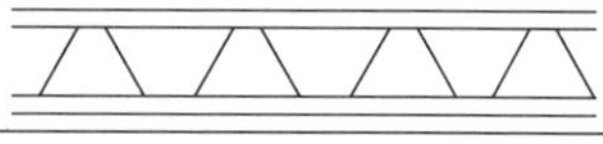	复合构造一体型 （中央核心）	过滤材料：无纺布 核心材料：硬质氯化乙烯树脂
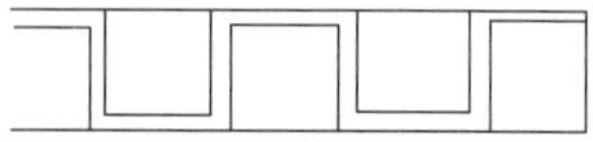	复合构造一体型 （中央核心）	过滤材料：无纺布 核心材料：聚烯烃树脂

续表

断面形式	构造类型	材质（根据厂家产品手册）
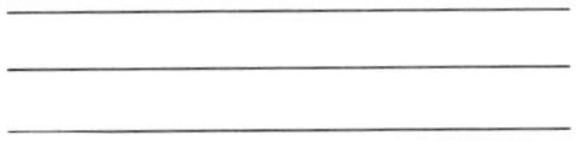	均质构造型 （中央加强化布）	无纺布（长纤维的聚丙烯）
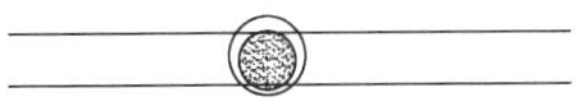	复合构造一体型 （中央为螺旋线）	过滤材料：无纺布 核心材料：聚烯烃树脂
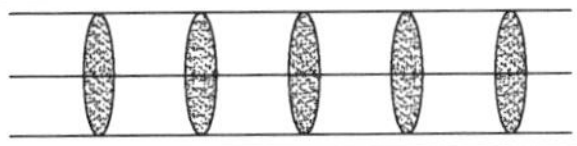	复合构造游离型 （中央核心）	过滤材料：无纺布（聚酯、纤维素） 核心材料：聚烯烃树脂
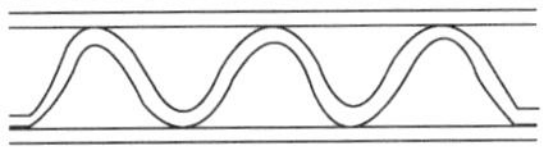	复合构造游离型 （中央核心）	过滤材料：无纺布（聚丙烯、聚酯） 核心材料：聚烯烃树脂
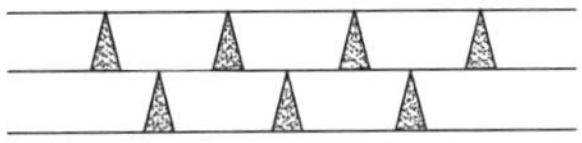	复合构造游离型 （中央核心）	过滤材料：无纺布（聚酯） 核心材料：聚烯烃树脂
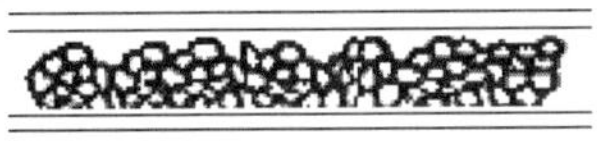	复合构造游离型 （中央网状核心）	过滤材料：（聚酯）

⑤砂垫层用于将通过垂直排水管排出的水排至改良区域外，所以要使用透水性良好的材料。通常海上工程砂垫层厚度 1.0～1.5 m，陆上工程砂垫层厚度 0.5～1.0 m。砂垫层厚时，有可能难以打入木桩；而砂垫层薄时，黏土粒子侵入后有可能导致透水性变差。另外，关于砂垫层厚度，砂垫层排水能力小时会因为压力损失导致固结时间延迟。此时宜在砂垫层内设置排水滤管以改善透水性。基于砂垫层透水性的固结时间延迟，可参考给予的近似解。近年也有以格子状连接排水材料的各剩余部分，确保水平方向上的排水通道，可不需要铺设砂垫层的工法。

2. 排水管的间隔

①排水管的间隔根据所定工期内所需要的改良效果（固结度）来决定。

②一般。垂直排水法、加载预压法、超载预压法、真空预压法等的固结速度被用于对工期要求小的情况。加载预压法、超载预压法、真空预压法等的黏性土层的 80%固结所需时间 T_{80}、排水距离 H 及固结系数 c_v 的关系如图 2-4 所示。

③决定排水管间隔。排水管的间隔根据基于布朗（Bron）或比奥（Bio）理论的 n 值计算图表（图 2-5）及式（2-3）求得。另外，有报道称排水管的间隔如过小，会因为扰动（排水管打设所带来的黏性土地基扰乱）等影响导致固结延迟。

$$D = \beta n D_w \tag{2-3}$$

式中，D——排水间隔（cm）；

β——与排水配置相关的系数，正方形配置时 $\beta = 0.886$、正三角形配置时 $\beta = 0.952$；

n——$n = \dfrac{D_e}{D_w}$（n 由图 2-5 求得）；

D_w——排水直径（cm）。

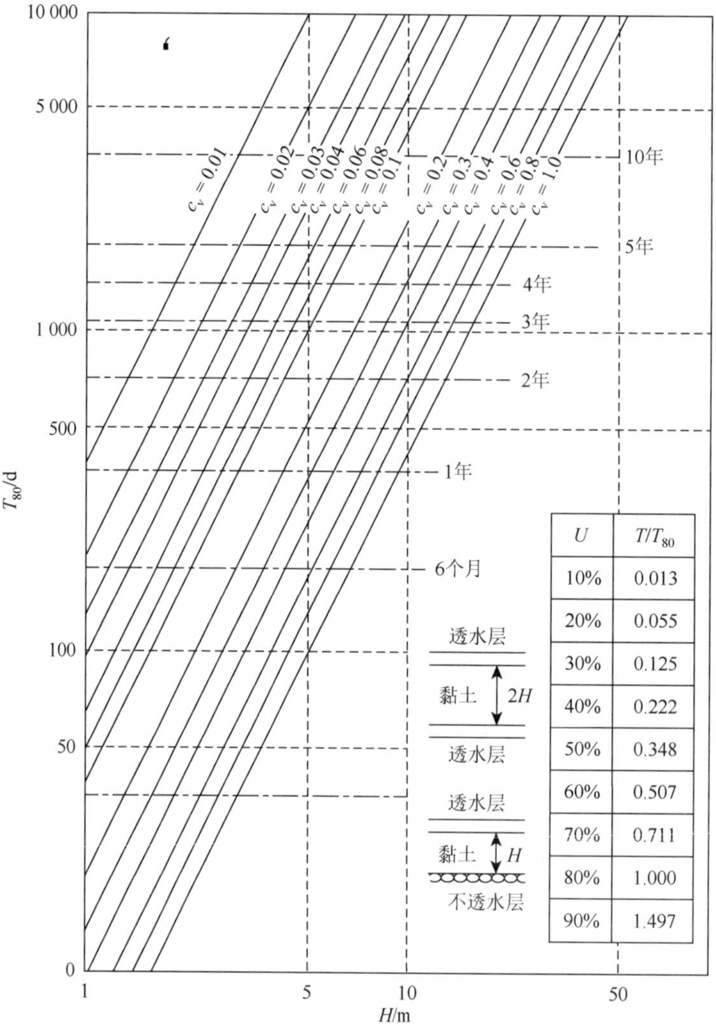

U	T/T_{80}
10%	0.013
20%	0.055
30%	0.125
40%	0.222
50%	0.348
60%	0.507
70%	0.711
80%	1.000
90%	1.497

图 2-4　黏性土层 80%固结所需时间 T_{80}、排水距离 H 及固结系数 c_v 的关系

注：固结所需时间 T_{80} 单位为 d；排水距离 H 单位为 m；固结系数 c_v 单位为 cm^2/min

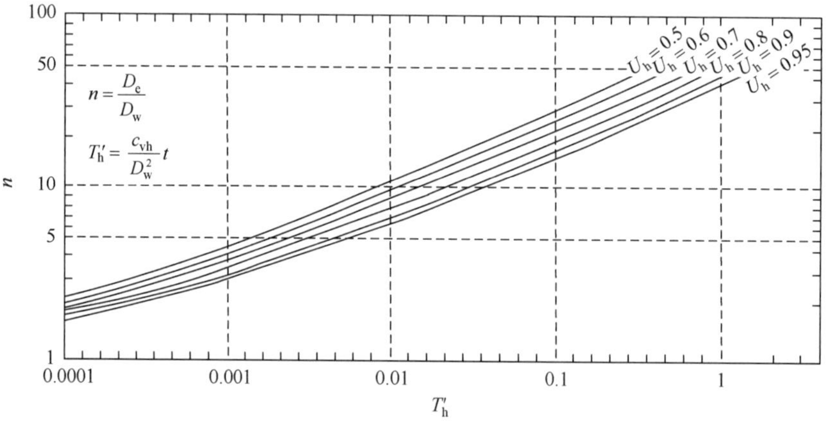

图 2-5　n 值计算图表

注：固结系数 c_{vh} 单位为 cm^2/min，排水直径 D_w 单位为 cm，经过时间 t 单位为 d

④铅直方向水的流动。垂直排水法虽然主要依靠水平方向水的流动来产生固结作用，但固结层厚比排水管间隔小时，便不能忽视铅直方向水流带来的固结。关于考虑铅直方向水的流动所带来的固结作用后的管桩间隔的性能验算，可参考相关行业规范。

⑤水平方向水流动的固结系数。关于黏性土层的水平方向水流动的固结系数（c_{vh}），合理的实验法仍未确立。一般认为水平方向的压实系数为铅直方向的5～10倍，但也有报告取相同数值。另外，若考虑扰动、排水管压力损失等影响，仍旧使用水平方向水流动的固结试验的结果就未必合理。根据以往的施工案例，代用铅直方向的固结系数（c_{vh}），在实际应用上没有问题。

⑥计算固结度。决定排水管间隔后，固结度与经过时间的关系，可根据式（2-4）、式（2-5）及图2-6求得。

$$T_h = \frac{c_{vh}t}{D_e^2} \tag{2-4}$$

$$n = \frac{D_e}{D_w} \tag{2-5}$$

式中，T_h——关于水平方向水流固结的时间系数；

c_{vh}——与水平方向水流相关的固结系数（cm^2/min）；

t——固结开始后经过的时间（min）；

D_e——排水有效直径（cm）；

D_w——排水的直径（cm）。

⑦排水板的有效直径（D_e）为1根排水板的影响范围换算为等面积的圆直径。与排水板的打设间隔（D）的关系如下所示。

正方形配置时：
$$D_e = 1.128D \tag{2-6}$$

正三角形配置时：
$$D_e = 1.050D \tag{2-7}$$

⑧地表面沉降特性（自由沉降与平均沉降）。垂直排水法中，因固结对象层中离排水管近的部分固结进行得快，故地基的沉降也在排水管附近快速发生。但排水管附近的固结对象层就算发生固结沉降，在土拱效应等效果的影响下，会有两种反应，其一为固结压力变小，地基沉降被平均化（平均沉降）；其二为固结压力分布不变（自由沉降）。图2-5及图2-6为基于平均沉降得到的图，但 $n<10$ 及 $U_h<60\%$时，需留意平均沉降与自由沉降求得的值相差悬殊。

⑨渐增荷载所带来的固结。作为压实荷载使用填土时，实际工程中填土的堆砌分阶段施工，多数情况下需要花费大量时间。因此，压实荷载随时间渐增后趋于稳定。关于渐增荷载时的固结过程，可参考已提出的简易计算法。

⑩未贯通排水管的情况。黏性土层厚较大时或施工机械有制约时，排水管道无法到达改良对象层深部，处于未贯通状态，固结会大幅度延迟。未贯通排水管的情况下，其固结过程可参考已提出的简易计算法。

⑪黏性土层不均匀时，必须对各层逐一分析，可参照相关行业规范的规定。

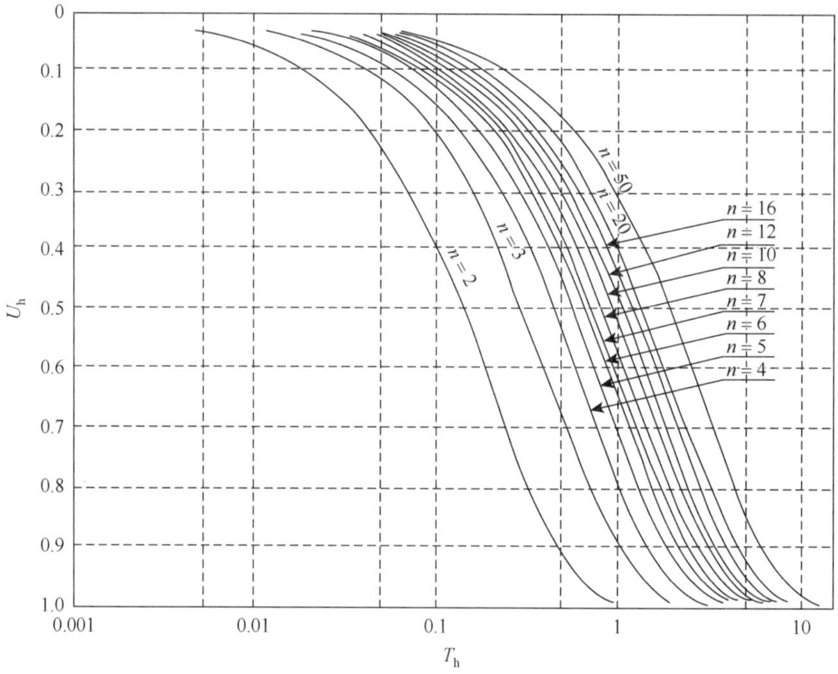

图 2-6　固结度的计算图表

注：固结系数 c_{vh} 单位为 cm^2/min、排水的有效直径 D_e 单位为 cm；经过时间 t 单位为 d

2.3.4　作为液化对策的排水法

①使用作为液化对策的排水法时，要充分考虑对象地基的特性及施工方法的特征，并基于以往的施工实例或施工的结果来进行性能验算。

②作为液化对策的排水法，在有可能液化的地基中使用透水性好的材料来制作排水通道，通过该排水通道使整个地基的透水性增加来减少地基的液化程度。排水形式大多做成桩型，但目前也有排水会做成壁状或将构筑物围起来的形状。如果在岸壁后的填土或防砂薄膜等内部放入透水性好的材料，也可以将其看作一种排水方法。虽然排水的材料一般都采用碎石或砾石，但近来也在开发合成树脂制作的有孔管。如上所述，归结起来就是作为液化对策的排水法的种类有很多。

③在排水法中，伴随着一定程度的孔隙水压力的上升及排水会产生的若干沉降是不允许发生的。另外，对不同固结原理进行比较再施工的实例较少，目前仍有一部分与性能验算相关的内容还在研究。因此，那些对安全性要求较高的既有设施或对施工条件限制不多的新建构造物，不宜采用排水法，如建造重力式系船码头等对排水性要求较高的填土，宜采用其他方法。

④将排水法和挤密法结合使用的方法称为砂石压实法。对于这种方法，在原理上完全可以使用“2.3.3.2 排水管的性能验算”所示的性能验算方法。但是，对于振动的施工方法，在施工中，与排水相接触的原地基受振动会使局部产生液化，所以必须注意排水的堵塞问题。

⑤在振冲法中，使用砂砾和碎石等作为补充材料，有时将其打设成桩型。此时，虽然将碎石等打设成桩型与砂石排水法是共通的，但在施工过程中很有可能混入碎石周围的土砂。因此，不应将使用碎石的振冲法包含在此处所说的排水法内。

⑥作为液化对策的排水法的性能验算可参照相关行业规范。

2.3.5 预压法

2.3.5.1 概述

预压法即在建筑物建造以前，在建筑场地进行加载预压，使地基的固结沉降基本完成和提高地基土强度的方法。

对于在持续荷载下体积会发生很大的压缩和强度会增长的土，而又有足够时间进行压缩时的工况，特别适用这种方法。为了加速压缩过程，可采用比建筑物重量大的所谓超载进行预压。当预计的压缩时间过长时，可在地基中设置砂井、塑料排水带等竖向排水井以加速土层的固结，缩短预压时间。适合采用预压法处理的土有：饱和软黏土、可压缩粉土、有机质黏土和泥炭土等。无机质黏土的次固结沉降一般很小，这种土的地基采用竖向排水井预压很有效。预压法已成功地应用于码头、堆场、道路、机场跑道、油罐、桥台等对沉降和稳定性要求比较高的建筑物地基。

预压法的类型有堆载预压法、真空预压法、真空联合堆载预压法等。

2.3.5.2 堆载预压法

堆载预压法是工程上广泛使用、行之有效的方法。堆载一般用填土、砂石等散粒材料，油罐通常充水对地基进行预压。对堤坝、堆场等工程，则以其本身的重量有控制地分级逐渐加载，直至设计标高。

通常堆载预压有两种情况：

①在建筑物建造以前，在场地先进行堆载预压，待建筑物施工时再移除预压荷载。堆载预压法原理如图 2-7 所示。由图 2-7 可见，如果不先经预压直接在场地建造建筑物，则沉降时间曲线如曲线①所示，其最终沉降量为s_t'；经过堆载预压，建筑物使用期间的沉降时间曲线如曲线②所示，其最终沉降量为s_t，可见，通过预压，建筑物使用期间的沉降大为减小。

②超载预压。对机场场道、高速公路或铁路路堤等建筑物，在预压过程中，将一超过使用荷载P_t的超载P_s先加上去，待沉降满足要求后，将超载移去，再建造道面或铺设轨道，此后，建筑物的工后沉降s_t将很小。超载预压法原理如图 2-8 所示。

对路堤、土坝、贮油罐等荷载比较大的建筑物，荷载往往需分级逐渐施加。待前期荷载下地基土强度提高，再加下一级荷载。因此需对地基土因固结而提高的强度进行估算，并对各级荷载下地基的稳定性进行分析。同时，对堆载预压工程，还必须对预压荷载和建筑物荷载下的沉降量进行估算，以便能控制建筑物使用期间的沉降和不均匀沉降。

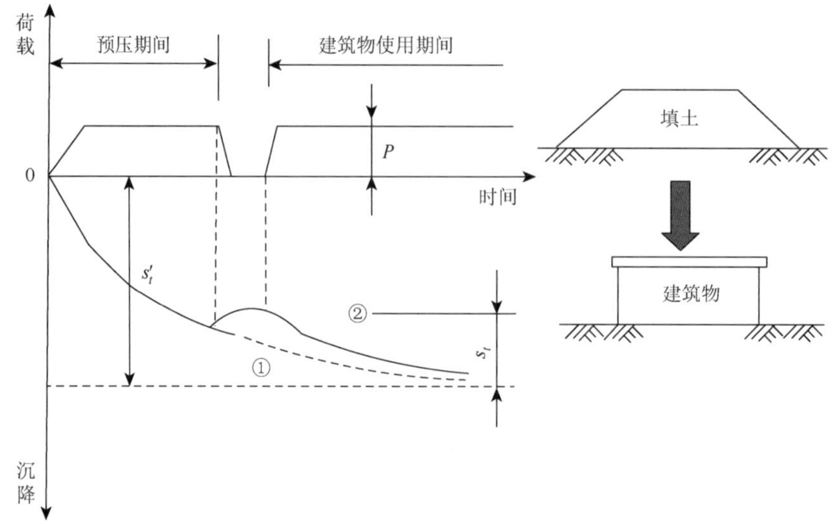

图 2-7 堆载预压法原理

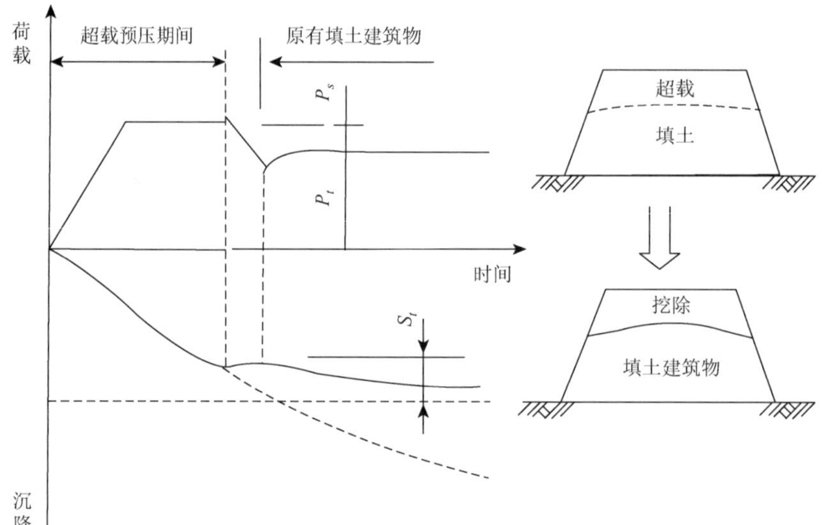

图 2-8 超载预压法原理

2.3.5.3 真空预压法

真空预压法是在需要加固的软黏土地基内设置砂井或塑料排水带，然后在地面铺设砂垫层，其上覆盖不透气的密封膜与大气隔绝，通过埋设于砂垫层中带有滤水孔的分布管道，用真空装置进行抽气，从而在膜内外形成大气压差，由于砂垫层和砂井与地基土界面存在这一压差，土中的孔隙水发生向砂井的渗流，使孔隙水压力不断降低，有效应力不断提高，从而使土逐渐固结。真空预压法的原理如图 2-9 所示。在抽真空前，地基处于天然固结状态，对正常固结黏土层，其总应力为土的自重应力，孔隙水压力为地下水位以下之静水压力，膜内外的气体压力均为大气压力 P_a。抽气后，膜内压力从大气压力 P_a 降低至 P_v 形成压差 $\Delta P = P_a - P_v$。此压差，工程上称为"真空度"，该真空度通过砂垫层和砂井作用于地基上，从而引起土中孔隙水向砂井和砂垫层的渗流，孔隙水压力逐渐降低，有效应力不断提高。因此真空预压加固地基的过程是在总应力不变的条件下，孔隙水压力降低、有效应力增加的过程。

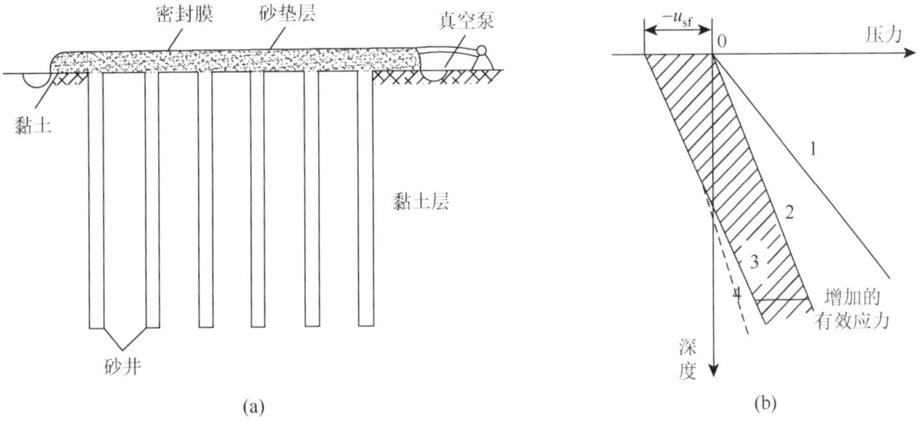

图 2-9 真空预压法的原理

真空预压地基的固结是在负压条件下进行的，工程经验和室内试验及理论分析均表明，真空预压法加固软土地基同堆载预压法除侧向变形方向不同外，地基土体固结特性无明显差异，固结过程符合负压下固结理论。因此真空联合堆载预压加固中竖向排水体间距、排列方式、深度的确定，土体固结沉降的计算，一般可采用与堆载预压基本相同的方法进行。

2.3.5.4 真空联合堆载预压法

工程上真空预压法尚可和其他加固方法联合使用。真空联合堆载预压法就是其中的一种。目前我国工程上真空预压可达到 80 kPa 左右的真空压力，已能满足一般工程设计要求，但对于荷载较大，对承载力和沉降要求较高的建筑物，则可采用真空联合堆载预压法加固软黏土地基。真空联合堆载预压法原理如图 2-10 所示。图 2-11 为天津新港现场试验所得到的压力-沉降-时间关系曲线，从曲线可看出真空和堆载预压效果可以叠加，但真空和堆载必须同时作用。

真空联合堆载预压法的实质是真空预压和堆载预压的叠加。根据达西定律，土体中孔隙水的渗透速度与水力坡度（$\Delta h/L$）成正比，增加水头差 Δh 和减少排水距离 L，均可加速土体排水固结。真空预压的加固机理是通过降低土体中孔隙水压力，也就是使加固区内形成负的超静孔隙水压力，加固区内外存在水头差，使之形成渗流需要的水力梯度；而堆载预压是由于堆载产生正的超静孔隙水压力，通过孔压的消散而使强度得到提高，两者联

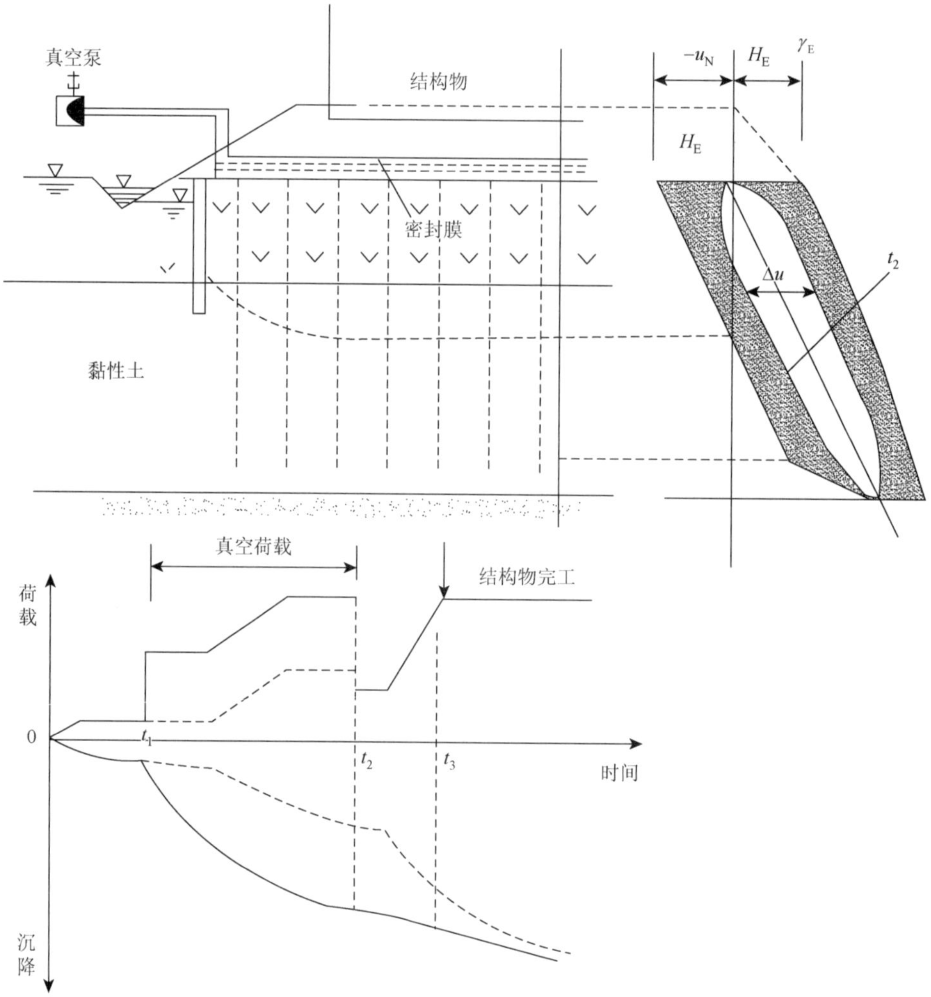

图 2-10　真空联合堆载预压法原理

注：$-u_N$ 为真空压力；Δu 为时间 t_2 所残留的孔隙水压力

合作用，正负孔隙水压力的压差增大，也就是增加水头差 Δh，造成孔压消散更快，加固效果更好。

用真空联合堆载预压法，施加堆载时应注意以下事宜：

①对真空密封膜上下应进行保护，防止堆载过程中刺破；

②当真空预压地基固结度达 30%～50%后开始堆载效果较好；

③施加每级荷载前，均应进行固结度、强度增长和稳定性验算，满足要求后方可施加下一级荷载。

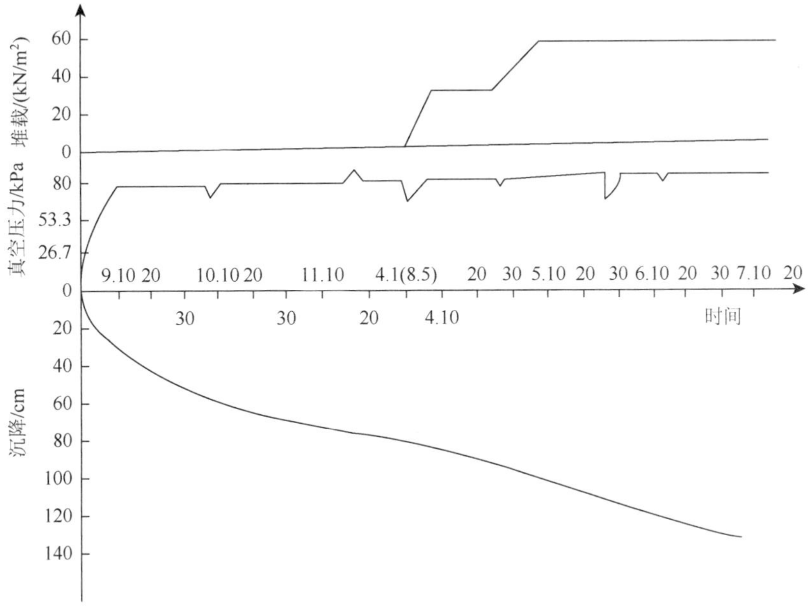

图 2-11 天津新港现场试验所得到的压力-沉降-时间关系曲线

2.4 置换法

置换法是将地基软弱层部分或全部去除后置换以优质土的工法，该法可确保在较短的工期内完成地基处理。但是，近年来这种工法引发了海域的浑浊及挖掘出的黏性土的处理等问题，实际上置换法在多数情况下不可采用。另外，也常发生置换砂难以确保的情形。置换过的砂地基，根据情形不同，常常极其松软，可能会造成对大型构造物支持力不足或液化等问题。

①进行置换法的性能验算时，必须通过解析圆弧滑动面等考虑其稳定性、沉降量及施工可行性。

②置换法根据施工方法分为挖掘置换法（基床置换）及强制置换法。挖掘置换法是将软弱土用吸扬式或抓斗式挖泥船挖掘去除后，回填优质土的工法，多用于海上工程。强制置换法是用填土的自重、挤密砂桩加固法、爆破等强制手段横向推出软弱土后而置换优质土的工法。

③海上工程中所广泛使用的挖掘置换法（基床置换）的性能验算法如下。

a. 性能验算的顺序。

置换法的性能验算顺序如图 2-12 所示，按照确定设计条件、假定验算断面（置换深、宽及挖掘坡度）、针对滑动破坏的讨论、针对沉降的讨论及选定置换砂的顺序进行。虽然在图 2-12 中未有表示，但有时需要对置换砂液化的可能性及环境影响进行讨论。

b. 假定断面。

置换法的性能验算在能确保所要的稳定性及沉降性之前，主要是在模拟变化置换断面而进行。假定断面可参考如下事项。

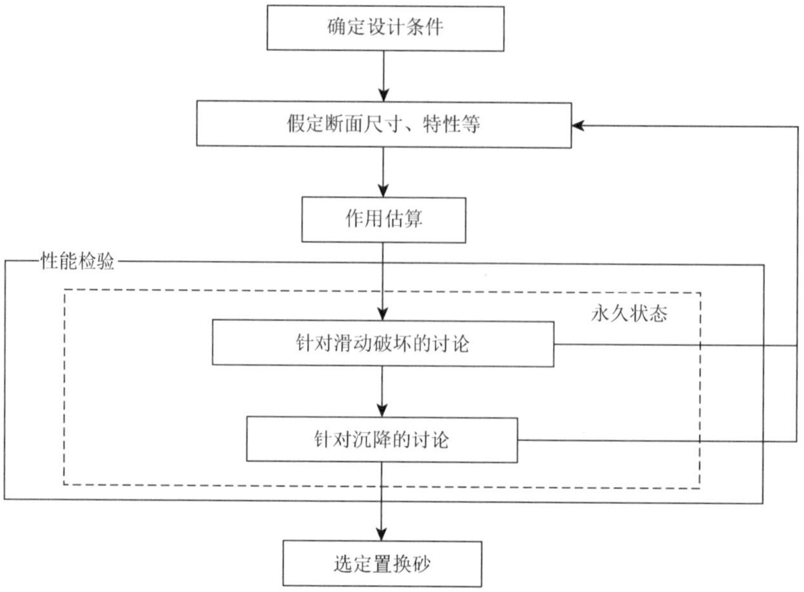

图 2-12　置换法的性能验算顺序

（a）置换深度

置换深度在软弱层相对较薄的情况下对整层进行置换，而软弱层相对较厚时，则推荐荷载的竖向应力要比地基支持力小的深度。在决定置换深度时，还必须考虑施工机械能力。

（b）置换宽度

相关施工案例中置换宽度与置换深度的关系如图 2-13 所示。

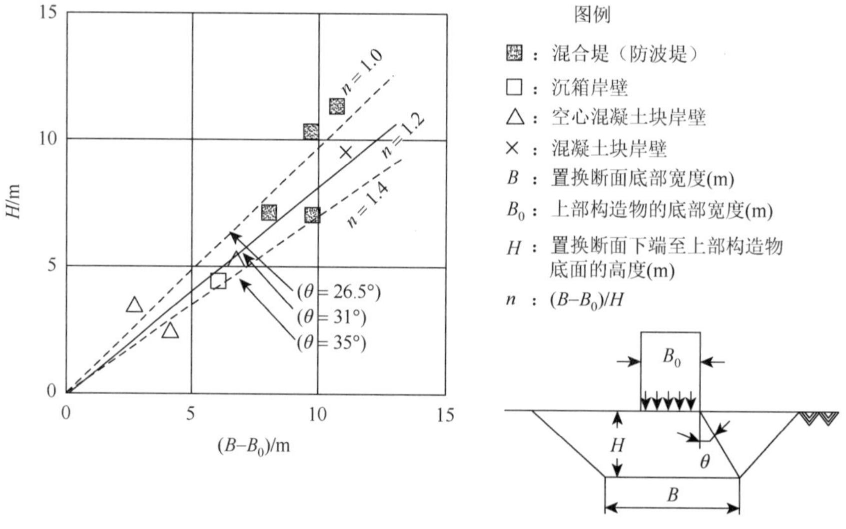

图 2-13　置换宽度与置换深度的关系

（c）挖掘坡度

挖掘坡度要基于原地基的强度和挖掘深度确定（参照相关行业规范），但挖掘坡度多为1∶1.5～1∶3。

c. 针对滑动破坏的讨论。

关于通过圆弧滑动面计算所得出的对滑动破坏的讨论，可参照相关行业规范相关内容。

置换断面因宽度受限多为倒梯形。置换断面内设置挡土板或辅助支撑时，在计算土压力时，通常计算在土压力的基础上，宜对复合滑动面进行分析。另外，整层置换使得基岩层倾斜的情况下，宜对包含基岩中的滑动破坏一起对复合滑动面进行讨论。

d. 针对沉降的讨论。

置换断面的下部残留有黏土（部分置换或基础开挖斜面的下部）时，因为可预想到黏土发生固结沉降，所以由此所产生的对上部构造物的影响也应当进行讨论。

e. 选定置换砂。

虽然置换砂的选定条件并不明确，但宜选择粒度分布好、含泥量较少的置换砂。一般规定淤泥以下成分的细粒成分含有量在15%以下。置换砂的剪切角一般为30°。但是，这个值受置换砂的粒径、粒度分布、投入方法、投入顺序、放置时间、载荷等的影响，需注意有时会非常低。

f. 针对液化的讨论。

判定置换砂液化的可能性基本根据粒度分布及标贯击数 N 值来进行，但在判定有困难时通过循环三轴试验来判定（参照相关行业规范）。对液化的讨论中，如有规定置换断面及置换砂的形状时，从选定置换砂阶段起就要考虑。另外，在无法得到足够置换砂 N 值时，宜投入置换砂后实施密实。

g. 置换砂的标贯击数。

置换砂的标贯击数 N 值受粒径、粒度分布、投入方法、投入顺序、放置期间、过载等的影响。根据勘察案例，通过大容量驳船瞬间投入大量砂时，可用标贯击数 N 值约为10的砂；通过运砂船投入时，可用标贯击数 N 值约为5的砂；通过泵船投入时，可以投入标贯击数 N 值更小的砂。另外，置换砂较为松散时，也有随着过载及放置时间（如置换砂或毛石投入后、沉箱设置后）标贯击数 N 值增加的案例。

2.5 砂性土地基挤密砂桩加固法

2.5.1 概述

挤密砂桩加固法是利用振动或冲击荷载在地基中打设、造成砂桩的工法。在砂质土地基改良工法中被广泛使用。虽然在打入及密实时一般使用振动锤，但近年也有开发出静压固结工法。

2.5.2 性能验算的基本方针

①以固结砂性土为目的的挤密砂桩加固法的性能验算需要对对象地基的特性及施工方法的特征进行研究，也需要考虑以往施工实践或试验施工的结果。

②松散砂性地基的改良目的主要分为以下几个方面：（a）液化强度的改善；（b）沉降量的降低；（c）斜面的稳定或承载力的改善。液化的预测和判定一般可通过砂的 N 值、粒度分布和单位体积重量直接进行，但遇到判定有困难的情况时，应该使用循环三轴试验的结果来进行分析，并且在作为液化对策进行挤密时，必须在相关规范规定的确定不会发生液化的砂性地基的 N 值范围内进行挤密。沉降量的降低应基于弹性理论计算沉降量，并进行必要的固结。

③影响挤密效果的要因如下。

对于松散地基深层的挤密，很多时候即使在表层施加振动或冲击后，也无法使其充分挤密。通常的处理办法是，使用中空钢管在松散地基中制作砂桩或砾石桩；或者将特殊的振动棒压入地基中，对周边的地基加以振动。其中，前者与挤密砂桩加固法一并叙述，后者则与振冲法区分开来，在 2.8 节振冲法中另行叙述。

不论使用哪种方法，其挤密程度都受以下的因素影响。因此，只靠理论计算来预测挤密效果是比较困难的，需要参考基于施工的经验数据。另外，也必须考虑进行试验来提高施工条件的精度。

a. 对象土的特性［粒度分布及含泥量（粒径＜75 μm）］。

b. 饱和度及地下水位。

c. 改良前对象土的相对密度。

d. 改良前对象土层的初期地中应力（覆土压力等）。

e. 改良前对象土的内部结构及固结程度。

f. 与振动施加点处的距离。

g. 补给砂的特性。

h. 改良方法的特性（施工机械的种类、机械的加振能力、施工方法、技术人员的熟练度等）。

④挤密砂桩加固法大致可分为（a）往复挤密法；（b）桩端扩径挤密法；（c）桩端振动挤密法。挤密砂桩加固法的类型及特征见表 2-3，施工顺序见图 2-14。施工时，首先将钻管用施工机械头部的加振机振动，将其压入规定深度。向钻管内供砂，并在钻管上升过程中将一定长度的砂桩压入地中。然后，为了使砂桩挤密，开始振动钻管或振动钻管下端的振冲装置，边振动边再次贯入地中，使砂桩扩径。按此操作不断地在地面到规定深度之间重复便能制好砂桩，从而通过振动将周围地基压缩、挤密而制成的砂桩压入，对松散地基进行改良。虽然挤密砂桩加固法通常能发挥很大的挤密效果，但其对周边产生的影响也很大，使用各种挤密方法时，其对周围既有构造物的影响，可以参考以往的实际案例。当前也在开发低振动的施工机械及不用振动进行挤密的机械。

表 2-3 挤密砂桩加固法的类型及特征

类型	特征
（a）往复挤密法	最具代表性、用得最多的方式。 通过反复贯入、拔出振动井壁管来制砂桩
（b）桩端扩径挤密法	在井壁管前端装上扩径固结装置来制砂桩
（c）桩端振动挤密法	通过井壁管下的振冲来制砂桩

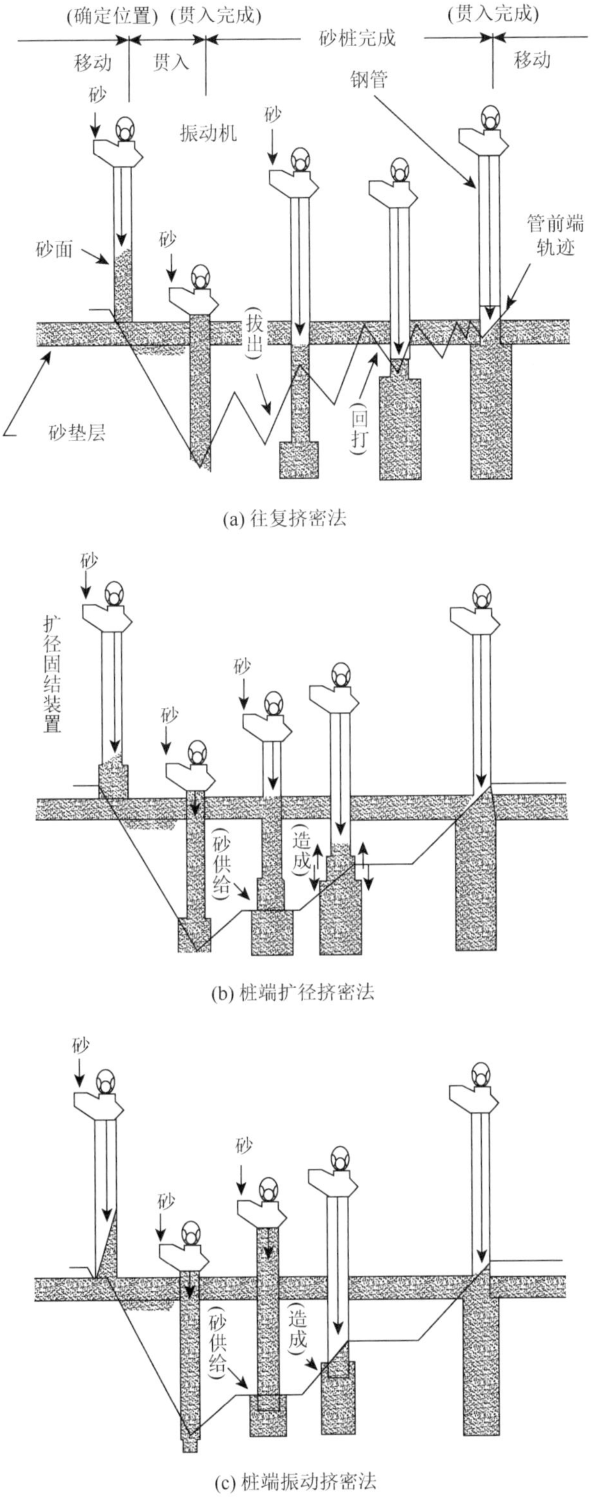

(a) 往复挤密法

(b) 桩端扩径挤密法

(c) 桩端振动挤密法

图 2-14　挤密砂桩加固法的施工顺序

2.5.3　压入率的验算

①对压入率（改良率、置换率）进行验算时，需要对对象地基的特性、必要的相对密度及 N 值进行研究。另外，有报道指出，使用挤密砂桩加固法挤密的地基，即使产生超过预计的震动的情况，也不会发生液化。也就是说，这种将液化对策的目标 N 值作为界限 N 值进行压入率验算的方法，存在未考虑的安全冗余度。因此，将界限 N 值作为目标 N 值，但事后勘察发现目标 N 值下降时，应该谨慎考虑是否要增设砂桩。

②需要通过事先的土质勘察得到原地基的 N 值、含泥量 F_c。由于挤密后 N 值的增加会受事先 N 值和含泥量的影响，特别是含泥量的增大会缩减 N 值的增加，所以必须通过前期勘察进行掌握。

③目标 N 值的设定。必须设定作为改良目标的 N 值，且以液化对策为目的时，应设定为对象地震活动作用时不会发生液化的 N 值（界限 N 值）。

④压入率如式（2-8）所示，为改良后砂桩占原地基的比例。

$$F_V = \frac{A_p}{A_0} \tag{2-8}$$

式中，F_V——压入率；

A_p——砂桩的截面积；

A_0——各砂桩影响范围的原地基面积。

砂桩间距为 x，正三角形配置和正方形配置时的压入率 F_V 可按式（2-9）计算，砂桩的配置见图 2-15。

$$\begin{aligned} &\text{正方形：} F_V = \frac{A_p}{x^2} \\ &\text{正三角形：} F_V = \frac{2}{\sqrt{3}}\frac{A_p}{x^2} \end{aligned} \tag{2-9}$$

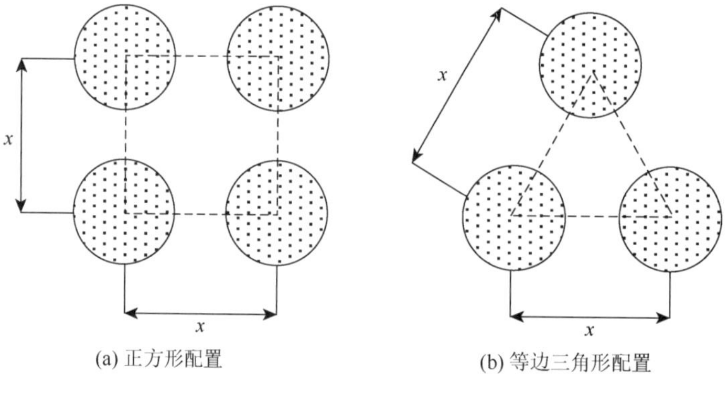

(a) 正方形配置　　(b) 等边三角形配置

图 2-15　砂桩的配置

⑤压入率的设定（无历史数据的情况）：通过式（2-9）的压入率与改良后 N 值的关系来设定压入率。但是，根据式（2-10）～式（2-17）计算得到的数据，压入率 $F_V = 0.07$～

0.20，含泥量 F_c 在 60%以下。因此，在这个范围以外的条件下使用时应多加注意。

$$N_1 = C_M \left(\frac{\kappa F_V + \gamma_1^*}{c + \kappa F_V + \gamma_1^*} \right)^2 A \tag{2-10}$$

式中，N_1——压入后的 N 值；

C_M——系数，此处可取 $C_M = (1/0.16)^2$；

κ——系数，此处可取 $\kappa = 5 \cdot 10^{-0.01F_c}$；

c——系数，此处可取 $c = \frac{0.02F_c + 0.4}{0.02F_c + 2.0}$；

F_c——系数，含泥量（%）；

γ_1^*——由式（2-11）计算的系数：

$$\gamma_1^* = \frac{c\sqrt{N_0/(AC_M)}}{1-\sqrt{N_0/(AC_M)}} \tag{2-11}$$

式中，N_0——原地基的 N 值；

A——由式（2-12）计算的系数：

$$A = \frac{69 + \sigma_v'}{167} \tag{2-12}$$

式中，σ_v'——计算 N 值时的有效上载压力（kN/m^2）；

式（2-10）的求解与压入率 F_V 有关，为了求出目标 N 值时的压入率，可根据式（2-13）进行计算。

$$F_V = \frac{(c+\gamma_1^*)\sqrt{N_1/(AC_M)} - \gamma_1^*}{\kappa\{1-\sqrt{N_1/(AC_M)}\}} \tag{2-13}$$

因为式（2-10）和式（2-11）没有考虑压入时侧面土压力增加的影响（静止土压力系数 K_0 的影响），当压入率变大时，对压入后 N 值的估算会偏小。若得到压入率超过 $F_V = 0.2$ 的结果，则可使用考虑了 K_0 影响的式子进行计算。但需要注意的是，由于式（2-14）的推导过程中使用的 K_0 值和压入率的关系有很大的偏差，其预测精度较差。所以，为了基于安全考虑，使用式（2-14）时，为求目标 N 值而计算的压入率 F_V 若小于 0.2 也按 $F_V = 0.2$ 计算。

$$N_1 = C_M \left(\frac{\kappa F_V + \gamma_1^*}{c + \kappa F_V + \gamma_1^*} \right)^2 A_{K_1} \tag{2-14}$$

式中，C_M——系数，此处可取 $C_M = (1/0.16)^2$；

κ——系数，此处可取 $\kappa = 4 \cdot 10^{-0.01F_c}$；

c——系数，此处可取 $c = \frac{0.02F_c + 0.4}{0.02F_c + 2.0}$；

γ_1^*——由式（2-15）计算的系数：

$$\gamma_1^* = \frac{c\sqrt{N_0/(A_{K_0}C_{\mathrm{M}})}}{1-\sqrt{N_0/(A_{K_0}C_{\mathrm{M}})}} \tag{2-15}$$

式中，A_{K_1}——由式（2-16）计算的系数：

$$A_{K_1} = \frac{69+(1+\alpha F_{\mathrm{V}})\sigma'_{\mathrm{v}}}{167} \tag{2-16}$$

式中，A_{K_0}——由式（2-17）计算的系数：

$$A_{K_0} = \frac{69+\sigma'_{\mathrm{v}}}{167} \tag{2-17}$$

式中，σ'_{v}——计算N值时的有效上载压力（$\mathrm{kN/m^2}$）。

但是，目标N值所对应的压入率$F_{\mathrm{V}}<0.2$时，按$F_{\mathrm{V}}=0.2$计算。

⑥压入率的设定（有历史数据的情况）：挤密砂桩加固法施工后N值的增加受地基特性、施工方法的影响较大。因此，不管是对于有很多现场施工数据的情况，还是进行了试验施工的情况，不应拘泥于⑤中的方法而应基于施工实例来决定。使用⑤中的方法时，应该按照下述的方法来设定用式（2-13）基于已有数据计算的参数κ。另外，对于新的挤密方法，也最好按照下述的方法设定根据其自己的数据用式（2-13）计算的参数κ。

利用式（2-13）算得的参数κ，只要有挤密砂桩加固法的压入后N值、压入前N值、含泥量、压入率的数据，结合式（2-18）就可以反算出各压入后N值、压入前N值、含泥量和压入率。

$$\kappa = \frac{(c+\gamma_1^*)\sqrt{N_1/(AC_{\mathrm{M}})}-\gamma_1^*}{F_{\mathrm{V}}\{1-\sqrt{N_1/(AC_{\mathrm{M}})}\}} \tag{2-18}$$

式中，γ_1^*——由海工工程相关规范计算的系数：

$$\gamma_1^* = \frac{c\sqrt{N_0/(AC_{\mathrm{M}})}}{1-\sqrt{N_0/(AC_{\mathrm{M}})}} \tag{2-19}$$

式中，C_{M}——系数，此处可取$C_{\mathrm{M}}=(1/0.16)^2$；

c——系数，此处可取$c=\dfrac{0.02F_{\mathrm{c}}+0.4}{0.02F_{\mathrm{c}}+2.0}$；

A——系数，此处：

$$A = \frac{69+\sigma'_{\mathrm{v}}}{167} \tag{2-20}$$

由各压入率和改良前后的N值求得κ，κ与含泥量的关系如图2-16所示，由此能得到κ和含泥量的关系式，其趋势与⑤中所示的指数关系基本一致。

关于参数的设定，对改良前后含泥量有很大变化的情况时，不能使用改良前N值较大点的数据。此外，对于K_0值和压入率的关系是由实测得到的情况，虽可对考虑了K_0值影响的式（2-14）和式（2-15）的参数进行再设定，但此种情况下的参数设定还是应该参考相关行业规范。

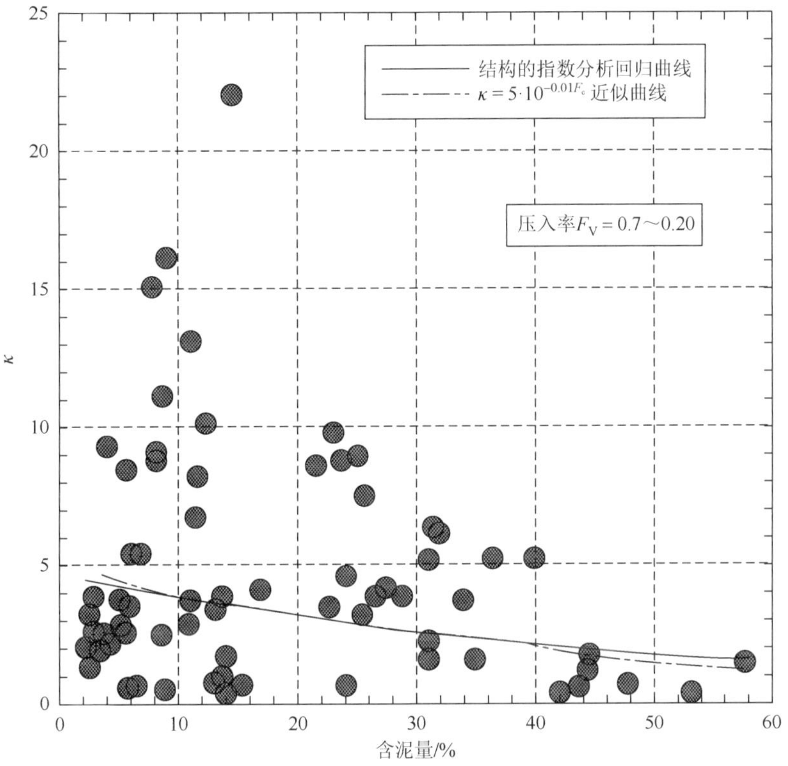

图 2.16 κ 和含泥量的关系

⑦其他压入率的设定法：前述⑤、⑥中所示的压入率的设定方法是通过将砂桩压入原地基并反复剪切来进行挤密，并分析过去的施工数据而推导出的方法。除此以外，还有 A 法、B 法、C 法一直沿用至今。A 法将压入率作为参数，用图表显示压入前 N 值和压入后 N 值的关系，由此简便地计算压入率。但是，由于没有考虑上载压力和含泥量的影响，与其他方法相比，通用性较差。B 法是利用与相对密度、N 值、有效上载压力和粒度相关经验式，并假定只有压入砂桩量的地基被挤密，根据目标 N 值求得压入率的一种方法。但是，没有考虑含泥量的影响。C 法与 B 法基本相同，最大的区别在于 C 法考虑了含泥量的影响。在三种方法中 C 法的通用性最高。另外，还有一种 D 法，它考虑了 C 法未考虑的伴随砂桩打设而产生的填土的影响。

此处，列出上述三种方法中通用性最高、实际使用最多的 C 法。

由含泥量 F_c 按计算 e_{max}，e_{min}。

$$e_{max} = 0.02F_c + 1.0 \tag{2-21}$$

$$e_{min} = 0.008F_c + 0.6 \tag{2-22}$$

由原地基 N 值 N_0 及有效上载压力 σ_v' 计算相对密度 D_{r_0} 和 e_0。

$$D_{r_0} = 21\sqrt{\frac{100N_0}{\sigma_v' + 70}} \quad (\%) \tag{2-23}$$

$$e_0 = e_{max} + \frac{D_{r_0}}{100}(e_{max} - e_{min}) \tag{2-24}$$

由细粒分根据增加 N 值计算折减率 β：

$$\beta = 1.0 - 0.5\lg F_c \quad (F_c > 1.0) \tag{2-25}$$

考虑折减率 β，由不含细粒分计算的 N 值（N_1）来求修正 N 值（N_1'）。

$$N_1' = N_0 + \frac{(N_1 - N_0)}{\beta} \tag{2-26}$$

将 N_0 替换成 N_1'，按式（2-24）计算 e_1。

由 e_0 和 e_1，按式（2-27）计算压入率 F_V。

$$F_V = \frac{(e_0 - e_1)}{1 + e_0} \tag{2-27}$$

2.5.4　补给砂量的性能验算

①单位体积的补给砂量按 2.5.3 节压入率验算中求得的压入率 F_V 进行设定。

②因为补给砂被压入后，体积会压缩，因此必须适当增加补给量。

2.6　黏性土地基挤密砂桩加固法

2.6.1　性能验算的基本方针

2.6.1.1　适用范围

①此处所述的挤密砂桩加固法（SCP 工法）的性能验算的范围包括重力式的防波堤、护岸、系船码头等的下部地基的改良。

②虽然与改良地基中桩的横向抵抗性能相关的内容已经有了许多现场载荷试验结果和离心模型的实例，也有许多关于地基反力系数的性能验算的提案。但是，详细的研究结果仍然较少，在以增大桩或板桩壁的被动土压力、减小主动土压力为目的的情况下，仍无法明确改良地基将产生怎样的运动。复合地基的抗剪强度的实用计算式是否也适用于被动范围仍存疑，这也是今后研究的方向之一。对于无法避开这样的条件下进行使用的情况，虽然可使用后面所述的计算式在受最少被动土压力的滑动面进行试算，但若砂桩没有到达持力层时，必须对复合滑动进行研究。在这种情况下，结合使用填土等，并对砂桩施加铅直荷载，能有效提高砂桩部分的抗剪强度。

③对于使用 SCP 工法改良的黏性地基的振动特性及抗震性能，已经通过离心模型试验或地震响应分析等方法进行了研究。相关行业规范对实际地震中发生变形的重力式护岸，使用振动离心机（FLIP）进行响应分析，对输入参数的妥当性进行了验证。

2.6.1.2　基本的思路

①以黏性土地基作为对象的 SCP 工法就是在黏性土地基中按一定的间隔往规定的深

度打设钻管，从钻管中将地中的砂土排出的同时挤密成桩的一种方法。改良地基的特性受如下因素影响：（a）砂桩的强度；（b）砂桩的置换率；（c）相对于构造物，改良范围的关系；（d）作用条件（大小、方向、荷载路径、荷载速度等）；（e）砂桩间地基的强度；（f）砂桩间的地基对砂桩的约束力；（g）砂桩打设对改良范围内外扰乱的影响；（h）砂桩打设产生的地面填土的特性及对其是否利用等。

②施工产生的影响。因为 SCP 工法要将大量的砂桩打入地基中，地基会被强制向横或向上排挤，这会扰乱施工范围内及周边的地基并导致其强度降低。另外，这种地基变形及钻管内多余的砂向地表溢出，会使地表面产生很多填土。所以在使用 SCP 工法时，必须对这种地基变形给邻近构造物带来的影响进行研究。

③性能验算方法。砂桩和桩间地基组合成的复合地基的性能验算的方法主要有：（a）为了反映复合地基的特性，以平均抗剪强度的评价式为基础，使用滑动圆弧的计算方法；（b）将复合地基中砂性地基部分的运动和黏性土地基部分的运动分开，对作用进行再分配，使它们的滑动圆弧安全性一致。目前多使用第一种性能验算方法。

2.6.2 砂桩

①砂桩的材料具有很高的透水性、细粒（小于 75 μm）含量少、粒度分布均匀、容易压实、有很好的强度及容易从钻管排出等优点。在改良范围内砂桩占的比例（置换率）较小，且对砂桩上为了促进黏性土的压实而设置的排水层的性能要求较高的情况时，应当更为重视材料的透水性及堵塞情况。另外，置换率较高的强制置换的情况，对砂桩的透水性相关的要求较低。因此，在选择材料时，需要充分考虑改良的目的和置换率的大小。

②关于砂桩的材料，并没有特别的明确规定，通常都是从施工地区利用起来较为经济的材料中选择能满足上述要求的材料。与图 2-17 中所示的用于 SCP 砂桩的粒度分布范围的实例相比，近年使用细粒分较多的砂的实例更多一些。

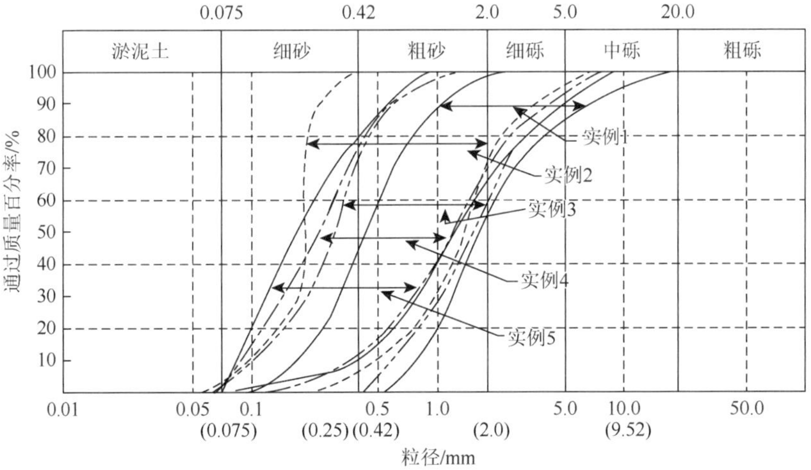

图 2-17　用于 SCP 砂桩的粒度分布范围的实例

③作为与砂桩材料相关的一些观点，下面提出了以在置换率较低的陆地上的施工为前提的材料基准。虽然没有给出明确的根据，相关规定使用有效粒径 $D_{10}\geqslant 0.1$ mm、均匀系数 $U_c(D_{60}/D_{10})\geqslant 5$ 的砂桩材料。另外，也有规定根据砂井用砂的材料标准来选定砂桩的材料。另外，最近也有使用制钢矿渣、铜水碎矿渣或牡蛎壳等作为材料的案例（参照相关行业规范）。从经济性的观点来看，在利用超出②中所示的以往粒度分布范围或无法满足其他机构所规定要求的材料时，需要对以下的内容进行研究：(a）从砂桩材料特性的观点出发，对材料的最大/最小密度、挤密特性、透水性及内摩擦角的研究；(b）从施工可行性的观点出发，对从钻管拔出的难易度的研究；(c）施工后为了确认完工，对 N 值与相对密度关系的研究。

④置换率及改良深度与砂桩 N 值的关系：因为砂桩的 N 值会因为使用的材料、施工条件等的不同产生很大的变化，所以目标值应该参考以往的施工案例来确定。由于砂桩的施工管理通常不是控制完成的密度，而是规定置换率，故必须确认被强制压入土中的必要砂量。因此，砂桩的密度（或 N 值）会根据桩的材料特性、原地基的强度、约束压力及施工条件（制作砂桩过程的纵向的压缩比、置换率、固结能量等）的不同发生变化。

2.6.3　黏性土地基

2.6.3.1　填土量的估算

①由于伴随砂桩打设而产生的填土量会受原地基条件、置换率、施工条件等很多因素影响，因此通过对以往的实例数据进行统计处理后提出了许多估算方法。填土量和砂桩的设计投入砂量的比值称为隆起率 μ，其计算见式（2-28）。

$$\mu=\frac{V}{V_s}=0.356a_s+2.803L^{-1}+0.112 \tag{2-28}$$

式中，a_s——置换率；

L——平均砂桩长（m）；

V——填土土量（m^3）；

V_s——设计投入砂量（m^3）；

μ——隆起率。

②式（2-28）是根据 6 m≤L≤20 m 的 28 个施工实例，以及包含砂桩长为 21 m 的两个实例及砂桩长 25.5 m 的一个实例的 6 个现场数据进行重回归分析而求得的。解析的结果是，对 μ 的贡献率的顺序为 $1/L$、a_s、q_u，由于 q_u（原地基的单轴压缩强度）的贡献率过低，在式中略去了。

③填土高度的预测隆起率与实测隆起率的关系如图 2-18 所示。不仅如此，式（2-28）数据库的施工案例的勘察结果也可以作为更长尺寸砂桩施工时的估算方法的参考。另外，需要对此估算式适用时的预测精度加以关注。

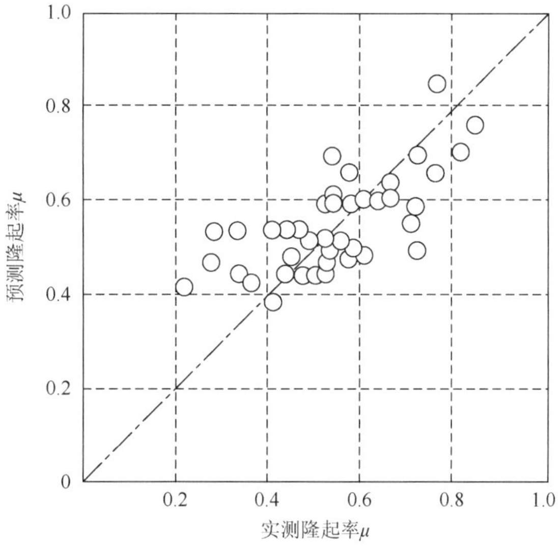

图 2-18 填土高度的预测隆起率与实测隆起率的对比

2.6.3.2 隆起形状的目标

①隆起的形状受到砂桩施工条件（打设方向、有无相邻改良区域等）的显著影响。对于打设方向的影响，如果砂桩为单向打设时，最大隆起高度的位置一般都会偏离打设方向，并不是在改良范围的中央。单向打设砂桩时隆起土的形状如图 2-19 所示，最大隆起高度为 H_{max}、改良范围前端隆起高度为 H_1、后端隆起高度为 H_2、最大隆起产生的位置与改良中心的距离为 x、前方隆起范围为 l_1，以及后方隆起范围为 l_2。其中，使用 α_1 或 α_2（H_1 或 H_2 与 H_{max} 的比值）与 $B/2$ 的比 $\beta(\beta = 2\alpha_1 / B, \beta = 2\alpha_2 / B)$，以及隆起范围的发生角度 θ_1 和 θ_2，可以将隆起形状用无量纲参数表现出来。从以往的施工结果和现场实验结果来判断，其形状的目标为 $\theta_1 = 60°$、$\theta_2 = 45°$、$\alpha_1 = 0.85$、$\alpha_2 = 0.4$、$\beta = 0.7$。

②通常的施工方法有：从横断面的单方向单侧压入施工的模式（图 2-19a）、双向往复单侧压入的模式（图 2-19b）及从横断面中央往两边分别进行施工的模式（图 2-19c）。如果假定往复打设或双向打设是单向打设的叠加，那么可以将与上述形状相关的系数及后面所述的最大隆起高度为 H_{max} 的预测结果结合起来预测隆起的形状。此外，关于有无相邻的已改良区域对隆起形状的影响可参考勘察结果。

2.6.3.3 隆起高度

对隆起高度的预测有两种方法。第一，将 2.6.3.1 节中所述的隆起率的估算式和 2.6.3.2 节中所述的隆起的形状组合起来，可推测各部分的隆起高度或平均隆起高度。第二，直接利用从隆起率预测相同的案例中推导的统计性估算式。

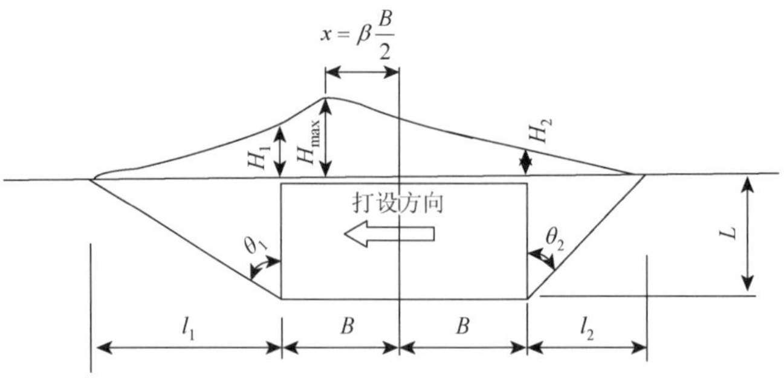

(a) 单向打设方式

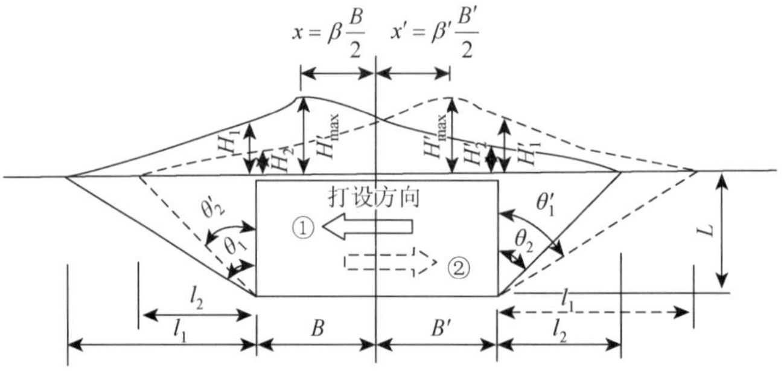

(b) 往复打设方式

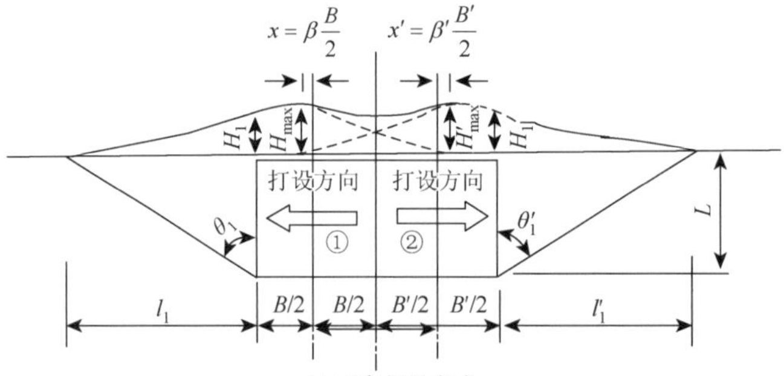

(c) 双向打设方式

图 2-19 打设方式和隆起土的形状

2.6.3.4 黏性土的强度评价

2.6.3.1～2.6.3.3 节所述的隆起形状、从砂桩下端角度 θ_1、θ_2 到地面所覆盖范围内的黏性土地基的强度会因为砂桩打设过程中的扰乱而降低。扰乱的程度在砂桩打设的改良范围内（域内）的砂桩间黏性土和除此以外的范围（域外）是不同的。虽然改良域内的砂桩间的黏性土的扰动是最大的，但打设的砂桩也有作为排水层的性能，因此强度的恢复速度很快。也有报道指出有砂桩打设后 1～3 个月的时间原地基的强度全部恢复的案例。对于从砂桩打设开始到上部构造物的施工之间没有充足的时间的情况，在性能验算时必须考虑原地基强度的降低。砂桩刚打设后砂桩间黏性土强度的变化如图 2-20 所示。图中的 q_{u_0} 为原地基的单轴压缩强度，q_u 为时间经过后的砂桩间黏性土的单轴压缩强度。另外，x 及 σ 分别为各个 q_u / q_{u_0} 的平均值和标准差。由图 2-20 可知，打设后不到一个月的时间，原地基强度最大降低了 50%，平均降低了 20%。也有报道指出，改良域外的黏性土的强度最大也减少了近 50%。

因为改良域外没有砂桩，所以无法利用砂桩的排水性能，其强度恢复速度比改良域内的土体要慢得多。此外，打设后的改良域内土体的强度恢复可参考现场案例和室内试验的报告。

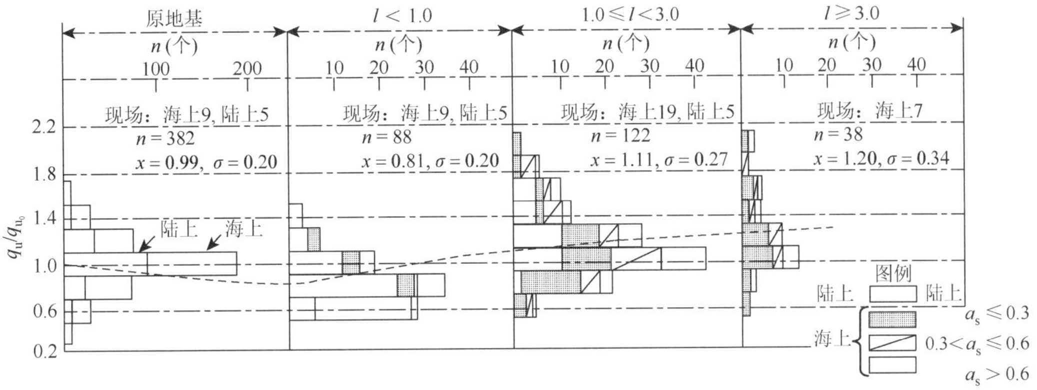

图 2-20　砂桩间黏性土强度的变化

另外，对上部构造物分期施工的情况，可以考虑对因压实而强度增加砂桩间土进行性能验算。但是，在这种情况中，作用于砂桩间黏性土的压实有效荷载应该乘以后面所述的应力折减系数。

2.6.3.5　隆起的物理特性及强度评价

由于隆起物以往多被废弃，而最近将其作为基础地基的一部分进行有效利用的实例在不断增加，所以在这种情况下有必要对其物理特性和强度进行研究。

关于砂桩打设产生的隆起的物理特性，有实例是原地基以 70%置换率进行改良，隆起部分使用同一施工机械进行不压实（大口径砂井排水）改良，改良 40%（ϕ1.2 m、1.7 m，正方形配置）。隆起中砂桩 N 值的平均值为 3.6 的松散砂桩，隆起高度在改良范围内为 3～4 m。从这种隆起的砂桩打设后的试验可知，隆起的物理特性（单位体积重量、含水率及粒度组成）与隆起高度相当的深度处的原地基物理特性几乎没有变化。隆起强度的降低与恢复如表 2-4 所示。表中改良域外的隆起按振动压实砂桩下端开始 45°或 60°范围的情况分开显示。域内隆起的强度由于砂桩的打设会降低约 50%，但会在 1.5～3.5 个月后恢复。域外隆起的强度会降低 30%～40%，但强度恢复缓慢，有报道指出打设 8 个月后才恢复到原地基强度。

表 2-4　隆起强度的降低与恢复

		施工前	砂桩打设后	打设后 1.5～3.5 个月
q_u/q_{u_0}	改良区域内	1.00	0.46	0.93
	改良区域外（45°）	1.00	0.62	0.65
	改良区域外（60°）	1.00	0.72	0.72

2.6.4　改良地基的抗剪强度的计算式

①改良地基（砂桩及软弱黏性土地基组成的复合地基）的抗剪强度计算式有几种，但无论置换率多大，采用式（2-29）的案例最多，复合地基的抗剪强度如图 2-21 所示。另外，$a_s \geqslant 0.7$ 时，通常略去式（2-29）的第一项，或不用式（2-29）计算而直接认为其与改良范围为 $\varphi = 30°$的砂性土一样。

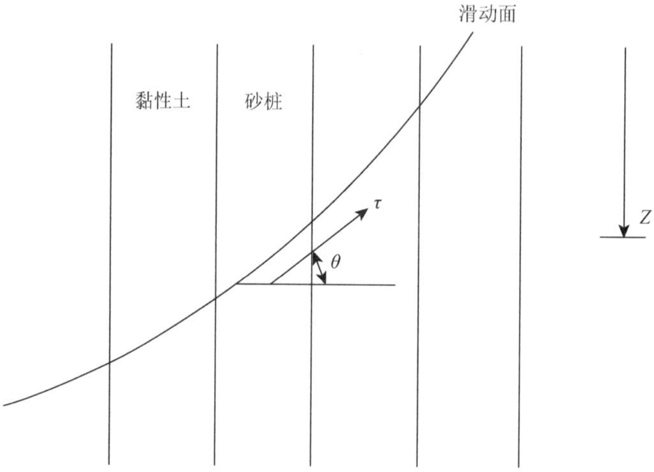

图 2-21　复合地基的抗剪强度

$$\tau = (1 - a_s)(c_0 + kz + \Delta\sigma_z \mu_c / \Delta pU) + (w_s z + \mu_s \Delta\sigma_z) a_s \tan\phi_s \cos^2\theta \qquad (2\text{-}29)$$

其中，a_s——砂桩的置换率（一根砂桩的断面面积/一根砂桩支配的有效断面面积）；

c_0——$z = 0$ 时原地基的不排水抗剪强度（kN/m^2）；

$c_0 + kz$——原地基的不排水抗剪强度（kN/m^2）；

k——原地基深度方向的强度增加率（kN/m^3）；

U——平均压实度；

z——垂直坐标（m）；

τ——滑动线位置处发挥的平均抗剪强度（kN/m^2）；

μ_s——砂桩的应力集中系数，$\mu_s = \Delta\sigma_s / \Delta\sigma_z = n/[1 + (n-1) a_s]$；

μ_c——黏性土部分的应力折减系数，$\mu_c = \Delta\sigma_c / \Delta\sigma_z = n/[1 + (n-1) a_s]$；

w_s——砂桩的单位体积重量（地下水面以下的水中单位体积重量）（kN/m^3）；

ϕ_s——砂桩的摩擦角（°）；

θ——滑动线与水平面的夹角（°）；

$\Delta\sigma_z$——对象滑动线位置处铅直应力增量的平均值（kN/m^2）；

$\Delta\sigma_s$——对象滑动线位置处砂桩部分铅直应力增量（kN/m^2）；

$\Delta\sigma_c$——对象滑动线位置处砂桩间黏性土部分铅直应力的增量（kN/m^2）。

②用于性能验算的参数：在以往的性能验算实例中，用于式（2-29）的参数有一定的范围。用于性能验算的参数值应该对原地基的强度、适用安全性的富余度、适用的性能验算方法、施工速度进行斟酌后再决定。根据以往的实例，通过对式（2-29）进行逆解析得到的标准应力分担比和摩擦角如下所示。

$$a_s \leqslant 0.4 \quad n=3 \quad \phi_s=30°$$
$$0.4\leqslant a_s \leqslant 0.7 \quad n=2 \quad \phi_s=30°\sim35°$$
$$a_s \geqslant 0.7 \quad n=1 \quad \phi_s=35°$$

近年，国外使用矿渣等作为砂桩材料的实例有所增加。在矿渣等材料中有摩擦角比较高的材料，在使用这类材料时，除了要注意应力分担比的设定，还可使用与实测结果接近的摩擦角进行性能验算。

③复合地基抗剪强度计算式的种类：在以往的性能验算例中，除了式（2-29）外，也有分别使用以下三个计算式的情况。式（2-31）和式（2-32）是考虑高置换率情况下的抗剪强度计算式。根据以往的勘察结果，在低置换率（$a_s \leqslant 0.4$）情况下的性能验算几乎都使用的是式（2-29），也有极少数使用了式（2-30）。在 $0.4\leqslant a_s \leqslant 0.6$ 时，虽然使用式（2-29）的实例也有很多，但有 1/5 的实例使用了式（2-31）。在 $0.6< a_s$ 时，使用式（2-31）和式（2-32）的例较多。

$$\tau=(1-a_s)(c_0+kz)+(w_m z+\Delta\sigma_z)\mu_s a_s \tan\phi_s \cos^2\theta \tag{2-30}$$

$$\tau=(w_m z+\Delta\sigma_z)\tan\phi_m \cos^2\theta \tag{2-31}$$

$$\tau=(w_m z+\Delta\sigma_z)\mu_s a_s \tan\phi_s \cos^2\theta \tag{2-32}$$

其中，上式与式（2-29）中不同的记号的定义如下所示：

w_m ——平均单位体积重量$[w_m=w_s a_s+w_c(1-a_s)]$；

w_c ——黏性土的单位体积重量（地下水面以下的水中单位体积重）（kN/m^3）；

ϕ_m ——假定高置换率改良地基为均匀地基情况下的平均摩擦角，$\phi_m=\tan^{-1}(\mu_s a_s \tan\phi_s)$。

2.6.5 作用

使用挤密砂桩加固法进行地基改良，在地震作用时，有降低主体构造物变形的趋势。因此，在设定使用挤密砂桩加固法进行地基改良的主体构造物验算使用的震度时，对这种降低效果进行恰当的评价后，可以设定较为合理的验算用震度。此外，关于计算验算用震度的基本流程及注意事项，可参照重力式系船码头相关行业规范的规定。

用置换率在 70%以上的挤密砂桩加固法进行地基改良时，重力式系船码头的验算用震度的特征值应该将未改良地基的修正加速度最大值乘以折减系数后，用式（2-33）进行计算。对未改良地基的修正加速度最大值的计算可以参照相关行业规范的规定。此外，折减系数是以重力式系船码头作为对象，基于未改良地基和置换率为 70%的改良地基之间的二次非线性有效应力解析的结果求得的。

$$k_{\mathrm{h}}' = 1.78\left(\frac{D_{\mathrm{a}}}{D_{\mathrm{r}}}\right)^{-0.55} \frac{\alpha_{\mathrm{c}} c}{g} + 0.04 \tag{2-33}$$

式中， k_{h}'——验算用震度的特征值；

α_{c}——修正加速度最大值（$\mathrm{cm/s^2}$）；

g——重力加速度（$=980\ \mathrm{cm/s^2}$）；

D_{a}——容许变形量（=10 cm）；

D_{r}——基准变形量（=10 cm）；

c——对改良地基震度特性的折减系数（$c = 0.75$）。

2.7 碎石桩法

2.7.1 概述

振冲法是由德国人 S. Stewennan 于 1936 年提出的，早期用于加固松砂地基，分为不加填料与加填料两种方法，加碎石填料的即为振冲碎石桩法。

振冲碎石桩是利用振冲器产生的高频振动及高速水流，在边冲边振的联合作用下，将振冲器沉入预定深度并形成钻孔，再在清孔后向孔内分批填入碎石来制作成桩，桩体与桩间地基土构成复合地基。

振冲碎石桩一般适用于松散砂土的加固处理。适用于对黏性土的加固处理时需慎重，因为碎石桩为散体材料桩，在承受荷载后，其抵抗荷载的能力，完全依赖于桩周土体的径向支撑力。由于软黏土的天然抗剪强度小，所以往往难以提供碎石桩需要的足够的径向支撑力。因此，不能获得满意的加固效果，甚至造成加固处理的完全失败。一般当软黏土地基的天然不排水强度小于 20 kPa 时，常不能取得满意的加固效果。

振冲碎石桩对地基的加固机理一般可分为挤密和置换两种作用。对饱和黏性土，主要是置换；对砂性土，主要是挤密；对非饱和的黏性土，则同时兼有置换和挤密两种作用。

振冲碎石桩具有如下特点：

①桩径较粗，一般为 70～100 cm。

②沿轴向可以改变直径，由于振冲器的输出功率是预定值，随地基土层强度的不同所形成的桩径也有所不同，对较为不良的软土可以“照顾”多注入碎石颗粒增强承载能力。

③刚度比地基土大但又比钢材和混凝土小，它在受力过程中可以适应较大的变形，与刚度较大的钢筋混凝土桩和钢桩相比，它是一种柔性桩。

④透水性较好，桩体一般有良好的排水作用，可加速软土地基的固结。

2.7.2 振冲碎石桩的设计

2.7.2.1 复合地基承载力

振冲碎石桩复合地基承载力特征值应通过现场复合地基载荷试验确定，初步设计时也可用单桩和处理后桩尖土承载力特征值按公式估算。

2.7.2.2　桩长

当相对硬层埋深不大时，应按相对硬层埋深确定；当相对硬层埋深较大时，按地基变形允许值确定；在可液化地基中，桩长应按要求的抗震处理深度确定。

2.7.2.3　桩位布置

对大面积满堂处理，宜用等边三角形布置；对单独基础或条形基础，宜用正方形、矩形或等腰三角形布置。

桩间距应根据上部结构荷载大小和地层情况，并结合拟采用的振冲器功率，同时考虑桩径及桩土面积置换率综合确定。

2.7.2.4　振冲碎石桩处理范围

应根据建筑物的重要性和场地条件确定，一般在基础外缘扩大1～2排桩。当要求消除地基液化时，基础外缘扩大宽度不应小于基底下可液化土层厚度的1/2。

2.7.2.5　桩体材料

可用含泥量不大于5%的碎石、卵石、矿渣或其他性能稳定的硬质材料，不宜使用风化易碎的石料。

2.7.2.6　现场试验

振冲碎石桩应根据设计荷载的大小、原土强度、设计桩长等条件选用不同功率的振冲器在现场试验，以确定水压、振密电流和留振时间等各种施工参数。

2.7.3　振冲碎石桩的施工

2.7.3.1　施工工序

振冲施工可按下列步骤进行：

①清理平整施工场地，布置桩位。

②施工机具就位，振冲器对准桩位。

③启动供水泵和振冲器，将振冲器沉入土中，直至达到设计深度。记录振冲器经各深度的水压、电流和留振时间。

④造孔后边提升振冲器边冲水直至孔口，再放至孔底，重复两三次扩大孔径并使孔内泥浆变稀，开始填料制桩。

⑤大功率振冲器投料可不提出孔口，小功率振冲器下料困难时，可将振冲器提出孔口填料，每次填料厚度不宜大于50 cm。将振冲器沉入填料中进行振密制桩，当电流达到规

定的密实电流值和时间达到规定的留振时间后，将振冲器提升 30～50 cm。

⑥重复步骤⑤，自下而上逐段制作桩体直至孔口，记录各段深度的填料量、最终点流量和留振时间，均应符合设计规定。

2.7.3.2　质量控制要点

①设立半永久性坐标控制点，严格控制测量、放线质量。

②建立现场施工用水、用电保障制度，保持施工用水水压，施工用电电压稳定。

③按批次或来源组织石料检验，控制粒径、含泥量、强度等指标。

④加强现场旁站管理，从严综合控制加密电流、留振时间、加密段长度等主要技术参数，可以通过安装自动记录、自动控制加密电流、留振时间等参数的仪器实现。

⑤严格按照试桩确定的施工工艺控制每次填料量。

2.7.4　振冲碎石桩复合地基的检测

振冲碎石桩施工结束后，除砂石地基外，应间隔一定时间后可进行质量检验。对粉质黏土地基间隔时间可取 21～28 d，对粉土地基可取 14～21 d。

振冲桩的施工质量检验可采用单桩载荷试验，检验数为桩数的 0.5%，且不少于 3 根。由于沉降难以稳定，费时较长，实际工程较少做单桩载荷试验。

对桩体检验可用重型动力触探进行随机检验。对桩间土的检验可在处理深度内用标准贯入试验、静力触探试验等进行检验。

振冲碎石桩复合地基承载力检验应采用复合地基载荷试验，检验数量不应少于总桩数的 0.5%，且每个单体工程不应少于 3 点。

2.8　振冲法

振冲法是一边使振动棒由下端向水平方向喷水贯入地基中，一边使地基振动密实，通过密实可将砂砾、碎石、砂、矿渣等投入振动棒周围，且期望振动传达效果及压入效果的工法，是仅次于挤密砂桩加固法的常用工法。因要从地表面装入填充材料，适用深度在 14 m 左右。

2.8.1　性能验算的基本方针

①对于振冲法，在进行其对象地基特性及施工方法特征的性能验算时，应该充分参考以往的施工实例，或者基于试验施工的结果。

②施工方法的特征：振冲法就是将棒型或桩型的振动体插入地中的指定深处，一边从地表往振动体周围的空隙补给砂或砾石，一边将振动体向上提拉，从而使松散砂地基深层固结的一种方法。施工概念图如图 2-22 所示。

③固结效果。由于使用振冲法时，影响松散砂地基固结的因素有很多，需要进行试验施工来分析。

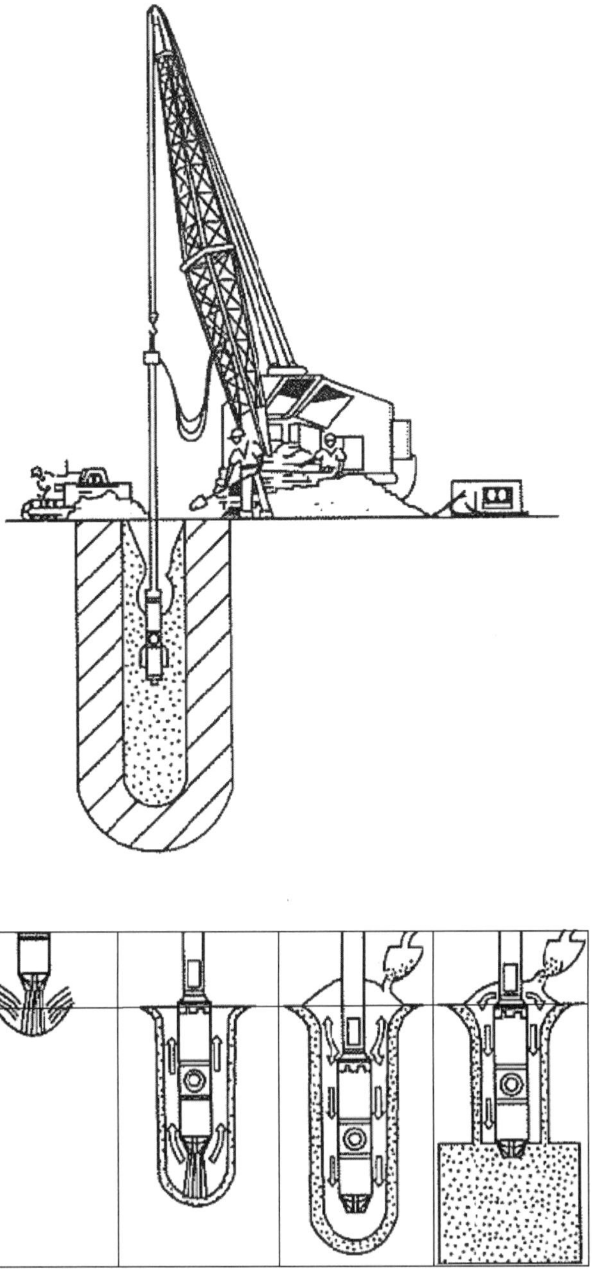

图 2-22 施工概念图

一般情况下，振冲法性能验算的考虑方式与以砂质土为对象的挤密砂桩加固法基本是一致的，含泥量也需考虑。虽然振冲法及挤密砂桩加固（SCP）工法在固结机理的各方面都有所不同，但最大的差别在于，振冲法是在振动的过程中往地中的空隙补给砂石进行固结；而 SCP 工法则是先确定好补给砂量，然后施加振动将其强行压入地中进行固结。因此，在使用振冲法时，根据振冲的方法、能力及施工方式的不同，每个固结点的补给砂量及固结影响的范围都会发生变化。

2.8.2　性能验算

2.8.2.1　对施工实例的研究

①可以基于与对象地基的特性、振冲法的打设密度、振冲的能力、改良前后的地基 N 值的相关性等有关的可以充分信任的施工实例，进行改良工法的性能验算。

②根据迄今为止的实际施工案例来推测振冲法的适用界限，图 2-23 是原地基的粒度和固结后的最小 N 值的关系。

③原地基的粒度界限。振冲法不适用于淤泥质地基。由图 2-23 可知，虽然对淤泥质土的改良效果比较小，能适用于淤泥质土含量在 40%以内的情况，但是也有报道指出淤泥质土含量在 30%～40%以上的地基达不到预期的改良效果，还有报道指出在欧洲、美国的一些案例中，即使使用了强力振冲，对于淤泥质土含量超过 25%的地基也没有改良效果。

④补给砂的粒度界限。粒径在 5～40 mm 的砂砾、粗砂、残渣、现场的砂石等都被用作补给砂。如果粒径太小，就会随着上升的泥水流漂浮起来，并且下落速度变小，不能顺利固结。补给材的最小粒度如图 2-23 中的虚线所示。

⑤改良后 N 值的目标值。图 2-23 所示的 N 值是在离振动桩最远的位置处施工后的值，因此可以得到③与④中所述的施工条件下的固结界限。

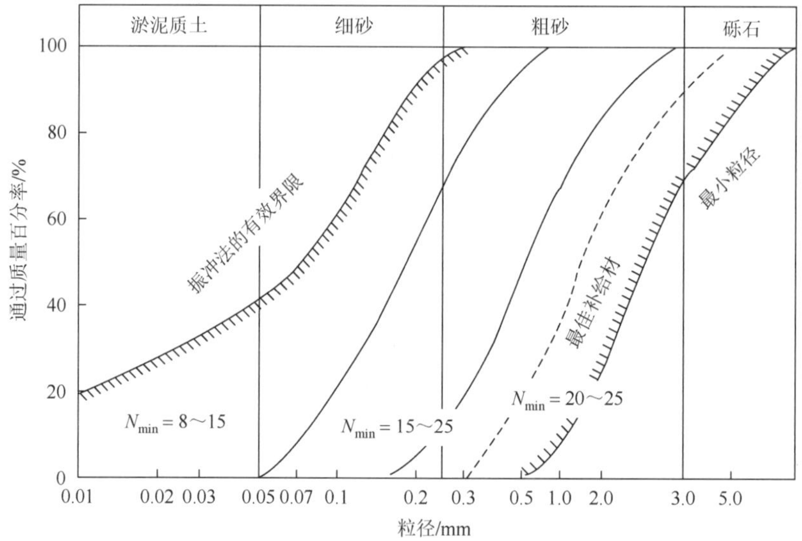

图 2-23　原地基的粒度和固结后的最小 N 值的关系
（以砂质土地基为对象的情况）

2.8.2.2 对试验施工的研究

①在没有可靠的过往案例、淤泥质土含量较多或是砂质土和黏性土形成互层状态的情况下，可根据试验施工来进行性能验算。试验施工即对不同孔隙比的密实度进行研究，并综合考虑实例来进行判断。

②对振冲法试验施工的前期研究，以挤密砂桩加固法的情况为基准（参照 2.5 节砂性土地基挤密砂桩加固法试验施工的性能验算）。只是振冲法的补给砂量及适当的施工间隔的确定应当参考挤密砂桩加固法的施工案例。

2.9 强夯法

2.9.1 概述

强夯法是将重为 10 t 的重锤从距离地面 10～40 m 的高处反复落下以密实 10～15 m 深处地基的工法。因每击打一次则地表面陷没些许，不可在同一地点连续击打，在实际施工时事先配置格子状的击打处，配合着工程的大小范围击打后用砂回填，然后再次击打。改良效果及改良深度由对象土质及地下水位等地质条件、重锤每次击打的落下能、击打次数及间隔等施工条件所决定，故有必要通过施工试验以确定最佳施工条件，在废弃物地基上发挥作用。

强夯法在我国的应用和发展经历了以下几个阶段。

①基于动力压实的原理，被大量地应用于处理碎石土、砂土、低饱和度的粉土、黏性土、湿陷性黄土、素填土和杂填土等地基，不但很好地提高了地基土的强度、密实度，降低了压缩性，同时在消除砂土、粉土液化，消除湿陷性黄土的湿陷性方面取得了非常突出的效果。20 世纪 80 年代初期，太原工业大学、中国化学工程第二建设公司、山西省机械施工公司，在山西化肥厂应用 6250 kN·m 强夯能级处理湿陷性黄土，消除湿陷性深度达到 12 m，这是我国推广强夯法初期取得的重要成果。

②随着我国沿海一些港口城市的对外开放，沿海地区建设规模迅速扩大，建设用地稀缺、与农争地的矛盾日益突出；同时出于港口建设的需要，围海造地也成为港口建设的必然趋势，开山填海是围海造地的主要途径。但这种将开山获得的石块、碎石土抛入海中堆积而形成的场地，不但非常稀松，而且极不均匀，如果不做处理，根本不能成为建设场地。如果用传统的常规处理方法，不但造价高昂，加固效果差，而且效率低、工期长，也难以满足快速发展的建设形势要求。20 世纪 80 年代中期，中国建筑科学研究院和中国石化集团北京设计院等采用强夯处理填海地基建造重要的工业建筑获得成功，并在中国沿海推广，为我国广大沿海地区进行大规模填海造地工程提供经济有效的地基处理方法和经验，也是我国强夯施工技术发展史上的一个重要标志。

③随着改革开放由沿海向中西部的发展，我国基本建设形势又遇到新的课题需要解决。一是沿海及内陆地区广为分布的软土地基，处理效果差、工期长、造价高。二是我国冶金、化工、电力等工业排放的工业废渣大量堆积、占用土地、污染环境。1984 年太原工业

大学采用在夯坑中填砂的办法，处理新近堆积软土，通过 1600 kN·m 能级强夯，边夯边填，夯实后形成 4 m 的砂石墩，使承载力为 60～70 kPa 的软土地基形成地基承载力为 200 kPa 的复合地基，这是强夯置换的初步探索。1987 年冶金部建筑研究总院和山西省机械施工公司等在武汉钢铁公司龙角湖沼泽地试验强夯置换加固软土地基，将质地坚硬、性能稳定和无侵蚀性的冶金渣作为地基和填料，不但使大量沼泽地成为工业建筑用地，同时还搬掉了武汉钢铁公司建厂以来堆积的占地 10 km^2 的渣山，我国著名土力学专家刘慧珊教授根据这一成果总结了强夯置换，并将其纳入地基处理规范；同一时期、冶金部建筑研究总院和山西省机械施工公司用强夯法处理重庆钢铁公司冶金渣填地基，用作重型工业厂房取得成功。

1991 年，国内采用强夯置换碎石墩和强夯置换挤淤沉堤两种方法，分别用于建筑场地地基处理和飞机场跑道、滑行道的拦淤堤施工。

④在西部大开发的建设高潮中，我国强夯施工技术又遇到一次难得的发展空间与机会。我国西南地区山大沟深，工程地质条件恶劣，地质灾害频发，搬山填谷、填方造地是我国中西部丘陵、山区解决建设用地的有效途径。这些填方地基，最大填方高度达百米以上，最大填方量往往在数百万至数千万立方米以上，昆明长水国际机场的最大填方量达到 1 亿 m^3 以上。这些填方地基的加固绝大多数采用了强夯法处理。传统的分层碾压法，由于对填方材料含水量、粒径、级配要求高，分层厚度小，很难满足大规模填方地基的工期和质量要求。中国建筑科学研究院、中国民航设计院、机场建设集团、西南电力设计院、山西机械化建设集团有限公司在大唐贵州发耳发电有限公司、九寨黄龙机场等西部电厂及机场建设中，针对高填方地基强夯处理中的填方材料、回填工艺、压实功能、稳定性、振动影响、施工工艺等一系列课题进行了技术攻关，取得了丰硕成果，摸索出我国中西部山区、丘陵地区高填方地基以强夯为主的综合整治加固处理方法。

2.9.2　加固机理

2.9.2.1　分类

强夯法虽然在实践中已被证实是一种较好的地基处理方法，但到目前为止，还没有一套成熟和完善的理论和设计计算方法。目前，强夯法加固地基有 3 种不同的加固机理：动力密实（dynamic compationg）、动力固结（dynamic comsolidation）和动力置换（dynamic replacement），它取决于地基土的类别和强夯施工工艺。

采用强夯加固多空隙、粗颗粒、非饱和土是基于动力密实的原理，即用冲击型动力荷载，使土体中的孔隙体积减小，土体变得密实，从而提高地基土的强度。非饱和土的夯实过程，就是土中的气相（空气）被挤出的过程，其夯实变形主要是由于土颗粒的相对位移引起的。

用强夯法处理细颗粒饱和土时，则是借助于动力固结的理论，即巨大的冲击能量在土中产生很大的应力波，破坏了土体原有的结构，使土体局部发生液化并产生许多裂缝，增加了排水通道，使孔隙水顺利逸出，待超孔隙水压力消散后，土体固结。由于土的触变性，其强度也得到了提高。

动力置换可分为整式置换和桩式置换。整式置换是采用强夯将碎石整体挤入淤泥中，其作用机理类似于换土垫层法。桩式置换是通过强夯将碎石填筑土体中，部分碎石桩（或墩）间隔地夯入软土中，形成桩式（或墩式）的碎石墩（或桩），其作用机理类似于振冲法等形成的碎石桩，它主要是靠内摩擦角和墩间土的侧限来维持桩体的平衡，并与墩间土起复合地基的作用。

2.9.2.2 弹性原理

对连续弹性体而言，质点在连续介质内振动，其振动的能量可以传递给周围介质、引起周围介质的振动，振动在介质内的传播过程中形成波。波在介质内传播分为纵波和横波。波的传播形式是纵波还是横波由传播的介质确定。当介质产生剪切应变，弹性恢复力存在时则介质可以传播横波（一般固体介质具有这种性质），否则不能形成横波，如液体和气体介质除液体表面可以传播瑞利波外不能在内部传递横波。当介质产生拉压变形有弹性恢复力存在时此种介质可以传播纵波。液体及气体受压缩时，有弹性恢复力作用；剪切时无弹性恢复力，所以在液体和气体中只能传播纵波，在固体中，纵波和横波可以同时存在。

从介质的谐振周期$T=\sqrt{\frac{m}{k}}$分析，介质的谐振周期与质量和刚度有关，对液体介质，其刚度k值远远大于土体介质，所以当重锤夯击时引起水相和土相介质的振动频率也不相同，不同的介质在夯击中引起不同的反应。

强夯处理地基是由高势能的夯锤自由下落时和地基土碰撞产生巨大的冲击波。这部分夯击能一部分以声波的形式向外传播，一部分由夯锤和土体摩擦而形成热传播，其余大部分冲击能以体波的形式由振源向地基深层传播，能量释放于可加固范围的地基中，使土体得到不同程度的固结加固。强大的冲击波在土体中产生压缩和侧向挤压产生纵波（P 波）。纵波的质点振动方向和传播方向相同，所以也称为压缩波（P 波），它对地基产生压缩作用。

冲击波产生的剪切变形在地基中产生横波（S 波），即剪切波，横波的振动方向和传播方向垂直，使地基表层产生松动出现扰动膨胀区，松动层以下由于压缩波的作用使土体得到加固，地基土为一弹性体，在强力夯击下地基产生变形。其变形量包括塑性及弹性两部分，总变形量除了与单击能量大小有关，也随夯击次数而异。

2.9.3 设计

2.9.3.1 强夯的适用范围

强夯地基处理可用于机场、道路、港口、场站、储罐、仓储、工厂和房屋建筑等工程场地的天然地基处埋和场平人工填筑地基的压实处理。

我国地域辽阔，自然条件千差万别，而地基土本身又是一个复杂多元的综合体系。地基本身有天然和人工堆填的差别，又有水上、水下、粗颗粒、细颗粒、饱和、非饱和、湿陷、液化等众多的区别。用几种简单的强夯加固模式去解析处理土层千变万化的各种地基显然不够合理。为了使强夯设计更具针对性、效果更好，有必要对强夯处理地基的类型进行划分。

Ⅰ. 非饱和粗粒土

这类地基土主要指地下水位以上，饱和度低于 70%，不含黏粒，以粗颗粒土为主的碎石土、砂土、人工填土。

Ⅱ. 非饱和细粒土

这类地基土指地下水位以上，饱和度低于 70%，黏粒含量低于 20%，包含粗颗粒的碎石土、砂土、粉土、湿陷性黄土、人工填土。

Ⅲ. 非饱和黏性土

这类地基土指地下水位以上，饱和度低于 70%，黏粒含量大于 20%的以细颗粒为主的碎石土、人工填土、一般黏性土、湿陷性黄土。

Ⅳ. 饱和粗粒土

这类地基土指地下水位以下或地下水位以上不含黏粒，饱和度大于 70%的以粗颗粒为主的碎石土、砂土、人工填土。

Ⅴ. 饱和细粒土

这类地基土指地下水位以下或地下水位以上黏粒含量低于 20%、饱和度大于 70%的碎石土、粉砂、粉土、湿陷性黄土。

Ⅵ. 饱和黏性土

这类地基土指黏粒含量大于 20%的地下水位以下或地下水位以上饱和度大于 70%的以黏性土为主的碎石土、人工填土、一般黏性土、红黏土。

Ⅰ～Ⅴ类地基适用于强夯法，但这 5 类地基土又因土的物理性质差别，强夯有效加固深度差别较大。

从强夯有效加固深度和加固效果分析，Ⅰ类、Ⅳ类土同等能级下加固深度大，夯后的力学强度和抗变形强度高，且遍与遍之间可不考虑间歇时间。而Ⅱ类、Ⅲ类地基土的加固深度会由于含水量的降低、饱和度的下降，有效加固深度会明显降低。Ⅲ类地基土又劣于Ⅱ类地基土，遍与遍之间应考虑间歇时间，且Ⅲ类的间歇时间要大于Ⅱ类。

Ⅴ类饱和细粒土的很大一部分是可液化地基，是非常适用强夯法的一类地基，有效加固深度大，加固效果好。这类地基土中另一部分，当黏粒含量接近 20%时，强夯的加固机理中含有一定的动力固结原理，应适当考虑遍与遍之间的间歇时间，属于动力密实法和动力固结法的过渡类型。

Ⅵ类饱和细粒土是适用于动力固结法原理的地基土类型，由于动力固结法会随着地基土黏粒含量的增加、含水量饱和度的增加，强夯加固效果越来越差，工程效率、经济效益还渐变，得不偿失。因此，此类地基土应采用改良后的动力固结强夯法，遍与遍之间一定要设较长间歇时间。当然若用动力置换的方法改良该类地基也有效。

2.9.3.2　强夯参数设计

在强夯时，经过一定的夯击数，夯点下形成下一个数米深度的夯坑，若夯坑深度为

3 m，夯坑直径也为 3 m，则约有 21 m^3 的土体被推下夯坑坑底，这样不但夯锤底下一定深度内加密，形成锲形体（更准确地说像一个梨形体），周围的土体被挤密。至于侧向挤密的宽度，不仅同土质情况、夯点的击数有关，也和能级有关。因为土体向下移动和侧挤时，不但要克服底部向上的阻力，也要克服侧向的剪切力。显然强夯能级越大，锲形体克服阻力和剪切的能力越大，横向加密的宽度也越大。同时，当夯坑越深，意味着侧向土体的上覆土压力也越大，夯间土的挤密效果也就越好。

从影响的大小比较，能级首先对加固的深度影响最大，侧向影响次之。再从纵向上分析，点夯后的地基可以分为三个区域，第一个区域为地面起至夯坑底一定深度，即两个梨形体的交接处，为强夯扰动带；第二个区域为强加固带，为两个梨形体交接处向下一定深度；第三个区域是弱加固带。强夯加固土层剖面示意图如图 2-24 所示。

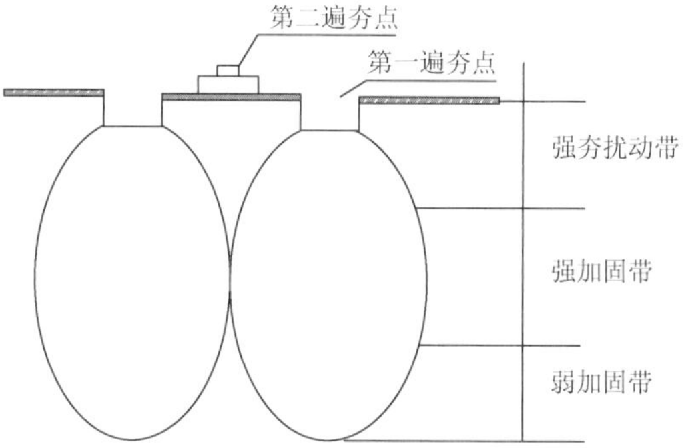

图 2-24　强夯加固土层剖面示意图

强夯扰动带的深度随夯点间距和能级的增大而增大，因此在强夯工艺上有这样的说法，大夯距加固深层，中等夯距加固中层，小夯距加固浅层。相对应深层采用高能级，中层采用次高能级，浅层采用中低能级，低能级满夯用于表层。当加固深度小时，由于强夯能级也低，只要采用满夯就可以将强夯扰动带予以加固。

对地基处理深度大的地基，所应用的强夯工艺也较复杂，能级组合也较复杂。而地基处理深度小的地基，工艺相对简单，能级组合也相对简单。

2.9.4　施工设备

国内强夯施工，自 20 世纪 70 年代末引进以来，至今经历了 30 多年的发展，能级达到 20 000 kN·m。施工设备最初以中小吨位（15～50），安装用履带起重机作为改造对象，通过增加辅助装置，来实现 8000 kN·m 以下能级的强夯作业。主要有以下几种形式。

①以 W1001、QU32、W200A 起重机为代表，加装辅助门架，形成的代用强夯机，这种代用强夯机一般用于 1000～8000 kN·m 的强夯施工。目前在国内强夯施工市场仍然为主力机型。这种代用强夯机型经不断改造，目前最大能级达到 12 000 kN·m。

②以 W200A 起重机为代表的，在强夯臂杆中后部加装防后倾装置而形成强夯机。它能满足夯锤重量不大于 220 kN，强夯能级不大于 550 kN·m 的低能级强夯施工，具有轻便、灵活、机动性好的特点。其代表类型为杭州起重机厂 QH550A 型强夯机。以上这些机型

除 QH550A 型强夯机以外，均没有科研机构、高等院校和工程机械制造商参与技术开发、产品支持。所产设备性能较差，安全性、可靠性普遍较差。

③从 2005 年以来，国内高等院校、工程机械制造商不断参与强夯机的研发和制造，强夯施工设备制造迎来一个发展时期。目前的发展趋势如下。

a. 特大型化（10000～20000 kN·m）和微型化（500～2000 kN·m）。

b. 结构形式多样化：起吊支撑有三角架结构、井字架结构、T 形架结构、人字架结构、龙门架结构。

c. 一机两用型，即不带门架时用于中低能级，带门架时用于高能级。

d. 提升动力由油缸提升代替卷扬机提升，安全可靠、维修方便。

e. 以微电子、互联网为重要标志的电子化和信息化互动用于强夯施工设备上，从而实现远距离控制。提高施工作业的安全性和防止人为错误动作，实现夯击下沉量自动测定，体现强夯信息化施工能力。

f. 模块化设计和具有自动装卸功能的设计，从而给强夯机远距离快速运输带来便利。

g. 节能和环保的设计理念，以减少发动机排放，提高液压系统效率，减少钢丝绳消耗为目标，使强夯机达到低排放、低消耗（燃油、钢丝绳）、高效率的作业。

2.9.5　施工准备

①施工前应具备下列技术资料。

a. 强夯地基处理设计文件及图纸会审记录。

b. 主要施工机具及配备设备的技术性能资料。

c. 强夯试验的有关资料，当地有关强夯施工的经验资料。

②施工前应完成的技术工作。

a. 地基处理施工组织设计。

b. 对黏性土地基、湿陷性黄土地基，必要时测定地基处理深度内的含水量。

c. 对填土地基详细了解填土的成分、构成、级配和土石比等。

d. 做必要的填土击实试验、碎石土的颗粒分析、固体体积率试验。确定粗颗粒填土的级配和粒径控制及细颗粒土的最大干密度和最佳含水量，为填土的夯实提供质量控制标准。

e. 对山区地基应了解地下径流、泉水和裂隙水的出露情况并做好记录，标出坐标位置。

f. 设置测量控制网，建立现场坐标平面控制点和高程控制点。

g. 施工前应对进入施工现场的设备进行性能认定，并对夯锤质量、尺寸进行核对和确认，对控制落距的牵引钢丝绳进行长度标定，做出标记。

h. 强夯施工侧向挤压、水平变形对人工边坡、海堤、挡墙等构筑物产生的影响应通过现场强夯试夯施工、深层水平位移测试确定安全距离，制定监测计划。

i. 制定隔振、防振和环境保护措施。

施工的场地应满足如下要求：

①施工区的范围应在强夯处理范围的基础上再增加向外扩展的用于施工设备支撑、转移、回转的所需宽度。这个宽度一般为边排夯坑边缘向外扩出 2 m；

②施工前，必须查明施工区及影响范围内需保护的建筑物、构筑物、地下设施、挡土墙、地下管线等的位置及标高，并采取必要的保护措施；

③施工范围确定后，应清除场地耕植土、污染土、有机物质、树林和拆除旧建筑物的基础等，有积水的洼地应进行排水、清淤；

④整平场地至起夯面的标高，整平后的施工场地平整度、密实度、坡度应能满足承受施工机械的重量，满足施工设备运输、行走、运转、施工的稳定性、安全性；

⑤高水位地基强夯时，地下水位以上必须保持一定的覆盖层厚度，此厚度应不小于预估夯坑最大深度，当不满足该条件时，应铺填一定厚度的填料或采取降水措施；

⑥施工现场应根据周围环境需要设置截水和排水系统。

2.9.6 施工要点

2.9.6.1 试夯或试验性施工

强夯施工前，应根据初步确定的强夯工艺和参数，在施工现场选择有代表性的位置确定一个或几个试验区进行试夯或试验性施工，并通过测试检测试夯效果，对施工参数和工艺进行调整和确定。

2.9.6.2 点夯施工程序

①根据夯后的地面整平设计标高和预估的地面平均夯沉量确定的起夯面标高清理并整平施工现场，并用 20 m×20 m 方格网测量场地高程；

②标出第一遍夯点位置，测量夯点地面高程；

③夯机就位，起吊吊钩至设计落距高度，将吊钩牵引钢丝绳长度固定在臂杆上，锁定落距；

④将夯锤平稳提起，置于夯点位置，测量夯前锤顶高程；

⑤起吊夯锤至预定高度，夯锤自动脱钩下落夯击夯点；

⑥测量锤顶高程，记录夯坑下沉量；

⑦重复步骤⑤、⑥，按设计的夯击次数和控制标准，完成一个夯点的夯击；

⑧夯锤移位到下个夯点，重复步骤②～⑦，完成第一遍全部夯点的夯击；

⑨用推土机将夯坑整平（填方场地时，可用填料将夯坑填平），用 20 m×20 m 方格网测量场地高程，计算本遍场地夯沉量；

⑩在规定的间歇时间后，按以上步骤完成各遍夯击。

2.9.6.3 满夯施工方法

满夯施工应注意以下两点。

满夯施工锤印搭接 1/4 锤径有两方面的意义：一是直接观察就可以确保满夯的质量，避免了漏点漏夯；二是夯印搭接也不宜大于 1/4 锤径，否则搭接范围增大会导致夯锤落地不稳，产生夯锤落点偏移，加固效果反而不好。

在施工前，应放出满夯施工基准线，作为施工控制线，基准线的排与排宽度为 3/4 锤径。满夯施工可根据场地情况采用以下两种方法进行：

①隔排分两遍进行，施工程序如下：

a. 平整场地。

b. 用方格网测量场地高程，放出一遍满夯基准线。

c. 起重机就位，将夯锤置于基准线边。

d. 按照夯印搭接 1/4 锤径的原则逐点夯击，完成规定的夯击次数。

e. 逐排夯击，完成一遍满夯。

f. 整平场地，用方格网测量场地高程。

g. 放出二遍满夯基准线。

h. 按以上步骤完成第二遍满夯。

i. 平整场地。

j. 满夯整平后的场地应用压路机将地表虚土碾固结实，并用方格网测量场地高程。

②不隔排分两遍进行：施工程序基本同上，只是将满夯夯击次数分两遍完成，但每遍夯击时逐排完成。

2.10　刚性桩复合处理

2.10.1　概述

传统的复合地基是指采用砂桩、碎石桩等散体材料组成的柱状加固体与桩间土共同承担荷载而形成的人工地基。对于散体类柱状加固体，其对地基承载提高的作用主要表现于桩体作用（应力集中作用）、置换作用、排水作用、挤密作用，而其桩体作用，即单一加固体的竖向承载能力、荷载分担作用、桩土应力比等均主要依赖于桩周土体对其提供的侧限作用，单一桩体本身在竖向荷载沿桩身深度方向的传递又存在着临界桩长且通常较短。因此，相对于天然地基的常在力来说，这类复合地基的竖向承载力提升高度非常有限。

为了在相同条件下加大单一加固体的有效桩长、加大桩体作用、提高单桩的荷载分担作用，水泥土桩等加固体逐渐应用于复合地基。但是，这类加固体的桩身材料抗压强度仍然较低，仍然存在明显的单桩有效桩长，复合地基的承载力提高幅度仍然有限。为了获得更高的复合地基承载力，必须大幅度提高桩体材料的强度和刚度，从而克服单桩有效桩长的问题和显著提高单桩竖向承载力。

基于大幅度提高复合地基承载力并显著减小地基沉降的需求，以黄熙龄、同明礼等老一辈专家为代表的中国建筑科学研究院地基基础研究所于 1992 年开发成功的 CGF 桩复合地基即最早的刚性桩复合地基。在碎石桩中掺入水泥、粉煤灰和石屑，于是形成了黏结强

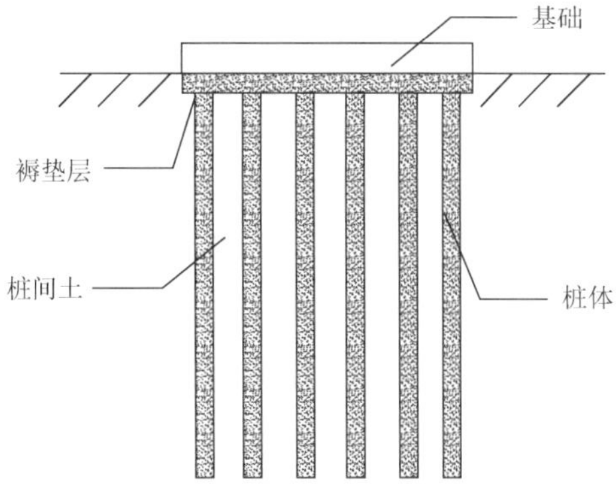

图 2-25　CFG 桩复合地基构成

度较高的水泥粉煤灰碎石（cement fly-ash gravel，CFG）桩，其桩身强度可达 C5～C20。同时，由于桩身材料强度和刚度显著大于土，为保证桩土能共同作用，在桩顶铺设一定厚度的砂石褥垫层，以利于桩顶向上刺入，由桩体、桩间土和褥垫层一起构成 CFG 桩复合地基，如图 2-25 所示。

早期的 CFG 桩复合地基由于采用的直径较小（300～400 mm）的 CFG 桩或素混凝土桩，因此又被称为小桩复合地基，进一步地，强度更高、直径更大的素混凝土桩、钢筋混凝土灌注桩、钢筋混凝土预制桩等也被用于复合地基，至此，刚性桩复合地基在地基处理领域成为复合地基的一种重要形式，并被应用于支承高层建筑。

我国在复合地基的理论与应用方面均取得了长足的进展，形成了较为系统的理论。特别是在加固体方面，在传统的地基处理主要采用砂桩、碎石桩、水泥土桩的竖向柱状加固体基础上形成了包括碎石桩、挤密砂桩、石灰桩、深层搅拌桩、旋喷桩、混凝土桩、预制桩、大直径薄壁筒桩及其他复合柱状加固体，并由竖向加固体与土组成复合地基支承路堤或其他形式的结构或荷载。还可由多种加固体同时应用形成多元复合地基。此外，还可设置水平向加固体，如土工格栅、土工膜、混凝土梁（板）、桩帽等。

竖向柱状加固体根据加固体材料、加固体材料有无黏结强度、抗拉与抗压强度、抗弯强度与抗弯刚度等的差异可分为：散体类柔性桩、有一定黏结强度的半刚性桩、无筋混凝土桩、钢筋混凝土桩及复合加固体等。根据加固体材料、施工工艺、强度与刚度等，可将竖向柱状加固体分为四类，见表 2-5。由此可看出，由于加固体形式和性质的复杂化，传统地基加固采用的单一柱状加固体形成的加固体-土复合土体已演变为多种材料组成的不同柱状加固体。不同类型的柱状加固体及相应的复合地基，其在竖向荷载、水平荷载作用下的破坏形式、桩土相互作用方面较传统的复合地基复杂得多。公路、铁路、高速铁路、堆场等在复合地基顶面设置水平向加筋体时，由于形成了路堤（荷载）-水平加筋体-竖向加固体-土的复杂多体多场体系，其破坏机理更为复杂。

表 2-5　竖向柱状加固体分类表

	第一类	第二类	第三类	第四类
柱状加固体类型	砂桩 碎石桩 砂石桩	水泥搅拌桩 石灰桩 石灰/水泥搅拌桩 夯实水泥土桩 夯实土桩 灰土桩 浆固碎石桩 旋喷桩	CFG 桩 素混凝土桩 钢筋混凝土桩 预应力管桩 微型桩	各类组合加固体； 劲芯水泥搅拌桩 砂石桩＋预制桩复合桩 旋喷桩插芯复合班
特征	散体、柔性桩	柔性～半刚性桩	刚性桩	半刚性～刚性桩
黏结强度	无	低～中	高	中～高

续表

	第一类	第二类	第三类	第四类
抗剪强度	低	低～中	中～高	中～高
抗压强度	低	低～中	高	高
抗压刚度	低	低～中	高	高
抗拉强度	无	低	低～中（素混凝土） 高（如配筋）	低～中（素混凝土） 高（如配筋）
抗弯强度	无	低	低～中（素混凝土） 高（如配筋）	低～中 高（如芯桩配筋）
抗弯刚度	无	低	中～高	中～高
加固体竖向破坏模式	鼓胀	压碎刺入	刺入	刺入
加固体水平破坏模式	剪切	弯曲	弯曲	弯曲

对于软土地基上建设铁路、公路，以往常采用碎石桩、挤密砂桩、石灰桩等第一类加固体对软土地基进行加固处理形成复合地基，以提高路堤的稳定性和减少工后沉降，当需要快速填筑路堤以缩短工期时，采用上述桩体往往不能够满足路堤的稳定性及工后沉降要求，因此采用第三类加固体，即刚性桩（CFG 桩、素混凝土桩、钢筋混凝土桩、预应力管桩等）加固软土地基的方法应用得越来越广泛。

2.10.2　刚性桩复合地基的加固机理

刚性桩复合地基的工作机理包括加固体自身的工作机理和复合地基的工作机理。

刚性桩复合地基中的桩体可采用表 2-5 中所示的第三类、第四类加固体。由于其桩身的强度、刚度均与一般桩径不大的桩基础相当。对摩擦型桩，桩在竖向荷载作用下产生桩土相对滑移和桩端沉降，发挥侧摩擦阻力和端阻力。其与桩基础中的单桩工作有所区别，桩基础中的单桩仅能通过桩身的压缩和桩土滑移使桩间土发挥分担作用，但由于桩顶处承台的约束作用，桩土接触面的相对滑移量为零，从而约束了桩身上侧摩阻力的发挥。

2.10.3　适用范围

当满足如下条件时，可考虑采用刚性桩复合地基并在与其他诸如桩基础方案综合比选后确定。

①刚性桩复合地基中的桩体主要采用 CFG 桩、素混凝土桩、钢筋混凝土桩，其中钢筋混凝土桩可包括灌注桩和预制桩，即包括表 2-5 中第三类、第四类加固体，可与桩间土构成复合地基。混凝土灌注桩、预制桩等作为复合地基增强体，其工作性状与水泥粉煤灰碎石桩复合地基接近，其适用范围基本上同 CFG 桩。

②要保证桩间土可长期发挥分担荷载作用，复合地基受力特征可长期保持。由于刚性桩自身模量大，在基础荷载作用下自身压缩量小，刚性桩复合地基应仅设在可保证桩、土能够长期保持共同承担荷载的土层中，因此，对于一般黏性土、非液化粉土、砂土、自重

固结已完成的素填土地基，设置刚性桩后，通过褥垫层的作用，可保证桩土共同长期承担荷载，桩间土承担的荷载不明显向桩转移，从而保证以复合地基的特征长期工作。

因此，在欠固结土、可液化土（粉土、砂土、粉质黏土，尤其是液化后可产生侧向大变形的粉土、砂土）、可震陷软土、桩长深度范围内可能出现地下水位显著下降等条件时，不宜考虑采用刚性桩复合地基。当采用具有挤土效应的成桩工艺时，对可液化粉土与砂土具有挤密效应且能可靠消除液化时，或采取在加固区打设碎石桩等其他消除液化的措施时，才可选用刚性桩复合地基。

由于具有挤土效应的成桩工艺会在饱和黏性土中产生较大的孔隙水压力，并导致地表隆起，符合地基桩间土孔隙水压力的消散会导致桩间土相对于桩下沉，导致复合地基桩间土的分担作用减小甚至失去分担作用。因此，对于饱和黏性土，不适宜采用具有较强挤土效应的刚性桩形成复合地基。

对常规桩筏基础，一般认为，当桩顶支承于坚硬持力层或基岩上成为端承桩时，不能考虑土的分担作用，荷载全部由桩承担。对于刚性桩复合地基，有研究者认为，当桩顶与基础之间可设置褥垫层厚，由于桩顶向褥垫层中的刺入作用，可以发挥桩间土的承载力，但这种情形仍缺乏普遍经验，需慎重采用。

③考虑刚性桩复合地基时，还要考虑所选择的桩型的施工工艺对土质的要求。例如，水泥粉煤灰碎石桩复合地基适用于处理黏性土、粉土、砂土和自重固结已完成的素填土地基，但当 CFG 桩、素混凝土桩采用长螺旋钻机成孔工艺的，对塑性指数较高的淤泥质土、淤泥应按地区经验或通过现场试验确定其适用性，已有的工程经验表明，在这种条件下成孔难度很大、成孔效率很低。

④当复合地基承载力要求较高而需采用较小的桩距时，如桩长范围内有饱和粉土、粉细砂、淤泥、淤泥质土层，成孔及采用压灌混凝土工艺时，如易发生窜孔、缩颈、断桩、新打桩对已打桩产生不良影响等，则不宜采用。

⑤当采用 CFG 桩、素混凝土桩作为加固体时，已有一些工程经验表明，由于地下水位高等原因而采用先打桩、后开挖基坑时，由于开挖过程中造成的桩侧土压力差、基坑开挖深度较大时的土体回弹等原因，可造成桩体的普遍断裂和移位，且断裂位置主要位于基坑底下一定深度。在此种情形时，选择刚性桩复合地基应慎重考虑基坑开挖的影响。

2.10.4 设计

①为保证桩、土共同受力，桩型的选择要综合考虑土质条件、当地施工经验、单桩承载力的要求确定。应选择承载力和压缩模量相对较高的土层作为桩端持力层。

②桩径不宜过大，对长螺旋钻中心压灌、干成孔和振动沉管成桩宜为 350～600 mm，泥浆护壁钻孔素混凝土成桩宜为 600～800 mm，钢筋混凝土预制桩宜为 300～600 mm。

③桩间距应根据基础形式、设计要求的复合地基承载力和变形、土性、施工工艺确定。对箱形基础、筏板基础和独立基础，桩间距宜为 3～5 倍桩径，对墙下条形基础单排布桩宜为 3～6 倍桩径。当桩长范围内有饱和粉土、粉细砂、淤泥、淤泥质土层，采用长螺旋钻中心压灌成桩施工中可能发生窜孔时宜采用较大桩距。此外，对黏性土，如采用有挤土

效应的桩型，应采用较大桩距，并应考虑施工对土体扰动、土体产生的超孔压固结对复合地基承载性能的影响。

④桩顶和基础之间应设置褥垫层，褥垫层厚度宜为0.4～0.6倍桩径。褥垫材料宜采用中砂、粗砂、级配砂石和碎石等，最大粒径不宜大于30 mm。

⑤刚性桩复合地基在设计时，一般可考虑如下因素进行布桩：宜在基础范围内布桩，并可根据建筑物荷载分布、基础形式、地基土性状，合理确定布桩参数；为减少差异沉降，可参照变刚度设计的原则，内筒外框结构内筒部位可采用减少桩距、增大桩长或桩径布桩；相邻柱荷载水平相差较大的独立基础，应按变形控制确定桩长和桩距；筏板厚度与跨距之比小于1/6的筏板基础、梁的高跨比大于1/6及板的厚跨比（筏板厚度与梁的中心距之比）小于1/6的梁板式基础，应在柱（平板式筏基）和梁（梁板式筏基）边缘每边外扩2.5倍板厚的面积范围内布桩；对荷载水平不高的墙下条形基础可采用墙下单排布桩。

2.10.5　施工

①刚性桩复合地基中各类型桩体的施工可按照各自相关的技术标准和工程经验施工。对CFG桩常用的长螺旋钻中心压灌成桩施工和振动沉管灌注成桩方法，其施工要点如下。

a. 施工前，应按设计要求由试验室进行配合比试验；施工时，按配合比配制混合料。长螺旋钻中心压灌成桩施工的坍落度宜为160～200 mm，振动沉管灌注成桩施工的坍落度宜为30～50 mm，振动沉管灌注成桩后桩顶浮浆厚度不宜超过200 mm。

b. 长螺旋钻中心压灌成桩施工钻至设计深度后，应控制提拔钻杆时间，混合料泵送量应与拔管速度相配合，不得在饱和砂土或饱和粉土层内停泵待料；沉管灌注成桩施工拔管速度宜为1.2～1.5 m/min，如遇淤泥质土，拔管速度应适当减慢；当遇有松散饱和粉土、粉细砂、淤泥质土，当桩距较小时，宜采取隔桩跳打措施。

c. 施工桩顶标高宜高出设计桩顶标高，且不少于0.5 m；当施工作业面高出桩顶设计标高较大时，宜增加混凝土灌注量。

d. 成桩过程中，应抽样做混合料试块，每台机械每台班不应少于一组。

e. 冬期施工时，混合料入孔温度不得低于5℃，对桩头和桩间土应采取保温措施。对泥浆护壁成孔灌注成桩和锤击、静压预制桩施工，应符合国家行业标准《建筑桩基技术规范》（JGJ 94—2008）的规定。

②由于刚性桩复合地基常常采用素混凝土桩、水泥粉煤灰碎石桩等无配筋桩体，其抗侧力的能力很弱。因此，在土方开挖、截桩时，要注意以下问题。

a. 土方开挖时，应采用小型机械，不能造成桩顶标高以下桩身断裂、桩间土扰动。

b. 当建筑物有地下室时，对素混凝土桩和水泥粉煤灰碎石桩，宜先开挖基坑再施工桩，避免土方开挖引起桩体断裂。当先打桩、后开挖基坑时，应注意分层开挖土方，避免土方不均匀开挖导致桩体两侧产生过大不对称土压力。当基坑开挖深度较大时，尽可能先开挖再施工桩体，避免基坑回弹变形引起桩体受上拔作用而断裂。

c. 截桩时，应采用人工剔除，不得造成桩顶标高以下桩身断裂或桩间土扰动。

d. 截桩后，要保证桩顶齐平，避免形成下凹、上凸、倾斜等性状桩头，以免下凹形桩顶受力易产生开裂，上凸形桩头则易在褥垫层中产生过大刺入并导致桩不能充分发挥承载力；倾斜桩顶则可导致桩体产生附加水平力。

③褥垫层的施工是复合地基的关键问题之一，褥垫层密实度不够时，易导致桩顶在褥垫层中产生过大刺入并使桩不能充分发挥承载力。

褥垫层铺设宜采用静力压实法，当基础底面下桩间土的含水量较小时，也可采用动力夯实法，夯填度不应大于 0.9。

对于墙下或柱下条形基础，当基础宽度较小、基础下为单排桩刚性桩复合地基且单桩承载力较高时，宜考虑在基础边缘设置限制褥垫层从基础下向基础外侧变形的砖模等措施。

2.11 搅拌处理法

2.11.1 概述

搅拌处理法是向深层地基中供给生石灰或水泥等化学性能稳定材料，与原位置上的软弱土强制搅拌混合，利用稳定材料与软弱土的化学反应密实地基的方法，一般认为这是基于化学固化原理地基处理方法中最优的一种。使用稀浆状稳定材料的方法及空气贯入混合后使用细微粉末状稳定材料的方法被广泛使用。前者主要用于大规模的海上工程及陆上工程，后者则适用于小规模的陆上工程。

①本节所描述的搅拌处理法为机械式水泥土搅拌处理法。

②依据搅拌处理法来改良地基在港口工程中的应用案例大多是将沉箱作为上部构造的防波堤、护岸（包含内部分割堤）及码头。此处的性能验算方法可适用于此类重力式防波堤、护岸或码头上部构造物的地基处理。

③搅拌处理法适用于港湾设施中，通过施工机械，使在地中形成的桩状稳定处理土相互交叠，形成刚性较大的地基构造物。这种地基构造物的形状虽然由可适用地基的形状或上部构造物的种类及规模所决定，但块式处理及壁式改良较为多用。因此，此处将港口工程中有代表性的改良模式（块式改良和壁式改良，图 2-26）作为研究对象。

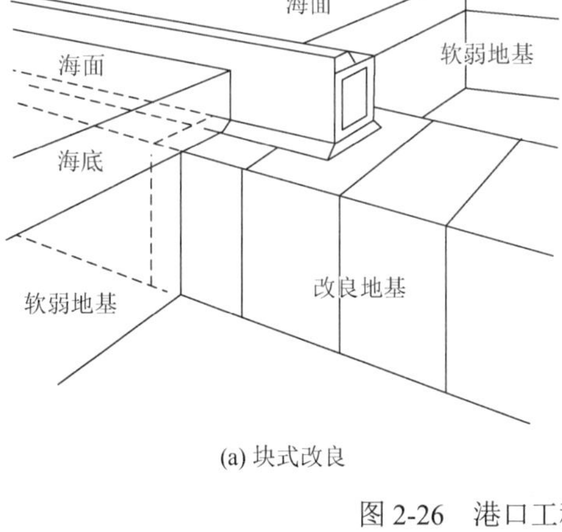

(a) 块式改良

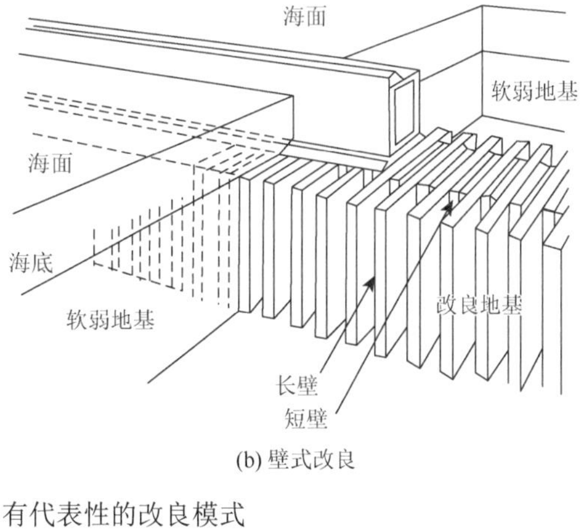

(b) 壁式改良

图 2-26 港口工程中有代表性的改良模式

④壁式改良如图 2-26b 所示，由长壁及短壁组成。基本思路为通过长壁将上部构造物产生的作用传递给地基，而短壁则以提高改良地基的一体性为目的。

①此处使用的术语的定义如下所示。

a. 稳定处理土：根据搅拌处理法制作的改良土。

b. 改良体：由稳定处理土在地基中形成的一种构造物。

c. 改良地基：改良体与未处理土（包含壁式改良中长壁之间的未处理土）的合并部分。

d. 改良地基系：穿过改良地基的后底部的铅直面与穿过前底部的铅直面之间，在改良地基地面上部的部分。

e. 外部稳定：使改良地基与上部构造物（结构自身）一体化，作为刚性体直至破坏为止的稳定的研讨。

f. 内部稳定：外部稳定的改良体的内部破坏的研讨。

g. 着底型：改良软弱地基直到持力层，并传力于持力层，且改良体着底于支持层的形式。

h. 上浮型：改良体不着底于持力层，改良体下部残留软弱地基，且浮于软弱地基中的形式。

②搅拌处理法所产生的稳定处理土与原地基的土相比，一般强度及变形系数显著较大，破坏时形变量显著较小。所以，稳定处理土所形成的改良体被视为一种构造物，讨论结构的外部稳定性时要从整体考虑，对结构本身的抵抗力进行研究，此外，在有特殊需要时，对作为刚性体的改良体的沉降、水平位移及转角进行讨论。

③在搅拌处理法性能验算时，可参考海上工程中的搅拌处理法技术手册。

④重力式构造物中的搅拌处理法的性能验算顺序如图 2-27 所示。

⑤搅拌处理法中对 1 级的地震活动的变动状态的性能验算，可参照重力式码头相关行业规范的规定（考虑了地基-构造物的动力相互作用的非线性地震反应解析等）。另外，根据简易法所得的验算结果，在改良地基的宽度比基础垫层的宽度小时，有必要通过详细法探讨改良地基与主体构造物的变形量。另外，对于 2 级地震活动等偶发状态，有必要根据设施的要求性能进行研讨。

⑥在搅拌处理法性能验算时，必须考虑下述事项。

a. 搅拌处理法中不存在能够一次决定改良体各参数的方法。验算需要重复计算，直至满足稳定条件或得到最经济的断面为止。

b. 在壁式改良地基中，必须确定长壁及短壁的各个参数。因长壁及短壁是由稳定处理土的桩体交叠形成的，故壁的断面形状不可随意设定，必须考虑可能使用到的施工机械的各个参数。

c. 壁式改良地基中，因长壁之间的未处理土存在于改良地基内，故在分析内部稳定时，除必须分析改良体的内部应力外，还必须分析如何清除长壁之间的未处理土。

d. 变动状态及偶发状态中的变形量界限值可按照设施的性能要求进行设定，性能要求的指标参照搅拌处理法所得的主体结构的变形量。

e. 对于 1 级地震活动和 2 级地震活动的变形量的验算，宜利用可合理评估由地面运动所引起的改良地基的残留形变的数值分析模型及振动台实验结果来进行验算。

f. 使用数值分析模型时，在预估会发生液化的地基中，必须使用能合理评价这一影响的模型。

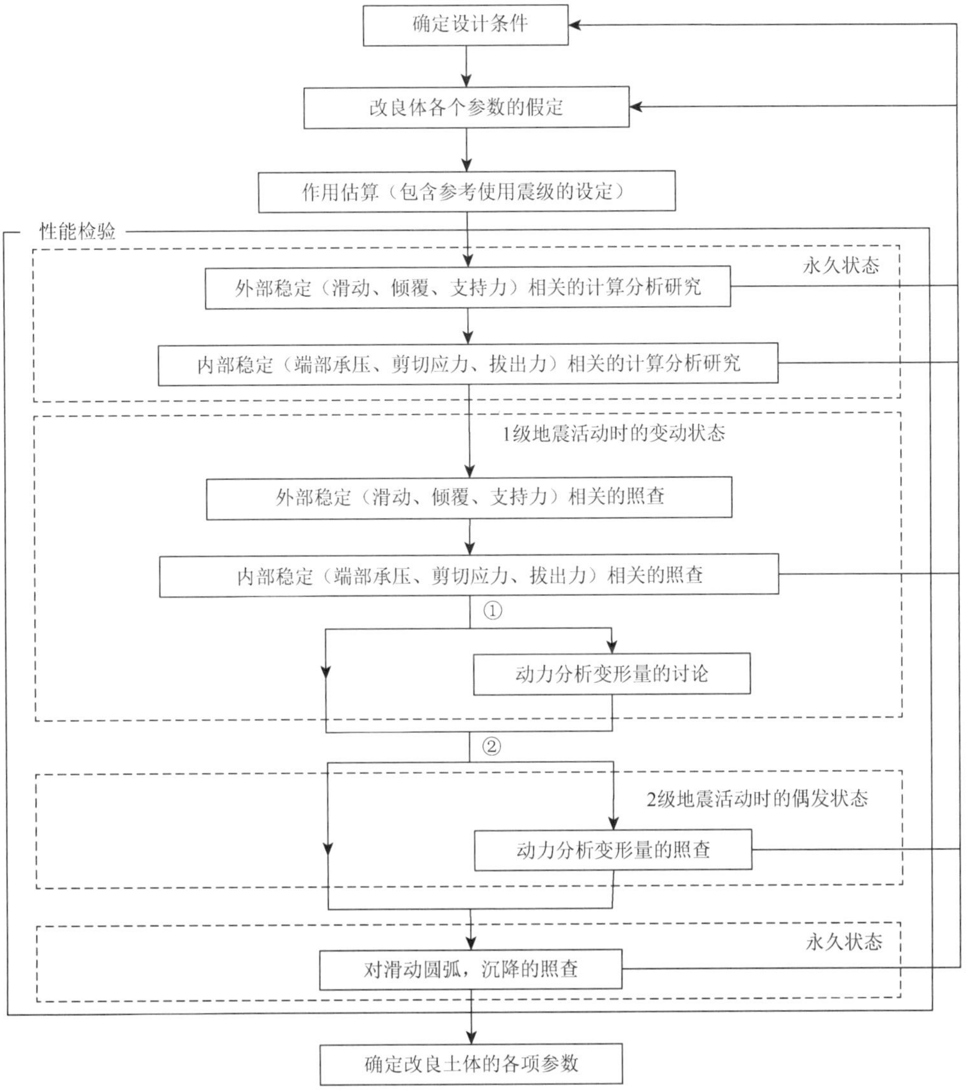

图 2-27　搅拌处理法的性能验算顺序

注：① 必要时，可研究 1 级地震活动的动解解析下的变形量。另外，改良地基的宽度比基础宽度小时，宜研究动解解析下的变形量；

② 根据主体构造物的性能要求，进行 2 级地震活动下的性能验算

⑦近年，由于搅拌处理法的改进及新工法和新技术等的开发，除了本节所述的性能验算方法以外，还可以使用其他引进新技术的性能验算方法，同样能够满足性能规定的要求。例如，使用粉煤灰作为稳定材料进行软弱地基改良时，可以参照相关行业规范的验算方法。

2.11.2　改良体各参数的假定

稳定处理土的配合比设计方法如下。

①稳定处理土的强度受改良对象土的物理特性、化学性质、稳定材料特性、配合比条件及养护条件等的影响较大。另外，施工机械的性能不同、机种不同，可适用的水灰比有时会受限。因此，稳定处理土的配合比设计必须在实施了室内配合比试验或与施工同一条件的现场试验后方可决定。

②配合比设计时，可根据施工案例临时设定。

③室内配合比试验中，因改良对象土的强度为标准试验条件下可发挥的强度，故无法直接得知现场可发挥的强度。由室内配合比试验预测现场强度时，室内配合比强度与现场强度之间的关系必须充分研究经验数据后推算。使用普通硅酸盐水泥及石灰等初期强度较大的稳定材料时，室内配合比强度的平均值 $\overline{q}_{ul}$ 和现场强度的平均值 $\overline{q}_{uf}$ 如图 2-28 所示。

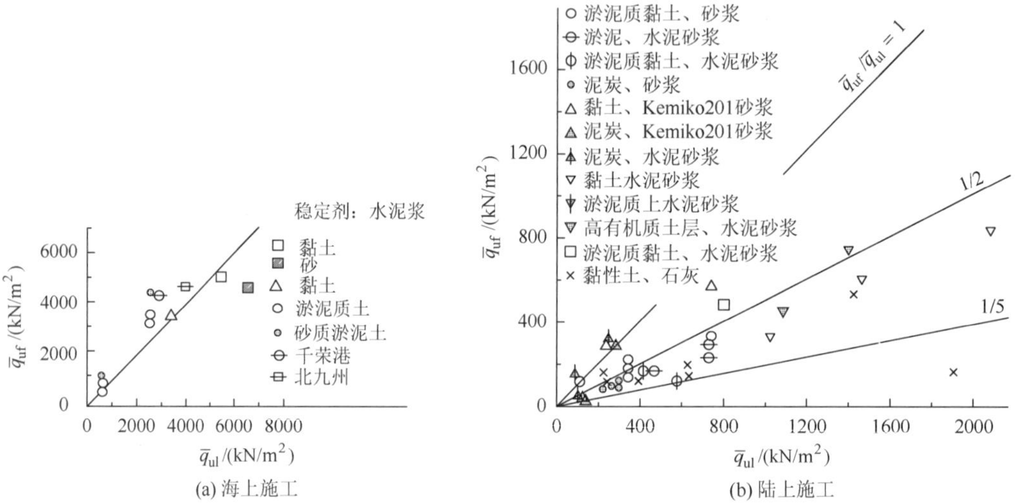

图 2-28 室内配合比强度的平均值 $\overline{q}_{ul}$ 和现场强度的平均值 $\overline{q}_{uf}$

④室内配合比试验方法可参照相关行业规范。

⑤施工条件严峻或使用了新的施工机械时，正式施工前宜进行现场试验。尤其在确定交叠部位的强度时，宜在现场试验中使多种稳定处理土的桩体交互交叠、施工，并勘察其强度。

2.12 高压旋喷处理法

2.12.1 概述

高压旋喷处理法是在拟加固地基中钻孔后，利用带有喷嘴的注浆管自下而上或者自远而近地利用 20～40 MPa 的高压喷射流切割土体，并使浆液与土体混合。

被切割土体的部分细颗粒流出地面，其余土粒在紊流搅动下与浆液混合起来，与此同时在喷射流的冲击力、离心力和重力等的作用下，土粒按质量大小有规律地排列成为一种新型的水泥-土网络结构。高压喷射注浆加固体中心处浆液多、土粒少且小，外侧土粒多且大，加固体半径的 0.8 倍处抗压强度接近平均抗压强度。高压喷射注浆加固体一般水泥含量为30%～50%。在砂土中，加固体外侧有一个渗透层，在黏性土外侧有一个压缩层。

在砾石地层中，喷射流不能切削颗粒或使其移动和重新排列，喷射流只能充填砾石周围的空隙，其固化机理接近渗透理论。对纤维粗长且数量多的腐殖土，切削困难，喷射流充填其孔隙形成固结体。

2.12.2 工艺

高压喷射流有高压水喷射流、高压浆液喷射流、高压水外裹空气的同轴复合喷射流和高压浆液外裹空气的同轴复合喷射流 4 种基本形式。高压水（浆）外裹空气时，可以有效减少高压喷射流压力的衰减，若气流速度快、气量大，则高压射流衰减小。

为扩大加固范围，有时在高压水喷射流或高压水-空气复合喷射流一次切割后，再利用高压浆液-空气复合喷射流进行二次切割；有时采用搅拌-喷射注浆工艺。根据不同的分类依据，高压喷射注浆的分类见表 2-6。

表 2-6 高压喷射注浆的分类

分类依据	类别	主要特点
喷射流转动角度	旋喷	喷射流作 360°旋转，加固体为圆柱状
	摆喷	喷射流作顺、逆时针方向小于 180°的往复喷射，加固体为扇柱状
	定喷	喷射流固定在一个方向，加固体为墙壁状
注浆管类型	单重管	一个管，喷射高压浆液，如 CCP-Super 工法
	双重管	同轴双管，喷射高压浆液-空气复合流
	三重管	同轴三管。高压水-空气复合喷射流切割土体，低压浆液喷射流注浆并搅拌（CJG 工法）；高压水-空气复合流一次切削，高压浆液-空气复合流二次切削并注浆和搅拌（RJP 工法）
	多重管	喷射高压水切割土体，泥浆护壁，利用真空泵通过多重管抽走土粒后灌注浆液或混凝土等，类似逆循环灌注桩（SSS-MAN 工法）
	多孔管	喷射高压水一次侧切削，高压浆-空气复合喷射流二次切削并注浆和搅拌，同时喷射速凝剂控制凝固时间（MJS 工法）
土体切割方式	喷射	利用高压喷射流切割土体，大部分工法属于此类
	搅拌喷射	同时利用搅拌翼、高压浆喷射流切割土体。单管搅拌翼喷头竖向喷射注浆 CCP-V、单管搅拌翼喷头水平喷射注浆 CCP-H 的喷嘴在注浆管上；单管长喷嘴注浆法 JMM 的喷嘴在搅拌翼一端；SWING 工法搅拌翼可转动 90°。钻进时竖直位于两个支架内，喷射时转为水平，喷嘴在搅拌翼一端
地基置换程度	半置换	细小土粒带出地面，其余土粒与浆液混合，大部分工法属于此类
	全置换	土粒全部或绝大部分置换出地面，如 SSS-MAN 工法
注浆方向	竖向	钻孔为竖向，自下而上喷射注浆，如 CCP-V 工法
	水平	钻孔为水平，自内而外喷射注浆，如 CCP-H 工法

2.12.3 适用范围

实践证明，旋喷处理适用于粒径小于 100 mm 的土质，定喷适用于粒径小于 30 mm 的土质，高压旋喷处理对于淤泥、淤泥质土、黏性土、粉土、黄土、砂土、碎石土、人工填土等地基均有良好的处理效果，加固深度可达 30 m。砾石直径过大，砾石含量过多及有大量纤维质的腐殖土，高压旋喷处理质量稍差，有时不如静压注浆。对于地下水流速过大导致喷射浆液无法在注浆管周围凝固的土层、无填充物的溶洞地段、永冻土、对水泥有中等及以上腐蚀的土层，均不宜采用高压旋喷处理法。

高压旋喷处理法适用于如下情况。

高压旋喷钻孔直径小于 15 cm，且便于与既有建筑物结合，因此常用于既有建筑物及其附近地基的加固。如对既有道路地基加固、既有房屋或者桥梁基础的加固等。

单重管高压旋喷机高度约为 2 m，且设备轻巧，常用于施工空间受限的地基加固工程。如在桥梁下、高压线下、厂房内斜坡上等进行地基加固。

高压旋喷处理区域附近一定范围内会产生侧向位移、地面隆起和开裂，对此敏感的工程应慎用。例如，高压喷射注浆邻近桥台时可能导致桥台出现较大位移。

2.12.4 设计

高压旋喷处理设计包括平面布置、剖面布置、加固参数等。加固参数包括加固体截面形状、喷射半径、加固体间距、加固深度、加固体强度、施工工法等。高压旋喷处理平面布置应反映高压喷射注浆孔布置范围、布孔方式、布孔间距等；高压旋喷平面布置和剖面布置应根据荷载分布计算分析综合确定。高压旋喷孔通常在荷载作用范围内满布，布置方式通常按照正三角形或正方形布置；荷载宽度接近或大于软土层深度且荷载较大时，应慎用悬浮桩。高压喷射注浆加固体平面尺寸应根据地质条件、施工机械、地区经验等因素确定。

2.12.5 施工

高压旋喷处理施工程序一般为：施工准备→钻孔布置→喷射注浆→回灌。

1. 施工准备

①水泥、外加剂和水泥浆所用的水均应经检验合格后方可使用。

②应根据高压旋喷注浆设计、地质条件等确定施工工艺和施工设备等。旋喷前应检查高压设备和管路系统，其压力和流量必须满足设计要求，注浆管及喷嘴内不得有任何杂物，注浆管接头的密封圈必须良好。

③正式施工前应进行工艺性试验，以确定施工参数。

④施工前应检查现场环境和地下埋设物位置，采取必要措施保护既有构筑物，并避免环境污染。

⑤加强对裂缝、孔压和侧向位移的监测。高压旋喷处理施工对路堤稳定、邻近建筑有影响时，应采取跳孔施工、添加速凝剂或调整施工参数、施工顺序等措施。

2. 钻孔布置

①单管高压旋喷注浆机自身通常具有钻孔功能，二重管、三重管旋喷处理施工通常采用地质钻机钻孔。

②垂直施工时，钻孔位置偏差应小于 5 cm，竖直度偏差应小于 1.5%。

插管的注意事项如下。

①将注浆管插入预定深度的过程中，为防止泥沙堵塞喷嘴，可边射水、边插管。为避免塌孔，水压力一般不超过 1 MPa。

②为保证钻杆螺纹处有良好的密封性，在螺纹接头处要加铜垫圈或缠麻。

③水、气、浆的压力和流量必须符合设计值，否则要拔管清洗再重新进行插管和注浆。

3. 喷射注浆

①制浆机主轴转速不得低于 60 r/min，混合搅拌时间不得小于 4 min，浆液搅拌均匀后应过筛，储浆池内水泥浆应连续搅拌，超过 4 h 的浆液不得使用。

②根据试桩确定注浆压力、提升速度等参数，加固路基既有建筑物时，应根据监测结果调整注浆压力等参数。

③喷射孔与高压注浆泵之间的距离应小于 50 m，喷射注浆参数达到规定值后方可提升注浆管。

④喷射注浆由下而上（水平注浆由内向外）进行。

⑤地基深层喷射注浆时，应先喷浆后旋转和提升，以防注浆管扭断。

⑥钻杆的旋转和提升必须连续不中断。

⑦拆卸钻杆继续注浆时，应有 0.1 m 的搭接长度，避免注浆固结体脱节。

⑧对厚层的硬土层可以采取增大压力和流量或者适当降低旋转和提升速度等措施，以保证喷射注浆范围，必要时可重复喷射，即先喷一遍清水再喷一遍或两遍水泥浆。

⑨注浆过程中应防止水泥浆沉淀。

⑩当高压旋喷过程中出现压力陡然下降、上升时应查明原因并采取措施，当冒浆量超过注浆量的 20%或者完全不冒浆时，应查明原因。

a. 若是较大空隙引起的不冒浆，可以在浆液中掺适量的速凝剂，也可在空隙地段增大浆量，填满空隙后再继续正常注浆。

b. 减少冒浆可采取提高喷射压力、适当缩小喷嘴孔径或者加快提升和旋转速度等措施使喷射范围与注浆量相适应。

⑪施工完毕应把浆管等机具设备冲洗干净，管内机内不得残留水泥浆。

4. 回灌

①对固结体顶部凹穴可以利用冒浆进行回灌。

②对固结体与既有构筑物基础底面之间的间歇，宜采用不收缩或者具有膨胀性的材料进行二次注浆。

2.12.6　质量检验

高压旋喷处理质量控制包括施工过程各环节的质量控制和质量检验，质量检验通常在成桩 28 d 后进行。用于地基处理的高压旋喷处理常用的质量检验手段如下。

①开挖加固体头部或者加固体上部，以检验加固体数量、加固体间距、加固体平面尺寸等。

②抽芯检验加固体长度、加固体完整性、加固体强度、加固体下卧土情况等，通常采用双管单动取样器作抽芯检测。

③静载试验检验加固体或复合地基承载力。

2.13　事先混合处理法

2.13.1　概述

事先混合处理法是将向用于填筑地基的土砂中事先添加、混合了水泥等稳定材料及分离防止剂处理土用于水中填筑，建造抗震性优良的地基的工法。该工法适用于新填筑地基或挖基床后回填两种情形，主要具有可有效利用疏浚土砂、建造地基的同时完成地基的改良、施工所带来的振动、噪声较小等特点。工法在开发初期是为了防止液化，但也广泛用于降低土压。

2.13.2　性能验算的基本方针

1. 适用范围

①此处所述的性能验算方法适用于以降低土压力及防止液化为目的，使用事先混合处理法进行处理的地基。

②该工法使用的一些主要术语的含义如下。

a. 处理土：使用稳定材料改良的土砂。

b. 处理地基：将处理土回填而改良的地基。

c. 改良范围：处理地基的范围。

d. 稳定材料添加率：稳定材料重量与母材干燥重量的比值，以百分率表示。

e. 土压低减：降低壁面土压力（主动土压力）的对策。

③事先混合处理法是一种在填埋地基等使用的土砂中事先添加稳定材料及分离防止剂并进行混合处理后，回填到水中来制造稳定地基的方法。其改良原理基于水泥的稳定材料和土砂之间产生的化学固化作用，增加回填用土砂的黏着力。其中，填埋地基主要指停泊设施、护岸后面的填土、单元间的内部填充、河床挖掘后的置换和回填等。

④此处被挖出的土砂（母材）一般以砂或砂性土作为对象，而不包括黏性土。因为根据黏性土不同的性质，处理土的力学特性会有很大的不同，必须对挖出的土体进行确切的研究。

⑤除了降低土压力和防止液化，此工法也可用于确保填埋地基上设施所需的地基强度。此时，应对处理地基的强度进行恰当的评估。

2. 基本思路

①在进行性能验算时，要准确地求出处理土的强度，并确定稳定材料添加率和改良范围。

②对土压力降低的效果评价或是对滑动圆弧等的地基稳定性进行研究时，将处理土作为 c-φ 材料。

③在确定改良范围时，因为处理地基相较于周围的无处理地基有很大的刚度，所以可假定其在地震活动作用时做刚体运动。通常也需要研究包含设施的滑动的稳定性（整体稳定）。

处理地基的设计基准强度及改良范围，可按图 2-29 的顺序来确定。

以防止液化为目的时，需要确定稳定材料添加率使地基不发生液化。

通常，以砂性土为母材的处理土都被当作 c-φ 材料，其抗剪强度可按式（2-34）计算。

$$\tau_f = c + \sigma' \tan\varphi \tag{2-34}$$

其中，τ_f——处理土的抗剪强度（kN/m^2）；

σ'——有效正应力（kN/m^2）；

c——黏聚力（kN/m^2）；

φ——内摩擦角（°）。

④处理地基作用于壁面的土压力的计算可按相关行业规范使用固化材处理过的地基材料时的主动土压力中所示方法进行。

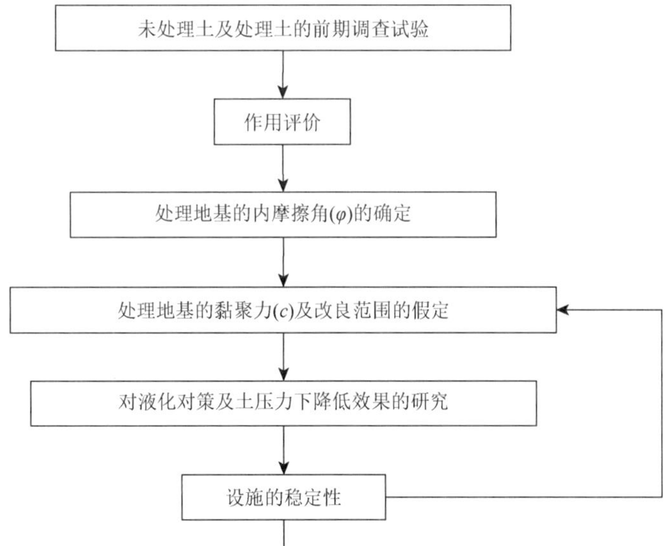

图 2-29 事先混合处理法的性能验算顺序

2.13.3　前期勘察和试验

①应该通过前期勘察和试验对事先混合处理法使用的土砂的土质特性进行恰当的评价。

②前期勘察和试验的项目包括填埋土砂的土颗粒密度试验、土的含水率试验、土的颗粒分析试验、最大/最小密度试验等与附近的既往填埋地基的土质特性相关的勘察和现场试验。

③需要注意填埋土的含水率、细粒分析等因素对稳定材料混合时混合方法的选择及混合后强度增长的影响。

④填埋后处理地基的密度应事先进行确切推算。需要注意，因为将填埋后地基的密度作为室内配合比试验制作试件完成时密度设定的基础数据，其密度对试验结果有较大影响。

⑤密度的推算应参考以往填埋地基的标贯击数 N 值等土质数据，或用事先混合处理法填埋的地基数据。参考既有的土质数据时，根据粒径配合比曲线，有必要确认使用的填埋土砂与参考的地基土是否类似，填埋方式是否相似等问题。对于填埋后密度的推算难以获得有效的以往数据时，应通过现场试验来确认。无法进行现场试验时，应假定填埋后的地基呈松散状态，并由此设定地基的密度。

⑥根据以往的无处理填埋地基的标贯击数 N 值的勘察案例，虽有较大偏差，但标贯击数 N 值为 10 左右。

2.13.4　作用

应该考虑的主要作用包括上部荷载、处理地基的自重、浮力、土压力、残留水压力、防护结构上的反力、地震活动产生的作用及波浪等。

2.13.5　处理土强度的确定

①考虑此法的用途和适用条件，以得到必要的改良效果来确定处理土的强度。

②以土压力降低为目的时，要确定处理土的黏聚力 c，使土压力降到目标值。

③以防止液化为目的时，要确定处理土的强度，使其成为不发生液化的材料。

④处理土的液化强度和单轴抗压强度有一定的关系，有报告指出单轴抗压强度在 100 kPa 以上时，处理土不会发生液化。因此，在防止液化的情况，可以将单轴抗压强度作为处理土的强度指标，通常，处理土的强度取为单轴压缩强度 100 kPa。处理土的单轴压缩强度不到 100 kPa 时，应通过进行循环三轴试验来确保处理土不会发生液化。

⑤通常，在确定黏聚力时，应先推算出处理地基的内摩擦角。然后，根据考虑了摩擦角、作为目标的降低后的土压力及 c-φ 的土压力计算式来反算黏聚力，从而确定黏聚力的取值。

⑥根据稳定材料添加率小于 10%的处理土的固结排水三轴压缩试验的数据，可知处理

土的内摩擦角与母材的内摩擦角很大程度上是相近的。因此，其性能验算按照偏安全的角度考虑，将处理土的内摩擦角与未处理土的内摩擦角取为相同值。

⑦利用三轴试验求内摩擦角时，可基于假定填埋后的地基的密度和有效上载压力，并根据固结排水三轴试验求得。性能验算中采用的内摩擦角一般比试验中求得的值小 5%～10%。若不采用三轴试验时，可根据填埋后假定地基的 N 值（需注意采用无处理地基的 N 值）求取内摩擦角。

2.13.6 配合比试验

①需要通过恰当的室内配合比试验来决定处理土的配合比设计。另外，考虑室内配合比试验的强度在现场会有所降低，故需要考虑强度折减。

②室内配合比试验的目的是求出处理土强度和稳定材料添加率的关系，通过确定稳定材料添加率来得到必要的处理土强度。因为土的种类、密度等试验条件对处理土强度和稳定材料添加率的关系有很大影响，所以配合比试验的试验条件应按类似于现场的条件进行设定。

③通常，土压力降低的情况下应进行固结排水三轴试验，求出黏聚力 c 及内摩擦角 ϕ 和稳定材料添加率的关系。在防止液化的情况下，则应进行单轴抗压试验，求出单轴抗压强度和稳定材料添加率的关系。

④对现场强度和室内强度差异的掌握在设定施工配合比的调整系数时很重要。根据过往的经验，室内强度比现场强度大，调整系数可取 $\alpha = 1.1 \sim 2.2$。其中，调整系数 α 为室内强度和现场强度的比，定义为单轴压缩强度的比。

⑤由于施工后处理地基的密度、强度会有偏差，因此为掌握现场强度和室内强度的差异，需要进行现场试验。

2.13.7 改良范围的研究

①为确定恰当的事先混合处理法的改良范围，需要考虑对象设施的构造形式、作用条件等问题，并研究设施及地基的稳定性。

②在降低土压力时，改良范围的设定必须确保对象设施在处理地基土压力作用下的稳定。

③在防止液化时，改良范围的设定应保证无处理地基的液化对对象设施的稳定没有影响。

④处理地基背后的无处理地基不发生液化和发生液化时，应该分别考虑设施和处理地基上的作用、抵抗力等。

⑤不论是降低土压力还是防止液化的情况，都必须对包含处理地基及对象设施的地震活动作用时的滑动及永久状态时的滑动圆弧的稳定性进行研究。

a. 对地震活动作用时的滑动的研究。

对地震活动作用时的滑动进行研究，是因为处理地基有作为刚体滑出的可能。在这种情况下使用的部分系数 γ_a 通常取 1.0 以上的值，当其作为处理地基地面的摩擦系数的特征值时，可取为 0.6。但是，在计算处理地基底面的滑动抵抗时，若原地基为黏性土，则可直接使用原地基的黏聚力。无处理地基不发生液化时的滑动稳定性的（判别）式（2-35）的土压力合力等，表示的是残留水位位于地表部分简单的情况。对残留水位位于地中部的情况，无处理地基发生液化时，考虑残留水位以上的地基也会因来自下部地基的过剩水压的传递而发生液化。因此，残留水位至地表面的所有土层均作为液化土层考虑。

以降低土压力为目的时，为了将主动崩坏面完全包含在改良范围内，通常将处理地基做成图 2-30 的形状。另外，以液化对策为目的时，若使用如图 2-30 所示的处理地基的形状，液化地基传来的液压会使处理地基向上运动，则处理地基的有效重量会减少。由于与图 2-31 的处理地基的形状相比，图 2-30 所示的形状对滑动不利，因此以液化对策为目的时，一般使用图 2-31 中处理地基的形状。

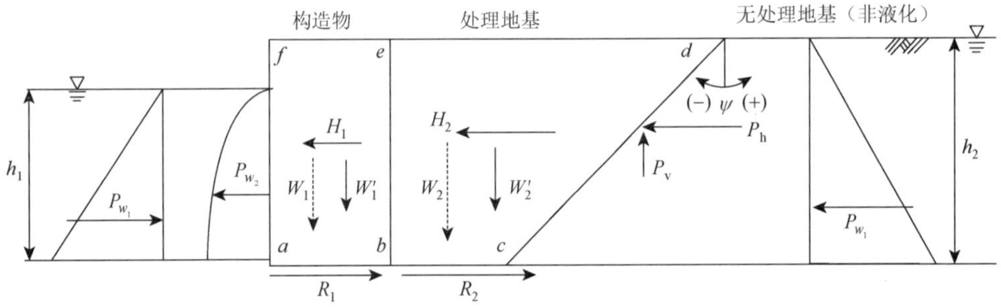

图 2-30　以降低土压力为目的时的作用图

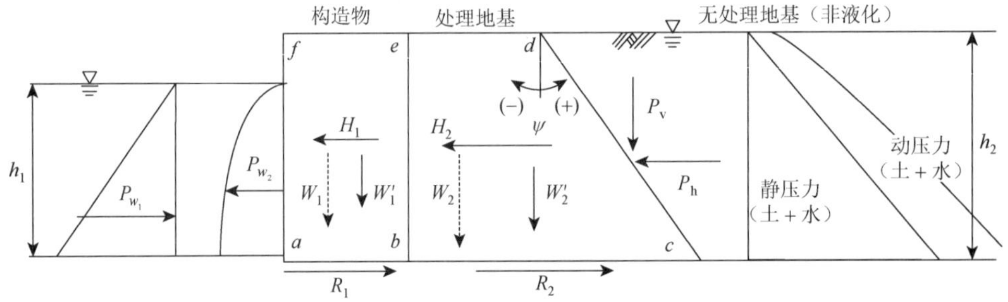

图 2-31　用于液化对策时的作用图

（a）以降低土压力为目的时

各作用、抵抗力的正方向按图 2-30 所示进行定义，滑动稳定性的验算按式（2-35）进行。以下的记号 γ 是与各角标相关的部分系数，角标 k 和 d 分别表示特征值和设计值。

$$R_{1_d}+R_{2_d}+P_{w_{1d}}\geqslant\gamma_a(H_{1_d}+H_{2_d}+P_{h_d}+P_{w_{2d}}+P_{w_{3d}})\tag{2-35}$$

式中，设计用值按式（2-36）进行计算。

$$R_{1_d}=\gamma_{f1}f_{1_k}\gamma_{W_1'}W_1'$$

$$R_{2_d}=f_2(\gamma_{W_2'}W_{2_k}'-P_{v_d})\quad\text{（处理地基下部的原地基为砂性土的情况）}$$

$$R_{2_d}=\gamma_c c_k l_{bc}\quad\text{（处理地基下部的原地基为黏性土的情况）}$$

$$P_{w_{1d}}=\frac{1}{2}\rho_w g h_1^2$$

$$\left.\begin{aligned}
P_{w_{2d}} &= \frac{7}{12}\gamma_{k_h}k_{h_k}\rho_w g h_1^2 \\
P_{w_{3d}} &= \frac{1}{2}\rho_w g(\gamma_{h_2}h_{2_k})^2 \\
H_{1_d} &= \gamma_{k_h}k_{h_k}\gamma_{W_1}W_{1_k} \\
H_{2_d} &= \gamma_{k_h}k_{h_k}\gamma_{W_2}W_{2_k} \\
P_{h_d} &= \frac{1}{2}K_a\gamma_{w'}w'_k(\gamma_{h_3}h_{2_k})^2\cos(\gamma_\delta\delta_k+\varphi)/\cos(\varphi) \\
P_{v_d} &= P_{h_d}\tan(\gamma_\delta\delta_k+\varphi)
\end{aligned}\right\} \tag{2-36}$$

其中，R_1——构造物底面（ab）处的摩擦抵抗力（kN/m）；

R_2——处理地基底面（bc）处的摩擦抵抗力（kN/m）；

W_1——构造物底面土体合水率（%）；

W_2——处理地基底面大体合水率（%）；

P_{w_1}——作用于构造物前面（af）的静水压力的合力（kN/m）；

P_{w_2}——作用于构造物前面（af）的动水压力的合力（kN/m）；

P_{w_3}——作用于处理地基背面（cd）的静水压力的合力（kN/m）；

H_1——作用于构造物（$abef$）的惯性力（kN/m）；

H_2——作用于处理地基底面（$bcde$）的惯性力（kN/m）；

P_h——作用于处理地基背面（cd）由无处理地基传来的地震时主动土压力合力的水平分力（kN/m）；

P_v——作用于处理地基背面（cd）由无处理地基传来的地震时主动土压力合力的垂直分力（kN/m）；

$\rho_w g$——海水的单位体积重量（kN/m^3）；

w'——无处理地基的水中单位体积重量（kN/m^3）；

k_h——验算用震度；

K_a——无处理地基的地震时主动土压力系数；

h_1——构造物前面的水位（m）；

h_2——残留水位（m）（图 2-30 的残留水位为了简化说明取为地表面）；

δ——处理地基和无处理地基间（cd）的壁面摩擦角（°）；

φ——处理地基背面（cd）与垂直方向的夹角（°）（逆时针方向为正，图 2-30 所示的情况中，φ 为负值）；

f_1——构造物底面的摩擦系数；

f_2——处理地基底面的摩擦系数（= 0.6）；

c——原地基的黏着力（kN/m^2）；

l_{bc}——处理地基底面（bc）的长度（m）；

γ_a——构造物解析系数。

（b）用于液化对策时的情况

各作用、抵抗力的正方向要按图 2-31 中所示进行定义，对滑动稳定性的验算按式

（2-37）进行。另外，γ 是关于角标的部分系数，角标 k 和 d 分别表示特征值和设计值。当处理地基背后的无处理地基发生液化时，通常如图 2-31 所示将从无处理地基传来的静压力和动压力作用于处理地基的背面。静压力由土压力系数为 1.0 的土压力加上静水压力计算而得。动压力则按相关行业规范进行计算。但是，应将水的单位体积重量换成土的饱和单位体积重量。

$$R_{\mathrm{e}}+R_{2_{\mathrm{d}}}+P_{w_{1\mathrm{d}}} \geqslant \gamma_{\mathrm{a}}(H_{1_d}+H_{2_d}+P_{\mathrm{h_d}}+P_{w_{2\mathrm{d}}}+P_{w_{3\mathrm{d}}})\,\mathrm{drv} \tag{2-37}$$

式中，设计用值按式（2-38）进行计算。

$$\left.\begin{aligned}
&R_{1_{\mathrm{d}}}=\gamma_{f1}f_{1_{\mathrm{k}}}\gamma_{W_1'}W_{1_{\mathrm{k}}}' \\
&R_{2_{\mathrm{d}}}=f_2\left[\gamma_{W_1'}W_{1_{\mathrm{k}}}'+\left(\gamma_{\mathrm{P_v}}P_{\mathrm{v_k}}-\frac{1}{2}\rho_w g h_2^3\tan\varphi\right)\right] \quad \text{(处理地基下部的原地基为砂性土的情况)} \\
&R_{2_{\mathrm{d}}}=\gamma_{\mathrm{c}}c_{\mathrm{k}}l_{\mathrm{bc}} \quad \text{(处理地基下部的原地基为黏性土的情况)} \\
&P_{w_{1\mathrm{d}}}=\frac{1}{2}\rho_w g h_1^2 \\
&P_{w_{2\mathrm{d}}}=\frac{7}{12}\gamma_{k_{\mathrm{h}}}k_{\mathrm{h_k}}\rho_w g h_1^2 \\
&H_{1_{\mathrm{d}}}=\gamma_{k_{\mathrm{h}}}k_{\mathrm{h_k}}\gamma_{W_1}W_{1_{\mathrm{k}}} \\
&H_{2_{\mathrm{d}}}=\gamma_{k_{\mathrm{h}}}k_{\mathrm{h_k}}\gamma_{W_2}W_{2_{\mathrm{k}}} \\
&P_{\mathrm{h_d}}=\frac{1}{2}K_{\mathrm{a}}\gamma_w w_{\mathrm{k}}(\gamma_{h_2}h_{2_k})^2+\frac{7}{12}\gamma_{k_{\mathrm{h}}}k_{\mathrm{h_k}}\rho_w g(\gamma_{h_2}h_{2_k})^2 \\
&P_{\mathrm{v_d}}=\gamma_{P_{\mathrm{h}}}P_{\mathrm{h_k}}\tan\varphi
\end{aligned}\right\} \tag{2-38}$$

其中，R_1 ——构造物底面（ab）处的摩擦抵抗力（kN/m）；

R_2 ——处理地基底面（bc）处的摩擦抵抗力（kN/m）；

P_{w_1} ——作用于构造物前面（af）的静水压力的合力（kN/m）；

P_{w_2} ——作用于构造物前面（af）的动水压力的合力（kN/m）；

H_1 ——作用于构造物（$abef$）的惯性力（kN/m）；

H_2 ——作用于处理地基底面（$bcde$）的惯性力（kN/m）；

P_{h} ——作用于处理地基背面（cd）由无处理地基传来的地震时主动土压力合力的水平分力（kN/m）；

$\rho_w g$ ——海水的单位体积重量（$\mathrm{kN/m^3}$）；

w' ——无处理地基的水中单位体积重量（$\mathrm{kN/m^3}$）；

k_{h} ——验算用震度；

K_{a} ——无处理地基的地震时主动土压力系数；

h_1 ——构造物前面的水位（m）；

h_2 ——以液化时压力 P_{h} 计算的水位（此水位作为地表面）；

φ ——处理地基背面（cd）与垂直方向的夹角（°）（逆时针方向为正，图 2-31 所示的情况中，φ 为负值）；

f_1 ——构造物底面的摩擦系数；

f_2 ——处理地基底面的摩擦系数（= 0.6）；

c ——原地基的黏着力（kN/m^2）；

l_{bc} ——处理地基底面（bc）的长度（m）；

γ_a ——构造物解析系数。

（c）部分系数

对包含处理地基及对象设施的地震活动作用时的滑动的研究，所有部分系数都取 1.0。

b. 对永久状态下滑动圆弧稳定性的研究。

对永久状态下滑动圆弧稳定性的研究可参照相关行业规范。

⑥无法保证设施和地基整体的稳定时，应通过改变改良范围或增加处理土的设计基准强度来应对。

2.14 药液注入法

2.14.1 概述

药液注入法是以固结地基或止水为目的，将水泥、黏土、沥青、各种合成树脂注入土砂间隙的做法，虽然较为昂贵但十分有效，被广泛用于改良局部的砂质土地基。药液注入法作为液化对策也被广泛使用。

2.14.2 性能验算的基本方法

1. 适用范围

①此处所叙述的改良地基的性能验算方法是针对以液化对策为目的的药液注入法的情况。作为液化对策的药物注入法是根据浸透固化处理法、多点浸透注入法、灌浆法等方法开发的。

②此处所使用的一些主要用语的含义如下。

a. 药液：将水玻璃（$R_2O \cdot nSiO_2$）中的杂质去除掉的有一定耐久性的溶液型药液。

b. 活性硅石：将离子交换树脂（膜）中的杂质去除掉的具有一定耐久性的溶液型活性硅石水泥浆。

c. 非碱性硅溶胶：通过酸碱中和来去除杂质的具有一定耐久性的溶液型活性硅石水泥浆。

d. 浸透注入：在不改变地基的土颗粒的构造的情况下将药液注入土颗粒的间隙。

e. 胶凝时间：药液混合后，黏性开始增加到丧失流动性所需的时间。

f. 改良率：用体积百分率表示的改良范围内纯改良体的比例。

g. 配合比试验的目标强度：使用场地土进行室内配合比试验的改良土的单轴压缩强度的目标值。

h. 原位置的平均强度：原位置改良土的单轴压缩强度的平均值。

i. 设计基准强度：使用性能验算的原位置处单轴压缩强度的目标值。

j. 强度发现率：原位置处的平均强度和配合比试验的目标强度的比值。

k. 现场调整系数：考虑了原位置改良土的强度偏差的设计基准强度的调整系数。

l. 注入径：将定量的药液从地基注入后，假定以球状浸透情况下改良土体的直径。

m. 注入速度：一个注入孔 1 min 的注入量。

n. 界限注入速度：地基内不发生注入裂缝的情况下，保持浸透注入的状态的界限注入速度。

o. 注入率：注入药液体积占纯改良土体积的比例。

p. 注入间隔：在地基中设置注入管时注入管的间隔。

③虽然施工形态与通常的药液注入相同，但由于要根据液化对策进行大范围的土体改良，在许多方面会有差别，如使用持久型药液、设置较长的胶凝时间、对注入口及注入方法采用一些特别的方法等。

④根据过去的施工实例来看，一般适用土质为含泥量小于 40%的地基。

⑤此处叙述之外的药液注入法的性能验算及与施工相关的事项可参照相关行业规范。

2. 基本的思路

①在性能验算时，需要恰当地求得必要的改良土的强度、药液的配合比及确定改良范围。

②对滑动圆弧等的地基稳定性的研究应当以 c 材料和 c-φ 材料对改良土进行评估，并采用偏安全的结果。

③由于在周围无改良地基发生液化时，改良地基与液化的地基相比，具有很大的刚度，可认为其在地震作用下做刚体运动，所以一般来说，在确定改良土范围时，需要对包括构造物在内的滑动的稳定性进行研究。

④改良地基的设计基准强度的特征值及改良范围可通过图 2-32 的流程来确定。

⑤为了使地基不液化，必须确定药液配合比。

⑥将改良土分为 c 材料和 c-φ 材料两种情况来研讨其稳定性的原因如下。考虑改良土中，孔隙被凝胶体填充的原地基的透水系数将大幅降低，与改良前的砂性土相比排水性变差，因此可能会引起不排水状态的剪切变形。然而，室内要素试验的结果显示，改良土受剪切会产生很大的负孔隙水压力，有时其抗剪强度比排水抗剪强度更大。达到这种抗剪强度的必要条件是，在现场的地下水压不允许发生大规模的气蚀现象。不仅如此，还有报道指出药液改良土的透水系数会随着剪切而增大。基于这样的情况，不仅是不排水抗剪强度，排水抗剪强度也应该采用安全的结果来使用。此外，对于排水抗剪强度，由于改良土有药液注入而具备了真实黏聚力，故应作为 c-φ 材料来对待。

$$\tau_f = C_u \tag{2-39}$$

$$\tau_f = c + \sigma' \tan\varphi \tag{2-40}$$

式中，τ_f ——改良土的抗剪强度（kN/m^2）；

C_u ——不排水抗剪强度（kN/m^2）；

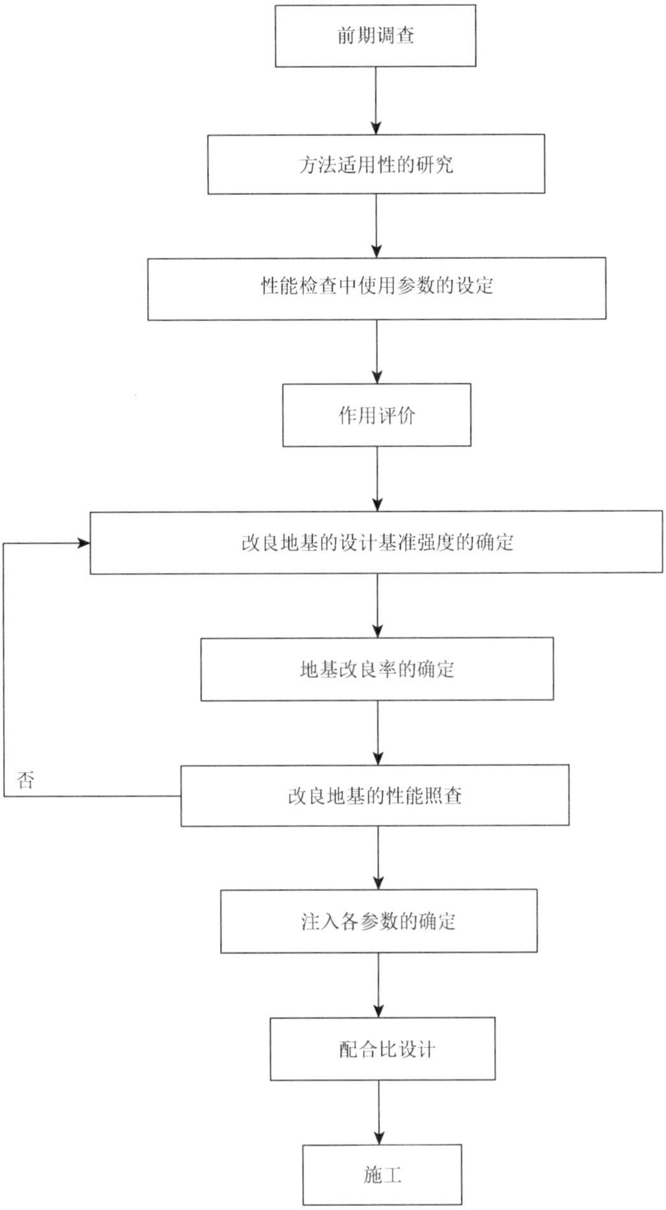

图 2-32　性能验算的流程

σ'——有效约束压力（kN/m^2）；

c——黏聚力（kN/m^2）；

φ——摩擦角（°）。

另外，C_u是由用现场的固结压力进行固结不排水三轴试验得到的不排水抗剪强度，c、φ是从固结排水三轴试验得到的黏聚力c_d和内摩擦角φ_d。

⑦计算作用于改良地基到壁面的土压力过程中，作为c-φ材料分析时，必须相关行业规范的方法进行。

⑧为了防止用溶液型药液改良的土体发生液化，其改良强度的单轴压缩强度需要达到 80～100 kN/m²。这个改良强度与不排水循环三轴试验所得到的 $R_{1.20}=0.4$（反复剪切应力比）有相当程度的抗液化性能。此处，即使用溶液型药液改良的土体的单轴压缩强度达到 100 kN/m²，也无法成为像用水泥改良的事先混合处理土一样不发生拉伸破坏且不发生液化的材料。因而，改良强度应当由遵循设施规定的作用进行计算来确定。另外，也有报道指出，即便是单轴压缩强度为 16 kN/m² 的低改良强度，膨胀特性的松散砂也会向密实砂的特性转变，并且不会发生松散砂那样流动性的液化，对液化有很大的改善效果。

⑨基于当前相关暂定规定，现实情况是药液仅限于水玻璃类物质，但是也需要注意存在由于二氧化硅溶脱而造成耐久性下降的药液。溶脱现象是由凝胶过程中未发生反应的水玻璃和钙离子造成的。目前正在开发能消除这种现象的具有高耐久性的药液，使用这种类型的溶液型药液是值得期待的。除此之外，使用这种药液时也要考虑环境带来的影响，施工中对地下水和海域的影响也要留意。

2.14.3　前期勘察

①需要对地基土砂的土质特性通过前期勘察及试验进行合理的评估。

②前期勘察及试验的项目包括标准贯入试验、土颗粒密度试验、土的含水率试验、土的粒度试验、最大/最小密度试验、pH 试验、二氧化硅含有率试验、含钙量试验、土的固结不排水三轴试验、固结排水三轴试验、循环三轴试验等。

2.14.4　工法适用性的研究

通过上述的前期勘察来判断方法的适用性。其中最重要的检验项目是细粒成分含有率，一般情况下，不适用于含泥量大于 40%的情况，而含泥量为 25%～40%时，由于改良土的不均匀性会增加，需要充分注意。其他情况时，对在改良范围内黏性土有夹杂状态的地基、混有贝壳的地基、混有砾石的地基、地下水流速较快的地基都需要注意（细粒成分）对改良地基的物质特性和凝胶时间等产生的影响。

2.14.5　性能验算中使用参数的设定

由于性能验算的强度参数包括改良土的单轴压缩强度、液化强度、排水抗剪强度（φ_d、c_d）、不排水抗剪强度（C_u）。这些强度都是通过调整现场的密度后，将现场取得的试验材料进行室内配合比试验求得的。另外，也能由此得到液化强度、黏聚力 c_d、C_u 与单轴压缩强度之间的关系。

2.14.6　作用

要考虑的主要作用有恒荷载、处理地基的自重、浮力、土压力、残留水压、防护结构上的反力、地震活动产生的作用及波浪等。

2.14.7 设计基准强度的设定

改良土的液化强度与单轴压缩强度之间有一定关系，为了提高液化强度的作用效果，且考虑适用用途和适用条件，为了得到必要的改良效果，应该根据“2.14.5 性能验算中使用参数的设定”中与单轴压缩强度的关系来设定设计基准强度（将单轴压缩强度作为指标）。

2.14.8 改良率的设定

改良率应该以改良对象范围内 100%全部改良作为原则。减小改良率时，应当慎重地通过模型实验等方法来确保不会发生对构造物有害的沉降和变形。

2.14.9 改良地基的性能验算

①改良的范围需要考虑对象设施的构造形式、作用等，并分析设施及地基整体稳定性后再合理的确定。

②改良地基背后的无改良地基未液化和液化时的设施及处理地基等应考虑的作用和抵抗力分别参照图 2-30 和图 2-31。

③需对包含改良地基及对象设施的地震活动作用时产生的滑动进行研讨。此外，也需对所有地基及全部设施的永久状态时滑动圆弧的稳定性进行研讨。研究方法参照对地震作用时滑动的研究和对永久状态时滑动圆弧稳定性的研究等内容。

④对无法保证构造物稳定的情况，应改变土体的改良范围，或返回 2.14.7 节中设计基准强度的设定，增大设计基准强度。

2.14.10 注入各参数的设定

对于注入各参数，有必要基于土质和施工条件设定以下三项内容。

①注入率（注入药液体积占改良体体积的比例）可根据式（2-41）计算。

$$\lambda = \alpha \frac{n}{100} \tag{2-41}$$

式中，λ ——注入率（%）；

n ——地基的孔隙率（%）；

α ——注入药液量占空隙的比例（%）。

②设定注入速度、注入压力时，需要考虑对象地基的土质、覆土厚度、地下水压力、对邻近设施的影响。在过去的工程实例中，有许多案例都使用界限注入速度试验来设定以上的这些参数。

③确定改良体的直径及注入间隔。改良体的直径与前述注入率、注入速度及作业时间相关，按照式（2-42）计算即可。

$$D = 2\left[Q_{\mathrm{p}} t\left(\frac{4}{3}\pi\frac{\lambda}{100}1000\right)\right]^{\frac{1}{3}} \tag{2-42}$$

式中，　D ——注入直径（m）；

Q_{p} ——注入速度（l/min）；

t ——每个改良体的注入作业时间（min）；

λ ——注入率（%）。

注入间隔取球状改良体和等价立方改良体的一边，根据相关行业规范按照式（2-43）计算。

$$L = D\left(\frac{\pi}{6a}\right)^{\frac{1}{3}} \tag{2-43}$$

式中，　L ——注入间隔（m）；

D ——注入直径（m）；

a ——改良率。

2.14.11　配合比设计

①为了满足胶凝时间和配合比目标强度，配合比设计应该通过实施适当的室内配合比试验来确定药液配合比中药液种类、药液浓度和反应材料添加量等内容。

②由于土的种类、密度等试验条件对改良土的强度和药液浓度的关系有很大的影响，故必须按照现场的条件作为试验条件来进行配合比试验。

③凝胶时间可参考“2.14.10 注入各参数的设定”用到的注入作业时间，配合比目标强度可根据“2.14.7 设计基准强度的设定”的设计基准强度的特征值，按照式（2-44）进行计算。

$$q_{\mathrm{ul}} = \frac{q_{\mathrm{uc_k}}}{\kappa}\eta \tag{2-44}$$

其中，　q_{ul} ——配合比目标强度（$\mathrm{kN/m^2}$）；

$q_{\mathrm{uc_k}}$ ——设计基准强度（$\mathrm{kN/m^2}$）；

κ ——强度发现率，是对室内强度与现场位置强度之间差异的修正；

η ——考虑现场土质不均匀性调整系数。

2.15　管路混合固化处理法

2.15.1　概述

管中混合固化处理法是将疏浚土等通过空气压送船将土压送时，一并添加水泥等化学性能稳定材料，利用压送管内发生的塞流所引起的乱流效果，搅拌混合疏浚土及固化材料的技术。作为该工法的特征，因压送时进行混合搅拌，故具备简略固化处理设备，节省初期设备投资，通过使用大型空气压送船可进行快速大规模的施工等特点。管中混合固化处理法被用于填筑、降低土压、抗震加固、表层处理、护岸加宽等。

2.15.2 性能验算的基本方针

①管中混合固化处理法的性能验算是基于改良对象土体、稳定处理土体的勘察结果稳定土体的勘察适用条件、必要的需对处理土地基的强度及改良范围等进行适当的设定。

②管中混合固化处理法是在用空气压送设备压送疏浚残土等改良土体时添加固化材料，利用压送管道中发生的由气液双相流产生的乱流效果来混合搅拌改良土和固化材料，并在指定地点制作和打设的一种改良方法。关于此法的原理和特征等内容可参照相关行业规范。

③根据压送方式及固化材料的添加方式的不同，目前正在开发多种该改良法的施工方法。

2.15.3 管中混合固化处理法的性能验算

①管中混合固化处理土是一种用固化材料进行稳定处理的地基材料，对于它的性能验算使用一般土体的性能验算方法即可。

②稳定处理土所需的特性如表 2-7 所示，根据其利用的形式的不同会有所区别。在将稳定处理土进行填埋、降低土压力、抗震加固及表层处理等情况下，土体的地基强度必须要满足规定的设计基准强度。另外，作为护岸加宽土时，必须尽可能地减小流动性且大大提高法向梯度。相反，作为回填土时，则有时要求能具有自密实性能的高流动性。

表 2-7 稳定处理土所需的特性

利用形式	稳定处理土的特性	备注
①填埋	地基强度	—
②降低土压力	地基强度	—
③抗震加固	地基强度	—
④护岸加宽	流动性：小（确保法向坡度）、地基强度	稳定处理土的含水比：小
⑤表层改良	地基强度	—
⑥水中回填	流动性：大（不需固结）、地基强度	稳定处理土的含水比：大

2.15.4 配合比设计

①配合比设计必须要考虑满足土体的目标强度及稳定处理土压送时的流动性要求。配合比条件可根据固化材料的种类、固化材料的添加量、含水率的调整及混凝土龄期等因素来确定。

②室内配合比试验需要对流动性、强度、养护条件进行研究，并宜事先总结固化材料添加量与单轴压缩强度的关系、水灰比（W/C）与单轴压缩强度的关系、含水率的调整与扩展度的关系。

3 基 槽 开 挖

3.1 概述

沉管隧道多处于深水、深厚软土地基的施工环境，周围水域多为海况复杂的海域，过往船舶频繁，具有管节长度长、水深大、管顶回淤厚、岛隧结合部受力和施工复杂、地基软弱且不均匀、沉降控制难等特点。对沉管隧道而言，差异沉降是造成沉管管节间漏水的关键因素，它的控制与管节间剪力键、止水设施的设置及剪力键的承载能力密切相关。为确保沉管隧道在设计使用寿命内安全运营，沉管隧道基槽开挖必须在适应大挖深工况下，实现精确开挖，从基础首道工序开始消除产生不均匀沉降的可能，这对确保港珠澳大桥岛隧工程的工期和质量起着至关重要的作用。

因此，沉管隧道基槽开挖施工，是隧道基础处理施工中的关键工序之一。

为确保沉管隧道基槽开挖质量满足高标准要求，基槽开挖需采用了不同的施工工艺与设备，包括上层开挖（又称粗挖）、槽底及边坡成型区精挖，其中槽底及边坡成型区精挖是指槽底及边坡设计线以上 2～3 m 厚度泥层的精确开挖，除此之外皆为粗挖。基槽开挖断面示意图如图 3-1 所示。

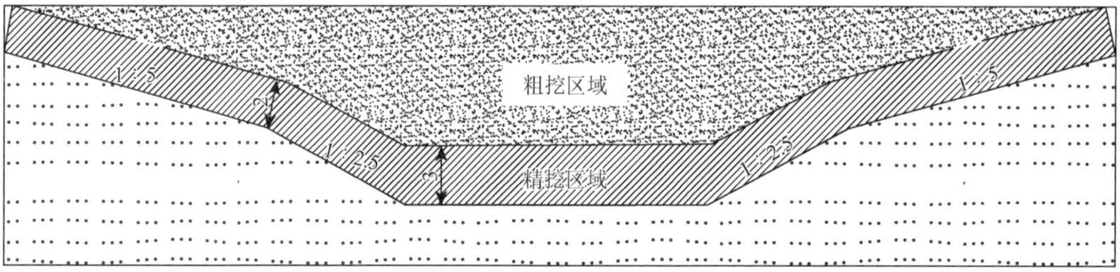

图 3-1 基槽开挖断面示意图

3.2 试验与工法比较

3.2.1 试挖槽试验

港珠澳大桥岛隧工程基槽开挖正式作业前，2009～2010 年，笔者开展了“沉管隧道基槽开挖工艺及回淤观测试验研究”的专题研究，旨在利用原位试验，为沉管隧道方案初步设计与施工提供与沉管隧道基槽开挖方面相关的技术支持，包括成槽工艺、试挖槽边坡稳定分析、现场回淤实测与分析等。试挖槽选择在拟开挖轴线位置，底槽起止桩号为 K11 + 800～K11 + 900。设置各种各样的边坡坡度的试验性基槽，测试不同基槽边坡的稳定性、可靠度等，指导设计选用合理坡比；现场观测试挖槽回淤强度。

3.2.1.1 边坡的稳定性、可靠度

按照 1∶2 的比例缩小原位试验规模，即选择试挖槽底宽为 21 m、底标高为–21.0 m，试挖槽边坡坡比南北侧分别分段取 1∶5、1∶6、1∶8 与 1∶10，东西侧轴线方向取 1∶10（图 3-2、图 3-3）。试验期间经过一次较大强度洪峰和两次热带风暴（“浪卡”和“莲花”）、两次台风（“莫拉菲”和“巨爵”）袭击，根据 20 次测量反映，1∶5、1∶6、1∶8、1∶10 边坡均未出现明显滑坡现象。通过二维图形、三维图形显示，随着时间变化，试挖槽施工阶段阶梯状开挖的边坡逐步趋于平滑；1∶5 的上边坡位置出现 0.5～0.7 m 的下沉，出现了蠕变现象，边坡整体不太稳定；1∶6 上下边坡外形总体上保持一致，边坡相对稳定；1∶8 与 1∶10 边坡多次测量结果显示稳定（图 3-4）。

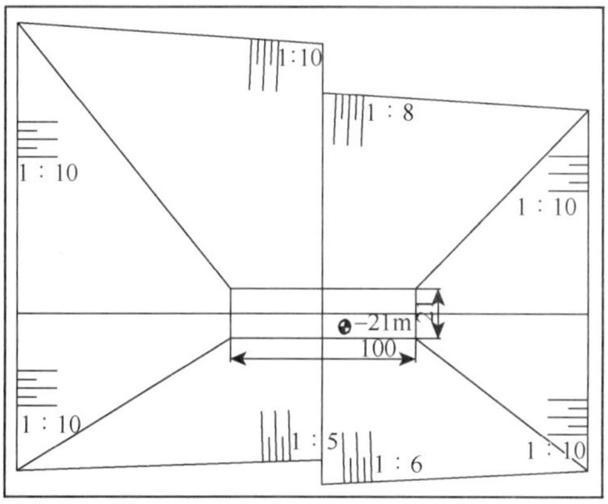

图 3-2 试挖槽平面示意图

图 3-3 试挖槽地形图

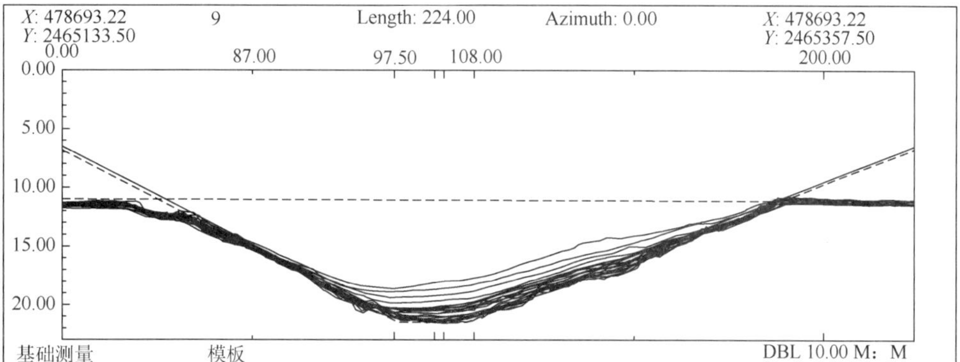

图 3-4 边坡稳定性分析断面图

3.2.1.2 回淤监测

回淤监测采用多波束测量，观测回淤变化。2009 年 2 月 6 日至 2010 年 2 月 9 日观测期间，槽底区域呈持续回淤状态，观测期间内平均回淤厚度为 3.12 m，日回淤强度 0.85 cm/d。成槽初期 2009 年 2 月初到 5 月初属于枯水期，基槽平均淤浅 0.4 m；5 月初到 9 月初属于洪水期，基槽平均淤浅 0.7 m；9 月初到 10 月初属于汛后期，基槽平均淤浅 0.1 m；10 月初到 2010 年 2 月初属于枯水期，但受伶仃航道、铜鼓航道疏浚施工及内伶仃岛北侧砂源区采砂作业影响，海域悬移物质含量增加，导致基槽平均淤浅 1.9 m。槽底回淤强度图见图 3-5。

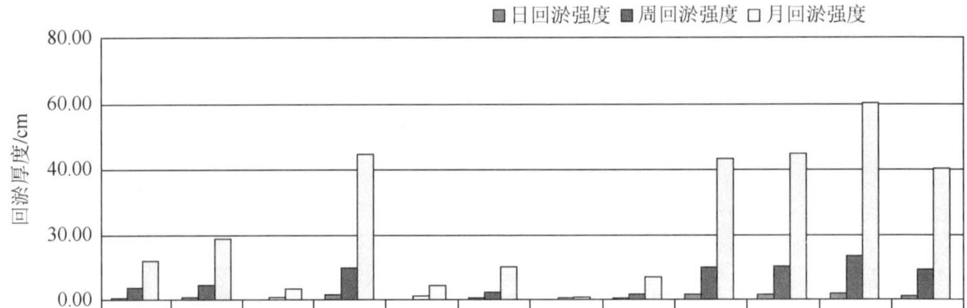

	2月	3月	4月	5月	6月	7月	8月	9月	10月	11月	12月	翌年1月
■ 日回淤强度	0.51	0.60	0.10	1.44	0.15	0.32	0.03	0.24	1.39	1.50	1.95	1.31
■ 周回淤强度	3.59	4.22	0.70	10.08	1.08	2.25	0.21	1.70	9.76	10.47	13.65	9.19
□ 月回淤强度	11.78	18.67	2.99	44.65	4.62	9.96	0.94	7.27	43.23	44.89	60.47	40.72

图 3-5 槽底回淤强度图

3.2.2 施工工法比较

根据作业原理可将常规疏浚设备分为水力式挖泥船和机械式挖泥船两大类。水力式挖泥船主要包括绞吸船、耙吸船两种；机械式挖泥船则主要为斗式挖泥船，斗式挖泥船通常有铲斗、链斗、抓斗三种。

绞吸船、耙吸船、斗式挖泥船三者的作业方式、特点、原理的各不相同，在不同的自然环境、施工条件下，它们各有利弊。因此应综合自然环境条件（土质、水文等）、设计技术与质量要求、进度、环保、通航及成本效益等因素，合理选择施工船舶。

3.2.2.1 绞吸船

绞吸船是利用吸水管前端围绕吸水管装设旋转绞刀装置，将海底疏浚土进行切割和搅动，再借助强大的泵力将绞起的疏浚土物料经排泥管线通过水力输送到泥沙物料堆积场（图 3-6）。

图 3-6 绞吸船

在施工区周边无直接卸泥区的施工条件下，不适宜采用绞吸船进行隧道基槽或人工岛基槽的疏浚施工。一般情况下，绞吸船施工的含泥（或砂）量在 30%以内，即使采用过驳装舱形式，但装舱作业将产生大面积的泥浆溢流扩散情况，不可避免地会对工程区域的环境产生严重的影响。而且目前国内疏浚市场上三缆定位的绞吸船较少且最大挖深基本小于 28.0 m，对于基槽开挖存在一定的局限性。通航要求高的施工水域，采用绞吸船施工，排泥管线将严重影响通航保障。

3.2.2.2 耙吸船

耙吸船是通过置于船体两舷或一舷的耙头接触泥面并通过一定航行速度破碎泥土并吸入泥浆，以边吸泥、边航行的方式作业，施工效率较高。为提高耙吸船装舱率，在耙吸船挖泥满舱后通常需溢流一段时间，待储泥仓泥浆达到一定密度后才启航前往倾倒区进行抛卸（图 3-7）。

图 3-7 耙吸船

耙吸船具有避让机动性好、抗风浪能力强等优点，其溢流施工直接产生的泥水悬浮物，对周边环境会产生一定的影响，经研究试验证明，根据水流流速合理调整溢流时间，可有效控制泥水悬浮物的扩散范围。

沉管隧道基槽纵向底槽为斜坡，而耙吸船采用航行开挖作业，目前世界上尚未能有效解决耙吸船高质量开挖纵向斜坡槽底的技术难题，且耙吸船开挖黏土层易产生垄沟，再利用其他疏浚船舶清除深槽垄沟难度非常大，因此耙吸船不适用于隧道基槽硬度较大的黏土层开挖及槽底的精挖施工。

3.2.2.3 铲斗式挖泥船

图 3-8 铲斗船

铲斗式挖泥船（简称铲斗船）利用吊杆及斗柄将铲斗插入海床泥面进行挖掘，然后由绞车牵引将铲斗连同斗柄、吊杆一起提升吊出水面，至适当高度由旋回装置转卸至泥驳上。铲斗船依靠前后三根定位桩挖泥，挖泥控制较好但挖深有限，且定位桩在基槽内将会产生三道桩坑形成的深沟，并被残留的淤泥浆充填，为清淤作业和后期基础处理带来困难（图 3-8）。

尽管厄勒海峡沉管隧道基槽采用了铲斗船挖泥进行基槽开挖，但其基槽开挖深度较浅、土质较硬（基底以风化岩为主），且事后需要对桩坑进行补填。

3.2.2.4　链斗式挖泥船

链斗式挖泥船（简称链斗船）利用一连串带有挖斗的斗链，借导轮带动在斗桥上连续转动，使泥斗在水下挖泥并提升至水面以上，通过调整锚缆长度使船体移动且进行挖泥工作（图 3-9）。链斗船对土质的适应能力较强，可挖除岩石以外的各种泥土。链斗船依靠前后、左右 6 具施工锚定位并移动船位，挖槽截面规则、误差小，最适用于港口码头泊位、水工建筑物等工程。

图 3-9　链斗船

链斗船挖泥的质量很高，但目前国内现有链斗船挖深仅 15 m（国外有链斗船最大可开挖 38 m），不能满足基槽开挖要求，而且现有链斗船都比较老旧、数量少，施工效率有限。另外，横流施工作业时段受限制多，作业需抛设 6 具施工锚，占用水域大，影响通航及其他工序的施工。

3.2.2.5　抓斗式挖泥船

抓斗式挖泥船（简称抓斗船）利用旋转式挖泥机的吊杆、钢索悬挂抓斗，在抓斗本身重量的作用下沉入海底，通过液压系统合斗破土抓取泥土（图 3-10）。现有抓斗船主要通过定位桩或抛锚定位，适应性广，船舶性能特点适合基槽施工。港珠澳大桥岛隧工程、韩国釜山—巨济沉管隧道基槽开挖工程，均是采用抓斗船最后精挖成功的。

图 3-10　抓斗船

3.2.2.6 凿岩棒碎岩和水下炸礁

基槽开挖工程可能会遇到的岩石，根据类别主要有三种：软岩石、中等硬度岩石、坚硬岩石。软岩石大部分能直接采用挖泥船直接挖除，使用的挖泥船主要有绞吸船、抓斗船、链斗船、铲斗船，主要视挖深而定，大挖深一般选择抓斗船。中等硬度岩石、坚硬岩石通常需要进行预处理后才能采用挖泥船进行疏浚，预处理的方法主要有凿岩棒碎岩和水下炸礁。预处理的必要性取决于周围环境、岩石状态和所使用的挖泥船类型，预处理方法的选择取决于岩石的方量、厚度及挖泥船开挖所需的破碎度和松散度。几种不同形状和重量的凿岩棒外观见图 3-11。

斧头形	铅笔形-1	铅笔形-2	多齿形

35 t	16 t	18 t	8 t

图 3-11 几种不同形状和重量的凿岩棒外观

3.3 开挖精度要求

3.3.1 沉管隧道基槽精挖验评专用标准

沉管隧道基槽精挖验评专用标准见表 3-1。

表 3-1 沉管隧道基槽精挖验评专用标准

序号	检查项目	允许偏差或要求
1	基槽边坡单边宽度	−20～+ 250 cm（负值为向内）
2	基槽轴线	平均允许偏差−50～+ 50 cm
3	基槽底标高	精挖槽底标高正常允许偏差−50～+ 0 cm
4	基槽边坡坡率	不陡于设计坡率

根据《水运工程质量检验标准》（JTS 257—2008）中“表 3.1.0.4 各类挖泥船超深和超宽控制值”“表 4.3.2.3-2 非岩石地基水下基槽开挖允许偏差、检验数量和方法”的基本规定，适用于港珠澳大桥岛隧工程挖泥船的规范允许超深和超宽控制值见表 3-2，非岩石地基水下基槽开挖允许偏差值见表 3-3。

表 3-2　各类挖泥船疏浚施工超深和超宽控制值

船型	耙吸船（舱容，m^3）		抓斗船（斗容，m^3）	
	≥4000	＜4000	＞8	4～8
平均超深/m	0.55	0.50	0.60	0.50
平均超宽/m	6.5	5.0	4.0	4.0
最大超深/m	1.1	1	1.2	1
最大超宽/m	13	10	8	8

表 3-3　非岩石地基水下基槽开挖允许偏差值

序号	项目			无掩护或离岸 500 m 以上水域允许偏差/m
1	平均超深	13 m^3＜斗容≤18 m^3	Ⅰ、Ⅱ类土	1.5
			Ⅳ、Ⅴ类土	1.0
2	每边平均超宽	13 m^3＜斗容≤18 m^3	Ⅰ、Ⅱ类土	3.0
			Ⅳ、Ⅴ类土	2.5

注：无掩护水域当挖泥水深大于等于 20 m 或抓斗斗容大于 18 m^3，其平均超深、超宽允许偏差值可根据实际情况适当加大。

通过比较表 3-1～表 3-3 可知：隧道基槽开挖质量要求远远超过了现行的水运工程规范要求，采取常规技术和设备难以满足隧道基槽的开挖质量要求，为此需要在现有设备基础上进行技改研发。

3.3.2　专用精挖抓斗船研发

专用精挖抓斗船的研发，创新地提出直接高程控制挖泥模式，有效地克服外海无掩护条件下风浪流对抓斗船施工精度严重影响；研制高精度抓斗船疏浚监控系统，具有可视、可控、可测、防超深功能；研制挖掘机液力变矩器控制系统，采用迭代拟合的原理，使大型抓斗船的开挖精度达到 0～−50 cm。技术升级改造后的精挖抓斗船见图 3-12。

图 3-12　技术升级改造后的精挖抓斗船

施工过程中，精确挖泥计算机测控系统与原挖泥控制系统相比，增加了超深限制、综合偏差调整等功能，实现了抓斗船施工过程可视、可控、可测。另外，采用迭代拟合的原理，由系统自动控制提斗钢丝绳，控制抓斗动态沉放，实现整个闭斗过程的实际切削土体的轨迹曲线为一条水平波纹线。抓斗精挖功能原理示意图见图 3-13。

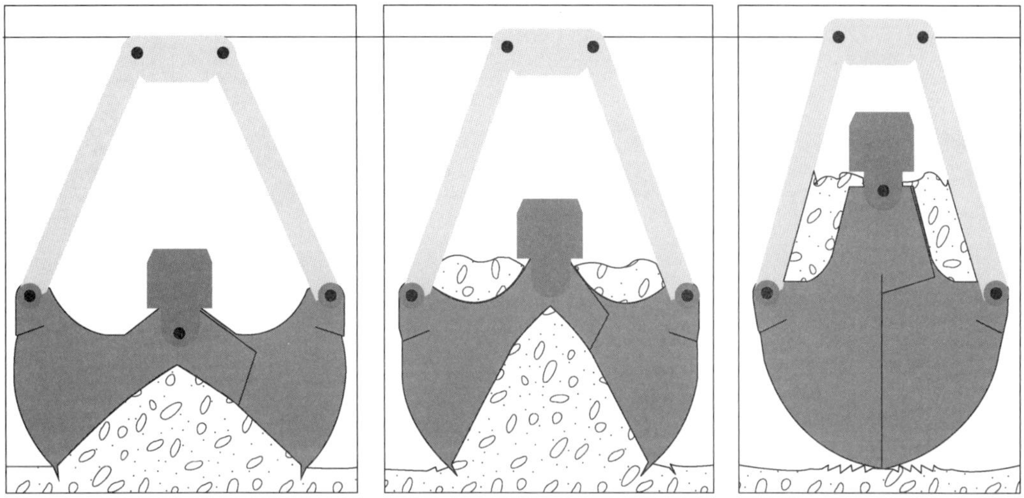

图 3-13 抓斗精挖功能原理示意图

3.3.3 槽底精确挖泥典型施工试验

通过对国内外技术的检索发现，现有抓斗船开挖基槽的技术与工艺研究主要针对港口、码头或内河等区域建设工程开展，少有针对沉管隧道。而沉管隧道主要处于无掩护外海区域或台风多发地带，或者比较繁忙的港口水域。为满足基槽成型区开挖高精度要求，基槽成型区提出以 30 m^3 抓斗船为母船，进行了一系列成功的技术创新与改造，填补了国内精确挖泥施工技术研究的空白，关键技术达到国际先进水平。

鉴于技改后精挖抓斗船基槽精挖施工工艺、效果及工效等均无规范标准及施工经验可参照，故在基槽精挖正式开始前，选划一定范围，利用“金雄”轮开展基槽精挖的典型施工：①测定精挖抓斗船基槽精挖施工辅助用时（包括拖航就位时间、施工准备时间、开工布锚与收工起锚时间）；②测定精挖抓斗船轮挖泥周期（包括正常开挖施工时间、扫浅阶段开挖施工时间）、测定不同叠斗率的开挖效果及综合工效，选定最佳叠斗工艺。

典型施工区域选在西人工岛 E1 管节西侧，精挖厚度为最底层 1 m，开挖设计标高为 16 m。选划范围分根据不同叠斗率为三个试验区域：①叠斗 1/4 基槽精挖区域，20 m（东西）×42 m（南北）；②叠斗 1/3 基槽精挖区域，20 m（东西）×42 m（南北）；③叠斗 1/2 基槽精挖区域，20 m（东西）×42 m（南北）。基槽精挖典型施工区域见图 3-14。

精挖典型施工验证通过采用高精度开挖方式施工，验证船舶适应性及精挖施工质量稳定性均满足设计及规范要求，施工工艺可行；测定过程辅助时间、挖泥周期时间及不同叠

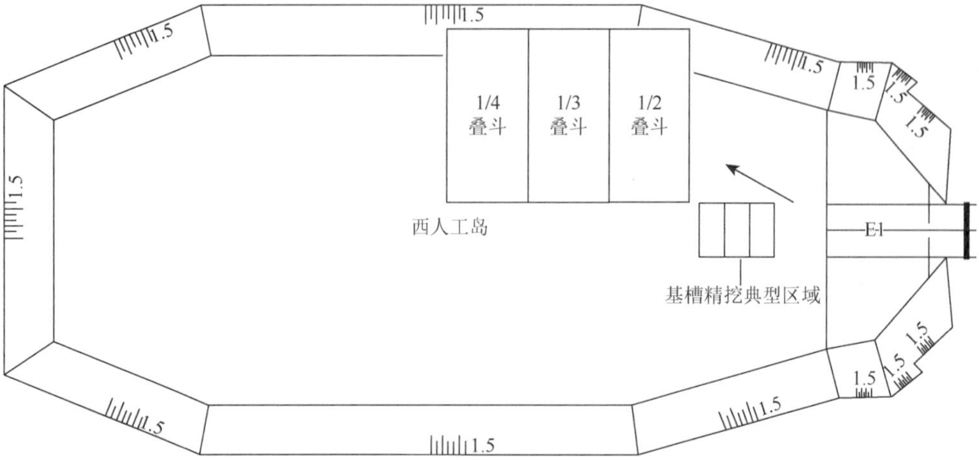

图 3-14　基槽精挖典型施工区域

斗工艺施工综合工效，验证上层开挖斗与斗之间叠加 1/3 工艺为最佳施工工艺，下层开挖斗与斗之间叠加 1/2 工艺为最佳施工工艺。

3.3.4　适用船舶开挖精度

由 3.2.2 节施工工法比较分析，各类疏浚设备精挖优劣势比较见表 3-4。

表 3-4　各类疏浚设备精挖优劣势比较表

序号	挖泥船设备	优势	劣势
1	耙吸船	（1）挖深可满足要求； （2）有高精度定位和监控跟踪系统可进行精挖，施工效率较高	如遇硬土质，施工效率影响较低，容易产生垄沟
2	抓斗船	（1）挖深可满足要求； （2）破土能力强，定深平挖，质量控制好	施工效率相对较低
3	绞吸船	吃水深度基本不受限	（1）挖深受限制； （2）定位桩会破坏基础； （3）现有设备老旧、数量少，施工质量不能满足精挖要求
4	链斗船、铲斗船	吃水深度基本不受限	（1）挖深受限制； （2）现有设备老旧、数量少，施工质量不能满足精挖要求

由表 3-4 可知，适用于沉管隧道基槽疏浚工程的船舶为耙吸船和抓斗船，开挖精度分析如下：

①耙吸船具有国际先进水平的动态定位、动态跟踪（DP/DT）功能，基槽平面开挖的精度比普通耙吸船的施工精度提高一倍；具有集成化的整船综合控制系统（IHCS），配备智能化的疏浚监测平台系统，具有高精度的船舶平面定位、耙臂姿态和耙头深度显示、吃

水装载计量等疏浚施工监测功能，技术水平达到国际先进水平。

②中型、大型抓斗船，破土能力强，定深平挖，质量控制好：抓斗船采用斗自重或液压破土，破土能力相对于其他类型挖泥船最强。如采用具有定深平挖功能的大型抓斗船，以 RTK-DGPS 定位，其精度能提高至厘米级，即使考虑抓斗船的晃动，误差也能保持厘米级水平；抓斗船定深定量挖泥，对邻近土体扰动最小，所挖掘的基槽边坡稳定性最强，基本上不会造成浑水残留及后期回淤影响。

3.4 上层开挖

基槽开挖上层淤泥、淤泥质土宜安排耙吸船、抓斗船完成，硬度较大黏土、粉细砂宜安排斗容较大的抓斗船完成。

3.4.1 耙吸船施工工艺

耙吸船分段分层开挖：槽中部分按 2～3 m 层厚进行分层开挖。利用船舶动态定位、动态跟踪（DP/DT）功能，预先设定开挖线，船舶智能化系统根据风、流等外力因素自动控制各种动力设备，确保耙头始终沿设定开挖线施工。

根据设计要求的开挖范围及标高，制作施工导航文件。耙吸船在横流条件下作业，涨潮时段集中开挖北半部，退潮时段集中开挖南半部。平潮整个施工区航迹线均匀布线，以达到同步加深的效果。耙吸船开挖施工工艺流程见图 3-15。耙吸船分条、分层施工示意图见图 3-16。

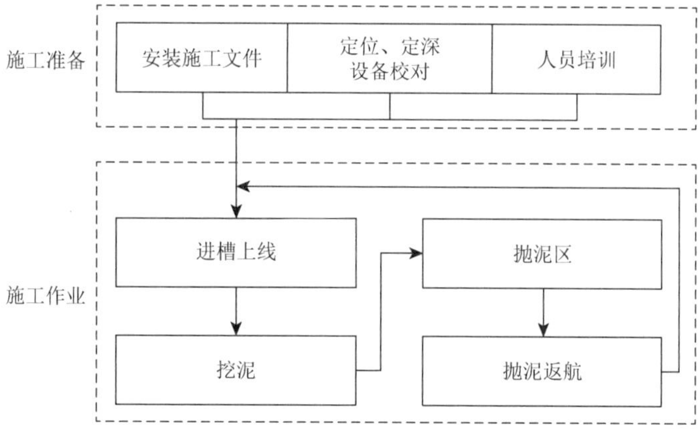

图 3-15 耙吸船开挖施工工艺流程图

3.4.2 抓斗船施工工艺

施工船舶按垂直基槽轴线且船艏朝向水流来向展布，抓斗船船位布置示意图见图 3-17，抓斗船基槽纵坡形成施工示意图见图 3-18，并以基槽中心线为界分为南、北半槽，通过船位的前进、后退实施顶水施工，涨潮、退潮时段分别开挖南、北半槽，缓潮时段开挖边坡区域。

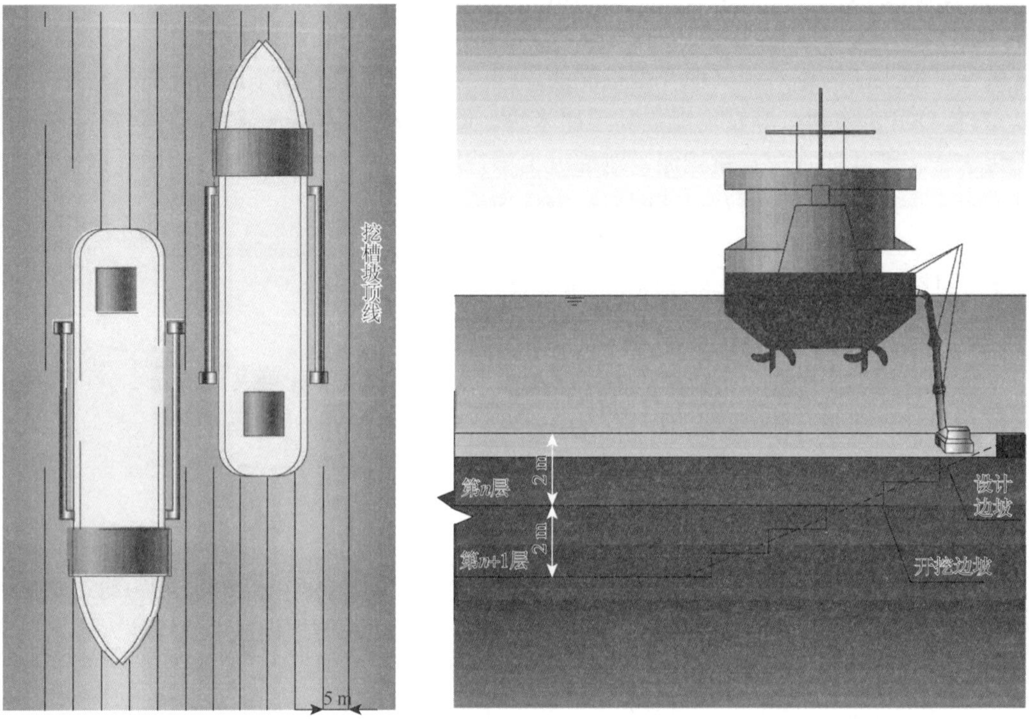

(a) 边坡分条施工　　(b) 边坡分层施工

图 3-16　耙吸船分条、分层施工示意图

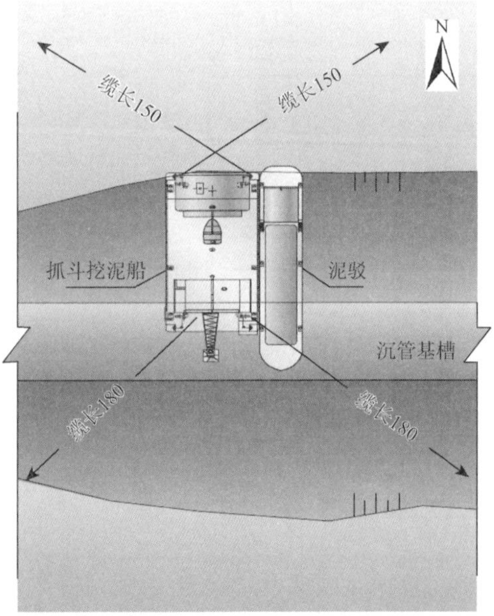

图 3-17　抓斗船船位布置示意图（单位：m）

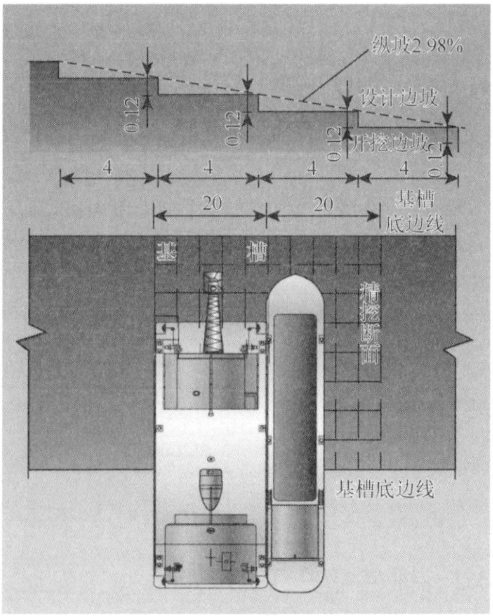

图 3-18　抓斗船基槽纵坡形成施工示意图（单位：m）

抓斗船采用分段、分层、分条施工，分段长度主要考虑船舶横移距离，一般为100～150 m，分层按3～4 m控制，分条主要考虑船舶宽度，一般取20 m。

抓斗船粗挖施工流程见图3-19。

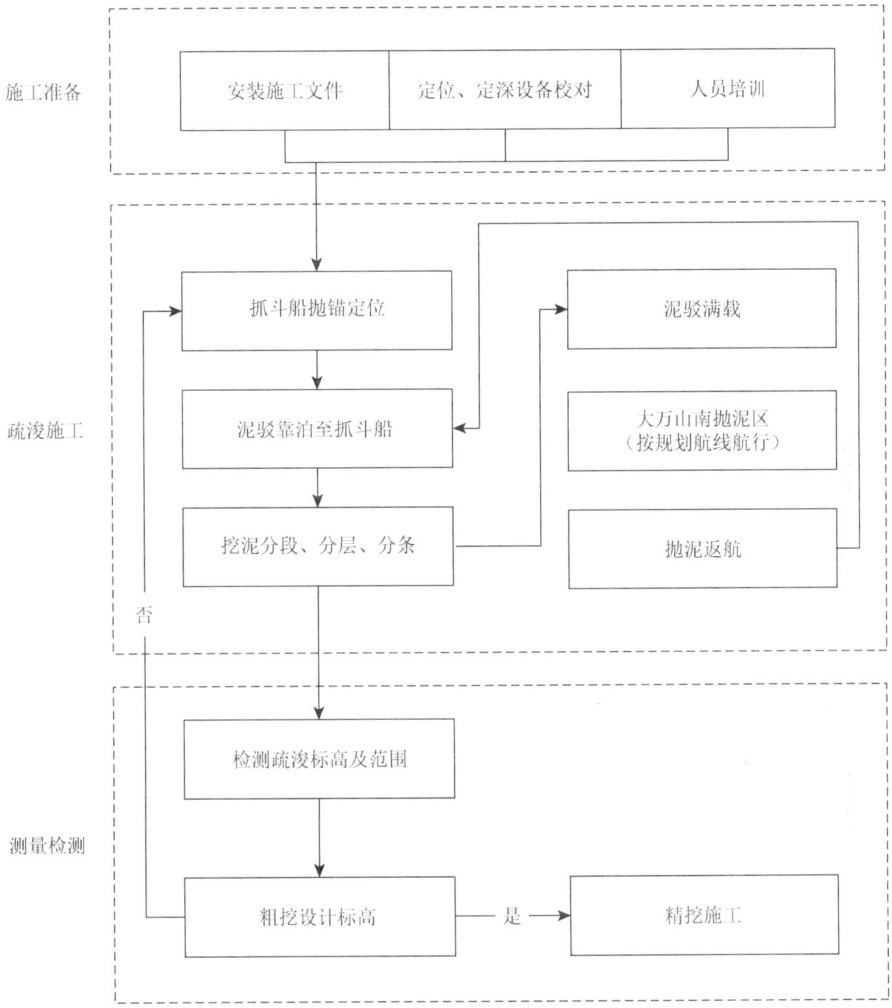

图3-19　抓斗船粗挖施工流程

3.5　边坡开挖

边坡开挖主要是指基槽边坡成型区的精挖施工，主要采用具有定深、平挖功能抓斗船开挖。

边坡开挖过程中，将计划开挖区域分为两个部分，并实施不同的控制方法，其中，待成型区可采用常规疏浚方法，成型区采用定深开挖来控制超深。抓斗船边坡开挖平面图见图3-20。

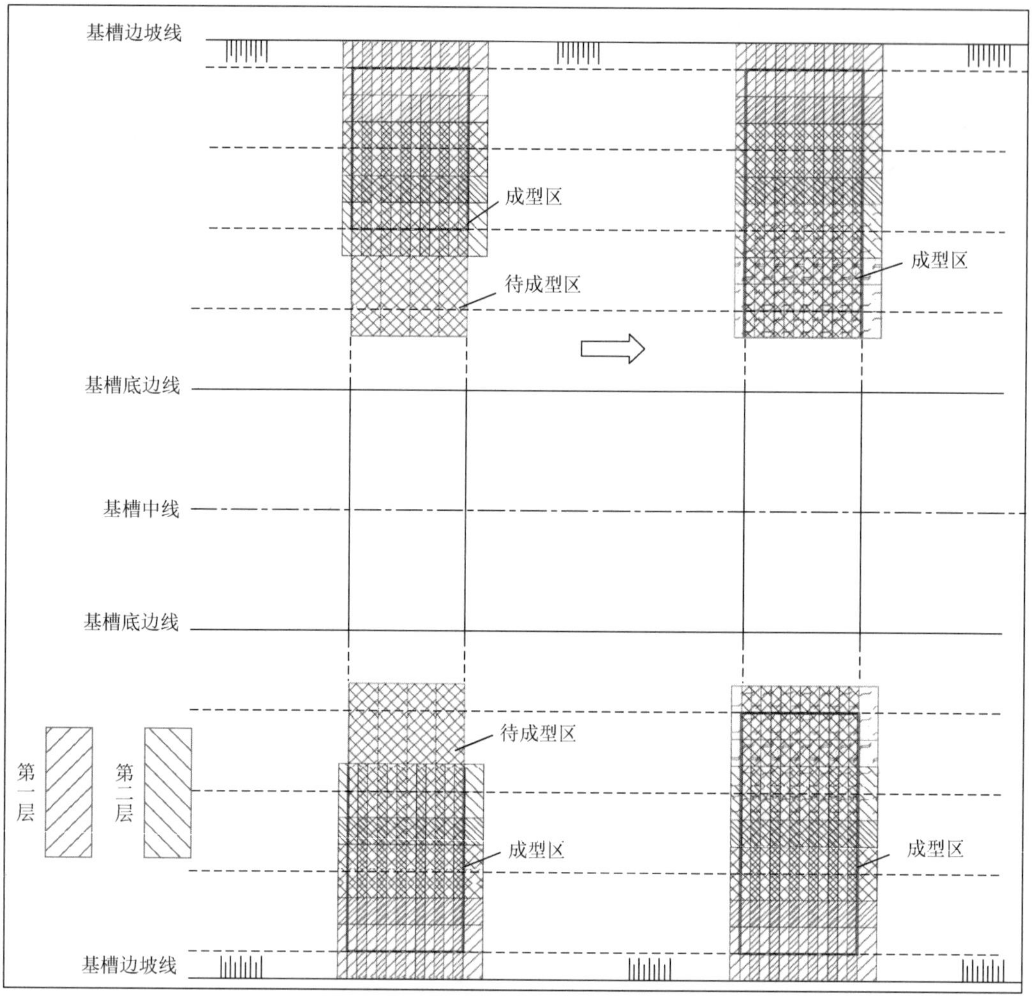

图 3-20　抓斗船边坡开挖平面图

边坡成型区采用分段、分层、分条原则进行精挖。

3.5.1　分段施工

专用精挖船施工分段长度与船舶单次展布可覆盖施工范围有关，纵向长度为 80～100 m，施工中标准管节（180 m）分两段进行开挖。

3.5.2　分条施工

每一段施工范围分为若干条进行施工，为达到基槽超深的设计要求，按不同纵向坡比各条划分长度。在施工过程中，为控制施工质量、防止漏挖，当分条宽度小于 10 m 时，专用精挖船按条与条之间搭接宽度为 1 m 重叠施工；当分条宽度大于 10 m 时，按条与条之间搭接宽度为 3 m 重叠施工，所有管节段与段之间搭接 5 m 重叠覆盖施工。

3.5.3 分层施工

边坡成型区精挖层厚度为 2 m，分 2 层每层厚度约 1.0 m 进行施工控制，施工中为防止漏挖，第一层相邻斗之间按 1/3 斗长和斗宽重叠布斗，第二层相邻斗之间按 1/2 斗长和斗宽重叠布斗施工。2.98%纵坡段精挖叠斗示意图见图 3-21。

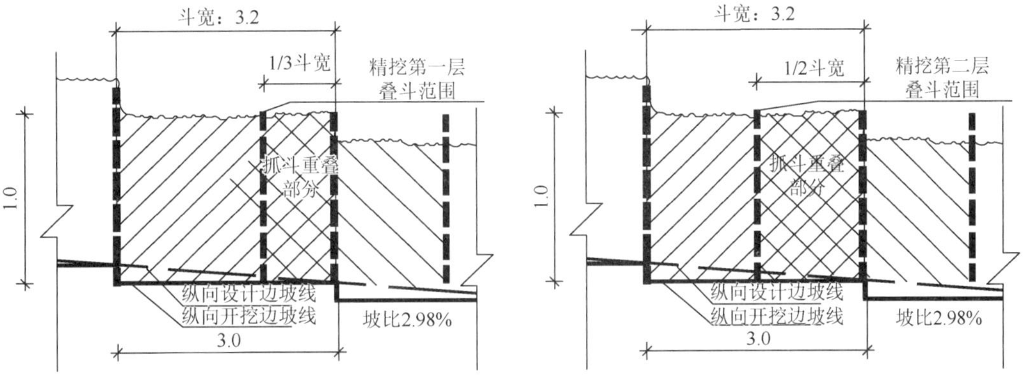

图 3-21　2.98%纵坡段精挖叠斗示意图（单位：m）

3.6 槽底开挖

槽底开挖是指槽底设计线以上 2～3 m 厚度泥层的精确开挖，主要由具有定深、平挖功能的抓斗船完成。

相同管节槽底精挖紧接着边坡成型区精挖进行，同样按照分段、分条、分层原则进行开挖。分段、分层划分原则及长度与边坡成型区精挖相同。槽底精挖施工精挖层厚度约为 3 m，分三层进行开挖，三层分层厚度依次为 1.2 m、1.0 m、0.8 m 左右，施工中第一、二层相邻斗之间在平行基槽方向与垂直基槽方向各按 1/3 重叠布斗，第三层相邻斗之间在平行基槽方向与垂直基槽方向各按 1/2 重叠布斗施工以防止漏挖。

选取纵向坡比的施工段2.98%作为示例，开挖不同土层时抓斗布置示意图如图3-22 所示。

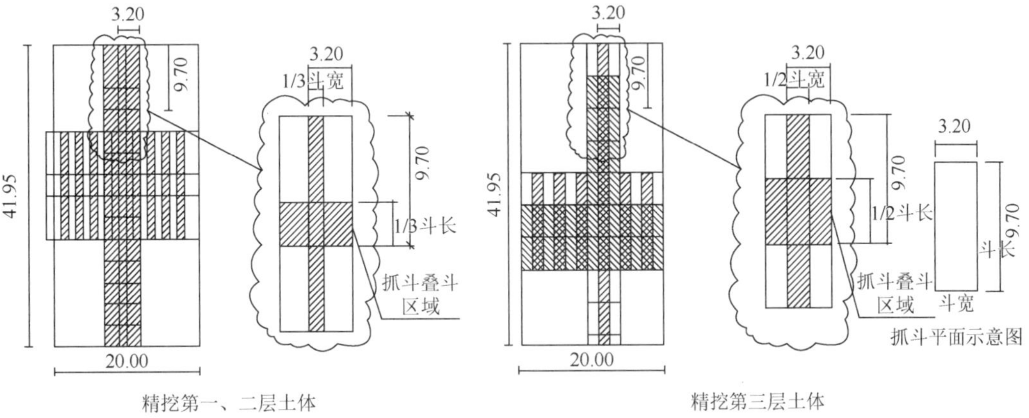

图 3-22　开挖不同土层时抓斗布置示意图（单位：m）

3.7 案例

以港珠澳大桥岛隧工程沉管隧道基槽E27管节段开挖工程为例，其精挖横断面见图3-23，开挖施工三维效果图见图3-24。

沉管隧道基槽E27管节段长180 m，管节槽底宽为41.95 m，工程的原泥面标高约为−12.0 m，需开挖至底标高−32.80～−35.77 m，精挖槽底纵坡采用−2.983%，基槽南北两边根据水深由浅至深依次按1∶3、1∶7和1∶5放坡。

考虑表层淤泥基本处于流动状态，对基槽顶面两侧各约40 m范围内表层2 m厚淤泥予以清除，表层淤泥清除与原始海床交界处按1∶3顺接。管节处地势相对平坦，开挖范围合适，−30 m以上部分由耙吸船完成；−30 m以下部分粗挖由于土质硬度大，由中大型抓斗船完成，槽底及边坡成型区精挖采用具有精挖功能30 m^3抓斗船完成。

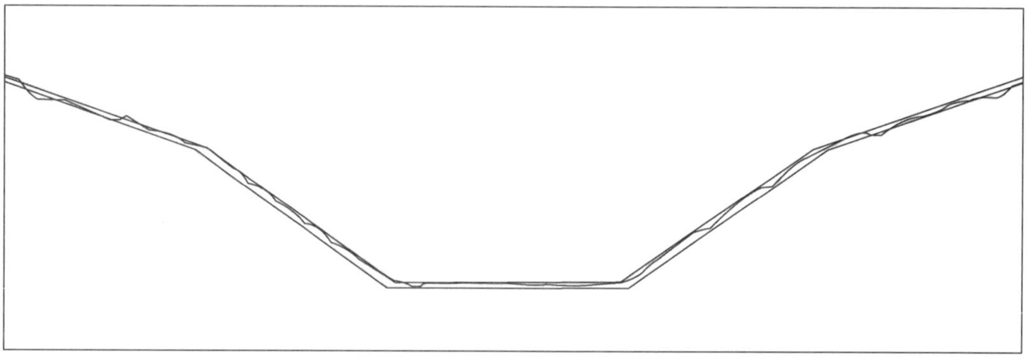

图3-23 港珠澳大桥岛隧工程沉管隧道基槽E27管节段精挖横断面

图3-24 港珠澳大桥岛隧工程沉管隧道基槽E27管节段开挖施工三维效果图

通过采用高精度开挖方式施工，施工的标高偏差值得到了很好的控制，开挖质量完全满足设计及规范要求，不但减少了超挖工程量，降低了对周边环境的污染；而且降低了后续施工不均匀沉降风险，为工程整体结构安全提供了有力保障。

4 先铺法组合基床施工

4.1 概述

4.1.1 沉管隧道基床分类

从沉管隧道基床设计的发展及实例调查来看，按处理方法大致可分为先铺法和后铺法两大类，先铺法指先铺碎石层，后铺法包括喷砂、压砂与压浆三种方法。

4.1.1.1 先铺碎石基床

先铺碎石基床采用一个固定在指定位置上的简单开口钢箱来实现，一边沿隧道轴线方向移动钢箱，一边向箱内补充碎石，形成隧道基础垫层，是最早使用的沉管基础方式。早期美国修建的沉管隧道，不论规模大小均采用这种方法。这种方法对于基础宽度较大的隧道，需要将钢箱的规模与牵引力设计得很大，经济性差。

4.1.1.2 喷砂基床

喷砂基床是用砂泵把砂水混合填料通过管节外部管道喷入沉管管节底部和基槽之间的空隙中。喷砂前，管节放在临时支座上，喷砂结束后可卸开支座上的千斤顶，从而管节重量全部作用到砂垫层基础上。喷砂基床可用于宽度较大的沉管隧道，在早期欧洲修建的多座沉管隧道中应用，如德国易北（Elbe）隧道、比利时谢尔特（Scheldt E3）隧道、荷兰斯派克尼瑟（Spijkenisse）隧道。

4.1.1.3 压砂基床

压砂基床也称为砂流基床或灌砂基床，是在喷砂基床基础上发展起来的一种新方法，依靠水流作用将砂通过预埋在管节底板（竖向或横向）上的注料孔注入管节与基底间的空隙，既可在管节外部施工，也可在管节内充填。压砂法无需专门的喷砂台架，对砂粒径的要求也较低，因此从 20 世纪 70 年代后期，压砂基床逐渐在世界各国的沉管隧道中采用，如荷兰弗拉克（Vlake）隧道、澳大利亚悉尼跨港隧道，我国广州珠江隧道、上海外环隧道及台湾高雄跨港隧道等。

4.1.1.4　压浆基床

压浆基床是在管节沉放到位后，沿管节边墙及后封端墙边抛堆高 1 m 的砂石混合料，封闭管底空间。接着从管节里面通过预埋在管节底板上的压浆孔向管底空隙压注混合砂浆，充填管节底部与碎石垫层间的空隙。此法在日本广泛应用，如东京港隧道的中间区段、Dainikoro 隧道、川崎隧道，可避免“强震区”中常规砂基础的液化问题。

从国际上的应用情况来看，每种方法均有各自的优缺点，具体采用哪种方法，需要根据工程条件、承包商施工经验、风险控制、工期及经济性等因素，结合相应的地基处理方案或天然地基现状综合确定。

4.1.2　先铺碎石基床设计

国际上对于沉管隧道垄沟相间的先铺碎石基床的研究及应用情况极少，20 世纪末，在连接丹麦与瑞典的厄勒海峡沉管隧道建设期间，承包商首次将全覆盖满铺碎石垫层更改为垄沟相间的碎石基础垫层形式，取得了良好的工程应用效果。

厄勒海峡沉管隧道作为第一座采用带垄碎石层的沉管隧道，显著特征如下。

①隧道垫层下的原始地层为哥本哈根石灰岩；

②碎石垫层为 0.95 m 厚。

在碎石垫层的分析过程中，通过有限元方法研究了碎石垄的承载能力，为方案设计提供了重要支撑。厄勒海峡沉管隧道垫层设计参数见表 4-1，碎石垫层见图 4-1。

表 4-1　厄勒海峡沉管隧道垫层设计参数

垄宽/cm	沟宽/cm	单垄 + 沟宽度/cm	厚度/cm	管节接头间距/cm
165	100	265	95	425

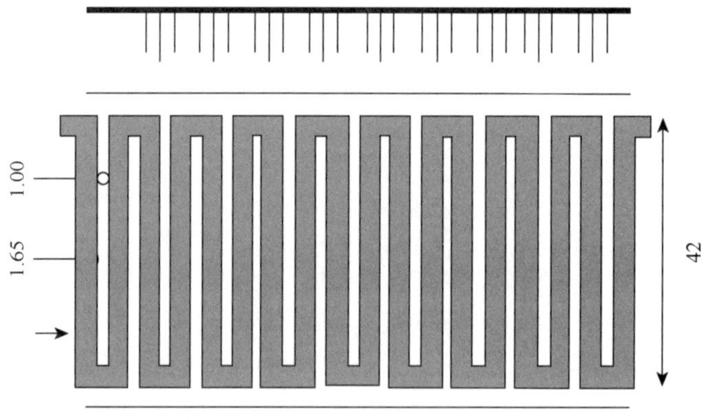

图 4-1　厄勒海峡沉管隧道碎石垫层（单位：m）

2010年建成的韩国釜山—巨济沉管隧道是第一条在复合地基上设置带垄碎石层的沉管隧道，其显著特征如下。

①隧道基础垫层下为SCP或CDM的复合地基（图4-2）；

②在复合地基桩头上面应留有相对较厚的空间以调整复合地基顶面的不均匀性；

③碎石垫层用料应是坚硬、耐久、干净且无细屑的破碎岩石；

④无侧限抗压强度（UCS）＞50 MPa。

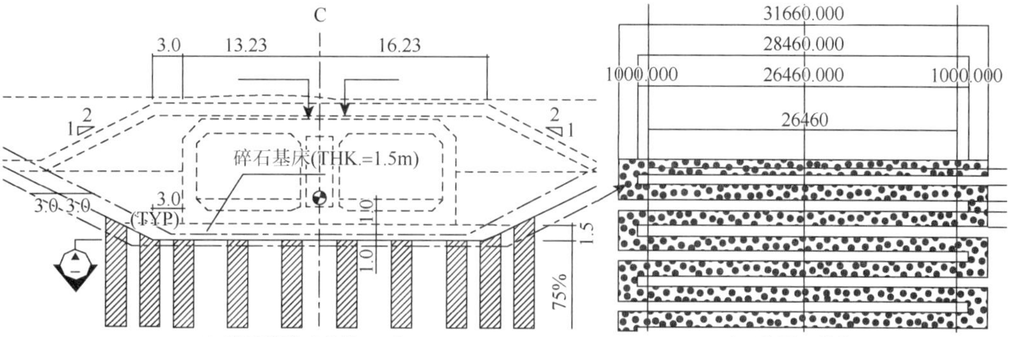

(a) 碎石基床（单位：m）　(b) 碎石垫层（单位：mm）

图4-2　釜山—巨济沉管隧道碎石垫层（单位：mm）

在碎石垫层的方案实施期间，承包商进行了施工可行性方面的试验，验证了在复合地基上施工的可靠性。设计参数见表4-2。

表4-2　釜山—巨济沉管隧道碎石垫层设计参数

垄宽/cm	沟宽/cm	单垄＋沟宽度/cm	厚度/cm	管节接头间距/cm
180	80	260	150	400

荷兰鲁尔（Roer）河隧道为解决地震液化的问题采用了先铺碎石基础垫层，隧道碎石垫层的主要设计参数见表4-3。

表4-3　荷兰鲁尔河沉管隧道碎石垫层设计参数

垄宽/cm	沟宽/cm	单垄＋沟宽度/cm	厚度/cm	管节接头间距/cm
165	86	251	50	343

国内的港珠澳大桥沉管隧道是我国第一座采用先铺碎石基床法的水下隧道，为了有效解决沉降过大及回淤等一系列问题，项目部提出了新型的先铺碎石垫层与块石夯平基层的组合基床结构。

4.1.3　结构形式

组合基床结构包括2.0 m抛石夯平基层和1.3 m垄沟相间碎石垫层。抛石夯平层采用10～100 kg块石，碎石垫层采用2～63 mm级配碎石。碎石垫层设计参数如表4-4所示，组合基床结构示意图如图4-3所示。

表 4-4　港珠澳大桥沉管隧道碎石垫层设计参数

垄宽/cm	沟宽/cm	单垄 + 沟宽度/cm	厚度/cm	管节接头间距/cm
180	105	285	130	435

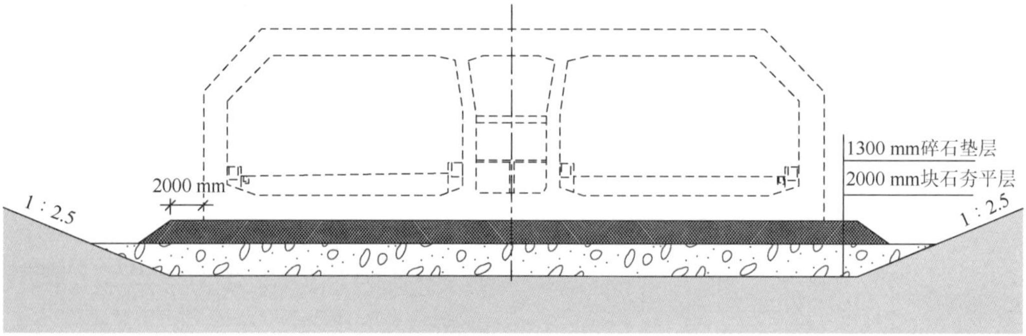

图 4-3　组合基床结构示意图

标准管节长 180 m，碎石垫层铺设分为 7 个船位，共 62 条碎石垄。碎石基床平面布置及船位划分示意图见图 4-4 所示。

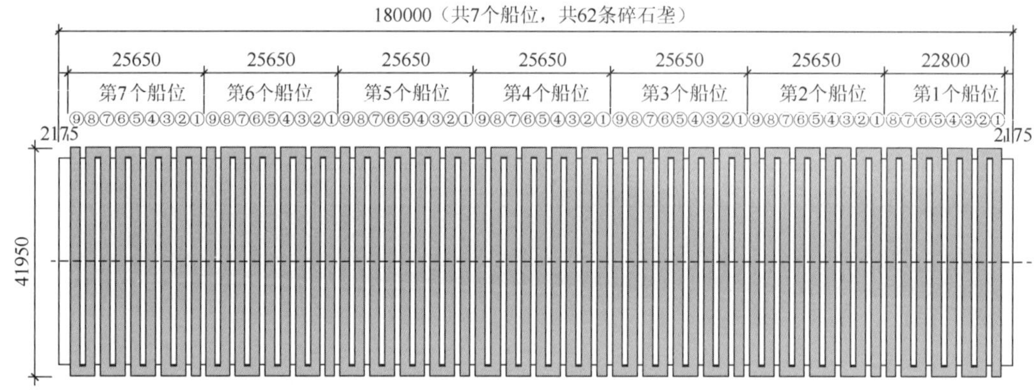

图 4-4　碎石基床平面布置及船位划分示意图（单位：mm）

4.1.4　质量控制标准

块石夯平质量控制标准如表 4-5 所示，碎石垫层质量控制标准如表 4-6 所示。

表 4-5　块石夯平质量控制标准

序号	检查项目		规定值或允许偏差	检测方法及频率
1	块石顶部标高	夯平后所有测点最大允许偏差	±30 cm	参照《港珠澳大桥施工及质量验收标准》及相关规范实施
2	块石两侧顶边线与设计位置平面允许偏差		±50 cm	

表 4-6 碎石垫层质量控制标准

序号	检查项目		规定值或允许偏差	备注	检测方法及频率
1	垫层顶部标高	测点允许偏差	±40 mm	85%以上测点满足偏差要求	声呐法逐垄测试
2	垫层两侧顶边线与设计位置平面允许偏差		−200～1000 mm	—	
3	碎石垄纵向宽度		负偏差不大于 100 mm	设计宽度 1800 mm	见注 3
4	单个管节相邻整平船位内碎石垄顶测点平均值（或基面）		不大于 20 mm	相对值	同 1、2 项

注：1. 对所有声呐法的测点偏差进行统计，不进行人为剔除。

2. 平面允许偏差应严格控制负偏差。

3. 碎石垄施工采用专用固定整平设备，垄宽度参数与设备几何尺寸直接相关，纵向宽度保证在不小于设计宽度的情况下，按每个管节进行抽查（潜水员测量或数据拟合），沿垄宽方向每垄至少两个断面；对淤积较严重区段，纵向垄宽等指标进行特殊考虑。

4. 碎石垄横向检测范围为管节外缘宽度再向两侧外延伸 200 mm，即 37950 + 2×200 = 38350 mm。

4.1.5 施工流程

基槽精挖完成后进行组合基床施工，总体施工顺序为：块石抛填宽度达到一定范围→块石夯平→根据安装窗口适时开展碎石基床铺设。在块石抛填和碎石基床铺设前均要进行回淤监测。组合基床施工顺序如图 4-5 所示。

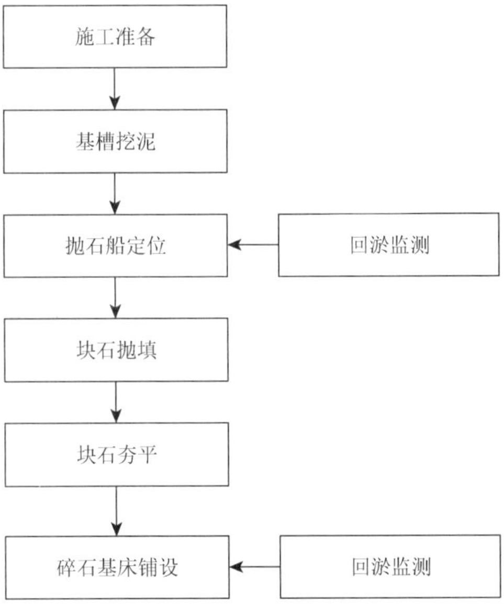

图 4-5 组合基床施工顺序图

块石抛填前回淤沉积物控制标准：当基槽底回淤沉积物含水率＜150%或者密度＞1.26 g/cm^3 的回淤沉积物厚度＞30 cm 时，需重新清淤。

碎石基床铺设前回淤沉积物控制标准：碎石基床上密度＞1.26 g/cm^3 的回淤沉积物厚超过 4 cm；或者密度＞1.15 g/cm^3 的回淤沉积物厚度超过 8 cm 时不满足沉放要求，需要进行清淤。

4.2 抛石夯平

4.2.1 施工设备

4.2.1.1 抛石船

根据工程特点分析，为了克服水流力影响抛石精度，改造专用抛石船，开发能满足精度要求的抛石夯平设备。抛石采用溜管下料保证下料不受水流的影响，确保下料位置的准确性，溜管抛石小车在船上能灵活移动定位，做到定点定量抛填。夯平采用液压振动锤，液压振动锤小车在船上能灵活移动定位，做到定点夯平。同时配备满足工程需要的自航驳作为块石运输船舶，抛石船平面布置图如图 4-6 所示，主要性能指标如表 4-7 所示。

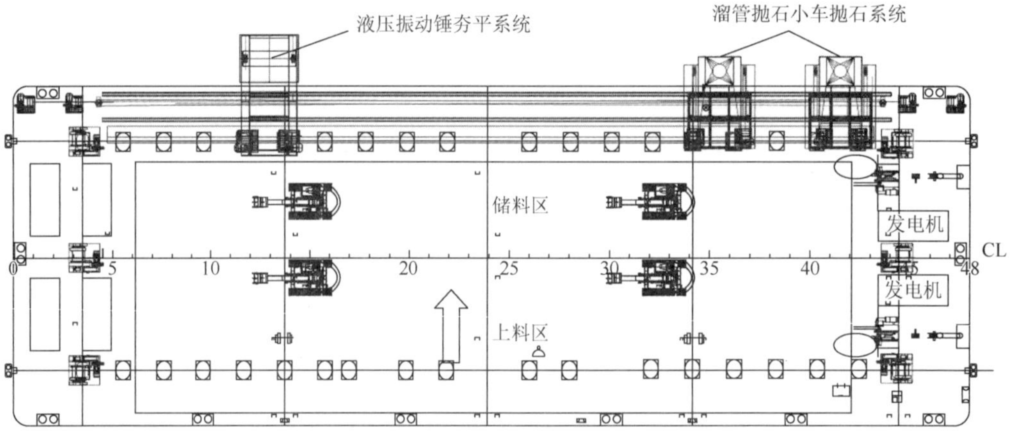

图 4-6 抛石船平面布置图

表 4-7 抛石船主要性能指标

序号	项目	单位	尺寸
1	船体总长	m	82.0
2	型宽	m	28.0
3	型深	m	7.6
4	设计吃水	m	5.2
5	排水量	t	11 838.9
6	最大压载水总量	t	9 000

4.2.1.2 溜管抛石小车

溜管抛石小车施工时利用卷扬机牵引行走，行走时测距仪实时监测小车位置。溜管利用四节最小内径 1.2 m 套管连接组成，溜管水下部分设置泄流孔，为了能满足 15～44 m 水深变化要求，溜管抛石小车两侧设置卷扬机，溜管可以通过卷扬机自由提升，卷扬机及控制箱位置尽量避开挖机工作区，防止坠落块石砸坏设备。由于施工区域处于外海，2 套溜管考虑防风及拖航要求，溜管在拖航时提升并在船舷边上有固定装置，防止拖航时出现异常。溜管底部下料点装置多通道测深仪，抛填时可以实时监测下料点块石标高，以指导施工。溜管抛石小车剖面图如图 4-7 所示，溜管提升加固立面和平面图如图 4-8 所示。

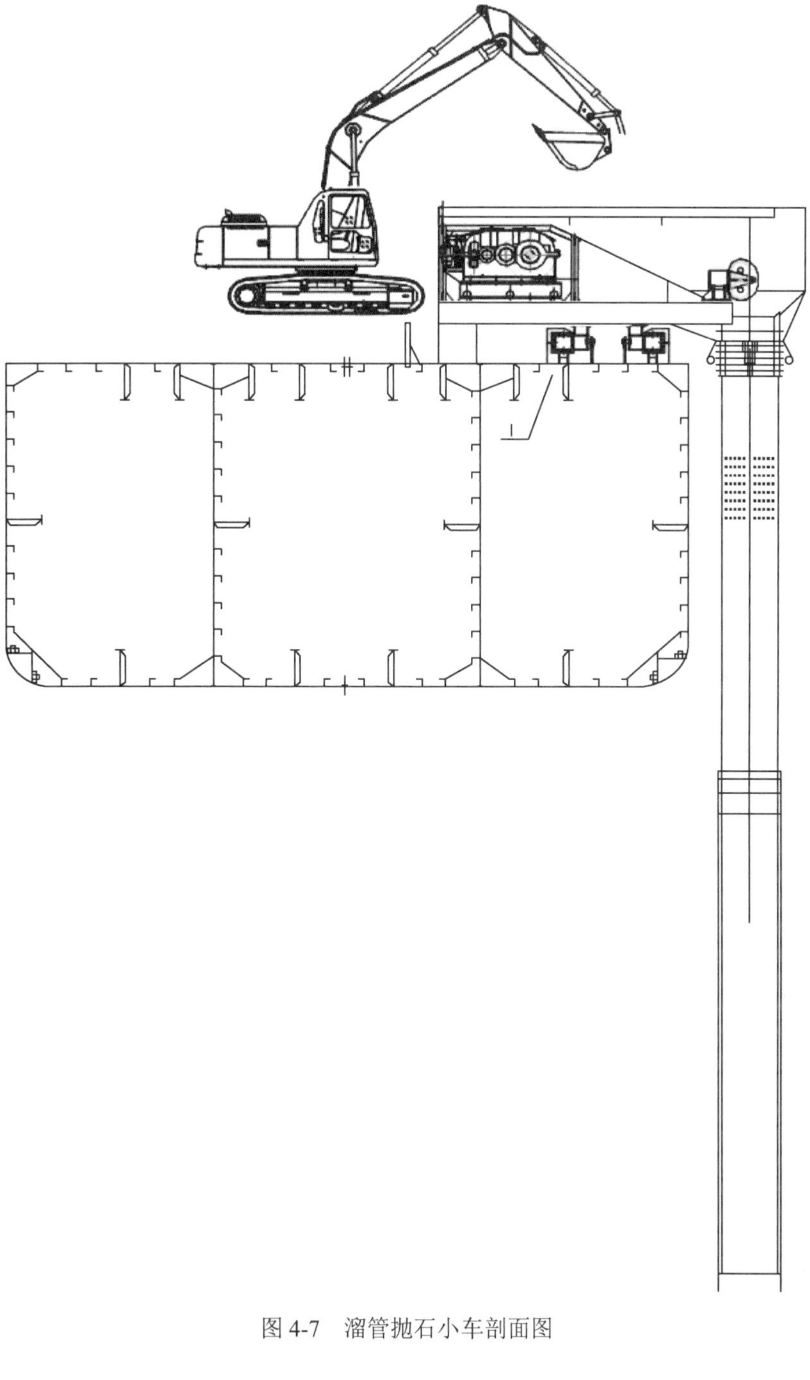

图 4-7 溜管抛石小车剖面图

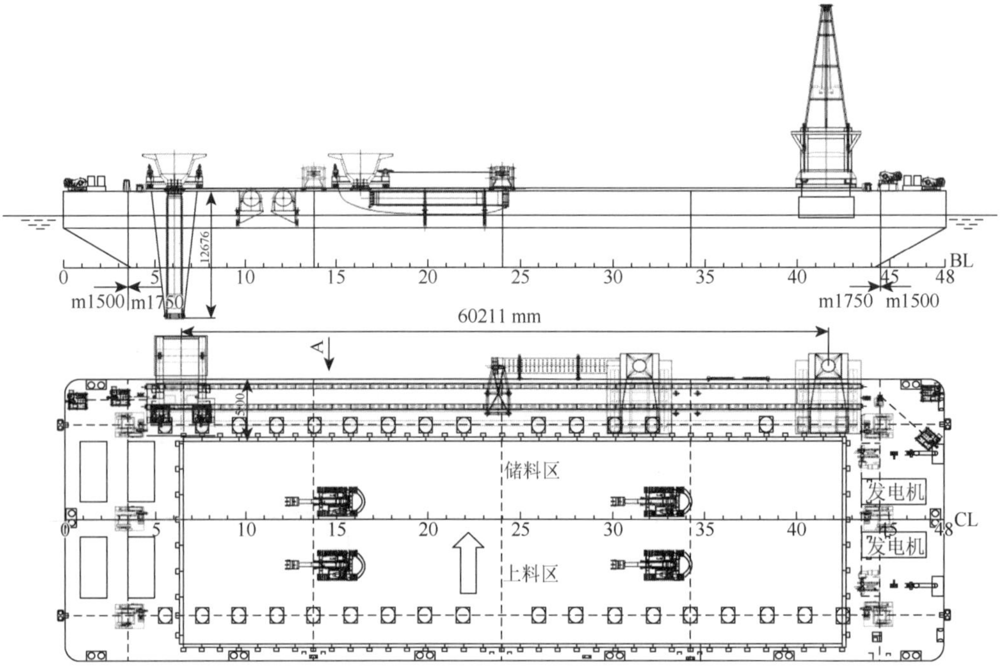

图 4-8　溜管提升加固立面和平面图

4.2.1.3　液压振动锤小车

液压振动锤小车施工时利用卷扬机牵引行走，行走时测距仪实时监测小车位置。夯平施工采用 APE600 液压振动锤系统进行作业，利用液压振动锤产生的激振力对块石基床进行夯平，APE600 液压振动锤与夯板连接，夯板重量约 80 t，尺寸为 4 m×5 m，设有泄水孔。为了减少夯板的横向移动，在夯板下加 8 个“齿”，起固定作用。悬臂小车上设有两台卷扬机，通过滑轮组将液压振动锤及夯板放入水中。卷扬机电缆通过小车上的卷线鼓与发电机相连。振动锤动力柜设置在小车后侧作为小车的反压配重，同小车一起在钢轨道梁上行走。液压油管通过设置悬臂梁上的副吊杆，用 2 t 卷扬机通过集束装置实现升降。夯平行走系统与抛石行走系统共用。液压振动锤小车横剖面图如图 4-9 所示。

4.2.2　施工流程

块石夯平一般在整平管节抛填完成后进行，若期间由于台风等特殊情况施工需要中断施工时，需提前将块石抛填部分进行夯平，避免出现严重回淤影响夯平质量。块石抛填施工流程如图 4-10 所示，块石夯平施工流程如图 4-11 所示。

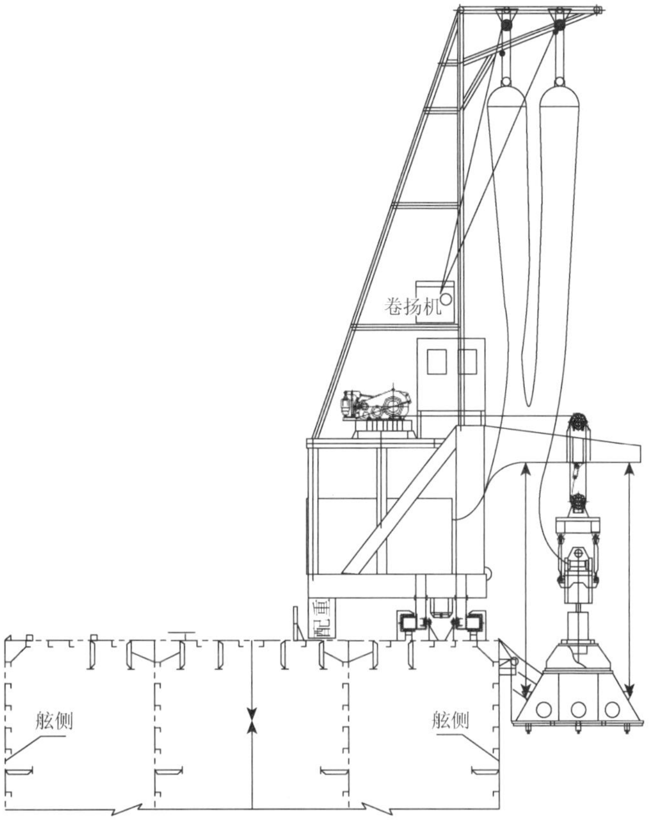

图 4-9 液压振动锤小车横剖面图

4.2.3 块石抛填

抛石与夯平作业时抛石船横跨基槽驻位，在施工管理系统的指导下，轴向通过移船、横向通过溜管在轨道上移动实现定点、定量抛石与定位夯平，根据施工需要驻位方式分为两种，如图 4-12 和图 4-13 所示。

4.2.3.1 抛填施工

块石抛填采用网格式抛填法，根据施工区域特点提前绘制抛石网格图，定位系统根据前期绘制的网格图进行定位，抛石船精确定位后，运输石料的船舶靠抛石船一侧向存料区上料，用 2 台挖掘机倒料，另外 2 台挖掘机给溜管料斗喂料。溜管抛石小车精确定位后，根据基槽设计底标高反算抛石顶标高，根据抛石顶标高控制溜管下落距离，溜管设置完以后，开始向溜管抛石小车喂料并计算每个点位的抛石量，同时监测系统对水下块石的标高变化情况进行实时监测，根据计算的抛石量和监测数据指导抛石施工。一个点位抛填完，溜管抛石小车在滑道上移动进行下一个点位定位抛填。抛石船共设 2 套溜管抛石系统，抛填完一个断面后移船进行下一个断面的抛填。

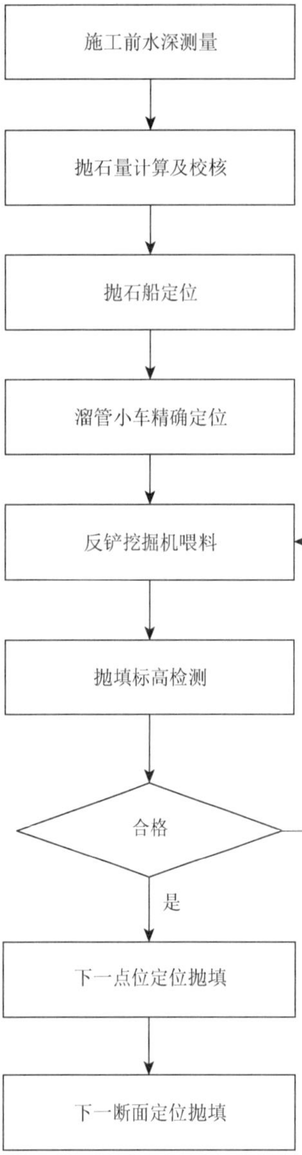

图 4-10　块石抛填施工流程

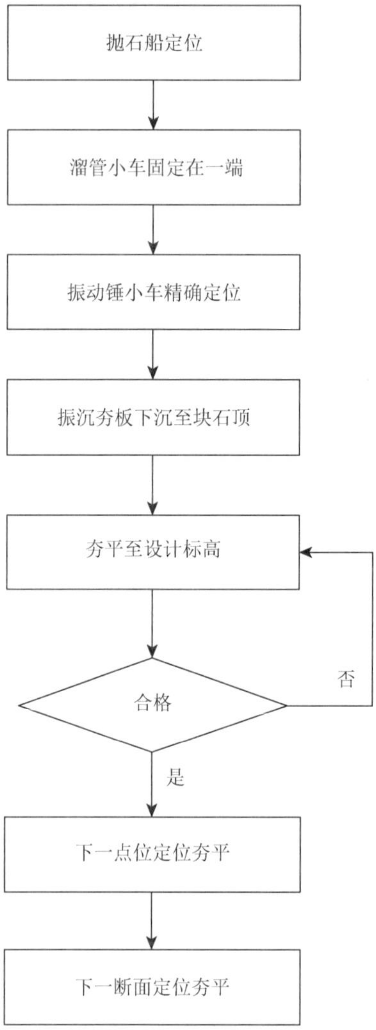

图 4-11　块石夯平施工流程

正常区域块石抛填夯平厚度为 2 m，基槽若存在较厚软土层时为控制基础沉降量，避免产生过大的差异沉降，实现地基的平顺过渡，该区段抛石夯平厚度采用 3.5 m。抛石网格按矩形和梅花形两种形状布置，布置示意图分别如图 4-14 和图 4-15 所示，抛石单点之间间距 2 m。

4.2.3.2　抛填质量控制

抛填前，根据施工区域特点，提前规划船舶驻位方式，抛石船在测量定位系统指导下进行精确定位，测距仪实时监测溜管抛石小车在滑轨上的位置，定位完成后开始块石抛填。在抛填过程中，利用磁感应系统测定溜管底口至溜管抛石小车指定位置距离，根据小车和 GPS

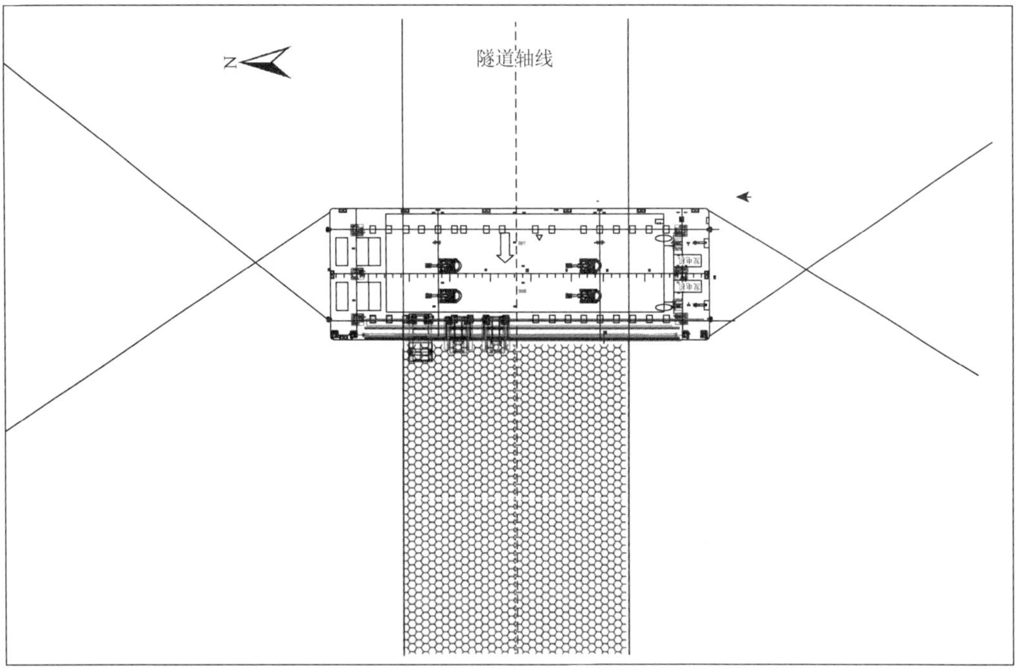

图 4-12　抛石船驻位方式一

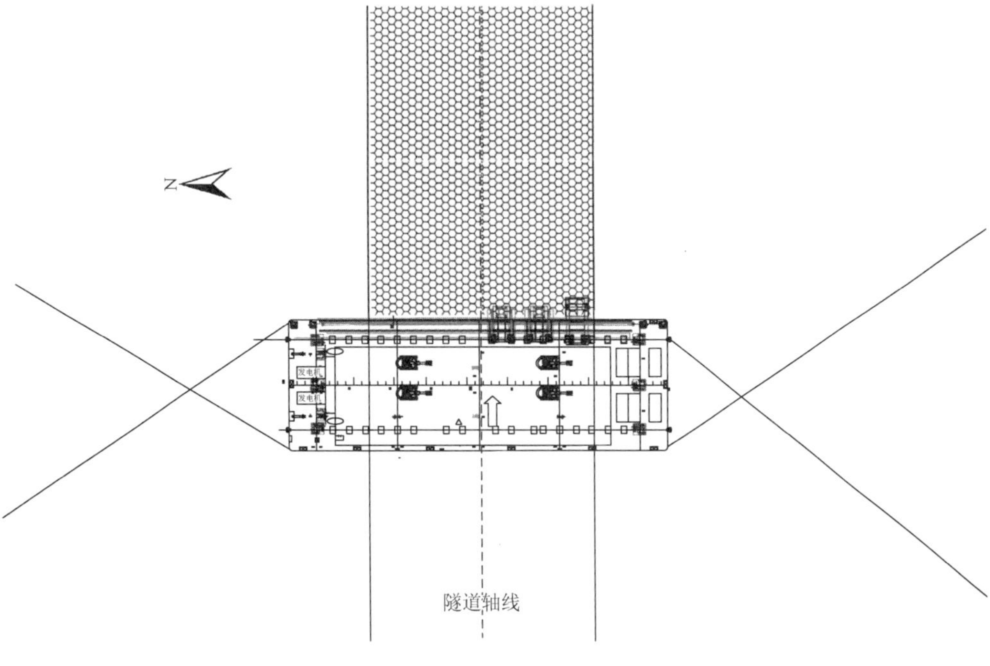

图 4-13　抛石船驻位方式二

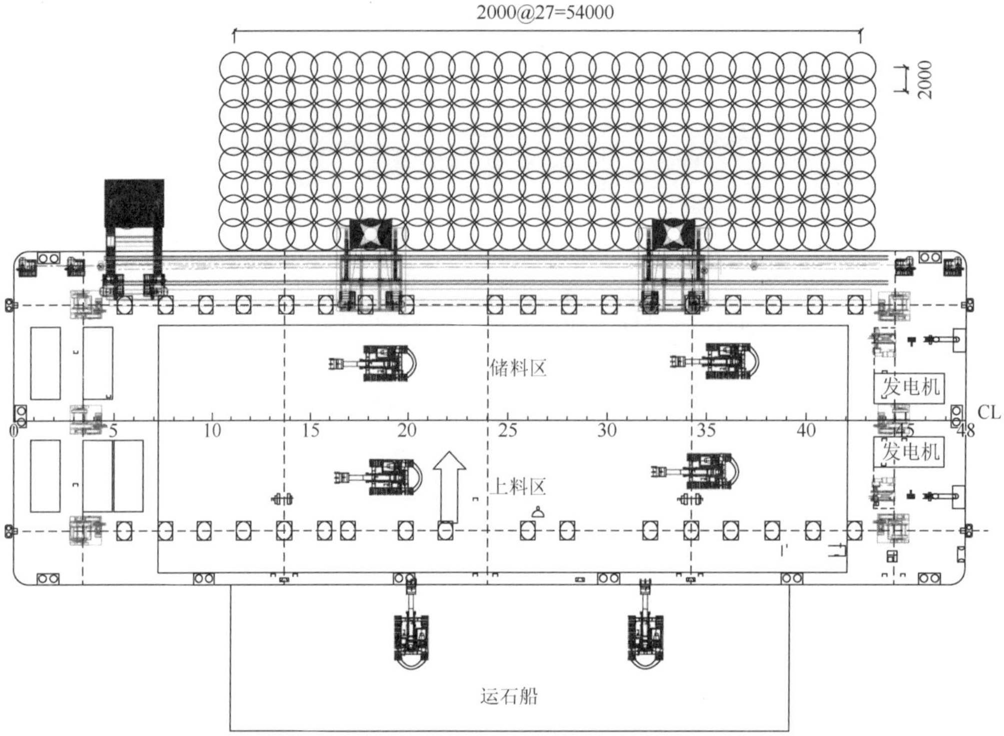

图 4-14　抛石网格矩形布置示意图（单位：mm）

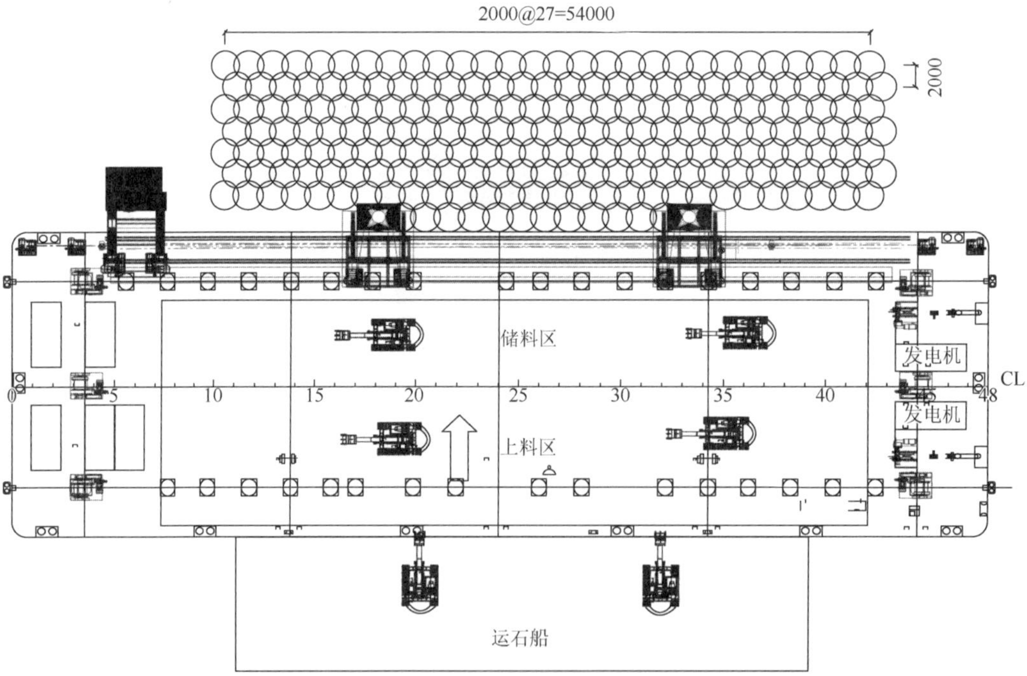

图 4-15　抛石网格梅花形布置示意图（单位：mm）

天线盘之间船体参数反算得到溜管底口标高，利用多通道测深仪对溜管周围块石标高进行实时监测，根据显示的监测数据和设计标高进行比较，达到要求后进行下一点位的抛填。块石抛填时，测量管理系统管理人员及时和抛填人员沟通交流，抛填人员应根据系统管理人员指令控制抛石量，抛填时要预留一定的夯沉量。

4.2.4 块石夯平

块石夯平施工与块石抛填施工船舶驻位方式相同。

4.2.4.1 夯平施工

待块石抛填完成后，将抛石系统固定在一端，进行块石夯平作业。利用测量定位系统将抛石船精确定位到指定位置进行夯平施工(液压振动锤进行夯平时块石高差达到 1 m 仍能夯平，且夯平后高差小于 20 cm)。

夯平时施工船舶在限制条件允许情况下开始作业，严格按照前期规划的夯平轨迹进行夯平施工，抛石船和振动锤小车精确定位后，控制卷扬机下放夯板，根据卷扬机出绳长度计量功能控制卷扬机行程及夯平板的倾斜度和下沉量，卷扬提升或下降速度为作业时最小为 0～1 m/min，空载运行时大于 8 m/min，当夯板下放至块石顶时停止下放，初夯消峰后，复夯夯平至设计标高。块石初夯、复夯施工如图 4-16 和图 4-17 所示。

块石夯平时应分段实施，每层夯平后的厚度不宜大于 2 m，分段夯平的搭接长度不应小于 1 m，以确保夯平作业覆盖整个抛石区域。

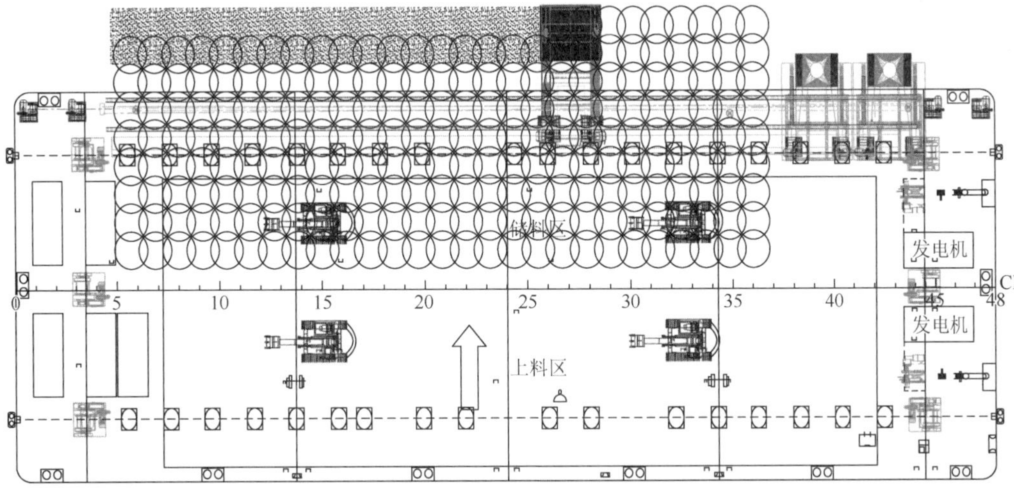

图 4-16 初夯示意图

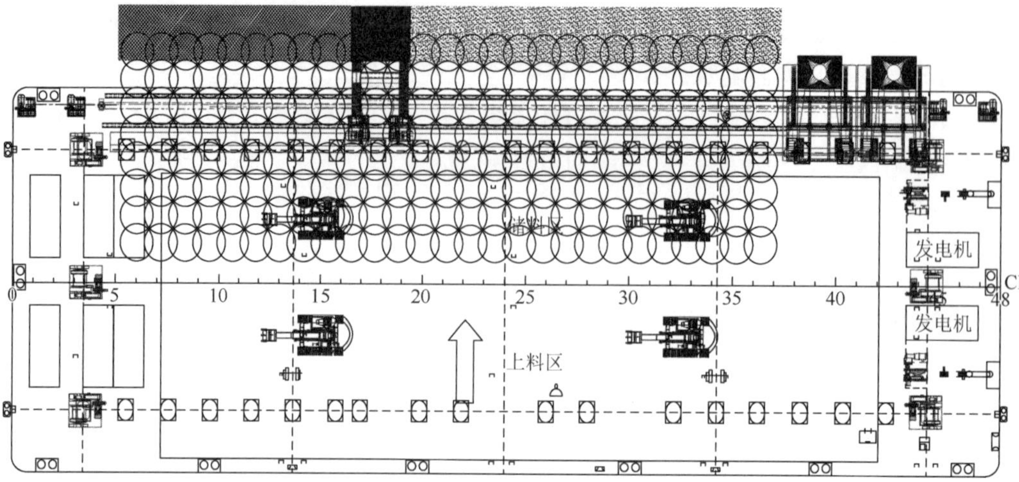

图 4-17　复夯示意图

4.2.4.2　夯平质量控制

在块石抛填完成并检测合格后，利用液压振动锤夯平系统对块石进行振沉夯平施工，夯沉时，根据卷扬机出绳长度计量功能控制卷扬机行程测定夯板下沉量，测量管理系统根据卷扬机的出绳长度可以反算出夯板所处标高位置，根据夯板标高控制块石顶标高。当夯板底面处于块石设计顶标高时停止夯平施工。夯平作业完成以后，使用配置单波束系统的测量船进行水下测量，测点布设为垂直于基床轴线 10 m 为一个断面，每个断面测点间距 2 m。夯平后块石顶标高未达设计要求应进行补抛，补抛块石连续面积大于 30 m^2 时应进行补夯处理。

4.2.4.3　纵坡控制及接头处理

根据各管节理论设计纵坡确定断面宽度，管节纵坡为 0～0.5%的块石夯平按 40 m 一个断面控制，管节纵坡为 0.5%～1.0%的块石夯平按 20 m 一个断面控制，管节纵坡为 1.0%～2.0%的块石夯平按 10 m 一个断面控制，抛填夯平时严格按照断面布置图施工，避免夯平后局部出现过高点，保证夯平后块石顶标高偏差控制在设计限差之内。

块石夯平分段施工时，基槽开挖应沿隧道轴线方向至少多开挖 10 m，以解决分段施工接头无法施工问题。

4.3　碎石垫层铺设

4.3.1　整平机构模型试验

4.3.1.1　研究目的及意义

研究的目的是在综合分析国内外先进施工技术和施工设备的基础上，充分认识到沉管隧道基础铺设及整平具有环境恶劣、施工难度大、施工条件差等特点，攻克离岸深水条件下碎石整平船抬升系统，抬升锁紧系统、碎石整平管理控制系统、碎石供料系统、铺设整平质量检测等一体化施工作业过程中的一系列关键技术，研制开发高精度深水碎石基床整平船及施工工艺。

通过深水碎石高精度整平设备开发及施工工艺研究，研制国内外最先进的、效率最高的集定位测量、水下抛石、深水整平、质量检测为一体的新型的自升平台式深水整平船，施工效率可在 8 个有效工作日内完成单节管节（长 180 m）1.5 m 厚的碎石垫层铺设及整平，施工精度满足基础整平要求。自主创新研发建造的新型整平船采用世界领先技术，自动化程度高、施工管理系统先进、抗风浪能力强，不但能够满足港珠澳大桥沉管隧道基础施工要求，而且在深水基床抛石整平施工中将是一项划时代的技术进步成果，其研发成功将对我国的水工工程建设和大型跨海通道建设产生巨大的经济和社会效益。

4.3.1.2 整平机构模型试验装置

1. 试验装置

抛石整平机构足尺模型试验装置包括：

①$H = 8$ m，内径 ϕ1484 mm 抛石管及料斗装置；

②行程约 27 m 的台车及行走装置；

③行走台车引装置，工作速度 1 m/min。

为了能模拟整平机结构变形和抛石管倾斜造成的高程变化，通过 GPS 实时检测变化量，对抛石管整平刮刀能实时调整，将台车行走轨道预制成沿轨道纵向高度渐变的形状，使整平台车行走沿轨道高度变化形成台车行走的特定轨迹。

由于试验台车行走的轨道为高程渐变轨道和台车行走步速，在整平台车轨道 27 m 范围内，用水准仪测出 2 条轨道顶面每米高程变化量。台车行走轨道高度渐变线形图见图 4-18。

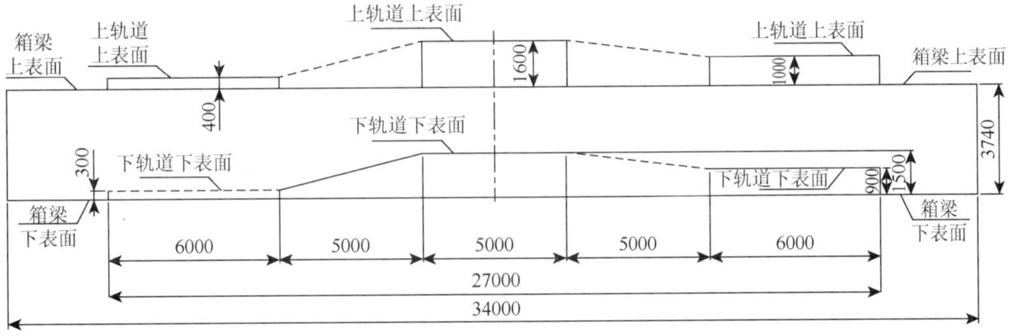

图 4-18 台车行走轨道高度渐变线形图（单位：mm）

2. 抛石管整平刮刀及液压升降调整装置

通过液压系统，调整水下抛石管整平刮刀在机械结构不同变形等工况下，利用液压系统高精度位置传感器的检测和程序控制显示系统检测，实现控制抛石管整平刮刀升降调整的精度。整平模型试验装置液压系统见图 4-19，抛石管整平刮刀及液压升降调整装置见图 4-20，碎石基床整平模型试验装置示意图见图 4-21。

图 4-19　整平模型试验装置液压系统

图 4-20　抛石管整平刮刀及液压升降调整装置

3. 整平测量控制系统试验装置

测量试验内容及对应的检测仪器设备如下。

①整平台车行走速度、方向和位置的检测装置。

②整平机构高程等测量。

③整平机构高程测量由控制系统、倾斜仪、GPS 基站和接收机、磁致位移传感器和回声测深仪等组装而成。

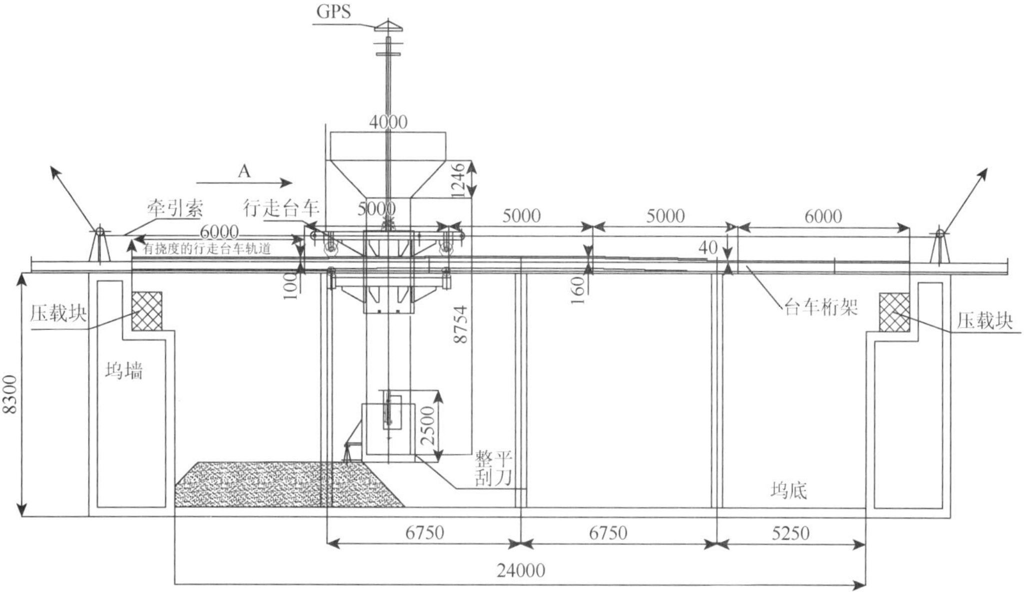

图 4-21 碎石基床整平模型试验装置示意图（单位：mm）

4. 测量控制系统数据计算、采集、显示软件系统

建立GPS参考基站及接收机，如图4-22所示。在控制室安装1台徕卡GS1230型GPS-RTK接收机，GPS天线位于抛石管加料斗上方约3 m对天通视良好的位置，抛石管底部方箱垂直于抛石管安装1台MI600硅微式固定倾斜仪。通过测控软件确定抛石管的平面位置与姿态。

抛石管整平刮刀位置和姿态计算均采用三维计算。整平刮刀在抛石管上的位置通过实测的参数，根据刮刀位置和抛石管的三维坐标，经过坐标系统转换软件即可计算出刮刀的平面位置和高程。

二个回声测深仪换能器通过固定支架安装在抛石管底部的调整方箱（即刮刀）上并与其刚性连接，一个用于调校，一个用于检测，其位置根据刮刀位置实测计算确定。根据换能器

图 4-22 GPS 参考基站及接收机

的安装位置，可计算各测深仪换能器的平面位置和高程，加上各测深仪的实测水深，即可确定整平后基床纵向中轴线各测点的平整度和高程，并可以此作为验收依据。

4.3.1.3　整平机构模型试验方法

2011 年 10 月 9 日整平测控系统调试完毕。调试过程中进行了无水状态下整平，铺设了 1 道 1.2 m 厚碎石垄。10 月 10 日下午至 11 月 3 日共进行了 5 个阶段试验。第一阶段试验是在无水状态下进行的碎石基床整平试验；第二阶段试验是在有水状态下进行的碎石基床整平试验；第三阶段试验是在有水状态下进行的碎石基床整平试验。此次试验采用了浮动短基线方法（双天线 GPS）的测量系统工作情况；第四阶段试验是回声测深仪检测试验；第五阶段试验是采用 GPS 快速静态 + 全站仪联合测量高差方法试验。碎石基床整平模型试验情况分述如下。

1. 第一阶段试验基本情况

试验时间：2011 年 10 月 10 日至 10 月 12 日。

试验状态：无水状态下整平，铺设顶层一道 0.3 m 厚碎石垄。

试验目的：检验测量控制系统工作情况，水准测量检验抛石整平效果。

试验过程如下。

图 4-23　第一阶段试验照片

①采用吊机吊料斗向抛石管内装碎石，向抛石管内加入碎石约 9 m^3 后停止，抛石管内料位高度＞3 m。

②在牵引钢丝绳端连接 50 t 拉力计，测试牵引力。

③模型试验测控系统对抛石整平过程进行管理并记录相关数据。

④进行水准测量与测控系统记录数据对比分析。第一阶段试验照片见图 4-23。

2. 第二阶段试验基本情况

试验时间：2011 年 10 月 11 日下午。

试验状态：有水状态下整平，铺设顶层一道 0.3 m 厚碎石垄。

试验目的：检验测量控制系统工作情况；检验回声测深仪工作情况；水准测量检验抛石整平效果。

试验过程如下。

①有水状态下抛石管空载行程调整回声测深仪声速与频率。

②采用吊机吊料斗向抛石管内装碎石，控制性向抛石管内加入 9 斗碎石约 9 m^3 后停止，抛石管内料位高度约 3 m。

③采用 50 t 吊机拉动抛石管行走，此次 GPS 未受到影响，抛石管的移动速度控制在 1 m/min 内。

④测控系统对抛石整平过程进行管理并记录相关数据。

⑤进行水准测量与测控系统记录数据对比分析，第二阶段试验照片见图 4-24。

图 4-24　第二阶段试验照片

3. 第三阶段试验基本情况

试验时间：2011 年 11 月 3 日下午。

试验状态：有水状态下整平，铺设顶层一道 0.3 m 厚碎石垄。

试验目的：检验采用浮动短基线方法（双天线 GPS）的测量系统工作情况；检验回声测深仪工作情况；水准测量检验抛石整平效果。

浮动短基线方法的原理：对 2 台超近距离（一般是几米到几十米）安装的 GPS 接收机之间进行基线解算。

试验过程如下。

①有水状态下抛石管空载行程调整回声测深仪声速与频率。

②采用吊机吊料斗向抛石管内装碎石，控制性向抛石管内加入碎石使抛石管内料位高度约 5 m。

③牵引抛石管行走，观察 GPS 信号与影响，抛石管的移动速度≤1 m/min。

④测控系统对抛石整平过程进行管理并记录相关数据。

⑤进行水准测量与测控系统记录数据对比分析，第三阶段试验照片见图 4-25。

4. 第四阶段试验基本情况

用回声测深仪检测碎石基床面试验时，将整平刮刀提高至离基床面 10 cm，自整平起始点开始，驱动台车（水深约 6 m），在抛石管台车行进速度≤1 m/s 时利用测深仪主机终端显示和计算机工作站屏显监控并自动记录检测过程。回声测深仪安装照片见图 4-26，回声测深仪检测过程 GPS 信号数据与抛石管运动截屏见图 4-27。

图 4-25　第三阶段试验照片

图 4-26　回声测深仪安装照片

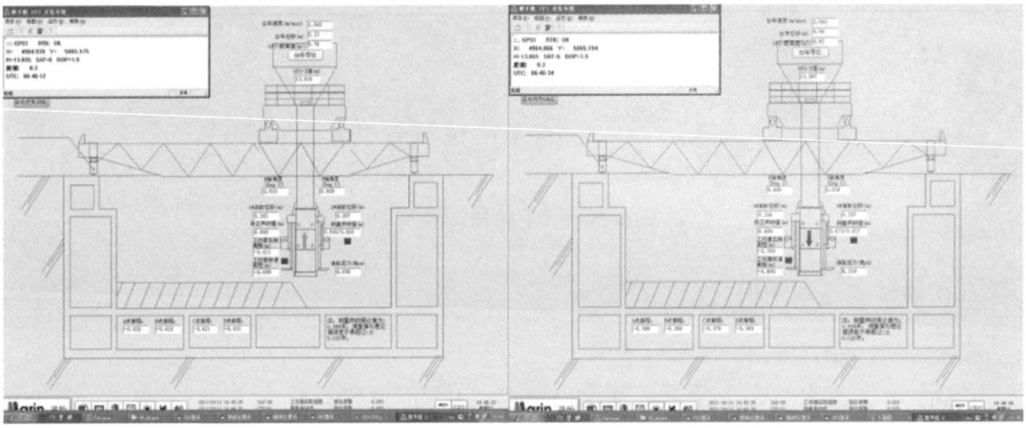

图 4-27　回声测深仪检测过程 GPS 信号数据与抛石管运动截屏

通过回声测深仪，进行多种不同粒径的碎石和中粗砂做回声测深试验；试验过程通过调整测深仪声速频率及信号门槛的仪测数据与实测数据比对取得最佳检测依据，为制定整平施工工艺参考。

5. 第五阶段试验基本情况

试验仪器设备：

采用 3 台天宝(Trimble)SPS751 双频 GPS-RTK 带有静态测量功能，1 台徕卡 TCA2003 全站仪。

天宝 SPS751 双频 GPS 精度：静态 3 mm + 1ppm；

徕卡 TCA2003 全站仪精度：测角 0.5″；测距 1 mm + 1ppm。

试验时间：试验时间自 2012 年 7 月 11 日至 7 月 14 日。

试验过程如下。

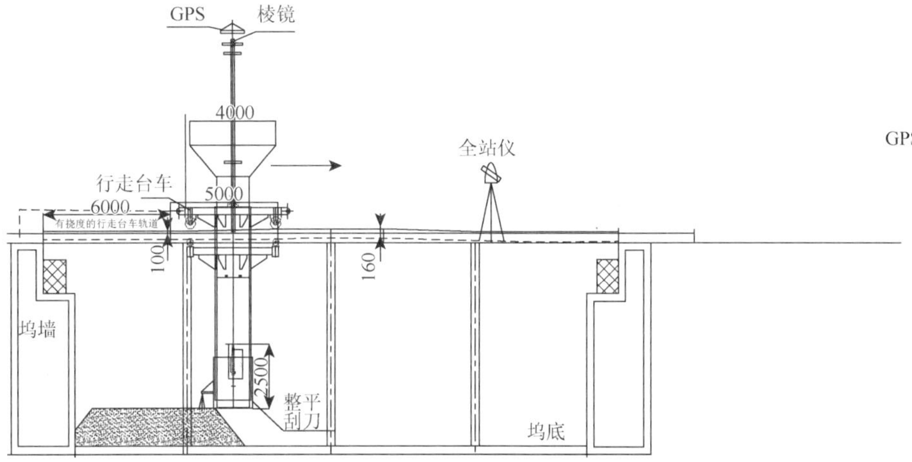

图 4-28　联合测量方法试验现场布置示意图（单位：mm）

①架设 GPS 参考站→架设全站仪→天线架上固定棱镜→启动整平台车前后行走→调试软件及系统→整平台车加料→坞内放水至试验水面（2.5 m）→牵引整平台车→碎石基床整平→系统自动记录→试验过程显示系统平稳；

②分析整理试验数据→坞内排水→水准仪测量整平面高程→试验数据比对。

联合测量方法试验现场布置示意图见图 4-28。

4.3.1.4　整平机构模型试验数据分析

1. 第一阶段试验数据分析

（1）试验条件

碎石垄设计整平高程：–0.4 m；碎石整平厚度：130 cm；

作业条件：无水状态下整平；

初始阶段抛石管内碎石高度：3.0 m；

抛石管行走速度：行走时间 218 s，行走长度 4.94 m，行走速度 1.36 m/min。

（2）试验数据分析

本次共采集 109 个点，在±2.5 cm 之内的点位 104 个；在±3.5～±2.5 cm 的点位 5 个；在±4.0 cm 以上的点位 0 个。

测控系统记录的整平高程曲线图见图 4-29，刮刀底面高程值正态分布直方图见图 4-30，轨道高程与碎石垄高程曲线图见图 4-31。

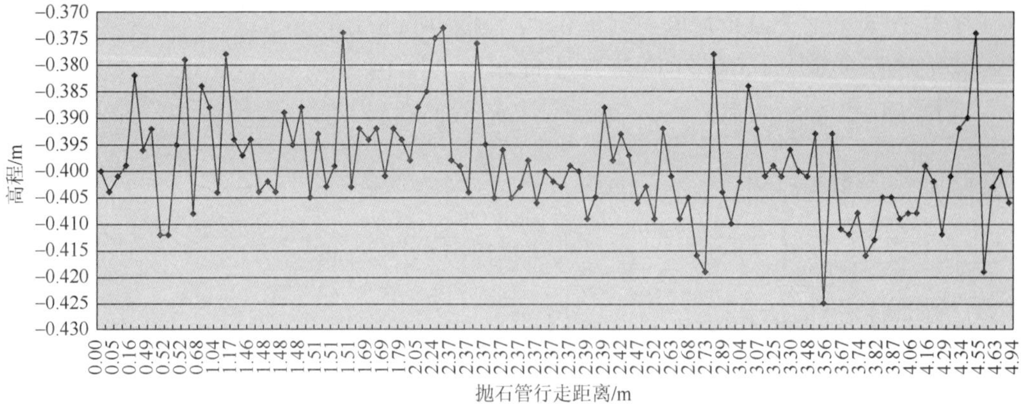

图 4-29　测控系统记录的整平面高程曲线图

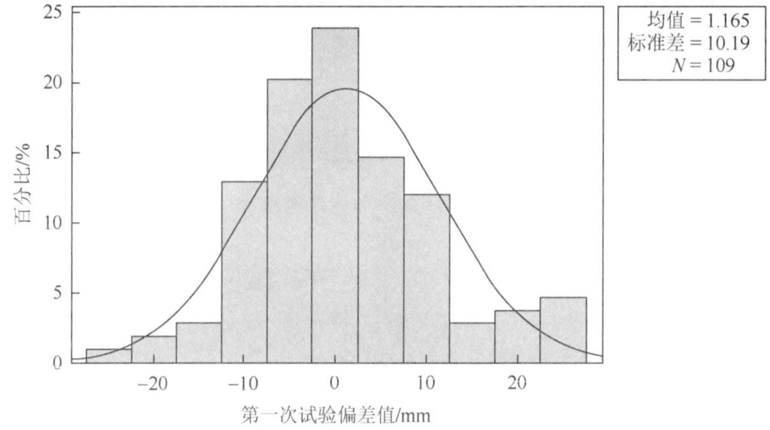

图 4-30　刮刀底面高程值正态分布直方图

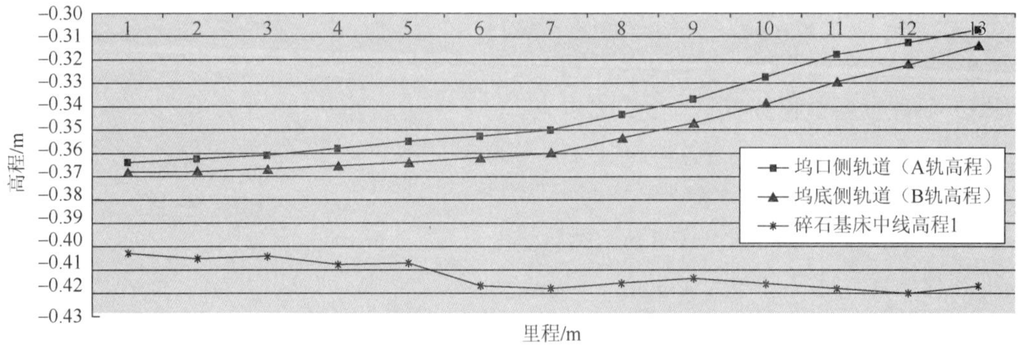

图 4-31　轨道高程与碎石垄高程曲线图

2. 第二阶段试验数据分析

（1）试验条件

碎石垄设计整平高程：−0.4 m；碎石整平厚度：30 cm；
作业条件：水下整平；

初始阶段抛石管内碎石高度：3.0 m；

抛石管行走速度：行走时间 28 min，行走长度 6.45 m，行走速度 0.075 m/min。

（2）试验数据分析

本次共采集 850 个点，在±2.5 cm 之内的点位 816 个；在±3.5～±2.5 cm 的点位 19 个；在±4.0 cm 以上的点位 10 个。

测控系统记录的整平面高程曲线见图 4-32，刮刀底面高程值正态分布直方图见图 4-33，抛石管整平刮刀高程人工测量与系统测量高差图见图 4-34。

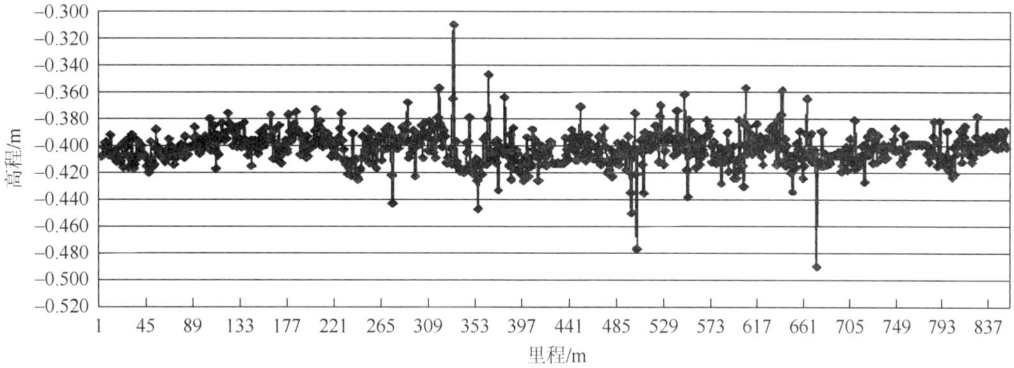

图 4-32　测控系统记录的整平面高程曲线图

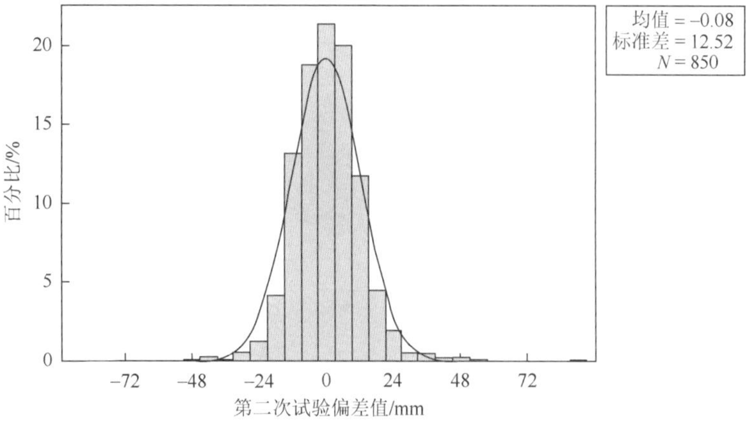

图 4-33　刮刀底面高程值正态分布直方图

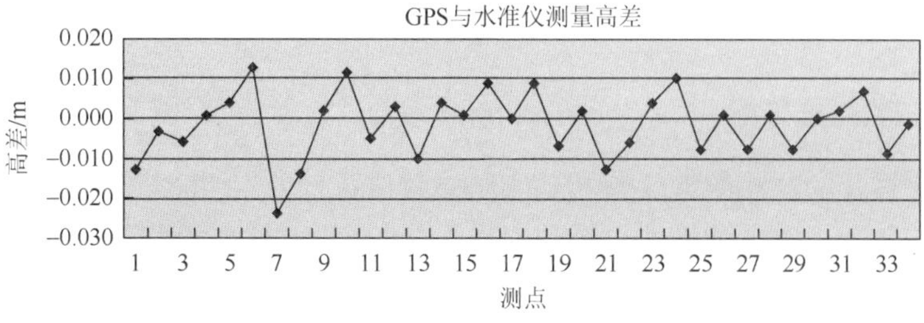

图 4-34　抛石管整平刮刀高程人工测量与系统测量高差图

3. 第三阶段试验数据分析

（1）试验条件

碎石垄设计整平高程：–0.4 m；碎石整平厚度：30 cm；
作业条件：水下整平；
初始阶段抛石管内碎石高度：5.0 m；
抛石管行走速度：行走时间 29 min，行走长度 12.25 m，行走速度 0.422 m/min。

（2）试验数据分析

本次共采集 962 个点，在±2.5 cm 之内的点位 954 个；在±3.5 cm 之内的点位 7 个；在±4.0 cm 及以上的点位 0 个。

测控系统记录的整平面高程曲线图见图 4-35，刮刀底面高程值正态分布直方图见图 4-36。

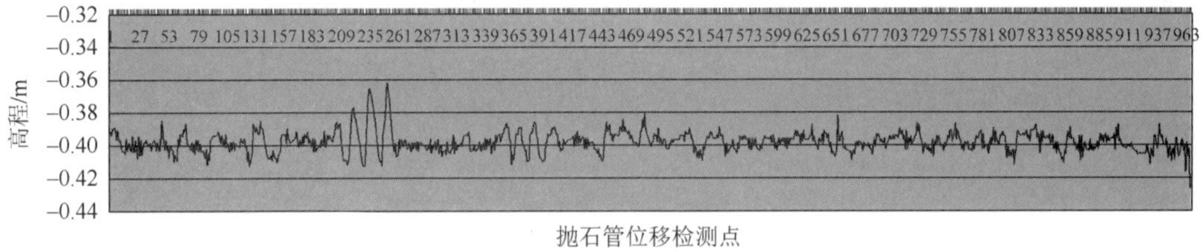

图 4-35 测控系统记录的整平面高程曲线图

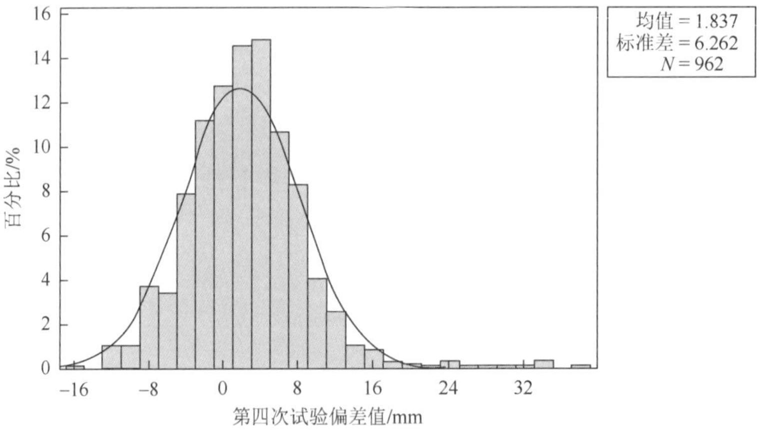

图 4-36 刮刀底面高程值正态分布直方图

4. 第四阶段试验数据分析

碎石整平过程的回声测深仪检测基床结果数据可以看出，测深仪测得的换能器至基床面的距离略大于人工测量的换能器至刮刀底面的距离，这是由于经刮刀整平的基床不应出现高于刮刀底面的点，但由于石子间歇的存在，测深仪的回波可以来自碎石间歇或比高点略低的石子，所以测深仪测得的数据略大。

采用测深仪检测整平精度与碎石粒径有一定关系，如图 4-37 所示，（a）图表示石料粒径大，（b）图表示石料粒径小，两者采用摊铺法整平的顶面高程相等且测深仪换能器安装高程也相等。从图 4-38 中可以看出，超声波发出至回波的行进路径因粒径不同而有差异，粒径大，则路径长，即高程会偏低。

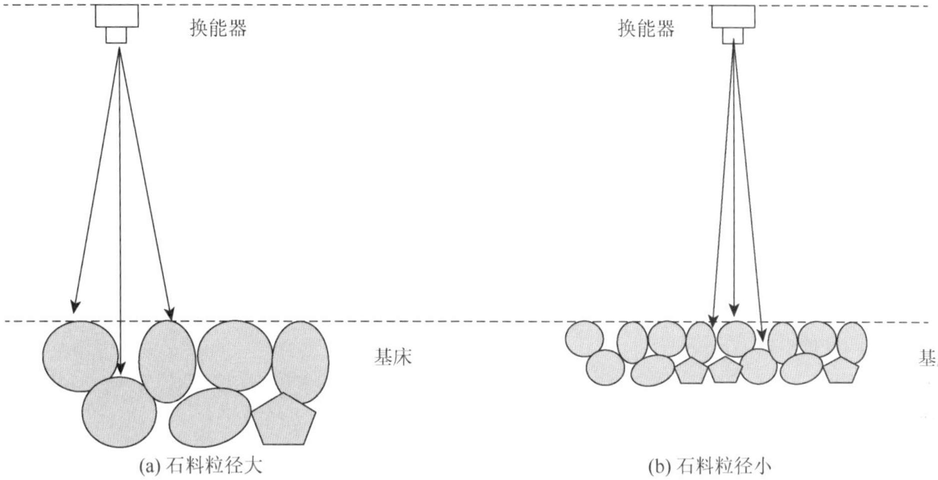

图 4-37　测深仪测量数据与碎石粒径的关系

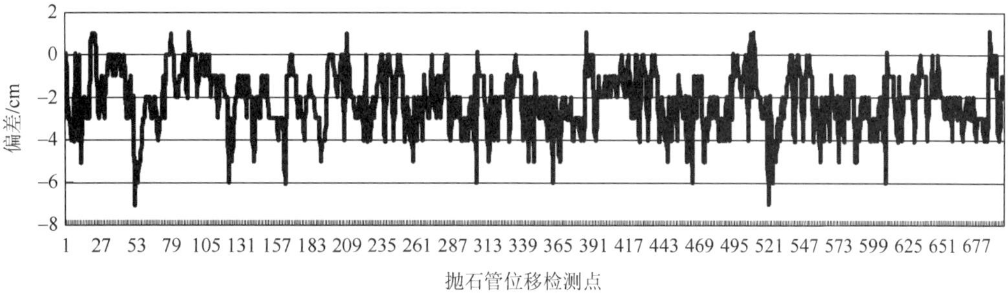

图 4-38　回声测深仪检测平整度数据图示

5. 第五阶段试验数据分析

由于此次试验时不具备准实时的快速静态基线处理软件，快速静态以 5 min 的 RTK 平均值代替（两者在精度上相当）。

选择一条基线长度为 4745.582 m 的基线进行静态测量，连续测量时间为 1 h 26′ 15″，将解算结果（基线高差）作为基线标准长度。

随机截取 10 min 左右的时间段共 5 段，分别将计算各时间段的结果与全时段的结果进行比较，估计 10 min 左右的快速静态的高程精度。计算结果见表 4-8。

分析表 4-8 数据可以看到，10 min 左右的快速静态在 4745.582 m 的基线上高差值与 1.5 h 的全时段基线高差最大差值为 10.6 mm，根据表 4-8 的偏差数据估计的快速静态的高程标准差为 7.7 mm。

表 4-8　各试验时间段计算结果

试验时间段	时段长	基线高差/m	与全时段差/mm	说明
2012-07-13 09:26:45	1 h 26min 15s	−8.4986	—	全时段
2012-07-13 09:49:45	8min 15s	−8.5019	−3.3	快速静态
2012-07-13 09:36:45	9min 30s	−8.4950	3.6	快速静态
2012-07-13 10:05:00	10min 00s	−8.4985	0.1	快速静态
2012-07-13 10:26:00	9min 00s	−8.4880	10.6	快速静态
2012-07-13 10:39:45	10min 45s	−8.5087	−10.1	快速静态
快速静态均值		−8.49842	0.2	

4.3.1.5　小结

①各阶段的试验结果表明。

a. 研制的碎石基床整平模型试验的结构与测控装置能够满足研究试验工作大纲的要求。

b. 测控系统软件采用三维空间坐标编制，能够适应不同高度差的轨道和倾斜面的整平。

c. 实测数据表明，该测控系统具有较高的测控精度。

②通过对多种不同材料的回声测深检测试验及回声测深仪试验与实测数据比对证明，回声测深检测结果与试验材料、水介质浑浊度（密度）和声速及信号门槛有密切关系。

a. 碎石垫层回声测深检测试验较好地反映了仪器的特性，试验结果对制定整平施工工艺具有重要参考价值和指导意义。

b. 采用回声测深仪检测碎石基床整平精度，与试验材料、水介质浑浊度、温度密度和声速及信号门槛等多种因素关系密切，试验揭示了一些规律性的现象，并得到了一些初步的定量关系。

③根据第五阶段的碎石基床整平模型试验和理论分析，采用 GPS 快速静态和全站仪联合测量抛石管高度的方法，可以达到以下目的。

a. 由于全站仪测高本身误差较小，有利于减少对抛石管头部高程不必要的调整。

b. 根据整平船工作时基本处于静止状态的特点，结合 GPS 快速静态和全站仪测量的特点，设计 GPS 快速静态和全站仪联合测量的方法，测量整平船抛石管高程，可以发挥两者的优势提高测高精度。

4.3.2　施工设备

4.3.2.1　整平船

整平船采用自升式平台结构，是专为港珠澳大桥岛隧工程沉管隧道碎石垫层铺设设计建造的施工专用船舶，具有在浅水区避风及抗台自存的能力。

1. 船体尺寸

整平船主要尺寸见表 4-9，整平船照片见图 4-39。

表 4-9　整平船主要尺寸

主要尺寸						
型长	型宽	型深	设计吃水线	桩腿总长	抛石管总长	中间月池尺寸
81.8 m	46 m	5.5 m	4.2 m	90 m	72.7 m	59 m×30 m

图 4-39　整平船照片

整平船月池的尺寸是 59 m×30 m，铺设范围为 48.2 m×25.2 m（抛石管中心距），最大铺设面积为 50 m×27 m。单个船位铺设面积为 41.95 m×24.6 m。整平船最大铺设面积与单个船位铺设面积平面示意图如图 4-40 所示，铺设范围横断面示意图如图 4-41 所示，铺设单个船位时，沿纵向富余宽度（碎石垄边界至抛石管行程边界）为每边 1.2 m，沿横向富余宽度为 4.0 m。

2. 整平性能

整平船作为沉管隧道碎石垫层铺设施工专用船舶，实现了对整平船定位、碎石输送系统的控制、下料管升降的控制、整平刮刀的高程调节、整平台车纵横向移动的控制、水下目标的高程动态定位、下料管料位的控制、碎石铺设的同步质量检测等铺设施工作业的自动化、一体化管理。整平船主要性能见表 4-10。

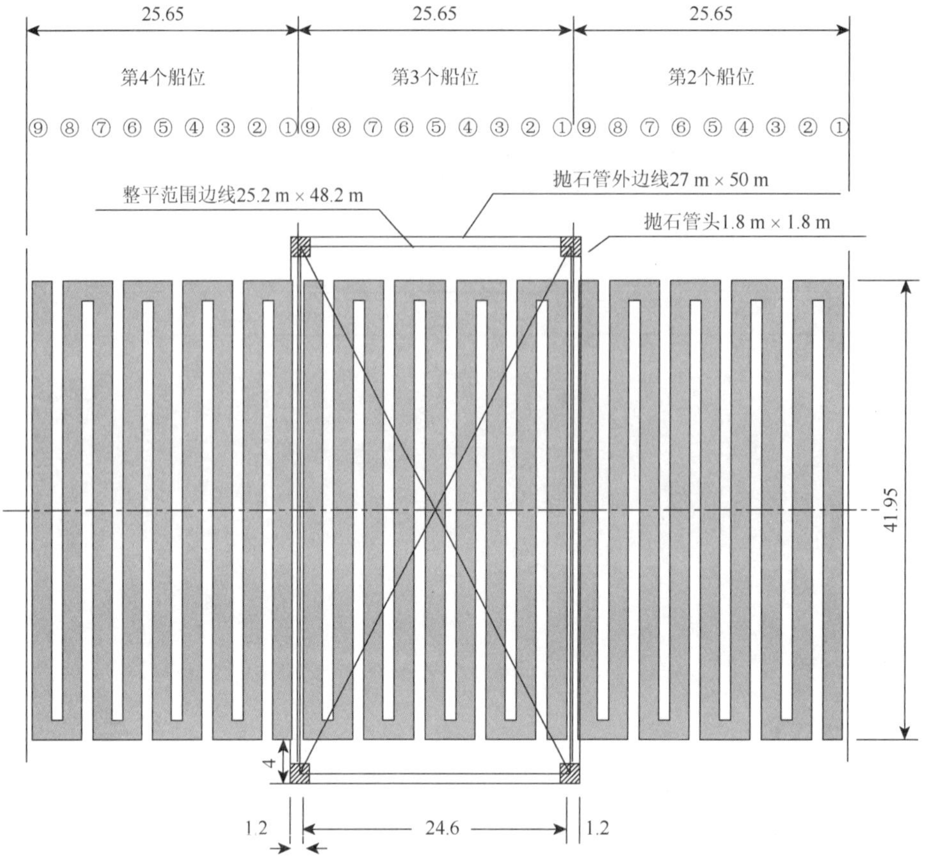

图 4-40　整平船最大铺设面积与单个船位铺设面积平面示意图（单位：m）

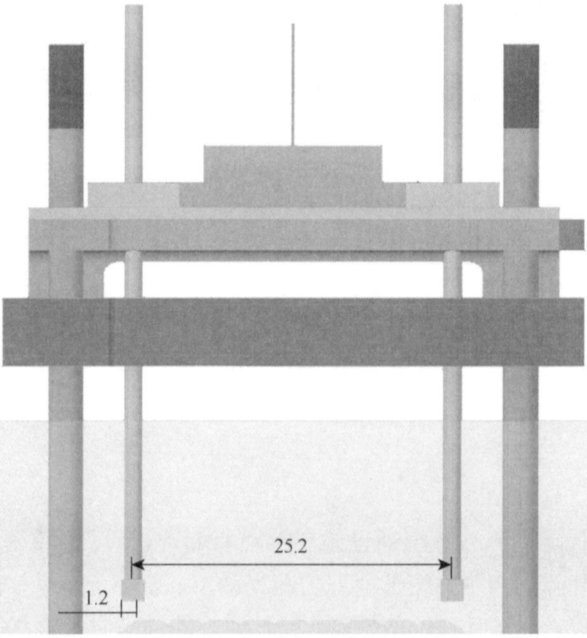

图 4-41　整平船铺设范围横断面示意图（单位：m）

表 4-10　整平船主要性能表

主要性能			
石料粒径/mm	20～60	铺设作业水深/m	10～50
一次最大碎石铺设厚度/m	1.7	铺设尺寸	25.2 m×48.2 m
最大石料粒径/mm	80	铺设精度/mm	±40
设计铺设速度/(m/min)	≯3	自持力/d	15

3. 整平原理

抛石管位于行走小车上，行走小车在行走大车上移动，采用齿轮齿条驱动，带动抛石管横向移动，完成横向铺设。行走大车横跨整个月池，采用齿轮齿条驱动，带动抛石管纵向移动，完成纵向铺设。实现垄沟式基床铺设。抛石行走系统示意图如图 4-42 所示。

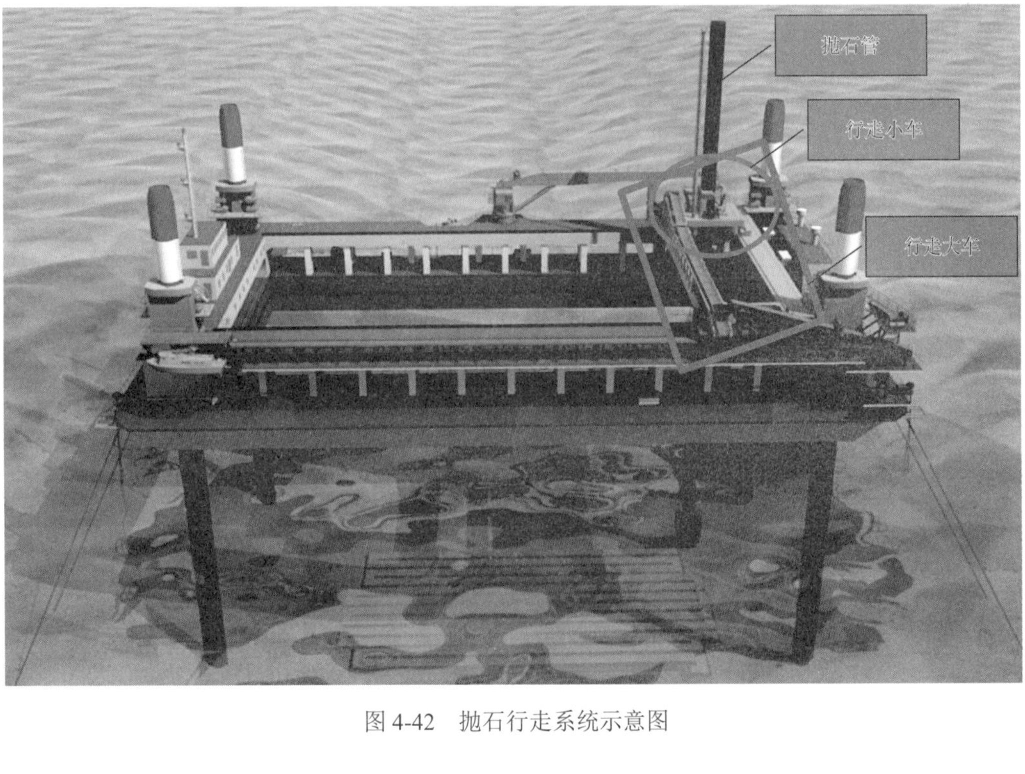

图 4-42　抛石行走系统示意图

抛石管顶部设置一台 GPS 实时监测抛石管底部高程，抛石管底部整平头设置可自动伸缩液压油缸（和刮刀连接）实时调整大小车行走过程造成的挠度实现刮刀水下精确控制，偏差超过±1 cm 便进行自动调整。抛石管底部设置 4 个声呐，两个校准声呐，两个施工声呐，用于铺设过程监测和成型检测。整平头照片及整平原理见图 4-43。

图 4-43 整平头照片及整平原理示意图

4. 舾装设备

整平船作为非自航船，配六口大抓力锚，锚绞车设置在主甲板上，采用中央控制和机旁控制两种方式操作。工作锚、锚机、缆绳配备见表 4-11。

表 4-11 工作锚、锚机、缆绳配备表

<table>
<tr><td colspan="7">工作锚</td></tr>
<tr><td>数量</td><td colspan="3">锚和锚平衡杆的重量</td><td>锚型</td><td colspan="2">锚索</td><td>锚索长度</td></tr>
<tr><td>6 个</td><td colspan="3">10 t</td><td>丹福尔大抓力锚</td><td colspan="2">ϕ46 mm 钢丝绳</td><td>700 m×6</td></tr>
<tr><td colspan="7">移位锚机</td></tr>
<tr><td>数量</td><td>钢丝绳</td><td>锚机拉力</td><td>锚机速度</td><td>空载速度</td><td>静态刹车
支持负载</td><td>容绳量</td></tr>
<tr><td>6 个</td><td>ϕ46 mm</td><td>400 kN</td><td>0～12 m/min
（拉力为 400 kN 时）</td><td>≮20 m/min</td><td>1200 kN
（滚筒内层）</td><td>700 m</td></tr>
<tr><td colspan="7">锚浮漂、锚头缆</td></tr>
<tr><td colspan="7">本船配备锚浮漂 6 只，锚头缆 6 条及其卡环等所有的连接附件</td></tr>
</table>

船上装有 2 台电动系泊绞车，每台带有 2 个主卷筒（中间带隔板）和 1 个副卷筒，主卷筒由三速电机驱动，绞车设于在主甲板首部和尾部，前后各一台。绞车选用纤维绳。

抛石整平船艏端安装 4 个（左舷、右舷各两个）适用于 76 mm 拖链的 Smit 拖点（额定安全工作载荷为 225 t），首尾部各安装两个（左、右舷各一个）100 t 的拖力单桩。用于拖曳的导缆孔安装在和拖点成一条直线的位置上。

整平船主甲板设施布置图见图 4-44。

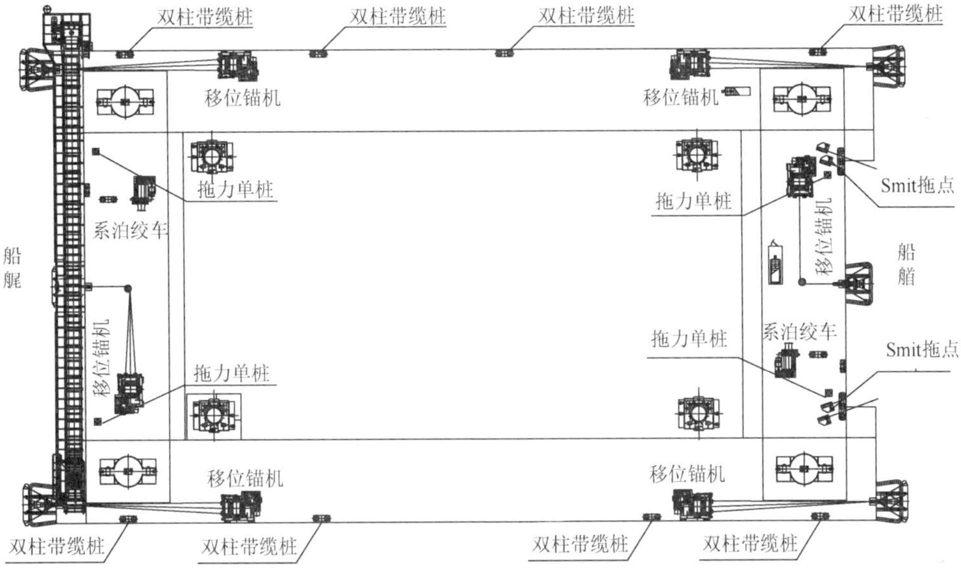

图 4-44　整平船主甲板设施布置图

4.3.2.2　供料船

供料船主要用于为整平船进行铺设作业时的连续供料，甲板料仓一次储料能力不小于 2000 m^3，储满一次料可满足整平船一个船位的铺设用料。供料船重载状态为整平船供料的皮带机出料口高度不小于 19 m，皮带长 20 m，挑高可达 6 m，舷外跨度 8～10 m。供料船照片及结构示意图见图 4-45。

图 4-45　供料船照片及结构示意图（单位：m）

4.3.3　施工流程

碎石垫层铺设施工流程图如图 4-46 所示。主要工艺流程示意图见图 4-47。

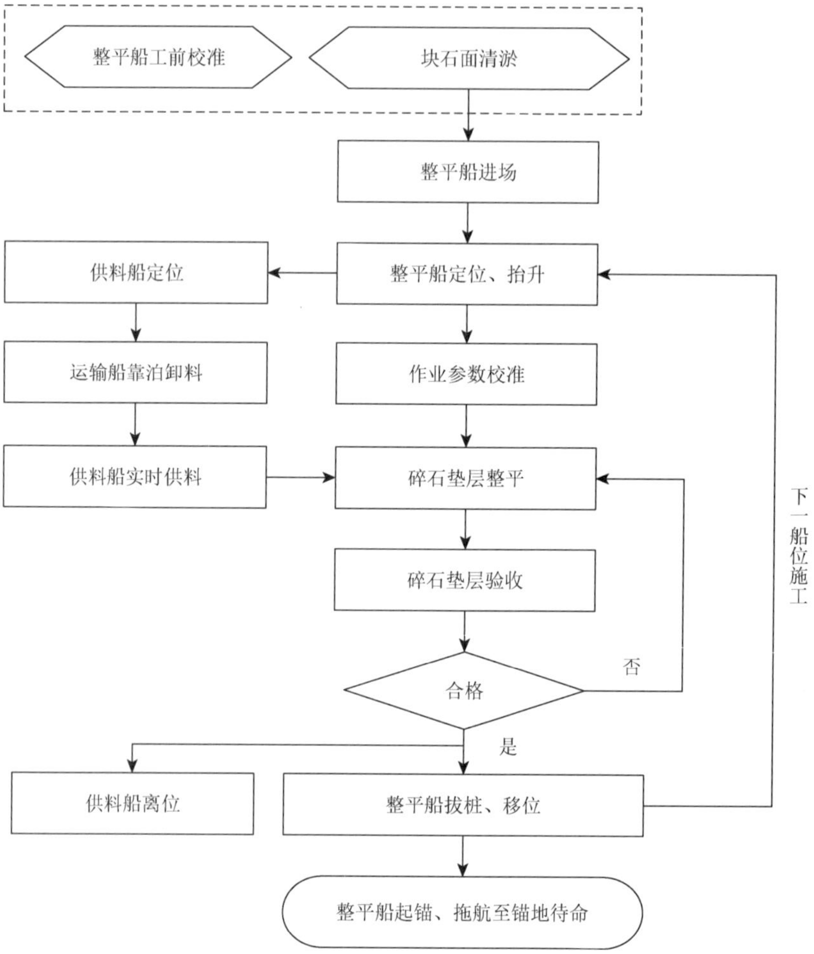

图 4-46　碎石垫层铺设施工流程图

4.3.4　施工方法

4.3.4.1　整平船进场前校准

整平船进场前利用东人工岛、西人工岛或测量平台上的测量控制点采用扫平仪、全站仪对抛石管平面控制系统、高程系统及船体倾斜仪进行校准确认。工前校准要求表见表 4-12。

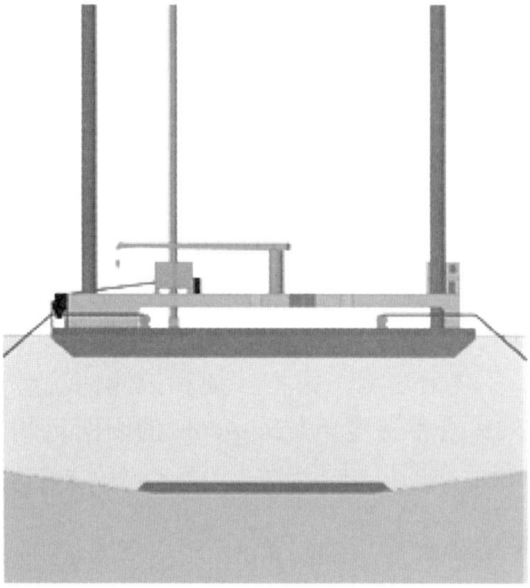

(a) 整平船移船定位

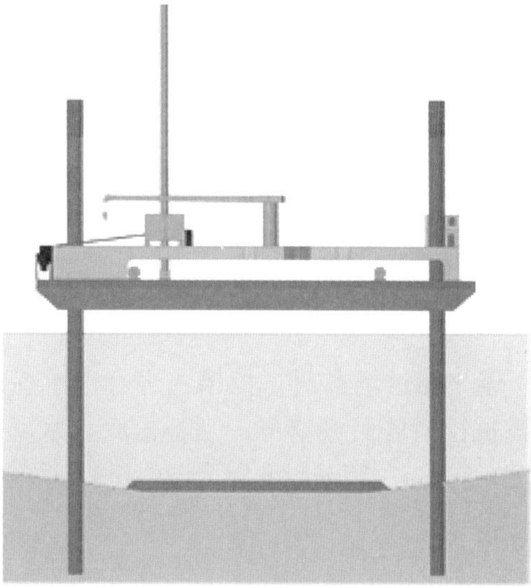

(b) 整平船插桩抬升

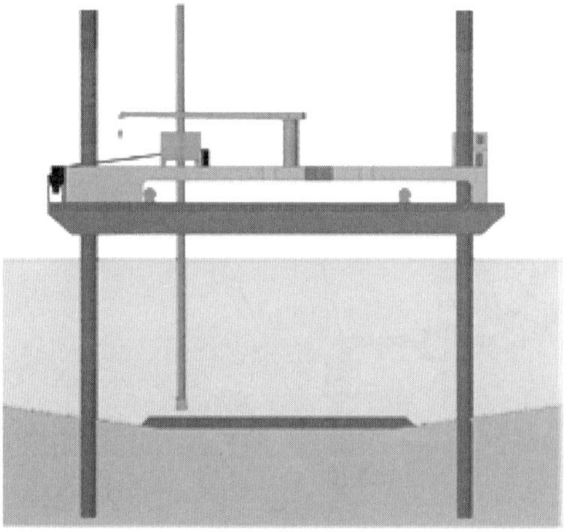

(c) 设定确认铺设位置及高程

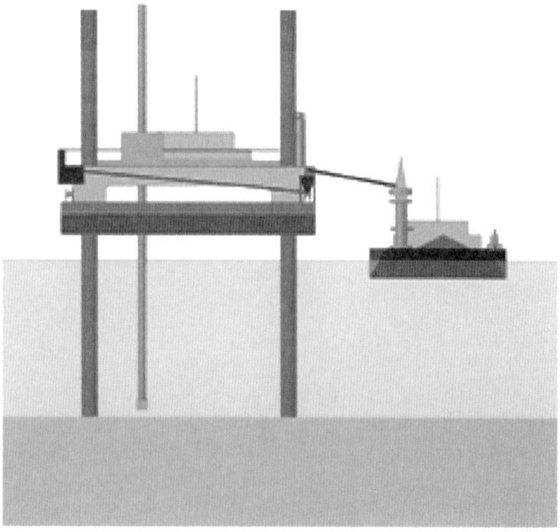

(d) 供料船就位供料

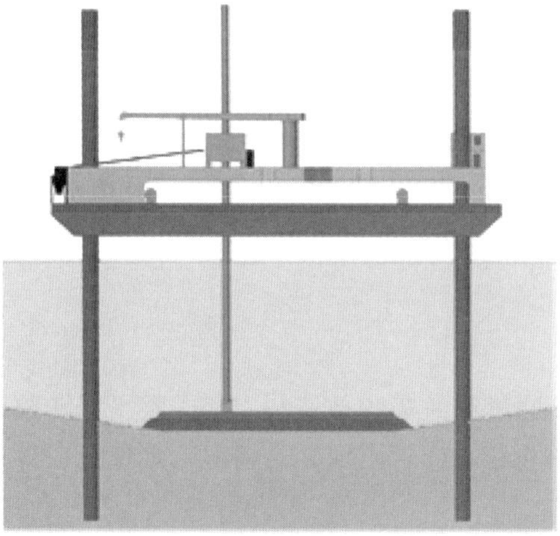

(e) 抛石铺设作业

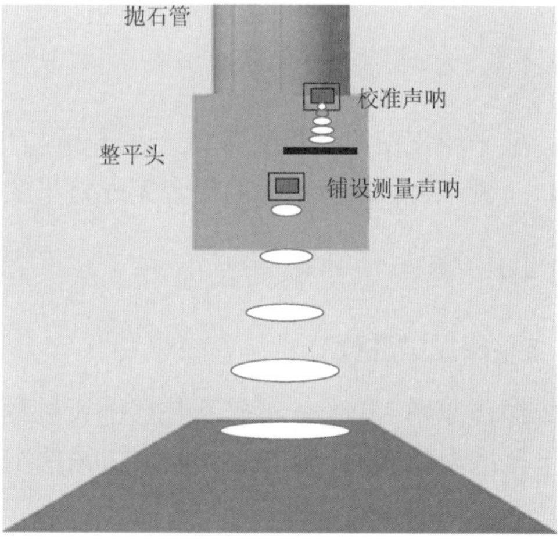

(f) 成形测量验收

图 4-47 主要工艺流程示意图

表 4-12　工前校准要求表

项目	要求	采用仪器
抛石管底部高程	±3 cm	扫平仪和全站仪
抛石管平面位置	±3 cm	全站仪
船体倾斜	±1 cm	扫平仪

4.3.4.2　块石面清淤

整平船进场前对试挖槽内进行潜水探摸和多波束扫测，根据探摸和扫测情况综合分析试挖槽内回淤情况。当基槽底含水率＜150%或者密度＞1.26 g/cm^3 的回淤沉积物厚度＞30 cm，需采用专用清淤船进行清淤，清淤示意图见图 4-48。

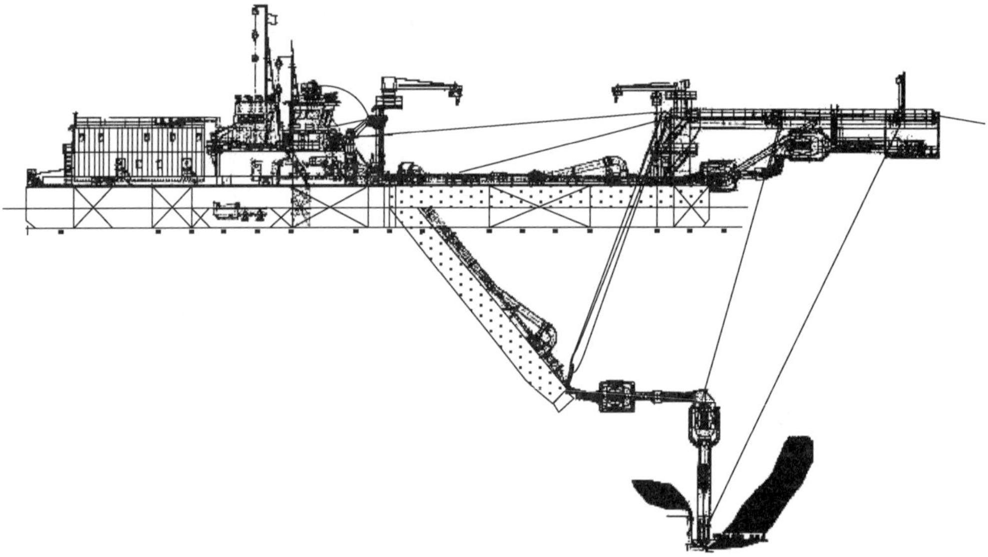

图 4-48　清淤示意图

4.3.4.3　整平船进场

整平船拖航时，桩腿最低点抬升至与平台底部基线平齐。采用一艘 7000 hp[①]拖轮吊拖，一艘 4200 hp 拖轮傍拖配合完成整平船拖航。整平船拖航示意图如图 4-49 所示。

4.3.4.4　整平船移船定位

1. 整平船抛锚驻位

抛锚原则：单个管节碎石垫层铺设过程中，通过锚绞车收放锚缆，实现整平船在整个管节范围内的移船、定位，其间六口锚原则上不再移动。若出现异常情况，则选择在碎石垫层铺设期间进行移锚。

① 1 hp = 745.700 W。

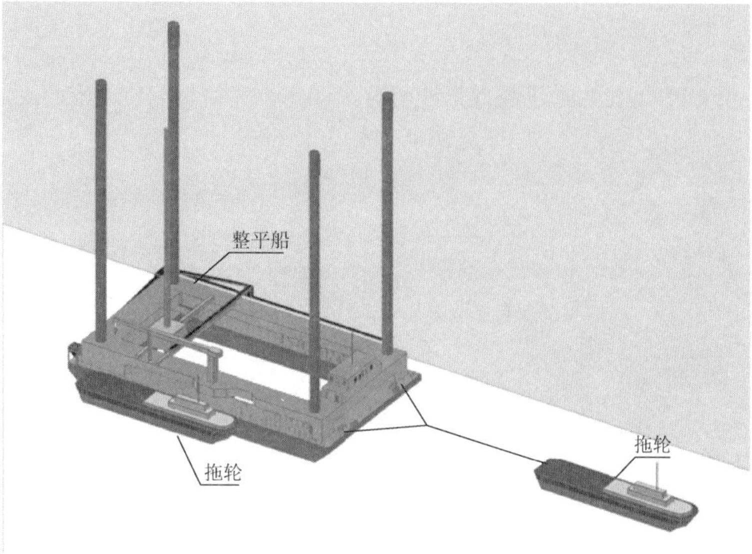

图 4-49　整平船拖航示意图

抛锚方法：根据涨潮、落潮情况，整平船顶流进场，到达后锚预设锚位时先抛一口下流锚，边放松该锚锚缆拖轮边拖带整平船慢速前进，到达前锚预设锚位时抛一口上流锚，拖轮解脱离开，收紧前后锚缆完成整平船初定位后，其他锚位通过锚艇抛设完成，整平船锚位示意图见图 4-50。

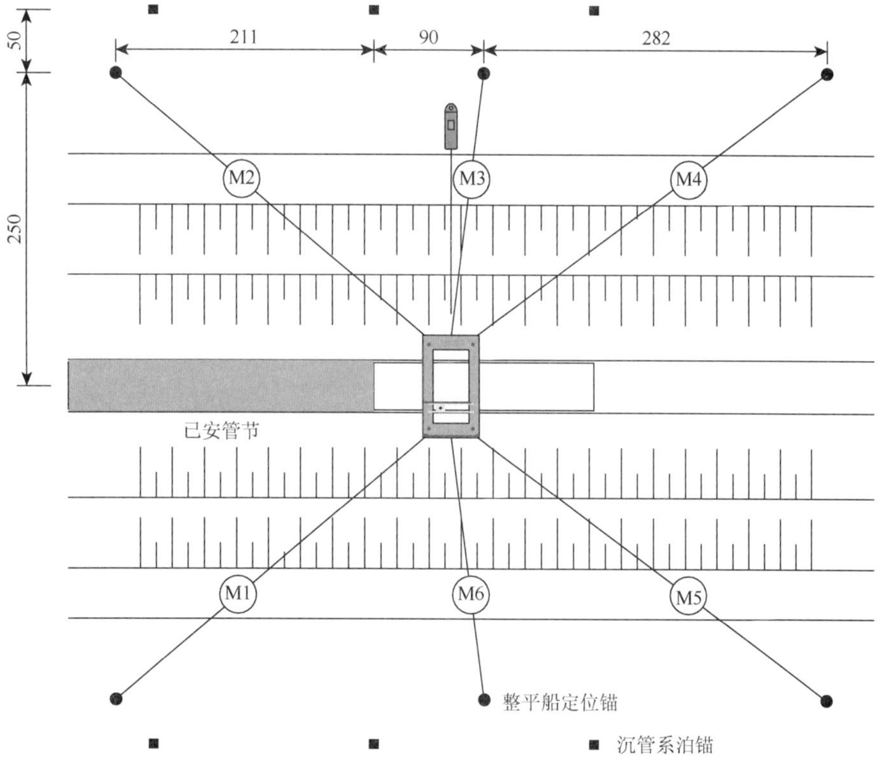

图 4-50　整平船锚位示意图（单位：m）

2. 整平船定位

整平船采用 GPS 定位，通过收放锚缆将整平船定位在目标船位，平面定位精度控制在 ±100 mm 以内。船位诱导系统截图见图 4-51。

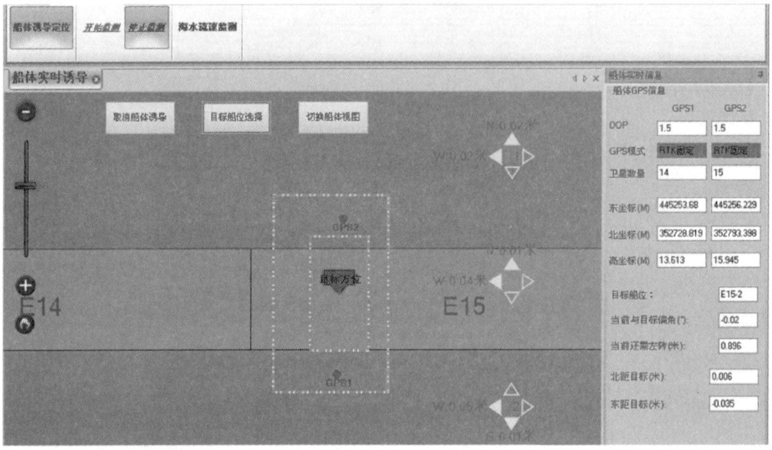

图 4-51　船位诱导系统截图

4.3.4.5　整平船插桩抬升

在下降桩腿前通过调整压载水量的方式将整平船调平，调平完成后采用对角压载方法将整平船抬升至施工高度，其施工流程图见图 4-52，示意图见图 4-53。在整个预压载过程中要确保可变荷载均匀分布在 4 根桩腿上，平台水平倾斜不超过 0.5°。

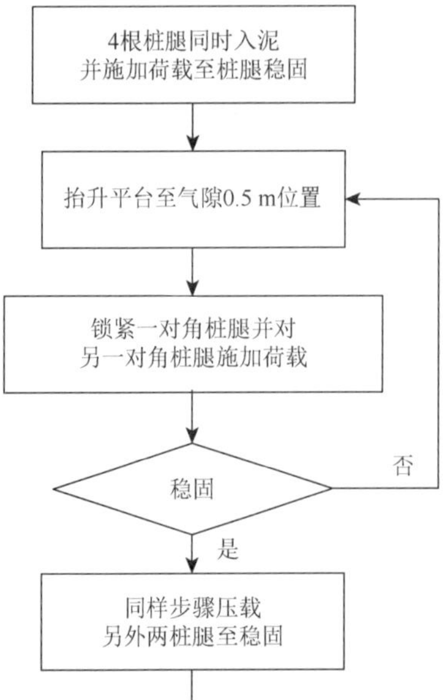

图 4-52　对角压载施工流程图

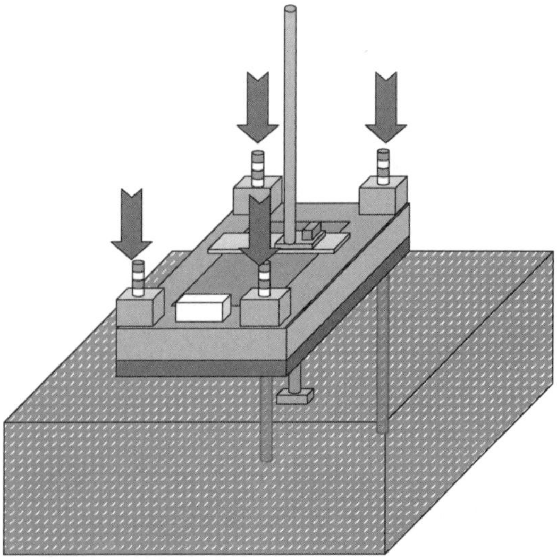

图 4-53　对角压载示意图

施工时为避免潮水及波浪的影响，整平船平台抬升高度 h 为：两天可预测的高潮位 + 预测最大波高/2 + 富余高度（0.5 m）。平台抬升高度效果图见图 4-54。

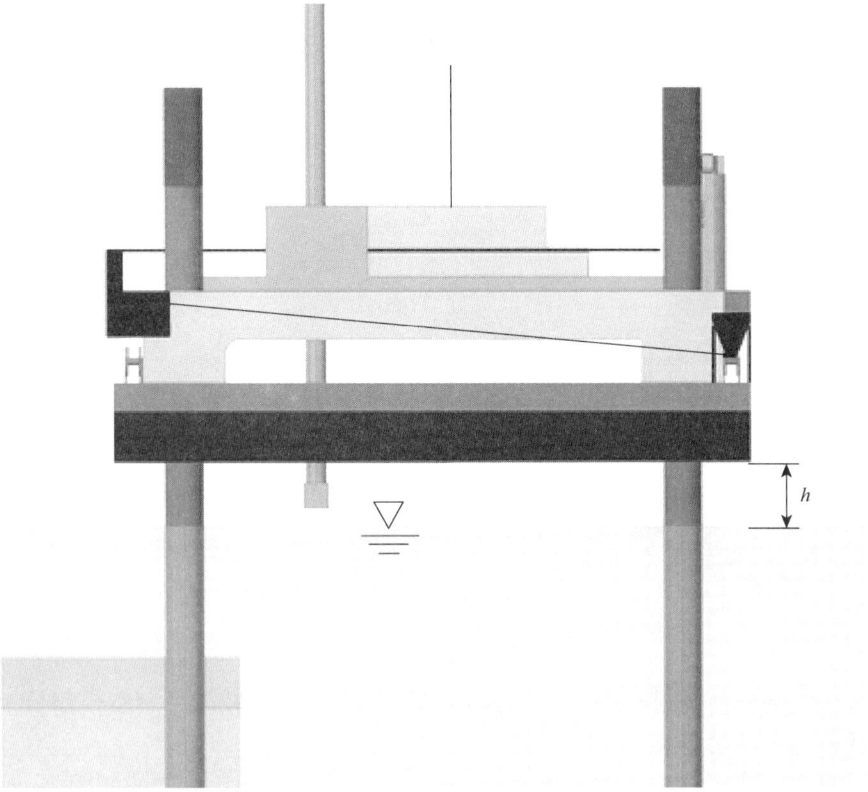

图 4-54 整平船平台抬升高度效果图

4.3.4.6 作业参数校准

1. 整平船高程系统参数校准

距东人工岛、西人工岛较近的三个管节的第一船位整平前，通过东人工岛、西人工岛上测量控制点采用水准仪对高程系统进行对比确认。

其余管节第一船位基床整平前，将抛石管置于已安管节尾端 2 个预埋点上方 1.0 m 处（预埋点高程通过贯通测量获取）。潜水员采用专用测量尺测量预埋点至抛石管底部高差，反算抛石管底部高程与整平船高程系统测量的抛石管底部高程进行比对确认。抛石管高程系统比对示意图如图 4-55 所示。

2. 船体倾斜校准

在行走大车的两条轨道两端架设扫平仪接收器，测出 4 点相对高差，通过将升降 4 根桩腿将其高差调至 1 cm 以内，然后进行倾斜仪归零。

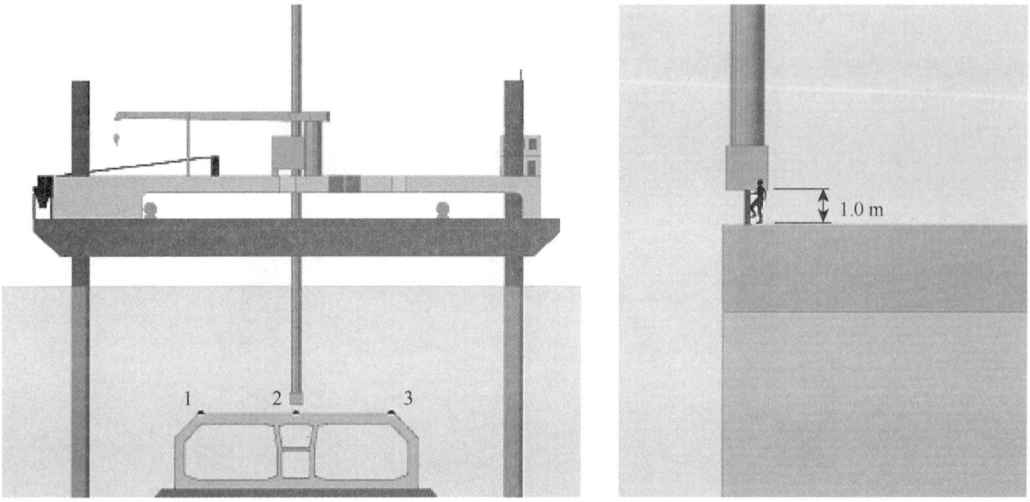

图 4-55　抛石管高程系统比对示意图

图中 1、2、3 分别为管节预埋测点

3. 料位计校准

将 50 m 卷尺固定于料位计钢丝绳上，下降料位计 25 m，通过卷尺实测下降长度并在料位系统中进行修正。

4. 油缸行程校准

碎石垫层铺设前反复伸缩抛石管底部液压油缸，并通过激光测距仪测量油缸实际行程，调整液压油缸行程参数确保测控软件测量值与实际伸缩长度的差值在 5 mm 以内。油缸伸缩长度确认示意图见图 4-56。

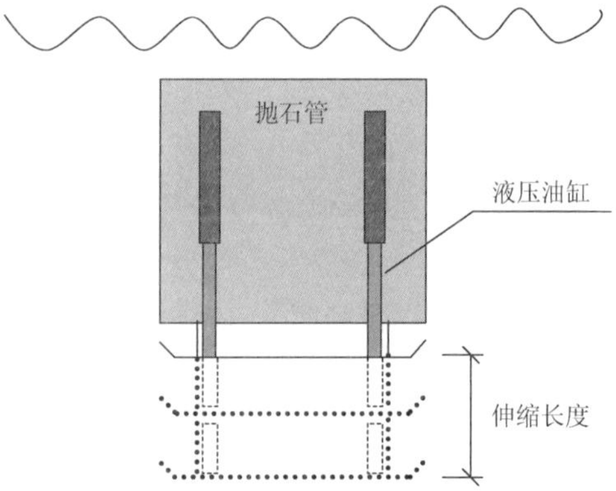

图 4-56　油缸伸缩长度确认示意图

5. 声呐校准

声呐受水深、水温、盐分浓度、浑浊度等因素的影响使测量值产生误差，所以每次验收前都需要进行校准。

校准时，将抛石管降至施工深度，通过调整校准声呐声速当测量值显示 1.5 m 时将此声速应用于碎石垫层铺设使用声呐校准示意图见图 4-57。

4.3.4.7　供料船就位供料

供料船定位于未整平一侧横跨基槽布置，与整平船保持一定距离，避免碰撞整平船。运输船抵达现场后通过皮带机将石料打入供料船，石料通过供料船抬升皮带机打入整平船进料斗，再经整平船皮带机 3 次抬升进入抛石管进料口。石料供应示意图如图 4-58 所示。

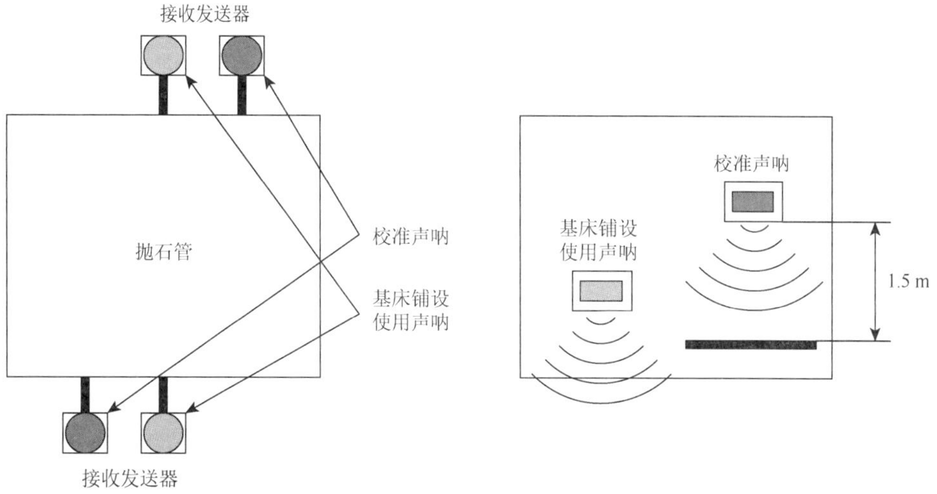

图 4-57 声呐校准示意图

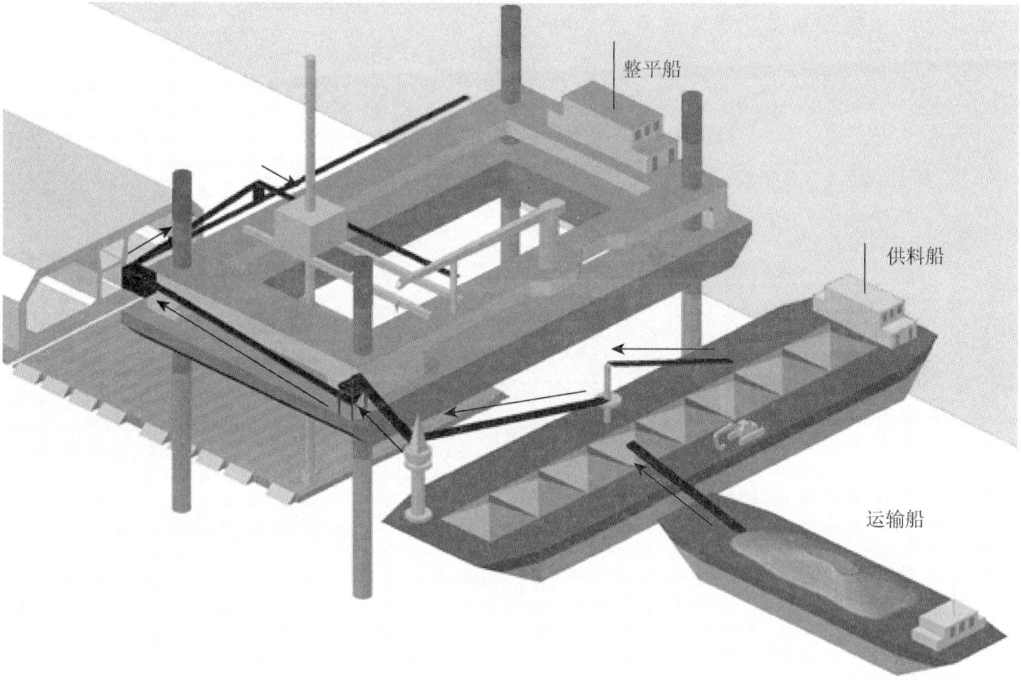

图 4-58 石料供应示意图

4.3.4.8 碎石垫层铺设

基床整平分两层施工，底层厚 1.0 m，基床顶层厚 0.3 m。

为避免回淤物挤至对接端而无法清理，基床底层和顶层施工方向均沿沉管安装方向。

制作 4 种管头刮道来对所有坡度进行施工，4 种管头调整段的坡度分别为 0%、1.0%、2.0%、3.0%。整平高程从抛石管中心进行管理，保持垄中心高程与设计标高一致，则垄两端坡度偏差不大于 0.5%，即垄两端高程最大偏差控制在 1800/2×0.5% = 4.5 mm 以内。碎石垫层铺设分层示意图见图 4-59。

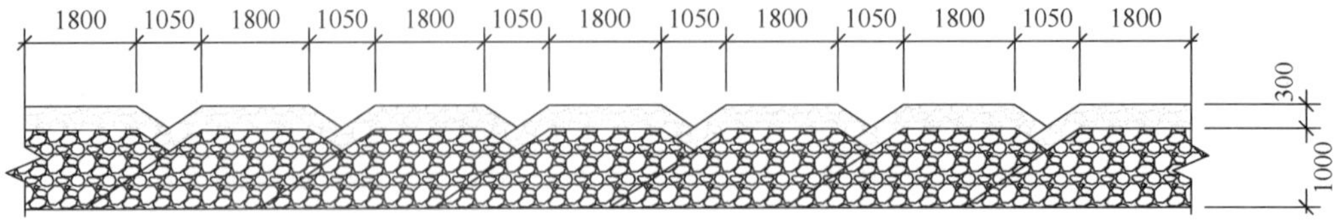

图 4-59　碎石垫层铺设分层示意图（单位：mm）

底层基床整平抛石管行走速度不大于 1.5 m/min，顶层基床整平抛石管行走速度不大于 1.0 m/min，碎石基床验收时抛石管行走速度不大于 2.5 m/min。

基床整平时抛石管内料位高度控制在 5～10 m 内，整平完成后抛石管内剩余石料排在基床外侧。石料高度测量示意图见图 4-60。

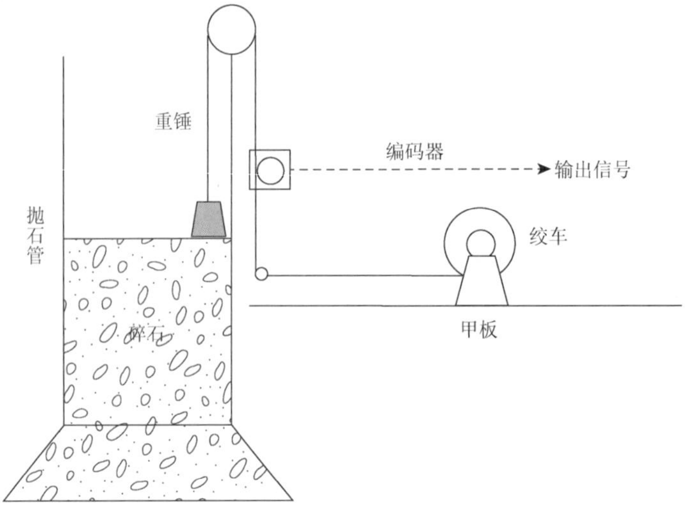

图 4-60　石料高度测量示意图

上坡段施工顺序：一条垄施工完成后，平移至下一条垄，然后抬升至施工标高，进行下一条垄铺设施工。按此步骤循环施工。上坡段碎石垫层铺设施工示意图如图 4-61 所示。

下坡段施工顺序：一条碎石垄施工完成后抛石管降低至下一条碎石垄的标高，然后平移至下一条碎石垄进行下一条碎石垄铺设施工。按此步骤循环施工。E18 管节（坡度为 0.0%）按下坡段施工顺序进行铺设施工，下坡段碎石垫层铺设施工示意图如图 4-62 所示。

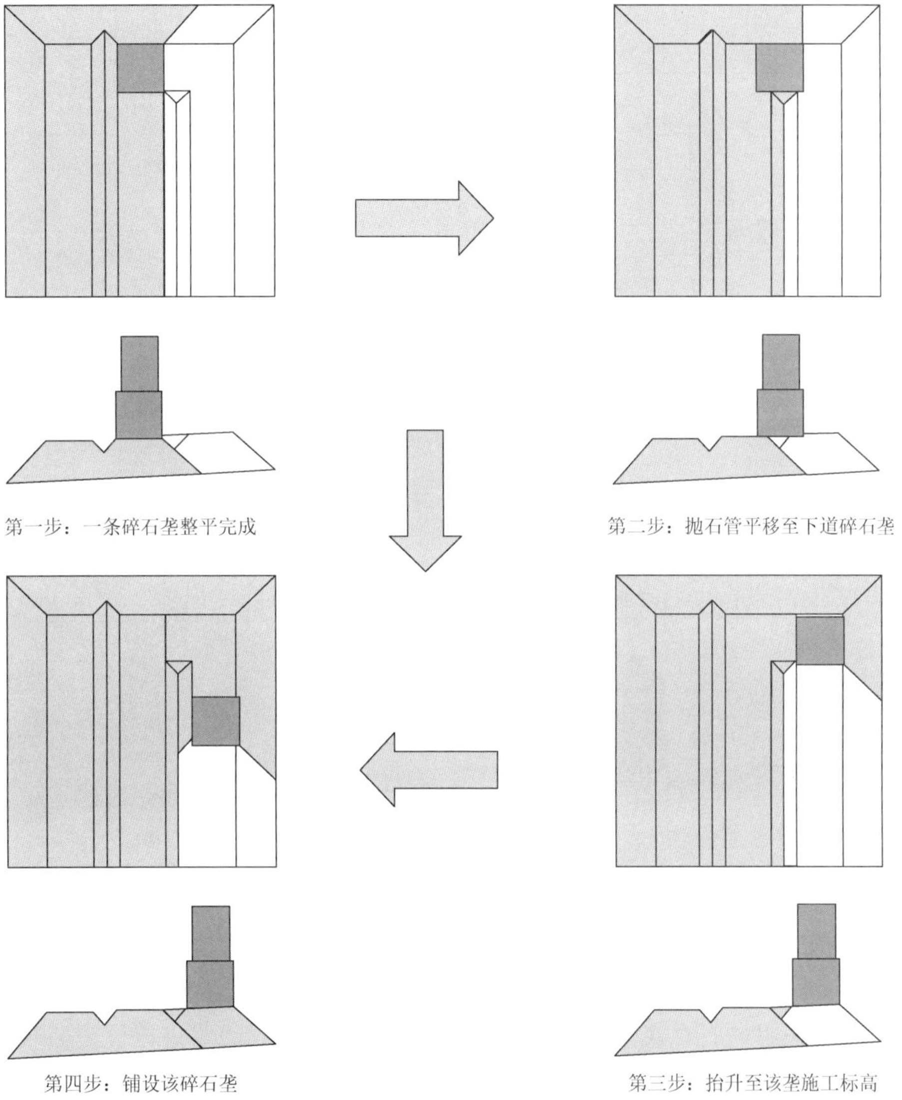

图 4-61　上坡段碎石垫层铺设施工示意图

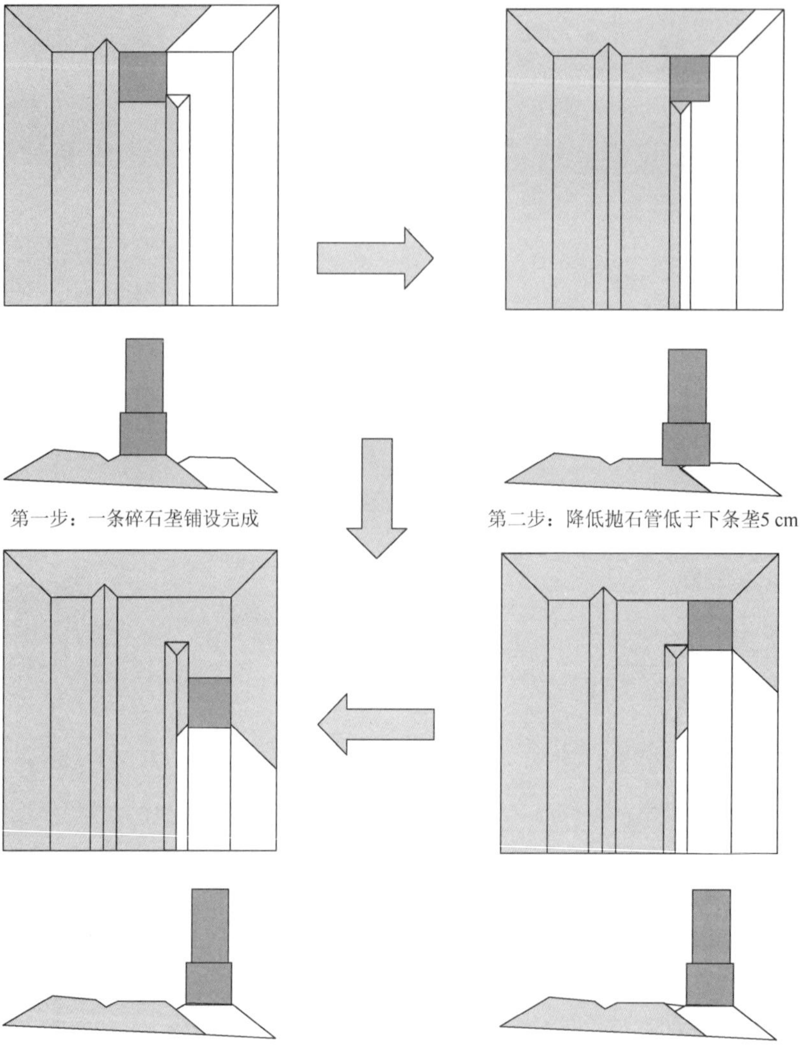

图 4-62　下坡段碎石垫层铺设施工示意图

4.3.4.9　碎石垫层检测

基床验收采用抛石管底部声呐按照图 4-63 所示的验收线路进行检测验收。图中“①”表示横断面检测，检测碎石垄中心线的高程；“②”为纵断面检测，检测基床宽度的 $L/6$ 和 $L/2$ 两处的基床纵坡及垄顶宽度。在整个管节基床施工完成后采用多波束扫测，多波束扫测成果图如图 4-64 所示。

一个船位基床整平完成并检测合格后，整平船拔桩并移船至下一船位。第 7 船位基床整平完成后，锚艇配合整平船起锚，采用拖轮将整平船拖航至锚地并插桩抬升，在锚地待命。

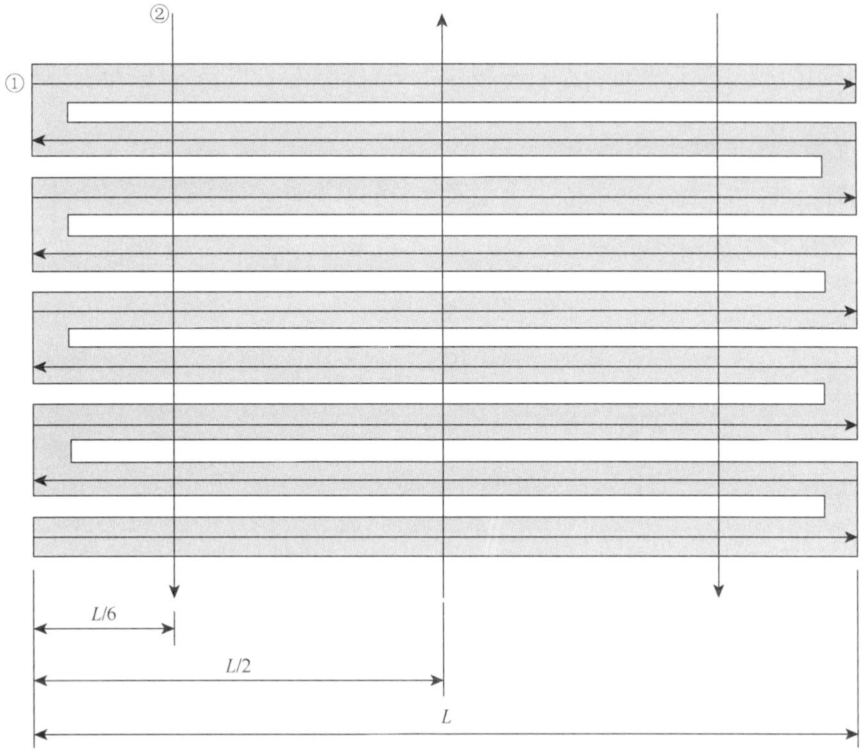

图 4-63 碎石基床验收线路图

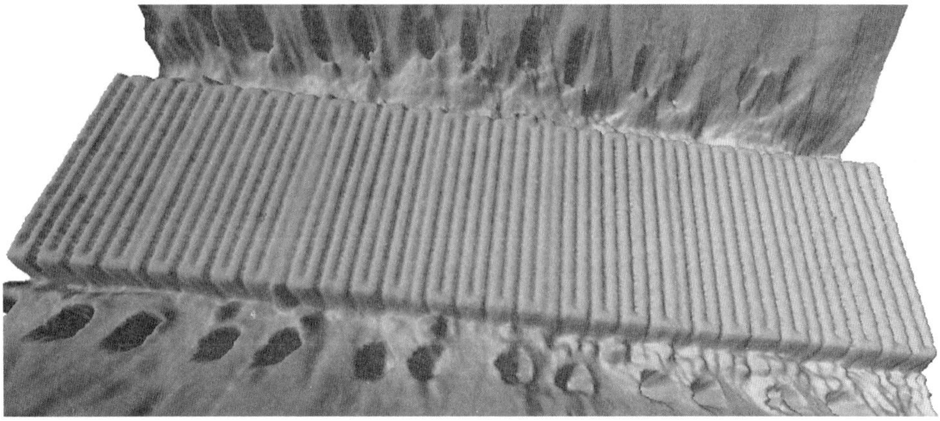

图 4-64 多波束扫测成果图

4.4 厄勒海峡沉管隧道先铺基础施工

4.4.1 概述

海洋基础的施工包括沉放隧道的管节或沉箱的一层材料，由于时间的限制和对施工精确度的严格要求，该施工过程一直都难度较大。有几种方法可以采用，目前使用最多的就是用砂作为底层填料。该方法首先把一个隧道管节放在临时液压支架上，然后通过管道系统向该管节下面灌注砂水混合物，直到建立起足够的压力可以支撑该管节为止。但是，经验证明该方法存在缺点：

①只有在底层填满之后，才能实现完全压载，达到隧道管节的稳定性；而自然条件或重型船只航运造成的海流速度很快时会危及管节的安全性。

②淤积太多时会造成严重的问题。

③地震时可能造成砂床的液化，特别是对于那些有裂缝的多岩石的基槽底部，无法保障砂床的稳定性。

另外一种叫碎石整平的方法通过使用碎石可以克服这些缺点。已经证明该方法精确度高、可靠性好，而且还缩短了几个工程的施工时间。虽然碎石作为填料比砂作为填料造价昂贵，但是该方法作为一个整体在经济方面是可行的。在隧道管节内不需要敷设管道，不需要采用昂贵的液压缸，而且不需要潜水员充填混凝土基础垫层。该方法的优点已经凸显，又包括安全性。很明显，本章所描述的方法更加合适。

抹平和刮平是制造一层平坦的材料层作为沉放隧道管节或沉箱的水下基础的方法。该方法的缺点就是要进行两个操作，沉积后再单独整平。

碎石整平的概念就是材料的沉积和整平在同一时间进行。材料运输到水落管中，把水落管的末端定位在理想的深度。开始时，材料会在沉降管中堆积直至到达管的下端。然后材料开始作为石柱在水落管内积累。在不断地保证沉降管下部的材料的同时，把水落管移到旁边，管道下端就可以整平沉积的材料，从而材料的沉积和整平就在一个过程内完成。

厄勒海峡沉管隧道的碎石层是采用碎石整平的方法进行施工。针对该项目，研制了一个特殊的多用途泵船，该泵船可以在水深为 22 m 的地方铺设碎石层，精确度高达±25 mm。该方法缩短了施工时间，实现了准确地充填，使材料的损失降到了最低，而且该方法对环境的污染也微不足道。

4.4.2　设计涵义

厄勒海峡沉管隧道招标前的设计是以底部填充的压砂法形成的砂垫层为基础。隧道的底面和开挖基槽的基础之间的间隙应该用该方法完全填满，实现隧道和砂之间的完全接触，砂的可压缩性较高，沉降可能会更大。在合同授予后的初步设计阶段，发现了一个风险，就是采用该方法进行基础施工可能造成过大的不均匀沉降。其中主要关注的问题就是砂的高度可压缩性，以及开挖基槽基础剖面的允许误差所造成的砂层厚度的变化。后者的允许变化是指垫层的厚度可能在 500～1400 mm 变化，这就可能造成严重的不均匀沉降。

正因如此，ØTC 考虑了其他基础形式。在沉放之前铺设的碎石层基础会更加坚硬，可降低了以上风险。Royal Boskalis Westminster 已经为新加坡沉箱码头墙研制了铺设该类型垫层的另一种方法，该方法被称为碎石整平。

在沉放之前铺碎石层基础，由于床面的不精确性，隧道基础和碎石层的表面之间就不会有充分的接触，这就导致隧道结构变形，造成额外的负载效应。因此对于隧道管节的结构设计而言，碎石层表面的精确度是一个关键的设计参数，对管节的成本会产生重大的影响。ØTC 认为他们可以研制出一种铺设方法，使碎石层的水平精确度达到±25 mm，专门进行了一项研究来确定碎石层基础的变化对隧道设计的影响。简单的初步计算表明，如果完全采用±25 mm 的水平精确度，砂垫层的设计就会超载，并且需要大幅度的增加钢筋数量。图 4-65 给出了一个这样的例子，隧道中心处床面的精确度为+ 25 mm，在两边的精确度为–25 mm。在这种情况下，隧道会承受一个大的负弯矩。但是，有人认为产生这种结构的可能性极小。需要开发一个考虑这一点的设计程序。

图 4-65　碎石层横截面

ØTC 认为碎石层表面的变化是随机的，管节设计的关键标准就是指定表面标高的变化不会超过±25 mm，而且这些变化是随机的。

根据这些标准决定采用一套强加变形来模拟碎石层表面轮廓的变化，要考虑这些变化是随机发生的。这些强加变形作为永久荷载施加到隧道横向和纵向分析模型。分析模型给出了横向设计的强制变形的推导，来说明解决这个问题的一般方法。

图 4-66 为碎石层面的标高变化，平均值为 0，标准差为 7.58，数字出现在–25 和 + 25 之间的概率为 0.999。这些数字代表隧道管节下面某点处的碎石层指定标高之间的变化。把该表分为两块，每一块都包含 9 个支撑点代表所支撑的区域。这些点在隧道设计中都具有一定的物理意义，每一个区域都位于隧道墙壁的下方或墙壁之间的板的下方。图 4-66 中墙壁下面的区域都加了阴影以示区分。假设隧道由较高的点支撑，在图 4-67 中，每一个区域内最高两点的平均值列在相同的表格中。这些数字代表了所支撑的每一个区域的标高与指定的标高之间的变化。这些值的平均偏差和标准偏差分别为 8.5 和 3.7。

通过假设隧道的横向分析模型是通过每一个区域的支撑点来支撑的，可以确定一套以设计为目的的强制变形。因为隧道设计是以特性荷载为基础，所以强制特性变形的概率超过 0.05。这些计算结果使支撑区域之间 10 mm 的强制特性变形得到了普遍应用。

但是，墙壁的纵向刚度比板的纵向刚度要大得多，板下面的较高区域的高度不会比墙壁高 5 mm。

为了达到调查的精确度，新增了一个额外余量，以确认已经实现了关于设计表面精确度的假设。

在隧道设计中采用这些强制变形后，导致的钢筋供应类似于初步砂垫层的设计，因为强制变形所造成的额外负载效应被碎石层基础增加的刚度抵消了。

	管节宽度																										
管节长度	-3	-5	6	3	16	-4	-7	6	-3	3	-3	-3	-6	4	-9	4	-3	13	0	-7	-3	-4	11	2	1	-8	-5
	7	-1	4	-5	12	6	0	-17	-6	-8	-7	-2	-16	3	3	2	-2	-1	4	-8	3	-9	-4	2	-11	6	3
	-2	-6	1	3	0	-6	1	4	17	-1	-15	3	6	-1	5	-4	-11	-2	-17	5	6	-12	0	-11	-1	8	-7
	7	2	-2	2	3	-8	5	-7	7	-4	4	-6	-6	-13	-5	12	4	-15	7	-2	10	-1	3	8	6	-8	-7
	1	4	15	-17	5	-13	2	3	-2	0	13	-8	7	10	-17	1	-5	11	3	-15	-1	4	-10	-1	3	-7	-6
	-12	3	13	6	-8	11	0	6	15	7	-4	-3	-11	-12	4	12	11	5	-5	-2	6	-3	-5	-1	7	2	-9
	3	-7	13	-5	-12	-2	3	-19	-15	0	0	-5	2	-4	-5	-1	-4	2	-2	14	-8	-10	6	-4	-6	-2	-4
	-2	2	7	17	-5	4	-4	1	4	-10	5	-1	-3	-8	-7	3	4	9	-3	4	-3	3	4	2	-5	8	4
	-10	7	6	-1	1	2	-6	4	1	7	1	7	2	-12	-3	0	-5	-12	-7	19	5	13	-4	-6	-2	-4	-1
	-2	2	2	-6	-8	3	12	-2	7	-7	14	-16	0	-1	16	3	-18	1	-9	2	-12	-9	2	8	4	-2	4
	3	-3	-7	-2	9	8	-11	18	0	5	-3	-4	-4	8	1	-4	0	-2	2	14	3	3	-2	9	-10	1	-8
	-8	5	-4	7	-5	4	-5	11	-4	-2	-9	4	1	1	1	2	4	-7	-8	-25	4	14	-4	17	-8	-13	-6

图 4-66　碎石层面的标高变化

	管节宽度								
管节长度	6	14	12	3	5	9	6	7	7
	14	8	11	10	6	12	6	6	7
	10	11	4	7	2	6	17	9	6
	4	8	15	9	12	4	9	16	4

图 4-67　碎石垫层的表面标高——每一个子区域内的两个最高点的平均标高

在设计隧道时，ØTC 研制了基础施工的方法，从而引出了碎石垄的概念，碎石垄的横断面见图 4-68。从设计的角度来看，离散碎石垄，而不是连续床面，在承载力方面对基础的设计有很大的影响。

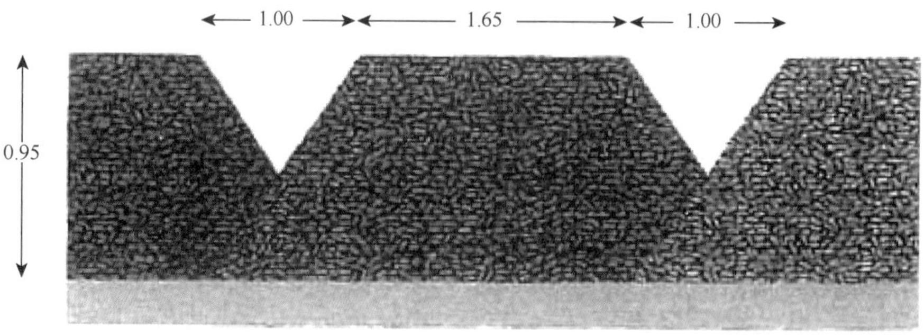

图 4-68　碎石垄的横断面（单位：m）

加载在其表面的粒状材料的极限承载力与加载区域的宽度成正比。增加碎石垄之后，减小了加载区域内碎石垄与管节接触的宽度。护堤边缘的材料的承载力很低，因为它们的边坡围绕着材料的静止角。因此，为了确定护堤在负载下的活动，进行了详细的研究。使用有限差分程序为一段护堤建模，以确定碎石发生一般剪切故障时的负荷。在分析模型中，阻止负载表面的转动，否则将导致不切实际的低承载力。

研究结果表面，对于建议的碎石，碎石层的极限承载力大约为400 kN/m^2，摩擦角为40°，这对设计负载而言已经足够。增加碎石垄之后，改善了基础的磨合特性，得出的结论是设计假设很保守。

在每一个管节沉放之前调查床面。按照各种标准核对调查结果，包括支撑区域之间的变化。

4.4.3 碎石整平的概念

在碎石整平充填技术中，材料通过带有可伸缩底部的水落管进行堆积，通过液压缸不断地保证碎石整平管在需要的水平面内。把水落管和碎石整平管定位到需要的深度后，向水落管中添加材料。当材料在碎石整平管的底部聚集时，一个石柱开始在碎石整平管内部积聚。通过把水落管移向一旁，并保持碎石整平管在指定的平面内，材料就可以通过碎石整平管的尾部进行铺设和平整。碎石整平管和水落管之间的关系见图4-69。

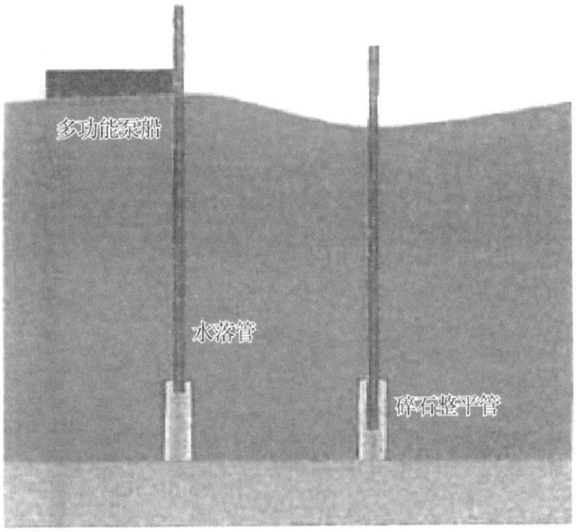

图4-69 碎石整平管和水落管之间的关系

只要水落管中有足够的材料，材料层的铺设高度就会与碎石整平管尾部的高度一致。管道中的传感器指示碎石整平管中石柱的高度，要保证该高度为先设定的高度值。如果石柱的高度下降到预先设定的最低值，停止移动水落管，增加添加到水落管中的材料直到石柱的高度达到最低高度为止。如果碎石整平管中石柱的高度超过预先设定的最大高度，停止向水落管中添加材料，加快水落管的移动速度，直到石柱的高度下降到预先设定的最大高度为止。该过程是全自动的，以确保材料层不间断的铺设，整平原理见图 4-70。

图 4-70 整平原理

4.4.4 多功能泵船

在投标阶段，设计理念是基于传统砂垫层的，但是在详细设计阶段，设计者认识到碎石垫层在垫层特性和垫层材料移动特性方面的优点，从而导致了理念的改变。

碎石垫层必须是一种开放的结构，与封闭的碎石表面相比，开放的结构有很多优点，碎石垫层的布置见图 4-71。碎石整平带有中间槽（或负重叠）的碎石垄，避免碎石重叠径迹上出现高点，因为在为上一个碎石垄铺设碎石材料时，碎石材料可能发生旋转，由于在碎石垄铺设期间整平脚向下的压力，碎石材料还会向上推移。可以把可能的碎石高点移到侧面的凹槽内，避免给管节造成较高的应力。在管节的接缝处，增加护堤之间的距离以降低在沉放期间颗粒被困在管节之间的风险。可以排除可能存在的沉积物质，当把管节降低到碎石层上时，水和泥沙更容易沿着基槽消散。这可以减少碎石的需要量，增加生产量。

根据新加坡两个项目的施工经验，决定修建一个特别的船只来进行垫层的施工。该船只也可以用于调查施工的垫层，保证基槽内没有淤积，并在管节放置后还可以回填基槽——因此被称为多功能泵船（MPP）。该船只的尺寸为 76 m×15 m，吃水达 3.5 m。基槽的两侧各有一个定位桩，用 6 个锚固位泵船。水落管安装在较长的一侧，穿过基槽可以横向移动 47 m。在泵船上安装一个传送带系统，给水落管运输材料。使用装载机把材料从平顶驳船转移到受料料斗中。带有水落管的多功能泵船见图 4-72。

不需要重新定位，多功能泵船就可以穿过基槽碎石整平碎石材料的一个碎石垄，之后两个定位桩都必须为下一个碎石垄重新定位。不断地进行，直到到达定位桩台车的行程终点，然后再重新定位定位桩。在一个定位桩位置碎石整平一系列的碎石垄之后，测量和处理刚刚修建的碎石垄，然后重新定位定位桩。这样，就可以不断地监控和立即监控碎石整平过程的结果，实现直接系统反馈。图 4-73 为隧道基槽上方就位的多功能泵船（MPP）。多功能泵船上的碎石整平过程是全自动化的，船上安装有传感器和照相机，这样操作员可以监测所有重要的部分。该测量系统允许操作员在碎石层的一部分碎石整平完之后马上检查结果。

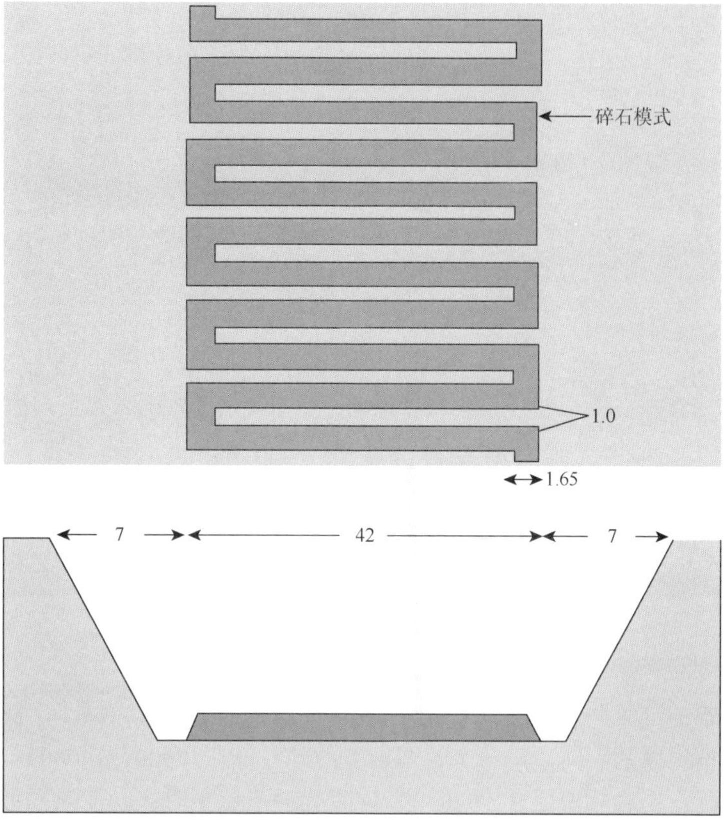

图 4-71　碎石垫层布置（单位：m）

图 4-72　带有水落管的多功能泵船（MPP）

图 4-73　隧道基槽上方就位的多功能泵船（MPP）

在每一个管节沉放之前，铺设了包含 65 个碎石垄的碎石层，减少了碎石层开放和暴露的时间。根据层厚的不同，每一个管节所需的碎石量在 8000～14000 t。碎石整平和测量一个管节的碎石层总共需要 3～6 d。图 4-74 为碎石整平时多功能泵船旁停靠着一艘装石头的驳船。

图 4-74　碎石整平时多功能泵船旁停靠着一艘装石头的驳船

4.4.5 测量与控制

4.4.5.1 垂直位置控制

控制碎石整平管的垂直位置对于材料铺设的精确度极为重要。碎石整平管与水落管通过液压缸相连，液压缸调整垂直运动。这些液压缸每秒被激活 20 次，以弥补各种传感器测得的泵船的起伏、滚动、颠簸所引起的垂直运动。为了把碎石整平脚调整到需要的垂直位置，把所要求的水平面与旋转激光产生的一个水平参考平面关联起来。在水落管上安装一个激光接收器以接收激光信号。激光接收器包含一个自动跟踪系统，该系统保证激光平面在敏感区域的中间。同时还测量了激光接收器位置相对于其在水落管上的安装位置。测量液压缸在水落管和碎石整平管之间的行程，以确定激光接收器的安装位置和碎石整平管、碎石整平脚的末端之间的长度，因为水落管的实际角度会由于船只的移动而改变。这些角度会造成碎石整平脚的高度偏差，因此要使用倾角计进行测量。

激光接收器的方向、其在水落管上的位置、模具水落管的长度，以及水落管的角度都会影响碎石整平脚相对于参考平面的位置，应实时登记和处理所有传感器的读数，调整液压缸的行程以保证碎石整平脚在需要的水平面上。碎石整平管的垂直高度控制见图 4-75。

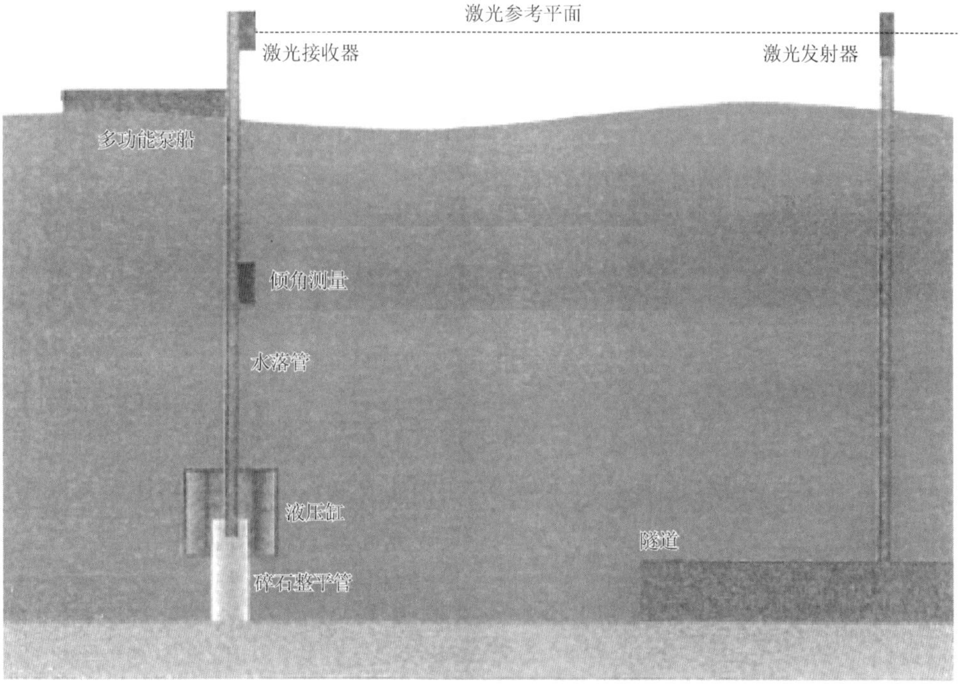

图 4-75　碎石整平管的垂直高度控制

激光的精确度随着距离的增加而减小，所以必须把激光放在施工的水域（图 4-75）以缩短该距离。

所有垂直定位都以激光参考平面为基准，因此该水平面的确定和激光平面的标高的确定非常关键。采用安装在一定距离处的参考接收器交叉检查激光平面，该接收器也和激光发射器一样安装在一个固定的位置。从参考接收器的读数可以看出激光信号是否稳定，激光平面是否在其水平面内。在厄勒海峡沉管隧道项目中，激光系统配置在先前放置的管节顶部的一个塔上和一个锚固岛上。

4.4.5.2　水平位置控制

水落管系统安装在多功能泵船上，一个移动平台使水落管沿着导轨运动。水落管的实际水平位置不太重要，因为垫层所需要的水平精确度不高。采用数字全球定位系统卡丁车系统来测量泵船的水平位置，采用俯仰传感器和滚动传感器来计算碎石整平脚的位置。

4.4.5.3　碎石整平系统的精确度

上面已经讨论了影响碎石整平系统精确度的主要传感器。碎石整平脚的垂直位置的测量精确度取决于传感器的精确度及工程的配置，如激光和激光接收器之间的距离，以及根据水下深度确定的水落管的工作长度。在距离激光 200 m、最大水深为 22 m 的地方，碎石整平脚的垂直位置的测量精确度可以达到±10 mm（2 s，95%的测量）。碎石整平脚的总控制精确度还与环境条件有关，如海浪、海流、多功能泵船的行为，以及控制系统的性能。

厄勒海峡沉管隧道的环境相当恶劣，海浪高度达 0.75 m，海流速度达 1 m/s。采用数学模拟以调查多功能泵船及其控制系统的行为。设计者研究了不同输入参数下的各种方案，如海浪高度、周期和方向，以及海流速度和方向。这些模拟的结果表明，在最恶劣的环境条件下（如恶劣的天气和高速海流），碎石整平脚的控制精确度可以超过±20 mm（2 s，95%）。在确定和控制碎石整平脚的垂直位置的精确度后，可以确定垫层的精确度。多功能泵船上复杂仪器的使用令垫层的公差在±25 mm 内。

4.4.5.4　碎石层测量

在批准将碎石层用于垫层之前，要检查碎石层是否满足指定的要求。垫层的施工公差要求很严格，因此要求测量精确度很高以证明满足指定的要求。如果测量精确度和施工公差在同一个数量级上，那么就需要采用一个不同的公差水平来校核测量值。如果施工公差为±25 mm，测量数值的不精确度的整体公差为±35 mm。

使用立杆进行简单的机械测量是不可行的。把末端带有水平板的立杆下降到施工层会扰乱垫层的顶部，特别是在垫层没有封闭的条件下，如包含交替碎石垄和沟槽。由于扰乱的风险，在不利的天气条件下不能使用该系统。

取而代之，可以采用声波测量方法，在多功能泵船上安装一个特殊的系统来测量垫层，其精确度很高。采用常规的回声测深方式进行测量，倾斜距离很长，即回声测深仪与反射对象之间的距离很长，导致测量结果的精确度降低。如果采用高频回声测深仪和短斜距的组合，可提高精确度。与一个小的开度角相一致的高频使得高频回声测深仪的精确度得以提高，短斜距在增加信号精确度的同时，还可以给垫层提供一个小的覆盖区，从而更好地诠释了其表面形状。图 4-76 为不同的斜距和开度角所对应的覆盖区。

实验室试验用来研究可以达到的精确度范围。采用 1MHz 回声测深仪在 32～64 mm 厚的碎石人工垫层上进行测量，用水泥把测深仪固定在一块板上防止其运动，所采用的斜距为 80 cm。在一个同样的碎石层上采用水准标杆进行测量，以便比较。

图 4-77 为水准标杆和回声测深仪。在标杆的末端安装了一个直径为 10 cm 的圆盘，大约为使用的斜距上回声测深仪覆盖区的直径。从理论上讲，两种方法的结果应该相同：回声测深仪探测到与覆盖区内的最高点相对应的第一个反射，而标杆下降到碎石的表面直到圆盘接触到最高的石头为止（图 4-77）。

图 4-78 比较了水准标杆的测量结果与回声测深仪的测量结果。测量评估结果表明，回声测深仪的绝对测量精确度大于 5 mm。为获取短斜距，把一个基于回声测深仪的测量系统安装在多功能泵船的碎石整平脚上。

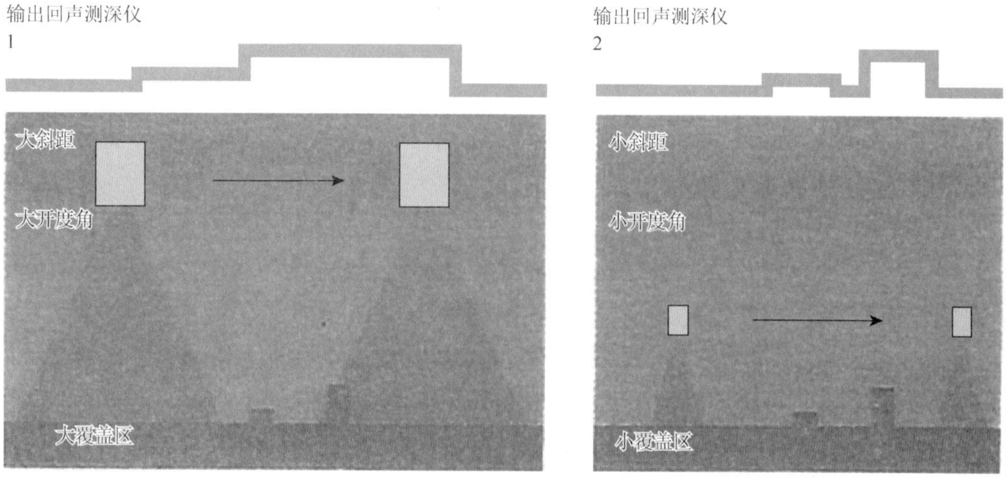

图 4-76 不同的斜距和开度角所对应的覆盖区

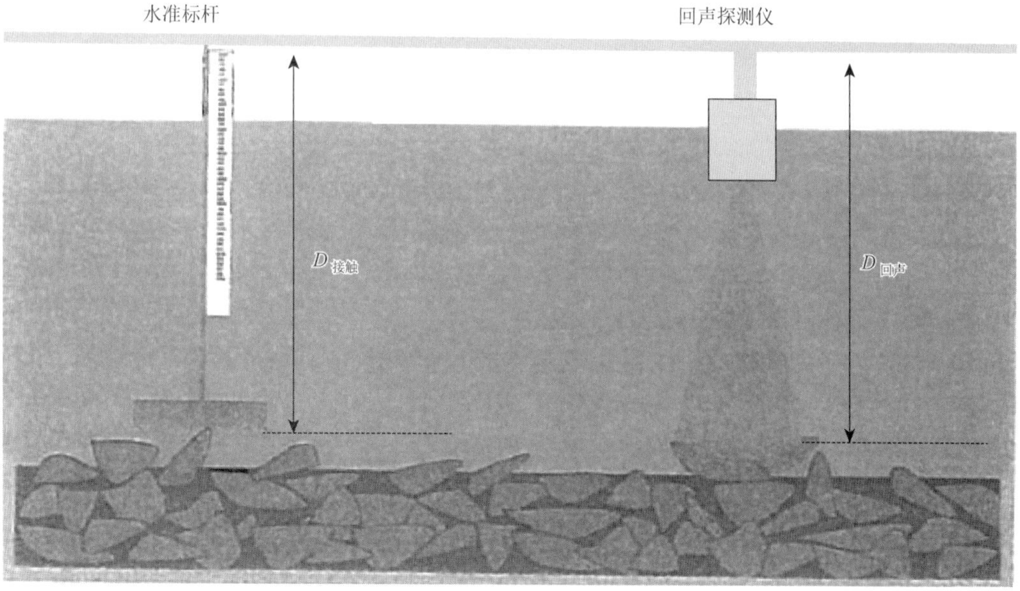

图 4-77 水准标杆和回声测深仪

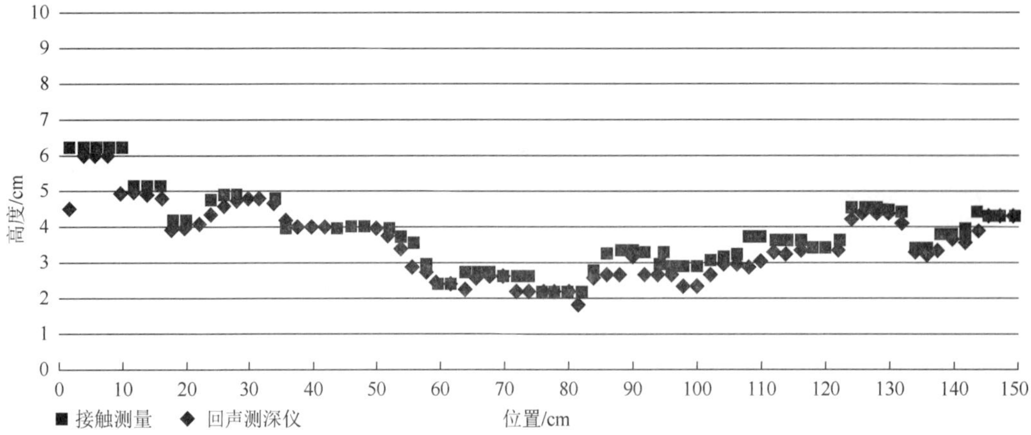

图 4-78 水准标杆测量结果与回声测深仪测量结果的比较

4.4.5.5 碎石垫层的验收

在碎石整平操作中，根据每条碎石垄的平均高差来处理测量值，为了实现沉降，采用的（偏移量）预抬量为 2 cm。图 4-79 给出了隧道管节 12 每个护堤的平均音量。如果由于仪器故障或人为失误造成碎石层不能满足验收标准，可以很容易进行修理。在有碎石或没有碎石的情况下，都可以使碎石整平脚再通过一次，把不精确的护堤推到一边来修正护堤。在管节 13 发生故障后，清理了整个碎石层，并替换了新的碎石层，此过程中没有遇到任何困难。

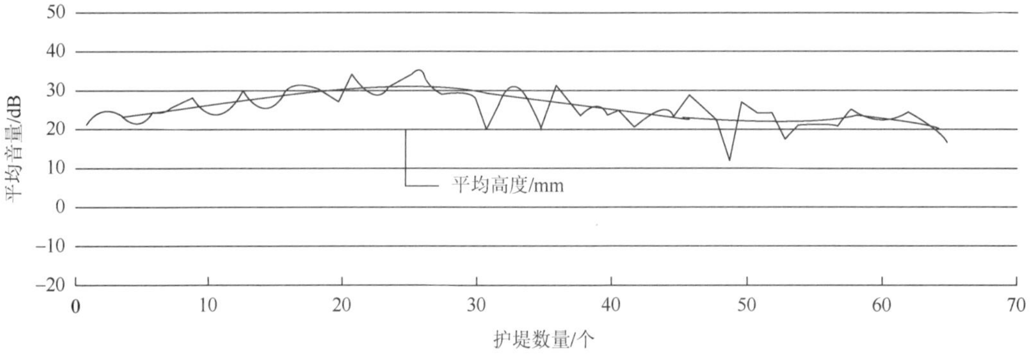

图 4-79 隧道管节 12 每个护堤的平均音量

4.4.6 结论

在厄勒海峡沉管隧道项目建设期间，再一次证明了采用碎石整平的新方法铺设海洋垫层是可靠的。在一次操作中，就可以把材料充填在理想的深度，并进行平整。碎石整平允许的最佳填充精确度可达±25 mm，因为材料是通过水落管穿过水柱的，所以材料损失量降到最低，对环境的污染可以忽略不计。在荷兰第二 Benelux 隧道已经成功应用了该工艺，并且也证明了该工艺的成功性。今后，碎石整平不仅可以用于隧道施工，还可以用作其他用途，并可以使用不同的材料。其他应用实例包括码头、风车和其他海上施工的垫层、岸边和底部的保护，以及其他精确填充工程。碎石整平方法已经成功铺设了各式各样的颗粒、块体材料，从细碎石到直径为 300 mm 的石头。今后，该方法将用于海洋中材料的充填，如石块和（胶态）混凝土。

5 后铺法基础施工

5.1 概述

后铺法是指在基槽底部及与已安管节的接合部等设置可准确进行竖向定位的临时支撑台，然后把管节放置于临时支撑台上，最后向管底和基槽底之间灌注适当的材料，使之成为永久的、连续的一体化基础的工法。在后铺法中，安设水底临时支座，是主要的工序。然而后铺法中所用临时支座，大多数是比较简易的。因为几万吨重的六车道管节，沉到水底后只有几百吨重，所以作用到临时支座上的荷载非常轻。用2～4个临时支座来支撑荷载，支座的构造自然可以做得小而简易。除了少数案例采用短桩简易墩外，多数是用道砟堆式临时支座，就是在道砟上设置钢筋混凝土的预制支承板，构成临时支座。每节管节的临时支座数量，在最早的案例中，均是4只。在20世纪50年代之后按三点定平面原理改为3只，调整较方便。60年代出现了一种很简易的“羊角托承法”，该方法原来是荷兰鹿特丹市地下铁道沉管工程施工途中于1963年提出的技术革新措施。实践之后，证明该方法很理想。此后各国的沉管工程设计中均采纳了这个合理的构思，并在此基础上发展成为目前已成常规设计的“鼻式”托座。

后铺法的主要优点是：①临时支座小而少，因而设置临时支座的潜水工作量远较先铺法少。②高程调节简便，精度易于达到要求。③作业时，施工设备占用河道时间少，对航运的干扰少。按照施工工艺的不同，可分为以下几种：囊袋注浆法、管内压浆法、管外压浆法、压砂法等。

5.2 囊袋注浆法

沉管隧道桩基础基底注浆施工主要包括桩基与沉管底板承接囊袋注浆、基底充填注浆和管节防水注浆。沉管隧道桩基础基底注浆施工最初用于瑞典的廷斯达特隧道，随后日本的衣浦港沉管隧道也采用了该方法，是沉管隧道工程管节基础处理的方法之一。囊袋注浆法示意图如图5-1所示。

在沉管隧道工法应用之初，囊袋注浆法因具有明显的可靠性且操作简便成了较为普遍的基础处理形式，其特点主要有：①施工作业在沉放好的隧道内进行，不受气候影响，不阻碍江面航运；②施工设备简单、投资少，不须大型专用设备；③充填注浆因注浆材料中有一部分水泥，因此即使河道中有少许淤泥也能固结；④通过注浆孔量测的参数，可以确定充填状态；⑤浆液固结体不会产生因震动而引起液化现象。

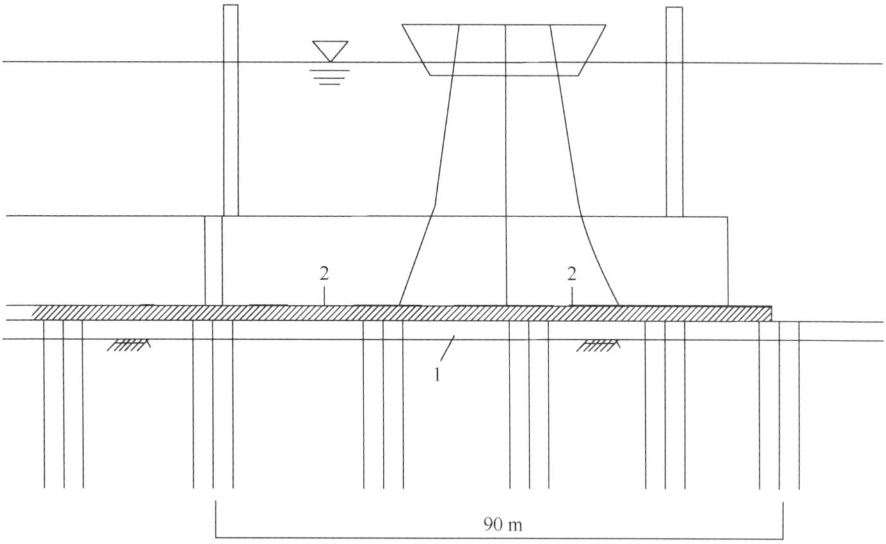

图 5-1 囊袋注浆法示意图

1. 砂、石垫层；2. 砂浆囊袋

1997 年开始建造的宁波常洪沉管隧道，经国内外类似工程比选，基底采用桩基础囊袋注浆法施工，这是在国内沉管隧道工程中首次采用桩基础，并自行研发了囊袋注浆新技术工艺，该工法作为“常洪沉管隧道工程技术研究”科研项目中研究内容之一，技术成果达国际先进水平。

5.2.1 施工设备

囊袋注浆法所使用的主要机械设备见表 5-1。

表 5-1 囊袋注浆法主要机械设备表

序号	设备名称	数量	单位	施工用途
1	地落式混凝土拌和机	1	台	生产混凝土
2	输送泵	1	台	输送混凝土
3	注浆泵	2	台	注浆
4	砂浆拌和机	1	台	拌和
5	柱塞泵	4	台	防漏水

机械设备的型号及搭配形式可根据工程实际进行配置，以满足工程需要及要求为准。

5.2.2 施工流程

管节沉放完毕后，根据实测的施工水域最大水容重，加压载水至管节抗浮安全系数达到 1.03～1.05，直至基底注浆完成。囊袋注浆顺序是沉放一节、完成一节。囊袋施工先注千斤顶位置囊袋，再从两边同时逐个注浆，随后完成防水孔注浆和基底充填注浆。

5.2.2.1　囊袋注浆

囊袋注浆流程如图 5-2 所示。

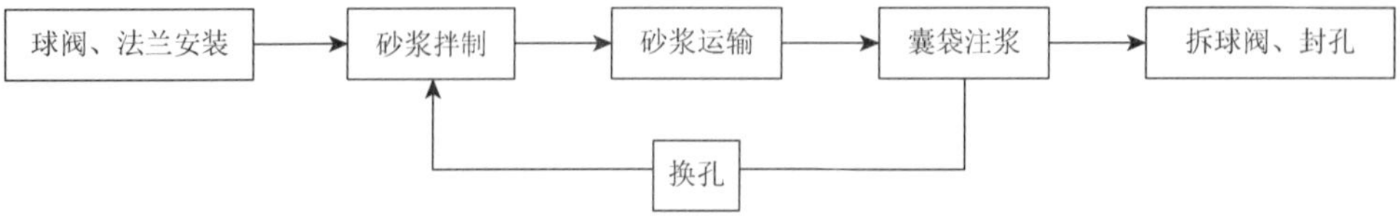

图 5-2　囊袋注浆流程

5.2.2.2　防水孔注浆

防水孔注浆流程如图 5-3 所示。

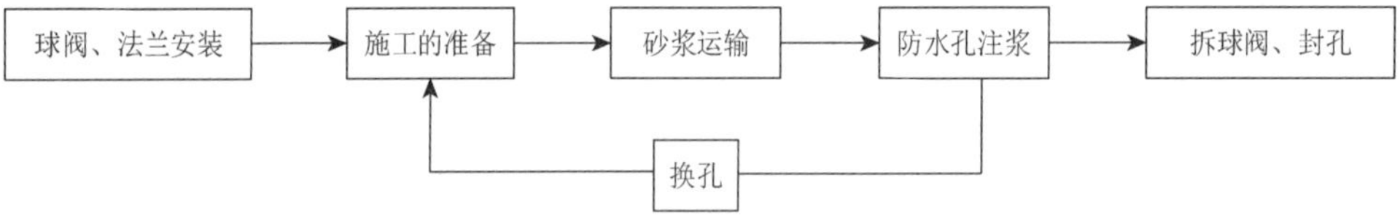

图 5-3　防水孔注浆流程

5.2.2.3　基底充填注浆

基底充填注浆流程如图 5-4 所示。

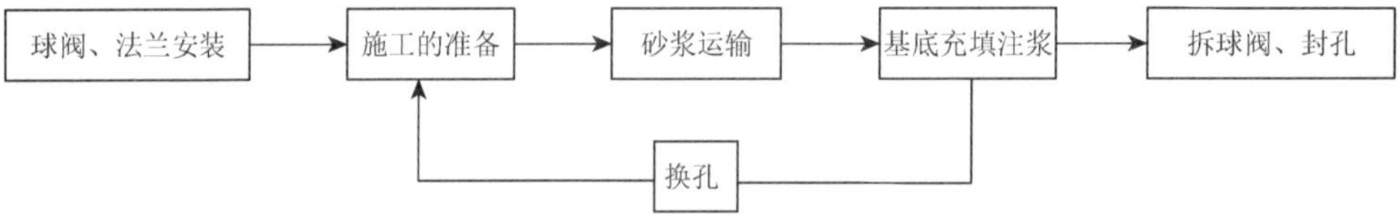

图 5-4　基底充填注浆流程

5.2.3　施工工艺

为解决沉管管节置放位置在基槽开挖时出现的不平整、浚挖完毕后有回淤现象，一般在该处采用打入预应力方桩，桩顶以法兰连接一段钢接桩。由于沉管对桩基顶标高、精度控制要求特别高，在实际情况中单靠控制预制桩不能达到精度要求，采用囊袋灌浆承接桩基与管节底板，然后再对基槽超挖形成的基底空隙处进行充填注浆，形成砂浆混合基础，与预应力方桩共同承担荷载，使桩基础起到均匀传力、稳定管节、避免产生不均匀沉降的作用。管节内囊袋注浆孔剖面图见图 5-5，管节内充填注浆孔剖面图见图 5-6，透气压浆管见图 5-7。

在管节进行预制的同时，先按设计预埋囊袋（囊袋直径大小与基础桩基分布位置相吻合）及注浆管下半法兰，充填及防水注浆管及其下半法兰，待管节浇筑好后再在注浆管上安装上半法兰及球阀。囊袋注浆管采用双管结构，分别为注浆孔和排气孔，孔径根据大小可参

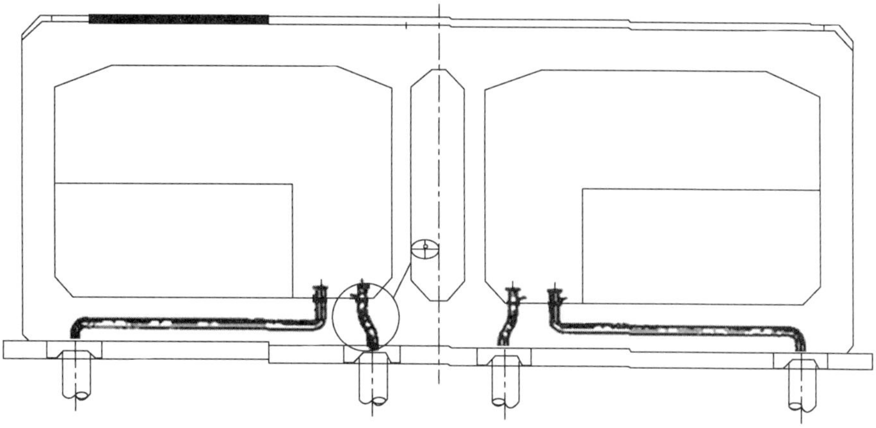

图 5-5 管节内囊袋注浆孔剖面图

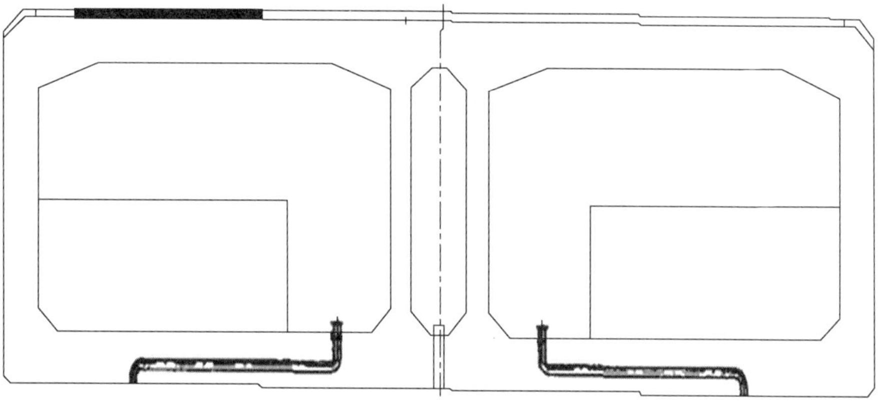

图 5-6 管节内充填注浆孔剖面图

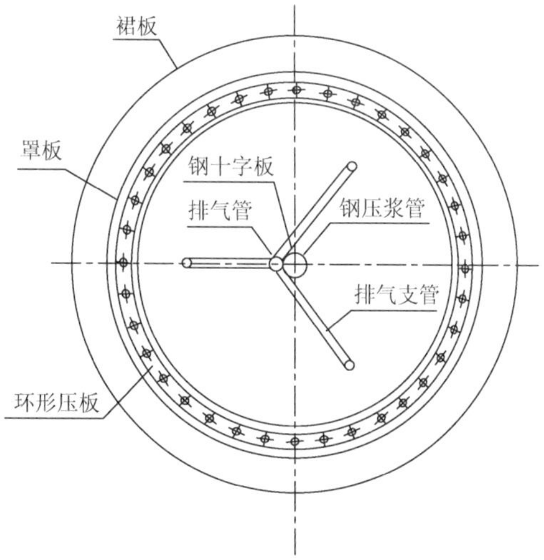

图 5-7 透气压浆管

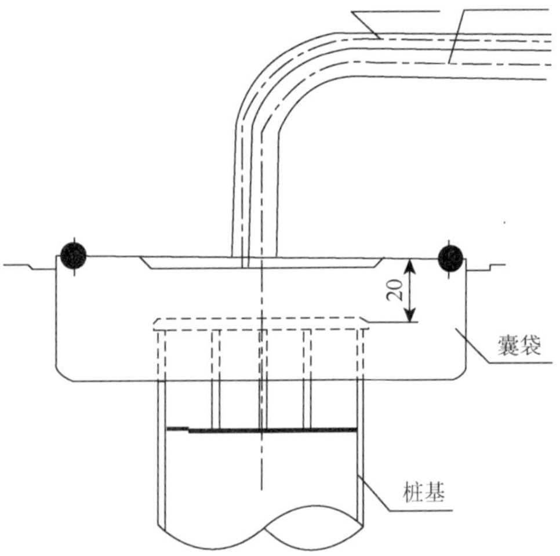

图 5-8 囊袋安装图（单位：cm）

考注浆速度来确定，排气孔孔径小于注浆孔径；注浆孔可根据注浆浆液流动半径确定孔距大小，确保浆液充分填充基床空隙。管节沉放到设计位置后先用两个千斤顶将管节自由端支承在临时支承桩上，并通过对垂直千斤顶的调节，把沉管标高调节到设计标高加预留沉降量标高位置，使沉管底距桩顶20 cm左右，囊袋安装图如图5-8所示，然后进行各项注浆施工。

具体施工步骤如下。

①确定高强度、低延胀率和耐磨的复合材料制作砂浆囊袋的方法具体为：确定囊袋拉伸强度大于允许抗拉强度 22.5 MPa、延胀率小于最小延胀率 0.22 mm/(kN·m^2)，其耐磨性也有很大提高。

②囊袋注浆确定注浆孔与排气孔双管结构的方法具体为：由注浆孔和排气孔组成的双管囊袋结构，砂浆完全注满囊袋，解决了囊袋注浆不能排除袋内多余的水和空气的问题，避免了砂浆灌注后留下较多的水、气相空隙而不能形成管节与桩基囊袋的密贴。

③确定低稠度、高强度及固结时收缩率低的砂浆灌填材料的方法具体如下：所选定配合比的砂浆材料的配合比，其水灰比为1∶1.8，砂率为3.3，外掺剂为0.064，经拌和的砂浆材料其稠度值为8 cm，抗压强度大于78 MPa，收缩率1.5%，能够满足远距离泵送的要求。

④在管节浇筑好后，及时进行球阀及上半法兰安装。球阀安装后将其阀门关闭；上半法兰安装时注意装好橡胶垫片，球阀丝口需包上塑胶袋以防管节制作完成后法兰、球阀位置漏水。

为方便左右两边囊袋注浆同时进行，减短注浆管长度保证砂浆顺利压入囊袋，于每一后浇带处留有穿放浆管预留孔（尺寸为20 cm×20 cm）。

⑤当一节管节沉放好后，在端封墙上开凿送浆管路、接好送浆泵，再连接管节内砂浆接收料斗。

⑥依据试验所得配方，使用强制式搅拌机进行砂浆拌制；浆液拌制好后及时对其稠度进行测量。

⑦将拌制好的砂浆用接力泵通过输送管路送至管节内料斗中，当管路过长时，可使用对讲机进行联系，控制操作。

⑧注浆前先打开囊袋注浆气孔球阀，待囊袋内积水放干净后连接注浆管路、压力表，打开注浆管球阀并读取压力表初始读数（水压值）；开启砂浆泵开始注浆，待气孔中冒出注入浆液时关闭气控球阀，继续注浆直到设计注浆量或压力上限值。

⑨换孔重复以上操作步骤，直至所有孔结束。

⑩待囊袋砂浆达到设计强度后拆除球阀及上半法兰，再将钢板用电焊把孔口封闭。

⑪确定管节底部充填注浆，挤出和固结回淤，并与桩基囊袋形成完整的复合基础的技术措施具体如下：充填注浆孔孔位一般穿插于囊袋孔之间布置，待囊袋砂浆强度满足单桩承载力后，撤除管节就位临时支撑千斤顶，然后进行管底充填注浆，既能赶出和固结基槽回淤，又能与桩基囊袋共同形成完整的复合基础，充填砂浆，其浆液配合比：灰水比为1：(2.7～2.8)，砂率为1%～2%。

5.2.4 施工质量控制及检测

5.2.4.1 注浆施工中主要参数控制

囊袋注浆及防水注浆施工环境与试验情况较为相似，由于充填注浆施工须在江底泥浆清理后较长一段时间才进行，基槽内回淤较多。加之管节两侧已经填好，充填注浆已不再处于自由空间中进行，因此充填注浆压力比设计压力要高，并且很容易将管节抬升，故注浆压力控制以管节监测数据为依据。

1. 注浆压力

囊袋注浆：$P=\Delta P+(0.02\sim0.04)\text{MPa}$

充填注浆：$P=\Delta P+(0.05\sim0.1)\text{MPa}$

式中，ΔP 为静水压，各注浆孔位置在水下深度和不同时间潮汛水位高差。正常压注时，注浆压力不宜过高，一般为0.02～0.04 MPa。

2. 注浆流量

囊袋注浆：$Q=1.5\ \text{m}^3/\text{h}$

防水充填注浆：$Q=20\sim30\ \text{L}/\text{min}$

3. 砂浆稠度

囊袋注浆：$\lambda=(7.5\pm0.5)\text{cm}$

4. 囊袋注浆浆液配合比与注浆量

注浆浆液配合比与注浆量根据工程实际情况自行确定。

5.2.4.2 施工质量要求

①按照相关规范规定采用制作砂浆试块进行质量检验，检验龄期为28 d。囊内注浆固结体抗压强度平均值指标：$q_a\geqslant14$ MPa；充填注浆平均值指标：$q_a\geqslant0.3$ MPa。

②囊袋注浆以填满囊袋空隙为准，同时以注浆压力作参考。正常压注时，注浆压力不宜过高，不宜超过该点水头0.05 MPa，一般为0.02～0.04 MPa。当注浆量已达到设计注浆量，压力开始增加，继续压注一盘吸浆料斗左右的浆量，便可停止注浆。但当最后一盘浆量未注完而注浆孔口压力高于水头压力0.1 MPa时也应停止注浆。

③充填注浆管节上浮值控制在 1 cm 内，注浆最大压力控制在 0.01 MPa 内；浆液理论设计扩散半径为 5 m，施工中浆液最大扩散半径可达到 7 m。

5.2.4.3 施工要点控制

①在管节浇筑好后，及时进行球阀及上半法兰安装并关闭阀门。

②在每一后浇带处留好穿放浆管预留孔。

③当一节管节沉放好后，在端封墙上开凿送浆管洞口。管节距离较长依据每节管节囊袋注浆顺序，先排好送浆管路、接好送浆泵、连接管节内砂浆接收料斗。

④拌浆材料砂选用粒径不大于 5 mm 河砂。

⑤囊袋注浆前先打开囊袋注浆气孔球阀，待囊袋内积水放干净后连接注浆管路、压力表，打开注浆管球阀并读取压力表初始读数（水压值）。开启砂浆泵开始注浆，待气孔中冒出与注入浆液一样的稠浆时关闭气孔球阀，继续注浆直到设计注浆量或压力上限值。

⑥防水注浆前准备两个防喷装置及两根 5 m 长一寸芯管（上部带一关闭的球阀），并将带有防喷装置芯管插入防水孔中，尽量使芯管插入至淤泥底部。

5.2.4.4 注浆材料检验

囊袋注浆浆液中，可掺加新型高效外掺剂 SY-1，使浆液具有很好的保水性、黏聚性和可泵性。其检验标准符合《混凝土外加剂匀质性试验方法》（GB 8077—2012），外掺剂技术指标见表 5-2。

表 5-2 外掺剂技术指标

项目	性质
黏度	40～60
pH	8.0～8.5
密度	1.03
外观	淡蓝稠状液

5.2.5 案例

1998 年由上海隧道工程股份有限公司承建的宁波常洪沉管隧道，江中段全长 400 m，共由 4 节预制管节构成，平均每节管节长约 100 m，管节宽度为 22.8 m，高度 8.45 m，基底采用桩基础与灌浆囊袋承接，间隙充填注浆方法。桩基础由 204 根 600 mm×600 mm 预制钢筋混凝土方桩和 16 根钻孔灌注桩组成。管节中囊袋注浆孔共 4 排，每一囊袋位置与江中桩基对应。囊袋注浆结束后，潜水员在水下对两边囊袋进行探摸，发现囊袋均匀饱满，与桩基及管底吻合密贴。管节充填注浆完成后，管节稳定，证明管节基底充填砂浆基本密实，管节沉放后经测量无沉陷，达到了设计效果。2001 年该隧道建成通车至今，隧道无沉降。

5.2.5.1 基础注浆概况

宁波常洪沉管隧道采用沉管法进行施工，桩基作为隧道基础。管节沉放后，整个管节的重量将通过注浆囊袋转由管底桩基承担；同时为处理管底与槽底的空隙，在管节中预留充填注浆孔，充填注浆待管底囊袋注浆结束后进行，最终形成充填砂浆混合基础，与桩基共同承担荷载。

根据江中桩基布置，管节中囊袋注浆孔共 4 列，其中每一囊袋位置与江中桩基对应；充填孔 3 排，呈梅花型布置，孔位穿插于囊袋孔之间，管节内囊袋及充填注浆孔位分布平面图见图 5-9。

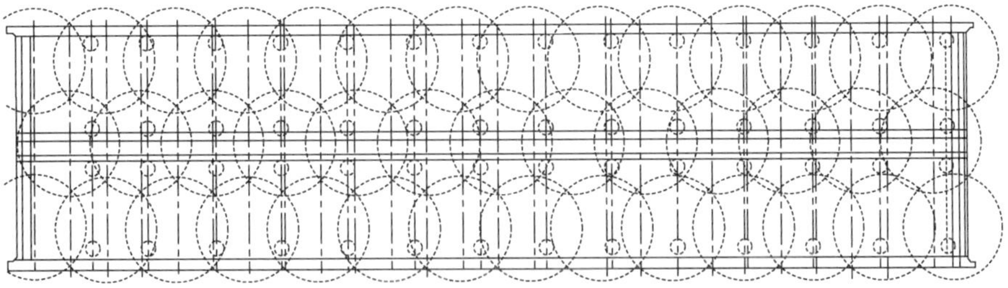

图 5-9 管节内囊袋及充填注浆孔位分布平面图

考虑防水要求，在 E1、E4 管节与岸上结构连接处预留防水注浆孔。E1 管节北端预埋 6 只防水孔，单排对称布置，待管节沉放好后注入砂浆；E4 管节与干坞坞口相通，为防止江水从管节底流入干坞，在该管节南端设 23 只注浆孔，分 3 排布置；并于坞口两侧钢箱预留 8 只注浆孔作备用。管节内所有注浆孔均在管节施工时进行预埋，囊袋注浆采用注浆孔（孔径为 ϕ102 mm）与排气孔（孔径为 ϕ60 mm）双管结构；位于车道处的充填注浆孔孔径为 ϕ152 mm，隔墙内的充填注浆孔孔径为 ϕ102 mm；防水注浆孔孔径为 ϕ50 mm。预埋注浆孔均采用上端焊接法兰的无缝钢管，注浆前须将另一个与之配套的、带有球阀的法兰装好，待管节沉放到位后再连接注浆管进行注浆。由于管节内空间狭小，拌浆平台只能布置于已安管节内，施工前须考虑送浆管的布置，尤其对于囊袋注浆，因为此时管节端封门尚未打开，送浆管只能从测量孔中穿入管节。当注浆管路过长时，可采用接力泵进行送浆，待注浆结束后将法兰、球阀拆除，并用钢板将注浆口（排气口）密封。

宁波常洪沉管隧道主要有囊袋注浆、充填注浆及 E1 与 E4 管节端头的防水注浆三种。由于囊袋直接承担管节重量，桩顶应力较集中，所以对囊袋内砂浆强度要求较高；充填注浆主要目的是挤出管节底流态或半流态淤泥，填充管节底部与基槽底之间的空隙，形成密实砂浆垫层，使之与桩基形成复合地基，增强管节稳定性，其强度要求较低；防水注浆也以充填形式来隔离水体，达到止水目的。

5.2.5.2 管节底注浆施工

在管节预制时，先按设计（与江底桩基分布位置相对应）预埋直径为 1500 mm 的囊袋、注浆管下半法兰、充填和防水注浆管及其下半法兰，待管节浇筑好后再在注浆管上安装上半法兰及球阀。

管节沉放到设计位置后，先用两个千斤顶将管节自由端支承在临时支承桩上，并通过对垂直千斤顶的调节，把沉管调节到设计加预留沉降量标高，使沉管底距桩顶 20 cm 左右。

1. 施工顺序

管节沉放完成水力压接后，缓缓放松钢浮箱上的吊索，使整个管节由前端鼻托、后端两个垂直千斤顶三点支撑压力；根据实测的江底最大的水重度，加压载水至管节抗浮安全系数达到 1.03 左右。从加载开始到囊袋注浆基础处理施工结束期间，应实时检测垂直千斤顶的顶力变化，确保两个垂直千斤顶受力均匀。当单个垂直千斤顶顶力＜800 kN 时，应暂停基础施工，加压载水；当单个垂直千斤顶顶力＞2200 kN 时，应排出压载水。

依据设计，囊袋注浆顺序是按管节沉放顺序 E1、E2、E3、E4 由南往北依次进行，对于每节管节内囊袋施工顺序为：先注千斤顶位置囊袋，再从南往北两边齐头并进同时进行；E1 管节囊袋结束后，再注北端 6 只防水孔。待 4 节管节囊袋注浆结束后，开始对 E4 管节南端 23 只防水孔注浆，干坞抽水前先完成靠南侧两排孔位；第 3 排的 8 只孔作为后备补救孔。根据干坞开始抽水、坞内外有一较大水位差视 E4 管节管底的渗漏情况而定，必要时南端几个充填注浆孔亦可作为防水加强孔。

囊袋、E1 管节及 E4 管节防水注浆孔位完成注浆后进行管底充填注浆施工，此时管节内水箱已拆除，各管节基本贯通，施工场地较大，比较适宜大方量（充填注浆量比较大）注浆。

2. 施工步骤

（1）囊袋注浆

①在管节浇筑好后，及时进行球阀及上半法兰安装。球阀安装好后将其阀门关闭；上半法兰安装时注意装好橡胶垫片，球阀丝口需包上塑胶带以防管节制作完成后法兰、球阀位置漏水。为方便左右两边囊袋注浆齐头并进进行，减短注浆管路长度保证砂浆顺利压入囊袋，于每一后浇带处留有穿放浆管预留孔（尺寸为 20 cm×20 cm）。

②当一节管节沉放好后，在端封墙上开凿送浆管孔口。由于管节长度较长（约 100 m），所以依据每节管节囊袋注浆顺序，先排好送浆管路、接好送浆泵，再连接管节内砂浆接收料斗。

③依据试验所得配方，使用强制式拌浆机进行砂浆拌制；浆液拌制好后及时对其稠度进行测量。

④将拌制好的砂浆用接力泵通过输送管路送至管节内料斗中，当管路过长时，可使用对讲机进行联系，控制操作。

⑤注浆前先打开囊袋注浆气孔球阀，待囊袋内积水放干净后连接注浆管路、压力表，打开注浆管球阀并读取压力表初始读数（水压值）；开启砂浆泵开始注浆，待气孔中冒出注入浆液时关闭气孔球阀，继续注浆直到设计注浆量或压力上限值。

⑥换孔重复以上操作步骤，直至所有孔结束。

⑦待囊袋砂浆达到设计强度后拆除球阀及上半法兰，再将钢板用电焊把孔口封闭。

（2）防水注浆

①球阀、法兰安装同囊袋注浆。

②注浆前准备 2 个防喷装置（图 5-10）及 2 根 ϕ25 mm、5 m 长的芯管（上部带一关闭的球阀），并将带有防喷装置芯管插入防水孔中，尽量使芯管插入至淤泥底部。

③砂浆压注方量较大，且浆液稠度比囊袋砂浆小，所以使用水泥浆拌浆桶进行拌制。

④防水注浆前，先连接高压灌压管、压力表，打开芯管球阀并读取压力表初始读数。开启注浆泵开始注浆，直到设计注浆量或压力上限值。注浆时，应对管节进行严密监测，并将信息及时反馈至施工操作方，以便及时对注浆量进行调整。

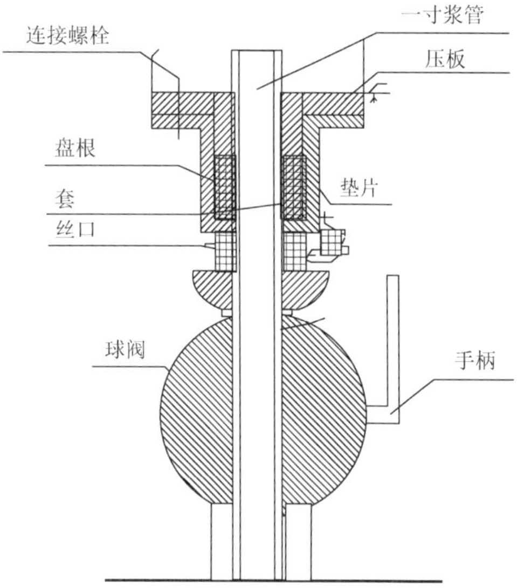

图 5-10 防水注浆防喷装置图

⑤换孔重复以上操作步骤，直至结束。

⑥待砂浆达到一定强度后拆除球阀及上半法兰，再将钢板用电焊把孔口封闭。

（3）充填灌浆

①球阀、法兰安装同前。

②注浆前配合管节内压载混凝土浇筑，在充填孔位置用木制方格将其隔离。

③砂浆拌制、充填注浆、换孔、拆除球阀、封孔工艺均同防水注浆。

3. 管节注浆主要设备

（1）囊袋注浆主要设备

采用滴落式混凝土拌和机和日本系列挤压式输送泵（MM105 型作为砂浆输送泵，MM301 型作为注浆泵）。

（2）充填、防水注浆主要设备

采用普通水泥浆拌机（每拌可达到 0.8 m^3）和 SYB50/50-1 型柱塞泵（流量为 2030 L/min）。

4. 注浆施工中主要参数的控制

囊袋注浆及防水注浆施工环境与试验情况较为相似，由于充填注浆施工须在江底泥浆清理后较长一段时间才进行，基槽内回淤较多，尤其是 E2、E3 两个管节管底。加之管节两侧已经回填好，充填注浆已不再处于自由空间中进行，充填注浆压力比设计压力要高，并且很容易将管节抬升，故注浆压力控制以管节监测数据为依据。

（1）注浆压力

囊袋注浆：$P = \Delta P + (0.02\sim0.04)\text{MPa}$

充填注浆：$P = \Delta P + (0.05\sim0.1)$MPa

E1、E4 管节止水孔：$P = \Delta P + 0.15$ MPa

式中，ΔP——静水压，各注浆孔位置在水下深度和不同时间潮汛水位高差。

正常压注时，注浆压力不宜过高，一般为 0.02～0.04 MPa。

（2）注浆流量

囊袋注浆：$Q = 1.5\ \mathrm{m^3/h}$

防水充填注浆：$Q = 20\sim30$ L/min

（3）砂浆稠度

囊袋注浆：$\gamma = (7.5\pm0.5)$cm

（4）囊袋注浆浆液和充填注浆浆液配比（重量比）

囊袋注浆浆液配比（重量比）为

水泥∶砂∶粉煤灰∶SY-1∶MD-150∶水 = 1∶3.3∶0.8∶0.04∶0.024∶1

充填注浆浆液配比（重量比）为

水∶水泥∶砂∶膨润土 = (2.7～2.8)∶1∶(1～2)∶0.03

（5）注浆量

每个囊袋的压注量为 1～1.2 $\mathrm{m^3}$，压注时必须考虑管路损失。实际注浆时以孔口压力来控制压注量；充填注浆理论方量每孔注浆量为 15～20 $\mathrm{m^3}$。实际施工时，可依据管节监测情况进行调整；E1 管节止水注浆孔每孔注浆量约为 3 $\mathrm{m^3}$，E4 管节止水注浆孔每孔注浆量约为 25 $\mathrm{m^3}$。

5. 管节底注浆质量

宁波常洪沉管隧道管节底注浆从 2001 年 1 月开始施工，至 2001 年 9 月结束，潜水员在水下对两边囊袋进行探摸，发现囊袋均很饱满，与桩基吻合得非常好。

E4 管节防水注浆结束后，待干坞水抽干，其与干坞接口处无一点漏水现象，注浆效果非常理想。管节充填注浆完成后，管节基本稳定，证明管节基底充填砂浆基本密实，达到注浆效果。

5.3　管内压浆法

管内压浆是一种在囊袋注浆法的基础上进一步改进和发展而来的处理方法，可省去较贵的囊袋，繁复的安装工艺、水上作业和潜水作业。在浚挖沟槽时，也是先超挖 1 m 左右，然后摊铺一层碎石（厚 40～60 cm），但不必刮平，只要大致整平即可。再堆设临时支座所需的道砟堆，完成后即可沉放管节。

压浆法是从隧道内部，经预埋在管节底板上带单向阀的压浆孔向管底空隙压注混合砂浆。压浆法的混合砂浆由水泥、膨润土、砂和缓凝剂配成。强度应不低于原地基强度。压浆材料也可以用低强度等级、高流动性的细石子混凝土。压浆压力一般比水压力大 0.1～0.2 MPa。

压注具有一定和易性和扩散度的膨润土水泥砂浆，能充填因基床抛石引起的不平整空隙，防止地基不均匀沉降对管节防水接头及结构本身产生的不利影响。压浆法示意图如图 5-11 所示。

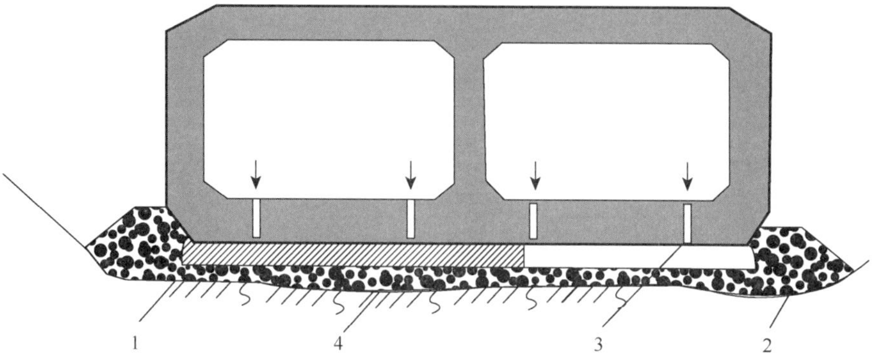

图 5-11 压浆法示意图

1. 碎石垫层；2. 砂石封闭栏；3. 压浆孔；4. 压入砂浆

压浆开始时，压浆在压力 ΔP 作用下由于本身的流动性，离开压浆孔沿着水流方向四周扩散，渗入管底的空隙中，距压浆孔一定距离 r_1 处，砂浆的流动速度下降，以致砂浆流动停止而沉积，形成圆形砂浆盘。一段时间后，随着砂浆的不断注入，砂浆盘的外缘和厚度不断扩大，并开始触及管底。由于管节的约束作用，砂浆盘的厚度不再增加，于是压浆进入第二阶段。

由于管底的约束作用，自压浆孔流出的砂浆必须克服砂浆盘中的薄弱环节及隧道底部的摩擦力，将砂浆输送到砂浆盘外缘流速较小的区域，并不断沉积下来，同时渗透进入下部堆石的空隙。最终隧道底的砂浆便似一只圆盘，直径不断扩大，砂浆遇到的摩擦力也不断增加。进而砂浆对管节的浮托力也不断增加，压浆压力也不断上升。上述过程不断重复的结果，隧道的空隙被填满。

压浆法除具有不干扰航道通行，不受水深、流速和潮汐等水文条件影响，避免垫层液化，提高地基承载力等优点外，还有如下特点：

①施工设备易得，投资少、不需大型专用设备。

②便于压力控制，可有效防止沉管段抬高。

③注浆材料中含有一部分水泥，所以河道中有少许淤泥也能固结。

④与管节的底部贴合紧密，可防止管节沉降。

⑤注浆浆液凝固后不液化，在可能发生地震的地区和有其他动载作用的情况尤为合适。

但压浆法存在成本高，工艺复杂的缺点。

压浆法首先在日本东京湾第一航道沉管隧道工程（1976 年建成）中试用成功，从而突破了 30 多年来丹麦公司在基础处理工艺上的专利垄断，还解决了地震区的防止液化问题。以后又在东京港隧道（1980 年）、东京附近的川崎港隧道（1981 年）两座隧道工程中采用。东京多摩川沉管隧道和川崎航道沉管隧道及我国宁波的甬江水底隧道等都采用压浆法构筑基础。压浆法可解决地震区软弱地基的液化问题。

5.3.1　施工设备

根据压浆施工的特点，压浆工程使用的施工设备见表 5-3。

表 5-3　压浆工程使用的施工设备

序号	名称	单位	数量	用途
1	混凝土搅拌船	艘	1	混凝土浇筑
2	拖轮	艘	2	拖曳船舶及水中物件
3	抛锚船	艘	1	抛锚、起锚
4	潜水员船	艘	2	潜水作业
5	砂石搬运船	艘	2	砂石运送
6	水泥船	艘	2	运送水泥
7	供水船	艘	1	供水
8	混凝土泵	台	4	压浆
9	砂浆水平仪计	组	4	压浆监测

5.3.2　施工流程

管节基床的压浆流程如图 5-12 所示。

5.3.3　施工工艺

针对沉管的管底和基础碎石之间的缝隙，采用水中不分离性混凝土，填充每个沉管的底部。

①配合比在室内和现场大型模拟试验后确定配合比。浆液具有优良的扩散性和可泵性，同时也具有良好的均匀性和稳定性，能防止和减少固体颗粒离析和沉淀。

②注浆孔孔距取决于浆液扩散半径，而浆液扩散半径根据试验确定。

③注浆压力根据沉管的抗浮系数，计算出允许浮托力，注浆压力小于（$P_1+0.05$）MPa，其中 P_1 为沉管底板的现场水压，注浆时，孔口安装好压力表。

④注浆前，将注浆管端部压入碎石层，使浆液能较好地渗入碎石层，并且先压注少量清水，压通后再进行压浆，在注浆量达到预定注浆量一半时，提升一次注浆芯管，提升高度为空隙的一半间距，以提高均匀性。

⑤每孔注浆结束后，压注适量膨润土排挤出管内浆液，这样就可以在必要时进行再次注浆。

⑥在注浆孔之间设置观察孔，通过观察孔了解浆液充填扩散程度，必要时进行补注浆。

⑦注浆过程中对沉管进行测量，以控制沉管上抬量和横向水平高差。

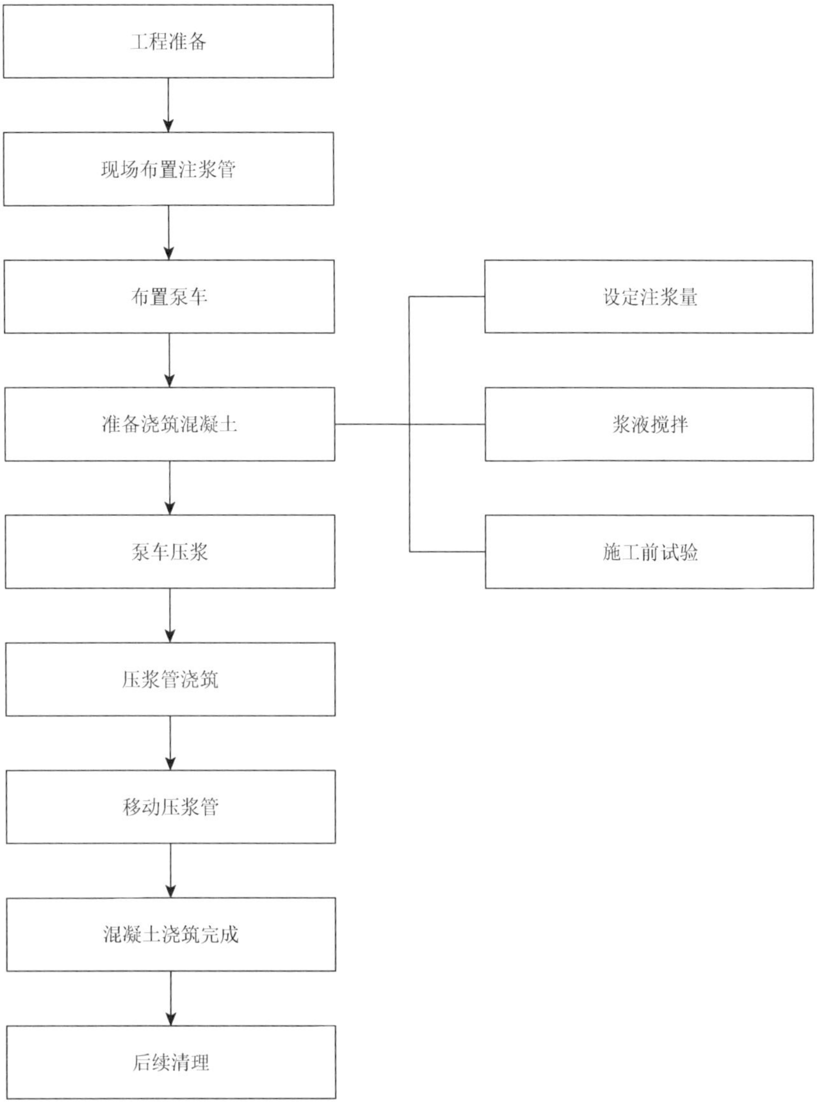

图 5-12 管节基床的压浆流程

⑧为增加抗浮安全系数，沉管到位后向管顶适量抛石，注浆前完成对沉管四周的围堰构筑，以形成封闭，减少浆液损耗量。

⑨注浆从管节下坡向上坡方向逐孔交错进行，并且在下坡端设置堵浆设备。

⑩注浆应实行信息化动态施工：详细记录压浆量和压浆压力，同时仔细测量沉管的沉降变化，以分析注浆效果。压浆时，可稍稍打开周围的几个压浆孔阀门，从流出的水中观察是否有浆液存在，及时推测浆液扩散的动态情况；在压浆孔之间，预先埋设探测孔，用静力触探的方法探测压浆层的厚度和密实度；预制管节时，埋设一部分带压力的双膜式压力盒，通过测定压力的变化来预测砂浆的分布情况、砂浆是否密贴底部及管节的浮托力。在压浆的邻近孔上安装高精度压力表以便注入过程中及时了解周围压力的变化。

⑪压浆完毕后，要进行压浆和封堵。如压浆密实，压浆孔会自然封堵，但由于浆液凝

固过程中有些收缩，会产生渗漏现象。故必须加以封堵，方法是在压浆孔塞入膨胀材料止水塞或压入少量聚氨酯化学浆液封堵止水。

⑫压浆法施工应符合下列规定：

a. 在管节预制时预留压浆孔，不得出现渗漏。

b. 在管节沉放之前，应检查注浆孔是否良好。

c. 压浆前应在管节周边采取止浆措施。

d. 压注材料粒径与配合比、灌注压力应满足设计要求或根据试验确定。

e. 注浆前，先应压水清孔，压通后再进行压浆。

f. 注浆过程中应对监测沉管管节上抬量和横向水平偏移值，并满足设计要求。

g. 注浆宜从管节下坡向上坡方向逐孔交错进行。

h. 应根据注浆压力、注浆量、竖向千斤顶压力等控制注浆充填程度，采用冲击影像法、表面波探测或探地雷达等手段检测注浆充填率。

5.3.4 施工质量控制及检测

5.3.4.1 砂浆盘有关参数的确定

管节允许浮托力管节是在一定抗浮系数下进行压浆施工的，根据压浆机理，随着砂浆盘直径扩大，砂浆盘遇到的摩擦力也增大，砂浆对管底的浮托力也不断增加。当浮托力达到足以使管节抬起的临界状态时，压浆压力和砂浆的扩散半径均达到最大值。管节允许浮托力的大小确定方法为：管节就位后进行压浆时，管节的前端搁置在已安管节的托座上，后端支撑在钢筋混凝土的临时支垫上，故管节可简化成简支梁来研究压浆时的稳定性。设管节顶面至水面的高度为 H，管节长为 L，宽为 B，水的密度为 ρ，管节在压浆时的抗浮系数为 K，则可得管节的允许浮托力 F_{cr}：

$$F_{cr} = \frac{(K-1)BHr_w L^2}{2(L-A)} \tag{5-1}$$

式中，r_w——水的容重；

A——支垫宽度。

如果 N 台泵压浆施工时，其允许浮托力 F_{cr} 为

$$F_{cr} = \frac{(K-1)BHr_w L^2}{2K_n N(L-A)} \tag{5-2}$$

式中，K_n——压浆位置的不均匀系数。

5.3.4.2 砂浆盘中的渗透力 K_r

根据压浆机理，砂浆流动是因为砂浆盘与管底接触部分的压力渗透梯度所致。国外一些试验资料表明，压力渗透梯度的变化规律符合达西定律，研究时将其视为外荷载。

设经过时间为 t，砂浆盘的半径为 R，取 R 范围内的砂浆为研究对象，则达西定律为

$$u_x = -k\frac{\partial Q}{\partial x}$$

$$u_y = -k\frac{\partial Q}{\partial y} \tag{5-3}$$

砂浆的连续性方程为

$$\frac{\partial u_x}{\partial x} + \frac{\partial u_y}{\partial y} = 0 \tag{5-4}$$

边界条件为

$$r = \begin{cases} r_0; & 当Q = P / \rho \\ R; & 当Q = P_0 / \rho \end{cases} \tag{5-5}$$

式中，ρ ——砂浆的密度；

Q——砂浆的流量；

k ——砂浆的渗透系数。

由式（5-3）～式（5-5）得

$$Q = -\frac{\Delta P}{\rho}\frac{\ln r}{\ln R / r_0} + \frac{P\ln R - P_0 \ln r_0}{\rho \ln R / r_0} \tag{5-6}$$

渗透力 K_r 为

$$K_r = mr^{-1} \tag{5-7}$$

渗透力的势函数（渗透力为有势力）为

$$V = -m\ln r + C_0 \tag{5-8}$$

$$\Delta P = P - P_0 \tag{5-9}$$

$$m = \frac{\Delta P}{\ln \frac{R}{r_0}} \tag{5-10}$$

式中，r_0 ——压浆孔的半径；

P ——压浆管的压力；

C_0——流常数；

P_0——半径 R 处砂浆的压力。

5.3.4.3 管底浮托力的分布规律

在计算浮托力分布规律时，浮托力的径向分布不仅与压浆压力和管底水压之差 ΔP 成正比，而且还与压浆管直径大小及砂浆的物理力学性质有关。砂浆盘外边缘的浮托力为 0，而压装孔处的浮托应力近似等于 ΔP。

5.3.4.4　压浆压力与砂浆盘扩散半径的关系

压浆压力与砂浆盘扩散半径的关系如下：

$$\Delta P=\frac{Qnk}{4000}\left[v\left(\frac{1}{r'}+\frac{1}{r}\right)+\frac{1}{r}\right] \tag{5-11}$$

$$r'=\frac{1}{2}\sqrt{Ld_0} \tag{5-12}$$

式中，ΔP ——压浆压力；

r' ——砂浆盘扩散半径；

Q——注浆流量；

k——砂浆渗透系数；

v——砂浆的黏度（1000～2000 cP①）；

L——砂浆厚度；

d_0——压浆孔直径；

n——试验系数，通常取 0.9。

5.3.4.5　压浆基础的控制与施工

压浆基础的控制包括压浆孔的间距及布置方式、压浆量、每节管节压浆时间、砂浆厚度、采用的压浆压力及选择砂浆组成材料和各自的配合比等。根据压浆机理及砂浆材料特性等都相互有联系，具体设计参数的确定必须根据 1∶1 模型试验结合前述有关计算公式反复：试算确定出最佳设计方案。如压浆压力（压浆压力 ΔP 是压浆孔口的净压力，不包括河水的静水压力）与管节浮托力、砂浆盘扩散半径、砂浆填充的密实性有关。理论计算的压力要乘以大于 1（常为 1.1～1.2）的系数以得到施工时的实际压力。为了便于施工，砂浆组成材料配合比设计，要有利于提高砂浆强度，改善砂浆流动性、和易性及泌水性。砂浆通常由水泥、粉煤灰、膨润土、砂和水组成。影响砂浆强度的主要因素是砂浆的水灰比，砂浆强度随水灰比增加而降低，因此在可能情况下，应尽可能降低浆液水灰比，已获得较高的抗压强度。

砂浆的泌水率对压浆施工是一个重要参数。泌水率越小，则因砂浆凝固而产生的沉管附加下沉量也越小；若泌水率较大，体现在砂浆水灰比太大，不经常搅拌会使砂子沉淀离析，故必须掺加外加剂以改善砂浆泌水性和流动性。

砂子掺入量过高会引起砂料从浆液中离析沉淀，使砂浆凝固强度降低。掺入一定含量的膨润土对砂浆的和易性和流动性有利，但含量过高影响砂浆强度。适量掺加粉煤灰能增加水泥砂浆的和易性和流动性，提高砂浆强度，减少水泥用量。对于同样的含砂量，粗砂的砂浆强度高于细砂的砂浆强度。但细砂对砂浆的流动性比粗砂优越。具体组成砂浆材料和各种成分的比例需要通过室内一系列配比试验确定。

日本东京港隧道（Tokyo Port Tunnel，1976 年），沉管隧道长 1035 m，宽 37.4 m，成

① 1 cP = 10^{-3} Pa·s。

功地采用了压浆基础。砂浆碎石层厚 0.7 m，砂浆厚度 0.5 m。每立方米混合砂浆含水泥 150 kg、膨润土 25～38 kg、黄砂 600～800 kg。压浆孔间距 90 cm，测得的砂浆强度为 0.5 MPa。压浆压力为 0.1～0.2 MPa。

我国宁波甬江水底隧道，江中段长 420 m，宽 11.9 m，管节与碎石层之空隙约 0.4 m，也采用压浆基础。设计参数为：压浆孔间距 5.5 m，压浆压力 0.0527 MPa，采用强度等级为 52.5 的普通硅酸盐水泥，粉煤灰为镇海发电厂煤灰，膨胀土为浙江临安膨润土厂的钢盐膨胀土，砂为 2.5 mm 孔径经过筛的小细砂，水为镇海水厂自来水，外加剂为 KA-1～KA-3 型，具体配合比为（重量）水泥∶砂∶粉煤灰∶膨润土∶水 = 1∶4.5∶4.8∶0.18∶2。外加剂掺量：表面活性剂掺加量 0.02%～0.05%，速凝剂掺加量 1%～5%，膨润剂掺加量 0.1%～1%。

5.3.5 案例

对于沉管管节底面和管底下基础碎石之间的缝隙，一般设计时考虑平均厚度为 50 cm，由于基础碎石的不均匀高差为±30 cm，所以缝隙部会产生 20～70 cm 凹凸不平整误差。作为密闭缝隙内使用的填充材料，以东京港沉管隧道为例，很多工程都使用砂浆填充，一般采用混凝土泵车压送，并通过设置在底板的注浆孔进行填充的工法。沉管隧道断面图见图 5-13。

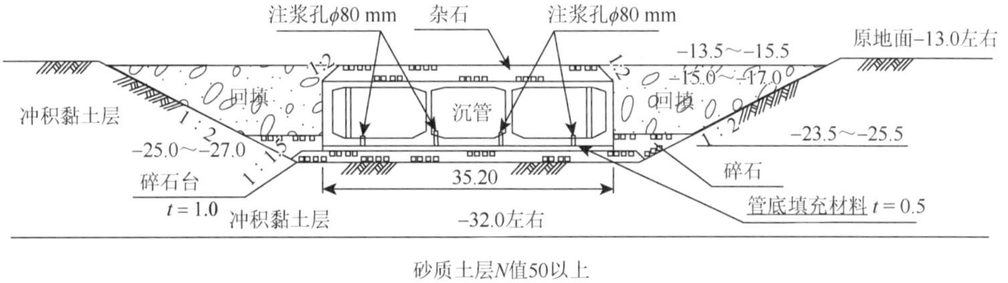

图 5-13 沉管隧道断面图（单位：m）

5.3.5.1 沉管基床后注浆体系

1. 管节基床的混凝土浇筑

管节基床的混凝土浇筑，是通过设置在管节内的混凝土泵车，利用混凝土输送管压送，并通过连接到管节基床的注浆管进行浇筑。注浆管配管示意图见图 5-14。混凝土浇筑顺序如下，首先从中央开始浇筑，其次从侧壁，边移动边通过浇筑孔（注浆管）向管节底部及基础碎石的缝隙内浇筑混凝土。

管节基床混凝土注浆的位置，是通过设置在注浆孔的砂浆水准仪及设置在管节两侧的观测孔来一边确认混凝土的浇筑状况一边进行移动浇筑。

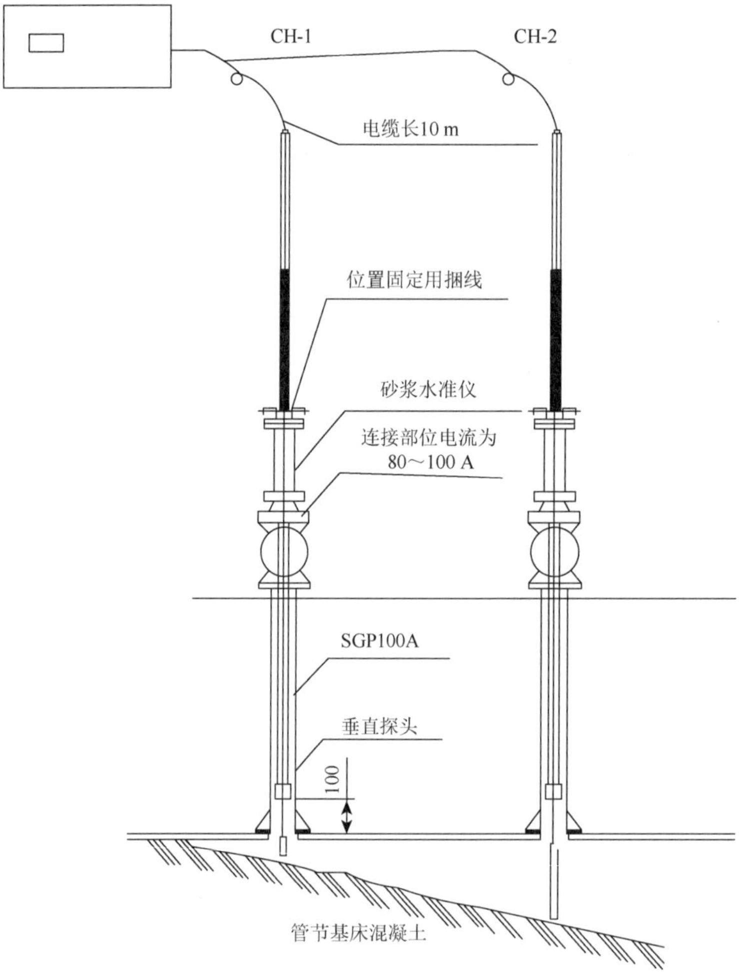

图 5-14　注浆管配管示意图

2. 注浆的管理系统

填充管理系统是由装置在水下放射超声波脉冲，通过水下混凝土表面的反射接收信号，对水中混凝土水平面进行连续的监测，主要通过砂浆水准仪装置对注浆实施管理，如图 5-15 所示。

3. 浇筑管布置案例

注浆管按约 30 m^2 一个的原则进行布置。压浆管、浇筑管布置图见图 5-16、图 5-17。

4. 施工状况

浇筑管工作现场见图 5-18，注浆机械结构见图 5-19，现场压浆图见图 5-20。

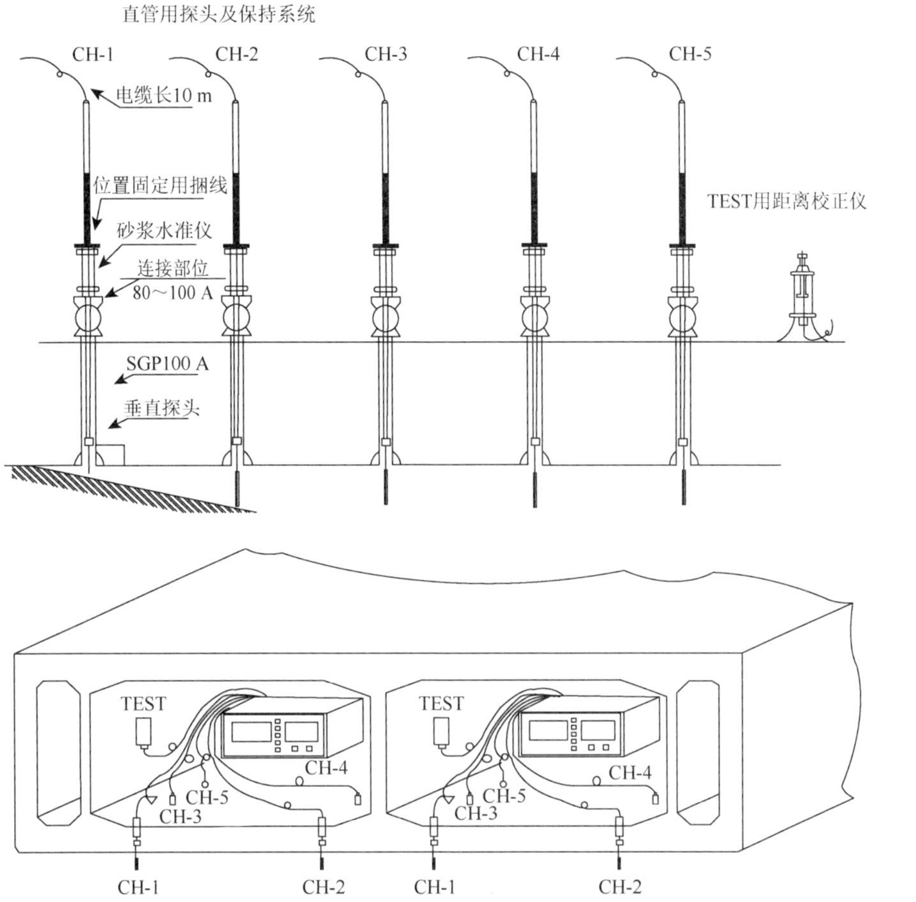

图 5-15　填充管理系统

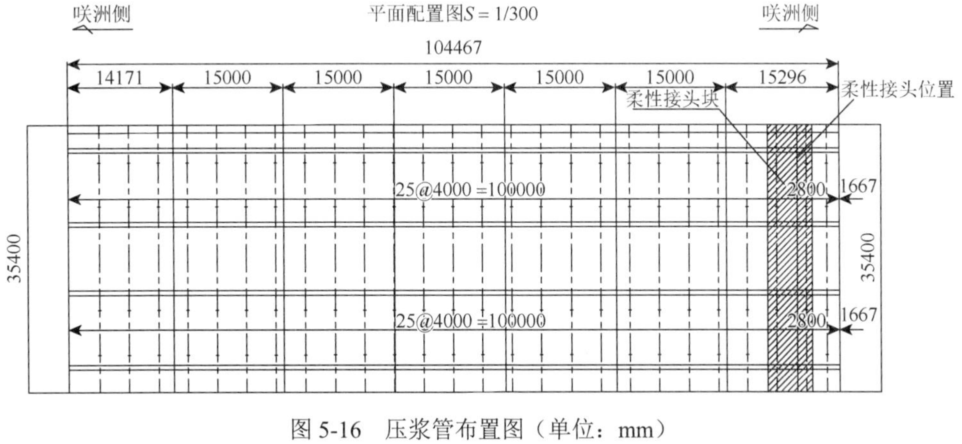

图 5-16　压浆管布置图（单位：mm）

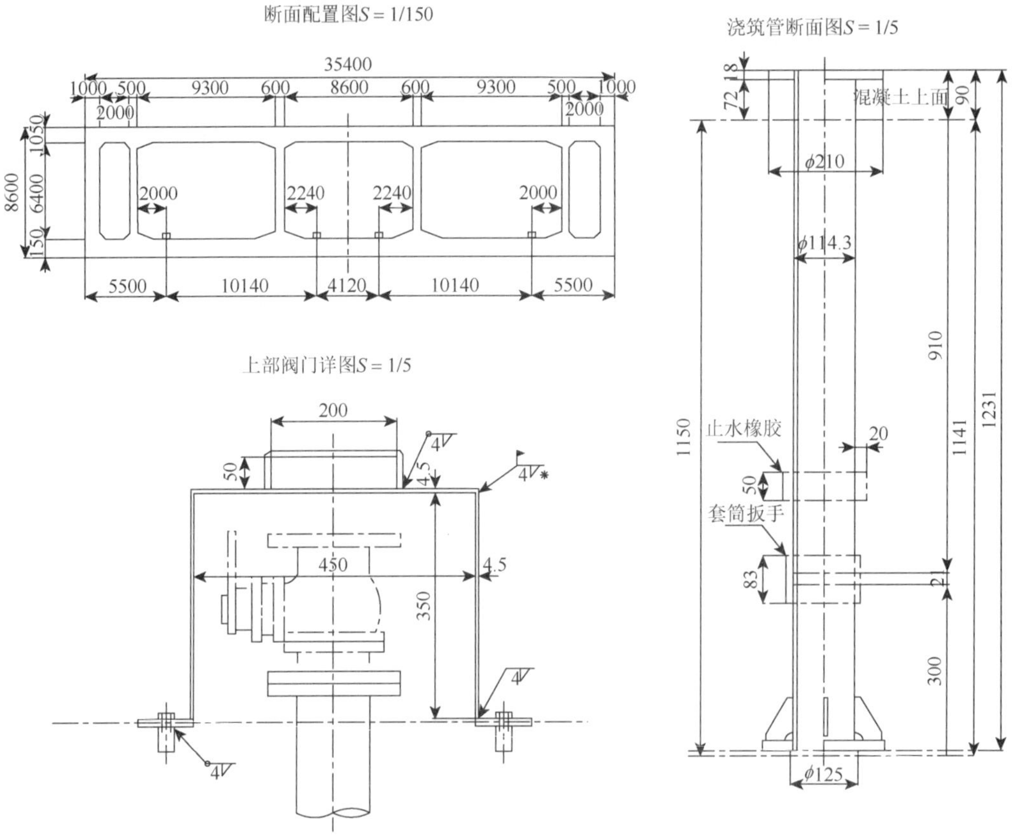

图 5-17 浇筑管布置图（单位：mm）

图 5-18 浇筑管工作现场

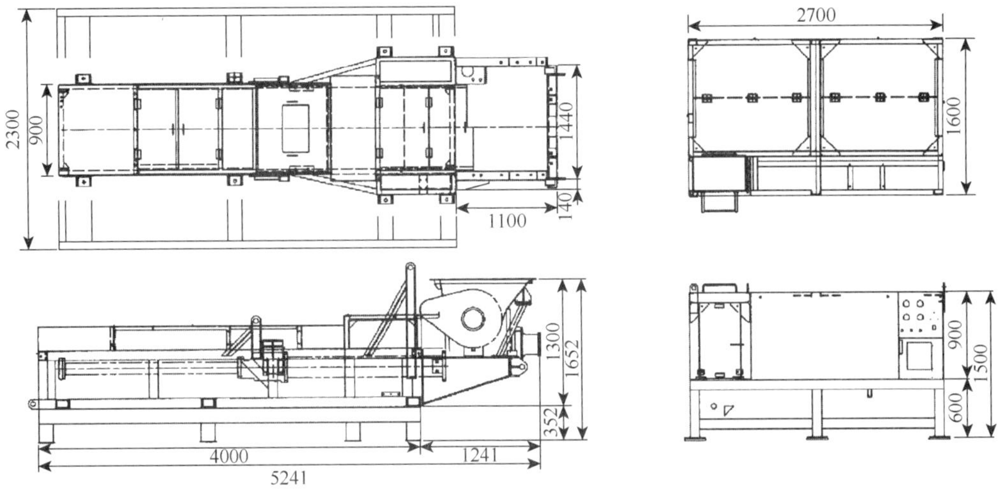

图 5-19 注浆机械结构图（单位：mm）

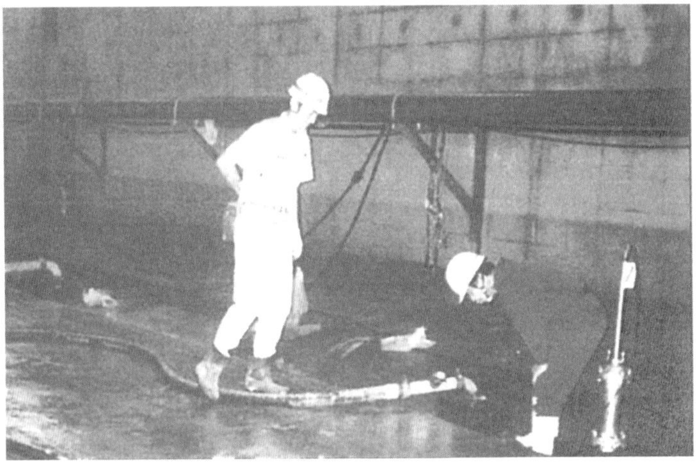

图 5-20 现场压浆图

5. 品质管理指标（水中不分离性混凝土）

品质管理指标（水中不分离性混凝土）如表 5-4 所示。

表 5-4 品质管理指标（水中不分离性混凝土）

试验项目	管理值	频率
坍落扩展度	(65±5)cm	每个试块
空气量试验	±1.5%	每个试块
混凝土温度	5～35℃	每个试块
制作试块	压缩强度	浇筑量 150 cm^3/d
氯化物量试验	根据相关行业规范	1 次/d

5.3.5.2　沉管后灌浆基床的施工

1. 概况

针对沉管管节的管底和基础碎石之间的约 50 cm 的缝隙，采用水中不分离性混凝土，填充每个沉管管节的底部。

在浇筑管底混凝土时，为防止混凝土泄漏，在管节两侧设置混凝土封闭。作为管轴方向的防泄漏对策，在管底部横断方向，1～5 号管节使用了止水砂浆袋，6～10 号管节则使用了止漏网，两者都取得了较好的效果。

关于施工的方法，可通过水中的配管，把在混凝土搅拌船（以下简称 CP 船）上制造的水中不分离性混凝土，经由钢封门管贯通部压送至管节内部，再通过设置在管节内部的 4 台中转压送泵，使用埋入在管节底板的注浆孔依次进行压送，从而实现对管底空隙的浇筑。为防止配管部分的堵塞，进行了连续 2 d 的混凝土浇筑作业。

管底混凝土施工流程如图 5-21 所示，管底混凝土止漏概念图如图 5-22 所示。

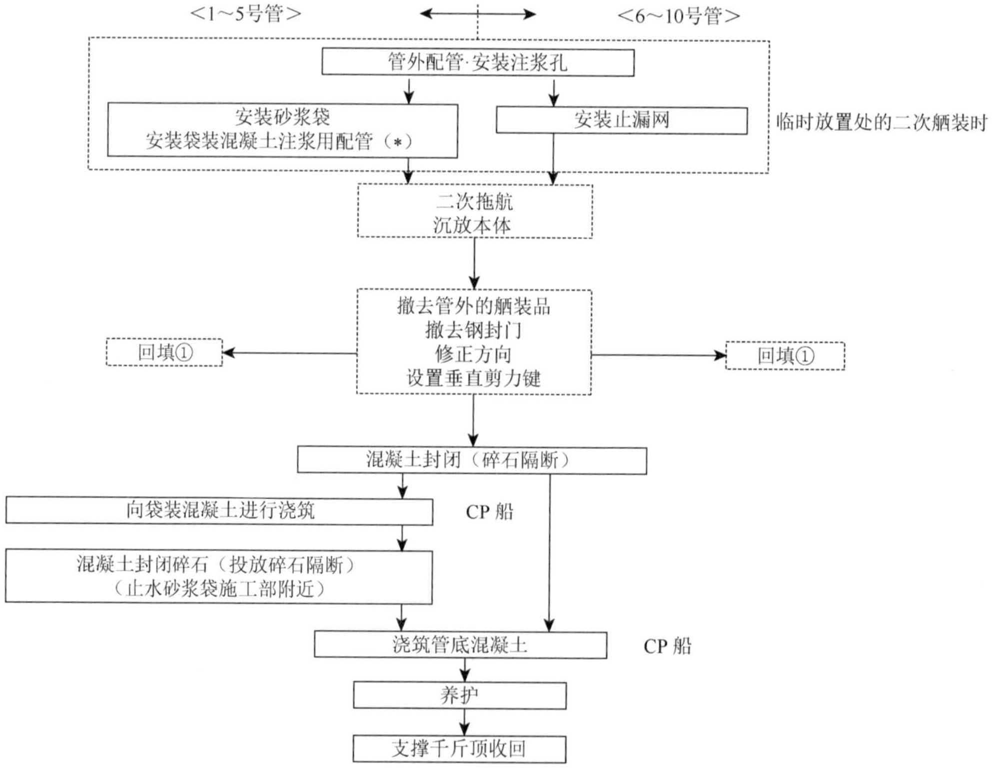

图 5-21　管底混凝土施工流程

注：*印为 1、2、3 号管节

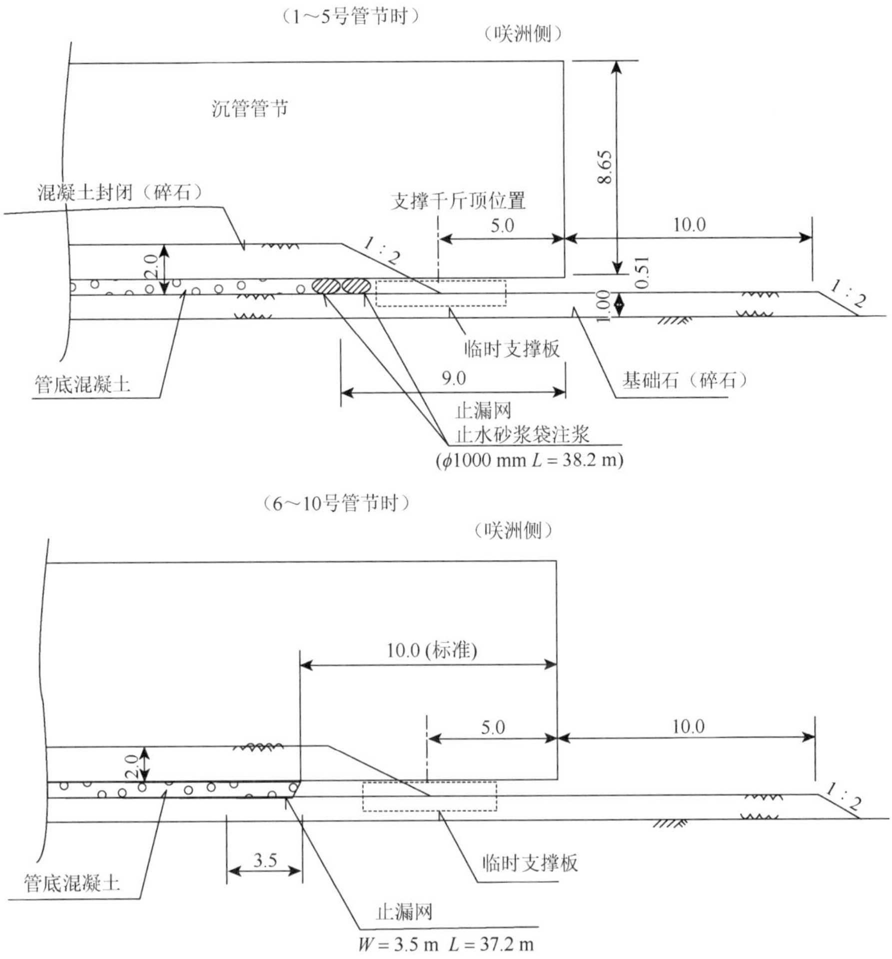

图 5-22 管底混凝土止漏概念图（纵断图）（单位：m）

2. 混凝土的封闭止漏工程

（1）简介

因须向管底和基础碎石之间约 50 cm 的缝隙部填充混凝土，为防止混凝土从管节侧面漏出，需事先投放碎石块（20～60 mm）。

投放时，为避免损伤安装于沉管管节两侧的牺牲阳极保护装置，此处使用了深水抛石船对每个管节进行（最终接头也为单独施工）施工。混凝土防流漏用碎石的产品规格及数量如表 5-5 所示。

表 5-5 混凝土防流漏用碎石的产品规格及数量

名称	产品规格	设计数量	摘要
碎石	20～60 mm	34 466 m^3	• 基础碎石与铁路等使用的基床材料材质相同 • 比重 2.4 以上 • 投入厚度 2.0 m

（2）施工要领

混凝土碎石止漏工程是指使用砂石搬运船搬运投放用的碎石，并通过深水抛石船向沉管管节侧部投放碎石，为防止混凝土泄漏所采取的措施。混凝土封闭的投入情况如图 5-23 所示。到管节的支撑千斤顶位置附近为止都属于投放的范围。

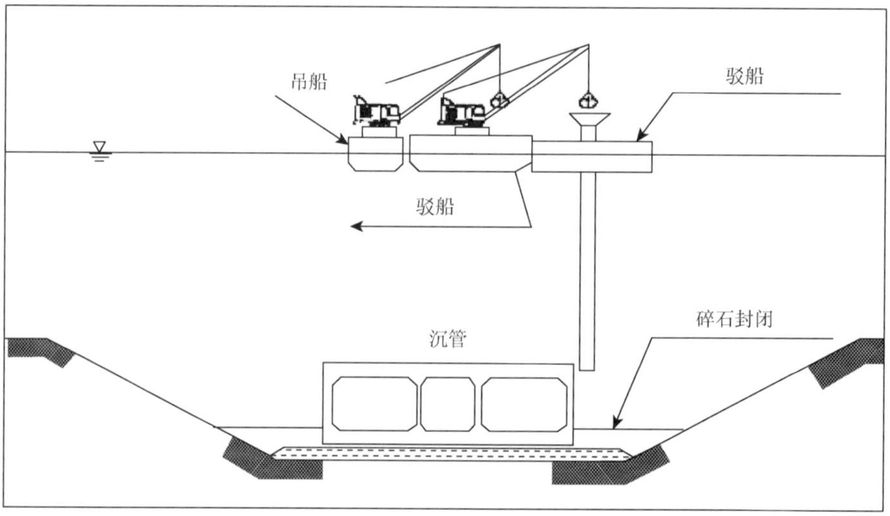

图 5-23 混凝土封闭的投入情况

在混凝土止漏工程施工时，由于管节受两处临时支架（垂直剪力键）和两处千斤顶共 4 处支撑，管节处于不安稳的状态。所以必须在保持管节不受偏荷重的影响下，慎重地进行施工。在实施投放作业时，应随时监测管内的支撑千斤顶压力及行程值。

在对需要实施方向修正的管节施工时，由于在接头部位设置了修正用千斤顶，应在对管节内法线进行测量的同时，一边注意管节位置变动一边进行施工。

（3）施工管理

1）品质管理

现场搬入时的试验与基础碎石的试验相同，都分别从筛选、比重、吸水率及抗压强度等方面进行了试验。

2）成形管理

通过红外线对混凝土止漏碎石的成形进行测量。管节轴方向的测线间隔为 10 m，管节直角方向的测线间隔为 5 m，顶端高度误差控制在±50 cm 内。

3. 止水砂浆袋工程及止漏网工程

（1）简介

对管底浇筑混凝土时，为防止混凝土从管节的纵轴方向流出，1～5 号管节施工时，事前在临时置放场的二次舾装时（上浮的状态），向管底布置两排止水砂浆袋，在管节沉放结束后，通过混凝土搅拌船向砂浆袋内注浆。

由于该方法从开始到向管底注浆为止，需要一定的时间，而且 CP 船也必须回航两次，在附近航道上的航行船舶的安全性及在经济性方面存在很大的问题。

因此，在 6～10 号管节时，事先在临时放置处，在管节底部布置止漏网，当管节沉放完毕后，把此止漏网的先头部分置放于基础碎石上，向管底浇筑混凝土时，先对此部分的管底进行浇筑，根据其自重使止漏网处于安稳的状态，进而达到止漏的目的。止水砂浆袋及止漏网的施工区间和数量如图 5-24 所示。

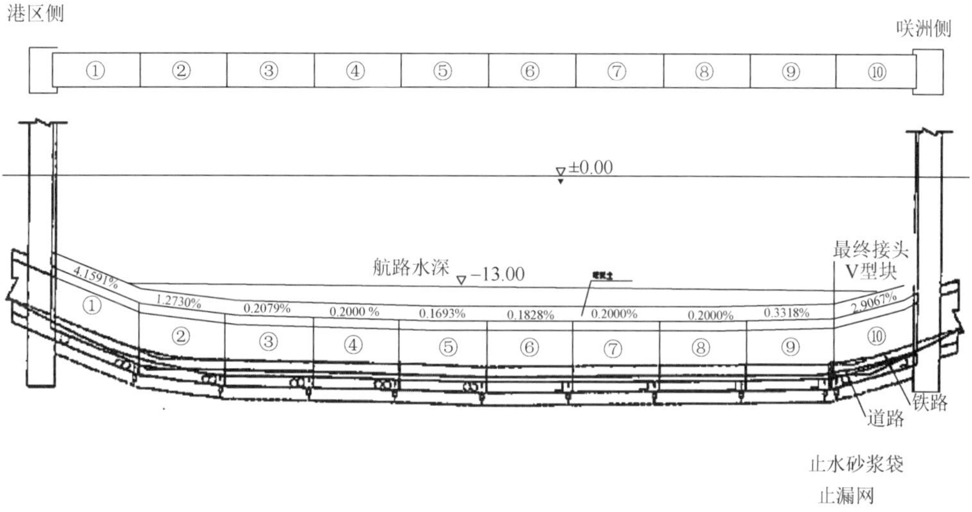

		沉管管节①②③	沉管管节④⑤⑥	沉管管节⑦⑧	沉管管节⑨⑩	总计	用 CP 船浇筑次数
止水砂浆袋	砂浆袋	7 袋	4 袋	—	—	11 袋	5 次
	砂浆量	202 m^3	116 m^3	—	—	318 m^3	
止漏网		—	1 处	2 处	3 处	6 处	—

图 5-24　止水砂浆袋及止漏网的施工区间和数量

（2）止水砂浆袋工程

1）安放图

止水砂浆袋相关的布置图如图 5-25 所示。

2）使用材料

①止水砂浆袋产品规格。止水砂浆袋的产品规格如表 5-6 所示。

②止水砂浆袋级配。止水砂浆袋的级配如表 5-7 所示。

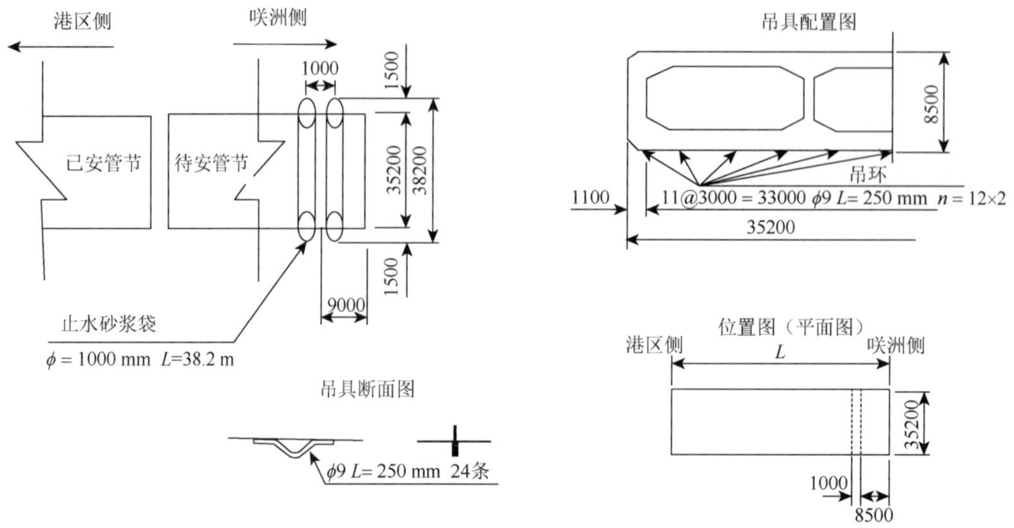

图 5-25 止水砂浆袋相关的布置图（以 4 号、5 号管节为例）（单位：mm）

表 5-6 止水砂浆袋的产品规格

	实际使用的材料规格	设计规格
产品名	土工布	合成纤维
厚度	1.30 mm	1.28 mm
重量	890.8 gf/m^2	850 gf/m^2
拉伸强度	931～942 kgf/3 cm	820 kgf/3 cm
剪切强度	368～429 kgf/10 cm	250 kgf/10 cm

注：1 gf = 9.80665 mN。

表 5-7 止水砂浆袋的级配

单位量（1 m^3）					
水 W/kg	砂浆 C/kg	骨料 S/kg	混合材料/(kg/m^3)		
			不分离材（SC1500）	高性能减水剂（UC-150）	AE 减水剂（塑化剂 No.70）
230.6	500.0	1310.4	2.50	10.0	5.32

3）施工方法

①安放止水砂浆袋。

在临时置放场地进行二次舾装时安放止水砂浆袋。在水中焊接管底部的吊环后，安装金属丝，并使用绞车把止水砂浆袋放入管底。最后由潜水员把止水砂浆袋安装在管底的吊环上。安装顺序如图 5-26 所示。

②安装注浆用配管。

二次舾装时，在沉管管节侧部安装注浆用配管及注浆确认用配管。

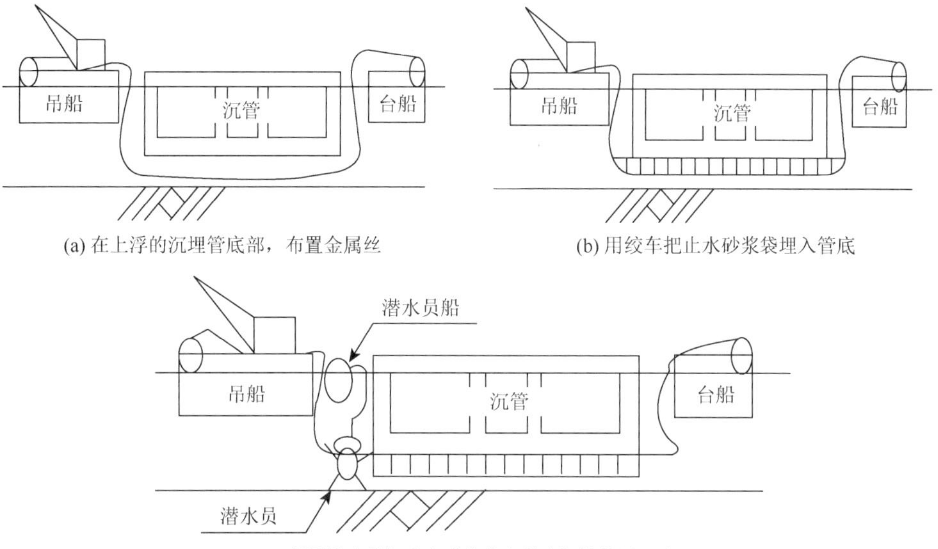

(a) 在上浮的沉埋管底部，布置金属丝　　(b) 用绞车把止水砂浆袋埋入管底

(c) 利用潜水员把止水砂浆袋安装在沉管的吊环上

图 5-26　止水砂浆袋的安装顺序图

然而，对于 4 号、5 号管节，由于可以使用 CP 船直接向事先在止水砂浆袋上安装好的注浆孔进行灌浆，无须在管节本体的侧面安装配管。

③向止水砂浆袋注浆。

在 CP 船上搅拌止水砂浆袋用的砂浆，通过配置在管节侧部的橡胶软管进行注浆。并且使用管底混凝土供给系统用的软管进行注浆。

确认注浆时，可由潜水员观察注浆口另一侧（砂浆袋的头部）的监控口，当砂浆到达监控口时停止注浆。止水砂浆袋的配管图（1～3 号管节时）如图 5-27 所示。止水砂浆袋的混凝土注浆要领图（1～3 号管节时）如图 5-28 所示。止水砂浆袋的注浆量比设计时的数量增加了 20%～25%。

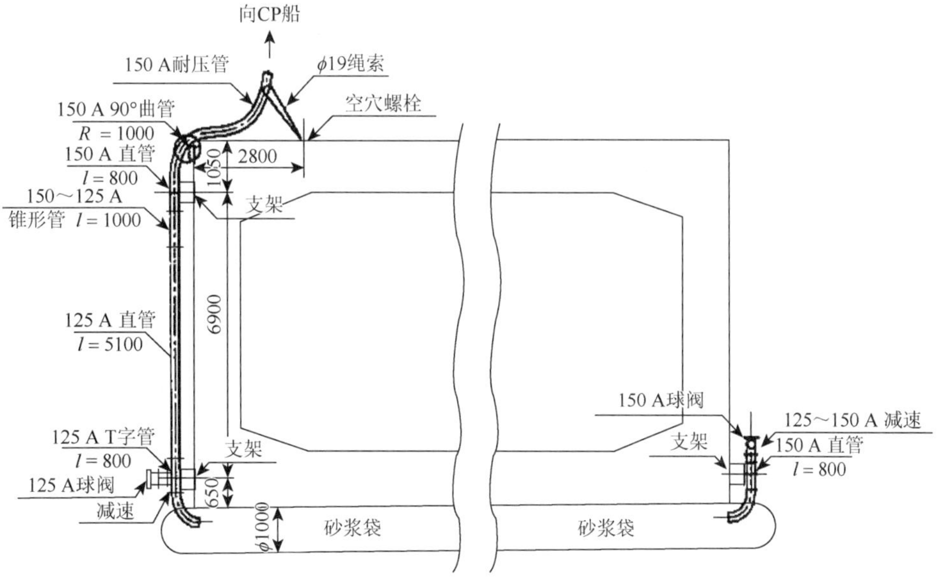

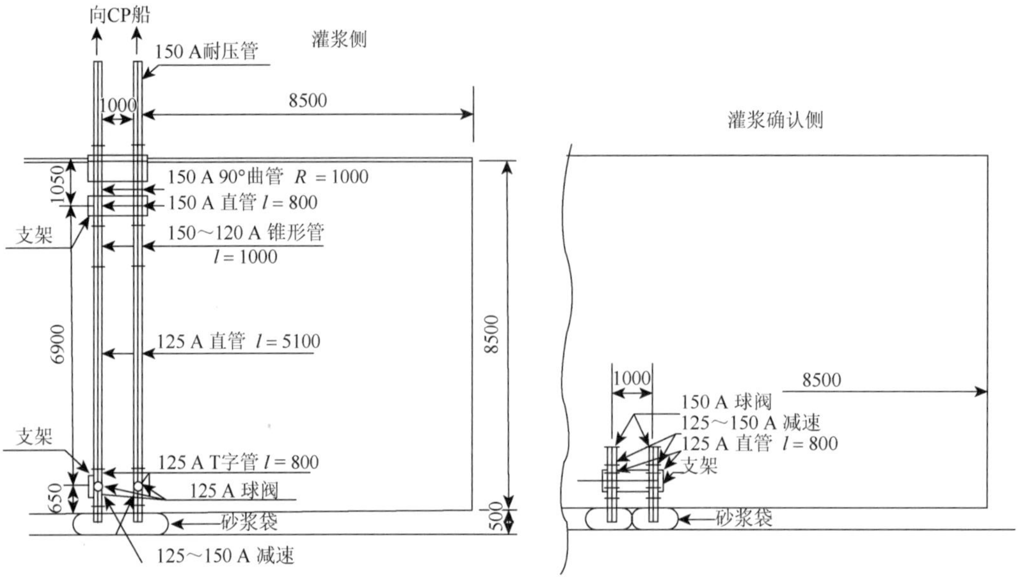

图 5-27　止水砂浆袋的配管图（1～3 号管节时）（单位：mm）

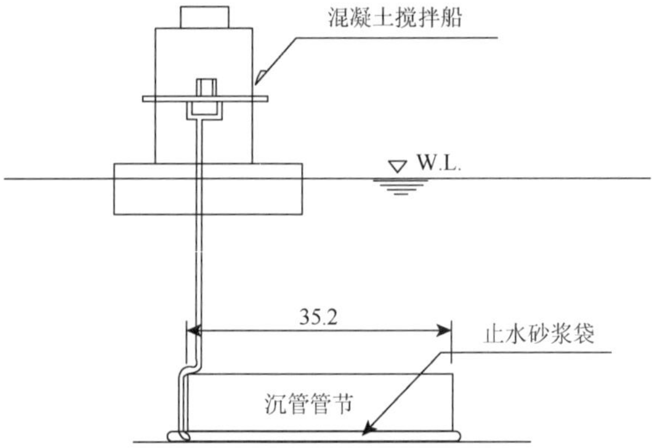

图 5-28　止水砂浆袋的混凝土注浆要领图（1～3 号管节时）（单位：m）

4）施工管理

有代表性的止水砂浆袋的抗压强度试验结果如表 5-8 所示。

表 5-8　止水砂浆袋的抗压强度试验结果

施工场所	坍落扩展度	抗压强度试验结果/(kgf/cm²)			备注
		σ_3	σ_7	σ_{28}	
4 号管节	56.5 cm×55.5 cm	111	136	255	水中采用，标准养护
5 号管节	66.0 cm×65.5 cm	52	83	136	水中采用，标准养护

5.3.5.3　止漏网工程

1. 布置图

6～10 号管节的止漏网的详细图及安装图如图 5-29 所示。管节的安装位置的概念图可参照图 5-29。

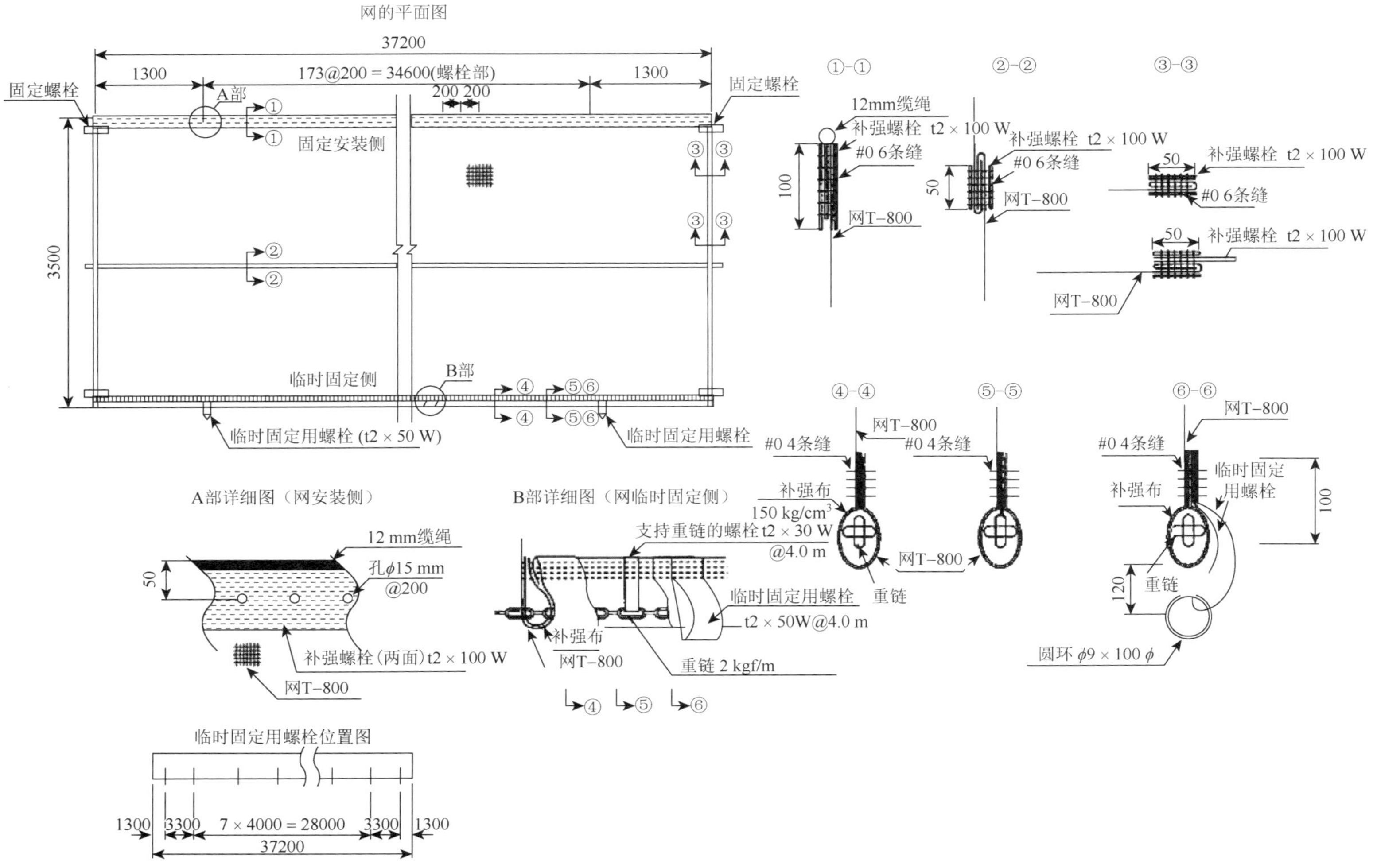

图 5-29　止漏网详细图及安装图（单位：mm）

2. 使用材料的产品规格

止漏网与止水砂浆袋的材质相同，都采用了合成纤维材质的土工布（表 5-6）。

3. 施工流程图

止漏网的施工流程如图 5-30 所示。

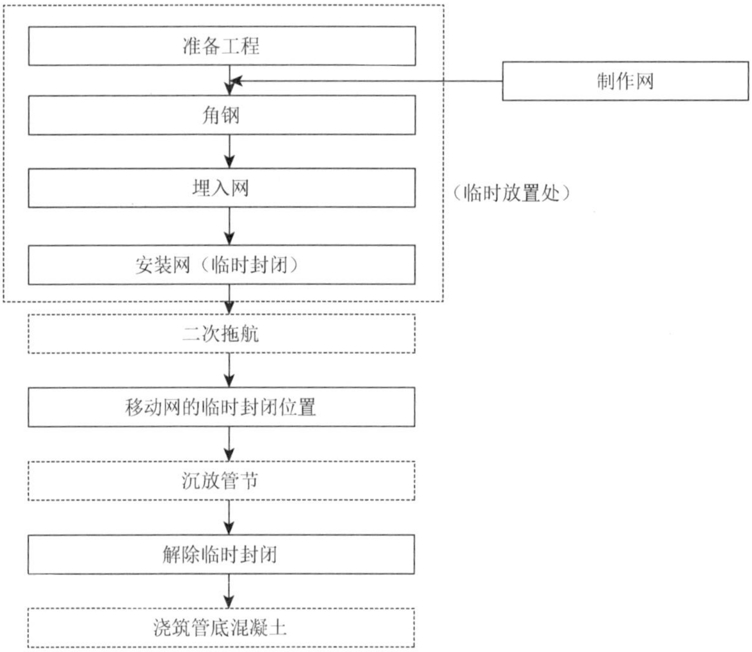

图 5-30　止漏网的施工流程

4. 施工方法

止漏网的布置方法如下。其中的（1）～（4）是在临时放置场地的二次舾装时进行的。止漏网相关工程概念图如图 5-31 所示。

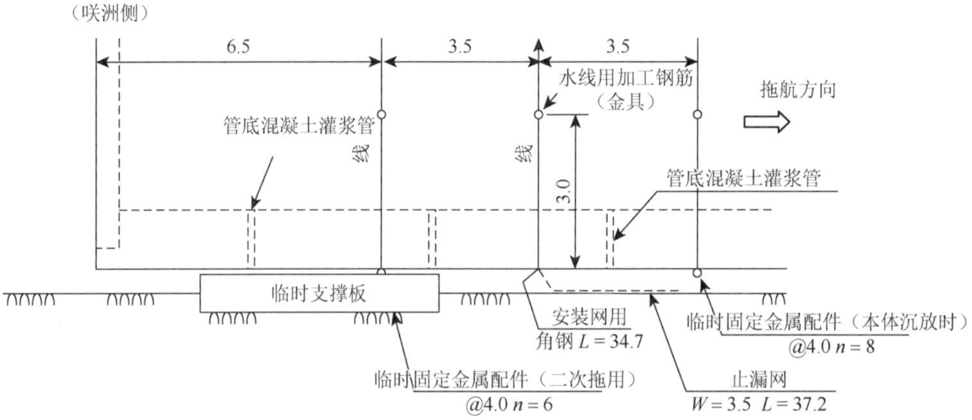

图 5-31　止漏网相关工程概念图（单位：m）

（1）准备工程

因需在管底安装角钢及临时固定用五金配件，可由潜水员在法线上设置牵引线，并调整其安装的位置。

（2）安装角钢

沿着在准备工程中设置的牵引线，由潜水员焊接嵌在管底的角钢及临时固定用金属配件。

（3）埋放止漏网

通过台船把在工厂制作完成的止漏网搬入临时置放场地。在安装完角钢后，将金属丝牵入吊环，并把止漏网安装在此金属丝上，由吊船埋入管节底部。

（4）布置漏网

把角钢的螺丝镶嵌至止漏网的安装孔，在面板安装完成后，用螺母拧紧。止漏网的安装顺序如图 5-32 所示。

止漏网布置完成后，为避免因二次拖航时，水的抵抗等对止漏网造成损伤，如图 5-32c 所示，由潜水员临时固定咲洲侧（拖航反方向）布置好的止漏网。

（5）移动止漏网的临时的固定位置

二次拖航完成后，为沉放本体，如图 5-32 所示，由潜水员临时固定港区侧的止漏网。

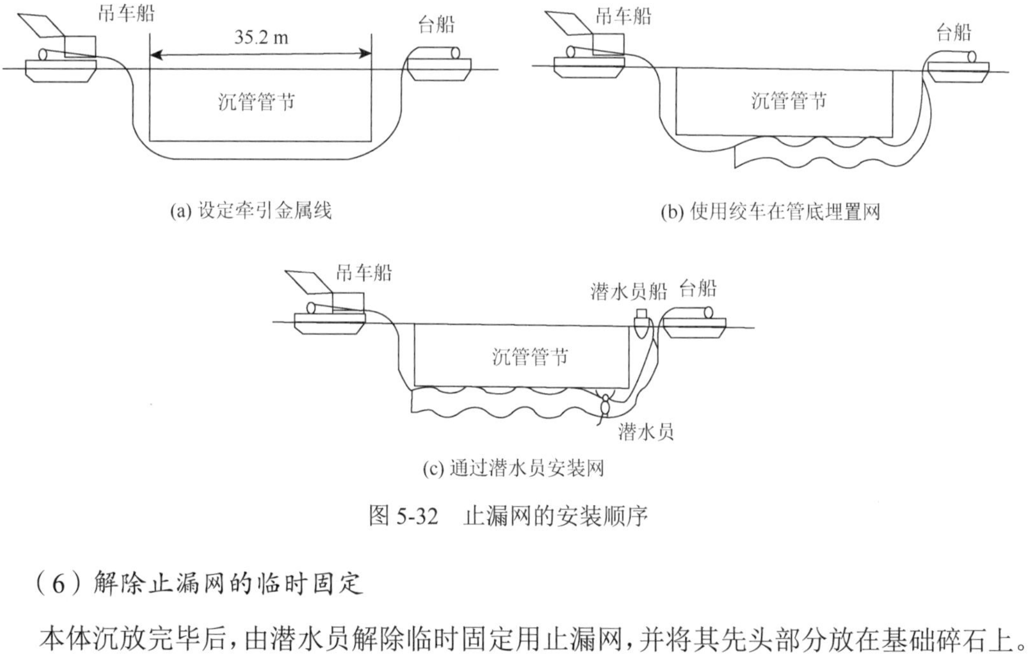

图 5-32 止漏网的安装顺序

（6）解除止漏网的临时固定

本体沉放完毕后，由潜水员解除临时固定用止漏网，并将其先头部分放在基础碎石上。为使止漏网发挥作用，归根结底，必须保持止漏网在基础碎石和管底之间呈展开的状态，为能让止漏网保持此状态，可首先从止漏网上浇筑管底混凝土，通过混凝土的自重使止漏网保持稳定状态，然后再正式开始浇筑管底混凝土。

5.3.5.4　管底的混凝土工程（标准管节）

1. 简介

在混凝土临时固定工程及安装完止漏网（或止水砂浆袋注浆、养护）后，向每一节的沉管管节（止漏网中间）和基础碎石之间约 50 cm 的缝隙，浇筑水中不分离性混凝土以填充。准备工程包括，在临时置放场地的二次拖航时，除了前述的止水砂浆袋或止漏网外，还需安置管底混凝土浇筑用的管节外配管及确认充填状况的观测孔。

管底的混凝土，是由停泊在工事区域内的 CP 船供应，通过两排的水中配管，压送至配置在管节内的 4 台中转泵中，并同时由管节底板的 4 排注浆孔进行压送浇筑。除 10 号管节以外，浇筑的方向都遵从咲洲侧到港区侧的顺序。1 个管节的注浆数量是 1800～2000 m^3，为防止配管的堵塞，进行 2 d 日夜连续浇筑（2 班交替制）。而最终接头（V 型块体）的浇筑，是从管节外直接浇筑而不是通过管节内部的注浆阀进行浇筑。在完成管底浇筑后，确认试块的混凝土强度，进行支撑千斤顶收回试验。

由于伴随着管底混凝土的注浆填充产生的浮力，管节会发生上浮的现象，所以应事先安装垂直剪力键。管底混凝土的设计数量如表 5-9 所示。

表 5-9　管底混凝土的设计数量

区分	设计数量/m^3	浇筑次数/次
1～3 号管节部	4 971	3
4～6 号管节部	5 241	3
7、8 号管节部	3 640	2
9、10 号管节部	3 221	2
最终接头部	365	1
总计	17 408	11

2. 混凝土的产品规格、级配、使用材料

使用的混凝土级配及使用材料如表 5-10 所示。

表 5-10　管底混凝土的级配及使用材料

	管底混凝土	使用材料	备注
粗骨料的最大尺寸/mm	15	—	—
坍落扩展度/cm	65	—	—
空气量/%	4.0	—	—
最大水灰比(W/C)/%	88.3	—	—
细骨料率(S/a)/%	45.0	—	—

续表

			管底混凝土	使用材料	备注
单位量/(kg/m^3)	水（*W*）		265	水道水	比重 1.0
	水泥（*C*）		300	矿渣水泥 B 种	比重 3.03
	细骨料（*S*）		689	海砂	比重 2.57 大濑（冈山）
	粗骨料（*G*）		859	碎石 1505	比重 2.62 赤穗
	混合剂	不分离剂	1.50	SC-1500	—
		流动化剂	6.0	UC-150	—
		AE 减水剂	0.751	塑化剂 No.70	—

3. 施工要领

（1）施工流程

管底混凝土浇筑的施工流程如图 5-33 所示。

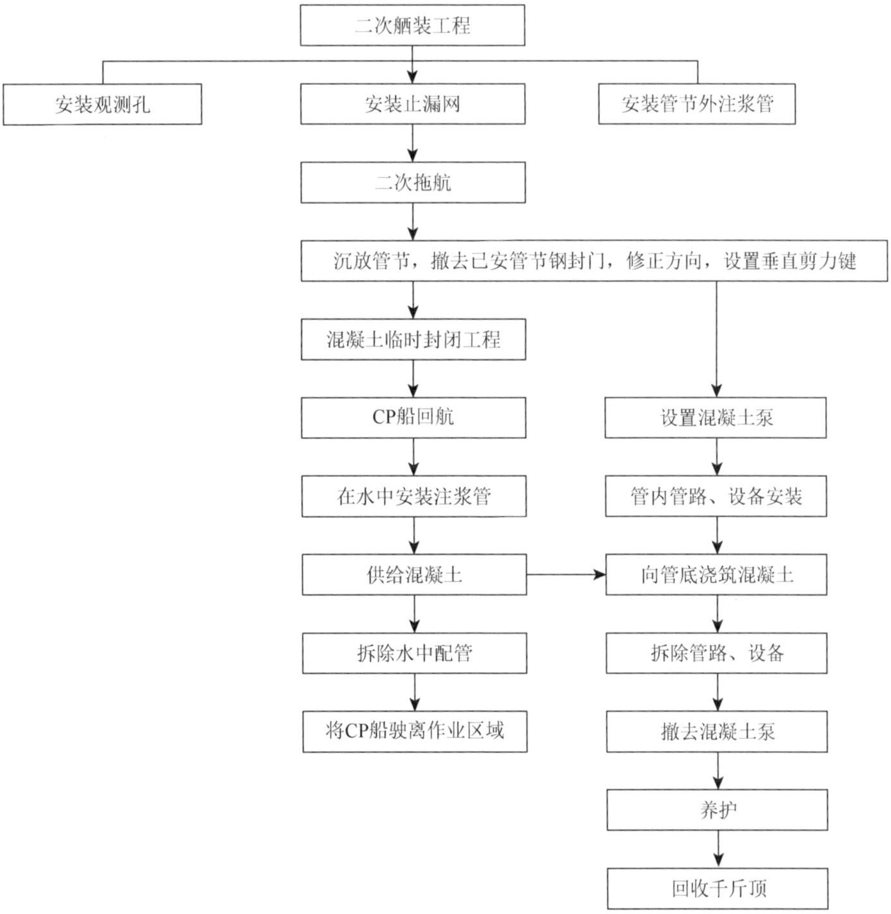

图 5-33　管底混凝土浇筑的施工流程图（6～10 号管节）

（2）使用的船舶机械

管底混凝土浇筑时使用的船舶机械如表 5-11 所示。

表 5-11　管底混凝土浇筑时使用的船舶机械

名称	规格、能力	数量	单位	备注
混凝土搅拌船	搅拌；76 m^3/h	1	只	2 轴强制搅拌，搅拌 3 m^3
牵引船	3200 PS*	2	只	—
抛锚船	20 t 吊力	1	只	—
潜水员船	360 PS	2	只	—
砂石搬运船	499 GT	2	只	—
水泥船	—	2	只	—
供水船	—	1	只	—
混凝土泵	22.5 m^3/h（低压时）	4	台	轮胎式，漏斗容量 3.0 m^3、NCP9S
砂浆水平仪计	—	4	组	传感器 2～3 台/组

* 1 PS = 735.49875 W。

（3）施工方法

1）舾装时的准备

①安装观测孔。

因是在管节外对管底混凝土浇筑情况进行确认，在临时置场地安装舾装时，在管节的两侧安装观测孔。使用吊船（25 t 吊力），边搬吊 6 座加工好的 L 型钢管（300 A），边通过潜水员在水中焊接安装用的金属配件。

完成安装后，为防止碎石落入混凝土封闭区域内，应在上面加设保护装置。观测孔的安装如图 5-34 所示。

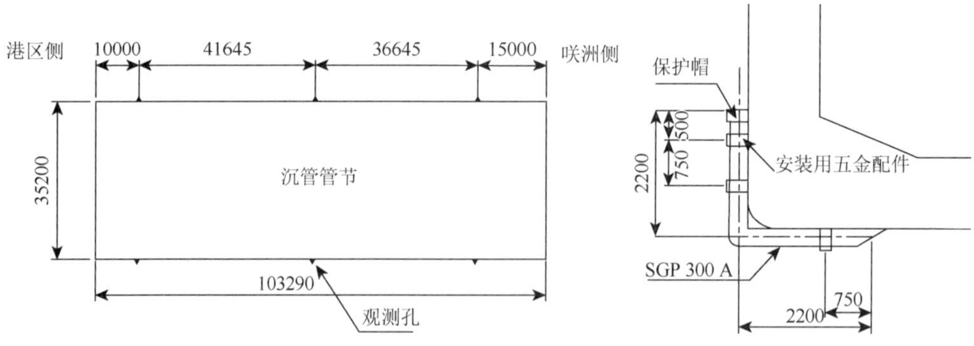

图 5-34　观测孔的安装（单位：mm）

②安装管节外配管。

管底混凝土压送用的配管中，在临时置放场地安装舾装时，安装咲洲侧的钢管。一边用吊船（25 t 吊力）搬吊 2 排的配管，一边由潜水员布置从钢封门贯通部开始到管节上部为止的配管。为减少混凝土的摩擦，在钢封门贯通部位和管外配管间插入锥形管。

2）浇筑管底混凝土

①CP 船的停泊。

在混凝土封闭工程完工后，将 CP 船驶入对象区域，基本都停留在进行混凝土浇筑的咲洲侧。以 7 号管节施工时为例，CP 船的停泊情况如图 5-35 所示。

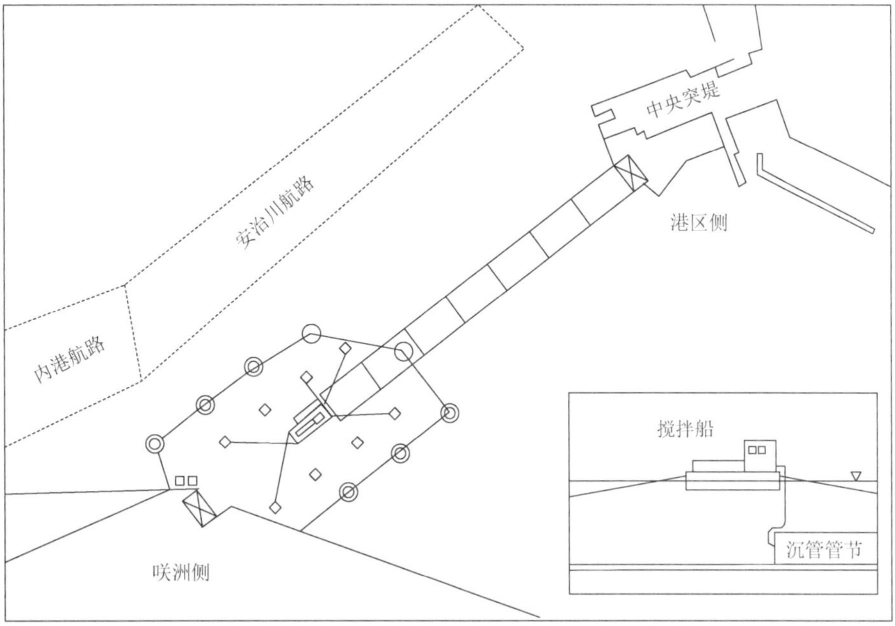

图 5-35　CP 船的停泊情况（以 7 号管节为例）

②设置水中配管。

通过软管连接 CP 船和沉管管节。由潜水员和 CP 船上的起重机实施连接作业。管内全体平面图（包括从 CP 船到沉管管节上部的配管图及从 CP 船到管内注浆孔的示意图）如图 5-36 所示。

③设置混凝土泵。

在每个管节内部的车道设置 2 台、共 4 台混凝土泵。在底板安装止振金属配件，并通过操作杆固定。设置监视泵漏斗的脚手架。

④配置管及器械设备。

配置从钢封门贯通部位到混凝土泵为止的 2 排，以及从混凝土泵到注浆孔为止的 4 排管路。为确认管内混凝土的填充情况，在车道设置 1 组、轨道设置 2 组，共 4 组砂浆水平仪。在车道设置 3 台、轨道设置 5 台，共 11 台连接砂浆水平仪的传感器。

混凝土管路图如图 5-37 所示。

为能依次从混凝土泵侧开始浇筑，配管是按照由近到远的规则进行配置。

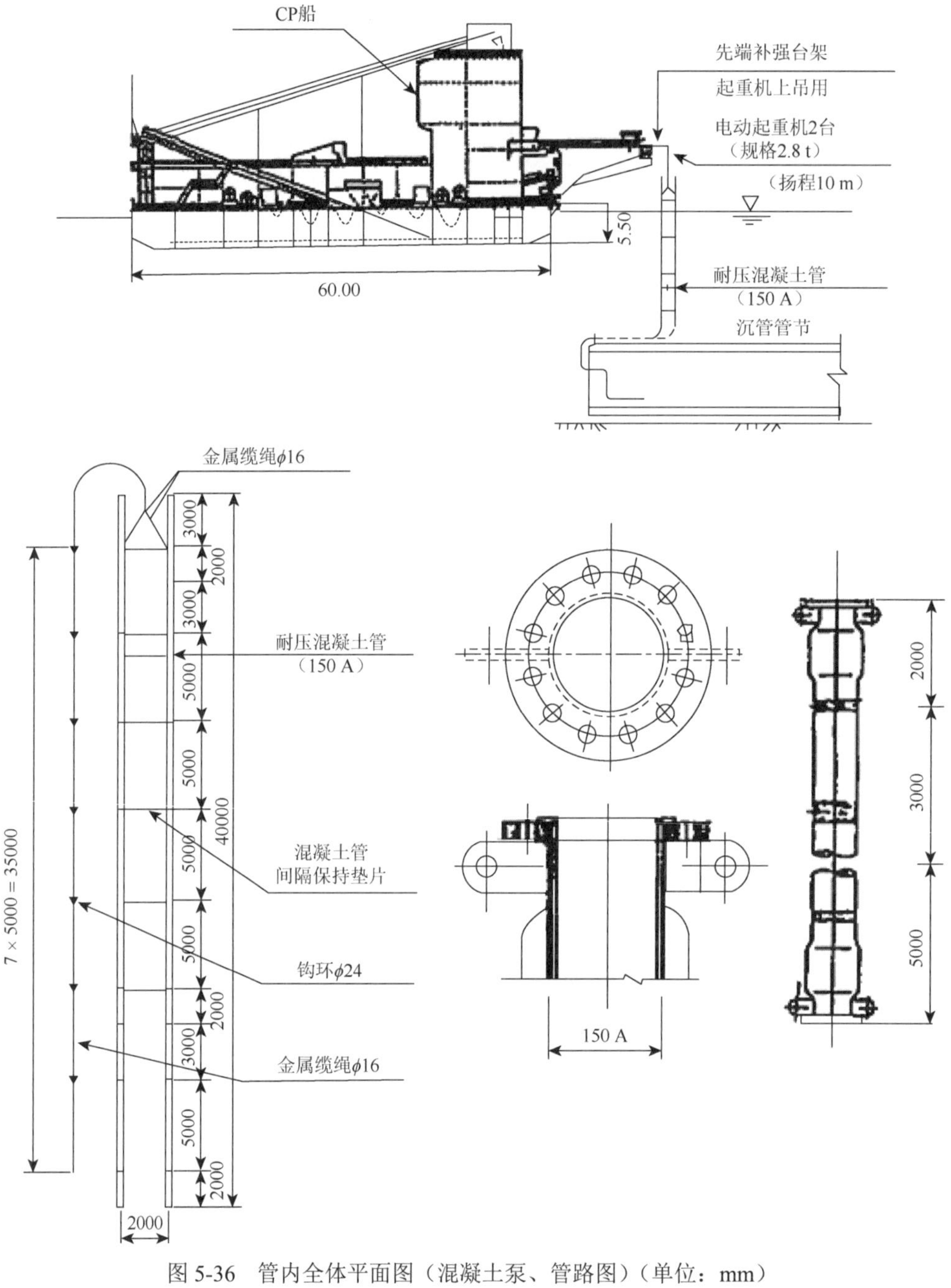

图 5-36　管内全体平面图（混凝土泵、管路图）（单位：mm）

⑤混凝土的供给、浇筑。

管底混凝土的供给，指首先在 CP 船上制作水中不分离性混凝土，压送至设置在管内的 4 台混凝土泵，通过混凝土泵经由 4 排配管压送至注浆孔。除 10 号管节外，浇筑都是按从咲洲侧向港区侧的顺序，由管节中央的轨道开始，沿着中心向两侧填充的顺序。根据各灌浆孔的灌注量和混凝土泵的漏斗的残留量，调节从 CP 船压送来的混凝土的供给量，以避免和防止混凝土的分离及配管的堵塞。

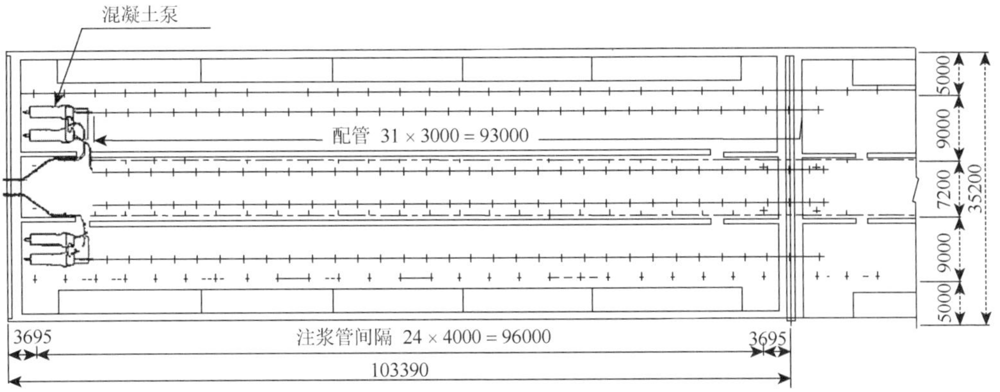

图 5-37 混凝土管路图（CP 船～沉管管节的配管）（单位：mm）

浇筑混凝土时，在浇筑处前方的注浆孔设置砂浆水平仪，计测混凝土表面，确认填充度，由潜水员计测安装在管体侧部的 6 处观测孔的混凝土表面，确认填充度。

为防止配管发生堵塞，实施连续的 2 d 日夜连续的混凝土浇筑作业。在两车道及轨道设置模板，用以处理管节内产生的剩余混凝土。浇筑要领如图 5-38 所示。

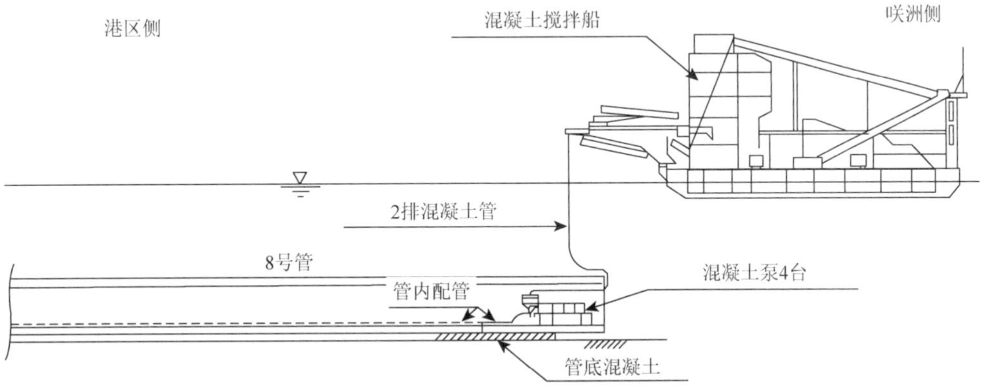

图 5-38 管底混凝土浇筑要领（以 8 号管为例）

在管底的混凝土浇筑情况中，混凝土泵部的浇筑情况如图 5-39 所示、管底混凝土浇筑情况如图 5-40 所示。

⑥拆除水中配管，将 CP 船驶离对象区域。

在混凝土浇筑完成后，由潜水员切断水中配管，将 CP 船驶离对象区域，耐压软管则临时置放于管节上。当 CP 船驶离对象区域后，由潜水员切断连接部位，并通过吊船（25 t 吊力）进行拆除。

⑦拆除配管、器械设备及撤去混凝土泵。

拆除管内的配管及砂浆水平仪，或将其移置于不妨碍混凝土泵在管内实施后续作业的位置。

⑧支撑千斤顶的收回试验。

对管底混凝土浇筑时采取的试块进行抗压强度试验（σ_3、σ_7），确认其是否能达到支撑管底的强度（1.5 kgf/cm^2 以上），收回支撑千斤顶。一般在管底混凝土浇筑完成后 3 d 左右进行千斤顶收回试验。

图 5-39　混凝土泵部的浇筑情况

图 5-40　管底混凝土浇筑情况

（4）施工实绩

1）浇筑顺序图

管底混凝土浇筑顺序如图 5-41 所示。

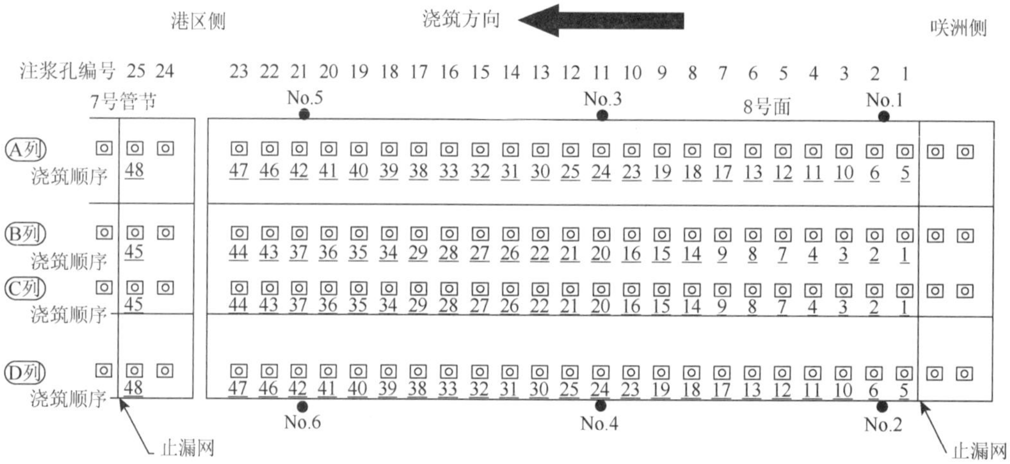

图 5-41　管底混凝土浇筑顺序（以 8 号管节为例）

2）填充确认管理

对成形（填充确认）的管理有如下 4 种方法。

① 砂浆水平仪。

砂浆水平仪是在水下发射超声波，并通过超声波测定从管底到基础石或混凝土上面的距离的仪器。计测的顺序如下，在注浆孔的前方的 3 处孔中（1 系统 2 处）设置砂浆水平仪，如果各砂浆水平仪的指标值靠近 0 附近时，可判断注浆孔周围的混凝土已被填满，其后可把水准仪移置更前方的注浆孔，进行下一次监测。浇筑开始时，首先在止漏网咲洲侧的注浆孔中设置砂浆水平仪，确认止漏网的止漏效果。将沉管管节接头附近的浇筑作为最后的工序，根据设置在接头前后的注浆孔的砂浆水平仪指标值，预测到混凝土表面的勾配，在接头部位预留 10 cm 左右的空隙，并且顶推小梁尚未接触混凝土时停止浇筑，此即为停止浇筑的方法。

边控制 4 排注浆系统的平衡度，边按管体中间轨道开始向两侧延伸的顺序依次浇筑，即采用顶推浇筑的方法进行浇筑，为方便对填充进行管理，应尽量减少不规则的移动。确保能移动至每个浇筑口。砂浆水平仪的监测概念图如图 5-42 所示。

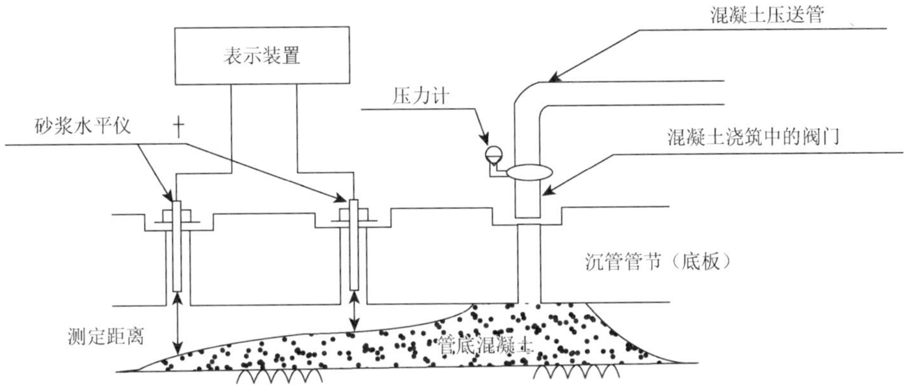

图 5-42 砂浆水平仪的监测概念图

②压送压力。

经常监视管内混凝土泵的压送压力及浇筑位置的压力，避免在配管内及注浆孔中发生堵塞的情况。

在混凝土浇筑管先头部位设置压力计，测定浇筑时的压力。通常浇筑时的压力为 2～4 kgf/cm^2。随着注浆孔周围填充度的增加，压力也会上升，若上升到 5 kgf/cm^2 时，则表明注浆孔周围的混凝土已填充完毕，此时可移动浇筑管。

为避免水中的配管及钢封门贯通部位的堵塞，原则上不切断 CP 船的供给，如果管内混凝土容器残余量较多时，可通过减少压送的供给量进行调整。

③观测孔。

通过设置在管内的砂浆水平仪计测每个观测孔，在到达预测填充完成时，由潜水员确认观测孔内的混凝土上升情况。

④支撑千斤顶压力。

由于对管底进行混凝土浇筑，可能会造成管节上浮，此时必须监视支撑千斤顶的压力。在管底混凝土填充达到管节长度的 1/3 左右时，缓慢降低支撑千斤顶的压力，最终达到稳定状态。

3）浇筑数量、浇筑时间

管底混凝土的实际浇筑量和设计数量的比的扩充系数是 1.03～1.34。平均每次的浇筑量为 1610～2340 m^3，需要 30～36 h，平均每小时的浇筑量为 46～68 m^3/h。

4）管体的动态观测

在浇筑管底混凝土时，连续观测及测量支撑千斤顶压力、砂浆水平仪计值等，边把握管体的动向边浇筑，管体的动态观测内容如表 5-12 所示。

表 5-12　管体的动态观测内容

<table>
<tr><th>管理项目</th><th colspan="2">场所</th><th>测定项目</th><th>频率</th></tr>
<tr><td rowspan="2">支撑千斤顶管理</td><td rowspan="2">管内</td><td>港大桥侧</td><td rowspan="2">油压、行程
激光运转（Y.Z）</td><td rowspan="2">15 min/次
异常上升、下降时</td></tr>
<tr><td>樱岛侧</td></tr>
<tr><td>浇筑管理</td><td>管内</td><td>A 列、B 列
C 列、D 列</td><td>浇筑开始、完成时刻
混凝土吐出压力
砂浆水平仪值</td><td>随时
15 min/次
15 min/次</td></tr>
<tr><td rowspan="2">测量管理</td><td rowspan="2">管内</td><td rowspan="2">水平基准
港区通风井</td><td>水平高（4 处）</td><td>60 min/次
初期值、浇筑结束后</td></tr>
<tr><td>法线管理</td><td>初期值、浇筑结束后</td></tr>
</table>

4. 施工管理

（1）品质管理

管底混凝土的品质管理项目及频率如表 5-13 所示。

表 5-13　品质管理项目及频率

场所	管理项目	规格（目标值）	频率
CP 船	细骨料表面水率	—	开始时每 300 m^3 一次
	坍落扩展度	(65±5)cm	开始时每 30 m^3 一次
	坍落扩展度 50 cm 到达时间	20 s 以下	—
	空气量	4%	—
	温度	—	—
	试块采样	—	18 根（σ_3、σ_7、σ_{28}）；水中空气中各 9 根；每 300 m^3 一次；水中 6 根
管内	坍落扩展度	(65±5)cm	开始时每 30 m^3 一次
	坍落扩展度 50 cm 到达时间	20 s 以下	—
	空气量	4%	—
	温度	—	—

管底混凝土的品质管理试验结果如图 5-43 所示，管底混凝土试块的抗压强度试验结果见表 5-14。

试验项目：表面水率、坍落扩展度、坍落扩展度 50 cm 到达时间、混凝土温度（CP 船内）。

（2）成形管理

通过砂浆水平仪对管底混凝土实施成形管理。在注浆孔的前方设置砂浆水平仪，砂浆水平仪的值为 0 时，表明此地方及附近范围已完成浇筑。按照顺序移动测定值为 0 的砂浆水平仪。管底混凝土的成形图如图 5-44 所示。

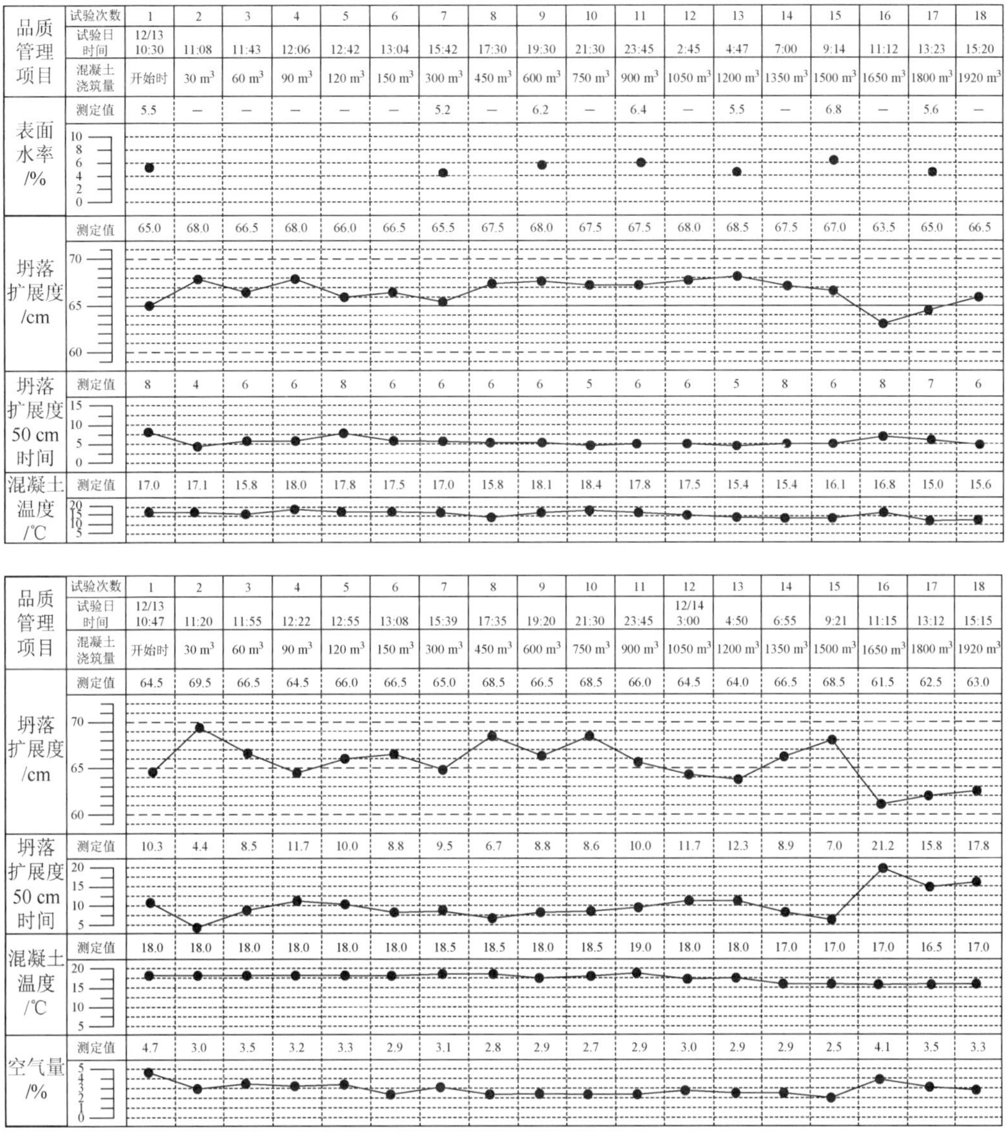

图 5-43 管底混凝土的品质管理试验结果（以 6 号管节为例）

表 5-14 管底混凝土试块的抗压强度试验结果（以 7、8 号管节为例）

管节	序号	阶段	环境	平均强度/(N/mm^2)					
				试验时长/d					
				4	7	8	27	28	29
E7	1	开始阶段	空气中	7.09	—	10.4	—	—	48.5
		开始阶段	水中	3.65	—	4.20	—	—	5.77
	2	300 m^3	水中	—	—	3.57	—	—	6.49
	3	600 m^3	水中	—	—	4.54	—	—	7.42
	4	900 m^3	水中	—	5.30	—	—	9.86	—

续表

管节	序号	阶段	环境	平均强度/(N/mm²) 试验时长/d					
				4	7	8	27	28	29
E7	5	1200 m^3	水中	—	3.74	—	—	6.11	—
	6	1500 m^3	水中	—	4.20	—	—	7.43	—
	7	1800 m^3	水中	—	5.05	—	—	9.46	—
E8	1	开始阶段	空气中	6.28	—	10.28	—	21.2	—
		开始阶段	水中	2.55	—	4.24	—	7.30	—
	2	300 m^3	水中	—	—	4.46	—	7.68	—
	3	600 m^3	水中	—	—	5.05	—	9.99	—
	4	900 m^3	水中	—	4.24	—	8.02	—	—
	5	1200 m^3	水中	—	3.86	—	9.12	—	—
	6	1500 m^3	水中	—	4.54	—	9.48	—	—
	7	1800 m^3	水中	—	4.33	—	8.78	—	—

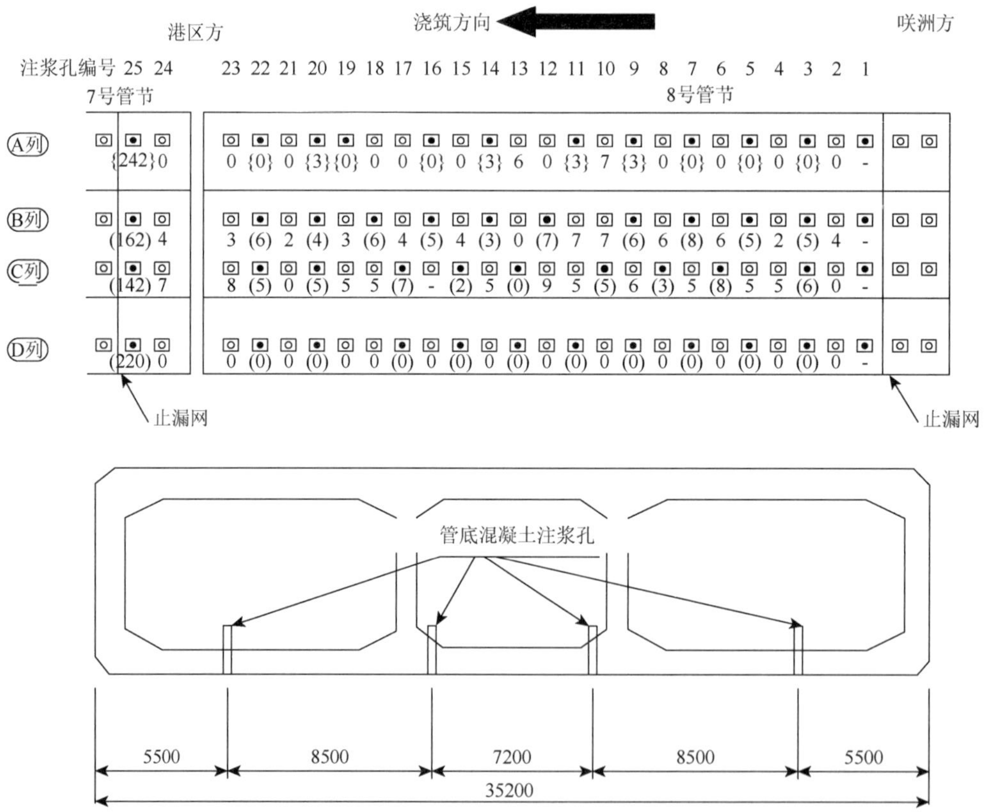

图 5-44　管底混凝土的成形图（以 8 号管节为例）

5.4 管外压浆法

在沉管管节沉放对接完成后，通过管外布设的管路并利用放置在水上平台或者船舶上的压浆泵进行压浆，达到加强沉管管节基础的目的。管外压浆法不仅适用于后铺法的沉管管节，同时也适用于先铺法沉管隧道的地基加固。

管外压浆的优点在于既可以作为后铺法施工的一种，又可在先铺法中地质条件较差段防止发生不均匀沉降状况的发生，使用范围广、操作简易且效果好。

由于在基础上设置了管路和止漏工程等相关的预埋设施，压浆结束前应对水下设施实施保护，以免施工作业或过往船只抛锚等因素影响。压浆压力的大小与作业深度、海水浑浊度、管路接头数量成正比，与浆液稠度、出浆口大小成反比；在压浆完成后，混凝土强度与水泥浆含量、浆液稠度、搅拌的均匀性、压浆压力等因素有关。

5.4.1 施工设备

管外压浆法需要的主要机械设备如表 5-15 所示。

表 5-15 主要机械设备

序号	设备名称	单位	数量	用途
1	拌和船	艘	1	注浆混凝土生产
2	整平船	艘	1	用于放置基础注浆施工设备
3	平板驳	艘	1	用于注浆设备转运
4	设备运输船	艘	1	用于注浆设备运输
5	锚艇	艘	2	船舶施工抛锚
6	潜水施工船	艘	1	用于潜水施工
7	交通船	艘	1	用于人员接送
8	拖轮	艘	2	—
9	方驳吊机	艘	1	用于起重吊装
10	叉车	台	1	用于设备运输、实验
11	平板车	台	1	用于设备运输
12	汽车吊	台	1	用于设备转运
13	电焊机	台	1	用于焊接

5.4.2 施工流程

压浆施工流程见图 5-45。

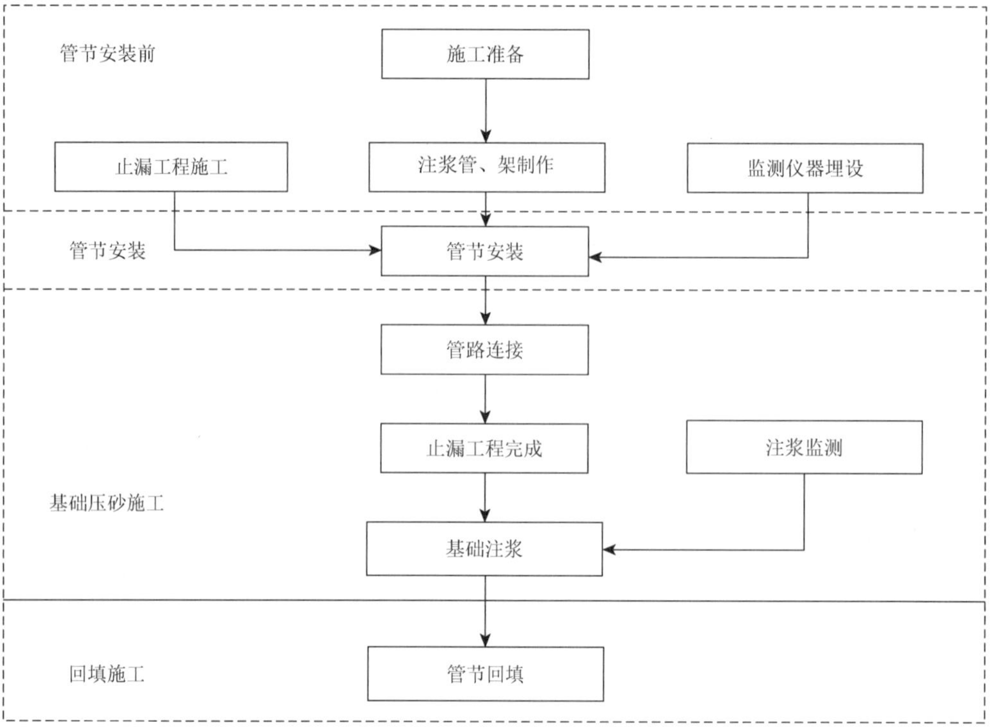

图 5-45　压浆施工流程图

5.4.3　施工工艺

管外压浆的施工过程可分为两个部分：管节沉放前的预埋准备和管节沉放后的设备安装。

5.4.3.1　管节沉放前的预埋准备

管外压浆工程与管内压浆类似，在管节沉放之前埋设止漏设施。在不同的工程中因其地质条件及水文环境的止漏工程方式不同，一般可采用土工布布设、碎石袋抛填、气囊布设等措施。

在管外压浆工程中，因其工程的特殊性，需在沉管底部的基础中布设注浆管及固定管路的注浆管架。管、管架布设长度根据沉管宽度及施工条件确定，如沉管较宽，可采用沉管两侧分别布设，两侧同时注浆的方式。如管节较窄或者地质及水文环境较好，则可采用一侧布设注浆的方式。注浆管的材质、型号、壁厚和注浆管架的形式、承载强度等参数根据施工具体情况确定。

在管路、止漏设施布设的同时，基础监测仪器的布设工程也非常重要。为更好地掌握注浆时基础的压浆情况，在管底和基础间布设监测系统，确保在压浆的过程中浆液在管底充满且达到预期的效果。

预埋设施布设完成后，由于施工海域复杂，预埋设施需采取相应的措施进行保护，以免过往船只或交叉施工作业造成破坏。

5.4.3.2 沉管沉放后的设备安装

①注浆管的连接及安装。管节沉放后，连接预埋在管底的注浆管，直至管路搭设到水面以上。水面以上的管路端可采用固定至水上平台的方式，也可采用大型船舶等方式。管节的材质根据不同的施工条件进行选择，当深度较小且水流流速较小时可采用软管的形式连接，当施工水域深度较大且水文条件较差时则可布刚性管路，如无缝钢管、铁管等金属管路，连接方式可参考法兰连接。在管路连接时，需潜水员或水下摄像装置的配合，确保管节连接完好且强度达到注浆要求。

②监测系统的线缆连接。管底监测原件得出数据通过线缆传递到水上监测显示系统，在深度较大的施工区域需水下作业进行连接、绑扎固定。由于线缆强度较小，外部需采用保护装置进行保护。

③压浆止漏工程。压浆止漏的方式较为灵活，可根据工程的具体特点进行变通。较为常用的方式为碎石抛填止漏，通过在沉管侧面连续抛填一定高度的碎石，在管节底部和基础之间形成密闭空间。为确保止漏效果，在不影响管节驻位的前提下，可适当增大管节两侧抛填的碎石高度，也可以在底部抛填一定高度的袋装碎石后在进行碎石抛填。

④管路连接完成后，进行注浆工程。

5.4.4 施工质量控制及检测

5.4.4.1 注浆材料选择及要求

①以能满足沉管管节基础填充材料的要求品质和性能为基础，确定水中不分离性混凝土中不分离剂的量。

②即使在混凝土注浆孔的孔径出现缩小时，也能保持良好的泵压送性能，且没有因压送而造成混凝土品质的变化和下降。

③混凝土的流动性能会受到基础碎石的不平整度影响，仅从一个注浆孔浇筑要达到大面积的填充非常困难，需按照顺序移动的填充方法施工，即可全部填满所设计的缝隙。

④充填完成后的混凝土硬化性状较好。

⑤泵压送前后的新鲜度好，即使由于管节内配管作业等造成 30min 左右的压送中断时，配管闭塞的可能性也非常小。

5.4.4.2 施工过程控制

在压浆的过程中，放置混凝土阻塞管路，要进行不间断的注浆施工。同时，要实时观测监测系统和管路上压力测试表的读数，综合监测数据对整个注浆施工进行有效的控制。在管节两侧均布置压浆管路时，应注意同时进行注浆，防止因一个管路注浆影响注浆效果、范围及管节受力。

5.4.5 案例

5.4.5.1 概况

1. 概述

在港珠澳大桥沉管隧道中，基础形式采用先铺法铺设，因在沉管铺设的过程中部分地基情况复杂，强度较弱，在 E32 管节安装后的监测发现，E31 管节第一船位整平船插拔桩期间，E32 管节尾端存在明显的沉降。为了保证 E32、E31 管节接头沉降的均匀性，特制定管节接头基础注浆施工方案。

2. 限制条件

沉管碎石垫层设计宽度为 42.95 m，厚 1.3 m，垄顶宽度为 1.8 m，垄沟宽度为 1.05 m，相邻管节碎石垫层垄沟间距为 4.35 m，管节接头位置碎石垫层布设图如图 5-46 所示。

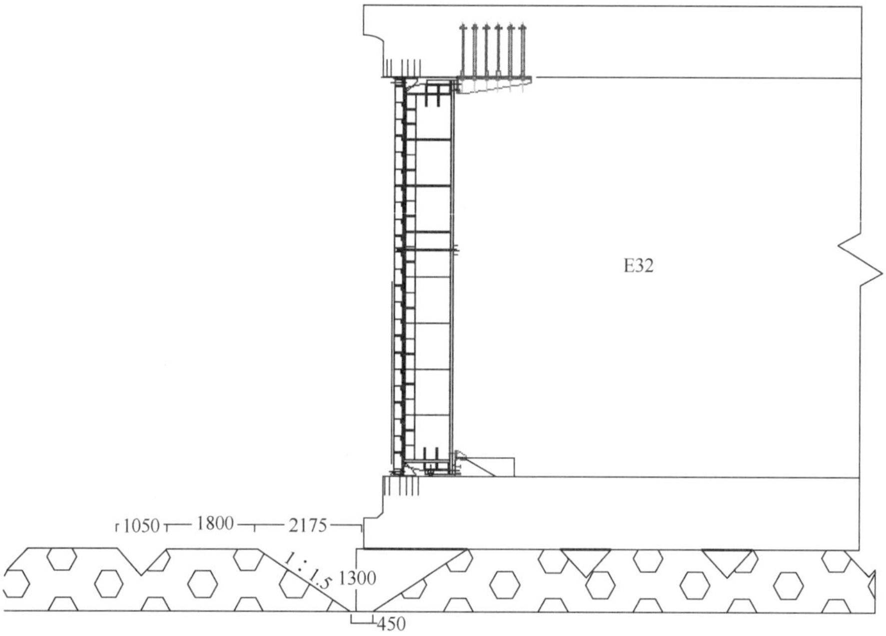

图 5-46 管节接头位置碎石垫层布设图（单位：mm）

经现场潜水测量，E32 管节端钢壳距 E32 管节碎石垫层最后一条碎石垄垄顶边线的距离为 1.7～1.95 m，距 E31 管节碎石垫层第一条碎石垄垄顶边线的距离为 1.8～1.9 m，管底与垄底的净高度从 1.05～1.28 m 分布，南低北高；接头处垄底宽度 45～75 cm，北宽南窄。

E31 管节安装前，在 E31 管节碎石基床垄沟内布设气囊，接头大垄沟内布设注浆管，E31 管节安装及锁定回填后，对接头部位的基础进行注浆处理，设计注浆量约 150 m^3。管节接头注浆后示意图见图 5-47。

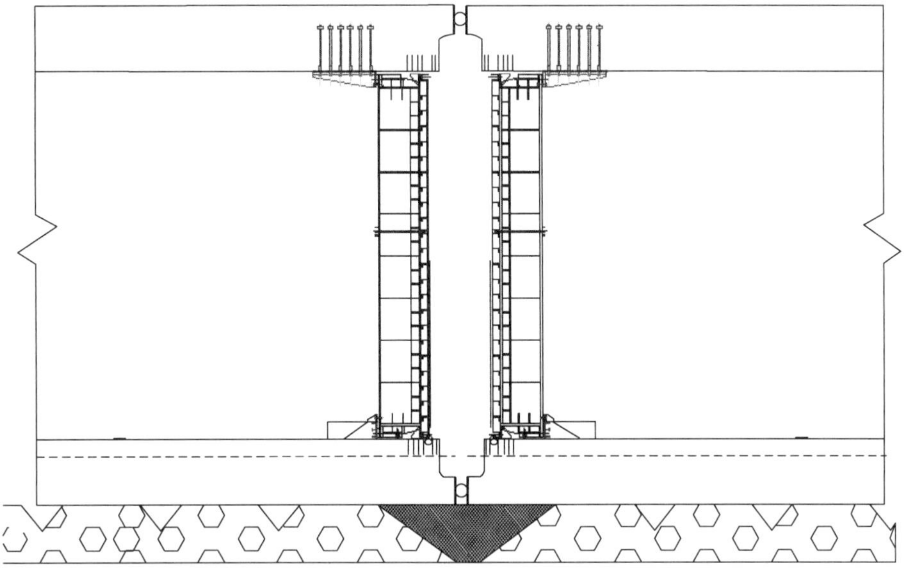

图 5-47 管节接头注浆后示意图

5.4.5.2 施工重难点分析

①准备工作及潜水作业量大，施工周期极短，距离安装仅 2～3 d 时间，施工组织协调难度大。

②水下连接注浆管施工难度大。

③气囊连接气管的快速接头存在漏气风险，一旦锁定回填后无法进行更换。

④注浆管出浆口连接单向阀，存在卡死或反装风险，无法进行水下更换。

⑤海上注浆施工组织难度极大，连续性不强，可能造成注浆管堵塞。

⑥船上连接注浆管至接头底部，距离长，受海上波浪及流速影响，可能发生注浆管路折断或漏浆风险。

⑦接头底部注浆管采用钢框架连接，受外界因素影响，可能发生框架翻转，影响沉管对接。

⑧接头底部连接弯管，若距离管节过近，可能发生影响沉管安装的风险。

5.4.5.3 施工总体安排

结合现场的实际情况，接头基础注浆的施工部署如下：

①研究确定注浆管布置方式及钢结构加工制作。

②试验验证注浆液及胶球泵送施工工艺的可行性。

③研究确定海上注浆施工方案。

总体施工流程见图 5-48。

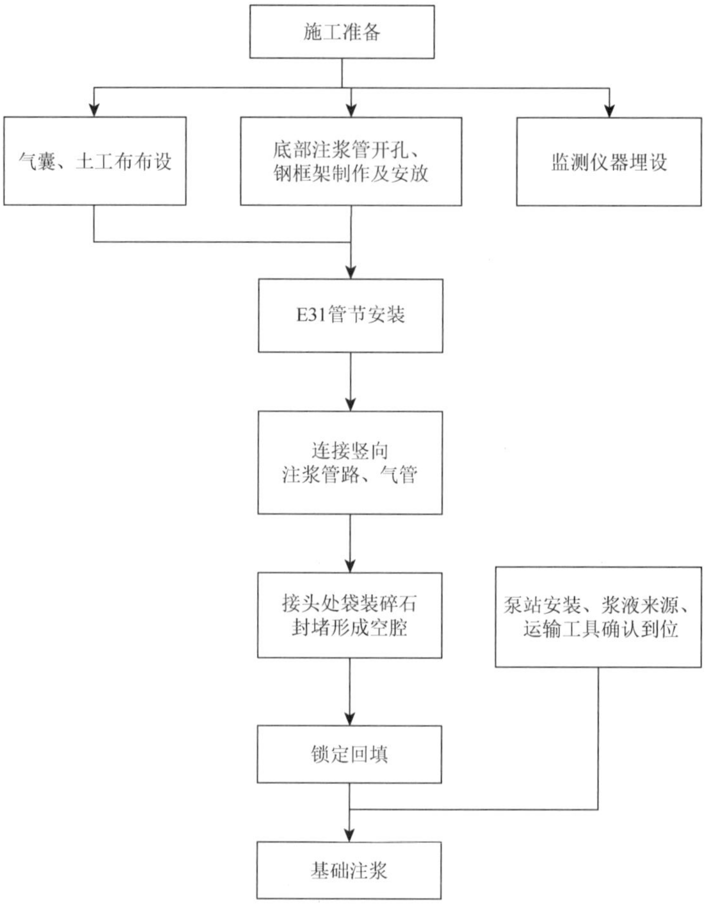

图 5-48　总体施工流程图

5.4.5.4　施工方法

1. E31 管节安装前准备工作

（1）布设土工布及气囊

E31 管节碎石基床第 5 和第 6 条垄顶及垄沟内布设两层土工布，土工布为 400 g/m^2，采用铁链或碎石等重物进行固定，两侧边坡的土工布采用袋装碎石覆盖。

第二船位第 1 条垄的垄沟内布设气囊，单个气囊长度 23 m，未充气前宽度 40 cm，充气后直径 25 cm，整个垄沟内采用两个气囊相互搭接，搭接长度约 3 m，两端气囊与碎石垄端基本一致。

提前对气囊进行打压测试，试验压力 0.24 MPa。

气囊布设前，潜水员对垄沟内的碎石进行整理，处理后垄沟深度约 15 cm，保证气囊充气后与沉管底形成较好的封堵墙，碎石垄为 S 形布置，需要潜水员将一侧的碎石摊开，将气囊接口露出，绑扎好，潜水员做好标记。气囊、土工布布置图见图 5-49。

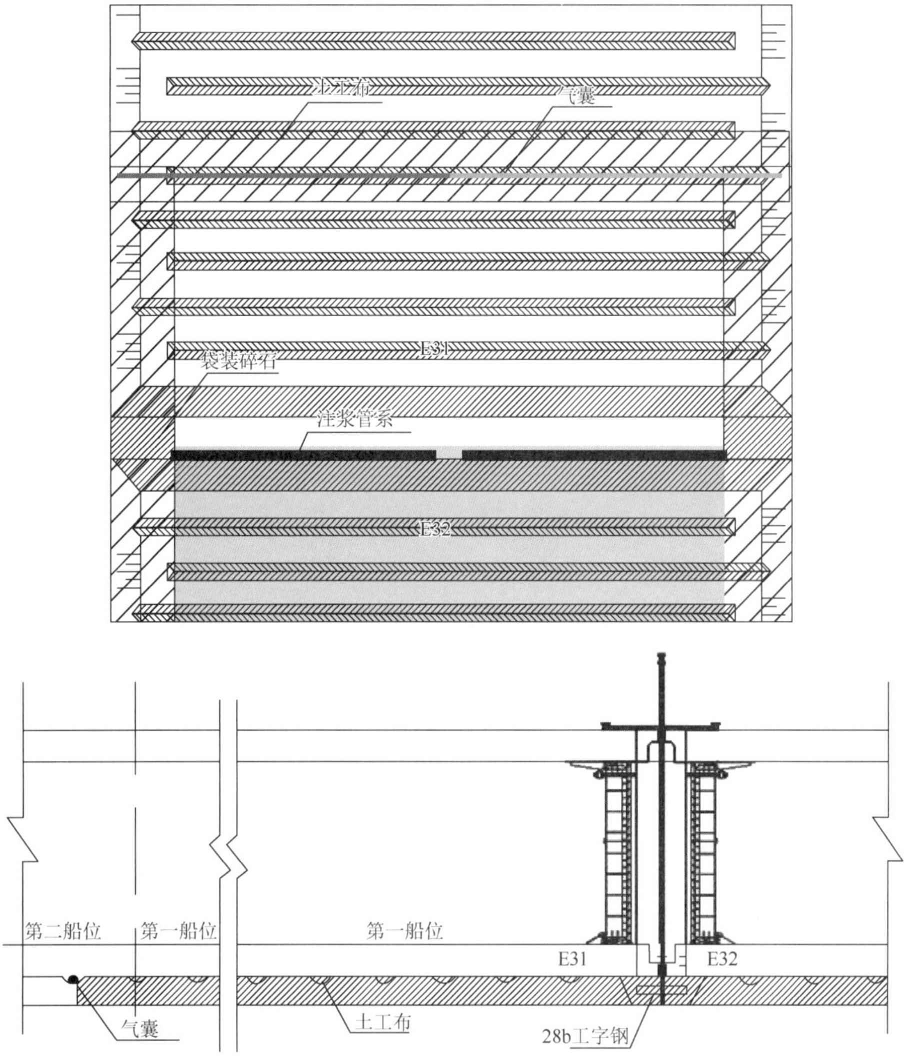

图 5-49 气囊、土工布布置图

（2）底部注浆管制作与布置

E31 管节安装前，提前在 E32 管节尾端底部布设注浆管。布设方式采用上下两层，底层两根注浆管采用泵送工艺，顶层两根注浆管采用注浆泵输送工艺，单根水平注浆管长 18 m，管径 125 mm，壁厚 5 mm。加工两套钢框架，单套长度 18 m，上下两根注浆管固定于钢架内，便于水下安装。底部注浆管布设示意图见图 5-50。

上部注浆管开孔 4 处，间距 5 m，开孔直径约 4.5 cm，出浆口与管间采用单向阀连接，中间端头封堵。下部泵送浆管开孔两处，间距 6 m，中间端头敞开，经气球试验验证，每处开孔三个，三个孔口尺寸为 10 cm×3 cm，同截面上三等分布，注浆管开孔图如图 5-51 所示。

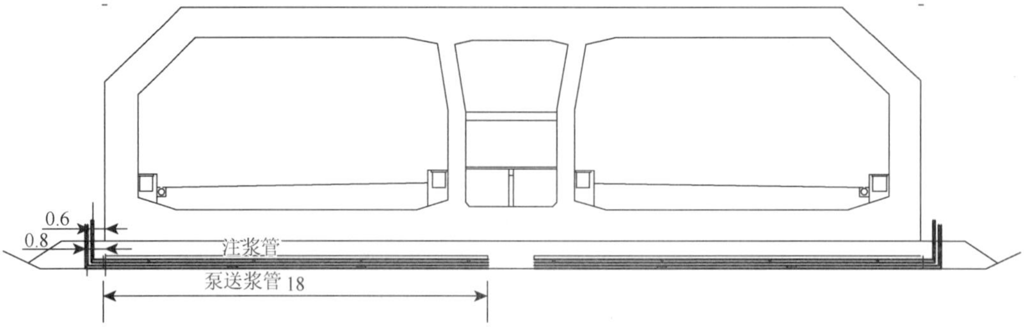

图 5-50　底部注浆管布设示意图（单位：m）

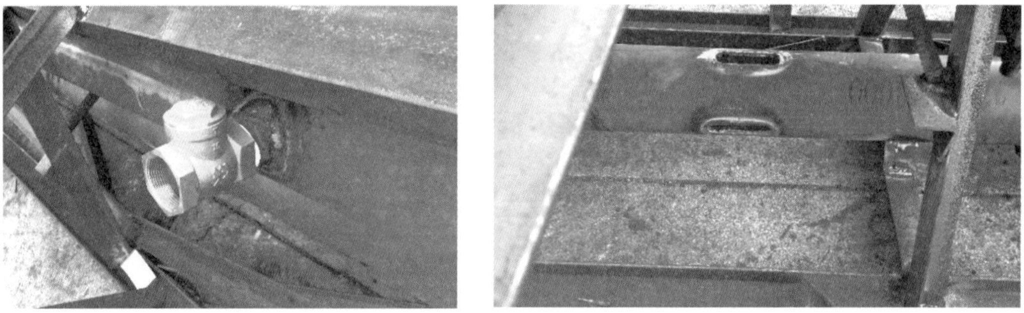

图 5-51　注浆管开孔图

（3）钢框架加工

钢框架采用三角形稳定结构，外侧框架采用 8 号槽钢，内侧桁架采用 5 号角钢连接。钢框架与注浆管位置关系图见图 5-52。注浆管和泵送浆管分别位于框架的上下方，位于沉管外侧的弯管连接一段直管，高度不超过 1 m，采用法兰连接，便于潜水员水下连接。

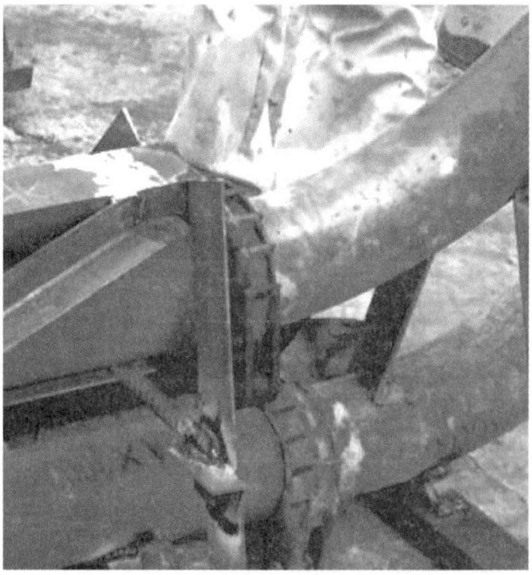

图 5-52　钢框架与注浆管位置关系图

在钢框架的上方水平居中放置 28 号工字钢，为方便水下操作在工字钢的放置位置用 4 根长度为 60 cm 的 5 号工字钢在钢框架上焊接限位槽，限位槽的内侧宽度控制为 310 mm。按照工字钢的放置要求，限位槽为每隔 1.2 m 焊接一个，每个钢框架焊接 16 个。

钢框架长 18 m，总重约 1.2 t，属于大跨度结构件的吊装，经计算采用三点吊。将钢框架与注浆管吊放至管节接头的垄沟内，保持水平状态，限位槽加工后实物图见图 5-53。钢框架加工材料表见表 5-16。

图 5-53 限位槽加工后实物图

表 5-16 钢框架加工材料表

序号	项目名称	型号	单位重量/(kg/m)	长度/m	总重量/kg
1	槽钢	8	8.045	105	844.7
2	工字钢	28b	47.9	80	3832
3	角钢	5	3.059	302.4	925
4	螺纹钢筋	$d = 2.5$ cm	3.853	50.4	194
合计					5795.7

（4）钢框架与注浆管下放安装

钢框架在吊装下放的过程中，在钢框架入水后吊点与 E32 管节端钢壳的水平距离保持在 0.8～0.9 m，在钢框架底部下放到沉管底部的高程时停止下放，潜水员入水下潜到 E31 管节第一条垄的垄顶钢框架旁，到达指定位置后，潜水员向 E32 管节方向推钢框架，钢框架同时下放。当钢框架中的工字钢卡槽与 E32 管节的端钢壳接触时，潜水员可适当减小推力，直至钢框架的顶端低于垄顶顶面为止。然后潜水员继续推动钢框架，直至吊装绳索与底部端钢壳接触为止。当吊装绳索与端钢壳快接触时，钢框架继续下放，到钢框架与垄底接触为止。下放到位后，潜水员检查钢框架的安装情况，如果出现钢框架倾斜过大甚至倾覆等异常情况及时汇报。

（5）下放工字钢

在钢框架安装完成后下放工字钢。工字钢型号为 28b，每根长度为 2.5 m 共 32 根，工字钢放置卡槽上，工字钢放置图如图 5-54 所示。

工字钢放置完成后，潜水员水下锁固，如图 5-54 所示。

工字钢下放吊装时用两点吊装，两个吊点相距 40 cm，分别与工字钢中点相距 20 cm，并在工字钢的腰部焊接限位块。

图 5-54　工字钢放置图

工字钢在下放接触到 E31 管节第一条垄的垄顶时，潜水员潜水到位，在垄顶把靠近 E31 管节侧的工字钢抬起直到另一侧能够完全进入 E32 管节底部为止。继续下放的同时潜水员把工字钢向 E32 管节一侧推动，到限位块被卡住为止。

2. E31 管节安装后准备工作

（1）连接气管及监测线

E31 管节安装后，潜水员水下采用快速接头将气管与气囊连接至管顶合适位置，绑扎固定，气管顶端连接到放置在潜水船的空压机上并进行充气。监测线缆同步绑扎至管顶，并标记好其位置。

（2）连接注浆管

竖向注浆管采用长度为(12 + 11)m 厚度为 10 mm 的无缝钢管组合连接的形式。

连接第一节竖向注浆管，长度 12 m，高出管顶约 60 cm，与 E32、E31 管节的系船柱呈八字软连接。由于竖向管节连接采用潜水船吊装潜水员水下连接法兰盘的方式，考虑受到波浪的影响，竖向管节对接困难，10 名起重人员吊装配合，1 m 长的特制螺栓连接法兰。第一节竖向管节连接完成后，为方便其余管节连接，潜水水下测量注浆管顶端东西方向偏离对接缝的距离。

连接第二节竖向注浆管，长度 11 m，高出水面约 2 m，采用整平船克令吊吊装底端与第一节注浆管法兰连接的形式。注浆管连接图见图 5-55。

（3）覆盖两侧土工布及袋装碎石

接头部分采用袋装碎石进行覆盖，使接头垄沟形成密闭空腔。沉管两侧采用土工布覆盖 + 袋装碎石固定。土工布及袋装碎石回填见图 5-56。

（4）锁定回填

在第一节竖向注浆管安装完成后，对 E32、E31 管节进行锁定回填，在对接缝处采用逐渐接近的方式进行回填，避免注浆管受到挤压而倾斜。在回填高度到达 4 m、6 m 时，潜水水下各检查一次，检查内容为注浆管的倾斜度与系船柱连接是否损坏。

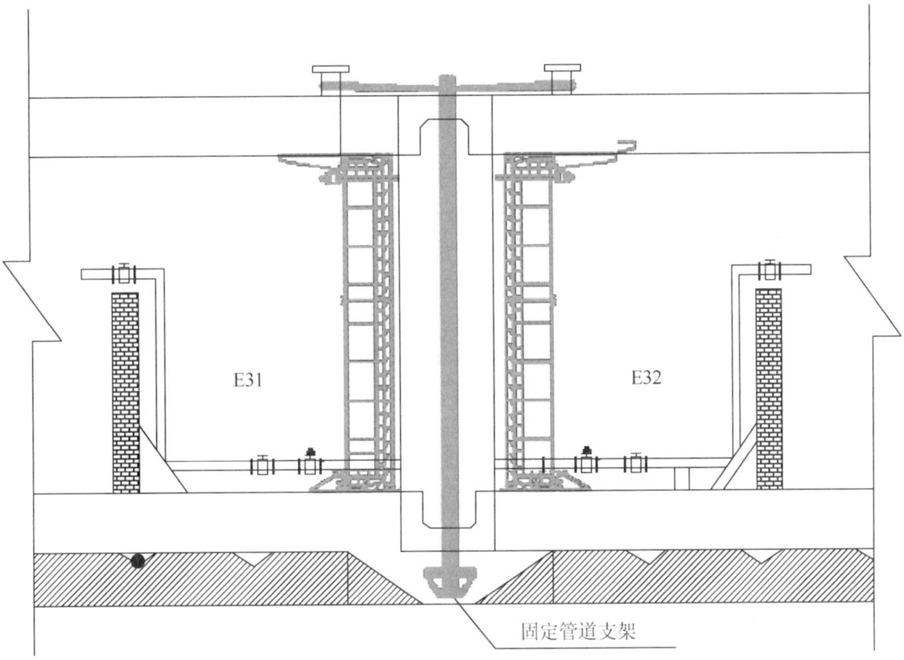

图 5-55 注浆管连接图

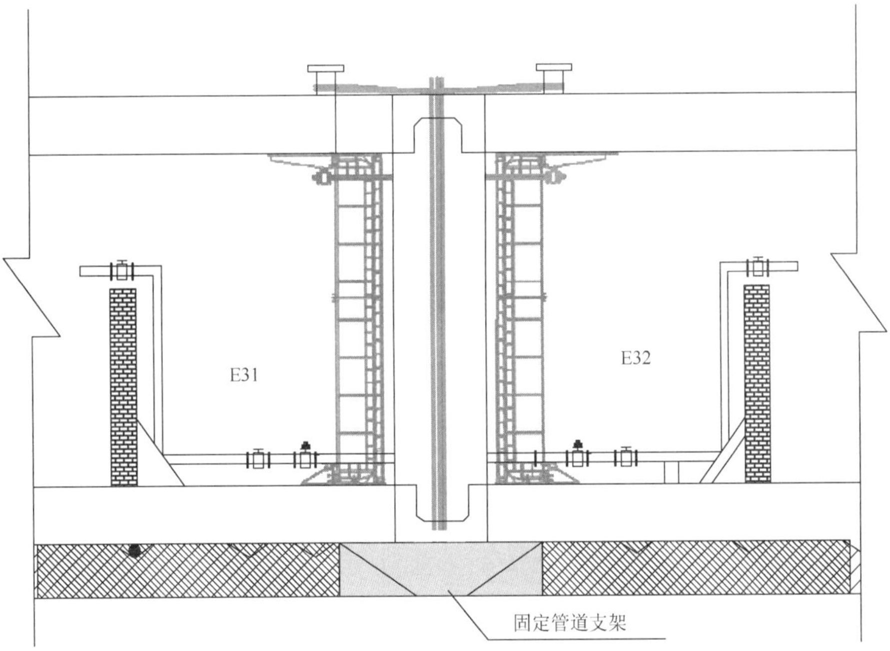

图 5-56 土工布及袋装碎石回填

（5）最终管路连接

船舶到位后，注浆管的顶端焊接在整平船的底层甲板上，并在底层布设注浆管与注浆泵连接。

（6）注浆

启动注浆设备进行注浆。

5.4.5.5　质量保证措施

钢结构加工、焊接需满足设计要求：

①气囊充气前经过气囊打压试验。

②管路满足充气气压要求。

③潜水水下辅助测量定位，保证水下安装到位。

④工字钢限位块及锁固装置保证其安装到位。

⑤钢框架安装到位后，潜水员对框架安装状态及与管底各处的位置关系进行确认，保证沉管安装质量。

⑥所定回填用料选用合适的级配进行锁定回填。

5.5　压砂法

为了避免使用门架（因门架可能妨碍航运交通）及为了在更深的隧道下面铺设基础，开发了压浆注浆法。该方法是采用在隧道管节底板上开许多孔口，这些孔口与管节里面相连把砂水混合物泵送到管节下面的空间里。当管道从岸上经过隧道通过这些孔口处进行充填砂基时，不会影响航运。砂水混合物通过在隧道管节内的孔口泵出，去填充隧道管节下面的空间直到砂堆接触到隧道管节的底部为止。这样就在隧道管节下面形成一个扩大的砂饼。直到砂饼内部的水压超过了预先指定的最大值，才打开下一个孔口，同时将前一个孔口关闭。

该方法速度快，能在 24 h 内填满一个隧道管节下面的整个空间，这样就能避免管节放置后产生淤积的危险。管内压砂法示意图和管外压砂法示意图分别如图 5-57、图 5-58 所示。

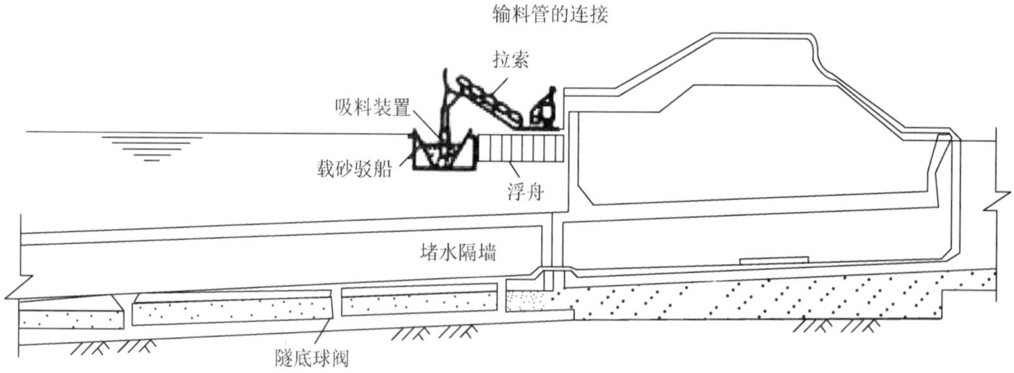

图 5-57　管内压砂法示意图

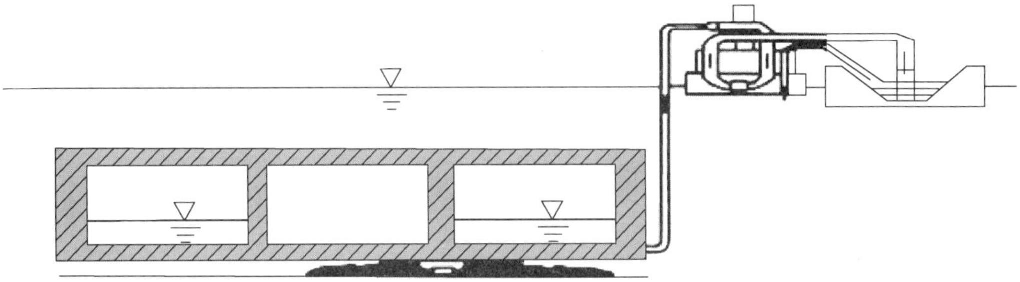

图 5-58　管外压砂法示意图

压砂法是荷兰在 1975 年修建为韦斯特谢尔德河沉管隧道时发明的。由于压砂法对砂粒粒径要求不高，又可避免水上临时构件对航道产生影响，还能省去浮吊等船舶。20 世纪 70 年代后期开始压砂法逐渐被各国采用，是目前先进的施工方法之一。

压砂法应用较为广泛。荷兰应用尤其多，荷兰弗拉克隧道、广州珠江隧道和上海外环隧道（图 5-59）、澳大利亚悉尼港湾隧道（Sydney harbour tunnel）、土耳其博斯普鲁斯沉管隧道（图 5-60）均采用此方法。

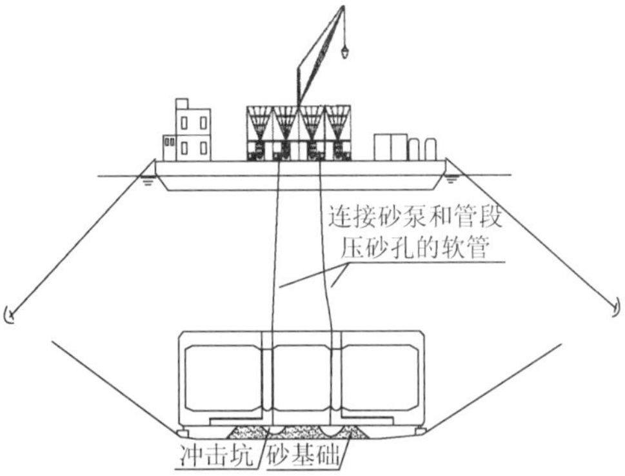

图 5-59　上海外环隧道

图 5-60　土耳其博斯普鲁斯沉管隧道

5.5.1　施工设备

管节压砂基础按地震烈度 7 度设防，根据试验，采用砂和水泥熟料重量比为 95∶5，砂料要求为不含泥土及杂物的天然河砂和海砂，水泥熟料要求是按国家标准《硅酸盐水泥熟料》（GB/T 21372—2008）生产的水泥熟料。

从提高砂基础的密实度、减小绝对沉降量的角度考虑，用级配好的砂料会使沉降减小，但是压砂过程容易发生离析，不利于压砂施工。综合考虑后，采用砂料和水泥熟料的颗粒级配要求位于 2 区，细度模数处于 2.3～3.0。

压砂工作船应在甲板面上布置压砂设备。压砂设备通常包括：砂泵、搅拌筒、砂料漏斗、水泥熟料漏斗、进水泵、输送带、抓砂吊机及控制室等。

5.5.2　施工流程

施工工艺流程如图 5-61 所示。

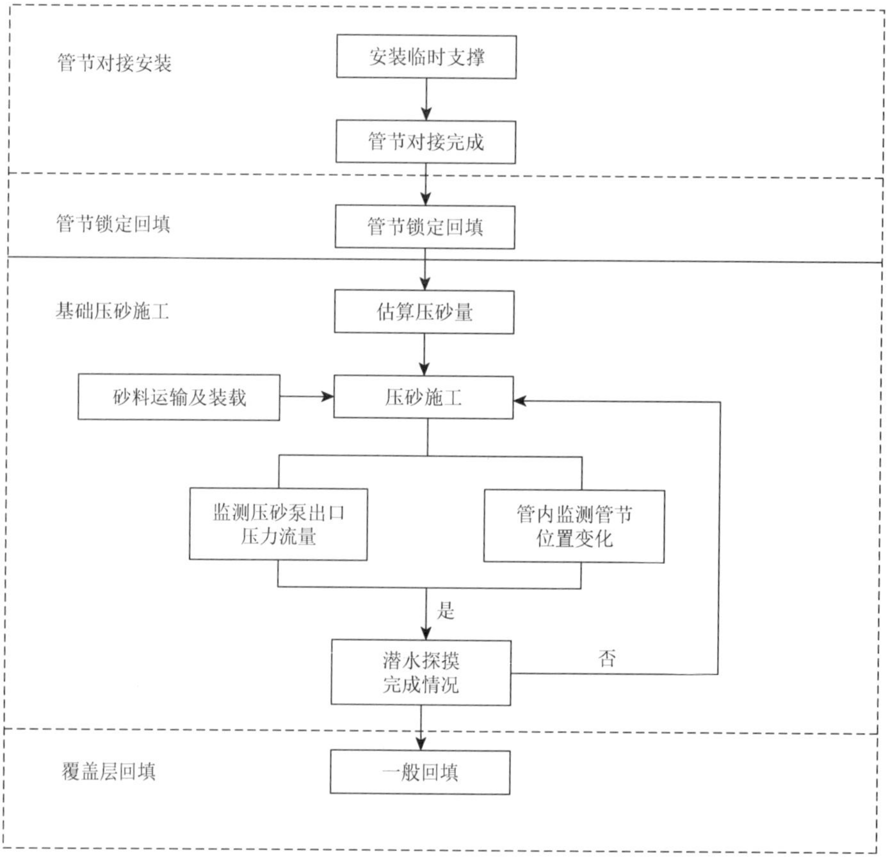

图 5-61　施工工艺流程图

5.5.3　施工工艺

5.5.3.1　工艺原理

压砂法的实质是在沉管孔内铺设输砂管，与沉管底板中预留的灌砂孔相连，利用设在隧道一端的砂泵将砂水混合料压送到灌砂孔，由此进入沉管下面的空隙中，形成一定大小的砂积盘。通过在一个个砂孔周围形成的砂积盘相互重叠，最后将沉管下面的空隙填满。

压砂法的原理是砂水混合料从驳船中有泵砂系统的管道送入砂泵，再通过压入孔以一定速度喷入管节下的水中，随后砂水混合流（简称砂流）穿过一定深度的水以某种分布方式沉积在基槽的底面上。压砂法示意图如图 5-62 所示。

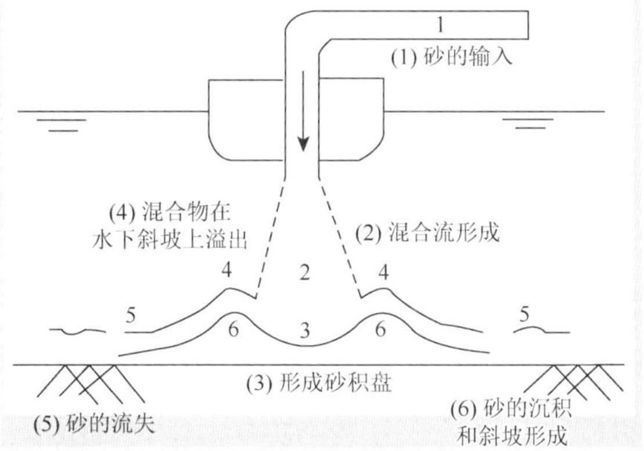

图 5-62　压砂法示意图

压砂法的机理可分为两个阶段讨论：

第一阶段：砂流离开压入孔后，以砂流柱的形式喷入水中，此时，砂流又从周围吸入一部分水而改变了砂流柱的几何形状。由试验观察可知，砂流的直径随着深度的增加以 1∶5 的比例而扩大，即深度每增加 5 m，直径增加 1 m，如图 5-62 所示。砂流柱水量的增加导致砂流体积不断增加，含砂量和砂流速度却在减小，部分砂扩散传播到周围的水中，以致从砂流中消失，含砂量的损失。

当管节下的流水以速度 U_a 沿基槽底面动时，则砂水混合物将会发生绕射（diffraction）现象，即砂偏离压入孔中心线。砂的偏离程度主要由水流的速度及砂流和流水之间的密度差决定。砂的绕射会导致砂流产生部分离析，较重的颗粒在压入孔附近区域沉积下来。因此管节下方水的流动导致砂流失去更多的砂。

砂流垂直穿过水中的速度随深度和其直径的增加而减慢。因此，随着深度的增加，导致砂流更大的偏离。最终砂水混合料以某一速度抵达基槽底面。

第二阶段：砂流抵达基槽底面后，砂在管节下面空隙中向四周水平散开，到离压入孔中心线一定距离时，砂流的水平速度将大大减小，终使砂子沉积成环形砂积盘。砂积盘中间形成一个冲击坑（crater）。砂积盘的形成如图 5-63 所示。

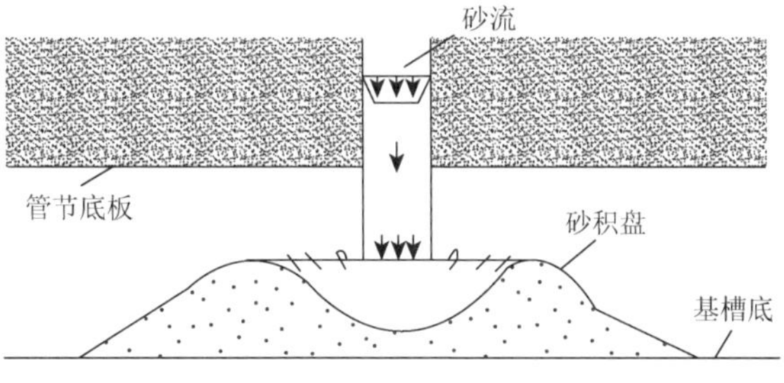

图 5-63　砂积盘的形成

坑内砂流相当湍急，使得砂料不可能在其中沉积，砂沉积只能发生在环形砂积盘的外边缘上。随着砂料的不断注入，砂积盘的直径也不断扩大，砂层也越来越高，最后与管节底面接触。与此同时，冲击坑内的悬浮物的压力不断升高，环形砂积盘薄弱处被冲开而外溢，使砂被送到砂积盘的外围坡面。当流速足够小时，便沉积下来。由于外溢“通道”不断延伸，摩擦力也随之增高，经过一段时间后，砂积盘又在其他决口处外溢，这个过程重复多次，于是砂积盘的直径越来越大，以这种方式全部填满管节下面的空隙。

5.5.3.2　压砂施工

1. 压砂设备试运转

管节压砂之前，需先进行压砂设备试运转，以验证压砂泵、输送带等整套压砂系统的性能，取得压砂的各种参数。

2. 基槽验收测量

管节沉放前，测量基槽的深度，以估算压砂孔的压砂量。

3. 压砂孔标识

管节沉放之前，对管节的压砂预留孔进行编号，并用塑料铭牌系于管面压砂孔的法兰板上。

4. 压砂施工顺序

为利于排淤，压砂由已安管节第一排孔开始，往另一端压砂，至最后一排孔不灌（最后一节相反）；横向灌砂的顺序为先中孔，后边孔。

5. 每个孔的压砂步骤

①将输砂胶管接到管面压砂管法兰。
②启动进水泵、砂泵、输送带。
③观察搅拌桶内情况，调整砂泵转速。
④根据砂积盘监控手段检查该孔压砂是否已满足要求，如未满足则继续压砂。
⑤关闭输送带、砂泵、进水泵。
⑥转移到下一个孔。

6. 砂积盘形成的监测

砂积盘形成监测方式主要采用压砂量控制、压砂压力监测、管内测量、潜水员探摸等；压砂压力最大不超过设计值。

（1）压砂量控制

根据基槽深度及沉放后管节底部高程，估算管节的压砂量。压砂施工以中间两孔在管节安全的情况下充分填入，两边孔压砂以管侧有砂外翻超过管边 30 cm 为止。

（2）压砂压力监测

双孔同时压砂时，砂泵出口压力读数超过设计值时，说明管节处于临界顶高（抬高）状态，需密切注意。

（3）管内测量

在管内安装测量仪器，每隔 15 min 监测管节标高变化，当管节顶标高达到 5 mm 时，需密切注意。

（4）潜水员探摸

当收到测量人员报告管节有顶高或脉动现象时，派潜水员下水探摸砂积盘形成情况及周围砂孔中充砂情况，以确定压砂效果。中间两孔压砂，用（1）～（3）的方法综合监测砂积盘的形成。边上两孔压砂还需结合本方法进行判断。

7. 防止管节抬高监测

压砂过程中，由于砂积盘形成过程中压力会逐步增大，有可能抬高管节。为了防止管节被抬高，在管节压砂过程中，不间断地对管节标高进行监测，并随时与压砂工作点联系。

8. 压砂法施工要点

①在管节预制时预留砂流孔，不得出现渗漏。

②在管节沉放之前，应检查砂流孔是否良好。

③应根据试验确定材料粒径与配合比、压力。

④纵向压砂应按先中间后两侧顺序对称进行。

⑤可根据压砂量、砂流压力、管节标高、潜水探摸等方法监控砂积盘形成情况。

⑥冲击坑、砂流槽、压砂孔采用灌浆充填时，注浆压力、浆料均应满足设计要求或根据试验确定。

⑦施工过程中应监测管节上抬量和横向水平偏移值、千斤顶顶力，并应满足设计要求。

5.5.4 施工质量控制及检测

①在压砂法基础处理施工中，需对以下参数的相互关系重点关注。

a. 空隙高度和预留量

沉管要放在砂垫层上，砂垫层的厚度（即空隙高度）应进行确认。同时，当垂直支撑千斤顶卸载后，沉管压在砂垫层上，会有一定的压缩量。这包括几个阶段：沉管自重压缩阶段，回填压顶以后压缩阶段，运营期间有动载后的压缩阶段。每个阶段都有一定的压缩量。这样，空隙高度就一定要包括砂垫层设计高度和预留压缩量高度。

b. 孔口压力和扩散半径

压砂法基础施工，最主要的是孔口压力和扩散半径，因为孔口压力大，压砂孔的砂积盘半径就大。这样，沉管底就可以少开孔，但孔口压力又不能太大，以免砂积盘处的压力即上托力造成沉管抬高。所以选取合适的孔口压力和扩散半径是至关重要的。

c. 密实度即上托力

沉管隧道的特点是基础荷载较低，而管节对基础的要求不高，关键是砂垫层的密实度。砂垫层越密实，压缩沉降越小，抗地震液化的能力越强，但砂垫层越密实，上托力越大，即要求的压重也大。因此，为了达到抗液化要求，要使砂垫层达到一个合适的密实程度。

d. 砂颗粒级配及水砂比

当砂垫层的砂粒级配达一定配合时，砂粒可以达到最有效的结合，使其密实程度提高。而水砂比是影响效果的关键因素，在灌注施工时要求不易堵管，又要在一定时间内输送更多的砂到达空隙中。

以上相关关系需要通过压砂模型试验和地震抗液化试验专门开展研究。

②压砂模型试验：压砂法的设计和施工中要确定的关键参数如下。

a. 砂积盘大小的确定

确定砂积盘的大小有助于在压砂施工时确定管节底板压砂孔的压砂压力和压砂孔数量及其布置方式。下面介绍两种确定砂积盘大小的方法。

方法一：先以洁净水流喷入管节底下的水中，确定出水流在基底形成的冲击坑参数，然后再对其修正得出喷入砂流情况时砂积盘的大小。

水流以速度 U_0 注入速度为 U_{m} 沿基底面流动的水中，U_0、U_{m} 及压入孔直径 d_0 和砂积盘半径 r 之间的关系为

$$\frac{U_{\mathrm{m}}}{U_0}=1.03\frac{d_0}{r} \tag{5-13}$$

喷入的水流沿基底表面的流动速度随 r 的增加而减小，r 很小时，水流可冲击基底形成冲击坑。冲击坑的大小确定方法为：假定在离喷入孔中心线距离 r_∞ 处，流水速度 U_{m} 等于某一值 U_{c}，一旦流水速度大于 U_{c} 时，就发生冲击基底现象，否则就发生沉积现象。在冲刷和沉积之间，砂料存在一个临界剪切速度 U_{mcr}。该速度的大小与砂的平均粒径有关。通过试验得到 U_{c} 和 U_{mcr} 之间的关系为

$$U_{\mathrm{mcr}}^2=\frac{f_0}{8}U_{\mathrm{c}}^2 \tag{5-14}$$

当 $U_m=U_c$ 时，由式（5-13）和式（5-14）可得

$$\frac{r_\infty}{d_0}=1.03\sqrt{\frac{f_0}{8}}\frac{U_0}{U_{\mathrm{mcr}}} \tag{5-15}$$

式中，f_0 为 Darcy-Weisbach 摩擦系数，为 0.02～0.1。故

$$\frac{r_\infty}{d_0}=(0.05\sim0.12)\frac{U_0}{U_{\mathrm{mcr}}} \tag{5-16}$$

进一步由试验观察可知，在垂直喷入水流的情况下，冲击坑半径 r_∞ 与其深度 y_{s} 之比值近似为一常数（约为 2.5）即

$$\frac{r_\infty}{y_{\mathrm{s}}}=2.5 \tag{5-17}$$

于是有

$$\frac{r_\infty}{d_0}=(0.02\sim0.05)\frac{U_0}{U_{mcr}} \tag{5-18}$$

根据试验进一步可得如下近似关系：

$$\frac{y_s}{d_0}=\begin{cases}0.075\dfrac{U_0}{U_{mcr}}, & \dfrac{U_0}{U_{mcr}}<100\\[2ex] 0.35\left(\dfrac{U_0}{U_{mcr}}\right)^{2/3}, & \dfrac{U_0}{U_{mcr}}>100\end{cases} \tag{5-19}$$

式中，d_0——压入孔直径；

U_0——喷入水流速度；

U_{mcr}——砂的临界剪切速度。

对于喷入砂流情况，可通过再次分析向基底喷入水流形成的冲击坑情况，然后加以修正确定。假设基底中砂的冲刷与沉积两种状态是平衡的，则由于喷入水流中砂的存在，砂积盘边缘砂流速度必定小于相应洁净水流的速度，以维持砂的沉积。因此砂积盘的边缘更靠近喷入孔的中心线位置。于是砂积盘的尺寸可在式（5-17）和式（5-18）计算结果基础上乘以一个折减系数求得，该折减系数取决于砂粒的平均直径 D_{50} 及砂流的体积含砂量 C。可见用 $D_{50}=0.4$ mm 的粗砂喷入时，砂积盘尺寸比洁净水的相应值减少 4/5。

方法二：砂积盘尺寸的确定直接建立在喷入砂流试验结果的基础上。大量试验发现，对靠近基础的喷入砂流试验$\left(1<\dfrac{H}{d_0}<4\right)$，砂积盘的大小是确定管节底板压砂孔的孔数、布置方式与压砂压力的决定性因素。其大小的确定一般是建立在喷入砂流试验结果的基础上。大量压砂试验发现，对靠近基础的喷入砂流试验$\left(1<\dfrac{H}{d_0}<4\right)$，喷砂时，砂流的冲量与砂积盘内水的质量之比大体上为常数（用无量纲参数 H_0 表示），砂积盘半径 r_0 与冲击坑深度 y 之比近似为一常数（约为 2.5）。冲击坑深度 y 可由式（5-20）（经验公式）确定。

$$\frac{y}{d_0}=0.4\left\{\frac{\pi(1+\Delta C_0)U_0^2}{4gd_0H_s}\right\}^{1/3} \tag{5-20}$$

$$\Delta=\frac{(\rho_0-\rho_w)}{\rho_w} \tag{5-21}$$

式中，C_0——喷入口处体积含砂量；

U_0——喷入砂的速度；

H_s——管底砂面水压；

ρ_w——水的密度；

g——重力加速度；

d_0——压入孔直径。

对于由喷入砂流形成的涡流砂沉积，当 $D_{50}=0.15\sim0.03$。由式（5-20）得出冲击坑深度 y 后，再据式（5-17）可得砂积盘的半径 r_∞。

如果喷入孔离基底的距离较大$\left(\frac{H}{d_0}>4\right)$，式（5-20）仍然适用，只需将式中 U_0、C_0、d_0用相应的 U、C、d 代替即可，C、d 的计算公式为

$$C=\frac{\rho_{\mathrm{m}}-\rho_{\mathrm{w}}}{\rho_{\mathrm{s}}-\rho_{\mathrm{w}}} \tag{5-22}$$

$$d=\sqrt{\frac{C_0U_0}{CU}} \tag{5-23}$$

式中，d ——基底上高度 Z 处的砂流直径；

U——基底上方高度 Z 处的砂流速度。

b. 砂积盘内的水压力

为了保持砂流的流动，冲击坑内外需要有一定的压力梯度，即冲击坑内的水压必须高于砂积盘外边缘的水压。砂积盘的水压包括两部分：冲击坑内的水压；砂积盘与管节底面相接触的环形部分的水压。为了保持砂流的流动，冲击坑内的水压必须高于砂积盘外的水压。砂积盘与管节底面接触面部分离压入孔中心线距离 r 处的水压力可由达西定律得到，即

$$H=\Delta H\frac{(\ln r_{\infty}-\ln r)}{(\ln r_{\infty}-\ln r_{\mathrm{c}})} \tag{5-24}$$

$$r_c=\frac{d_0+k_1\sqrt{Q}}{2} \tag{5-25}$$

$$Q=\frac{d^2}{4}\pi U \tag{5-26}$$

式中，r_{∞}——砂积盘半径；

ΔH——冲击坑内的水压，它决定于喷入砂流高度方向的长度；

r_{c}——冲击坑半径；

d_0——管节底面压砂孔的直径；

k_1——试验常数；

Q——基底上方高度 Z 处的砂流流量。

压砂基础的设计主要是确定压砂砂流的压力（流量、速度），压入孔的大小、间距、数量及布置方式，选用压砂材料（D_{50}）等。根据上述关于砂积盘大小确定的讨论［式（5-19）～（5-26）］，砂积盘的大小与砂流的流量（速度）、压入孔口的尺寸、砂的特性（D_{50}）等因素有关。压入孔口的间距、数量及布置方式又决定于砂积盘的大小，而砂积盘的大小又与冲击坑内的压力有关［式（5-24）］。如果冲击坑内的水压过高，会引起向上作用在管节底面上的竖直力，此时需要限制砂积盘直径尺寸。向上作用力越大就意味着沉管隧道内需要更多的压载水，因而会增加制作压载水的费用。另外，砂积盘大小受到限制，则需布置更多的压入孔。所以，对于压砂基础的设计，压入孔口的大小、数量、间距和布置图样，砂的特性、隧道深度及管节的超重压载等是有机联系的。实际设计时需要结合试验反复试算才能得出既可控制向上作用力、又不致增加太多的压入孔数量的最佳砂积盘尺寸方案。同时还要确定压砂顺序。压砂材料选择时，除考虑砂的粒径特性外，在地震区还要考虑不同粒径砂的级配，使其有较高的抗液化能力。

基于前述压砂法机理，通过模拟试验定量确定一系列控制指标以指导压砂法施工，如砂积盘充满程度；压砂孔直径与砂积盘扩展半径的关系；压砂时向上的浮托力与砂积盘扩展半径的关系；砂积盘孔隙比和相对密度；管节超荷与砂积盘沉降量之间的关系等。

具体隧道工程在采用压砂法基础处理时，都要根据所选压砂材料及自身工况进行基础的模拟试验。

c. 地震抗液化试验

沉管隧道采用了砂基础以后，砂垫层是处于饱和状态的。由于沉放管节后，隧道对地基作用的荷载通常较小，显著地降低了地基土层的有效上覆压力，是隧道砂垫层存在地震液化的可能性。根据资料，粗砂发生液化的现象较小，对抗液化有利。

5.5.5 案例

基础灌砂及灌浆封孔施工是沉管法隧道施工的重要一环，直接影响隧道的建设质量。南昌红谷隧道江中沉管段长 1329 m，分 12 节管节，编号分别是 E1、E2、…、E12。管节长度分为 115 m、90 m 与 111.5 m 三种，长度不同的管节，灌砂孔数量也不同：115 m 长管段，设 36～39 个灌砂孔；90 m 长管段，设 30 个灌砂孔；111.5 m 长管段，设 36 个灌砂孔；全部沉管管节共 429 个灌砂孔。

管节底板设计标高与基槽设计标高之差 600 mm，基槽计算超深 500 mm。

5.5.5.1 管节锁定回填

在管节灌砂以前采用钩机配合落石漏斗定位的方式进行管节两侧锁定回填。即在离管节尾部 30 m 的管节两侧对称抛两个碎石支墩对管节进行锁定（回填材料为砾石），确保已沉放管节两侧压力均衡。通过标高测量控制回填高程，抛石厚度为灌砂基础设计高度以上 4.5 m。管节锁定回填断面图如图 5-64 所示。

5.5.5.2 管节基础灌砂

利用一艘专用灌砂工作船，通过管节布设的灌砂预留孔，由管外往预留孔进行压力灌砂。

①灌砂工作船：该工作船甲板面布置控制室、砂泵、砂漏斗、水泥熟料漏斗、搅拌器、输送带、发电机、灌浆设备等设施。

②灌砂泵：采用 3 台日本生产的专用隧道灌砂泵，输入口径 8 in[①]、输出口径 6 in，流量为 3.0～8.0 m^3 /min。

③灌砂基础厚度：基础灌砂厚度为 100 cm。

④灌砂用砂：

a. 中粗砂，河砂。

b. 粒径：$D_{50} = 0.1～10.0$。

c. 比重：$\gamma = 2.6～2.7$。

① 1 in = 2.54 cm。

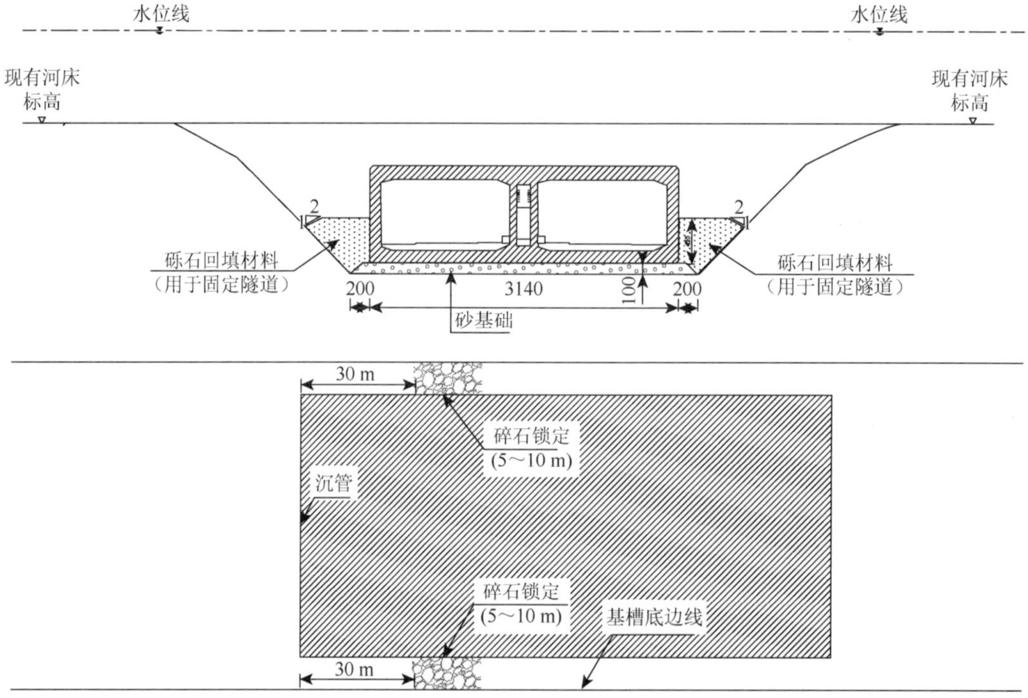

图 5-64　管节锁定回填断面图

注：除标记外，单位为 cm

⑤砂水混合比：管节基础灌砂是由砂与水搅和以一定比例吸入砂泵，再送到基础的。根据沉管法隧道经验，砂水重量混合比 1∶8～1∶9 较为适宜。

基础灌砂施工程序见图 5-65。

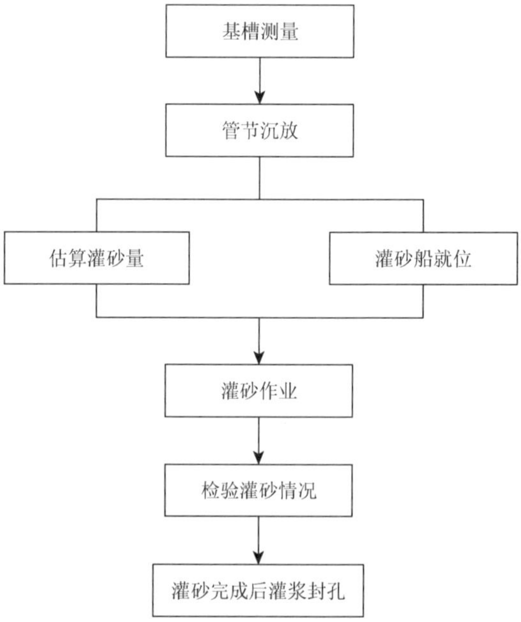

图 5-65　基础灌砂施工程序图

1. 前期准备工作

（1）施工船舶

灌砂工作船由“邵阳杨航 1 号”平板驳改装而成，主尺度 $L \times B \times D$ 为 60 m×10.50 m×2.10 m，在甲板面上布置灌砂设备和设施。包括：生活区、供电系统、锚泊系统、操纵室、砂漏斗、潜水泵、皮带输送机、链带输送机、搅拌设备。灌砂工作船总布置图如图 5-66 所示。

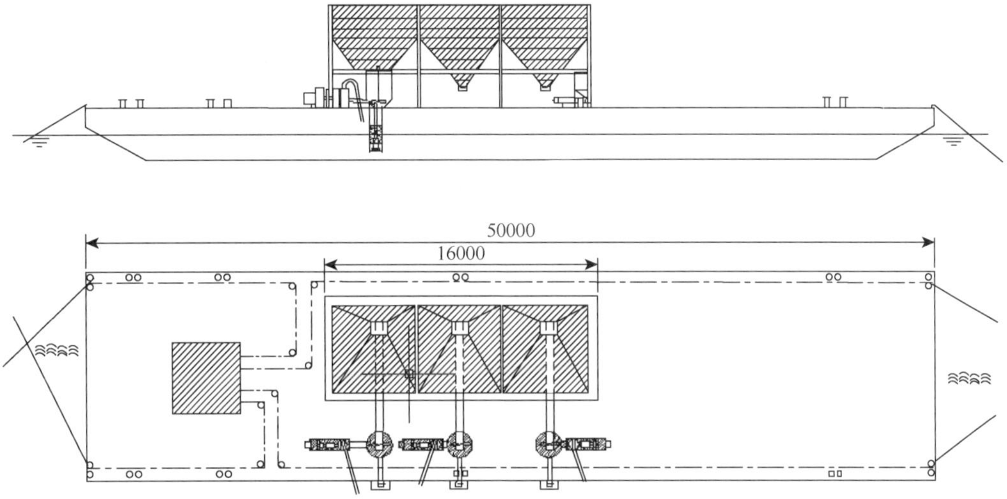

图 5-66 灌砂工作船总布置图（单位：mm）

设备主要参数如下：

1）灌砂泵	输出功率：	37 kW
	流量：	5.0 m^3/min
	扬程：	12 m
2）砂漏斗	主尺度：	5000 mm×5000 mm×5300 mm
	容量：	42 m^3
	出口尺寸：	300 mm×100 mm
3）皮带输送机	线速度：	0.8 m/s
	功率：	2.2 kW
4）链带输送机	线速度：	0.25 m/s
	功率：	1.5 kW
5）水泵	输出功率：	37 kW
	流量：	5.0 m^3/min
6）控制室	布置砂泵/输送带/搅拌器/潜水泵开关和仪表。	

（2）灌砂试验

管节灌砂之前，需先进行灌砂设备试运转，以验证灌砂泵、输送带等整套灌砂系统的性能，取得灌砂的各种参数，包括：皮带机的线速度、砂漏斗不同刻度时的流量、砂泵流量与潜水泵流量相当时的砂泵转速、砂水混合比为 1∶8～1∶9 时的砂漏斗出口放砂高度等数据。

（3）基槽验收测量

管节沉放之前，测量基槽的实际深度，作用有两点，一是看是否有“浅点”，二是用以估算各灌砂孔的灌砂量，作为判断灌砂孔是否灌满的依据之一。

（4）灌砂孔标识

管节沉放之前，对管节的灌砂预留孔进行编号，并用塑料铭牌系于管面灌砂孔的法兰板上（潜水员接管后，把铭牌带上甲板，以确认灌砂喉管没有接错）；在轴线方向，砂孔之间用麻绳连接起来，便于潜水员接管时方向的辨别。

2. 灌砂施工

（1）灌砂工作船现场布置

灌砂分项工程投入的施工船舶为“邵阳杨航 1 号”灌砂工作船；拖轮及 3 艘带皮带机的运砂船。

“邵阳杨航 1 号”为灌砂工作母船；灌砂时，运砂船直接把砂卸到砂漏斗内；拖轮协助“邵阳杨航 1 号”移船；3 艘运砂船保证灌砂现场砂料的供应。

管节沉放成功、压载稳定、管面舾装件拆除后，拖轮将“邵阳杨航 1 号”拖往预定水域抛锚就位。就位时，灌砂工作船横向布置于管节上，抛 4 个 5 t 锚。

（2）灌砂施工顺序

由于管节尾端采用垫块临时支撑，管节沉放安装后尾端力全部作用在两个垫块上，为防止垫块受力损坏或产生沉降，应首先对垫块附近的灌砂管进行灌砂。

灌砂从管节尾端起第三排管节开始，先灌中间灌砂管，再同时对两边灌砂管进行灌砂。在从尾端起第三、四排灌砂管灌砂完成后，进行管头灌砂工作。从管头往管尾方向进行灌砂，保持先中间孔，后两边孔顺序逐排进行灌砂，灌至尾端起第四排时，暂停灌砂，回收临时支承千斤顶，然后灌尾端第二排灌砂管。

管节尾端起第一排孔不灌，等到与后一节管节对接后方开始由该排孔进行灌砂，这样可以避免砂料流至未沉放管节的基槽上去。灌砂时，做好灌砂泵仪器读数、灌砂压力及起止时间的记录。

单个孔的灌砂程序：灌砂管驳接→开潜水泵→开搅拌器→开砂泵→开皮带输送机→开链带输送机。灌砂前，先灌清水几分钟，以疏通管道；灌砂结束后，也灌清水几分钟，以清理灌砂管中的余砂。

灌砂管驳接：灌砂管为ϕ150 mm，每根 6 m 长的胶管。两端装上法兰管头，根据水深决定驳接管长度。灌砂时，管两端法兰分别与砂泵出口、灌砂预留口连接。

灌砂过程记录：记录内容有管节号、孔号、灌砂起止时间、压力表读数、估计的灌砂方量等。

供砂方式：砂料由自航的运砂船从供砂点运来，用砂船自带的皮带卸砂到漏斗中。灌砂期间，运砂船应停靠在“邵阳杨航 1 号”的旁边。根据需要，随时供砂。每次运砂船到灌砂现场，工程师要上船检查砂的质量并进行监理现场见证取样送检，合格后方可收货。对于含泥团或石块的不合格砂，坚决退货，并如实记录砂船方量，作为整体灌砂量控制的参考数据。

水泥熟料供料方式：由厂家供应的水泥熟料先寄放在“临建”的风雨棚。灌砂作业需要时，用自带吊机的运输车运至临时卸装平台，然后用吊机把水泥熟料吊上“邵阳杨航 1 号”水泥熟料堆放平台；灌砂作业过程中，人工把水泥熟料按配比倒入水泥熟料漏斗，通过皮带机，输送到搅拌筒中，由砂泵泵到管节底形成砂基础。

3. 基础灌砂工作量

基槽设计标高与管节设计底标高之差为 600 mm，考虑设计超挖深度 500 mm，灌砂流失量按 20%计，故预计基础灌砂厚度为 1100 mm。

灌砂方量：$Q(\mathrm{m}^3)$ = 管底面积×1.1×1.2。

水泥熟料重量：$P(\mathrm{t}) = Q \times 1.4 \times 6\%$。

其中，砂密度是 1.4 t/m³，水泥熟料密度是 1.2 t/m³，6%为设计单位要求的水泥熟料按砂重量的掺入比例。

由此预计各管节灌砂量和水泥熟料用量如表 5-17 所示。

表 5-17 灌砂量及水泥熟料用量表

管节	长度/m	宽度/m	厚度/m	灌砂量/m³	水泥熟料/t
E1	114.85	30	1.1	4548.06	382.04
E2	114.85	30	1.1	4548.06	382.04
E3	114.85	30	1.1	4548.06	382.04
E4	114.85	30	1.1	4548.06	382.04
E5	114.85	30	1.1	4548.06	382.04
E6	114.85	30	1.1	4548.06	382.04
E7	114.85	30	1.1	4548.06	382.04
E8	114.85	30	1.1	4548.06	382.04
E9	114.85	30	1.1	4548.06	382.04
E10	89.85	30	1.1	3558.06	298.88
E11	107.35	30	1.1	4251.06	357.09
E12	89.85	30	1.1	3558.06	298.88

4. 砂积盘形成的监测

砂积盘形成的实质是指最终砂积盘不再被冲垮。灌砂过程其实是砂积盘不断形成，不断被冲垮，再形成，再冲垮……的过程，这期间，砂积盘半径越来越大，冲垮所需压力越来越高。当压力不能再高时（否则可能将沉管顶起），这时的砂积盘被认为是最终的砂积盘，最终的砂积盘半径可达到设计要求的 7.5 m。监测最终砂积盘是否形成，主要手段是采用灌砂量、灌砂压力、潜水员探摸、管内测量等。

灌砂量：根据测量的实际水深，计算出每一个灌砂孔需要的灌砂量，当实际灌砂量达到该数值时，即可认为砂积盘形成，同时注意灌砂其他参数。

①每一个灌砂孔灌砂量及灌砂时间计算（按砂积盘扩散半径 $r = 7.5$ m）：

每孔灌砂量（V）：$V = \pi r^2 \times h \times 1.2 = 318\ \text{m}^3$；

每小时灌砂量（v）：$v = 60\ \text{min} \times 5\ \text{m}^3/\text{min} \times（0.1 \sim 0.125）= 30 \sim 37.5\ \text{m}^3$；

每孔灌砂时间（t）：$t = 318\ \text{m}^3 \div 30\ \text{m}^3/\text{h} = 10.6\ \text{h}$（取 $v = 30\ \text{m}^3$ 进行计算）。

②灌砂压力：砂积盘形成过程中，灌砂压力一般都在变化，趋势是升高的，在砂泵出口处安装一压力表，以监测压力变化。当压力表读数有较为显著升高时即应引起注意。

③潜水探摸：当灌砂量达到预计量或灌砂过程中出现其他异动，如压力显著升高，则由潜水员下水探摸砂积盘形成情况，此法适用于管节中段边孔。

④管内测量：砂积盘形成时，砂积盘冲击坑与管节底板会间歇性形成密闭，压力增大，管节会在 1～3 cm 内垂向跳动。管内测量员监测得管节开始跳动时就通知灌砂值班人员，密切注意其他参数变化，管内测量员进一步加强观测，并与灌砂施工值班人员保持密切联系。

⑤设计方提出的可行的检测方法。

总之，判断最终砂积盘形成是灌砂工程中的一个难点，比较难掌握。实践中，操作员常把上述方法串用，综合判断。其中，潜水员下水探摸，看砂是否溢出是最直接的依据，也是最有力的依据，要运用得当。

5. 防止管节被抬高监测

灌砂过程中，由于砂积盘形成过程中压力会逐步增大，有可能将管节抬高。为了防止管节被抬高，在管节灌砂过程中，安排测量员不间断地对管节标高进行监测，并随时与灌砂工作船联系。

具体做法是：在正在灌砂的沉管内竖立一根标尺，在相对稳定的相邻管内架上水准仪，在灌砂期间，不间断进行观察高程的变化。过大的变化作为灌砂孔已灌满的重要参考。

6. 施工主要参数

灌砂施工主要参数见表 5-18。

表 5-18　灌砂施工主要参数表

灌砂泵功率/kW	37
转速/(m/s)	100～1375
流量/(m^3/min)	5
入口管径/mm	200
出口管径/mm	150

续表

砂、水重量混合比	1∶8～1∶9
砂积盘形成的半径/m	7.5
注浆泵出口压力/(kgf/cm^2)	6
注浆管口径/mm	75

7. 砂料供应

砂料要求符合：中度粗砂，粒径 $D_{50}=0.1\sim10.0$，比重 $\gamma=2.6\sim2.7$。砂的组成应接近下列级配见表 5-19。

表 5-19 砂料级配表

名称	颗粒大小/mm	比例/%
细砂	0.1～0.25	1.0
中砂	0.25～0.5	3.0
粗砂	0.5～2.0	25.0
细砾	2.0～5.0	56.0
中砾	5.0～10.0	15.0

注：1. 砂中要掺入水泥熟料，掺入量为砂重量的 6%，可经过多次的试验确定水泥漏斗和砂漏斗的斗门高度，控制流出量。

2. 砂料筛选、检验等均要由有资质单位出具报告，最终选择符合设计灌砂要求的砂料。

5.5.5.3 注浆

基础灌砂时会留下砂流槽、冲击坑，注浆分成两部分，即冲击坑、流砂槽和灌砂预留通孔。根据华南理工大学灌砂科研成果及以往的经验，冲击坑为一直径 1.7 m、深度约 0.6 m 的锥形空间，容量约 0.454 m^3，如按 50%的裕度对其填充，则估算体积为 0.68 m^3。为填充该部分空隙及灌砂预留孔，采用压力注浆方式。浆料为无收缩细石混凝土，细石混凝土的粒径在 2～5 mm，其抗压强度标准值不低于 C40。注浆设备布置于灌砂工作船上，包括一台出口管径 75 mm 注浆泵、2 台搅拌器、水泥堆放棚等。

管节基础灌砂工作完成后，即可进行注浆。潜水员下水把注浆管与灌砂预留孔法兰连接起来。利用注浆泵将在搅拌器中搅拌均匀的浆料注入预留孔，注浆直至完成估算的 0.68 m^3 或浆泵压力明显升高为止，这时冲击坑应已填充满。再根据设计要求对灌砂预留孔部分进行注浆。

注浆设备如图 5-67 所示，注浆施工如图 5-68 所示，灌砂（浆）施工时测量监控如图 5-69 所示，注浆管路水下阀门情况如图 5-70 所示。

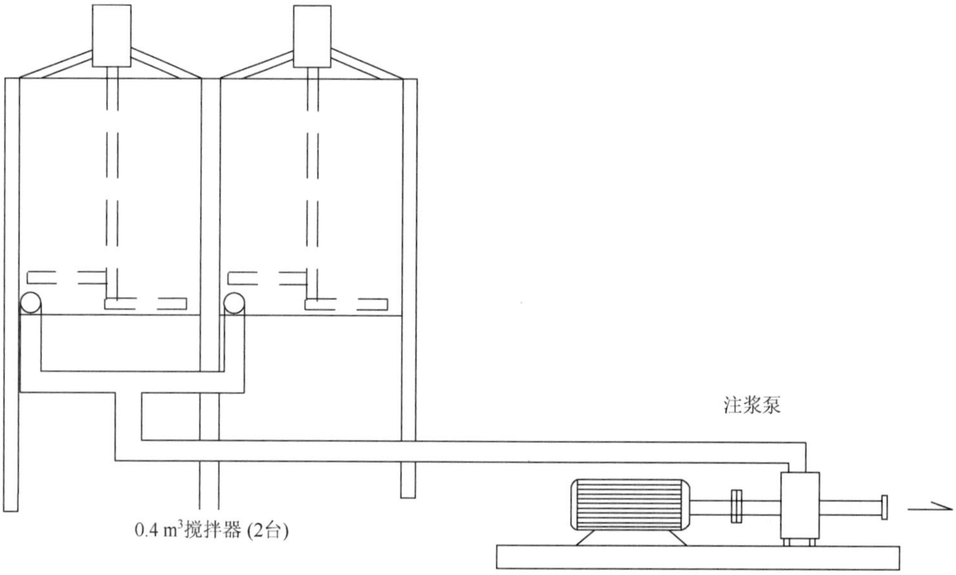

图 5-67　注浆设备示意图

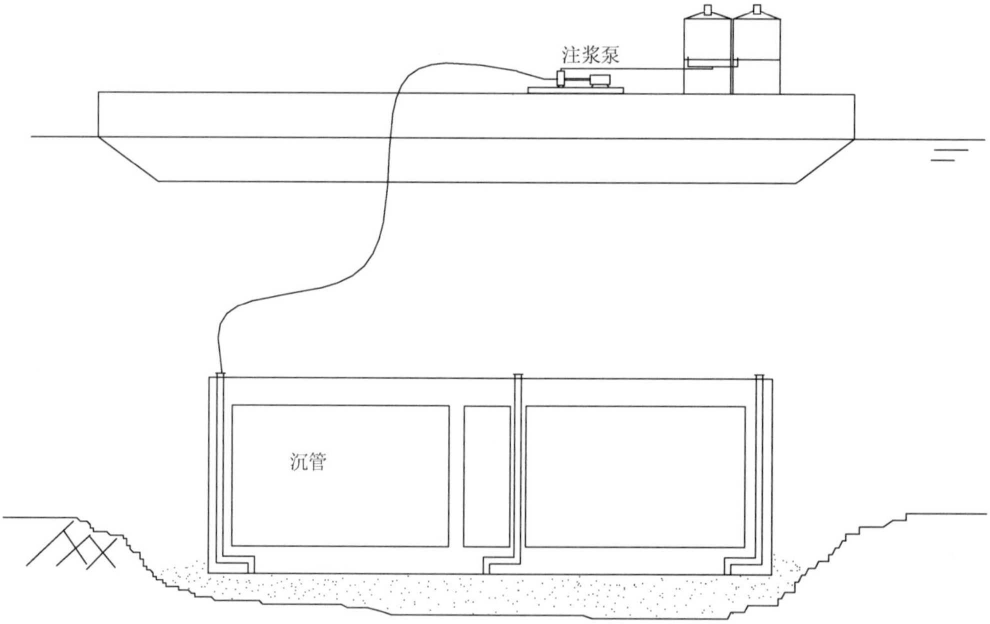

图 5-68　注浆施工示意图

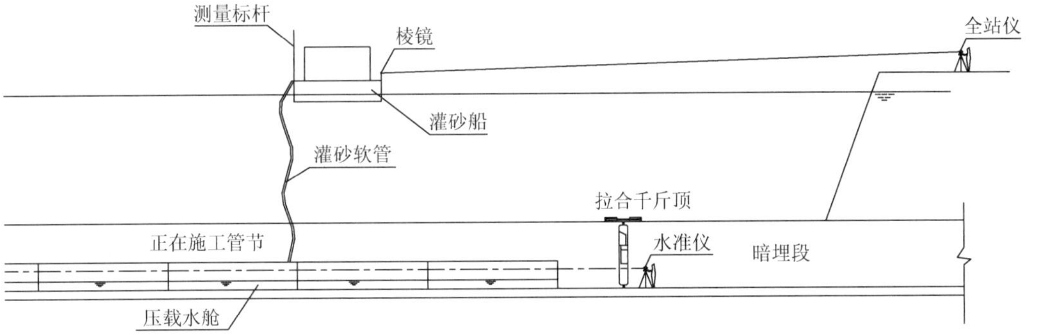

图 5-69 灌砂（浆）施工测量监控图

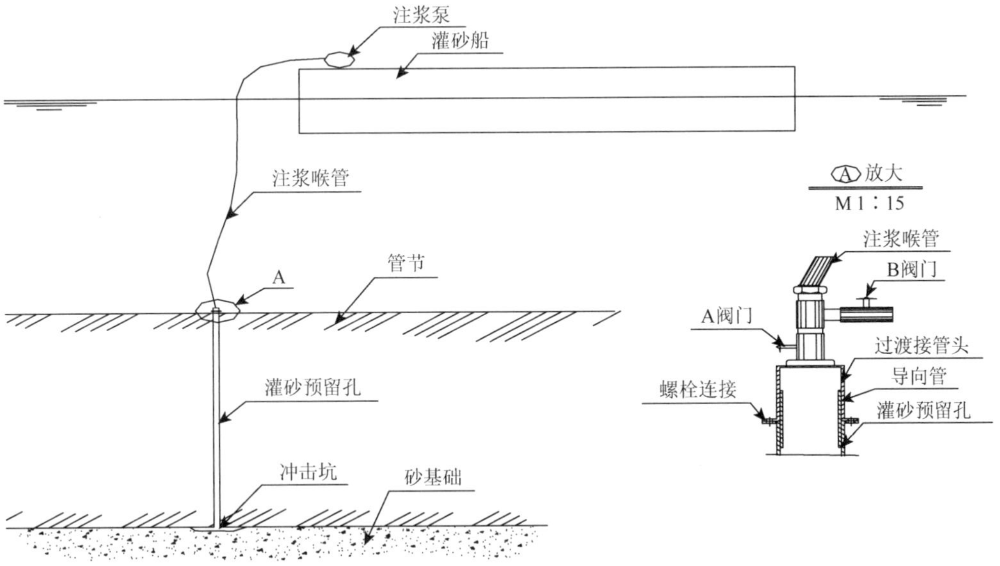

图 5-70 注浆管路水下阀门示意图

注浆操作程序：潜水员接注浆管→关闭 A 闸阀打开 B 闸阀→开机注浆→潜水员检查到 B 闸阀有浆液流出→打开 A 闸阀关闭 B 闸阀→注浆量达到估算量或压力达到设计值→打开 B 闸阀结束注浆。

注浆期间，应进行以下项目的检测：检测水泥浆体积；记录注浆方量和注浆泵压力；检查垂直千斤顶压力值。

注浆过程出现下列情况时，施工应停止：注浆压力达到设计值；实际注浆量达到估算值；测量测定管节已被抬高。

5.5.5.4 管节回填及覆盖

管节回填及覆盖在管节灌砂和注浆工作完成后进行，分别是碎石回填和一般回填；碎石回填采用船上钩机对称抛填的方式进行，最终潜水员进行水下碎石整平；碎石整平完成后进行一般回填，一般回填料用原开挖砂土或河砂，回填时采用两艘船分别置于管节两侧同一断面对称分层抛填，防止管节单侧受力产生平移，回填至原河床面；施工过程中应避免伤及管节外防水结构及管节结构。管节回填及覆盖标准断面图见图 5-71。

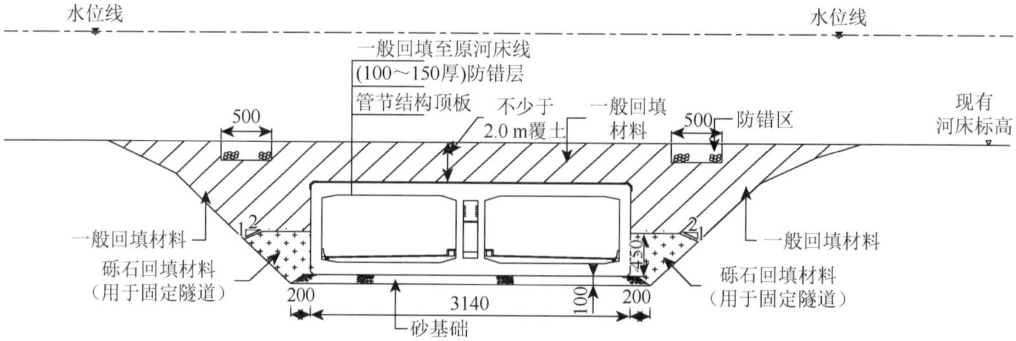

图 5-71　管节回填及覆盖标准断面图（单位：cm）

5.5.5.5　资源配置

①施工船舶设备见表 5-20。

表 5-20　施工船舶设备表

设备名称	规格	数量
灌砂工作船	61.64 m×18 m×3.8 m	1 艘
运砂船（带皮带机）	约 300 m³	作业时，现场 1 艘
拖轮	720 kW	1 艘

②“邵阳杨航 1 号”驳甲板设备见表 5-21。

表 5-21　“邵阳杨航 1 号”船舶设备表

序号	名称	数量	序号	名称	数量
1	5 t 吊机	1 台	9	水下电割	1 套
2	8 t 锚机	4 台	10	潜水工作间	1 个
3	砂漏斗（附水泥漏斗）	2 个	11	生活区集装箱	8 个
4	链带机	2 台	12	ϕ50 mm 注浆软管	50 m
5	皮带机	2 条	13	砂水搅拌器	2 台
6	400 kW 发电机	2 台	14	ϕ150 mm 砂泵	2 台
7	75 kW 发电机	1 台	15	ϕ200 mm 潜水泵	2 台
8	注浆设备	1 套	16	减压舱	1 个

续表

序号	名称	数量	序号	名称	数量
17	12 m^3 空压机	1 台	21	加油机	1 台
18	0.6 m^3 中压机	1 台	22	工具房	1 个
19	0.4 空压机	1 台	23	ϕ150 mm 软管（8 m/条）	8 条
20	潜水设备	3 套	—	—	—

5.5.5.6　工期计划

拟按两班工作制施工，每天作业时间为 16 h，则每天完成的灌砂方量 V_s：

$$V_s = v \times t \times n \times a = 30 \times 16 \times 2 \times 0.75 = 720\ \text{m}^3$$

其中，v——单泵灌砂量，$v = 30\ \text{m}^3/\text{h}$；

n——工作状态灌砂泵数量，$n = 2$；

t——每天作业时间，$t = 16$ h；

a——作业效率，取 0.75。

管节灌砂所需的作业天数：$D = (Q + P/1.2)/V_s$。

由此可预计各管节灌砂所需的作业天数见表 5-22。

表 5-22　各管节灌砂表

管节	灌砂量/m^3	水泥熟料/t	作业天数/d
E1	4548.06	382.04	6.8
E2	4548.06	382.04	6.8
E3	4548.06	382.04	6.8
E4	4548.06	382.04	6.8
E5	4548.06	382.04	6.8
E6	4548.06	382.04	6.8
E7	4548.06	382.04	6.8
E8	4548.06	382.04	6.8
E9	4548.06	382.04	6.8
E10	3558.06	298.88	5.3
E11	4251.06	357.09	6.3
E12	3558.06	298.88	5.3

考虑其他因素影响，一般每管节灌砂所需的作业天数约为 9 d，灌浆封孔所需作业时间为 2 d。

6 基槽清淤

6.1 概述

沉管隧道基槽，地处施工海域海况复杂，气候多变，受径流泥沙影响、周边水域的人为影响因素（如采砂、疏浚工程）、基槽内其他工序的回淤影响等，易导致基槽容易淤积。沉管安放对于基槽底部水密度要求极高，回淤量直接影响沉管基础处理的质量。因此，隧道基础处理施工中必须对基槽内的回淤物予以有效地清除。

6.2 清淤分类

6.2.1 清淤分类

沉管隧道基槽的清淤施工安排，主要根据回淤情况及现场施工需要而确定，具体分类如下。

（1）基槽粗挖施工或长时间晾槽期间的维护性清淤

粗挖施工过程中重视多波束水深监测，根据测量结果监控施工期间所产生的回淤物厚度，适时安排耙吸船进行基槽维护性清淤。基槽某些区段长时间晾槽搁置，导致了较大的淤积，若影响该区段或邻近管节基槽的相关工序施工作业，则安排必要的维护性清淤，以尽量恢复隧道基槽原状土基床的真实状况。如果该区域空间足够耙吸船调头施工作业，则采用中型或大型耙吸船实施清淤；若其空间受限，则安排具有专用定点高精度清淤性能的清淤船进行清淤。

（2）基槽粗挖后、精挖前的精确清淤

隧道基槽大部分管节基床的精挖通常与前期粗挖间隔一定时间，拟精挖的基床面不可避免地淤积一定厚度的浮泥或粗挖残留物。因此，为提高基槽精挖施工质量，减少此部分淤积物随精挖施工落淤至基床槽底，在开始每个管节基床精挖前，需根据水深测量结果安排清淤施工。对于选用耙吸船或专用清淤船清淤，主要视该施工区域空间而定。鉴于该阶段基槽尚未最终成型，清淤施工可不考虑对土体的扰动，施工过程中耙头或吸淤头应紧贴泥面，以达到最佳清淤效果。

（3）基槽精挖后，抛石夯平之前的精确清淤

根据施工进度计划，在基槽精挖施工后，抛石夯平开始时间必须根据后续工序碎石基

床铺设、沉管安放气象窗口倒排，因此，可能导致基槽晾槽时间过长，需结合回淤监测结果和水下人工探摸情况及作业条件，安排具有动态航迹（DPDT）系统、挖泥轨迹显示（DTPS）系统的中大型耙吸船、专用清淤船，对相应管节基槽进行精确清淤。

（4）基床抛石夯平施工后，碎石基床铺设前的精确清淤

基槽碎石基床铺设施工，通常应在抛石夯平施工完成之后随即展开。如有特殊原因造成延误，需结合回淤监测结果和水下人工探摸情况及作业条件，安排精确清淤。如淤积面积和淤积量较小，一般采用专用清淤船作业即可；但如果大面积回淤且回淤量相对较大时，为提高总体清淤施工效率，在已安管节末端一定安全距离之外的基槽范围，通常安排具有DPDT、DTPS 系统的中大型耙吸船进行精确清淤，剩余的局限区域高精度清淤施工则仅能由专用清淤船承担。

（5）基槽复合边坡精确清淤

沉管隧道基槽边坡长时间晾槽累积的淤积物易出现滑塌、落淤等不稳定情况，假如周围有采砂等相关活动，则影响程度尤为明显。施工过程中必须重视和加强边坡稳定性监控，监控评估结果需要对边坡淤积物进行精确清除处置，则由具有 DPDT、DTPS 系统的中大型耙吸船承担。

（6）碎石垫层铺设后、沉管安放前的清淤

一般情况下不考虑该阶段的清淤作业，如遇异常情况，则必须安排清淤。碎石基床清淤的重要原则：以吸除碎石基床面上（含垄沟内）淤泥质量为主。因为碎石基床面上的淤积物将对沉管沉放产生最直接而敏感的影响，尽量不破坏已铺设的碎石基床。鉴于超高的精度要求，碎石基床清淤采用增设高精度清淤功能的碎石整平船完成。

6.2.2 基槽清淤标准

港珠澳大桥岛隧工程基槽清淤相关检测项目及标准见表 6-1。

表 6-1 港珠澳大桥岛隧工程基槽清淤相关检测项目及标准

序号	工序安排	淤泥清除标准	检测时机及频次	检测方法
1	基槽粗挖后精挖前	当隧道基槽底含水率＜150%或密度＞1.26 g/cm^3 的回淤沉积物厚度＞0.3 m	精挖前 7 d 多波束测深仪测一次	采用多波束测深仪测量
2	基槽精挖后抛石夯平前	当隧道基槽底含水率＜150%或密度＞1.26 g/cm^3 的回淤沉积物厚度＞0.3 m	抛石夯平前 7 d 测一次，探摸每个管节不小于 6 个点或测深仪每 10 m 一个断面	采用多波束测深仪、泥浆密度仪，必要时潜水员探摸
3	抛石夯平后碎石整平前	密度＞1.26 g/cm^3 的回淤沉积物厚超过 0.1 m；或者密度＞1.15 g/cm^3 的回淤沉积物厚＞0.3 m	碎石垫层铺设前 15 d、7 d 各一次；探摸每个管节不小于 20 个点或测深仪每 10 m 一个断面	采用多波束测深仪、泥浆密度仪，潜水员探摸确认
4	碎石整平后管节沉放前	密度＞1.26 g/cm^3 的回淤沉积物厚超过 0.04 m；或者密度＞1.15 g/cm^3 的回淤沉积物厚＞0.08 m	管节沉放前每天一次；探摸每个管节不小于 10 个垄沟	采用多波束测深仪监测，潜水员探摸确认

续表

序号	工序安排	淤泥清除标准	检测时机及频次	检测方法
5	碎石垫层铺设前基槽边坡清淤	相对于基槽边坡最后成型后断面，边坡上单块面积不小于 80 m^2 范围内的回淤沉积物平均厚度超过 0.4 m	碎石垫层铺设前 15 d、7 d 各一次	采用多波束测深仪测量
6	基槽维护清淤	基槽回淤沉积物平均厚度超过 2 m，且有可能对邻近管节基槽施工造成不良影响	每一个月检测一次	采用多波束测深仪测量

6.3　清淤施工

6.3.1　耙吸船槽底清淤

耙吸船槽底清淤根据不同的潮水段，可选择不同的布线方式，确保航行轨迹全覆盖、均匀布线，具体方法有以下两种。

6.3.1.1　顺槽清淤法

适用于涨退潮流速较小的情况，船头方向顺基槽布置，具体详见示意图 6-1。施工过程中，根据回淤厚度分布情况，清淤标高预先设定在施工导航文件中，施工时根据标高逐层清淤。

6.3.1.2　垂直于航槽清淤法

适用于涨退潮流速较大的情况，船头方向与基槽近似于垂直，施工方法与顺槽清淤法相同。耙吸船平缓潮时段顺槽、退潮时段顶流清淤、涨潮时段顶流清淤示意图见图 6-1。

投入施工的耙吸船均安装了可以显著提高疏浚效率与精度的动态定位和动态航迹系统及挖泥轨迹显示系统。DPDT 系统是利用各类传感器测船的运动状态及风浪流等环境力，通过计算机的实时计算来控制艏侧推、CPP 及舵产生适当的推力和转矩，以抵消环境力的影响，使得挖泥船尽可能在设定的船位、艏向或预定航迹进行疏浚施工，从平面上进行控制，保证对槽底区域全面覆盖，减少漏清风险。DTPS 系统能够显示疏浚矩阵、差异矩阵，可对水深测量文件色块视需要进行调整，施工过程中动态显示挖泥断面，且耙头与船体的比值图物完全相同。操耙手可根据断面显示控制下耙深度，使得清淤后断面控制在目标深度范围内。万方耙吸船见图 6-2，DPDT 系统基本原理图见图 6-3，DTPS 系统显示界面见图 6-4，DPDT 系统控台见图 6-5。

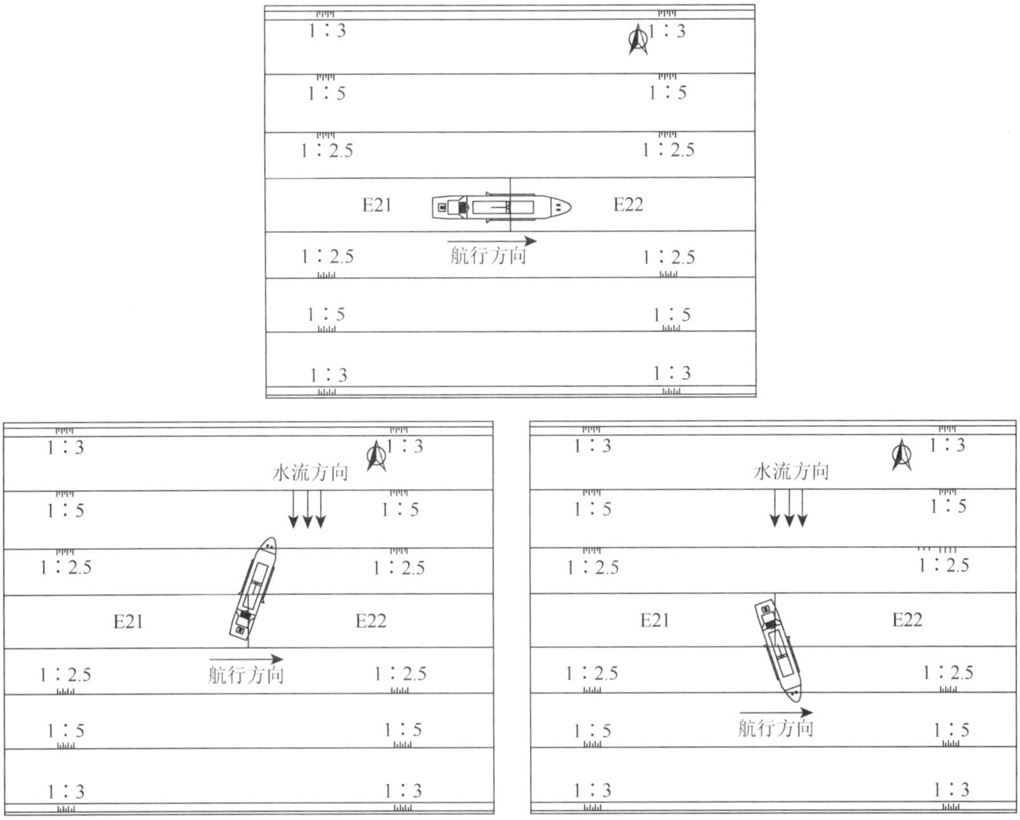

图 6-1 耙吸船平缓潮时段顺槽、退潮时段顶流清淤、涨潮时段顶流清淤示意图

图 6-2 万方耙吸船

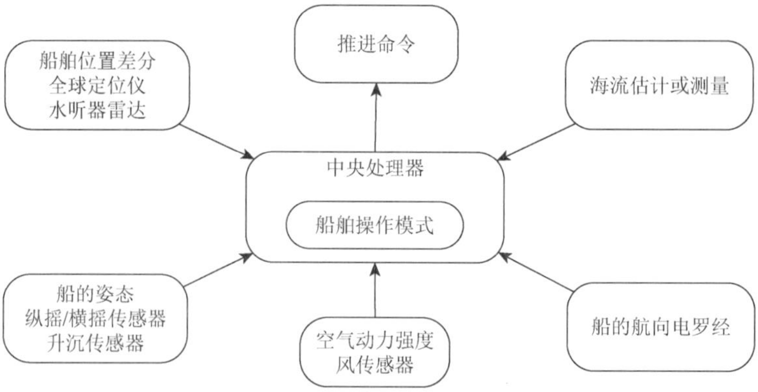

图 6-3　DPDT 系统基本原理图

图 6-4　DTPS 系统显示界面图

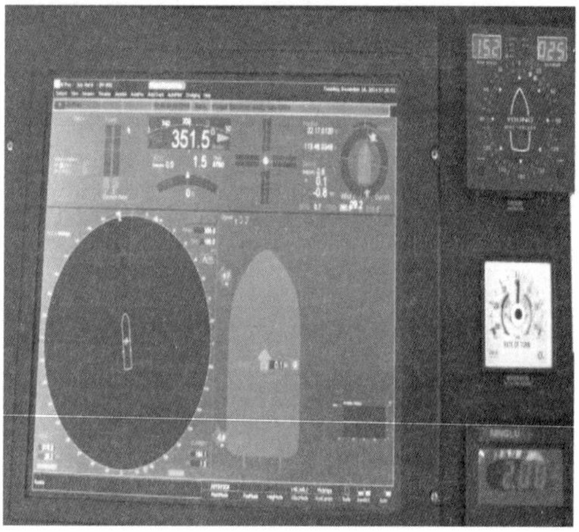

图 6-5　DPDT 系统控台

6.3.2　耙吸船边坡清淤

耙吸船在基槽复合边坡上的精确清淤，首先根据设计标准断面，编制高差为 2 m 的台阶式施工导航文件，均匀布线，分层清淤。耙吸船边坡淤积物清除施工计划线布置示意图如图 6-6 所示。

具体步骤：第一步，根据开挖区域和施工作业条件合理布设挖泥航迹线，在系统的预设航迹点表中输入航迹线各控制点坐标；第二步，按预设航迹线路进行试航作业，根据现场风、浪、流、涌等环境力影响合理调整船艏向、偏航角和航速控制挖泥船耙头以与预定航迹最小的偏差航行，经多次试航作业综合选取合适的船艏向和航速并输入系统参数设置；第三步，由船员人工控制船舶以合适的船艏向和航速航行至清淤施工区域预定航迹线的起点上，然后切换到 DPDT 控制模式，系统将自动开始操作船舶，控制挖泥船按预定航迹线航行及耙头设定标高开始疏浚过程；第四步，船舶到达航迹线终点时停止挖泥，起升耙管到安全高度，船航行至下一条航迹线；第五步，放下耙头，重复进行挖泥。

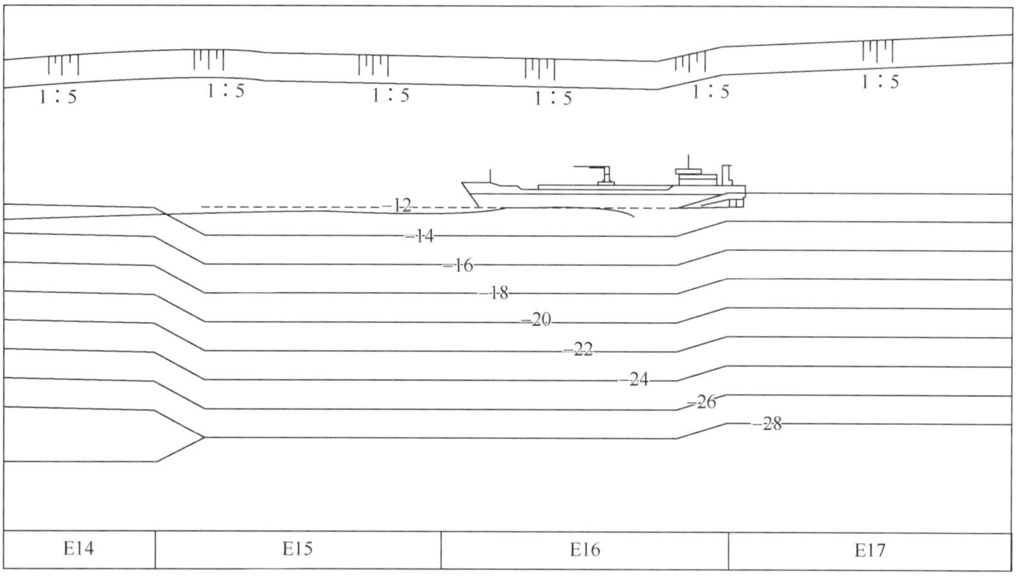

图 6-6 耙吸船边坡淤积物清除施工计划线布置示意图

施工过程中同时通过 DPDT、DTPS 导航系统清晰地获得开挖情况，实时调整下耙深度，船舶由西往东以 0.5～1.0 kn[①]航速匀速前进，总体施工方向由坡顶向坡底方向推进。采取不溢流、不开高压冲水作业方式对回淤边坡进行精确清淤施工，装满舱容即停止施工。施工过程中船位布置同图 6-6。

6.3.3 专用清淤船槽底定点清淤

目前，国内外基槽清淤工程多属于浅水域施工，对深基槽清淤的工艺研究尚未成熟。在作业空间受限的情况下，基槽清淤施工显然不适合采用耙吸船；尤其是在临近已安管节钢封门前范围内清淤具有相当高的施工安全风险，对吸淤头平面定位及高程控制要求都非常高的情况下，只能采用精度控制高的定点清淤船，但之前国内没有适合的清淤设备。

为满足沉管隧道高精度、高风险的施工要求，项目部新开发了专用清淤船，主要有以下创新：①研制了用于多种工况使用的新型多功能清淤吸头装置，创新性研发了利用恒压技术的清淤防损系统和触底保护装置，实现各基础工序前高精度清淤；②研发了 80 m 超长刚性桁架结构桥梁，采用多吊点恒张力同步起升技术，具有刚度好、重量轻的特点，满足外海基槽水深近 50 m 清淤要求；③开发了高精度吸头定位监控系统，采用水下压力传感器、双向角度传感器等设备，修正了 80 m 长桥架变形对吸头定位精度的影响，实现了高精度定点清淤；④研发了“定点盖章”式精确清淤施工工艺和快速装驳系统，有效解决了槽底变坡度清淤施工难题。定点清淤船“捷龙”轮见图 6-7，其吸淤头结构示意图见图 6-8，已安管节末端钢封门前局部区域定点清淤船定点清淤施工示意图见图 6-9。

定点清淤主要涉及精挖前、抛石前、碎石基床铺设前等工序。

① 1 kn = 1.852 km/h = 0.514444 m/s。

图 6-7　定点清淤船“捷龙”轮

图 6-8　定点清淤船“捷龙”轮吸淤头结构示意图

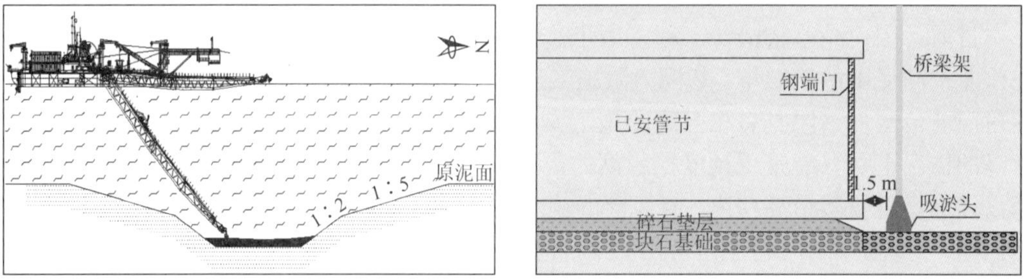

图 6-9　已安管节末端钢封门前局部区域定点清淤船定点清淤施工示意图

专用清淤船由锚艇辅助，垂直于基槽顺流“六锚定位”布锚，采用“定点盖章”式清淤施工工艺。清淤船定点清淤施工时，利用清淤监控系统的泥浆密度显示和水深测量装置进行清淤施工监测；当清淤点的浓度和水深达到设计要求后，通过收放锚缆移动船舶至下一个清淤点。完成单点清淤后，系统会记录清淤轨迹。

定点清淤施工前，工程人员将根据回淤物厚度及范围，拟定清淤遍数及点距，绘制定点清淤网格图。清淤覆盖次数则主要根据淤积物特性和厚度及检测结果而定，一般为 1～3 遍，但如果原基槽底高差不平，对清淤效果影响较大，可能需要第 4 遍甚至更多遍。清淤点距通常取纵向、横向方向 1.8～3.0 m。清淤整体施工顺序呈 S 形布置。单点吸淤时间则主要根据淤积物厚度和泥浆密度计读数而定。考虑边坡淤泥回流影响，为有效清除坡脚处淤泥，将清淤范围适当扩大至南北侧边线 10～12 m。施工过程中，通过研发的“精确清淤计算机测控系统”的“GIS 电子图形系统”，可实时在计算机屏幕显示，以监测开挖深度，并自动生成开挖记录文件，对每一个定点清淤位置及完成深度进行记录，便于后期检测比对。清淤船“定点盖章”式清淤施工导航网格示意图及清淤监控系统轨迹记录见图 6-10、图 6-11。清淤施工中，专用清淤船通过长约 1000 m 的排泥管线，采用过渡接头与水上管线相连实现装驳，将清淤泥浆通过排泥管线输送至锚泊的自航泥驳，满载后运至卸泥区抛卸。

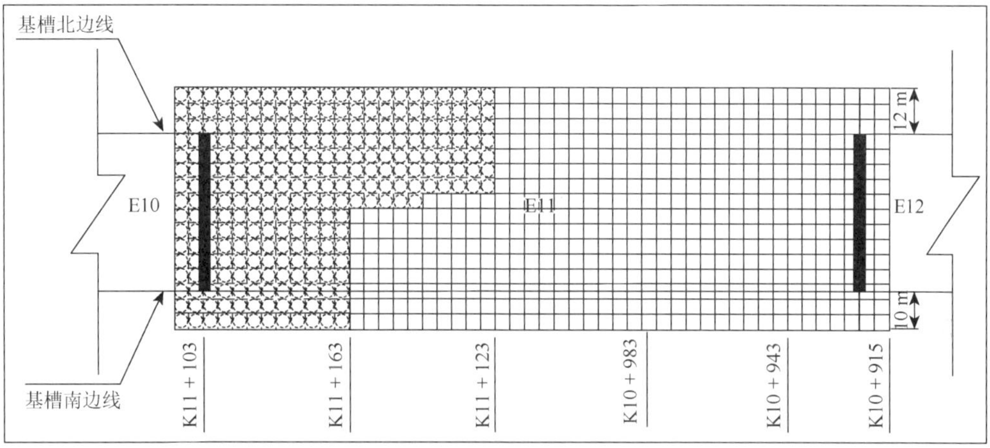

图 6-10　清淤船“定点盖章”式清淤施工导航网格示意图

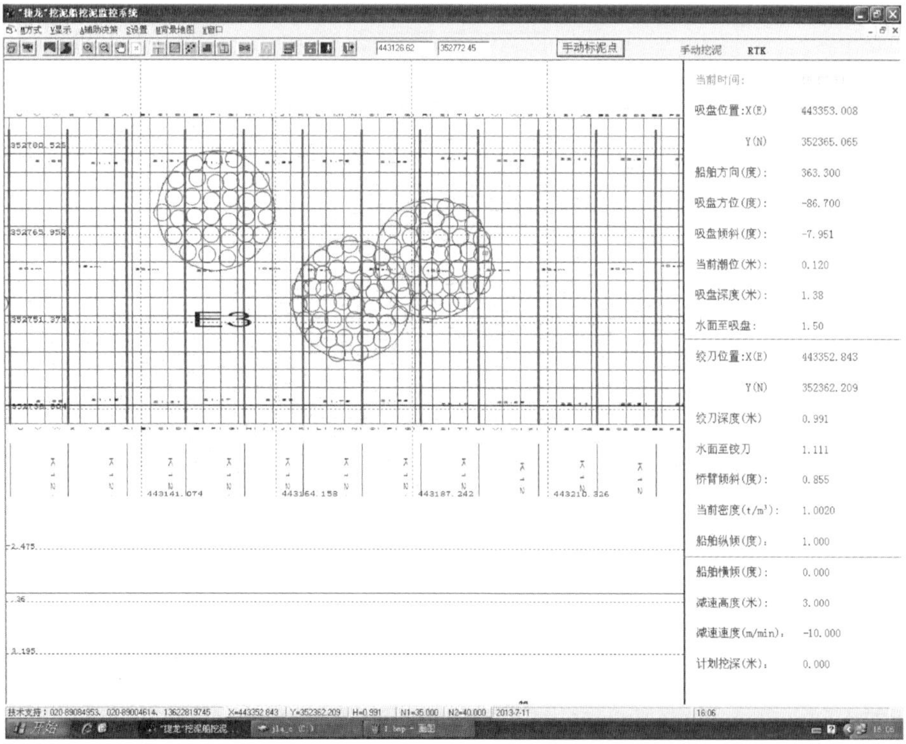

图 6-11　专用清淤船“定点盖章”式清淤监控系统轨迹记录

6.3.4 接头处清淤

港珠澳大桥岛隧工程沉管隧道接头处位于E29管节与E30管节之间，采用“三明治”结构，整体呈楔形，底宽 9.6 m，顶宽 12 m，最终接头位置示意图如图 6-12 所示，实测效果图如图 6-13 所示。E29 管节和 E30 管节管顶覆盖回填至尾端约 20 m 位置，厚度约为 2.2 m。E29 管节尾端（东侧）与 E30 管节尾端（西侧）中轴线位置均设置导向托架和保护罩，中轴线两侧对称设置两个 120 t 系缆柱。导向托架位于轴线偏北 7.065 m，宽 2.8 m，高约 2 m，外加保护罩，保护罩呈四棱台布置，高度约 2.2 m。

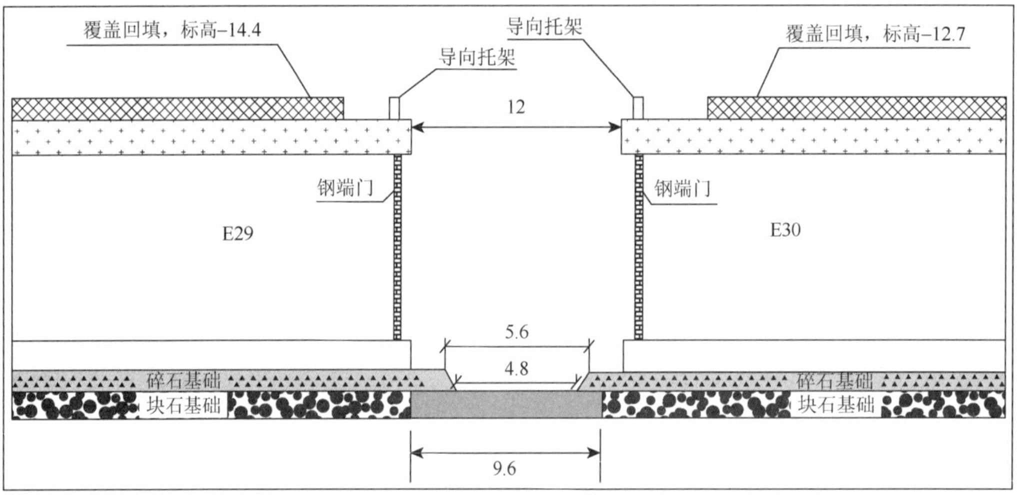

图 6-12　最终接头位置示意图（单位：m）

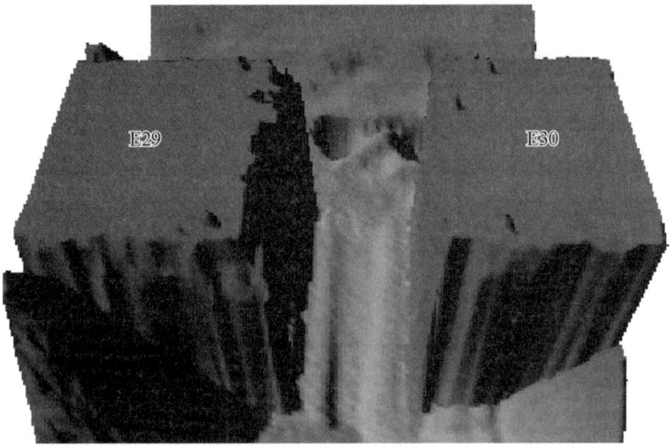

图 6-13　最终接头实测效果图

基槽槽底临近两个管节尾端均已铺设厚约 0.7 m、宽约 2 m 的碎石垫层，清淤的施工范围仅为未铺设碎石垫层的抛石夯平面，长度约 42 m，宽度约 5.6 m，高程为–28.7 m，抛石夯平面上需要清除的回淤物主要为厚度为 0～50 cm 黏性较强淤积物。

最终接头处清淤由专用清淤船完成，但由于该接头处施工区域狭窄，操作精度要求极高，存在较大的人为操作不当或应急反应慢等较大安全隐患。另外，专用清淤船“六锚定位”布锚所采用的钢丝锚属柔性，正常风、浪、流都会造成桥梁有一定的偏移，在大风浪、龙口紊流、船行波等情况下，更容易造成桥梁与吸淤头移位、偏荡，加大施工过程中桥梁架碰触钢端门的风险极大。为了克服以上施工风险，我们从以下方面开展清淤施工：

①选用经验丰富、充分熟悉船舶操纵性能的驾驶员，确保最大程度保障人机结合的协调性和稳定性。

②专用清淤船提前进行典型施工时，确定最佳锚位的布置，清淤前必须测试各施工锚抓力情况，确保参数正常。

③船位垂直于流向布置，避免横流条件下作业，沿最终接头横向中线进行“定点盖章”式高精度清淤。专用清淤船清淤施工纵向剖面示意图如图 6-14 所示，专用清淤船最终接头清淤施工布置示意图（南端、北端）如图 6-15 和图 6-16 所示。

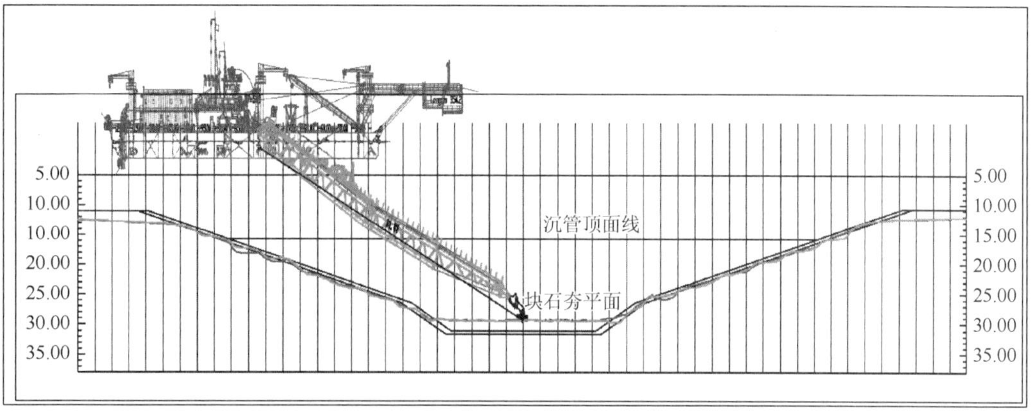

图 6-14　专用清淤船清淤施工纵向剖面示意图

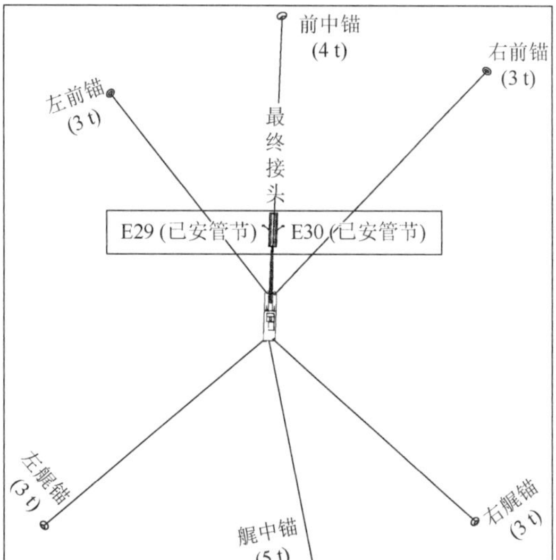

图 6-15　专用清淤船最终接头清淤施工布置示意图（南端）

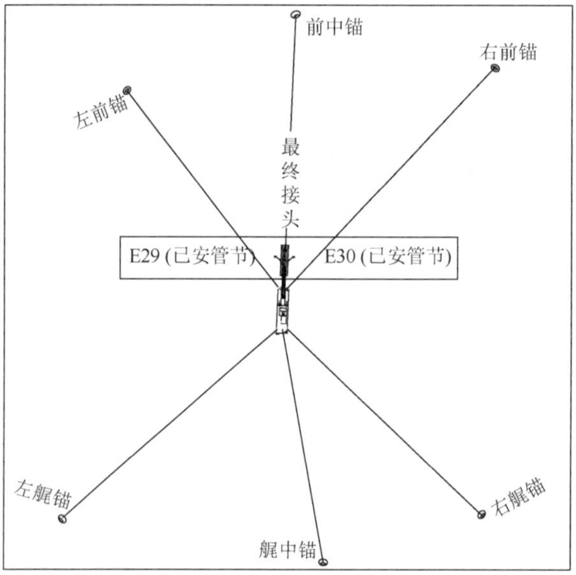

图 6-16　专用清淤船最终接头清淤施工布置示意图（北端）

④纵向点间距设置根据典型施工确定，沿最终接头横向中线逐格抽吸，专用清淤船清淤施工顺序示意图如图 6-17 所示。

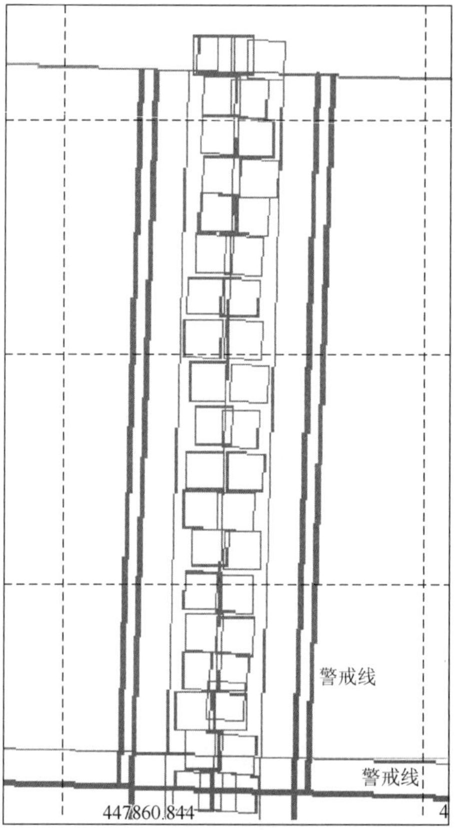

图 6-17　专用清淤船清淤施工顺序示意图

⑤由于接头处施工风险极大，每增加一次施工过程就会多带来一分风险，所以按一遍覆盖清淤考虑，为保证施工质量，可适当延长单点清淤时间。

施工过程中同时采取如下措施：

①严控船行波对专用清淤船最终接头清淤施工的影响，将施工区内的其他工区施工船舶最高船速控制在 8 kn 以内，严禁在最终接头 1 km 内航行，同时安排 4 艘船舶现场警戒，提醒可能误闯船舶驶离现场。

②严控设备故障对施工可能造成的风险，施工期间，配足够关键备件。

③禁止疲劳作业，在完成最终接头清淤试验后，提前进入最终接头水域，做好船舶施工展布，充分保证操作人员的休息时间。

④项目领导现场带班值守，安排工程人员、安全管理人员驻船现场协助船舶施工，消除信息滞后影响。

6.3.5 碎石顶面清淤

整平船增加了一支刚性桥梁连接专用吸盘，通过行车控制桥梁与吸盘的升降与水平移动，吸盘沿着碎石基床的垄顶中轴线南北向移动清淤。增设高精度清淤功能的整平船如图 6-18 所示，碎石整平船专用吸盘如图 6-19 所示。为尽量降低对碎石的吸力，碎石垄顶上的主吸口为水平方向；另两个辅助吸口垂直悬空于垄沟上方。

图 6-18 增设高精度清淤功能的整平船

图 6-19 碎石整平船专用吸盘

碎石基床铺设完成后，易受到异常大潮差等综合因素的影响，碎石基床面上出现较大回淤，淤积物将对沉管安装产生最直接而敏感的影响，需要进行清淤，主要采用经改造升级后的整平船进行清淤，施工步骤如下：

①选择合适气象水文条件进行拖航。整平船拖航时，桩腿最低点与平台底部基线平齐，采用吊拖为主、傍拖为辅的方式进行拖航。

②清淤桁架固定于抛石管南侧（靠近船尾侧）5.4 m 处，清淤时船位较整平时船位整体往北移 5.4 m，清淤桁架位置示意图见图 6-20。采用对角压载方法将整平船抬升至施工高度。

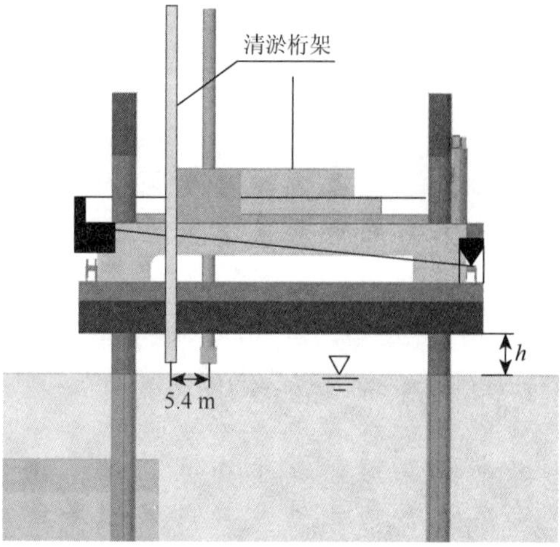

图 6-20 清淤桁架位置示意图

③清淤桁架通过引用抛石管平面系统数据实现平面定位。上部额外安装一台 GPS 实现高程控制。

④下放清淤桁架至底部高程在碎石垄顶上方 4 cm（需根据清淤试验定）。清淤头高程通过类似抛石管刮道液压高程控制系统控制，避免清淤时破坏碎石基床，清淤施工示意图见图 6-21。

⑤清淤桁架下部设置 3 个吸头，中间吸头清理垄顶回淤物，两侧吸头间距 2.85 m，清理垄沟中回淤物。清淤吸头两侧设置喷水装置，用于将回淤物冲散。清淤完成后、拔桩前检测是否存在未清理区域。

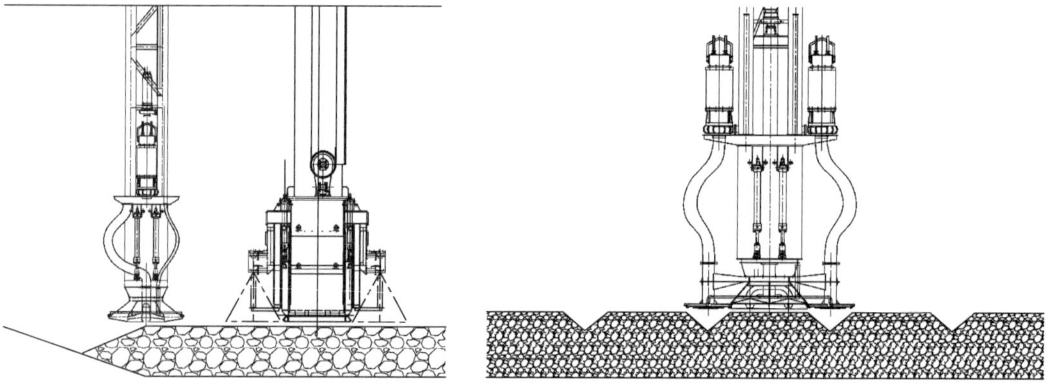

(a) (b)

图 6-21 清淤施工示意图

6.4 清淤质量控制及检测

6.4.1 耙吸船清淤质量控制

①施工进场前对驾驶员、操耙手进行详细施工技术交底。

②船舶进场前进行耙头深度和平面定位校准。

③施工前仔细校核施工文件，确保准确无误。

④施工期间，配置经验丰富的驾驶人员与操耙手承担本次施工任务，为了保证清淤质量及进度，由常规作业时一人操作双耙调整为一人操作一耙。

⑤施工中合理控制对地航速，严格按照施工文件施工；同时在施工中综合运用疏浚集成控制系统、DPDT 系统和 DTPS 系统，提高平面定位和高程开挖精度。

⑥施工中加强检测。耙吸船清淤施工期间每天进行检测，分析不同施工阶段、不同施工环境条件下的施工效果，掌握基槽清淤情况，及时更新施工文件，以指导下一步的施工。

⑦尽量多次覆盖拟进行淤积物处置施工的基槽区域。

6.4.2 专用清淤船定点清淤质量控制

①施工前可进行典型施工，掌握高精度定点清淤施工控制要领。结合施工环境合理进行分段、分条施工。

②在施工前和施工过程中，现场船机、技术管理人员加强船机维护保养和关键备件管理工作，应定期组织对专用清淤船吸淤头、测量设备、专用清淤船的清淤控制系统、GPS-RTK 平面及深度定位系统的精度进行校验，确保满足相关规范的精度要求。

③通过施工前期基槽清淤典型施工，分析清淤设备和工艺的适用性、施工效率和存在问题，优化清淤工艺，规范清淤施工操作流程和管理。

④施工期间，加强基槽清淤施工文件和资料的管理，专人负责文件管理，确保使用的文件有效、连续。

⑤施工过程中，清淤操作手严格按挖泥轨迹显示系统所显示信息严控作业范围及深度。

⑥加密施工过程检测工作频率，以防止漏清、欠清，实施全过程监控确保工程质量。

⑦必须保证测量数据的可靠性和准确性，必要时可与人工潜水探摸结果及取样相结合。

⑧在浅点补清过程中，应根据浅点的分布形态及深度合理布置开挖计划文件，施工过程严格控制吸淤头平面及高程，防止再次出现漏清、欠清。

6.4.3 整平船清淤质量控制

①施工前，采用全站仪对抛石管平面及高程系统校准；采用全站仪对清淤装置高程系统校准；采用扫平仪对抛石管及清淤装置高程系统校准。

②通过施工前期基槽清淤典型施工确定了清淤系统吸头的标高和泥泵功效等基本参数，分析清淤设备和工艺的适用性、施工效率和存在问题，优化清淤工艺，规范清淤施工操作流程和管理。

③清淤完成后采用声呐沿图 6-22 中路线进行检测，图 6-22 中“①”线路表示横断面测量，检测碎石垄中心线的高程；“②”线路为纵断面测量，检测碎石垫层垄沟高程。

④其他参考整平船整平施工质量控制措施。

6.4.4 质量检测方法

基槽清淤的施工检测主要是通过多波束水深检测、音叉密度仪密度检测、人工探摸与取样等途径，分析和控制施工质量。根据清淤施工的不同阶段选择不同的多波束水深检测频率，通常为 1～3 d/次，在抛石夯平及碎石基床铺设整平等工序前，还会进行人工探摸，并与多波束水深检测的结果相互比较参考。对于不满足清淤标准的区域，安排施工船舶完成补充清淤。多波束测量示意图和多波束测量水深图分别如图 6-23 和图 6-24 所示，泥浆密度计如图 6-25 所示，泥浆取样分析图如图 6-26 所示。

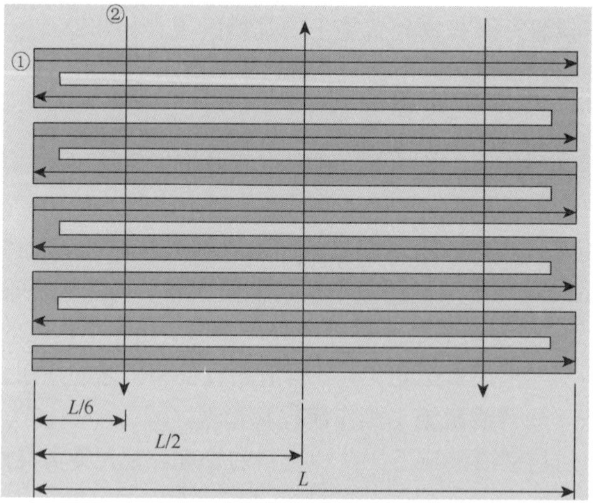

图 6-22　检测线路图

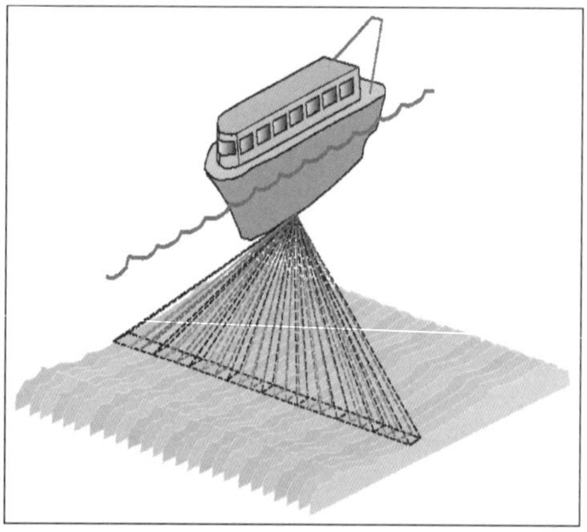

图 6-23　多波束测量示意图

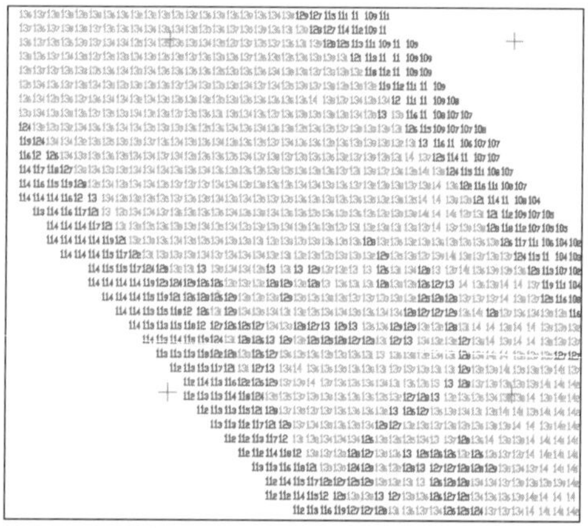

图 6-24　多波束测量水深图

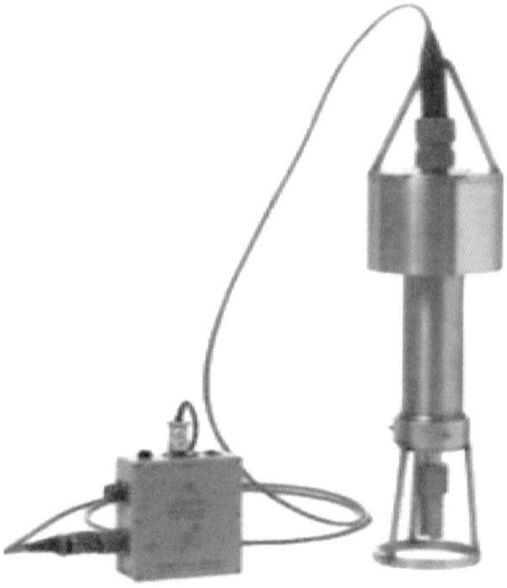

图 6-25　泥浆密度计

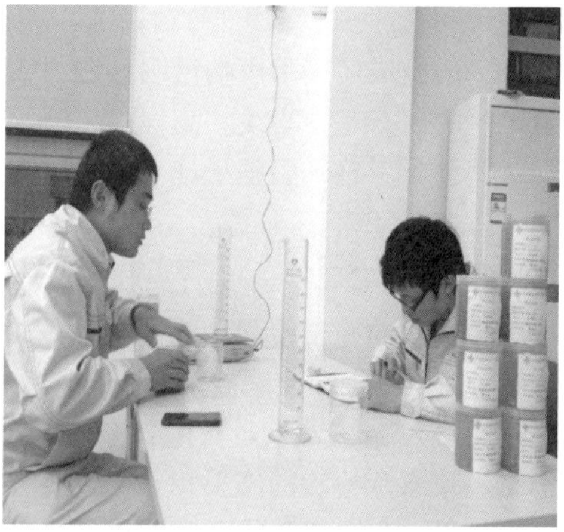

图 6-26　泥浆取样分析图

6.5 案例

6.5.1 定点清淤

根据施工进度计划，在基槽精挖施工后，抛石夯平开始时间必须根据后续工序碎石基床铺设、沉管安放气象窗口倒排，或者如遇台风、石料供应中断等特殊情况，因此，可能导致基槽晾槽时间过长，需结合回淤监测结果和水下人工探摸情况及作业条件，如有必要应安排专用清淤船“捷龙”轮，对相应管节基槽进行精确清淤。该工序于 2013 年 3 月开始，并于 2015 年 12 月完成该段施工任务，涉及 E4～E31 管节，共 28 节管节。以 E22 管节为例，槽底精挖后、抛石夯平前基槽平均回淤厚度约 40 cm，清淤施工于 2015 年 5 月 9 日开始，2015 年 5 月 21 日结束，第一遍清淤步距为 3.0 m×3.0 m，第二遍清淤步距为 2.5 m×2.5 m，清淤质量满足设计及规范要求。E22 管节抛石夯平前清淤前后色差图分别如图 6-27 和图 6-28 所示，清淤后人工水下探摸结果如图 6-29 所示。

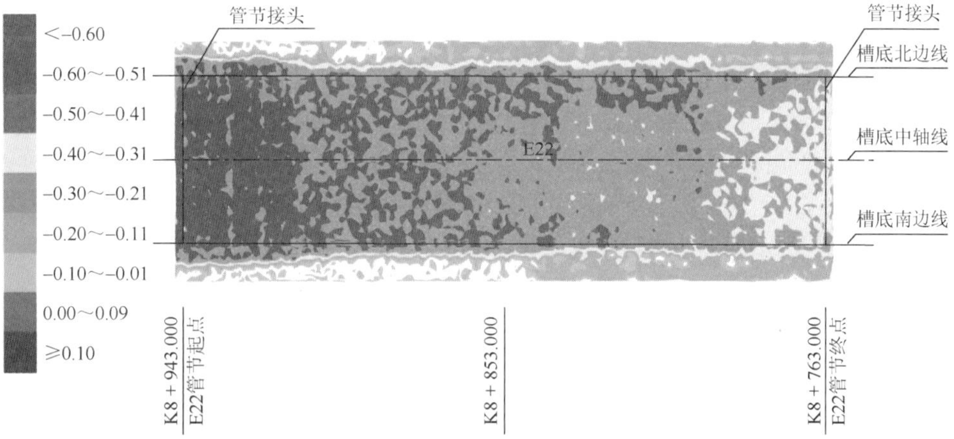

图 6-27 E22 管节抛石夯平前清淤前色差图（后附彩图）

负值表示回淤厚度，正值表示未回淤

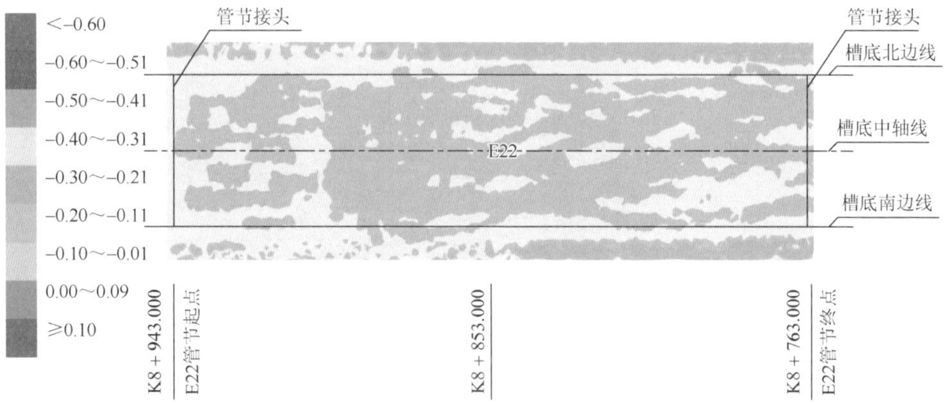

图 6-28 E22 管节抛石夯平前清淤后色差图（后附彩图）

负值代表残余回淤厚度，正值代表回淤物已清除

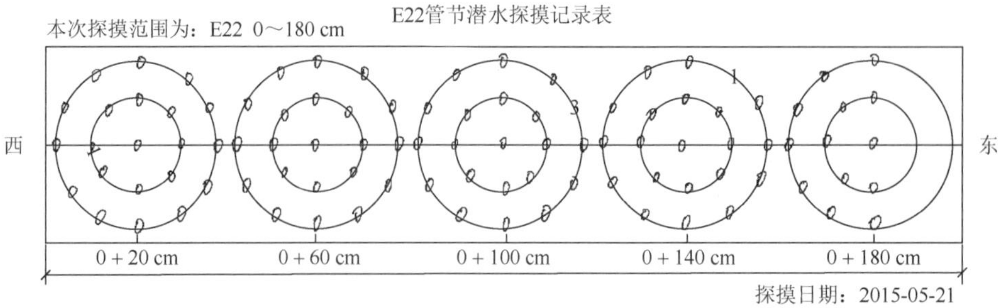

图 6-29　E22 管节抛石夯平前清淤后人工水下探摸结果

注：回淤厚度范围 cm。探摸路径外圆半径 20 cm，内圆半径 10 cm

隧道基槽该工序完成后槽底需要满足浮泥密度＞1.26 g/cm^3 的回淤沉积物厚度小于 30 cm，质量要求远远超出了现行的疏浚工程和水运工程规范要求。隧道基槽采用该法进行高精度清淤施工质量完全满足设计及规范要求。

6.5.2　边坡清淤

为避免回淤边坡出现滑塌现象，需清除基槽边坡上的回淤物。深水基槽复合边坡清淤在国内属首次，施工前期工区项目部进行了系统的方案讨论、专家论证、典型施工。大型耙吸式挖泥船具有 DPDT 系统、DTPS 轨迹显示系统，其 DPDT 系统可以抵消环境力的影响，自动控制施工船舶沿计划线航行，DTPS 系统能够实时显示水底形状及监控清淤过程。清淤施工过程中，操耙手可根据水深实时对耙头进行调整，有效保证作业的精度。对于 2 m 高差台阶的边坡，耙吸船可以采用逐层清淤的方法均匀布线，确保每一个台阶均能有效覆盖。E15 管节基槽边坡回淤后和清淤后水深值与基槽理论水深值色差比对图分别如图 6-30 和图 6-31 所示。

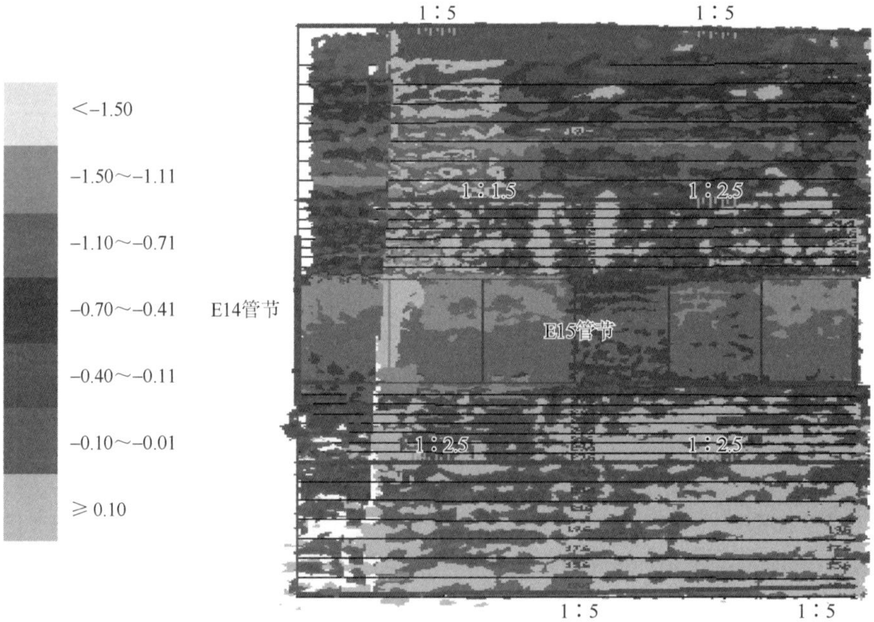

图 6-30　E15 管节基槽边坡回淤后水深值与基槽理论水深值色差比对图（后附彩图）

负值表示回淤物厚度，正值表示未回淤

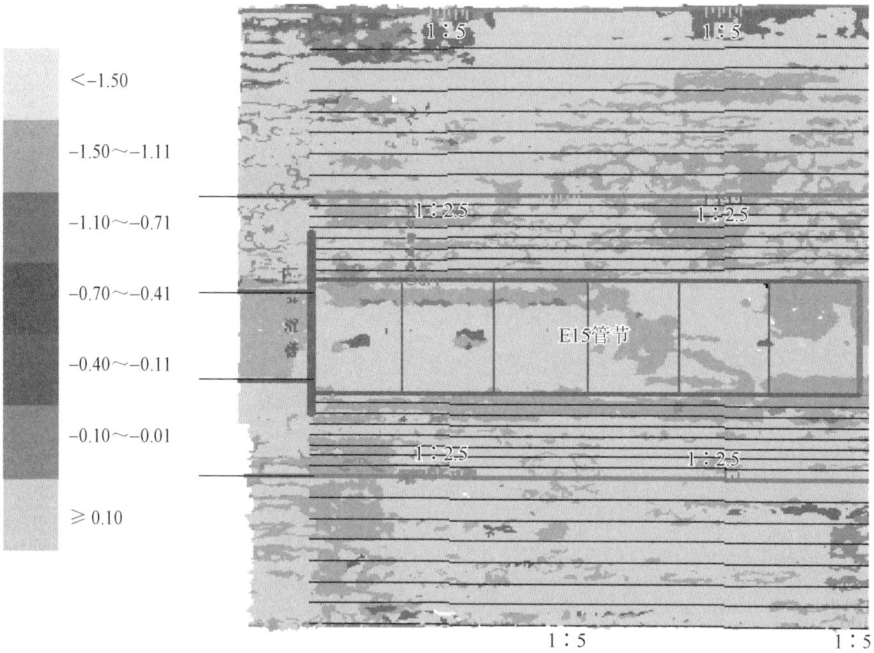

图 6-31　E15 管节基槽边坡清淤后水深值与基槽实际水深值色差比对图（后附彩图）

负值表示回淤物厚度，正值表示回淤物已清除

通过该清淤施工方法 E15～E30 管节在安装前均进行边坡回淤物处置，清淤质量均满足设计要求。

7 深层搅拌地基加固（CDM 工法）

7.1 概述

7.1.1 工法当前情况

日本沿海区域多堆积较厚的软弱冲积土，在建造防波堤和护岸等港湾构造物时，克服软弱地基逐渐成为重要的课题。近年来伴随着港湾构造物的大型化及较厚软弱地基场地条件下建设工程的推进，地基改良深度有逐步扩大的趋势。对于这样的软弱地基，采取的对策可考虑深层混合处理工法［深层水泥搅拌（cement deep mixing，CDM）工法］。CDM 工法是指在原位的软弱地基土中添加水泥或水泥类固化材料，并在原位强制混合搅拌，利用化学固结作用，在地层中形成坚硬的稳定处理土的工法。该工法具有很多优点，如短期内即可形成高强度的改良地基、构造物沉降小、废弃土少、抗震性能好且对周边环境影响小等。特别地，采用泥浆状的深层混合处理工法（CDM 工法）多用于各地港湾构造物的地基改良。另外，深层搅拌地基加固工法除沿海区域的软弱地基改良外，还广泛地用于控制陆地上填土稳定和沉降、抗液化、稳定开挖工程、降低土压力等领域，并且随着施工实例的增加，还改进了各种各样地基改良技术。

本章结合侧重于性能设计方法的港湾技术标准，针对永久状态的性能验算及第一水准地震的性能验算，决定采用引入了极限状态的极限状态设计方法。另外，对于第一水准地震的详细性能验算及对于第二水准地震偶发状态的性能验算，可采用通过动态解验算变形量的方法。

以 1995 年的日本兵库县南部地震（阪神大地震）、2004 年的日本新潟县中越地震、2011 年的东北太平洋地震（东日本大地震）等为契机，近年对港湾和机场设施抗震性能的要求大大提高，为提高抗震性能，地基改良多采用 CDM 工法。在此状况下，值得关注的是采用 CDM 工法的抗液化对策。对地震时可能发生液化的地基进行全面改良或格子状改良，逐步采用控制液化的工法。因此关于采用 CDM 工法作为抗液化对策的设计方法，本章也有所增加。

并且，本章以相关行业规范等为参考，为了服务于港湾和机场工程中 CDM 工法设计和施工中的技术人员，总结了调查、设计、施工和品质管理层面中现有的最新研究成果。本章中未记述的事项可参考其他规范。

7.1.2 目的与适用范围

本章以港湾和机场工程中的 CDM 工法为对象，由设计、施工、案例等构成。

设计部分重点叙述了以防波堤和岸壁、护岸等基础地基和抗液化对策为目的的水平地基设计手法。另外，介绍了针对永久状态作为第一水准地震的性能验算方法的部分系数法。基于概率计算的可信度解析，设定了设计公式中包含的各部分的系数。同时，提及了陆上工程中深层混合处理地基的设计概念，这些设计多采用桩式、柱式等改良形式作为降低土压力和减小沉降的对策。

施工部分中特别记述了采用专用船施工时的事先调查、环境调查、室内配合试验、施工方法、施工管理，以及填土的利用和品质管理等。CDM 工法的施工，需要在充分理解这些研究项目的基础上实施。另外，台船上搭载陆地机械施工时的基本考虑方式和使用专用船施工时一样，但设备为陆地机械，故需要结合本章，参照陆地机械的施工管理方法。另外，采用陆地机械在陆上施工时，可参考相关行业规范。

案例部分记述了壁式改良地基的设计计算案例，这些案例是能充分发挥 CDM 工法特征的废弃物护岸，并且需要在理解并适用设计标准的基础上作为地基的参考。另外，还添加了施工案例及 2011 年东日本大地震的灾害调查结果。

7.1.3 工法的概要

CDM 工法作为化学固结工法之一，是日本特有的 20 世纪 70 年代应用于实践的地基改良技术。该工法在各类地基中都能灵活运用。

7.1.3.1 开发过程

作为改良软弱地基的工法，以往多根据经验采用爆破法强制置换等地基加固或分段加载工法等。20 世纪 50 年代以后，从欧美引入先进技术并改良，同时基于日本国情进行特有的技术开发，到现在已经发展到数十种软弱地基改良工法，并应用于实践中。

软弱地基的改良如表 7-1 所示，通过置换、压密排水、振密使地基土密度增大并固结，CDM 作为其中的固结工法，经过研发，迄今已拥有很多的工程实绩。

软弱土中混合石灰等稳定材料，使土体固结，根据以往经验将其判定为三合土。1955 年前后，为改良道路路基材料及防止铁道路床喷泥采用石灰，70 年代表层混合处理工法广泛普及。发展到港湾地区的深层软弱黏性土时，作为化学稳定材料，且同时采用强制搅拌叶混合的 CDM 工法的开发研究，要追溯到日本运输省港湾技术研究所中采用生石灰及消石灰作为稳定材料。1967 年开始实施模型实验，1974 年深层石灰搅拌工法（deep lime mixing method）应用于实践。CDM 工法从 1973 年开始基于上述技术使用水泥泥浆作为稳定材料，通过室内模型实验、陆上实验工程及海上实验工程，于 1975 年应用于实践。

CDM 工法经过技术的改良，迄今拥有陆地和海上众多的工程实绩，作为有代表性的地基改良工法之一。图 7-1 为 CDM 工法施工实绩的时间变化历程。

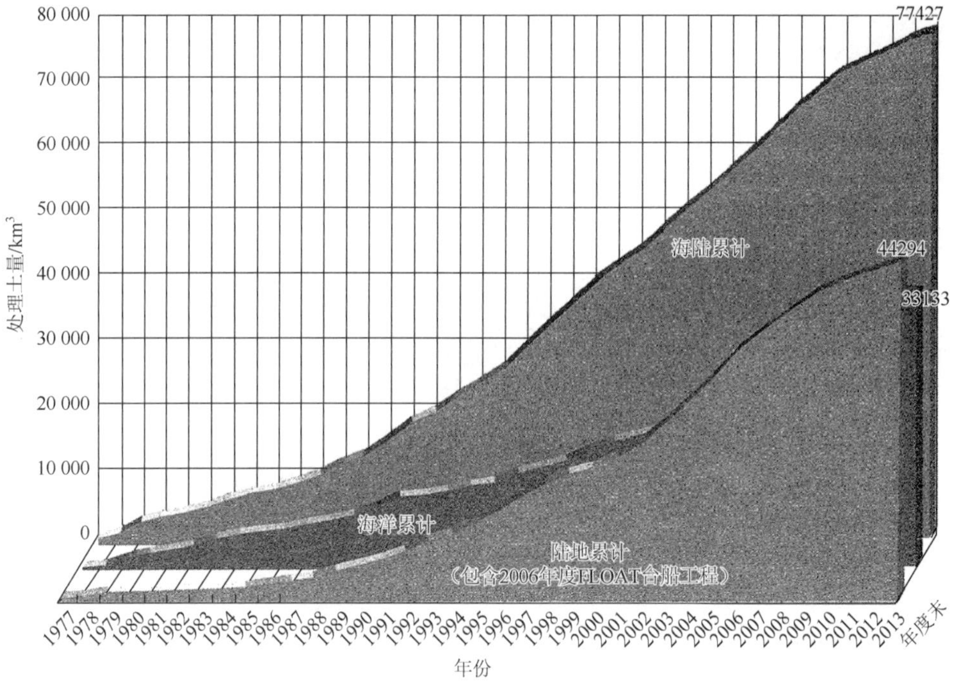

图 7-1　CDM 工法施工实绩的时间变化历程

CDM 工法发展背景的主要重大事项用年表形式整理于图 7-2 中。年表中的粉体喷射搅拌（dry jet mixing，DJM）工法为采用粉体稳定材料的深层混合处理工法，而北欧的工法同样为采用粉体的工法。大型工程对 CDM 工法的普及和发展意义重大。CDM 工法在横滨大黑码头工程中施工技术得到改进，还据此确立了一套施工管理方法。日本早岛立交采用了 DJM 工法。在日本以外的国家中，深层混合处理工法首先是 1987 年应用于中国天津港东码头，该工程由日本调查设计，且由日本提供的 CDM 船巡航并实施施工。然后是美国，其深层混合处理工法普及的开端是应用于波士顿市中心的高速道路立交新建工程。

CDM 工法的特征是高效快捷，这使该工法多应用于重度灾害的紧急恢复。1995 年日本兵库县南部地震导致的淀川河流堤岸的恢复，以及 2005 年 Katrina 飓风导致城市中心全面浸水的新奥尔良的临时防水门的建设中，都灵活应用了该工法。

工法的普及不仅需要大工程的存在，还需要相应的标准或规范。如图 7-2 所示，该工法实际施工开始前，室内配合试验方法的方案就已编制，其后该方案几乎被原封不动地纳入相关行业规范中。设计方法以港湾技术基准为契机，编制了《陆地工程深层混合处理工法设计与施工指南（修订版）》，同时编制了《海上工程深层混合处理工法设计与施工指南》及其修订版，然后还提出了适用于建筑基础的《建筑物的改良地基的设计及品质管理指南》及《建筑基础的地基改良设计指南方案》。

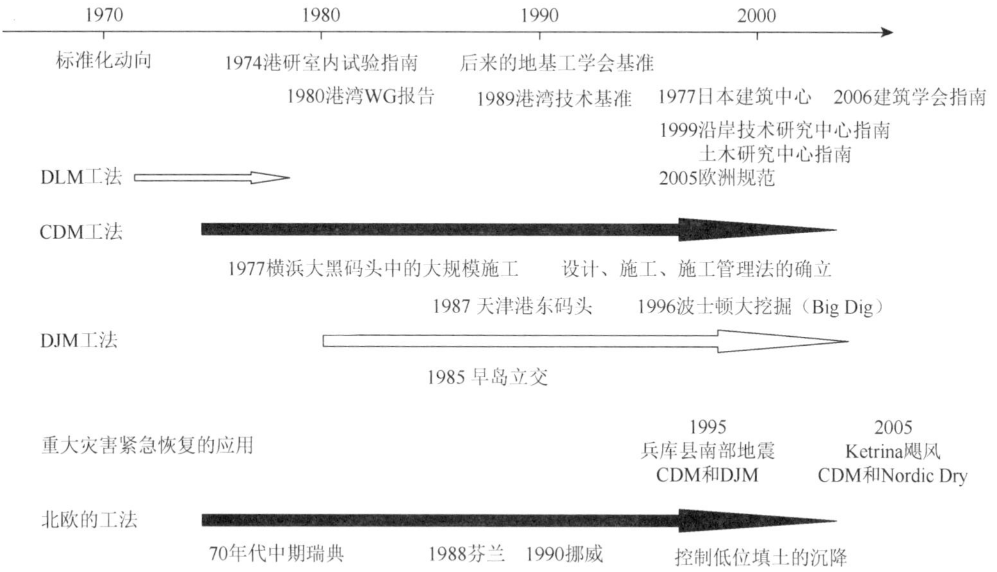

图 7-2 深层混合处理工法的开发年表

图 7-2 的下端为北欧深层混合处理工法的发展动向，其中 20 世纪 70 年代中期瑞典开发了该工法，80 年代末以后逐渐应用于芬兰和挪威等国。北欧应用的情况，几乎都是控制低位填土的沉降。欧洲联盟以岩土工学和土木部门为开端，把该工法规范化地应用于其他所有部门。其中，《特殊岩土工程的执行》（CEN/TC288）主要审议了地基改良技术的施工及关于施工管理的规格，同时关于深层混合处理工法，2004 年 5 月欧洲标准化委员会（CEN）还确定了以“特殊岩土工程的实施深一层搅拌”为题的规格。

策划该规格的 WG（Work Group）中，日本的学者参加并提出了规格的审议，并反映到日本的技术普及和规格中。2002 年 10 月深层混合处理工法东京专题研究会（workshop）召开，日本以外的 9 个国家参与了该研究会，日本给欧洲诸国的专家提供了了解日本工法技术的机会，并进行了充分的研究交流，进而提高了对该工法的理解。

2005 年 5 月在斯德哥尔摩举行的 DM’05 国际会议，以及 2009 年 5 月在冲绳举行的 2009 深层搅拌冲绳研讨会，作为该工法发展历程的一环，会议包括论文发表、学者主题演讲、技术展示、图表研究、技术工具等最新技术及其适用范围，并且日本发表了多篇论文。这些国际会议的主要目的是提供不仅包括日本与欧洲诸国，还包括美国、亚洲地区在内急速普及的深层混合处理工法的调查、设计、施工、品质管理及环境层面上最新研究成果的信息交流，并且还能进一步推进该工法的普及和发展。

在考虑深层混合处理工法发展的基础上，其逐步国际化是重要的课题。

7.1.3.2 工法的定位

对于软弱地基对策工法，工法定位的分类方法一般有三类，分别为“改良的原理”“改良的目的”及“改良的对象地基的性质”。通常多为合理地组合三种分类方法。

（1）基于“改良的原理”分类

基于“改良的原理”分类是最基本的分类方式，一般分为置换、压密和排水、振密、固结 4 种。

（2）基于“改良的目的”分类

基于“改良的目的”分类通常表述的是工法的效果，主要包括沉降对策、稳定对策或变形对策、抗液化对策等。

（3）基于“改良的对象地基的性质”分类

基于“改良的对象地基的性质”分类通常表述的是工法的适用地基。

施工可行性和改良目的会受地基土的性质和堆积状态的影响，对象地基主要分类如下。

①砂性土、黏性土和有机质土。

②非饱和土和饱和土。

③浅层地基和深层地基。

④自然堆积土、人工填埋土乃至填土。

⑤平坦地基和倾斜地基。

选择软弱地基对策工法时，按如下顺序解析：

①充分解析对策工法需要理由的目的。

②考虑地基的性状、构造物及施工条件。

③考虑现场条件和对周边环境（噪声、振动、排泥和排水）的适宜性。

④选择适合于目的的经济性工法。

基于“改良的对象地基的性质”和“改良的目的”对策工法的分类和适用范围如表 7-1 所示。

表 7-1　“改良的对象地基的性质”和“改良的目的”对策工法的分类和适用范围

原理	工法			改良的对象地基				改良的目的					
								沉降对策		稳定对策			
				黏性土	砂性土	黏性砂性土互夹杂	有机质土	压密沉降促进	沉降量减少	剪切变形抑制	强度增加	抗滑坡	液化防止
置换	置换工法		开挖置换工法 强制置换工法	○	—	○	○	—	○	△	—	△	—
压密和排水	软弱黏性土层的压密排水	缓慢加载工法	渐增加载工法 阶梯加载工法	○	—	○	○	—	—	△	—	—	—
		加载工法	填土堆载工法 气压加载工法 地下水降低工法	○	—	○	△	○	—	—	△	—	—
		垂直排水工法	砂袋排水工法 排水带排水工法	○	—	○	△	○	—	△	△	—	—

续表

原理	工法			改良的对象地基				改良的目的					
								沉降对策		稳定对策			
				黏性土	砂性土	黏性砂性土互夹杂	有机质土	压密沉降促进	沉降量减少	剪切变形抑制	强度增加	抗滑坡	液化防止
振密	松散砂性土的振密	砂桩挤密工法	砂桩挤密工法	○	○	○	△	○	○	○	△	○	○
		振动密实工法	振动棒工法 动力压密工法	—	○	—	—	—	○	—	—	○	○
固结	固结工法		深层搅拌地基加固工法（CDM工法） 生石灰桩工法 药液注入工法	○	○	○	○	—	○	○	○	○	○
其他	表层处理工法		表层排水工法	○	—	—	○	—	—	○	○	○	—
	填土堆砌法		填土堆砌工法 缓斜面工法	○	—	○	○	—	—	△	—	△	—
	构造物工法		挡土板工法 打桩工法 板工法 箱体工法	○	○	○	○	—	○	○	—	○	—

注：○表示几乎所有的情形均适用；△表示部分可能适用。

如表7-1所示，CDM工法是一种固结工法，基本上是在软弱地基中混合并搅拌稳定材料，短期内即可改良地基并达到需要强度的工法。该工法适用地基的范围广泛，对于工法的效果，其地基强化且沉降量小，另外还能作为抗液化对策。

7.1.3.3　工法的特征

（1）缩短工期

能迅速提高添加了稳定材料的改良地基的早期强度。因此，该工法省略了压密时间，故与压密和排水工法相比，其工期能缩短。

（2）确保需求的强度

基于改良的对象地基的土质特性，通过改变稳定材料的种类和添加量，能获得需要强度的稳定处理土。

但是，对已经加固后的地基再次改良，换言之二次改良，几乎无法实现，故为了充分地把所定的改良范围加固到需要的强度，需要合理地实施调查、规划、试验及施工。

（3）变形（沉降）小

稳定处理土的强度和刚性都很大，故改良地基的变形（沉降）较小。

但是，设计中需要根据情况考虑稳定处理土和未处理土的变形和沉降机理的不同程度。

（4）适用范围广

能够在多种施工条件（土质、深度等）下施工，适用范围广。

（5）对环境影响小

从处理机械的构成看，没有大的锤击和振动，故基本上属于低振动和低噪声的工法，对施工周边环境的影响较小。

但是，使用水泥等作为稳定材料，以及施工中产生了包含水泥等在内的填土时，需要考虑这些对周边环境的影响，并处理稳定材料和填土。

（6）信赖度高的施工管理和品质

由于能在操作室内自动收集处理机械和改良体设备随时变化的施工状态数据，故充分的施工管理和信赖度高的地基改良均可实现。

7.1.4　工法的用途

CDM 工法的用途如图 7-3 所示，CDM 工法可作为各种构造物的基础地基改良和抗液化对策，还可用于挡土墙内部的底部改良、邻近施工时的变形控制等临时施工，并且最近还用于降低土压力等。

7.1.4.1　针对各种构造物的基础地基的使用案例

（1）防波堤基础

用于防波堤基础的地基改良的适用案例如图 7-4 所示。

主要改良形式：壁式、块式、柱式。

（2）岸壁基础

用于岸壁基础的地基改良的适用案例如图 7-5 所示。

主要改良形式：壁式、块式。

- CDM工法
  - 各种构造物基础地基的适用案例
    - 防波堤基础
    - 护岸、岸壁基础
    - 河川堤坝基础
    - 道路堆土基础
    - 桥基、桥台基础
    - 建筑物基础
    - 护壁基础
    - 填土基础、地下构造物基础
    - 筒仓基础
    - 人工岛的护岸基础
  - 以抗液化对策为目的的适用案例
  - 其他适用案例
    - 抑制临近构造物的变形
    - 挡土墙壁内的地基改良
    - 减小各种构造物的土压力
    - 挡土墙壁（自立壁、止水壁）
    - 盾构等的稳定推进
    - 现有护岸的抗震加固对策
    - 桩的侧面约束压
    - 上浮对策
    - 地下对撑

图 7-3　CDM 工法的用途

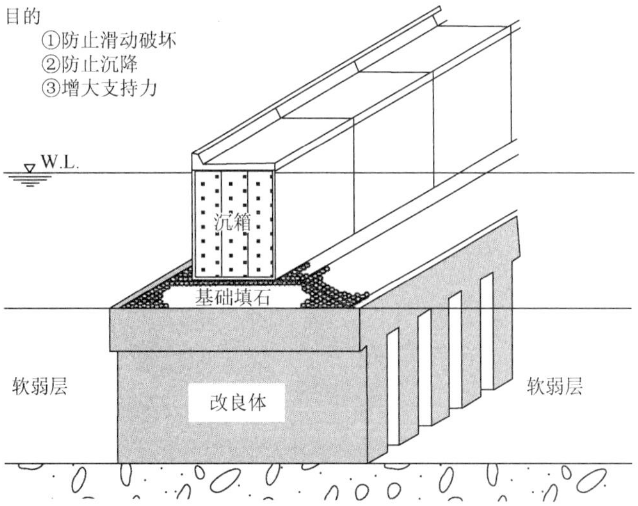

图 7-4　用于防波堤基础的地基改良的适用案例（壁式）

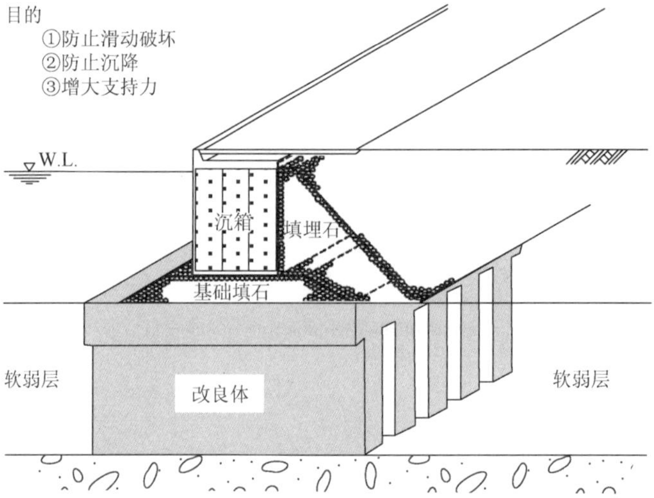

图 7-5　用于岸壁基础的地基改良的适用案例（壁式）

（3）护岸基础

用于钢板桩护岸的适用案例如图 7-6 所示，用于钢管板桩护岸的适用案例如图 7-7 所示，用于护岸基础的适用案例如图 7-8 所示，用于码头背部防止土堤崩塌结构的适用案例如图 7-9 所示。

主要改良形式：壁式、块式。

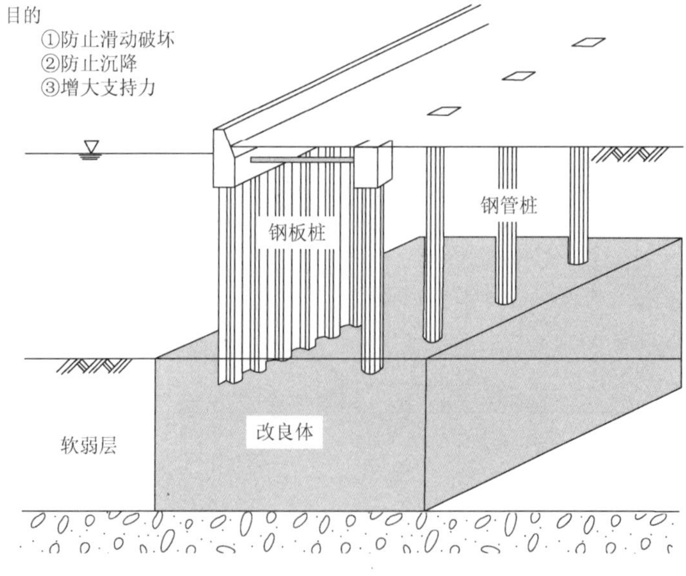

图 7-6　用于钢板桩护岸的适用案例（块式）

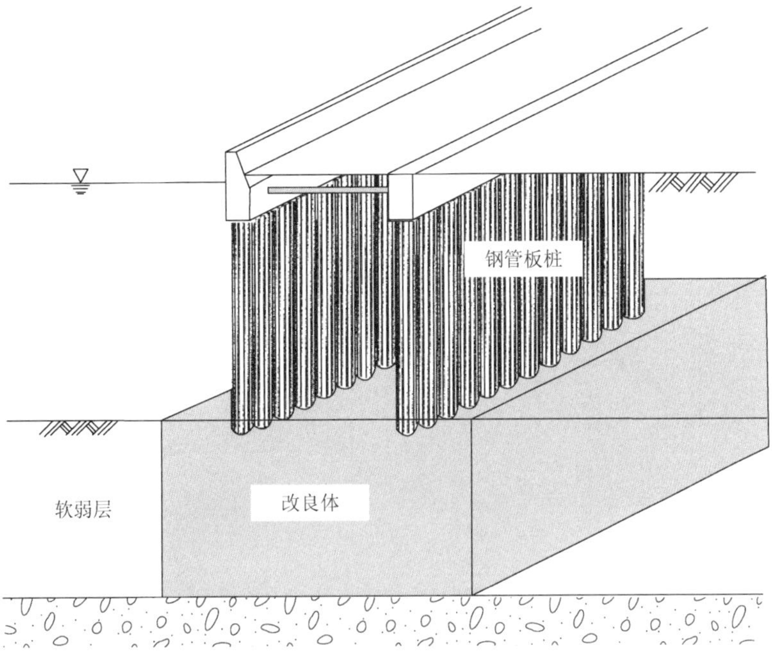

图 7-7 用于钢管板桩护岸的使用案例（块式）

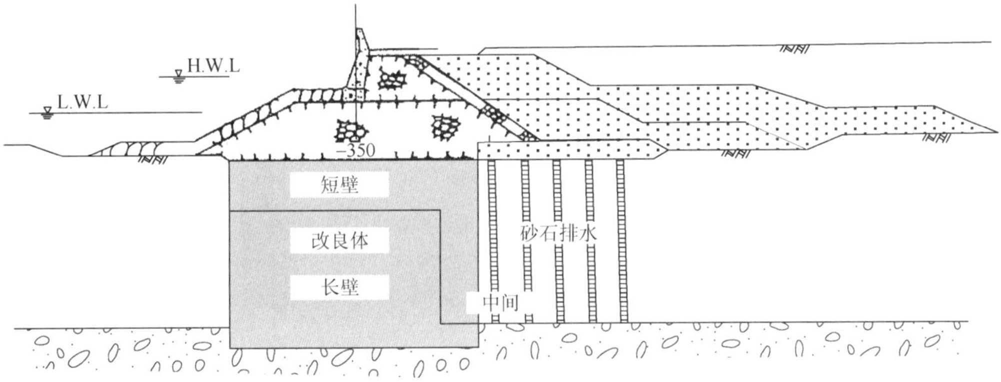

图 7-8 用于护岸基础的使用案例（壁式）

（4）人工岛的使用案例

用于人工岛的使用案例如图 7-10 和图 7-11 所示。

（5）拥壁基础

用于拥壁基础地基改良的使用案例如图 7-12 所示。
主要改良形式：柱式。

（6）填土基础

用于填土的基础地基改良的使用案例如图 7-13 所示。

主要改良形式：桩式、柱式。

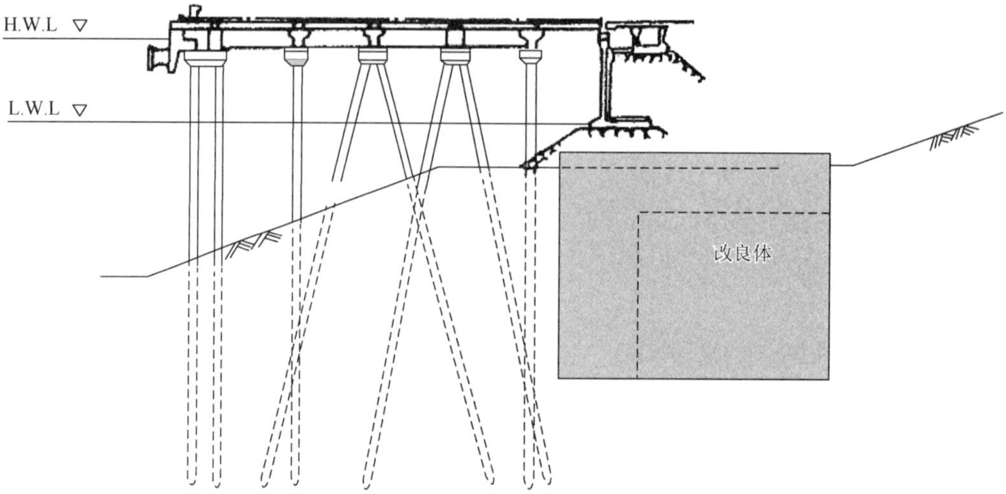

图 7-9　用于码头背部防止土堤崩塌结构的使用案例（壁式）

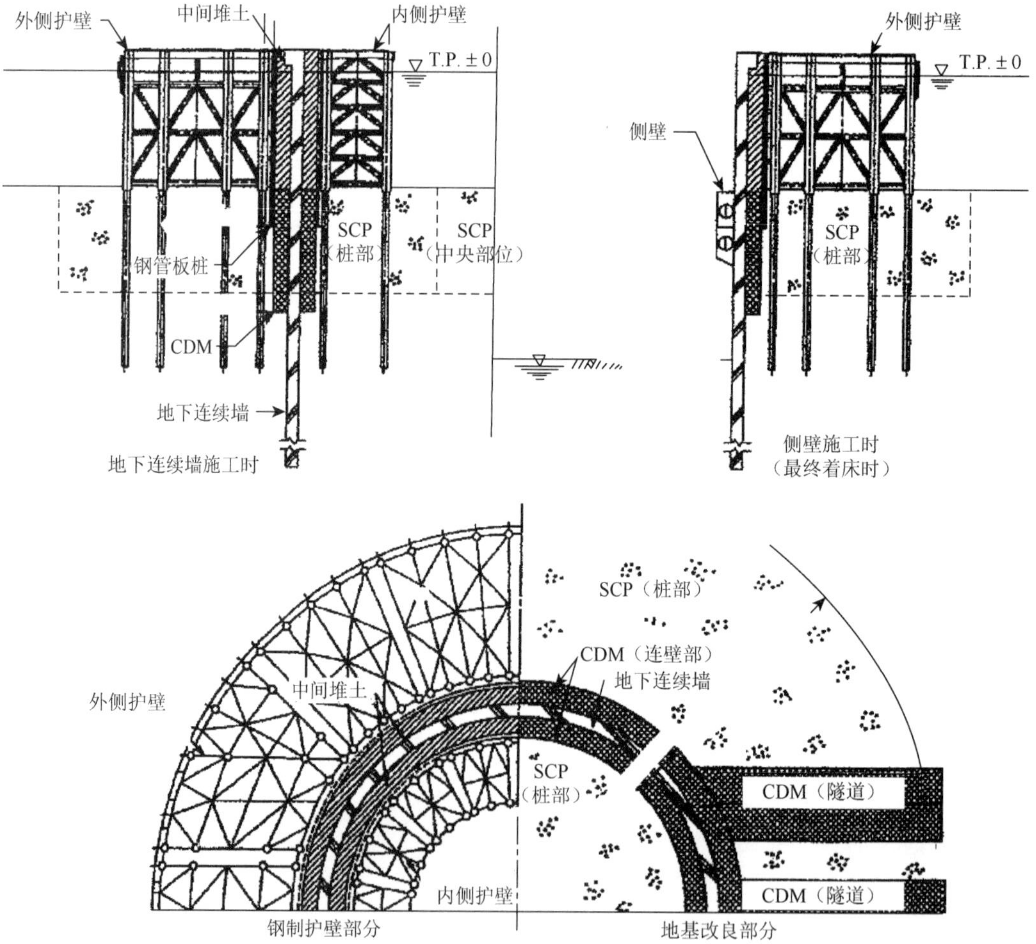

图 7-10　用于人工岛的使用案例一

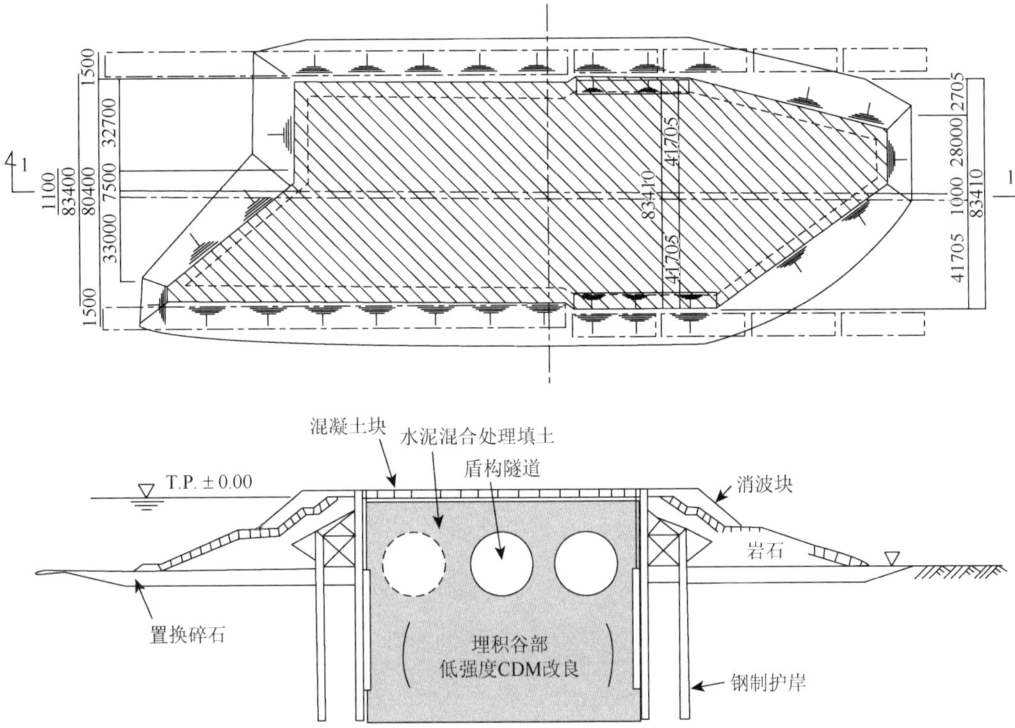

图 7-11 用于人工岛的使用案例二（单位：mm）

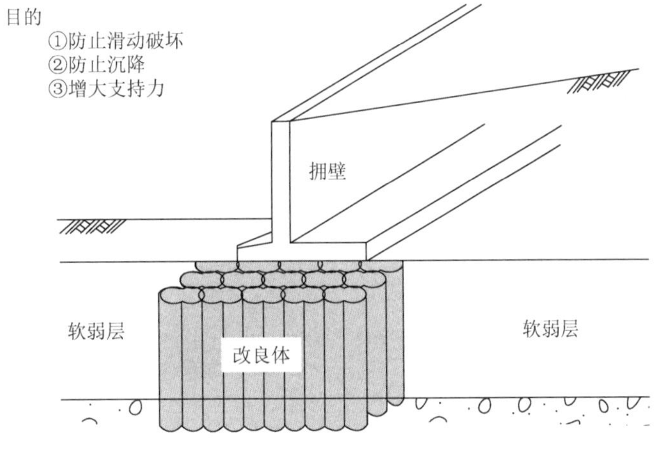

图 7-12 用于拥壁基础地基改良的使用案例

7.1.4.2 以抗液化对策为目的的使用案例

①全面地基改良的主要改良模式：块式、接圆式；

②抑制剪切变形的主要改良模式：格子式；

③抑制剪切变形的主要改良模式：格子式（着底式、浮起式）。

以抗液化对策为目的的适用案例如图 7-14 所示。

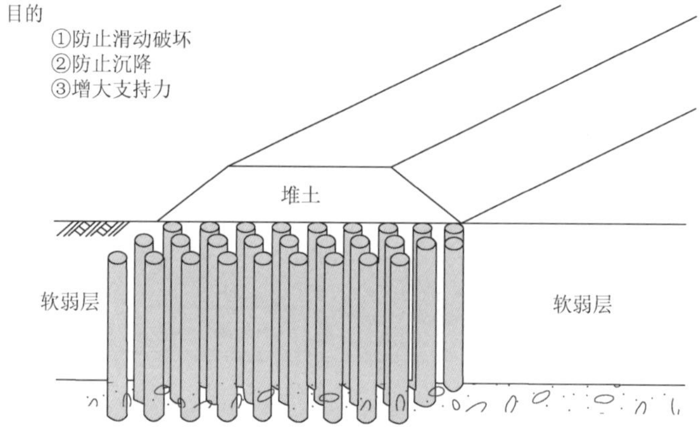

图 7-13　用于填土基础地基改良的使用案例

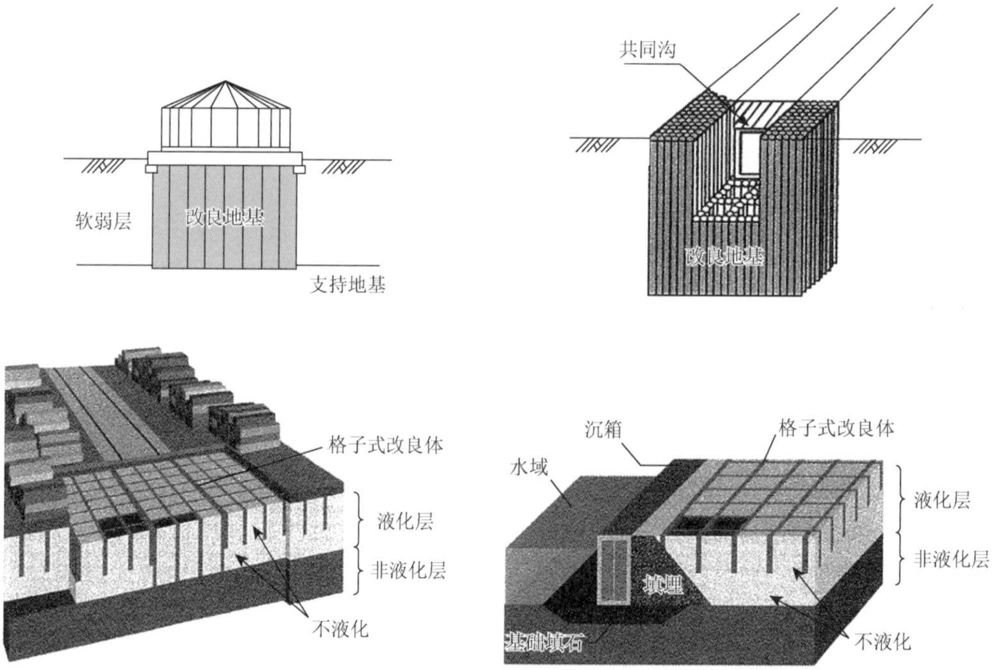

图 7-14　以抗液化对策为目的的使用案例

7.1.4.3　其他使用案例

（1）对邻近构造物的变形控制

①对伴有填土的邻近构造物的影响控制，主要改良形式：块式、柱式、格子式。
②对伴有开挖的邻近构造物的影响控制，主要改良形式：块式、柱式、格子式。
抑制变形的使用案例如图 7-15 所示。

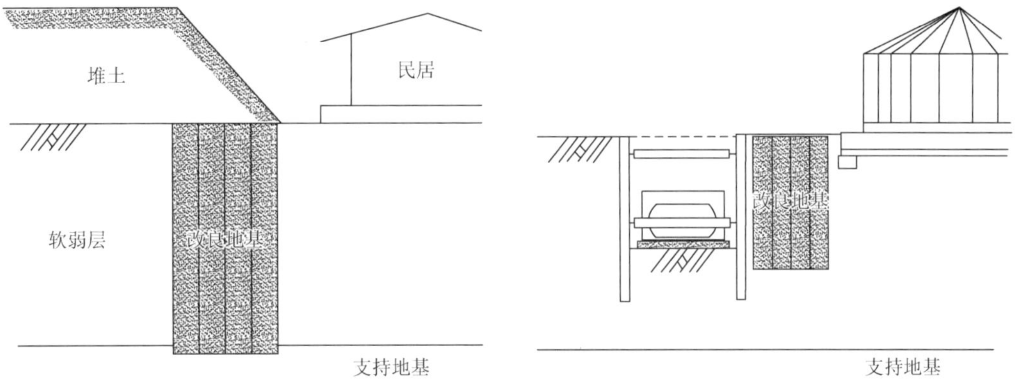

图 7-15 抑制变形的使用案例

（2）开挖底部改良

挖掘底基改良的使用案例如图 7-16 所示。
主要改良形式：块式、切圆式、格子式。
目的：增大被动土压力（包括先行地下横梁）、抗隆起和防止流砂。

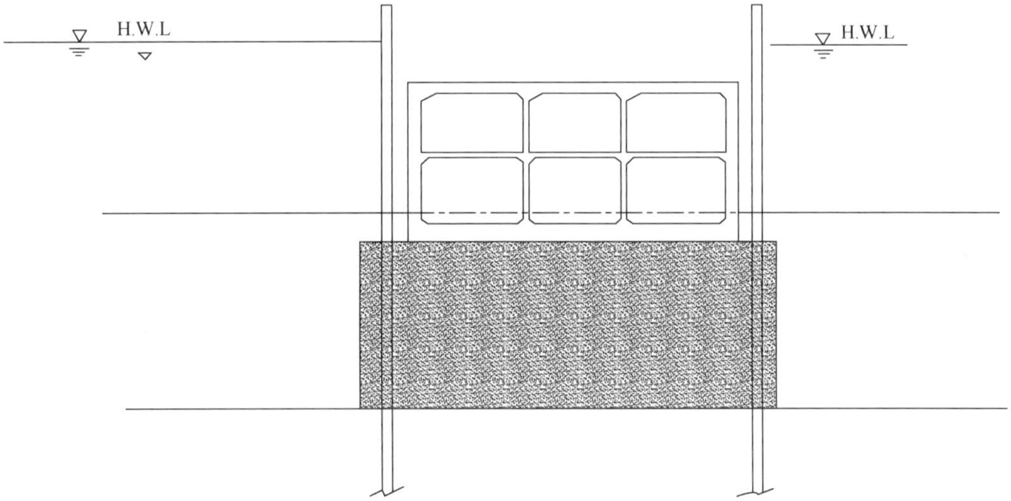

图 7-16 挖掘底基改良的使用案例

（3）各种构造物的土压力降低

降低土压力的使用案例如图 7-17 所示。
主要改良形式：块式、柱式。

（4）挡土墙

防止土堤崩塌的壁的使用案例如图 7-18 所示。
主要改良形式：块式、柱式。
目的：形成自立壁和止水壁。

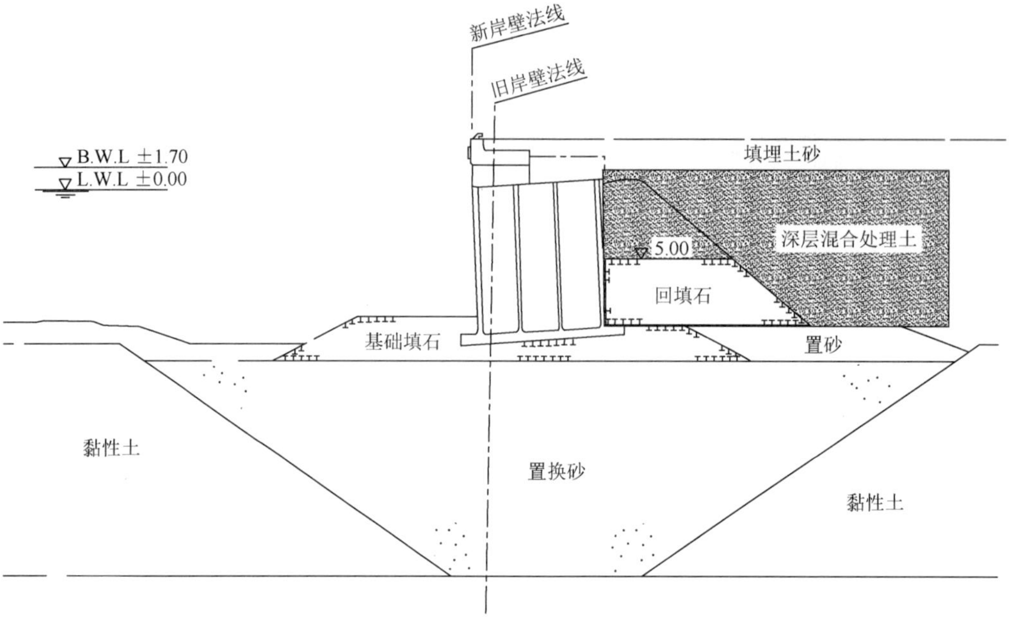

图 7-17　降低土压力的使用案例（单位：m）

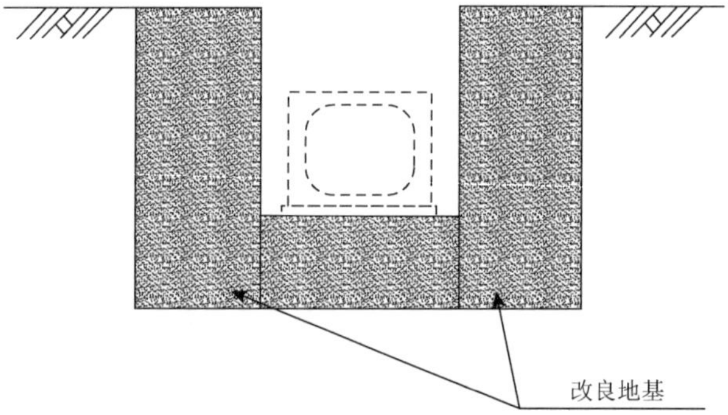

图 7-18　防止土堤崩塌的壁的使用案例

（5）盾构等的稳定推进

用于盾构等的稳定推进的使用案例如图 7-19 所示。
主要改良形式：块式、柱式。
目的：增大支持力、防止周边土体变形。

（6）现有护岸的抗震加固对策

用于现有护岸的抗震加固对策的使用案例如图 7-20 所示。
主要改良形式：块式、柱式。

7.1.5　用语的定义

本章中采用的专业用语定义如表 7-2 所示。

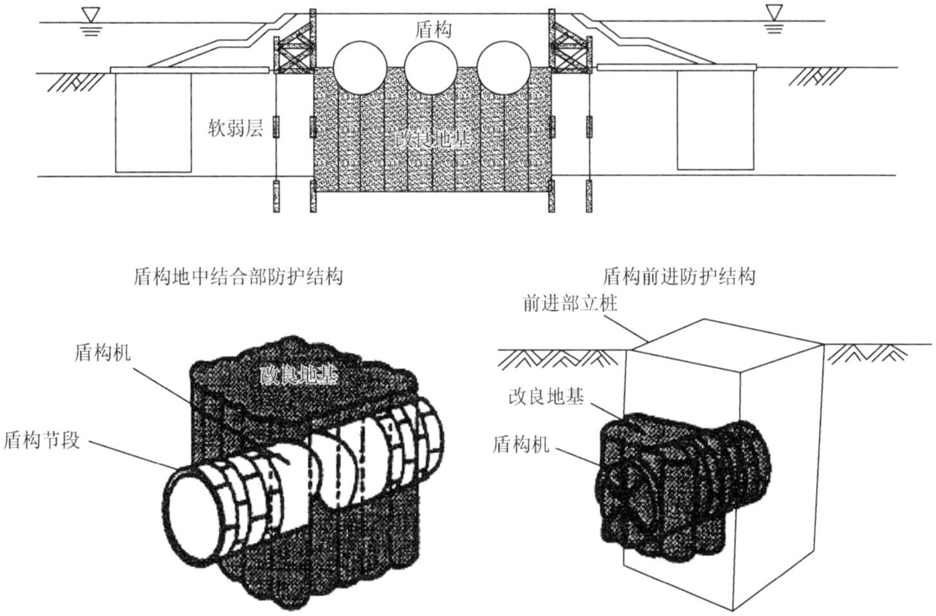

图 7-19　用于盾构等的稳定推进的使用案例

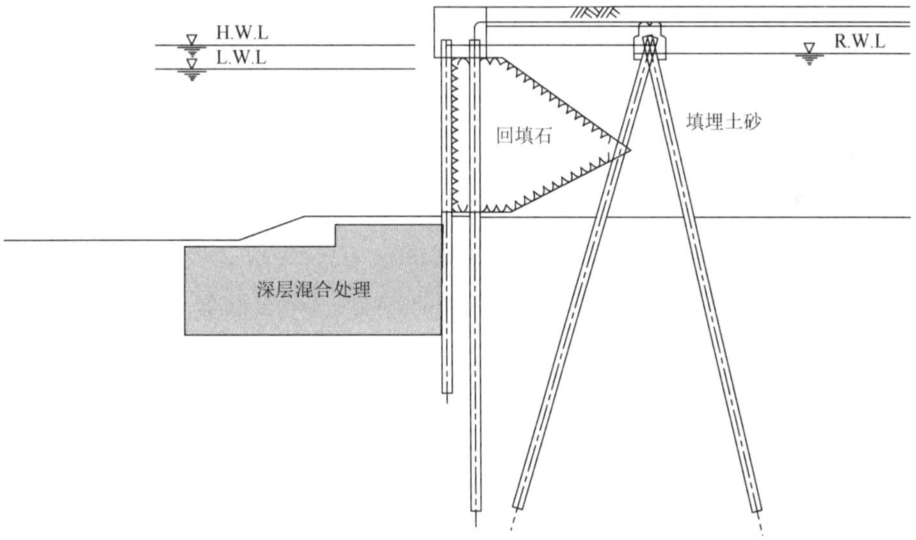

图 7-20　用于现有护岸的抗震加固对策的使用案例

表 7-2　专业用语定义

专业用语	定义
未处理土	改良体中夹杂的软弱土部分
稳定处理土	利用 CDM 工法形成的改良土
改良桩	深层混合处理机械 1 次施工中形成的稳定处理土的桩

续表

专业用语	定义
改良体	通过重叠改良桩等方法在地下形成的一种构造物
改良地基	改良体和未处理土的统称
改良地基系统	在改良地基后趾所在铅直面与前趾所在铅直面之间，且在改良地基底面之上的部分
周边土体	改良地基周边的土体
外部稳定	改良地基和上部构造物（本体）一体化，且作为刚体受力至破坏的过程中的稳定解析
内部稳定	外在作用对稳定改良体内部的破坏的解析
着底型	通过改良软弱地基至持力层，把外力传达至持力层，在这样的改良形式下，改良体达到持力层的着底形式
浮起型	改良体未达到持力层，其下部仍然存在软弱地基，在这样的改良形式下，改良体漂浮于软弱地基中的形式
CDM 船	CDM 工法中采用的专用船只
处理机械	由具有多个刀片、支架、桨状搅拌叶的单轴或多轴旋转轴组成，并且给土体供给稳定材料并搅拌混合的机械
混合剂	分散剂、流动化剂、缓凝剂
稳定材料/固化材料	化学反应材料（石灰、水泥、石膏、高炉水泥、火山灰等）
稳定材料添加量	1 m^3 改良对象土中添加的稳定材料中的粉体重量
稳定材料添加率	稳定材料与改良对象土干燥重量的重量比
水泥浆	把稳定材料和水混合后的糨糊状材料
刀片旋转次数	处理机械每升降 1 m（构成搅拌叶片）各刀片旋转次数的总和
贯入	在一系列混合处理程序中，处理机械达到需要深度的过程中，最初与土混合并拔出的阶段
贯入或拔出速度	在贯入和拔出过程中，处理机械单位时间内在垂直方向上移动的距离
旋转速度	单位时间内处理机的旋转次数
打设循环	一系列的混合处理循环
水稳定材料比	稳定材料中加入水的重量除以稳定材料重量的商值
糨糊搅拌	不论是否有补充材料或添加材料，使用稳定材料糨糊状搅拌的机械在原位搅拌的过程
重叠部位	改良体内改良桩身重叠的部分
可信度	构造物或构造要素能满足需求功能的能力
要求性能	为了满足一定目的，构造物需要拥有的性能
性能规定	为了能具体的性能验算，对要求性能的具体描述
可信度设计	在概率上验算构造物达到极限状态的可能性的设计方法

续表

专业用语	定义
极限状态设计	明确应验算的极限状态的设计方法
可信度指标 β	取代破坏概率（P_f）而定义 $\beta=\varphi-1$（P_f）。$\varphi-1$ 是标准正态分布函数的反函数
目标可信度指标 β_T	目标可信度指数
液化	地震作用使孔隙水压急剧上升，进而导致饱和砂土失去抗剪强度，土体构造发生破坏的现象
非液化土层	液化判定不会液化的土层，以及即使判定为液化对象土层，但可预见超孔隙水压上升实质非常小的土层
液化土层	可能发生液化的土层
简易法	利用简便方法评价填土构造物和地下构造物地震时的稳定性、变形及沉降等的方法
详细法	基于地震响应分析等评价填土构造物和地下构造物地震时的稳定性、变形及沉降等的方法
第一水准地震（L1）	在设置设施地点假定产生的地震响应中，根据地震响应再现期间和该设施设计期限的关系，在该设施设计期限内可能产生的最大地震响应
第二水准地震（L2）	在设置设施地点假定产生的地震响应中，可能产生的最大地震响应

7.1.6　记号表

本章中采用的符号含义如表 7-3 所示。

表 7-3　符号含义表

符号	含义
F_c	改良体的设计压缩强度（kN/m^2）
q_u	单轴压缩强度（kN/m^2）
q_{uc}	设计基准强度（kN/m^2）
f_{sh}	改良体的设计抗剪强度（kN/m^2）
f_t	改良体的设计抗拉强度（kN/m^2）
q_{uf}	现场稳定处理土的单轴压缩强度（kN/m^2）
$\overline{q}_{uf}$	现场稳定处理土的单轴压缩强度的平均值（kN/m^2）
q_{uc_k}	设计基准强度的特征值（kN/m^2）
q_{ul}	室内配合试验得到的稳定处理土的单轴压缩强度（kN/m^2）
$\overline{q}_{ul}$	室内配合试验得到的稳定处理土的单轴压缩强度的平均值（kN/m^2）
K	正态分布偏差（相对于标准差的倍数）系数
V	现场稳定处理土的单轴压缩强度 q_{uf} 的变动系数
B	改良体的改良宽度（m）

续表

符号	含义
D	改良深度（m）或壁式改良地基内长壁的铅直长度（m）
D_s	壁式改良地基中短壁的铅直长度（m）
L_l	壁式改良地基中长壁的纵向上的长度（m）
L_s	壁式改良地基中短壁的纵向上的长度（m）
R_l	壁式改良地基中长壁的纵向上长度的比例
R_s	壁式改良地基中短壁的纵向上长度的比例
t_1，t_2	改良体端趾部单位进深的地基反力强度（端趾压力）（kN/m^2）
a_p	改良率（%）
A_p	1 根改良桩的改良截面积（m^2）
X_1，X_2	改良桩的中心距离（m）
C_p	稳定处理土的黏聚力（kN/m^2）
C_o	原地基土的黏聚力（kN/m^2）
n（$n=\sigma_p/\sigma_c$）	应力分担比
m_{vp}	稳定处理土的体积压缩系数（m^2/kN）
m_{vo}	原地基土的体积压缩系数（m^2/kN）
w	含水率（%）或单位体积重量（kN/m^2）
w_n	天然含水率（%）
w_i	改良前试料的初始含水率（%）
w_s	稳定处理土的含水率（%）
w_d	干燥单位体积重量（kN/m^3）
w_t	湿润单位体积重量（kN/m^3）
w_w	水的单位体积重量（kN/m^3）
e	孔隙比
ρ_s	土粒的密度
ρ_w	水的密度
ρ_c	稳定材料的密度
S_r	饱和度（%）
k	透水系数（cm/s）
E	弹性模量，变形模量（kN/m^2）
E_{50}	相对于 $q_u/2$ 的变形模量（kN/m^2）
p	平均压密压力（kN/m^2）
p_y	压密屈服应力（kN/m^2）

续表

符号	含义
a_w	稳定材料相对于土的干燥重量的重量百分率（%）
a'_w	稳定材料相对于土的湿润重量的重量百分率（%）
a_c	改良对象土每 1 m^3 的稳定材料添加量（t/m^3，kg/m^3）
	$a_w=\dfrac{a_c}{\gamma_d}\times 100 \qquad a'_w=\dfrac{a_c}{\gamma_d}\times 100$
	$a_w=\left(1+\dfrac{w_n}{100}\right)\times a'_w$
	$\gamma_d=\dfrac{\gamma_t}{1+\dfrac{w_n}{100}}=\dfrac{\gamma_w}{\dfrac{1}{G_s}+\dfrac{w_n}{S_r}}$
T_c	龄期（d）
q_{u7}	7 d 龄期的稳定处理土的单轴压缩强度（kN/m^2）
q_{u21}	21 d 龄期的稳定处理土的单轴压缩强度（kN/m^2）
q_{u91}	91 d 龄期的稳定处理土的单轴压缩强度（kN/m^2）
V_{qu}	改良地基的单轴压缩强度的变动系数
NP，OPC	普通硅酸盐水泥
SP，PSC	高炉水泥 B 类
α	断面有效系数
β	重叠部可信度系数
γ	部分系数
γ_i	构造物系数
γ_a	构造物解析系数
λ	原位强度与室内强度的比值 $\overline{q_{uf}}/\overline{q_{ul}}$
κ	原地基土相对于稳定处理土的破坏应变，其破坏强度的折减率
σ_s	作用于改良体上的应力（kN/m^2）
σ_c	作用于黏性土上的应力（kN/m^2）
σ_{dt}	从单纯抗拉试验中获得的稳定处理土的抗拉强度（kN/m^2）
σ_{st}	从割裂抗拉试验中获得的稳定处理土的抗拉强度（kN/m^2）
ε	应变
μ	泊松比或摩擦系数

7.2 规划到施工的流程、调查及试验

如 7.1.4 节所述，CDM 工法广泛应用于构造物基础、土压力降低、挡土墙、液化控制

等。本节针对这些应用阐述使用 CDM 工法时规划到施工的流程，并介绍其中实施的调查和试验。

7.2.1　CDM 工法规划到施工的流程

CDM 工法的规划、设计及施工的整体流程如图 7-21 所示。

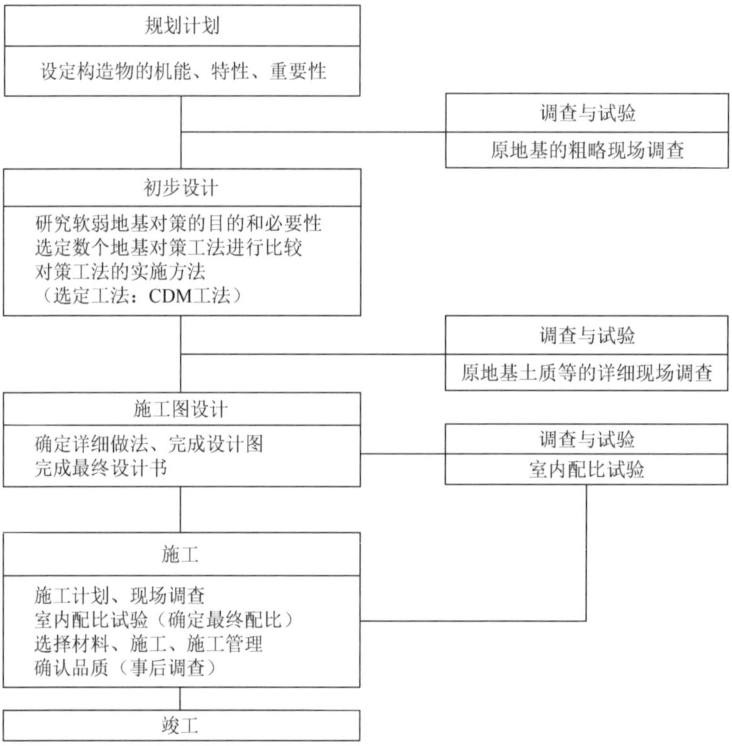

图 7-21　CDM 工法规划、设计及施工的整体流程图

7.2.2　调查与试验

本节阐述关于 CDM 工法的调查和试验。

为了使 CDM 工法施工后的地基满足需要的功能，规划、设计、施工的各阶段需要做如下调查和试验。

①原地基土质调查；

②室内配比试验；

③现场施工试验（填入试验）；

④施工条件调查；

⑤以品质保证为目的的调查与试验。

7.2.2.1 原地基土质调查

（1）目的

对原地基土的土质调查，在设计中需要掌握如下项目：
①原地基土的土质构成；
②原地基土的土质工学特性。

（2）调查地点

收集以往资料并进行调查，再确认研究地基土的分层情况，为了补充并完善这些决定土质调查地点。土质调查一般多取 50～200 m 间隔。

（3）调查深度

调查深度取能涵盖影响构造物稳定和变形的所有地层的深度。并且，利用 CDM 工法改良地基到达持力层（着底型改良地基）时，持力层内部应再考虑 2 m 左右。

（4）调查方法

土质调查有很多种方法。采用 CDM 工法时，考虑如下两种调查方法：
1）回声法
包括标准贯入试验（*N* 值）和静力触探试验。
2）基于采样的各种室内试验
原位土体的采样：取扰动较小的黏性土时，一般采取固定活塞式薄壁取土器，而取砂性土时采用砂性取土器，特别是想取扰动很小的试样时，可结合其他采样方法。
另外，采样的数量宜根据土质变化情况及土质试验中需要的量决定。

（5）试验项目

为了掌握改良对象层及持力层的土质工学性质，一般采用如表 7-4 所示的土质试验。另外根据需要进行各种试验。

表 7-4　土质试验项目

试验项目	试验名称	试验方法	构造物基础等	液化对策
物理试验	土粒密度试验	JIS A 1202	○	○
	土的含水率试验	JIS A 1203	○	○
	土的粒度试验	JIS A 1204	○	○
	土的液限塑限试验	JIS A 1205	○	○
	土的湿润密度试验	JIS A 1225	○	○

续表

试验项目	试验名称	试验方法	构造物基础等	液化对策
力学试验	土的单轴压缩试验	JIS A 1216	○	○
	土的三轴压缩试验	JGS 0521～0524	△	△
	土的分级荷载下的压密试验	JIS A 1217	○	—
	以求取土的变形特性为目的的中空圆筒试件的反复剪切试验	JGS 0543	—	△
	土的反复不排水三轴试验	JGS 0541	—	△
化学试验	土的悬浊液的 pH 试验	JGS 0211	△	△
	土的强热减量试验	JIS A 1226	○	△

注：○表示标准实施；△表示根据需要实施；—表示不需要实施（试验方法参考日本的相关规范）；JIS 是指日本工业标准；JGS 是指日本地基工业委员会。

7.2.2.2　室内配比试验

室内配比试验一般分为两个阶段，其一为设计中设定稳定处理土可能实现的设计值（如强度等），其二为设计中获得在现场确定的改良地基的性能（如强度、连续性等）。但是，有时也会充分利用已有数据，省略设计阶段的室内配比试验。室内配比试验的详细过程可参考“7.4.3 室内配比试验”。

7.2.2.3　现场施工试验（填入试验）

现场施工试验的目的是基于室内配比试验决定的稳定材料的种类和添加量等，在现场采用实际的机械施工，确切地获取设计中求得的性能的改良地基，宜通过确认该地基，尽量实施现场施工试验。该试验的目的和方法的详细过程可参考相关规定。

7.2.2.4　施工条件调查

施工条件调查的目的是在现场确切地获取设计中求得的性能的改良地基，同时还能确保施工的安全性。例如，海上施工中，宜根据需要实施以下工序：①深浅测量；②磁场探查、潜水调查；③气象和海象调查；④环境调查。

（1）深浅测量

深浅测量的目的是选择使用的 CDM 船的规格。测量方法有声音探测法、雷达法等。另外，还有通过结合 GPS 和声音探测器，能在短时间内实现三维深浅测量的系统。

对于潮汐差很大、或水深较浅、或改良深度很深的工程等，潮位可能会对其施工性影响很大，故需要获取并调查与潮位相关的信息。

（2）磁场探查、潜水调查

由于 CDM 工法是在旋转处理机前端搅拌叶片的同时，把处理机贯入软弱地基中的方法，故在改良对象地层内若存在巨石或金属物等障碍物，则可能会导致地基改良的中断甚至无法实现改良，同时还可能会使处理机刀口发生破损。因此，需要在施工前充分探查改良地层内的情况，事先除去障碍物。水雷等残存爆炸物探查对施工安全确保极为重要。

（3）气象和海象调查

为了推测施工机械的运行效率，并确定施工方案，事先调查施工地点的气象和海象条件极为重要。气象和海象调查项目如下所示。

①波浪。

②风向和风速。

③潮流（在受港外等潮流影响的地点施工时）。

④气温和水温（冬期施工时）。

⑤雾等影响视线的气象现象。

CDM 工法海上施工的制约条件如下所示。

①风速 10 m。

②有义波高 50 cm。

③可视距离 1000 m。

另外，即使波高在制约条件内，若有很长的起伏周期（一般 $T=6$ s 以上）时，也可能不宜进行施工。

（4）环境调查

CDM 工法与采用冲击和振动的地基改良工法相比，其施工中的振动和噪声很小。但是，在与护岸和岸壁邻近的工程中，应注意要把对周边环境的影响降至最低。同时，在与渔场、鱼礁等邻近的海域中施工时，需要充分注意不要让稳定材料流出，对生态造成负面影响。施工中对周边环境的调查可参考“7.4.2 现场调查”和“7.4.2.4 环境调查”。

7.2.2.5 以品质保证为目的的调查与试验

改良地基的品质需要满足设计中确定的形状（如改良位置、改良宽度、改良深度），同时稳定处理土的强度、变动系数等品质要满足设计前提。

为实现设计品质进行的位置测量、深浅测量及着底管理等施工根据 7.4 节内容按顺序进行说明，这可作为保障完成每根桩的施工记录的数据。

每根桩都需要满足通过室内配比试验和填入试验决定的控制值，这样可推测稳定处理土的品质才能得到保证。为了验证该推测的正确性，一般事后调查由抽样的目测观察、连续性及强度试验结果组成。详细过程参照“7.4.7.3 其他的事后调查”。

7.3 设计

7.3.1 一般设计

7.3.1.1 适用基准等

本章中所未标示的事项均基于以下基准：

①《港口设施技术标准·解说》。

②混凝土标准示方书。

本章中如不特意指出，则表示其符合①与②基准中的事项。因此，将不记述海象条件及材料条件等，直接使用①与②基准中的相关规定。

7.3.1.2 为了方便设计的事先调查

在设计深层混合处理工法之前，要实施对对象构造物的研究、土质调查、荷载条件的调查、设计条件的调查、施工条件的调查等，须充分掌握设计中所需要的信息。

土质调查的目的是为了掌握原地基的土质构成及土质工学性质，以及为了得到在研究改良强度及改良范围时所需要的资料，详见“7.2.2.1 原地基土质调查”。

7.3.1.3 设计的基本想法

深层混合处理地基的设计中，以外部稳定、内部稳定及构造物整体位移等要素满足对象设施的目的、机能及要求性能为目的进行研讨。

①深层混合处理工法为了满足港湾及机场构造物的建造目的、机能及要求性能，其适用于其中的一部分地基。因此，一般将改良地基视为构造物的一部分，而其本身并不作为设施以提供任何机能。综上所述，设计深层混合处理地基时，必须是能满足对象设施要求性能的设计方案，并且适用于港湾构造物的深层混合处理地基的目的、机能、要求性能等相关要求，可参考相关文献。

②研究改良地基上的上部结构的稳定时，必须以事先基于各基准逐一研究为前提。

③深层混合处理工法处理后的稳定处理土与原地基的土相比，一般强度与变形系数显著增大，破坏时的变形量显著减小。综上所述，稳定处理土所形成的改良体可视为是一种构造物。因此，与通常的地基解析手法不同，需要进行作为构造物整体的稳定（外部稳定）的研究、构造物本身的承载力（内部稳定）的研究及在特别必要时作为改良体的刚体的沉降、水平位移及旋转的研究。

④在壁式改良地基的地基反力计算中，一般认为上部构造物及改良体重量由改良体分

担，壁间未处理土重量由未处理土自身分担。因此，研究地基反力时，认为除去壁间未处理土重量的所有铅直荷载仅由改良体的长壁支持，地基反力的计算值考虑相应的增量系数，并且求面积时也要考虑壁间未处理土的重量。

⑤深层混合处理工法的性能验算流程如图 7-22 所示。

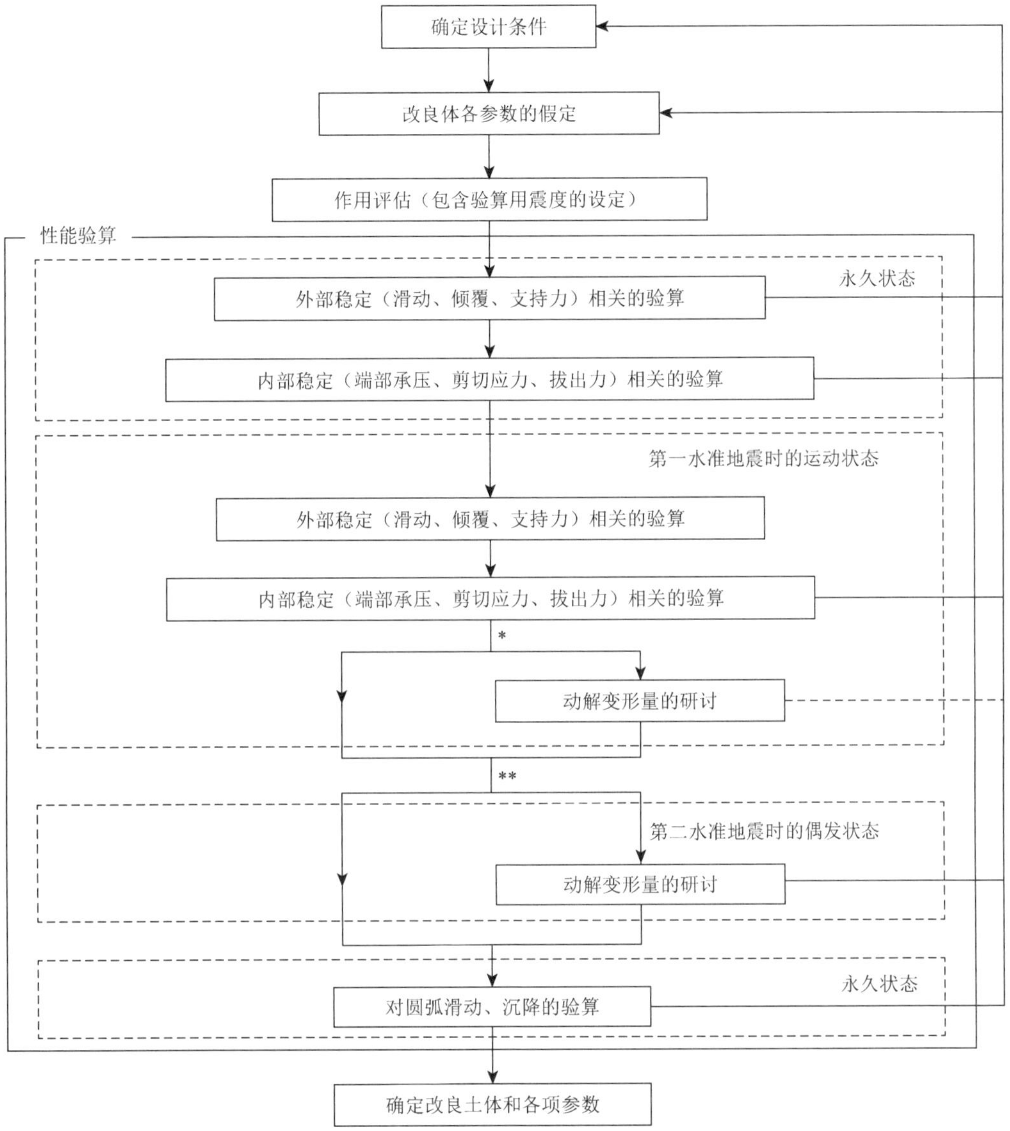

图 7-22　深层混合处理工法的性能验算流程

* 必要时，可以研究第一水准地震对应的动解的变形量，并且改良地基宽度小于基础垫层宽度时，也需要对动解的变形量进行研究。

** 根据主体结构的性能要求，对第二水准地震进行性能验算

⑥适用于重力式码头基础地基的深层混合处理工法中，对第一水准地震的性能验算可根据相关行业规范实施。另外，简易法的验算结果，在改良地基的范围比基础垫层小时，

改良地基与本体结构等的位移量必须根据详细法进行研究。对第二水准地震的偶发状态进行研究时，必须根据设施所要求的性能来实施。

另外，深层混合处理工法性能验算时，需考虑以下事项。

a. 在深层混合处理工法中，因没有能一次决定改良体各项要素的方法，故研究时需反复进行计算直到能满足稳定条件且能设定出最具经济性的断面为止。

b. 在壁式改良地基中，也需决定长壁及短壁的各要素。因长壁与短壁是由稳定处理土的桩体交叠所形成的，故壁的断面形状并不能随意设定，而需要考虑将要用到的施工机械等各要素。

c. 因壁式改良为多数的长壁及与其连接的短壁所构成，故短壁下残留有未处理土。根据长壁的间隔、未处理土的强度及回填高度等条件，由于回填下部的软弱地基会穿过长壁之间形成脱落破坏，故研究内部稳定时，除研究改良体的内部应力之外，还需研究长壁之间的未处理土的脱落问题。

d. 变动状态及偶发状态中的变形量极限值以根据深层混合处理工法所支持的本体结构变形量为指标，根据设施所要求的性能来设定。

e. 对于第一水准地震及第二水准地震的变形量的验算，应利用能确切评价以地震为起因的改良地基的残留变形的数值解析及振动台实验结果等来进行验算。

f. 使用数值解析模型时，在认为有可能发生液化的地基中，必须使用能确切评价液化影响的模型。

⑦本章中所举例说明的永久状态、对于第一水准地震的变动状态的简易性能验算方法是可以信赖的设计方法（部分系数法），本章记载的部分系数可作为标准值使用。性能验算式中所包含的各部分系数均是通过基于概率计算的可靠度解析所设定的系数。对于第一水准地震的变动状态的详细性能验算，以及对于第二水准地震的偶发状态的性能验算，可参照相关行业规范。

⑧另外，在块式改良地基及壁式改良地基中，改良体前侧及背侧可认为有如图 7-23 所示方向的黏聚力所带来的抵抗弯矩。

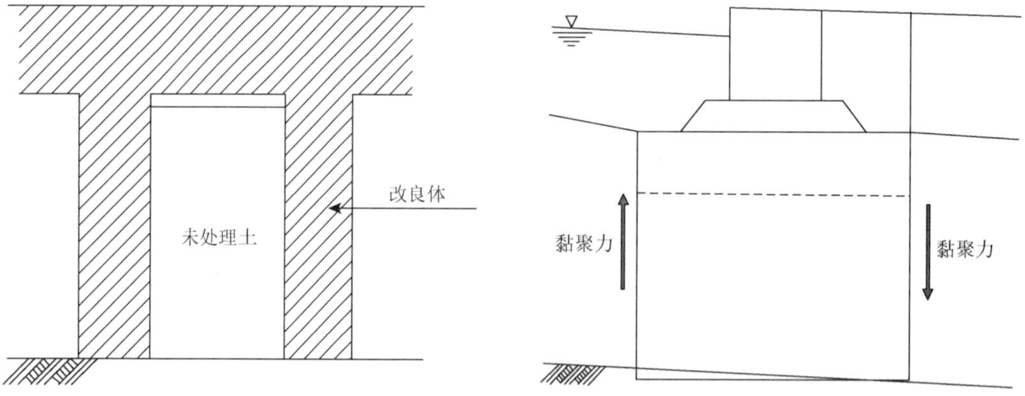

图 7-23　壁式改良地基的模式图

⑨改良体形状复杂时或改良体深度比宽度大时，可能会有复杂的反应，计算改良体内

部应力也会变得困难。这时，应该根据二维或三维有限单元法（FEM）解析将改良体形状确切地进行模型化，且根据可靠度良好地再现改良体与地基的相互作用的解析软件来解析。另外，根据 FEM 解析进行应力计算时，根据模型化等解析条件的不同，有时会导致结果差异较大，需注意这一点。

随着计算机的普及及演算能力的提升，利用数值解析方法来进行设计变得容易。关于地基在透水、压密、剪切、土压、斜面稳定等多个领域均有适用数值解析方法，通过使用通用性极高的 FEM，可处理各种各样的问题。土与其他材料相比，因土粒的构成、应力状态等条件所导致的力学性能响应不同，这使得解决层状态较为复杂的地基、构造物与地基的相互作用问题时，FEM 解析为设计中有效手段之一。即使是深层混合处理工法的设计，有限单元法也经常使用，对改良体的作用力的计算、改良体给周边地基带来的影响等，从静态问题到动态问题，有许多的应用案例。有代表性应用案例如下。

a. 静态问题：作为滑动对策实施了地基改良的斜面稳定解析；改良体形状复杂时发生于改良体内部应力分布。

b. 动态问题：深层混合处理地基上建造的重力式码头的地震时变形验算；作为抗液化对策使用了深层混合处理工法时对对策效果的检验。

⑩近年来，不断地实施对深层混合处理工法的改善、新工法、技术的开发等，该法也有导入新技术，可进行性能验算（例如：用于防止液化时，格子式改良模式的一部分做成浮起型）。

7.3.2 改良地基样式的选定

CDM 工法根据平面配置，有块式、壁式、格子式、桩式、柱式、柱交叠式改良模式。

7.3.2.1 改良模式

选定改良模式时，必须充分考虑稳定性、经济性、施工可行性等。

（1）块式改良地基

直至所定的改良范围、深度为止，通过交叠改良桩以期形成一体化，上部构造物下方的地基称为全面改良块式改良地基，是可以改良地基整体，并可抑制地基液化的工法。

块式改良地基如图 7-24 所示。

（2）壁式改良地基

构造物下方的地基由横向形成的被称为稳定处理土的长壁与改良长度短的短壁在纵向相结合所形成的改良模式。

壁式改良地基如图 7-25 所示。

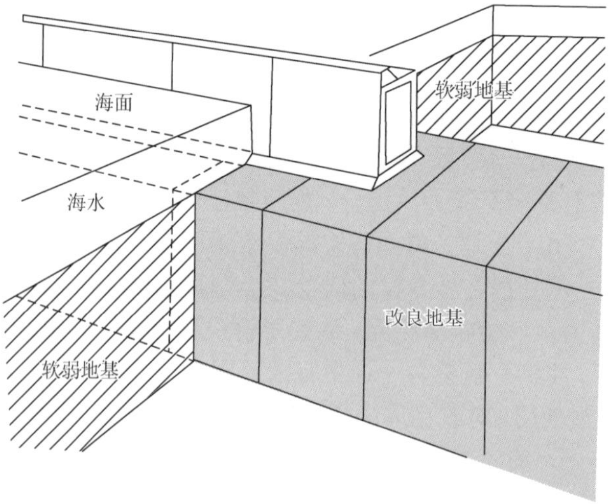

图 7-24　块式改良地基

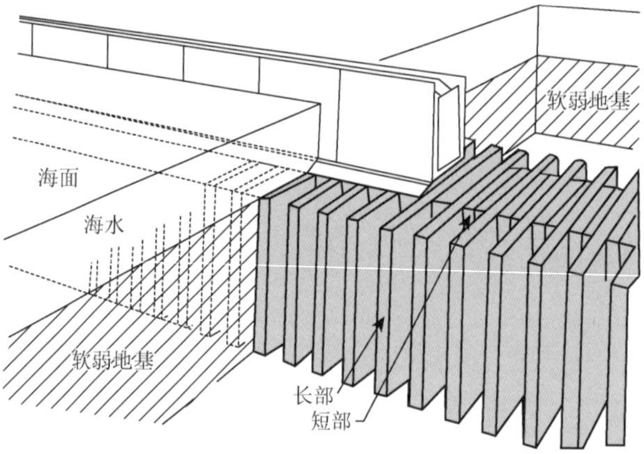

图 7-25　壁式改良地基

（3）格子式改良地基

其为介于块式与壁式的中间型，在构造物下方的地基中以格子桩形成长壁与短壁的稳定处理土的改良模式，在有液化可能性的地基中通过格子桩改良抑制液化的工法中也可使用的改良模式。

格子式改良地基如图 7-26 所示。

（4）桩式改良地基

在地基中形成桩状稳定处理土，平面上配置成矩形或错位状，被称为群桩状的改良模式。

桩式改良地基如图 7-27 所示。

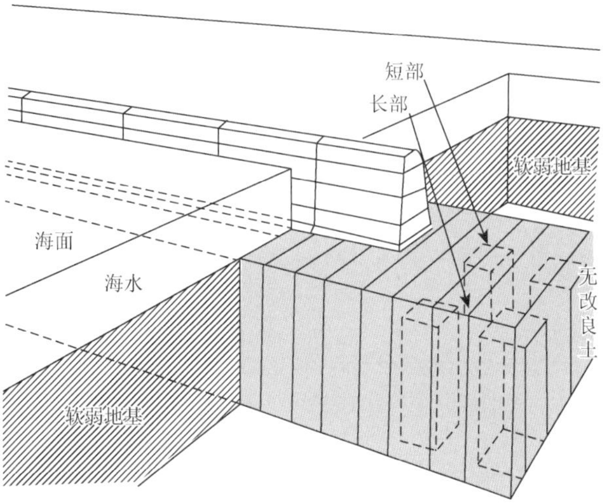

图 7-26　格子式改良地基

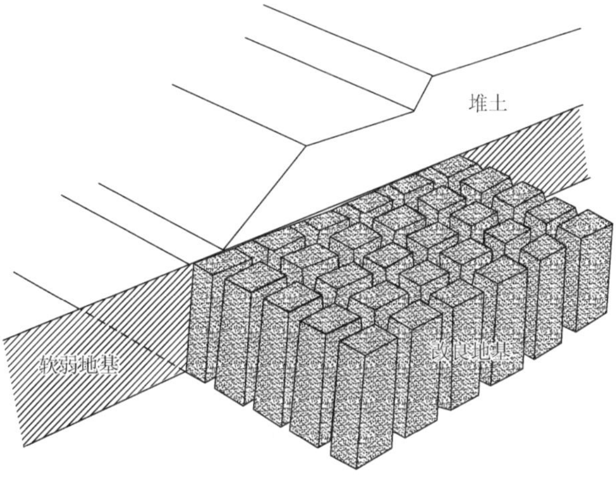

图 7-27　桩式改良地基

（5）桩式改良地基

为改良桩与改良桩相切配置的改良模式。

（6）桩交叠式改良地基

为改良桩在纵向上相连，且横向上交叠配置的改良模式。

7.3.2.2　改良型式

CDM 工法的改良型式根据深度方向的改良范围不同有着底型与浮起型两种改良型式。

（1）着底型

使改良地基着底于支持地基的型式。中间支持层下方存在有洪积黏土层时也认为属着底型。

着底型如图 7-28 所示。

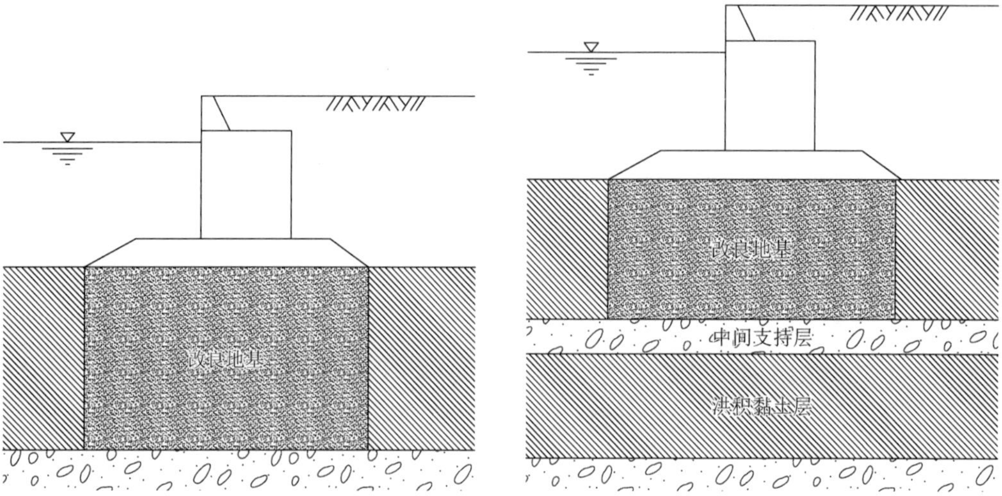

图 7-28　着底型

（2）浮起型

改良地基不着底于支持地基，停留在软弱地基之中，是浮于软弱地基中的型式。

浮起型如图 7-29 所示。

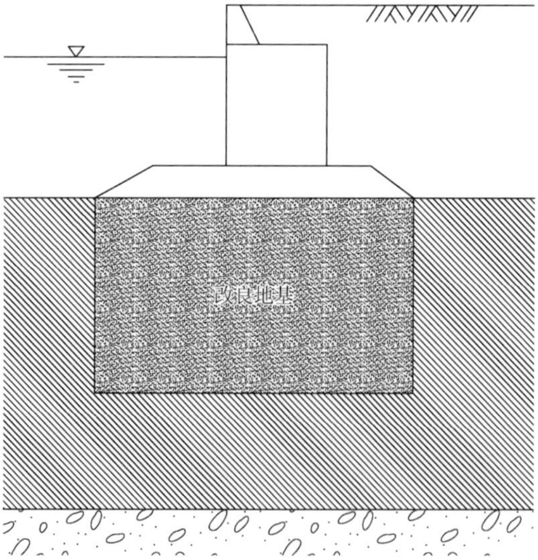

图 7-29　浮起型

7.3.2.3　改良模式的选定方法

参考表 7-5 中所示的各种改良模式的特征，然后选定改良模式。

港湾构造物中所实施的案例中，水深大的大型重要构造物多为块式，但近年对壁式的应用也有所增加。中规模护岸中壁式较多，但有较大外力作用时也有案例是使用格子式的。在不需要考虑地震的影响或水平力并不是太大时，也有使用柱式及桩式的案例。

以液化对策为目的时，将原地基砂质土稳定处理后，作为防止液化本身的对策，可采用块式或柱式。格子式可造出稳定处理土的壁，通过抑制内部原地基地震时剪切变形，可抑制间隙水压的上升，进而防止液化。

各种改良模式中，本章中所提及的块式、壁式、格子式被称为纵向横断的外力方向上交叠改良桩的模式，图 7-30 中所举例说明的柱式可视为是桩式的总长。在最近的工程案例中，柱式在外力方向，即横向上交叠，以期传达剪切力的案例较多。这样的柱交叠式在陆上被广泛应用于防护壁的基础地基改良上，在海上也有时会被应用于小规模的护岸等。

改良地基的基本模式以有 2 轴搅拌叶片的施工机械为例，如图 7-30 所示。其他的桩配置（4 轴、8 轴的施工机械）可参照表 7-27。

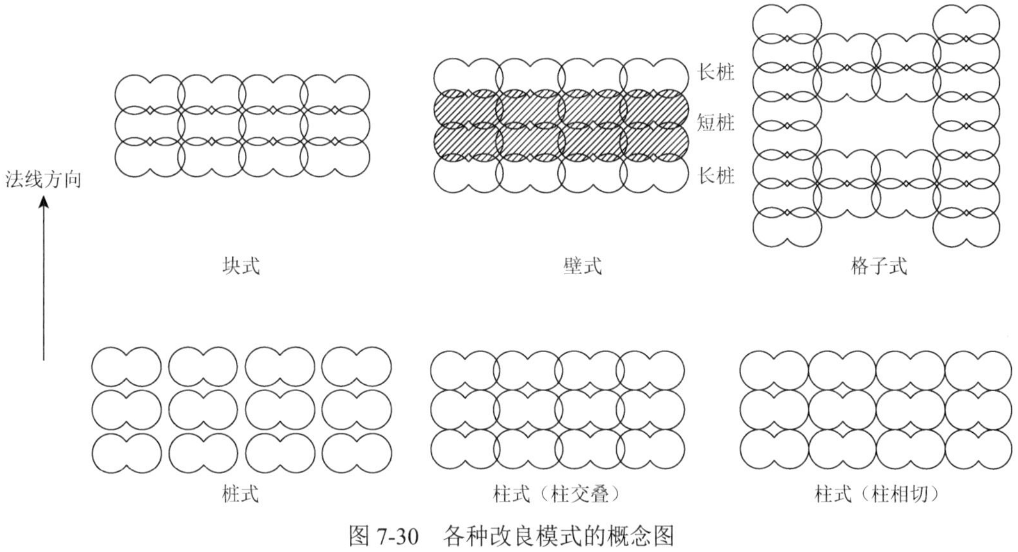

图 7-30　各种改良模式的概念图

表 7-5　各种改良模式的特征

	稳定性	经济性	施工性	构造上的特征
块式	由于改良体作为一个整体抵抗外力，故不论是整体还是内部都很稳定	与其他改良方式相比改良体积大	由于需要将全部的桩体都相互交叠，工期较长	重力式构造物和使用类似的设计方法求取改良范围
壁式	各改良壁结合较好，可作为整体抵抗外力时，稳定性很高	与块式相比改良体积较小且价格便宜	需要较高精度的长壁单元和短壁单元的管理	需要考虑壁间的未处理土根据内部稳定而调整改良范围的情况较多
格子式	整体的稳定性与块式相当	介于块式和壁式中间	格子状的改良及其相应的施工顺序较为复杂	存在必须研究三维内部应力的情况

续表

	稳定性	经济性	施工性	构造上的特征
桩式	在水平力不大时较为稳定	在工期较短且改良体积较小时比较经济	不需要管理交叠部位	需要在研究整体稳定的同时研究桩体的应力
柱式	在水平力不大时较为稳定 也有使主要外力方向的柱列交叠而提高其稳定性的方法（柱交叠改良）	与块式相比较经济	为了保证切实的切圆，需要高精度的管理； 在柱交叠的情况下，比柱相切的工期更长	需要研究整体稳定和桩体的应力

7.3.3　稳定处理土（根据 CDM 工法所形成的改良土）

7.3.3.1　稳定处理土的配比设计法

稳定处理土的配比设计必须在实施室内配比试验或现场试验后再决定。

①稳定处理土的配比设计按图 7-31 所示的流程进行。

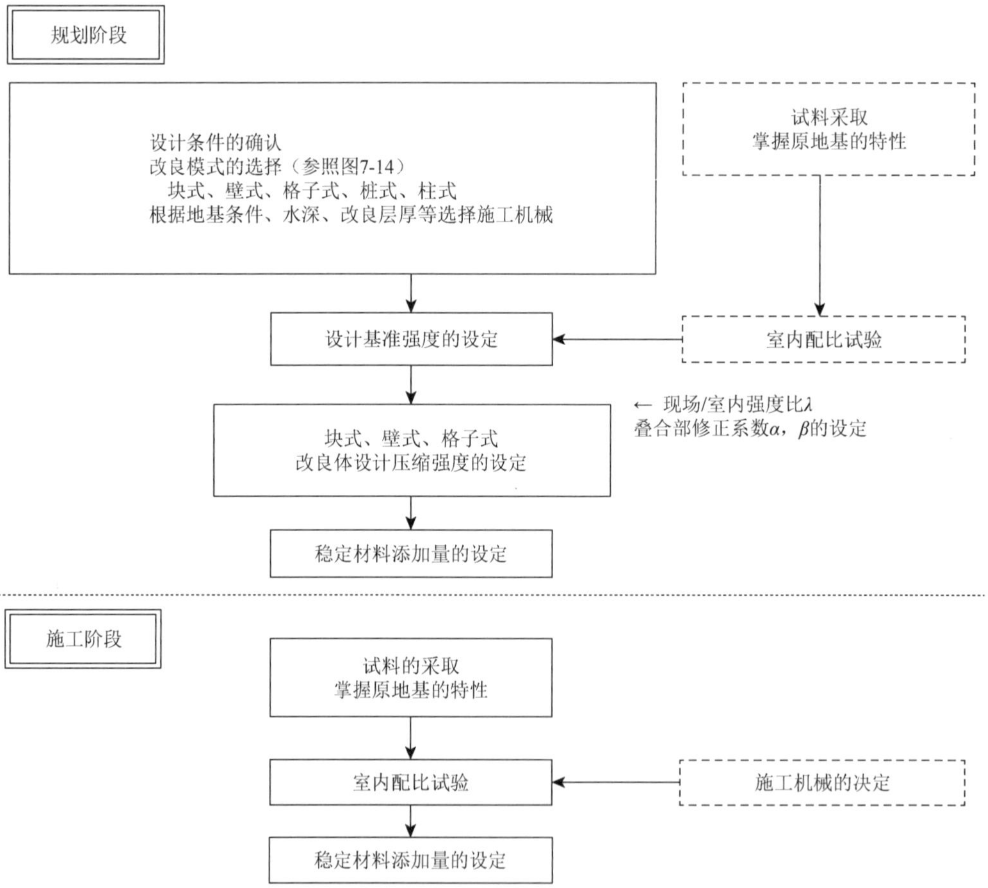

图 7-31　配比设计流程

②配比设计要在实施室内配比试验或现场试验后再决定。但是，在地基条件相同的地方有过施工实绩、同一区域内进行延续施工等，可根据过去的施工案例设定设计基准强度。

③室内配比试验方法可参照“7.4.3 室内配比试验”。

④根据室内配比试验结果预测现场强度时，必须反复推敲室内配比强度及现场强度等一系列相关的过往数据。

⑤施工条件严峻或使用过去未曾使用的施工机械时，应该进行现场试验。特别是在确认交叠部位的强度时，即使是现场试验，也要使多根稳定处理土桩体相互交叠，然后调查其强度。

7.3.3.2 稳定处理土的设计基准强度

稳定处理土的设计基准强度必须考虑现场强度的不规则分布、原位置强度与室内强度之比后以室内配比试验的单轴压缩强度为依据进行设定。

（1）设计基准强度与现场及室内配比强度的关系

一般而言，现场稳定处理土的单轴压缩强度的不规则分布如图 7-32 所示，可假定为其遵循正态分布，现场稳定处理土的单轴压缩强度 q_{uf} 的平均值 $\overline{q}_{\mathrm{uf}}$ 与设计基准强度的特征值 $q_{\mathrm{uc_k}}$ 的关系可根据式（7-1）算出。

$$q_{\mathrm{uc_k}} = \overline{q}_{\mathrm{uf}} \cdot (1 - KV/100) \qquad (7\text{-}1)$$

式中，K ——表示正态分布偏差（标准差 σ 的倍率）的系数（通常取 $K=1.0$）；

V ——现场稳定处理土的单轴压缩强度 q_{uf} 的变化系数（在受施工机械、施工技术较大的影响时，需要个别设定取值，根据 CDM 工法海上施工的既往实例，可取 $V=33\%$）。

现场稳定处理土的单轴压缩强度 q_{uf} 的不规则分布遵循正态分布时，系数 K 设为 1.0，意味着设计基准强度的特征值 $q_{\mathrm{uc_k}}$ 被定位在发生不良率为 15.9%时的强度（图 7-32）。

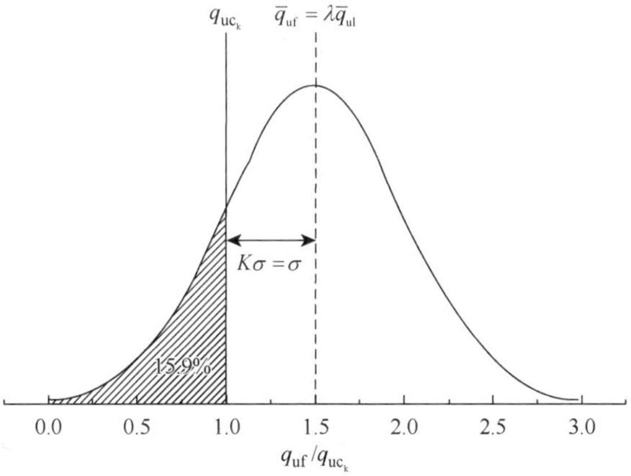

图 7-32 $q_{\mathrm{uc_k}}$, $\overline{q}_{\mathrm{uf}}$ 及 $\overline{q}_{\mathrm{ul}}$ 的关系（$K=1$的情况）

另外，现场稳定处理土的单轴压缩强度 q_{uf} 的平均值 $\overline{q}_{uf}$ 与室内配比试验所得到的稳定处理土的单轴压缩强度 q_{ul} 的平均值 $\overline{q}_{ul}$ 一般可根据式（7-2）算出，两者的关系如图 7-33 所示。

$$\overline{q}_{uf} = \lambda \overline{q}_{ul} \tag{7-2}$$

式中，λ——现场强度的平均值与室内强度的平均值之比。

λ 的值在海上工程中主要受到施工机械（船体的大小、轴数、处理机本体的稳定性等）的影响，另外也受到施工条件、改良对象土的种类、稳定材料的种类、养护环境、龄期等诸多因素影响。根据 CDM 的施工实绩，海上工程中以大型（处理面积 5.7 m^2 级的 4 轴或 8 轴机）或中型（处理面积 4.6 m^2 级的 4 轴机）的改良船来进行施工时，大约可认为是 $\lambda = 0.8$～1.0；以小型（处理面积 2.2 m^2 级的 2 轴机）的改良船进行施工时，大约可认为是 $\lambda = 0.5$～1.0。另外，陆上工程中 $\lambda = 0.5$～1.0。

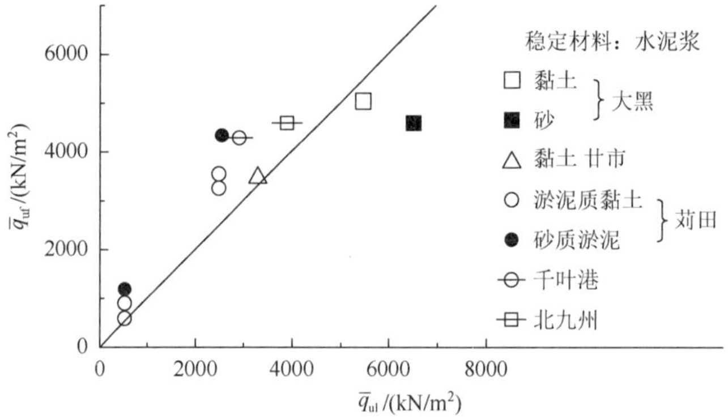

图 7-33　室内配比强度的平均值 $\overline{q}_{ul}$ 和现场强度的平均值 $\overline{q}_{uf}$ 的关系

但是，在难以依据这些数据时，根据试验施工或过去的施工业绩来决定 λ 的值亦可。

（2）设计基准强度的特征值的大致范围

在规划阶段不实施室内配比试验时，参考如下所示的设计基准强度的特征值 q_{uc_k} 的范围，在考虑地基条件、施工条件后设定设计基准强度。

①块式、壁式、格子式（海上工程）：$q_{uc_k} = 1500$～2500kN/m^2。

②桩式（海上工程）：$q_{uc_k} = 500$～1500kN/m^2。

③格子式（陆上工程、砂质土地基）：$q_{uc_k} = 500$～1500kN/m^2。

块式、壁式、格子式的改良形式可视为一种地中构造物（改良体）然后进行验算，但桩式却一般多视为复合地基来进行验算，即验算方法的不同导致改良地基所要求的性能也各不相同。通常，采用构造物式的设计手法的前者的改良形式相比后者的改良形式，在多数情况下，前者的设计基准强度的特征值要大。

7.3.3.3　改良体的设计压缩强度

使改良桩与改良桩交叠，作为一种地中构造物（改良体）设计的块式、壁式、格子式的改良形式中，必须考虑施工机械、交叠方法，并设定恰当的改良体的设计压缩强度。

①在研究改良体内部应力时，必须设定恰当的改良体的设计压缩强度。

②改良体的设计压缩强度 f_c 以设计基准强度 q_{uc} 为基础，可根据式（7-3）求得。另外，以下的符号 γ 为与其下标相关的部分系数，下标 k 与 d 分别表示的是特征值与设计用值。

$$f_{c_d} = \alpha\beta q_{uc_d} \tag{7-3}$$

式中， f_{c_d} ——改良体的设计压缩强度设计值（kN/m^2）；

α ——断面有效系数；

β ——叠合部的可靠度系数；

q_{uc_d} ——设计基准强度的设计值（kN/m^2）。

式中的设计基准强度的设计值可根据式（7-4）计算。

$$q_{uc_d} = \gamma_{q_{uc}} q_{uc_k} \tag{7-4}$$

另外，设计基准强度的部分系数 $\gamma_{q_{uc}}$ 为 7.3.5.6 内部稳定的研究（块式）及 7.3.6.6 内部稳定的研究（壁式）中所记载的值。简而言之在永久状态下以 $\gamma_{q_{uc}} = 0.55$，在第一水准地震的变动状态中以 $\gamma_{q_{uc}} = 0.67$ 为标准值即可。

③改良体的设计抗剪强度 f_{sh} 及设计抗拉强度 f_t 可使用设计压缩强度 f_c，根据式（7-5）及式（7-6）求得。

$$f_{sh_d} = \frac{1}{2} f_{c_d} \tag{7-5}$$

$$f_{t_d} = 0.15 f_{c_d} \leqslant 200\text{kN}/\text{m}^2 \tag{7-6}$$

式中，f_{sh_d} ——改良体的设计抗剪强度设计值（kN/m^2）；

f_{t_d} ——改良体的设计抗拉强度设计值（kN/m^2）。

④在改良体的性能验算中，假定改良体为具有均一强度的材料。但是，在实际施工中，因改良体是通过交叠稳定处理土的改良桩而形成的，故会因使用的施工机械、交叠方法等而造成残留有未处理土、交叠部位强度与改良桩内部强度不同等问题，有时会在地中形成不均一的稳定处理土。式（7-3）中所示的系数 α 、 β 为将稳定处理土视为具有均一强度地基的修正系数。

断面有效系数 α ：在经具有多个搅拌叶片的施工机械改良的改良体中，如图 7-34 所示，改良体的断面由多个圆柱构成。另外，因改良体由改良桩（处理机施工 1 次所形成的稳定处理土的桩）交叠形成，故交叠部位附近会残留有未改良的部分，与改良桩的有效宽度 D 相比，接合面 L 的宽要小。断面有效系数 α 就是将这一接合面的有效宽度修正的系数。断面有效系数 α 的大小在性能验算中会因对象作用方向或种类（压缩、抗拉、剪切）等不同而不同。例如，改良体铅直方向的剪切力或对交叠部位在直角方向上有作用应力时，认为其为最狭小的接合面较为安全。

在考虑施工精度及施工能力以后，海上施工中最小的交叠宽度 d 应为 25 cm 以上。

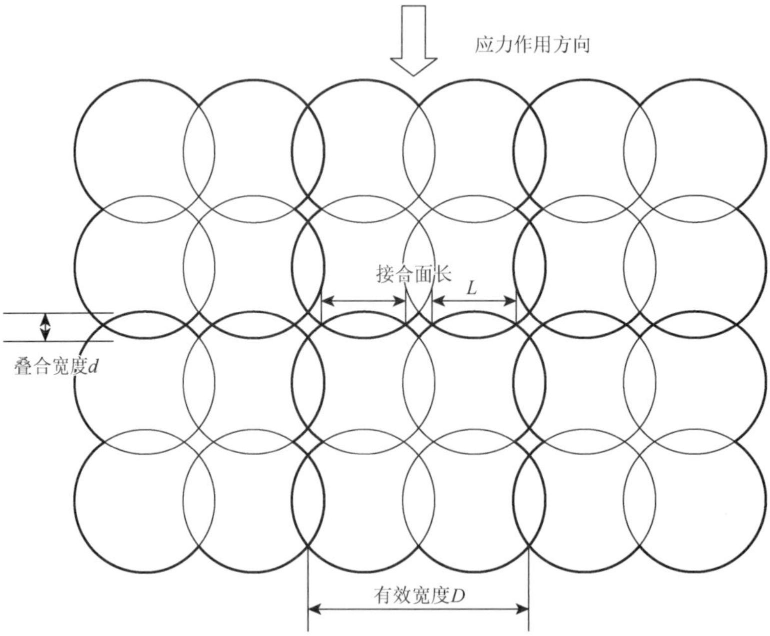

图 7-34　由多个圆柱构成的改良体的断面（4 轴改良机械的情况）

交叠部位可靠度系数 β：因交叠部位会在已经开始发生硬化的稳定处理土的改良桩上接合新的改良桩，故这一部分必须认为会有强度降低的发生。交叠部位可靠度系数 β 定义为交叠部位强度与改良桩其他部位的强度之比。一般认为该值会因与已经存在的改良桩接合后所经过的时间、施工机械的搅拌能力、稳定材料的吐出法等不同而不同。

⑤使用前面所述的设计基准强度的特征值的参考值进行设计时，交叠宽度在 30 cm 以上且断面有效系数 α 在约 0.8 以上时，根据 CDM 工法的施工业绩，采用 $\alpha\beta \approx 0.8$ 即可［参照“7.4.3.2 设计压缩强度与室内强度的关系”表 7-19 各系数的目标值（海上施工的情况）］。

⑥柱交叠式的降低系数 $\alpha\beta$：若水深较浅或工程规模较小，有时也会在港湾工程中使用 2 轴类型的小型作业船，柱交叠式改良地基配置概念图如图 7-35 所示，此时一般认为其为仅单方向互相交叠的改良形式（柱交叠式）。该形式在接合方向上有传递剪切应力，故可认为是与块式相同的构造体。在设计时，柱交叠式的降低系数 q_{uc_k} 的参考值采用 $\alpha\beta = 0.8$ 左右即可。

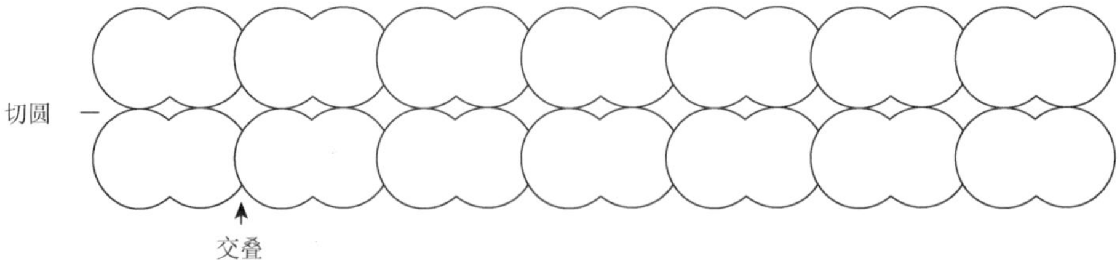

图 7-35　柱交叠式改良地基配置概念图

7.3.4 对地震的性能验算

7.3.4.1 概论

通过CDM工法改良的地基为满足包含改良地基上的上部构造物在内的设施整体所要求的性能，在对照验算时要将地震的影响考虑为以下状态：

①第一水准地震所导致的变动状态。

②第二水准地震所导致的偶发状态。

对照验算以震度法为基础，必要时需通过考虑地基与构造物的动性相互作用的非线性地震响应解析来进行。

①对 CDM 工法改良的地基的地震进行性能验算时，要充分考虑设施的重要程度、改良形式、规模、原地基的地基条件及地震等，以满足所要求的性能为目标进行验算。

②第一水准地震的变动状态可通过简易法（震度法）或详细法（考虑地基与构造物的动性相互作用的非线性地震响应分析）来进行验算，然而重力式码头等属于抗震强化设施时，应当根据详细法进行验算。但是，CDM 工法的稳定处理土的强度比改良前的土要大得多。另外，稳定处理土的单位体积重量与改良前的土大致相同。拥有这样特性的改良体可认为是在软弱土层中构成的一种刚性构造体。地震对于这样的改良体的影响，周边地基变形所带来的地震导致土压增加的同时，改良地基的自重（改良地基上的上部构造物的自重也包含在内）所导致的地震力（惯性力）也将无法忽视。综上所述，对第一水准地震所导致的变动状态进行验算时，认为惯性力为主要因素的设计方法自古以来在日本就多有应用，已成为一个体系，根据经验及实绩运用已被证明震度法是有效的设计方法。利用震度法可研究改良地基系作为刚体构造物是否稳定，或是改良体作为刚体是否具有足够的强度。前者被称为外部稳定的研究，后者被称为内部稳定的研究。

③第二水准地震的偶发状态通过详细法（考虑地基与构造物的动性相互作用的非线性地震响应分析）进行变形量的验算。但是，对于抗震强化设施以外的设施，这一步可省略。

7.3.4.2 第一水准地震的变动状态

第一水准地震的变动状态可通过简易法（震度法）或详细法（考虑地基与构造物的动性相互作用的非线性地震响应分析）进行对照验算即可。

另外，用于改良地基的简易法震度特征值需考虑地震发生的区域性危险程度、原地基的地基条件及与周边地基的动性相互作用等因素后，再决定其值。

（1）计算以重力式码头为对象的震度法中的震度特征值

以包含通过 CDM 工法改良的地基在内的设施为对象时，要将本体结构与地基改良结构分开设定验算用震度。验算用震度的概念图如图 7-36 所示。

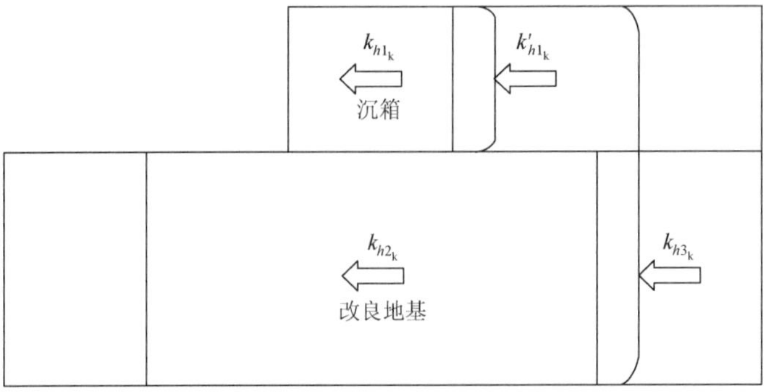

图 7-36　验算用震度的概念图

k_{h1_k} ——主体结构的设计验算用震度的特征值。另外，作用于改良地基的构成要素（上部结构、基础垫层、回填土、填埋土、上部荷载等）上的惯性力及作用于主体结构上的动水压力计算的验算用震度的特征值。

k'_{h1_k} ——主体结构设计用地震时土压力的验算用震度的特征值。

k_{h2_k} ——作用于改良地基的惯性力计算时的验算用震度的特征值。

k_{h3_k} ——作用于改良地基的地震时土压力的验算用震度的特征值。

计算震度法中的验算用震度的特征值时，与相关行业规范中重力式码头时相同，验算用震度特征值的计算流程如图 7-37 所示。

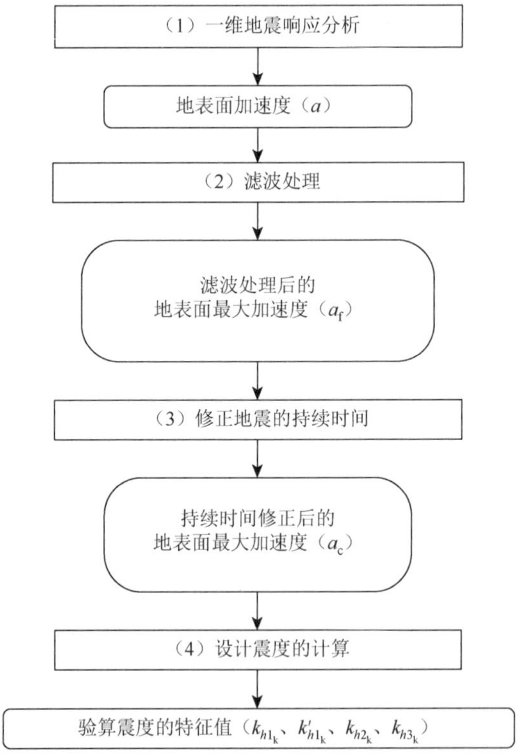

图 7-37　验算用震度特征值的计算流程

1）一维地震响应解析

在对象设施的后侧地基的恰当位置上，通过一维地震响应解析计算地表面的加速度时刻经历。一维地震响应解析是根据研究条件、研究目的，利用恰当的手法（如 FLIP）进行，一维地震响应解析位置的案例如图 7-38 所示。

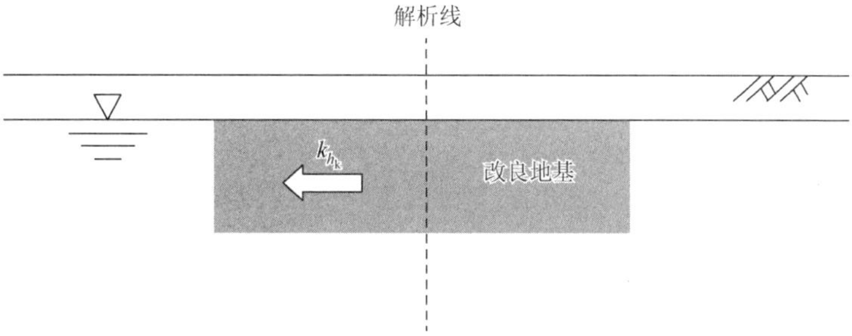

图 7-38　一维地震响应解析位置的案例

2）滤波处理

遵循相关行业规范进行滤波处理。滤波中不包含深层混合处理的影响，于未改良状态 1 中使用滤波。滤波计算如式（7-7）所示。

$$a(f)=\begin{cases} b, & 0\leqslant f\leqslant 1.0 \\ \dfrac{b}{1-\left(\dfrac{f-1.0}{1/0.34}\right)^2+6.8\left(\dfrac{f-1.0}{1/0.34}\right)\mathrm{i}}, & f>1.0 \end{cases} \tag{7-7}$$

$$b=1.05\frac{H}{H_\mathrm{R}}-0.88\frac{T_\mathrm{b}}{T_\mathrm{bR}}+0.96\frac{T_\mathrm{u}}{T_\mathrm{uR}}-0.23$$

式中，a——勘察过地震频率特性的滤波；

f——频率（Hz）；

H——壁高（m）；

H_R——标准壁高（= 15 m）；

T_b——背后地基的初期固有周期（s）；

T_bR——背后地基的标准初期固有周期（= 0.8 s）；

T_u——沉箱下地基的初期固有周期（s）；

T_uR——沉箱下地基的标准初期固有周期（= 0.4 s）；

i——虚数单位。

另外，b 的值可按照式（7-8）设定。其中，下限值为 0.28。

$$0.04H+0.08\leqslant b\leqslant 0.04H+0.44\quad (b\geqslant 0.28) \tag{7-8}$$

式中，H——壁高（m）。

3）修正地震的持续时间

遵循相关行业规范，进行地震的持续时间所带来的影响的修正。修正所用到的折减率 p 可通过式（7-9）求得。但是，折减率的上限值为 1.0。

$$p = 0.36 \times \ln(S / a_{\mathrm{f}}) - 0.29 \tag{7-9}$$

式中，　p ——折减率（≤1.0）；

S ——滤波器处理后的加速度时程的平方和平方根（$\mathrm{cm/s^2}$）；

a_{f} ——滤波器处理后的最大加速度（$\mathrm{cm/s^2}$）。

4）计算验算用震度特征值

①本体结构设计中用到的验算用震度特征值，另外作用于改良地基系的构成要素（上部结构、基础垫层、浇筑、回填、上载荷载等）的惯性力及荷载计算于本体结构的动水压力的验算用震度特征值（$k_{h1_{\mathrm{k}}}$）。

验算用震度特征值相对于相关行业规范，可以通过将表示改良效果的折减系数（= 0.64）乘以 a_{c} 来计算。计算式可表示为式（7-10）。

$$k_{h1_{\mathrm{k}}} = 1.78\left(\frac{D_{\mathrm{a}}}{D_{\mathrm{r}}}\right)^{-0.55} \frac{a_{\mathrm{c}} \times 0.64}{g} + 0.04 \tag{7-10}$$

式中，D_{a} ——容许变形量（cm）；

D_{r} ——基准变形量（= 10 cm）；

a_{c} ——最大加速度修正值（$\mathrm{cm/s^2}$）；

g ——重力加速度（$= 980\,\mathrm{cm/s^2}$）。

容许变形量如相关行业规范所记载的，必须根据相应设施所处在的状况来恰当地设定。对于重力式码头的第一水准地震的标准变形量，可设为 $D_{\mathrm{a}} = 10\mathrm{cm}$。

②荷载计算于改良地基的惯性力时的验算用震度特征值（$k_{h2_{\mathrm{k}}}$）：考虑改良效果，可将本体结构设计时的验算用震度特征值（$k_{h1_{\mathrm{k}}}$）乘以降低系数（= 0.65）。

$$k_{h2_{\mathrm{k}}} = k_{h1_{\mathrm{k}}} \times 0.65 \tag{7-11}$$

③用于本体结构设计的地震时土压的验算用震度特征值：考虑改良效果，可使用与本体结构设计时相同的验算用震度特征值。

$$k'_{h2_{\mathrm{k}}} = k_{h1_{\mathrm{k}}} \tag{7-12}$$

④作用于地基改良系的地震时土压的验算用特征值（$k_{h3_{\mathrm{k}}}$）：不考虑改良效果所带来的降低，可遵循相关行业规范，通过式（7-13）来计算。

$$k_{h3_{\mathrm{k}}} = 1.78\left(\frac{D_{\mathrm{a}}}{D_{\mathrm{r}}}\right)^{-0.55} \frac{a_{\mathrm{c}}}{g} + 0.04 \tag{7-13}$$

（2）计算以水平地基为对象的简易法中的验算用震度特征值

计算以水平地基为对象的简易法中的验算用震度特征值时，与以港湾设施为对象时相同，使用工学地基的设计地震，然后通过工学地基，实施以上部原地基及改良地基为对象的一维地震响应解析。使用通过一维地震响应解析求得的地表面加速度为基本原则。在水平地基的地震响应解析中，如图 7-38 所示，通过工学地基将上部原地基及改良地基进行一维模型化，输入工学地基的设计地震，通过地震响应解析计算地表面的加速度时刻经历。一维地震响应解析根据研究条件，使用恰当的手法（如 FLIP）进行。

在水平地基中，从广义上来说，因其为确认改良地基是否稳定的值，故并不是根据各种构造物的性能来决定容许变形量，而其基本原则应该是将求得的最大地表面加速度除以重力加速度来计算验算用震度。

但是，使用最大地表面加速度时，多会由于高频成分导致过大，作为修正地表面加速度的滤波器，可使用如 SMAC 型强震计中所使用的滤波器（以下称为 SMAC 滤波器）。

另外，SMAC 滤波器的一般计算如式（7-14）所示。

$$s(f)=\frac{1}{1-\left(\frac{f}{7.14}\right)^{2}+2\left(\frac{f}{7.14}\right)\mathrm{i}} \tag{7-14}$$

式中，f ——频率（Hz）。

SMAC 滤波器的形状如图 7-39 所示。

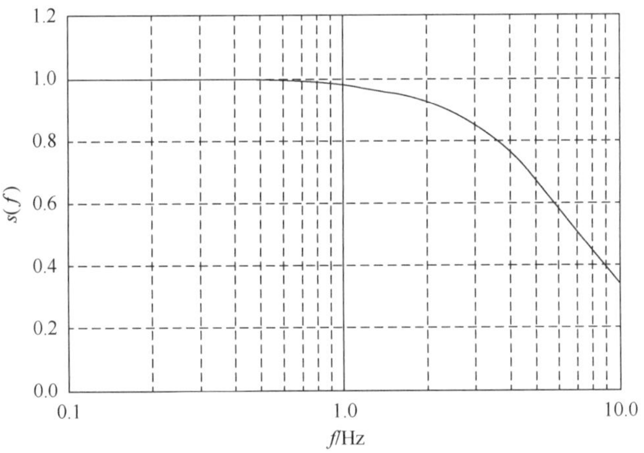

图 7-39 SMAC 滤波器的形状

使用修正滤波器的验算用震度特征值的计算流程如图 7-40 所示。

（3）根据震度法的验算方法

第一水准地震的变动状态可通过震度法来进行验算。以 CDM 工法为基础适用震度法时，根据震度法的具体验算方法可参照“7.3.5 以软弱地基为对象的块式改良地基”及“7.3.6 以软弱地基为对象的壁式改良地基”。另外，将 CDM 工法作为液化对策时，可参照“7.3.7 以液化对策为目的的格子式改良地基”。

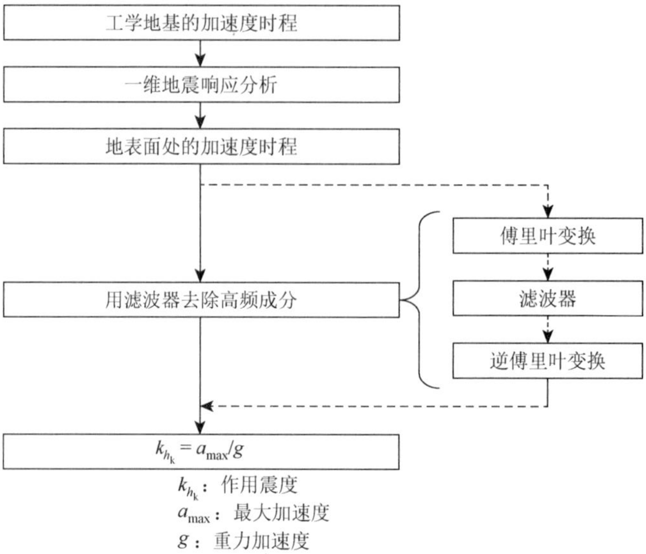

图 7-40 使用修正滤波器的验算用震度的特征值计算流程

7.3.4.3 第二水准地震的偶发状态

对于改良地基的第二水准地震的抗震性能的验算可通过详细法（考虑地基与构造物的动性相互作用的非线性地震响应分析）来进行。

地震响应分析应根据目的选用恰当的手法。因第二水准地震中不得不考虑液化的影响，故应该在确认对于变形验算的适用性，然后选用可恰当的评价手法（如 FLIP）。

图 7-41 是二维地震响应分析（FLIP）的解析流程。

（1）解析概论

对象研究断面、对象研究输入地震波要考虑研究目的、研究对象物的性质、地域特性等，然后选定恰当的断面、输入地震波。模型化也要考虑研究目的、研究条件等，设定出可进行恰当研究的模型。关于收集数据，应当结合解析手法，尽可能多地收集可收集到的详细数据。

（2）作成解析模型时的注意点

解析模型要考虑每个解析手法的特征后再恰当地设定。解析模型以 FLIP 为例的注意点如下所示。

①设定地基面：研究着底型时，将地基的剪切波速度设为 $V_S = 300\text{m/s}$，有时会造成比改良地基的强度要小。从地基来看，第 1 层的物性在刚性比地基高时，因地震力的传递方式可能会有状况不佳，故在设定时要多注意这一点。

②设定改良地基物性：因改良地基的剪切刚性极大，故一般认为地震时发生的剪切变形较小。因此，解析时可将改良地基设为线性平面。但由于改良形式、改良强度等不同，处理方式也会各不相同，所以必须进行恰当的设定。

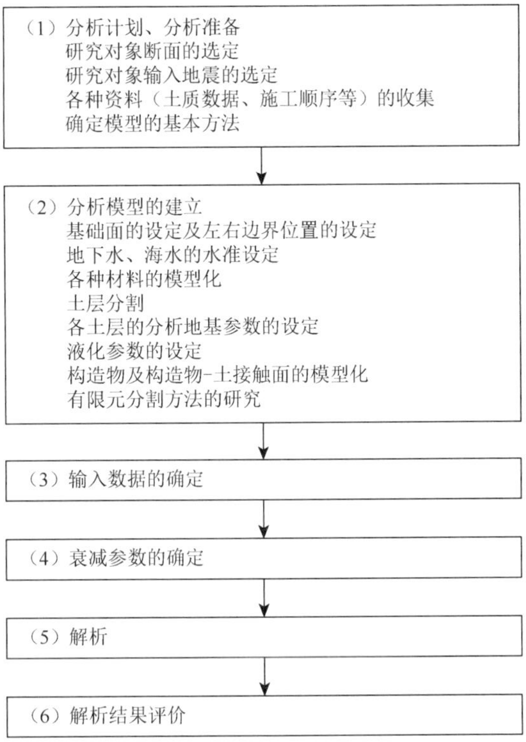

图 7-41　二维地震响应分析（FLIP）的解析流程

③设定改良地基模型：改良地基可视为存在于软弱地基中的刚体要素。因此，当有较大的外力作用时，改良体在地基中会有特殊的反应，有时计算会出错。综上所述，将改良地基模型化时要考虑周边地基的状态，结合条件，对节点等进行设定。

在格子式改良地基中，改良格子为三维配置。因此，在进行二维模型化时，需进行恰当的设定。模型化方法详见“7.3.7 以液化对策为目的的格子式改良地基”。

7.3.5 以软弱地基为对象的块式改良地基

7.3.5.1 设计概论

块式改良地基的设计法被应用于与护岸或岸壁基础等时的标准性能对照验算方法。

7.3.5.2 验算的步骤

用于护岸、岸壁等的重力式构造物基础的块式改良地基的深层混合处理工法的性能验算按照图 7-42 的流程进行。

①研究本体结构的改良地基的稳定时虽然可以参照相关行业规范，但是在计算验算用震度时可参照“7.3.4 对地震的性能验算”。

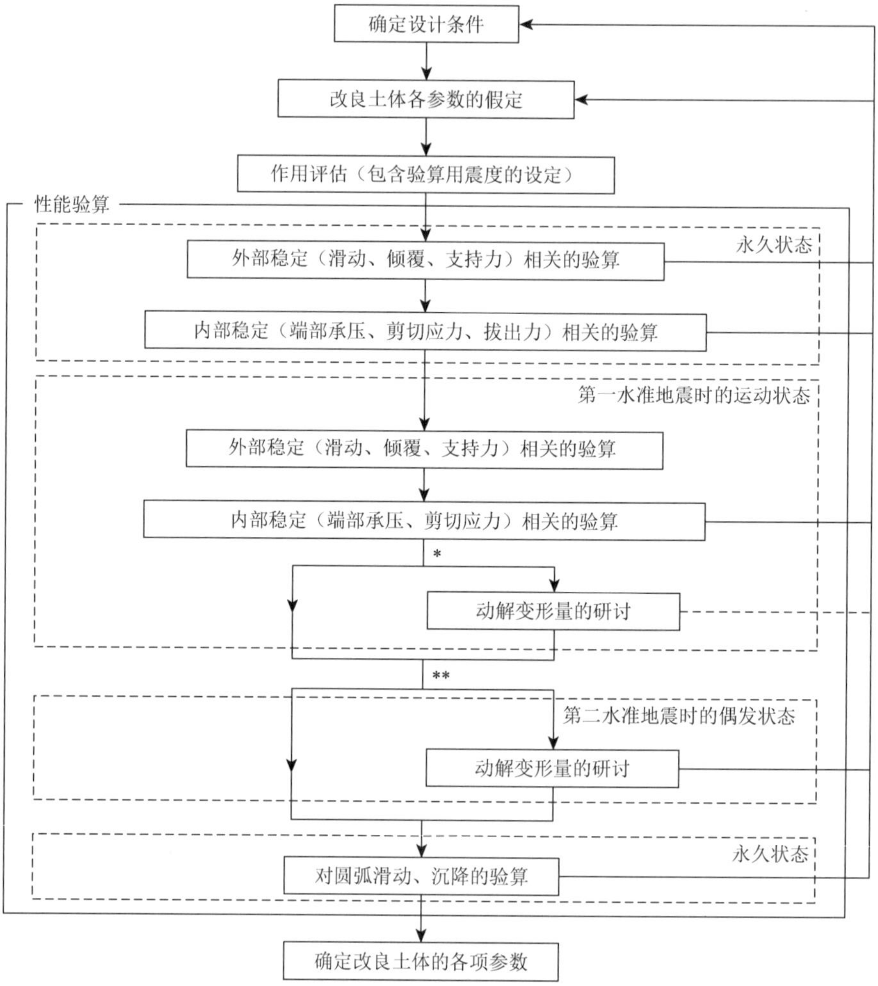

图 7-42　块式改良地基的深层混合处理工法的性能验算流程

* 必要时，可以研究第一水准地震对应的动解的变形量，并且改良地基宽度小于基础垫层宽度时，也需要对动解的变形量进行研究；

** 根据主体结构的性能要求，对第二水准地震进行性能验算

②研究外部稳定是指在盐酸滑动、倾覆及支持地基的支持力等时，将改良地基及上部构造物作为一体化考虑，将改良地基系作为刚体对于反应开始到破坏为止的整过程进行研究。

③研究内部稳定是指对外部稳定的改良地基进行的内部破坏的研究。

④在深层混合处理工法中，因没有能一次决定改良体各项要素的方法，故研究时需反复进行计算直到能满足稳定条件且能设定出最具经济性的断面为止。

7.3.5.3　设计条件

设计时要充分考虑以下项目。

①一般条件：对象设计位置、施工总长、土质条件、地震、其他（潮位、波浪、水流等）；

②利用条件：本体结构（上部结构）、计划顶部高、上载荷载、其他（计划水深等）；

③施工条件、其他。

7.3.5.4 假定改良地基的各要素

块式改良体的各要素的假定项目如下所示。

①改良深度 D。

②改良地基的宽度 B。

③本体结构与改良地基的位置关系。

④改良地基的材料强度。

块式改良地基的各要素如图 7-43 所示。

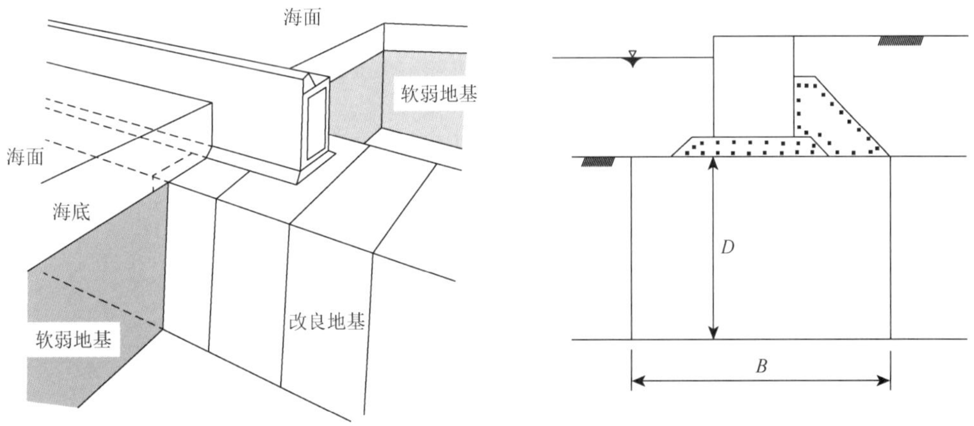

图 7-43 块式改良地基的各要素

改良地基的最小宽度一般同本体结构的最小宽度。改良体的标准强度可参照“7.3.3.2 稳定处理土的设计基准强度”进行假定。

7.3.5.5 研究外部稳定

（1）荷载计算

作用于改良地基系的荷载要考虑以下项目。

①上载荷载。

②自重。

③地震力及动水压力。

④土压力及残留水压力。

⑤未处理地基的附着力。

⑥波力及浮力。

⑦改良地基底面反力及剪切抵抗力。

⑧其他（船舶等的牵引力等）。

作用于块式改良地基系的荷载的概念图如图 7-44 所示。一般外力可通过单位进深进行计算。

研究外部稳定时可使用遵循相关行业规范土压及水压的规定计算的主动、被动土压力及残留水压力。但是，计算地基反力时要考虑改良地基的外部稳定性等后，再推算恰当的荷载。

当认为改良地基会有一定程度的位移时，需要通过试验确认。改良体的主动侧、被动侧的侧面是否有未处理土的附着力作用。

改良地基系及本体结构的设计震度可根据“7.3.4 对地震的性能验算”进行设定。

计算地震时的动水压力可遵循相关行业规范的规定进行计算。

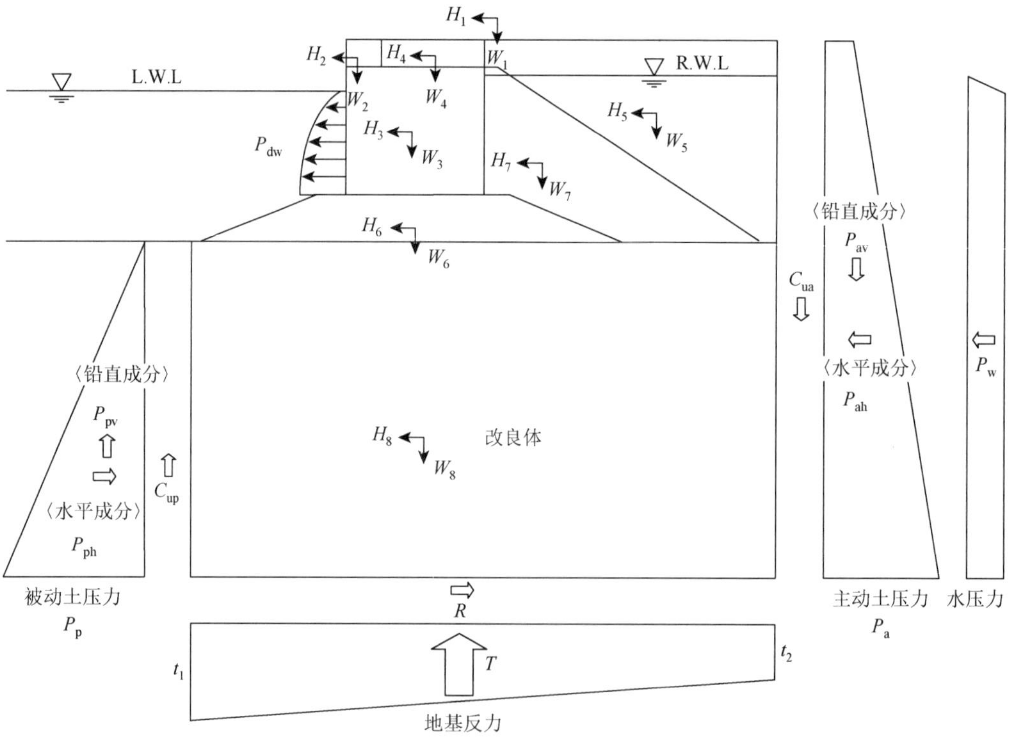

图 7-44　作用于块式改良地基系的荷载的概念图

图中，

P_a——作用于主动侧侧面单位进深的土压力合力（kN/m）；

P_{ah}——作用于主动侧侧面单位进深的土压力合力的水平分力（kN/m）；

P_{av}——作用于主动侧侧面单位进深的土压力合力的垂直分力（kN/m）；

P_p——作用于被动侧侧面单位进深的土压力合力（kN/m）；
P_{ph}——作用于被动侧侧面单位进深的土压力合力的水平分力（kN/m）；
P_{pv}——作用于被动侧侧面单位进深的土压力合力的垂直分力（kN/m）；
P_w——单位进深的残留水压力合力（kN/m）；
P_{dw}——单位进深的动水压力（kN/m）；
W_1～W_8——各部分单位进深的重量（kN/m）；
H_1～H_8——各部分单位进深的地震时的惯性力（kN/m）；
C_{ua}——作用于主动侧侧面的单位进深侧面附着力合力（kN/m）；
C_{up}——作用于被动侧侧面的单位进深侧面附着力合力（kN/m）；
R——作用于改良地基底面单位进深的剪切抗力（kN/m）；
T——作用于改良体底面单位进深的地基反力的合力（kN/m）；
t_1,t_2——改良体端趾部的地基反力强度（kN/m^2）。

计算部分系数时的目标可靠度指标（β_T）要结合每个设施、改良地基进行设定。根据深层混合处理工法改良了地基的重力式码头的壁体滑动及倾覆、基础地基支持力不足所引起的破坏、端趾压引起的破坏、铅直剪切破坏等有关的系统可靠度指标（β_T）对于永久状态为 2.9（破坏概率为2.1×10^{-3}）。这是通过可靠度理论评价的根据以往的设计方法中的深层混合处理工法改良了地基的重力式码头的平均安全性水准。该性能验算中将超过系统可靠度指标，对各界限状态设定目标可靠度指标（$\beta_T'=3.0$），根据这个指标设定的部分系数如表 7-6～表 7-9 所示。另外，同表中所记载的各系数的定义虽然如下所示，但在后述的“7.3.6 以软弱地基为对象的壁式改良地基”中所记述的表 7-10～表 7-15 也是一样的。

γ_X——构成验算式的概率变量 X 的部分系数；
α_X——构成验算式的概率变量 X 的灵敏度系数；
β_T'——目标可靠度指标；
μ_X / X_k——构成验算式的概率变量 X 的平均值的偏差（平均值与特征值之比）；
V_X——构成验算式的概率变量 X 的变动系数。

1 级可靠度设计法中的部分系数γ_X，在概率变量 X 遵循正态分布时，与各系数之间呈现以下关系。

$$\gamma_X=(1-\alpha_X\beta_T'V_X)\mu_X / X_k$$

即如果灵敏度系数α_X的值为负，其绝对值变大，则部分系数γ_X就会是超过 1.0 的值，如果值为正，其绝对值变大，则部分系数γ_X就会是低于 1.0 的值。另外，关于部分系数法的详细解说可参照相关行业规范，设定标准部分系数值可参照相关行业规范。

（2）对滑动的研究

将改良体与本体结构视为一整体，受力特性可作为刚体，其可确保针对滑动破坏所需的稳定性。

在进行块式改良的性能验算时，认为稳定处理土的剪切强度足够充分。因此，要确认滑动抵抗力是否能以改良体地面整体的摩擦抵抗力来确保稳定。

①在对块式改良中的滑动破坏进行稳定性的研究时，可利用用式（7-15）。在式（7-15）中，符号 γ 为与其下标相关的部分系数，下标 k 与 d 分别表示的是特征值与设计用值。

$$P_{\mathrm{ph_d}} + R_{\mathrm{l_d}} \geqslant \gamma_{\mathrm{a}}\gamma_i (P_{\mathrm{ah_d}} + P_{\mathrm{w_d}} + P_{\mathrm{dw}} + H_{i_{\mathrm{d}}}) \tag{7-15}$$

式中的设计用值可通过以下式子求得

$$P_{\mathrm{ph_d}} = \gamma_{P\mathrm{ph}} P_{\mathrm{ph_k}}$$

$$R_{\mathrm{l_d}} = \gamma_{\mu}\mu_{\mathrm{k}} \times \left(\sum \gamma_{W_i} W_{i_{\mathrm{k}}} + \gamma_{P_{\mathrm{av}}} P_{\mathrm{av_k}} - \gamma_{P_{\mathrm{pv}}} P_{\mathrm{pv_k}} + \gamma_{C_{\mathrm{ua}}} C_{\mathrm{ua_k}} - \gamma_{C_{\mathrm{uv}}} C_{\mathrm{up_k}}\right)$$

$$P_{\mathrm{w_d}} = w_{\mathrm{w}} \times (\gamma_{\mathrm{RWL}}\mathrm{RWL_k} - \gamma_{\mathrm{WL}}\mathrm{WL_k}) \times [1/2 \times (\gamma_{\mathrm{RWL}}\mathrm{RWL_k} - \gamma_{\mathrm{WL}}\mathrm{WL_k}) + (h_{\mathrm{L}} + \gamma_{\mathrm{WL}}\mathrm{WL_k})]$$

$$P_{\mathrm{dw}} = 7/12 \times [\gamma_{k_{h2}} k_{h1} \times w_{\mathrm{w}} \times (h_{\mathrm{l}} + \gamma_{\mathrm{WL}}\mathrm{WL_k})^2]$$

$$H_{i_{\mathrm{d}}} = \gamma_{k_{h1}} k_{h1} \times \sum \gamma_{W_{ni}} W_{ni_{\mathrm{k}}}$$

式中，R_{l}——作用于改良体底面单位进深的支持地基摩擦抵抗力（kN/m）；

P_{w}——单位进深的残留水压力合力（kN/m）；

P_{dw}——单位进深地震时的动水压力合力（kN/m）；

H_i——作用于各部单位进深的惯性力（kN/m）；

W_i——构成改良地基系的改良地基上的材料（上荷载重、上部结构、主体结构、基础、填埋土、回填土等）的单位进深重量（kN/m）；

B——改良体的改良宽度（m）；

μ——静摩擦系数；

P_{ah}——作用于主动侧侧面单位进深的土压力合力的水平分力（kN/m）；

P_{av}——作用于主动侧侧面单位进深的土压力合力的垂直分力（kN/m）；

P_{Ph}——作用于被动侧侧面单位进深的土压力合力的水平分力（kN/m）；

P_{v}——作用于被动侧侧面单位进深的土压力合力的垂直分力（kN/m）；

C_{ua}——作用于主动侧侧面的单位进深侧面附着力合力（kN/m）；

C_{up}——作用于被动侧侧面的单位进深侧面附着力合力（kN/m）；

w_{w}——海水的单位体积重量（kN/m³）；

RWL——残留水位（m）；

WL——前面潮位（m）；

h_{L}——改良体底面的水深（m）；

h_{l}——构造物前面的水深（m）；

k_{h1}——作用于构成改良地基系的改良地基上的材料（上荷载重、上部结构、主体结构、基础、填埋土、回填土等）的惯性力计算时的验算用震度；

k_{h2}——作用于改良地基惯性力计算时的验算用震度；

k_{h3}——改良地基地震时土压的验算用震度；

$\sum W_{ni}$——改良地基地震时有惯性力作用的材料单位进深的重量（水中的部分按饱和作为空中的重量）（kN/m）；

γ_i——构造物的重要度，考虑到达界限状态时的社会、经济性影响的部分系数（构造物系数）（通常取为 1.0）；

γ_a——考虑构造解析不确定性的部分系数（构造物解析系数）（通常取为 1.0）。

②作为块式改良的滑动破坏的类型，在改良地基强度较小时，与被改良成低强度时相类似，广义上认为是内部的剪切破坏会引起滑动破坏。但是，因很少建造这样的低强度改良地基且很少有这样的破坏案例，故其不在研究范围内。

③用于改良体滑动破坏解析的部分系数标准值见表 7-6，表中未记载的荷载的部分系数取 1.00 即可。

表 7-6　用于改良体滑动破坏解析的部分系数标准值

			所有设施			
目标可靠度指标 β_T			2.9			
目标系统破坏概率 P_{f_T}			2.1×10^{-3}			
用于计算 γ 的可靠度指标 β			3.0			
			γ	α	μ/X_k	V
（a）永久状态：滑动模式 1	$\gamma_{W_1}\sim\gamma_{W_9}$	重量	1.00	0.131	1.00	0.03
	$\gamma_{P_{ah}}$	主动土压力水平方向合力	1.15	–0.519	1.00	0.10
	$\gamma_{P_{av}}$	主动土压力垂直方向合力	1.00	0.000	1.00	—
	$\gamma_{P_{ph}}$	被动土压力水平方向合力	0.90	0.277	1.00	0.10
	$\gamma_{P_{pv}}$	被动土压力垂直方向合力	1.00	0.000	1.00	—
	$\gamma_{C_{ua}}$	侧面附着力（主动侧）	1.00	0.000	1.00	—
	$\gamma_{C_{up}}$	侧面附着力（被动侧）	1.00	0.000	1.00	—
	γ_{μ}	静止摩擦系数	0.70	1.000	1.00	0.10
	γ_a	构造物解析系数	1.00	—	—	—
（b）与第一水准地震相关的变动状态滑动	$\gamma_{W_1}\sim\gamma_{W_9}$	重量	1.00	—	—	—
	$\gamma_{P_{ah}}$	主动土压力水平方向合力	1.00	—	—	—
	$\gamma_{P_{av}}$	主动土压力垂直方向合力	1.00	—	—	—
	$\gamma_{P_{ph}}$	被动土压力水平方向合力	1.00	—	—	—
	$\gamma_{P_{pv}}$	被动土压力垂直方向合力	1.00	—	—	—
	$\gamma_{C_{ua}}$	侧面附着力（主动侧）	1.00	—	—	—
	$\gamma_{C_{up}}$	侧面附着力（被动侧）	1.00	—	—	—
	γ_{μ}	静止摩擦系数	1.00	—	—	—
	γ_a	构造物解析系数	1.00	—	—	—

（3）对倾覆的研究

必须确保改良地基对于倾覆所需的稳定性。

①对块式改良中的倾覆的安全性进行研究时，可使用式（7-16）及式（7-17）。式中的符号 γ 为与其下标相关的部分系数，下标 k 与 d 分别表示的是特征值与设计用值。

a. 永久状态：

$$P_{\mathrm{ph_d}} y_p + \sum W_i x_i + P_{\mathrm{av_d}} x_{\mathrm{av}} + C_{\mathrm{ua_d}} x_{C_{\mathrm{ua}}} \geqslant \gamma_i \gamma_{\mathrm{a}} (P_{\mathrm{ah_d}} y_{\mathrm{a}} + P_{\mathrm{w_d}} y_w) \tag{7-16}$$

b. 第一水准地震的变动状态：

$$P_{\mathrm{ph_d}} y_p + \sum W_{i_{\mathrm{d}}} x_i + P_{\mathrm{av_d}} x_{\mathrm{av}} + C_{\mathrm{ua_d}} x_{C_u} \geqslant \gamma_i \gamma_{\mathrm{a}} (P_{\mathrm{ah_d}} y_{\mathrm{a}} + P_{\mathrm{w_d}} y_w + P_{\mathrm{dw_d}} y_{\mathrm{dw}} + \sum H_{i_{\mathrm{d}}} y_i) \tag{7-17}$$

式中的设计用值可通过以下式子求得

$$P_{\mathrm{ph_d}} = \gamma_{P_{\mathrm{ph}}} P_{\mathrm{ph_k}}$$

$$\sum W_{i_{\mathrm{d}}} = \sum \gamma_W W_{i_{\mathrm{k}}}$$

$$P_{\mathrm{av_d}} = \gamma_{P_{\mathrm{av}}} P_{\mathrm{av_k}}$$

$$C_{\mathrm{ua_d}} = \gamma_{C_{\mathrm{ua}}} C_{\mathrm{ua_k}}$$

$$P_{\mathrm{ah_d}} = \gamma_{P_{\mathrm{ah}}} P_{\mathrm{ah_k}}$$

$$P_{\mathrm{w_d}} = \gamma_{P_{\mathrm{w}}} P_{\mathrm{w_k}}$$

$$P_{\mathrm{dw_d}} = \gamma_{P_{\mathrm{dw}}} P_{\mathrm{dw_k}}$$

$$H_{i_{\mathrm{d}}} = \gamma_{k_{h1}} \times \sum \gamma_{W_{ni}} W_{ni_{\mathrm{k}}}$$

式中，关于承载力的项目：

P_{ph}——作用于被动侧侧面单位进深的土压力合力的水平分力（kN/m）；

W——构成改良地基系的材料（上荷载重、上部结构、主体结构、基础、填埋土、回填土等）的单位进深重量（kN/m）；

P_{av}——作用于主动侧侧面单位进深的土压力合力的垂直分力（kN/m）；

C_{ua}——作用于主动侧侧面的单位进深侧面附着力合力（kN/m）。

关于荷载的项目：

P_{w}——作用于主动侧侧面单位进深的残留水压（kN/m）；

P_{ah}——作用于主动侧侧面单位进深的土压力合力的水平分力（kN/m）；

H_1——作用于各部单位进深的惯性力（kN/m）；

W_{ni}——地震时有惯性力作用的材料单位进深的重量（水中的部分按饱和作为空中的重量）（kN/m）；

k_{h1}——改良地基的惯性力计算时的验算用震度；

k_{h2}——改良地基的土压力及动水压力计算时的验算用震度；

P_{dw}——作用于主动侧侧面单位进深的动水压力（kN/m）；

$x_t, x_{\mathrm{av}}, x_{C_{\mathrm{ua}}}$——作用于改良地基垂直力作用线至改良体前端的距离（m）；

$y_t, y_p, y_{\mathrm{a}}, y_w, y_{\mathrm{dw}}$——作用于改良地基水平力作用线至改良体底面的高度（m）；

γ_i——构造物的重要度，考虑到达界限状态时的社会、经济性影响的部分系数（构造物系数）（通常取为 1.0）；

γ_a——考虑构造解析不确定性的部分系数（构造物解析系数）（表 7-7）。

②用于改良地基倾覆能析的部分系数可使用表 7-7 中的数值。另外，表中未记载的荷载的部分系数取 1.00 即可。

表 7-7　用于改良地基倾覆解析的部分系数标准值

			所有设施			
目标可靠度指标 β_T			2.9			
目标系统破坏概率 P_{f_T}			2.1×10^{-3}			
用于计算 γ 的可靠度指标 β			3.0			
			γ	α	μ/X_k	V
（a）永久状态倾覆	$\gamma_{P_{ph}}$	被动土压力水平方向合力	0.85	0.382	1.00	0.10
	γ_{W_6}	重量（基础垫层）	1.00	0.030	1.00	0.03
	γ_{W_7}	重量（回填土）	1.00	0.055	1.00	0.03
	γ_{W_8}	重量（改良土）	1.00	0.102	1.00	0.03
	γ_{W_9}	重量（未处理土）	1.00	0.074	1.00	0.03
	$\gamma_{C_{ua}}$	侧面附着力（改良土：主动侧）	1.00	0.102	1.00	0.10
	$\gamma_{P_{ah}}$	主动土压力水平方向合力	1.25	–0.882	1.00	0.10
	$\gamma_{P_{uv}}$	主动土压力垂直方向合力	1.00	0.029	1.00	0.10
	γ_a	构造物解析系数	1.00	—	—	—
（b）与第一水准地震相关的变动状态倾覆	$\gamma_{P_{ph}}$	被动土压力水平方向合力	1.00	—	—	—
	γ_{W_6}	重量（基础垫层）	1.00	—	—	—
	γ_{W_7}	重量（回填土）	1.00	—	—	—
	γ_{W_8}	重量（改良土）	1.00	—	—	—
	γ_{W_9}	重量（未处理土）	1.00	—	—	—
	$\gamma_{C_{ua}}$	侧面附着力（改良土：主动侧）	1.00	—	—	—
	$\gamma_{P_{ah}}$	主动土压力水平方向合力	1.00	—	—	—
	$\gamma_{P_{uv}}$	主动土压力垂直方向合力	1.00	—	—	—
	γ_a	构造物解析系数	1.00	—	—	—

（4）对支持力的研究

对于改良体地面下的原地基的支持力破坏，要确保改良地基所要求的稳定性。研讨块式改良时的支持力可参考相关行业规范。

①支持地基为砂质土，块式改良的支持力可利用端趾压 t_1 及 t_2，并通过式（7-18）进行验算。在式（7-18）中，符号 γ 为与其下标相关的部分系数，下标 d 表示的是设计用值。

$$q_{\mathrm{d}} = \gamma_R [w_B B / 2 N_{r_{\mathrm{d}}} + p_{0\mathrm{d}}(N_{q_{\mathrm{d}}} - 1)] + p_{0\mathrm{d}} > t_1, t_2 \tag{7-18}$$

式中，q——考虑水中部分浮力的基础支持力（$\mathrm{kN/m^2}$）；

γ_R——与砂质土地基支持力相关的部分系数（参照相关行业规范砂质土地基的基础支持力），一般，γ_R 在 0.4 以下；

w_B——支持地基的单位体积重量（在水面下时，为水中单位体积重量 $\mathrm{kN/m^3}$）；

B——基础的最小宽度（m）；

N_r, N_q——支持力系数（参照相关行业规范砂质土地基的基础支持力）；

p_0——支持砂层处的有效土被压（$\mathrm{kN/m^2}$）。

②支持地基为黏性土时的计算式如下。

$$q_{\mathrm{d}} = \gamma_R N_{c0_{\mathrm{d}}} c_{0\mathrm{d}} + p_{0\mathrm{d}} > t_1, t_2 \tag{7-19}$$

式中，q——考虑水中部分浮力的基础支持力（$\mathrm{kN/m^2}$）；

γ_R——与黏性土地基支持力相关的部分系数（参照相关行业规范黏性土地基的基础支持力）；

N_{c0}——带状基础的支持力系数；

c_0——基础底面黏性土的不排水抗剪强度（$\mathrm{kN/m^2}$）；

p_0——支持黏土层的有效土被压。

7.3.5.6 研究内部稳定

（1）改良体的材料强度的特征值

改良体的材料强度的特征值可参考“7.3.3.3 改良体的设计压缩强度”。

（2）改良体的发生应力

计算改良体内的发生应力时，可将改良体视为弹性体求得。

块式改良地基可按照下述的（3）、（4）的方法研究其内部稳定。但是，改良体的形状较为复杂或改良体的深度比宽度大时，应该通过 FEM 解析来研究。

FEM 解析的注意事项可参考“7.3.1.3 设计的基本想法⑨”。

（3）趾端压的研究

改良体底面的趾端压不能超过设计压缩强度，但是可以考虑改良体下端未处理土所产生的约束压的影响。

①对改良体底面两端的趾端压进行内部稳定的验算时，要考虑作用于改良地基的拘束压的影响，并通过式（7-20）验算。在式（7-20）中，符号 γ 为与其下标相关的部分系数，下标 k 与 d 分别表示的是特征值与设计用值。

$$\alpha\beta q_{\mathrm{uc_d}} \geqslant \gamma_{\mathrm{a}}\gamma_i\left[t_{1,2\mathrm{d}} - K\times\sum(w_{i_\mathrm{d}}\times h_i)\right] \tag{7-20}$$

式中，α——断面有效系数；

β——改良桩间叠合部的可靠度系数；

$t_{1,2}$——趾端压（$\mathrm{kN/m^2}$）；

q_{uc}——设计基准强度（$\mathrm{kN/m^2}$）；

K——土压力系数；

w_i——未处理土的单位体积重量（水下为水中单位体积重量）（$\mathrm{kN/m^3}$）；

h_i——未处理土的层厚（m）；

γ_i——构造物的重要度，考虑到达界限状态时的社会、经济性影响的部分系数（构造物系数）（通常取为 1.0）；

γ_{a}——考虑构造解析不确定性的部分系数（构造物解析系数）（通常取为 1.0）。

另外，式中的设计用值可通过以下式子求得。

$$q_{\mathrm{uc_d}} = \gamma_{q_{\mathrm{uc}}} q_{\mathrm{uc_k}}$$

$$t_{\mathrm{d}} = \gamma_t t_{\mathrm{k}}$$

$$w_{i_\mathrm{d}} = \gamma_{wi} w_{i_\mathrm{k}}$$

但是，未处理土作用于改良体下端的拘束压 $K\sum(w_{i_\mathrm{d}} h_i)$ 必须在考虑改良模式及改良地基的外部稳定性等后再决定，一般多使用 K_0 土压力。

②用于趾端压解析的部分系数的标准值见表 7-8，表中未记载的荷载的部分系数取 1.00 即可。

表 7-8 用于趾端压解析的部分系数的标准值

			所有设施			
目标可靠度指标 β_T			2.9			
目标系统破坏概率 P_{f_T}			2.1×10^{-3}			
用于计算 γ 的可靠度指标 β			3.0			
			γ	α	μ/X_{k}	V
（a）永久状态趾端压	$\gamma_{q_{\mathrm{uc}}}$	设计基准强度	0.55	—	—	—
	$\gamma_{t_{1,2}}$	趾端部压力	1.05	−0.116	1.00	0.03
	γ_{W_i}	未处理土的单位体积重量	1.00	0.001	1.00	0.03
	γ_{a}	构造物解析系数	1.00	—	—	—
（b）与第一水准地震相关的变动状态趾端压	$\gamma_{q_{\mathrm{uc}}}$	设计基准强度	0.67	—	—	—
	$\gamma_{t_{1,2}}$	趾端压	1.00	—	—	—
	γ_{W_i}	未处理土的单位体积重量	1.00	—	—	—
	γ_{a}	构造物解析系数	1.00	—	—	—

（4）研究本体结构纵向下方的铅直面的剪切应力

对本体结构纵向下方的铅直面的剪切应力进行内部稳定的研讨。这一铅直剪切应力不得超过改良体的设计剪切强度。但是，本体结构与改良体之间存在基础垫层时，也可以对在本体结构纵向位置垫层内，考虑了荷载分散角的研讨面进行研讨。

①研究内部稳定可通过式（7-21）进行。在式（7-21）中，符号 γ 为与其下标相关的部分系数，下标 k 与 d 分别表示的是特征值与设计用值。

$$\frac{1}{2}\alpha\beta q_{\mathrm{uc_d}} \geqslant \gamma_{\mathrm{a}}\gamma_i(T_{l_{\mathrm{d}}} - W_{l_{\mathrm{d}}})/A \tag{7-21}$$

式中，α——断面有效系数；

β——改良桩间叠合部的可靠度系数；

T_l——作用于改良地基前趾到 B_l 位置处的地基反力的合力（kN）；

q_{uc}——设计基准强度（kN/m²）；

W_l——改良地基前趾到 B_l 位置处的改良体有效重量（kN）；

A——改良体的断面面积；

γ_i——构造物的重要度，考虑到达界限状态时社会、经济性影响的部分系数（构造物系数）（通常取为 1.0）；

γ_{a}——考虑构造解析不确定性的部分系数（构造物解析系数）（通常取为 1.0）。

另外，式中的设计用值可通过以下式子求得。

$$q_{\mathrm{uc_d}} = \gamma_{q_{\mathrm{uc}}} q_{\mathrm{uc_k}}$$

$$T_{l_{\mathrm{d}}} = \gamma_T T_{l_{\mathrm{k}}}$$

$$W_{l_{\mathrm{d}}} = \gamma_W W_{l_{\mathrm{k}}}$$

另外，改良体与本体结构之间有基础垫层时，也可以在本体结构纵向垫层内考虑荷载分散。基础土堆内的荷载分散角模式图如图 7-45 所示，垂直剪切应力的计算模式图如图 7-46 所示。

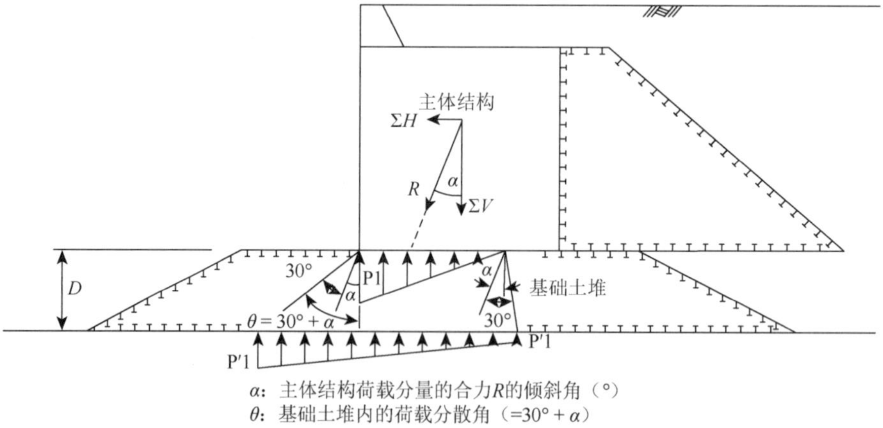

图 7-45　基础土堆内的荷载分散角模式图

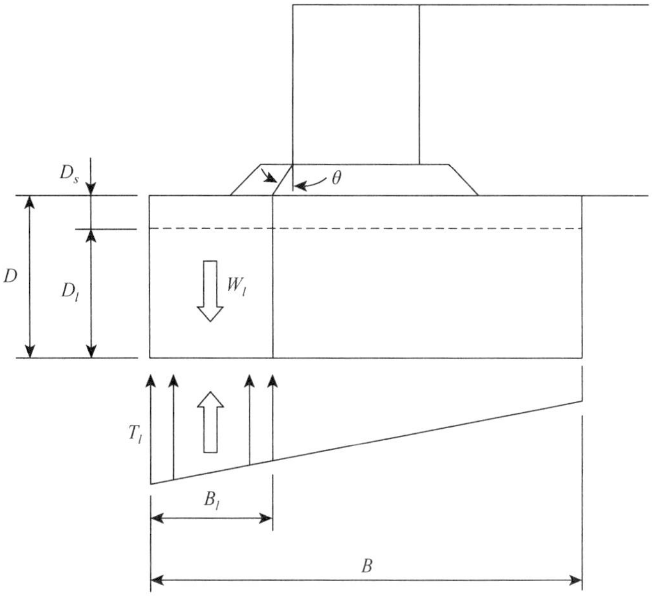

图 7-46　垂直剪切应力的计算模式图

②用于垂直剪切破坏解析的部分系数可参考表 7-9 中的数值，表中未记载的荷载的部分系数取 1.00 即可。

表 7-9　用于垂直剪切破坏解析的部分系数的标准值

			所有设施			
目标可靠度指标 β_T			2.9			
目标系统破坏概率 P_{f_T}			2.1×10^{-3}			
用于计算 γ 的可靠度指标 β			3.0			
			γ	α	μ/X_k	V
（a）永久状态 长壁的垂直剪切破坏	$\gamma_{q_{uc}}$	设计基准强度	0.55	—	—	—
	γ_{Tt}	地基反力的合力	1.05	−0.115	1.00	0.03
	γ_{Wt}	改良土的有效重量	1.00	0.005	1.00	0.03
	γ_a	构造物解析系数	1.00	—	—	—
（b）与第一水准地震相关的变动状态 长壁的垂直剪切破坏	$\gamma_{q_{uc}}$	设计基准强度	0.67	—	—	—
	γ_{Tt}	地基反力的合力	1.00	—	—	—
	γ_{W_c}	改良土的有效重量	1.00	—	—	—
	γ_a	构造物解析系数	1.00	—	—	—

7.3.5.7　对滑动圆弧破坏的研究

改良地基对于滑动圆弧破坏需具有足够的安全性。

①研究滑动圆弧破坏时，可参考相关行业规范中斜面的稳定。

②用于滑动圆弧破坏验算的部分系数按对象设施的类别设定。

③与一般的地基相比，因改良体的强度非常大，故通过改良体的滑动圆弧可以省略不研究。

7.3.5.8　研究位移量

改良地基的左右流动或改良地基下的黏性土层的压密所导致的位移量，要利用恰当的手法进行研讨。

①改良地基为浮起型时，一般认为通过填埋及波浪作用、地震的作用等导致的左右位移或压密等会产生铅直位移。因此，必须推算这些位移量并事先研究出能满足设施所要求性能的方案。

②对于改良地基的滑动破坏及滑动圆弧，承载力的设计用值与作用效果的设计用值之比及改良体的左右位移等导致的即时位移量与前者之间有一定程度的关系，故研究改良体的水平位移量的必要性可根据安全充裕度进行判断。另外，改良体下方的未处理土层厚一定且能判断出推算水平方向的位移量能满足设施所要求的性能时，只研究压密沉降量即可。

③改良地基即使是着底型的，只要支持层下方存在黏性土层时，压密沉降等有可能会导致改良体的铅直位移，故必须研究压密沉降量。

④改良地基的容许位移量应该结合设施所要求的性能来恰当地决定。

7.3.6　以软弱地基为对象的壁式改良地基

7.3.6.1　设计概论

用于护岸、岸壁等的重力式构造物基础的壁式改良地基的标准性能验算方法如下。

7.3.6.2　设计步骤

用于护岸、岸壁等的重力式构造物基础的壁式改良地基的深层混合处理工法的性能验算按照图 7-47 的流程进行。

①研究本体结构在改良地基上是否稳定可参考相关行业规范，但计算验算用震度可参考本书的“7.3.4 对地震的性能验算”。

②研究外部稳定是指将滑动、倾覆及支持地基的支持力等，将改良地基及上部构造物一体化，将改良地基系作为刚体从有反应到破坏为止整个过程的稳定研究。

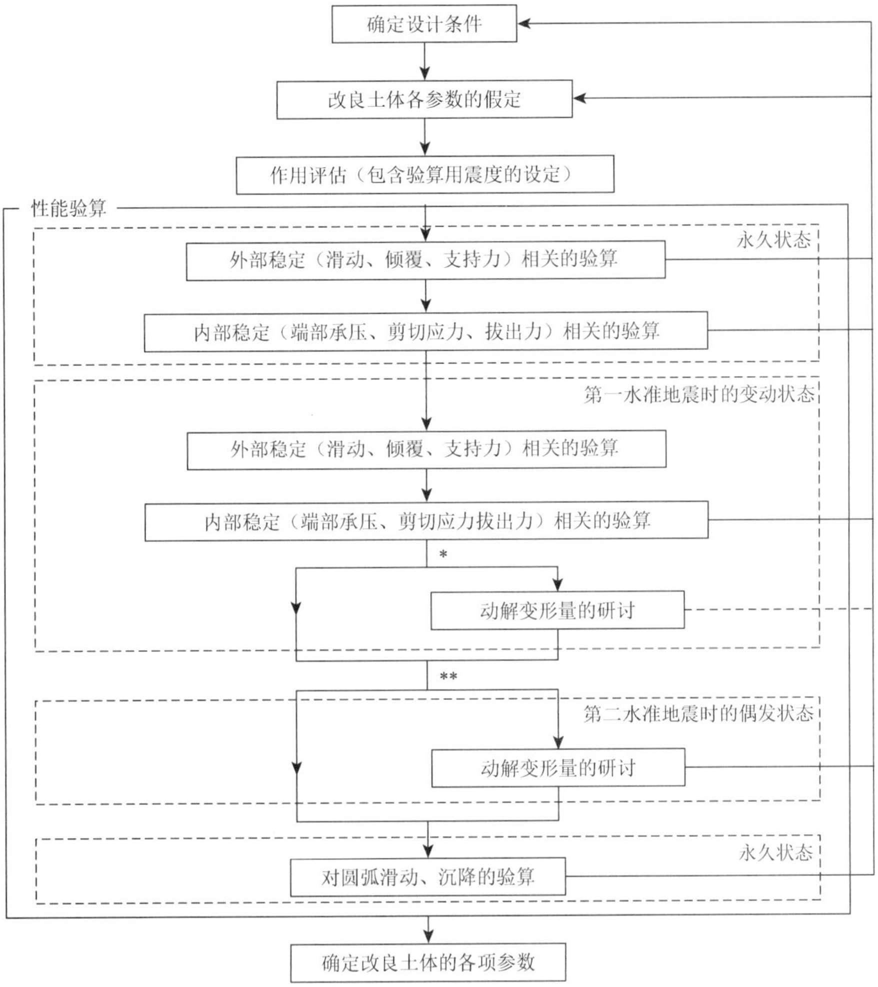

图 7-47　壁式改良地基的深层混合处理工法的性能验算流程

* 必要时，可以研究第一水准地震对应的动解的变形量，并且改良地基宽度小于基础垫层宽度时，也需要对动解的变形量进行研究。

** 根据主体结构的性能要求，对第二水准地震进行性能验算

③研究内部稳定是指对外部稳定的改良地基进行内部破坏的研究。

④在深层混合处理工法中，因没有能一次决定改良体各项要素的方法，故研究时要反复进行计算直到能满足稳定条件且能设定出最具经济性的断面为止。

7.3.6.3　设计的条件

设计时要充分考虑以下项目。

①一般条件：对象设计位置、施工总长、土质条件、地震、其他（潮位、波浪、水流等）；

②利用条件：本体结构（上部结构）、计划顶部高、上载荷载、其他（计划水深等）；

③施工条件、其他。

7.3.6.4　假定改良地基的各要素

壁式改良体的各要素可假定为如下项目。

①长壁的铅直长度（= 改良深度）及短壁的铅直长度：D、D_s。

②改良地基的宽度：B。

③长壁及短壁的法线长度：L_l、L_s。

④本体结构与改良地基的位置关系。

⑤改良地基的材料强度。

壁式改良地基的各要素如图 7-48 所示。

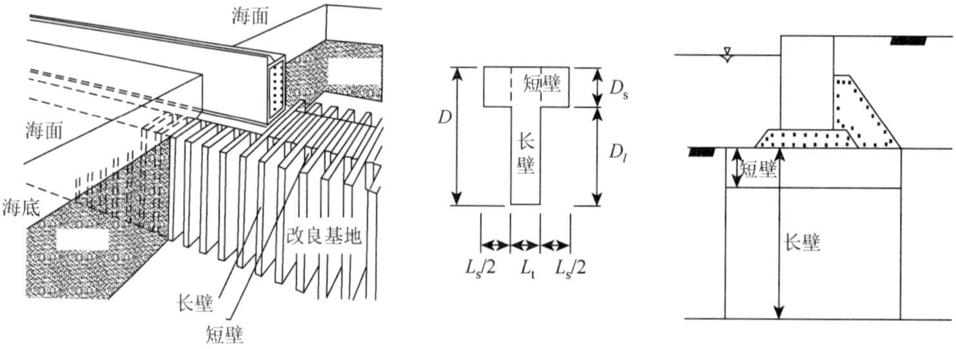

图 7-48　壁式改良地基的各要素

改良地基的最小宽一般同本体结构的宽度。

改良体的标准强度可参考“7.3.3.2 稳定处理土的设计基准强度”进行假定。

短壁的铅直长度 D_s 在业绩中多为 3～4 m。

长壁及短壁的纵向长度的比例定义如下：

长壁的比例 $R_l = L_l / (L_l + L_s)$；

短壁的比例 $R_s = L_s / (L_l + L_s)$；

长壁的比例在实验的研究中使用的是设计时所确认的 1/3 以上，施工实绩中多为 1/2 或 2/3。

7.3.6.5　研究外部稳定

（1）荷载计算

作用于改良地基系的荷载要考虑以下项目。

①上载荷载。

②自重。

③地震力及动水压力。

④土压及残留水压力。

⑤未处理地基的附着力。

⑥波力及浮力。

⑦改良地基底面反力及剪切抵抗力。

⑧其他（船舶等的牵引力等）。

作用于壁式改良地基系的荷载概念图如图 7-49 所示。另外，一般外力可通过单位进深进行计算。

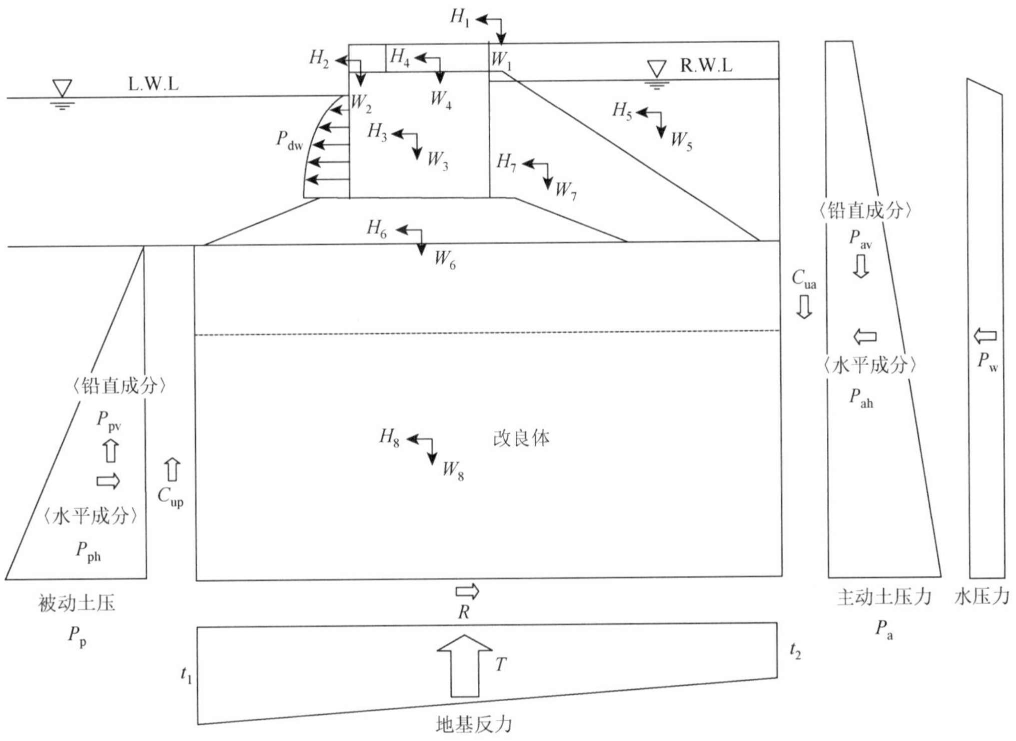

图 7-49 作用于壁式改良地基系的荷载概念图

研究外部稳定时可参考相关行业规范中土压及水压，计算主动、被动土压力及残留水压力。但是，计算地基反力时要考虑改良地基的外部稳定性等，再推算恰当的荷载。

当认为改良地基会有一定程度的变形时，要通过试验确认改良体的主动侧、被动侧的侧面是否有未处理土的附着力作用。

改良地基系及本体结构的设计震度可根据“7.3.4 对地震的性能验算”进行设定。

计算地震时的动水压力可遵循相关行业规范中动水压进行计算。

其中，

P_a——作用于主动侧侧面单位进深的土压力合力（kN/m）；

P_{ah}——作用于主动侧侧面单位进深的土压力合力的水平分力（kN/m）；

P_{av}——作用于主动侧侧面单位进深的土压力合力的垂直分力（kN/m）；

P_{p}——作用于被动侧侧面单位进深的土压力合力（kN/m）；
P_{ph}——作用于被动侧侧面单位进深的土压力合力的水平分力（kN/m）；
P_{pv}——作用于被动侧侧面单位进深的土压力合力的垂直分力（kN/m）；
P_{w}——单位进深的残留水压力合力（kN/m）；
P_{dw}——单位进深的动水压力合力（kN/m）；
$W_1 \sim W_8$——各部分单位进深的重量（kN/m）；
$H_1 \sim H_8$——各部分单位进深的地震时的惯性力（kN/m）；
C_{ua}——作用于主动侧侧面的单位进深侧面附着力合力（kN/m）；
C_{up}——作用于被动侧侧面的单位进深侧面附着力合力（kN/m）；
R——作用于改良地基底面单位进深的剪切抗力（kN/m）；
T——作用于改良体底面单位进深的地基反力的合力（kN/m）；
t_1, t_2——改良体端趾部的地基反力强度（$\mathrm{kN/m^2}$）。

计算部分系数时的系统可靠度指标（β_T）要结合每个设施、改良地基进行设定。根据深层混合处理工法改良了地基的重力式码头的壁体滑动及倾覆、基础地基支持力不足所引起的破坏、端趾压引起的破坏、铅直剪切破坏等有关的系统可靠度指标（β_T）对于永久状态为2.9（破坏概率为2.1×10^{-3}）。这是通过可靠度理论评价的是根据以往设计中深层混合处理工法改良了地基的重力式码头的平均安全性水准。该性能验算中将超过系统可靠度指标，对各界限状态设定目标可靠度指标（$\beta_T' = 3.0$），根据这个指标设定的部分系数如表 7-10～表 7-13 所示。同表中所记载的各项参数的定义请参考“7.3.5.5 研究外部稳定”。

（2）对滑动的研究

将改良体与本体结构视为一个整体，受力特性可作为刚体，其可确保针对滑动破坏所需的稳定性。

在进行块式改良的性能对照验算时，认为稳定处理土的剪切强度足够充分。因此，要确认滑动抵抗力是否能以改良体地面整体的摩擦抵抗力（滑动模式 1），以及确认长壁下方的摩擦抵抗力及壁间未改良土的剪切抵抗力的合力（滑动模式 2）这两项来确保稳定。

①对壁式改良中的滑动破坏的稳定性进行研究时，可使用式(7-22)。另外，在式(7-22)中，符号γ为与其下标相关的部分系数，下标 k 与 d 分别表示的是特征值与设计用值。

$$\left.\begin{aligned} &\text{滑动模式1：}\ P_{\mathrm{ph_d}} + R_{1_\mathrm{d}} + R_{2_\mathrm{d}} \geqslant \gamma_{\mathrm{a}} \gamma_i (P_{\mathrm{ah_d}} + P_{\mathrm{w_d}} + P_{\mathrm{dw}} + H_{i_\mathrm{d}}) \\ &\text{滑动模式2：}\ P_{\mathrm{ph_d}} + R_{1_\mathrm{d}} + R_{3_\mathrm{d}} \geqslant \gamma_{\mathrm{a}} \gamma_i (P_{\mathrm{ah_d}} + P_{\mathrm{w_d}} + P_{\mathrm{dw_d}} + H_{i_\mathrm{d}}) \end{aligned}\right\} \tag{7-22}$$

式中的设计用值可通过以下式子求得

$$P_{\mathrm{ph_d}} = \gamma_{P_{\mathrm{ph}}} P_{\mathrm{ph_k}}$$

$$R_{1_\mathrm{d}} = \gamma_\mu \mu_\mathrm{k} \times \left(\sum \gamma_{W_i} W_{i_\mathrm{k}} - \gamma_{W9} P_{9_\mathrm{k}} + \gamma_{P_{\mathrm{pv}}} P_{\mathrm{pv_k}} + \gamma_{C_{\mathrm{ua}}} C_{\mathrm{ua_k}} - \gamma_{C_{\mathrm{up}}} C_{\mathrm{up_k}} \right)$$

$$R_{2_\mathrm{d}} = \gamma_\mu \mu_\mathrm{k} \times \sum \gamma_{W_9} W_{9_\mathrm{k}}$$

$$R_{3_\mathrm{d}} = \gamma_{C_\mathrm{u}} C_{\mathrm{u_k}} \times B \times R_s$$

$$P_{\text{ah}_\text{d}} = \gamma_{P_{\text{ah}}} P_{\text{ah}_\text{k}}$$

$$P_{w_\text{d}} = \gamma_w w_\text{w} \times (\gamma_{\text{RWL}} \text{RWL}_\text{k} - \gamma_{\text{WL}} \text{WL}_\text{k}) \times [1/2 \times (\gamma_{\text{RWL}} \text{RWL}_\text{k} - \gamma_{\text{WL}} \text{WL}_\text{k}) + (h_\text{L} + \gamma_{\text{WL}} \text{WL}_\text{k})]$$

$$P_{\text{dw}_\text{d}} = 7/12 \times [\gamma_{k_{h2}} k_{h1} \times \gamma_w w_\text{w} \times (h_1 + \gamma_{\text{WL}} \text{WL}_\text{k})^2]$$

$$H_{i_\text{d}} = \gamma_{k_{h1}} k_{h1} \times \sum \gamma_{W_{ni}} W_{ni_\text{k}} + \gamma_{k_{h2}} k_{h2} \times (\gamma_{W_{n8}} W_{n8_\text{k}} + \gamma_{W_{n9}} W_{n9_\text{k}})$$

式中，R_1——作用于改良体底面单位进深的支持地基摩擦抵抗力（kN/m）；

R_2——作用于未处理土底面单位进深的支持地基摩擦抵抗力（kN/m）；

R_3——作用于未处理土底面单位进深的剪切抗力（kN/m）；

P_w——单位进深的残留水压力合力（kN/m）；

P_dw——单位进深地震时的动水压力合力（kN/m）；

H_i——作用于各部单位进深的惯性力（kN/m）；

W_i——构成改良地基系的改良地基上的材料（上荷载重、上部结构、主体结构、基础、填埋土、回填土等）的单位进深重量（kN/m）；

B——改良体的改良宽度（m）；

R_l——长壁占改良体的比例；

R_s——短壁占改良体的比例；

μ——静摩擦系数；

C_u——未处理土底面的抗剪强度（kN/m^2）；

P_ah——作用于主动侧侧面单位进深的土压力合力的水平分力（kN/m）；

P_av——作用于主动侧侧面单位进深的土压力合力的垂直分力（kN/m）；

P_ph——作用于被动侧侧面单位进深的土压力合力的水平分力（kN/m）；

P_pv——作用于被动侧侧面单位进深的土压力合力的垂直分力（kN/m）；

C_ua——作用于主动侧侧面的单位进深侧面附着力合力（kN/m）；

C_up——作用于被动侧侧面的单位进深侧面附着力合力（kN/m）；

w_w——海水的单位体积重量（kN/m^3）；

RWL——残留水位（m）；

WL——前面潮位（m）；

h_L——改良体底面的水深（m）；

h_1——构造物前面的水深（m）；

k_{h1}——作用于主体结构及改良地基的构成要素（上荷载重、上部结构、主体结构、基础、填埋土、回填土等）的惯性力计算时的验算用震度；

k_{h2}——作用于改良地基惯性力计算时的验算用震度；

k_{h3}——改良地基地震时土压的验算用震度；

W_{ni}——改良地基地震时有惯性力作用的材料单位进深的重量（水中的部分按饱和作为空中的重量）（kN/m）；

W_{n8}——改良体的单位进深的重量（水中的部分按饱和作为空中的重量）（kN/m）；

W_{n9}——长壁间的未处理土的单位进深重量（水中的部分按饱和作为空中的重量）（kN/m）；

γ_i——构造物的重要度，考虑到达界限状态时的社会、经济性影响的部分系数（构造物系数）（通常取为 1.0）；

γ_a——考虑构造解析不确定性的部分系数（构造物解析系数）（通常取为 1.0）。

②作为壁式改良的滑动模式，在改良地基强度较小时，广义上认为长壁的剪切破坏会引起滑动破坏。但是，因很少建造这样的低强度改良地基且很少有这样的破坏案例，故其不在研究范围内。

③用于滑动破坏解析的部分系数可使用表 7-10 中的数值。另外，表中未记载的荷载的部分系数取 1.00 即可。

表 7-10　用于滑动破坏解析的部分系数的标准值

				所有设施			
目标可靠度指标 β_T				2.9			
目标系统破坏概率 P_{f_T}				2.1×10^{-3}			
用于计算 γ 的可靠度指标 β				3.0			
				γ	α	μ/X_k	V
（a）永久状态	滑动模式 1	$\gamma_{W_1}\sim\gamma_{W_9}$	重量	1.00	0.131	1.00	0.03
		$\gamma_{P_{ah}}$	主动土压力水平方向合力	1.15	–0.519	1.00	0.10
		$\gamma_{P_{av}}$	主动土压力垂直方向合力	1.00	0.000	1.00	—
		$\gamma_{P_{ph}}$	被动土压力水平方向合力	0.90	0.277	1.00	0.10
		$\gamma_{P_{pv}}$	被动土压力垂直方向合力	1.00	0.000	1.00	—
		$\gamma_{C_{ua}}$	侧面附着力（主动侧）	1.00	0.000	1.00	—
		$\gamma_{C_{up}}$	侧面附着力（被动侧）	1.00	0.000	1.00	—
		γ_{μ}	静止摩擦系数	0.70	1.000	1.00	0.10
		γ_a	构造物解析系数	1.00	—	—	—
	滑动模式 2	$\gamma_{W_1}\sim\gamma_{W_9}$	重量	1.00	0.000	1.00	—
		$\gamma_{P_{ah}}$	主动土压力水平方向合力	1.15	–0.461	1.00	0.10
		$\gamma_{P_{av}}$	主动土压力垂直方向合力	1.00	0.000	1.00	—
		$\gamma_{P_{ph}}$	被动土压力水平方向合力	0.85	0.454	1.00	0.10
		$\gamma_{P_{pv}}$	被动土压力垂直方向合力	1.00	0.000	1.00	—
		$\gamma_{C_{ua}}$	侧面附着力（主动侧）	1.00	0.000	1.00	—
		$\gamma_{C_{up}}$	侧面附着力（被动侧）	1.00	0.000	1.00	—
		γ_{μ}	静止摩擦系数	0.75	0.831	1.00	0.10
		γ_{c_u}	未改良土底面的抗剪强度	0.80	0.202	1.00	0.33
		γ_a	构造物解析系数	1.00	—	—	—

续表

				所有设施			
目标可靠度指标 β_T				2.9			
目标系统破坏概率 P_{f_T}				2.1×10^{-3}			
用于计算 γ 的可靠度指标 β				3.0			
				γ	α	μ / X_k	V
（b）与第一水准地震相关的变动状态	滑动模式 1	γ_{W_1}～γ_{W_9}	重量	1.00	—	—	—
		$\gamma_{P_{ah}}$	主动土压力水平方向合力	1.00	—	—	—
		$\gamma_{P_{av}}$	主动土压力垂直方向合力	1.00	—	—	—
		$\gamma_{P_{ph}}$	被动土压力水平方向合力	1.00	—	—	—
		$\gamma_{P_{pv}}$	被动土压力垂直方向合力	1.00	—	—	—
		$\gamma_{C_{ua}}$	侧面附着力（主动侧）	1.00	—	—	—
		$\gamma_{C_{up}}$	侧面附着力（被动侧）	1.00	—	—	—
		γ_{μ}	静止摩擦系数	1.00	—	—	—
		γ_a	构造物解析系数	1.00	—	—	—
	滑动模式 2	γ_{W_1}～γ_{W_9}	重量	1.00	—	—	—
		$\gamma_{P_{ah}}$	主动土压力水平方向合力	1.00	—	—	—
		$\gamma_{P_{av}}$	主动土压力垂直方向合力	1.00	—	—	—
		$\gamma_{P_{ph}}$	被动土压力水平方向合力	1.00	—	—	—
		$\gamma_{P_{pv}}$	被动土压力垂直方向合力	1.00	—	—	—
		$\gamma_{C_{ua}}$	侧面附着力（主动侧）	1.00	—	—	—
		$\gamma_{C_{up}}$	侧面附着力（被动侧）	1.00	—	—	—
		γ_{μ}	静止摩擦系数	1.00	—	—	—
		γ_{c_u}	未改良土底面的抗剪强度	1.00	—	—	—
		γ_a	构造物解析系数	1.00	—	—	—

（3）对倾覆的研究

将改良体与本体结构视为一个整体，受力特性可作为刚体，其可确保针对倾覆所需的稳定性。

①在对壁式改良中的倾覆进行稳定性研究时，可利用式（7-23）及式（7-24）。另外，在式（7-23）和式（7-24）中，符号 γ 为与其下标相关的部分系数，下标 k 与 d 分别表示的是特征值与设计用值。

a. 永久状态：

$$P_{\mathrm{ph_d}} y_p + \sum W_{i_\mathrm{d}} x_i + W_{8_\mathrm{d}} x_8 + W_{9_\mathrm{d}} x_9 + P_{\mathrm{av_d}} x_{\mathrm{av}} + C_{\mathrm{ua_d}} x_{C_{\mathrm{ua}}} \geqslant \gamma_i \gamma_\mathrm{a} (P_{\mathrm{ah_d}} y_\mathrm{a} + P_{\mathrm{w_d}} y_w) \tag{7-23}$$

b. 第一水准地震的变动状态：

$$P_{\mathrm{ph_d}} y_p + \sum W_{i_\mathrm{d}} x_i + W_{8_\mathrm{d}} x_8 + W_{9_\mathrm{d}} x_9 + P_{\mathrm{av_d}} x_{\mathrm{av}} + C_{\mathrm{ua_d}} x_{C_{\mathrm{ua}}} \geqslant \gamma_i \gamma_\mathrm{a} (P_{\mathrm{ah_d}} y_\mathrm{a} + P_{\mathrm{w_d}} y_w + P_{\mathrm{dw_d}} y_{\mathrm{dw}} + \sum H_{i_\mathrm{d}} y_i) \tag{7-24}$$

式中的设计用值可通过以下式子求得

$$P_{\mathrm{ph_d}} = \gamma_{P_{\mathrm{ph}}} P_{\mathrm{ph_k}}$$

$$\sum W_{i_\mathrm{d}} = \sum \gamma_{W_i} W_{i_\mathrm{k}}$$

$$W_{8_\mathrm{d}} = \sum \gamma_{W_i} W_{8_\mathrm{k}}$$

$$W_{9_\mathrm{d}} = \sum \gamma_{W_i} W_{9_\mathrm{k}}$$

$$P_{\mathrm{av_d}} = \gamma_{P_{\mathrm{av}}} P_{\mathrm{av_k}}$$

$$C_{\mathrm{ua_d}} = \gamma_{C_{\mathrm{ua}}} C_{\mathrm{ua_k}}$$

$$P_{\mathrm{ah_d}} = \gamma_{P_{\mathrm{ah}}} P_{\mathrm{ah_k}}$$

$$P_{\mathrm{w_d}} = \gamma_{P_{\mathrm{w}}} P_{\mathrm{w_k}}$$

$$P_{\mathrm{dw_d}} = \gamma_{P_{\mathrm{dw}}} P_{\mathrm{dw_k}}$$

$$H_{i_\mathrm{d}} = \gamma_{k_{h1}} k_{h1} \times \sum \gamma_{W_{ni}} W_{ni_\mathrm{k}}$$

式中，关于承载力的项目：

P_{Ph}——作用于被动侧侧面单位进深的土压力合力的水平分力（kN/m）；

W——构成改良地基系的材料（上荷载重、上部结构、主体结构、基础、填埋土、回填土等）的单位进深重量（kN/m）；

P_{av}——作用于主动侧侧面单位进深的土压力合力的垂直分力（kN/m）；

C_{ua}——作用于主动侧侧面的单位进深侧面附着力合力（kN/m）。

关于荷载的项目：

P_{w}——作用于主动侧侧面单位进深的残留水压力（kN/m）；

P_{ah}——作用于主动侧侧面单位进深的土压力合力的水平分力（kN/m）；

H_i——作用于各部单位进深的惯性力（kN/m）；

W_{ni}——地震时有惯性力作用的材料单位进深的重量（水中的部分按饱和作为空中的重量）（kN/m）；

W_{n8}——改良体的单位进深的重量（水中的部分按饱和作为空中的重量）（kN/m）；

W_{n9}——长壁间的未处理土的单位进深重量（水中的部分按饱和作为空中的重量）（kN/m）；

k_{h1} ——作用于主体结构及改良地基的构成要素（上荷载重、上部结构、主体结构、基础、填埋土、回填土等）的惯性力计算时的验算用震度；

k_{h2} ——作用于改良地基惯性力计算时的验算用震度；

k_{h3} ——改良地基的土压力及动水压力计算时的验算用震度；

P_{dw} ——作用于主动侧侧面单位进深的动水压力（kN/m）；

$x_t, x_{\mathrm{av}}, x_{C_{\mathrm{ua}}}$ ——作用于改良地基垂直力作用线至改良体前端的距离（m）；

$y_t, y_p, y_{\mathrm{a}}, y_w, y_{\mathrm{dw}}$ ——作用于改良地基水平力作用线至改良体底面的高度（m）；

γ_i ——构造物系数（通常取为 1.0）；

γ_{a} ——构造物解析系数（表 7-11）。

②用于倾覆解析的部分系数可使用表 7-11 中的数值，表中未记载的荷载的部分系数取 1.00 即可。

表 7-11　用于倾覆解析的部分系数标准值

			所有设施			
目标可靠度指标 β_T			2.9			
目标系统破坏概率 P_{f_T}			2.1×10^{-3}			
用于计算 γ 的可靠度指标 β			3.0			
			γ	α	μ / X_{k}	V
（a）永久状态倾覆	$\gamma_{P_{\mathrm{ph}}}$	被动土压力水平方向合力	0.85	0.382	1.00	0.10
	γ_{W_6}	重量（基础垫层）	1.00	0.030	1.00	0.03
	γ_{W_7}	重量（回填土）	1.00	0.055	1.00	0.03
	γ_{W_8}	重量（改良土）	1.00	0.102	1.00	0.03
	γ_{W_9}	重量（未处理土）	1.00	0.074	1.00	0.03
	$\gamma_{C_{\mathrm{ua}}}$	侧面附着力（改良土：主动侧）	1.00	0.102	1.00	0.10
	$\gamma_{P_{\mathrm{ah}}}$	主动土压力水平方向合力	1.25	–0.882	1.00	0.10
	$\gamma_{P_{\mathrm{av}}}$	主动土压力垂直方向合力	1.00	0.029	1.00	0.10
	γ_{a}	构造物解析系数	1.00	—	—	—
（b）与第一水准地震相关的变动状态倾覆	$\gamma_{P_{\mathrm{ph}}}$	被动土压力水平方向合力	1.00	—	—	—
	γ_{W_6}	重量（基础垫层）	1.00	—	—	—
	γ_{W_7}	重量（回填土）	1.00	—	—	—
	γ_{W_8}	重量（改良土）	1.00	—	—	—
	γ_{W_9}	重量（未处理土）	1.00	—	—	—
	$\gamma_{C_{\mathrm{ua}}}$	侧面附着力（改良土：主动侧）	1.00	—	—	—
	$\gamma_{P_{\mathrm{ah}}}$	主动土压力水平方向合力	1.00	—	—	—
	$\gamma_{P_{\mathrm{av}}}$	主动土压力垂直方向合力	1.00	—	—	—
	γ_{a}	构造物解析系数	1.00	—	—	—

（4）对支持力的研究

因改良地基将与本体结构成为一个整体，表现出刚体的特性，故要确保改良体地面下现有地基的支持力所要求的稳定性。研讨壁式改良时的支持力可参考相关行业规范中的浅基础。

支持地基为砂质土，考虑长壁之间相互的干涉效果，壁式改良的支持力可利用端趾压 t_1 及 t_2，并通过式（7-25）进行验算。另外，在式（7-25）中，符号 γ 为与其下标相关的部分系数，下标 k 与 d 分别表示的是特征值与设计用值。

$$\frac{1}{\eta} \geqslant 3\text{时}, (q_{\mathrm{ap_d}} + q_{\mathrm{ar1_d}}) > t_1, t_2 \tag{7-25}$$

$$1 \leqslant \frac{1}{\eta} < 3\text{时}, (q_{\mathrm{ap_d}} + q_{\mathrm{ar_d}}) > t_1, t_2$$

式中，

$$q_{\mathrm{ap_d}} = \gamma_R (N_{q\mathrm{d}} - 1) + p_{0\mathrm{d}}$$

$$q_{\mathrm{ar1_d}} = \frac{1}{2} \gamma_R w_B L_1 N_{r\mathrm{d}}$$

$$q_{\mathrm{ar2_d}} = \frac{1}{2} \gamma_R w_B B N_{r\mathrm{d}}$$

$$q_{\mathrm{ar_d}} = q_{\mathrm{ar1_d}} + \frac{1}{2}(q_{\mathrm{ar2_d}} - q_{\mathrm{ar1_d}})\left(3 - \frac{1}{\eta}\right)$$

γ_R——与砂质土地基支持力相关的部分系数（参照相关行业规范砂质土地基的基础支持力），一般，γ_R 在 0.4 以下；

N_r, N_q——支持力系数（参照相关行业规范砂质土地基的基础支持力）；

p_0——支持砂层处的有效土被压（$\mathrm{kN/m^2}$）；

w_B——支持底层的单位体积重量（水面下为单位体积重量）（$\mathrm{kN/m^3}$）；

B——改良宽度（m）。

$$\eta = \frac{L_1}{L_1 + L_s}$$

式中，L_1——长壁纵向的长度（m）；

L_s——短壁纵向的长度（m）；

7.3.6.6 对内部稳定的研究

（1）改良体的材料强度特征值

改良体的材料强度的特征值可参考“7.3.3.3 改良体的设计压缩强度”。

壁式改良地基可靠性验算可参考“7.3.5.6 内部稳定验算”中的（3）和（4）的方法研究内部稳定。但是，改良体的形状较为复杂或改良体的深度比宽度大时，应该通过 FEM 解析来研究。

FEM 解析的注意事项可参考“7.3.1.3 设计的基本想法⑨”。

（2）改良体内的应力

可将改良体作为弹性体来计算改良体内的应力。

（3）端趾压的研究

改良体底面的端趾压不应超过改良体的设计压缩强度。但是，可考虑为改良体下端有来自未处理土的拘束压的影响。

①对改良体底面两端的端趾压进行内部稳定的验算时，要考虑作用于改良地基的拘束压的影响，并通过式（7-26）验算。另外，在式（7-26）中，符号 γ 为与其下标相关的部分系数，下标 k 与 d 分别表示的是特征值与设计用值。

$$\alpha\beta q_{\mathrm{uc_d}} \geqslant \gamma_{\mathrm{a}}\gamma_i\left(t_{1,2\mathrm{d}} - K\times\sum(w_{i_\mathrm{d}}\times h_i)\right) \tag{7-26}$$

式中，α——断面有效系数；

β——改良桩间叠合部的可靠度系数；

$t_{1,2}$——端趾压（$\mathrm{kN/m^2}$）；

q_{uc}——设计基准强度（$\mathrm{kN/m^2}$）；

K——土压力系数；

w_i——未处理土的单位体积重量（水下为水中单位体积重量）（$\mathrm{kN/m^3}$）；

h_i——未处理土的层厚（m）；

γ_i——构造物的重要度，考虑到达界限状态时的社会、经济性影响的部分系数（构造物系数）（通常取为 1.0）；

γ_{a}——考虑构造解析不确定性的部分系数（构造物解析系数）（通常取为 1.0）。

另外，式中的设计用值可通过以下式子求得。

$$q_{\mathrm{uc_d}} = \gamma_{q_{\mathrm{uc}}} q_{\mathrm{uc_k}}$$

$$t_{\mathrm{d}} = \gamma_t t_{\mathrm{k}}$$

$$w_{i_\mathrm{d}} = \gamma_{wi} w_{i_\mathrm{k}}$$

但是，未处理土作用于改良体下端的拘束压 $K\sum(w_{i_\mathrm{d}} h_i)$ 必须在考虑改良模式及改良体的外部稳定性等后再决定，但一般多使用 K_0 土压力。

②用于趾端部压力解析的部分系数可参照表 7-12 中的数值。另外，表中未记载的荷载的部分系数取 1.00 即可。

表 7-12 用于趾端部压力解析的部分系数的标准值

			所有设施			
目标可靠度指标 β_T			2.9			
目标系统破坏概率 P_{f_T}			2.1×10^{-3}			
用于计算 γ 的可靠度指标 β			3.0			
			γ	α	μ/X_k	V
（a）永久状态趾端部压力	$\gamma_{q_{uc}}$	设计基准强度	0.55	—	—	—
	$\gamma_{t_{1,2}}$	趾端部压力	1.05	−0.116	1.00	0.03
	γ_{W_t}	未处理土的单位体积重量	1.00	0.001	1.00	0.03
	γ_a	构造物解析系数	1.00	—	—	—
（b）与第一水准地震相关的变动状态趾端部压力	$\gamma_{q_{uc}}$	设计基准强度	0.67	—	—	—
	$\gamma_{t_{1,2}}$	趾端部压力	1.00	—	—	—
	γ_{W_t}	未处理土的单位体积重量	1.00	—	—	—
	γ_a	构造物解析系数	1.00	—	—	—

（4）研究本体结构纵向下方的铅直面的剪切应力

对本体结构纵向下方的铅直面的剪切应力进行内部稳定的研讨。这一铅直剪切应力不得超过改良体的设计剪切强度。但是，本体结构与改良体之间存在基础垫层时，也可以对在本体结构纵向位置垫层内，考虑荷载分散角的研讨面进行研讨。

研究长壁、短壁的内部稳定可分别通过式（7-27）、式（7-28）进行。另外，在式（7-27）和式（7-28）中，符号 γ 为与其下标相关的部分系数，下标 k 与 d 分别表示的是特征值与设计用值。

1）长壁

$$\frac{1}{2}\alpha\beta q_{uc_d} \geqslant \gamma_a\gamma_i(T_{l_d} - W_{l_d})/A \tag{7-27}$$

式中，α——断面有效系数；

β——改良桩间重叠部分的可靠度系数；

T_{l_d}——作用于改良地基前端到 B_l 位置的地基反力的合力（kN）；

q_{uc}——设计基准强度（kN/m^2）；

W_{l_d}——改良地基前端到 B_l 位置处改良体的有效重量（kN）；

A——改良体的断面面积、长壁时 $A = D_tL_t + D_sL_s$（m^2）（图 7-51）；

D_l, D_s——长壁的垂直长度（= 改良深度）及短壁的垂直长度（m）；

L_t, L_s——长壁及短壁的纵向长度（m）；

γ_i——构造物的重要度，考虑到达界限状态时的社会、经济性影响的部分系数（构造物系数）（通常取为 1.0）；

γ_a——考虑构造解析不确定性的部分系数（构造物解析系数）（通常取为 1.0）。

另外，式中的设计用值可通过以下式子求得。

$$q_{uc_d} = \gamma_{q_{uc}} q_{uc_k}$$
$$T_{l_d} = \gamma_T T_{l_k}$$
$$W_{l_d} = \gamma_W W_{l_k}$$

改良体与本体结构之间有基础垫层时，也可以考虑本体结构纵向垫层内的荷载分散（参考图 7-45 及图 7-50：θ 为垫层内的荷载分散角）。

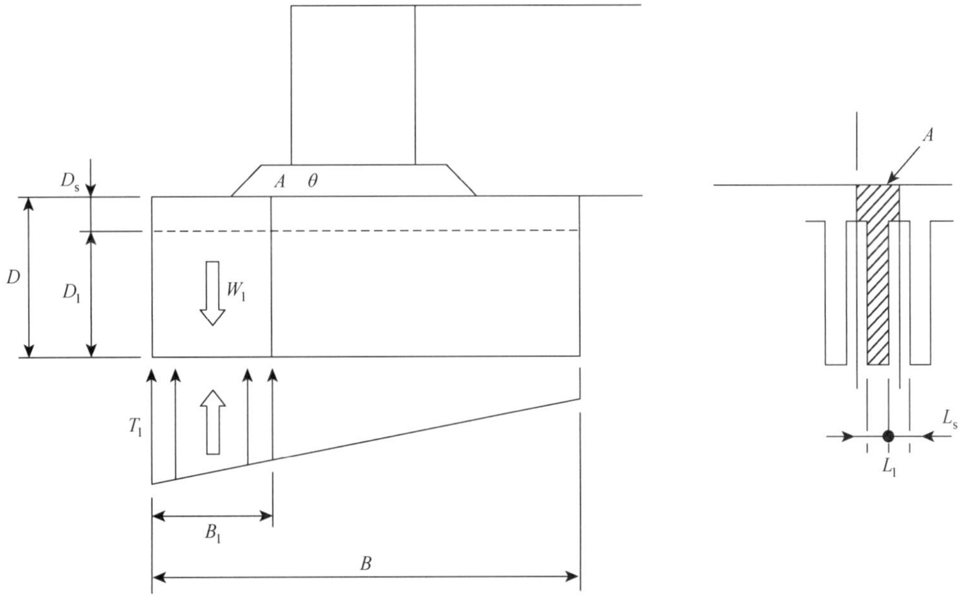

图 7-50 垂直剪切应力的计算模式图（长壁）

用于长壁垂直剪切破坏解析的部分系数可参考表 7-13 中所示的数值，表中未记载的荷载的部分系数取 1.00 即可。

表 7-13 用于长壁垂直剪切破坏解析的部分系数的标准值

			所有设施			
目标可靠度指标 β_T			2.9			
目标系统破坏概率 P_{f_T}			2.1×10^{-3}			
用于计算 γ 的可靠度指标 β			3.0			
			γ	α	μ/X_k	V
（a）永久状态长壁的垂直剪切破坏	$\gamma_{q_{uc}}$	设计基准强度	0.55	—	—	—
	γ_{Tt}	地基反力的合力	1.05	−0.115	1.00	0.03

续表

			所有设施			
目标可靠度指标 β_T			2.9			
目标系统破坏概率 P_{f_T}			2.1×10^{-3}			
用于计算 γ 的可靠度指标 β			3.0			
			γ	α	μ/X_k	V
（a）永久状态长壁的垂直剪切破坏	γ_{Wt}	改良土的有效重量	1.00	0.005	1.00	0.03
	γ_a	构造物解析系数	1.00	—	—	—
（b）与第一水准地震相关的变动状态长壁的垂直剪切破坏	$\gamma_{q_{uc}}$	设计基准强度	0.67	—	—	—
	γ_{Tt}	地基反力的合力	1.00	—	—	—
	γ_{W_c}	改良土的有效重量	1.00	—	—	—
	γ_a	构造物解析系数	1.00	—	—	—

2）短壁

$$\frac{1}{2}\alpha\beta q_{uc_d} \geqslant \gamma_a\gamma_i(T'_{1_d} - W_{m_d}h_m - W_{i_d}D_s)L_s/(2D_s) \tag{7-28}$$

式中，α——断面有效系数；

β——改良桩间重叠部分的可靠度系数；

T'_1——土堆内分散后的端趾压（不包括土堆的自重）（kN/m^2）；

q_{uc_d}——设计基准强度（kN/m^2）；

W_{m_d}——土堆的单位体积重量（在水面下则为水中单位体积重量）（kN/m^3）；

h_m——土堆厚度（m）；

W_{i_d}——改良体的单位体积重量（在水面下则为水中单位体积重量）（kN/m^3）；

D_s——短壁的垂直长度（m）；

L_s——短壁的纵向长度（m）；

γ_i——构造物的重要度，考虑达界限状态时的社会、经济性影响的部分系数（构造物系数）（通常取为 1.0）；

γ_a——考虑构造解析不确定性的部分系数（构造物解析系数）（通常取为 1.0）。

另外，式中的设计用值可通过以下式子求得。

$$q_{uc_d} = \gamma_{q_{uc}} q_{uc_k}$$

$$T'_{1_d} = \gamma_{T_1} T'_{1k}$$

$$W_{m_d} = \gamma_m W_{m_k}$$

$$W_{i_d} = \gamma_m W_{i_k}$$

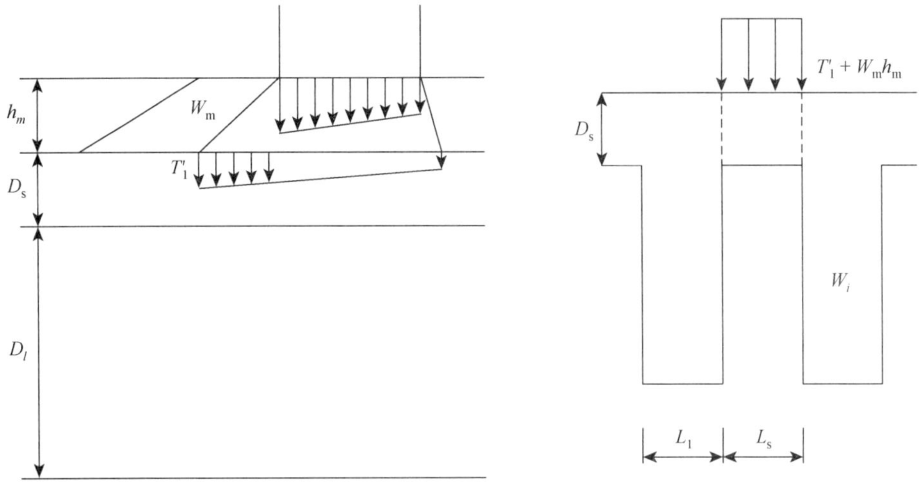

图 7-51 垂直剪切应力的计算模式图（短壁）

用于短壁垂直剪切破坏解析的部分系数可参考表 7-14 中的数值，表中未记载的荷载的部分系数取 1.00 即可。

表 7-14 用于短壁垂直剪切破坏解析的部分系数的标准值

			所有设施			
目标可靠度指标 β_T			2.9			
目标系统破坏概率 P_{f_T}			2.1×10^{-3}			
用于计算 γ 的可靠度指标 β			3.0			
			γ	α	μ/X_k	V
（a）永久状态短壁的垂直剪切破坏	$\gamma_{q_{uc}}$	设计基准强度	0.55	—	—	—
	$\gamma_{T_1'}$	趾端部压力	1.05	−0.091	1.00	0.03
	γ_{u_t}	改良土的单位体积重量	1.00	−0.006	1.00	0.03
	γ_{w_m}	垫层的单位体积重量	1.00	−0.006	1.00	0.03
	γ_a	构造物解析系数	1.00	—	—	—
（b）与第一水准地震相关的变动状态短壁的垂直剪切破坏	$\gamma_{q_{uc}}$	设计基准强度	0.67	—	—	—
	$\gamma_{T_1'}$	趾端部压力	1.00	—	—	—
	γ_{u_t}	改良土的单位体积重量	1.00	—	—	—
	γ_{w_m}	垫层的单位体积重量	1.00	—	—	—
	γ_a	构造物解析系数	1.00	—	—	—

（5）对脱落破坏的研究

因壁式改良为多数的长壁及与其连接的短壁所构成，故短壁下残留有未处理土。根据长壁的间隔、未处理土的强度及回填高度等条件，因认为回填下部的软弱地基会穿过长壁之间形成脱落破坏，故要对长壁之间的未处理土的脱落进行对照验算。

①壁式改良的未处理土的脱落破坏的概念图如图 7-52 所示。

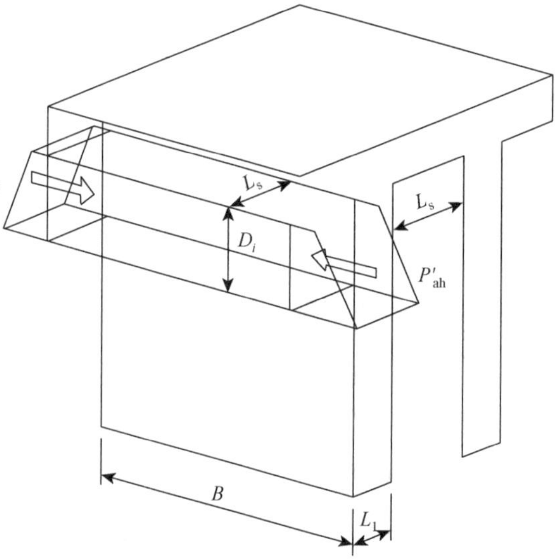

图 7-52　未处理土的脱落破坏的概念图

②对长壁之间的未处理土的脱落进行研究时，不断改变 D_i 并通过式（7-29）进行反复计算。

$$2(L_s + D_i)C_{u_d}B + P'_{ph_d} \geqslant \gamma_a \gamma_i (P'_{ah_d} + k_{h2_d} w_{i_d} BD_i L_s + h_{w_d} w_w D_s L_s) \tag{7-29}$$

式中，L_s——短壁的纵向长度（m）；

D_i——短壁下端到研究断面的深度（m）；

C_u——未处理土的平均抗剪强度（短壁下端和研究断面的中间深度）（kN/m^2）（$C_{u_d} = \gamma_{C_u} C_{u_k}$）；

B——改良宽度（m）；

P'_{ah}, P'_{ph}——作用于长壁间的未处理土的主动土压力合力及被动土压力合力的水平分力（从短壁下面到 D_i 的深度）（kN）；

k_{h2}——作用于改良地基的惯性力计算时的验算用震度；

h_{w_d}——残留水位和前面潮位的高差（m）；

w_i——吸水饱和的未处理土在空气中的单位体积重量（空中重量）（kN/m^3）；

γ_i——构造物的重要度，考虑到达界限状态时的社会、经济性影响的部分系数（构造物系数）（通常取为 1.0）；

γ_a——考虑构造解析不确定性的部分系数（构造物解析系数）（通常取为 1.0）。

另外，式中的设计值按照下式计算。

$$C_{u_d}=\gamma_{C_u}C_{u_k}$$
$$P'_{ph_d}=\gamma_{p_{ph}}P_{ph'_k}$$
$$P'_{ah_d}=\gamma_{p_{ah}}P_{ah'_k}$$
$$k_{h2_d}=\gamma_{k_{h2}}k_{h2_k}$$
$$w_{i_d}=\gamma_w w_{i_k}$$
$$h_{w_d}=\gamma_{h_w}h_{w_k}$$

③用于脱落破坏解析的部分系数可参考表 7-15 中的数值，表中未记载的荷载的部分系数取 1.00 即可。

表 7-15 用于脱落破坏解析的部分系数的标准值

			所有设施			
目标可靠度指标 β_T			2.9			
目标系统破坏概率 P_{f_T}			2.1×10^{-3}			
用于计算 γ 的可靠度指标 β			3.0			
			γ	α	μ/X_k	V
（a）永久状态拔出破坏	γ_{C_u}	未处理土的平均抗剪强度	0.75	0.955	1.00	0.10
	$\gamma_{P_{ah'}}$	作用于长壁间未处理土的主动土压力合力的水平分力	1.05	−0.190	1.00	0.10
	$\gamma_{P_{ph'}}$	作用于长壁间未处理土的被动土压力合力的水平分力	0.95	0.182	1.00	0.10
	γ_{u_t}	含水饱和的未处理土在空气中的单位体积重量	1.00	0.000	1.00	0.10
	γ_a	构造物解析系数	1.00	—	—	—
（b）与第一水准地震相关的变动状态拔出破坏	γ_{C_u}	未处理土的平均抗剪强度	1.00	—	—	—
	$\gamma_{P_{ah'}}$	作用于长壁间未处理土的主动土压力合力的水平分力	1.00	—	—	—
	$\gamma_{P_{ph'}}$	作用于长壁间未处理土的被动土压力合力的水平分力	1.00	—	—	—
	γ_{u_t}	含水饱和的未处理土在空气中的单位体积重量	1.00	—	—	—
	γ_a	构造物解析系数	1.00	—	—	—

注：部分用于拔出破坏解析的系数是针对可靠度指标 β 最小值位置（D_t）处的可靠度解析来设置的。

7.3.6.7 对滑动圆弧破坏的研究

改良地基的左右流动或改良地基下的黏性土层压密所导致的位移量应利用恰当的方法进行研讨。

①改良地基为浮起型时，一般认为通过填埋及波浪作用、地震的作用等导致的左右位移或压密等会产生铅直位移。因此，必须推算这些位移量并事先研究出能满足设施所要求的性能的方案。

②对于改良地基的滑动破坏及滑动圆弧，承载力的设计用值与作用效果的设计用值之比及改良体的左右位移等导致的即时位移量与前者之间有一定程度的关系，故研究改良体的水平位移量的必要性可根据安全充裕度进行判断。另外，改良体下方的未处理土层厚一定且能判断出推算水平方向的位移量能满足设施所要求的性能时，只研究压密沉降量即可。

③改良地基即使是着底型的，只要支持层下方存在黏性土层时，压密沉降等有可能会导致改良体铅直位移，故必须研究压密沉降量。

④改良地基的容许位移量应该结合设施所要求的性能来决定。

7.3.7　以液化对策为目的的格子式改良地基

作为通过深层混合处理工法进行液化对策的改良模式，有如图 7-53 所示的块式、柱式、格子式。

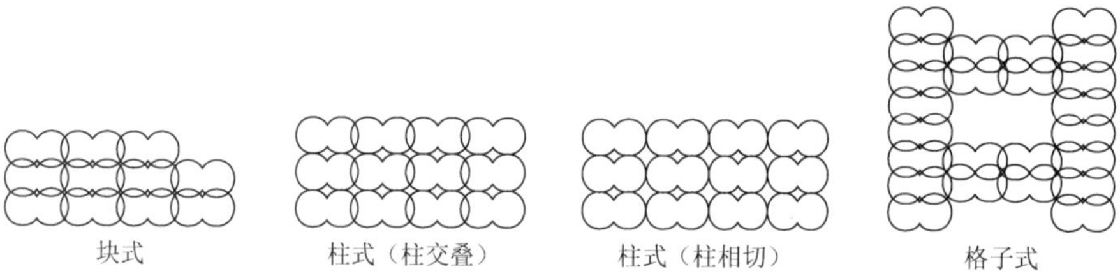

图 7-53　以液化对策为目的的改良模式

块式、柱式的基本原理是将土粒的每个接触点上都附着上水泥等稳定材料，并通过改良后的水泥灌浆效果（黏着力附加）可防止液化的发生。有报告指出通过添加、混合 5% 左右的稳定材料，砂质土的液化抵抗力可增大 4 倍左右，固化处理原地基整体可防止液化。但是，在使用陆上施工机械的施工中，因双向完全交叠的块式施工比较困难，故一般采用柱式。

另外，格子式的基本原理是以格子状建造出稳定处理土的壁，通过抑制内部原地基地震时的剪切变形，可抑制间隙水压的上升，从而防止液化。防止经过固化处理的土本身的液化的同时，可抑制残留于格子状壁内部的未处理土的液化。关于这一效果，有许多室内振动试验可验证，如兵库县南部地震中的结果等。

本节将对上述改良模式中的格子式改良模式为基础的液化对策进行论述。因格子式改良中的格子改良体与块式改良一样，其作为构造体展现机能，故必须对改良地基整个体系进行验算。

7.3.7.1　设计概论

以液化对策为目的的格子式改良地基的设计方法在以水平成层地基为对象时的标准性能验算方法如下。

港湾、机场设施中可作为液化对策的适用对象有岸壁、防波堤、护岸下部，岸壁、护岸背部，岸壁背面设施（遮挡板）、填海造陆的空地、机场的跑道及诱导路等案例。本节中所指的格子式改良地基的设计设想为岸壁背面设施、填海造陆的空地、机场的跑道及诱导路等的地面液化改良对策，并以格子式改良体上无偏荷载作用的水平成层地基为对象。岸壁、护岸背部的液化对策等格子式改良地基上有偏荷载作用时，必须认真考虑其对格子式改良地基及对象构造物的作用，且要另外研究恰当的验算方法。格子式改良体的模式图如图 7-54 所示。

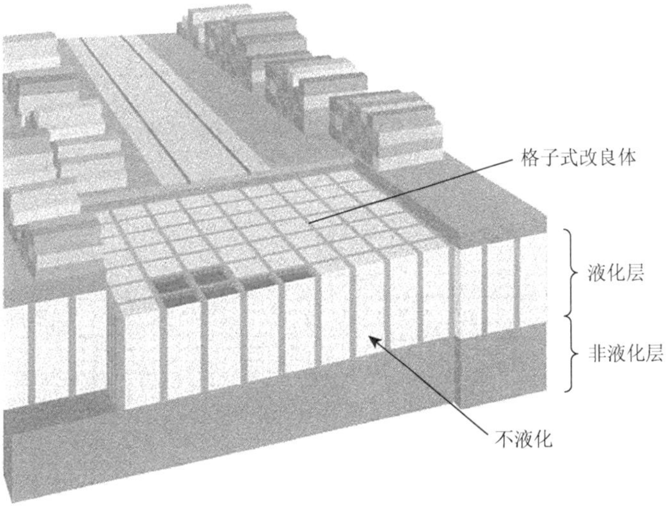

图 7-54　格子式改良体的模式图

7.3.7.2　设计方针

以液化对策为目的的格子式改良地基在设计上，对于设计用地震力要能防止液化且确保所要求的稳定性，为此，要设定改良范围（改良深度、改良宽度）及改良规格（改良体形状、改良体强度）。这些设定可参考相关规定。

本章中的设计对于第一水准地震，以格子式改良地基的各自内部完全不会发生液化为前提，对格子式改良地基整体进行验算为基本方针。另外，第二水准地震因相比第一水准地震，在格子内部的超孔隙水压力会上升，故并不能完全防止格子内部发生液化，而是以降低液化所带来的损害，并能满足设施所要求的性能为前提。因此，使用时要仔细考虑使用目的、对象构造物的重要度等，且必须对有考虑液化的变形量及支持力等承载力进行验算。

7.3.7.3　设计步骤

以液化对策为目的的格子式改良地基的设计按照图 7-55 的流程进行。

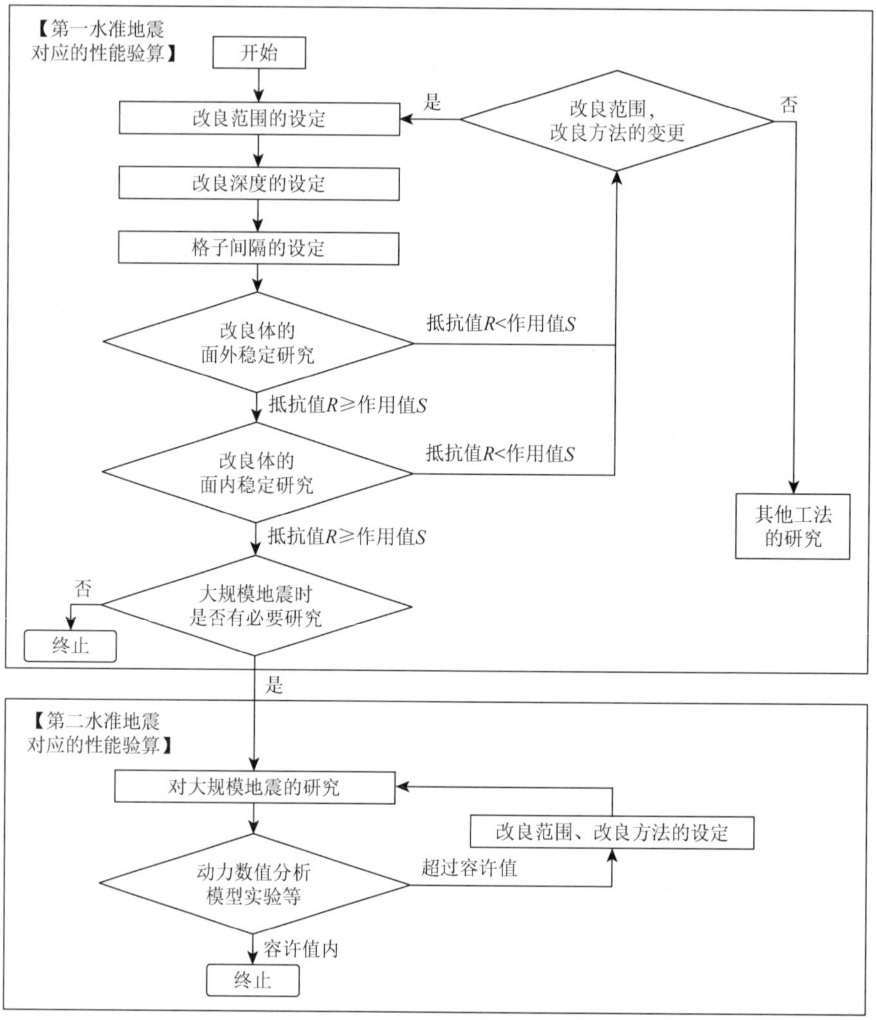

图 7-55　以液化对策为目的的格子式改良地基的设计流程

设计时要假定改良范围及改良规格，并对地震时改良体本身的外部稳定、内部稳定进行验算。对第一水准地震的性能验算要计算液化判定及作用震度、预设改良范围、规格等，然后进行改良体的外部稳定及内部稳定等准静态的研究，并设定能满足各项容许值的改良范围及改良规格。另外，对第二水准地震的性能验算可以对第一水准地震验算所决定的实施动态数值解析及模型试验等动态研究。当无法满足容许值时，则重新研究改良范围及改良规格。

7.3.7.4 液化判定及验算用震度

地基的液化判定可根据相关行业规范进行。另外，用于液化对策的深层混合处理工法设计的对照验算用震度可根据“7.3.4 对地震的性能验算”中所示的方法进行计算。

7.3.7.5 改良范围的设定方法

格子式改良地基的改良范围及改良深度要恰当地设定为能确保对象构造物的稳定性的值。

关于深层混合处理工法的改良范围要设定为能满足改良体本身外部稳定及内部稳定等的容许值。

改良深度在液化层较薄时（图 7-56a）以埋入至非液化层为原则。但是，液化层较厚（图 7-56b）导致埋入非液化层极不具经济性，或者认为改良深度不埋入非液化层也可抑制液化所带来的损害时，可以不埋入非液化层。关于埋入时的改良深度可参考相关文献。

另外，格子式改良地基的改良范围基本上只用液化对策所必要的范围即可，且紧挨着如振动密实改良这样的地基时，对非改良地基液化导致的超孔隙水压力的传递所带来的影响的补充改良也是没有必要的。

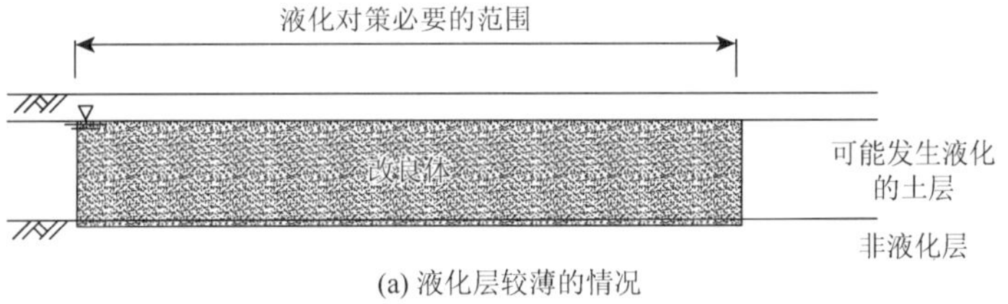

(a) 液化层较薄的情况

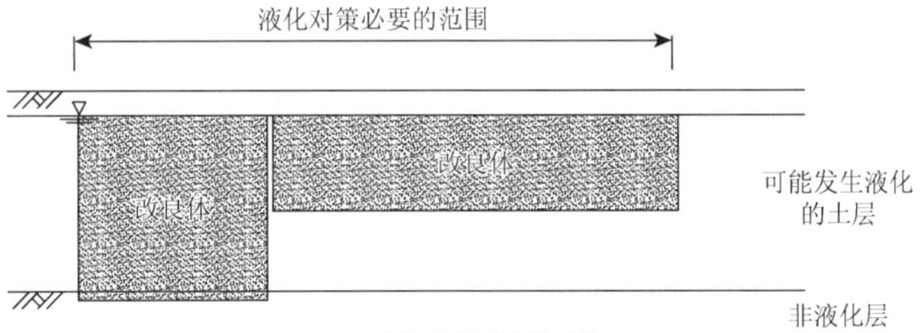

(b) 液化层较厚的情况等

图 7-56 设计顺序

7.3.7.6 改良规格的设定方法

格子式改良的格子间隔在满足改良体内部稳定条件的同时，必须要恰当地设定以能抑制格子壁内的未处理土的液化。关于改良体的内部稳定，要考虑改良体强度，并要确保端趾压、整体的水平剪切应力、脱落剪切应力、铅直剪切应力满足所定的容许应力度。内部稳定的研究方法可参考“7.3.7.7 改良体外部稳定、内部稳定的计算方法”。

格子壁内的未处理土液化特性在过去的模型试验结果中已很详尽。根据模型试验结果，格子间隔 L/改良深度 H 设定在 0.8 以下即可抑制未处理土中间深度的超孔隙水压力。其中，要注意格子间隔 L 是指格子壁间的内部尺寸（未处理土部分的宽度），而不是格子壁的中心间距离。根据其他模型的试验结果可知，格子间隔 L 与希望抑制超孔隙水压力的深度 d 之比 H/d 设定在 1.4 以下亦可。与上述相同地，为了抑制未处理土中间深度的超孔隙水压力，当 $d=H/2$，L/H 在 0.7 以下即可。据此，为了抑制格子壁内未处理土中间深度的超孔隙水压力，设定能满足 L/H 在 0.7～0.8 以下的格子间隔 L 即可。另外，当希望抑制格子壁内未处理土浅层中的超孔隙水压力时，必须设定更加狭小的格子间隔。格子式改良的改良率大多在 40%～50%，可参考这一改良率来设计格子间隔。

7.3.7.7　改良体外部稳定、内部稳定的计算方法

以第一水准地震的变动状态为对象，对改良体的外部稳定、内部稳定进行研讨。改良体外部稳定、内部稳定的计算要对以下项目进行验算。

①外部稳定：滑动、倾覆、支持力。

②内部稳定：端趾压、改良体整体的水平剪切、格子式改良壁的脱落剪切、铅直剪切。

（1）外部稳定的计算

对以第一水准地震的变动状态为对象的外部稳定进行改良地基的验算，要将改良地基及上部构造物一体化，并将改良地基系作为刚体考虑，研究其直至破坏为止的全过程。外部稳定的验算项目为滑动、倾覆及支持力。

作用于格子式改良地基的荷载概念图如图 7-57 所示。外力一般以单位进深进行计算。改良地基的各要素作为格子形状所示的数值，有改良宽度 B、格子 1 单位的总长（纵深）方向的长度 L_U、1 单位所占的总长方向（纵深）的改良体厚度 L_T 及改良率 a_p。

滑动的研究：作为对滑动破坏的抵抗力，由改良地基底面的摩擦抵抗力及格子内部地基的摩擦抵抗力组成，并对改良体的稳定性进行验算。另外，改良体不埋入非液化层时，容许改良体下部产生未改良层超孔隙水压力，并对水压力对地面产生抵抗力后的滑动进行研究。

倾覆的研究根据改良地基前趾旋转力矩进行计算，并且可考虑由原地基的重量产生的抵抗弯矩。

支持力的研究要确认是否能确保对于改良体地面下原地基的支持力破坏所要求的稳定性。格子内的未改良土视为只负担自重，惯性力等水平力所导致的偏心地基反力可认为基本上由格子状改良体负担，然后再计算地基反力。

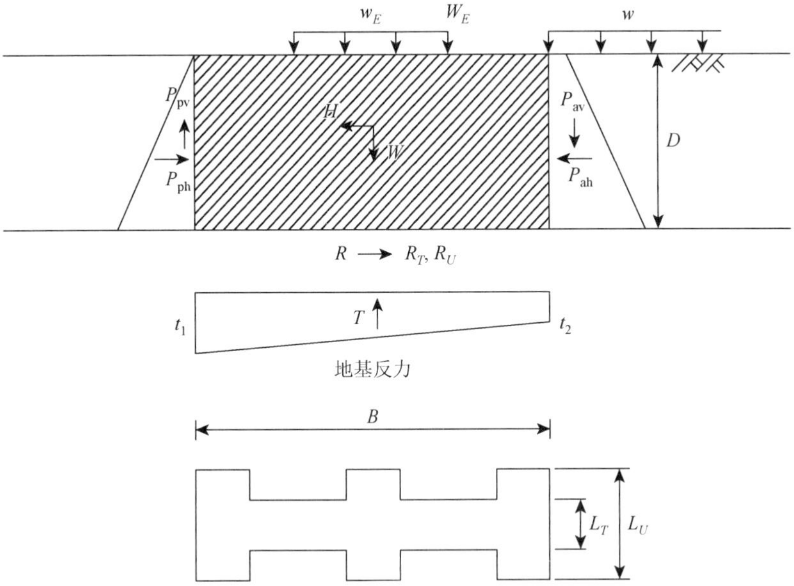

图 7-57　作用于格子式改良地基的荷载概念图

（2）内部稳定的计算

对以第一水准地震的变动状态为研究对象的地震，内部稳定的验算项目为端趾压、改良体整体的水平剪切、格子式改良壁的脱落剪切及铅直剪切。

改良体端趾压的验算中要确认作用于改良体内部的压缩应力不会比用于设计压缩强度的容许压缩强度大。但是，可认为改良体下端的未处理土有拘束压的影响。

改良体整体的水平剪切破坏要求验出如图 7-58 所示的作用于破坏模式中的改良体整体的剪切破坏，确认其不超过用于设计的剪切强度。另外，研究时忽略未改良土的剪切抵抗力。

如图 7-59 所示，非改良部位一侧的格子式改良部位的边界上受到来自非改良部位的侧压合力。另外，如格子内部的未改良地基不会发生液化时抵抗力较小，故可认为格子内部有 K_0 土压力的作用。在这一状态下，确认改良壁能否承受非改良部位一侧与格子内部的土压力差，格子状改良壁的脱落所导致的破坏模式是否会发生。

产生于改良体的铅直剪切应力要对从改良地基前趾到研究地点位置的地基反力及改良地基的重量差导致的纵向剪切应力进行研究。垂直剪切的解析模式如图 7-60 所示。

（3）其他的注意事项

紧挨着浮起型格子式改良的相邻处设置着底型改良体时，必须对浮起部位、着底部位分别实施外部稳定、内部稳定的研究。

改良体的外部稳定、内部稳定的计算方法及构造解析系数可参考相关文献。

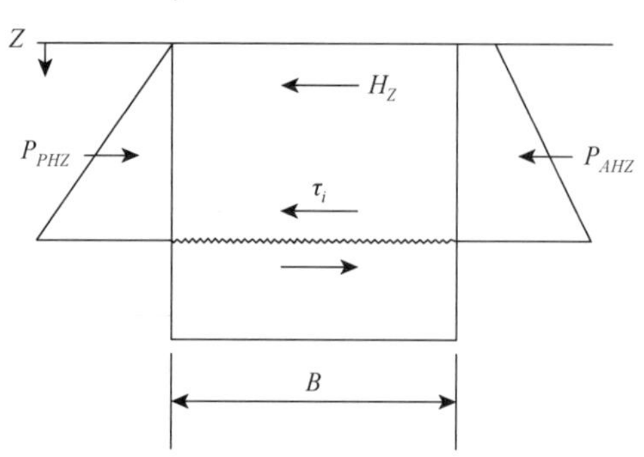

图 7-58　改良体整体的剪切破坏

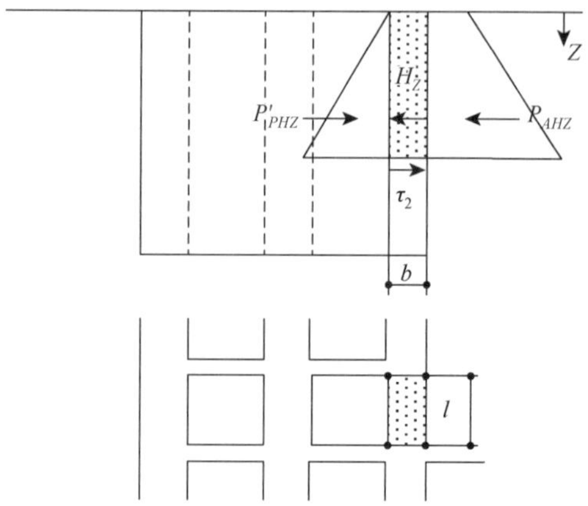

图 7-59　格子式改良壁的脱落破坏

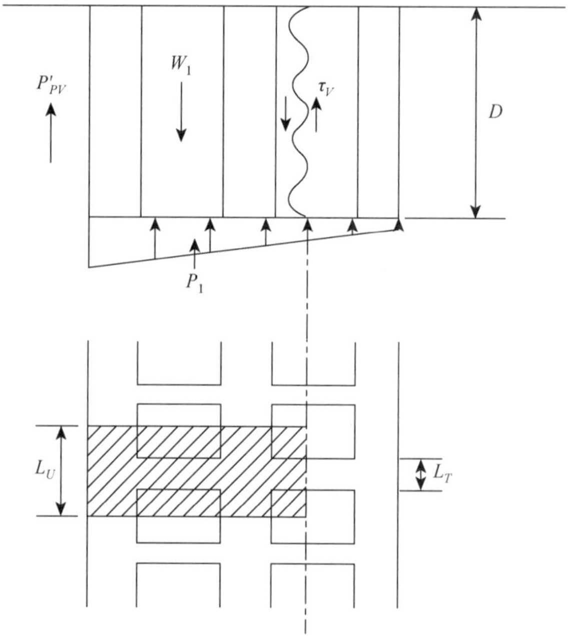

图 7-60　垂直剪切的解析模式

7.3.7.8　基于数值计算的动解数值解析方法

作为对第二水准地震的性能验算进行动解数值解析时，必须恰当地考虑被改良成格子式的地基的液化抑制效果进行解析。

对作为液化对策的深层混合处理工法的第二水准地震的性能验算可进行数值解析及模型试验。在通常的研究中，虽然可用动态数值解析，但根据需要进行恰当的地震响应分析（如 FLIP）也是十分重要的。地震响应分析（FLIP）的基本解析步骤可参考“7.3.4 对地震的性能验算”。使用格子式改良时，要对被改良成格子式地基的液化抑制效果进行恰当的解析。即以三维对格子式改良实施直接模型化，还是将三维液化抑制效果以二维进行估测十分重要。根据文献的三维化模拟案例（图 7-61）可以看出，过剩孔隙水压力比的试验与解析结果较为一致，并且使用三维化手法能以高精度评价液化对策的效果。

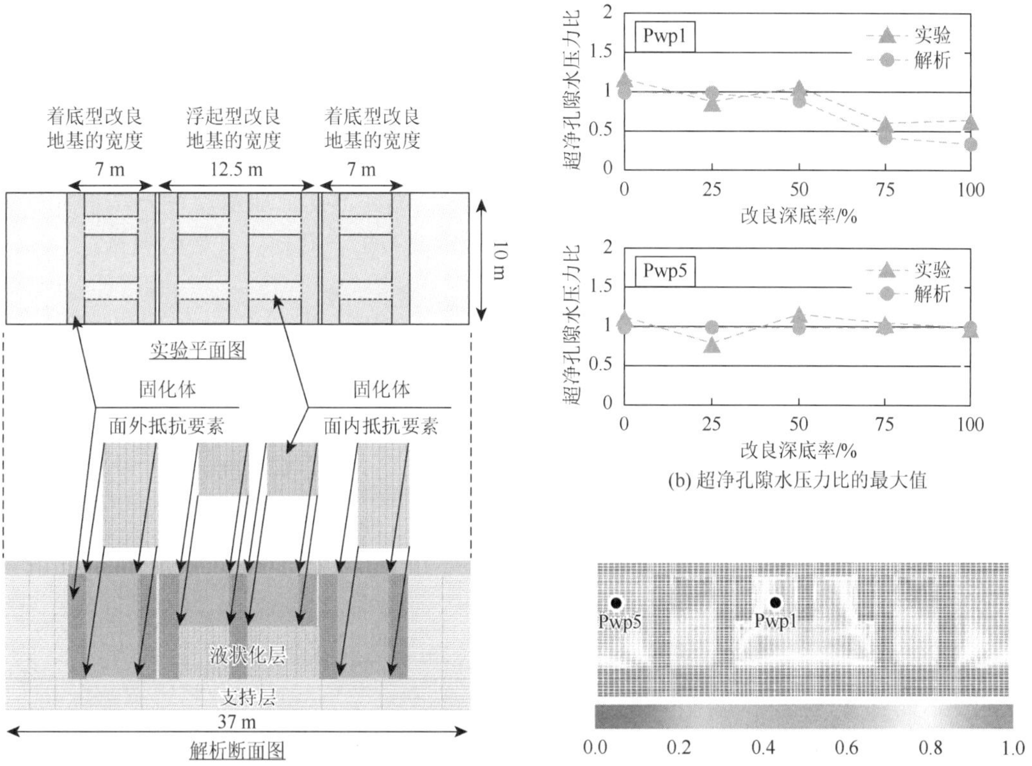

(a) 要素分割图

(b) 超净孔隙水压力比的最大值

(c) 超净孔隙水压力比的最大值分布

图 7-61　三维化模拟案例

7.3.8　适用于其他用途

在本节中，没有记录技术基准相关的内容，主要叙述了适用于其他用途的一些惯用设计方法，并且与 7.3.1～7.3.7 节中对技术基准的修正不同，本节主要关注界限状态设计方法没有明确规定的内容。

7.3.8.1　桩式改良地基的设计（复合地基的设计手法）

土堆及拥壁等重量相对较轻的构造物的基础地基较为软弱时，一般以防止滑动破坏、降低沉降量、增加支持力、降低水平位移量为目的，使用桩式（复合地基式）改良。关于桩式改良地基的现行设计手法，有根据滑动圆弧计算的稳定性研究及有考虑应力分担比的沉降研究。但是，关于桩式改良地基支持力的试验、解析的研究有限，现行设计手法并不能完全反应实际情况，还待今后深化研究，故必须注意设计手法并未确立。

通过离心模型载荷试验调查防波堤（沉箱）的地基中适用着底型桩式改良（改良桩着

底于支持层时）时的破坏反应，发现破坏形态有破坏（根据改良桩的打设位置发生弯曲破坏）改良桩、改良桩发生多米诺骨牌效应、沉箱对垫层内发生滑动破坏 3 种。这其中发生任何一种破坏形态都是由地基条件、作用条件等所决定的，但未知之处仍有许多。另外，本项中作为参考所示的桩式改良地基的现行设计手法中，并未对改良桩发生多米诺骨牌效应及弯曲破坏进行研究，故采用时必须谨慎处理。改良桩发生多米诺骨牌效应及弯曲破坏时，可参考过去的研究。

（1）设计步骤

桩式改良地基的现行设计手法可参考相关行业规范。复合地基设计方法的流程如图 7-62 所示。但是，在以下的研究项目中，根据改良目的，存在可省略的项目。

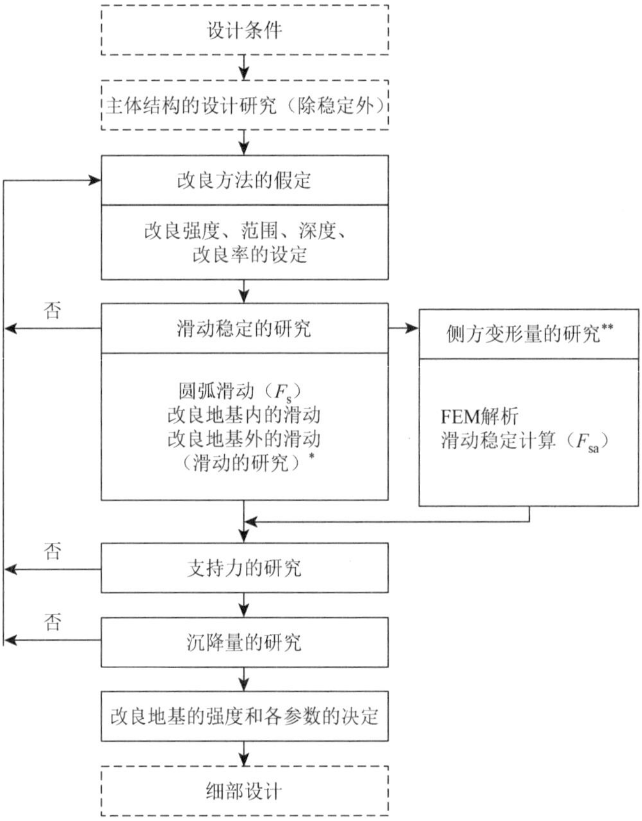

图 7-62　复合地基设计方法的流程

* 改良宽度较窄时改良宽度/改良深度（B/D）较小时；** 变形量受到约束时

（2）设计条件

设计条件要充分考虑建筑物的目的与机能、重要性、荷载条件、施工条件（包含周边状况在内）、土质条件等。

设计时要根据上述观点的需求，设定容许变形量或建议变形量、容许沉降量等条件，并结合地基改良目的决定改良规格。

（3）假定改良地基强度及各要素

在桩式改良地基设计之初，要假定改良宽度、改良深度、改良率、改良体的强度（设计基准强度）等改良要素，并且这些要素要参考施工实绩再决定。

①改良体与改良体之间的未处理土的相互力学反应，特别是主动土压力等水平力作用于改良地基时的反应等仍有不明确之处，有待继续研究。综上所述，决定改良地基的各要素时，应参考以往的施工实绩。

②改良率 a_p 表示的是改良体面积占改良对象面积的比例。通常改良体配置为矩形或错位状（图 7-63）。

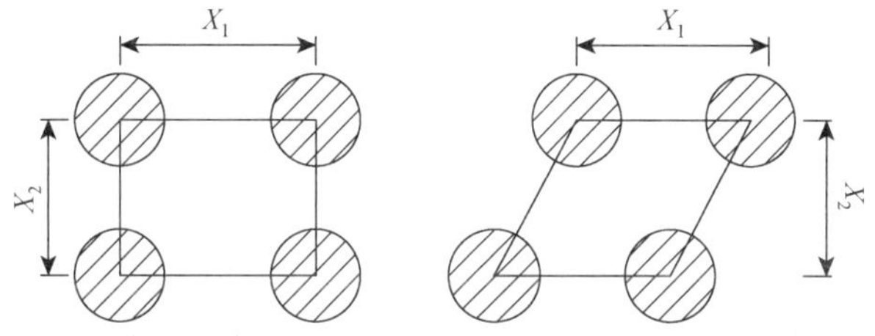

图 7-63　改良体的配置

$$a_p = \frac{A_p}{X_1 \cdot X_2} \times 100 \tag{7-30}$$

式中，　a_p——改良率（%）；

A_p——处理 1 根土桩的改良面积；

X_1、X_2——处理 1 根土桩的分担面积。

③因改良体不是均质的高强度桩，故为了使改良地基作为整体抵抗外力（尽可能不发生弯曲应力），且改良宽度 B 相较改良深度（改良长度）D 不宜太过细长，要考虑案例然后恰当地设定。

④改良体的设计强度（设计基准强度）、改良率会因改良目的、改良对象土等而不同，但根据至今为止的案例，以防止滑动及侧方流动为目的时，一般使用设计强度为 100～600 kN/m^2，改良率（a_p）为 30%～50%以上。

⑤假定改良体的设计基准强度可参考业绩与改良体压缩强度的要求条件，即假定上载荷载集中设计强度作用在改良体上，根据式（7-31）压缩强度的安全率以 1.0～1.2 为参考计算值，然后结合业绩进行设定。

$$q_{uc_k} = F_s \cdot W / a_p \tag{7-31}$$

式中，q_{uc_k}——改良体的设计基准强度；

a_p——改良率；

W——上荷载重，$W = H_E \times w_E$；

F_s——安全率（修正）。

填土高度和改良深度示意图如图 7-64 所示。

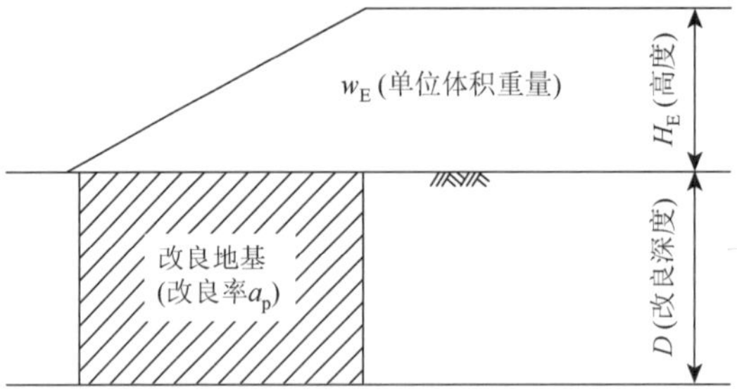

图 7-64　填土高度和改良深度示意图

（4）研究滑动稳定

设计改良规格以滑动圆弧确保稳定为原则，针对穿过改良地基内的滑动与穿过改良地基外的滑动，研究稳定性。

①滑动圆弧要基于对象研究设施基准类所规定的滑动圆弧计算法。

②计算地震时的滑动圆弧，除了有特别要求外均可省略。但是，在重要的构造物中也进行了地震时的研究，如有必要，要基于各类基准进行地震时的研究。

③通常安全率在 1.3 以上，原则上要符合各构造物的基准。

④改良地基的平均剪切强度如式（7-32）所示，但表示未处理土强度的右边第 2 项因非常小，故一般将之忽略。其中，降低系数 κ 因改良体与原地基的破坏应变不同而设置的系数。折减率 κ 由改良体与原地基的单轴压缩试验结果所决定，但根据过去的案例与对应 1%～2%的轴应变的原地基强度相当的值即可。

$$\tau = C_p a_p + \kappa C_o (1 - a_p) \tag{7-32}$$

改良土与原地基的 σ-ε 关系见图 7-65。

⑤复合地基的改良规格一般不发生滑出那样的变形、破坏模式，但在着底层较为软弱，作用于改良地基的偏土压较大，相较于改良深度改良宽度较小无法埋入着底层，等等情况下，要进行滑出验算，并确认改良地基的稳定性。

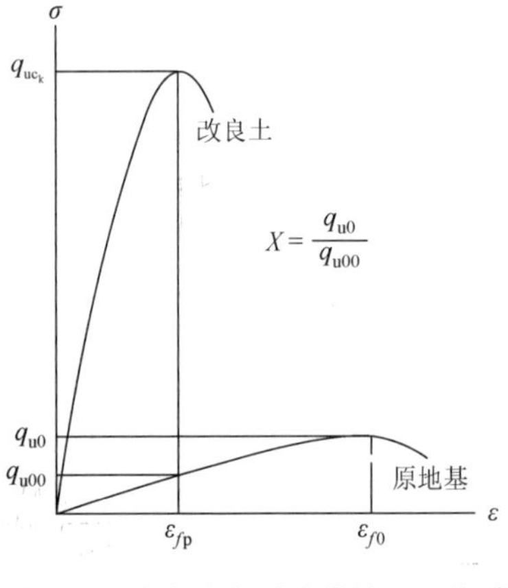

图 7-65　改良土与原地基的 σ-ε 关系

（5）研究支持力

桩式改良因改良体上集中有上载荷载，故要研究着底地基的支持力。

着底地基不太坚固时，有可能发生沉降，故要假定上载荷载集中于改良体上，并计算着底地基的容许支持力来进行确认。

（6）研究压密沉降量

研究改良地基的压密沉降量时经常使用着重于未处理地基的沉降量（S_0）及改良率（a_p）与应力分担比（n）的式（7-33）。

$$S = \beta' S_0 \tag{7-33}$$

$$\beta' = \frac{\sigma_c}{\sigma} = \frac{1}{(n-1)a_p + 1}$$

$$S_0 = m_{vo} H_c \sigma$$

式中，S——改良地基的沉降量；

S_0——未处理时的沉降量；

β'——沉降折减系数；

a_p——改良率；

σ——ΔP 应力增量；

H_c——改良层厚度；

n——应力分担比 $=\sigma_p/\sigma_c$（$=m_{v0}/m_{vp}$）；

σ_p——作用于改良体的应力；

σ_c——作用于未处理土的应力；

m_{vp}——稳定处理土的体积压缩系数；

m_{vo}——原地基的体积压缩系数。

沉降量的解析示意图见图7-66。

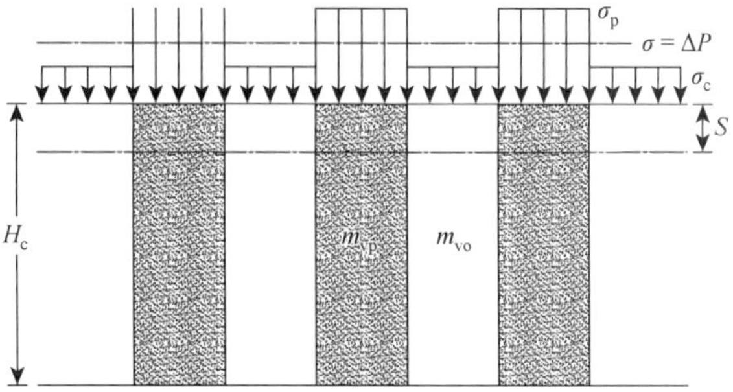

图7-66　沉降量的解析示意图

①改良体着底于支持层时，改良体的设计强度与土堆荷载均衡，如果通过式（7-33）决定改良强度，就很少会发生因上载荷载导致改良体的压密沉降的现象。但是，改良底部下方还残留有软弱地基，或者认为底层下方存在压密沉降的土层时，必须对沉降进行研究。

②改良率较小，研究土堆等上载荷载导致的压密沉降量时，应力分担比n通常设定在10～20的范围内。如无恰当的试验结果，可使用“7.6 稳定处理土的工学性质”中的图7-82、图7-83，按以下的顺序进行推定。

a. 从改良体的设计基准强度 q_{uc_k} 到改良体的压密屈服压力 p_y 可通过图7-82求得。

b. 求出压密屈服应力 p_y 与上载荷载（压密压力）p 之比 p/p_y。

c. 通过图 7-83，求出改良体与原地基的体积压缩系数之比 m_{vp} / m_{vo}。

d. 将体积压缩系数之比 m_{vp} / m_{vo} 的倒数作为应力分担比求出 n。

③上述计算视改良体与未改良体同样地沉降，改良层厚度增大或改良率增大时，要注意可能会有比实际大得多的沉降产生。

④土堆基础中适用了桩式改良的几个工程案例中，观测到的改良后最大沉降量有时会比通过式（7-33）求得的计算值要小。

（7）研究侧方位移量

以抑制侧方位移量为目的进行桩式改良时，因此确保复合地基模型的滑动稳定性为目的而决定的改良规格（改良范围、深度、配置、改良率、改良强度等）是不充分的，故必须推算偏荷载及上载荷载的侧方位移量，然后决定能满足在容许值（目标值）以下的改良规格。

7.3.8.2　降低土压力

本节中将针对通过改良已有设施的填筑背后地基，降低地震时的土压力以提高抗震性的适用方法进行阐述。通过深层混合处理工法改良的改良地基，因黏着力（c）比内部剪切抵抗角（ϕ）有显著地提高，故可以作为降低地震时土压力的有效方法。

（1）改良地基的改良模式

以降低土压力为目的的改良地基的改良模式原则上为块式或切圆交叠式。

①CDM 工法的改良地基的改良模式有块式、壁式及格子式，但因对块式及柱式之外的改良模式的土压力计算方法仍有不明之处，故以降低土压力为目的进行地基改良时，原则上为块式或切圆交叠式。格子式等其他改良模式几乎没有实际应用案例，要引起注意。

②柱交叠式改良地基的配置：改良地基对构造物的主动土压力作用方向必须与如图 7-67 所示的方向一致。

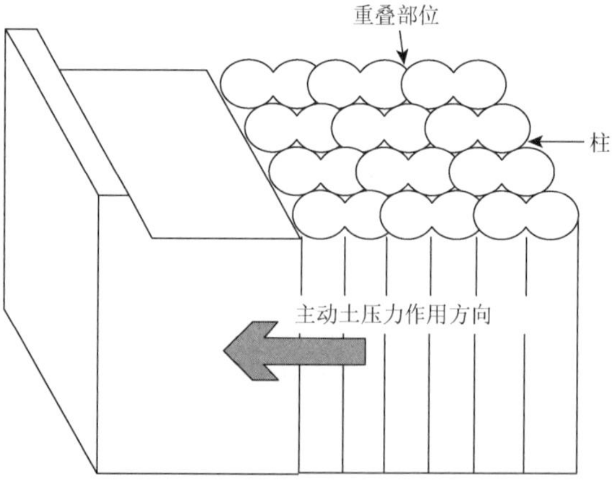

图 7-67　以降低土压力为目的的柱交叠式改良地基的配置

（2）设计

设计必须在充分考虑 CDM 工法改良的改良地基特性的基础之上，以恰当的方法进行设计。

①来自 CDM 工法的改良地基的主动土压力仍有不明之处，但块式及柱式改良地基因其形状基本上可认为是 100%改良，故以降低土压力为目的的 CDM 工法改良地基，在设计上可参考相关行业规范中的设计手法。

②计算改良地基作用于构造物的主动土压力时，改良地基可视为 c 材料并无视 ϕ 成分。

块式改良地基的黏着力 c 根据式（7-34）进行设定。

另外，柱交叠式改良地基中，来自未处理土与改良地基的土压力的作用原理仍有不明之处，故必须以“7.3.8.1 桩式改良地基的设计（复合地基的设计手法）”为参考，在充分进行技术性判断之后再设计。

$$c = \frac{1}{2} q_{\mathrm{uc_k}} \tag{7-34}$$

式中，　c ——黏聚力（$\mathrm{kN/m^2}$）；

$q_{\mathrm{uc_k}}$ ——设计基准强度（$\mathrm{kN/m^2}$）。

③以降低土压力为目的的深层混合处理地基的改良范围根据以下的步骤进行设定。

a. 着重于已有构造物，根据来自改良体的土压力、水压力等作用，研究构造物的稳定（滑动、倾覆、支持力）。

b. 研究改良体内的主动崩坏面。

c. 包含构造物、改良体在内的整体的稳定（研究滑动）。

④有地震力作用时，当周边地基产生变形，改良地基的变形并不能与之相匹配，可能会产生裂纹等，故要充分研究这一影响。研究时可参考过往的研究。

7.3.8.3　增大被动抵抗力

作为已有的板桩式码头的加固对策，有在板桩前建造深层混合处理改良地基后，板桩与改良地基之间以高压喷射搅拌工法进行填充，以期强化板桩构造物抗震性的适用案例。这是提高深层混合处理地基的被动抵抗力的适用案例，已有设施加固对策，对于新建设施可降低板桩的埋入长度，从而降低挡土墙的成本。板桩式系船岸的被动抵抗力示意图如图 7-68 所示。

（1）改良地基的改良模式

以增大被动抵抗力为目的的改良地基的改良模式原则上为块式或柱交叠式。

与“7.3.8.2 降低土压力”相同，因对块式及柱式之外的改良模式的土压力计算方法仍有不明之处，故以降低土压力为目的进行地基改良时，原则上为块式或柱交叠式。格子式等其他改良模式几乎没有实际应用案例，要引起注意。

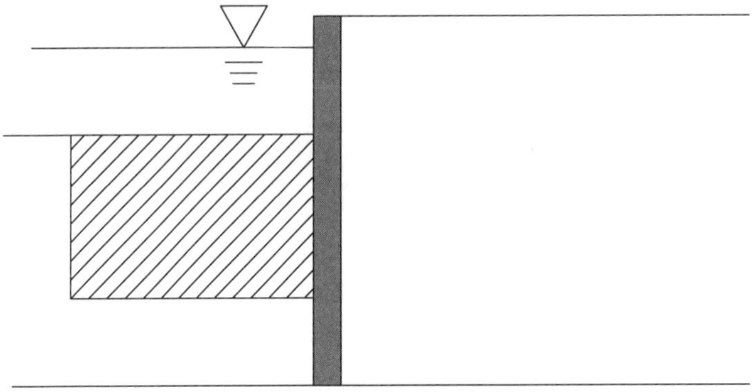

图 7-68　板桩式系船岸的被动抵抗力示意图

（2）设计

设计必须在充分考虑改良地基特性的基础之上，以恰当的方法进行设计。

①板桩的断面计算通过弹塑性法进行时，改良体的水平地基反力系数必须充分研究后再决定。水平地基反力系数即使是同一地基也会因壁体的位移量、载荷宽度及载荷速度（载荷时间）等而变化，是一个非常复杂的参数。在设定水平地基反力系数时，必须在考虑地基条件、防止土堤崩塌的壁的构造形式、回填土载荷的规模、施工速度等之后综合性地研究。另外，在设定水平地基反力系数时，可参考相关行业规范。

②计算改良地基的被动土压力时，改良地基可视为 c 材料并无视 ϕ 成分。评价黏着力 c 要符合“7.3.8.2 降低土压力（2）设计的记载事项”。

③深层混合处理地基的改良范围根据以下步骤进行设定。

a. 研究改良体内的被动崩塌面。

b. 对于作用于板桩的主动土压力及作用于改良地基的地震惯性力，改良地基底面的摩擦抵抗力及作用于改良地基的原地基被动土压力产生阻抗时的改良地基的稳定（研究滑动）。

c. 满足上述两点的改良宽度。

④在最近的研究中，改良以自立式板桩护岸为对象的前侧地基，用 FEM 解析及离心模型试验解析进行研究，建议用简便梁弹簧模型的设计手法。另外，通过改良板桩岸壁前侧，对岸壁的变形及发生于板桩的弯曲力矩的抑制效果，也有通过离心模型试验及数据解析进行评价的案例。

7.3.8.4　适用于挡土墙

通过深层混合处理工法进行地基改良以减轻挡土墙对软弱地基作用力而言是有效的方法，但现实情况是设计法仍未确立。因此，采用深层混合处理工法挖掘挡土墙时，将挡土墙模型化一般是比较容易的做法。另外，由于挡土墙在深层混合处理工法的施工中难以紧密附着在改良体上，故必要时应使用高压喷射搅拌工法使其紧密附着在改良体上。

挡土墙的工程中适用深层混合处理工法的案例多为以下 3 种。

①隆起对策。

②挖掘内侧部分的改良（增大被动土压力，构筑地中梁）如图 7-69 所示。

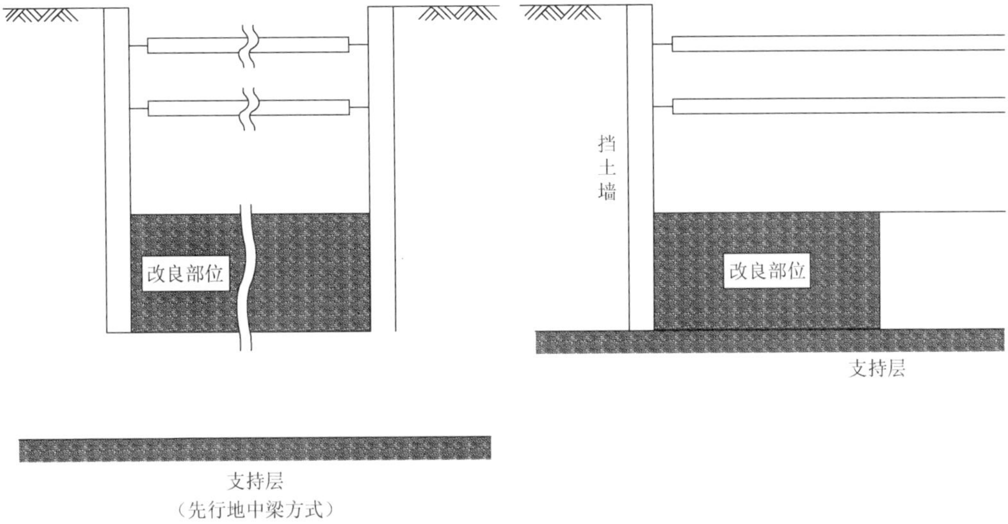

(a) 浮起型改良　　(b) 着底型改良

图 7-69　挖掘内侧部分的改良

③挖掘外侧部分的改良（无支护，减轻土压力）如图 7-70 所示。

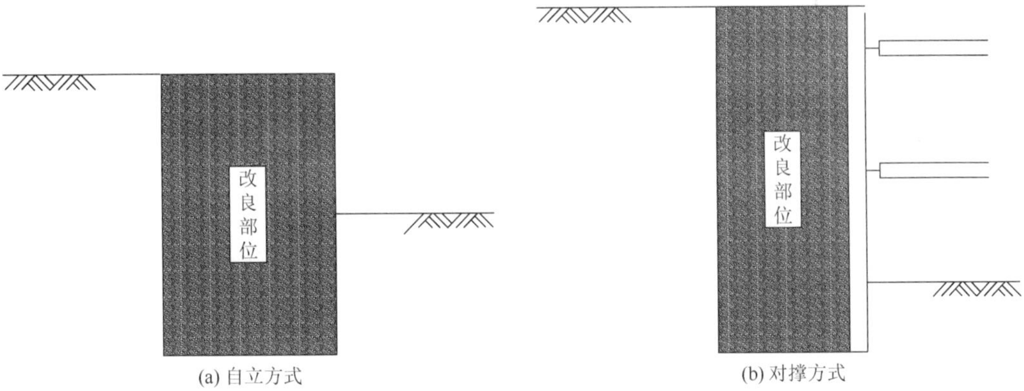

(a) 自立方式　　(b) 对撑方式

图 7-70　挖掘外侧部分的改良

深层混合处理工法因改良强度较高，改良地基以单纯计算设定改良厚度时，改良必要厚度可能会比挖掘宽度薄。作为对策，考虑施工特性及业绩，必须确保有 3.0 m 左右。

另外，将深层混合处理工法作为挡土墙时，设计上可参考相关行业规范。研究无支护挡土墙方式的自立高度可参考相关文献。

7.3.8.5　适用于保护环境

通过水泥类固化材料改良的稳定处理土随着龄期增加，水化反应不断进行，生成的水合物填充空隙，使硬化组织体致密化。利用这一原理，再加上过去的基础地基稳定化，底泥有害物质的原位置固化、不溶化，形成管理型废弃物护岸中的不透水性改良地基、建造遮水墙等。近年来，这一做法作为保护环境的有效手段而受到关注。

（1）底泥有害物质的原位置固化、不溶化

底泥有害物质的原位置固化、不溶化时，结合有害物质做恰当的改良规格计划。对重金属的水泥固化、不溶化有许多的研究和报告案例。这一作用机构与水泥类稳定处理土的有效性得到了确认。如确认重金属导致了底泥污染而将深层混合处理工法作为对策时，必须事先实施配比试验，确认不溶化效果。

固化、不溶化是将污染物质就这样留存着，并在常温下进行稳定化的技术，有害污染物质的含有量在改良前后不发生变化。另外，这一处理效果是基于化学反应的，有害物质的种类、形态都受到稳定材料种类的影响。即使是处理后，通过干燥使水泥处理土中性化，一部分重金属有可能发生再次溶出等受到环境条件的影响。综上所述，施工前应基于事先的调查、试验，研究恰当的施工方法非常重要。

①实施了性状变更的不符合基准的土壤范围是指每 100 m^2 在任意地点从深度 1 m 处起到不符合基准的土壤的一定深度为止，每 1 m 采集 1 次土壤，对应土壤的特定有害物质的量根据相关规定进行测定，确认是否是符合土壤溶出量基准的污染状态。

②实施了性状变更的不符合基准的土壤形状范围内，地下水的下流侧设置 1 个以上的观测井，一年采集地下水 4 次以上，对应地下水中所含的特定有害物质的量根据相关规定进行测定，未发生地下水污染的状态持续 2 年则可确认。

根据《港湾中的底质二噁英类对策技术指南（修订版）》，进行了固化处理的底质的二噁英类溶出抑制效果（溶出水为 1pg-TEQ/L 以下，TEQ 是毒性当量），现在仍有仍未明了之处，故二噁英类溶出、上浮抑制效果及固化材料添加量必须事先在每个处理对象地质中实施激烈振荡分配试验以确认。另外，试验结果、试验水浓度为 1pg-TEQ/L 以下为原位置固化处理的适用条件。

必须恰当地做能满足这一规定的稳定材料添加量等改良规格计划。另外，底泥固化处理时，为了不发生底泥上浮等二次污染，要研究恰当的施工方法。作为确认工程结束后的品质，可确认原位置固化处理的底质固化品质，故工程结束后必须从固化处理层采样，实施强度试验及激烈振荡分配试验等以持续监测，以确保固化品质不会随时间推移发生品质劣化。

（2）适用于管理型废弃物护岸

深层混合处理工法的稳定处理土的透水系数相比改良前大幅减小，稳定材料添加量越多则越小。另外，砂质地基中也确认其有效性。近年来，将这种材料特性用于管理型废弃物护岸的地基改良、降低透水性及遮水结构的越来越多。同一工法适用于管理型废弃物护岸时，是符合相关行业规范的构造。另外，设计时可参考相关行业规范。

深层混合处理工法的隔水性对于所定的改良范围、深桩的桩体的交叠性十分重要，对其施工管理、品质管理的确实性有所要求。因此，要收集交叠部位的钻探数据及透水试验数据，以确保可靠度。交叠部位隔水性能可通过室内试验进行确认。

7.4 施工

本节将介绍 CDM 工法海上工程的一般施工方法。陆上工程的施工方法可参考相关行业规范。

7.4.1 施工流程

为了获得设计上所期待的改良效果，要遵循 CDM 工法中所规定的步骤对各种工程进行施工。各工程基于相关行业规范等实施。

海上工程的 CDM 工法施工流程如图 7-71 所示。

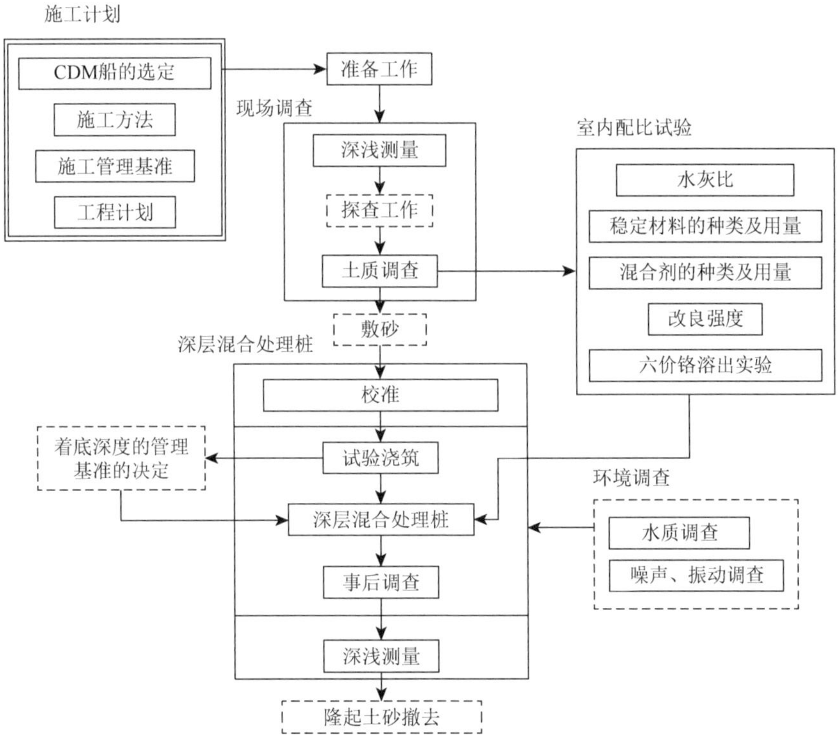

图 7-71 海上工程的 CDM 工法施工流程

海上工程的深层混合处理工法被分类为海上地基改良工程的固化工程，由深层混合处理桩、敷砂及撤去隆起土砂等工程构成。探查工程有时会事先实施。土质调查及室内配比试验根据事先的调查、试验结果有需要时会实施，但应在改良区域内的恰当位置实施土质调查，用这一试料做配比试验。另外，深层混合处理桩形成后，实施事后调查及强度试验等，以确认改良土的品质。

能有效利用填土土砂或覆土厚度较小时，可使用敷砂。

在隆起土砂进行改良处理时可以不实施撤去隆起土砂。另外，有时也会实施地基工程等其他工程。

7.4.2　现场调查

现场调查的目的是获取 CDM 施工现场的信息。

现场调查的目的如下。

①为了获得施工前后的地基高度的深浅测量。

②为了撤走被认为是施工障碍的障碍物、危险物的磁力探查、潜水探查。

③为了获得地基的土质信息的土质调查。

④为了确认对施工时周围环境影响的环境调查。

7.4.2.1　深浅测量

深浅测量是为了在施工前确认 CDM 船能否适应改良深度、改良土厚而实施的。另外，为了掌握施工后地基的隆起量及其变化趋势，要在施工前后测定地基高度。

7.4.2.2　探查工程

虽然在事先调查中应预先完成探查工程，但也有在本体工程中实施探查工程的。有磁力探查与潜水探查两种探查方法。

（1）磁力探查

磁力探查是应用磁力线穿过螺旋线而产生电流的方法，现被用于海底危险物探查。探查船的两种探查方式示意图如图 7-72 所示，有台船拖航方式及自航船方式，任何一种都是从船（台船）上放下感应器，一般以航行速度 1.5～2.0 m/s 进行探查。

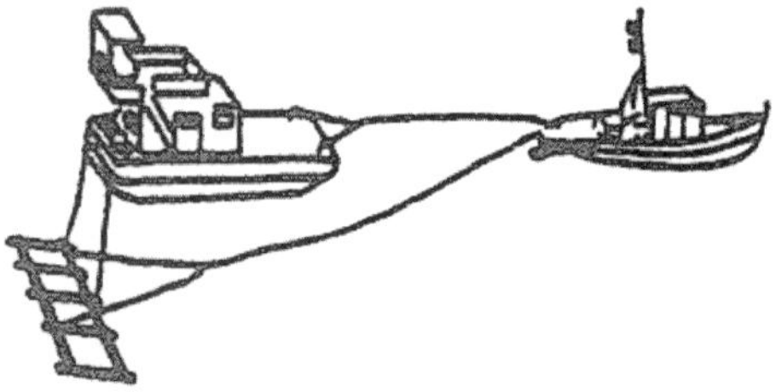

(a) 台船拖航方式

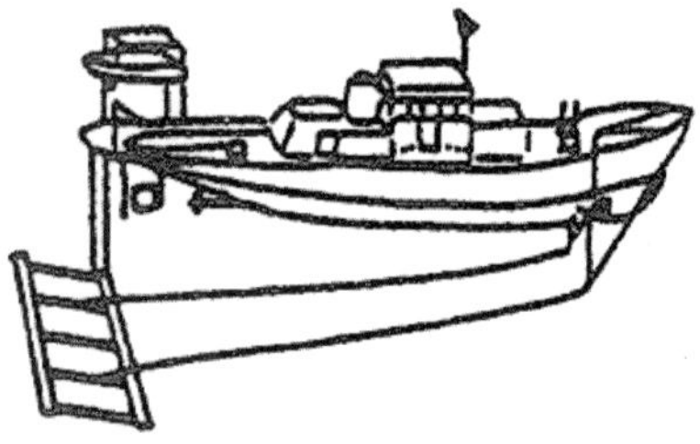

(b) 自航船方式

图 7-72　探查船的两种探查方式示意图

（2）潜水探查

1）利用简易探查器的探查

由潜水员进行的探查，在通过磁力探查发现异常点时，如图7-73所示，潜水员在以异常点位置为中心，半径15 m左右的范围，用简易探查器进行探查。

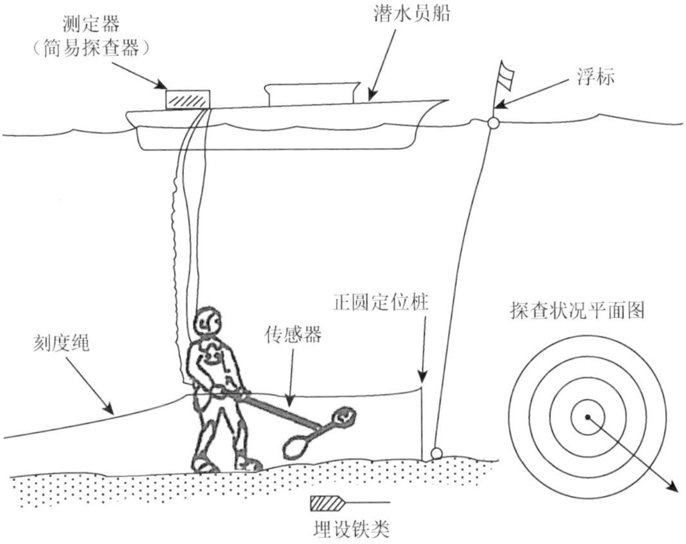

图7-73　用简易探查器进行潜水探查

2）利用探查棒的探查

这是探查范围狭小时所使用的探查方法，如图7-74所示，潜水员将探查棒插入海底地基以探查是否有障碍物。

7.4.2.3　土质调查

（1）目的

在设计前实施的土质调查有时会因钻探位置少，无法获知施工场所正确的土质条件。因此，要在深层混合处理桩施工前在改良区域内进行土质调查以确认土质条件及着底深度。另外，为了确定恰当且具有经济性的稳定材料添加量，在施工场所采用室内配比试验确定使用的试料。

（2）试验项目

为了掌握改良对象土的土质工学性质，实施表7-16所示的土质试验。另外，根据必要性实施各类试验。

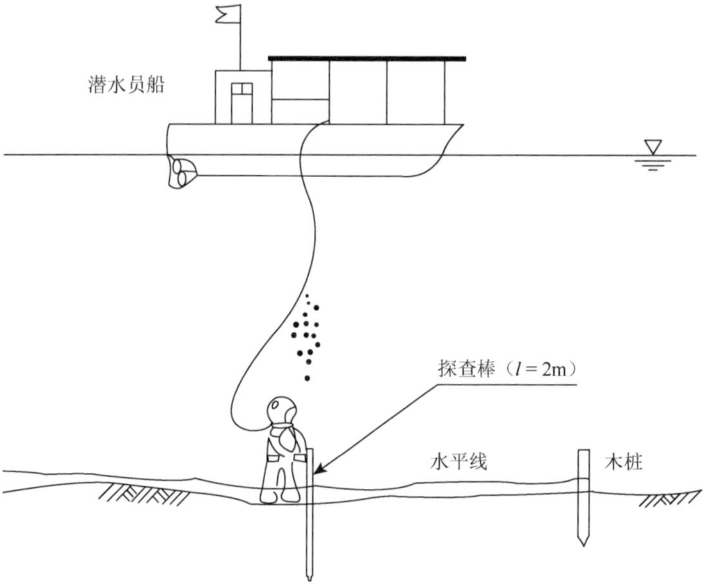

图 7-74　用探查棒进行潜水探查

表 7-16　土质试验项目

试验项目	试验名	试验方法	试验的重要性
物理试验	土颗粒的密度试验	JIS A 1202	△
	土的含水率试验	JIS A 1203	○
	土的粒度试验	JIS A 1204	△
物理试验	土的液性界限、塑性界限试验	JIS A 1205	△
	土的湿润密度试验	JIS A 1225	○
力学试验	土的单轴压缩试验	JIS A 1216	△
	土在阶段荷载下的压密试验	JIS A 1217	△
化学试验	土悬浊液的 pH 试验	JGS 0211	○
	土的强热减量试验	JIS A 1226	○

注：○为标准实施；△为必要时实施；JIS 为日本工业标准。

另外，根据事先土质调查确认基本物性，为了进行室内配比试验采取试料时的土质调查有含水率试验、湿润密度试验、土悬浊液的 pH 试验、强热减量试验这 4 项，其他项目省略亦可（其他试验项目参考“7.2.2.1 原地基土质调查”）。

采样根数要结合土质的变化状况及配比试验的必要量来决定（参考“7.4.3.1 试验方法”）。

7.4.2.4　环境调查

CDM 施工中的环境调查主要为水质调查及噪声、振动调查。

（1）水质调查

1）水质调查的概要

实施水质调查要考虑以下事项。

①渔场、养殖场等的位置及渔期；

②海水浴场等的位置及开放期；

③工厂（发电站、制铁厂等）的取水口位置及状况。

试验项目有 pH（氢离子浓度）、SS（浮游物质）、浑浊度、水温等，但必要时也要进行 DO（溶解氧量）、COD（化学需氧量）、透明度的试验。另外，结合水质调查，为了进行调查结果的解析，也要对水深、潮流、潮位等一并进行调查。

另外，地方政府定期实施水质调查时，也可直接利用其调查结果。

2）水质调查案例

［例 7-1］

海水水质调查的 pH、SS、浑浊度的经时变化如图 7-75 所示，表示的是工程施工前、工程施工中、工程施工后的测定结果。

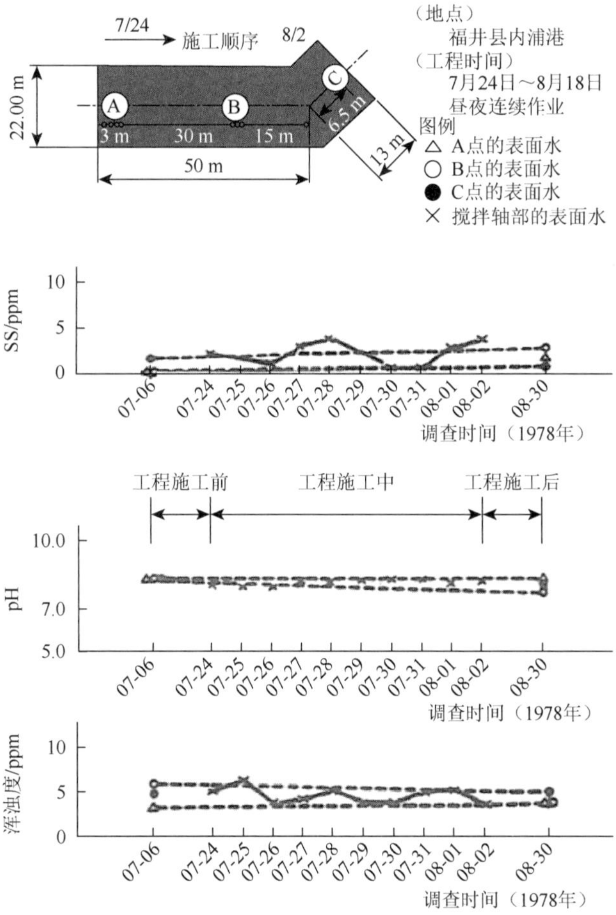

图 7-75　pH、SS、浑浊度的经时变化

从该结果可知，pH 未对工程产生影响。施工中的一段时间内，搅拌轴部旁边的表面水的 SS 及浑浊度会比工程施工前及工程施工后略有上升，但也有一段时间是下降的。另外，未发现工程施工前与工程施工后有明显的水质变化。

在本案例中，CDM 工程未对周围海域的水质环境带来影响。

［**例 7-2**］

本案例为试验工程对周围海域影响的调查结果。

水质调查测定位置如图 7-76 所示，在试验工程位置为中心，半径 50 m 范围内进行，在 10 个地方进行了测定。

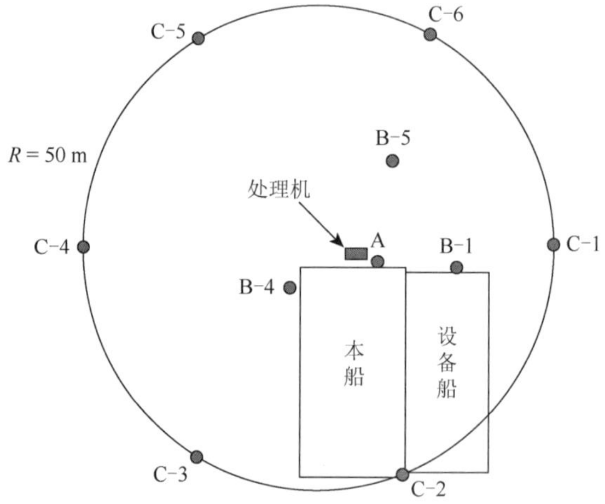

图 7-76　水质调查测定位置

调查测定项目有水温、含盐量、pH、DO、浑浊度、透明度、COD、SS、Ca^{2+}共 9 项。表 7-17 为打设前、打设中及打设后各项调查项目的平均值、最大值、最小值。

表 7-17　打设前、打设中及打设后各项调查项目的平均值及最大值、最小值

调查项目	打设前、打设后	打设中	
		最大值	最小值
水温/℃	11.1～13.3	13.6	11.3
含盐量/%	30.00～32.90	32.47	29.71
pH	8.1～8.5 平均 8.2	9.1	8.1
DO/(mg/t)	6.1～11.8 平均 8.2	12.7	6.3
浑浊度/ppm	1.0～0.5	175	1
透明度/m	0.7～1.9	3.2	1.1
COD/(mg/L)	2.1～5.4 平均 3.1	4.2	1.8
SS/(mg/L)	0.6～73.8	39.6	0.2
Ca^{2+}/(mg/L)	340.0～381.0	378.2	352.8

注：1 ppm = 0.001‰。

由结果可知，水温、含盐量、DO、COD 对工程无影响。pH、Ca^{2+}在打设中的处理机旁边的中心点有局部性的上升，但在离开 50 m 处未见影响。SS 则在打设中的中心点下层部有急剧上升，但在离开 50 m 处未见影响。浑浊度在水洗处理机时有上升，其最大浓度为 175 ppm（前去基数约为 150 ppm）。但是，浑浊度的扩张范围在离开中心点半径 50 m 处停止，另外，浑浊度开始扩散后，经过 30 min 左右消退。SS 测定结果如图 7-77 所示。综合判断上述情形，可以说 CDM 工程不会对周围海域的水质环境带来影响。

水平分布图（打设中）	
项目	SS
单位	mg/L
时间	14: 10～15: 51
区域	6-2

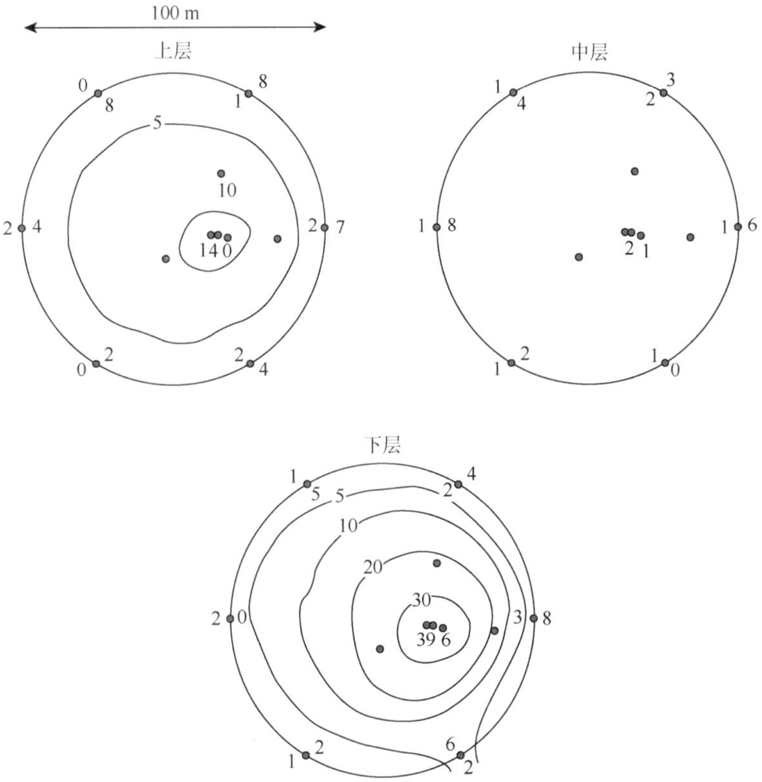

图 7-77　SS 测定结果

（2）噪声、振动调查

1）噪声调查

①噪声调查的概要：噪声对周边的影响会因噪声的大小及距离现场的距离、生活时间段等周边状况而不同。因此，施工时要掌握处理机、机械设备等发出的噪声大小，并对影响的程度进行预测，结合实际情况作出对策，如铺设可减少影响的隔声板等。

②噪声调查案例：通过 CDM 船实施的施工时噪声和噪声源的距离如图 7-78 所示。噪声发生源为 4 台发电机与油压机。

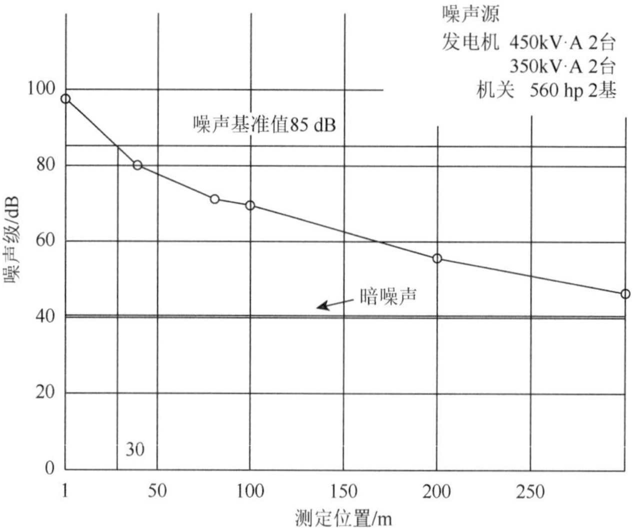

图 7-78　噪声和噪声源的距离

注：1 hp = 745.700 W

离开噪声源约 30 m 以上，噪声级低于基准值的 85 dB 可以认为本工法是噪声较小的工法。

2）振动调查

海上施工时，施工场所有时会远离一般的办公场所、居民区等，不会有振动的问题发生，故至今为止没有实施过这项调查的案例。但是，认为振动会造成影响时，也必须实施振动调查。

7.4.3　室内配比试验

进行 CDM 工法的设计、施工时，为了满足改良体所要求的品质及机能，必须事先实施室内配比试验，然后决定稳定材料的种类及添加量。

影响 CDM 工法稳定处理土的特性因素一般认为有对象土的特性（自然含水率、液性界限、pH、有机物含有量、粒度组成、黏土矿物等）、使用的稳定材料的种类及添加量、混合程度、养护条件等，因其影响复杂，原位置强度难以用室内配比试验直接求得。

但是，在考察了影响改良效果的各个要素及以往施工实绩的基础上，实施室内配比试验可推定原位置强度。实施室内配比试验的目的是为了决定现场试验工程、正式工程中稳定材料的种类及添加量，并推测原位置强度。

7.4.3.1 试验方法

①室内配比试验必须按照已决定的步骤实施。

②室内配比试验的方法及步骤必须考虑施工条件、设计条件、土质条件后再决定。

③用于室内配比试验的试料土必须采集足够的量并恰当保存。另外，用于试验的试料土为了掌握土质工学性质，应实施恰当的土质试验（物理试验、化学试验）。

④室内配比试验方法一般可按照相关行业规范内容。

⑤改良效果主要以相关行业规范中规定的单轴压缩试验的结果来判定。

⑥必须实施稳定处理土的六价铬溶出试验，确认六价铬的溶出量在基准值之内。

（1）室内配比试验的步骤

室内配比试验流程图如图 7-79 所示。

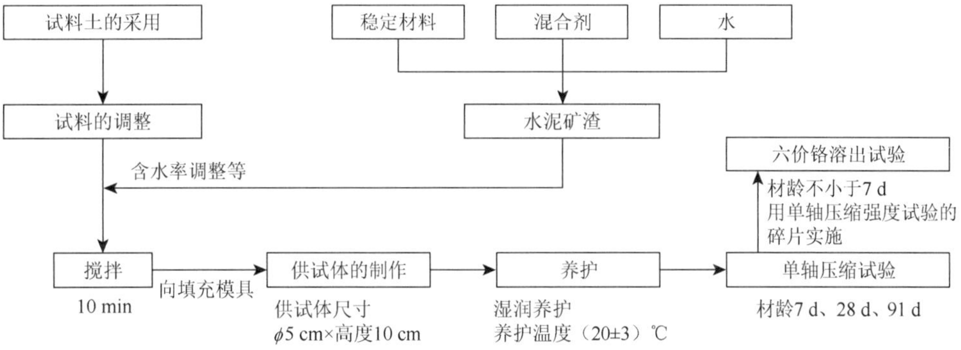

图 7-79　室内配比试验流程图

另外，海上工程中，在相对较长的一段时期后，有受到设计荷载的构造物，使用这样的构造物时要考虑经济性，并且有时以龄期 91 d 时的单轴压缩强度为基准。

（2）室内配比试验的规格

室内配比试验的规格如表 7-18 所示。配比试验的规格及数量，要考虑表中这些参数后再决定。

表 7-18　室内配比试验的规格

项目		做法		案例数量
		标准	决定	
使用材料	稳定材料的种类	普通硅酸盐水泥 高炉水泥（B 种） 水泥类固化材料		
	搅拌水的种类	海水、自来水		
	混合剂	有、无		
配比	水灰比(W/C)/%	60～100		
	稳定材料添加量/(kg/m^3)	80～200		
龄期/d		7、28、91		

（参考）

• 每 1 配比、1 龄期制作 3 个试件，进行单轴压缩试验。

• 利用ϕ5 cm×高 10 cm 的模型时，每个模型必需的试料量如下。

0.196 L×单位体积重量×调整系数 1.5≈500 g（0.3 L）

搅拌水应用当地的使用水来做试验，但在难以获取时也可使用自来水。室内配比试验的混合剂除了有特殊原因，其他可不使用。水灰比必须在考虑原位置上的改良对象土的强度特性及施工可行性后再决定，但一般 $W/C = 60\%$。

（3）试料土的采集、保存

用于室内配比试验的试料土的处理方法如下。

1）试料土的采集量

为了单轴压缩试验制作试验体时，1 根模具（$\phi 5$ cm，$H = 10$ cm）需要约 500 g 的试料。

试验体数量会因试验计划中的稳定材料的种类、添加量、养护期（龄期）、有无混合剂等有所不同，但龄期在 7 d 与 28 d 时，每 1 龄期的试验体数一般为 3 根。另外，稳定材料的添加量水平在根据增减添加量以掌握强度发现倾向时，一般应该在 3 水平以上。

综上所述，对 1 种土质的试验体数，如为每 1 种稳定材料 3 水平×2 龄期×3 根 = 18 个试验体，试料量必须要有约 9 kg。但是，考虑为了求得试料性状（含水率、湿润密度、强热减量、pH 等）的土质试验及追加试验等，必须要有充足的采集量。

用一般的固定活塞式薄壁土壤采样器采集试料时，每 1 根采样器的采取土量为 $V = (7.5^2 \pi)/4 \times 80$ cm 左右 $= 3.5\,l$，重量约 5 kg。综上所述，采样器的根数建议为每 1 种 2 根左右。

2）试料土的采取、保存

必须从代表改良对象范围内地基的各土层中采取足够量的试料土。采集的试料土在试验实施前必须恰当保存，保证其物理、化学特性不发生变化。另外，设定代表改良对象地基的土层一般基于事先土质调查资料（假想土层断面图、物理试验结果等），对黏性土、砂质土、有机质土等进行区分。对象地基混层时，要着重于强度软弱层（高含水率土、有机质土），设定添加量，或将改良对象土层分 2～3 土层（1 土层厚度 3 m 以上）进行设定。

另外，即使是同一土层，在层厚较厚时，有时因上层与下层的强度不同，必须要着重区分含水率及粒度等。

3）试料土的试验项目

用于试验的试料除了含水率试验、强热减量试验等室内配比试验所必需的土质试验（物理试验、化学试验）之外，结合需求，应实施为了掌握软弱土层的土质工学性质的各种试验。

（4）试验体的制作方法

制作用于室内配比试验的试验体应符合相关行业规范。

1）调整试料土与准备稳定材料

室内配比试验用采集到的原地基的自然含水率实施。试料在试验实施前必须恰当保存，保证其含水率不发生变化。稳定材料原则上要使用当地实际使用的材料。使用水泥浆时，与稳定材料相同，准备时要注意搅拌水与混合材料的品质。另外，搅拌水应使用当地采集到的水。

2）混合

试料土与水泥浆及混合剂混合时，用土壤搅拌机混合 10 min。用铲子等翻动混合土以充分混合。搅拌机搅拌如图 7-80 所示。

3）填充入模具

混合了的试料土分三层直接填充入轻量模具或灰浆用分离模具中。为了保证试料土中不残留有气泡，在保证不通气的前提下施加振动或冲击。流动性低且振动及冲击没有效果时，利用长棍等进行填充。图 7-81 是模型填充情况。

图 7-80 搅拌机搅拌

图 7-81 模型填充情况

4）养护

模具内填充的试料土为了确保没有水分进出，直到实施力学试验为止，在湿润状态且在（20±3）℃的一定温度下进行养护。

（5）判定改良效果

判定改良效果主要通过单轴压缩试验。单轴压缩试验使用相关行业规范中所规定的方法。单轴压缩试验设备如图 7-82 所示。其他判定方法要结合目的，有时会实施以下试验。

①压密试验；

②弯曲、抗拉、割裂试验；

③三轴压缩试验；

④透水度试验。

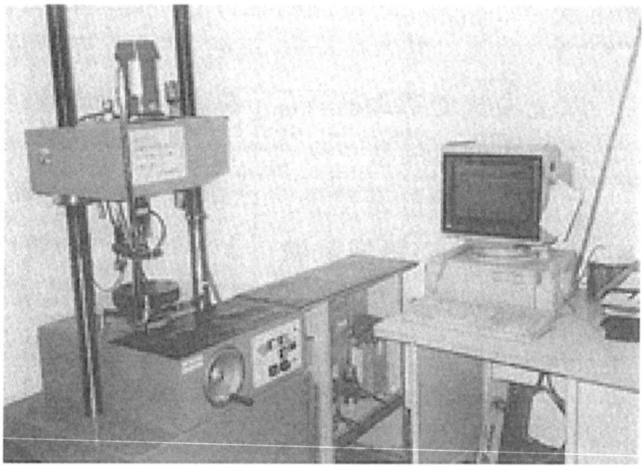

图 7-82　单轴压缩试验设备

（6）六价铬溶出试验

在相关规范中，对于施工，规定了在使用水泥基水泥类固化材料改良地基时，要通过当地土壤与预计使用的固化材料，实施稳定处理土六价铬溶出试验。其中，水泥及水泥类固化材料是指含有水泥成分的固化材料，包括添加了添加剂的普通硅酸盐水泥、高炉水泥、水泥类固化材料、石灰类固化材料。

相关规范中也将 CDM 工法指定为溶出试验对象工法，设计配比时要实施六价铬溶出试验，必须确认所定配比的六价铬溶出量要低于土壤环境基准（0.05 mg / L）。六价铬溶出试验方法要基于相关规范。

1）溶出试验用试料

用于六价铬溶出试验的试料从室内配比试验时的单轴压缩试验（7 d 左右）实施后的试验体中使用 400～500 g 的试料。

2）环境厅告示 46 号溶出试验

打碎稳定处理土块，6 h 连续激烈振荡 2 mm 以下的试料后，根据相关规范的规定，进行六价铬溶出试验。

3）试验个数

在配比设计中的室内配比试验中，深度方向的各土层或每个土质中可得添加量与深度的关系。但是，由于现场添加量是内插或外插求得的，故如图 7-83 所示，室内配比试验的添加量（配比 A、B、C）与现场添加量（对应目标强度的添加量）并不一定相一致。因此，从室内配比试验中的试验体中，选出离现场添加量最相近添加量的试验体，在各土层或土质中实施溶出试验。

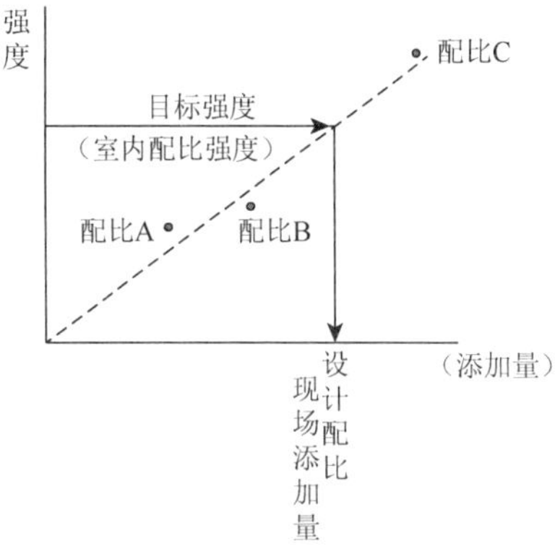

图 7-83　配比设计例子

4）试验结果

根据相关规范，在配比设计阶段，在地基改良上使用六价铬溶出量不超过土壤环境基准（0.05 mg / L）的水泥及水泥类固化材料时，不需要实施施工后的确认试验及储罐溶出试验（但火山灰质黏性土除外）。

在配比设计阶段实施的六价铬溶出试验的结果超过土壤环境基准时，必须将配比设计变更为适用六价铬溶出较少的固化材料等。近年来，作为六价铬溶出较少的固化材料，经常使用高炉水泥（B 种）。

7.4.3.2　设计压缩强度与室内强度的关系

改良体的设计压缩强度要基于室内配比试验中的单轴压缩强度（室内强度），并要在考虑施工机械的种类及现场改良体品质的偏差后再设定。

根据“7.3.3 稳定处理土”，CDM 工法中的改良土设计压缩强度按照以下步骤设定。

现场稳定处理土的单轴压缩强度 q_{uf} 的平均值 $\overline{q}_{uf}$ 与设计基准强度的特征值 q_{uc_k} 可根据式（7-1）相关联。

总结上述关系可得式（7-35）。

$$\begin{aligned} f_{c_d} &= \alpha\beta q_{uc_d} = \alpha\beta\gamma_{q_{uc}} q_{uc_k} = \alpha\beta\gamma_{q_{uc}}\overline{q}_{uf}(1-KV/100) \\ &= \alpha\beta\gamma_{q_{uc}}\overline{q}_{ul}\lambda(1-KV/100) \end{aligned} \tag{7-35}$$

由式（7-35）将 $\overline{q}_{ul}$ 设定为室内目标强度，实施室内配比试验后决定稳定材料的种类及添加量。

另外，式（7-35）中所用的 α、β、λ 的值可参考表 7-19 中的数值。

表 7-19　各系数的目标值（海上施工的情况）

系数	目标值	
断面有效系数 α	$\alpha\beta$≒0.8	α 可由式（7-36）计算，但对于 CDM 工法的叠合部位宽度大于 30 cm 且断面有效系数 α 约 0.8 以上的情况，可根据 CDM 工法的施工业绩确定为 $\alpha\beta$≒0.8。
叠合部可靠度指标 β		
现场/室内强度比 λ	4 轴、8 轴（中型船、大型船）	0.8～1.0
	2 轴（小型船）	0.5～1.0

【关于断面有效系数 α】（参考）
使用有多个搅拌叶片的 CDM 船进行处理的改良体，如下图所示，其断面由几个圆柱组成（4 轴改良机的情况）。其中，若设改良桩的有效宽度为 D_x、接合面宽度为 l、搅拌叶片的接合面轴数为 N，则断面有效系数 α 可由式（7-36）求得。

续表

系数	目标值

$$\alpha = \frac{N \cdot l_x}{D_x} = \frac{N \cdot \sqrt{R^2 - D_y^2}}{D_x} = \frac{N \cdot \sqrt{2Rd_y - d_y^2}}{(N-1)D_{xm} + R - d_x} \tag{7-36}$$

式中，　α——断面有效系数；
　　N——搅拌叶片的轴数（接合面）；
　　l_x——x 轴方向的接合面长度（m）；
　　D_x——x 轴方向的有效宽度（m）；
　　R——搅拌叶片的直径（m）；
　　D_y——y 轴方向搅拌叶片的间隔（交叠各处）（m）；
　　d_x——x 轴的叠合宽度（m）；
　　d_y——y 轴的叠合宽度（m）；
　　D_{xm}——x 轴方向搅拌叶片的间隔（m）。

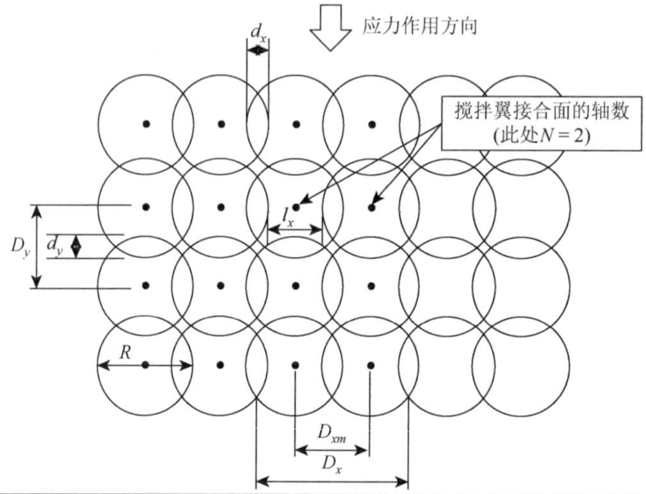

7.4.4　材料

材料要使用品质稳定的材料，且要充分注意使用方法。

稳定材料的种类及添加量、混合剂、水泥比等要在考虑室内配比试验的结果及施工可行性后再决定。

7.4.4.1　稳定材料

①一般使用普通硅酸盐水泥或高炉水泥。普通硅酸盐水泥必须符合相关行业规范，高炉水泥则必须符合相关行业规范。

②对于有机物较多的土，除了①的水泥外，可使用水泥类固化材料。

③使用缓凝水泥是为了延长改良桩的交叠时间。

（1）稳定材料的种类与 JIS 规格

普通硅酸盐水泥、高炉水泥、硅石水泥和粉煤灰水泥的 JIS 规格见表 7-20。普通硅酸盐水泥、高炉水泥和粉煤灰水泥的化学解析结果见表 7-21，物理试验结果及水化热试验结果见表 7-22。

表 7-20 硅酸盐水泥及混合水泥的 JIS 规格

项目		JIS R 5210-2003						JIS R 5211-2003			JIS R 5212-1997			JIS R 5213-1997		
	种别	硅酸盐水泥						高炉水泥			硅石水泥			粉煤灰水泥		
	种类	普通	早强	超早强	中庸热	低热	耐硫酸盐	A 种	B 种	C 种	A 种	B 种	C 种	A 种	B 种	C 种
比表面积/(cm^2/g)		≥2500	≥3300	≥4000	≥2500	≥2500	≥2500	≥3000	≥3000	≥3000	≥3000	≥3000	≥3000	≥2500	≥2500	≥2500
凝结	开始/min	≥60	≥45	≥45	≥60	≥60	≥60	≥60	≥60	≥60	≥60	≥60	≥60	≥60	≥60	≥60
	结束/h	≤10	≤10	≤10	≤10	≤10	≤10	≤10	≤10	≤10	≤10	≤10	≤10	≤10	≤10	≤10
稳定性（捏团工法）		良	良	良	良	良	良	良	良	良	良	良	良	良	良	良
压缩强度/(N/mm^2)	1 d	—	≥10.0	≥20.0	—	—	—	—	—	—	—	—	—	—	—	—
	3 d	≥12.5	≥20.0	≥30.0	≥7.5	—	≥10.0	≥12.5	≥10.0	≥7.5	≥12.5	≥10.0	≥7.5	≥12.5	≥10.0	≥7.5
	7 d	≥22.5	≥32.5	≥40.0	≥15.0	≥7.5	≥20.0	≥22.5	≥17.5	≥15.0	≥22.5	≥17.5	≥15.0	≥22.5	≥17.5	≥15.0
	28 d	≥42.5	≥47.5	≥50.0	≥32.5	≥22.5	≥40.0	≥42.5	≥42.5	≥40.0	≥42.5	≥37.5	≥32.5	≥42.5	≥37.5	≥32.5
	91 d	—	—	—	—	≥42.5	—	—	—	—	—	—	—	—	—	—
水化热/(J/g)	7 d	—	—	—	≤290	≤250	—	—	—	—	—	—	—	—	—	—
	28 d	—	—	—	≤340	≤290	—	—	—	—	—	—	—	—	—	—
氧化镁/%		≤5.0	≤5.0	≤5.0	≤5.0	≤5.0	≤5.0	≤5.0	≤6.0	≤6.0	≤5.0	≤5.0	≤5.0	≤5.0	≤5.0	≤5.0
三酸化硫黄/%		≤3.0	≤3.5	≤4.5	≤3.0	≤3.5	≤3.0	≤3.5	≤4.0	≤4.5	≤3.0	≤3.0	≤3.0	≤3.0	≤3.0	≤3.0
强热减量/%		≤3.0	≤3.0	≤3.0	≤3.0	≤3.0	≤3.0	≤3.0	≤3.0	≤3.0	≤3.0	—	—	≤3.0	—	—
全碱/%		≤0.75	≤0.75	≤0.75	≤0.75	≤0.75	≤0.75	—	—	—	—	—	—	—	—	—
氯离子/%		≤0.035	≤0.02	≤0.02	≤0.02	≤0.02	≤0.02	—	—	—	—	—	—	—	—	—
硅酸三钙/%		—	—	—	≤50	—	—	—	—	—	—	—	—	—	—	—
硅酸二钙/%		—	—	—	—	≥40	—	—	—	—	—	—	—	—	—	—
氧化铝酸三钙/%		—	—	—	≤8	≤6	≤4	—	—	—	—	—	—	—	—	—
混合材料的含量/%（质量分数）		≤5	≤5	≤5	≤5	≤5	≤5	5～30	30～60	60～70	5～10	10～20	20～30	5～10	10～20	20～30

注：低碱型的硅酸盐水泥需要在以上规格的基础上加上全碱 0.6%以下的规格。

另外，全碱（%）可根据化学解析的结果，由下式计算，精确到小数点后一位。

$$Na_2O_{eq} = Na_2O + 0.658K_2O$$

式中，Na_2O_{eq}——硅酸盐水泥中的全碱含有率（%）；

Na_2O——硅酸盐水泥中的氧化钠含有率（%）；

K_2O——硅酸盐水泥中的氧化钾含有率（%）。

表 7-21　各种水泥的化学解析结果

水泥种类		不溶解性/%	灼烧减量/%	SiO_2/%	Al_2O_2/%	Fe_2O_3/%	CaO/%	MgO/%	SO_2/%	Na_2O/%	K_2O/%	TiO_2/%	P_2O_5/%	NnO/%	Cl/%
硅酸盐水泥	普通	1.1	0.2	21.3	5.1	2.9	64.2	1.5	2.0	0.30	0.50	0.30	0.13	0.11	0.006
	早强	1.1	0.1	20.4	4.7	2.7	65.2	1.4	3.0	0.27	0.46	0.26	0.11	0.09	0.005
	中庸热	0.6	0.1	23.8	3.7	3.9	63.8	1.1	1.9	0.26	0.32	0.18	0.06	0.08	0.002
	低热	0.7	0.1	25.4	3.5	3.5	62.5	1.1	2.2	0.22	0.38	—	—	—	0.004
高炉水泥	B 种	1.2	0.2	25.9	8.5	1.9	54.8	3.7	1.9	0.26	0.41	0.58	0.08	0.19	0.005
粉煤灰水泥	B 种	1.0	11.6	19.6	5.0	2.7	55.1	1.7	1.9	0.26	0.39	0.33	0.11	0.09	0.005

表 7-22　各种水泥的物理试验结果及水化热试验结果

水泥种类		密度/(g/cm^3)	粉末度		凝结			压缩强度/(N/mm^2)					水化热/(J/g)	
			比表面积/(cm^3/g)	90 μm残分/%	水量/%	开始(h-min)	终止(h-min)	1 d	3 d	7 d	28 d	91 d	7 d	28 d
硅酸盐水泥	普通	3.15	3380	0.5	28.1	2-21	3-11	—	28.7	43.5	60.8	68.6	—	—
	早强	3.13	4580	0.1	30.5	2-05	2-52	26.8	45.1	54.3	64.3	—	—	—
	中庸热	3.22	3200	0.5	28.1	4-07	5-22	—	20.0	28.9	50.6	65.8	257	313
	低热	3.22	3248	—	26.6	3-28	5-05	—	11.6	17.0	40.5	71.8	196	258
高炉水泥	B 种	3.04	3990	0.3	29.5	2-54	3-51	—	19.8	32.5	57.1	74.1	—	—
粉煤灰水泥	B 种	2.97	3430	1.0	28.1	3-09	4-04	—	23.5	36.4	53.1	69.9	—	—

（2）水泥类固化材料

对于有机物较多的土，普通硅酸盐水泥或高炉水泥（B 种）一般改良效果较小，这时可使用水泥类固化材料。

（3）缓凝水泥

在实施改良桩的交叠时，认为之前施工的桩（交叠桩）开始硬化，处理机贯入抵抗力增大，交叠施工无法顺利进行或大深度施工中，可选用缓凝水泥。

缓凝水泥以有潜在水硬性的高炉水碎矿渣为主材，混入为了发现其水化反应的碱性刺激剂。碱性刺激剂的种类很多，改变其种类与量，可一定程度地控制水合速度。

使用缓凝水泥的改良地基的强度发现会因对象黏性土的黏土矿物的种类而不同，要根据事先的室内配比试验及现场试验施工，以决定缓凝水泥的种类与添加量。

7.4.4.2　混合剂

混合剂是为了防止水泥粒分离、凝结而与稳定材料一同使用的，故一般使用符合相关行业规范的 AE 减水剂缓凝类。

混合剂一般多用于被制造水泥浆的处理机吐出为止，为了保持良好的形状，防止水泥粒分离、凝结。一般使用 AE 减水剂缓凝类。

表 7-23 是 AE 减水剂缓凝类的种类。使用其他制品时，必须根据事先的配比试验，在确认形状的基础上，再决定添加量。

表 7-23　AE 减水剂缓凝类的种类

品名	主要成分	添加量（对水泥）	备注
MasterPozzolith No.8 Rheosoil 300 K Rheosoil 330	木质素磺酸化合物 含氧羧酸化合物 含氧羧酸盐和多元醇复合体	0.25%～0.5% 0.35%～1.0% 0.1%～10%	AE 减水剂缓凝类 水泥土混合料用 水泥土混合料用 超延迟型
Flowric RG200 Geolitar DM Geolitar 10	含氧羧酸盐 含氧羧酸盐 含氧羧酸盐	0.4%～0.8% 0.2%～5.0% 1.0%～7.0%	AE 减水剂缓凝类 AE 减水剂缓凝类 水泥土混合料用超延迟型

7.4.4.3　搅拌水

搅拌水可使用海水或可在现场获得的水。

已确认搅拌水不论使用海水、自来水（淡水）的任何一种都不会对强度产生影响。混合水与室内改良土的单轴压缩强度的关系见表 7-24，改良土的强度见图 7-84。

表 7-24　混合水与室内改良土的单轴压缩强度的关系

初期含水率 w_i/%	稳定材料添加率 a_w/%	龄期/d	单轴压缩强度 q_{ul}/(kN/m^2)	
			自来水	海水
79.9	13.1	7	2400	2640
		28	3500	3700
85.1	13.1	7	2080	2090
		28	3090	2980

海上工程中一般多使用海水，但为了尽量不吸入不纯物，在距离海面数米下的位置设置吸水口，且要防止吸水时吸入海底面的浮泥。

7.4.4.4　水灰比

水泥浆的水灰比必须在考虑改良体的目标强度及施工可行性后再决定。

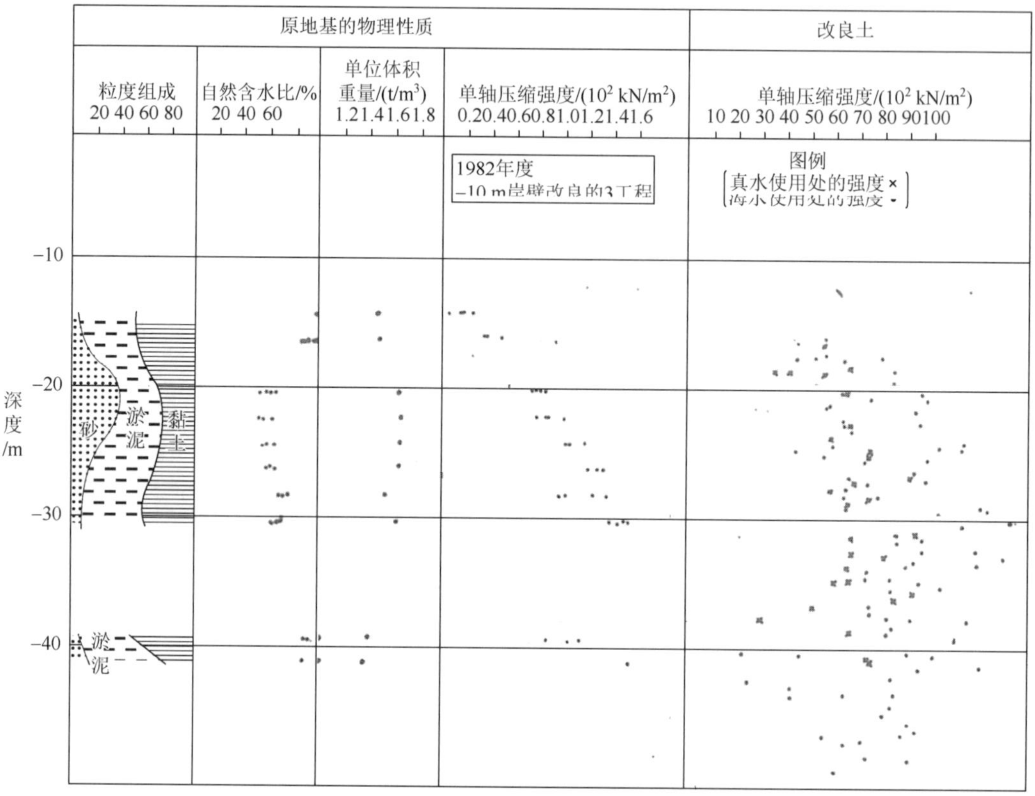

图 7-84　改良土的强度

水泥浆的水灰比（W/C）必须在改良体的目标强度的基础上，考虑了贯入能力与混合的均一性等施工性后再决定。

一般来说，W/C 较低对早凝有利。但是，贯入能力等施工可行性上，W/C 较高时有利，为了降低黏性较高的地基中贯入时的抵抗力，提高搅拌效率，必须增加水泥浆的量。

W/C 一般为 60%～100%，但考虑对象地基的强度、含水率及处理机的浆吐出量，应结合对象工程决定水灰比。案例如下。

4.6 m^2、5.7 m^2 矿渣的中、大型船对象工程中，一般以 W/C 为 60%～70%进行施工，但也有根据需求，以 W/C 为 80%～100%进行施工的案例。例如，在东京湾横断道路工程中，原位置上以单轴压缩强度 $q_u = 1000\ kN/m^2$ 左右进行了低强度改良，故以稳定材料添加量 $\alpha = 70\ kg/m^3$，$W/C = 100\%$ 进行施工。

在使用 2.2 m^2 矿渣的小型船的工程中，在 $W/C = 60\%～100\%$ 的范围内，结合施工条件，设定水灰比进行施工。

7.4.4.5　稳定材料添加量的决定方法

稳定材料添加量必须根据室内配比试验所得到的稳定材料添加量与单轴压缩强度的关系恰当地设定。另外，必须考虑能确保现场均一改良体的品质的最低添加量后再决定。

决定稳定材料添加量要根据基于“7.4.3.1 试验方法”的室内配比试验所得到的稳定材料添加量与单轴压缩强度的关系基础上，考虑能确保灌浆泵的吐出能力及混合的均一性的最低添加量，然后进行设定。

水泥浆的最低添加量由灌浆泵的能力及搅拌效率所决定。一般专用船上装备的灌浆泵，在浆吐出量低于 90l/min 时就难以添加水泥浆。这一最低添加量会被水灰比（W/C）所左右，但 $W/C=60\%$ 时，稳定材料的最低添加量为 $a_c \geqslant 100\ \mathrm{kg/m^3}$（$100/3.14+100\times 0.6=92\ l/\mathrm{min}$）。

另外，如果稳定材料添加量变得太少（$a_c \leqslant 70\ \mathrm{kg/m^3}$），搅拌效果将下降，难以形成均一的改良体。稳定材料添加量的决定方法如下。

（1）室内配比试验

基于表 7-25 所示的室内配比试验规格进行室内配比试验。对应试验的试验次数为 1×1×1×1×3 = 3 种。

表 7-25　室内配比试验示例

项目		做法	案例数
使用材料	稳定材料的种类	高炉渣 B 种	1
	搅拌水的种类	海水	1
	混合剂的种类	无	1
配比	水灰比/%	60	1
	稳定材料添加量/(kg/m^3)	100、150/200	3
龄期/d		7 d、28 d、(91 d)	—

（2）设计基准强度与室内配比强度的关系

稳定材料添加量要决定为现场强度平均值能满足改良体的设计基准强度的值。

稳定材料添加量根据图 7-85 的流程来决定。

根据上述，决定稳定材料添加量的流程图可整理为以下的关系。

$$q_{uc_k}=(1-KV/100)\lambda\overline{q}_{ul} \tag{7-37}$$

其中，$(1-KV/100)$ 的值一般为

$$(1-KV/100)=(1-1.0\times 33/100)=2/3$$

因可变换，故根据设计基准强度 q_{uc_k} 与室内配比试验的稳定处理土的平均值 $\overline{q}_{ul}$ 的关系可表示为

$$q_{uc_k}=2/3\lambda\overline{q}_{ul}\text{（参考“7.4.3.2 设计压缩强度与室内强度的关系”）} \tag{7-38}$$

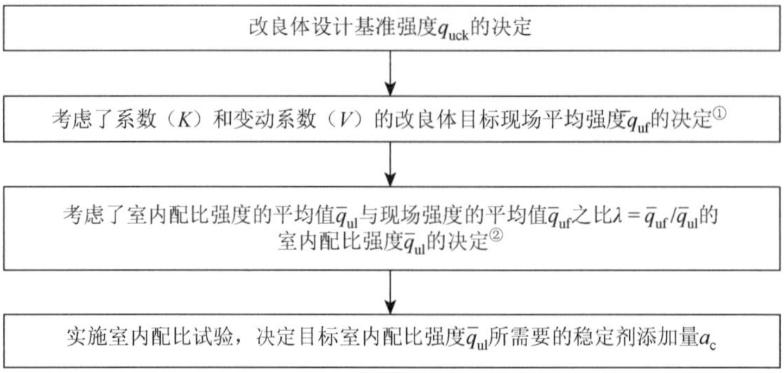

图 7-85　稳定材料添加量的确定流程

注：①K 表示正态分布偏差（标准偏差 σ 对应的倍率）的系数（一般可取 $K=1.0$）；V 表示现场稳定处理土的单轴压缩强度 q_{uf} 的变化系数（一般可取 $V=33\%$）。

②由过去的经验，可取海上工程的标准为 $\lambda=0.8\sim1.0$（大型船），$\lambda=0.5\sim1.0$（小型船）

（3）稳定剂添加量与单轴压缩强度的关系

基于室内配比试验规格，实施了 3 种（100kg/m^3、150kg/m^3、200 kg/m^3）稳定材料添加量所对应的单轴压缩强度，稳定材料添加量和单轴压缩强度的关系如图 7-86 所示。

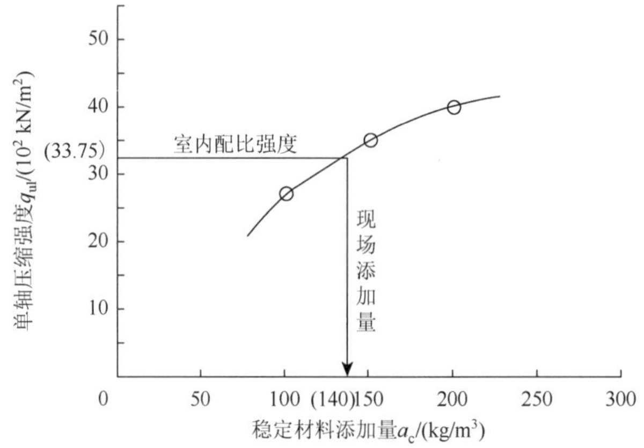

图 7-86　稳定材料添加量和单轴压缩强度的关系

（4）决定稳定材料添加量

对应工程为大型船时，由设计基准强度与室内配比强度的关系：

$$q_{uc_k}=(1-KV/100)\lambda\overline{q}_{ul}=2/3\times1.0\times\overline{q}_{ul}=2/3\overline{q}_{ul}$$

假设设计基准强度为 $q_{uc_k}=2250\,\text{kN}/\text{m}^2$，室内配比强度为

$$\overline{q}_{ul}=3/2\times q_{uc_k}=3/2\times2250=3375\,\text{kN}/\text{m}^2$$

稳定材料添加量根据图 7-87 中所示的室内配比试验，作为相当于 $\bar{q}_{ul} = 3375\ \mathrm{kN/m^2}$ 的稳定材料添加量，可得 $a_c = 140\ \mathrm{kg/m^3}$。这一稳定材料添加量因也满足最低添加量，$a_c = 140\ \mathrm{kg/m^3}$。

7.4.5 深层混合处理工

7.4.5.1 选定 CDM 船

（1）专用船

选定 CDM 船应根据相关行业规范选定。图 7-87 是 CDM 船规格的选定流程。

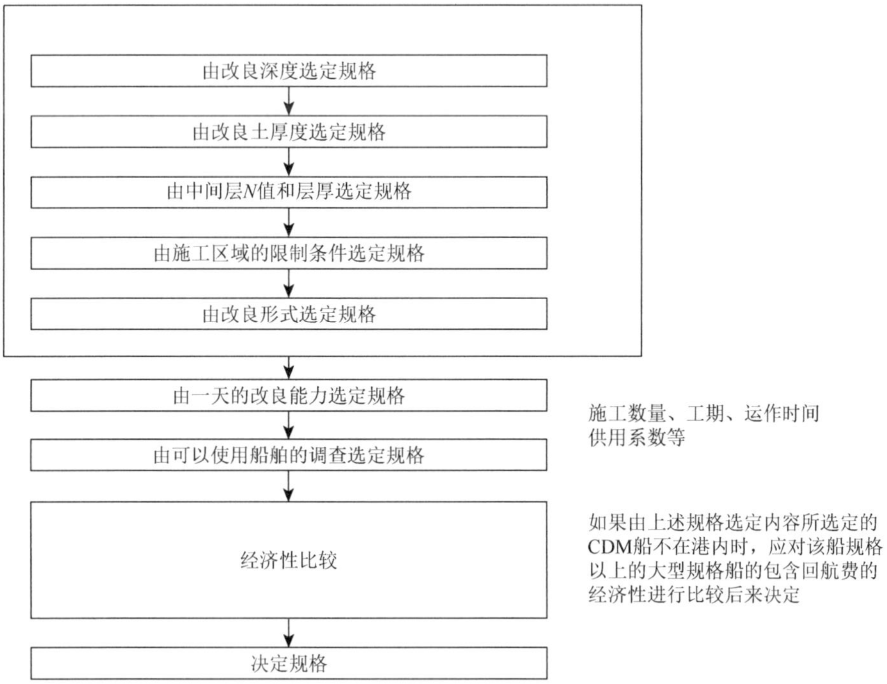

图 7-87 CDM 船规格的选定流程

①根据改良深度、改良土厚、中间层的 N 值选定规格（表 7-26）。

②根据改良区域的限制条件选定规格：CDM 船中处理机的位置布设有中央井方式与前方井方式。中央井方式几乎将处理机配置于台船的正中央，故稳定性较好；前方井方式将处理机配置于台船的前端部，故在靠近护岸及岸壁等既有构造物施工时有利。

表 7-26　CDM 船的改良深度、改良可能的土层厚度及中间层的 *N* 值和层厚

CDM 船规格	以 H. W. L 为基面的最大改良深度	改良可能的土层厚度	中间层的 *N* 值和层厚			
			黏性土		砂质土	
			N 值范围	每层的层厚	*N* 值范围	每层的层厚
$2.2\ m^2$ 级	30 m 以内	20 m 以内	6 以内	2.0 m 以内	10 以内	2.0 m 以内
			8 左右	1.0 m 以内	15 左右	1.0 m 以内
$4.6\ m^2$ 级	40 m 以内	30 m 以内	8 左右	3.0 m 以内	15 左右	3.0 m 以内
$5.7\ m^2$ 级	65 m 以内	40 m 以内	8 左右	4.0 m 以内	15 左右	4.0 m 以内

注：1. 标准施工范围中间层土质的 *N* 值和层厚的关系与上述相同。
2. *N* 值和层厚的差别都较大，以及砂砾成分较多时，需要使用其他的辅助工法。

（2）陆上机搭载型台船

人工岛及一般的港湾、渔港使用 CDM 工法时，可使用表 7-27 的专用船施工。但是当河口、河川、内水面等水域专用船无法直接进入时，有时会在台船（起重机船）上搭载陆上机械施工。这时，要对施工条件（改良形式、改良长度、改良断面、安全性、机械的稳定性）进行恰当的事先研讨，以保证能形成所定的改良桩。

陆上机械搭载型台船示意图如图 7-88 所示，将陆上机械、打浆装置搭载在台船（起重机船）上。决定打设位置由起重机和锚进行。另外，选定规格时，有时需要能足够抵御水面波浪导致的摇晃、风导致受到引导的风压等的加固对策。另外，为了施工中潮位变化带来的水位补正，要使用潮位管理装置进行施工。机械设备参数及简图见表 7-28。

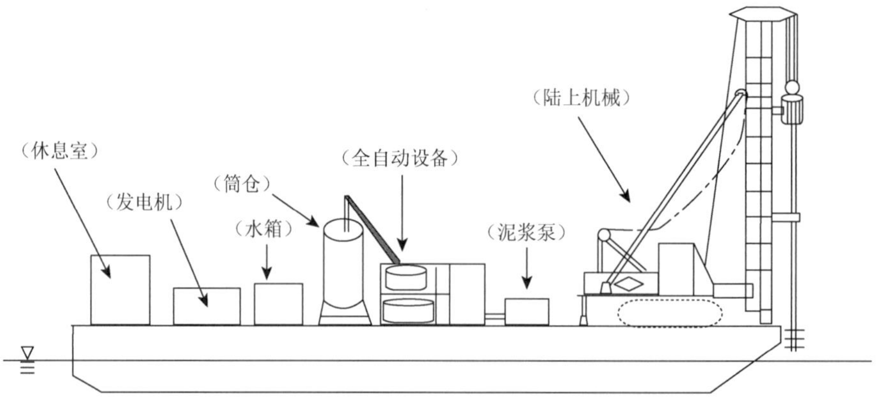

图 7-88　陆上机械搭载型台船示意图

表 7-27　CDM 船主要项目一览表

等级	船名	船体规格：长/m	船体规格：宽/m	船体规格：深/m	船体规格：吃水/m	船体规格：塔高/m	船体规格：改良面积/m^2	处理机：改良深度(水面下/海底面下)/m	处理机：处理能力/(m^3/h)	处理机：处理机位置 C：中央/F：前	处理机：驱动方法 电动/油压	处理机：重量/t	处理机：扭矩/(kg·m)
5.7 m^2 级※$_2$	DCCM 7 号船	63.0	30.0	4.5	3.2	73.3	5.74	−70 / 50	80～150	C	油压	410	4000
	POCM 2 号船	48.0	30.5	4.1	3.3	61.0	5.75	−69 / 46	90 以上	C	油压	359	4100
	DCM 3 号船	47.5	28.0	4.5	3.0	61.0	5.74	−70.5 / 52.6	90 以上	C	电动	390	4000
	DCCM 5 号船	60.0	27.0	4.0	2.7	68.3	6.91	−60 / —	80～150	F	电动	270	7000
	黄鹤	70.0	32.0	4.5	2.65	61.0	5.47	−52 / —	90 以上	F	电动	275	7500
4.6 m^2 级※$_3$	DCM 6 号船	56.0	26.0	4.2	2.2	57.4	4.74	−53 / 38	50～70	F	电动	220	5195
	DCM 8 号船	48.0	22.5	3.5	1.5	50.5 ※$_1$（30.0）	4.05	−41 / —	50	F	电动	82	2200
	CMC 7 号船	67.0	30.0	4.0	2.0	70.0	4.63	−55 / —	50～70	F	电动	120	7600
	POCM 11 号船	50.0	26.4	3.6	2.5	53.5	4.65	−40 / 36	50～70	F	油压	149	3300
	POCM 12 号船	60.0	30.0	4.0	2.5	61.3	4.65	−52 / 45	62～70	F	电动	220	4250
	DCCM 8 号船	55.6	24.0	4.3	2.85	67.3	4.68	−53 / —	50～70	F	电动	150	4000
2.2 m^2 级※$_4$	POCM 8 号船	38.0	16.8	2.3	1.4	40.2	2.23	−29 / —	30～50	F	电动	58	3000
	CMC 3 号船	40.0	18.0	3.5	2.3	45.0	2.20	−40 / —	45 以下	F	电动	21	1440
	CMC 5 号船	40.0	18.0	3.5	2.3	45.0	2.20	−35 / —	45 以下	F	电动	21	1440
	DCM S-5 号船	35.0	12.0	2.2	1.3	38.0	2.23	−30 / —	15～25	F	电动	10.8	3040
	DCM S-7 号船	36.0	15.0	2.5	1.4	38.6	2.23	−30 / —	30 以下	F	电动	12.5	4530

注：※$_1$ 橹倾动时塔高；※$_2$ 5.7 m^2 级（大型船）；※$_3$ 4.6 m^2 级（中型船）；※$_4$ 2.2 m^2 级（小型船）。

表 7-28　机械设备参数及简图

	机械设备				备注	形式、连装（单位：mm）
全装备发动机功率/kw	水泥筒仓/(t×台)	搅拌机/(m^3×台)	搅拌器/(m^3×台)	灌浆泵/(l/min×台)		
3640	400×4	3.5×2	1.80×1	250×8		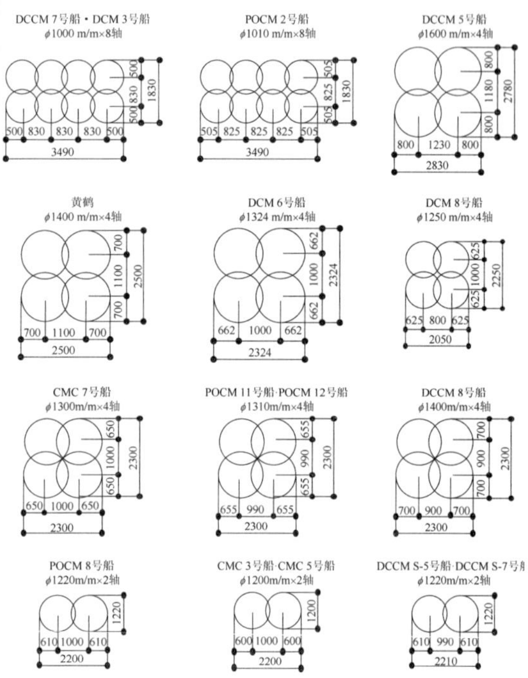
3690	250×4	3.5×1	9.0×1	150×12		
4390	200×2	2.0×2	20.0×1	250×8		
3240	300×4	3.5×1	9.0×1	250×8		
4590	300×4	3.0×2	13.0×1	440×8		
2253	150×2	2.0×2	20.0×1	440×8		
1148	150×2	2.0×1	5.0×1	350×4		
2430	150×2	2.0×2	6.0×1	600×4		
2550	150×2	2.0×1	5.0×1	200×4 450×2		
3200	200×2	2.5×1	7.0×1	350×8		
2350	150×2	2.0×1	6.0×1	250×8		
950	120×1	2.2×1	6.0×1	250×2		
760	50×1	1.5×1	3.0×1	600×2		
760	52×2	2.5×1	4.0×1	600×2		
609	50×1	2.2×2	3.0×1	445×2		
896	100×1	1.8×1	2.2×1	440×2		

各类 CDM 船照片见图 7-89～图 7-104。

图 7-89　DCCM 7 号船（5.74 m^2）

图 7-90　DCM 3 号船（5.74 m^2）

图 7-91　POCM 2 号船（5.75 m^2）

图 7-92　DCCM 5 号船（6.91 m^2）

图 7-93　黄鹤（5.47 m^2）

图 7-94　DCM 6 号船（4.74 m^2）

图 7-95　DCM 8 号船（4.05 m^2）

图 7-96　CMC 7 号船（4.63 m^2）

图 7-97　POCM 11 号船（4.65 m^2）

图 7-98　POCM 12 号船（4.65 m^2）

图 7-99　DCCM 8 号船（4.68 m^2）

图 7-100　POCM 8 号船（2.23 m^2）

图 7-101　CMC3 号船（2.20 m^2）

图 7-102　CMC5 号船（2.20 m^2）

图 7-103 DCCM S-5 号船（2.23 m^2）

图 7-104 DCCM S-7 号船（2.23 m^2）

7.4.5.2 设置潮位计、基地局

（1）潮位计

海上施工中以海水面为基准决定改良深度的自动潮位计或潮位板要设置在施工场所附近以测量潮位。

一般来说，在施工场所附近（测量台或岸壁）设置自动潮位计，潮位测定值实时以无线通信的形式送回 CDM 船。CDM 船根据收到的潮位数据对测深仪数据进行修正，利用显示屏等向操作员展示施工中的标高，对打设进行指示。

另外，根据施工场所的状况朝近处的岸壁及护岸设置潮位板，直接目视读取潮位，对深度及改良的完成高度进行计算，有时也会对操作员进行施工指示。自动潮位计见图 7-105。

（2）准备测量

实施使用 GPS 的自动定位测量时，在施工海域附近的陆地上设置基地局。

由于现场状况难以设置 GPS 基地局时，可利用光波距离仪等进行测量。

决定 CDM 船位置一般可使用 GPS-RTK 定位系统。

GPS-RTK 定位系统由基地局（陆地一侧、基地点）与移动局（船一侧）构成，基地局设有 GPS 天线、收信机、基地信号的送信器、送信机，移动局设有 GPS 天线、收信机、基地信号的收信器、送信机。

移动局的收信天线设置在 CDM 船上，通过这些位置演算处理机的位置，通过求得的位置进行定位。为了提高精度，CDM 船应尽可能地扩大收信天线的间隔。GPS-RTK 方式的测量精度一般为 1～2 cm。

基地局及移动局的 GPS 天线与收信机为同一规格，必须具有互换性。

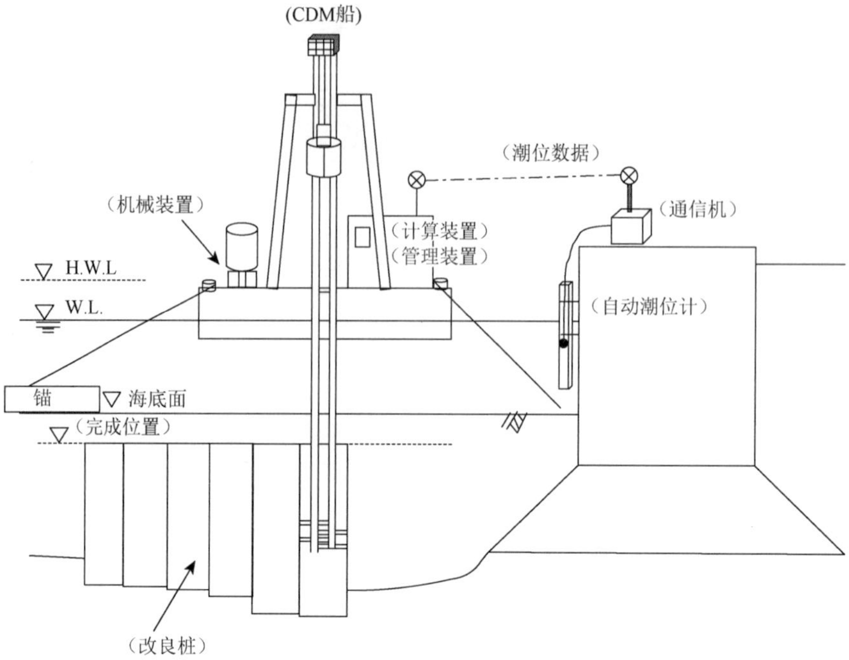

图 7-105 自动潮位计

海上 GPS 推进机构（中心）主要为港湾设置 GPS 基地局，有偿提供基地局信号（船一侧要有能专门收基地局信号的无线收信机），近年多以这样的形态运用，但没有设置 GPS 推进机构（中心）的地方，必须每个工程都要设置基地局。

难以进行 GPS 测量时可用光学测距仪等，但施工场所远离陆地，陆地上无法设置反射镜等计测机器时，有时也会在海上设置钢制测量桨。GPS-RTK 定位系统见图 7-106。

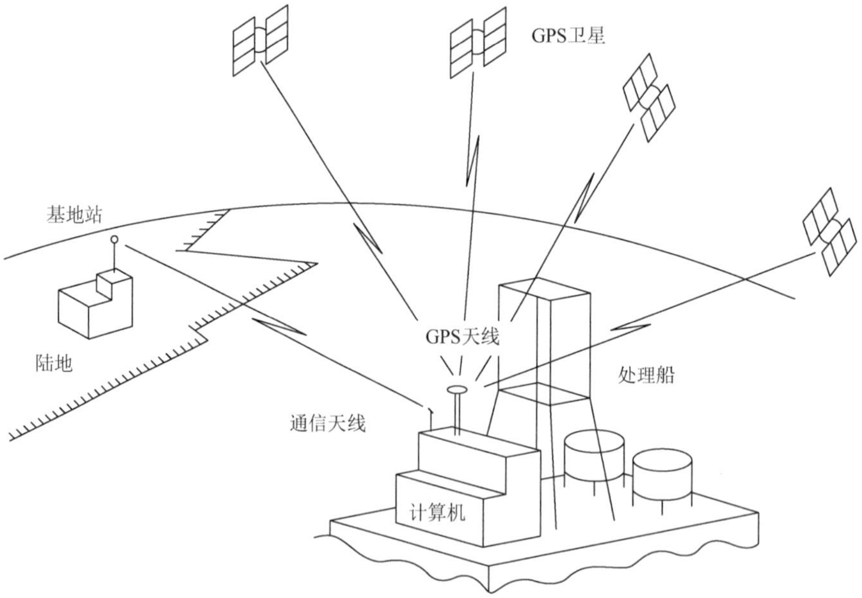

图 7-106 GPS-RTK 定位系统

7.4.5.3 校正（检定）

CDM 工法施工中因使用施工管理计以控制改良桩的品质管理，故 CDM 船返航到工程区域后，为了在改良桩施工前确认施工管理计及处理机实测值的精度，必须实施校正（检定）。

校正（检定）的对象如下所示。

①检定搅拌叶片径、轴间距离、轴长等。处理机等要在改良桩施工前，在有监理人员在场的情况下，对各尺寸、形状、形式进行确认，然后检定所定的精度。

②检定处理机测深仪、处理机速度计、处理机搅拌轴旋转计、处理机电流计（油压计）、泥浆流量计等。

校正装备有施工管理计的感应装置、计测机器类，因运行技巧、机器类的规格等理由，有时会以各自的方式进行。这时，要与购买方充分协商，以顺利实施校正。

③检定打浆装置：检定打浆装置是为了确保制造出的浆的品质。

主要的检定内容为投入的稳定材料与水的计量等。

另外，检定计量器必须事先（一年以内）由专门检定单位实施，多以通过发行“计量器检定证明书”来取代现场校正。

7.4.5.4 试验打设

试验打设要先于正式工程，是为了确认是否满足设计上所要求的品质。

试验打设应在土质条件明确或土质调查场所附近实施。

由于现场限制条件，有时会省略上述的试验打设，故应事先与购买方充分协商。

另外，这里说的一般工程中的试验打设，必须与大规模项目中在正式施工前实施的试验工程区别对待。

试验打设的目的整理如下。

①确认着底（着底施工时）。

着底施工时，正式工程区域内不吐出稳定材料直接进行空打，在确认支持层的同时，设定支持层确认的管理基准（着底判定基准）（详细可参照“7.4.5.9 着底判定基准”）。不是着底施工时可省略。

②确认地中障碍物（爆炸物除外）。

实施着底确认时，地中障碍物的确认可一同实施，但不实施着底确认时，为了防止不必要的麻烦，应在几个地方贯入以确认是否有地中障碍物。

③确认 CDM 船的稳定性、处理机的施工特性。

对 CDM 船的稳定性（海上的摇动、定位精度）及处理机的施工特性（转矩、吊荷载）进行确认。

7.4.5.5　CDM 船的定位

CDM 船的定位主要是利用 GPS，另外也有根据施工场所的条件利用光波距离仪、经纬仪、尺距测量等进行。

（1）根据 GPS 的自动定位方法

GPS 自动位置确定方法示意图见图 7-107。

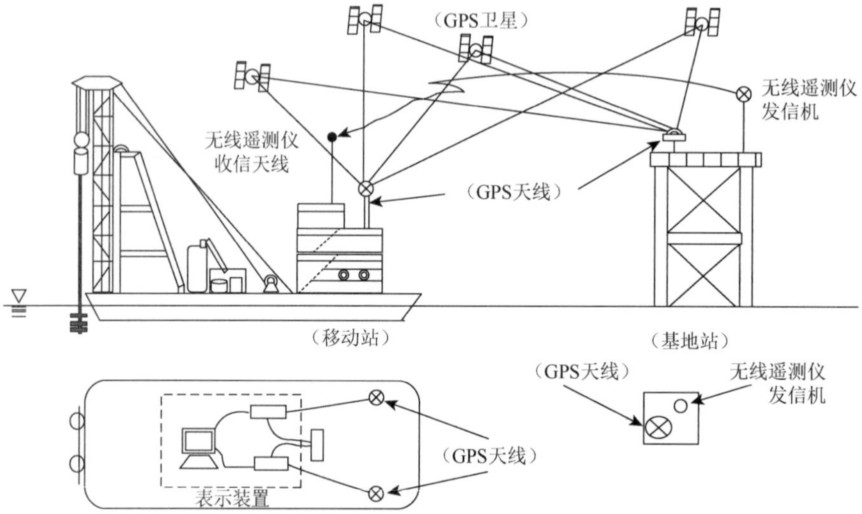

图 7-107　GPS 自动位置确定方法示意图

（2）根据光波距离仪的自动定位方法

光波距离仪自动位置确定方法示意图见图 7-108。

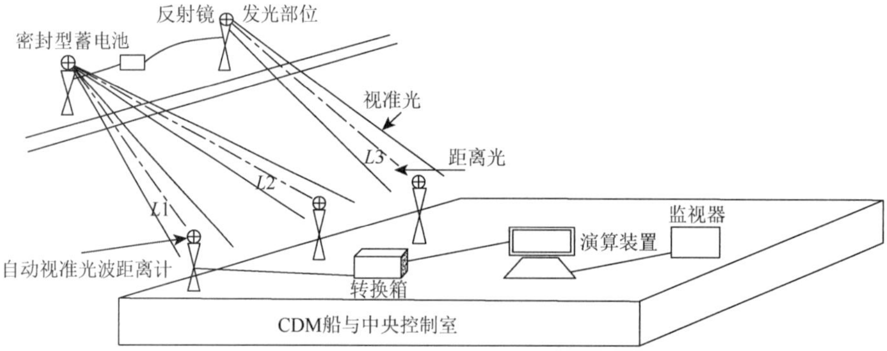

图 7-108　光波距离仪自动位置确定方法示意图

（3）根据经纬仪、尺距测量及望远镜的定位方法

经纬仪、尺度测量及望远镜位置确定方法示意图见图 7-109。

图 7-109　经纬仪、尺距测量及望远镜位置确定方法示意图

7.4.5.6　稳定材料的吐出方法

稳定材料的吐出方法中有处理机贯入时吐出的方法与拔出时吐出的方法。

贯入吐出方法（图 7-110）是在处理机贯入改良地基时从搅拌叶片下方吐出稳定材料，掘进与搅拌混合同时进行。另外，直到所定深度停止贯入，在拔出处理机的工序中，停止吐出稳定材料。

拔出吐出方法（图 7-111）是在贯入时通过处理机掘进改良地基，到达所定深度后从搅拌叶片上方边吐出边拔出。

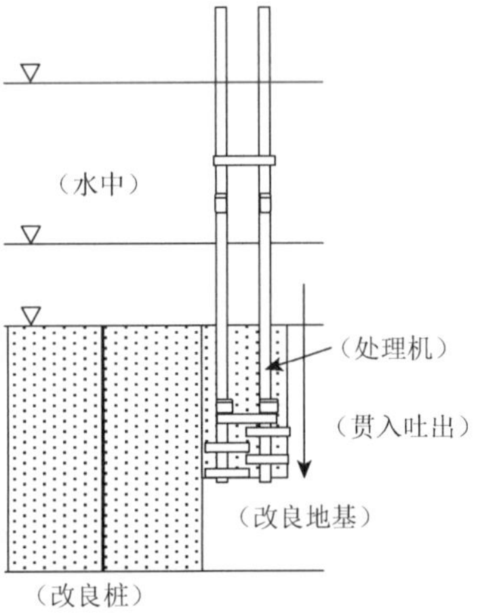

图 7-110　贯入吐出方法

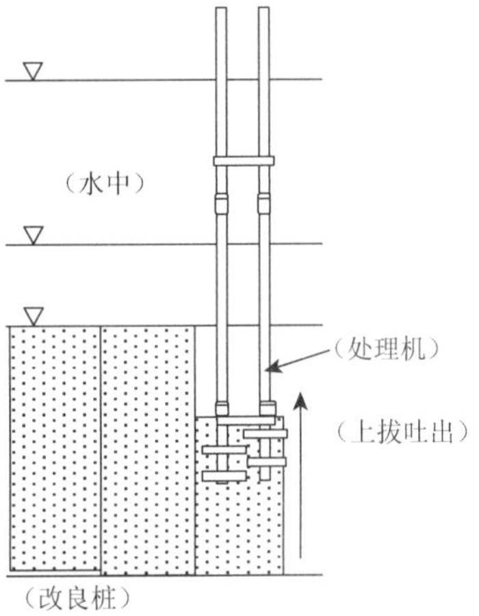

图 7-111　拔出吐出方法

另外，虽然案例较少，但也有贯入与拔出时都吐出稳定材料进行施工的。

上述稳定材料吐出方法各有优缺点。贯入吐出方法施工在改良桩的结合性与搅拌混合性能方面有优势，但当贯入发生问题时，稳定材料固结，之后再贯入所定深度或处理机拔出时有可能发生故障，有时在机械安全方面非常不利。拔出吐出方法施工在改良桩的结合性与搅拌混合性能上有劣势，但贯入时，即使处理机发生故障也不会吐出稳定材料，故在保全机械及安全面方面都是有利的。

作为标准，5.7 m^2 及 4.6 m^2 级以拔出时吐出、2.2 m^2 级以贯入时吐出的方法施工。

稳定材料供给流程见图 7-112。

7.4.5.7　CDM 工法流程

CDM 工法的作业内容大致由改良作业、机械设备作业、控制室及甲板作业构成。

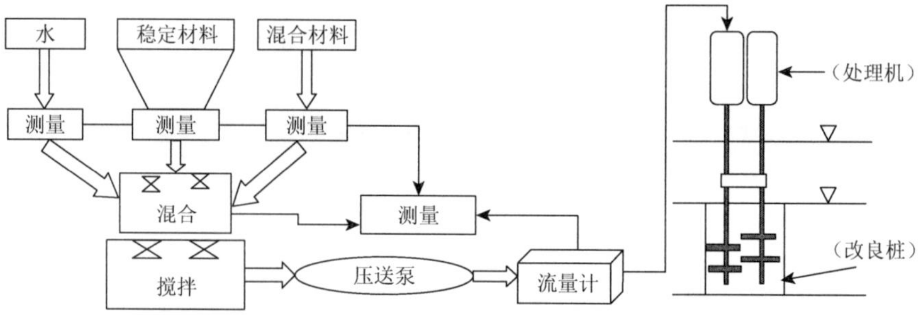

图 7-112　稳定材料供给流程

CDM 工法施工速度及时间如表 7-29 所示，施工循环模式图如图 7-113 所示。另外，CDM 工法处理作业流程如图 7-114 所示。在图 7-114 中，贯入吐出方式与拔出吐出方式分开表示。

表 7-29　施工速度及时间

项目		时间（速度）		
V	处理机的水中速度/(m/min)	1.0～2.0		
$V1$	处理机在未处理部位的贯入、拔出速度/(m/min)	0.5～1.0		
$V2$	处理机在改良部位的贯入速度/(m/min)	0.3～1.0		
$V3$	处理机在改良部位的拔出速度/(m/min)	0.3～1.0		
$t1$	前端固化处理时间/min※提高改良部位下端的改良效果	喷出方法	贯入喷出	回拔喷出
		着底时间	2.0	8.0
$t2$	决定测量、移动等的位置及刀刃的检查时间/min	约 10		

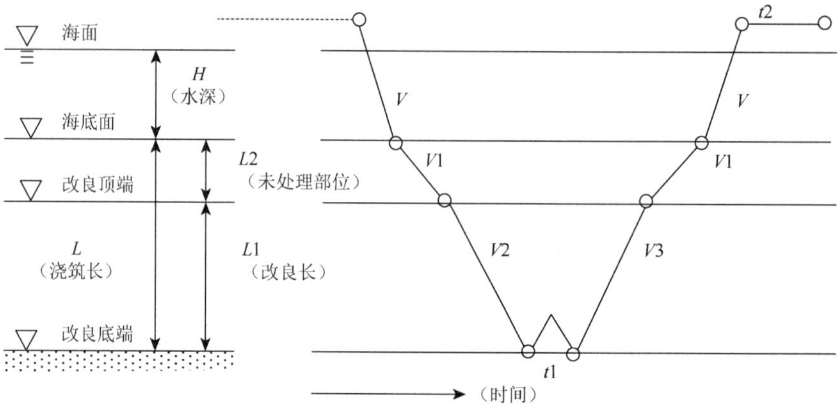

图 7-113　施工循环模式图

7.4.5.8　前端处理方法

改良目标前端深度附近若因相当于搅拌叶片的段数长度的搅拌次数不足时，必须使处理机上下振动，然后进行改良部位下端的前端处理，以防止改良强度降低，形成坚固的改良桩。

稳定材料拔出时吐出的前端处理方法有滑动管吐出方式（图 7-115）及前端吐出方

式（图 7-116）。滑动管吐出方式是在处理机到达改良目标深度后，将滑动管贯入至所定深度，吐出所定量的稳定材料。接着提起滑动管，在所定时间内进行搅拌混合，完成前端处理（图 7-115、表 7-30）。

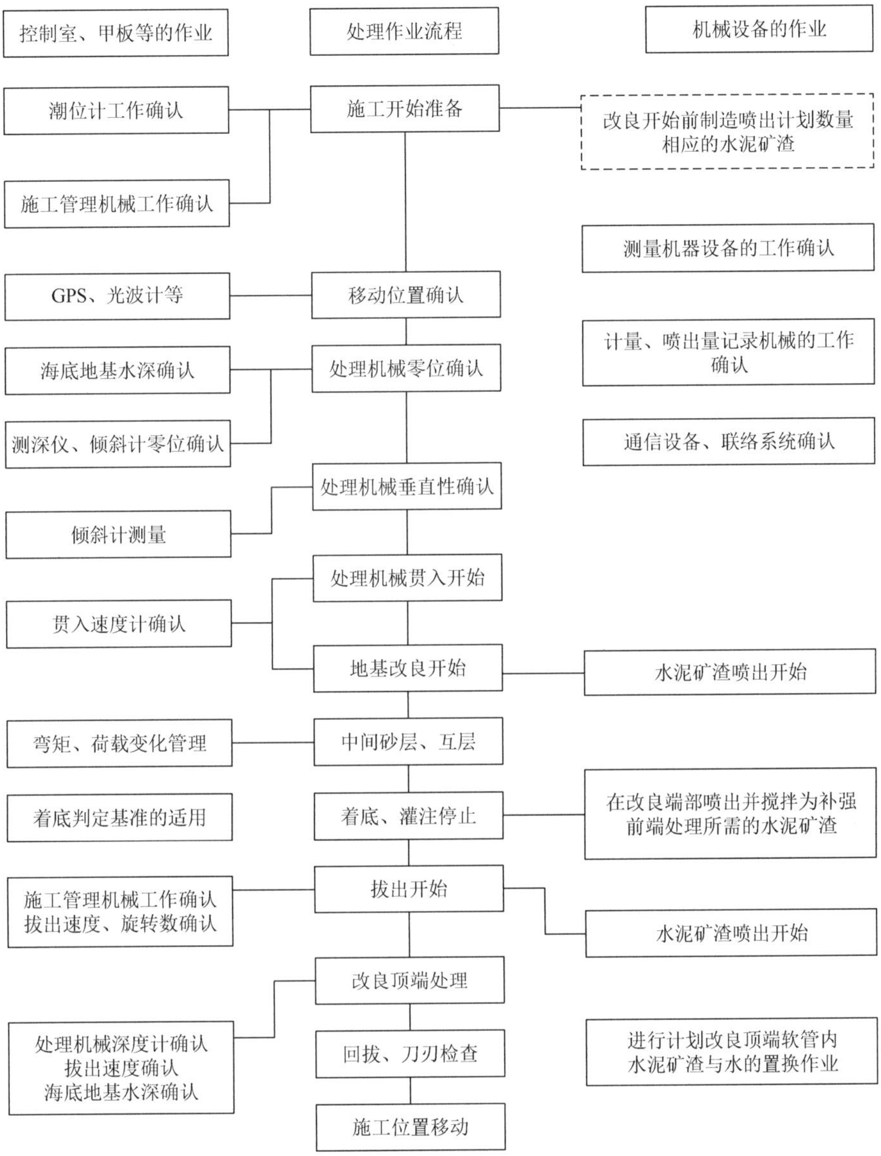

图 7-114　处理作业流程

表 7-30　吐出方式区分

	改良方式	前端处理方法
区分表	贯入吐出方式的情况	前端吐出的前端处理
	拔出吐出方式的情况	前端吐出的前端处理 滑管吐出的前端处理

另外，前端吐出方式是在处理机到达改良目标深度附近之后，再次确认吐出稳定材料，使其贯入改良目标深度。接着，在到达改良目标深度后，为了满足所定的刀片切割次数，使处理机在一定的高度范围内上下振动以完成前端处理。另外，贯入吐出施工也同样为前端处理。

处理机前端部的构造如图 7-117 所示。

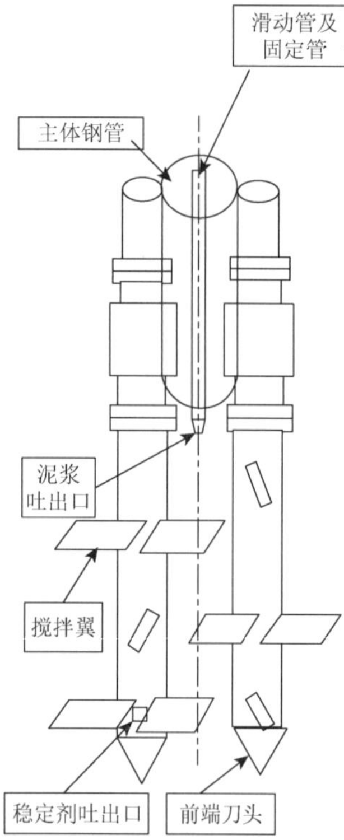

图 7-117　处理机前端部构造

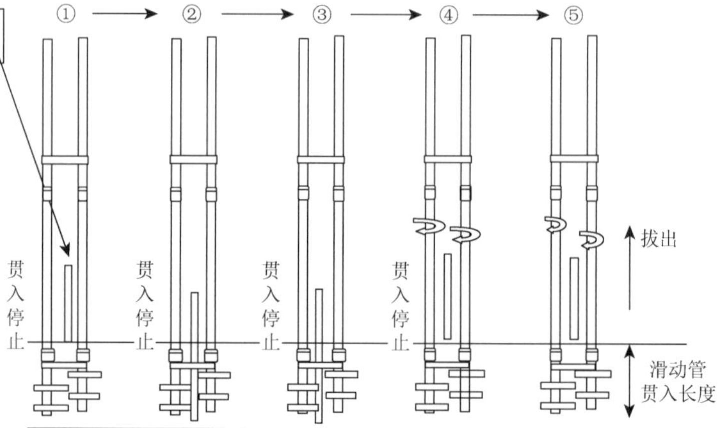

正转贯入停止	稳定材料吐出	稳定材料吐出	逆转搅拌	逆转搅拌
滑动管贯入	滑动管停止	滑动管上拔	滑动管停止	处理机拔出

图 7-115　滑动管吐出方式

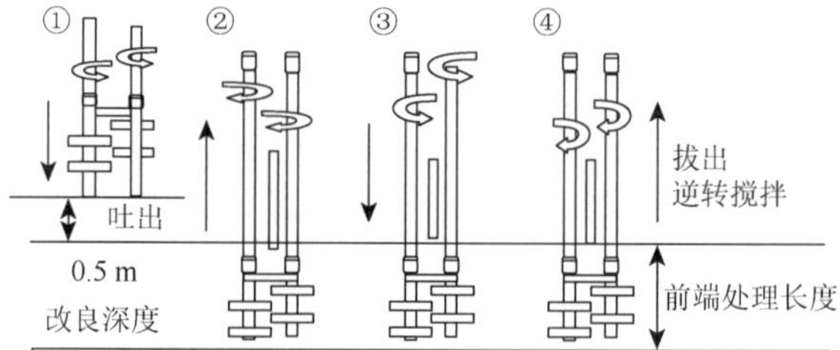

正转贯入	逆转拔出	正转再贯入	上部吐出	
前端吐出	吐出停止	吐出停止	拔出吐出	

图 7-116　前端吐出方式

7.4.5.9　着底判定基准

着底判定基准是为了使改良桩能确实着底于设计上的支持层而制定的管理基准。一般在实施试验打桩时，在事先钻孔位置的附近实施贯入试验，必须参考贯入时的管理计的数值制定基准。

着底（贯入停止）的判定多因地基状态、设计（包含上部构造物在内）条件而不同。因此，制定一般性标准、设定基准较困难，故必须事先研究。作为着底的判定基准，一般可使用贯入速度、吊起荷载、处理机的电流值（油压值）、转矩等。表 7-31 中所示的着底判定基准的案例可供参考。

表 7-31 着底判定基准的案例

船名	处理机的条件			着底层的条件		判定基准			备注
	处理机重量/t	扭矩表示计重计器的界限值/(MN/m²)	扭矩的最大值/(MN/m²)	着底层（地基）	着底层的深度/m	着底时的贯入速度/(m/min)	吊装荷载重/t	扭矩表示计的值/(MN/m²)	处理机动力
DCM 3 号船	340	19.6	39.2	硬质黏土或砂岩层（$N=50$）	−55	0.2	50～80	17.6	油压式
POCM 2 号船	341	21.6	40.2	硬质黏土或砂岩层（$N=50$）	−55	0.3	30～50	21.6	油压式
DCCM 7 号船	457	44.1	42.1	硬质黏土或砂岩层（$N=50$）	−55	0.2	30～50	42.1	电动式

注：1. 扭矩表示计重计器的值在处理机的旋转马达为油压式时表示油压，电动式时表示电流值。另外，极限值表示安全装置的工作极限值。

2. 处理机重量表示空中质量。

7.4.6 其他工种

7.4.6.1 敷砂

敷砂作为隆起对策不进行基床面挖掘时、当预测到海底面浮泥浮起时或完成为止（改良顶部）与海底面一致无法满足覆土厚度时，以环境保护及确保改良顶部品质为目的，在 CDM 工法之前先行施工。

（1）敷砂的施工

一般使用带有抓斗的自航搬运船及开底式运土船等。另外，当估计会有水质污浊的可能时，应避免一次投入大量敷砂，根据潜水员的指示，小心投入敷砂，不要扩散污浊。另外，在敷砂的计划及准备中，装置污浊防止膜或使用沉降促进剂也可将水质污浊降到最低程度。

（2）完成形状管理

通过投入砂量及搬运船的船内容量来进行管理，但投入后的敷砂厚度、宽度、总长的形成形状可通过施工前与施工后的深度测定进行确认。深度测定一般使用回声测深仪。敷砂工程的标准断面图见图 7-118。

7.4.6.2 隆起土砂的处理方法

伴随 CDM 工法施工所产生的隆起土砂，会因为每个现场的土质条件及施工条件而导致发生量与形状不同，故要通过过去的案例，对隆起量及隆起土的品质进行评价。

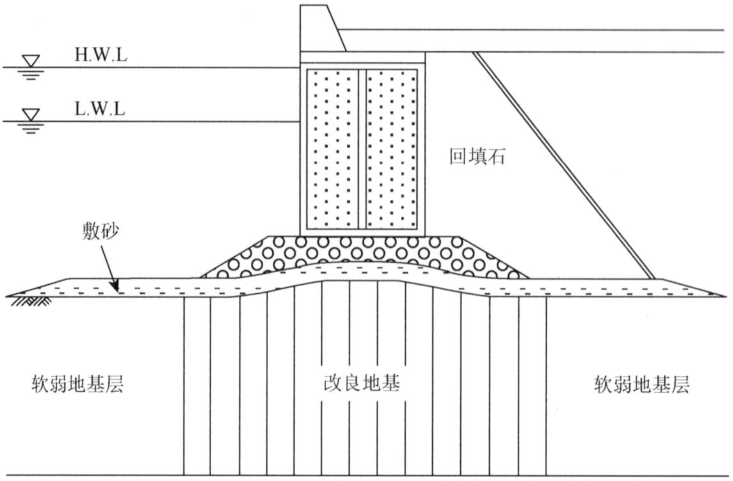

图 7-118　敷砂工程的标准断面图

注：H.W.L 表示高潮位线；L.W.L 表示低潮位线

（1）隆起量与形状

伴随 CDM 工法施工所产生的原地基的隆起形状，会因为原地基的土质条件、改良层厚、改良率、施工顺序、上部的无改良长度、周边有无既有构造物等条件而大不相同。

作为隆起量的一个案例，日本横滨大黑地区海上工程中的隆起测量结果如图 7-119 所示。

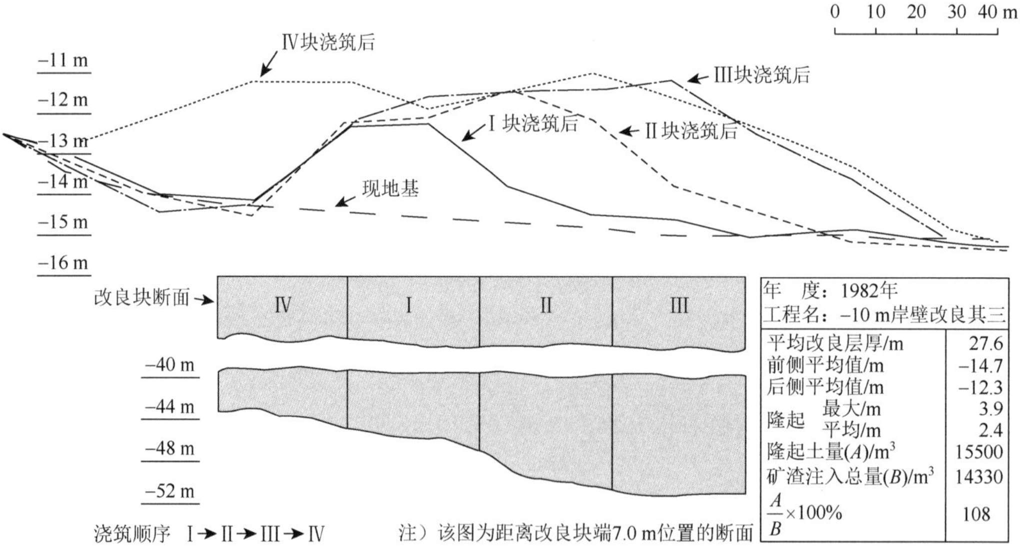

年　度：1982年	
工程名：−10 m岸壁改良其三	
平均改良层厚/m	27.6
前侧平均值/m	−14.7
后侧平均值/m	−12.3
隆起　最大/m	3.9
隆起　平均/m	2.4
隆起土量(A)/m^3	15500
矿渣注入总量(B)/m^3	14330
$\frac{A}{B}\times 100\%$	108

图 7-119　横滨大黑地区海上工程中的隆起测量结果（海上工程）

改良区域上部的隆起层厚的标准式如式（7-39）所示。

$$\text{改良区域上部隆起层厚(m)} = \text{改良对象土量(m}^3\text{)} \times \text{注入水泥浆量(m}^3/\text{m}^3\text{)} \times \text{改良区域上方隆起率} \div \text{改良面积(m}^2\text{)} \quad (7\text{-}39)$$

式中，改良区域上方隆起率约为 0.7。

（2）隆起部分的性状

隆起部分的地基强度虽然也由土质所决定，但也会有一定的强度。隆起部分一般不进行完成形状的管理，故其品质参差不齐，也因此必须在处理隆起土时，实施钻孔等品质确认，以充分确认其性状。

（3）隆起土的处理方法

隆起土的处理方法包括：
①用抓斗船掘底至设计改良顶端；
②改良至表层附近，仅对表层进行掘底；
③改良至表层，并直接进行基础弃石等施工。

（4）隆起土的利用实施案例

隆起土通过钻孔检查等确认其具有足够的强度时，必须在设计方面有效地灵活利用。

此处举一个隆起土的灵活利用案例。该案例通过改良隆起土，不进行掘底，直接对上部的基础弃石进行了施工。施工方法如下。

①在海底面上敷砂 1.5～2.0 m。

②CDM 工法施工时，通过回声探深，决定每一根改良桩的地基高度。

③对应隆起量改变改良顶部，通过改良至优质敷砂下方，其上部可将隆起土砂作为敷砂。

④在隆起敷砂上直接进行弃石等上部结构的施工。这种方法虽然难以用于掘入式岸壁等，但也有可能根据上部结构的构造，因有效地灵活利用隆起土为目的而被采用。

7.4.7 施工管理

施工管理不仅是为了品质管理，也有以确保工程安全、遵守工程、提高效率等目的而实施的。本节将针对 CDM 工法中特有的改良地基品质保证、以此为目的的品质管理及确认进行阐述。

为了保证改良地基能满足构造物所要求的性能，必须实施平衡性良好且一贯的调查、试验、设计、施工计划及施工。改良地基由改良体与原地基构成，故只追求改良体的品质无法保证改良地基的性能。以此为前提，CDM 工法中保证改良体品质是为了满足改良体在设计上所要求的品质，包括施工中的品质管理在内，可通过确认并记录 CDM 工法的调查、试验、设计一系列流程中的相关事项来实现。改良体的品质由稳定处理土的品质与完成形状构成。改良体的完成形状取决于施工精度。稳定处理土的品质一般最终通过处理土的现场样本采集、观察及单轴压缩强度的试验结果来检验。

①表 7-32 是 CDM 工法从计划到施工位置的流程，特别是关于保证改良体品质的有关事项。

②CDM 工法相关组织（购买方、地基顾问、总承包施工单位、地基调查与试验单位、

地基改良专业单位等）以QA/QC的意义作为共同的理解，必须恰当实施表中所示的事项且做记录。

③恰当掌握改良对象土层，将其所有的土层作为对象实施室内配比试验，再通过数据库设定配比条件，故室内配比试验可定位在品质管理的第一阶段。

④室内配比试验也由数据库可知，并不能直接模拟现场，故要确认能否确保设计中要求的稳定处理土的品质，且为了决定混合处理的相关管理值，试验打桩也十分重要。

⑤设计中，改良体所要求的品质根据改良宽度、深度、条件，也包含了着底、隆起土处理、前端处理、交叠等与完成形状相关的品质，这些均无法通过室内配比试验事先确认。在无法通过类似的施工实绩决定管理值时，必须通过试验打桩来确认并设定管理值。

⑥如果使用这样的管理值进行品质管理，形成所有的改良桩，则所用的品质实施CDM工法的施工的可能性是极高的。这个以现场样本检查的形式进行确认的方式被称为事后调查。

表7-32　CDM工法的流程和品质保证、品质管理相关的事项

项目	说明
项目的定义	建筑物的机能、界限状态、性能的明示
现场调查（概述）	原地基的土层构成、土质特性的调查、地形、地质、现场制约条件的整理
基本设计	对原地基条件及多种改良方案设想的基础设计研究、地基改良要点的整理、地基改良工法的选择
现场调查（详细）	概略调查及基本设计的计划、实施（包含地基改良特有的调查）
室内配比试验（设计所需的配比试验）	室内配比试验以现场调查确认的代表性土层全体为对象，通过室内制作的试件求得稳定处理土的特性。获得推算现场处理土特性或为求得所需特性必要的稳定材料的配比的方法
设计参数的设定；现场稳定处理土的设计参数假定	决定原地基的设计参数，参考室内配比试验结果，假定与改良地基相关的现场稳定处理土的设计参数。与现场稳定处理土和室内配比土的关系相关之处，仅当利用高质量的数据库时，才能得到合理的假定
设计	为了满足建筑物所要求的性能，需要研究改良地基的范围及改良桩的打设模式。设定与现场稳定处理土必需的品质、打设精度相关的可能实现的基准（是否合乎判定基准）
室内配比试验（施工计划所需）	为满足设计的稳定处理土强度，需要研究稳定材料（必要时添加混合剂等）的选定、水灰比及配比等内容，并进行详细的室内配比试验
施工计划草案	满足选定的做法，基于室内配比试验结果及地基调查结果，大致设定施工管理项目和施工管理值（配比条件等）。概略设定的精度需要依靠室内配比试验和数据库的可靠度及专业人员的经验
现场试验施工（试验桩）和施工、施工管理计划的确定	在确认由试验施工设计所设定的稳定处理土品质可实现的同时，需要最终决定试验施工实际的施工顺序、施工管理项目和施工管理值（小规模项目中，也有用初期实际施工柱体的确认代替的情况）
实际工程QA/QC	地基改良专业人员在改良桩打设过程中，需要对施工管理项目进行监测、控制（QC），并向订购方提交记录。订购方需在现场进行监督，并基于提供的记录确保实际的施工品质（QA）
验证及合否判定	调查所需的改良桩数量，验证稳定处理土的品质及改良桩的施工精度
改良地基运动的监测	地基改良完成后，通过监控构造物在施工中及施工后的地基运动，可以综合评价改良地基的品质（不仅是施工，也包含地基设计的妥当性）

7.4.7.1 施工中的品质管理

为达成设计上所要求的品质（稳定处理土的品质及改良体的完成形状），要用各种管理计器计测施工状况，结合需要，控制在事先规定的管理值内，并自动记录计测结果。

CDM 工法中的品质管理项目和管理值如下。

（1）品质管理项目

1）材料计量

根据检定、检查的计量器，管理计量出水泥、水、混合剂等材料所定的量。计量数值用自动记录装置记录。

2）材料注入

用浆流量计管理每 1 m^3 稳定处理土的水泥量如所拟定的量注入地基中。管理内容是用自动记录装置管理浆流量。

3）混合

管理原位置中的搅拌混合性。管理内容是用处理机升降速度计测定处理机升降速度，用处理机旋转计测量处理机旋转数，使用自动记录装置演算、管理并记录每 1 m 的搅拌次数。

4）打入位置

测定每根改良桩的打入位置，并确认其在容许范围内。通过使用光波距离计及 GPS 的自动定位系统定位 CDM 船的位置时，利用自动定位系统的监控，确认打入位置是否在容许范围内并进行记录。另外，定位 CDM 船用经纬仪或光波距离计来进行视准时，通过目视确认是否在容许范围内并记录。

5）垂直性

处理机的垂直性利用装置在 CDM 船的船体倾斜计或处理机上的处理机倾斜，管理其在容许范围之内。

6）打入深度

每根改良桩的打入深度要用测深仪管理并记录改良之后所定深度。

7）着底

使改良桩着底于支持层时，使用处理机转矩（油压计或电流计）、处理机荷重计及测深仪等确认改良桩是否着底于支持层。这些油压计或电流计、荷重计、测深仪的值是自动记录的。另外，通过处理机荷重计的着底管理一般不在 2.2 m^2 级的 CDM 船上实施。

（2）管理值

用于施工管理的管理值要根据工程设计图纸及港湾工程品质管理基准，通过试验打桩进行确认。另外，试验打桩无法实施时，必须迅速通过初期的试验结构桩来确认。施工管理的内容见图 7-120。

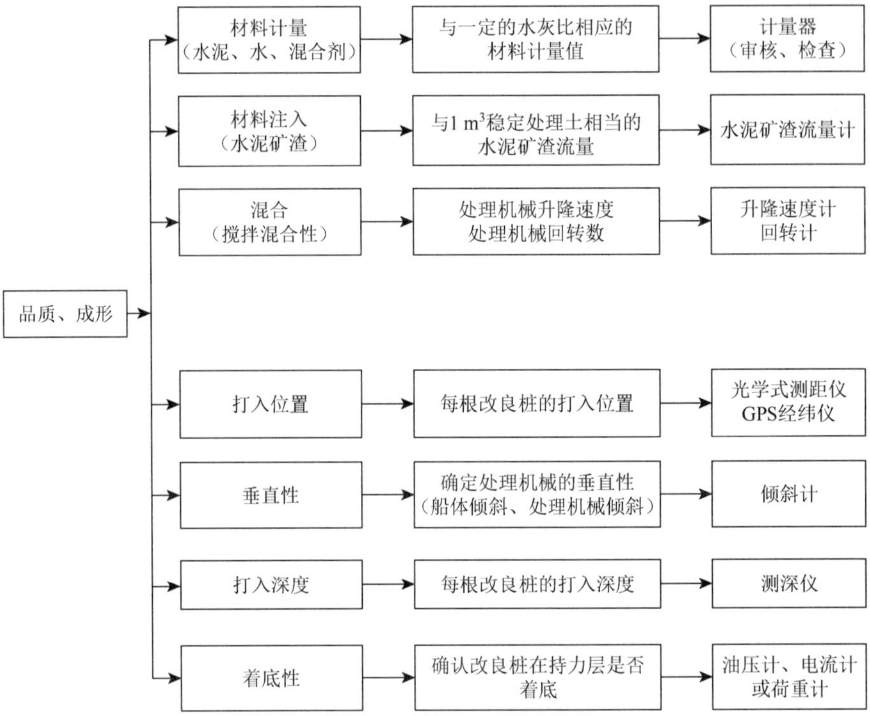

图 7-120　施工管理的内容

7.4.7.2　事后调查

稳定处理土的事后调查一般通过观察在决定龄期后实施的钻孔采样所采集到的核心采样来确认改良桩连续性，同时通过单轴压缩强度确认强度。

稳定处理土的品质在标准上通过单轴压缩强度来评价。

稳定处理土的强度一般多以龄期 28 d 为目标，单考虑上部结构的施工工期等，但有时也有通过长期龄期（60 d 或 91 d）进行强度确认。

结合需要，实施三轴压缩强度或实施为了确认稳定处理土的抗拉强度的割裂试验等。还有，为了确认交叠部位的强度及接合性，有时也会实施斜钻孔或口径钻孔。

稳定处理土的连续性由目视观察实施，有时也会通过核心采取率及 RQD（表 7-33）来评价。

表 7-33　核心采取率及 RQD

项目	内容
核心采取率	针对应当采取的核心长度，以百分率表示其与实际采取核心的比例
RQD	以核心长 1 m 中所包含的 10 cm 以上的棒状核心的比例，这些棒状核心长度（cm）的和与 100 cm 的比例所表示的裂纹的多少的指数

（1）采样与养护试料

改良桩连续性的评价与单轴压缩试验的结果多根据样本是否良好。土壤采样器使用转盘式双芯土壤采样器（包式）或三芯土壤采样器，样本中要考虑不会给试料带来振动、冲击，采样至改良桩的下端。养护期间的试料不仅不能有冲击，也要充分注意不能有干燥。另外，样本的试锤孔径要用 ϕ86～116 mm 这类较大的。

（2）以采样为目的的钻孔数量

钻孔数量因施工规模及施工条件而不同，但海上施工中建议为每 10 000m^2 1 根左右。

即使是海上施工，在改良土量超过 100 000m^3 的大规模工程中，也有减少以采样为目的的钻孔数量的。基于规格书实施采样的案例如表 7-34 所示。

表 7-34　基于规格书实施采样的案例

工程	类别	改良土量/m^3	工程规格	检查钻孔数
A 工程	海上	62 930	改良长 = 12.5 m	10 000 m^3（直）
B 工程	海上	31 430	改良长 = 16.7 m 改良宽 = 22.5 m 施工全长 = 137 m	每根 300 m^2（直）
C 工程	海上	14 870	改良桩 = 194 根 面积 = 1 408 m^2	每根 300 m^2（直）
D 工程	海上	110 480	施工全长 = 149.5 m	施工全长每 2 根间距 50 m
E 工程	海上	20 730	改良长 = 35.5 m 改良宽 = 35.9 m 施工全长 = 16.69 m	3 根（直）
F 工程	海上	59 220	改良长 = 32.0 m 改良桩 = 525 根	6 根（直）
G 工程	海上	153 030	改良长 = 35.5 m 改良桩 = 966 根	10 根（直）
H 工程	海上	17 770	改良长 = 18.4 m	2 根（直）
I 工程	海上	1 280 514	改良长 = 28.65 m	22 根（直） 5 根（斜）
J 工程	海上	6 616	改良长 = 9.9 m	1 根（直）
K 工程	海上	65 352	改良长 = 28.8 m	7 根（直）

注：（直）为直钻孔；（斜）为斜钻孔。

（3）试验体个数

试验体的单轴压缩强度由上层至下层均等实施。

一般多在改良桩的上中下三个地方实施，但要结合改良长度适当决定。

（4）以采样为目的的钻孔时期

钻孔时期要结合稳定处理土的龄期，尽量放在龄期之前。

（5）评价单轴压缩试验结果

在小规模改良工程中，以采样为目的的钻孔数量较少，强度试验个数较少时，改良体强度可以用平均强度来评价。

在大规模改良工程中，可确保以采样为目的的钻孔数量较多时，认为改良体的强度分布接近于正态分布，通过统计手法评价改良体强度。

图 7-121 是用统计手法时的设计基准强度与原位置强度、室内配比强度的关系。图中的 K 为系数，相对于目标稳定处理土的设计基准强度 q_{uc_k} 允许多大的不良发生率的指标系数。

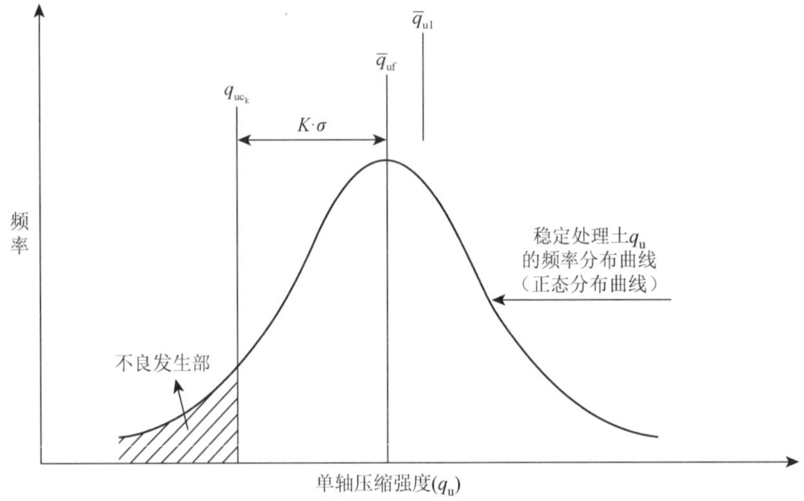

图 7-121 设计基准强度和原位置强度、室内配比强度的关系

注：q_{uc_k} 为设计基准强度的特征值（kN/m^2）；K 为系数；σ 为现场强度的标准差（kN/m^2）；$\overline{q}_{uf}$ 为现场稳定处理土的单轴压缩强度平均值（kN/m^2）；$\overline{q}_{ul}$ 为室内配比试验得到的稳定处理土的单轴压缩强度平均值（kN/m^2）

利用统计手法进行品质管理时，如假定稳定处理土的现场强度为正态分布时，现场强度与设计基准强度的关系如下：

$$q_{uc_k} \leqslant \overline{q}_{uf} - K\sigma \tag{7-40}$$

即稳定处理土的现场强度的平均值要管理为满足式（7-40）。

式（7-41）中的不良发生率及系数 K 有如表 7-35 所示的关系。

$$\overline{q}_{uf} \geqslant q_{uc_k} + K\sigma \tag{7-41}$$

海上工程中的 CDM 工法的 K 多以 $K=1.0$ 为标准。

表 7-35 系数 K 和不良发生率

系数 K	0.5	1.0	1.645	2.0	3.0
不良发生率/%	30.9	15.9	5.0	2.3	0.13

施工前必须在施工计划时对购买方、设计者、施工方之间的评价法进行协商，统一意识。

在 CDM 工法实际设计中，因一般研究多个破坏模式，故本来每个破坏模式对稳定处理土的品质必备条件都是不同的。另外，通过弹塑性解析的数值解析可开始进行断面研究。这时有可能因改良体部位而稳定处理土必备条件发生改变，开发与设计、品质管理联动的评价法也是将来的课题之一。

在 CDM 工法中，期待深度方向上有相关的研究，然后在决定通过更改计划来改变深度方向上添加量的施工也难以发挥强度的层的配比后，一般计划为以深度方向上一样的稳定材料添加量来施工。这时，发现其他层中过大强度的可能性较高，必须在统计处理强度数据时注意这一点。

7.4.7.3 其他的事后调查

有关改良体品质的其他事后调查，包括改良体的掘起调查、不通过采样的现场调查及动态观测等。

（1）掘起调查

掘起调查在通过直接目视确认改良体的完成形状及桩间接合性且确认实物大小的改良体的单轴压缩强度时实施，但在海上施工中，除去大规模及试验工程外，很少有实施案例。

（2）不通过采样的现场调查

不通过采样的现场调查大致上可分为根据声探的方法及根据弹性波（P 波、S 波）的非破坏探查。

根据声探的方法中有标准贯入试验及旋转式声探。

标准贯入试验与单轴压缩强度的关联性高，但在改良地基中的适用案例很少。另外，旋转贯入声探是利用钻孔杆前端附着的感应器，通过测定钻孔时的钻头压力、转矩及泥水压来连续判定地基强度的方法，但必须每个现场都与单轴压缩强度进行对比，故这个方法现在也很少用于海上施工。

另外，利用钻出的孔等的弹性波探查，在求出改良地基 S 波导致的改良地基内的速度分布、补足性地确认单轴压缩强度、计算改良地基的刚性、泊松比时可适用。但是，目前尚存在偏差较大等精度问题。

（3）动态观测

动态观测是利用各种测量仪器，确认本体施工后的改良体的具体、设计条件及护岸的稳定性时采用。

根据测量的目的与测量精度不同，所使用的测量仪器也不同。代表性的测量仪器及测量目的如表 7-36 所示。

表 7-36　代表性的测量仪器及其测量目的

测量仪器	测量目的
固定式倾斜计	改良体及周边地基的水平变形
插入式倾斜计	改良体及周边地基的水平变形
土压计	作用于改良体的土压力
盘压计	改良体底部的反力
间隙水压计	作用于改良体、未改良部位的水压力
应变计	改良体的应变
垂直沉降计	改良体的垂直应变或地基沉降
沉降板	地基沉降

7.5　设计计算案例

本节为作为砂砾层（第 1 种地基）上堆积层厚 28.0 m 的软弱地基的区域新建的重力式废弃物护岸的基础，适用着底型壁式改良地基时的设计计算，通过具体数值，以 7.3 节作为参考。

对象设施为废弃物护岸，遮水结构使用遮水板，在假定改良体各要素时，改良范围为本体结构的基础垫层及浇筑石、被覆层的下方。其理由是作为护岸由稳定验算决定的改良范围不包含浇筑石、被覆层的下方时，遮水结构（这里指遮水板）设置在软弱地基上，会因沉降等影响有可能导致其机能受损。因此，本节与仅用护岸稳定进行验算的设计断面不同，改良地基的设定范围受到制约。另外，改良形式以壁式将壁部的改良率降低 1/3，在采用恰当的设计基准强度下功夫，并考虑极具经济性的设计。

另外，计算各种外力除了本章记载的事项，也可参照相关行业规范。

7.5.1　设计条件

7.5.1.1　一般条件

（1）设计对象位置、施工总长

略。

（2）潮位

高潮位线 + 2.70 m
低潮位线 ±0.00 m
R.W.L = 2/3×(H.W.L–L.W.L) = 2/3×(2.70–0.00) = 1.80≈2.0 m

（3）水的单位体积重量

$w_w = 10.1\ \text{kN/m}^3$

（4）波浪、水流

不考虑。

（5）土质条件

研究断面图见图 7-122。

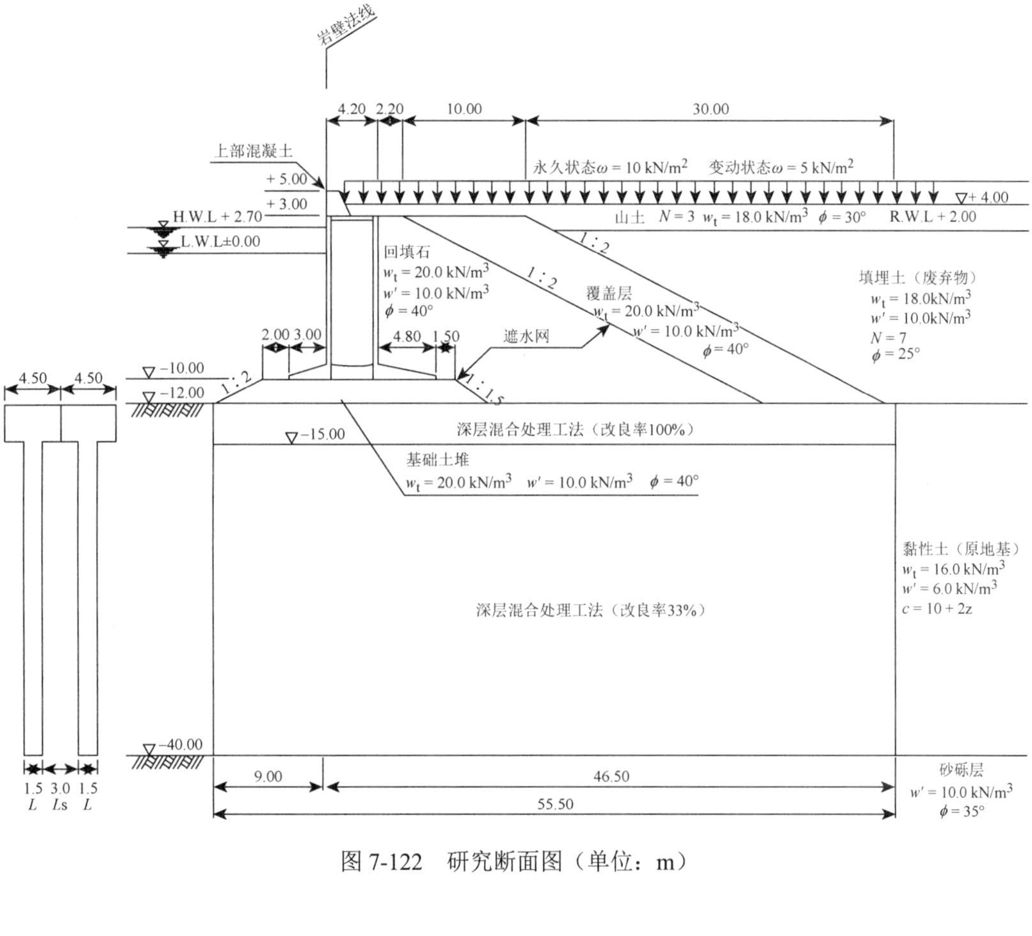

图 7-122　研究断面图（单位：m）

7.5.1.2　利用条件

（1）规划水深

规划水深为−10.0 m。

（2）规划顶端高度

规划项端高度为 + 5.0 m。

（3）上载荷载

1）永久状态
$\omega = 10.0\ \text{kN/m}^3$。
2）变动状态
$\omega = 5.0\ \text{kN/m}^3$。

7.5.2 基于简易法的验算用震度特征值

7.5.2.1 一维地震响应分析

（1）设定地基动态物理性质值及解析参数

地基动态物理性质值及解析参数如表 7-37 所示。动解使用解析软件 FLIP（6.0.6 版）。砂质土及黏性土的解析物理性质值的设定步骤如下所示。

表 7-37 地基动态物理性质值及解析参数一览

土层区分	层厚 H_i/m	单位体积重量 w/(kN/m³)	有效上载压 σ'_v/(kN/m²)	基准有效约束压 σ'_{ma}/(kN/m²)	等价 N 值 N_{65}/回	建设前黏聚力 c_u/(kN/m²)	建设后黏聚力 c_u/(kN/m²)	基准初期剪切弹性系数 G_{ma}/(kN/m²)	基准体积弹性系数 K_{ma}/(kN/m²)	剪切抵抗角 φ_f/(°)
山土（砂质土）	2.0	18.0	18.0	98.0	5	—	—	56 000	146 000	38.5
填埋土（砂质土）	14.0	20.0	106.0	98.0	5	—	—	56 000	146 000	30.0
黏性土	28.0	16.0	260.0	195.0	—	38.0	97.5 正常压密	33 150	86 450	30.0

1）设定砂质土（山土、填埋土时）的物理性质值

在砂质土中，由各层的有效上载压 σ'_v 及 N 值来设定初期剪切弹性系数 G_{ma}、初期体积弹性系数 K_{ma} 及剪切抵抗力角等相关系数。这里作为案例将以层厚较厚的填埋土为对象，展示物性值的设定方法。

填埋土的物理性质值为平均 N 值 $=7$、细粒含量 $F_c = 10\%$、饱和单位体积重量 $w = 20\ \text{kN/m}^3$、水中单位体积重量 $w' = 10\ \text{kN/m}^3$。使用简易设定法，填埋土的 FLIP 输入参数对于基准有效拘束压 $\sigma'_{ma} = 98\ \text{kN/m}^3$（这是的基准有效上载压为 $\sigma'_{va} = 131\ \text{kN/m}^3$）可进行以下设定。

①山土层中央深度（+ 3.00 m）的有效上载压：

$$\sigma'_v = 18\ \text{kN/m}^3 \times 1.0\ \text{m} = 18.00\ \text{kN/m}^2$$

②等价 N 值（N_{65}）：

平均 N 值 = 3 次时，由与上述的有效上载压 σ_v' 的关系可推算 $N_{65}=5$。

$$N_{65}=\frac{\bar{N}-0.019\times(\sigma_v'-65)}{0.0041\times(\sigma_v'-65)+1.0}$$

式中，N_{65}——等价 N 值；

N——土层的 N 值；

σ_v'——土层的有效上载压（kN/m^2）。

③填埋土层中央深度（−5.00 m）的有效上载压 σ_v'：

$$\sigma_v'=18\ kN/m^3\times2.0\ m+10\ kN/m^3\times7.0\ m=106.00\ kN/m^2$$

④等价 N 值（N_{65}）：

平均 N 值 = 5 次时，由与上述的有效上载压 σ_v' 的关系可推算 $N_{65}=5$

$$N_{65}=\frac{\bar{N}-0.019\times(\sigma_v'-65)}{0.0041\times(\sigma_v'-65)+1.0}$$

式中，N_{65}——等价 N 值；

N——土层的 N 值；

σ_v'——土层的有效上载压（kN/m^2）。

⑤基准有效拘束压 σ_{ma}'：

FLIP 中的基准有效拘束压被定义为 $\sigma_{ma}'=98\ kN/m^2$，静止土压系数 K_0 为 0.5 时，可按照以下方法计算相当于 $\sigma_{ma}'=98\ kN/m^2$ 的有效上载压。

根据 $\sigma_{ma}'=\frac{1+K_0}{2}\sigma_v'$ 的关系式，有

$$\sigma_v'=\frac{2}{1+K_0}\sigma_{ma}'$$

⑥推定基准有效拘束压中的 N 值：

相当于平均有效拘束压 $\sigma_{ma}'=98\ kN/m^2$ 的有效上载压 $\sigma_v'=131\ kN/m^2$ 中的 N 值（N_{131}）可按以下方法推定。

$$N_{131}=N_{65}\times[0.0041\times(131-65)+1.0]+0.019\times(131-65)$$

$$N_{131}=5\times[0.0041\times(131-65)+1.0]+0.019\times(131-65)=7.6$$

⑦山土及填埋土的基准初期剪切弹性系数 G_{ma}：

$$G_{ma}=14100\times N_{131}^{0.68}$$

⑧山土及填埋土的体积弹性系数 K_{ma}：

以泊松比 $v=0.33$，根据下式求得。

$$K_{ma}=\frac{2}{3}\times\frac{1+v}{1-2v}G_{ma}$$

⑨山土及填埋土剪切抵抗力角 ϕ_f：

剪切抵抗力角 ϕ_f 按以下步骤进行设定。首先，根据迈尔霍夫的建议式，可由 N 值与有效上载压 σ_v' 的关系，计算相对密度 $D_r=40.8\%$。其次，由图 7-123 所示的砂的剪切抵抗力角 ϕ_f 与相对密度 D_r 的关系，设定 $\phi_f\approx38.5°$。

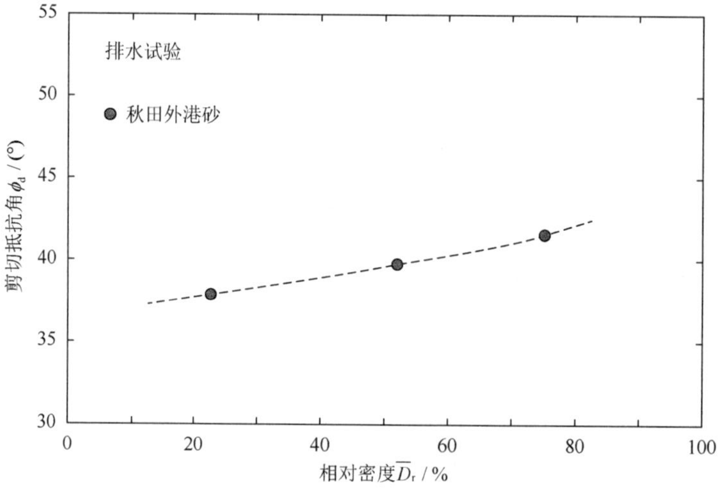

图 7-123　砂的剪切抵抗角和相对密度的关系

$$D_r = 21 \times \sqrt{\frac{100 \times N_{131}}{\sigma_v' + 70}}$$

⑩剪切抵抗力角 ϕ_f（填埋土）：

由废弃物构成的填埋土的力学特性及动态物性主要受废弃物的种类等影响。在本计算案例中，虽然以废弃物护岸为对象，但因填埋土较简单，按砂质土进行了设定。

FLIP 中使用的剪切抵抗力角 ϕ_f 由排水条件中的三轴试验或反复三轴试验中的应力线路的包络线求得。由这些值求得的值因一般呈现出比用于通常设计中的值要大，故本计算案例中的填埋土的剪切抵抗力使用了比用于永久状态及第一水准地震中的变动状态（简易法）的 25°还要大的 30°。

⑪孔隙率 n：

对于砂质土一般可使用 $n = 0.45$。

⑫履历衰减的上限值 h_{max}：

对于砂质土一般可使用 $h_{max} = 0.24$。

2）设定黏性土的物理性质值

①土层中央深度（–26.00 m）的有效覆土厚度压 σ_v'：

$$\sigma_v' = 18\ \text{kN}/\text{m}^3 \times 2.0\ \text{m} + 10\ \text{kN}/\text{m}^3 \times 14.0\ \text{m} + 6.0\ \text{kN}/\text{m}^3 \times 14.0\ \text{m} = 260.00\ \text{kN}/\text{m}^2$$

②建设前的黏着力 c_o：

由土层中心的标高为–26.00 m 可得

$$c_o = 10 + 2.0z (z = 0\ \text{at} - 12.00)$$

③建设后的黏着力 c_o 的考虑方式：

确认建设后的黏性土的应力。这时，相当于排水强度程度（剪切抵抗力角 $\phi_f = 30°$）的强度。

也就是说，将 c_u 作为黏着力，σ'_m 为二维状态下的平均主应力，σ'_v 为对象层中心的有效上载压，静止土压系数 $K_0 = 0.5$ 时为下式的关系。

$$c_u = \sigma'_m \times \sin\phi_f$$

图 7-124 的 C'点为正常压密黏土。

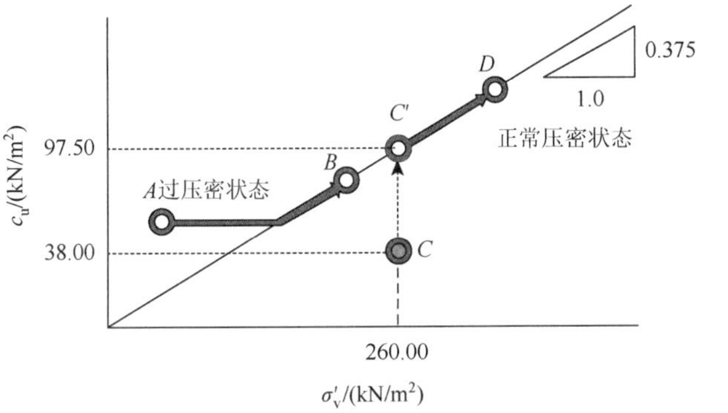

图 7-124　黏性土的评价方法

在建设前的状态中，A 点作为过压密黏土进行评价，C 点作为正常压密黏土进行评价（往 C'点处移动）。

另外，在建设后的状态中，由 A 点到 B 点作为过压密黏土→正常压密黏土进行评价。由 C'点到 D 点作为正常压密黏土进行评价。

④计算建设后的黏着力 c_u：

根据土层中心的有效上载压 $\sigma'_v = 260.0\ \text{kN/m}^2$，

$$c_u = 0.375 \times 260.0\ \text{kN/m}^2 = 97.5\ \text{kN/m}^2$$

这个值比建设前的黏着力 c_o 的值 $38.00\ \text{kN/m}^2$ 要大，故黏性土可作为正常压密状态进行评价。

⑤基准有效拘束压 σ'_{m0}：

$$\sigma'_{m0} = \frac{1+K_0}{2}\sigma'_v = \frac{1+0.5}{2} \times 260.0 = 195.0\ \text{kN/m}^2$$

⑥基准初期剪切弹性系数 G_{ma}：

$$G_{ma} = 340 \times c_u = 340 \times 97.5 = 33150\ \text{kN/m}^2$$

⑦体积弹性系数 K_{ma}：

以泊松比 $v = 0.33$，根据下式求得。

$$K_{ma} = \frac{2}{3} \times \frac{1+v}{1-2v} G_{ma} = \frac{2}{3} \times \frac{1+0.33}{1-2\times 0.33} \times 33150 = 86450\ \text{kN/m}^2$$

⑧孔隙率 n：

对于砂质土一般可使用 $n = 0.55$。

⑨衰减的上限值 h_{max}：

对于砂质土一般可使用 $h_{max}=0.20$。

（2）解析模型及输入地震

1）解析断面

在实施一维有限要素解析时，背面陆地侧自由地基部按图 7-125 所示的解析断面图进行一维模型化。解析模型的下端（支持层上端）上设定表 7-38 所示的底面黏性边界。

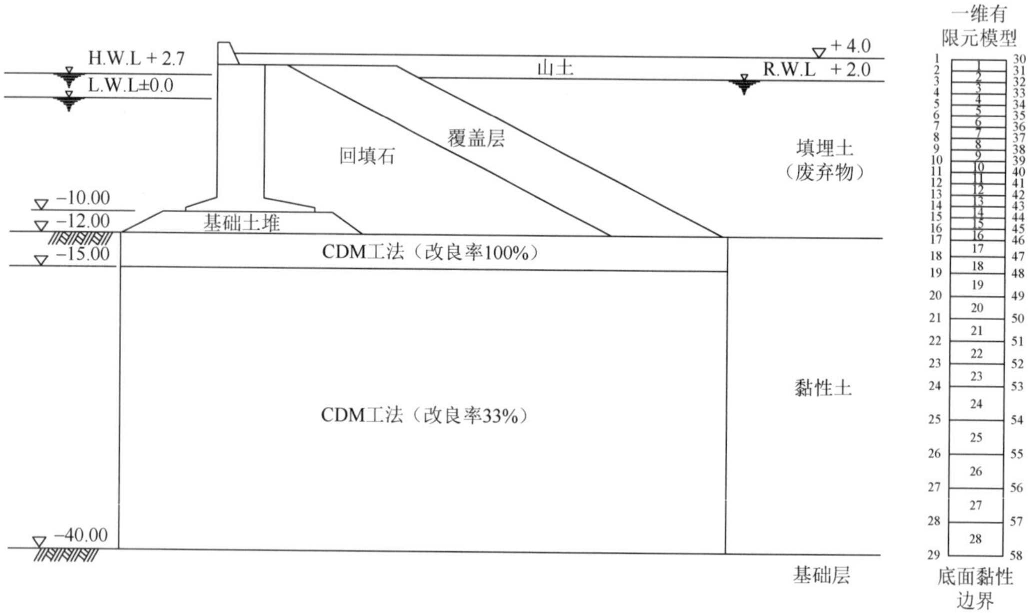

图 7-125　解析断面图（单位：m）

表 7-38　确定底面黏性边界条件的参数

土层区分	单位体积重量/(kN/m^2)	V_p/(m/s)	V_s/(m/s)
底面黏性边界	20.0	1600	300

刚性比例衰减参数 β 作为给予 1%衰减参数的值为

$$\beta=\frac{hT}{\pi}=\frac{0.01\times1.215}{\pi}=0.0039\rightarrow0.003$$

质量比例衰减参数为 $\alpha=0$。

地基固有周期为背面地基的初期固有周期。

2）输入加速度（第一水准地震）

地震比的输入设为支持层上端（黏性边界下端：标高−40 m）。输入地震波形图如图 7-126 所示（最大加速度 $\alpha_{max}=255$ Gal[①]）。

① 1 Gal = 1 cm/s^2。

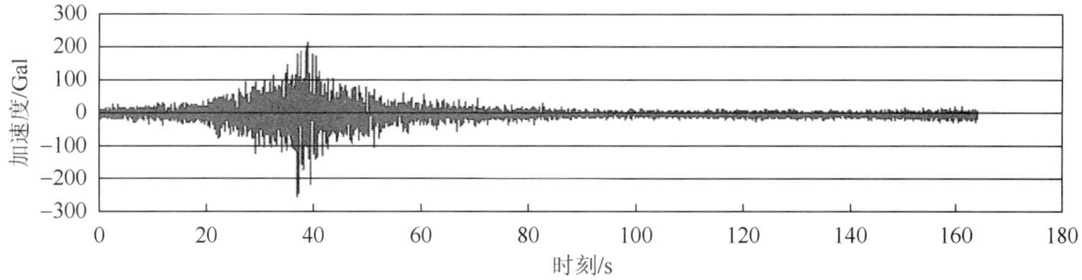

图 7-126 输入地震波形图

（3）一维地震响应分析结果

地面响应加速度波形图如图 7-127 所示，得出最大响应加速度为 138 Gal。

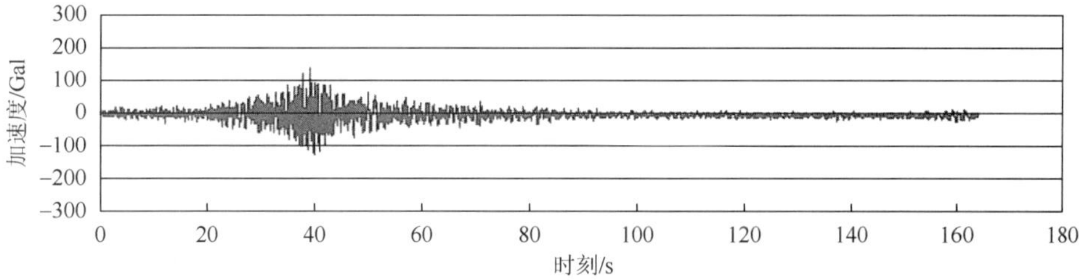

图 7-127 地面响应加速度波形图

7.5.2.2 过滤处理

（1）计算 b

1）计算剪切波速度

①砂质土（填埋土时）的剪切波速度。

基准拘束压 σ'_{ma}：

$$\sigma'_{ma}=\frac{1+K_0}{2}\times\sigma'_v=\frac{1+0.5}{2}\times106.0=79.5\ \text{kN/m}^2$$

砂质土的剪切弹性系数 G_{ma}：

$$G_{ma}=G_{m0}\left(\frac{G'_{ma}}{G'_{m0}}\right)^{0.5}=56000\times\left(\frac{79.5}{98}\right)^{0.5}=50438\ \text{kN/m}^2$$

剪切波速度：根据 $G_{ma}=w/g\times V_{si}^2$，有

$$V_{si}=\left(\frac{G_{ma}}{w/g}\right)^{0.5}=\left(\frac{50438}{20/9.8}\right)^{0.5}=157\ \text{m/s}$$

②黏性土的剪切波速度。

基准拘束压 σ'_{ma}：根据表 7-39，$\sigma'_{ma}=195.0\ \text{kN/m}^2$。

砂质土的剪切弹性系数 G_{ma}：根据表 7-40，$G_{ma}=33150\ \text{kN/m}^2$。

剪切波速度：根据 $G_{ma}=w/g\times V_{si}^2$，有

$$V_{si}=\left(\frac{G_{ma}}{w/g}\right)^{0.5}$$

表 7-39　背后地基的剪切波速

土层区分	层厚 H_i/m	单位体积重量 w/(kN/m²)	有效上载压 σ'_v/(kN/m²)	基准有效约束压 σ'_{ma}/(kN/m²)	基准初期剪切弹性系数 G_{ma}/(kN/m²)	剪切波速 V_{si}/(m/s)
山土（砂质土）	2.0	18.0	18.0	13.5	20 785	106
填埋土（砂质土）	14.0	20.0	106.0	79.5	50 438	157
黏性土	16.0	16.0	260.0	195.0	33 150	142

注：由于填埋土较为简便，设定为砂质土。

表 7-40　沉箱下地基的剪切波速

土层区分	层厚 H_i/m	单位体积重量 w/(kN/m²)	有效上载压 σ'_v/(kN/m²)	基准有效约束压 σ'_{ma}/(kN/m²)	基准初期剪切弹性系数 G_{ma}/(kN/m²)	剪切波速 V_{si}/(m/s)
基础割石	2.0	20.0	106.0	79.5	50 438	157
黏性土	16.0	16.0	260.0	195.0	33 150	142

注：黏性土的剪切波速使用的是背面地基的值。沉箱下地基的剪切波速与背面地基的剪切波速取值相同。

2）计算初期固有周期

①背面地基的初期固有周期 T_b：

$$T_b=4\sum_{i=1}^{n}\frac{H_i}{V_{si}}=4\times(2.0/106+14.0/157+28.0/142)=1.221\text{ s}$$

②沉箱下地基的初期固有周期 T_u：

$$T_u=4\sum_{i=1}^{n}\frac{H_i}{V_{si}}=4\times(2.0/157+28.0/142)=0.840\text{ s}$$

根据壁高 $H=14\text{m}$，b 为

$$b=1.05\frac{H}{H_R}-0.88\frac{Tg_b}{Tg_{bR}}+0.96\frac{Tg_u}{Tg_{uR}}-0.23$$
$$=1.05\times\frac{14.0}{15.0}-0.88\times\frac{1.221}{0.8}+0.96\times\frac{0.840}{0.4}-0.23=1.4229$$

但是，由 $0.04H+0.08\leqslant b\leqslant 0.04H+0.44$ 设为 $H=14\text{ m}$ 时，因 $0.64\leqslant b\leqslant 1.00$，故 $b=1.00$。

（2）滤波处理结果

对根据一维地震响应分析得到的地面响应加速度波形（图 7-127）进行傅里叶变换，对得到的加速度傅里叶频谱乘以滤波后进行傅里叶逆变换。根据这些滤波处理可得滤波处理

后的地面加速度时刻经历波形。滤波处理后的地面加速度时刻经历波形如图 7-128 所示。

$$\alpha_{\mathrm{f}} = 93\ \mathrm{Gal}$$

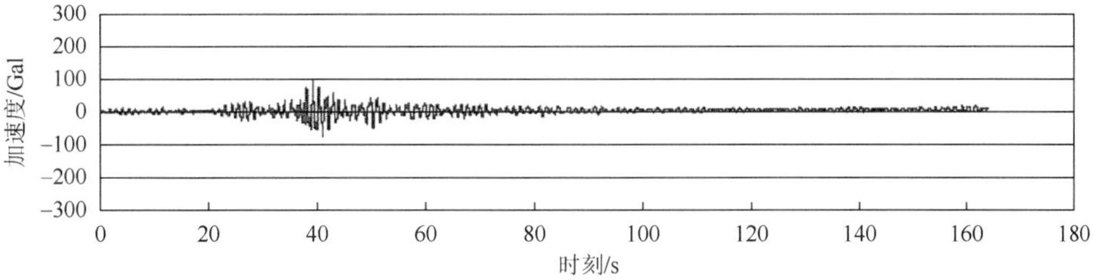

图 7-128　滤波处理后的地面响应加速度波形图

7.5.2.3　地震的持续时间校正

（1）降低系数

降代系数参考“7.3.4.2 第一水准地震的震动状态”，

$$p = 0.36 \times \ln(S / \alpha_{\mathrm{f}}) - 0.29 = 0.36 \times \ln(15.89) - 0.29 = 0.7056$$

$$S = \alpha_{\mathrm{f}} = 15.89$$

（2）持续时间的校正结果

通过对滤波处理得到的滤波后加速度 α_{f} 考虑降低系数可得最大加速度校正值 α_{c}。

$$\alpha_{\mathrm{c}} = p\alpha_{\mathrm{f}} = 0.7056 \times 93 = 66\ \mathrm{Gal}$$

7.5.2.4　计算验算用震度

（1）作用于本体结构的验算用震度的特征值

为考虑改良效果，在计算验算用震度时，将最大加速度校正值 α_{c} 乘上降低系数 0.64。作为第一水准地震中的容许变形量 $D_a = 10\mathrm{cm}$，验算用震度特征值按以下方法计算（其中，D_{r} 为基准位移量 10 cm）。

$$k_{h1} = 1.78 \times \left(\frac{D_a}{D_{\mathrm{r}}}\right)^{-0.55} \times \frac{0.64 \times \alpha_{\mathrm{c}}}{g} + 0.04$$

$$= 1.78 \times \left(\frac{10}{10}\right)^{-0.55} \times \frac{0.64 \times 66}{980} + 0.04 = 0.116$$

因此，$k_{h1} = 0.12$。

（2）作用于地基改良结构的验算用震度的特征值

$$k_{h2} = 0.65 \times k_{h1} = 0.65 \times 0.12 = 0.078$$

因此，$k_{h2} = 0.08$。

（3）地震作用时计算土压的验算用震度

$$k_{h3}=1.78\times\left(\frac{D_a}{D_\mathrm{r}}\right)^{-0.55}\times\frac{\alpha_\mathrm{c}}{g}+0.04$$
$$=1.78\times\left(\frac{10}{10}\right)^{-0.55}\times\frac{66}{980}+0.04=0.160$$

因此，$k_{h3}=0.16$。

7.5.3　设定改良体的强度与各要素

①在设定改良体的设计基准强度时，现场稳定处理土的单轴压缩强度 q_uf 的平均值 $\overline{q}_\mathrm{uf}$ 为 $3340\ \mathrm{kN/m^2}$。这是一般在海上 CDM 工程中的目标值。

$$q_{\mathrm{uc_k}}=(1-K\cdot V/100)\times\overline{q}_\mathrm{uf}=(1-1.0\times 33/100)\times 3340=2238\ \mathrm{kN/m^2}$$

式中，$q_{\mathrm{uc_k}}$——设计基准强度的特征值；
$\overline{q}_\mathrm{uf}$——现场稳定处理土的单轴压缩强度平均值（$=3340\ \mathrm{kN/m^2}$）；
K——系数（通常可取 $K=1.0$）；
V——单轴压缩强度 q_uf 的变动系数（%）（一般可取 $V=33\%$）。

②改良体的各要素：

长壁的比例：

$$R_\mathrm{l}=\frac{L_\mathrm{l}}{L_\mathrm{l}+L_\mathrm{s}}=\frac{1.50}{1.50+3.00}=0.33$$

短壁的比例：

$$R_\mathrm{s}=\frac{L_\mathrm{l}}{L_\mathrm{l}+L_\mathrm{s}}=\frac{3.00}{1.50+3.00}=0.67$$

7.5.4　本体结构的地基反力

根据本体结构的设计计算结果（省略）计算的地基反力特征值如下。

（1）永久状态

主体结构的地基反力（永久状态）示意图见图 7-129。

（2）第一水准地震的变动状态

主体结构的地基反力（第一水准地震时的可变状态）示意图见图 7-130。

7.5.5　评价作用

7.5.5.1　计算模型图

计算模型图见图 7-131。

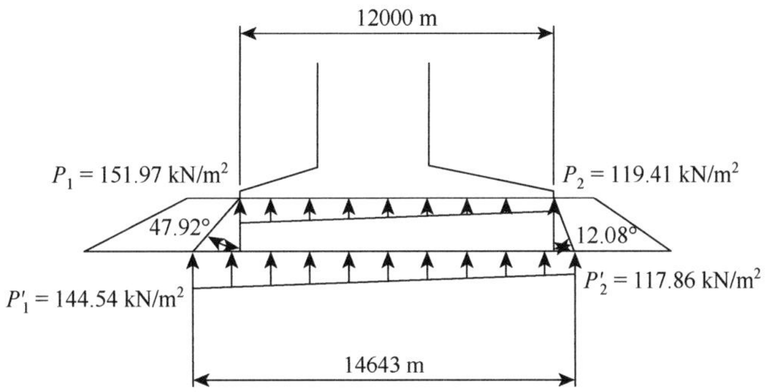

图 7-129　主体结构的地基反力（永久状态）示意图

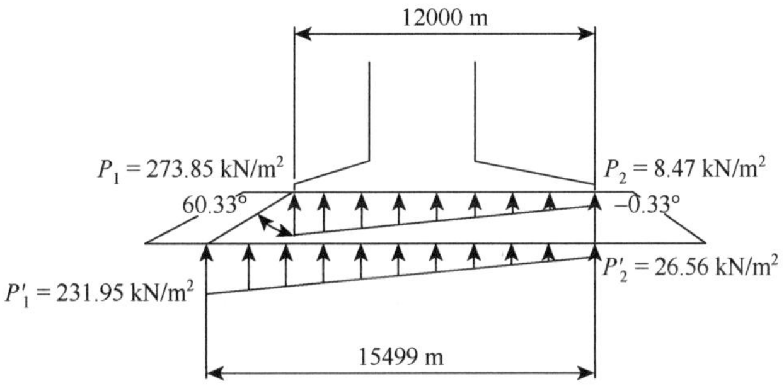

图 7-130　主体结构的地基反力（第一水准地震时的可变状态）示意图

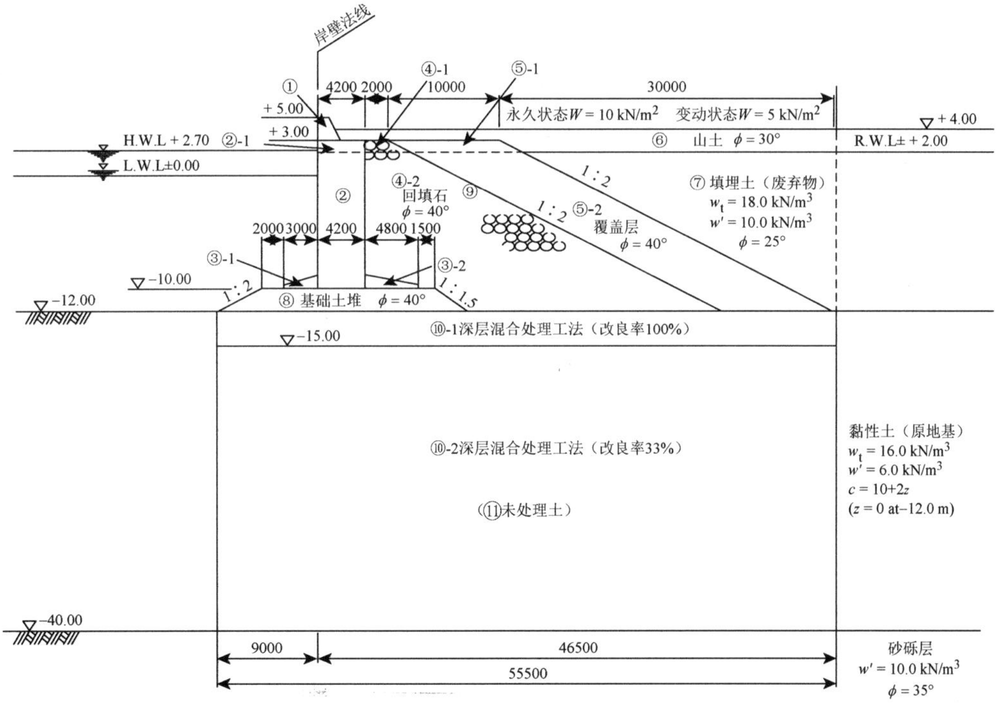

图 7-131　计算模型图

注：尺寸单位为mm，标高单位为m

7.5.5.2　计算特征值与设计用值

（1）各部的自重及惯性力

1）自重及弯矩

自重及弯矩见表 7-41，改良地基系上部荷载及弯矩的特征值见表 7-42，改良地基的重量及弯矩的特征值见表 7-43。

表 7-41　自重及弯矩

序号	名称	重量 W_{i_k} /(kN/m)		*作用距离 x_i/m	弯矩 W_{i_k} x_i/[(kN·m)/m]	
					永久状态	可变状态
①	防波墙	面积 Sw 3.00×23.0	69.00	9.78	674.82	674.82
②-1	沉箱（空中）	4.20×21.3	89.46	11.10	993.01	993.01
②-2	沉箱（水中）	50.40×11.3	569.52	11.10	6 321.67	6 321.67
③-1	基脚海侧（水中）	2.25×14.0	31.50	7.80	245.70	245.70
③-2	基脚陆侧（水中）	3.60×14.0	50.40	15.12	762.05	762.05
④-1	回填石（空中）	3.00×18.0	54.00	16.47	889.38	889.38
④-2	回填石（水中）	232.8×10.0	2 328.00	24.61	57 292.08	57 292.08
⑤-1	覆盖石（空中）	10.00×18.0	180.00	21.20	3 816.00	3 816.00
⑤-2	覆盖石（水中）	140.0×10.0	1 400.00	36.20	50 680.00	50 680.00
⑥	山土（空中）	74.05×18.0	1 332.90	36.18	48 224.32	48 224.32
⑦	填埋土（水中）	200.2×10.0	2 002.00	46.07	92 232.14	92 232.14
⑧	基础墩（水中）	38.0×10.0	380.00	11.49	4 366.20	4 366.20
合计		$\sum W_{i_k}=8486.78$		$\sum W_{i_k}\cdot x_i=$	266 497.37	266 497.37

*：x_i 为重心位置到改良体前趾处的水平距离。

表 7-42　改良地基系上部荷载及弯矩的特征值

序号	名称	重量 W_{i_k} /(kN/m)		*作用距离 x_i/m	W_{i_k} x_i/[(kN·m)/m]
⑨	永久时	10.0×45.00	450.00	33.00	14 850.00
⑨	可变时	5.0×45.00	225.00	33.00	7 425.00

*：x_i 为重心位置到改良体前趾处的水平距离。

表 7-43　改良地基的重量及弯矩的特征值

序号	名称	重量 W_{i_k} /(kN/m)		*作用距离 x_i/m	弯矩 $W_{8(9)_k}$ $x_{8(9)}$ /[(kN·m)/m]	
					永久状态	永久状态
⑩-1	改良部位（第 1 层）	面积 Sw 166.50×6.00	999.00	27.75	27 722.25	27 722.25
⑩-2	改良部位（第 2 层）	面积 $Sw'R_1$ 1387.50×6.00×0.33	2 747.25	27.75	76 236.19	76 236.19

续表

序号	名称	重量 W_{i_k} /(kN/m)		*作用距离 x_i/m	弯矩 $W_{8(9)_k}x_{8(9)}$ /[(kN·m)/m]	
					永久状态	永久状态
⑪	未处理土（第 1 层）	面积 $Sw'R_s$ 1387.50×6.00×0.67	5577.75	27.75	154 782.56	154 782.56
改良部位（⑩-1～2）计		$\sum W_{8_k}$ =3746.25		$\sum W_{8_k}x_8$ =	103 958.44	103 958.44
未处理土（⑪）计		$\sum W_{9_k}$ =5577.75		$\sum W_{9_k}x_9$ =	154 782.56	154 782.56
改良地基有效重量合计		$\sum W_{8_k}+\sum W_{9_k}$ =9324.00		$\sum W_{8_k}x_8+\sum W_{9_k}x_9$ =	258 741.00	258 741.00

*：$x_{8(9)}$ 表示从重心位置到改良体前趾处的水平距离。

2）惯性力

改良地基系上部结构的惯性力及弯矩的特征值见表 7-44，改良地基系上荷载惯性力的特征值见表 7-45，改良地基惯性力及弯矩的特征值见表 7-46。

表 7-44　改良地基系上部结构的惯性力及弯矩的特征值

序号	名称	惯性力 H_{i_k} /(kN/m)		*作用距离 y_i/m	弯矩 $H_{i_k}y_i$ /[(kN·m)/m]
①	防波墙	面积 $Sw'k_{h_{1k}}$ 3.00×23.0×0.12	8.28	43.89	363.41
②-1	沉箱（空中）	4.20×21.3×0.12	10.74	42.50	456.45
②-2	沉箱（水中）	50.40×21.3×0.12	128.82	36.00	4 637.52
③-1	基脚海侧（水中）	2.25×24.0×0.12	6.48	30.42	197.12
③-2	基脚陆侧（水中）	3.60×24.0×0.12	10.37	30.42	315.46
④-1	回填石（空中）	3.00×18.0×0.12	6.48	42.44	275.04
④-2	回填石（水中）	232.80×20.0×0.12	558.72	33.51	18 722.71
⑤-1	覆盖石（空中）	10.00×18.0×0.12	21.60	42.50	918.00
⑤-2	覆盖石（水中）	140.00×20.0×0.12	336.00	35.00	11 760.00
⑥	山土（空中）	74.05×18.0×0.12	159.95	43.11	6 895.45
⑦	填埋土（水中）	200.20×20.0×0.12	480.48	37.28	17 912.29
⑧	基础墩（水中）	38.00×20.0×0.12	91.20	28.94	2 639.33
合计		$\sum H_{i_k}$ =1819.12		$\sum H_{i_k}y_i$ =65092.78	

*：y_i 表示从重心位置到改良体底面的垂直距离。

表 7-45　改良地基系上荷载惯性力的特征值

序号	名称	惯性力 H_{i_k} /(kN/m)		*作用距离 y_i/m	$H_{i_k}y_i$ /[(kN·m)/m]
⑨	上荷载重	5.0×45.00×0.12	27.00	44.00	1 188.00
合计		$\sum H_{i_k}$ =27.00		$\sum H_{i_k}y_i$ =1 188.00	

*：y_i 表示从重心位置到改良体底面的垂直距离。

表 7-46 改良地基惯性力及弯矩的特征值

序号	名称	惯性力 H_{i_k} /(kN/m)		*作用距离 y_i/m	弯矩 $W_{8(9)_k}x_{8(9)}$ /[(kN·m)/m]
⑩-1	改良部位（第 1 层）	$Sw\,K_{h2_k}$ 166.50×16.0×0.08	213.12	26.50	5 647.68
⑩-2	改良部位（第 2 层）	$Sw\,K_{h2_k}\,R_l$** 1 387.5×16.0×0.08×0.33	586.08	12.50	7 326.0
⑪	未处理土（第 1 层）	$Sw\,K_{h2_k}\,R_s$** 1 387.5×16.0×0.08×0.67	1 189.92	12.50	14 874.0
改良部位（⑩-1～2）计		$\sum H_{8_k}=799.20$		$\sum H_{8_k}y_8=12\,973.68$	
未处理土（⑪）计		$\sum H_{9_k}=1\,189.92$		$\sum H_{9_k}y_9=14\,874.0$	
改良地基有效重量合计		$\sum H_{8_k}+\sum H_{9_k}=1\,989.12$		$\sum H_{8_k}y_8+\sum H_{9_k}y_9=27\,847.68$	

*：$y_{i8(9)}$ 表示从重心位置到改良体地面处的垂直距离。

**：R_l 及 R_s 表示改良体长壁与短壁的比例。

因本计算案例的改良率为 33%，故 $R_l=0.33$，$R_s=0.67$。

（2）土压力

1）永久状态下的土压力计算

①砂质土的土压力

砂质土的土压力可用库仑公式计算土压力强度。

主动土压力：

$$p_{ai}=K_{ai}\left[\sum w_i h_i+\frac{\omega\cos\psi}{\cos(\psi-\beta)}\right]\cos\psi$$

$$K_{ai}=\frac{\cos^2(\phi_i-\psi)}{\cos^2\psi\cos(\delta+\psi)\left[1+\sqrt{\dfrac{\sin(\phi_i+\delta)\sin(\phi_i-\beta)}{\cos(\delta+\psi)\cos(\psi-\beta)}}\right]^2}$$

$$\cot(\zeta_i-\beta)=-\tan(\phi_i+\delta+\psi-\beta)+\sec(\phi_i+\delta+\psi-\beta)\sqrt{\frac{\cos(\psi+\delta)\sin(\phi_i+\delta)}{\cos(\psi-\beta)\cos(\phi_i-\beta)}}$$

被动土压力：

$$p_{pi}=K_{pi}\left[\sum w_i h_i+\frac{\omega\cos\psi}{\cos(\psi-\beta)}\right]\cos\psi$$

$$K_{ai}=\frac{\cos^2(\phi_i-\psi)}{\cos^2\psi\cos(\delta+\psi)\left[1+\sqrt{\dfrac{\sin(\phi_i+\delta)\sin(\phi_i-\beta)}{\cos(\delta+\psi)\cos(\psi-\beta)}}\right]^2}$$

$$\cot(\zeta_i-\beta)=\tan(\phi_i-\delta-\psi+\beta)+\sec(\phi_i-\delta-\psi+\beta)\sqrt{\frac{\cos(\psi+\delta)\sin(\phi_i-\delta)}{\cos(\psi-\beta)\cos(\phi_i+\beta)}}$$

②黏性土的土压力

黏性土的土压力可用朗金公式计算土压力强度。

主动土压力：

$$p_{ai} = \sum w_i h_i + \omega - 2C_i$$

被动土压力：

$$p_{pi} = \sum w_i h_i + \omega + 2C_i$$

式中， $p_{ai}(p_{pi})$——i 层下面的主动（被动）土压力（kN/m^2）；

f_i——i 层土的内剪切抵抗角（°）；

w_i——i 层土的单位体积重量（kN/m^3）；

h_i——i 层土的层厚（m）；

$K_{ai}(K_{pi})$——i 层的主（被）动土压力强度系数；

ψ——壁面与垂直方向的角度（°）；

β——地表面与水平方向角度（°）；

δ——壁面剪切抵抗角（°）（主动 = + 15°，被动 = −15°）；

ζ_i——i 层的破坏面与水平方向角度（°）；

ω——地表面单位面积的荷载重（kN/m^2）；

c_i——i 层土的黏聚力（kN/m^2）。

2）计算地震时的土压力

①砂质土的土压力

主动土压力：

$$p_{ai} = K_{ai}\left[\sum w_i h_i + \frac{\omega\cos\psi}{\cos(\psi-\beta)}\right]\cos\psi$$

$$K_{ai} = \frac{\cos^2(\phi_i-\psi-\theta)}{\cos\theta\cos^2\psi\cos(\delta+\psi+\theta)\left[1+\sqrt{\dfrac{\sin(\phi_i+\delta)\sin(\phi_i-\beta-\theta)}{\cos(\delta+\psi+\theta)\cos(\psi-\beta)}}\right]^2}$$

$$\cot(\zeta_i-\beta) = -\tan(\phi_i+\delta+\psi-\beta) + \sec(\phi_i+\delta+\psi-\beta)\sqrt{\frac{\cos(\delta+\psi+\theta)\sin(\phi_i+\delta)}{\cos(\psi-\beta)\sin(\phi_i-\beta-\theta)}}$$

被动土压力：

$$p_{pi} = K_{pi}\left[\sum w_i h_i + \frac{\omega\cos\psi}{\cos(\psi-\beta)}\right]\cos\psi$$

$$K_{pi} = \frac{\cos^2(\phi_i+\psi-\theta)}{\cos\theta\cos^2\psi\cos(\delta+\psi-\theta)\left[1-\sqrt{\dfrac{\sin(\phi_i-\delta)\sin(\phi_i+\beta-\theta)}{\cos(\delta+\psi-\theta)\cos(\psi-\beta)}}\right]^2}$$

$$\cot(\zeta_i-\beta) = \tan(\phi_i-\delta-\psi+\beta) + \sec(\phi_i-\delta-\psi+\beta)\sqrt{\frac{\cos(\psi+\delta-\theta)\sin(\phi_i-\delta)}{\cos(\psi-\beta)\cos(\phi_i+\beta-\theta)}}$$

式中，θ——地震合成角（°）。

$$\theta = \arctan k \quad (水上)$$
$$\theta = \arctan k' \quad (水中)$$

②黏性土的土压力

主动土压力：

$$p_{ai} = \frac{\left(\sum w_i h_i + \omega\right)\sin(\zeta_{ai} + \theta)}{\cos\theta \sin\zeta_{ai}} - \frac{c_i}{\cos\zeta_{ai}\sin\zeta_{ai}}$$

$$\zeta_{ai} = \tan^{-1}\sqrt{1 - \left(\frac{\sum w_i h_i + 2\omega}{2c}\right)\tan\theta}$$

被动土压力：使用永久状态的计算式。

3）水中震度

水下土的第一水准地震变动状态下的土压力一般可通过由下式得到的表面振动来计算。

$$k' = \frac{2\left(\sum w_t h_i + \sum w h_j + \omega\right) + wh}{2\left(\sum w_t h_i + \sum (w-10)h_j + \omega\right) + (w-10)h} \times k$$

式中，h_i——残留水位上 i 层土的厚度（m）；

h_j——残留水位下，土压计算层以上的 j 层土厚度（m）；

h——残留水位下，土压计算层的厚度（m）；

w_t——残留水位上土的单位体积重量（kN/m^3）；

ω——地表面单位面积的荷载重（kN/m^2）；

k——震度；

k'——水中的震度。

（3）土压力计算位置

计算土压力时要计算改良体背面的值，土压力计算位置如图 7-132 所示。

（4）残留水压力

残留水压力要考虑前方水位（L.W.L）与残留水位（R.W.L）的水压差导致的水压力。

$$W_w = w_w \cdot h_w$$

式中，W_w——残留水压力（kN/m^2）；

h_w——残留水位差，填埋土内的水位比前面水位高时，此时的最大水位差（m）；

w_w——水的单位体积重量（kN/m^3）。

$$w_w = \rho_w g = 10.1\,kN/m^3$$

另外，在计算残留水压力的设计用值时，要考虑残留水位（R.W.L）与前方水位（L.W.L）的各部分的系数 γ_{RWL}、γ_{LWL}。

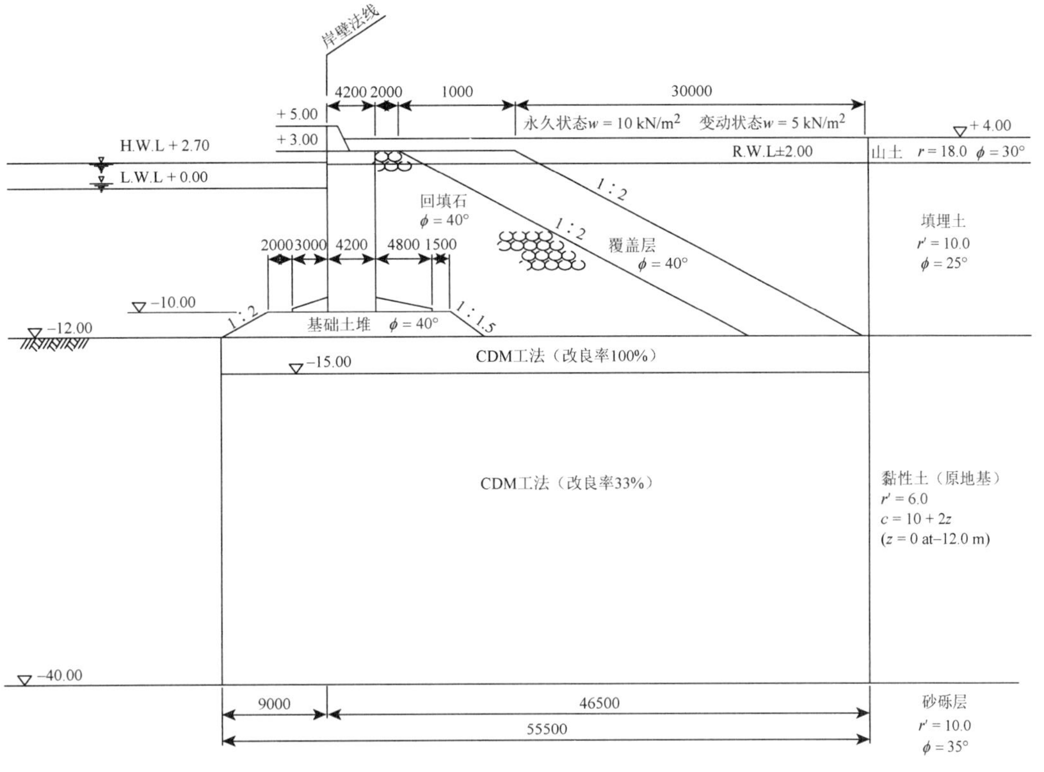

图 7-132　土压力计算位置

注：尺寸单位为 mm，标高单位为 m

$$\gamma_{\mathrm{RWL}} = 1.00$$

$$\gamma_{\mathrm{LWL}} = 1.00$$

$$\mathrm{RWL_d} = \gamma_{\mathrm{RWL}} \cdot \mathrm{R.W.L}$$

$$1.00 \times 2.0 = 2.0\ \mathrm{m}$$

$$\mathrm{LWL_d} = \gamma_{\mathrm{LWL}} \cdot \mathrm{L.W.L}$$

$$1.00 \times 0.0 = 0.0\ \mathrm{m}$$

$$h_{\mathrm{wd}} = \mathrm{RWL_d} - \mathrm{LWL_d}$$

$$P_{\mathrm{wd}} = w_{\mathrm{w}} \cdot h_{\mathrm{wd}}$$

$$10.1 \times (2.00 - 0.0) = 20.2\ \mathrm{kN/m^2}$$

（5）动水压力及弯矩

在第一水准地震的变动状态中，本体结构前方朝着海的一侧有动水压力作用。动水压力可用下式求得。

$$P_{\mathrm{dw}} = \pm \frac{7}{8} k w_{\mathrm{w}} \sqrt{Hy}$$

式中，P_{dw} ——动水压（kN/m^2）；

k ——震度；

w_w ——水（海水）的单位体积重量（$10.1\ kN/m^3$）；

H ——前面水深（m）（沉箱设置水深）；

y ——水面到动水压计算点的深度（m）。

另外，动水压力的合力及作用点位置可根据下式计算。

$$P_{dw} = \pm\frac{7}{12}kw_w H^2\left(=\int_0^H \frac{7}{8}kw_w\sqrt{Hy}\mathrm{d}y\right)$$

$$h_{dw} = \frac{3}{5}H$$

式中，P_{dw} ——动水压力的合力值（kN/m）；

h_{dw} ——水面到动水压力合力作用点的距离（m）。

由以上算式可按照以下方法计算动水压力合力的设计值及弯矩。

计算各要素：前方水深 $H = 10.00\ \mathrm{m}$ 。

1）动水压力（L.W.L 时）的特征值

动水压力合力：

$$\begin{aligned} P_{dw_k} &= \pm\frac{7}{12}\times k_{h1_k}\times w_w\times H^2 \\ &= \pm\frac{7}{12}\times 0.12\times 10.1\times 10.00^2 \\ &= 70.70\ \mathrm{kN/m} \end{aligned}$$

作用位置：

$$h_{dw} = \frac{3}{5}\times 10.00 = 6\ \mathrm{m}\ （标高-6.0\ \mathrm{m}）$$

弯矩：

$$\begin{aligned} P_{dw_k}y_{dw} &= 70.70\times(40.00-6.0) \\ &= 2403.80\ \mathrm{kN/m^2} \end{aligned}$$

2）动水压力合力（L.W.L 时）的设计用值

第一水准地震变动状态下的动水压力设计用值可在考虑验算用震度的部分系数 γ_{kh} 后，在计算 k_h 的设计用值的基础上求得。

验算用震度的设计用值：用于荷载计算于改良地基系的本体结构的动水压力的验算用震度 k_{h1} 。

$$k_{h1_d} = \gamma_{kh}k_{h1_k} = 1.00\times 0.12 = 0.12$$

动水压力合力：

$$
\begin{aligned}
P_{\mathrm{dw_d}} &= \pm\frac{7}{12}\times k_{h1_\mathrm{d}}\times w_\mathrm{w}\times H^2 \\
&= \pm\frac{7}{12}\times 0.12\times 10.1\times 10.00^2 \\
&= 70.70\ \mathrm{kN/m}
\end{aligned}
$$

作用位置：

$$
h_{\mathrm{dw}} = \frac{3}{5}\times 10.00 = 6\ \mathrm{m}\ \text{（标高}-6.0\ \mathrm{m}\text{）}
$$

转矩：

$$
\begin{aligned}
P_{\mathrm{dw_d}} y_{\mathrm{dw}} &= 70.70\times(40.00-6.0) \\
&= 2403.80\ \mathrm{kN/m^2}
\end{aligned}
$$

（6）计算土压力、残留水压力

主动土压力强度（永久状态）的特征值、被动土压力强度（永久状态）的特征值、残留水压力（永久状态）的特征值分别见表 7-47～表 7-49。土压力分布图（永久状态）见图 7-133。

表 7-47　主动土压力强度（永久状态）的特征值

层号	标高/m	层厚 h_i / m	w_i /(kN/m³)	w_ih_i /(kN/m²)	$\sum w_ih_i+\omega$ /(kN/m²)	c/(kN/m²)	φ/(°)	$K_\mathrm{a}\cos\delta$	P_a /(kN/m²)
1	+4.00 +2.00	2.00	18.0	0.00 36.00	10.00 46.00	—	30	0.291	2.91 13.39
2	+2.00 −12.00	14.00	10.0	36.00 176.00	46.00 186.00	—	25	0.291	16.13 65.23
3	−12.00 −40.00	28.00	6.0	176.00 344.00	186.00 354.00	10.0 66.0	—	—	166.00 222.00

表 7-48　被动土压力强度（永久状态）的特征值

层号	标高/m	层厚 h_i / m	w_i /(kN/m³)	w_ih_i /(kN/m²)	$\sum w_ih_i+\omega$ /(kN/m²)	c/(kN/m²)	φ/(°)	$K_\mathrm{p}\cos\delta$	P_p /(kN/m²)
1	−12.00 −40.00	28.00	6.0	0.00 168.00	0.00 168.00	10.00 66.00	—	—	20.00 300.00

主动土压力全力及变矩（永久状态）的特征值见表 7-50。

表 7-49　残留水压力（永久状态）的特征值

层号	标高/m	水位差 $h_{\mathrm{w_k}}$ / m	w_w /(kN/m³)	$P_{\mathrm{w_k}}=w_\mathrm{w}h_{\mathrm{w_k}}$ /(kN/m²)
1	+2.0 ±0.0	2.00	10.1	0.00 20.20
2	±0.0 −40.0	2.00	10.1	20.20 20.20

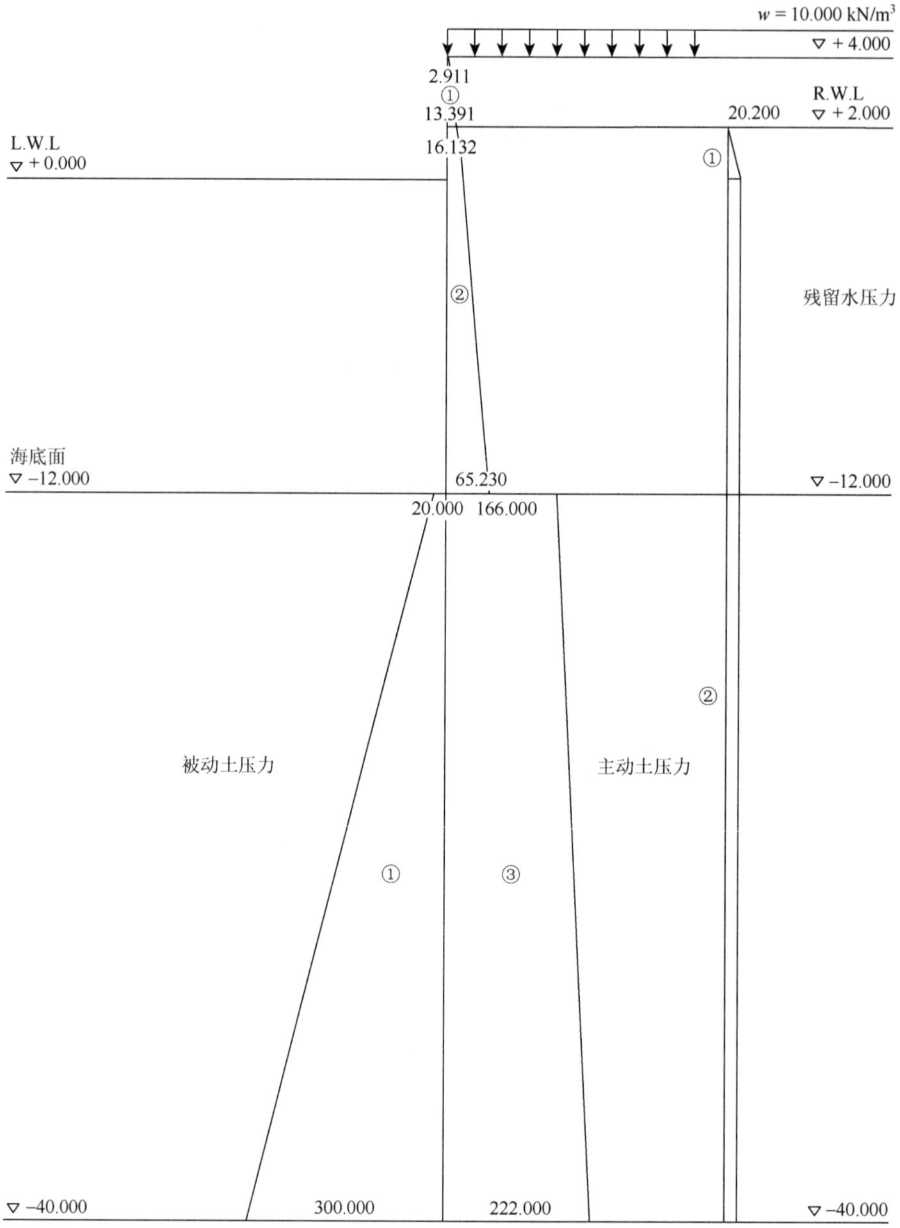

图 7-133　土压力分布图（永久状态）

注：压力单位为 kN/m²，标高单位为 m

主动土压力合力及弯矩（永久状态）的特征值见表 7-50。

表 7-50　主动土压力合力及弯矩（永久状态）的特征值

项目编号	主动土压力 P_{ah_k} /(kN/m)	作用距离 y_a/m	弯矩 P_{ah_k} y_a/[(kN·m)/m]
①	16.30	42.79	697.48
②	569.53	33.59	19 130.51

续表

项目编号	主动土压力 P_{ah_k} /(kN/m)	作用距离 y_a/m	弯矩 P_{ah_k} y_a/[(kN·m)/m]
③	5432.0	13.33	72 408.56
合计	$\sum P_{ah_k}$(①～②) = 585.83（砂质土部计）		
	$\sum P_{ah_k}$(①～③) = 6 017.83	$\sum P_{ah_k} y_a$(①～③) = 92 236.55	

垂直方向的主动土压力合力的特征值 P_{ah_k} 是在以砂质土层①～②为对象的情况下计算的。

$$\sum P_{ah_k}(①\sim②)\times\tan\delta = 585.83\times\tan(15°) = 156.97\ \text{kN/m}^2$$

被动土压力合力及弯矩（永久状态）的特征值、残留水压力及弯矩（永久状态）的特征值、残留水压及弯矩（永久状态）的设计值分别见表 7-51～表 7-53。

表 7-51 被动土压力合力及弯矩（永久状态）的特征值

项目编号	被动土压力 P_{ph_k} /(kN/m)	作用距离 y_p/m	弯矩 P_{ah_k} y_p/[(kN·m)/m]
①	4480.00	9.92	44 441.60
合计	$\sum P_{ph_k}$ = 4480.00	$\sum P_{ph_k} y_p$ = 44 441.60	

表 7-52 残留水压力及弯矩（永久状态）的特征值

项目编号	残留水压力 P_{w_k} /(kN/m)	作用距离 y_w/m	弯矩 P_{w_k} y_w/[(kN·m)/m]
①	20.2	40.67	821.53
②	808.0	20.00	16 160.0
合计	$\sum P_{w_k}$ = 828.2	$\sum P_{w_k} y_w$ = 16 981.53	

表 7-53 残留水压及弯矩（永久状态）的设计值

项目编号	残留水压力 P_{w_d} /(kN/m)	作用距离 y_w/m	弯矩 P_{w_d} y_w/[(kN·m)/m]
①	20.2	40.67	821.53
②	808.0	20.00	16 160.0
合计	$\sum P_{w_d}$ = 828.2	$\sum P_{w_d} y_w$ = 16 981.53	

第一水准地震时的可变状态的被动土压力及残留水压力与永久状态相同。

第一水准地震相关的可变状态的被动土压及残留水压力与永久状态时的值相同。

主动土压力合力的垂直方向分力 P_{av_k} 是在以砂质土层①～②为对象的情况下计算的。

$$P_{av_k} = \sum P_{ah_k}(①\sim②)\times\tan\delta = 945.28\times\tan 15° = 253.29\text{kN/m}^2$$

土压力分布图（第一水准地震时的变动状态）见图 7-134。

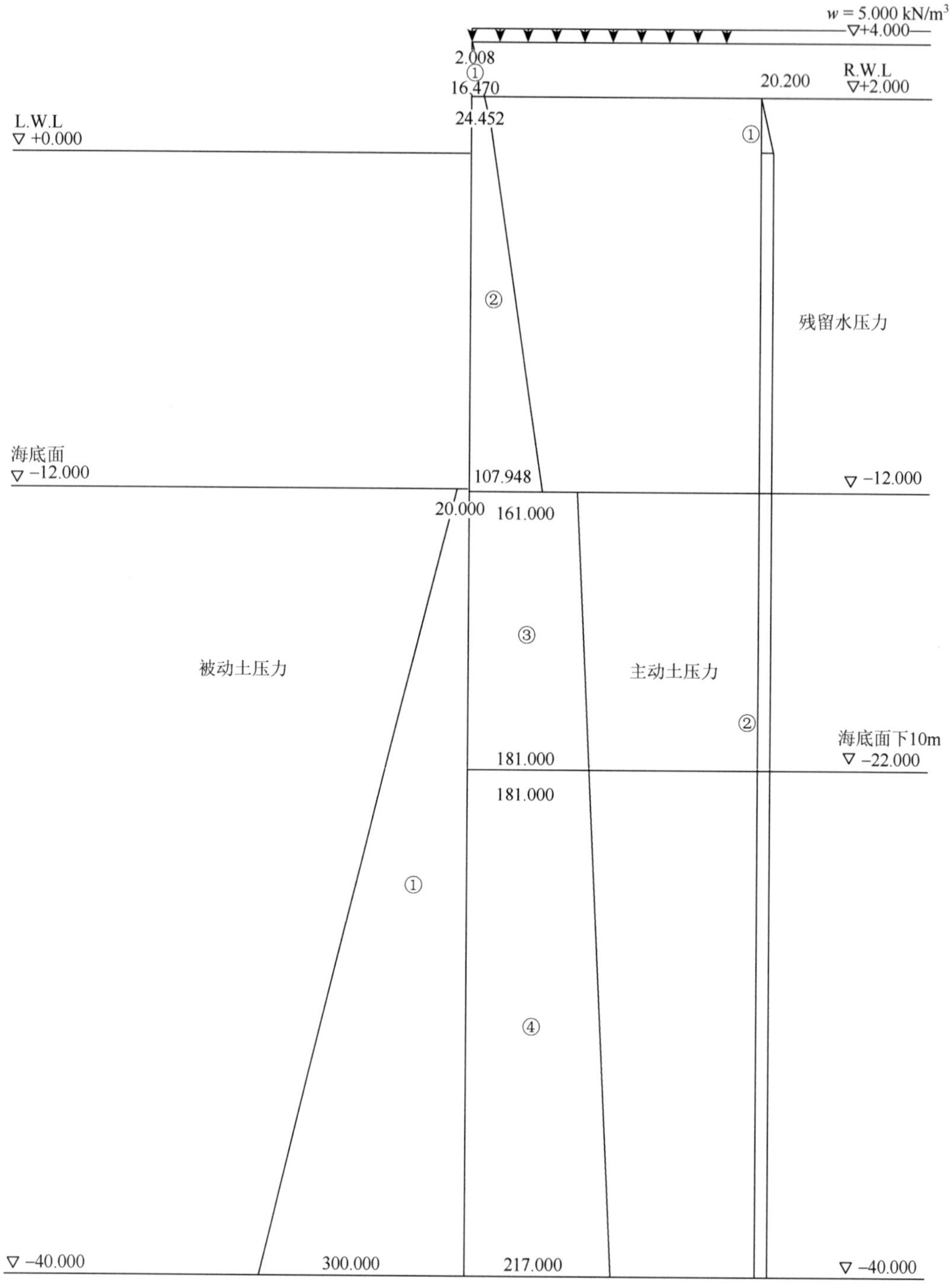

图 7-134　土压力分布图（第一水准地震时的变动状态）

注：土压力单位为 kN/m²，标高单位为 m

主动土压力强度（与第一水准地震相关的变动状态）的特征值、主动土压力及弯矩（与第一水准地震相关的变动状态）的特征值、被动土压力及弯矩（与第一水准地震相关的变动状态）的特征值分别见表 7-54～表 7-56。

表 7-54 主动土压力强度（与第一水准地震相关的变动状态）的特征值

层号	标高/m	层厚 h_i/m	w_i /(kN/m^3)	w_ih_i /(kN/m^2)	$\sum w_ih_i+\omega$ /(kN/m^2)	c /(kN/m^2)	φ/(°)	$K_a\cos\delta$	P_a /(kN/m^2)
1	+4.00 +2.00	2.00	18.0	0.00 36.00	5.00 41.00	—	30	0.402	2.01 16.47
2	+2.00 −12.00	14.00	10.0	36.00 176.00	41.00 181.00	—	25	0.596	24.45 107.95
3	−12.00 −22.00	10.00	6.0	176.00 236.00	181.00 241.00	10 30	—	—	161.00 181.00
4	−22.00 −40.00	18.00	6.0	236.00 344.00	241.00 349.00	30 66	—	—	181.00 217.00

表 7-55 主动土压力合力及弯矩（与第一水准地震相关的变动状态）的特征值

项目编号	主动土压力 P_{ah_k}/(kN/m)	作用距离 y_a/m	弯矩 $P_{ah_k}y_a$/[(kN·m)/m]
①	18.48	42.74	789.84
②	926.80	33.53	31 075.60
③	1 710.00	22.90	39 159.00
④	3 582.00	8.73	31 270.86
合计	$\sum P_{ah_k}$(①~②) = 945.28（砂质土部计）		
	$\sum P_{ah_k}$(①～④) = 6 237.28	$\sum P_{ah_k}y_a$(①～④) = 102 295.30	

表 7-56 被动土压力合力及弯矩（与第一水准地震相关的变动状态）的特征值

项目编号	被动土压力 P_{ph_k}/(kN/m)	作用距离 y_p/m	弯矩 $P_{ah_k}y_p$/[(kN·m)/m]
①	4 480.00	9.92	44 441.60
合计	$\sum P_{ph_k}$ = 4 480.00	$\sum P_{ph_k}y_p$ = 44 441.60	

（7）侧面附着力的特征值

对改良地基系进行稳定验算时，要考虑主动侧与被动侧的侧面附着力。侧面附着力的计算模型如图 7-135 所示，主动侧侧面黏聚力的特征值如表 7-57 所示，被动侧侧面黏聚力的特征值如表 7-58 所示。

7.5.6 外部稳定的验算

7.5.6.1 滑动

（1）要考虑的滑动模式

对壁式改良进行性能验算时，要确保稳定处理土（长壁）有足够的剪切强度，也就是

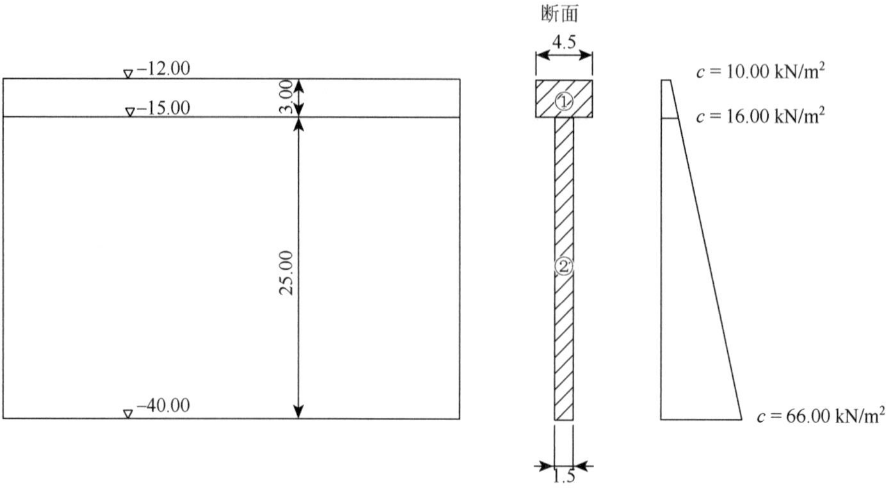

图 7-135　侧面附着力的计算模型（单位：m）

表 7-57　主动侧侧面黏聚力的特征值

编号	主动侧的平均黏聚力 $c_{a_k}=1/2\times(c_{a_k}i+c_{a_k}j)$ /(kN/m²)	作用面积 A/(m²/m)	侧面附着力 $c_{ua_k}A$ /(kN/m)
①	$c_{a_k}i$　$c_{a_k}j$ 1/2×(10.00 + 16.00) = 13.00	(R_l+R_S) (15.00–12.00)×1.0 = 3.00	39.00
②	1/2×(16.00 + 66.00) = 41.00	R_l (40.00–15.00)×0.33 = 8.25	338.25
合计	$\sum C_{ua_k}=377.25$		

表 7-58　被动侧侧面黏聚力的特征值

编号	主动侧的平均黏聚力 $c_{p_k}=1/2\times(c_{p_k}i+c_{p_k}j)$ /(kN/m²)	作用面积 A/(m²/m)	侧面附着力 $c_{up_k}A$ /(kN/m)
①	$c_{p_k}i$　$c_{p_k}j$ 1/2×(10.00 + 16.00) = 13.00	(R_l+R_S) (15.00–12.00)×1.0 = 3.00	39.00
②	1/2×(16.00 + 66.00) = 41.00	R_l (40.00–15.00)×0.33 = 8.25	338.25
合计	$\sum C_{ua_k}=377.25$		

说，作为滑动抵抗力，要对凭借改良地基地面整体的摩擦抵抗力能确保稳定时（滑动模式 1），以及凭借长壁下方的摩擦抵抗力及壁间未改良土的剪切抵抗力的合力确保稳定性时（滑动模式 2）这两种进行确认，如图 7-136 所示。

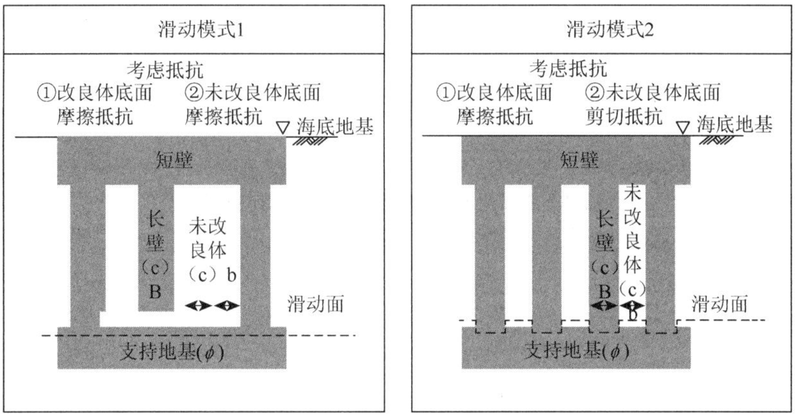

图 7-136　滑动模式

（2）永久状态

永久状态计算简表见表 7-59。

表 7-59　永久状态计算简表

	抵抗值 R	荷载值 S
滑动模式 1	$P_{\text{ph}_\text{d}}=\gamma_{\text{ph}_\text{k}}P_{\text{ph}_\text{k}}$ $=0.90\times4480.00=4032.0\ \text{kN/m}$ $R_{1_\text{d}}=\gamma_\mu\mu_\text{k}\times(\Sigma\gamma_{W_i}W_{i_\text{k}}+\gamma_{W_8}W_{8_\text{k}}+\gamma_{P\text{av}}P_{\text{av}_\text{k}}-$ $\gamma_{P\text{pv}}P_{\text{pv}_\text{k}}+\gamma_{C_\text{ua}}C_{\text{ua}_\text{k}}-\gamma C_\text{up}C_{\text{up}_\text{k}})$ $=0.70\times0.70\times(1.00$ $\times(8486.78+450.00)+1.00\times$ $3746.25+1.00\times156.97-1.00$ $\times0.0+1.00\times377.25-1.00\times377.25)$ $=0.70\times0.70\times12840.00$ $=6291.60\ \text{kN/m}$ $R_{2_\text{d}}=\gamma_\mu\mu_\text{k}\times\Sigma\gamma_{W_9}\cdot W_{9_\text{k}}$ $=0.70\times0.70\times1.00\times5577.75$ $=2733.10\ \text{kN/m}$ $R=P_{\text{ph}_\text{d}}+R_{1_\text{d}}+R_{2_\text{d}}$ $=4032.00+6291.60+2733.10$ $=13056.70\ \text{kN/m}$	$P_{\text{ah}_\text{d}}=\gamma_{\text{pa}_\text{h}}P_{\text{ph}_\text{k}}$ $=1.15\times6017.83$ $=6920.50\ \text{kN/m}$ $P_{\text{w}_\text{d}}=828.20\ \text{kN/m}$ $S=\gamma_\text{a}\gamma_i(P_{\text{ah}_\text{d}}+P_{\text{w}_\text{d}})$ $=1.00\times1.00\times(6920.50+828.20)$ $=7748.70\ \text{kN/m}$
	验算：$R=13\ 056.70\text{kN/m}>S=7748.70\ \text{kN/m}$　…OK	
滑动模式 2	$P_{\text{ph}_\text{d}}=\gamma_{P\text{ph}}P_{\text{ph}_\text{k}}$ $=0.85\times4480.00=3808.00\ \text{kN/m}$ $R_{1_\text{d}}=0.75\times0.70\times12840.00$ $=6741.00\ \text{kN/m}$ $R_{3_\text{d}}=\gamma_{c_\text{u}}c_{\text{u}_\text{k}}\times B\times R_\text{s}$ $=0.80\times66.00\times55.50\times0.67$ $=1963.37\ \text{kN/m}$ $R=P_{\text{ph}_\text{d}}+R_{1_\text{d}}+R_{3_\text{d}}$ $=3808.00+6741.00+1963.37$ $=12512.37\ \text{kN/m}$	$S=\gamma_\text{a}\gamma_i(P_{\text{ah}_\text{d}}+P_{\text{w}_\text{d}})$ $=1.00\times1.00\times(6920.50+828.20)$ $=7748.70\ \text{kN/m}$
	验算：$R=12512.37\ \text{kN/m}>S=7748.70\ \text{kN/m}$　…OK	

（3）第一水准地震的变动状态

第一水准地震的变动状态计算简表见表 7-60。

表 7-60　第一水准地震的变动状态计算简表

	抵抗值 R	荷载值 S
滑动模式 1	$P_{\mathrm{ph_d}}=\gamma_{\mathrm{ph_k}}P_{\mathrm{ph_k}}$ $=1.00\times4480.00=4480.00\ \mathrm{kN/m}$ $R_{1_d}=\gamma_\mu\mu_k\times(\Sigma\gamma_{W_i}\cdot W_{i_k}+\gamma_{W_8}W_{8_k}+\gamma_{P_{av}}P_{\mathrm{av_k}}-$ $\gamma_{Ppv}P_{\mathrm{pv_k}}+\gamma_{C_{ua}}C_{\mathrm{ua_k}}-\gamma_{Cup}C_{\mathrm{up_k}})$ $=1.00\times0.70\times(1.00$ $\times(8486.78+225.00)+1.00$ $\times3746.25+1.00\times253.29-1.00$ $\times0.0+1.00\times377.25-1.00\times377.25)$ $=1.00\times0.70\times12711.32$ $=8897.92\ \mathrm{kN/m}$ $R_{2_d}=\gamma_\mu\mu_k\times\Sigma\gamma_{W_9}\cdot W_{9_k}$ $=1.00\times0.700\times1.00\times5577.75$ $=3904.43\ \mathrm{kN/m}$ $R=P_{\mathrm{ph_d}}+R_{1_d}+R_{2_d}$ $=4480.00+8897.92+3904.43$ $=17282.35\ \mathrm{kN/m}$	$P_{\mathrm{ah_d}}=\gamma_{\mathrm{pa_h}}P_{\mathrm{ph_k}}$ $=1.00\times6237.28=6237.28\ \mathrm{kN/m}$ $P_{\mathrm{w_d}}=828.20\ \mathrm{kN/m}$ $\mathrm{P}_{\mathrm{dw_d}}=70.70\ \mathrm{kN/m}$ $H_{i_d}=\gamma_{k_{h1}}k_{h_1}\times(\Sigma\gamma_{W_{ni}}W_{ni_k}+\gamma_{k_{h2}}k_{h2_k})$ $\times(\gamma_{W_{n8}}W_{n8_k}+\gamma_{W_{n9}}W_{n9_k})$ $=1.00\times(1819.12+27.00)+1.00$ $\times799.2+1.00\times1189.92$ $=3835.24\ \mathrm{kN/m}$ $S=\gamma_a\gamma_i(P_{\mathrm{ah_d}}+P_{\mathrm{w_d}}+P_{\mathrm{dw_d}}+H_{i_d})$ $=1.00\times1.00\times(6237.28$ $+828.20+70.70+3835.24)$ $=10961.42\ \mathrm{kN/m}$
	验算：$R=17282.35\ \mathrm{kN/m}>S=10961.42\ \mathrm{kN/m}\cdots\mathrm{OK}$	
滑动模式 2	$P_{\mathrm{ph_d}}=4480.00\ \mathrm{kN/m}$ $R_{1_d}=8897.92\ \mathrm{kN/m}$ $R_{3_d}=\gamma_{C_u}C_{\mathrm{u_k}}\times B\times R_s$ $=1.00\times66.00\times55.50\times0.67$ $=2454.21\ \mathrm{kN/m}$ $R=P_{\mathrm{ph_d}}+R_{1_d}+R_{3_d}$ $=4480.00+8897.92+2454.21$ $=15832.13\ \mathrm{kN/m}$	$S=\gamma_a\gamma_i(P_{\mathrm{ah_d}}+P_{\mathrm{w_d}}+P_{\mathrm{dw_d}}+H_{i_d})$ $=1.00\times1.00\times(6237.28$ $+828.20+70.70+3825.24)$ $=10961.42\ \mathrm{kN/m}$
	验算：$R=15832.13\ \mathrm{kN/m}>S=10961.42\ \mathrm{kN/m}\cdots\mathrm{OK}$	

7.5.6.2　倾覆

倾覆的计算简表见表 7-61、表 7-62。

表 7-61　倾覆的计算简表（滑动模式 1）

	抵抗值 R	荷载值 S
滑动模式 1	$P_{ph_d}y_p=\gamma_{ph_k}P_{ph_k}y_p$ $=0.85\times44441.60$ $=37775.36$ kN/m $\Sigma W_{i_d}x_i=\Sigma\gamma_{W_i}W_{i_k}x_i$ $=1.00\times(266497.37+14850.00)$ $=281347.37$ kN/m $W_{8_d}x_8=\gamma_{W_8}W_{8_k}x_8=1.00\times103958.44$ $=103958.44$ kN/m $W_{9_d}x_9=\gamma_{W_8}W_{8_k}x_8=1.00\times154782.56$ $=154782.56$ kN/m $P_{av_d}x_{av}=\gamma_{Pav}P_{av_k}x_{av}$ $=1.00\times156.97\times55.50$ $=8711.84$ kN/m $C_{ua_d}xC_{ua}=\gamma_{C_{ua}}C_{ua_k}x_{C_{ua}}$ $=1.00\times377.25\times55.50$ $=20937.38$ kN/m $R=P_{ph_d}y_p+\Sigma W_{i_d}x_i+W_{8_d}x_8+W_{9_d}x_9$ $+P_{av_d}x_{av}+C_{ua_d}x_{C_{ua}}$ $=37775.36+281347.37$ $+103958.44+154782.56$ $+8711.84+20937.38$ $=607512.95$ kN/m	$P_{ah_d}y_a=\gamma_{P_{ah}}P_{ah_k}y_a$ $=1.25\times92236.55$ $=115295.69$ kN/m $P_{w_d}y_w=\gamma_{Pw}P_{w_k}y_w$ $=1.00\times16981.53$ $=16981.53$ kN/m $S=\gamma_i\gamma_a(P_{ah_d}y_a+P_{w_d}y_w)$ $=1.00\times1.00$ $\times(115295.69+16981.53)$ $=132277.22$ kN/m
	$R=607512.95$ kN/m $>S=132277.22$ kN/m…OK	

表 7-62　倾覆的计算简表（滑动模式 2）

	抵抗值 R	荷载值 S
滑动模式 2	$P_{ph_d}y_p=\gamma_{Pph}P_{ph_k}y_p$ $=1.00\times44441.60$ $=44441.60$ kN/m $\Sigma W_{i_d}\cdot x_i=\Sigma\gamma W_iW_{i_k}x_i$ $=1.00\times(266497.37+7425.00)$ $=273922.37$ kN/m $W_{8_d}x_8=\gamma_{W_8}W_{8_k}x_8=1.00\times103958.44$ $=103958.44$ kN/m $W_{9_d}x_9=\gamma_{W_8}W_{8_k}x_8=1.00\times154782.56$ $=154782.56$ kN/m	$P_{ah_d}y_a=\gamma_{Pah}P_{ah_k}y_a$ $=1.00\times102295.30$ $=102295.30$ kN/m $P_{w_d}y_w=\gamma_{Pw}P_{w_k}y_w$ $=1.00\times16981.53$ $=16981.53$ kN/m

续表

	抵抗值 R	荷载值 S
滑动模式2	$P_{av_d}x_{av}=\gamma_{P_{av}}P_{av_k}x_{av}$ $=1.00\times253.29\times55.50$ $=14057.60$ kN/m $C_{ua_d}x_{C_{ua}}=\gamma_{C_{ua}}C_{ua_k}x_{C_{ua}}$ $=1.00\times377.25\times55.50$ $=20937.38$ kN/m $R=P_{ph_d}y_p+\Sigma W_{i_d}x_i+W_{8_d}x_8+W_{9_d}x_9$ $+P_{av_d}x_{av}+C_{ua_d}x_{C_{ua}}$ $=44441.60+273922.37$ $+103958.44+154782.56$ $+14057.60+20937.38$ $=612099.95$ kN/m	$P_{dw_d}y_{dw}=\gamma_{P_{dw}}P_{dw_k}y_{dw}$ $=1.00\times2403.80$ $=2403.80$ kN/m $\Sigma H_{i_d}\cdot y_i=\gamma_{H_i}\Sigma H_{i_k}y_i$ $=1.00\times(65092.78+1188.00$ $+27847.68)$ $=94128.46$ kN/m $S=\gamma_i\gamma_a(P_{ah_d}y_a+P_{w_d}y_w+P_{dw_d}y_{dw}$ $\Sigma H_{i_d}y_i)$ $=1.00\times1.10\times(102295.30$ $+16981.53+2403.80+94128.46)$ $=237470.14$ kN/m
	$R=612099.95$ kN/m $>S=237470.14$ kN/m…OK	

7.5.6.3　支持力

（1）改良地基的地基反力

计算改良地基的地基反力的偏心距离e时，作为抵抗力转矩可认为是长壁间未改良土与改良土作为整体进行反应，可认为是未处理土的有效重量带来的转矩。另外，第一水准地震变动状态下的倾覆转矩可认为是作用于长壁间未处理土的惯性力的转矩。

1）永久状态

$$e=\frac{B}{2}-\frac{P_{ph_k}\cdot y_p+\Sigma W_{i_k}\cdot x_i+W_{8_k}\cdot x_8+W_{9_k}\cdot x_9+P_{av_k}\cdot x_{av}+C_{ua_k}\cdot x_{C_{ua}}-(P_{ah_k}\cdot y_a+P_{w_k}\cdot y_w)}{\Sigma W_{i_k}+W_{8_k}+W_{9_k}P_{av_k}+C_{ua_k}-C_{up_k}}$$

$$=\frac{55.50}{2}-\frac{4441.60+26697.37+14850.00+103958.44+154782.56+8711.84+20937.38-(92236.55+16981.53)}{(8486.78+450.00+3746.25+5577.75)+156.97+377.25-377.25}$$

$$=27.75-\frac{504961.10}{18417.75}$$

$$=0.33\text{ m}<\frac{B}{6}=\frac{55.50}{6}=9.250\text{ m}$$

$$\left.\begin{matrix}t_{1k}\\t_{2k}\end{matrix}\right\}=\frac{\Sigma W_{i_k}+W_{8_k}+P_{av_k}+C_{up_k}}{B\times R_L}\times\left(1\pm\frac{6\times e}{35.00}\right)$$

$$=\frac{8486.78+450.00+3746.25+156.97+377.25-377.25}{55.50\times0.33}\times\left(1\pm\frac{6\times0.333}{55.50}\right)$$

$$=\frac{12\,840.00}{18.315}\times(1\pm0.036)=\begin{cases}726.30\text{ kN/m}^2\\675.83\text{ kN/m}^2\end{cases}$$

$$\left.\begin{matrix}t_{1d}\\t_{2d}\end{matrix}\right\}=\gamma_{t1,2}(=1.05)\times\begin{cases}t_{1k}\\t_{2k}\end{cases}=\begin{cases}762.62\text{kN/m}^2\\709.62\text{kN/m}^2\end{cases}$$

2）第一水准地震的变动状态

$$e=\frac{B}{2}-\frac{P_{\mathrm{ph}_k}\cdot y_{\mathrm{p}}+\Sigma W_{i_k}\cdot x_i+w_{8_k}\cdot x_8+W_{9_k}\cdot x_9+P_{\mathrm{av}_k}\cdot C_{\mathrm{ua}_k}\cdot x_{C_{\mathrm{ua}}}f-(P_{\mathrm{ah}_k}\cdot y_{\mathrm{a}}+P_{\mathrm{w}_k}\cdot y_{\mathrm{w}}+P_{\mathrm{dw}_k}\cdot y_{\mathrm{dw}}+\Sigma H_{i_k}\cdot y_t)}{\Sigma\gamma_i\cdot W_{i_k}+W_{8_k}+W_{9_k}+P_{\mathrm{av}_k}+C_{\mathrm{ua}_k}-C_{\mathrm{up}_k}}$$

$$=\frac{55.50}{2}-\frac{44441.60+273922.37+103958.44+154782.56+14057.60+20937.38-(102295.30+16981.53+2403.80+94128.46)}{8486.78+225.00+3746.25+5577.75+253.29+377.25-377.25}$$

$$=27.75-\frac{612\,099.94-215\,809.09}{18\,289.07}$$

$$=27.75-21.668=6.082<\frac{B}{6}=\frac{55.50}{6}=9.250\ \mathrm{m}$$

$$\left.\begin{matrix}t_{1\mathrm{k}}\\t_{2\mathrm{k}}\end{matrix}\right\}=\frac{8486.78+225.00+3746.25+253.29+377.25-377.25}{55.50\times0.33}\times\left(1\pm\frac{36.491}{55.50}\right)$$

$$=\frac{12\,711.32}{18.315}\times(1\pm0.657)=\begin{matrix}1150.02\ \mathrm{kN/m^2}\\238.06\ \mathrm{kN/m^2}\end{matrix}$$

$$\left.\begin{matrix}t_{1\mathrm{d}}\\t_{2\mathrm{d}}\end{matrix}\right\}=\gamma_{t1,2}(=1.00)\times\begin{matrix}1150.02\\236.06\end{matrix}=\begin{matrix}1150.02\ \mathrm{kN/m^2}\\238.06\ \mathrm{kN/m^2}\end{matrix}$$

（2）支持地基的支持力

在壁式改良地基中，支持地基为砂质土时的支持力可认为是长壁相互的干涉效果，可对端趾压 t_1 及 t_2 进行验算。

由 $\eta=\dfrac{L_1}{L_1+L_{\mathrm{s}}}=\dfrac{1.50}{1.50+3.00}=\dfrac{1}{3}$ 得出：

$3\leqslant\dfrac{1}{\eta}$ 时

$$q_{\mathrm{a}}=q_{\mathrm{ap}_{\mathrm{d}}}+q_{\mathrm{ar1}_{\mathrm{d}}}$$

$$\begin{aligned}q_{\mathrm{ap}_{\mathrm{d}}}&=\gamma_R p_{0_{\mathrm{d}}}(N_{q_{\mathrm{d}}}-1)+p_{0_{\mathrm{d}}}\\&=0.40\times168.00\times(31-1)+168.00\\&=2184.00\mathrm{kN/m^2}\end{aligned}$$

式中，γ_R——砂质土地基的支持力相关的部分系数（通常在 0.4 以下，此处假定为 0.4）；

$N_{q_{\mathrm{d}}}$——支持力系数（假定 $N_q=31$，$\phi=35°$）；

$p_{0_{\mathrm{d}}}$——前面侧地基（–42 m）的有效土被动压力（$p_{0_{\mathrm{d}}}=6.0\times28.0=168.00\ \mathrm{kN/m^2}$）。

$$\begin{aligned}q_{\mathrm{ap1}_{\mathrm{d}}}&=\frac{1}{2}\gamma_R w_B L_1 N_{\gamma\mathrm{d}}\\&=1/2\times0.4\times10.00\times1.50\times35.0\\&=105.00\ \mathrm{kN/m^2}\end{aligned}$$

式中，$N_{\gamma_{\mathrm{d}}}$——支持力系数（假定 $N_q=35$，$\phi=35°$）（图 7-137）；

γ_R——砂质土地基的支持力相关的部分系数（通常在 0.4 以下，此处假定为 0.4）；

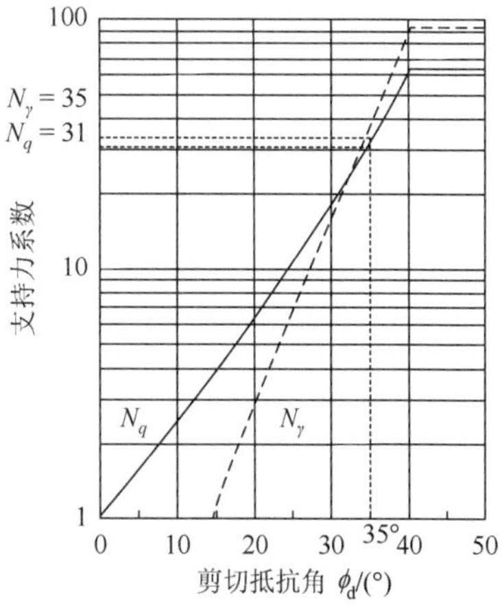

图 7-137 支持力系数 N_γ 及 N_q 和剪切抵抗角的关系

w_B ——支持地基的单位体积重量（水面下是为水中单位体积重量）(kN / m^2)。

$$q_{\mathrm{ap}_{\mathrm{d}}} + q_{\mathrm{ap1}_{\mathrm{d}}} = 2184.00 + 105.00 = 2289.00\mathrm{kN/m^2}$$

1）永久状态

$$q_{\mathrm{ap}_{\mathrm{d}}} + q_{\mathrm{ar1}_{\mathrm{d}}} = 2289.00\mathrm{kN/m^2} > t_{1\mathrm{d}} = 762.62\mathrm{kN/m^2}$$

$$q_{\mathrm{ap}_{\mathrm{d}}} + q_{\mathrm{ar1}_{\mathrm{d}}} = 2289.00\mathrm{kN/m^2} > t_{2\mathrm{d}} = 709.62\mathrm{kN/m^2}$$

2）第一水准地震的变动状态

$$q_{\mathrm{ap}_{\mathrm{d}}} + q_{\mathrm{ar1}_{\mathrm{d}}} = 2289.00\mathrm{kN/m^2} > t_{1\mathrm{d}} = 1150.02\mathrm{kN/m^2}$$

$$q_{\mathrm{ap}_{\mathrm{d}}} + q_{\mathrm{ar1}_{\mathrm{d}}} = 2289.00\mathrm{kN/m^2} > t_{2\mathrm{d}} = 238.06\mathrm{kN/m^2}$$

7.5.7　内部稳定的验算

7.5.7.1　评价作用

与外部稳定的验算相同。

7.5.7.2　改良体的趾端压

改良体的趾端压计算简表见表 7-63。

表 7-63　改良体的趾端压计算简表

	抵抗值 R	荷载值 S
永久状态	$R = \alpha\beta q_{\mathrm{uc_d}}$ $= \alpha\beta\gamma_{q_{\mathrm{uc}}} q_{\mathrm{uc_k}}$ $= \alpha\beta\gamma_{q_{\mathrm{uc}}}(1 - KV/100)\bar{q}_{\mathrm{uf}}$ $= 0.8\times0.55\times(1-1.00\times33/100)$ $\times3340$ $= 985$ kN/m	$S = \gamma_{\mathrm{a}}\gamma_i[t_{1.2\mathrm{d}} - K\times\Sigma\ (w_{i\mathrm{d}}h_i)]$ $w_{i_{\mathrm{d}}} = \gamma_{w_i} w_{i_{\mathrm{k}}} = 1.00\times6.0 = 6.0$ kN/m $K\Sigma(w_{i_{\mathrm{d}}}h_i)$ $= 0.5\times(6.0\times28.0)$ $= 84.00$ kN/m $t_{1\mathrm{d}} = \gamma_{t_1}t_{1\mathrm{k}}$ $= 1.05\times726.30 = 762.62$ kN/m $t_{2\mathrm{d}} = \gamma_{t_2}t_{2\mathrm{k}}$ $= 1.05\times675.83 = 709.62$ kN/m $S_1 = 1.0\times1.0\times(762.62-84.00)$ $= 678.62$ kN/m^2 $S_2 = 1.0\times1.0\times(709.62-84.00)$ $= 625.62$ kN/m
	$R = 985$ kN/m $> S = 678.62, 625.62$ kN/m…OK	

续表

	抵抗值 R	荷载值 S
第一水准地震时的可变状态	$R=\alpha\beta q_{\mathrm{uc_d}}=\alpha\beta\gamma_{\mathrm{que}}\square q_{\mathrm{uc_k}}$ $=\alpha\beta\gamma_{q_{\mathrm{uc}}}(1-KV/100)\overline{q}_{\mathrm{uf}}$ $=0.8\times0.67\times(1-1.00\times33/100)$ $\times3340$ $\approx1200\ \mathrm{kN/m}$	$t_{\mathrm{1d}}=\gamma_{t1}t_{\mathrm{1k}}$ $=1.00\times1150.02=1150.02\ \mathrm{kN/m}$ $t_{\mathrm{2d}}=\gamma_{t2}t_{\mathrm{2k}}$ $=1.00\times238.06=238.06\ \mathrm{kN/m}$ $S_1=1.0\times1.0\times(1150.02-84.00)$ $=1066.02\ \mathrm{kN/m}$ $S_2=1.0\times1.0\times(238.06-84.00)$ $=154.06\ \mathrm{kN/m}$
	$R=1200\ \mathrm{kN/m}>S=1066.02,154.06\ \mathrm{kN/m}\cdots\mathrm{OK}$	

7.5.7.3 改良体的剪切强度

（1）长壁

1）计算模型见图 7-138、图 7-139。

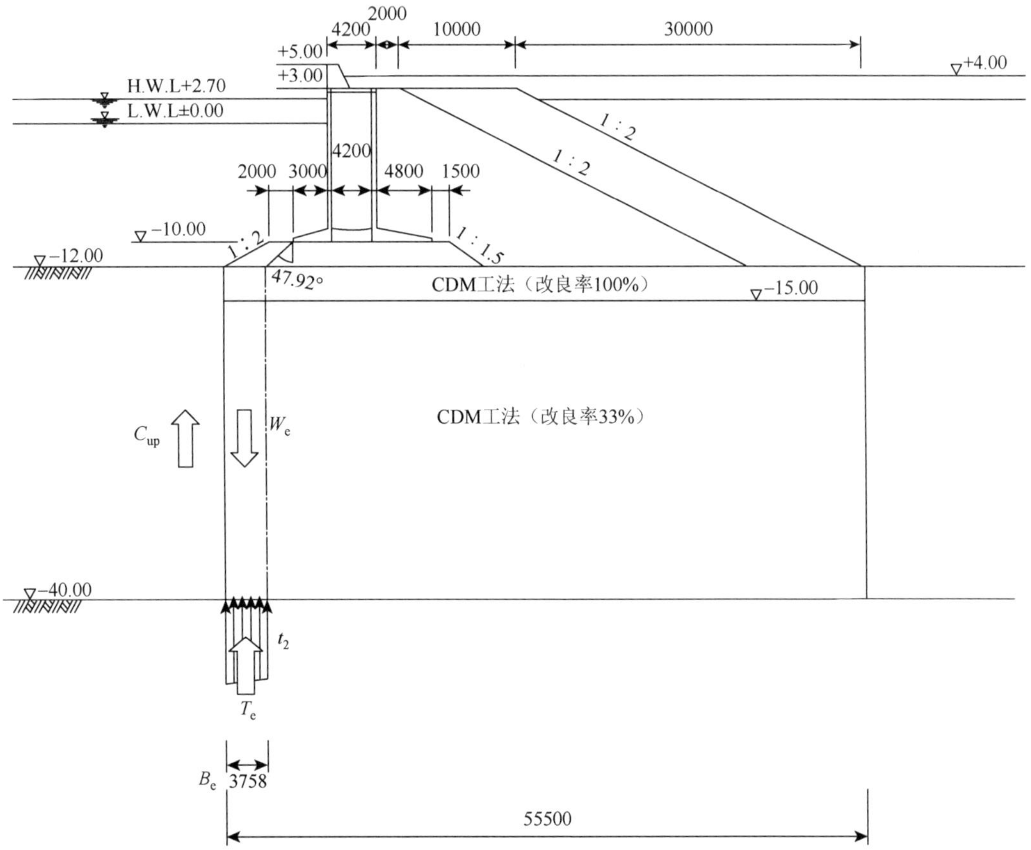

图 7-138 长壁的垂直剪切计算模型（永久状态）

注：尺寸单位为 mm，标高单位为 m

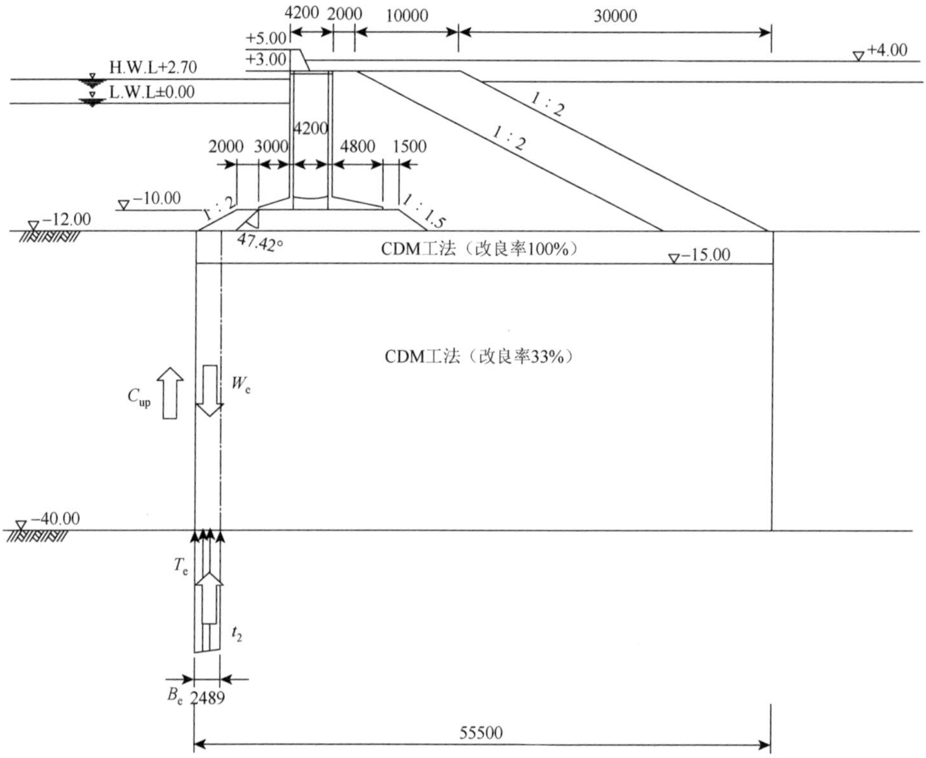

图 7-139　长壁的垂直剪切计算模型（第一水准地震的可变状态）

注：尺寸单位为 mm，标高单位为 m

2）长壁的改良体的剪切强度的验算见表 7-64、表 7-65。

表 7-64　长壁的改良体的剪切强度的计算简表（永久状态）

	抵抗值 R	荷载值 S
永久状态	$R=\frac{1}{2}\alpha\beta q_{uc_d}$ $=\frac{1}{2}\alpha\beta\gamma_{q_{uc}}q_{uc_k}$ $=\frac{1}{2}\alpha\beta\gamma_{q_{uc}}(1-KV/100)\overline{q}_{uf}$ $=\frac{1}{2}\times0.8\times0.55\times\left(1-1.0\times\frac{33}{100}\right)$ $\times3340$ $=492\ kN/m^2$	$B_1=6.00-2.0\times\tan(30°+17.92°)$ $=3.785\ m$ $t_{2_k}=(726.30-675.83)\times\frac{55.50-3.785}{55.50}$ $+675.83=722.86\ kN/m^2$ $T_{e_k}=\frac{(t_{1_k}+t_{2_k})\times B_e\times L_e}{2}$ $=\frac{(726.30+722.86)\times3.785\times1.50}{2}$ $=4113.80\ kN$ $W_{e_k}=1/2\times3.758\times1.879\times10.0\times4.50$ $+(3.758\times3.00\times4.50$ $+3.758\times25.00\times1.50)\times6.0$ $=1308.83\ kN$

续表

	抵抗值 R	荷载值 S
永久状态		$C_{\mathrm{up_k}}=377.25\times4.50$ $=1697.63\ \mathrm{kN}$ $A=4.50\times3.00+1.50\times25.00=51.00\ \mathrm{m}^2$ $T_{\mathrm{e_d}}=\gamma_{T_e}T_{1_k}$ $=1.05\times4113.80=4319.49\ \mathrm{kN}$ $W_{\mathrm{e_d}}=\gamma_W W_{\mathrm{ek}}$ $=1.00\times1308.83=1308.83\ \mathrm{kN}$ $C_{\mathrm{up_d}}=\gamma_{C_{\mathrm{up}}}C_{\mathrm{up_k}}$ $=1.00\times1697.63=1697.63\ \mathrm{kN}$ $S=\gamma_a\gamma_i(T_{\mathrm{e_d}}-W_{\mathrm{e_k}}+C_{\mathrm{up_d}})/A$ $=1.00\times1.00\times(4319.49$ $-1308.83+1697.63)/51.00$ $=92.32\ \mathrm{kN/m}$
	验算：$R=492\ \mathrm{kN/m^2}>S=92.32\ \mathrm{kN/m^2}\cdots\mathrm{OK}$	

其中，B_1——改良地基前趾到垂直剪切研究面的距离（m）；

T_1——B_1间的改良体地基反力的合力值（kN）；

W_1——B_1间的改良地基上部构造物及改良体的有效重量（kN）；

C_{up}——改良地基上部构造物及改良体的有效重量（kN）。

表 7-65　长壁的改良体的剪切强度的计算简表（第一水准地震时的可变状态）

	抵抗值 R	荷载值 S
第一水准地震时的可变状态	$R=\frac{1}{2}\alpha\beta q_{\mathrm{uc_d}}$ $=\frac{1}{2}\alpha\beta\gamma_{q_{\mathrm{uc}}}q_{\mathrm{uc_k}}$ $=\frac{1}{2}\alpha\beta\gamma_{q_{\mathrm{u}}}(1-KV/100)\overline{q}_{\mathrm{uf}}$ $=\frac{1}{2}\times0.8\times0.67\times\left(1-1.0\times\frac{33}{100}\right)$ $\times3340$ $=600\ \mathrm{kN/m}$	$B_1=6.00-2.0\times\tan(30°+30.33°)$ $=2.489\ \mathrm{m}$ $t_{2_k}=(1150.02-238.06)\times\frac{55.50-2.489}{55.50}$ $+238.06=1109.12\ \mathrm{kN/m^2}$ $T_{t_k}=\frac{(t_{1_s}+t_{2_k})\times B_1\times L_1}{2}$ $=\frac{(1150.02+1109.12)\times2.489\times1.50}{2}$ $=4217.25\ \mathrm{kN}$ $W_{\mathrm{e_k}}=1/2\times2.489\times1.245\times10.0\times4.50$ $+(2.489\times3.00\times4.50+2.489\times25.00\times1.50)$ $\times6.0$ $=831.36\ \mathrm{kN}$ $C_{\mathrm{up_k}}=377.25\times4.50$ $=1697.63\ \mathrm{kN}$ $A=4.50\times3.00+1.50\times25.00=51.00\mathrm{m}^2$ $T_{1_d}=\gamma_{T_1}T_{1_k}$ $=1.00\times4217.25=4217.25\ \mathrm{kN}$

续表

	抵抗值 R	荷载值 S
第一水准地震时的可变状态		$W_{l_d}=\gamma_W W_{l_k}$ $=1.00\times831.36=831.36\text{ kN}$ $C_{up_d}=\gamma_{C_{up}}\gamma_{cpk}$ $=1.00\times1697.63=1697.63\text{ kN}$ $S=\gamma_a\gamma_i(T_{l_d}-W_{l_f}+C_{up_d})/A$ $=1.00\times1.00\times(4217.25-831.36+1697.63)/51.00$ $=99.68\text{ kN/m}$
	验算：$R=600\text{ kN/m}>S=99.68\text{ kN/m}\cdots$OK	

其中， B_1——改良地基前趾到垂直剪切研究面的距离（m）；

T_1——B_l间的改良体地基反力的合力值（kN）；

W_1——B_l间的改良地基上部构造物及改良体的有效重量（kN）；

C_{up}——改良地基上部构造物及改良体的有效重量（kN）。

（2）短壁

1）短壁的剪切计算模型图见图 7-140、图 7-141。

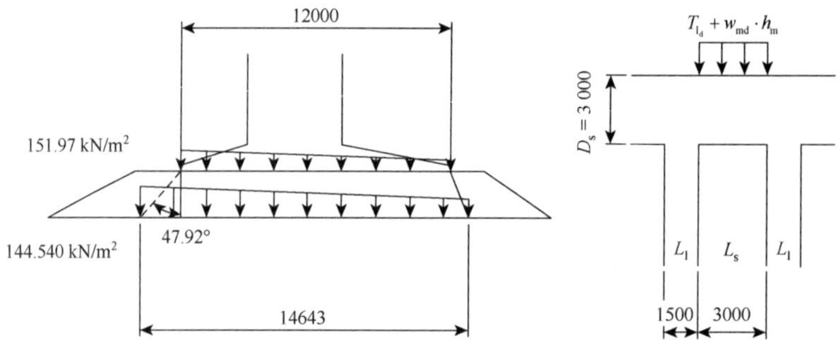

图 7-140 短壁的剪切计算模型图（永久状态）（单位：mm）

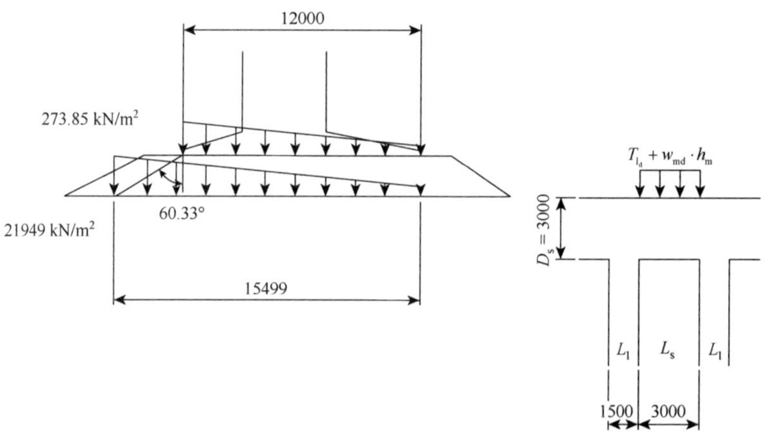

图 7-141 短壁的剪切计算模型图（第一水准地震动的可变状态）（单位：mm）

2）短壁的改良体的剪切强度的计算简表见表 7-66。

表 7-66 短壁的改良体的剪切强度的计算简表

	抵抗值 R	荷载值 S
永久状态	$R=\frac{1}{2}\alpha\beta q_{uc_d}$ $=\frac{1}{2}\alpha\beta\gamma_{q_{uc}}q_{uc_k}$ $=\frac{1}{2}\alpha\beta\gamma_{q_{uc}}(1-KV/100)\overline{q}_{uf}$ $=\frac{1}{2}\times0.8\times0.55\times\left(1-1.0\times\frac{33}{100}\right)\times3340$ $=492$ kN/ m	$T_{l_x}=\gamma_T T'_{l_k}$ $=1.05\times144.54=151.77$ kN/m $W_{m_d}\cdot h_m=\gamma_{w_m}w_{m_k}h_m$ $=1.00\times10.00\times2.00$ $=20.00$ kN/m $W_{i_d}\cdot D_s=\gamma_{w_i}W_{i_k}D_s$ $=1.00\times6.00\times3.00$ $=18.00$ kN/m $S=\gamma_a\gamma_i(T'_{l_d}+\gamma_{wm}w_{m_k}h_m$ $+\gamma_{w_i}w_{i_k}D_s)L_s/(2D_s)$ $=1.00\times1.00\times(151.77+10.00\times2.00$ $+6.00\times3.00)\times3.00/(2\times3.00)$ $=94.89$ kN/m
	验算：$R=492$ kN/m^2>S=94.89 kN/m^2…OK	
第一水准地震动时的可变状态	$R=\frac{1}{2}\alpha\beta q_{uc_d}$ $=\frac{1}{2}\alpha\beta\gamma_{q_{uc}}q_{uc_k}$ $=\frac{1}{2}\alpha\beta\gamma_{q_{ue}}(1-KV/100)\overline{q}_{uf}$ $=\frac{1}{2}\times0.8\times0.67\times\left(1-1.0\times\frac{33}{100}\right)\times3340$ $=600$ kN/m	$T'_{l_d}=\gamma_T{}'T'_{\ell_k}$ $=1.00\times231.95=231.95$ kN/m $w_{m_d}h_m=\gamma_{w_m}w_{m_k}h_m$ $=1.00\times10.00\times2.00$ $=20.00$ kN/m $w_{i_d}D_s=\gamma_{w_i}w_{i_k}D_s$ $=1.00\times6.00\times3.00$ $=18.00$ kN/m $S=\gamma_a\gamma_i(T'_{l_d}+w_{m_d}h_m+w_{i_d}D_s)L_s/(2D_s)$ $=1.00\times1.00\times(231.95+10.00\times2.00+6.00$ $\times3.00)\times3.00/(2\times3.00)$ $=134.98$ kN/ m
	验算：$R=600$ kN/m>S=134.98 kN/m…OK	

7.5.7.4 拔出

（1）各研究断面的非排水剪切强度的特征值

拔出的剪切计算模型图见图 7-142、图 7-143。

（2）拔出的验算

计算简表见表 7-67～表 7-69。

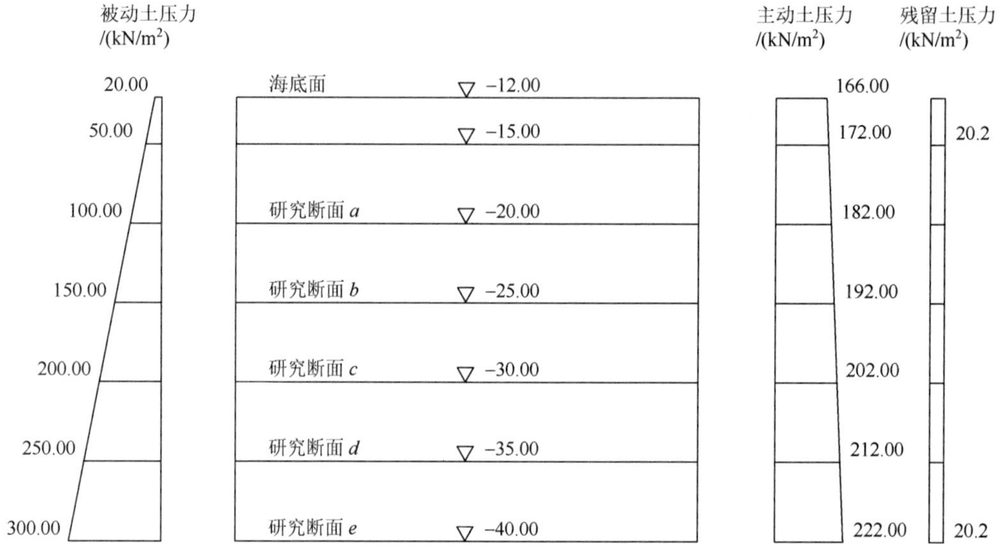

图 7-142 拔出的剪切计算模型图（永久状态）

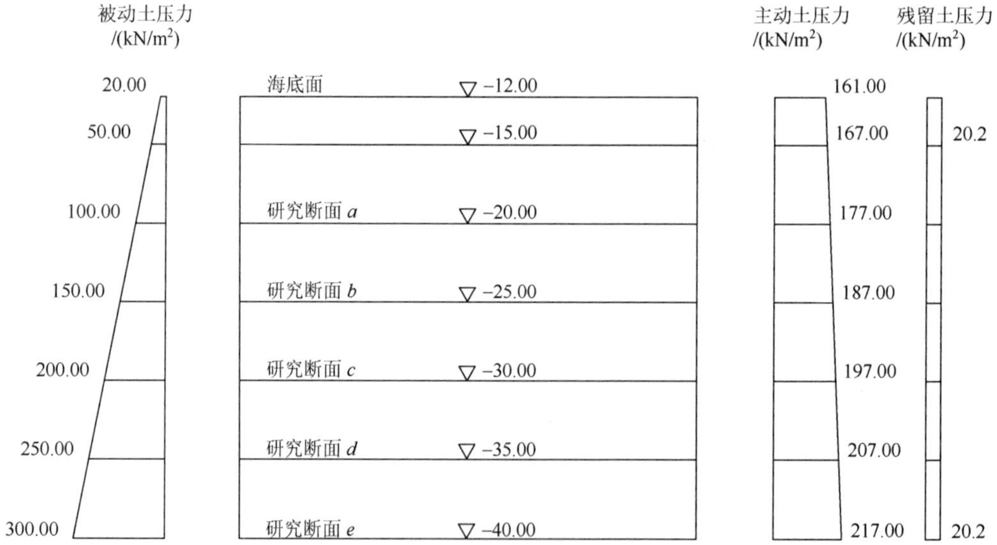

图 7-143 拔出的剪切计算模型图（第一水准地震动的可变状态）

表 7-67 计算简表（研究面 *a*、*b*、*c*、*d*）

		抵抗值 R	荷载值 S
永久状态	研究面 a	$R=2(L_s+D_l)C_{u_d}B+P'_{ph_d}$ $=2\times(3.00+5.00)$ $\times15.75\times55.50+1068.75^{**}$ $=15054.75$ kN/m $C_{u_d}=\gamma_{C_u}C_{u_k}$ $=0.75\times21.00^{*}=15.75$ kN/m^2 $P'_{ph_d}=\gamma_{Pph}\cdot P'_{p_k}$ $=0.95\times1125.00=1068.75$ kN/m^2	$S=\gamma_a\gamma_i(P'_{ah_d}+h_{w_d}w_wD_sL_s)$ $=1.00\times1.00$ $\times(2787.75^{***}+2.00\times10.1\times5.00\times3.00)$ $=3090.75$ kN/ m $P'_{ah_d}=\gamma_{P_{ah}}\cdot P'_{a_k}$ $=1.05\times2655.00=2787.75$ kN $h_{w_d}=\gamma_{hw}h_{w_k}$ $=1.00\times2.00=2.00$ m
		验算：$R=15054.75$kN/m $>S=3090.75$ kN/m…OK	
	研究面 b	$R=2\times(3.00+10.00)\times19.50$ $\times55.50+2850.00$ $=30988.50$ kN /m $C_{u_d}=\gamma_{C_u}C_{u_k}$ $=0.75\times26.00=19.50$ kN/m^2 $P'_{ph_d}=\gamma_{P_{ph}},P'_{p_k}$ $=0.95\times3000.00$ $=2850.00$ kN/m^2	$S=1.00\times1.00\times(5733.00+2.00\times10.1$ $\times10.00\times3.00)=6339.00$ kN/m $P'_{ah_d}=\gamma_{Pah}\cdot P'_{a_k}$ $=1.05\times5460.00=5733.00$ kN $h_w=\gamma_{h_w}h_{w_k}$ $=1.00\times2.00=2.00$ m
		验算：$R=30988.50$ kN/m $>S=6339.00$ kN/m…OK	
	研究面 c	$R=2\times(3.00+15.00)\times23.25$ $\times55.50+5343.75=51797.25$ kN /m $C_{ud}=\gamma_{C_u}C_{u_k}$ $=0.75\times31.00=23.25$ kN/m $P'_{ph_d}=\gamma_{P_{ph}}\cdot P'_{p_k}$ $=0.95\times5625.00$ $=5343.75$ kN/m^2	$S=1.00\times1.00\times(8835.75+2.00\times10.1$ $\times15.00\times3.00)=9744.75$ kN/m $P'_{ah_d}=\gamma_{P_{ah}}\cdot P'_{a_k}$ $=1.05\times8415.00=8835.75$ kN $h_{w_d}=\gamma_{h_w}h_{w_k}$ $=1.00\times2.00=2.00$m
		验算：$R=40518.00$ kN/m $>S=7260.00$ kN/m…OK	
	研究面 d	$R=2\times(3.00+15.00)\times31.00$ $\times55.50+5625.00=67563.00$ kN/m $C_{u_d}=\gamma_{C_u}C_{u_k}$ $=1.00\times31.00=31.00$ kN/m^2 $P'_{ph_d}=\gamma_{Pph}\cdot P'_{p_k}$ $=1.00\times5625.00$ $=5625.00$ kN/m	$S=1.00\times1.00\times(8190.00+0.08\times16.00$ $\times35.00\times15.00\times3.00+2.00\times10.1\times15.00$ $\times3.00)$ $=11115.00$ kN/m $P'_{ah_d}=\gamma'_{P_{ah}}P'_{a_k}$ $=1.00\times8190.00=8190.00$ kN
		验算：$R=67563.00$ kN/m $>S=11115.00$ kN/m…OK	

注：*短壁下端（−15.00 m）到研究面 a 间的壁间未处理土的不排水抗剪强度的平均值；

**作用于短壁下端（−15.00 m）到研究面 a 间的壁间未处理土的被动土水压力的合力；

***作用于短壁下端（−15.00 m）到研究面 a 间的壁间未处理土的主动土水压力的合力。

表 7-68　计算简表（研究面 e、a、b、c）

<table>
<tr><th colspan="2"></th><th>抵抗值 R</th><th>荷载值 S</th></tr>
<tr><td rowspan="2">永久状态</td><td rowspan="2">研究面 e</td><td>$R=2\times(3.00+25.00)$
$\times 30.75\times 55.50+12468.75$
$=108039.75\ \text{kN/m}$
$C_{u_d}=\gamma_{C_u}C_{u_k}$
$=0.75\times 41.00=30.75\ \text{kN/m}^2$
$P'_{ph_d}=\gamma_{Pph}\cdot P'_{p_k}$
$=0.95\times 13125.00$
$=12468.75\ \text{kN/m}^2$</td><td>$S=\gamma_a\gamma_i(P'_{ah_d}+h_{w_d}W_wD_sL_s)$
$=1.00\times 1.00\times(15513.75$
$+2.00\times 10.1\times 25.00\times 3.00)$
$=17028.75\ \text{kN/m}$
$P'_{ah_d}=\gamma P'_{ah}P'_{a_k}$
$=1.05\times 14775.00=15513.75\ \text{kN}$
$h_{w_d}=\gamma_{h_w}h_{w_k}$
$=1.00\times 2.00=2.00\ \text{m}$</td></tr>
<tr><td colspan="2">验算：$R=108039.75\ \text{kN/m}>S=17028.75\ \text{kN/m}\cdots\text{OK}$</td></tr>
<tr><td rowspan="6">第一水准地震时的可变状态</td><td rowspan="2">研究面 a</td><td>$R=2(L_s+D_i)C_{u_d}B+P'_{ph_d}$
$=2\times(3.00+5.00)$
$\times 21.00\times 55.50+1125.00$
$\times 19773.00\text{kN/m}$
$C_{u_d}=\gamma_{C_u}C_{u_k}$
$=1.00\times 21.00=21.00\ \text{kN/m}^2$
$P'_{ph_d}=\gamma_{Pph}\cdot P'_{p_k}$
$=1.00\times 1125.00$
$=1125.00\ \text{kN/m}^2$</td><td>$S=\gamma_a\gamma_i(P'_{ah_d}+k_{hl_d}w_dBD_iL_s+h_wW_wD_sL_s)$
$=1.00\times 1.00\times(2580.00+0.08\times 16.00\times 35.00$
$\times 5.00\times 3.00+2.00\times 10.1\times 5.00\times 3.00)$
$=3555.00\ \text{kN/m}$
$P'_{ah_d}=\gamma_{Pah}\cdot P'_{a_k}$
$=1.00\times 2580.00=2580.00\ \text{kN}$</td></tr>
<tr><td colspan="2">验算：$R=19773.00\ \text{kN/m}>S=3555.00\ \text{kN/m}\cdots\text{OK}$</td></tr>
<tr><td rowspan="2">研究面 b</td><td>$R=2\times(3.00+10.00)\times 26.00$
$\times 55.50+3000.00=40518.00\ \text{kN/m}$
$C_{u_d}=\gamma_{C_u}C_{u_k}$
$=1.00\times 26.00=26.00\text{kN/m}^2$
$P'_{ph_d}=\gamma'_{P_{ph}}P_{p_k}$
$=1.00\times 3000.00$
$=3000.00\text{kN/m}^2$</td><td>$S=1.00\times 1.00\times(5310.00+0.08\times 16.00$
$\times 35.00\times 10.00\times 3.00+2.00\times 10.1\times 10.00$
$\times 3.00)$
$=7260.00\ \text{kN/m}$
$P'_{ahd}=\gamma_{P'_{ah}}P'_{a_k}$
$=1.00\times 5310.00=5310.00\ \text{kN}$</td></tr>
<tr><td colspan="2">验算：$R=40518.00\ \text{kN/m}>S=7260.00\text{kN/m}\cdots\text{OK}$</td></tr>
<tr><td rowspan="2">研究面 c</td><td>$R=2\times(3.00+15.00)\times 31.00$
$\times 55.50+5625.00=67563.00\ \text{kN/m}$
$C_{u_d}=\gamma_{C_u}C_{u_k}$
$=1.00\times 31.00=31.00\ \text{kN/m}^2$
$P'_{ph_d}=\gamma_{P_{ph}}\cdot P'_{p_k}$
$=1.00\times 5625.00$
$=5625.00\ \text{kN/m}^2$</td><td>$S=1.00\times 1.00\times(8{,}190.00+0.08\times 16.00$
$\times 35.00\times 15.00\times 3.00+2.00\times 10.1\times 15.00$
$\times 3.00)$
$=11115.00\ \text{kN/m}$
$P'_{ah_d}=\gamma'_{P_{ah}}P'_{a_k}$
$=1.00\times 8190.00=8190.00\ \text{kN}$</td></tr>
<tr><td colspan="2">验算：$R=67563.00\ \text{kN/m}>S=11115.00\text{kN/m}\cdots\text{OK}$</td></tr>
</table>

表 7-69 计算简表（研究面 d、e）

		抵抗值 R	荷载值 S
第一水准地震时的可变状态	研究面 d	$R=2\times(3.00+20.00)\times36.00\times55.50+9000.00=100908.00\text{ kN/m}$ $C_{u_d}=\gamma_{C_u}C_{u_k}=1.00\times36.00=36.00\text{ kN/m}^2$ $P'_{ph_d}=\gamma_{Pph}\cdot P'_{p_k}=1.00\times9000.00=9000.00\text{ kN/m}^2$	$S=1.00\times1.00\times(11220.00+0.08\times16.00\times35.00\times20.00\times3.00+2.00\times10.10\times20.00\times3.00)=15120.00\text{ kN/m}$ $P'_{ah_d}=\gamma_{P_{ah}}\cdot P'_{ak}=1.00\times11220.00=11220.00\text{ kN/m}$
		验算：$R=100908.00\ \text{kN/m}>S=15120.00\text{ kN/m}\cdots\text{OK}$	
	研究面 e	$R=2\times(3.00+25.00)\times41.00\times55.50+13125.00=140553.00\text{ kN/m}$ $C_{u_d}=\gamma_{C_u}C_{u_k}=1.00\times41.00=41.00\text{ kN/m}^2$ $P'_{ph_d}=\gamma_{Pph}\cdot P'_{p_k}=1.00\times13125.00=13125.00\text{ kN/m}^2$	$S=1.00\times1.00\times(14400.00+0.08\times16.00\times35.00\times25.00\times3.00+2.00\times10.10\times25.00\times3.00)=19275.00\text{ kN/m}$ $P'_{ah_d}=\gamma_{P_{ah}}\cdot P'_{a_k}=1.00\times14400.00=14400.00\text{ kN/m}$
		验算：$R=140553.00\text{ kN/m}>S=19275.00\text{ kN/m}\cdots\text{OK}$	

注：第一水准地震下荷载值取实际计算值，k_{h2_d},w_{i_d},h_{w_d} 取下面的值：

$k_{h2_d}=\gamma_{k_{h2_d}}k_{h2_k}=1.00\times0.08=0.08$

$w_{i_d}=\gamma_{w_i}w_{i_k}=1.00\times16.00=16.00\ \text{kN/m}^3$

$h_{w_d}=\gamma_{RWL}\text{R.W.L}-\gamma_{RWL}\text{L.W.L}=1.00\times2.0-1.00\times0.0=2.0\ \text{m}$。

7.5.8 根据动解的变形验算

7.5.8.1 解析模型

（1）概要

根据动解的变形验算使用 FLIP（6.0.6 版）。解析模型图如图 7-144 所示。

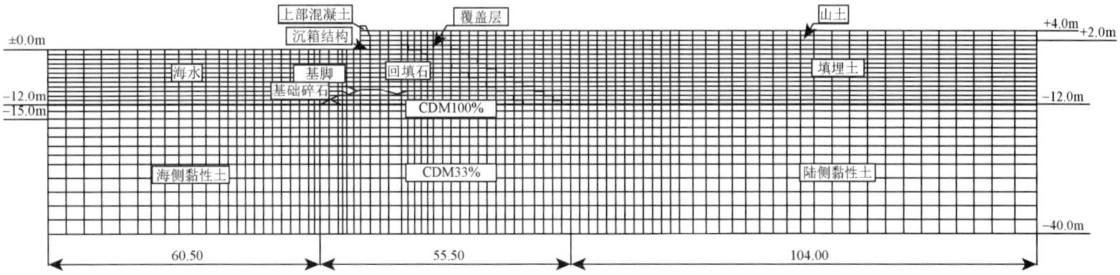

图 7-144 解析模型图

护岸背面的地下水面级作为废弃物处理厂的管理水位设定为 + 2.0 m。主要由废弃物构成的填埋土是否有液化或液化特性都会被废弃物的种类等影响。本计算案例中的填埋土在第一水准地震程度下不发生液化，第二水准地震时，基于简易设定法的液化特性下会发生液化。各土层多弹簧要素、混合沉箱及改良地基根据线性平面单元进行模型化。另外，左右及底面设有黏性边界。

（2）基盘面

抗震基盘可期待 N 值在 50 以上，为可确保作为地层的连续性的层。

（3）解析领域

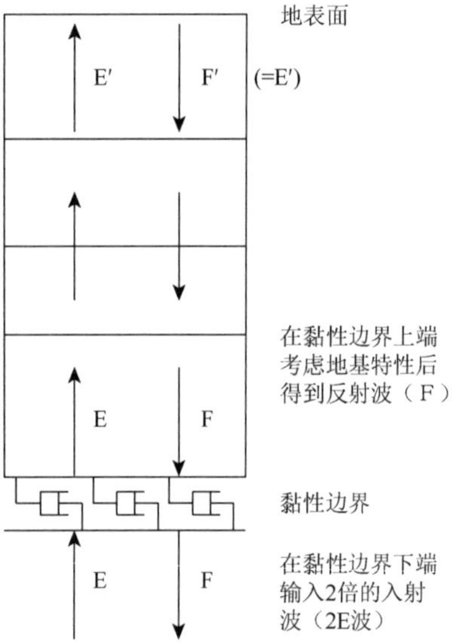

图 7-145　底面黏性边界的概念图

1）铅直方向的解析领域

以基盘面位置为范围。因此，本计算案例中将改良地基下端进行了模型化。

2）水平方向的解析领域

以对构造物本体无影响为范围，大致为构造物的 3～5 倍，护岸发现背面一侧的解析领域要确保在 100 m 以上。

（4）边界条件

1）底面黏性边界

如图 7-145 所示，向基盘面输入相当于入射波 2 倍的波形（2E 波）时，在解析领域底面设有黏性边界。

2）左右黏性边界

如图 7-146 所示，在解析领域的左右方向上设置自由地基。将预先计算的自由地基的解析结果与不规则领域的左右通过黏性边界结合，可重现出左右解析领域向左右方向无限延伸。

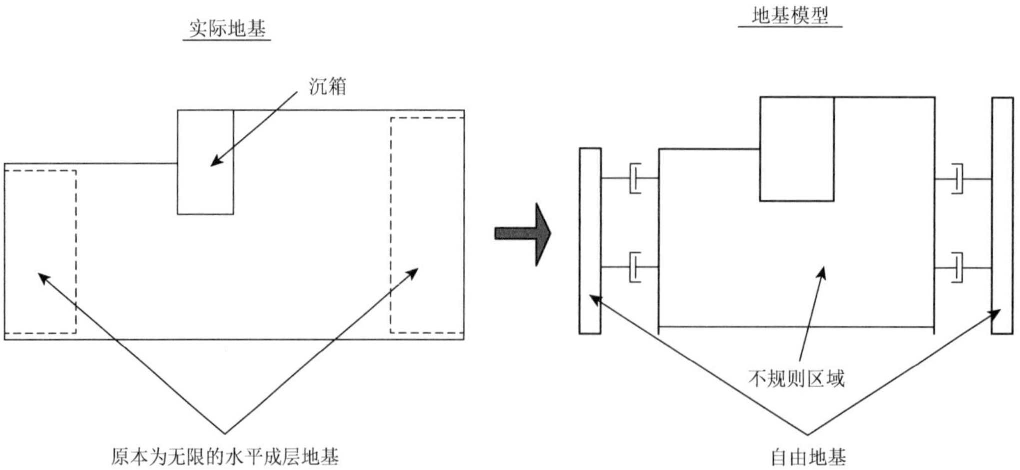

图 7-146　左右黏性边界的概念图

（5）限制网格高度

网格高度如为1波长中包含4～6节点左右的大小即可。1波长中包含6节点时，通过长方形要素来看，1波长包含5个要素即可。通过PS层检测得的微小变形中的剪切波速度如果因地震增加变形，地基中传播的剪切波速度会下降。

因此，剪切波速度下降，也就是说剪切刚性下降，故要设定网格限制高度。这里将非液化层的剪切刚性下降率设为1/10（通过V_s换算为$1/\sqrt{10}$），液化层的剪切刚性下降率设为1/50（通过V_s换算为$1/\sqrt{50}$）。另外，非液化层的解析振动数为5 Hz左右，液化层中的解析振动数成分一般多会下降，但因对象地基、构造系而不同，建议设为$f=2$ Hz。

7.5.8.2 地基参数

（1）原地基及填埋地基的材料物理性质值

原地基的黏性土及山土、填埋土根据简易设定法设定。填埋石、覆盖石、基础弃石在基础有效拘束压98 kN/m^{2}下的剪切波速度按以下方式设定，并通过下式计算。

填埋石、覆盖石的剪切波速度为225 m/s；

基础弃石的剪切波速度为300 m/s，

$$G_{ma}=\rho V_s^2$$

$$K_{ma}=\frac{2\times G_{ma}\times(1+v)}{3\times(1-2\times v)}$$

式中，G_{ma}——剪切弹性系数（kN/m^2）；

K_{ma}——体积弹性系数（kN/m^2）；

ρ——密度2.0（t/m^3）；

V_s——剪切波速（m/s）；

v——泊松比0.33。

各土层的材料物理性质如表7-70所示。

表7-70 各土层材料的物理性质

土层区分	密度 ρ/(t/m^3)	泊松比 v	基准有效约束压 σ'_{ma} /(kN/m^2)	基准初期剪切弹性系数 G_{ma}/(kN/m^2)	基准体积弹性系数 K_{ma}/(kN/m^2)	黏聚力 C/(kN/m^2)	剪切抵抗角 φ_f/(°)	孔隙率 n	经历衰减的上限值 h_{max}
海侧黏性土	1.63	0.33	63.0	12 900	33 700	0	30.0	0.55	0.20
陆侧黏性土	1.63	0.33	195.0	33 200	86 500	0	30.0	0.55	0.20
填埋土	2.04	0.33	98.0	55 900	146 000	0	30.0	0.45	0.24
山土	1.84	0.33	98.0	55 900	146 000	0	38.5	0.45	0.24
填埋石	2.04	0.33	98.0	101 000	264 000	0	40.0	0.45	0.24
覆盖层	2.04	0.33	98.0	101 000	264 000	0	40.0	0.45	0.24
基础弃石	2.04	0.33	98.0	180 000	469 000	0	40.0	0.45	0.24

（2）改良地基的材料物理性质值

改良地基改良率 100%的地方写为 CDM100%，改良率 33%的地方写为 CDM33%。改良地基的弹性模量分为黏性土的弹性系数与改良体的弹性系数，根据改良率进行比例配比，然后根据下式进行计算。

$$E = E_0\left(1-\frac{A_s}{100}\right)+E_{50}\frac{A_s}{100}$$

式中，E——改良地基的变形系数（kN/m²）；

E_0——原地基的初期弹性系数（kN/m²），$E_0 = 2(1+\nu)G_0$；

E_{50}——改良体的割线弹性系数（kN/m²），$E_{50} = 500f'_c$；

A_s——改良率（%）；

G_0——原地基的初期剪切弹性系数（kN/m²）；

ν——泊松比 0.33；

f'_c——改良体的压缩强度的特征值（kN/m²），$f'_c = \alpha\beta q_{uc_k}$；

α——断面有效系数；

β——叠合部可靠度系数（通常，$\alpha\beta = 0.8$）；

q_{uc_k}——设计基准强度的特征值（kN/m²）（$q_{uc_k} = 2238\text{kN/m}^2$）。

改良地基材料的特征值如表 7-71 所示。

表 7-71　改良地基材料的特征值

区分	应变系数的计算						改良地基的变形系数 E/(kN/m²)	密度 ρ/(t/m³)	泊松比 ν
	原地基（黏性土）			改良体		改良率 A_s/%			
	G_0 /(kN/m²)	ν	E_0 /(kN/m²)	f'_c /(kN/m²)	E_{50} /(kN/m²)				
CDM100%	—	—	—	1 470	735 000	100	735 000	1.63	0.33
CDM30%	12 920	0.33	34 367	1 470	735 000	33	265 576	1.63	0.33

（3）液化特性

填埋土的液化特征值由 N 值、有效上载压、细粒成分含有量，根据简易设定法计算。填埋土的液化特性如表 7-72 所示。

表 7-72　填埋土的液化特性

土层区分	计算液化特征值的参数			液化特征值					
	N_{65}	σ'_v/(kN/m²)	F_c/%	φ_p/(°)	s_1	w_1	p_1	p_2	c_1
填埋土	5	65	10	28	0.005	4.996	0.500	1.013	1.797

7.5.8.3 钢壳沉箱的模型化

对钢壳沉箱进行模型化，用线性平面要素分别对沉箱本体、上部混凝土、基础进行模型化。沉箱的材料物理性质如表 7-73 所示。

表 7-73 沉箱的材料物理性质

区分	密度 ρ/(t/m^3)	弹性模量 E/(kN/m^2)	泊松比 ν
上部混凝土	2.35	3.0×10^7	0.20
沉箱主体	2.15	3.0×10^7	0.20
基脚	2.50	3.0×10^7	0.20

7.5.8.4 节点单元

沉箱的要素及填埋石与基础弃石之间产生的滑动、剥离可根据接头要素进行模型化。沉箱地面与基础割石之间使用摩擦系数 0.6（$\arctan0.6\approx30.96°$）、沉箱背面与填埋石间使用壁面剪切抵抗角15°。这里不考虑黏着力。另外，对于滑面的垂直方向切线刚性及平面方向切线刚性两者都是十分大的值。连接要素的解析参数如表 7-74 所示。

表 7-74 连接要素的解析参数

区分	剪切抵抗角 φ/(°)	黏聚力 c/(kN/m^2)	垂直方向切线刚度 K_n/(kN/m^2)	剪切方向切线刚度 K_s/(kN/m^2)
沉箱底面	31	0.0	1.0×10^6	1.0×10^6
沉箱背面	15	0.0	1.0×10^6	1.0×10^6

7.5.8.5 底面黏性边界

底面中所设的黏性边界使用与 1 维地震动解相同的物理性质（参考表 7-38）。

7.5.8.6 瑞利阻尼

与一维地震响应解析相同，使用$\alpha=0$、$\beta=0.003$。

7.5.8.7 输入地震数值

用于动解的第一水准地震基盘输入加速度波形与 1 维地震响应解析相同，使用如图 7-127 所示的波形。第二水准地震的基盘输入加速度波形如图 7-147 所示。

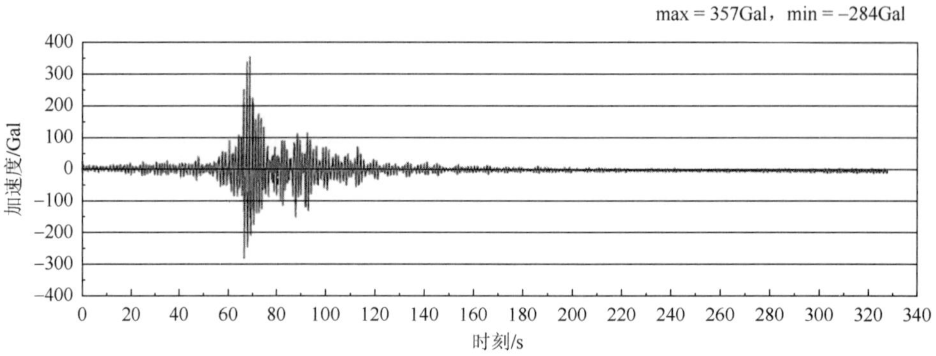

图 7-147　第二水准地震的输入加速度波形

7.5.8.8　残留变形量的验算

根据地震后的残留变形量对废弃物护岸进行性能验算。这里所示的水平位移、铅直位移为与底面黏性边界上方的相对位移。

（1）第一水准地震

第一水准地震时的废弃物护岸顶端的容许变形量为水平位移 10 cm。残留变形图如图 7-148 所示，验算结果如表 7-75 所示。顶端水平位移在 10 cm 以下，在容许变形量以下。

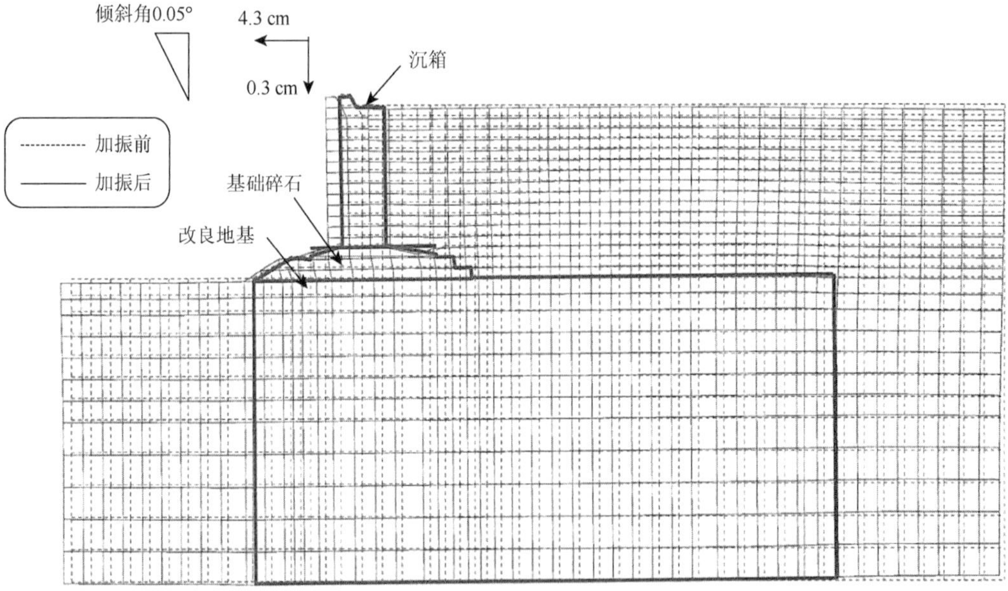

图 7-148　残留变形图（扩大图，变形放大 20 倍）

表 7-75 验算结果

项目	解析结果	容许变形量
水平位移/cm	4.3	＜10 OK
垂直位移/cm	0.3	—
倾斜角/(°)	0.05	—

注：OK 表示解析结果 4.3＜容许变形量 10。

（2）第二水准地震

1）残留变形的验算

残留变形图如图 7-149 所示，最大过剩孔隙水压比分布图如图 7-150 所示。对第二水准地震偶发状态进行动解后的变形量在不满足设施所要求的性能时，实施提高抗震性的对策，实施对策后再次对断面实施验算。反复进行直至动解的变形量满足性能为止。作为提高抗震性的对策，可以采用填埋土液化对策等，但在设定这些对策结构模型化及设定物理性质方面，仍留有一些课题，必须充分反映过去的案例解析及最新的研究成果。

2）改良地基的发生应力

通过加震比较发生于改良地基的最大剪切应力的最大值（τ_{max}）与改良地基的剪切强度的特征值（$f'_{sh}=f'_c/2=895\ kN/m^2$）后，法线发生于改良地基的剪切应力 τ_{max} 在剪切强度的特征值 f'_{sh} 以下。

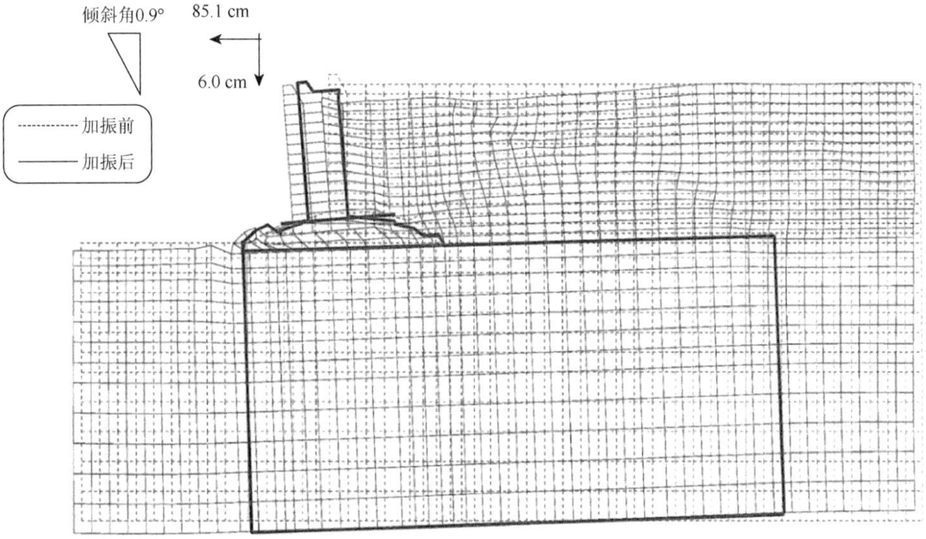

图 7-149 残留变形图（扩大图，变形放大 5 倍）

7.5.9 对滑动圆弧破坏的研究

7.5.9.1 设定设计条件

滑动圆弧破坏验算时的土质条件的特征值如表 7-76 所示，设计用值如表 7-77 所示。

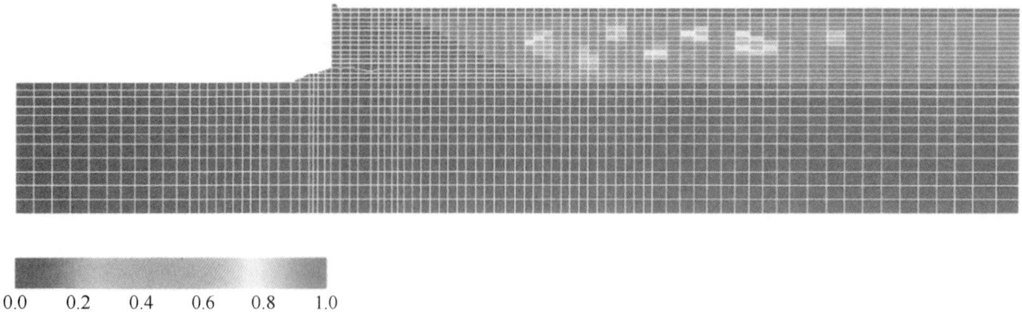

图 7-150　最大过剩孔隙水压比的分布图（后附彩图）

另外，因这个废弃物护岸为重力式的，故使用了相关行业规范的部分系数。

（1）上载荷载

上载荷载ω中要考虑部分系数γ_q。

$$\gamma_q = 1.70$$

$$\gamma_q \omega = 1.70 \times 10 = 17.00\ \text{kN}/\text{m}^2$$

（2）残留水位

残留水位 R.W.L 中要考虑部分系数γ_{RWL}。

$$\gamma_{\text{RWL}} = 2.00$$

$$\gamma_{\text{RWL}} \text{R.W.L} = 1.10 \times 2.00 = 2.20\ \text{m}$$

（3）土质参数

地基黏着力c'及剪切抵抗力$\tan\phi$分别要考虑部分系数$\gamma_{c'}$、$\gamma_{\tan\phi}$。

另外，海底面以上的地基、砂质土、黏性土的单位体积重量也要考虑部分系数γ_{w1}、γ_{w2}、γ_{w3}。

表 7-76　滑动圆弧破坏验算时的土质条件特征值

名称	饱和重量 w_s/(kN/m^3)	水中重量 w'/(kN/m^3)	内部剪切抵抗角 φ'/(°)	黏聚力一次系数
基础填石	20.00	10.00	40.00	0.00
冲积黏性土	16.00	6.00	0.00	2.00
砂砾层	20.00	10.00	35.00	0.00
壁体	21.30	11.30	0.00	0.00
上部结构	23.00	13.00	0.00	0.00
填埋石	20.00	10.00	40.00	0.00
覆盖石	20.00	10.00	40.00	0.00
山土	20.00	10.00	30.00	0.00
填埋土	20.00	10.00	25.00	0.00

表 7-77 滑动圆弧破坏验算时土质条件的设计用值

名称	部分系数			饱和重量 w_s/(kN/m³)	水中重量 w'/(kN/m³)	内部剪切抵抗角 φ'/(°)	黏聚力	
	γ_w	$\gamma_{\tan\varphi'}$	$\gamma_{c'}$				c'_d /(kN/m²)	黏聚力的一次系数
基础填石	1.10	0.90	0.90	22.00	9.80	37.05（$\tan\varphi'=0.755$）	0.00	0.00
冲积黏性土	1.00	0.90	0.90	16.00	6.00	0.00（$\tan\varphi'=0.000$）	9.00	1.80
砂砾层	1.00	0.90	0.90	20.00	10.00	32.21（$\tan\varphi'=0.630$）	0.00	0.00
壁体	1.10	0.90	0.90	23.43	13.43	0.00（$\tan\varphi'=0.000$）	0.00	0.00
上部结构	1.00	0.90	0.90	23.00	13.00	0.00（$\tan\varphi'=0.000$）	0.00	0.00
填埋石	1.10	0.90	0.90	22.00	9.80	37.05（$\tan\varphi'=0.755$）	0.00	0.00
覆盖石	1.10	0.90	0.90	22.00	9.80	37.05（$\tan\varphi'=0.755$）	0.00	0.00
山土	1.10	0.90	0.90	22.00	9.80	27.47（$\tan\varphi'=0.520$）	0.00	0.00
填埋土	1.10	0.90	0.90	22.00	9.80	22.78（$\tan\varphi'=0.420$）	0.00	0.00

7.5.9.2 研究结果

滑动圆弧半径：$R=91.1$ m

承载力值：$R=\sum M_{Ri}=2120660.5\ \text{kN/m}^2$

作用值：$S=\sum M_{Di}=857006.5\ \text{kN/m}^2$

$Z=R-S=\sum M_{Ri}-\gamma_R\left\{\sum M_{Di}\right\}=2120660.5-857006.5=1263654\ \text{kNm}^2>0$ OK

承载力作用比：$\sum M_{Ri}/\sum M_{Di}=2120660.5/857006.5=2.474>1.30$ OK

7.5.10 验算结果一览

部分系数法验算结果见表 7-78。

表 7-78 部分系数法的验算结果

验算项目 \ 状态		永久状态 验算式 R S	判定	可变状态（第一水准地震动时） 验算式 R S	判定
面内稳定	滑动模式 1	13057 kN/m＞7749 kN/m	OK	17282 kN/m＞10971 kN/m	OK
	滑动模式 2	12512 kN/m＞7749 kN/m	OK	15832 kN/m＞10971 kN/m	OK
	倾覆	607513 kN/m＞132277 kN/m	OK	612100 kN/m＞237470 kN/m	OK
	支持力	2289 kN/m²＞763 kN/m²	OK	2289 kN/m²＞1150 kN/m²	OK
	端趾压	985 kN/m²＞679 kN/m²	OK	1200 kN/m²＞1066 kN/m²	OK
	垂直剪切（长壁）	492 kN/m²＞95 kN/m²	OK	600 kN/m²＞100 kN/m²	OK

续表

验算项目＼状态			永久状态		可变状态（第一水准地震动时）	
			验算式	判定	验算式	判定
			R　　S		R　　S	
面内稳定	垂直剪切（短壁）		492 kN/m^2>95 kN/m^2	OK	600 kN/m^2>135 kN/m^2	OK
	拔出	−20 m	15055 kN/m>3091 kN/m	OK	19733 kN/m>3555 kN/m	OK
		−25 m	30989 kN/m>6339 kN/m	OK	40518 kN/m>7260 kN/m	OK
		−30 m	51797 kN/m>9745 kN/m	OK	67563 kN/m>11115 kN/m	OK
		−35 m	77481 kN/m>13308 kN/m	OK	100908 kN/m>15120 kN/m	OK
		−40 m	108040 kN/m>17029 kN/m	OK	140553 kN/m>19275 kN/m	OK
动解的变形验算	第一水准地震		—	—	10.0 cm>4.3 cm	OK
	第二水准地震		—	—	85.1 cm	—
圆弧滑动			$\Sigma M_{Ri}=2120661\ \text{kN/m} \geqslant \gamma_r \Sigma M_{Di}=857007\ \text{kN/m}$ $(\Sigma M_{Ri}/\Sigma M_{Di}=2120661/857007=2.474)$	OK	—	—

7.6　稳定处理土的工学性质

7.6.1　影响稳定处理土的工学性质的主要因素

黏性土和稳定材料的反应如图 7-151 所示，龄期经过伴随的稳定处理土的微观组织如图 7-152 所示，影响稳定处理土的工学性质的主要因素如图 7-153 所示。

在海上工程中，至今在多数现场中使用普通硅酸盐水泥或高炉水泥（B 种）以得到令人满意的结果。但是，即使稳定材料的种类、混合套件相同，一般而言稳定处理土的强度也会不一样，主要原因是对象土的火山灰反应性不同。如果知道对象土的火山灰反应性，如后述内容，可预测这些稳定处理土的硬化特性。了解对象土的火山灰反应性最恰当的方法时通过 $Ca(OH)_2$ 的固化试验，但也有更简便的方法。室内稳定处理土的 $Ca(OH)_2$ 添加量与单轴压缩强度 q_u 的关系如图 7-154 所示。

观察至今为止的对象土消石灰的固化试验结果可知，东京港、饭田港（石川县）的土的火山灰反应性较高，名古屋港、大阪港、濑户内海、伊万里港（佐贺县）的土的反应性相对较低［土的火山灰反应性与稳定处理土的强度关系将在 7.6.2.4（2）中阐述］。

前者的位置与火山性堆积土分布地域一致，后者的位置与火山性堆积土以外的地域一致。

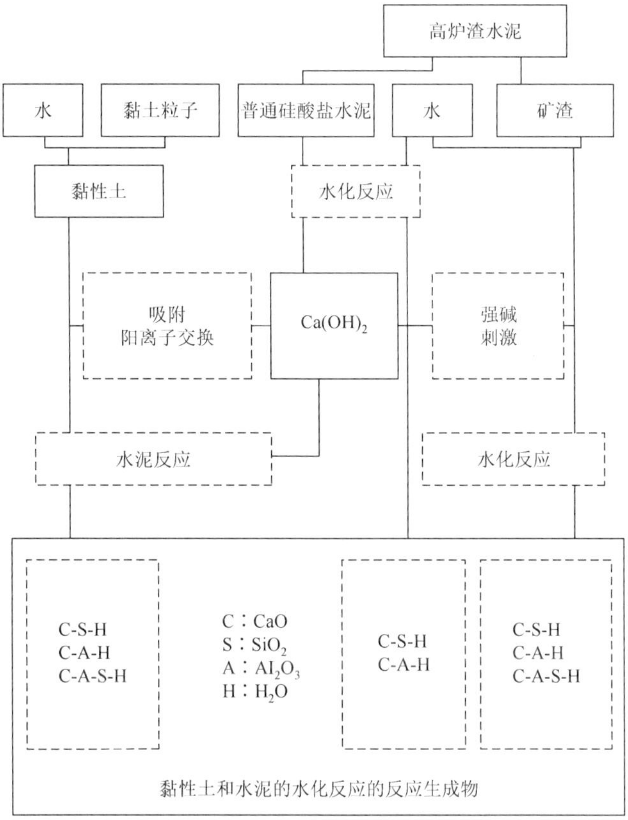

图 7-151　黏性土和稳定材料的反应

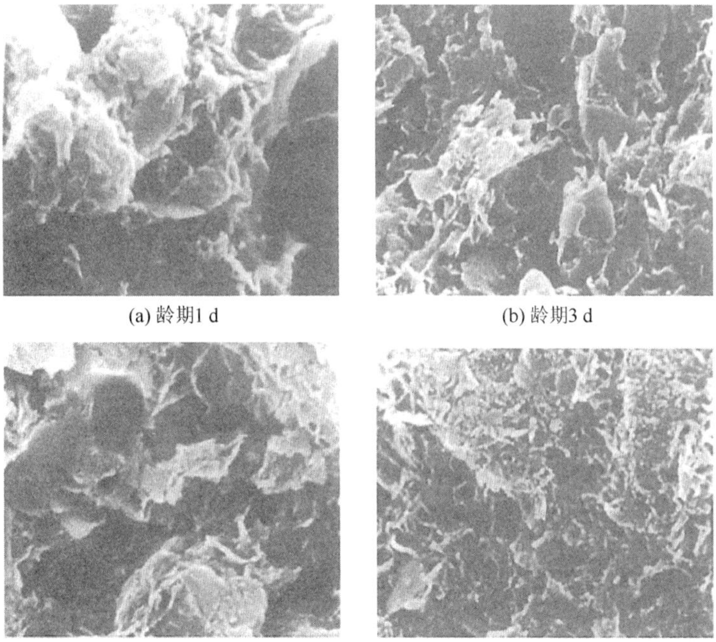

(a) 龄期1 d　(b) 龄期3 d

(c) 龄期7 d　(d) 龄期28 d

对象土：黏性土
稳定材料：普通硅酸盐水泥
添加率：$a_c = 160\ kg/m^3$
倍率：20000倍

图 7-152　龄期经过伴随的稳定处理土的微观组织

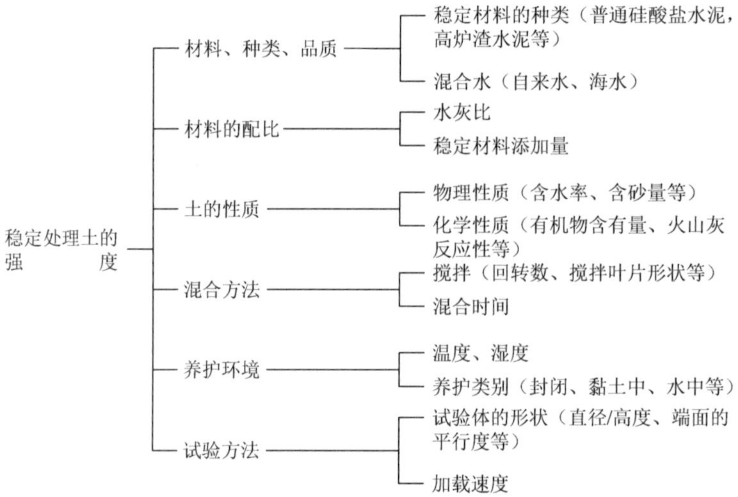

图 7-153　影响稳定处理土强度的主要因素

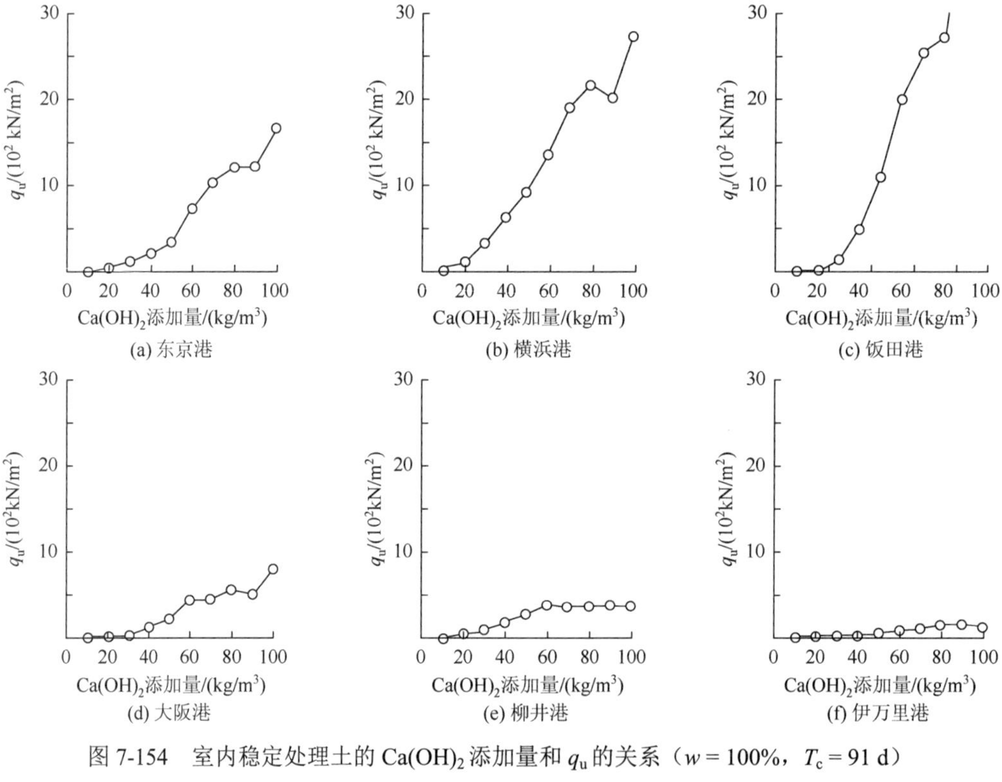

图 7-154　室内稳定处理土的 $Ca(OH)_2$ 添加量和 q_u 的关系（$w = 100\%$，$T_c = 91$ d）

另外，在陆上工程中，有时使用普通硅酸盐水泥或高炉水泥（B 种）可得令人满意的稳定处理土强度，而有时也有不使用特殊水泥就无法得到令人满意的结果的情况。如能事先判定对象土明显为高含水率的有机质土时，相比使用普通硅酸盐水泥或高炉水泥（B 种），使用特殊水泥更有利，但在无法事先判定时，要恰当地对对象土的土粒比重、含水率、根据强热减量法或重铬酸法得到的有机物含有量、腐生植物含有量、pH 实施试验，并参考图 7-155，判定是否可以通过普通硅酸盐水泥进行固化。

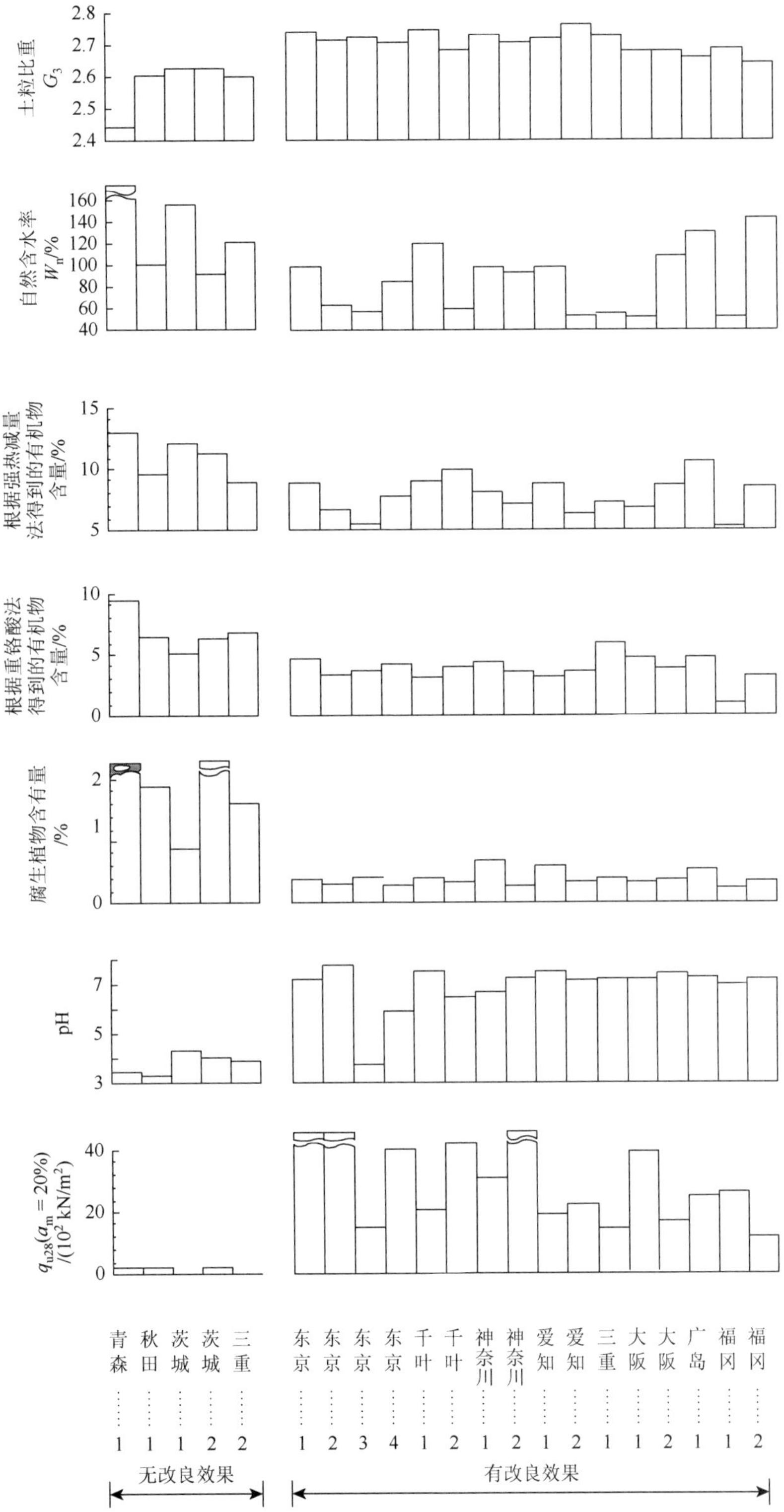

图 7-155 对普通硅酸盐水泥有无改良效果的判断

7.6.2　稳定处理土的工学性质（使用海底土时）

稳定处理土的工学性质当中，作为物理性质有含水率、密度、透水性，作为力学性质有单轴压缩强度特性、剪切特性、压密特性、抗拉特性、蠕变特性、疲劳特性，作为其他特性有温度特性、长期稳定性。

7.6.2.1　含水率

稳定处理土的理论含水率在假定稳定材料与其质量的1/4的水产生化学结合时可表示为以下的近似式。

$$w_s = \frac{\dfrac{w_o}{100} + \left(\dfrac{\beta}{100} - 0.25\right)\left(\dfrac{1}{G_s} + \dfrac{w_o}{100} \cdot \dfrac{1}{G_w}\right) \times \dfrac{\alpha}{1000}}{1 + 1.25 \times \left(\dfrac{1}{G_s} + \dfrac{w_o}{100} \cdot \dfrac{1}{G_w}\right) \times \dfrac{\alpha}{1000}} \times 100 \tag{7-42}$$

式中，w_s——稳定处理土的含水率（%）；

α——稳定材料添加量（kg/m^3）；

G_s——土颗粒比重；

β——水灰比（%）；

G_w——水的比重；

w_o——对象土的含水率（%）。

图7-156是改良前土的含水率室内稳定处理土的理论含水率的关系。

稳定处理土的含水率一般比改良前对象土的含水率要低。但是，这个降低量随改良前对象土的含水率降低而变小。这表明稳定处理土是在以包含着许多水分的状态进行固化，这对后述的稳定处理土的压密特性及剪切特性带来较大影响。

原位置稳定处理土的含水率测定（东京港）如图7-157所示。

7.6.2.2　密度

稳定处理土的理论密度假定稳定材料在发生水合时不产生收缩，则可表示为以下的近似式。

$$p_t = \frac{100 + w_o + \left(1 + \dfrac{\beta}{100}\right)\left(\dfrac{100}{G_s} + \dfrac{w_o}{G_w}\right) \times \dfrac{\alpha}{1000}}{\dfrac{100}{G_s} + \left(\dfrac{1}{G_c} + \dfrac{\beta}{100 G_w}\right)\left(\dfrac{100}{G_s} + \dfrac{w_o}{G_w}\right) \times \dfrac{\alpha}{1000} + \dfrac{w_o}{G_w}} \times p_w \tag{7-43}$$

式中，w_o——对象土的含水率（%）；

p_t——稳定处理土的密度（g/cm^3）；

G_s——土粒比重；

α ——稳定材料添加量（kg/cm^3）；
G_c ——稳定材料的比重；
β ——水灰比（%）；
G_w ——水的比重；
p_w ——水的密度（g/cm^3）。

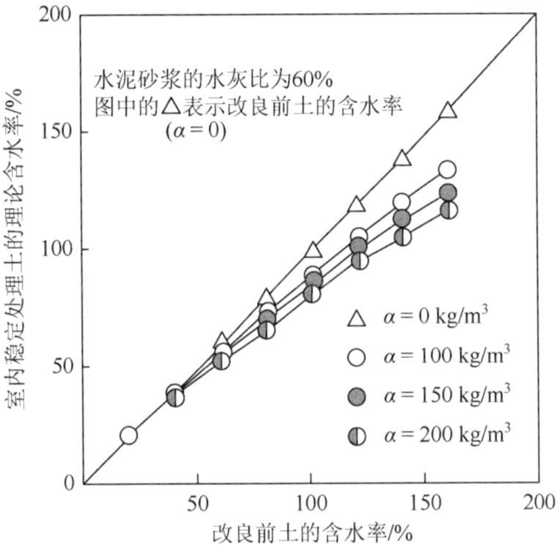

图 7-156 改良前土的含水率和室内稳定处理土的理论含水率的关系

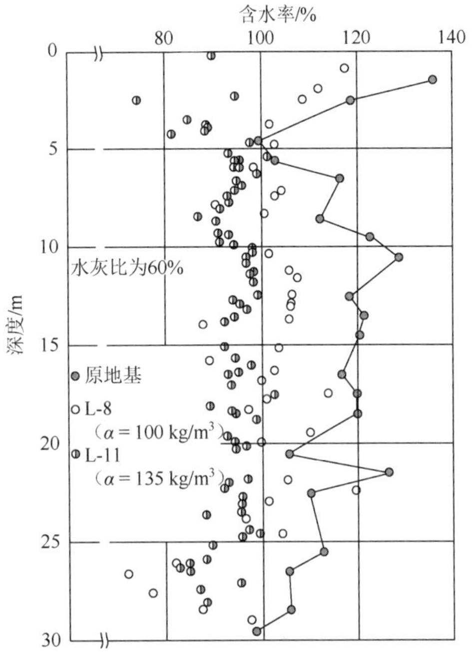

图 7-157 原位置稳定处理土的含水率测定（东京港）

图7-158是改良前土的含水率与室内稳定处理土的理论湿润密度的关系。根据图7-158可知，稳定处理土的密度略比对象土的密度稍大。但是，设计上多无视密度的增加，并将稳定处理土的密度与改良前对象土的密度视为相同。原位置稳定处理土的密度测定（东京港）如图 7-159 所示。

7.6.2.3 透水性

（1）稳定处理土的透水系数

稳定处理土的透水系数相比改良前会大幅降低，稳定材料添加量越大则越小。在使用了东京港黏土的室内稳定处理土（其中，稳定材料添加量 140 kg/m^3）的案例中，由改良前的1×10^{-6} cm/s 降低至1×10^{-10} cm / s 。对置换砂及 SCP 改良地基进行稳定处理后的情况，室内改良土的透水系数和稳定材料添加量的关系（东京港黏土）如图 7-160 所示。

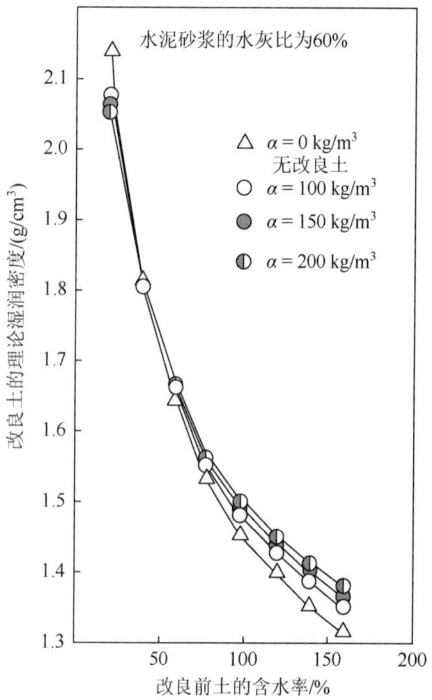

图 7-158　改良前土的含水率和室内稳定处理土的理论湿润密度的关系

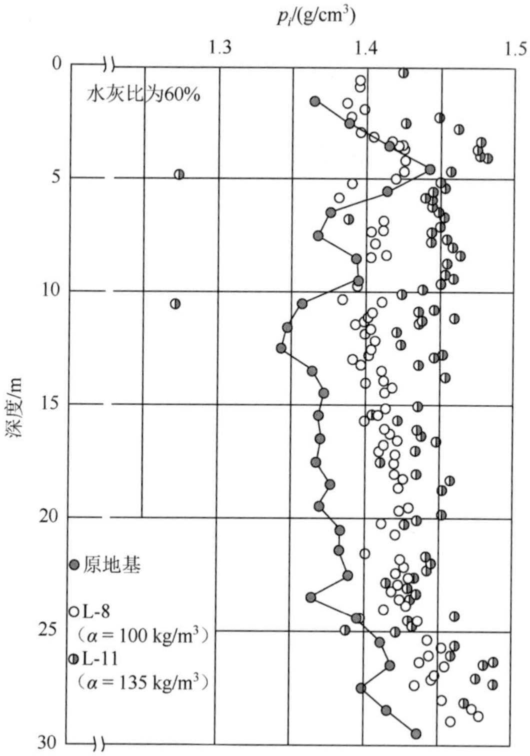

图 7-159　原位置稳定处理土的密度测定（东京港）

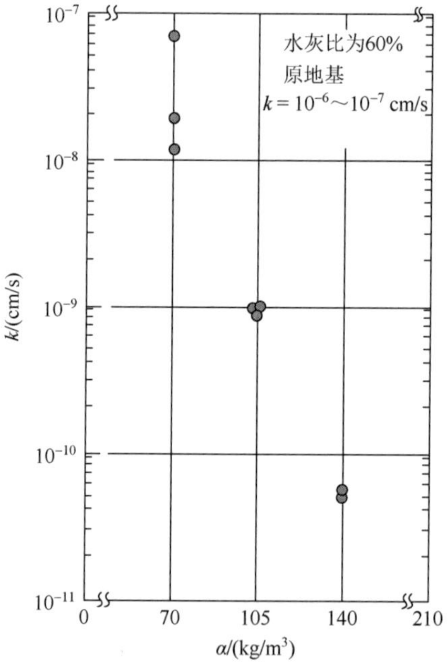

图 7-160　室内改良土的透水系数和稳定材料添加量的关系（东京港黏土）
（对置换砂及 SCP 改良地基进行稳定处理后的情况）

根据这一点，当背面能用废弃物等来填埋时，可认为稳定处理土是有止水性的材料。

另外，对象土用水泥浆将置换砂及 SCP 改良地基等的砂质地基进行稳定处理时，透水系数也同样地降低，且添加量越大，透水系数越小。图 7-161 所示的是以横滨港黏土为对象，对假定置换率为 78.6%、60.0%、39.3%的 SCP 改良地基的砂质土进行稳定处理的室内改良土透水系数与水泥矿渣添加量的关系。结果显示，对砂质土进行稳定处理的地基可作为管理型废弃护岸透水系数 $1\times10^{-5}\sim1\times10^{-6}$ cm/s 以上的不透水性地基（止水壁）来使用。

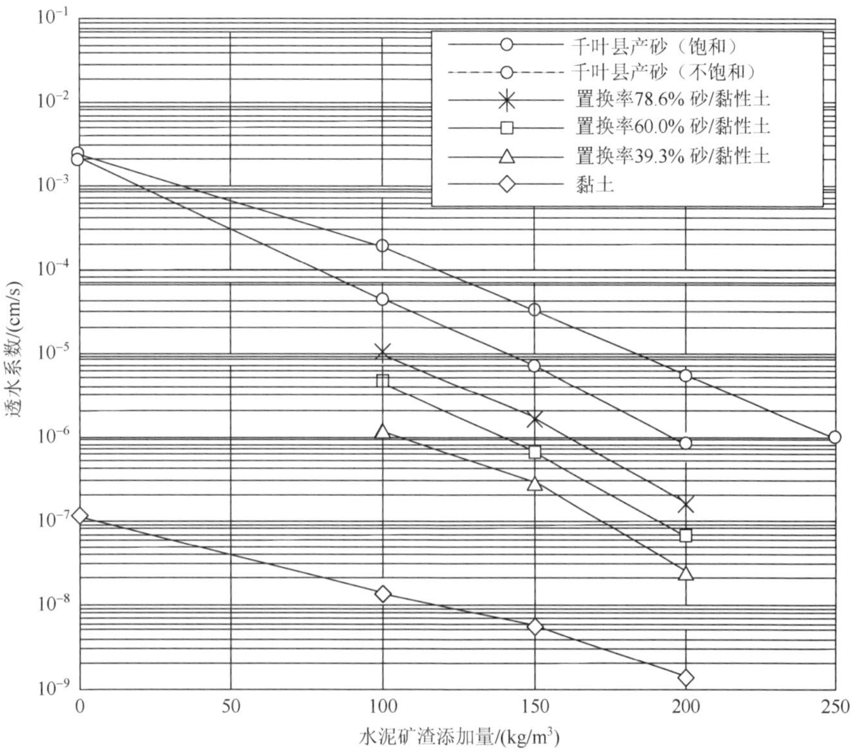

图 7-161　室内改良土的透水系数和水泥矿渣添加量的关系

（2）CDM 改良体结合部的透水性

当作为废弃物填埋地中的管理型护岸的地基改良工法而被采用时，作为遮水地基的 CDM 改良体必须有较高的遮水性能。CDM 改良体接合部位一般在 24 h 以内接合以确保改良体的一体性，但有时也会因恶劣气候等条件不得不中断。有专家制作了接合时间为 48～72 h 的持续打桩试验体，并为了评价其遮水性能，实施了室内透水试验。室内透水试验结果如表 7-79 所示，CDM 改良体接合时间和透水系数的关系如图 7-162 所示，即使改变接合时间，黏性土及砂质土的 CDM 改良体接合部的透水系数也为较小的 $10^{-7}\sim10^{-8}$ cm / s 。因此，CDM 改良体作为管理型废弃物护岸的遮水地基，可认为其为具有所要求的遮水性能（厚度 5 m 以上且透水系数在 1×10^{-5} cm/s 以下）的不透水性地层。

表 7-79　室内透水试验结果

连续打设案例				Ⅰ	Ⅱ	Ⅲ	无连续打设	
试验体尺寸、形状（标准值）	试验体直径：D/cm			5.0	5.0	10.0	5.0	5.0
	连续打设的厚度（试验体长度）：B/cm			5.0	5.0	5.0	5.0	10.0
	连续打设的长度：L/cm			5.0	9.5	19.0	0.0	0.0
	连续打设的面积 A_s/cm^2			25.0	47.5	95.0	0.0	0.0
	先打设 后打设							
试验项目				透水系数/(cm/s)			透水系数/(cm/s)	单轴强度/(kN/m^2)
黏性土	添加量 150kg/m^3	连续打设结合时间 T/h	0	—	—	—	1.12×10^{-8}	2651.1
			48	1.76×10^{-8}	2.06×10^{-8}	—	9.98×10^{-8}	2865.8
			60	1.82×10^{-8}	1.84×10^{-8}	1.57×10^{-8}	1.15×10^{-8}	2884.5
			72	2.01×10^{-8}	1.90×10^{-8}	—	9.43×10^{-8}	2768.9
			672	5.34×10^{-8}	—	—	1.14×10^{-8}	2761.1
砂质土	添加量 200kg/m^3	连续打设结合时间 T/h	0	—	—	—	4.27×10^{-8}	4033.3
			48	—	8.00×10^{-8}	—	3.42×10^{-8}	4007.3
			60	—	9.95×10^{-8}	7.38×10^{-8}	3.95×10^{-8}	4358.1

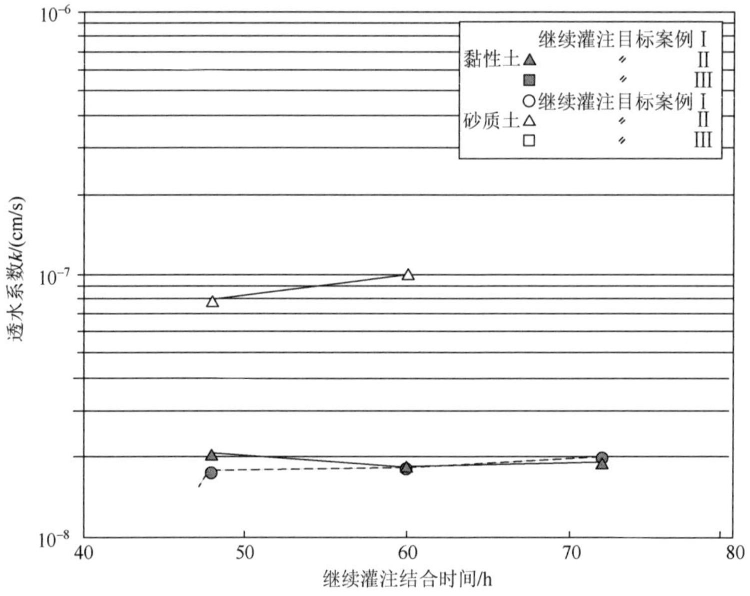

图 7-162　CDM 改良体接合时间和透水系数的关系

7.6.2.4　单轴压缩特性

（1）应力-应变关系

图 7-163 比较了单轴压缩试验及稳定处理土和未处理土的应力-应变关系。与改良前

地基相比，改良地基的强度、弹性模量明显增大，但破坏应变减少。

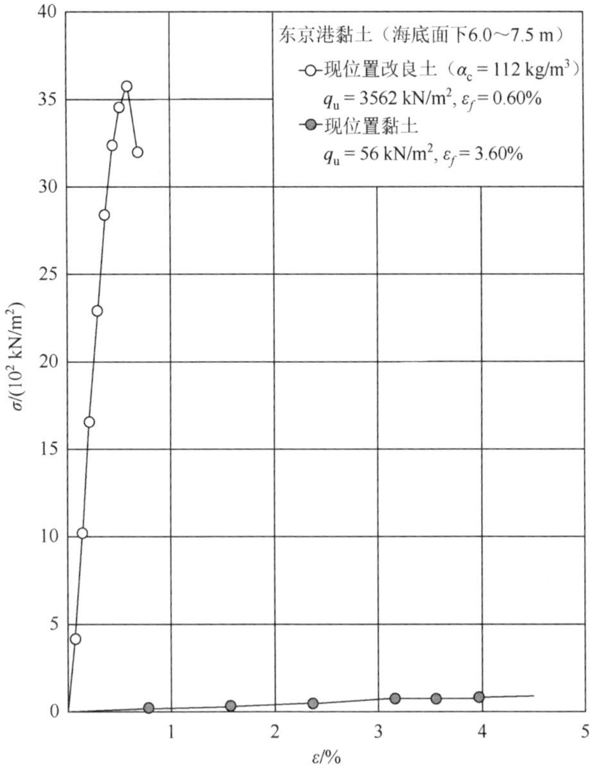

图 7-163　单轴压缩试验及稳定处理土和未处理土的应力-应变关系（东京港黏土）

（2）稳定处理土与各物理性质的关系

稳定处理土的单轴压缩强度 q_u 与土的种类、土的含水率、龄期、稳定材料的种类、稳定材料添加量的关系分析如下。

图 7-164a 和图 7-164b 比较了使用普通硅酸盐水泥基高炉水泥（B 种）改良的 6 种海底土的单轴压缩强度，代表性地显示了使用了海底土的稳定处理土的强度特性。

①东京港、横滨港、饭田港等火山灰反应性较高的土，相比较低的土，可获得高强度的稳定处理土。

②大阪港、柳井港、伊万里港等火山灰反应性较低的土，高炉水泥（B 种）比普通硅酸盐水泥有效。

③火山灰反应性较高的土在所需强度较低时，普通硅酸盐水泥比高炉水泥（B 种）有效。所需强度较高时，哪一种稳定材料都差异不大。

因此，海底土为改良对象时，可将对象土分为火山灰反应性较高的土与火山灰反应性较低的土，分别说明稳定处理土的强度。

选择火山灰反应性较高的横滨港黏土及火山灰反应性较低的伊万里港黏土，龄期经过伴随室内稳定处理土的单轴压缩强度如图 7-165 所示，改良前土的含水率与单轴压缩强度的关系如图 7-166 所示。

如能推测改良对象土的火山灰反应性，稳定处理土的强度特性可由图 7-164～图 7-166 大致可知。

（3）各龄期的稳定处理土的单轴压缩强度的相互关系

使用了普通硅酸盐水泥的室内稳定处理土的单轴压缩强度 q_{u7} 与 q_{u28}、 q_{u7} 与 q_{u91}、q_{u28} 与 q_{u91} 的关系（下标表示龄期）分别如图 7-167 所示。

使用了高炉水泥（B 种）的室内稳定处理土的单轴压缩强度 q_{u7} 与 q_{u28}、 q_{u7} 与 q_{u91}、q_{u28} 与 q_{u91} 的关系（下标表示龄期）分别如图 7-168 所示。

表 7-81 将图 7-167 及图 7-168 的结果，以不受土的种类及土的含水率的影响，作为各龄期间的稳定处理土的强度的关系的形式进行了汇总。

根据表 7-80、图 7-167 和图 7-168，可预测各龄期稳定处理土的强度。

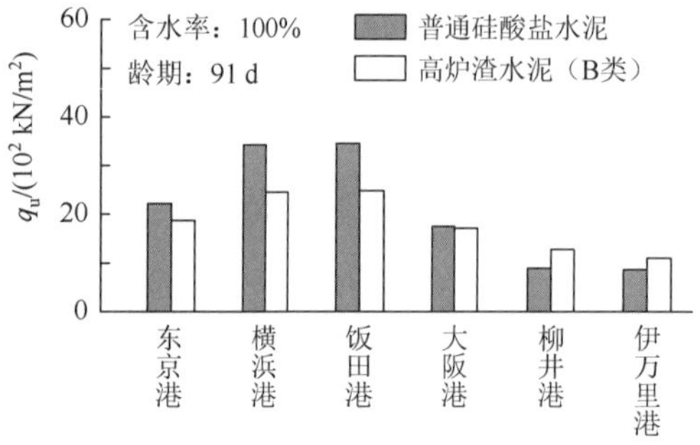

(a) 水泥添加量为100 kg/m³的情况

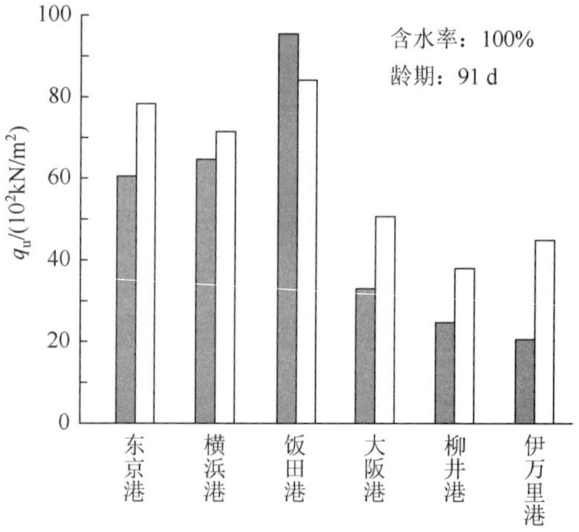

(b) 水泥添加量为200 kg/m³的情况

图 7-164　不同土改良效果的比较

（4）稳定处理土的弹性模量

各种稳定处理土的单轴压缩强度 q_u 与弹性模量 E_{50} 的关系如图 7-169 所示。对象土的砂含有量与其稳定处理土的 E_{50}/q_u 的关系如图 7-170 所示。由这些图可以说明：

①随着稳定处理土的单轴压缩强度 q_u 增大，稳定处理土的弹性模量 E_{50} 也增大。

②随着对象土的砂含有量增大，稳定处理土的弹性模量 E_{50} 有增大的倾向。

③对象土的砂含有量在 10%～15%以下时，稳定处理土的弹性模量 E_{50} 大致可知。

$$E_{50} = (400\sim600)q_u\,(\mathrm{kN/m^2})$$

室内稳定处理土的 μ 和 q_u 的关系如图 7-171 所示，原位置稳定处理土的单轴压缩度分布如图 7-172 所示。

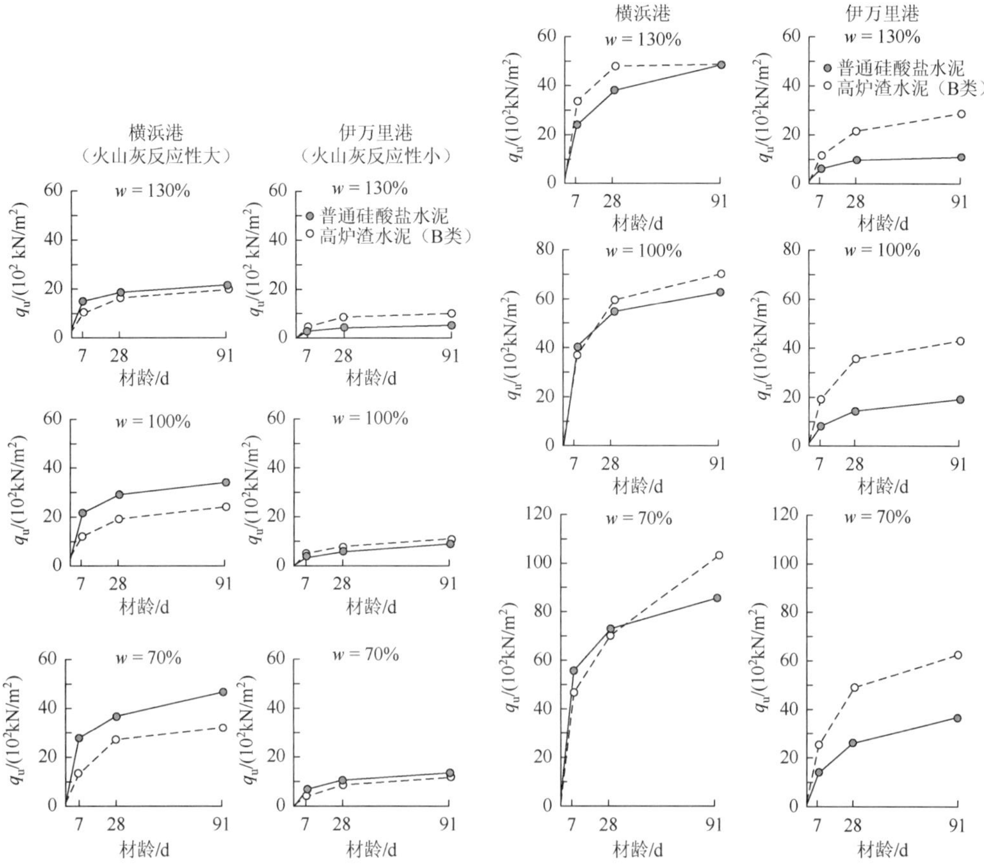

(a) 水泥添加量为100 kg/m³的情况　　(b) 水泥添加量为200 kg/m³的情况

图 7-165　龄期经过伴随室内稳定处理土的单轴压缩强度

表 7-80　各龄期间强度的关系（室内稳定处理土）

项目 \ 水泥种类	普通硅酸盐水泥	高炉水泥 B 种
q_{u7} 和 q_{u28}	$q_{u28} = 1.49\ q_{u7}$	$q_{u28} = 1.56\ q_{u7}$
q_{u7} 和 q_{u91}	$q_{u91} = 1.97\ q_{u7}$	$q_{u91} = 1.85\ q_{u7}$
q_{u28} 和 q_{u91}	$q_{u91} = 1.33\ q_{u28}$	$q_{u91} = 1.20\ q_{u28}$

（5）泊松比

当认为对改良地基的载荷为非排水条件时，稳定处理土的静态泊松比 μ 为 0.5 或与其相近的值。其他条件下大致为 0.3～0.45（如图 7-171 所示，单轴压缩强度越大则减少）。

（6）施工案例中所见的原位置稳定处理土的单轴压缩强度

图 7-172a 和图 7-172b 为使用 CDM 工法施工的地基的土质特性及改良地基的单轴压缩强度的分布。

表 7-81 表示的是图 7-172 中施工案例的地基条件、施工条件、稳定条件及原位置稳定处理土的基本统计量。

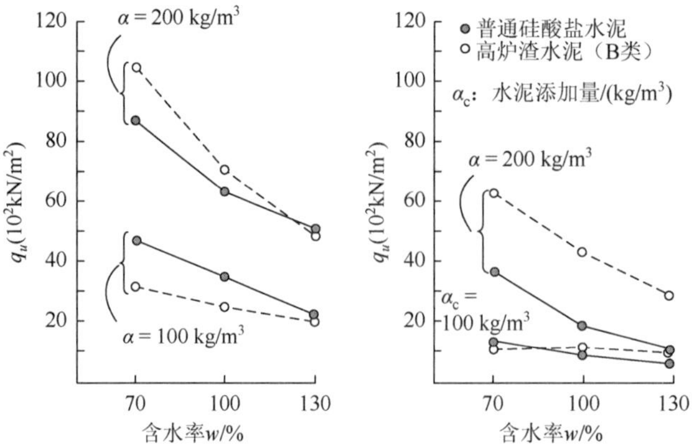

(a) 横浜港
（火山灰反应性大）

(b) 伊万里港
（火山灰反应性小）

图 7-166　改良前土的含水率与单轴压缩强度的关系（$T_c = 91$ d）

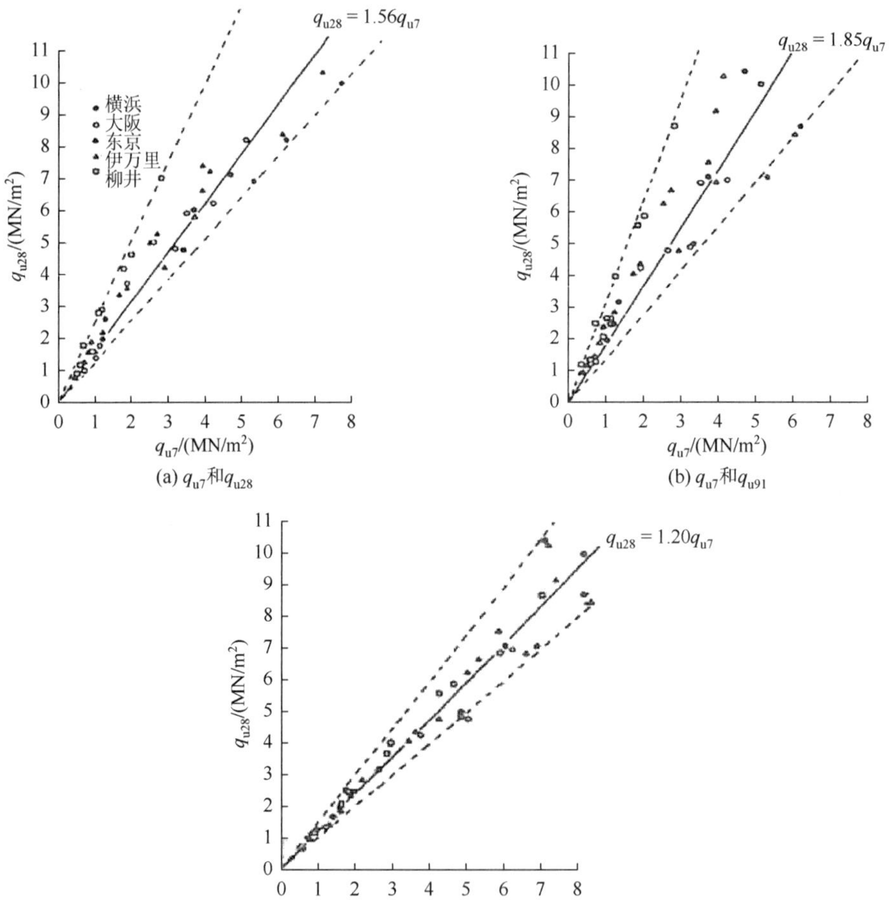

(a) q_{u7}和q_{u28}

(b) q_{u7}和q_{u91}

(c) q_{u28}和q_{u91}

图 7-167　q_{u7}、q_{u28}和q_{u91}的关系（使用普通硅酸盐水泥的室内稳定处理土）

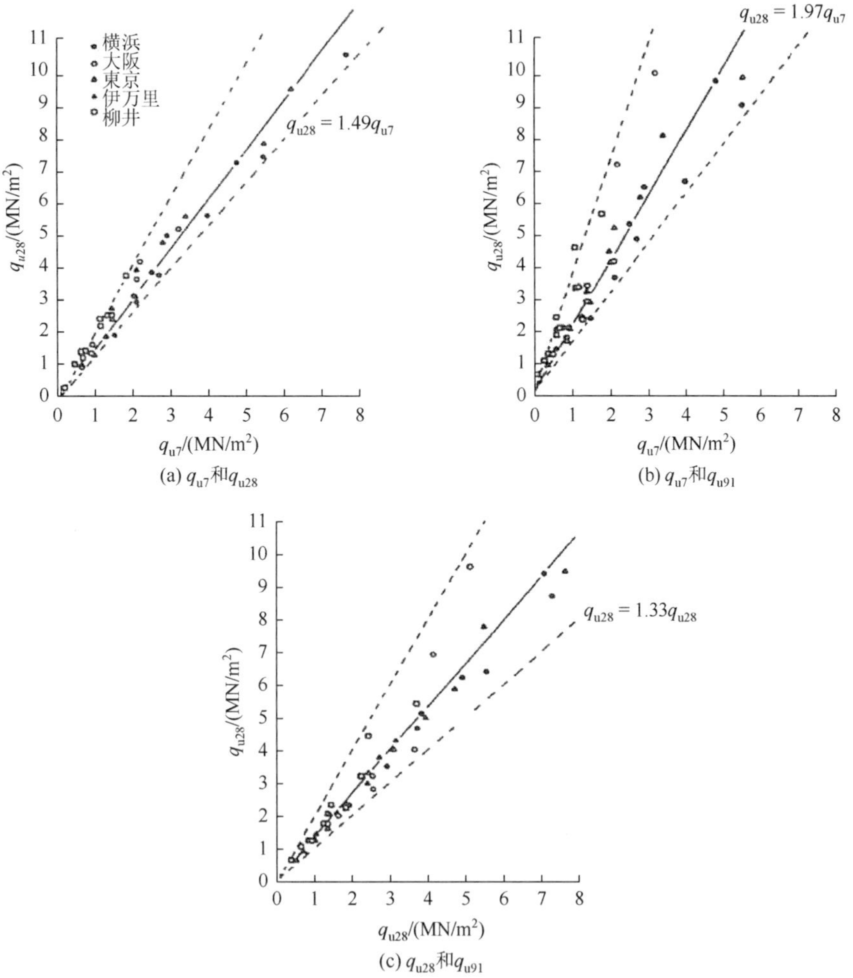

图 7-168　q_{u7}、q_{u28} 和 q_{u91} 的关系（使用高炉水泥的室内稳定处理土）

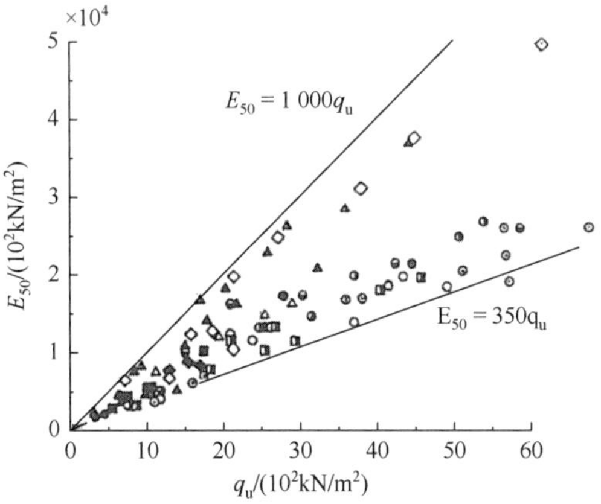

图 7-169　室内稳定处理土的 q_u 和 E_{50} 的关系

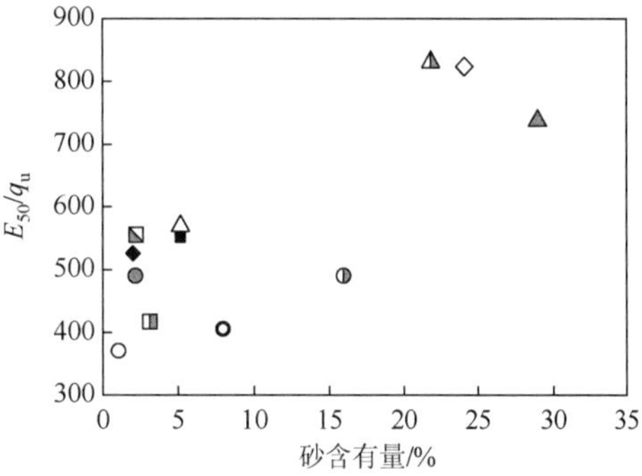

图 7-170　砂含有量和 E_{50}/q_u 的关系
（室内稳定处理土）

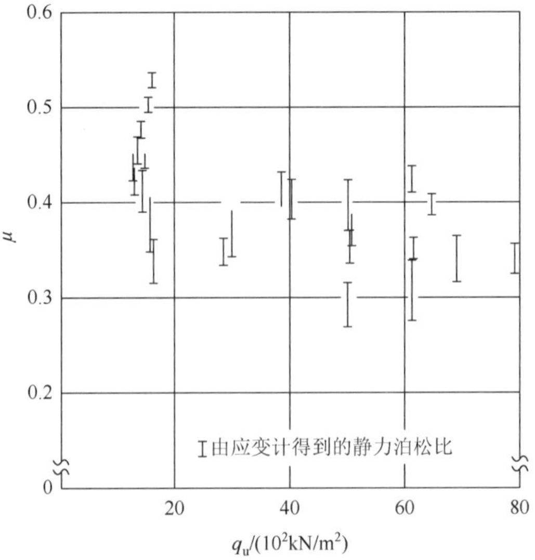

图 7-171　室内稳定处理土的 μ 和 q_u 的关系

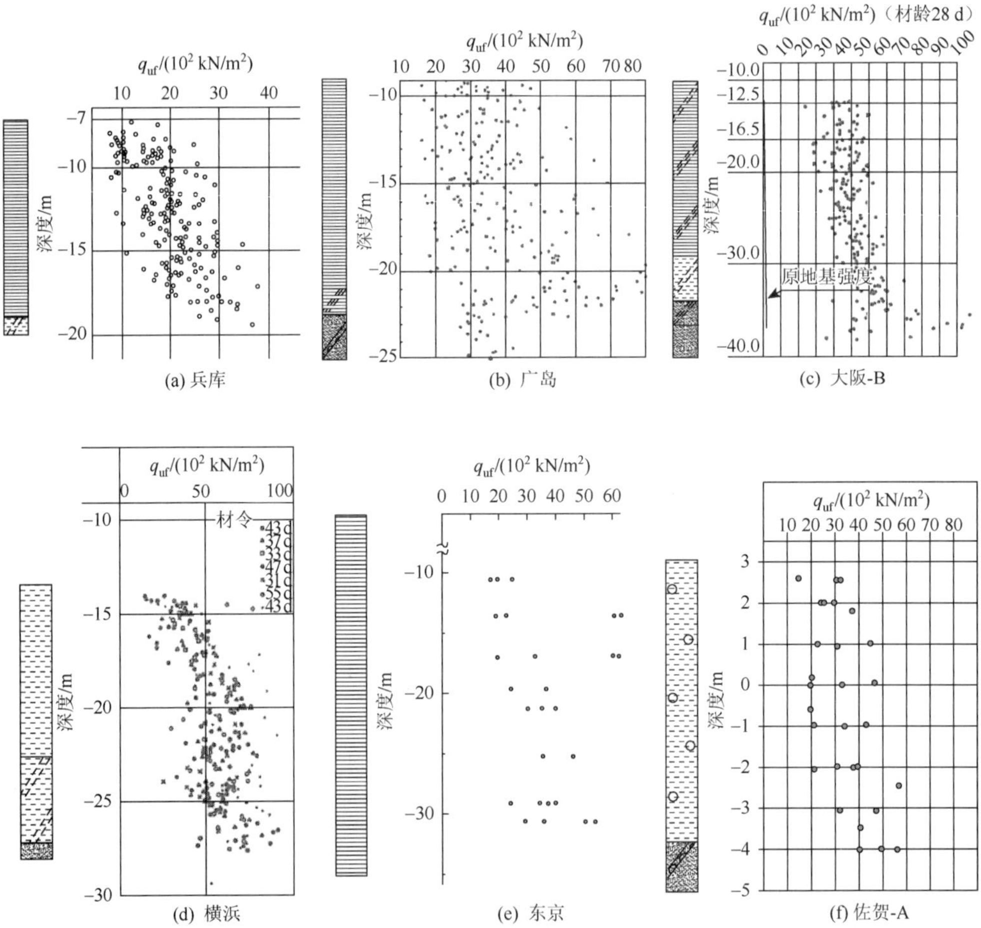

图 7-172　原位置稳定处理土的单轴压缩强度分布

（7）原位置稳定处理土与室内稳定处理土的强度比较

图 7-173 是表 7-81 的施工案例中，以黏性土为对象的原位置稳定处理土的平均单轴压缩强度 $\overline{q}_{uf}$ 与室内稳定处理土的单轴压缩强度 $\overline{q}_{ul}$ 的标绘图。由图 7-173 可知，强度比 $\overline{q}_{uf}/\overline{q}_{ul}$ 多为 1.0 以上。

7.6.2.5 剪切特性

（1）三轴压缩试验

稳定处理土的剪切特性可通过三轴压缩试验可得。将在以后说明的稳定处理土的制作条件及试验条件如表 7-82 所示。

改良土的单轴压缩强度 $q_u = 3300\text{kN/m}^2$（$T_c = 150$ d）。

图 7-174 为稳定处理土的等方压密排水剪切试验（CD 试验）结果。

图 7-175 为稳定处理土的等方压密非排水剪切试验（CU 试验）结果。

图 7-176 为稳定处理土的 CD 试验、CU 试验中，最大强度及残留强度时的应力状态在有效应力面上的标绘图。

$$\left(p' = \frac{\sigma_1' + 2\sigma_3'}{3}, q = \sigma_1' - \sigma_3' \right)$$

由这些图可将稳定处理土的剪切特性整理如下。

稳定处理土的三轴压缩试验及单轴压缩试验中的轴变形-偏差应力曲线基于图 7-174～图 7-176，可简单表示如图 7-177 所示。但是，单轴压缩强度值为几百左右的稳定处理土时，与这里所示的不一致。

①直到接近单轴压缩试验、CU 试验中的最大强度为止的稳定处理土的轴变形-偏差应力（$\sigma_1 - \sigma_3$）关系及直到接近 CD 试验中拐点的应力（参考图 7-177c）为止的轴变形-偏差应力关系可视为相同。另外，因这一关系几乎为一直线，故可以说直到接近稳定处理土的上述最大强度或拐点应力为止是弹性的。

②CU 试验中的最大强度（最大偏差应力）、CU 试验中拐点的应力、单轴压缩试验中的单轴压缩强度试三个值几乎相同。

③在①中所述的曲线的最大强度（单轴压缩试验及 CU 试验）或拐点（CD 试验）之后的稳定处理土的轴变形-偏差应力关系因试验方法不同而不同。

也就是说，在 CU 试验中，偏差应力的减少与拘束压大小无关，可以成为残留状态，残留强度一直是相对较大的值。另外，在 CD 试验中，拘束压较小时，偏差应力显著减小，虽然可以成为残留状态，但随着拘束压增大，偏差应力的减小幅度变小，最终偏差应力在拐点后增大，达到最大偏差应力之后开始减小，成为残留状态。CD 试验中的这些稳定处理土的残留强度与拘束压有关。单轴压缩试验中的轴变形-偏差应力关系与 CD 试验中的拘束压在 0 附近时的曲线类似。

表 7-81　CDM 工法代表性施工案例的原地基条件、施工条件、原位置稳定处理土的单轴压缩试验整理结果一览表

施工场地		土质条件						施工条件				稳定材料条件		原位置稳定处理的基本统计量		
地名	区分	改良深度/m	不排水抗剪强度 C_u /(10^2kN/m^2)	自然含水率 w_n/%	液性界限 w_L/%	塑性指数 I_p	砂含量 S_c/%	贯入速度 V_{in} /(m/min)	贯入旋转数 r_{in} /rpm	拔出速度 V_{out} /(m/min)	拔出旋转数 r_{out} /rpm	稳定材料名	稳定材添加量 a_c /(kg/m^3)	材龄 T_c /d	平均单轴压缩强度 q_{uf}/(kN/m^2)	变动系数 V
东京	试验工程	T.P. − 9.0 ～ − 39.0	0.03 + 0.014Z (Z = 0at − 9.0)	100～130	80～120	20～40	0～10	2.0	35	1.5	50～55	NP	135	60	3370	0.331
佐贺-A		G.L. − 1.0 ～ − 8.0	0.06Z (Z = 0at0)	90～100	80～90	40～50	0～30	1.0	25	1.0	50～60	SP	150	28～52	3770	0.485
广岛-A		D.L. − 9.0 ～ − 22.0	0.35 + 0.015Z (Z = 0at − 9.0)	110～150	125～140	80～110	0～10	1.0	20～30	1.0	40～60	NP	150	28～49	3920	0.353
大阪-A		D.L. − 12.0 ～ − 17.0	0.025 + 0.013Z (Z = 0at − 14.0)	70～120	90～100	60～70	0～10	1.0	20～30	0.5	20～60	SP	150	28～94	3810	0.277
		D.L. − 17.0 ～ − 29.0	0.04 + 0.025Z (Z = 0at − 10.0)	10～100	60～100	40～70	0～40	1.0	20～30	0.5	20～40	SP	175	28～94	4860	0.381
佐贺-B	试验工程	D.L. − 4.0 ～ − 19.0	0.09 + 0.015Z (Z = 0at − 4.0)	40～80	40～100	20～50	5～60	1.0	20～30	1.0	40～60	SP	210	14	4080	0.296
		D.L. − 4.0 ～ − 21.0		40～80	40～100	20～50	5～60	1.0	20～30	1.0	40～60	SP	210	28	4640	0.299
千叶	试验工程	A.P. − 11.0～ − 23.0 − 23.0 ～− 31.0	0.025～0.35	100～110	90～100	50～70	15～20	2.0	20～30	1.0	40～50	NP	150	28～49	4060	0.292
			—	40～50	—	—	70～85									
		A.P. − 9.0 ～ − 22.0	0.10～0.35	50～110	60～110	30～70	15～30	2.0	20～30	1.0	40～50	NP	150	21～28	4410	0.207
神奈川 试验工程	1 块	T.P. − 14.0 ～ − 22.0	0.029Z (Z = 0at − 11.0)	40～100	70～85	40～50	3～10	1.0	20	1.0	40～50	NP	160	30～90	4870	0.360
		T.P. − 22.0 ～ − 25.0	—	40	—	—	60～70	2.0	20	1.0	40～50	NP	160	30～90	4860	0.390

续表

施工场地			土质条件						施工条件				稳定材料条件		原位置稳定处理的基本统计量		
地名		区分	改良深度/m	不排水抗剪强度 C_u /(10^2kN/m^2)	自然含水率 w_n/%	液性界限 w_L/%	塑性指数 I_p	砂含量 S_c/%	贯入速度 V_{in} /(m/min)	贯入旋转数 r_{in} /rpm	拔出速度 V_{out} /(m/min)	拔出旋转数 r_{out} /rpm	稳定材料名	稳定材添加量 a_c /(kg/m^3)	材龄 T_c /d	平均单轴压缩强度 q_{uf}/(kN/m^2)	变动系数 V
神奈川	试验工程	4 块	T.P. – 14.0 ～ – 20.5	0.029Z (Z = 0at – 11.0)	60～100	70～85	40～50	6～10	2.0	20	1.0	10～50	NP	120	30～100	4720	0.298
			T.P. – 20.5 ～ – 26.0	—	40～50	—	—	50～60	2.0	20	1.0	40～50	NP	120	30～100	5320	0.319
兵库			T.P. – 8.0 ～ – 19.0	0.02Z (Z = 0at – 5.0)	95～135	110～130	80～90	0～5	1.5	30	0.8～1.0	40	NP	140	28	2140	0.358
大阪-B		试验工程	D.L. – 12.5 ～ – 36.0	0.018Z (Z = 0at – 9.0)	55～110	55～120	20～40	0～20	1.0	30	0.75～1.0	30～40	SP	140	28	3760	0.440
													SP	180	28	6080	0.270
三重			D.L. – 11.5 ～ – 25.5	0.05 + 0.015Z (Z = 0at – 11.5)	55～70	55～75	25～40	0～15	1.0～1.5	30	1.0	50～60	SP	144	28	1780	0.400

注：NP 为普通硅酸盐水泥，SP 为高炉渣水泥。

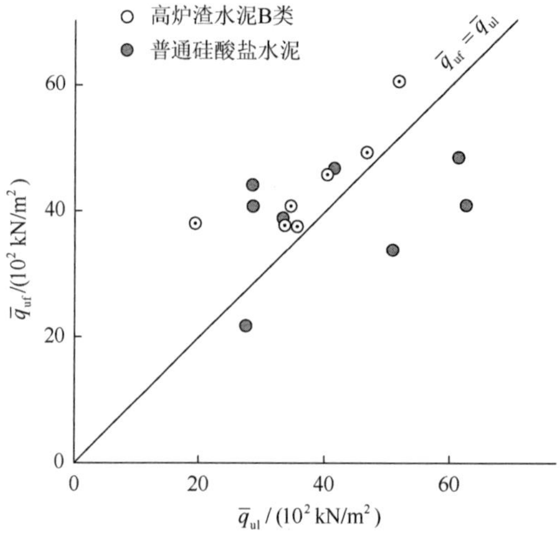

图 7-173　$\overline{q}_{uf}/\overline{q}_{ul}$ 的关系

表 7-82　稳定处理土的制作条件和试验条件

试件制作条件	试验条件	试验方法	
		CD 试验	CU 试验
使用黏土：横滨港黏土 初期含水率：100% 稳定材添加量：100 kg/m^3 水灰比：60% 稳定材：普通硅酸盐水泥	压缩约束应力 σ_3 /(kN/m^2)	50 100 200 400	50 100 200 400
	背压 U_{sp} /(kN/m^2)	0	400
	轴向应变速度 ε_1 /(%/min)	0.04	0.08
	试件尺寸/mm	φ50×100	φ50×100

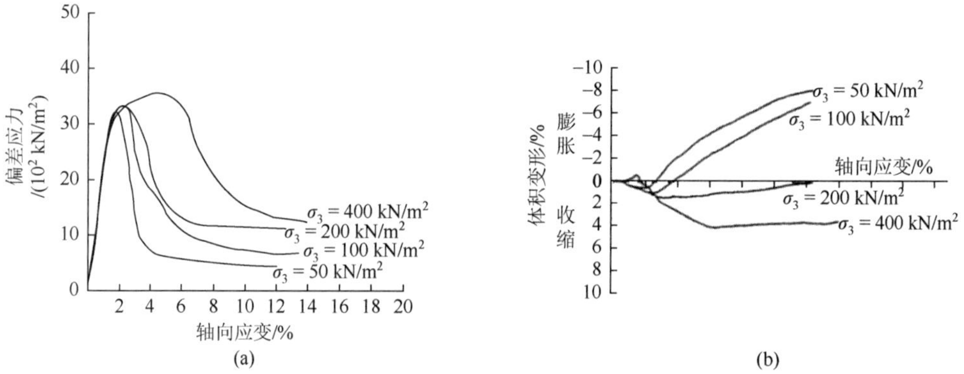

图 7-174　CD 试验结果（稳定处理土）

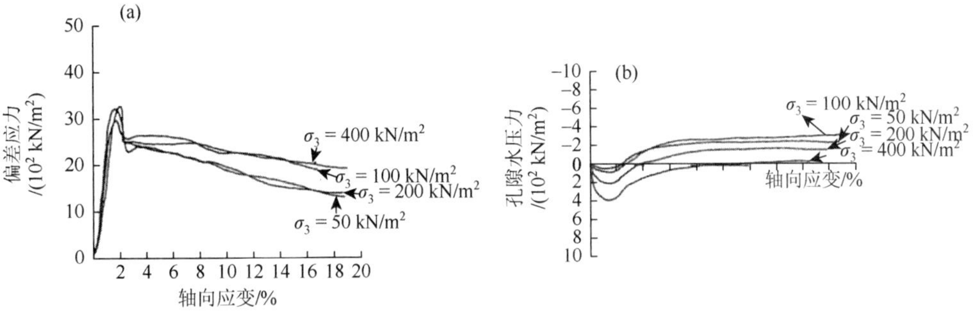

图 7-175　CU 试验结果（稳定处理土）

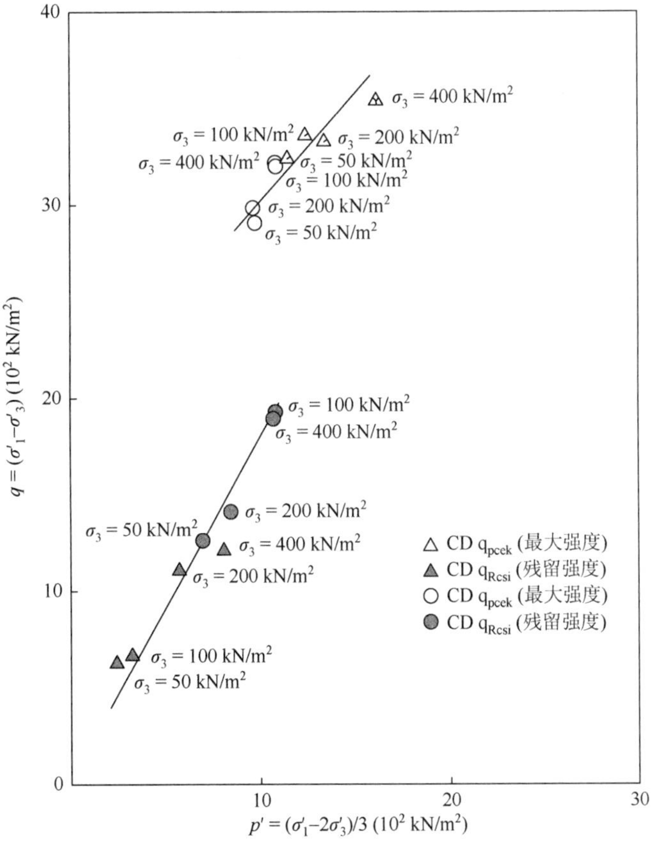

图 7-176　p'-q 应力面（稳定处理土）

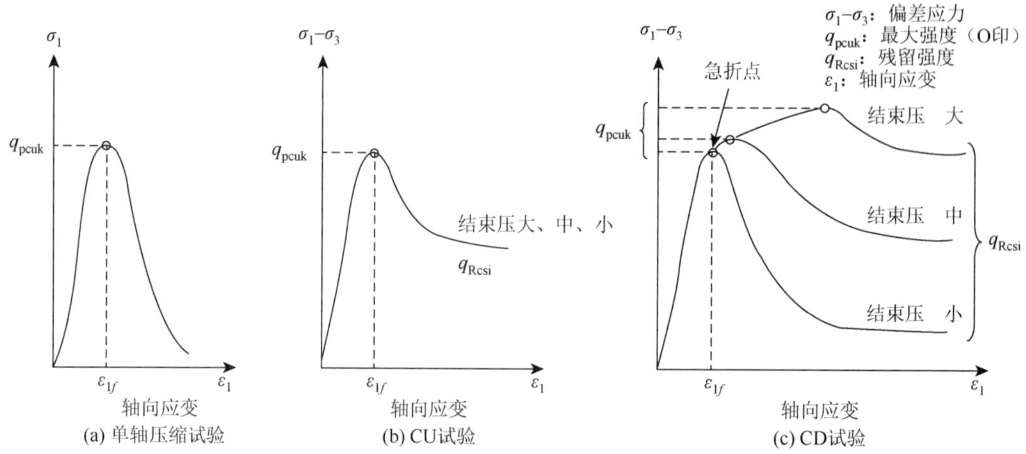

图 7-177　轴向应变-偏差应力曲线模式图（稳定处理土）

（2）单面剪切试验

单面剪切试验有难以控制排水条件、容易变成进行性破坏等问题，但可得到稳定处理土的潜在滑面上有较小垂直应力（几百千牛每平方米）作用状态下的稳定处理土的剪切强度（前述的一般三轴试验方法下难以得到这个状态的强度）。

单面剪切试验中的垂直应力与剪切应力的关系如图 7-178 所示。图中一并表示了稳定处理土单轴压缩强度 q_u 的 1/2 与单纯抗拉强度 σ_{dt} 的值。

图 7-179 是单面剪切试验中的稳定处理土的单面剪切强度 τ_{fo}（其中，与垂直应力"零"相对应的值）与单轴压缩强度的关系。

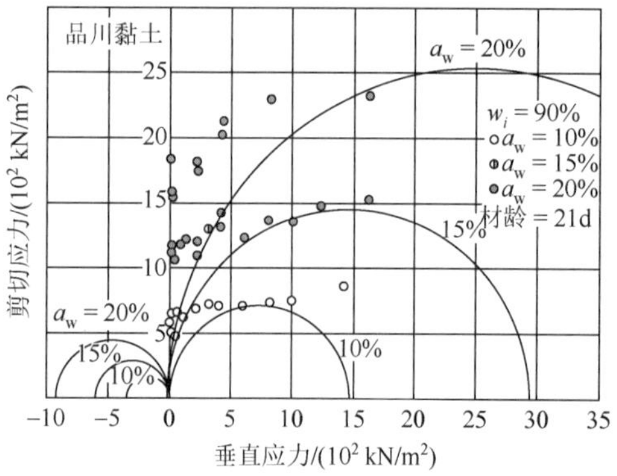

图 7-178　垂直应力和剪切应力的关系

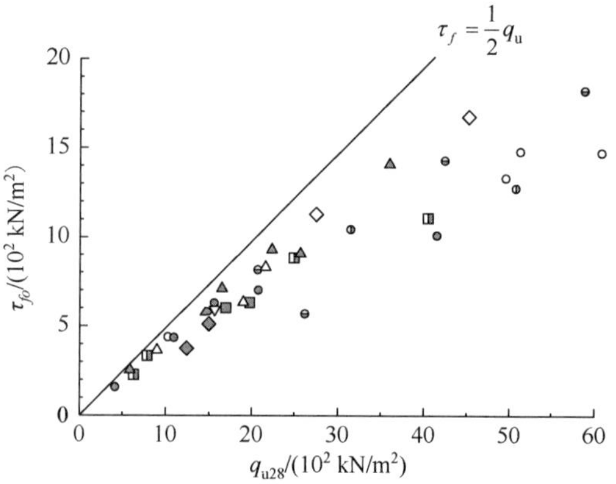

图 7-179　室内改良土的 τ_{fo} 和 q_{u28} 的关系

由这些图可知，稳定处理土的单轴压缩强度为 $1000\ kN/m^2$ 以下时，其剪切强度 τ 可视为 $1/2q_u$，稳定处理土的单轴压缩强度为 $1000\ kN/m^2$ 以上时，其剪切强度 τ 可视为 $(1/2\sim1/3)q_u$。

图 7-180 为原位置稳定处理土的 τ_f 和 σ_N 的关系。

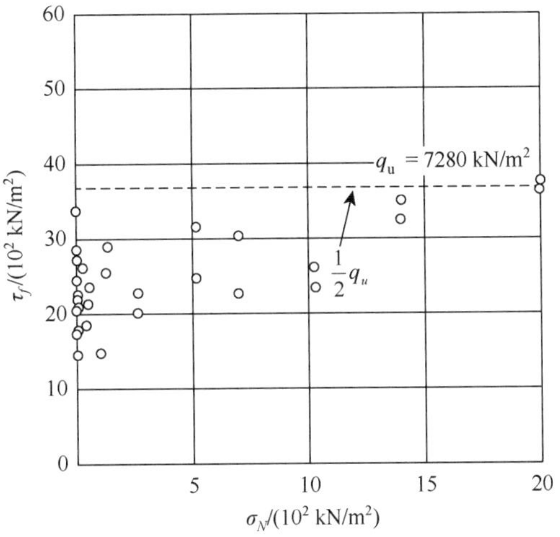

(a) 横浜港块A

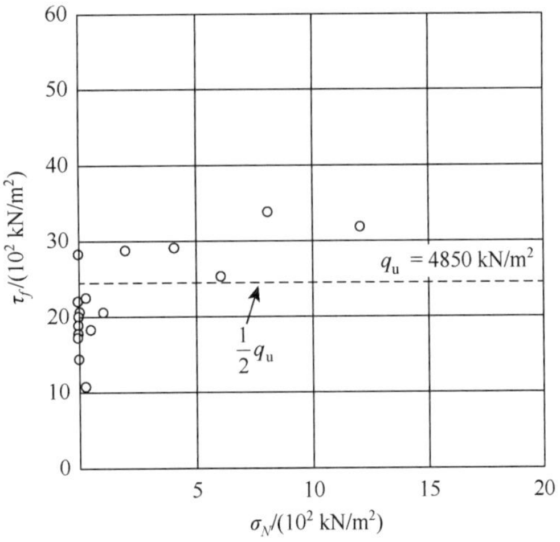

(b) 横浜港块B

图 7-180　原位置稳定处理土的 τ_f 和 σ_N 的关系

7.6.2.6　压缩特性

稳定处理土压密试验中的 e-log p 曲线如图 7-181 所示。另外，稳定处理土的压密屈服应力 p_y 与单轴压缩强度 q_u 的关系如图 7-182 所示。根据这些图，稳定处理土有以下压密特性。

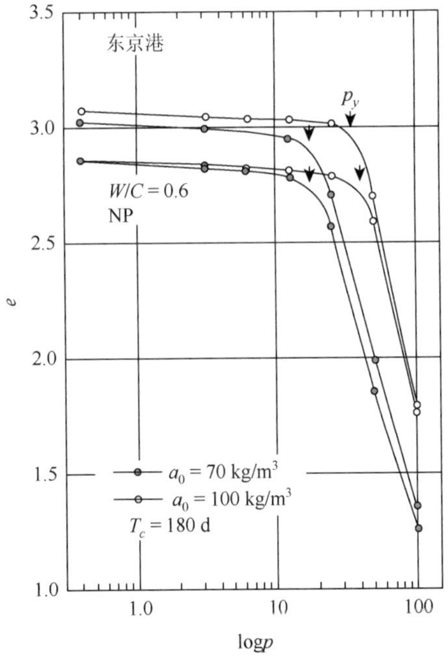

(a) 室内稳定处理土

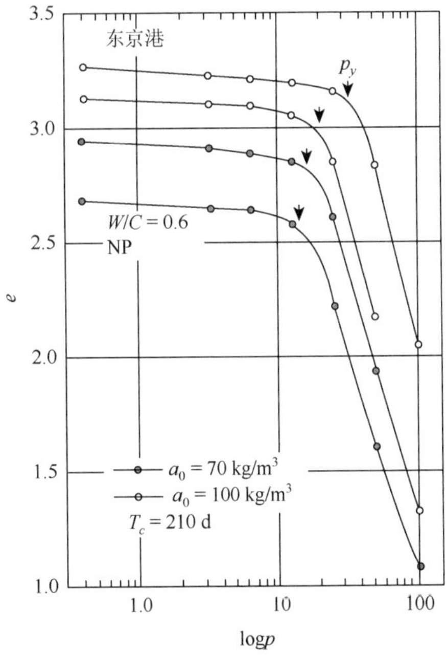

(b) 原位稳定处理土

图 7-181　稳定处理土压密试验中的 e-log$p$ 曲线

①稳定处理土中，黏性土以上存在明确的压密屈服应力 p_y。比 p_y 小的压密压力下的压密量非常小，反之，比 p_y 大的压密压力下的压密量非常大。这是由于稳定处理土在含有大量水分的状态下被固化（参考“7.6.2.1 含水率”），该稳定处理土以 K_0 压密（或等方压密）时，在 p_y 作用下稳定处理土的构造会开始发生明显的体积减少。但是，稳定处理土在 p_y 以上的压密压力作用下，构造并不会产生破坏，反而会变得密实（受到 p_y 以上的压密压力的稳定处理土的剪切强度比受到 p_y 以下的压密压力的稳定处理土的剪切强度要大）。

②在实际改良地基中，压密压力一般远小于 p_y。因此，在多数情况下可忽略稳定处理土自身的压密沉降。

7.6.2.7　抗拉特性

稳定处理土的抗拉强度与单轴压缩强度的关系如图 7-183 所示，图中还表示了采用作为抗拉试验方法的单纯抗拉试验及割裂抗拉试验时的结果。

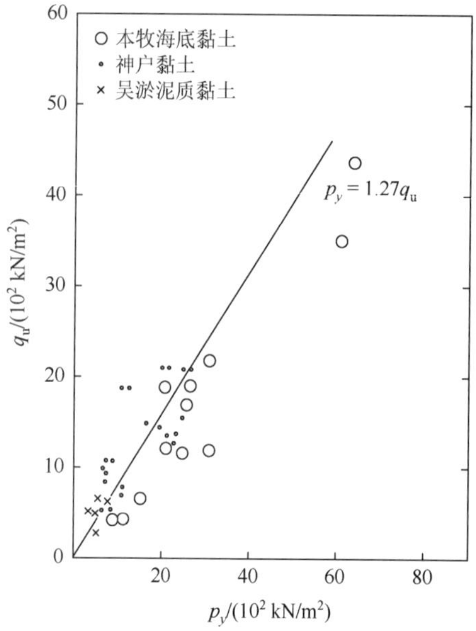

图 7-182　压密屈服应力 p_y 和单轴压缩强度 q_u 的关系

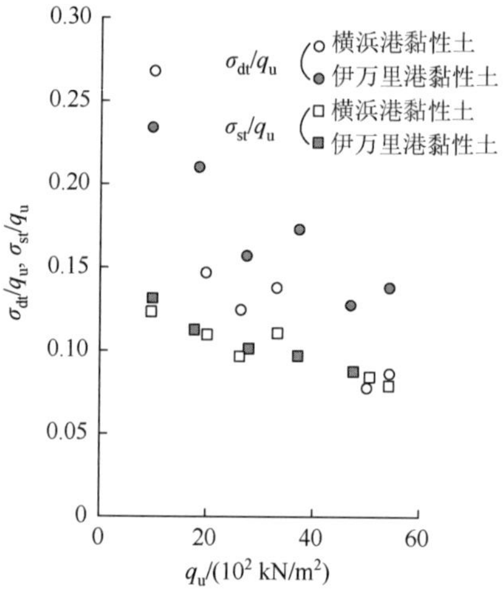

图 7-183　稳定处理土的 q_u 和 σ_{st}/q_u，σ_{dt}/q_u 的关系

①稳定处理土的单轴压缩强度 q_u 在 5000～6000 kN/m^2 时，由单纯抗拉试验得到的抗拉强度 σ_{dt} 比由割裂抗拉试验得到的抗拉强度 σ_{st} 要大。

②随着稳定处理土的单轴压缩强度 q_u 增大，稳定处理土的 q_u 对抗拉强度之比 σ_{st}/q_u 或 σ_{dt}/q_u 有减少的倾向。

图 7-184 为原位稳定处理土的割裂抗拉强度的测定结果。

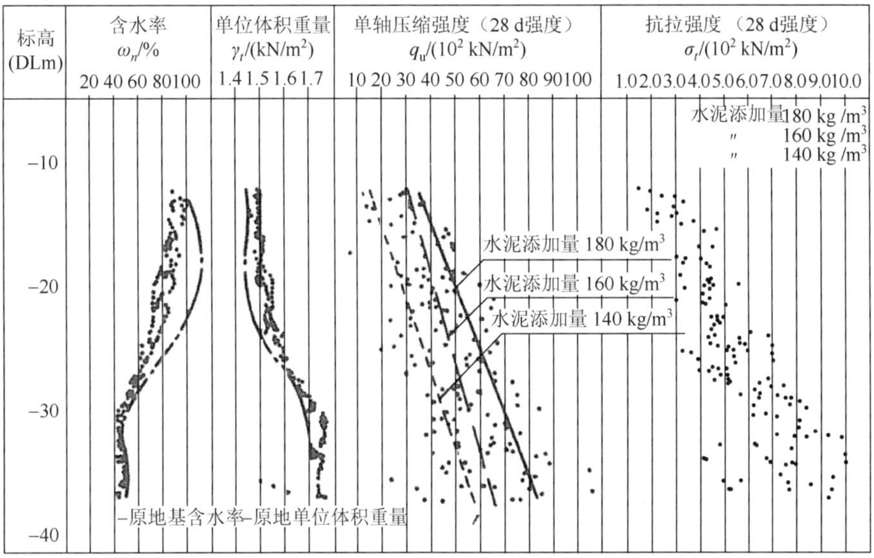

图 7-184　原位稳定处理土的割裂抗拉强度的测定结果

7.6.2.8　蠕变特性

图 7-185 为导入应力级别 S（稳定处理土的单轴压缩强度对蠕变载荷荷载的百分率）与生存概率 P 的关系在正态概率纸上的标绘图。由此可知，平均单轴压缩强度 $q_u = 2\ 500\ kN/m^2$ 的生存概率 50%中的平均蠕变限度为 90.5%，该值比普通混凝土的测定值 80.5%要大。

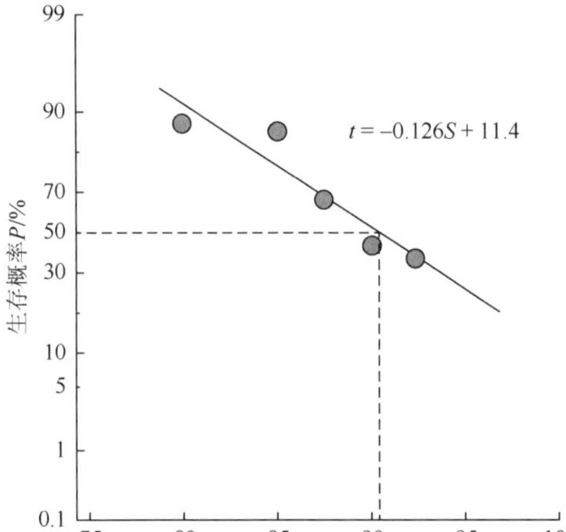

图 7-185　导入应力级别 S 和生存概率 P 的关系

7.6.2.9　疲劳特性

图 7-186 是应力比 $\dfrac{100-S_{\max}}{100-S_{\min}}=\left(\dfrac{q_u-\sigma_{\max}}{q_u-\sigma_{\min}}\right)$ 与平均单轴压缩强度 $q_u=2500\ \mathrm{kN/m^2}$ 的稳定处理土的平均疲劳寿命对数 $\log N$ 与的关系。图中一并表示了普通混凝土的案例。

由图 7-186、图 7-187 可知，稳定处理土的疲劳寿命与混凝土相近。

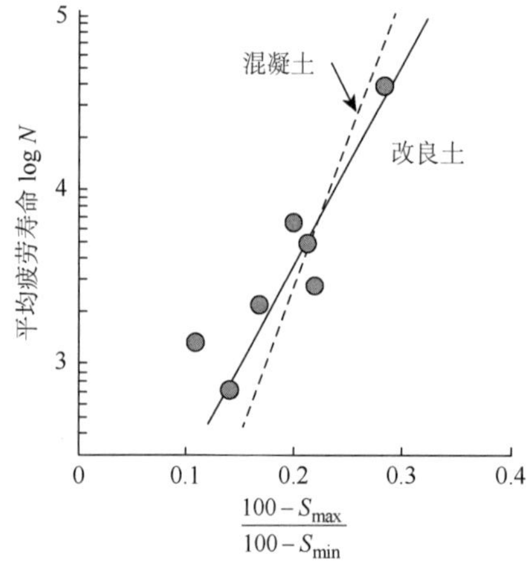

图 7-186　反复应力比(100–$S_{\max}$)/(100–$S_{\min}$)和平均疲劳寿命 log$N$ 的关系

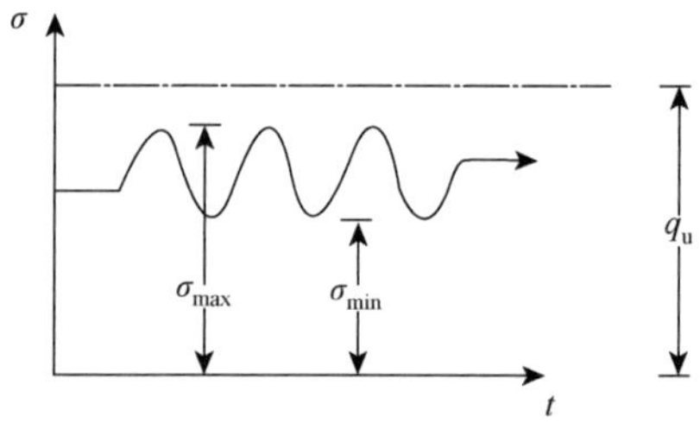

图 7-187　应力比的概念图

7.6.2.10　温度特性

伴随着黏性土与水泥浆的水化反应，改良地基内的温度上升，其后随着向周边黏性土进行热扩散而下降。

图 7-188 为改良地基中温度的变化（此案例中改良地基内的最高温度约为 51℃）。由图 7-188 可知，改良地基内部不是通常的室内稳定处理土的养护温度 20℃，而是以更高的温度进行最初的养护，其后（例如，片状改良为半年或 1 年后）以慢慢下降的温度养护。另外，与改良地基的周边黏性土相接的部分以比改良前的周边黏性土温度稍高的温度养护，其后以与改良前的周边黏性土相近的温度养护。改良地基内随时间推移的温度分布和与其随之而来的发生于改良地基内的应力的数值解析，目前还没有得到足够的检验。

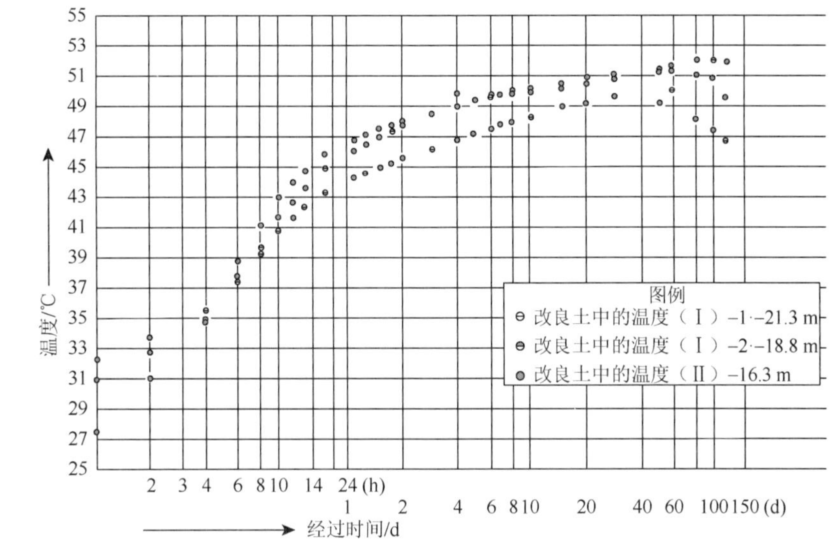

图 7-188 改良地基中温度的变化

图 7-189 是室内稳定处理土养护温度与单轴压缩强度 q_u 的关系。另外，图 7-190 为断热养护（为无热量出入的状态，片状改良地基内部在一段期间内与这个状态相近）与标准养护（20℃养护）的比较。

由图 7-189 和图 7-190 可知，若只看养护温度，原位稳定处理土的强度比标准养护 20℃下养护的稳定处理土的强度大也不足以为奇。

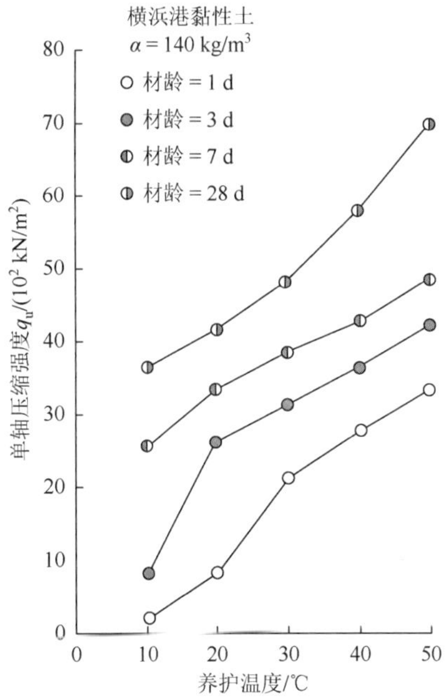

图 7-189 室内稳定处理土的养护温度和单轴压缩强度的关系（室内稳定处理土）

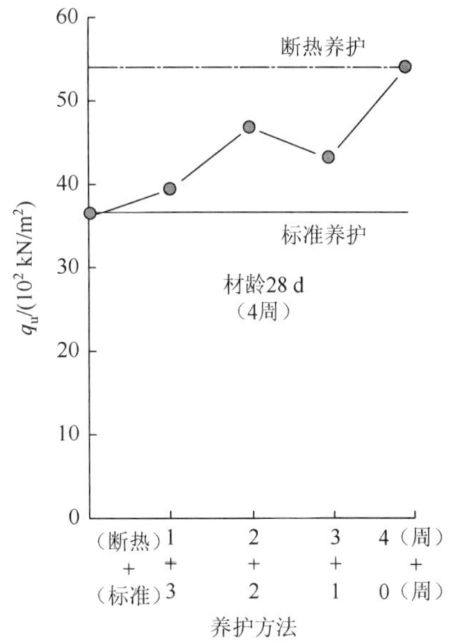

图 7-190 断热养护与标准养护强度的比较

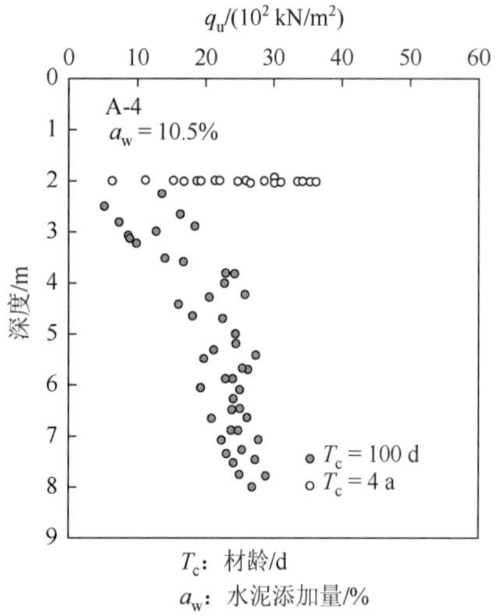

图 7-191　龄期 100 d 和龄期 4 a 的稳定处理土单轴压缩强度 q_u 的比较

7.6.2.11　长期稳定性

图 7-191 是龄期 100 d 和龄期 4 a 的稳定处理土单轴压缩强度 q_u 的比较。由图可知，经过很长一段时间，稳定处理土的强度不会减小，而是会增大。图 7-192 是东京港填埋地中施工室内稳定处理土的 q_u 和龄期的关系，将稳定处理土龄期 95 d 后的单轴压缩强度与龄期 4 a 后的单轴压缩强度相比较，后者呈现更大的值（图 7-193 中的深度 2 m 附近的白点与黑点的比较）。

表 7-83 是普通硅酸盐水泥（以下称为 OPC）、高炉水泥 B 种（以下称为 PSC）稳定处理土的龄期从 28 d 到 5 a 为止的单轴压缩强度 q_{uTc} 对 28 d 强度的比率 q_{uTc}/q_{u28}（下标表示龄期）。使用黏土为横滨土与大阪土。将表 7-83 用图表示为图 7-193。但是，作为 PSC 使用的是高炉水碎矿渣与 OPC 的比例为 7∶3 的混合物。

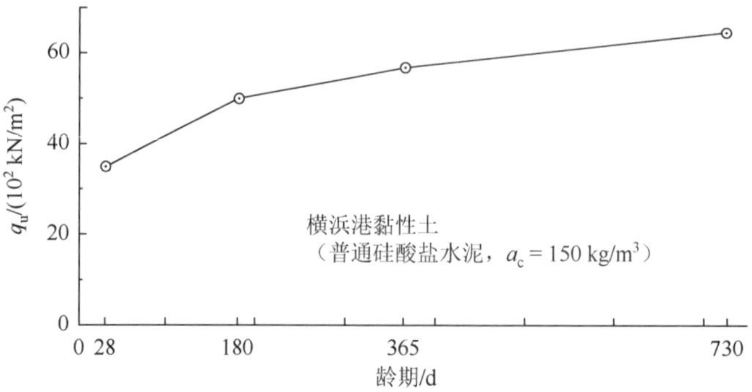

图 7-192　室内稳定处理土的 q_u 和龄期的关系（封闭养护）

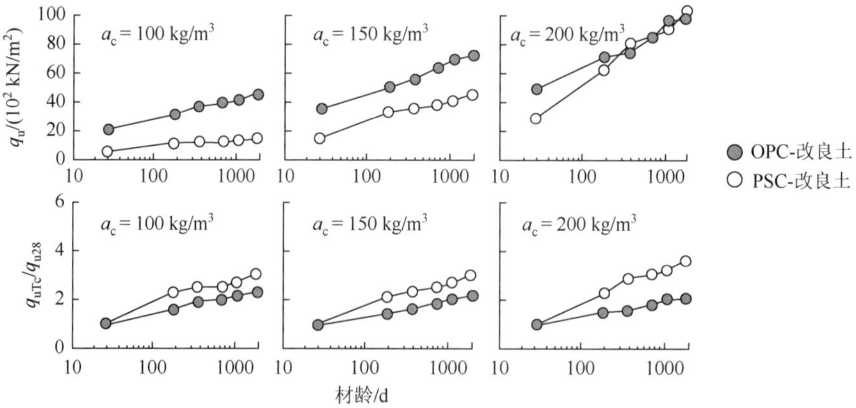

(a) 使用横浜土的改良土

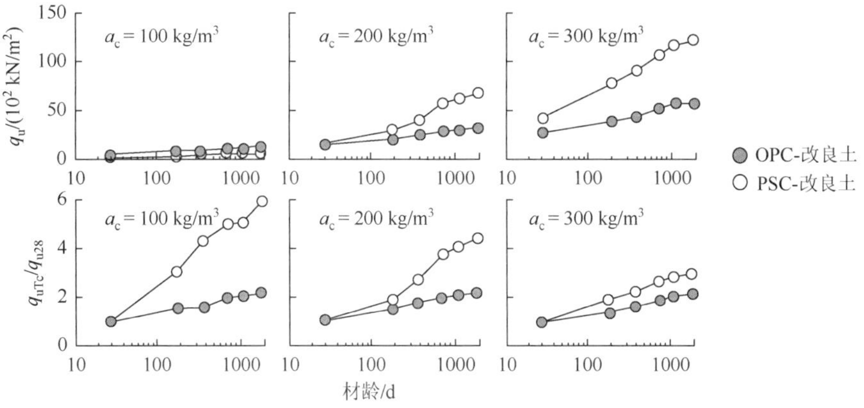

(b) 使用大阪土的改良土

图 7-193 稳定处理土的长期龄期 q_{uTc} 及 q_{uTc}/q_u

a_c 为水泥添加量（kg/m^3）；OPC 为普通硅酸盐水泥；PSC 为高炉渣水泥 B 类

由图 7-191～图 7-193 可说明以下事项。OPC 在稳定处理土时的 q_{u3a}～q_{u5a}/q_{u28} 与稳定材料添加量及试料土的差异无关，为 2.0～2.3。另外，PSC 在改良时使用横滨土的稳定处理土的 q_{u3a}～q_{u5a}/q_{u28} 为 2.7～3.7，使用大阪土的稳定处理土的为 2.8～5.9，稳定材料添加量越少，这个比有增大的倾向。因此，不论横滨土、大阪土哪一种试料土，q_{u3a}～q_{u5a}/q_{u28} 都是在 PSC 在改良时比 OPC 在稳定处理土时的要大。

混凝土中的强度比 q_{u3a}/q_{u28} 根据文献可知，使用 OPC 在的混凝土为 1.24～1.27，使用 B 种粉煤灰水泥的为 1.39～1.73。因此，龄期 28 d 以后的长期龄期中的强度增长，稳定处理土比混凝土要大。这一稳定处理土长期龄期中的 q_u 增长时应在考虑了稳定处理土的设计强度的基础上再研究。例如，稳定处理土的 q_u 的标准龄期不为一般的 28 d，也可为 91 d 等。

表 7-83 长期龄期水泥稳定处理土的单轴压缩强度

土的种类	水泥种类	水泥添加量 a_c/(kg/m^3)	(q_{uTc}/q_{u28})/(kN/m^2)					
			28 d	180 d	1 a	2 a	3 a	5 a
横滨土	OPC	100	1900（1.0）	3060（1.60）	3630（1.91）	3860（2.03）	4060（2.13）	4440（2.34）
		150	3420（1.0）	4920（1.44）	5610（1.64）	6320（1.85）	6910（2.02）	7220（2.11）
		200	4790（1.0）	7030（1.47）	7360（1.54）	8460（1.77）	9610（2.01）	9790（2.05）
	PSC	100	490（1.0）	1110（2.26）	1200（2.44）	1200（2.44）	1300（2.66）	1460（2.98）
		150	1510（1.0）	3160（2.09）	3580（2.37）	3760（2.49）	4030（2.67）	4480（2.97）
		200	2780（1.0）	6140（2.21）	7910（2.85）	8480（3.65）	8910（3.21）	10130（3.65）

续表

土的种类	水泥种类	水泥添加量 a_c/(kg/m^3)	(q_{uTc}/q_{u28})/(kN/m^2)					
			28 d	180 d	1 a	2 a	3 a	5 a
大阪土	OPC	100	500 (1.0)	780 (1.57)	800 (1.61)	1010 (2.02)	1030 (2.06)	1110 (2.22)
		200	1460 (1.0)	2270 (1.55)	2540 (1.74)	2790 (1.91)	3070 (2.10)	3230 (2.21)
		300	2760 (1.0)	3800 (1.38)	4350 (1.58)	5080 (1.84)	5700 (2.07)	5780 (2.10)
	PSC	100	110 (1.0)	320 (3.0)	470 (4.36)	540 (5.0)	540 (5.0)	640 (5.91)
		200	1490 (1.0)	2900 (1.95)	6870 (4.61)	5640 (3.78)	6090 (4.09)	6600 (4.43)
		300	4080 (1.0)	7590 (1.86)	9010 (2.21)	10690 (2.62)	11560 (2.83)	12070 (2.96)

注：1. 上层的数值表示龄期 28 d 到 5 a 为止的改良土的 q_u，下层（）内的数值表示改良土龄期 28 d 的 q_{u28} 所对应的 28 d 以下龄期的 q_{uTc}/q_{u28}。

2. 此处所用的 PSC 为高炉水碎矿渣和比例为 7：3 的 OPC。

最近有实施施工后经过 10～20 a 以上的深层混合处理改良体的芯采样调查。单轴压缩强度的经年变化如图 7-194 所示，但任何一个结果都呈现出要比 28 d 左右时大幅上升，固结反应在持续很长一段时间内都有在进行。

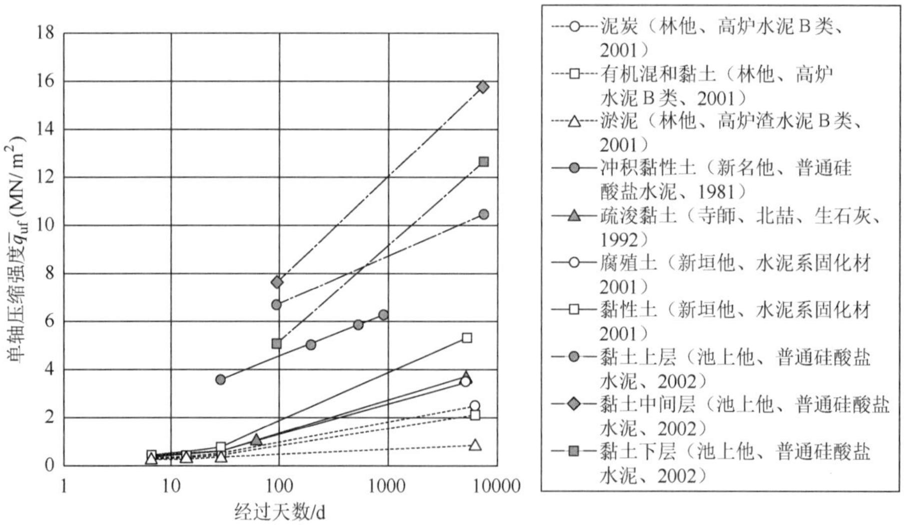

图 7-194　深层混合处理改良体的单轴压缩强度的经年变化

与改良地基的周边土相近的部分会受到周围的一些作用，例如，稳定处理土中的钙溶出导致变质。使用普通硅酸盐水泥的横滨港室内稳定处理土直到龄期 2 a 为止，室内改良土龄期伴随的劣化区域如图 7-195 所示。

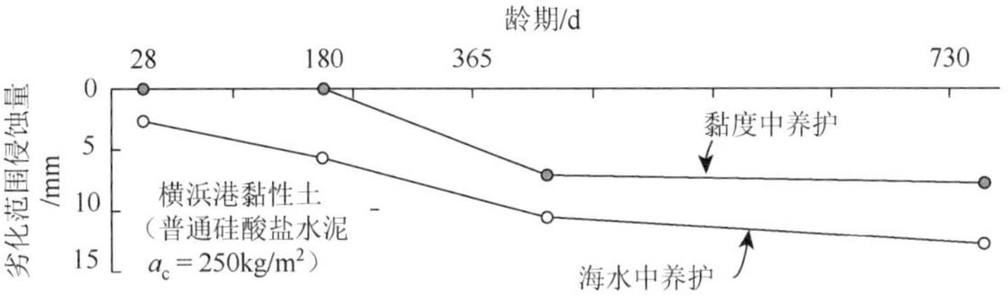

图 7-195　室内改良土龄期伴随的劣化区域

养护方法为海水中养护及黏土中养护。劣化领域通过锥形贯入试验、小型试验体的单轴压缩试验、pH 等来决定。

在该案例中，裂化领域在环境最恶劣的海水中养护也只为 13 mm 以下，且由 1～2 年龄期间，劣化领域速度降低。实际改良桩宽度为 2～3 m 以上时，一般可认为无劣化领域的问题。

另外，在 20 年前施工的横滨港大黑埠头以 12 m 岸壁基础的实改良地基为对象的改良土有无强度下降现象的确认结果如图 7-196～图 7-198 所示。

图 7-196 为斜角 45°钻孔采取的改良地基侧面边界部的改良土的 q_u 及 Ca^{2+} 含有量。可知离开侧面边界起 30～50 mm 以上的部分，q_u 与内部平均大致相等，但离开边界起 30～50 mm 的内强度降低。Ca^{2+} 的含有量可见同样的倾向，从边界起 30～50 mm 为界会在边界一侧发生 Ca^{2+} 的含有量减少。

图 7-197 将认可了边界部中施工后 20 年内 30～50 mm 左右的强度降低（劣化）领域发生的可能性的结果与室内试验相比较。图 7-198 所示的是劣化程度的测定方法。该调查结果在外插了这个室内试验的范围内，认可 20 年内 30～50 mm 这样的劣化发生速度为较妥当的值。对应改良地基中，强度增加与边境部上的劣化现象可同时掌握，但因改良为非常大规模的块式，故 100 年后对应岸壁在稳定性上没有问题。

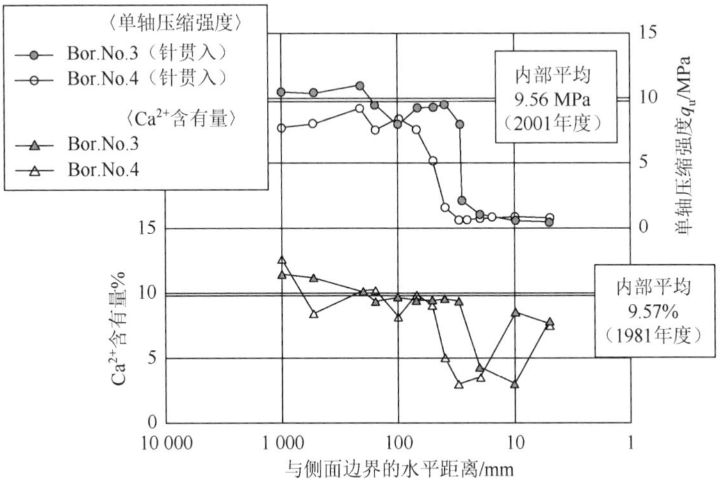

图 7-196　边界部改良土的强度及 Ca^{2+} 含有量

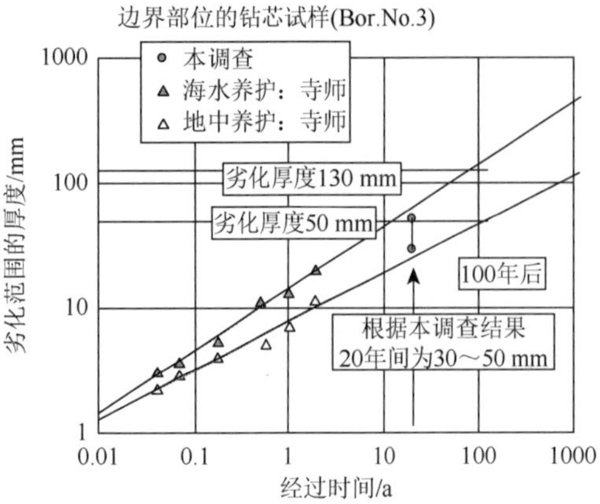

图 7-197　改良地基边界部劣化速度的预测

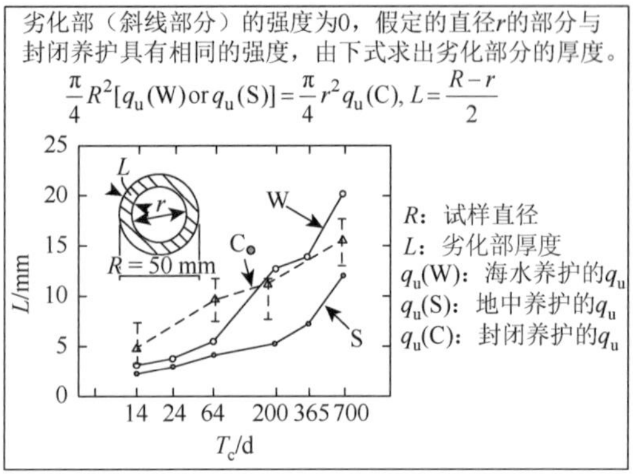

图 7-198　劣化程度的测定方法

7.6.2.12　稳定处理土的动态特性

作为稳定处理土的动态特性的考虑对象，一般有地震力及波力，但考虑设计中使用的地震力、波力在内的室内稳定处理土中的反复三轴压缩、伸缩试验的结果可知，稳定处理土即使受到反复剪切应力，对单轴压缩强度、弹性模量 E_{50} 没有太大的影响（用于这时的稳定处理土的单轴压缩强度 q_u 为 2000～5000 kN/m^2 的试验体）。因此，CDM 工法是具有优良抗震性，且作为液化对策工法也有效的工法。

7.6.3　稳定处理土的工学性质（使用陆上土时）

使用陆上土的稳定处理土的基本工学性质与“7.6.2 稳定处理土的工学性质（使用海底土时）”中所述的海底土的稳定处理土的基本工学性质相同，但从实际设计、施工上来看，陆上土与海底土在设计、施工上有如表 7-84 所示的差异。

从表 7-84 中所示的差异可知，使用陆上土时，重视稳定处理土的强度及压密特性。

表 7-84　陆上土和海底土在设计、施工上的不同点

项目	陆上土	海底土
改良对象土质	黏性土 有机质土	黏性土
改良形状	桩式等	块式、格子式、壁式、桩式
稳定处理土的单轴压缩强度	数百 kN/m^2	数千 kN/m^2
稳定材料	普通硅酸盐水泥 高炉水泥（B 种） 特殊水泥	普通硅酸盐水泥 高炉水泥（B 种）
设计	滑动的研究 沉降量的计算	改良地基的稳定 内部应力的研究等

7.6.3.1 单轴压缩强度

对于各种土质的室内稳定处理土的单轴压缩强度的案例如下。有机质土的物理、化学性质如表 7-85 所示。图 7-199 为以有机质土为对象，使用了特殊水泥的室内稳定处理土的单轴压缩强度，图中横轴的首字母分别表示特殊水泥的种类。

一般来说，对于有机质土，相比普通硅酸盐水泥及高炉水泥，一般多使用特殊水泥。因特殊水泥并不是对所有土均有效，故应将对象土的土质性状与试料土进行比较，然后选出适合于对象土的稳定材料。

表 7-85 有机质土的物理、化学性质

采取地			北海道	茨城	埼玉	静冈	高知	熊本-A	熊本-B
采取深度/m			G.L.-0.5～-1.0	G.L.-0.5～-1.0	G.L.-0.5～-1.0	G.L.-3.0～-4.0	G.L.-1.0～-1.5	G.L.-5.0～-7.5	G.L.-0.5～-1.0
物理试验结果	粒度特性	砾/%	—	—	—	0.0	0	0	0.0
		砂	—	—	—	0.0	0	0	2.9
		淤泥	—	—	—	71.8	40.5	40.5	42.0
		黏土	—	—	—	28.2	59.5	59.5	55.1
	稠度特性	液性界限 w_L/%	—	251.2	—	271.6	173.8	173.8	181.4
		塑性界限 w_p/%	—	92.7	—	69.1	76.2	76.2	47.4
		塑性指数 I_p	—	158.5	—	202.5	97.6	97.6	134.0
	土粒比重 G_s		1.969	1.688	2.099	2.249	2.279	2.279	2.572
	自然状态	自然含水率 w_n/%	392	236	930	295	156.4	156.4	159
		湿润密度 ρ_t/(g/cm^3)	1.11	1.16	1.04	1.14	1.300	1.300	1.26
化学试验结果	有机物含有量	强热减量法/%	55.2	37.7	67.3	23.8	22.2	22.2	24.0
		中铬酸法/%	32.3	35.2	59.0	17.6	—	—	11.5
	腐殖含有率/%		8.1	15.2	28.6	4.1	—	—	4.3
	pH		4.9	3.7	4.5	4.0	6.7	6.7	5.0

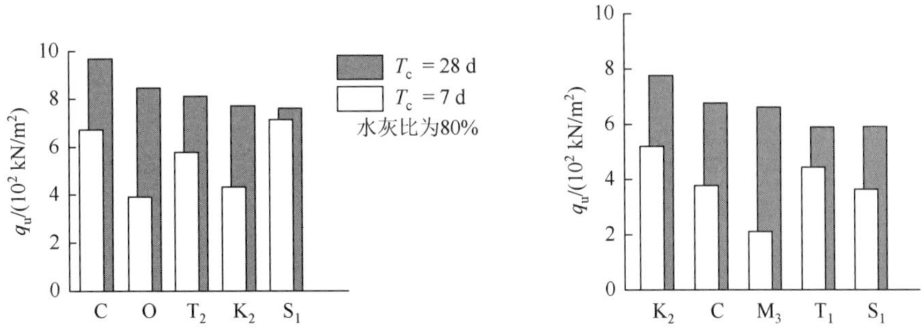

(a) 北海道(a_c = 250 kg/m^3)　(b) 茨城(a_c = 250 kg/m^3)

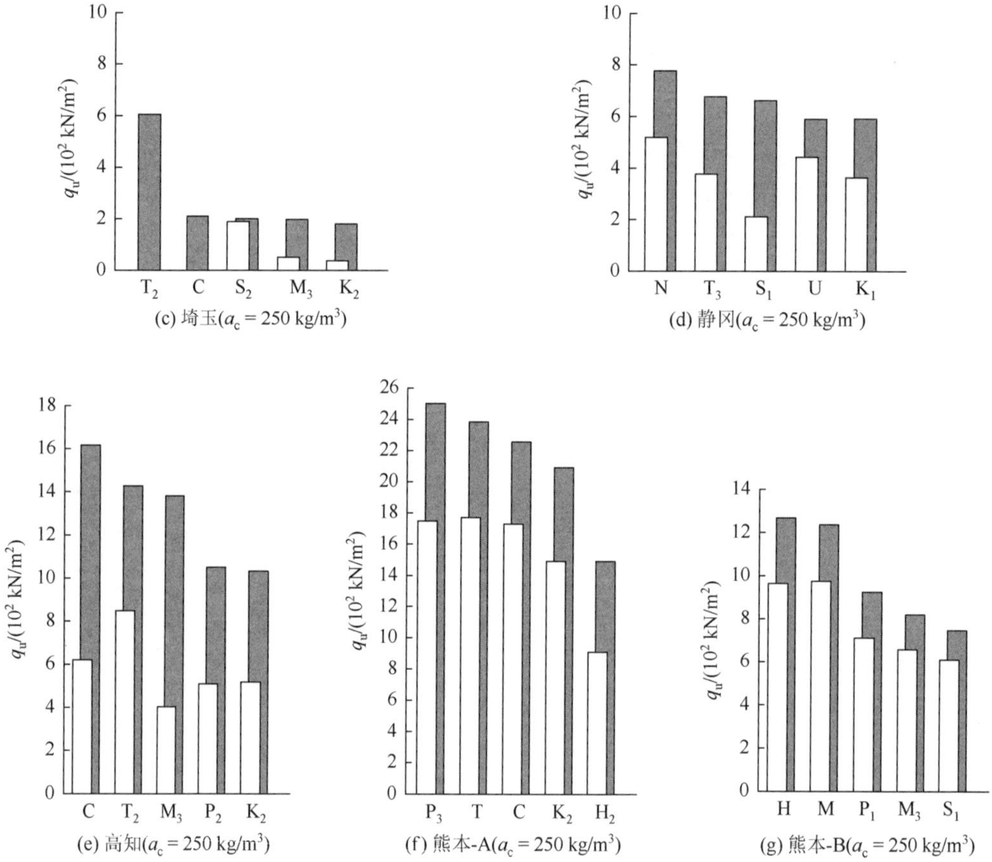

图 7-199　室内稳定处理土的单轴压缩强度（有机质土）

表 7-86 及图 7-200 为黏性土的案例。

表 7-86　试料土的物理、化学性质（黏性土）

采取地			静冈	佐贺	熊本	茨城	东京	北海道	福冈	千叶
采取深度/m			G.L.−4.0～−1.0	G.L.±0.0～−18.0	G.L.−4.0～−6.0	—	—	—	—	—
物理试验结果	粒度特性	砾/%	14.6	0	0	—	—	—	—	—
		砂/%	22.6	1.3～8.5	2.6	—	—	—	—	—
		淤泥/%	35.9	21.2～46.0	32.4	—	—	—	—	—
		黏土/%	26.9	45.5～77.5	65.0	—	—	—	—	—
	稠度特性	液性界限 w_L/%	46.5	—	—	159.0	50.0～67.0	60.0～70.0	70.0	90.35
		塑性界限 w_p/%	25.8	—	—	54.2	29.0～33.0	30.0～40.0	30.0	54.6
		塑性指数 I_p	20.7	—	—	105.0	21.0～34.0	—	40.0	—
	土粒比重 G_s		2.596	2.470～2.582	2.564	2.596	2.680～2.720	—	2.52～2.66	—

续表

采取地			静冈	佐贺	熊本	茨城	东京	北海道	福冈	千叶
物理试验结果	自然状态	自然含水率 w_n/%	39.1	71.0～163.5	68.0	166.0	51.0～66.0	60.0～80.0	25.8～30.1	114.7
		湿润密度 ρ_t(g/cm^3)	—	1300～1555	1.58	1.29	1.66～1.77	1.50～1.60	1.79～1.99	1.41
化学试验结果	有机物含有量	强热减量法/%	—	—	9.2	—	—	10.0 以下	—	—
		中铬酸法/%	5.3	—	—	—	—	—	—	—
	腐殖含有率/%		0.8	—	—	—	—	—	—	—

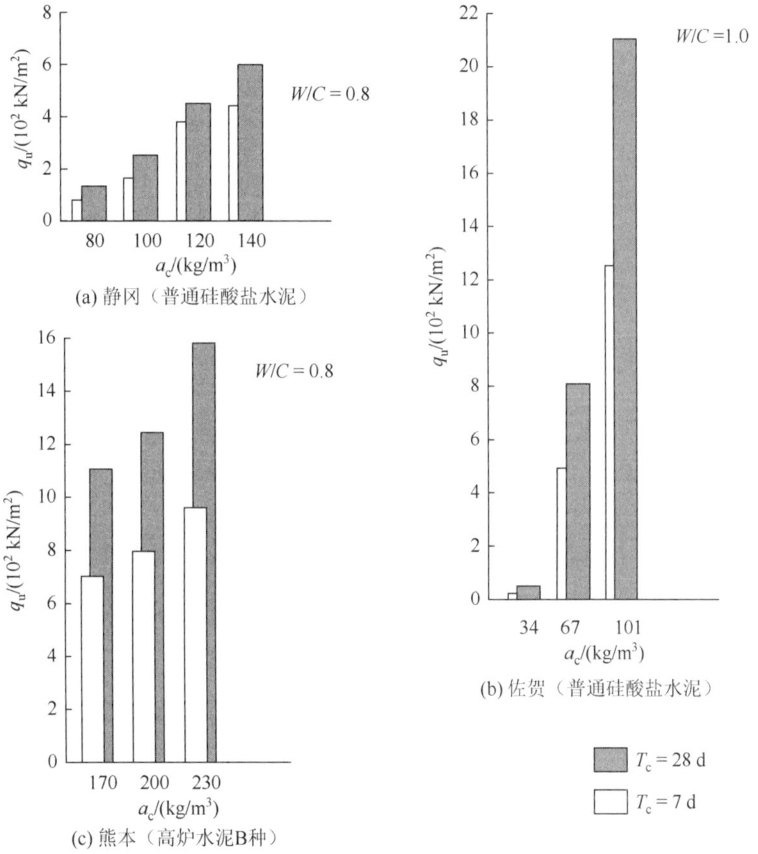

图 7-200　室内稳定处理土的单轴压缩强度（黏性土）

图 7-201、图 7-202 为实际施工案例中深度方向上稳定处理土的单轴压缩强度分布。

表 7-87 是图 7-201、图 7-202 的施工案例的地基条件、施工条件、稳定材料条件、原位稳定处理土的基本统计量。

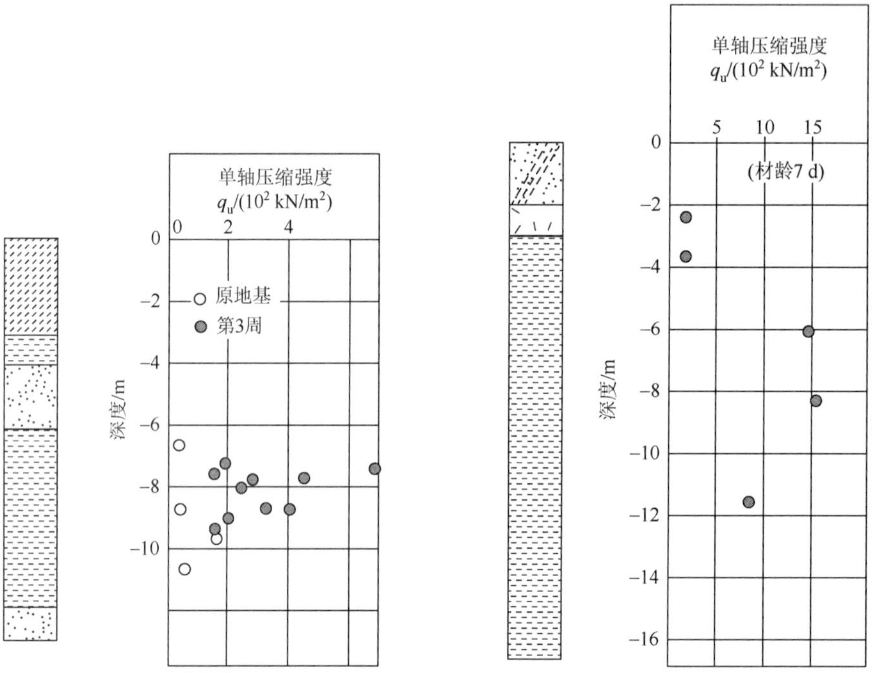

(a) 北海道　　(b) 茨城

图 7-201　原位稳定处理土的单轴压缩强度分布

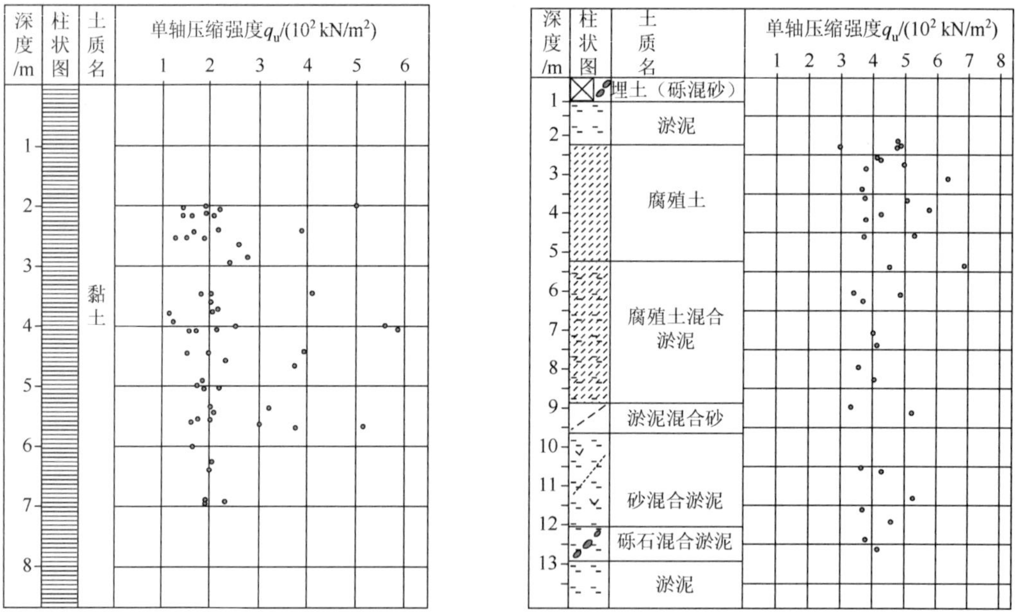

(a) 佐贺　　(b) 高知

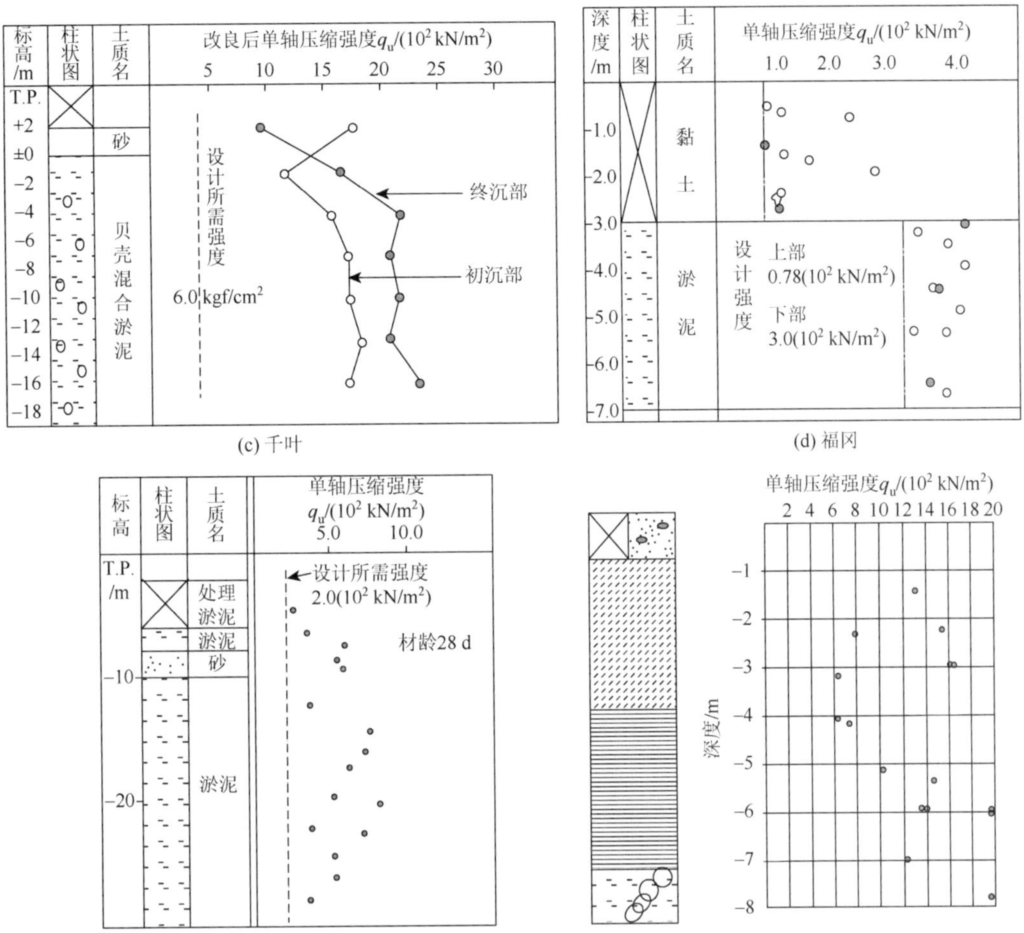

(c) 千叶　　(d) 福冈

(e) 东京　　(f) 熊本

图 7-202　原位稳定处理土的单轴压缩强度分布

表 7-87　使用 CDM 工法具代表性施工案例的原地基条件、施工条件、稳定材料条件原位稳定处理土的单轴压缩试验结果一览表

施工场地		土质条件						施工条件				稳定材料条件		原位稳定处理土的基本统计量		
地名	区分	改良深度/m	不排水抗剪强度 C_u/(10^2 kN/m^2)	自然含水率 w_n/%	液性界限 w_L/%	塑性指数 I_p	砂含量 S_c/%	贯入速度 V_{in}/(m/min)	贯入旋转数 r_{in}/rpm	拔出速度 V_{out}/(m/min)	拔出旋转数 r_{out}/rpm	稳定材料名	稳定材添加量 a_c/(kg/m^3)	龄期 T_c/d	平均单轴压缩强度 q_{uf}/(kN/m^2)	变动系数 V
高知		G.L.−1.0～−7.0	7.0	210～280	228	173	—	0.65	—	1.88	28～56	特	200	14～60	430	0.15
高知		G.L.−1.0～−7.0	7.0	210～280	228	173	—	0.65	—	1.88	28～56	特	200	19～40	440	0.22
熊本-A		G.L.−5.0～−7.5	26.0～37.0	122～171	—	—	—	—	—	—	—	特	200	28	980	0.31
佐贺		D.L.−2.0～−8.0	8.0＋1.5 Z	110～140	—	—	3.0	2.0	38	—	—	NP	74	28	230	—

续表

施工场地		土质条件						施工条件				稳定材料条件		原位稳定处理的基本统计量		
地名	区分	改良深度/m	不排水抗剪强度 C_u /(10^2 kN/m^2)	自然含水率 w_n /%	液性界限 w_L /%	塑性指数 I_p	砂含量 S_c /%	贯入速度 V_{in} /(m/min)	贯入旋转数 r_{in} /rpm	拔出速度 V_{out} /(m/min)	拔出旋转数 r_{out} /rpm	稳定材料名	稳定材添加量 a_c /(kg/m^3)	龄期 T_c/d	平均单轴压缩强度 q_{uf} /(kN/m^2)	变动系数 V
熊本-B		G.L.−4.0～−11.0	—	37～68	-	-	3.0～80.0	0.75	20	0.75	40	SP	200	28	820	0.41
三重		D.L.−4.0～−19.0	—	—	—	—	—	—	—	—	—	—	—	28	230	0.50
茨城		Y.P.＋1.0～−6.0	15.0	166	159	54.2	—	—	—	1.0	—	NP	130	28	260	—
东京-A		G.L.±0～−12.0	51.5	51～66	50～67	29～33	—	—	—	1.0	—	NP	174	28	228	0.44
北海道		G.L.−7.0～−14.5	10.0～49.0	60～100	60～70	30～40	4.0以下	—	—	1.0	—	NP	143	21	248	0.33
福冈		G.L.±0～−7.0	15.0	25.8	—	—	—	—	—	1.0	—	NP	120	28	124	—
东京-B		A.P.±0～−15.0	—	47～78	—	—	20	1.0	20	1.0	20	NP	120	28	2550	—
千叶-A		T.P.±1.0～−29.0	—	100～200	61～115	21～41	1～10	0.85～1.3	30～45	1.0	30～45	NP	160	28	1960	—
千叶-B		G.L.±0～−22.0	—	110	—	—	5	1.0	20	1.0	20	NP	140	28	2940	—

注：NP 为普通硅酸盐水泥；SP 为高炉水泥；特为特殊水泥。

表 7-88 及图 7-203、图 7-204 位关于有机质土的室内稳定处理土的单轴压缩强度与稳定材添加量的关系。

表 7-88　试料土的物理、化学性质（有机质土）

采取地			茨城	千叶-A	千叶-B	京都
采取深度/m			G.L.−3.0～−4.0	G.L.−1.0～−5.0	G.L.−0.5～−4.0	G.L.−1.0～−3.0
物理试验结果	粒度特性	砾/%	—	—	—	—
		砂/%	—	—	—	—
		淤泥/%	—	—	—	—
		黏土/%	—	—	—	—
	稠度特性	液性界限 w_L/%	—	178.8	—	364.2
		塑性界限 w_p/%	—	79.7	—	111.6
		塑性指数 I_p	—	99.1	—	232.6
	土颗粒的比重 G_s		—	2.377	—	—
	自然状态	自然含水率 w_n/%	197.6	471.4	343.4	373.6
		湿润密度 ρ_t/(g/cm^3)	1.183	—	1.056	1.071
化学试验结果	有机物含有量	强热减量法/%	66.9	42.9	36.7	—
		中铬酸法/%	—	—	—	—
	腐殖含有率/%		—	—	—	—
	pH		6.55	—	6.46	—
固化材料名			特、NP	特	特	SP-B
水灰比(W/C)			1.0	0.8	0.6	0.6

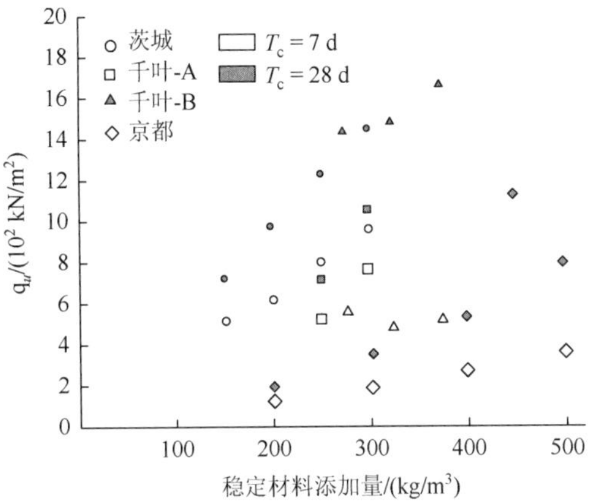

图 7-203 室内稳定处理土的 q_{ul} 和稳定材料添加量的关系（有机质土）

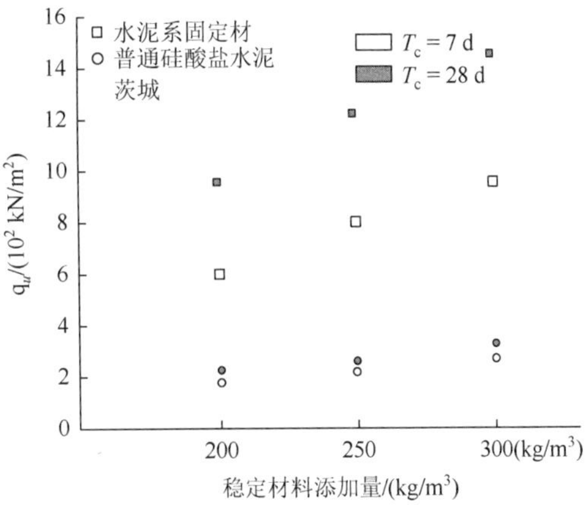

图 7-204 室内稳定处理土的 q_{ul} 和稳定材料添加量的关系（有机质土）

图 7-205 为关于有机质土的室内稳定处理土的 7 d 龄期及 28 d 龄期下的单轴压缩强度的关系。

图 7-206 为关于黏性土的室内稳定处理土的 7 d 龄期及 28 d 龄期下的单轴压缩强度的关系。

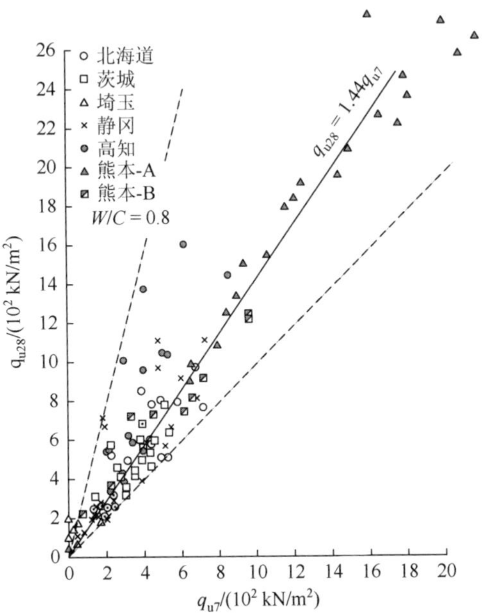

图 7-205 使用特殊水泥的室内稳定处理土 q_{u7} 和 q_{u28} 的关系（有机质土）

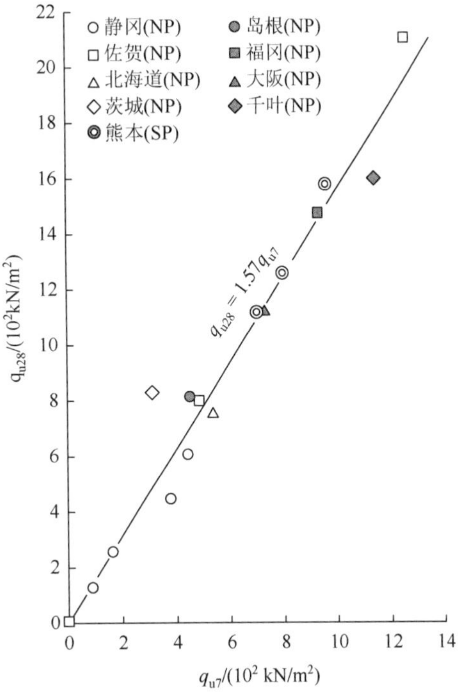

图 7-206 室内稳定处理土的 q_{u7} 和 q_{u28} 的关系（有机质土）

7.6.3.2 剪切特性

使用陆上土的稳定处理土的非排水剪切强度 c_u 可用式（7-44）表示（相当于图 7-195 的 q_u 为 $1000kN/m^2$ 以下时）。

$$c_u = \frac{1}{2} q_u \tag{7-44}$$

7.6.3.3 压密特性

如“7.3.8.1 桩式改良地基的设计（复合地基的设计手法）”中阐述的，以陆上土进行桩式改良时，作为由稳定处理土与未处理土构成的复合地基，计算地基的沉降量。

稳定处理土与未处理土的荷载分担比多可视为体积压缩系数 m_v 的比。

这个比通过图 7-207 所示的稳定处理土与改良前对象土的体积压缩系数之比 m_v/m_{vr} 与压密屈服应力 p_v 对平均压密压力 p 之比 p/p_v 的关系求得。

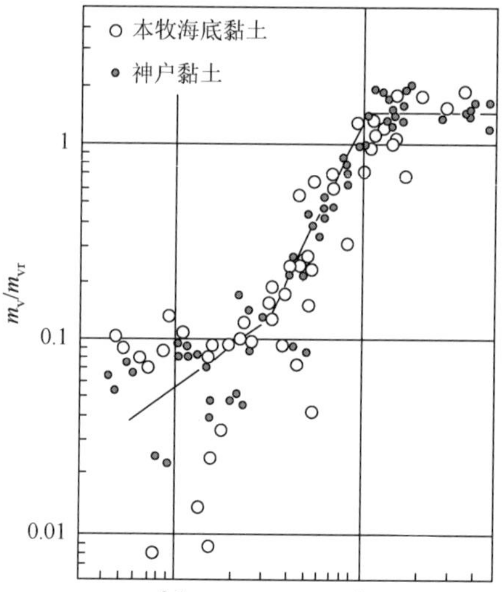

图 7-207 p/p_v 和 m_v/m_{vr} 的关系（室内稳定处理土）

7.6.4 稳定处理土的工学性质（砂及砂质土时）

CDM 工法用砂及砂质土的稳定处理土的固化特性基本上与黏性土相同，但必须另外考虑砂地基的性质与稳定材料的配比、量之间的关系。

因适用案例少，稳定材料的配比、量与改良桩强度的相互关系的数据并不多。这里用使用了千叶县浅间山砂的室内模型试验结果的数据进行阐述。使用的砂的土质性状如表 7-89 所示，粒径加积曲线如图 7-208 所示。另外，砂用 3 种方法进行振动密实，振动密实的砂层的 N 值如图 7-209 所示，土层相对密度及 N 值如表 7-90 所示。

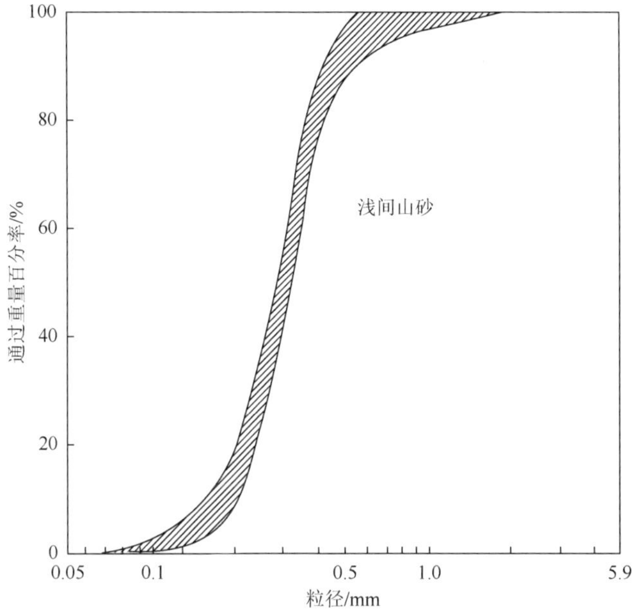

图 7-208　所用砂的粒径加积曲线

表 7-89　所用砂的土质特性

土质特性	数值
土粒比重 G_s	2.720
平均粒径 D_{se}/mm	0.28
均等系数 U_c	2.05
细粒含量/%	3.6
最大干燥密度 ρ_{dmax}/(g/cm^3)	1.617
最小干燥密度 ρ_{dmin}/(g/cm^3)	1.308

表 7-90　土层的相对密度及 *N* 值

砂地基的种类	松散砂层		较松散砂层		挤密砂层
记号	C-2	B-2	C-1	B-1	A-1
相对密度 D_r/%	33.7	34.1	51.1	63.7	75.9
N 值	—	—	—	—	5-20

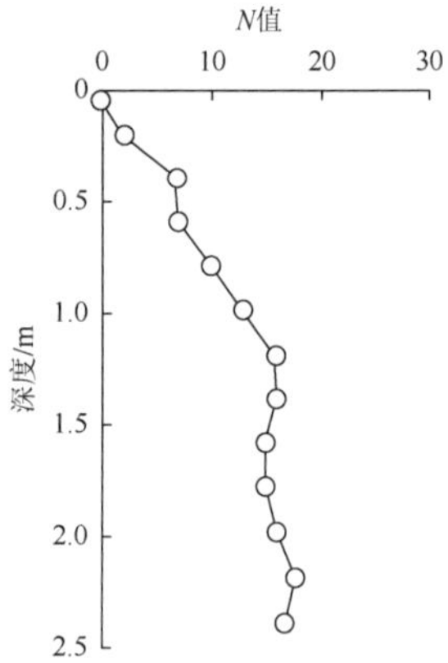

图 7-209　挤密砂层的 N 值

普通硅酸盐水泥（OPC）与高炉水泥（PSC）的稳定材料种类的单轴压缩强度与变动系数的值如图 7-210 所示。这是细粒成分为 5%以下的砂地基的数据，但高炉水泥表现出比稳定材料使用普通硅酸盐水泥更有效。

地基的紧密程度、水泥的种类、稳定材料添加量、稳定处理土桩的强度的关系如图 7-211 所示。振动密实的地基的 N 值为 5～20，在缓和地基中也有 $N<5$ 的。由这一点可知，通过稳定材料的种类、稳定材料的添加量、水量可一定程度上预测砂质土的稳定处理土的强度。

浆量与改良地基的强度的偏差的关系如图 7-212 所示。随着浆量增大，变动系数 Vq_u 有增大的倾向，并无有无膨胀土的

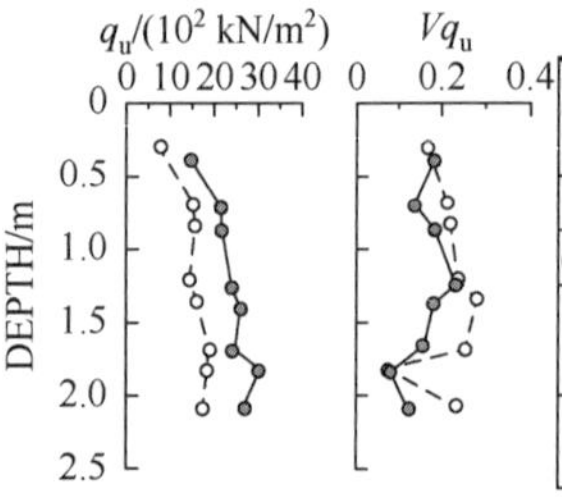

类型 / 项目	PSC P-3	OPC P-4
$\bar{q}_u$ (kgf/ cm²)	23.1 (77)	14.9 (79)
$\overline{Vq}_u$ (层别)	0.153 (9～10)	0.198 (9～10)
Vq_u (全体)	0.213 (77)	0.289 (79)

注：括号内数字为试验样本个数。

图 7-210　水泥的不同种类

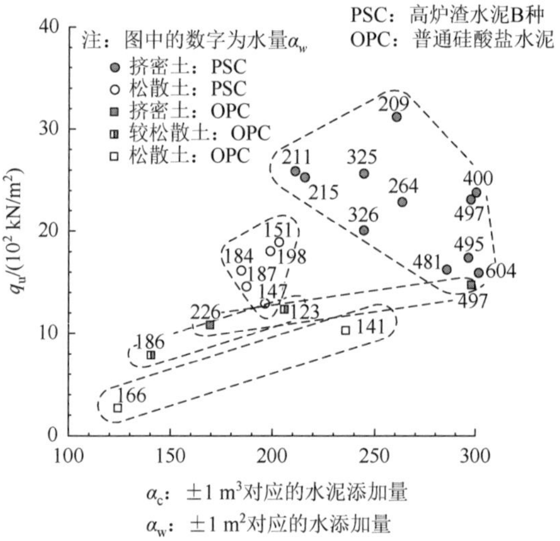

图 7-211　地基挤密的程度～α_c～α_w～水泥的种类

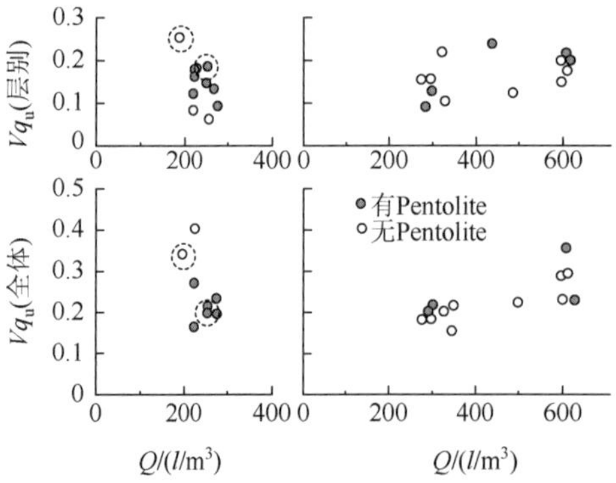

(a) 松散、较松散地基（◌为较松散地基）

(b) 密实地基　Q：泥浆量

图 7-212　稳定处理土 q_u 的变动系数

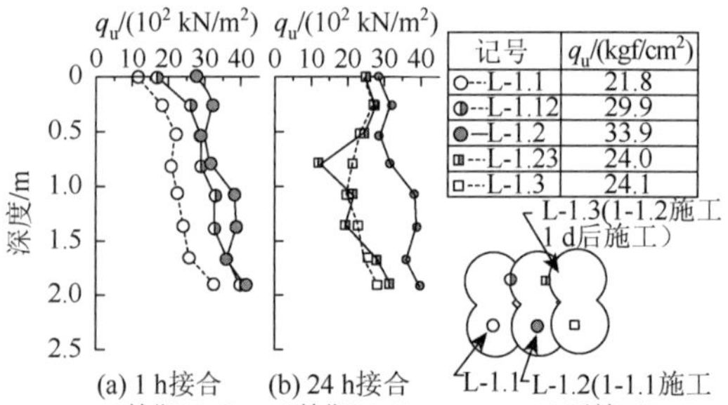

(a) 1 h接合（龄期93 d）

(b) 24 h接合（龄期94 d）

图 7-213　改良地基的接合强度

差别。另外，改良桩的强度的偏差在 Vq_u（各个层）为 0.1～0.2，Vq_u（整体）为 0.2～0.3。

图 7-213 为连续施工（1 h 及 1 d 接合）3 根改良桩，从一般部位与接合部位采集到的试验体的强度试验结果。接合部位试验体的交叠部包含 45° 在内。如图所示，1 h 接合与 1 d 接合都在左右的改良桩的一般部强度的中间，交叠部并不是太弱。

改良地基的完成形状如图 7-214 所示，其形状在同一浆量下，缓和地基更大。

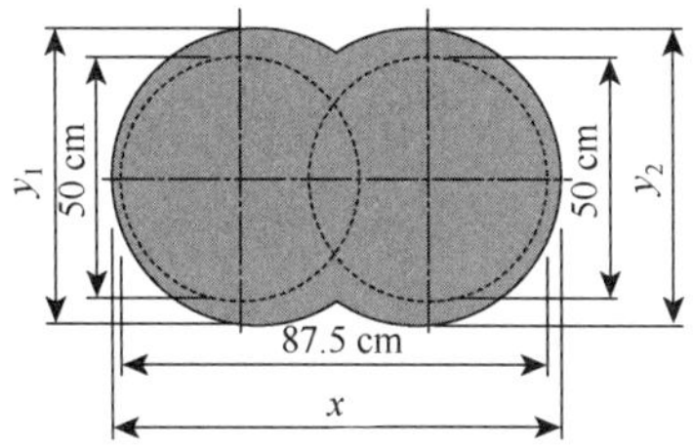

平均值	松散地基/cm	较松散地基/cm	密实地基/cm
$\overline{dx}$	3.6	4.0	0.3
$\overline{dy_1}$	4.7	5.4	2.2
$\overline{dy_2}$	4.7	5.0	2.6

$\overline{dx}=(x-87.5)/2$

$\overline{dy_1}=(y_1-50.0)/2$

$\overline{dy_2}=(y_2-50.0)/2$

图 7-214　改良桩的平面

8 挤密砂桩工法施工

8.1 概述

8.1.1 挤密砂桩工法概要

8.1.1.1 挤密砂桩工法的原理

挤密砂桩（SCP）工法是一种通过振动将砂或类似材料通过桩管（钢制中空管）压入软弱地基，在软弱地基中形成挤密砂桩的地基改良工法，适用于砂质土地基及黏性土地基。

SCP 工法的原理是对砂质土地基中的孔隙率大且密度小的地基施以振动，在土颗粒重新排列的同时压入挤密砂桩，从而形成砂质土孔隙率小且密度大的地基。另外，黏性土地基则是通过在软弱黏性土地基中形成挤密砂桩，使其同时拥有剪切强度大的砂桩及由砂桩周围的黏性土所带来的排水效果。

这些强度大的砂桩与软弱黏性土共同构成的复合地基，可增加对上部荷载的承载力、增强具有排水效果的复合地基的整体刚度、增加抗滑性、降低沉降及减小侧向变形。另外，通过密集地进行 SCP 施工（高置换率的施工），可强制性地将软弱黏性土地基置换成砂质地基。

8.1.1.2 SCP 工法的施工方式

SCP 工法的施工方式有多种，本书研究的是具有代表性的回填挤密式，如图 8-1 所示。这种施工方式是将贯入至地基指定深度的桩管提升，将砂从地基中排出后，再次回填桩管，形成大口径挤密砂桩。

8.1.1.3 开发

最早使用的 SCP 工法是通过打击方式形成挤密砂桩的工法，后来开发出使用振动机振动的挤密砂桩工法，通过振动的方式施工效率得到提升，自动控制形成砂桩与水中施工也可实现。再后来开发出强制置换工法（大直径压桩机工法），该工法正式应用于海上施工，直至现在已成为常用的地基加固工法之一。

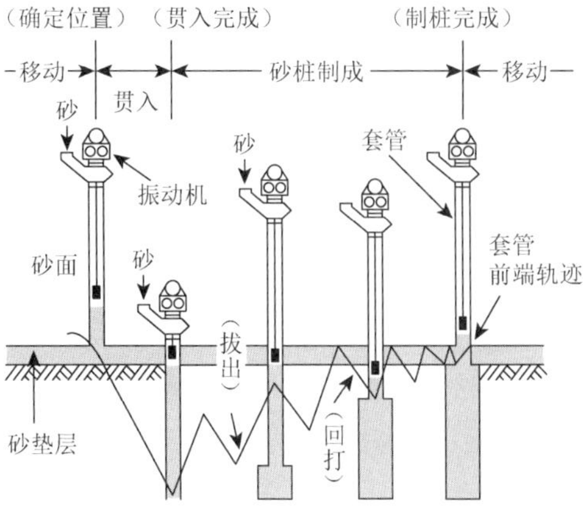

图 8-1　SCP 工法的施工方式（回填挤密式）

8.1.1.4　SCP 工法的施工机械

陆上施工机械及海上施工船如图 8-2、图 8-3 所示。SCP 工法的施工机械由将桩管贯入的振动锤、作为桩管支承结构的机械钢制导轨及施工机本体的起重机等构成。另外，钢制导轨中还装有作为砂补给构件的移动式吊桶。

施工控制仪器包括记录桩管贯入深度的深度计（GL 计）及控制桩管内砂量的砂面计（SL 计）。现在也有使用在计算机中演算这些计器数据的施工管理系统。

对于材料运输，陆上施工机械中使用推土机，海上施工船中使用传送带。

图 8-2　陆上施工机械

图 8-3　海上施工船

8.1.2　SCP 工法的分类

SCP 工法实施时，一般会将使用振动水冲法等砂质地基的挤密加固工法和以黏性土地基的固结促进为原理的排水砂桩工法等数种方法结合使用。

这里将结合海外施工实例的工法，对 SCP 工法的分类进行论述。

软弱砂土地基挤密工法的分类和原理见表 8-1。

在表 8-1 所示工法中，振动挤密工法与振动砂砾桩工法的加固原理是振动挤密加固及在水平方向扩大桩径。振动挤密工法与振动砂砾桩工法详细分类如表 8-2 所示。SCP 工法为振动砂砾桩工法的一种。

表 8-1　软弱砂土地基挤密工法的分类和原理

工法	对应的挤密施工原理			
	冲击挤密	振动挤密	水平方向扩径	给予反复静力变形
爆破工法	○	—	—	—
强夯工法	○	—	—	—
挤密砂桩工法	—	△	○	—
振动挤密工法	—	○	△	—
振动砂砾桩工法	—	○	○	—
灌浆振捣工法	—	—	○	—
静压工法	—	—	○	○

注：○表示可以确认；△表示一定程度上可以确认。

表 8-2　振动挤密工法和振动砂砾桩工法详细分类

<table>
<tr><th colspan="2"></th><th>加振源位置</th><th>加振方向</th><th>有无补给材料</th><th>补给方法</th><th>有无水、空气</th></tr>
<tr><td rowspan="3">振动挤密工法</td><td>振动棒工法</td><td>上部</td><td>铅直</td><td>补给</td><td>上部</td><td>无</td></tr>
<tr><td>共振挤密工法</td><td>上部</td><td>铅直</td><td>补给</td><td>上部</td><td>无</td></tr>
<tr><td>振冲法</td><td>下部</td><td>水平</td><td>补给</td><td>上部</td><td>使用水</td></tr>
<tr><td rowspan="2">振动砂砾桩工法</td><td>碎石桩法</td><td>下部</td><td>水平</td><td>补给</td><td>上部或下部</td><td>使用水</td></tr>
<tr><td>SCP 工法</td><td>上部</td><td>铅直</td><td>补给</td><td>下部</td><td>使用空气</td></tr>
</table>

振动砂砾桩工法中有碎石桩法与 SCP 工法两种。两者均适用于黏性土地基。碎石桩法分为以砂质地基为对象的挤密及以黏性土为对象的碎石置换两种，适用范围与 SCP 工法大致相同。但是，在黏性土地基中使用碎石桩法时，适用碎石桩法的黏性土地基根据给料的方式和排出土量的不同还可以分为多种类别。黏性土地基中的振动砂砾桩工法分类如表 8-3 所示。

在碎石桩法的施工中，需采用与振动法相同的装配水平振动机的振冲器，碎石的给料方式包括从地表面给料的方式（顶部加料方式）和从振动器底部给料的方式（底部加料方式)。表 8-3 为同于黏性土地基振动砂砾桩工法的分类，材料的给料方式应根据地基的特性进行选择。碎石桩法使用喷水器和振冲器通过碎石置换制成直径 1 m 左右的碎石桩。碎石桩法适用于最大深度为 35 m 的砂质地基和最大深度为 30 m 的黏性土地基。

表 8-3　用于黏性土地基振动砂砾桩工法的分类

	补给材料的给料方法	水、空气的使用	有无排出土	施工管理	备注
碎石桩法（顶部湿加料）	上部	使用大量水	非常多	电流值等	类似置换工法
碎石桩法（顶部干加料）	上部	空气	少	电流值等	适用于黏着力 50 kN/m^2 左右的黏性土
碎石桩法（底部干加料）	下部	空气	少	电流值等	—
SCP 工法	下部	空气	无	砂量	—

从对黏性土地基的压入效果来比较碎石桩法和 SCP 工法，碎石桩法所制作桩身的体积不是固定的，在使用喷水器时，有通过强制压入实现置换的可能性，相对地，SCP 工法以深度 1 m 左右对应制成直径约 70 cm 的砂桩为施工管理基准，压入原地基的砂量一般为固定量，这方面两者有所不同。

8.1.3　SCP 工法的特征与用途

SCP 工法的特征有：从黏性土地基的沉降、稳定处理，到砂质地基的挤密加固等，使用的地基范围十分广泛。图 8-4 为 SCP 工法的适用范围。

SCP 工法的施工机械包括陆上施工机械和海上施工船，不仅适用于陆上结构物基础的施工，对于建设于海底地基上的护岸、防波堤、岸壁等的基础地基的加固也同样适用。

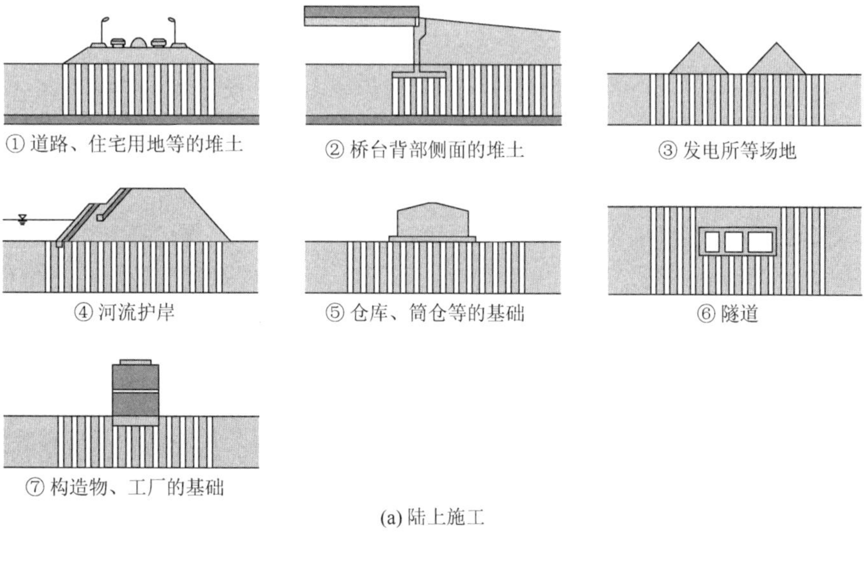

(a) 陆上施工

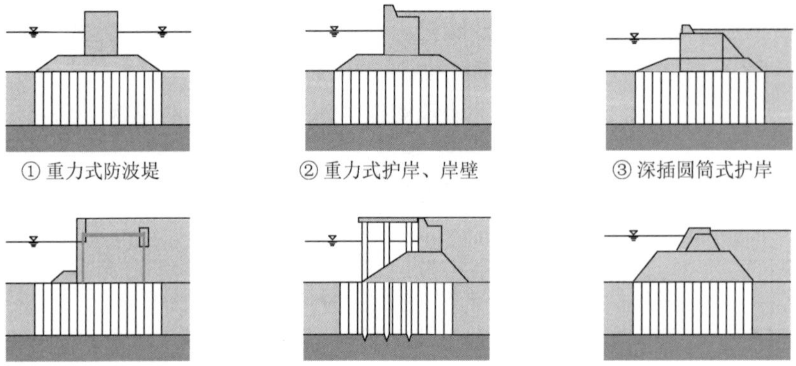

① 重力式防波堤　② 重力式护岸、岸壁　③ 深插圆筒式护岸

④ 钢板桩式护岸　⑤ 桩式栈桥、海上平台构造物　⑥ 缓倾斜式护岸

(b) 海上施工

图 8-4　SCP 工法的范围

另外，SCP 工法的另一个重要特征是它的适用深度，陆上施工机械的适用深度一般为 45 m 左右，海上施工船则可达到水面以下 70 m 左右的大深度。沿海区域软弱的黏性土层堆积较厚，在人工岛的建设中，可对黏性土层的下端进行加固是 SCP 工法的优势。

海上 SCP 工法对包括机场、道路及大水深的护岸和各地的港湾构造物均适用。

陆上 SCP 工法可作为道路填土沉降稳定对策，也适用于填筑地箱形基础的挤密加固对策，如图 8-5a 所示，宫城县沿海发生的地震区域中，并没有造成加固区域及其周边地基的裂分或者喷砂的痕迹。此外，如图 8-5b 所示，兵库县南部地震中，SCP 加固后的地基与未经加固地基或其他方式加固地基相比，其沉降极小，由此可证实其加固效果。

SCP 工法中，由于可用同一台施工机器施工排水砂桩（SD），因此可以在使用 SCP 工法对砂质土进行挤密加固时，在黏性土中制成 SD，形成复合砂桩。复合砂桩的施工实例如图 8-6 所示。在该例中，对 LNG 储罐的基础地基进行加固，通过 SD 提高填筑黏性土层的强度、消除冲击黏性土层的残余沉降，通过 SCP 工法达到使冲击砂层挤密固结的目的。此外，该例中，为降低地下水水位，还使用了抽水井。

由此，SCP 工法也可实现多层地基的复数加固。

8.1.4　适用范围

SCP 的施工方法主要有 3 种：①将振动锤连接在桩管上部，通过提升桩管再回填从而形成挤密砂桩的往复挤密法；②在桩管前端安装可上下移动的扩径装置制成挤密砂桩的桩端扩径挤密法；③在桩管前端安装振动导杆之类的振动机制成挤密砂桩的桩端振动挤密法。各施工方法如图 8-7 所示。

这些方法中，使用得最多的方式是往复挤密法，桩端扩径挤密法和桩端振动挤密法的使用相对较少。另外，有关设计的一些相关事项（复合地基的桩土应力比与沉降降低率）中，系统性地收集了数据的也仅有往复挤密法一种。故此处主要围绕往复挤密法的施工方法进行阐述。

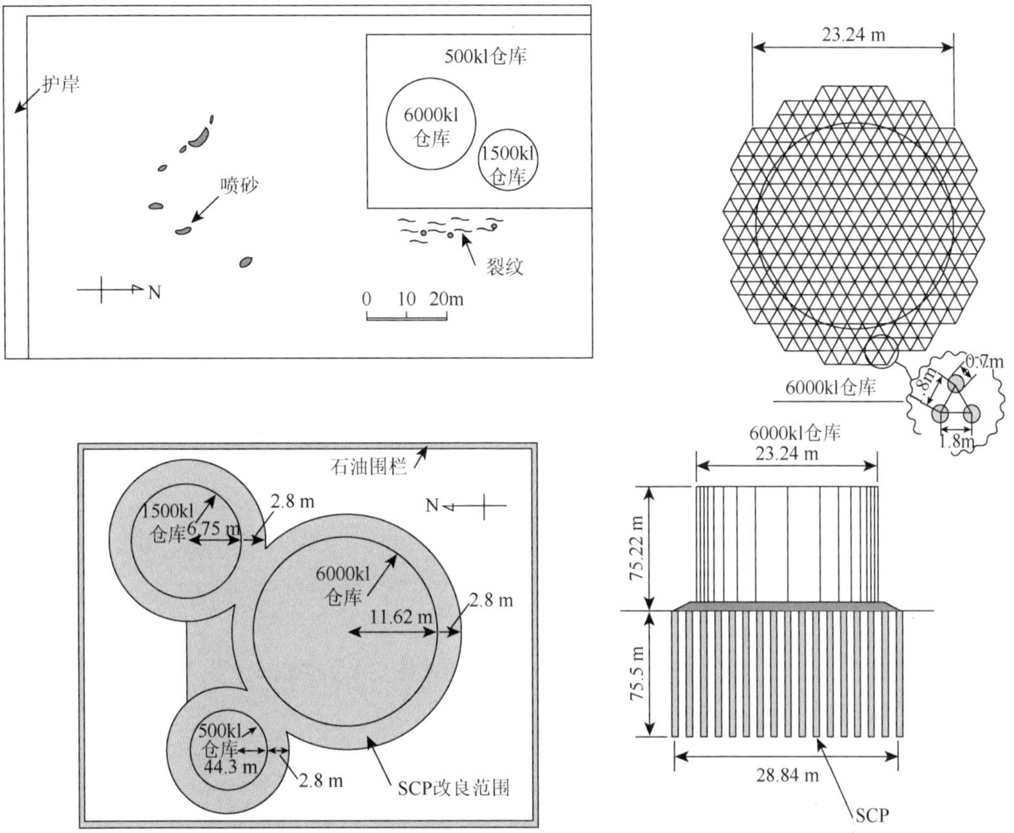

(a) 宫城县发生地震时储罐基础地基处SCP工法的改良效果

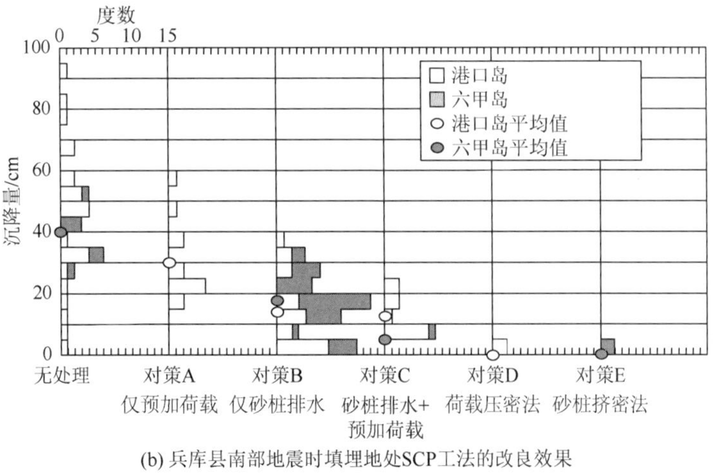

(b) 兵库县南部地震时填埋地处SCP工法的改良效果

图 8-5　SCP 工法在地震时的改良效果

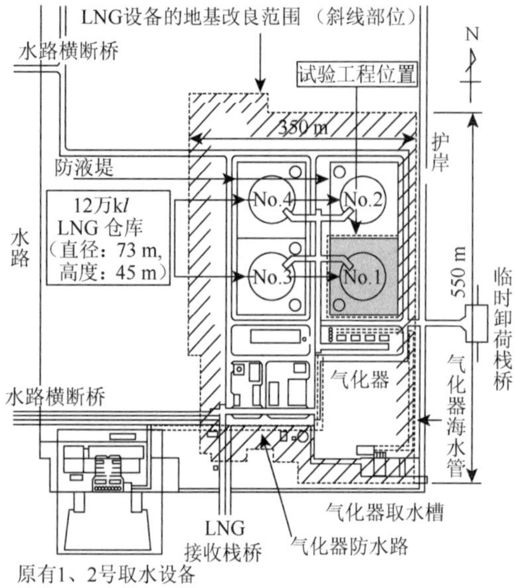

(a) LNG 储罐地基改良平面图

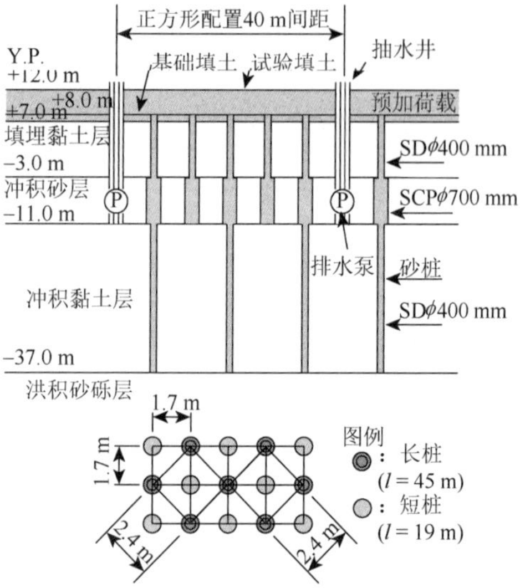

(b) 复合砂桩断面图

图 8-6　LNG 储罐基础地基处的复合砂桩（SD 和 SCP 的复合）的适用案例

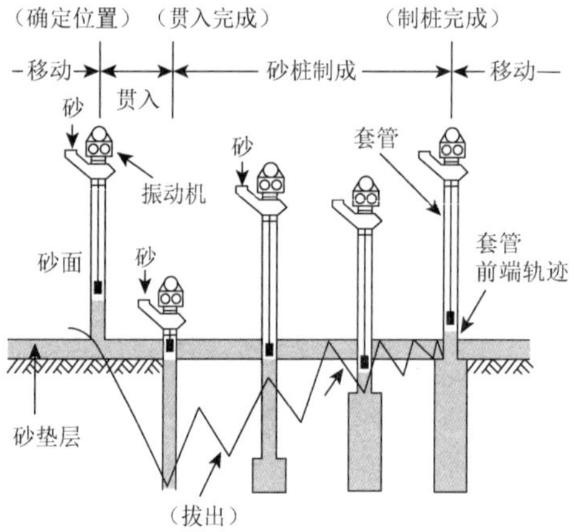

(a) 往复挤密法

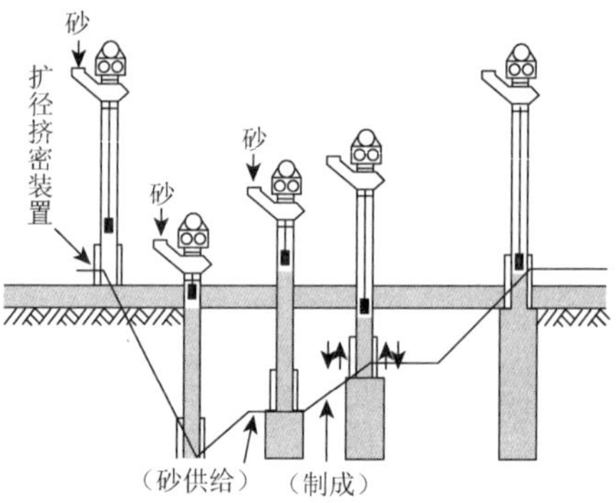

(b) 桩端扩径挤密法

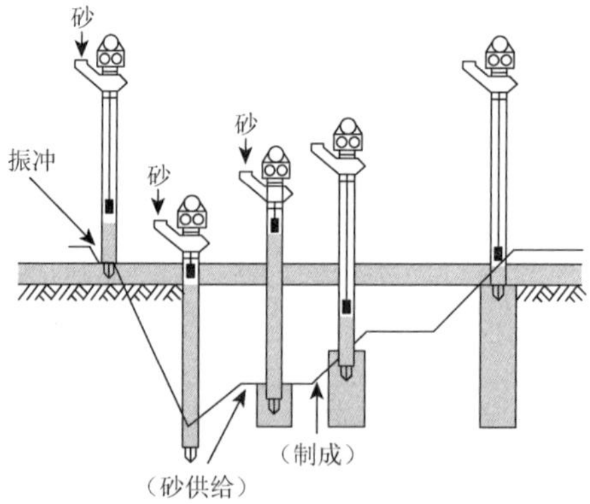

(c) 桩端振动挤密法

图 8-7　SCP 工法的施工方法分类

8.1.5　用语与符号的定义

本章中所使用的符号与用语如下所示。

a_s　：置换率；

a_{eq}　：等价加速度（Gal）；

a_{max}　：最大加速度（Gal）；

A　：1 根砂桩的分担面积（m^2）；

A_c　：桩间黏性土的分担面积（m^2）；

A_s　：砂桩面积（m^2）；

c　：桩间黏性土的黏聚力（kN/m^2）；

C_c　：压缩指数；

C_k　：地震动的修正系数；

c_0　：黏性土地表面处的黏聚力（kN/m^2）；

c_u　：黏性土不排水剪切强度（kN/m^2）；

c_u/p　：黏性土的强度增加率；

d　：砂桩直径（m）；

D_i　：砂桩间隔（m）；

D_p　：桩的直径（m）；

D_f　：基础埋入深度（m）；

D_{id}　：改良深度（m）；

D_{cy}　：地表面动位移（cm）；

D_r　：砂性土的相对密度（%）；

D_{50}　：平均粒径（mm）；

e_0　：改良前的孔隙比；

e_1　：改良后的孔隙比；

e_i　：初始孔隙比；

e_{max}　：最大孔隙比；

e_{min}　：最小孔隙比；

EI　：桩的抗弯刚度（kNm^2）；

E　：变形系数（kN/m^2）；

F_c　：细粒含量（%）；

F_L　：液化安全系数；

F_S　：安全系数；

H　：层厚（m）；

k　：深度方向黏聚力（或强度）的增加率（kN/m^3）；

k_h　：地基反力系数（kN/m^3）；

k_{ch}　：黏性土的地基反力系数（kN/m^3）；

k_{hs}　：砂性土的地基反力系数（kN/m^3）；

k_{h0}　：直径 1cm 的桩的水平位移为 1cm 时的地基反力系数（kN/m^3）；

k_{hc0}　：黏性土中的桩的水平位移为 1 cm 时的地基反力系数（kN/m^3）；

k_{hs0}　：砂性土中的桩的水平位移为 1 cm 时的地基反力系数（kN/m^3）；

K_0　：静止土压力系数；

K_A　：主动土压力系数；

K_p　：被动土压力系数；

M_R　：滑动圆弧的抵抗弯矩（kN·m）；

M_D　：滑动圆弧的滑动弯矩（kN·m）；

m_v　：体积压缩系数（m^2/kN）；

n　：桩土应力比；

N　：标准贯入试验的 N 值；

N_1　：上荷载为 98 kN/m^2 的标准化的 N 值；

N_{65}　：等价 N 值；

N_i　：原地基 N 值；

N_m　：测定的 N 值；

N_t　：考虑了细粒含量的改良地基的 N 值；

N_t'　：没有考虑细粒含量改良地基的 N 值；

N_{ti}　：桩间地基的 N 值；

N_t　：桩芯地基的 N 值；

N_c　：承载力系数；

N_q　：承载力系数；

N_γ　：承载力系数；

P ：作用于桩构造物纵深 1 m 的地基反力（kN/m）；
p ：作用于桩构造物的地基反力（kN/m^2）；
P ：承载力（kN）；
P_{A} ：改良地基的主动土压力（kN/m^2）；
P_{AC} ：未改良地基的主动土压力（kN/m^2）；
P_{P} ：改良地基的被动土压力（kN/m^2）；
P_{PC} ：未改良地基的被动土压力（kN/m^2）；
P_L ：液化指数；
P_{ws} ：静水压力（kN/m^2）；
P_{wd} ：动水压力（kN/m^2）；
q_a ：改良地基的承载力（kN/m^2）；
q_{ac} ：黏性土的承载力（kN/m^2）；
q_{as} ：砂性土的承载力（kN/m^2）；
q_{u} ：单轴压缩强度（kN/m^2）；
R ：圆弧半径（m）；
R_{c} ：有效挤密系数；
R_{L} ：液化抵抗率；
$R_{\max}$ ：当前位置液化强度；
S ：改良地基的沉降量（m）；
S_0 ：原地基的沉降量（m）；
S_{t} ：改良层的沉降量（m）；
S_{u} ：改良层下无处理部的沉降量（m）；
U ：平均固结度；
U_{c} ：均匀系数；
α ：地表面的最大加速度（Gal）；
β ：沉降折减系数；
β ：细粒分改良效果的折减系数；
$1/\beta$ ：桩构造物的特征长度（m）；
γ_{c} ：黏性土的容重（kN/m^3）；
γ_{s} ：砂桩的容重（kN/m^3）；
γ_{m} ：改良地基的平均容重（kN/m^3）；
γ' ：有效容重（kN/m^3）；
γ_{sat} ：饱和容重（kN/m^3）；
ΔN_f ：考虑细粒含量 N 值得增加量；
ΔN ：实际的 N 值得增加量；
$\Delta N'$ ：预测的 N 值得增加量；
$\Delta\sigma$ ：铅直应力增量（kN/m^2）；
σ_{c} ：黏性土地基的铅直应力（kN/m^2）；
σ_{h} ：水平应力（kN/m^2）；
σ_{s} ：作用于砂桩的铅直应力（kN/m^2）；
σ_{u} ：屈服应力（kN/m^2）；
σ_{v} ：被动土压力（kN/m^2）；
σ_{v}' ：有效被动土压力（kN/m^2）；
τ ：剪切应力（kN/m^2）；
τ_{A} ：改良地基下端主动侧最大剪切应力（kN/m^2）；
φ_{m} ：改良地基的内摩擦角；
μ ：隆起率；
μ_{c} ：外力作用下黏性土的应力折减系数；
μ_{s} ：外力作用下砂柱的应力集中系数；
σ ：铅直应力（kN/m^2）；
σ_0 ：初期被动土压力（kN/m^2）；
τ_{P} ：改良地基下端被动侧最大剪切应力（kN/m^2）；
$\tau_{\max}$ ：最大剪切应力（kN/m^2）；
φ ：内摩擦角；
φ_{s} ：砂桩的内摩擦角。

8.2　黏性土地基中的规划、设计、施工

8.2.1　概述

本节将阐述黏性土地基采用 SCP 工法时的规划、设计及施工。通过往黏性土地基中

打设 SCP，可形成由良好的挤密砂桩与软弱黏性土构成的复合地基。在建造建筑物时，确切评估复合地基的强度及沉降与变形特性非常重要。在复合地基中建造建筑物的设计流程如图 8-8 所示。

在图 8-8 中，首先需要设定建筑物所要求的性能。因对稳定及沉降的容许值会因为建筑物的种类及重要性而有所不同，须根据各种标准及指南来设定。另外，在设计中，须对原地基的土质条件及假定地震进行设定，对原地基的稳定性及沉降进行研究。

其次，以根据 SCP 工法改良的地基为对象，从“地基设计”与“工艺设计”两个方面来进行设计。

在进行地基设计时，为保证原地基与在地基中打设 SCP 构成的复合地基能满足建筑物所要求的功能，须决定改良范围、改良深度、置换率等。在针对道路填土及斜坡式护岸等的地基加固设计中，如需增加桩间黏性土地基强度，除改良参数外，也可根据上部建筑物的建造工程（固结放置期间）来决定。关于打设入黏性土地基的 SCP 的密度与强度特性，由于存在基于以前案例的标准值（数据基准），地基设计以 SCP 的标准性特征为前提来进行。

工艺设计是为确保设计中所要求的 SCP 的性能（强度、透水性、连续性等）能在现场得到充分发挥所进行的设计，SCP 的加固直径、间距、使用材料、适用地基及施工方面的制约条件（施工空间、环境条件）等也包含在此设计范畴。

根据地基设计与工艺设计，决定具体的改良参数后，实施 SCP 的施工。在 SCP 的施工中，须确认施工后的桩径、打设深度及地基是否隆起等。在本节中也会介绍 SCP 工法的施工方法、施工管理及质量控制等内容。

另外，在地基设计中，须明示施工后的验收标准（合格判定标准），标准可用来判定改良地基是否满足建筑物所要求的性能。在完成地基改良工序（打设 SCP）时，判定地基设计所要求的 SCP 的特性及具体性状（置换率、改良范围、改良深度）是否达到设计图纸的要求。

但是，如果以低置换率加固进行阶段性填土，由于地基加固效果一部分（桩间地基的强度增加）在填土过程中显现，地基加固工程即便以规定的质量进行施工，也并非就能满足加固地基的要求性能，基于填土过程中的动态观测的施工管理极为重要。

按照图 8-8 所示进行记述，也围绕对策工法的选择中 SCP 工法的适用性及作为复合地基基本性概念的桩土应力比进行阐述。最后，本章将介绍对于通过打设 SCP 以增加桩间黏性土强度及数值解析动向的一些最近的研究成果。

8.2.2 工前调查与试验

8.2.2.1 SCP 工法的适用类型及性能要求

黏性土地基上的建筑物所要求的性能以稳定及沉降为主。例如，海上建筑物的沉降量从施工时开始算，不少能达到数米，甚至有些陆上建筑物的沉降量可达数十厘米，应根据各自的特性来决定要求的性能。

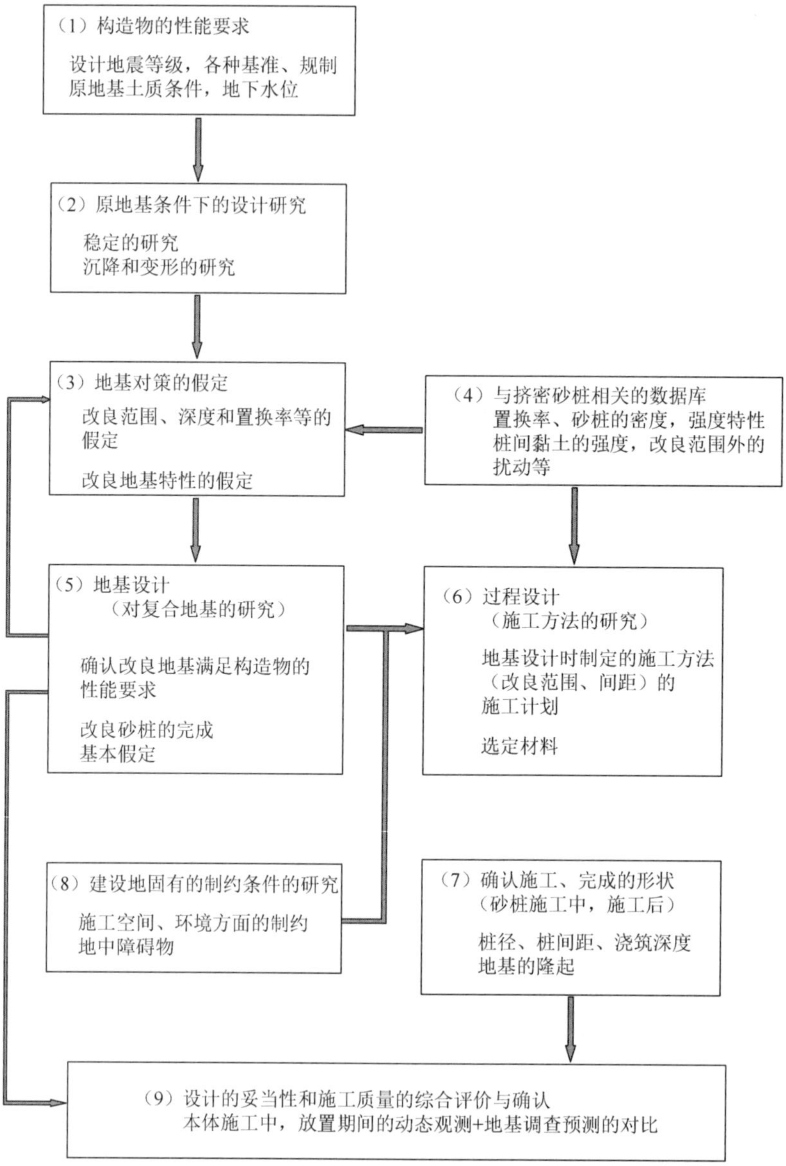

图 8-8　复合地基的设计与施工流程

SCP 工法的适用类型如图 8-9 所示。海上建筑物的案例如图 8-9a 所示其中陆上建筑物如同图 8-9b 所示。关于 SCP 工法的置换率，海上较高，$a_s = 0.3 \sim 0.8$，而陆上较低，$a_s = 0.1 \sim 0.3$。

1. 海上建筑物

在海上建筑物中，因防波堤、护岸、岸壁等用途不同，导致上部建筑物的形状及样式不同，因此，SCP 改良地基的类型也各不相同。例如，直立式防波堤及岸壁一般多适用于高置换率的 SCP 工法，而微倾斜式护岸等则多适用于低置换率的 SCP 工法。

因海上建筑物一般发生数米的沉降，故一般在微倾斜式护岸建造过程中，将废碎石垫层放置一段时间，普遍认为这样做可使建筑物在此过程中，沉降得到限制。另外，重力式护岸及岸壁通过使用高置换率的 SCP 工法以降低设置沉箱等构造物时所引起的沉降。从稳定的角度来看，虽然微倾斜式护岸可对应低置换率的 SCP 工法，但重力式护岸及岸壁必须采用高置换率的 SCP 工法，一般多从沉降及稳定两个方面来决定置换率。

2. 陆上建筑物

陆上建筑物中，因道路、铁路、堆场等的填土在形状及荷载上较为相似，故 SCP 工法的置换率大致保持一致，均为 $a_s = 0.1 \sim 0.3$ 。但是，陆上建筑物的容许沉降量较小，为 10～30 cm，在沉降时必须注意。另外，须留意荷载的加载、卸载的方法。因为道路和铁路填土为土体结构，所以通过超填（超载）使其沉降，沉降完成后可进行修整填土；而对于桥台和油罐等构造物，一般通过预压填土使其沉降，沉降完成后需要撤去填土，以这样的方法建造构筑物的情况很多。

综上所述，可以清楚地认识到 SCP 工法的参数会根据上部建筑物的不同而大有不同。

构造物	概要图	改良目的的容许值	一般的必要置换率
重力式护岸	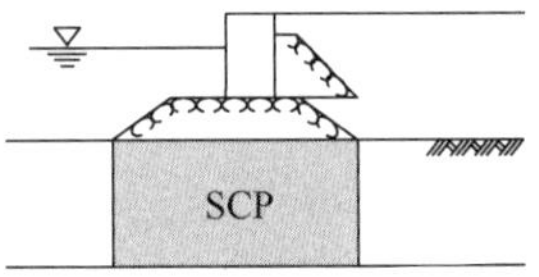	稳定 滑动圆弧 F_S：1.3以上 沉降 针对预期的二次沉降实施一定抬高标高的施工手段	$a_s = 0.5 \sim 0.8$
重力式防波堤	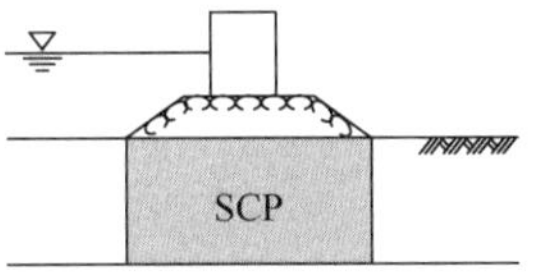	稳定 滑动圆弧 F_S：1.3以上 沉降 针对预期的二次沉降实施一定抬高标高的施工手段	$a_s = 0.3 \sim 0.8$
缓倾斜护岸	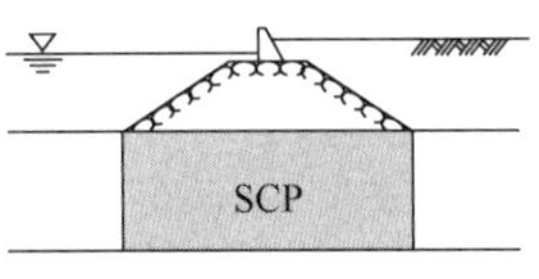	稳定 滑动圆弧 F_S：1.3以上 沉降 针对预期的二次沉降实施一定抬高标高的施工手段	$a_s = 0.3 \sim 0.5$
板桩式岸壁 深插圆筒式护岸	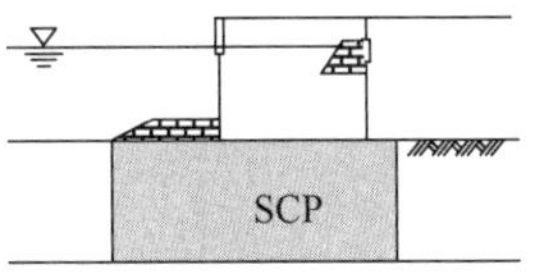	稳定 滑动圆弧 F_S：1.3以上 沉降 针对预期的二次沉降实施一定抬高标高的施工手段	$a_s = 0.4 \sim 0.8$
自立板桩护岸及岸壁	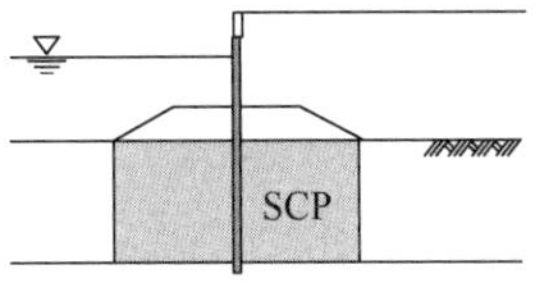	稳定 滑动圆弧 F_S：1.3以上 沉降 针对预期的二次沉降实施一定抬高标高的施工手段	$a_s = 0.5 \sim 0.8$

(a) 海上建筑物

构造物	概要图	改良目的的容许值	一般的必要置换率
道路堆土 铁道堆土		稳定 滑动圆弧 F_S：1.25以上 容许残留沉降量 10～30cm 程度	$a_s = 0.1 \sim 0.3$
桥台、桥墩的背面堆土	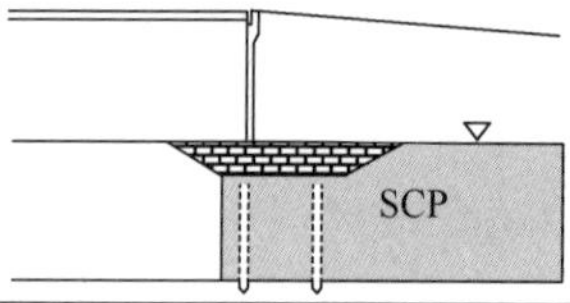	稳定 滑动圆弧 F_S：1.25以上 容许残留沉降量 10～30cm 程度 侧方移动 横向抵抗	$a_s = 0.1 \sim 0.3$
储存罐及仓库等的建筑物	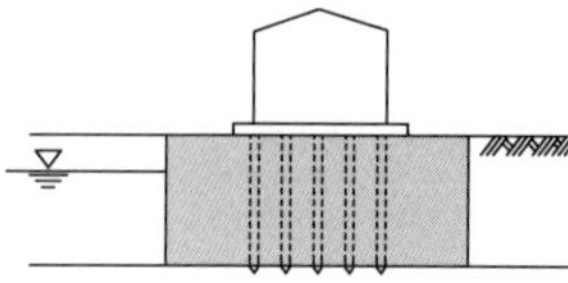	稳定 滑动圆弧 F_S：1.25以上 容许残留沉降量 支持力 横向抵抗 上部荷重与桩的方法	$a_s = 0.1 \sim 0.3$
涵洞废水处理设施等的构造物	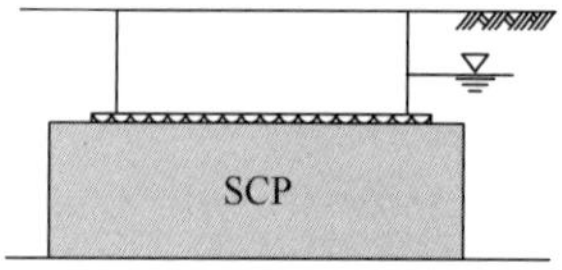	容许残留沉降量 10～30cm 程度 支持力 构造物荷重	$a_s = 0.1 \sim 0.3$
石炭工厂 铁矿石工厂 货物处理设施	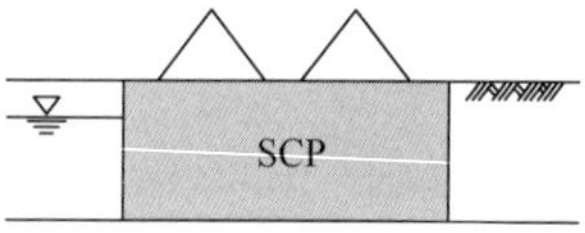	稳定 滑动圆弧 F_S：1.2～1.3以上 容许残留沉降量 10～30cm程度 支持力 构造物荷重	$a_s = 0.1 \sim 0.3$
沉箱刀尖的稳定	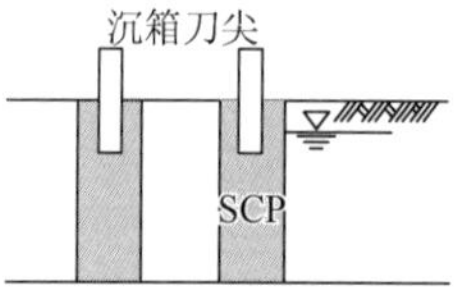	稳定 支持力 假设时 F_S：1.2以上	$a_s = 0.2 \sim 0.3$
河川堤防和道路堆土的扩幅	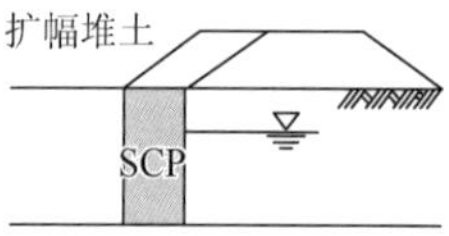	稳定 滑动圆弧 F_S：1.25以上 容许残留沉降量 10～30cm程度 已有堤体的变形折减	$a_s = 0.1 \sim 0.3$

(b) 陆上建筑物

图 8-9　SCP 工法的适用类型

8.2.2.2　必要的调查与试验项目

对黏性土地基的 SCP 工法的适用性调查大致可分为关于原状地基特性的调查及 SCP 材料的调查两种。前者与普通的黏性土地基地质调查相同。在黏性土地基中，稳定（黏性土强度）及沉降（固结参数）极为重要，这些在适用 SCP 工法选择方面也与原地基相同。另外，后者则须对砂材料的粒度分布等进行调查。

与此同时，有必要对 SCP 工法的施工制约条件（振动噪声、对既有建筑物的影响等）进行调查。另外，当需确定改良后建筑物容许变形量时，以改良地基为对象，宜对沉降等进行监测。

1. 地质调查的频度

地质调查分为踏勘（初步调查）及正式调查（详细调查）。踏勘主要是为了把握地层构成及土层基本特性，而正式调查则是以把握设计时所必需的详细的土质特性为主要目的。地质调查的内容与规模由建筑物的特性所决定。

港湾建筑物中有一些相对总长较长的建筑物（如护岸、防波堤、岸壁等）。当认为分层状态水平方向、垂直方向分布都比较均匀时，港湾构造物地质调查间隔的分类如表 8-4 所示。例如，进行详细调查时，建议以法线方向 50～100 m 的间隔实施。

表 8-4　关于港湾构造物地质调查间隔的分类　　（单位：m）

<table>
<tr><th colspan="2" rowspan="3"></th><th colspan="2">法线方向</th><th colspan="4">法线直角方向</th></tr>
<tr><th colspan="2">配置间隔</th><th colspan="2">配置间隔</th><th colspan="2">配置间隔</th></tr>
<tr><th>钻探</th><th>声波探测</th><th>钻探</th><th>声波探测</th><th>钻探</th><th>声波探测</th></tr>
<tr><td rowspan="2">概况调查</td><td>大范围地区</td><td>300～500</td><td>100～300</td><td rowspan="2">50</td><td rowspan="2">25</td><td colspan="2" rowspan="3">50～100</td></tr>
<tr><td>小范围地区</td><td>50～100</td><td>20～50</td></tr>
<tr><td colspan="2">详细调查</td><td>50～100</td><td>20～50</td><td>20～30</td><td>10～15</td></tr>
</table>

注：考虑成层状态时水平方向和铅直方向都较为均匀的情况。

2. 地质调查的内容

在对黏性土地基实施钻孔调查的基础上，除标准贯入试验外，实施土壤取样后，通过室内土质试验以掌握黏土层的特性也是十分重要的。

（1）钻孔、土壤取样及原位置试验

包括水深、地下水位、土质柱状图、标准贯入试验、铅直载荷试验、平板载荷试验、孔内载荷试验等。

（2）室内土质试验

①湿容重、含水率、pH、加热减量、级配。
②稠度（塑性极限、液性极限、塑性指数）。
③剪切强度（单轴压缩强度、黏聚力、灵敏度）。
④固结特性（e-log p 曲线、固结屈服应力、体积压缩系数、压缩系数、固结系数等）。

基于钻孔调查，在做土层断面图的同时，做含水率、黏聚力及固结屈服应力的深度分析，以把握土层划分及各土层的特性。另外，整理各土层固结应力与体积压缩系数的关系（$\log m_v$-$\log p$ 曲线）及固结应力与固结系数的关系（$\log c_v$-$\log p$ 曲线），以把握固结特性。海底地基的土质调查案例如图 8-10 所示。

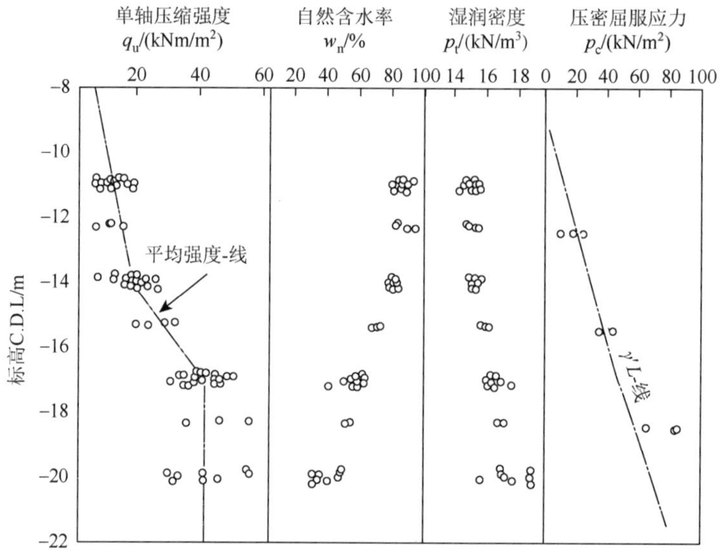

图 8-10　海底地基的土质调查案例

3. 关于 SCP 材料的调查

为达到 SCP 所要求的性能（强度、透水性、连续性），须使用合适的材料。作为 SCP 材料的调查项目，有颗粒大小及级配试验、透水试验、三轴压缩试验等。另外，最近试用炼钢炉渣等的情况，必须基于各种法规、基准进行熔析试验等。

4. 关于周边环境的调查

实施 SCP 工法时，预计振动、噪声、对既有建筑物位移等的影响，须对施工地区周围的环境进行调查。对于具体的调查项目，如对位于加固范围周边的工作场所和住宅等设施的调查、位于加固范围的附近的是否存在既有建筑等。

8.2.3　原地基条件下的设计研究

在黏性土地基设计中，多涉及稳定及沉降的问题。关于稳定，一般通过圆弧滑坡面，研究地基改良的必要性。圆弧滑坡面计算中，如式（8-1）所示，假定滑移线，比较抵抗弯矩（M_R）及滑动弯矩（M_D），计算得安全系数。

$$\begin{cases} F_S = \dfrac{M_R}{M_D} \\ \quad = \dfrac{R\sum(\tau\,\Delta l)}{\sum(W\,x)} \end{cases} \tag{8-1}$$

其中，　F_S——安全系数；

M_R——滑动圆弧的抵抗弯矩；

M_D——滑动圆弧的滑动弯矩；
R——圆弧半径（m）；
τ——剪切应力（kN/m^2）；
l——圆弧分割片的弧长（m）；
W——填土及地基的纵深单位宽度重量（kN/m）；
x——圆弧中心到分割片重心的水平距离（m）。

关于主固结沉降，可用式（8-2）实施沉降计算，计算出原地基条件下的最终沉降量。因箱形基础及建筑构造物有规定不同的沉降量，故须确认建筑物中央及顶端的沉降量。

$$s_0 = \frac{\Delta e}{1+e_0}H \quad (8\text{-}2a)$$

$$s_0 = m_V\,\Delta\sigma\,H \quad (8\text{-}2b)$$

$$s_0 = H\,C_c\log\frac{\sigma_0+\Delta\sigma}{\sigma_0} \quad (8\text{-}2c)$$

其中，s_0——原地基的沉降量（m）；
e_0——黏性土的初始孔隙比；
H——黏性土的层厚（m）；
Δe——孔隙比变化量；
m_V——体积压缩系数（m^2/kN）；
$\Delta\sigma$——铅直应力增量（kN/m^2）；
C_c——压缩指数；
σ_0——初期被动土压力（kN/m^2）。

还有一些其他的研究项目，如承载力、桩的水平阻力等，在难以满足原地基条件下的稳定及沉降的允许值时，应进行相应对策措施的研究。

8.2.4 不同用途下 SCP 工法的归类

8.2.4.1 陆上填土

原地基条件下无法满足建筑物所要求的性能时，就要选定相应对策。在黏性土地基上填土的改良工法的比较如表 8-5 所示。SCP 工法与其他工法相比，其具有作为沉降对策的固结沉降加速及作为稳定对策的滑动阻力增加的特征。

固结工法与 SCP 工法相比，前者须等待固结所带来的强度增加，而由于使用 SCP 工法可令砂桩具有较大抗剪阻力，只需相对短时间就可以承受较大荷载。因此，在施工期间内不能确定填土稳定时，以 SCP 工法替代固结工法用应的情况较多。

另外，搅拌处理法与 SCP 工法相比，SCP 工法可增加黏性土的固结强度，故与搅拌处理法相比更具经济性。但是，挡土墙等直立结构中，由于没有预加荷载用地且工期有所限制，搅拌处理法被应用的机会也较多。

一般而言，因 SCP 工法可与固结工法及砂质地基挤密对策并用，其适用范围较广。

表 8-5　在黏性土地基上填土的改良工法的比较

工法	分类	效果			
		固结沉降促进	整体沉降量减少	剪切形抑制	滑动抵抗增加
缓速荷载工法	渐增荷载工法 阶段荷载工法			○	○
置换工法	掘削置换工法 强制置换工法		○	○	◎
填土挤压工法	填土挤压工法			○	◎
荷载重工法	填土荷载工法 真空荷载工法 降低地下水位工法	○			○
荷载重 + 垂直排水工法	砂石排水工法 塑料板排水	◎		○	○
SCP 工法	SCP 工法	◎	○	○	◎
固结工法	搅拌处理法 高压喷射工法		◎	○	◎
荷载减轻工法	轻量填土工法		◎	◎	
使用构造物工法	打设砂桩工法		◎	○	○

注：○表示适合；◎表示更适合。

8.2.4.2　海上建筑物

海上建筑物中，防波堤、护岸、岸壁等根据用途不同，上部建筑物的形状及样式也大有不同。重力式岸壁中，较多使用高置换率的 SCP 工法及搅拌处理法。重力式岸壁中的断面比较如表 8-6a 所示。置换工法因有黏性土疏浚时所带来的污浊及难以确保疏浚土的丢弃场所等问题，在黏性土层较厚时较少被采用。

微倾斜式护岸等多使用低置换率的 SCP 工法及固结工法。微倾斜式护岸的断面比较如表 8-6b 所示。固结工法为确保大水深中的碎石垫层的稳定，须有一定倾斜，并形成大规模的护岸断面。与之对比，SCP 工法则只需规模较小的护岸断面就可解决问题。

表 8-6　对在黏性土地基上填土的改良工法的比较

（a）重力式岸壁

工法	SCP 工法	深层混合处理工法	置换工法
模式图	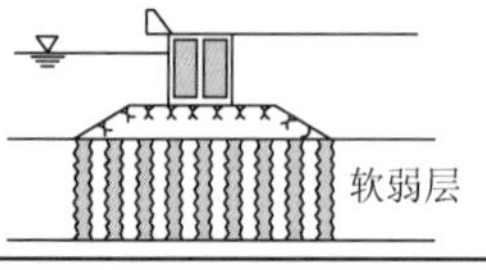	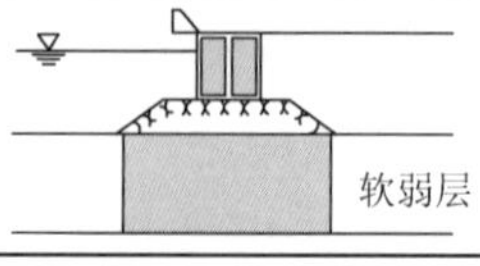	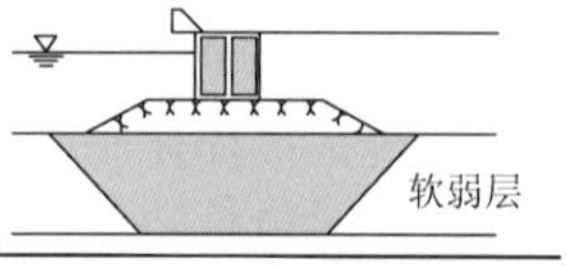

（b）微倾斜式护岸

工法	SCP 工法	垂直排水工法
模式图	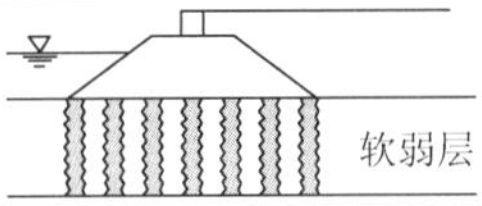	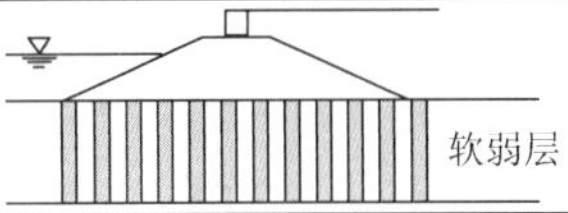

在海上建筑物中，因 SCP 工法较易变更置换率及加固深度，故适用范围较广。

8.2.4.3 SCP 改良地基的地震特性

在建筑物的抗震设计中，须设定设计震度并研究地震时建筑物的安全性。例如，在港湾建筑物的设计中，设计震度通过将地区地震系数乘以重要度系数及地基类别系数求得。地基类别系数在层厚 5～25 cm 的砂砾层中为 1.0，但在层厚 5～25 m 的软弱地基中则增大为 1.2。因现在 SCP 改良地基的动态特征仍存有较多不明点，故 SCP 改良地基的地基类别系数一直沿用与加固前软弱地基相同的数值。但在 1995 年兵库县南部地震中，从 SCP 改良地基上所设的建筑物受灾情况相对较小这个案例可知，通过 SCP 工法改善地基抗震性能的可能性很高。

SCP 改良地基的动力响应特性的分析案例如图 8-11 所示。SCP 加固地基表现为介于未改良的黏性土地基和砂砾地基中间的特性，改良率越高越接近砂砾地基的特性。

另外，对港口人工岛 2 期地区的高置换率 SCP 加固地基上的重力式岸壁进行地震响应分析，报告指出与兵库县南部地震所导致的岸壁变形量相比，受灾变形量大体一致。

综上所述，评价 SCP 改良地基在地震时的表现不应像之前那样，将其评价为与未改良地基相同，而应该在评价时将置换率也考虑在内。

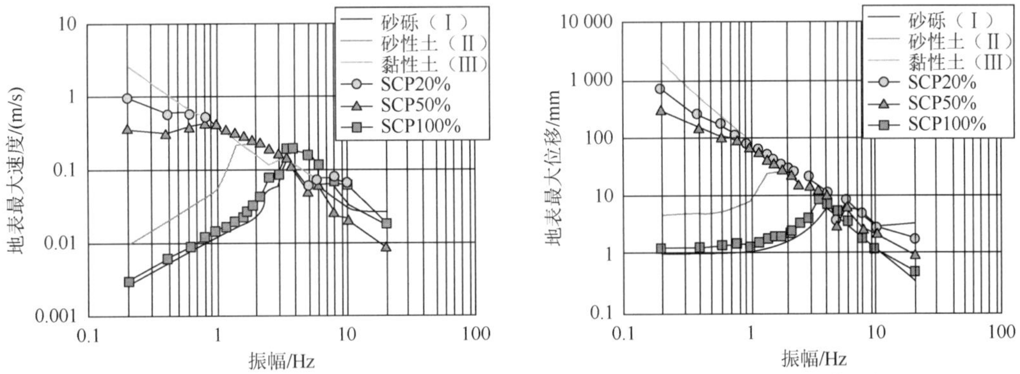

(a) 地表最大速度　　(b) 地表最大位移

图 8-11　SCP 改良地基的动力响应特性的分析案例

8.2.5 设计的基本概念

8.2.5.1 置换率的定义及砂桩配置

SCP 的桩配置如图 8-12 所示，以正方形、三角形、矩形配置打设入地基。表示这一改良规格的参数为置换率 a_s。置换率如式（8-3）所示，是原地基为 1 时的砂桩的面积比例，用于表示加固程度的参数。置换率 a_s 的各个配置可表示为式（8-3a）～（8-3c）。标准的置换率范围，砂质土或陆上黏土的加固在 0.3 以下，海底黏土范围为 0.3～0.8。

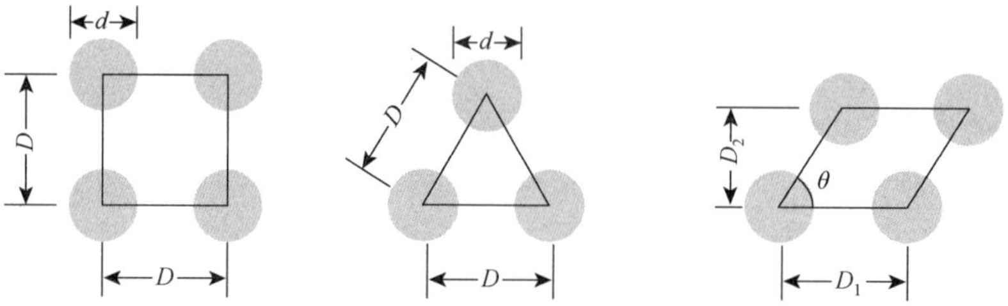

图 8-12　SCP 的桩配置

$$a_s = \frac{A_s}{A} \tag{8-3}$$

正方形配置时

$$a_s = \frac{A_s}{A} = \frac{\pi d^2/4}{D_i^2} \tag{8-3a}$$

正三角形配置时

$$a_s = \frac{A_s}{A} = \frac{2}{\sqrt{3}}\frac{\pi d^2/4}{D_i^2} \tag{8-3b}$$

矩形配置时

$$a_s = \frac{A_s}{A} = \frac{\pi d^2/4}{D_1}, a_s = \frac{A_s}{A} = \frac{\pi d^2/4}{D_2} \tag{8-3c}$$

其中，　a_s——置换率；

A——1 根砂桩的分担面积（m^2）；

A_s——砂桩截面积（m^2）；

d——砂桩直径（m）；

D_i——砂桩间隔（m）；

D_1——矩形配置的砂桩间隔（m）；

D_2——矩形配置的砂桩间隔（m）。

砂桩标准直径在陆上工程中为 0.7 m，在海上工程的黏性土改良中为 2.0 m，在海上工程的砂质土改良中为 0.8～1.2 m。

8.2.5.2　复合地基的概念

黏性土中打设的砂桩与周围的黏性土所构成的地基称为复合地基。复合地基应力示意图如图 8-13 所示。复合地基中加载了填土等垂直荷载时，黏性土及砂桩的刚性差异会导致应力集中于砂桩上。作用于砂桩的应力 σ_s 与作用于黏性土地基的应力 σ_c 之比被定义为桩土应力比 n。桩土应力比为 SCP 工法设计中的重要参数。如式（8-4）～式（8-8）所示，通过铅直方向的力的平衡，可将桩土应力比 n 及置换率 a_s 作为参数，计算出砂桩应力 σ_s 及黏土应力 σ_c。这些是在考虑复合地基稳定及沉降时的基本事项。

$$\sigma、A=\sigma、(A_c+A_s)=\sigma_c、A_c+\sigma_s+A_s \tag{8-4}$$

$$n=\frac{\sigma_s}{\sigma_c} \tag{8-5}$$

$$a_s=\frac{A_s}{A_c+A_s} \tag{8-6}$$

$$\sigma_c=\frac{\sigma}{\{1+(n-1)a_s\}} \tag{8-7}$$

$$\sigma_s=\frac{n、\sigma}{\{1+(n-1)a_s\}} \tag{8-8}$$

其中，a_s——置换率；

A——1 根砂桩的分担面积（m^2）；

A_c——黏性土部分的截面积（m^2）；

A_s——砂桩截面积（m^2）；

n——桩土应力比；

σ——铅直应力（kN/m^2）；

σ_c——黏性土地基的铅直应力（kN/m^2）；

σ_s——作用于砂桩的铅直应力（kN/m^2）。

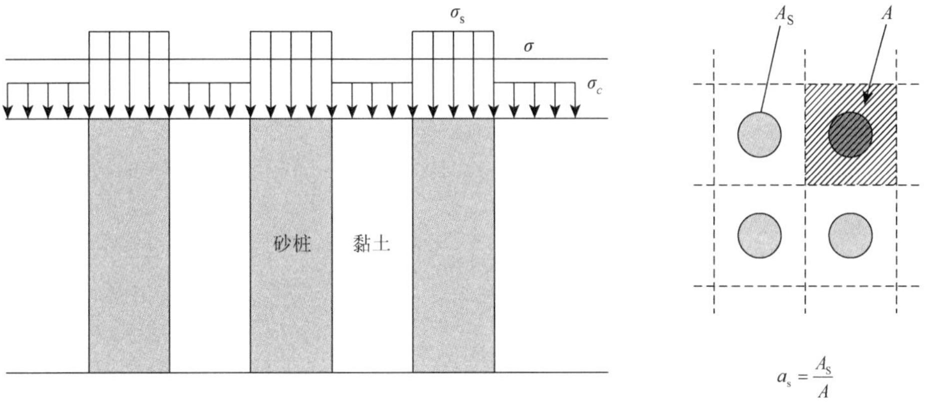

图 8-13　复合地基应力示意图

8.2.5.3　复合地基的桩土应力比

SCP 加固后的地基中，刚性高的砂桩及无改良地基共同构成复合地基。对于复合地基的承载力、稳定及沉降的问题，在现行的实用设计方法中，分担应力比是对加固工序影响最大的参数之一。应力分担效果理论上的处理方式，基于弹性论、弹塑性论、塑性论三种。另外，也有通过室内试验，以现象来确定应力分担效果的研究。在桩土应力比的研究中，大致有两个问题，分别是处理承载力、稳定性问题上极限状态的案例及沉降处理、变形问题上非极限（弹性）状态的案例。通过这两种处理方式，有可能造成桩土应力比的值产生偏差。

关于砂桩单独打入黏性土地基时的铅直承载力，考虑基于塑性理论的砂桩与黏性土的力的平衡与应力分担的承载力。通过假定砂桩与周围黏性土铅直沉降量相同、砂桩的应力状态为主动状态、周围黏性土的应力状态为被动状态，提出如下公式。

①铅直应力：

$$\begin{aligned} P &= A\ \sigma \\ &= (A_s + A_c)\sigma \\ &= A_s \cdot \sigma_s + A_c \cdot \sigma_c \\ &= \sigma_c \cdot (A_s \cdot n + A_c) \end{aligned} \tag{8-9}$$

②水平应力须满足的条件：

$$\sigma_h \geqslant \frac{1-\sin\varphi_s}{1+\sin\varphi_s} \cdot \sigma_s \tag{8-10a}$$

$$\sigma_h \leqslant \sigma_c + \sigma_u \tag{8-10b}$$

③桩土应力比 n：

$$\frac{\sigma_s}{\sigma_c} = n = \frac{1+\sin\varphi_s}{1-\sin\varphi_s} \cdot \left(1 + \frac{\sigma_u}{\sigma_c}\right) \tag{8-11}$$

其中，A——1 根砂桩的分担面积（m^2）；

A_c——黏性土部分的截面积（m^2）；

A_s——砂桩截面积（m^2）；

n——桩土应力比；

P——承载力（kN）；

σ——平均铅直应力（kN/m^2）；

σ_c——黏性土地基的铅直应力（kN/m^2）；

σ_s——砂桩的铅直应力（kN/m^2）；

σ_h——作用于砂桩外围的水平应力（kN/m^2）；

σ_u——黏性土地基的极限荷载（kN/m^2）；

φ_s——砂桩的内摩擦角。

通过式（8-9）～式（8-11）可计算出复合地基的承载力 P。其中，假设黏性土的极限荷载 $\sigma_u = 0.7q_u$（q_u 为周边地基的单轴压缩强度）：

$$P = \sigma_u \cdot \frac{1+\sin\varphi_s}{(n-1)-(n+1)\cdot\sin\varphi_s} \cdot (A_s \cdot n + A_c) \tag{8-12}$$

理论桩土应力比着重于砂桩部位的水平应力σ_{sh}与黏性土的水平应力σ_{ch}，在增加荷载后，通过当砂桩部位变为主动土压状态(砂桩保持自立性的极限)时的力的平衡($\sigma_{sh}=\sigma_{ch}$)，求出桩土应力比的最大值n_{max}。将桩土应力比的最大值n_{max}称为可能最大桩土应力比。可能最大桩土应力比如式（8-13）所示。

$$n_{\max}=\frac{1+\dfrac{2c_{\mathrm{u}}+(\gamma_{\mathrm{c}}-K_{\mathrm{a}}\gamma_{\mathrm{s}})\cdot z}{p}\cdot(1-a_s)}{K_{\mathrm{a}}-\dfrac{2c_{\mathrm{u}}+(\gamma_{\mathrm{c}}-K_{\mathrm{a}}\gamma_{\mathrm{s}})\cdot z}{p}\cdot a_{\mathrm{s}}} \tag{8-13}$$

其中，σ_{sh}——砂桩部位的水平应力（kN/m^2），$\sigma_{sh}=K_a(\mu_s p+\gamma_s z)$；

σ_{ch}——黏性土的水平应力（kN/m^2），$\sigma_{ch}=\mu_c p+2c_u+\gamma_s z$；

p——上荷载重（kN/m^2）；

c_u——黏性土不排水剪切强度（kN/m^2）；

γ_c——黏性土的容重（kN/m^3）；

γ_s——砂桩的容重（kN/m^3）；

μ_c——黏性土的应力折减系数；

μ_s——砂柱的应力集中系数；

K_a——主动土压力系数，$K_a=\dfrac{1-\sin\varphi_s}{1+\sin\varphi_s}$。

在现场求得桩土应力比的方法，有通过土压计测定值求得，通过砂桩间黏性土黏聚力的增加率逆算，通过沉降量逆算三种。

通过沉降量对逆算桩土应力比进行调查，并对上部荷载p与桩土应力比的关系进行考察。另外，与上述的桩土应力比最大值相比，现场测定结果均在其范围内，未超过此理论桩土应力比的极限值。

海上 SCP 工法现场试验中桩土应力比的测定结果如图 8-14 所示，以各层沉降计所实测得的数据为基础，求得桩土应力比，由此得到平均值为 3.9（图 8-14a）。另外，通过荷载载荷时的不排水剪切强度的变化与荷载p的变化，求得桩土应力比的最大值n_{max}（图 8-14b），与桩土应力比实测值的范围进行对比。

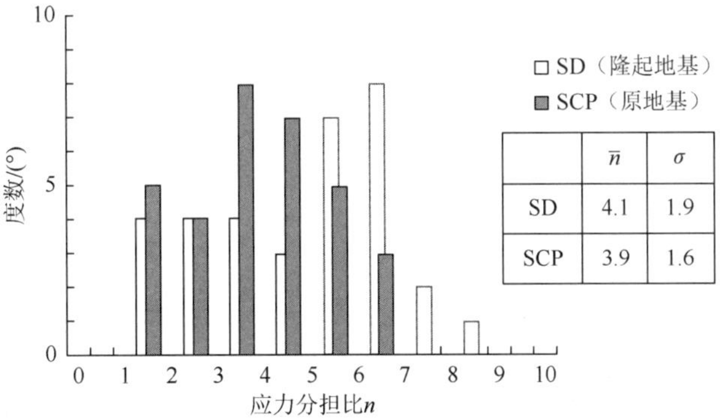

(a) 由层别沉降求得的桩土应力比

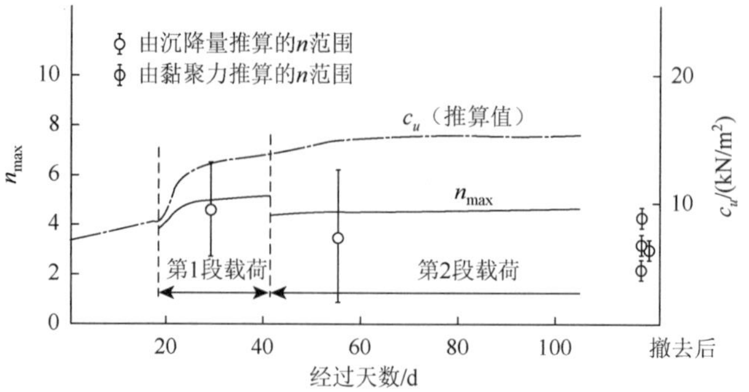

(b) 可能最大桩土应力比的变化

图 8-14　现场试验中桩土应力比的测定结果

在图 8-14b 中，通过逆算沉降量实测值推定得到的桩土应力比 n 虽不规律，但第 1 段载荷时近乎值 n_{max}，在第 2 段载荷时期比 n_{max} 稍小。

另外，通过低置换率 SCP 工法的现场破坏试验的结果，求得桩土应力比。此试验中，低置换率 SCP 工法现场试验的桩土应力比如图 8-15 所示，求得桩土应力比。据此，通过固结所带来的强度增加所求得的桩土应力比为 1.6～4.0，通过沉降解析则为 2.1～3.7，土压计测定值则平均值约为 3.8。

根据破坏试验的荷载-沉降曲线所得到降伏荷载为基础，改变桩土应力比，通过瑞典条分法实施圆弧滑坡稳定计算。在逆分析结果将桩土应力比评价为 3.5 左右。作为试验的总结，一般认为复合地基的桩土应力比为 $n = 2～4$。

桩土应力比在既往文献中原本是依存于荷载水平、置换率、经过时间、砂桩强度、桩间黏性土强度等的变量，并不是一个固定值。但是，在现场试验中，基于所测得的沉降量降低效果及强度增加量等实例，在实际设计中，一般多认为其为固定值。

桩土应力比是对设计计算中改良规格影响最大的参数，但即使在特定场所测算桩土应力比，也并不会直接对稳定管理有任何帮助。故必须假定桩土应力比的可能范围并实施灵敏度分析，形成稳定管理的基本资料。

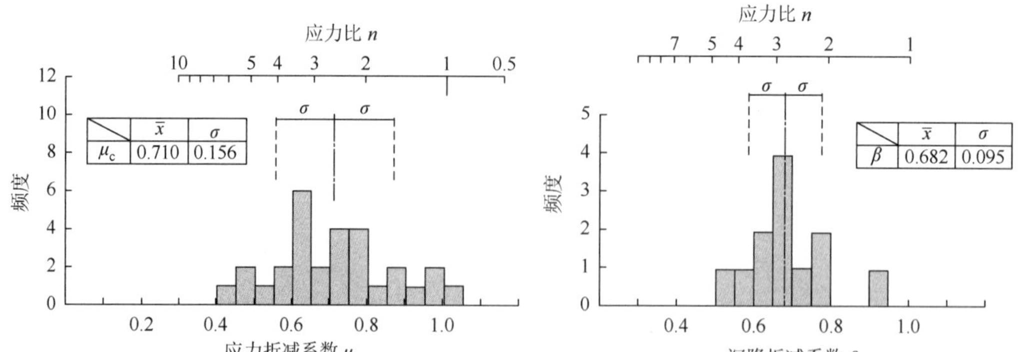

(a) 由强度增加逆算桩土应力比　　(b) 由沉降逆算桩土应力比

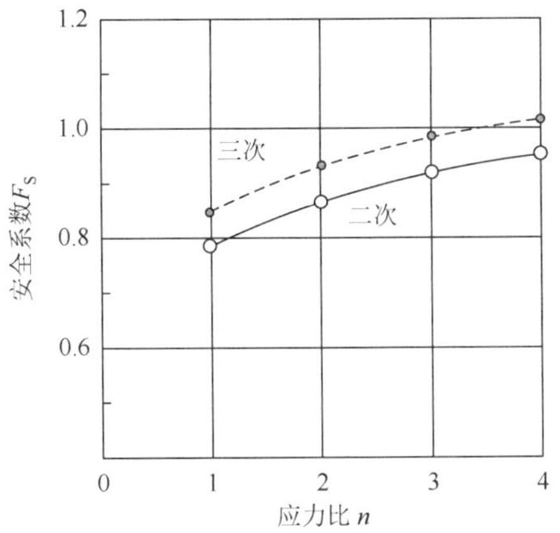

(c) 由滑动圆弧反算桩土应力比

图 8-15 低置换率 SCP 工法现场试验的桩土应力比

8.2.6 地基设计

8.2.6.1 地基设计流程

关于 SCP 工法的地基设计流程如图 8-16 所示。其中展示的是原地基条件无法满足建筑物所要求的性能，将 SCP 工法作为对策的情形。

首先，基于以往的实际成果及见解，假定 SCP 的参数（置换率、改良深度、改良范围）后，对稳定、沉降等进行研究。

SCP 工法的海上施工在施工时隆起高度较高，因而在研究建筑物断面时大多无法忽视，故不撤去隆起土而直接利用时，须设定隆起形状及隆起土的土性后，对沉降进行研究。

陆上施工时隆起高度多为数十厘米，一般在设计时较少考虑隆起。

关于 SCP 工法的稳定、沉降的设计方法一般基于前面所述的复合地基的概念，这里详细阐述设计方法。这些方法多被记述于各类标准、指南，视为一般性的设计方法。

在 SCP 加固地基上建造临时设立或小规模构筑物的直接基础等的场合，必须计算出复合地基的铅直承载力，下面具体介绍这种研究方法。另外，建造含板桩结构和桩基础的构筑物时，必须计算复合地基的土压力及地基反力系数。但是，因水平方向受到外力时，复合地基的特性仍有一部分未知，故在实际使用时这些计算公式只供参考，恰当评价则更为重要。

8.2.6.2 SCP 设计参数与桩土应力比的设定

为实施复合地基的设计，须在设计桩土应力比时综合考虑 SCP 的设计参数与置换率。其中的设计参数及桩土应力比为对黏性土地基进行 SCP 的地基改良时的经验值，当采用其他方式浇筑砂桩时，须在现场进行确认。

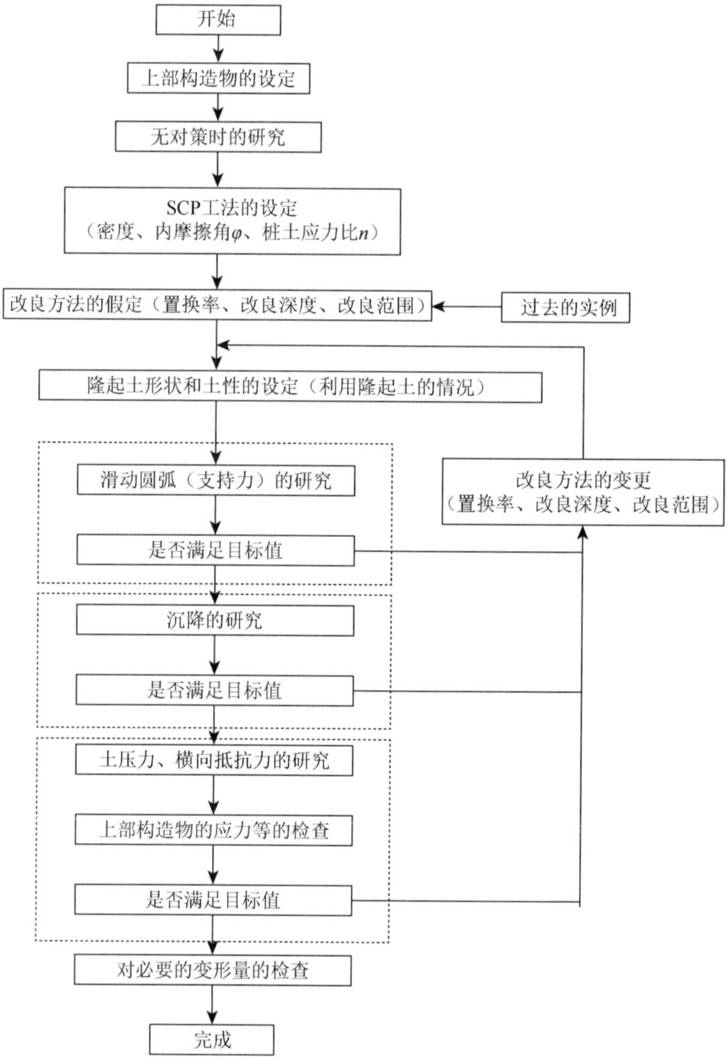

图 8-16　地基设计流程

SCP 的设计参数中有 SCP 的容重、内摩擦角等。良好挤密的砂质地基的 SCP 的饱和容重，在设计时设定为$\gamma_{sat}=20\text{kN/m}^3$，浮容重则设定为$\gamma'=10\text{kN/m}^3$。

SCP 的内摩擦角是基于过去以回填方式实施 SCP 的桩芯 N 值的调查数据。SCP 的桩芯 N 值如图 8-17 所示。根据置换率会有所不同，但 SCP 的桩芯 N 值多为 10～30，平均值约为 20。设计中 N 值一般设定为 10～15，根据 Dunham 式$\varphi=\sqrt{12N}+20$（粒度分布为圆形粒子或粒度一样但粒子不平整时），内摩擦角设定为$\varphi=30°\sim35°$。在设定内摩擦角后，可求出满足此值所需的桩芯 N 值。

用于设计的桩土应力比也基于前述的现场试验所得到的数据。在海上 SCP 中，中、高置换率（$a_s=0.5\sim0.8$），一般主要考虑置换效果，以设置$n=1\sim2$为标准；而低置换率（$a_s=0.3\sim0.4$），一般主要考虑应力分担效果，以设置$n=3$为标准。在陆上 SCP 中以低

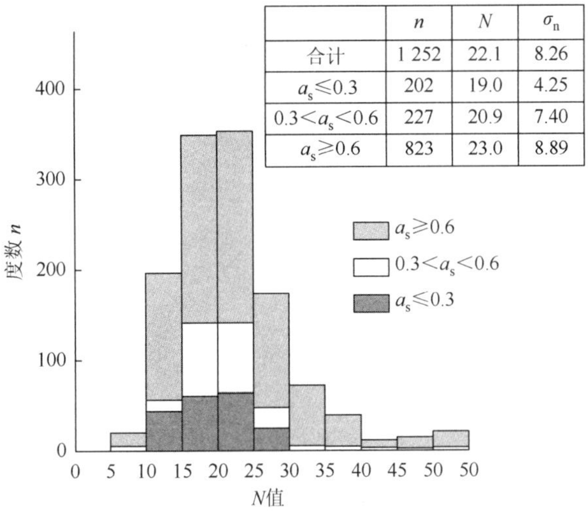

	n	N	σ_n
合计	1 252	22.1	8.26
$a_s \leq 0.3$	202	19.0	4.25
$0.3 < a_s < 0.6$	227	20.9	7.40
$a_s \geq 0.6$	823	23.0	8.89

图 8-17　SCP 桩芯 N 值和置换率的关系

置换率的施工为主，将 SCP 材料用作砂时，以内摩擦角 $\varphi_s = 30°$，桩土应力比 $n = 3$ 为标准，使用砂砾时，以内摩擦角 $\varphi_s = 35°$，桩土应力比 $n = 4$ 为标准。

8.2.6.3　SCP 打设所引起的隆起及处理

在黏性土地基中，会发生因 SCP 打设所引起的原地基隆起。一般认为隆起发生的主要原因是因为 SCP 打设导致黏性土横向或纵向移动，从而导致隆起，还有就是软泥表面所发生的水平移动、沉箱内残留砂的溢出等。陆上工程一般置换率较小，故隆起高度也相对较小；但在海上工程中，如置换率较大时，隆起高度可达数米。

隆起土的特性尚未明确时，一般多选择撤去隆起土。但随着现在对隆起土的调查研究不断深入，如图 8-18 所示，隆起土中打设垂直排水（SD）或 SCP 以进行改良，可作为护岸的基础地基直接使用。图 8-18 中的隆起地基是指隆起土。在改良隆起土时，对每一个砂桩都应测定施工前其海底面的高度，并打设至顶部。

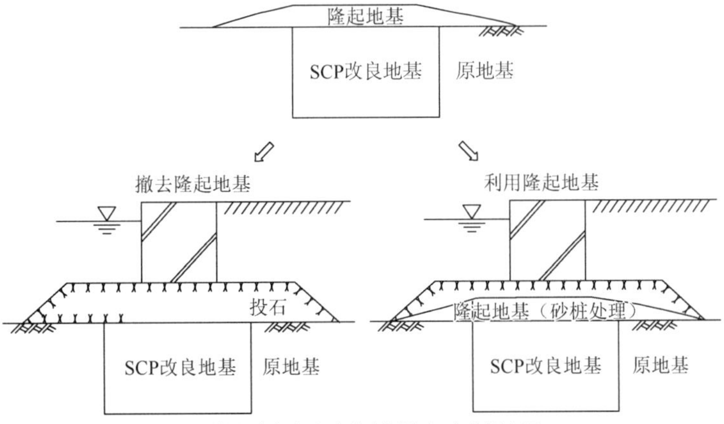

(a) 撤去隆起土和有效利用隆起土的概念图

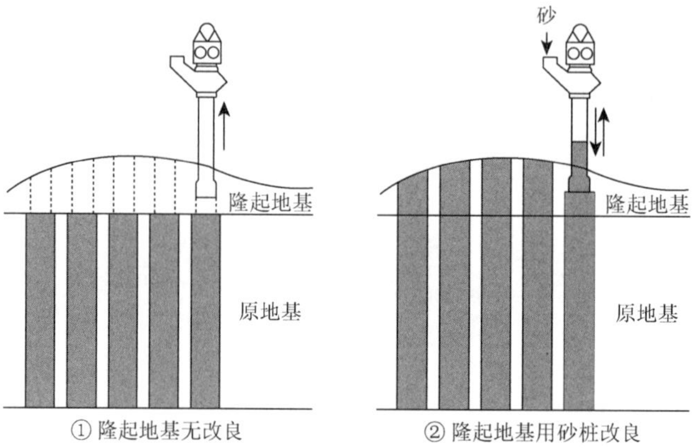

(b) 隆起部分的改良方法

图 8-18　SCP 桩芯 N 值和置换率的关系

在利用隆起土时，设计时必须要了解隆起土的形状及性质。通过这些设定改良范围、改良深度及置换率后，将隆起土的形状及性质并入设计断面，实施地基设计。另外，有时这些预测值与实际情况会不相符，这种情况时需要在设计时考虑应对方法。

1. 隆起土土量及形状的推定

通过关于隆起土的多项调查结果，提出隆起土的形状及隆起高度的推导式。关于隆起土量，将隆起土量与砂桩设计投入砂量之比定义为隆起率 μ，经验公式提出使用置换率及桩长的回归方程。经验公式利用砂桩径为 ϕ1.6 m 的现场数据，提出式（8-14）。

$$\mu = \frac{V}{V_s} = 0.356a_s + 2.803\frac{1}{(L/L_0)} + 0.112 \tag{8-14}$$

其中，　a_s——置换率；
L——平均砂桩长（m）；
L_0——单位长度 1.0（m）；
V——隆起土量（m^3）；
V_s——设计投入砂量（m^3）；
μ——隆起率。

式（8-14）是利用桩长 6～25.5 m 的 34 个现场数据，通过重回归分析求得。解析的结果为对 μ 有影响的重要因素为 $1/L$、a_s、周边地基的单轴压缩强度 q_u。一般认为 q_u 的影响较小故将其舍去。隆起率的重回归分析结果如图 8-19 所示。

近年来，砂桩直径也渐渐变大，由 ϕ1.6 m 变为 ϕ2.0 m，一般认为有如式（8-15）所示的新预测式。在推定隆起率时，建议使用式（8-15）。其中不将桩长作为变量。

$$\mu(\phi 2.0\text{m}) = \frac{V}{V_s} = 0.718a_s + 2.117\frac{1}{(L/L_0)} + 0.056 \tag{8-15}$$

其中，a_s——置换率；

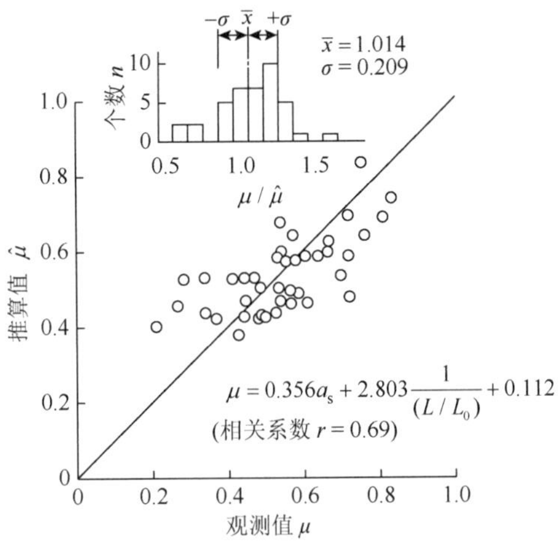

图 8-19　隆起率的重回归分析结果

L——平均砂桩长（m）；

L_0——单位长度 1.0（m）；

V——隆起土量（m^3）；

V_s——设计投入砂量（m^3）；

μ——隆起率。

使用式（8-15）时的隆起率的重回归分析结果如图 8-20 所示。

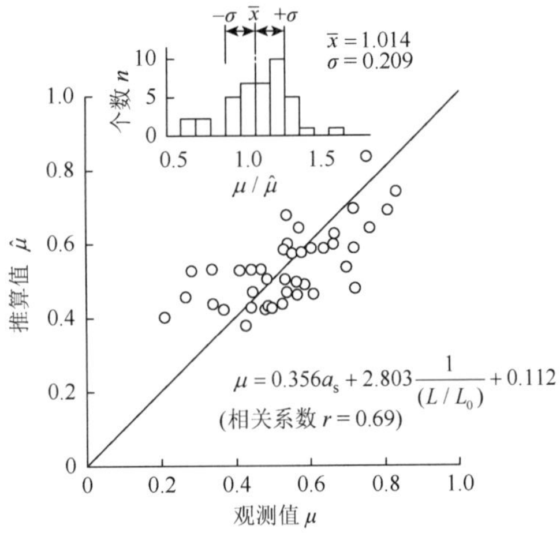

图 8-20　考虑大径（ϕ 2.0 m）实例的隆起率的重回归分析结果

2. 隆起形状的推导

隆起形状推导时的基本思想如前所述，一般是通过式（8-14）或式（8-15）推定隆起率，假定隆起模式如图 8-21 所示，通过式（8-16）求得隆起高度及影响范围。

$$\overline{H}=\frac{\mu\cdot a_s\cdot A\cdot B\cdot l}{A\cdot B+(A+B)\cdot L\cdot\tan\theta+4/3(L\cdot\tan\theta)^2}\tag{8-16}$$

长边方向较长时，则设定为 $A=\infty$：

$$\bar{H}=\frac{\mu\cdot a_s\cdot B\cdot l}{B+L\cdot\tan\theta} \tag{8-17}$$

其中，$\bar{H}$ ——改良范围内的平均隆起高度（m）；

A——改良范围的纵断面方向长度（m）；

B——改良范围的横断面方向长度（m）；

a_s——置换率；

L——地表面至改良下端的长度（m）；

l——实际改良长度（m）；

μ——隆起率；

θ ——改良下端的影响角度（°）。

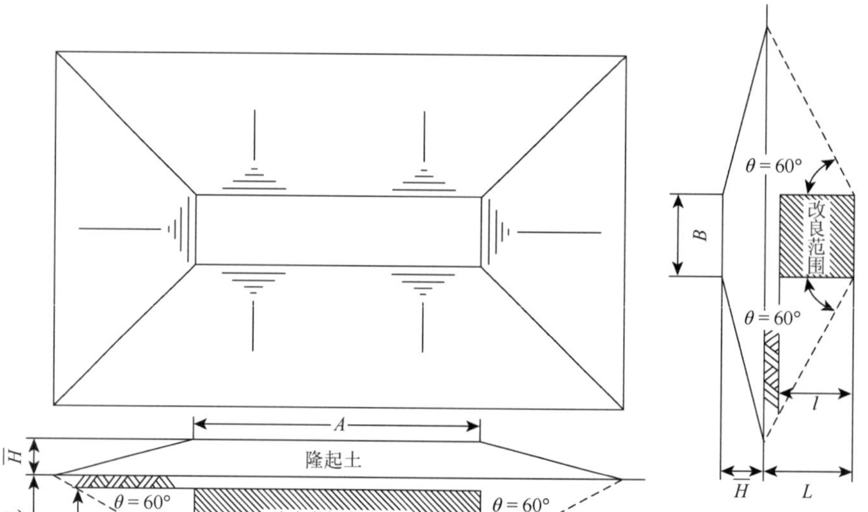

图 8-21　隆起模式

隆起土中打设 SD 或 SCP 等以改良并直接利用时，推定隆起形状十分重要。即使是撤去隆起土时，从施工船的施工性能方面来说，准确得出隆起高度也是必要的。

隆起土中打设 SCP 时，隆起会进一步增加，须留意这一点。隆起土中打设 SCP 来进行改良时的隆起率 μ，在关西国际机场建设工程中的实测案例中，测得 $\mu\cong 1.0$。

式（8-16）中虽然假定隆起土在改良区域上平均地发生，但实际中的隆起形状由砂桩的打设方向、邻近建筑物等施工条件所影响，故此时须推定有可能形成的形状。

考虑打设方向的隆起模式如图 8-22 所示。隆起土的形状包括最大隆起高度 H_{max}、改良范围前段隆起高度 H_1、后端隆起高度 H_2、最大隆起高度发生地点与改良中心的距离 x、前方隆起范围 l_1、后方隆起范围 l_2，提出了过去的施工案例中不作为变量的形状系数。

另外，在考虑 SCP 打设方向及 SCP 打设地基的周边限制条件后，对隆起形状进行分类。考虑既有结构范围的隆起模式如图 8-23 所示。根据施工条件可设定具体的打桩方向时，将这些隆起形状作为打设条件来考虑。

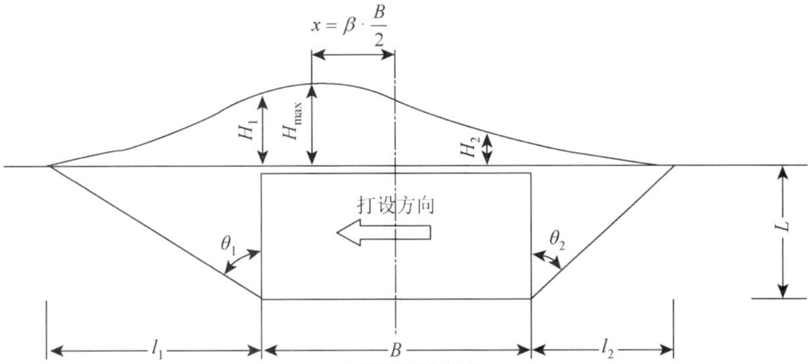

(a) 单向打桩方式

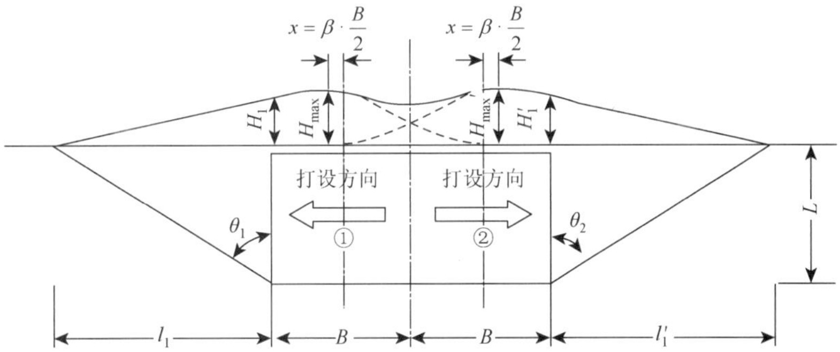

(b) 双向打桩方式

图 8-22 考虑打设方向的隆起模式

3. 隆起部分的土性

舞鹤港（京都府）前岛地区在 1982～1983 年实施的现场试验可作为隆起部分的特性详细调查案例，SCP 和隆起部分的断面图如图 8-24b 所示。实验中将直径 1.6 m 的 SCP 以置换率 0.7 打设入层厚 12 m 的软弱黏性土，在调查了打设时的表现及隆起部分的性状后，进行波纹管细胞（工法）的载荷，对包含隆起部分在内的 SCP 改良地基的表现进行了综合性的调查。

原地基的地质调查在 1979 年敷砂施工前（STEP-Ⅰ）实施，隆起部分的调查在打设后（STEP-Ⅱ）及载荷后（STEP-Ⅲ）实施。从这一调查结果得出的 SCP 打桩后的隆起部分的容重、含水率、单轴压缩强度如图 8-25a～c 所示。

从土质调查结果来看，可知地表部强度较小时，地表部分（确切说是隆起高度的 1/2 深度）与原地基土壤性状大致相同。因此，设计时将隆起土设定为地基的一部分即可。但是，原地基的地表部分强度相对较大时（$q_u > 20\ kN/m^2$），隆起部分的强度比原地基稍弱，因此在稳定方面须注意。

另外，隆起部分的固结特性如图 8-25d、e 所示。原地基与隆起部分的固结系数及体积压缩系数并无显著差异。因此，可以说隆起土中的固结特性与原地基大致相同。

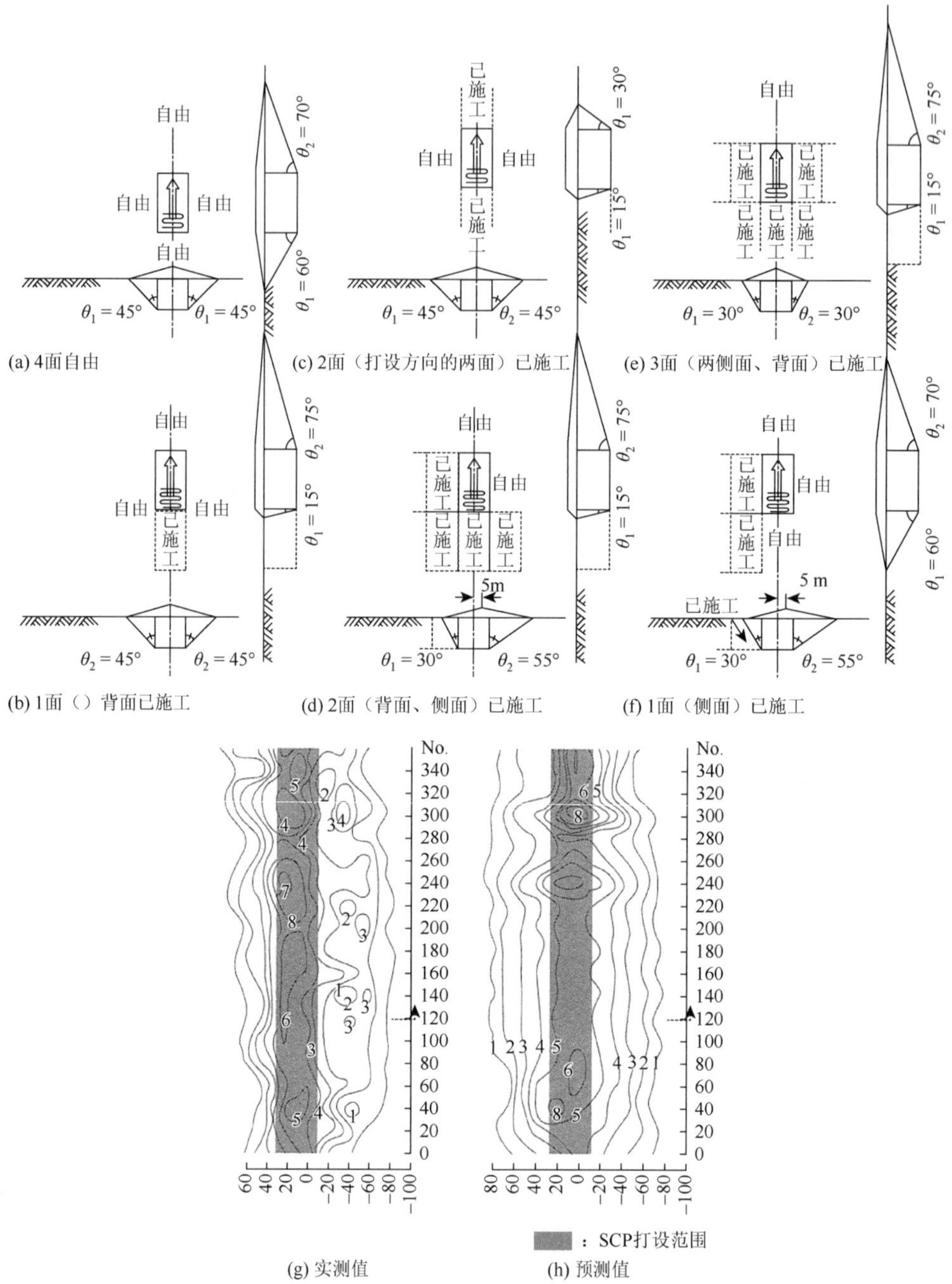

图 8-23　考虑既有结构范围的隆起模式

4. 隆起土中的砂桩强度

在隆起土中打设砂桩时，有以排水为目的的垂直排水及以挤密为目的的 SCP。关于这两种情况，桩芯中的标准贯入试验的调查结果如图 8-26 所示。垂直排水桩芯的 N 值相对较小。另外，隆起土中的 SCP 的 N 值平均约为 12，与图 8-17 中所示的原地基中的 SCP 桩芯的 N 值相比则较小。

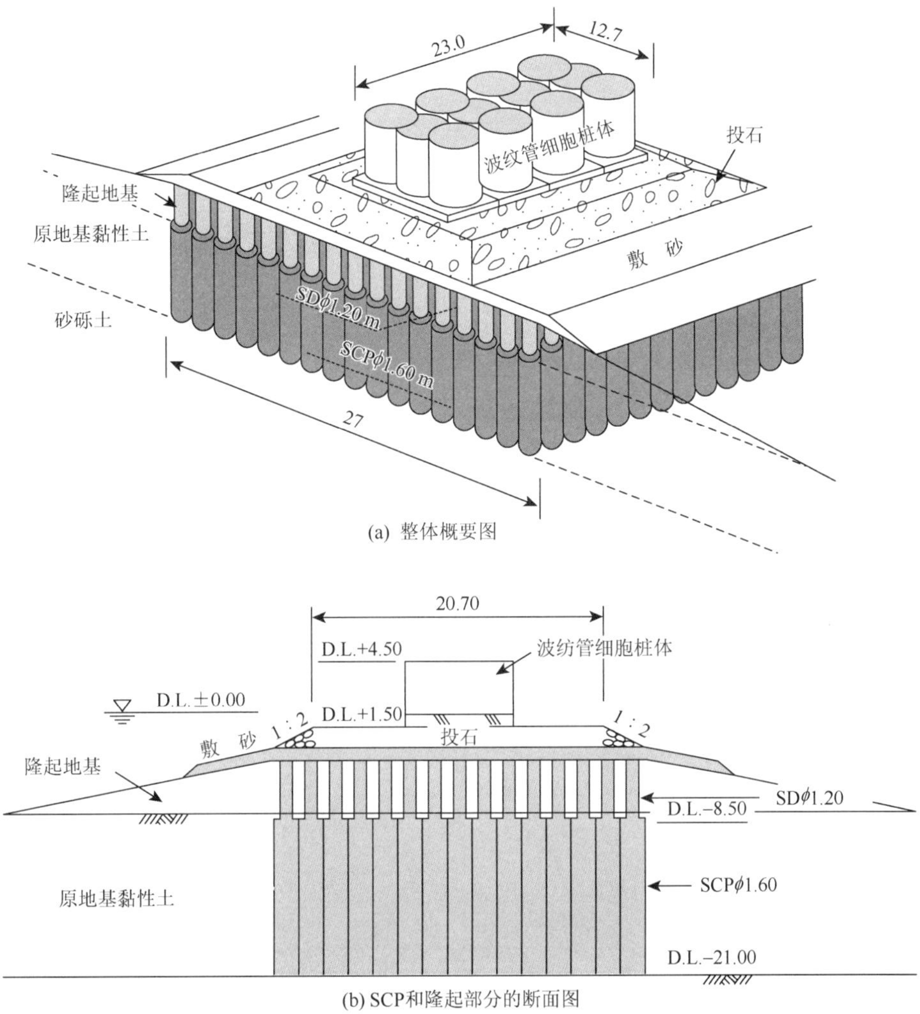

图 8-24 与舞鹤港隆起相关调查试验工程的概要图和断面图（单位：m）

SCP 的桩芯 *N* 值有随着侧限压力增大而增加的倾向。隆起土中的 SCP 的桩芯 *N* 值较小则认为是由于其位于地基表层部位所致。

一般砂的相对密度与 *N* 值的关系中，即使砂的相对密度相同，侧限压力小则 *N* 值也小。因此，设计上即使是隆起地基也使用与原地基相同的内摩擦角。

8.2.6.4 圆弧滑坡面的设计法

1. 荷载分散的考虑方法

圆弧滑坡面计算的基本式如式（8-1）所示，通过 SCP 所改良的地基中，主要使用瑞典条分法。在计算时，如图 8-26 所示，计算包括：①假定作用于地基分割片上的上部构造物的铅直荷载直接作用于分割片下部的方法（条分法）；②假定作用于地基分割片上的上部构造物的铅直荷载分散于地基全体的应力分散法。其中的应力分散一般通过布西奈斯克的方法进行计算。

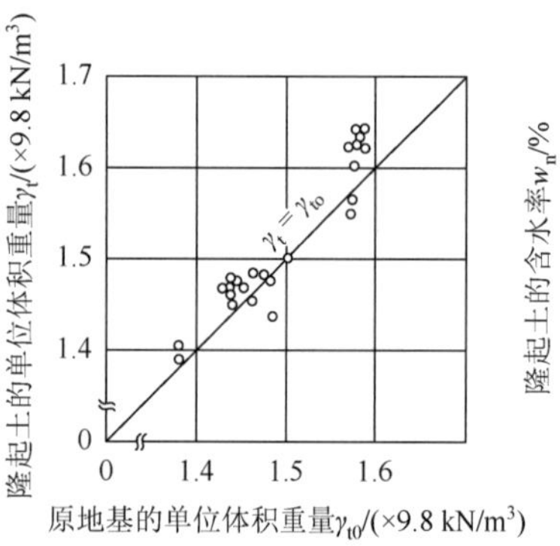

(a) 单位体积重量的比较

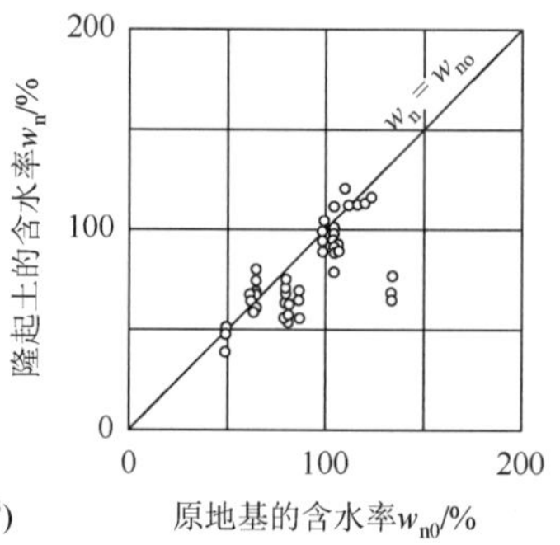

(b) 含水率的比较

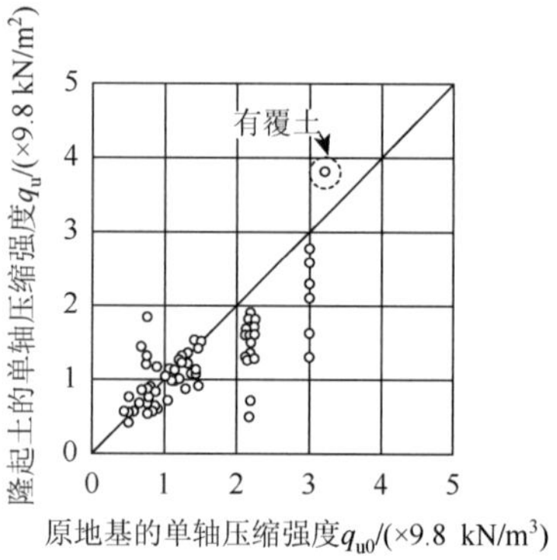

(c) 单轴压缩强度的比较

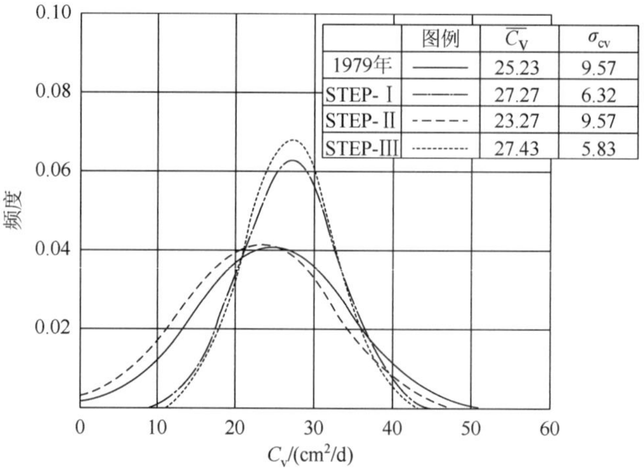

(d) 压密系数的比较

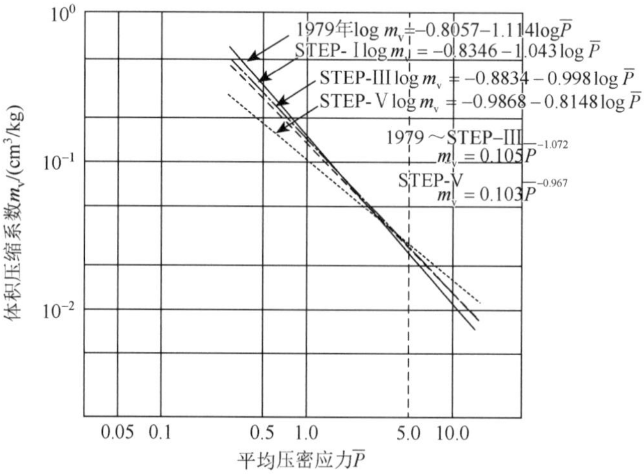

(e) 体积压缩系数的比较

图 8-25　隆起部分和原地基土性的比较

在条分法中，铅直荷载增加的部分产生于构造物正下方，因此上置荷载导致剪切强度的增加不会发生在构筑物周边。与此相对，在应力分散法中，不仅上部构筑物正下方的砂桩，构筑物周边的砂桩也同样因垂直荷载的增加而有助于剪切力的增加。

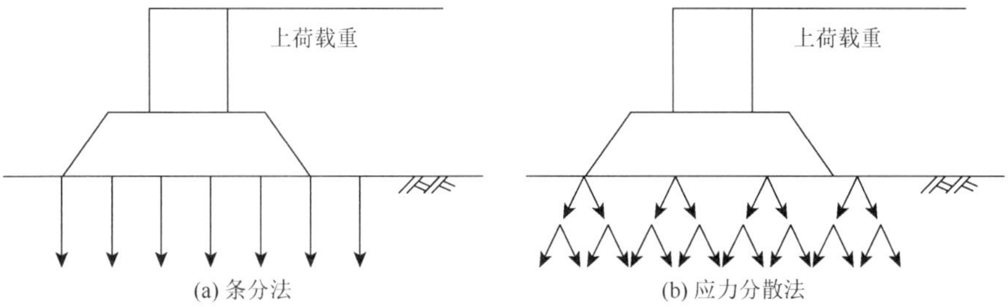

图 8-26 滑动圆弧计算时上荷载的考虑方法

条分法和应力分散法的区别在于会略微受到上部结构和加固范围的几何学条件的影响，两者在计算方法和应用上差别并不大，但一般而言，应力分散法的安全系数要比条分法的高。

2. 复合地基的剪切抵抗

圆弧滑坡计算时复合地基的剪切抵抗的估算公式如式（8-18）所示，目前会根据情况不同灵活使用。SCP 工法因大范围的置换率被应用，这是由于设计方法自身经验性因素较多。复合地基的抗剪切模式图如图 8-27 所示。

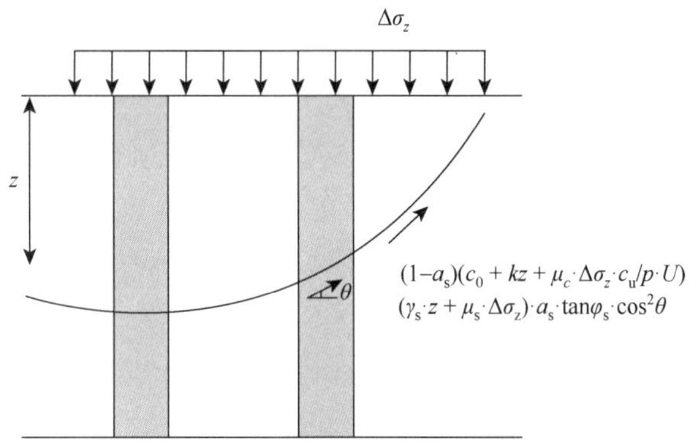

图 8-27 复合地基的抗剪切模式图

$$\tau=(1-a_s)\cdot(c_0+kz+\mu_c\cdot\Delta\sigma_z\cdot c_u/p\cdot U)+(\gamma_s\cdot z+\mu_s\cdot\Delta\sigma_z)\cdot a_s\cdot\tan\varphi_s\cdot\cos^2\theta \tag{8-18a}$$

$$\tau=(1-a_s)\cdot(c_0+kz)+(\gamma_m\cdot z+\Delta\sigma_z)\cdot\mu_s\cdot a_s\cdot\tan\varphi_s\cdot\cos^2\theta \tag{8-18b}$$

$$\tau=(\gamma_m\cdot z+\Delta\sigma_z)\tan\varphi_m\cdot\cos^2\theta \tag{8-18c}$$

$$\tau=(\gamma_m\cdot z+\Delta\sigma_z)\cdot\mu_s\cdot a_s\cdot\tan\varphi_s\cdot\cos^2\theta \tag{8-18d}$$

其中， a_s——置换率；

c_0——深度 $z=0$ 处黏性土的黏聚力（kN/m^2）；
c_u/p——强度增加率；
k——深度方向黏聚力的增加率；
n——桩土应力比；
U——平均固结度；
z——深度（m）；
$\Delta\sigma_z$——铅直应力增量（kN/m^2）；
γ_s——砂桩的容重（kN/m^3）；
γ_m——复合地基的平均容重（kN/m^3），$\gamma_m=\gamma_s\cdot a_s+\gamma_c\cdot(1-a_s)$；
γ_c——黏性土的容重（kN/m^3）；
θ——滑动线与水平面的夹角；
τ——滑动线位置处发挥的平均剪切强度（kN/m^2）；
μ_s——砂柱的应力集中系数 $\mu_s=\dfrac{\sigma_s}{\sigma}=\dfrac{n}{1+(n-1)\cdot a_s}$；
μ_c——黏性土的应力折减系数 $\mu_c=\dfrac{\sigma_c}{\sigma}=\dfrac{n}{1+(n-1)\cdot a_s}$；
φ_s——砂桩的内摩擦角；
φ_m——高置换率复合地基的平均内摩擦角 $\varphi_m=\tan^{-1}(\mu_s\cdot a_s\cdot\tan\varphi_s)$。

式（8-18a）基于复合地基的基本概念，不论置换率的高低，是被实际应用最多的计算公式。式（8-18a）如式（8-19）所示，砂桩与周边黏性土各承担着分别将 μ_s、μ_c 乘以上部荷载后的应力。

$$\sigma_{z,\text{sandpile}}=\gamma_s\cdot z+\mu_s\cdot\Delta\sigma_z$$
$$\sigma_{z,\text{clayground}}=\gamma_s\cdot z+\mu_c\cdot\Delta\sigma_z \tag{8-19}$$

式（8-18b）将式（8-18a）中的第二项 μ_s 移出括号外的同时，将 $\gamma_s z$ 变更为 γ_m，可对作为具有 $(1-a_s)\cdot c$ 与 $\varphi_m=\tan^{-1}(u_s\cdot a_s\cdot\tan\varphi_s)$ 的 c、φ 地基进行计算。式（8-18b）中，作用于砂桩及黏性土地基的铅直应力如式（8-20）所示。

$$\sigma_{z,\text{sandpile}}=\mu_s\cdot\gamma_m\cdot z+\mu_s\cdot\Delta\sigma_z$$
$$\sigma_{z,\text{clayground}}=\mu_c\cdot\gamma_m\cdot z+\mu_c\cdot\Delta\sigma_z \tag{8-20}$$

式（8-18a）与式（8-18b）在 $\gamma_s=\mu_s\cdot\gamma_m$ 时相同。例如，$\gamma_s'=10\ kN/m^3$，$\gamma_c'=5\ kN/m^3$ 时，将 n 设为 2 时两者相同。另外，使用式（8-18b）的方法时，为了将式（8-18a）和结果相整合，计算出修正桩土应力比 n'。

式（8-18c）与式（8-18d）是在海上构造物中以高置换率为对象进行考察的剪切强度式。式（8-18c）与式（8-18d）将高置换率的改良地基假定为一样的地基，并使用平均容重 γ_m。另外，式（8-18c）使用平均内摩擦角 φ_m。

各式中的 $\Delta\sigma_z$ 为附加荷载所引起的在地中发生的铅直应力，如前所述，有将 $\Delta\sigma_z$ 认为是布西内斯克的地中分布应力及认为 $\Delta\sigma_z$ 仅仅是覆盖土（条分法）两种情况。式（8-18a）及式（8-18b）中所示的 $\Delta\sigma_z$ 在评价原地基黏结力的第 1 项和评价砂桩强度的第 2 项得出。

陆上工程中两者均多采用应力分散法（布西内斯克的地中分布应力），海上工程中除了应力分散法之外，条分法（考虑覆土）也多有用于各设计案例中。

3. 圆弧滑坡面计算中的设计参数

海上构筑物中，从以前的施工设计实例使用式（8-18a）进行反向分析得出标准的应力分布比，砂桩的内摩擦角如下所示。

$$a_s \leqslant 0.4 \quad n=3 \quad \varphi_s=30°$$
$$0.4 \leqslant a_s \leqslant 0.7 \quad n=2 \quad \varphi_s=30°$$
$$0.7 \leqslant a_s \quad n=1 \quad \varphi_s=35°$$

设计参数应该综合考虑原地基的强度、适用安全系数、适用的稳定计算方法、荷载的加载速度等再设定。过去海上 SCP 工程中所采用的设计参数及安全系数的案例如表 8-7 所示。这些是从各施工单位在各种各样的条件下施工的大量案例中，设定的从经验方面认为较为妥当的值。

表 8-7　过去海上 SCP 工程中所采用的设计参数及安全系数的案例

案例	置换率 a_s	复合地基式	桩土应力比 n	砂状 φ_s	φ_m	黏聚力	滑动圆弧安全系数
1	0.3	（8-18a）	3	30.0	—	$(1-a_s)c$	1.3
2	0.5	（8-18b）	1	33.4	18.2	$(1-a_s)c$	1.1
	0.5	（8-18b）	2	33.4	23.7	$(1-a_s)c$	1.2
3	0.7	（8-18b）	1	33.4	24.8	$(1-a_s)c$	1.1
	0.7	（8-18b）	2	33.4	28.5	$(1-a_s)c$	1.2
4	0.8	（8-18c）	1	35.0	27.5	—	1.3

如表 8-7 中案例 2 与案例 3 所示，通过改变海上构造物中的置换率进行比较设计时，通过设定桩土应力比，需注意，置换率较大时的安全系数的计算结果也可能比置换率较小时的安全率计算结果小。

陆上 SCP 大多以低置换率进行施工，圆弧滑坡面的安全系数一般采用以 1.25 或 1.2 为标准。

4. 圆弧滑坡面计算时改良规格的设定案例

通过圆弧滑坡面计算，设定置换率、改良深度及改良范围。改良方法的设定模式图如图 8-28 所示，在此以陆上填土及重力式护岸为例进行说明。

（1）填土

①首先，改良范围设定为填土正下方，改良深度设定为软弱层下端，置换率假定多种情形（$a_s=0.1$、0.2 等）并实施计算，然后设定必要的置换率。

②在决定必要的置换率后从最小圆弧形状开始，削减不会给安全系数带来较大影响的地方，从经济角度决定改良范围。另外，沉降方面则可在填土正下方并用垂直排水和加速固结对策。

③从最小圆弧形状开始，当下部不需要加固时，下部可作为（SCP 及 SD）的复合桩以求更具经济性。另外，此时有可能发生地基的沉降变形，需要推测其程度，然后确认是否在容许值范围之内。

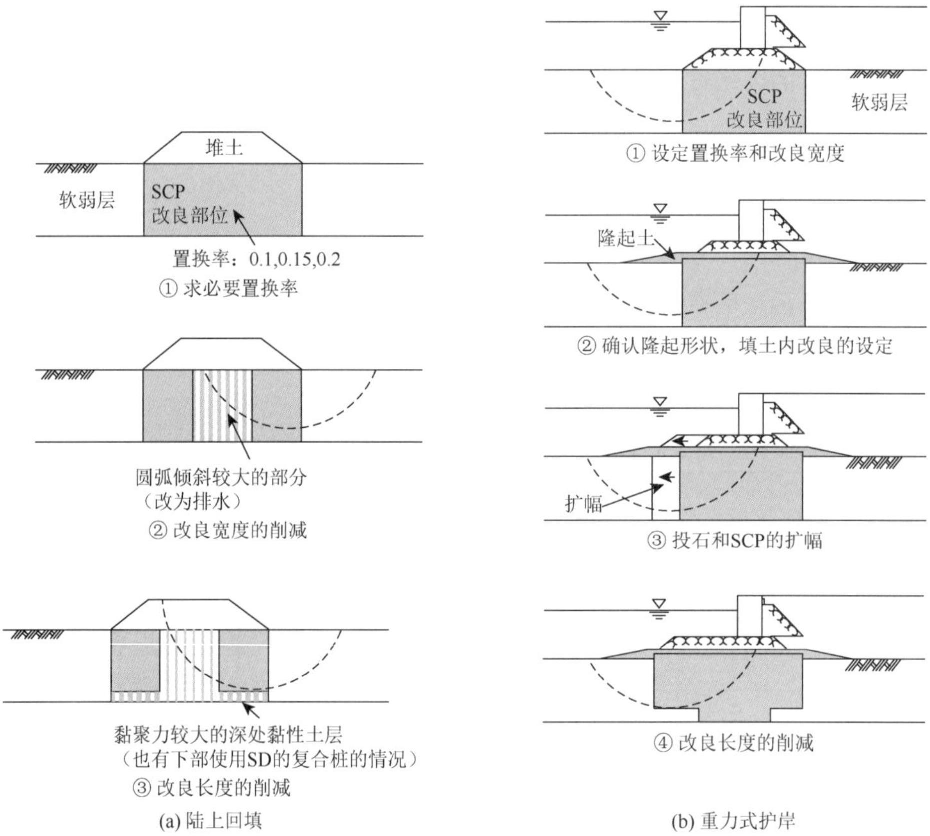

图 8-28　改良方法的设定模式图

（2）重力式护岸

①设定碎石垫层高度、形状及沉箱重量等，假定置换率（$a_s = 0.5$、0.7）、加固范围，然后对圆弧滑坡面进行计算。

②推定隆起形状，修正堆石形状等。另外，将隆起土中的改良规格设定垂直排水或 SCP。隆起土中打设 SCP 时的隆起率根据过去的实测案例设为 $\mu = 1.0$。

③考虑填土形状，对圆弧滑坡面进行计算，安全系数不满足目标值时，将碎石垫层及 SCP 改良的范围延展至前方，并进行研究。

④安全系数满足目标值时，通过缩小下部改良范围等以求经济性，设定最适合的加固工序。

另外，削减浮桩和加固范围时，地基大幅度沉降、变形的可能性较高，必须推定其程度，并充分考虑对上部构造物的影响。

8.2.6.5 固结沉降的设计法

改良地基的沉降量 S 可通过基于土质试验结果求得的无改良地基沉降量 S_0 乘以沉降降低系数 β 来求得。

$$S = S_0 \cdot \beta \tag{8-21}$$

其中，β 为低置换改良下的应力集中效果，高置换改良下的置换效果如式(8-22)、式(8-23)所示。

低置换改良时
$$\beta = \frac{1}{1+(n-1)\cdot a_s} \tag{8-22}$$

高置换改良时
$$\beta = 1 - a_s \tag{8-23}$$

基于现场数据的 β 的实例如图 8-29a 所示。另外，图 8-29a 是将改良地基的沉降量 S 通过实测的沉降量，通过基于土质试验结果的沉降计算求得无改良地基的沉降量 S_0，以 $\beta = S / S_0$ 的形式作为对 a_s 的整理。

综上所述，$a_s < 0.5$ 时，$n = 3$ 可用于式（8-22），$a_s \geqslant 0.5$ 时，可用于式（8-23）。图 8-29b 所示的为图 8-29a 中的数据的预测精度，但并不规律，故不可过度依赖计算值，其上部施工时的沉降管理也是十分重要的。

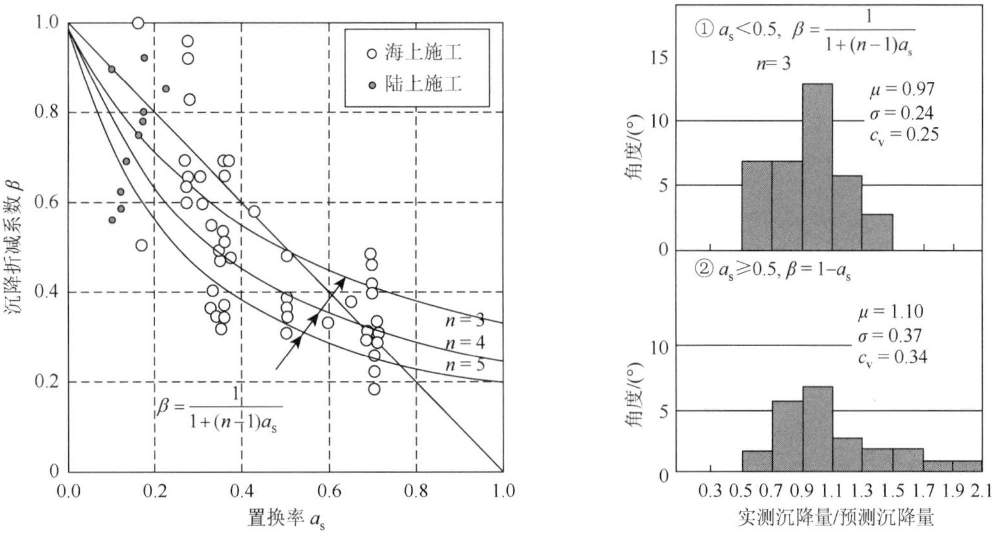

(a) a_s-β的实例　　(b) 沉降预测精度

图 8-29 SCP 改良地基的沉降折减效果

8.2.6.6 固结速度的计算法

通过 SCP 改良的地基的固结速度可基于砂桩径、间隔、布置（正方形、三角形布置），与垂直排水一样以 Barron 式算出固结度 U 与经过时间的关系。图 8-30 为置换率 a_s 和 c_{vp}/ c_{v0}

的关系，其中 c_{vp}/c_{v0} 为通过逆算实测的沉降-时间曲线得到的固结系数（c_{vp}）与固结试验中求得的固结系数（c_{v0}）之比。如图 8-30 所示，置换率变大时，基于实测结果的固结速度比通过 Barron 式算出的固结速度要慢。所以，通过 SCP 改良的地基的固结速度的计算需要基于图 8-30 对固结系数进行补正。

陆上工程也存在置换率较小的情况，实际的固结速度与利用固结试验求得的固结系数计算出的固结速度基本相同。另外，在海上工程中，当 $a_s \geqslant 0.3$ 时，$c_{vp}/c_{v0}=1/2\sim1/10$，实际固结速度比利用固结试验求得的固结系数计算出的固结速度要慢 2～10 倍。但是，置换率大的砂桩满足 $U=80\%$ 的时间通过计算仅为数日，故在实际使用上并无影响。

在实际施工中，需要考虑打桩后产生的黏土搅乱变形的恢复，在工程允许的范围内，搁置 1～3 个月较妥当。

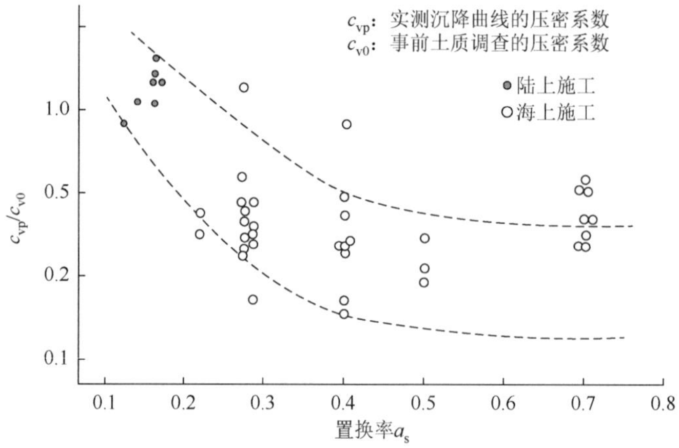

图 8-30　置换率 a_s 和 c_{vp}/c_{v0} 的关系

SCP 的沉降测量案例如图 8-31 所示。该地区的 SCP 设计规格为置换率 $a_s=0.3$，桩土应力比 $n=3$。沉降降低系数为 $\beta=0.625$，计算出原地基沉降量 $S=\beta\cdot S_0=187\text{cm}$。从沉降量的计测结果来看，虽然不够规律，但实测沉降量大致符合计算值，可见沉降降低效果。

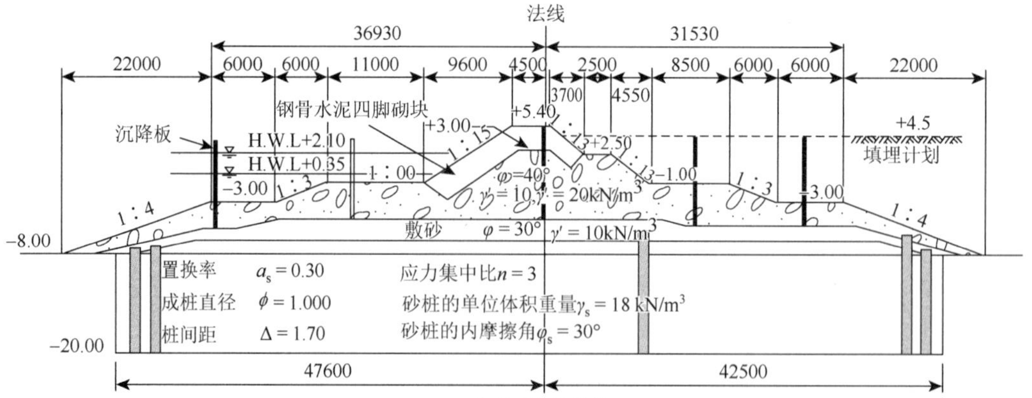

(a) 监测对象的护岸

尺寸单位为mm，标高单位为m

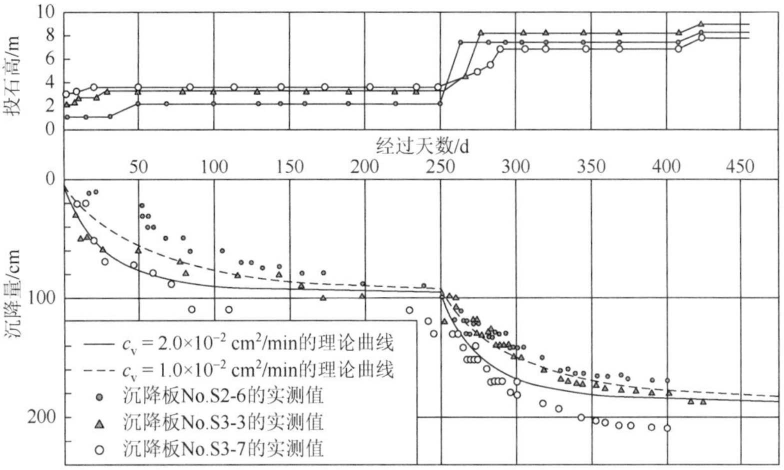

(b) 沉降时间关系

图 8-31 SCP 的沉降测量案例

固结时间与通过由土质试验结果设定的固结系数（$c_v = 2.0\times10^{-2}$ cm / min）求得的计算沉降曲线相比稍慢。

8.2.6.7 SCP 打桩所致的地基强度变化

黏性土地基中打桩 SCP 导致的搅乱会使桩间黏性土的强度下降，但一般在设计时无须考虑强度下降。如图 8-32 所示，搅乱所导致的强度下降会在 1～3 个月内恢复。但是，砂桩打桩之后直接设置建筑物时，必须在设计中将强度下降列入考虑范围。

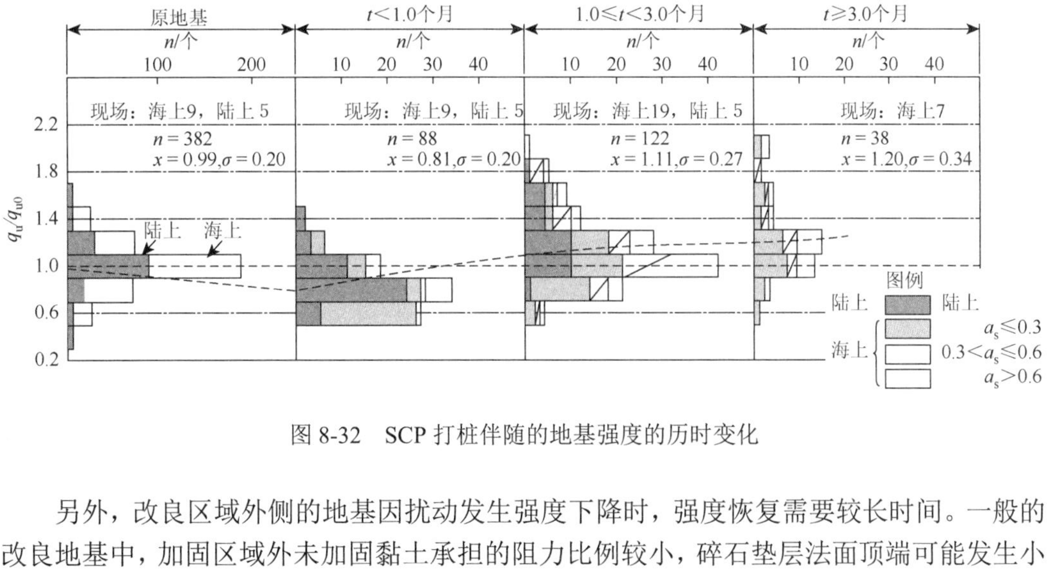

图 8-32 SCP 打桩伴随的地基强度的历时变化

另外，改良区域外侧的地基因扰动发生强度下降时，强度恢复需要较长时间。一般的改良地基中，加固区域外未加固黏土承担的阻力比例较小，碎石垫层法面顶端可能发生小规模滑动，须留意这一点。

8.2.6.8　各种建筑物的设计、计算法

（1）承载力的设计法

沉箱基础中，SCP 工法作为布置时的稳定措施。此时，为了设定 SCP 工法的置换率，计算出复合地基的承载力。复合地基承载力的概念图如图 8-33 所示，黏性土地基的承载力与砂质地基的承载力需另外计算，以置换率 a_s 来进行平均。复合地基的承载力的安全系数一般假定时取 2，正式选取时选 3 的情况较多。

地基整体的承载力　$$P = q_a \cdot A = \{a_s \cdot q_{a_s} + (1-a_s) \cdot q_{a_c}\} A \qquad (8\text{-}24)$$

黏性土地基的承载力　$$q_{a_c} = \frac{1}{F_s} c \cdot N_c \qquad (8\text{-}25a)$$

砂质地基的承载力　$$q_{a_s} = \frac{1}{F_s} \cdot \frac{1}{2} \cdot B \cdot \gamma_s \cdot N_\gamma \qquad (8\text{-}25b)$$

其中，　a_s——置换率；

A——一根砂桩的分担面积（m^2）；

B——基础宽度；

c——黏性土的黏聚力（kN/m^2）；

F_s——安全系数；

N_c——黏性土的承载力系数；

N_γ——砂性地基的承载力系数；

P——承载力（kN）；

q_a——改良地基的容许承载力（kN/m^2）；

q_{a_c}——黏性土地基的容许承载力（kN/m^2）；

q_{a_s}——砂性土的容许承载力（kN/m^2）；

γ_s——砂桩的容重（kN/m^3）。

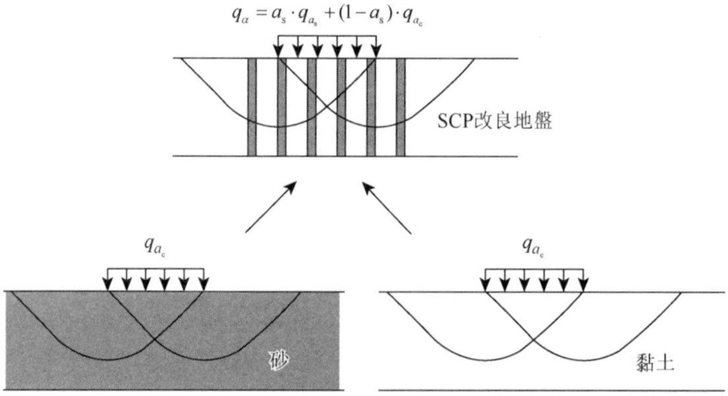

图 8-33　复合地基承载力的概念图

（2）土压的计算法

SCP 改良地基内打入板桩时，有时能计算出改良地基的土压。复合地基土压力的概念图如图 8-34 所示。受到类似土压的水平力时的砂桩的性能未阐明的部分还有很多，故不能作为设计方法。

现阶段有必要采取将置换率设为相对较大的规格，且桩土应力比取一等保守措施，进行较为安全的设计。陆上建筑物因置换率较小，故几乎没有将 SCP 作为土压对策的实例。

通过 SCP 改良的地基的土压计算方法的建议式如式（8-26）所示。式（8-26）将黏性土与砂的土压分别计算，再通过置换率平均化。式（8-27）将其作为一样的砂质地基进行计算，可在 $a_s \geqslant 0.7$ 的高置换率下使用。式（8-28）则将其设定为具有 c 、φ 的地基进行计算。式（8-26）及式（8-28）可在 $0.4 \leqslant \alpha_s < 0.7$ 的中等置换率下使用。

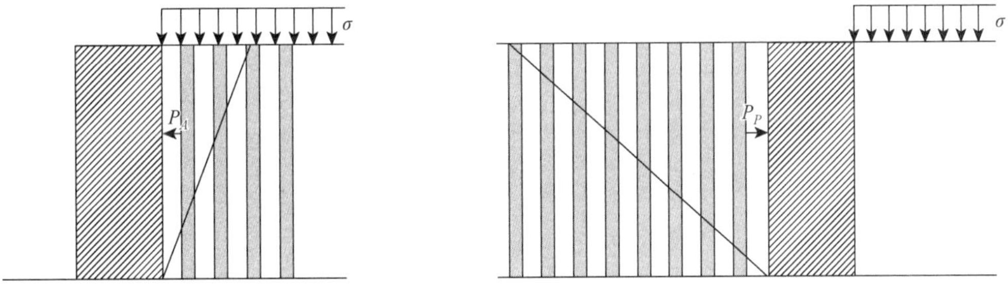

图 8-34　复合地基土压力的概念图

1）以置换率平均化的方法

$$P_A = (1 - a_s) \cdot P_{CA} + a_s \cdot P_{SA} \quad (8\text{-}26a)$$

$$P_P = (1 - a_s) \cdot P_{CP} + a_s \cdot P_{SP} \quad (8\text{-}26b)$$

其中，　a_s——置换率；

P_A——改良地基的主动土压力（kN/m²）；

P_P——改良地基的被动土压力（kN/m²）；

P_{CA}——黏性土地基的主动土压力（kN/m²），$P_{CA} = \sigma - 2c_u$；

P_{CP}——黏性土地基的被动土压力（kN/m²），$P_{CP} = \sigma + 2c_u$；

P_{SA}——砂性地基的主动土压力（kN/m²），$P_{SA} = (\sigma + \gamma_s \cdot z) \cdot \tan^2\left(\frac{\pi}{4} - \frac{\varphi_s}{2}\right)$；

P_{SP}——砂性地基的被动土压力（kN/m²），$P_{SP} = (\sigma + \gamma_s \cdot z) \cdot \tan^2\left(\frac{\pi}{4} + \frac{\varphi_s}{2}\right)$；

z——深度（m）；

γ_s——砂桩的容重（kN/m³）；

φ_s——砂桩的内摩擦角；

σ——上荷载重（kN/m²）。

2）作为相同的砂质地基的计算方法

$$P_{\mathrm{A}}=(\sigma+\gamma_{\mathrm{m}}\cdot z)\cdot\tan^{2}\left(\frac{\pi}{4}-\frac{\varphi_{\mathrm{m}}}{2}\right) \tag{8-27a}$$

$$P_{\mathrm{P}}=(\sigma+\gamma_{\mathrm{m}}\cdot z)\cdot\tan^{2}\left(\frac{\pi}{4}+\frac{\varphi_{\mathrm{m}}}{2}\right) \tag{8-27b}$$

其中，　P_{A}——改良地基的主动土压力（$\mathrm{kN/m^2}$）；

P_{P}——改良地基的被动土压力（$\mathrm{kN/m^2}$）；

z——深度（m）；

γ_{m}——改良地基的平均体积重量（$\mathrm{kN/m^3}$），$\gamma_{\mathrm{m}}=\gamma_{\mathrm{s}}\cdot a_{\mathrm{s}}+\gamma_{\mathrm{c}}\cdot(1-a_{\mathrm{s}})$；

φ_{m}——改良地基的平均内摩擦角，$\varphi_{m}=\tan^{-1}(a_{\mathrm{s}}\cdot\tan\varphi_{\mathrm{s}})$；

σ——上荷载重（$\mathrm{kN/m^2}$）。

3）具有 c 、φ 的地基的计算方法

$$P_{\mathrm{A}}=K_{\mathrm{A}}\cdot(\gamma_{\mathrm{m}}\cdot z+\sigma)-2\cdot(1-a_{\mathrm{s}})\cdot c\cdot\sqrt{K_{\mathrm{A}}}$$

$$K_{\mathrm{A}}=\frac{\cos^{2}(\varphi_{\mathrm{m}}-\theta_{0}-\theta)}{\cos\theta_{0}\cdot\cos^{2}\theta\cdot\cos(\theta+\theta_{0}+\delta)\left[1+\sqrt{\dfrac{\sin(\varphi_{\mathrm{m}}+\delta)\cdot\sin(\varphi_{\mathrm{m}}-\alpha-\theta_{0})}{\cos(\theta+\theta_{0}+\delta)\cdot\cos(\theta-\alpha)}}\right]^{2}} \tag{8-28a}$$

$$P_{\mathrm{P}}=K_{\mathrm{P}}\cdot(\gamma_{\mathrm{m}}\cdot z+\sigma)+2\cdot(1-a_{\mathrm{s}})\cdot c\cdot\sqrt{K_{\mathrm{P}}}$$

$$K_{\mathrm{P}}=\frac{\cos^{2}(\varphi_{\mathrm{m}}-\theta_{0}+\theta)}{\cos\theta_{0}\cdot\cos^{2}\theta\cdot\cos(\theta-\theta_{0}+\delta)\left[1-\sqrt{\dfrac{\sin(\varphi_{\mathrm{m}}-\delta)\cdot\sin(\varphi_{\mathrm{m}}+\alpha-\theta_{0})}{\cos(\theta-\theta_{0}+\delta)\cdot\cos(\theta-\alpha)}}\right]^{2}} \tag{8-28b}$$

其中，　P_{A}——改良地基的主动土压力（$\mathrm{kN/m^2}$）；

P_{P}——改良地基的被动土压力（$\mathrm{kN/m^2}$）；

z——深度（m）；

α——地基面的倾斜角；

γ_{m}——改良地基的平均体积重量（$\mathrm{kN/m^3}$），$\gamma_{\mathrm{m}}=\gamma_{\mathrm{s}}\cdot a_{\mathrm{s}}$；

δ——护壁的避面摩擦角；

θ——护壁的倾斜角；

θ_0——$\theta_0=\tan^{-1}k_{\mathrm{h}}$；

k_{h}——设计震度；

φ_{m}——改良地基的平均内摩擦角。

作为参考，在黏性土地基以 0.7 的置换率打设 SCP 的地基主动土压和被动土压按照以下方式计算：

①以置换率平均化的方法计算；

②作为相同的砂质地基的计算方法；

③具有 c 、φ 的地基的计算方法。

这三种方式呈现土压的计算结果。其中，黏性土地基设为层厚 10 m，容重 $\gamma' = 6\ \mathrm{kN/m^3}$，黏聚力 $c = 10\ \mathrm{kN/m^3}$，SCP 容重设定为 $\gamma' = 10\ \mathrm{kN/m^3}$，内摩擦角则为 $\varphi_s = 30°$。

此结果如图 8-35 所示，但②作为普通砂基的计算方法与其他方法相比，主动土压力变大，被动土压变小，变为偏安全的结果。这是由于方法②无视了黏性土的黏聚力，仅考虑了砂桩的内摩擦角造成的缘故。

SCP 被用于土压对策时，并不需要确定细致的加固范围。对于 SCP 的最小改良范围（改良深度及区域），建议如下。

如图 8-36 所示，改良地基的最小范围为包含主动及被动破裂迹线的范围。其中主动破裂角 α_A 及被动破裂角 α_P 分别采用 45° 及 30°。

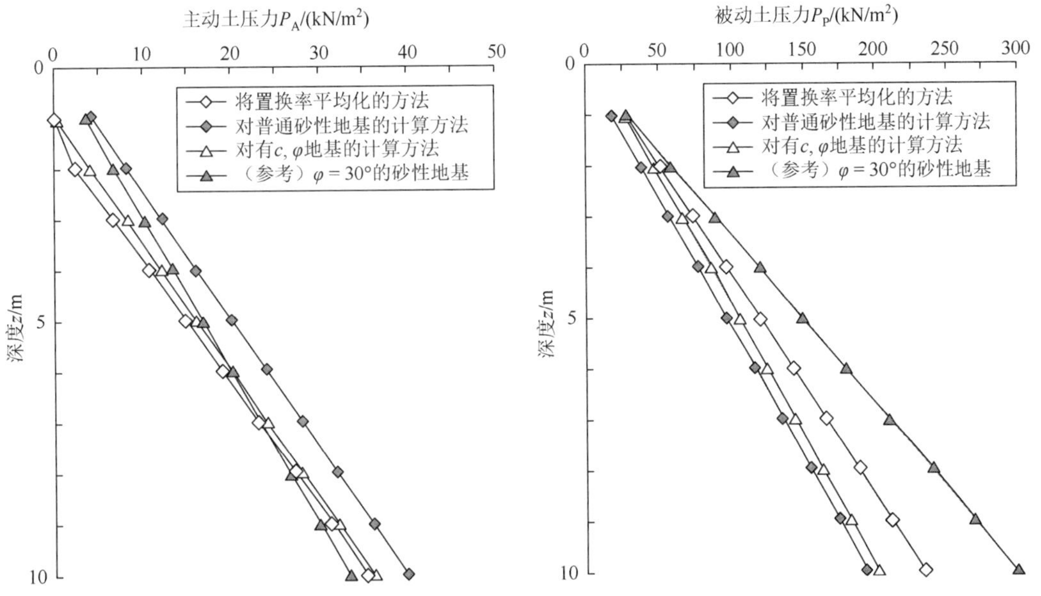

图 8-35 复合地基的土压力计算式的比较

改良地基的最小区域，主动土压力及被动土压力分别满足式（8-29）的范围。

$$P_A \geqslant P_{AC} - \tau_A \tag{8-29a}$$

$$P_P \geqslant P_{PC} - \tau_P \tag{8-29b}$$

其中， P_A——改良地基的主动土压力（kN/m²）；

P_{AC}——未改良地基的主动土压力（kN/m²）；

P_P——改良地基的被动土压力（kN/m²）；

P_{PC}——未改良地基的被动土压力（kN/m²）；

τ_A——改良地基下端主动侧剪切应力（kN/m²）；

τ_P——改良地基下端被动侧剪切应力（kN/m²）。

如图 8-36 所示，改良地基的最小范围为圆弧滑坡面安全系数超过 1.2 或 1.3 的范围。

(3) 水平抵抗的计算法

为增加桩基础的水平抵抗，采用 SCP 时，地基的水平抵抗通常用水平方向地基反力

系数 k_h 来评价。SCP 改良地基的水平方向地基反力系数 k_h 的推定法尚未确立，但通常采用以下公式划分。

式（8-30a）是通过各类标准计算砂桩及黏性土的 k 值，并将置换率平均的方法。式（8-30b）与式（8-30a）的基本想法相同，但一般用于置换率 a_s 超过 0.4 的改良地基。

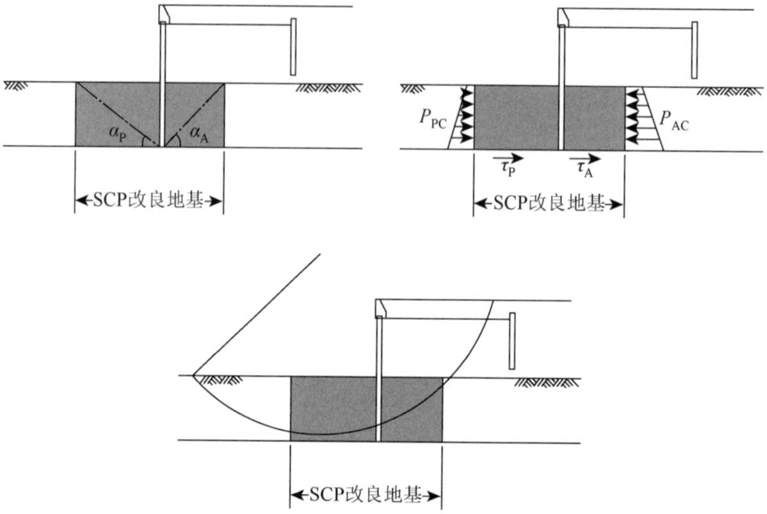

图 8-36 用于土压对策时的改良范围

另外，式（8-30c）是在置换率为 0.7 左右的高置换率下的改良地基中，认为其为均一的砂质地基并求得内摩擦角 φ_m，通过 Dunham 式求得换算 N 值后，将 N 值与水平方向地基反力系数 k_h 的关系式求得。在以 0.7～0.9 的置换率改良的 SCP 改良地基中打设钢板桩及钢管板桩来筑造岸壁的案例中，换算内摩擦角的值设定为 22°～28°。水平方向地基反力系数 k_h 与 N 值之间的关系，建议取式（8-30c）中所示的 $k_h = 150N$。

$$k_h = a_s \cdot k_{hs} + (1-a) \cdot k_{hc} \tag{8-30a}$$

$$k_h = k_{h0} \cdot D_p^{-1/4} \cdot y^{-1/2} \tag{8-30b}$$

$$k_{h0} = a_s \cdot k_{hs0} + (1-a_s) \cdot k_{hc0}$$

$$k_h = 150N \text{（在置换率为 70\%左右的高置换率的情况下）} \tag{8-30c}$$

其中，a_s——置换率；

D_p——桩的直径（cm）；

k_h——SCP 改良地基水平方向的地基反力系数（kN/m^3）；

k_{hs}——砂桩的水平方向地基反力系数（kN/m^3）；

k_{hc}——黏性土的水平方向地基反力系数（kN/m^3）；

k_{h0}——直径 1 cm 的桩的水平位移为 1 cm 时 SCP 改良地基水平方向反力系数（kN/m^3）；

k_{hc0}——直径 1 cm 的桩的水平位移为 1 cm 时黏性土水平方向的地基反力系数（kN/m^3）；

k_{hs0}——直径 1 cm 的桩的水平位移为 1 cm 时砂性地基水平方向的地基反力系数（$\mathrm{kN/m^3}$）；

y——桩的水平位移（cm）。

在式（8-30a）中，砂桩的 k 值如图 8-37 中所示，由 N 值为 10～15 的砂质地基来求得。

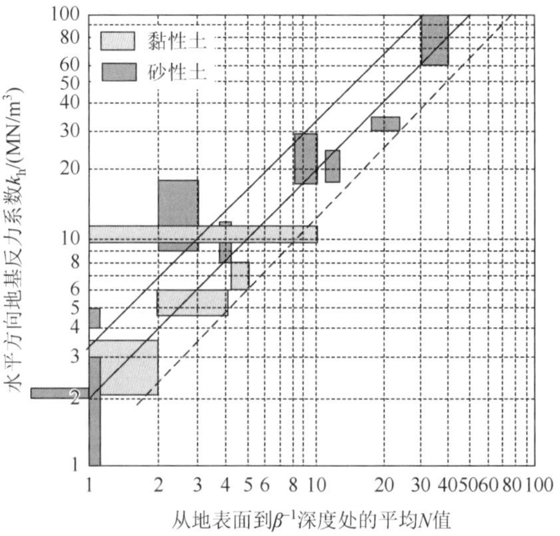

图 8-37　N 值和水平方向地基反力系数 k_{h} 的关系

式（8-30b）中，求得直径 1 cm 的桩位移 1 cm 时的 k 值（k_{h0}），然后换算 k_{h}。砂桩的比 k 值（k_{hs0}）使用通过图 8-38 的砂桩的孔内水平载荷试验实例求得的平均值：

$$k_{\mathrm{hs0}} = 64.68(\mathrm{MN/m^3}) = 65000(\mathrm{kN/m^3}) \tag{8-31}$$

另外，黏性土的比 k 值与单轴压缩强度 q_{u} 的关系如图 8-41 所示呈现正相关。通过图 8-38 可知，在为 95%的信赖区间大致可以认为

$$k_{\mathrm{hc0}} = 5.116 q_{\mathrm{u}}^{0.934}(\mathrm{MN/m^3}) \cong 51000(\mathrm{kN/m^3}) \tag{8-32}$$

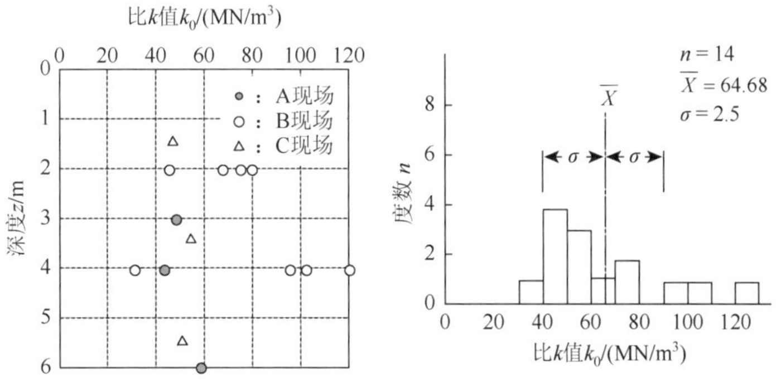

图 8-38　水平方向地基反力系数

作为水平抵抗增大对策的 SCP 工法的改良范围至今仍未明确，但最小改良范围如图 8-39 所示，可按以下公式进行计算。

$$D = 1/\beta \tag{8-33}$$

$$W = 1/\beta \cdot \tan\theta \tag{8-34}$$

其中，D——改良部位的深度（m）；

W——改良部位的宽度（m）；

EI——桩的抗弯刚度（kNm^2）；

$1/\beta$——桩的特征长度，$\beta = \sqrt[4]{(k_h \cdot B)/(4 \cdot \text{EI})}$；

θ——倾斜角（通常为 30°）。

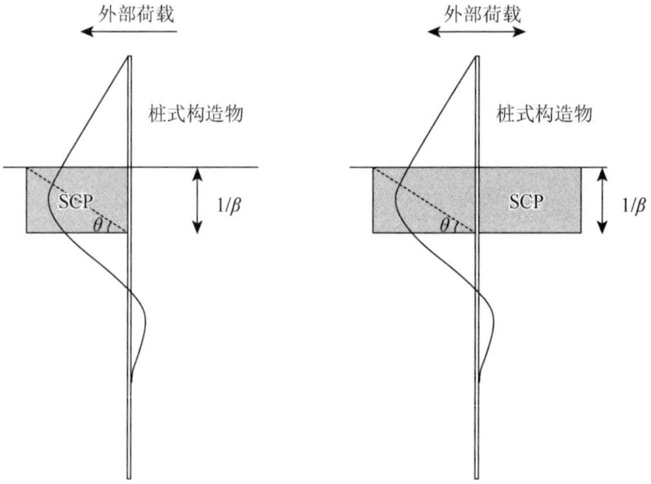

图 8-39　水平抵抗的改良范围

8.2.6.9　工后验收标准

通过 SCP 工法改良黏性土地基并建设建筑物的工程中，改良地基为了实现建筑物所要求的性能，在对质量进行控制、确认的基础上，根据建设承包方式，各自的任务有时会发生变化，但不论何种模式，设计者在进行 SCP 工法施工前，必须提出可操作实施的验收标准。

SCP 打桩结束时的验收标准为设计时所定的参数是否得以良好实施为判定标准。对所有改良桩逐一检查并不现实，故通常为抽检。为了使抽检的结果可良好地进行整体评价，考虑如下。

①确定 SCP 满足一定管理要求，并按此恰当地施工（根据施工记录确认）。

②凭经验选取适当数量的砂桩进行检查。

但是，受限于施工时的各类条件，有时会在施工过程中变更参数。对于这类参数变更，必须保证不会降低设计时所规定的改良地基的性能，且必须在工程开始前与有关方面协商并取得认可。

另外，改良地基的性能不仅由 SCP 所决定，也取决于调查中所未能预见的地基的不均一性、设计方法中一些不确定性的因素。例如，沉降的预测精度取决于以下要素。

a. 根据调查实验将地基模型化。

b. 设计改良地基所选定的方法是否恰当及其精度。

c. 以设计为前提的改良工序及改良地基的模型化。

d. 以设计为前提的外力（荷载）及施工速度等上部建筑物的施工精度。

这些不确定性的容许程度必须在地基设计时就事先考虑。

综上所述，包含建筑物参数在内的灵敏度分析、灵活运用过去的 SCP 的基础数据、施工中及施工后动态监测（试验测试）来修正原始设计，对于保证改良地基性能十分重要。

8.2.7 流程设计

在流程设计中，对于地基设计所确定的置换率、加固范围、改良深度，在确定具体的 SCP 的施工参数（使用材料、加固直径、改良间距）时，也要决定实现这些参数的施工管理方法及管理值。

另外，在地基设计中，作为前提的砂桩强度、桩间黏土的扰动及强度恢复、改良地基的隆起、对周边的环境等都会较大程度地被 SCP 的打桩方法及打设顺序影响，故选定施工方法也是流程设计的一环。

8.2.7.1 SCP 的使用材料

SCP 的使用材料中 0.075 mm 以下的细粒成分较少，并且施工中土粒子并不会细粒化，最大粒径宜为 40～50 mm 以下。图 8-40 中 SCP 材料的粒径实例范围。现场因经费问题无法获得此材料时，应进行关于强度、透水性及施工可行性的试验，在设计与施工上加以应对的案例也并不少见。

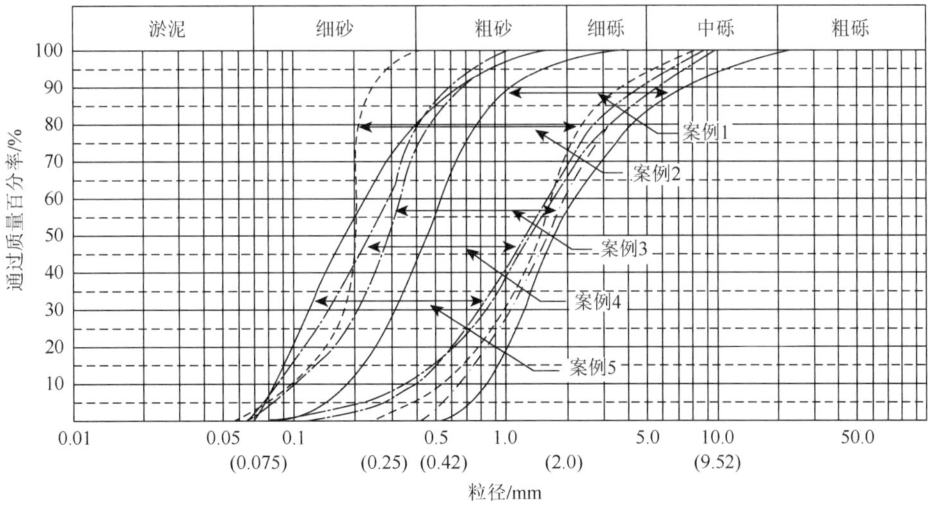

图 8-40 SCP 材料的粒径实例范围

要确定 SCP 材料的适用性，需通过挤密试验了解其密度，通过三轴剪切试验确认内摩擦角，通过透水试验了解渗透系数等。另外，根据实际情况，通过试验施工确认桩管的透水性及施工效率。在设计时使用高置换率进行地基加固，对砂桩的排水性要求不高时，也可使用包含 10%～15%的细粒成分的材料。另外，也有使用贝壳与砂的混合材料的案例。

现在也有使用铁、铜冶炼中的矿渣作为材料的情况。使用矿渣时，须留意是否有有毒物质溶出或在海上施工时是否对周边海域的 pH 有影响。在过去的调查案例中，虽然没有造成影响的报道，但在实际使用时，须实施溶出试验及含量试验，确保材料满足标准。

8.2.7.2　SCP 的加固直径

SCP 的加固直径根据工程的地点（陆上及海上）及改良目的的不同而不同。陆上工程中使用直径 0.4～0.5 m 的桩管形成直径 0.7 m 左右的砂桩。另外，海上工程的黏性土改良中通过直径 0.8～1.2 m 的桩管形成直径 2.0 m 左右的砂桩，海上工程的砂质土改良中通过直径 0.6～0.7 m 的桩管形成直径 1.0 m 左右的砂桩的案例较多。

砂桩径及桩管径之比一般为 1.4～2.0 倍。该比例若为砂桩面积与桩管面积之比，则为 2.0～4.0 倍。

SCP 的加固直径一直以来都是考虑施工机械的能力及地基的硬度等，再根据经验所决定的值。例如，海上工程的黏性土改良中随着施工机械的能力的增加，砂桩径由 ϕ1.2 m、ϕ1.6 m 扩大为现在的 ϕ2.0 m。

8.2.7.3　SCP 的具体砂桩配置

海上工程中一般通过装备 3 根桩管同时施工 3 根砂桩，故砂桩的间距由桩管的悬吊间隔决定。砂桩的悬吊间隔由施工船决定，现在一般为 4.0 m、4.2 m、6.0 m、6.3 m 等。综上所述，则对应的砂桩的间距为 2.0 m、2.1 m、3.0 m、3.15 m 等。表 8-8 及图 8-41 中所示的是 SCP 加固直径为 2.0（砂桩截面面积 3.14 m^2）的配置案例。

表 8-8　用于海上工程的 SCP 配置的案例（以黏性土为对象）

参考置换率	配置案例	实际置换率
0.8	△2.1 m	0.82
0.8	□2.0 m	0.79
0.7	□2.1 m	0.71
0.5	4.2 m×1.5 m	0.50
0.4	4.2 m×1.8 m	0.42
0.3	4.2 m×2.5 m	0.30

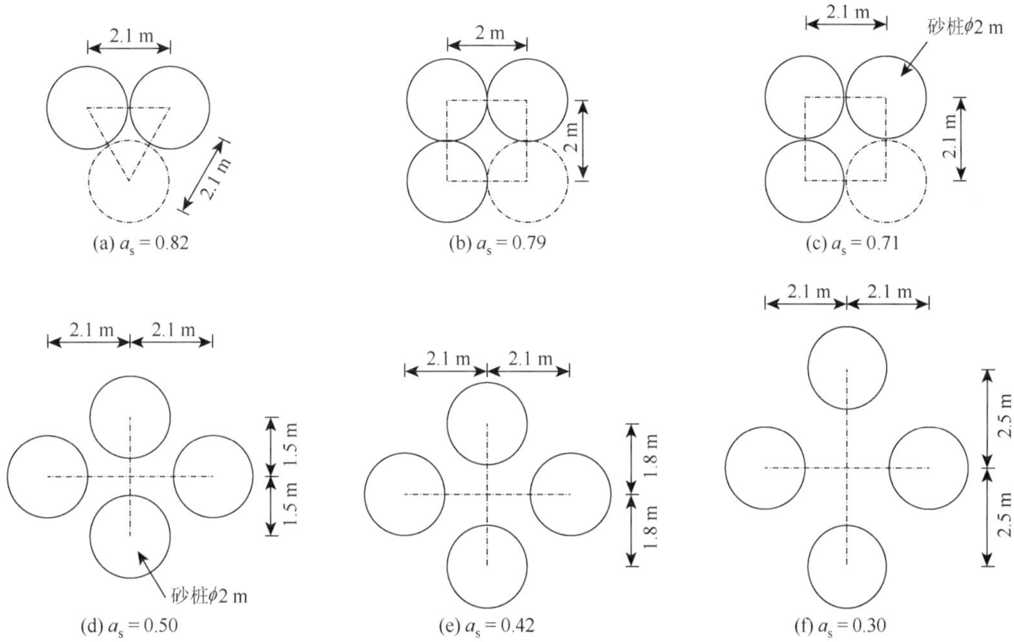

图 8-41　SCP 海上施工的桩配置案例

8.2.7.4　砂垫层的必要性

SCP 的改良目的中包含促进固结沉降时，为了促进黏性土的固结所带来的排水能顺利进行，地表面设置砂垫层，需与 SCP 相连接。这在陆上施工与海上施工上都是共通的。

陆上施工时砂垫层还有一个作用是作为施工机械脚手架的填土。填土结构中，当填土材料的透水性较差时，砂垫层可在原地基和填土之间，起到将固结沉降引起的排水引导至填土外侧的作用。此外，有时由于填土下沉，会导致砂垫层的排水性能变差，此时如果填土面积较大时，可在砂垫层设置碎石沟，还可在碎石沟交叉处设置深井。

海上施工时，在低置换率的加固中，一般都希望能促进打桩 SCP 后复合地基的沉降和强度的增加，因此有必要设置砂垫层帮助排水。在海上施工中可以增加覆盖土层的压力，从而起到为防止原地基的扰动和侧向位移的作用，还可防止施工时的污染。

砂垫层的厚度在陆上施工中一般为 1 m，在海上施工中一般为 1～2 m。

8.2.7.5　其他注意事项

1. 改良范围及桩的打桩间距

在海上施工中，如前所述 SCP 的间距由使用的施工船决定，故稳定计算中的加固范围也由施工船决定。例如，图 8-42 所示的施工极限的悬吊间距为 2.1 m 时，加固范围以 2.1 m 为基数变化。

2. SCP 的桩径变化

如图 8-43 所示，在海上施工中 SCP 桩径为$\phi 2.0$ m 时，有可能实际施工后的桩径为$\phi 1.7$ m，也有可能出现上部桩径为$\phi 2.0$ m、下部砂桩径为$\phi 1.7$ m 时下部置换率发生下降的情况。此时，砂桩的间距为边长 2.1 m 的正方形，上部置换率为 0.7，下部为 0.5。

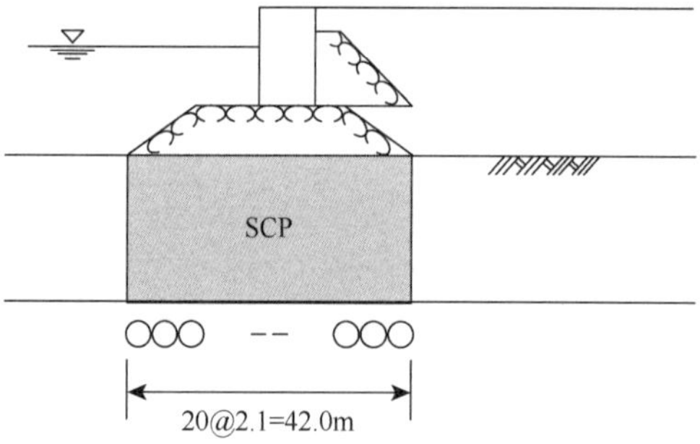

图 8-42　SCP 海上施工的改良宽度规定

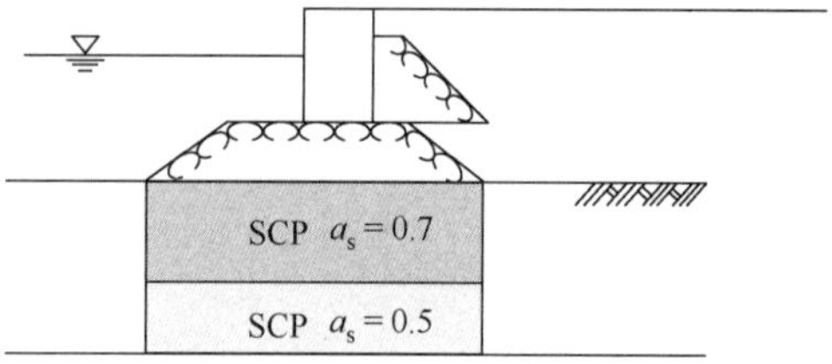

图 8-43　SCP 海上施工的上、下改良率的变更案例

3. 最短桩长

在形成 SCP 的过程中，桩管拔出、砂贯入地基中后，再将桩管打入，形成直径较大的砂桩。通常的提升循环为拔出 3 m，再贯入 2 m，然后再逐渐缩小拔出和贯入的深度。因回填施工的制约，SCP 的桩长至少应为 2～3 m。

4. 中间层的冲孔

黏性土层中即使存在砂层，只要砂层可贯入，就可贯穿砂层在下部的黏土层中打桩 SCP。在 SCP 的施工中，因使用振动锤，故可通过桩管的振动来挤密中间层。砂桩的打设连续进行时，中间砂层的 N 值会增大，有时会使贯入变得较为困难。

综上所述，在黏性土地基的施工中，如果中间存在砂土层时，也要考虑是否使用贯入能力较大的振动锤等问题。

5. SCP 工法不适宜的地基

SCP 工法可适用于黏性土、淤泥、砂质土及含水率高的腐殖土等地基。另外，SCP 工法不适宜的地基包括因扰动引起的地基强度明显下降的地基（高灵敏土）等。在欧洲被称为过敏性黏土（quick clay）的地基在我国极为少见，故高灵敏度土必须确认灵敏度。另外，疏浚后的超软弱地基（如含水率超过 200%的地基）也被认为是不适宜采用 SCP 工法的地基。

接着从 SCP 工法的可操作性来看，上部为存在鹅卵石、混凝土渣、碎石垫层等的地基，也因一般难以贯入桩管，故也被认为是不适用于 SCP 工法的地基。对于这类地基，也有先行进行挖掘，挖走障碍物后打入 SCP 的案例。

8.2.8 施工及施工管理

8.2.8.1 往复挤密法的施工方法

往复挤密法中的SCP的施工原理如图8-44所示，利用砂面计在提升桩管时确认是否提升了相当于应形成的砂桩长（l_s）的砂，然后将桩管回填至所定深度以形成砂桩。

搬入现场的砂量及设计上投入砂量的比为砂的调整率。这其中包含振动挤密导致的体积变化与施工上的浪费等。砂的调整率在陆上为1.4左右，在海上为1.4～1.45。砂量的管理方法如图8-44所示，有振动导致的桩管内的体积变化率R_{v1}与挤密扩径时的体积变化率R_{v2}两种。虽然各自使用的材料及施工条件不同，但一般R_{v1}为1.3左右，R_{v2}为1.0～1.05。

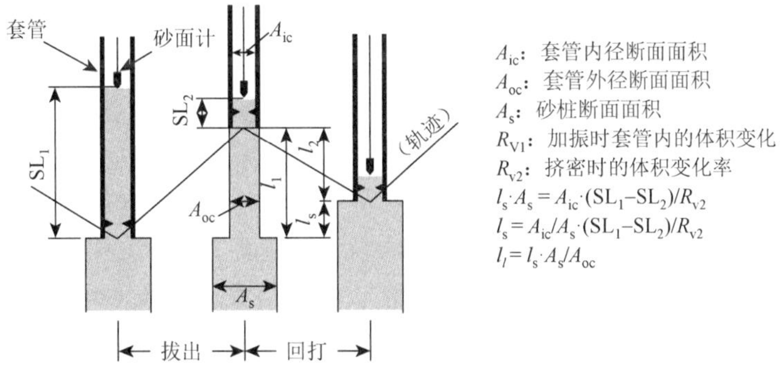

图8-44 砂量的管理方法

8.2.8.2 施工记录

SCP施工时最重要的就是将砂按照定量投入所定的深度中。因此，必须在进行施工的同时，一边确认桩管前端深度与桩管内的砂面高度。桩管前端的深度探知装置称为深度计（GL计），砂面高度的探知装置称为砂面计（SL计）。

图8-45为施工记录的模式图。通过提升桩管时砂的排出量（$SL = SL_1 - SL_2$）除以砂桩断面积与桩管内径断面积之比$V = A_s / A_{ic}$（参照图8-44），求得砂桩形成高度，施工时将桩管回填至虚线所示的高度。另外，施工记录如图8-45（b）所示的附上记录备注。

SCP施工的另一要点是要将砂桩打至设计深度。砂桩贯入长度可以通过GL计掌握，但要确认是否到达持力层，要确认桩管的贯入深度后再进行施工，这一方法称为着底管理。管理的大致标准值可在土质调查实施地点进行试验性施工，在掌握贯入速度与持力层的关系后再设定。

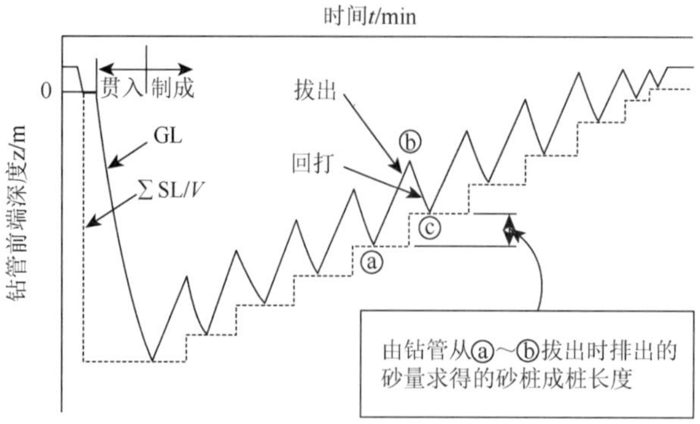

(a) 施工记录

海上工程	陆上工程
. 施工年月日 . 砂桩编号. . 施工机械编号. . 潮位 (DL,m). . 海底面高 (DL,m). . 桩顶端高 (DL,m). . 砂桩长/m . 使用砂量(m^3根) 等	. 施工年月日 . 砂桩编号. . 施工机械编号 . 砂桩长 . 使用砂量

(b) 记录备注

图 8-45　施工记录的模式图

8.2.8.3　施工管理

表 8-9 按照海上施工和陆上施工这两大类分别列出了施工前、施工中、施工后所需进行的管理项目和管理内容。施工前，为确定使用的施工机械和材料，需检查施工机械和管理仪器设备等，并对使用材料进行颗粒测试。海上施工时还应确认海底标高。施工中，还需确认地基设计及工序设计是否满足各项加固作业要素（砂桩位置、深度、桩径及连续性），为此，要对打桩位置和砂桩长度、灌注砂量进行管理。施工后，要通过标准贯入试验确认砂桩的强度和连续性。

表 8-9　SCP 工法相关的施工管理

海上施工			陆上施工		
时期	管理项目	管理内容	时期	管理项目	管理内容
施工前	• 使用材料的品质 • 海底面标高 • 施工管理设备检查 • 施工机械的检查	• 颗粒试验等 • 深度测量	施工前	• 使用材料的品质 • 施工管理设备检查 • 施工机械的检查	• 颗粒试验等
施工中	• 砂桩长，投入砂量砂桩的连续性 • 打桩位置 • 打桩深度 • 使用材料的品质	• 同施工管理仪器 • 卷尺、经纬仪、光波距离测量 • 潮位及水深测量 • 粒度试验	施工中	• 砂桩长，投入砂量砂桩的连续性 • 打桩位置 • 使用材料的品质	• 同施工管理仪器 • 卷尺、同预先测量 • 用定位桩表示 • 粒度试验
施工后	• 砂桩强度和连续性 • 海底面标高 • 隆起土量	• 标准贯入试验等 • 深浅测量	施工后	• 砂桩强度和连续性 • 砂性土改良的砂桩间强度	• 标准贯入试验，静力贯入试验等

此外，海上施工时，需要进行隆起高度的确认。与这些管理目的相对应，需考虑试验结果的富余量。例如，海上施工时，考虑隆起的影响范围，进行深度测量时范围应覆盖到从加固地基向外 1.5～2.0 倍桩长的范围。进行砂质地基的标准贯入试验时，应考虑对可能影响加固效果的细颗粒含量进行采样测试。

8.2.9　质量管理

8.2.9.1　砂桩的质量管理

如前所述，SCP 工法中的施工质量管理包括了打桩位置、桩长、浇筑砂量等内容。而施工后的质量管理就是要对砂桩的性能是否达到预期目标进行确认。所谓预期目标，就是指砂桩是否达到设计强度，并拥有设计预期的排水性能。

为了确认砂桩的完整性及是否达到设计强度，需对桩芯进行标准贯入试验。进行标准贯入试验的目的是要通过钻孔检查测试加固效果。对于标准贯入试验，不仅需要确定进行试验的桩数，还要综合考虑施工量、施工机械数量、地基的复杂性、结构的重要程度等多种因素。

8.2.9.2　动态监测

在黏性土地基中，不仅是砂桩的质量管理，地基及建筑物也必须包含在综合质量管理中。例如，填土构造在施工时及完成时的稳定性得不到满足时，砂桩就不可能充分发挥性能。另外，必须确认沉降量及沉降速度是否在设计范围内。即使是重力式护岸或斜坡式护岸的建设中，也必须确定稳定及沉降。在海上工程中，隆起土量与隆起形状的管理也十分重要。

也就是说，通过 SCP 改良的黏性土地基必须通过动态观测结构施工时的行为，并根据情况采取相应措施。特别是在陆上填土及海上的低置换率改良中，要重视建筑物建设时的稳定管理及沉降控制。

陆上填土的稳定管理方法有如表 8-10 及图 8-46 所示的 4 种方法等。这些方法是通过测量填土的沉降量和填土坡脚处的水平位移，并应用管理图和管理指标，进行填土的稳定性管理。

另外，沉降管理方法中，有如图 8-47 所示的双曲线法等。这些方法对未处理地基和打入了 SCP 的地基均适用，可确保建筑物的安全稳定。

表 8-10　填土的稳定管理方法概要

序号	测定项目	测定装置	测定结果的整理方法	管理指标	安全或危险的判断
1	铅直位移量 S、坡脚处地表面水平位移或地中水平位移量 δ	填土下铅直位移测量装置 水平位移桩插入式倾斜计	在 δ/S-S 图上绘制	（任意填土高度/破坏时荷载）= 0.8～0.9	靠近破坏标准线则判断为危险
2	铅直位移量 S、坡脚处地表面水平位移或地中水平位移量 δ	填土下铅直位移测量装置 水平位移桩插入式倾斜计	在 δ/S 图上绘制	初期阶段填土的 δ/S 值	与初期 δ/S 值相比变大时判断为危险
3	填土荷载 q 和坡脚处地表面水平位移量或地中水平位移量 δ	填土高度测量装置 水平位移桩插入式倾斜计	在 q-$\Delta q/\Delta\delta$ 图上绘制	（破坏荷载/任意的填土荷载）= 1.4	$\Delta q/\Delta\delta$ 和 q 的关系开始向直线转变时，判断为危险
4	坡脚处地表面水平位移量或地中水平位移量 δ	水平位移桩插入式倾斜计	在 t-$\Delta\delta/\Delta t$ 图上绘制	地基状态相应的管理指定值	接近管理指标时判断为危险

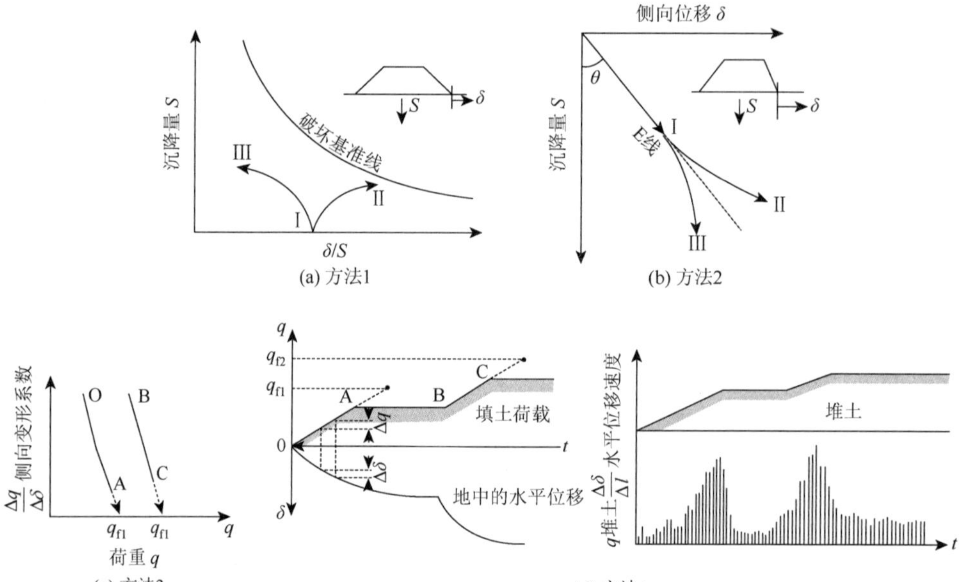

(a) 方法1　(b) 方法2　(c) 方法3　(d) 方法4

图 8-46　填土的稳定管理方法概要

海上的低置换率的 SCP 施工中，首先要检查利用 SCP 的改良地基的隆起及桩间地基强度状态，然后进行抛石及上部建筑物的稳定、沉降控制。

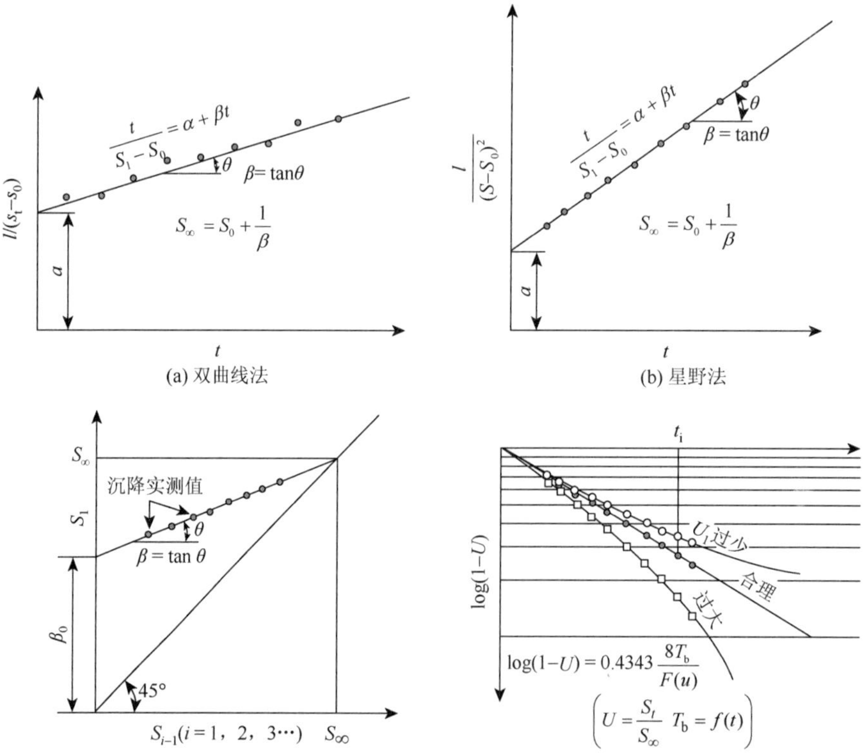

(a) 双曲线法　(b) 星野法　(c) 浅冈法　(d) 门田法

图 8-47　填土的沉降管理方法概要

低置换率 SCP 施工现场的施工管理项目案例如图 8-48 所示，包含 SCP 的外观管理、稳定管理、沉降管理及关于上部结构的管理等管理项目。

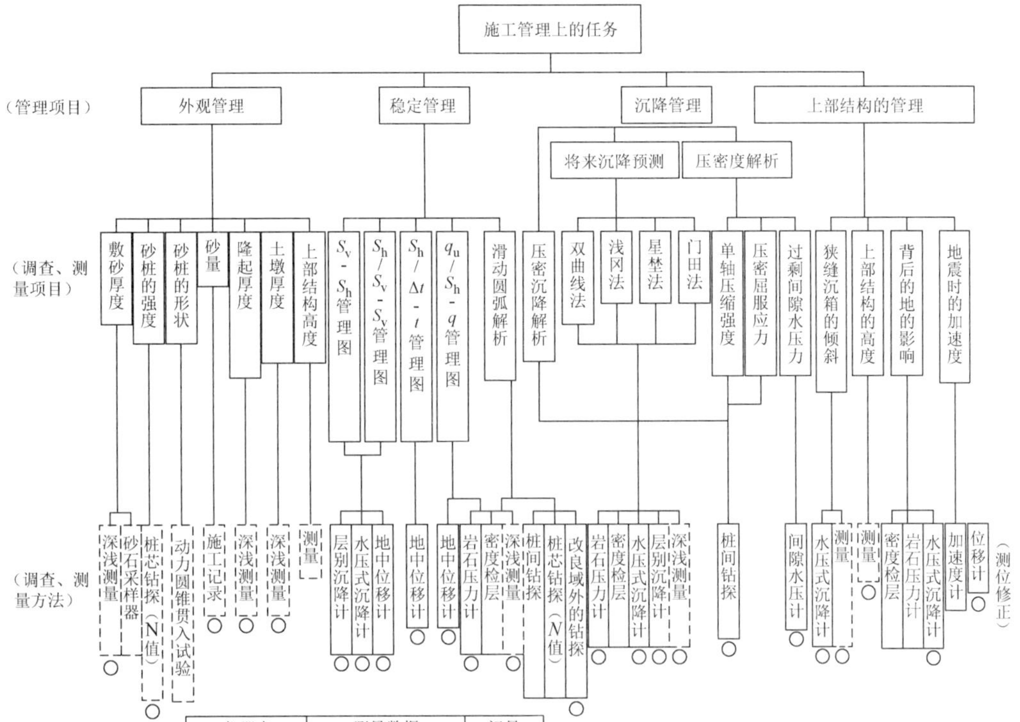

仪器名	测量数据	记号
水压式沉降计	整体沉降量	S_v
层别沉降计	层别沉降量	S_{vi}
间隙水压计	过剩间隙水压力	$\varDelta_u$
岩石压力计	荷载重	q
土压计	桩芯、桩间土压力	$\varDelta_u$
地中位移计	水平位移量	S_h

⌜⌟ 工程中完成形管理所实施的项目
□ 工程中完成形管理未实施的项目
○ 管理上，必要最小限的调查、测量项目

图 8-48　低置换率 SCP 施工现场的施工管理项目案例

外观管理中包括关于 SCP 的隆起厚度等。稳定管理则着重在于前述的沉降量及水平变形的管理。沉降管理中通过沉降预测方法预测未来沉降的同时，还要在实施固结放置后，通过桩间钻孔，进行桩间黏性土的单轴压缩试验，确认强度的增加。考虑这些因素，根据必要性对上部结构的施工速度和预加沉降量进行调整。

8.2.9.3　质量管理的注意点

黏性土地基中打设 SCP 时，因地基软弱导致变形较大或者地基不均匀等，可能发生设计时未曾考虑的一些情况。这些事项在 8.2.7 中有所阐述，以下将针对具体的实例及其原因、对策概要等进行说明。

1. SCP 的桩芯 *N* 值不足

对于超软弱地基，可能存在 SCP 的桩芯 *N* 值不足的情况。在这种情况下，在地基扰乱恢复后再次实施标准贯入试验，对土壤性状进行再次确认，还通过增打 SCP 来应对。

2. 打桩 SCP 导致的强度降低

基土体灵敏性较高时，可能导致桩间地基的强度较大幅度降低，使填土无法稳定地承受荷载。在这种情况下，可对 SCP 桩打入后的桩间地基及加固范围外侧地基进行钻孔检测，确认地基强度。

3. 过大的强度评价

在通过固结沉降量的测定值判断桩间地基固结程度时，可能出现实际情况与评价不符，桩间地基实际强度未能有所提高的情况。为此，需放置一段时间等待期间超静孔隙水压力的消散，再通过钻孔取样直接确认其强度。

4. 隆起值大于预计值的对策

海上施工中，可能出现隆起土体的高度超过设计预想高度较多的情况。因此，当预测无法确保上部建筑物的稳定性时，须再次实施考虑了隆起土形状的稳定计算，根据必要性增加碎石垫层，通过沉降测定实施更细致的稳定管理。

8.2.10　数值分析的动向

8.2.10.1　SCP 改良地基的变形解析方法

SCP 改良地基的参数由地基设计中的稳定计算及沉降计算决定，但为了预测建筑物施工时的状况，就有必要对地基的变形、破坏的数值计算。目前，随着计算机的处理能力和解析技术不断提高，实际操作中也多有运用有限元法的数值解析。

在运用有限元法（FEM）进行解析时，可将土假定为线性弹性体，而在计算破坏时的极限承载力时解析其刚塑性极限。另外还有对以黏性土模型代表的黏性土的变形行为及破坏行为进行解析等，种类较多。

这里讨论的对象是指以 SCP 改良地基的静力变形行为，应用土的弹塑性本构理论或弹黏塑性本构理论的对水和土体骨架（结构）的二维问题进行计算分析。该解析的最大优点是可以定量评价并预测计算详细的变形量。因此，需要实施以下几项内容。①附近有建筑物存在时，计算施工时的地基变形量、承载力值；②计算 SCP 改良地基在建筑物等上部荷载作用时的变形量、承载力值；③置换率的确定及改良效果的确认对于 SCP 改良地基，尤其是陆上地基中较为常见的低置换率加固的地基，在将其转化为模型进行分析时，虽然最理想的方法是将桩间地基和砂桩组成的复合地基设置为三次元模型，但在实际分析时，由于计算机处理能力有限、有限元网格制作复杂等问题，在假定二次元平面的应变（变形）条件时，会存在较大的差异。对此没有确定的模型设置方法，重要的是各种参数的设定和复合地基的评价。下面将介绍 SCP 改良地基模型化的实例。

1. 将 SCP 改良地基作为均匀地基的模型化方法

海上施工时，多采用高置换率的加固法，一般对桩间地基的影响较小，因此多将其视为均匀地基，转化为模型。砂土地基的评价以弹性体为标准，以 $E = 2800$ N(kPa)、$v = 0.33$ 等转化为模型的较多。关于变形量能在一定程度上准确把握，但难以把握接近破坏荷载。

另外，低置换率加固时的对桩间地基的影响是不可忽略的。必须将砂桩和桩间地基看作复合地基进行考虑。表 8-11 为使用了关口、太田模型为 SCP 改良地基设定的土质参数。基本思路是：在原地基的土质参数基础上，结合 SCP 的加固率及砂桩的桩土应力比，设定复合地基的整体参数。图 8-49 为具体的解析实例。解析值与实测值的沉降量呈现出良好的相关性。但是，该方法是否能正确评价砂桩部分的强度以决定参数仍然存疑。

2. 砂桩部分以网格表现评价复合地基的办法

将 SCP 改良地基作为均匀地基的模型化方法在复合地基中无法体现出砂桩，故能否确切体现砂桩的效果仍是问题。因此，也可用有限单元模拟砂桩，并将其复合地基模型化。例如，为了使砂桩的面积与 SCP 改良范围中的部分相等，可通过设定单元宽度（图 8-50），并考虑砂桩的刚性，将 SCP 改良地基模型化。另外，也有将砂桩简单地设定为弹性体或作为弹塑性体进行评价的方法。

但是，由于存在二次元平面应变，砂桩成壁状，因此使用上述方法时，有必要考虑对其适用性、桩间地基的分散、地下应力状态（如静止土压力系数）等的判断做出一定程度的假设等。设计者可根据解析案例的情况，综合其分析目的、时间、劳动力、费用等各项因素，选择合适的模型化解析方法。

8.2.10.2 新的见解

上述介绍的 SCP 改良地基的模型化分析方法。几年来，模拟 SCP 施工过程、对加固后的孔隙比和应力状态进行分析、对加固地基进行评价的解析方法也在日益发展。采用这类方法，就有可能对 SCP 改良地基的原理进行统一的说明。

SCP 的地基改良原理有两大类。对于砂质地基，SCP 打设可促进未改良地基的压缩，减少原地基的孔隙比，使构成地基的土的强度和变形特性得到改善。对于黏性土地基，通过 SCP 改良复合地基的承载力。

使用上述的解析方法，可同时描述砂土地基和黏性土地基中发生的强度减弱、恢复等现象。此外，还可以预测包括复合地基变形特性、加固前力学特性等情况。

这些新方法的具体内容参见附录 A。

表 8-11　SCP 改良地基的土体参数设定的举例

		①「大水深护岸的变形解析」 关口秀雄·柴田徹 三村卫·角仓胜治	②「使用弹、黏塑性样品的地基的变形预测」建筑咨询协会地基工学会	③「地基改良效果的预测和实际」 地基工学会
概述		SCP 改良部位通过设置砂桩，导入表示广义压缩性的折减参数 ξ，按照下面所述对自然状态的冲积黏性土的压缩指数 λ、防润指数 x 及二次压缩指数 α 的值进行折减。 $\xi = 1 - a_s$ 另外，砂桩打设时容重的增量作为物体力增量计入荷载过程中	根据 SCP 的施工实例，改良域沉降量、刚性等可按下式进行评价。 $\lambda = (1-a_s)\lambda_c$ $x = (1-a_s)x_c$ $G_0 = (1-a_s)G_{c0} + a_s \cdot G_{s0}$ 临界状态常数 M 为滑动圆弧计算时最小安全系数 $F_s = 1$ 所对应的取值。另外，渗透系数为以 Barron 二维放射状排水作为线排水条件近似为一维固结（固结度 $U = 60\%$～80%）	SCP 改良部位作为均一土层，λ、x 为考虑了折减率 β 的值。另外，忽略黏性项，进行弹塑性分析。 $\beta = \dfrac{1}{1+(n-1)a_s}$ 渗透系数适用于与 R.C.Scott 渗透系数不同的多层系地基平均渗透系数的情况
				正常固结状态
输入参数	λ	$\xi \cdot \lambda_c$	$\lambda = (1-a_s) \cdot \lambda_c$	$\beta \cdot \lambda_c$
	x	$\xi \cdot x_c$	$\lambda = (1-a_s) \cdot x_c$	$\beta \cdot x_c$
	α	$\xi \cdot \alpha$	与原地基相同	—
	M	与原地基相同	$a_s = 0.5 \rightarrow M = 2.5$ $a_s = 0.7 \rightarrow M = 3.5$	$1.75 \cdot (1 - x/\lambda)$
	v	与原地基相同	与原地基相同	$K_0/(1 + K_0)$
	G_0	G_0/ξ	$(1-a_s) \cdot G_{c0} + a_s \cdot G_{s0}$	—
	p_y	与原地基相同	与原地基相同	与 P_0 相同
	P_0	与原地基相同	与原地基相同	由 $\gamma = (1-a_s) \cdot \gamma_c' + a_s \cdot \gamma_s'$ 计算
	K_0	与原地基相同	与原地基相同	$1 - \sin\varphi'$
	K_{0c}	与原地基相同	与原地基相同	0.8（由实例）
	e_0	与原地基相同	与原地基相同	砂桩的 $e_0 = 0.6$
	γ	根据砂桩考虑 γ 的增加	与原地基相同	$\gamma' = (1-a_s) \cdot \gamma_c' + a_s \cdot \gamma_s'$
	υ_0	$\xi \cdot \upsilon_0 \times 10$	与原地基相同	—
	λ_k	$\xi \cdot \lambda_k$	$(1-a_s)\ \lambda_k$	$\beta \cdot \lambda_c$
	k_{x0}	$\xi \cdot k_{x0} \times 10$	$k' = (2.5 \sim 3.0)(\Delta x/H)^2(2.5k_0)$	$k_x' = 1/\{(1-a_s)/k_c + a_s\ k_s\}$
	k_{y0}	$\xi \cdot k_{y0} \times 10$	$k' = (2.5 \sim 3.0)(\Delta x/H)^2(2.5k_0)$	$k_x' = (1-a_s)/k_c + a_s\ k_s$

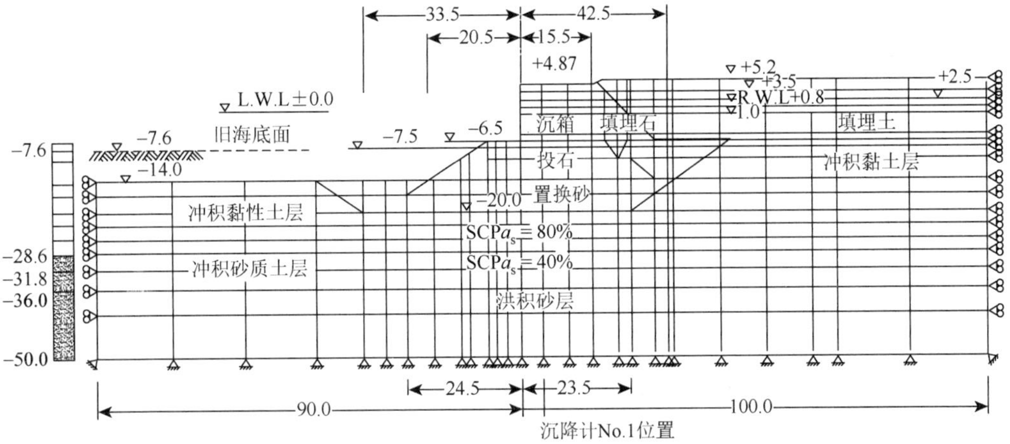

(a) 解析网格(单位：m)

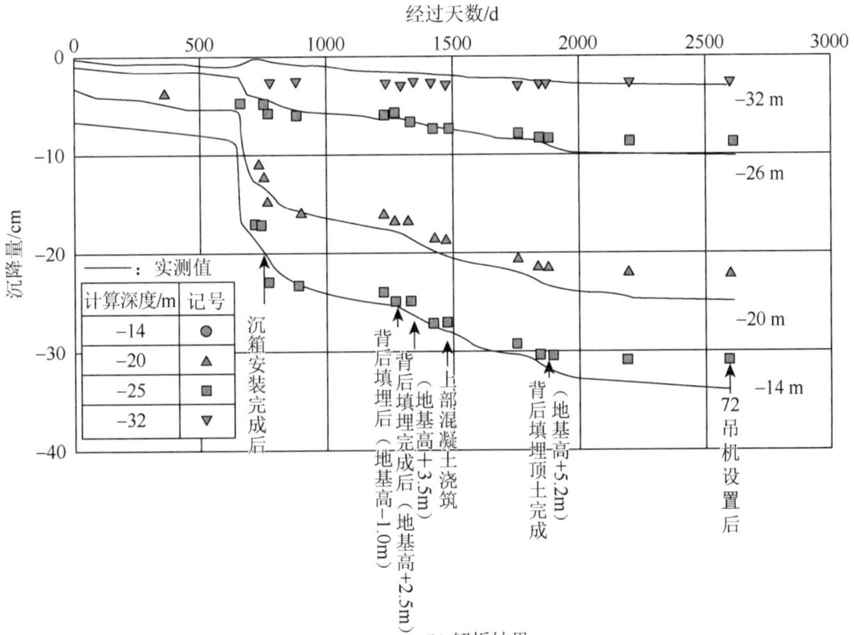

(b) 解析结果

图 8-49　SCP 改良地基的分析案例

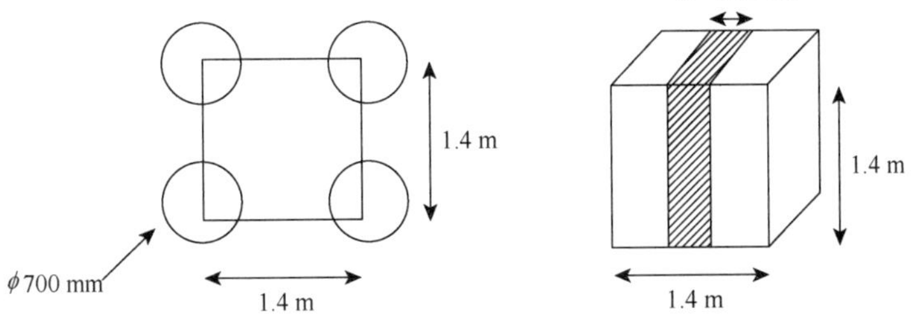

图 8-50　基于二维要素的三维配置砂桩部的模型

8.3　砂土地基中的规划、设计、施工

8.3.1　概述

本节将可用 SCP 工法加固的砂质地基为对象，对其规划、设计和施工进行论述。用 SCP 工法加固砂质地基时，通过将砂质材料振动贯入、使原地基固结，从而提高地基密度、改变应力状态（有效应力增加），最终达到提高地基承载力、减少挤密下沉、防止液化和增强水平抵抗力的目的。

以砂质地基为对象时，可分为静态问题（承载力、瞬时沉降）与动态问题（液化及地震导致的地基、建筑物的变形）。本节将分别对这两大类型进行详细的阐述。

图 8-51 是以砂质地基中 SCP 工法的设计、施工流程。首先，在考虑了对象建筑物的重要性、作为对象的地震等级后，根据各类标准、指标设定建筑物的要求性能。同时要参考地基及施工环境的相关资料，设定设计的基本条件；然后，需对原地基条件下的液化情况进行判定，并检查其承载力，判断是否有必要采取对应措施，如有需要，则参考既有 SCP 工法加固砂质地基的应用实例，结合数据库中的加固地基特性等情况，选择适合的方法。

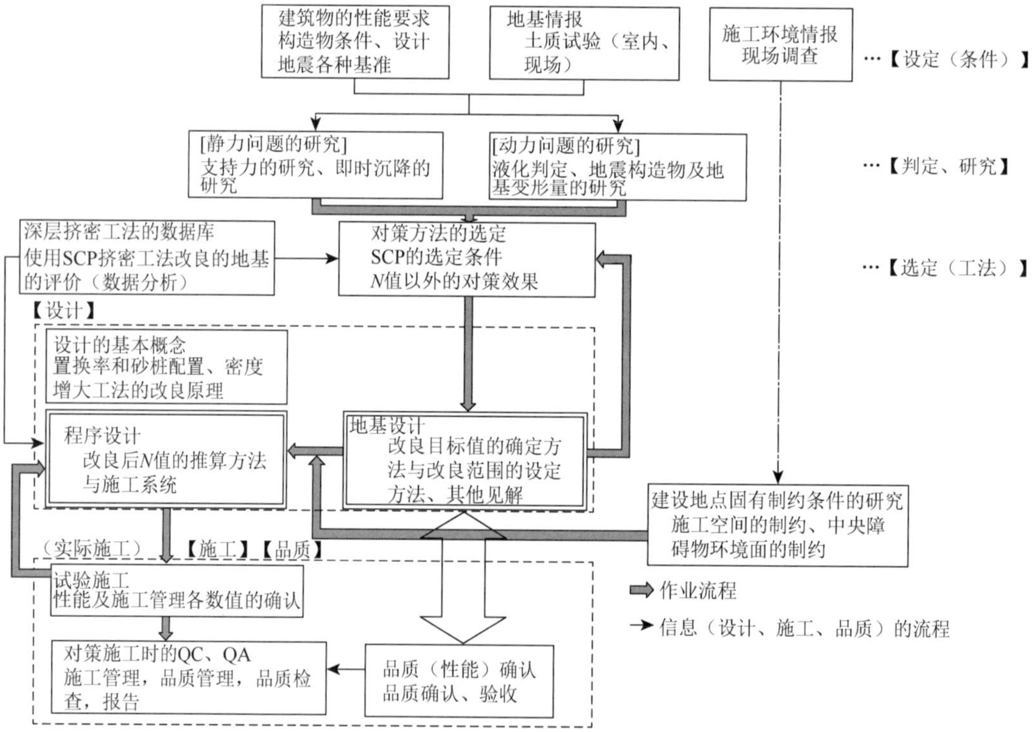

图 8-51　砂质地基中 SCP 工法的设计、施工流程

其次，以根据 SCP 挤密加固的地基为对象，从“地基设计”及“流程设计”两个方面进行设计。

地基设计中，为了满足建筑物所要求的性能，设定改良地基所应保持的性能（一般多以改良目标 N 值为代表）并设定改良范围。在评价 SCP 加固砂质地基的性能时，采用对砂桩间地基进行标准贯入试验（N 值）的方法。但是，近年来，为了应对震级较高的大地震，在设计中将地震级别设定较高的情况有所增加，因此在评价 SCP 加固地基的效果时，不仅要测试桩间强度，还要对砂桩本身的强度、静止土压力系数 K_0 的增加进行检测，对以往设计中没有考虑的 SCP 加固效果也应予以考虑。本节将具体介绍这些评价方法。另外，地基设计中，明确地基加固后的目标值也非常重要。

流程设计中，要提供满足地基设计中明确指出的加固地基性能标准的砂桩型号、施工方法、材料选定、施工计划等一系列内容，还包括加固后 N 值的计算方法。

SCP 的施工是在上述地基设计和工序设计的基础上进行，本节也会介绍施工期间的施工管理、质量管理方法等。但是，由于施工方法和施工管理项目有关内容已经在 8.2 节中介绍，本节只针对 SCP 加固砂质地基的特殊内容进行说明。

8.3.2 必要的调查、试验

对于适用 SCP 的砂质地基，需进行必要的调查、试验。首先，对与设计相关的静态问题、动态问题的分析所需的地基资料、SCP 加固参数设定所需要的地基资料都通过调查、试验获得，如表 8-12 所示。此外，为了评估施工性能及对周边环境的影响，也需要收集数据。表 8-13 给出了设计、施工及周边环境的相关调查、试验项目。

表 8-14 是 SCP 设计必要的调查、试验项目及其利用方法。表 8-14 还列出了后文中地基设计及工序设计中具体的利用方法。这些调查、试验，必须根据对于对象构造物的加固目的需求，选择进行适宜的、必要的项目。

表 8-12 与构造物液化时的容许位移量相关的规定和研究案例

构造物	容许位移量	容许位移量设置依据
高规格堤坝填土	一类地震容许残留沉降量，在堤坝顶端及堤坝外侧表法面为 50 cm，高规格特别区域为 20 cm	高规格堤坝特别区域使用通常的土地，必须确保其与一般市街的土地在地震时有相同的安全性能
铁路填土	一类地震下容许沉降量的目标值，无损伤或小于 20 cm，二类地震下为 20～50 cm 或 50 cm 以上（容许有长时间的恢复）	对地震的规模及构造物的特性、使用条件、重建所需的时间等综合判断后进行设定
窨井	容许上浮量，宽度较窄的道路为 13 cm，宽度较大的道路为 23 cm	因为窨井的上浮会对消防车等的通行造成障碍
户建住宅	容许倾斜角为 1/100	因为会导致住宅内的活动产生眩晕感
建筑物	最终界限状态地表面动位移 D_{cy}≤5～10 cm	根据液化程度为（轻微-小）的情况设定界限目标值
河川堤坝	考虑地震后的堤坝高度，外水位不下降	对于堤坝填土，即使在地震中受到损伤，也能在短时间内修复，对于考虑发生地震损伤时的外水位，以防止河川流水流出河川外作为其抗震性能
岸壁	例如，抗震强化设施[特定（对应紧急物资输送）]的情况，残留变形量的界限值为 30～100 cm，残留倾斜角的界限值为 3 度	对抗震强化岸壁，在二类地震作用后，要求其具有作为岸壁所需的修复性和使用性

表 8-13　设计、施工及周边环境的相关调查、试验项目

	调查项目
设计	对象建筑物的条件（性能要求、荷载条件等） 地基条件 地层构成 砂性土的特性[抗液化、掌握承载力和沉降特性的数据（容重、N 值、细粒含量等）] 地下水调查（地下水位，被压程度）
施工可行性	有无地中障碍物 施工条件调查 资金、机械、材料的调配条件的调查 临时用地的调查
周边环境	噪声、振动等的调查 既有建筑物状况的调查

表 8-14　SCP 设计必要的调查、试验项目及其利用方法

调查、试验方法	得到的土质常数	规格	SCP 设计的使用	
			地基设计	工艺设计
钻孔调查	土层构成 土质分类 地下水位	—	土层构成，改良深度的设定，改良对象层的把握，有无介质在黏性土层	
标准贯入试验	N 值	JIS A 1219	液化判定 承载力计算 瞬时沉降量估算	读取改良后 N 值（使用设计图表时） 相对密度 D_r 的推断
粒度试验	细粒含量 F_c 粒度分布	JIS A 1204	液化判定 土层区分、湿润密度推算	最大、最小孔隙比 e_{max}、e_{min} 的推算 相对密度 D_r 的推断 与细粒分改良效果相关的有效挤密系数 R_c 的推算
孔内水平荷载试验	变形系数 E 静止土压力系数 K_0	JGS 1421	水平方向地基反力系数 静止土压力系数	—
地层 PS 检测	剪切波速	JGS 1122	变形系数推算	—
平板荷载试验	极限承载力	JGS 1521	承载力，瞬时沉降量推算	—

为进行液化判定而进行的调查、试验项目，根据评估方法的差异而有所不同。评估是否液化可采取以一般的土质调查、试验结果为基础的简易预测法，液化判定所必需的调查试验方法及其必要性参见表 8-15。如表 8-15 所示，使用简易法时，仅需要根据标准贯入试验的 N 值及粒度实验结果即可，但如果需要采用动力有效应用分析等较为详细的方法，则需要通过其他试验确定分析使用的参数。

另外，SCP 工法加固的目的中的静力问题是要提高承载力，减少瞬间沉降，其适用的调查、试验项目，除表 8-15 中提供的简易方法外，还可以采用平板荷载试验、地层 PS 检测等，而在加固目的是提高桩的水平抵抗力时，可进行孔内水平荷载试验。

表 8-15 液化判定所需的调查试验方法和必要性

种类	调查、试验名称	目地、用途	调查、试验的必要性	
			简易法	详细法
地基调查	钻孔	确认地层、地下水位	◎	◎
	标准贯入试验	得到 N 值，扰动试料	◎	◎
	圆锥贯入试验	推断液化强度，判断土质	△	△
	瑞典式声波探测	推断强度	△	△
	地层 PS 检测	测定 S 波、P 波波速	—	◎
	采样	得到无扰动试料	—	◎
土质试验	密度试验	测定土密度（容重）	○	○
	粒度试验	平均粒径 D_{50}，细粒含量 F_c	◎	◎
	液性界限、塑性界限试验	塑性指数 I_p（细粒分较多的土）	◎	◎
	最大、最小密度试验	相对密度（砂的挤密程度）	○	◎
	液化试验	液化强度 R_L	—	◎
	动力变形特性试验	土的应变相关性（G，h～γ 关系）	—	○

注：◎指必要项目，○指有的话更好的项目，△指钻孔期间有用的项目。

8.3.3 原地基条件下的设计研究

砂质地基的设计中，动态问题一般为液化及伴随液化而产生的沉降，静态问题则是基础承载力和瞬间沉降的问题。本节会针对上述各问题的一般讨论方法进行概括说明。

8.3.3.1 承载力及瞬时沉降的研究

作为静态问题的承载力及瞬间沉降问题，应在所加固地基之上建造建筑物时，以对象构造物为参考标准，进行相应的承载力及瞬间沉降分析。

以下是建筑基础构造设计标准中承载力及瞬时沉降的研究方法案例。

1. 承载力的研究

$$R_u = q_u \cdot A = (i_c \cdot \alpha \cdot c \cdot N_c + i_\gamma \cdot \beta \cdot \gamma_1 \cdot B \cdot \eta \cdot N_\gamma + i_q \cdot \gamma_2 \cdot D_f \cdot N_q) \cdot A \tag{8-35}$$

其中，R_u ——直接基础的极限承载力（kN）；

q_u ——单位面积极限铅直承载力（kN/m^2）；

A ——基础底面面积（m^2）；

N_c, N_γ, N_q ——承载力系数；

c ——支持地基的黏聚力（kN/m^2）；

γ_1 ——支持地基的容重（kN/m^3）；

γ_2 ——埋入部分土的容重（kN/m^3）；

α，β ——基础的形状系数；

η ——基础尺寸效应的修正系数 $\eta=(B/B_0)^{-1/3}$；

i_c, i_γ, i_q ——荷载倾斜的修正系数；

B ——基础宽度（m）；

D_f ——埋入深度（m）；

B_0 ——标准的基础宽度，取 1 m。

承载力系数和内摩擦角的关系见图 8-52。

2. 瞬时沉降的研究

$$S_E=\left\{\frac{I_s(H_1,v_{s1})}{E_{s1}}+\sum_{k=2}^{n}\frac{I_s(H_k,v_{sk})-I_s(H_k,v_{sk-1})}{E_{sk}}\right\}q_B \tag{8-36}$$

式中，H_k——地基表面到 k 层的距离（m）；

q——作用于基础的荷载强度（kN/m^2）；

E——地基的弹性模量（kN/m^2）。

多层地基的情况见图 8-53。

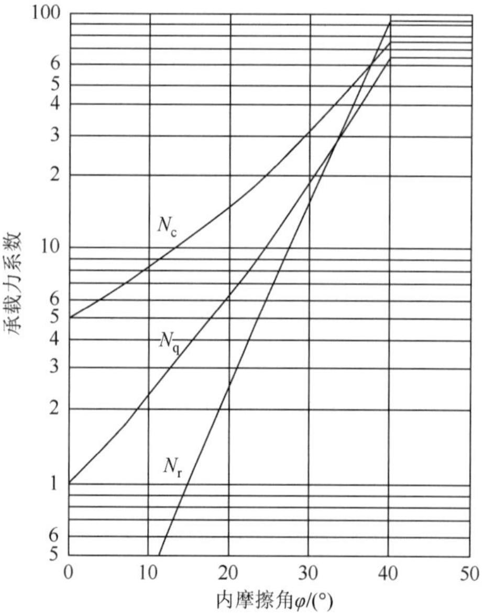

图 8-52　承载力系数和内摩擦角的关系

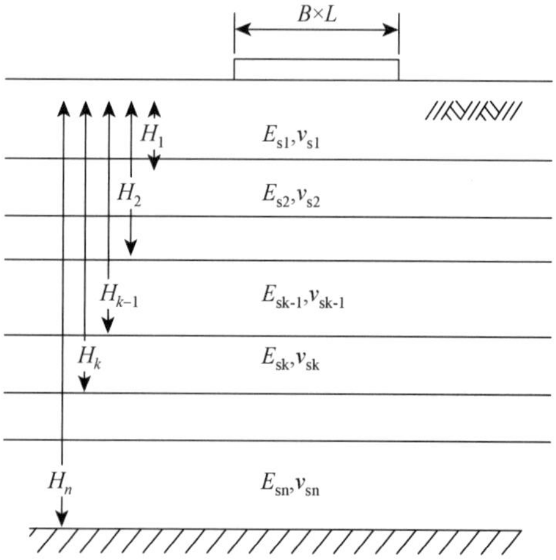

图 8-53　多层地基的情况

8.3.3.2 液化判定及地基、建筑物的变形量的研究

1. 液化判定法

液化预测和判定的关联标准如表 8-16 所示，表中列出了有必要进行液化判定的地基，并列出了其中具有代表性的判定方法概要。

表 8-16 液化预测和判定的关联标准

有必要进行液化判定的地基		判定方法概要
根据粒径加积曲线限定范围	不限定	由地震响应分析求得的等价加速度、等价 N 值、粒径来判断
D_{50} 的粒径在 2 mm 以下	15 m 以内	由 N 值和粒径判断。 根据距离储罐位置的不同，界限 N 值会变化
D_{50} 的粒径在 2 mm 以下 细粒含量在 35%以下	15 m 以内	由 N 值和粒径判断
D_{50} 在 10 mm 以下且 D_{10} 在 1 mm 以下，细粒含量在 35%以下或超过 35%但塑性指数在 15%以下	20 m 以内	由 N 值、粒径上荷载重、水平震度来判断
细粒含量在 35%以上且 0.005 mm 以下的含有量在 10%以上或将塑性指数在 15%以上的砂去除	20 m 以内	由 N 值、粒径上荷载重、地面最大加速度、震级来判断
D_{50} 在 10 mm 以下且 D_{10} 在 1 mm 以下，细粒含量在 35%以下或超过 35%但黏性土含有率在 15%以下	20 m 以内	由 N 值、粒径上荷载重、地面最大加速度、累计损伤度或地震响应分析来判断
$0.02\ mm \leqslant D_{50} \leqslant 2.0\ mm$	20 m 以内	由 N 值、粒径上荷载重、水平震度来判断

2. 建筑物与地基的变形量的预测

近期建筑物和地基的地震时变形量的预测方法进步显著，应用也越来越多。伴随液化的产生的地基变形量的预测方法，包括基于以往地震受损的简易法和采用数值分析的详细解析法。

①简易法：主要是基于过去的地震受害案例的分析所确立的方法，与详细解析法相比精度较差，但可预测参数简单的地基变形量。

②详细解析法：使用详细的地基模型的数据解析的方法。精度虽然比简易法高，但地基及地震条件等所需要的信息量大，另外还需要高度的解析能力。这种方法可分成静态残留变形分析及动态有效应力分析。

表 8-17 是详细解析法的类型和特征。另外，对于各种推荐的详细解析法，结合其特点，通过将以往的同一建筑为对象进行统一试验及盲测，具体内容可以此为参照。

表 8-17　详细解析法的类型和特征

分析代码	结构模型	孔隙水压力的考虑	特征
ALID	（弹性体）	根据 F_L 的经验规则计算	静力弹性分析程序。假定砂性土层液化后在自重应力下剪切刚度降低后产生变形。地基刚度的降低由液化抵抗率 F_L 和细粒含量 F_c 计算
FLIP	多重剪切弹簧模型	非联动	动力有效应力分析程序。可用于由海水等流体及板桩、沉井等构件组成的构造体系
LIQCA	非线性移动硬化模型	由 Biot 的 2 相混合体理论联动（*u-p* 定式化）	动力有效应力分析程序。搭载了解释砂在反复荷载时运动的本构关系，能根据时间变化追踪地震时的变形
GEOASIA	剑桥模型	水-土联动（*u-p* 定式化）	可能为动力和静力问题的有效应力分析程序。可将所有土的剪切状态的差别在同一理论内表现，也能继续计算从地震发生到地震后的变形

另外，地震导致的地基及建筑物的沉降，主要有以下三类。

①超静孔隙水压的消散所带来的固结沉降。

②护岸的移动导致的几何学沉降。

③地基的软化及建筑物重量导致的嵌入沉降。

作为①的超静孔隙水压的消散所带来的固结沉降的计算方法，在高压气体设备等抗震设计标准中，参考图 8-54a 所示图中的地基固结沉降量的计算方法。②的护岸的移动导致的沉降是通过 1995 年兵库县南部地震测定案例（图 8-54b）求得方法。③地基软化及建筑物重量引起的承压沉降。

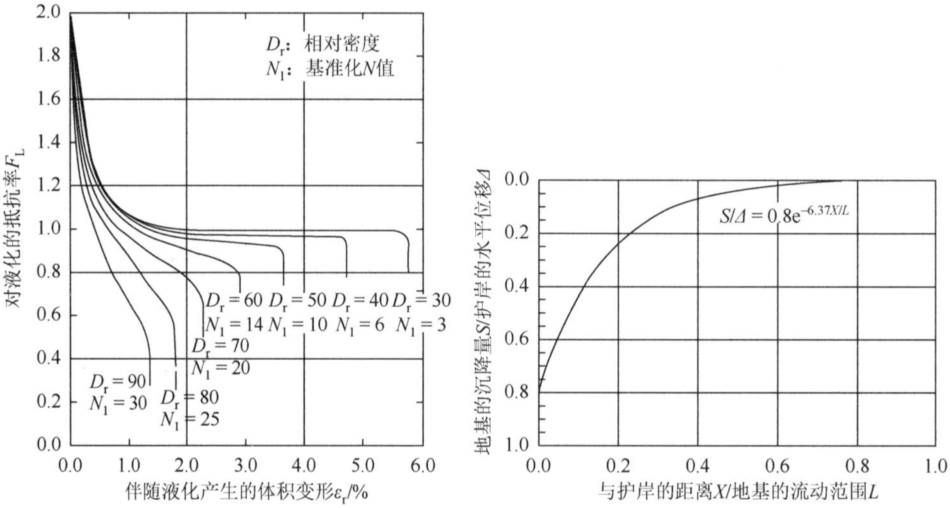

(a)　　(b)

图 8-54　液化引起的沉降量的推算图

8.3.4　作为对策工法的 SCP 工法的定位

在对原地基条件的设计探讨中，如果判断地基未能满足建筑物的性能要求，则应选择对策工法进行处理。抑制地基的发生液化的对策原理及方法如图 8-55 所示。SCP 工法如图 8-55 所示，该工法的基本原理是密度增大，但提高了水平应力，还兼具了增加有效应力的效果。

密度增大是使用最多也最有成效的抑制地基液化的方法。图 8-56 给出了液化处理工程的数量及加固体积与所使用工法的比例。如图 8-56 所示，使用密度增大工法的工程约占 60%，加固体积约占 80%，占有多数。另外，在处理效果方面，从目前多项工程的应用实践来看，效果十分显著，是一项具有极高可靠度的工法。

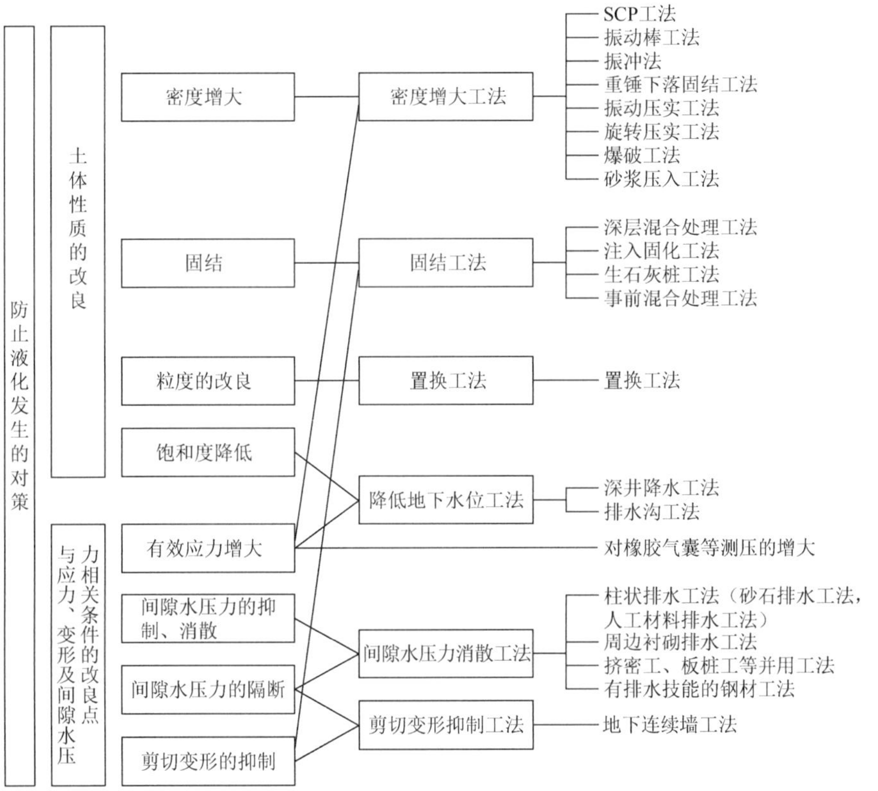

图 8-55 抑制液化发生的对策原理和方法

SCP 工法是密度增大工法中最具代表性的工法之一，通过 SCP 工法挤密的地基在地震时除了超静孔隙水压难以上升外，也具有“黏性十足”的特性。1995 年兵库县南部地震中，即使受到超过设计中预计的外力的地震，也有报道指出改良地基中也未见液化发生的迹象。基于这些事实，在最近的研究中，水平应力的增加效果及 SCP 改良地基的地基整体刚性增大（复合地基效果）等，至今的设计中未有过期待的改良地基的效果也纳入研究范围。

选定防止液化对策工法时，如表 8-18 所示，必须在考虑各工法所具备的特性与对周边的影响，还有经济性等因素，再选定工法。这些原理各异的加固工法中，SCP 工法的特点是对地基整体进行振动挤密加固。例如，在处理桩基础建筑物的液化时，搅拌处理法（格子状改良）

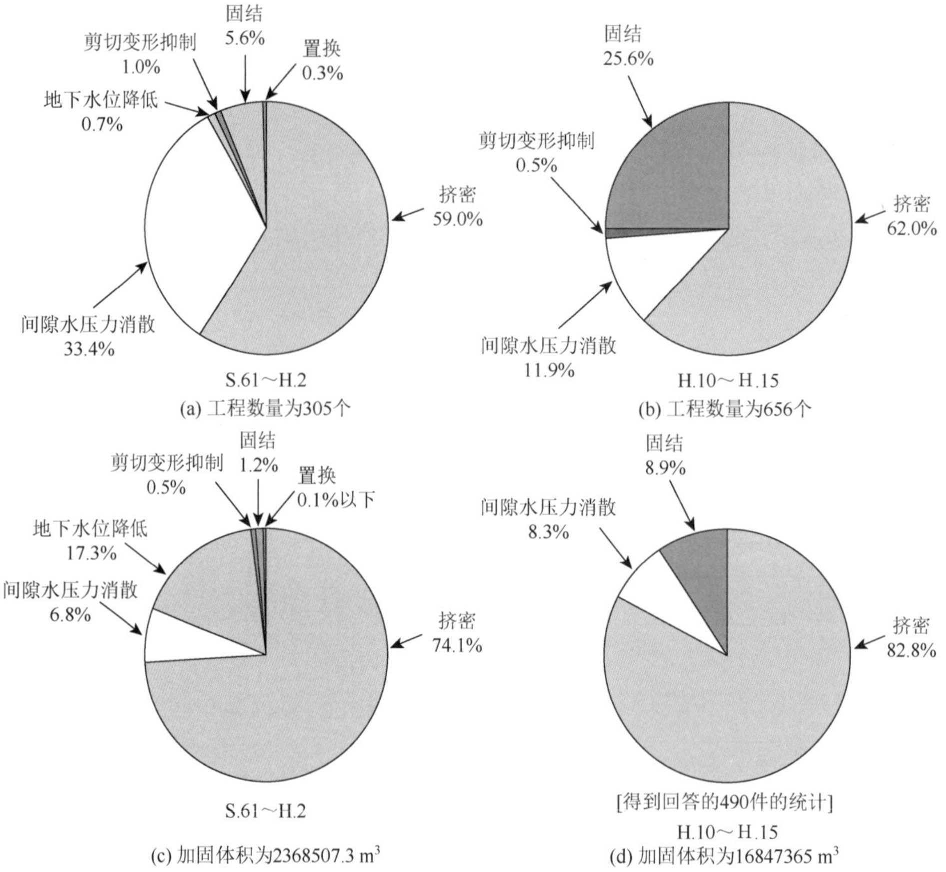

图 8-56　液化处理工程数量及加固体积与所使用工法的比例

及碎石桩法不会令桩间原地基的特性产生变化，但 SCP 工法可增加桩间地基的刚性（*N* 值），故可降低基础桩的参数。另外，在以挤密加固为原理的各种方法中，由于填充材料是从地表面加入的，如在地基土层中夹杂淤泥层时，材料的供给将会非常困难，而 SCP 工法是从套管的顶部将材料灌入，因此，即使在这样的地基条件下，也依然可以操作。

8.3.5　地基设计

8.3.5.1　地基设计的流程

砂质地基中包含 SCP 工法在内的密度增大工法的地基设计流程如图 8-57 所示。“地基设计”中对于设计的建筑物所要求的性能，需定必要的改良目标值、改良范围。研究改良目标值时，要符合各建筑物所对应的设计标准，动态问题上有地震等级、液化的判定方法及液化对建筑物设计的影响的研究、液化所带来的地基变形等；而静态问题上有基于建筑物荷载条件及所要求的性能，对承载力、瞬时沉降的研究等，要决定各自的改良目标值（如改良目标 *N* 值）。另外，通过密度增大工法的改良范围也在各种标准中给出了相应的思路，可参照建筑物的加固范围来设定。此外，在 SCP 加固地基的评估中，一般选

表 8-18 防止液化对策工法的适用性

改良原理	工法名称			工法概要	工法特征	改良实际深度/m	施工可能密度/N 值	细粒分较多的效果	最小作业空间		临近施工，环境				施工实例
									高度/m	面积	5 m/30 m 处噪声级别	5 m/30 m 处振动级别	地基变形	水质污染	
密度增大	密度增大工法	砂桩挤密工法	动力挤密	用振动能力将砂压入地中，将周边地基向侧方压缩的同时振动挤密	・大深度、高密度化	28	$N<20$	减少	25	40 m×20 m	95/84 dB	100/83 dB	大	少	多
			静力挤密	不使用起重机，通过桩管上下运动将材料压入地中，挤密地基	・低噪声、低振动施工 ・可使用再生碎石、矿渣等	20	$N<20$	减少	25	40 m×20 m	70/63 dB	48/41 dB	中	少	中
		振动棒工法	通常型	用特殊振动棒振动压入，由此挤密	・为扩大挤密效果，对振动棒进行特殊加工 ・施工机械有很高的机动性，施工效率高	18	$N<20$	减少	20	40 m×10 m	—/80 dB	—/85 dB	大	少	多
			吸水型	为了提高挤密效果，在振动棒端部边吸水边振动压入，由此挤密	・与振动棒工法相比挤密效果更好	30	$N<20$	减少	30	10 m×5 m	92/84 dB	95/81 dB	大	少	少
		振冲法		吊下棒状振动机，在前端喷水，同时进行挤密	・水力挤密效果可期待 ・细粒分较多，改良后 N 值很难增大	18	$N<20$	减少	10	10 m×10 m	82/69 dB	82/63 dB	大	少	多
		砂浆压入工法		将砂浆土压入地基中，形成球根状固结体，对地基静力压缩强化	・低噪声、低振动施工 ・小型机械在狭窄部也能施工	30	$N<20$	—	2	2.5 m×2.5 m	—	—	少	有	少
		重锤落下挤密工法		使重锤自由落下，通过冲击力挤密	・通常用于 10 m 深以内的改良	15	$N<50$	减少	15	20 m×10 m	98/83 dB	99/84 dB	大	少	多
		振动夯实工法		振动机和打夯机组合，在地表面挤密	・适用于表面地基挤密 ・施工机械的机动性高	5	$N<50$	减少	8.5	10 m×5 m	—/68 dB	—/68 dB	大	少	中
		石灰桩工法		通过特殊石灰的固化，吸水膨胀来挤密地基	・特殊石灰的吸水膨胀可使周围地基挤密，测压增大	25	$N<20$	—	20	20 m×10 m	—/48 dB	—/48 dB	中	有	少

续表

改良原理	工法名称			工法概要	工法特征	改良实际深度/m	施工可能密度/N值	细粒分较多的效果	最小作业空间		临近施工，环境				施工实例
									高度/m	面积	5 m/30 m处噪声级别	5 m/30 m处振动级别	地基变形	水质污染	
固结	固结工法	深层混合处理工法	泥浆搅拌式（CDM）	原地基和固化材（泥浆）在机械中搅拌混合，使地基固化	•结合土颗粒的构造，不发生液化	48	$N<20$	—	25	40 m×20 m	85/70 dB	48/44 dB	中	有	多
固结	固结工法	深层混合处理工法	粉体喷射搅拌式（DJM）	原地基和固化材（粉体）在机械中搅拌混合，使地基固化	•结合土颗粒的构造，不发生液化	33	$N<20$	—	25	40 m×20 m	85/70 dB	48/44 dB	中	有	多
固结	固结工法	注入固化工法（浸透固化处理工法，多点浸透注入工法）		从钻孔注入水泥砂浆、浸透性药液等使地基固化	•设备规模小，可在较窄部位施工 •可斜向削孔，能应对位于构造物下部的情况	20	$N<50$	—	2	2 m×2 m	—	—	中	有	多
粒度改良	事前混合处理工法			将填埋土与水泥等的改良材料预先混合，将混合后的改良土用于填埋	•填埋完成后的地基不需要改良	—	$N<50$	—	—	—	—	—	—	有	少
粒度改良	置换工法			置换为难以发生液化的材料（碎石等）	•用优质材料置换 •可用于改良层接近于地表，幅度受限的情况	6	—	—	—	—	—	—	—	—	少
有效应力增大饱和度降低	地下水位降低	深井排水工法（并用止水壁）		构造物周围使用止水壁、深井排水等使地基内部地下水位降低	•适用于无法在构造物下部施工的情况 •需要长期维护（抽水）	22	—	—	—	—	—	—	—	—	少
有效应力增大饱和度降低	地下水位降低	排水沟工法		利用暗渠，通过自然流下使地下水位降低	•若不使用辅助排水泵，则维护管理所需的劳动力较小	—	—	—	—	—	—	—	—	—	—
间隙水压的抑制和消散	间隙水压消散工法	整体排水工法	通常式	施工地中碎石桩，在地震发生时抑制过剩间隙水压的上升	•低噪声、低振动施工 •不会使周边地基不发生变形，可在既有建筑物附近施工	26.5	$N<20$	—	25	40 m×20 m	70/50 dB	50/30 dB	少	—	多
间隙水压的抑制和消散	间隙水压消散工法	整体排水工法	挤密式	碎石桩施工时，原地基挤密固结，从而增加抗液化能力	•低噪声、低振动施工 •与通常式相比打设间隔更大，经济性更优	25	$N<20$	—	25	40 m×20 m	70/50 dB	50/30 dB	中	—	多

续表

改良原理	工法名称		工法概要	工法特征	改良实际深度/m	施工可能密度/N值	细粒分较多的效果	最小作业空间		临近施工，环境				施工实例
								高度/m	面积	5 m/30 m 处噪声级别	5 m/30 m 处振动级别	地基变形	水质污染	
间隙水压的抑制与消散	间隙水压消散工法	人工材料系排水工法	将人工材料制作的排水材置入地中，抑制过剩间隙水压的上升	• 由于使用人工材料，可保证品质不变 • 低噪声、低振动施工 • 适用于相邻施工	17.4	$N<20$	—	25	40 m×20 m	—	—	少	—	多
		带有排水机能的钢材	在桩、板桩的周围侧面加上排水材料，抑制过剩间隙水压的上升	•排水材料防止了周围地基在抑制了间隙水压上升后的刚度下降	—	—	—	—	—	—	—	—	—	少
剪切形的抑制，间隙水压的隔断		地下连续墙	在构造物外围的地基设置刚度很大的地下连续墙，抑制剪切变形	•能隔断周边地基间间隙水压的传播 •地下连续墙的刚度能抑制地震时的地基变形	40	—	—	—	—	—	—	—	—	少

择在砂桩间被认为强度最弱的部分进行。即以加固效果最差的区域为基础进行安全设计。但是，如前文所述，在将地震级别假设为二类的地基设计中，也需要考虑仅通过对砂桩间土体的评估难以评价整个地基是否满足性能要求。为此，推荐一种以兵库县南部地震后的SCP加固地基为对象的调查和研究结果为依据，将以往未列入考虑范围的静止土压力系数K_0的增加及刚性较大砂桩的加固效果也引入定量考虑范围的设计手法。本节将对该手法进行详述。

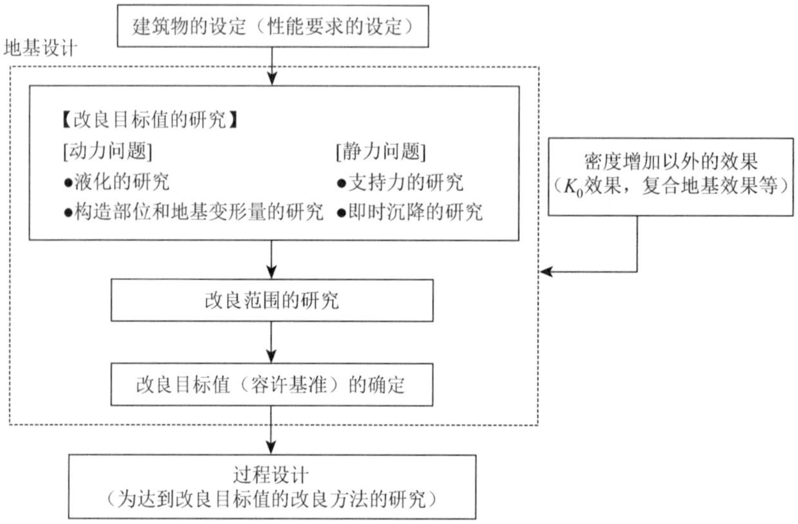

图 8-57 地基设计流程

1. 静态问题中的改良目标值的研究

砂质地基中的静态问题有承载力及瞬时沉降，一般以箱形基础及中小建筑物等的直接基础建筑物为对象。此处将以箱形基础的加固目标值作为案例进行分析。

箱形基础地基通过密度增大工法改良时，基础及地基必须满足的要点如下。用密度增大工法加固以后的地基，其条件应满足第Ⅱ类地基规定，承载力和沉降都应在关于危险物规格的技术标准所给出的各项容许值范围内。对于砂质地基，地表以下 15 cm 范围内的底层的 N 值必须大于 15。承载力、沉降的研究参照如图 8-58 所示的方法研究界限值，然后决定改良目标值。

[基础及地基]

《与危险物的规制相关的规则》

第二十条 其二

①Ⅰ类地基：标准贯入试验值 20 以上；平板荷载试验值 10 kg/cm^3 以上。

②Ⅱ类地基：a. 承载力的计算，沉降量的计算大于规定的值；

b. 离基础上面 3 m 以内的基础下部的地基部分与基础拥有相同的坚固程度，且距地表面深度 15 m 内的地质为告示所规定以外的内容；

c. 黏性土压密试验的固结度在90%以上，砂性土标准贯入试验值平均在15以上；

③III类地基　拥有与I类地基和II类地基同等程度的坚固度。

2. 动态问题中的改良目标值的研究

液化的研究中，设定改良目标值时，决定假想的地震外力和所要求的性能，以及决定界限值都非常重要。另外，根据参考标准，挤密改良地基要选用包含除密度增加以外的改

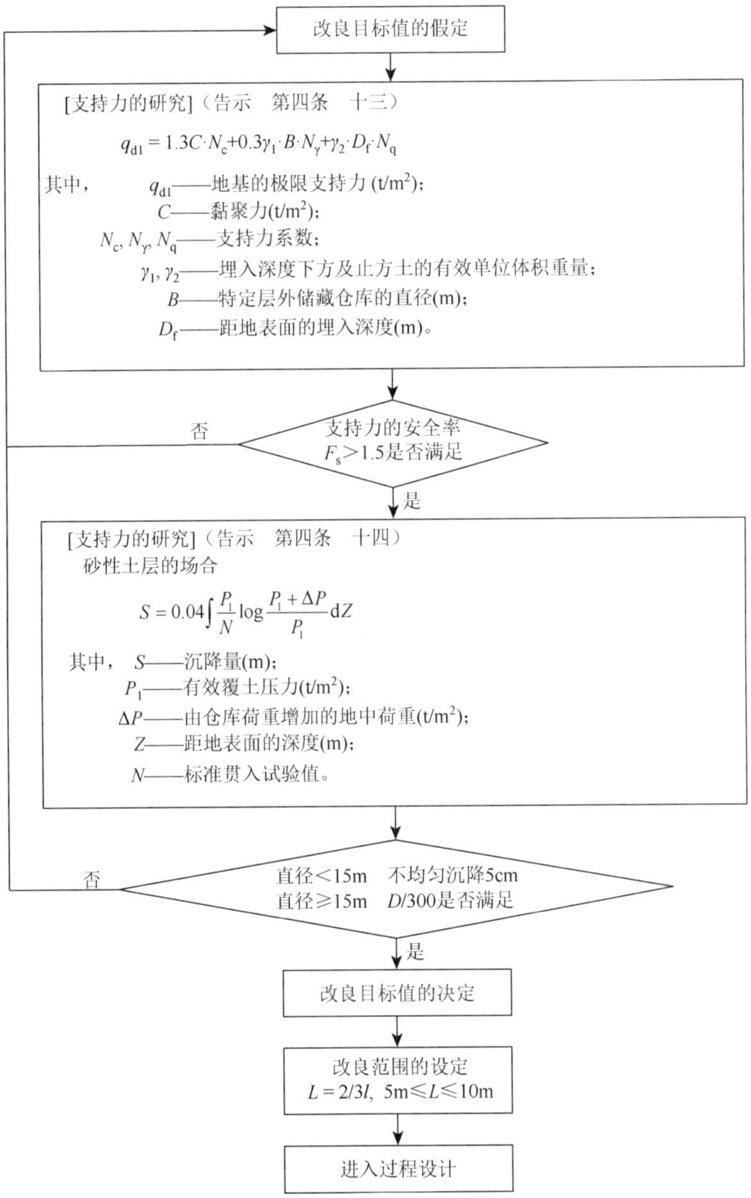

图8-58　储罐基础地基研究的流程（静态问题）

良效果的改良地基的评价方法。改良地基所要求的性能及根据这一性能决定界限值，可决定目标值（挤密改良中为改良目标 N 值）。其中，在选用上述的挤密改良地基的新的评价方法的基础之上，已明确记载了改良地基所要求的性能及界限值的建筑基础中的地基改良设计标准案。

图 8-59 改良方法的计算流程。在建筑标准案例中，在对原地基进行液化判定确定其必须采取的液化对策后，首先，设定加固地基的性能要求和极限值。加固地基的性能要求参加表 8-19 中各项极限状态的预测，各项极限状态对应的加固地基应满足的极限值

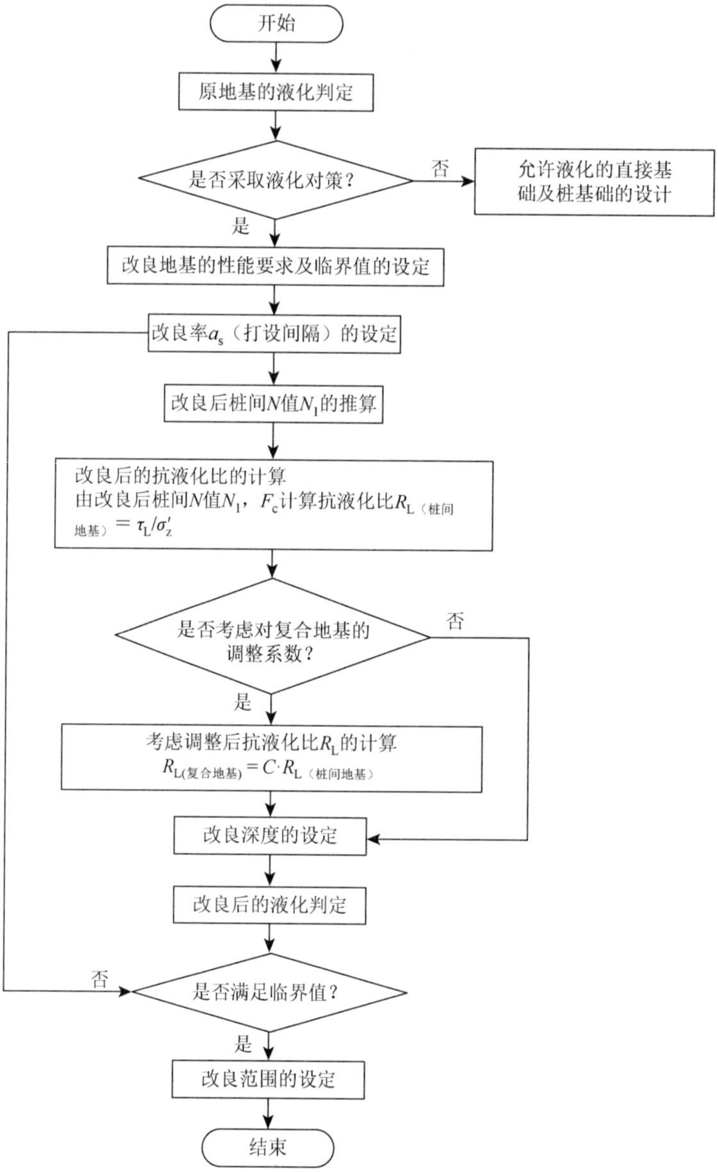

图 8-59　改良方法的计算流程

的分析方法按表 8-20 所示进行设定。具体来说，在采用推荐方法进行液化分析时，损伤界限状态中，加固地基的极限值，原则上应符合 $F_L>1.0$，而对于最终界限状态，不仅是 F_L 值，地表面动态变形 D_{cy} 及液化指数 P_L 也都作为极限值的标准值进行记录。

另外，在建筑标准中，挤密加固地基的密度增大效果以外的效果（复合地基效果等），在采用时也表现出较为明显的特点。具体而言，从桩间 N 值计算出的液化抵抗率 $R_{L（桩间地基）}$ 乘以调整系数 C，可以计算出复合地基的液化抵抗率 $R_{L（复合地基）}$。这里的调整系数包含 K_0 的增加效果、复合地基效果等影响，根据不同的建筑物的基础形式，采用不同的取值。

表 8-19　改良地基的性能要求

界限状态	性能要求
最终界限	为不发生建筑物的破坏、倾覆，基础的破坏，要确保地基的极限抵抗力。作用外力不能超过极限抵抗力
损伤界限	为不发生对上部构造、基础的耐久性有害的残留变形，要确保地基的强度和变形性能

表 8-20　与液化对策相关改良地基的研究项目及研究方法

研究内容	研究项目	选择方法	具体的方法
液化对策	液化判定	简便法	·根据基础指南规定的液化安全系数 F_L 进行简单判断
		推荐法	·除根据液化安全系数 F_L 判断外，根据最终界限状态，并用液化时的地表面动位移 D_{cy} 和液化指数 P_L 判断液化程度
		详细法	·根据损伤界限状态，使用不合格率（$F_L\leqslant1.0$ 平均点数的比例）来判断 ·根据有效应力分析等，计算出直接、超静孔隙水压和地基变形量
	液化界限值的目标值	简便法	$F_L>1.0$
		推荐法	·损伤界限状态：$F_L>1.0$ ·最终界限状态 桩基础、满堂基础（高宽比较小的建筑物）： $D_{cy}\leqslant5\sim10$ cm，$P_L\leqslant5\sim10$ 独立基础、连续基础： $D_{cy}\leqslant5\sim10$ cm，$P_L\leqslant5\sim10$，且至约 2 倍基础宽度深度处，$F_L>1.0$
		详细法	·根据损伤界限状态，以 10%为上限值作为不合格率的界限值 ·根据有效应力分析值设定界限值
	液化抗性的评价	简便法	基于桩间地基的 N 值来评价
		推荐法	将桩间地基的 R_L 乘以调整系数 C，作为复合地基来评价
		详细法	根据试验施工、改良后的地基调查确认改良效果，并基于此结果设定调整系数，或直接评价液化抗性

8.3.5.2　改良范围的设定方法

在设定 SCP 的加固范围时，首先在加固深度方面，在以抵抗液化为目的的场合，以到达液化层下端深度处为原则，在以承载力、瞬时沉降抑制为目的的场合，需到达满足加固效果的深度。

另外，关于加固的平面范围，可根据各种建筑物相应的挤密工法对应的加固范围进行考虑。以下介绍有代表性的挤密加固工法加固范围的设定方法。

通过对由改良部位及非改良部位构成的模型进行振动试验，考虑如图 8-60 所示的△ABC 部分的液化，建议采取不将受力破坏面考虑入挤密加固加固范围的 L 设定法。以石油仓储为对象的危险物规制中的相关规定中，如图 8-60b 所示，改良范围设为改良深度的 2/3（但是，$5\text{m} < L < 10\text{m}$）。桩基础建筑物为确保水平方向的承载力，也有从假定固定点（$1/\beta$）到受力破坏面范围设定为加固范围的案例（图 8-60c）。另外，也有提出 $L/H \geqslant 1$（与加固深度相等的富余加固宽度）取得加固效果的岩崎与 Mitchel 的提案（图 8-60d）。

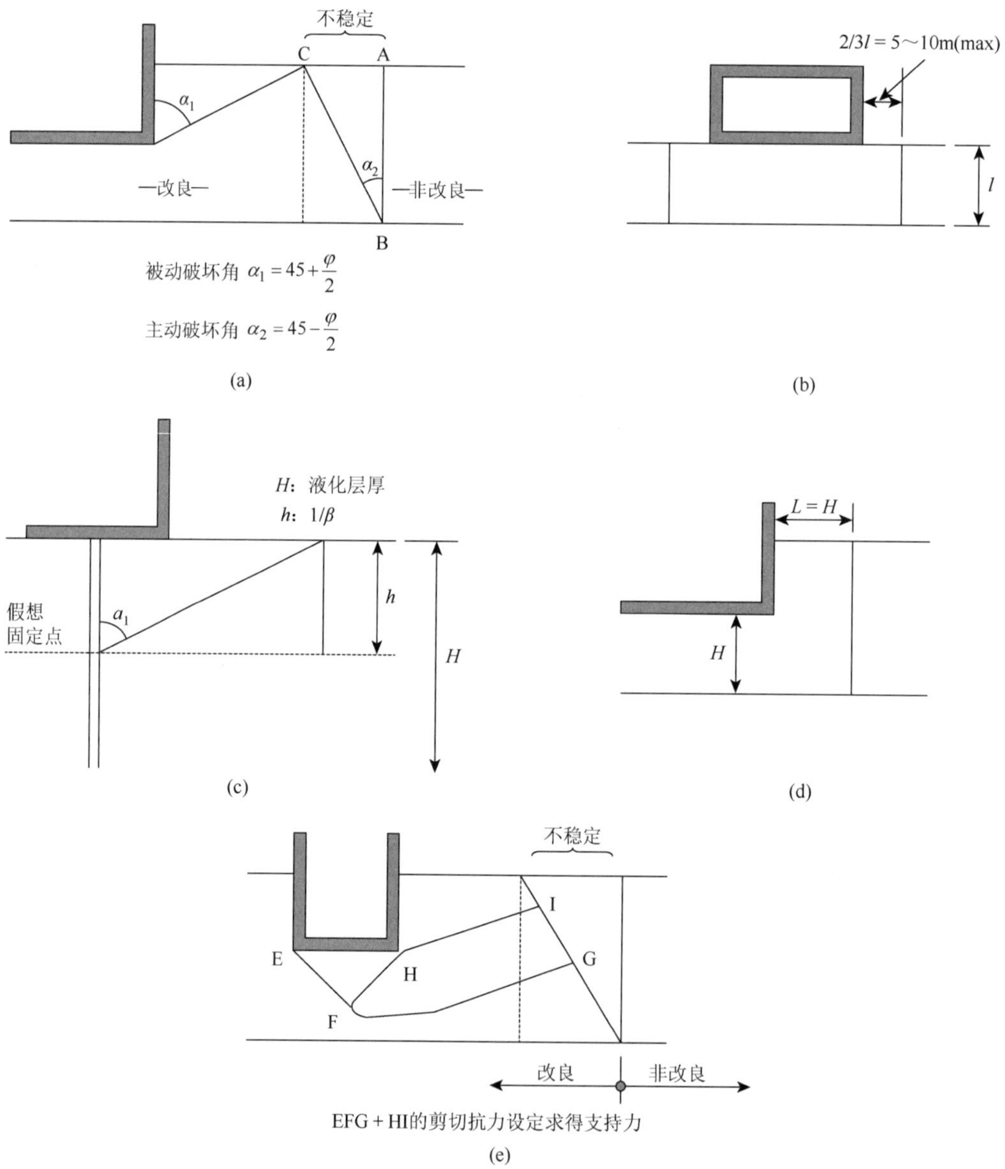

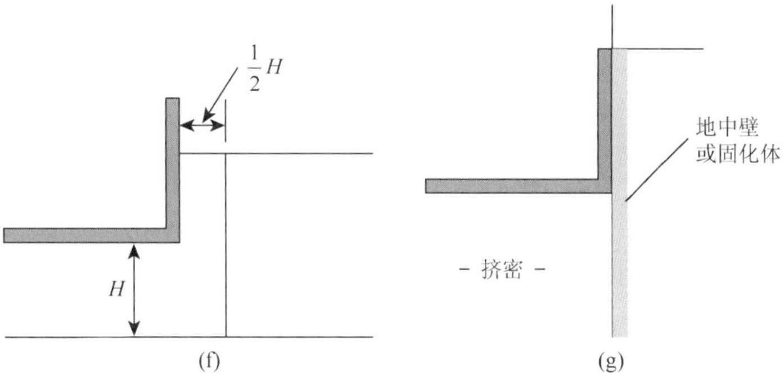

图 8-60 改良范围的考虑方法

井合提出的方案是以除了因周边地基液化产生不稳定的区域外的加固部分范围为对象，通过沿其破坏面的剪切抵抗，确定能确保承载力的加固范围（图 8-60e）。除此之外，旧建筑基础构造设计标准（1998）中，将建筑物的外周起至 1/2 液化层厚的范围作为加固范围（图 8-60f），地中壁及固化体可防止孔隙水压力的传递（图 8-60g）。

这些关于挤密加固地基加固范围的各种标准的方案中，也有考虑非加固地基的液化引起超静孔隙水压力向加固地基传递、引起破坏的方案。但是，根据建筑物建设地点的地基区域条件，也有不需要改良的情况。这时，有外周围以透水性好的单粒度碎石作为填充材料，设置砂石挤密桩的方法（图 8-61）及建筑物外周围设置遮水壁的方法（图 8-62）。

在以抗液化为目的的场合，液化引起的建筑物变形量、沉降量作为建筑物的性能要求列出时，只要能通过合适的数值解析方法确认其是否能满足性能要求，有时并非一定要达到上述的加固范围，也可能不需要加固至液化层下端的地基。像这样以建筑物的性能要求为根本的挤密加固范围的确定方法的案例探讨详见附录 B。

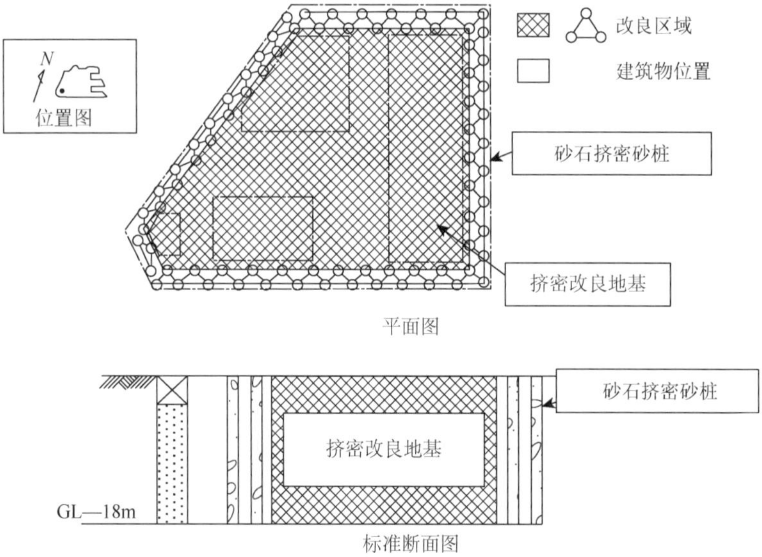

图 8-61 在外围设置砂石挤密砂桩对策的案例

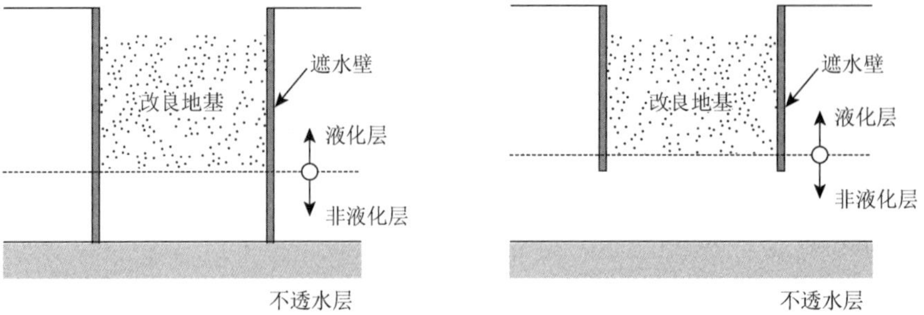

图 8-62　在建筑物外围设置遮水壁的方法

8.3.5.3　关于 SCP 改良地基的液化强度的除密度增加以外的效果

如前所述，一直以来，评价 SCP 改良地基的抗液化效果，都是在离砂桩最远的桩间地基进行的。但是，以往的地震受损案例分析及实测数据表明，SCP 改良基地的整体抗液化性能有可能高于从桩间 N 值得出的抗液化强度。

例如，SCP 改良地基采取原位置冻结试料后进行不排水重复三轴实验的结果表明，SCP 改良地基对于相当大的过荷载有着较强的抵抗“黏聚力”。另外，有专家认为现有的仅通过桩间强度评价加固地基整体强度的方法，可能对地基整体的抗液化强度评价过低，他指出，在针对Ⅱ类的大型地震的 SCP 工法设计中，挤密加固地基的评价应有必要对以下几个要素进行考虑：

①通过 SCP 改良的地基中静止土压系数 K_0 会不断增加；

②桩间挤密效果最小的地方（桩间中央位置）的设计；

③刚性更大的挤密砂桩在地基内等间隔配置。

以下将对 SCP 改良地基除密度增加以外的效果进行介绍。

1. 静止土压系数 K_0 的增加

图 8-63 为置换率和改良前后 K_0 值的关系。如图所示随着置换率的增加 K_0 也增加，且其持续性在改良后两年的调查中得到确认。另外，在砂桩中心实施的试验结果认为，由 K_0 值增加得出改良地基整体的水平有效应力也增加。

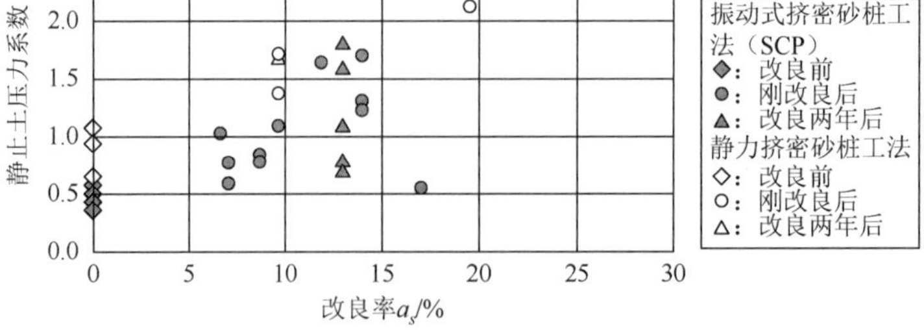

图 8-63　置换率和改良前后 K_0 值的关系

图 8-64 为通过单侧土压计测得 SCP 施工时 K_0 值的变化。打设中 K_0 值增大，随后减小至一定值。从冲击砂层的数据方面，施工前 K_0 值约为 0.5，在施工后增加约 0.8。另外，由于施工中受到较大的水平应力，推测地基处于超固结状态。

液化强度随着 K_0 值增大而增大，也因超固结状态而增大。因此，根据 SCP 工法挤密的地基与自然堆积的地基相比，有较大的抗液化能力的重要原因之一是与如图 8-64 所示的静止土压系数 K_0 值的增加及超固结状态有关。

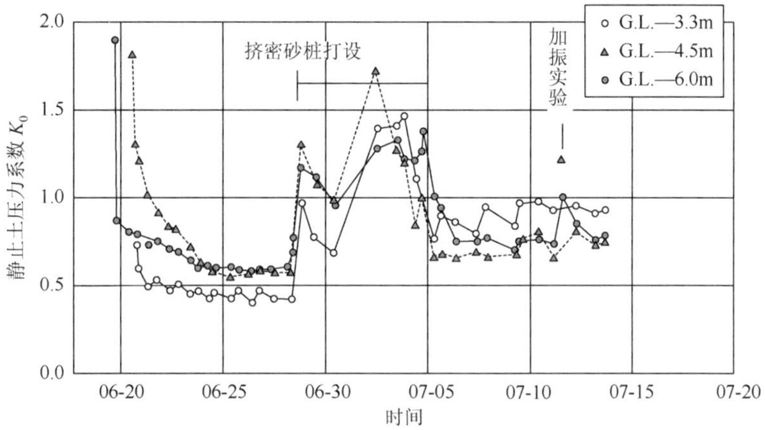

图 8-64　K_0 在施工时的变化

2. 作为复合地基的评价

改良前后 N 值下的强度分布和地基强度的关系如图 8-65 所示，在离打设的砂桩距离

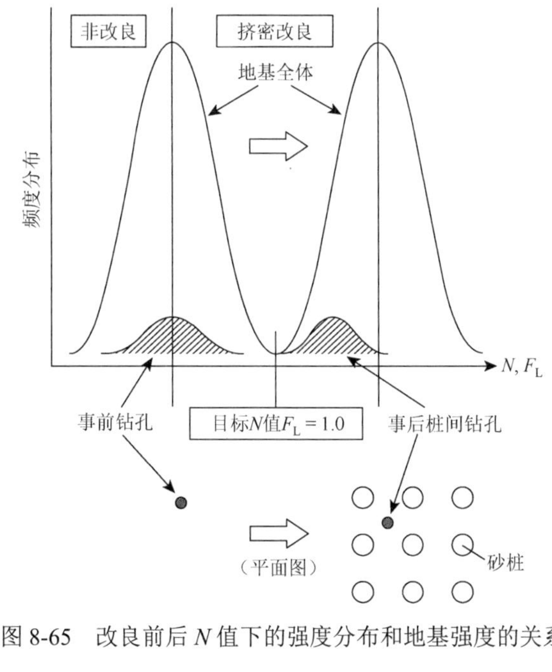

图 8-65　改良前后 N 值下的强度分布和地基强度的关系

最远的位置进行。这时，图 8-65 所示的通过钻孔得到的 N 值的分布在非改良地基中与加固地基的分布基本一致，可认为所评估出的加固地基的分布不是地基整体的。因此，对从以往施工结果中得出的砂桩及其周边地基的强度分布进行调查。

图 8-66 为砂桩的距离与强度，图 8-66a 为 SWS 试验，图 8-66b 为芯部贯入试验所得的数据。定性趋势为离砂桩距离越远，强度越低。另外，细颗粒含有率越大，即使距离增大，强度增加也倾向于较小值。

图 8-67 为桩芯与桩间强度的关系。由图 8-67 可知，细颗粒含有率越高，差距越大。从这些事实可以看出，以往用离砂桩最远的位置测得的强度来评估挤密加固地基的方法得到的是偏安全的结果，但不是对地基整体强度的适当评价。

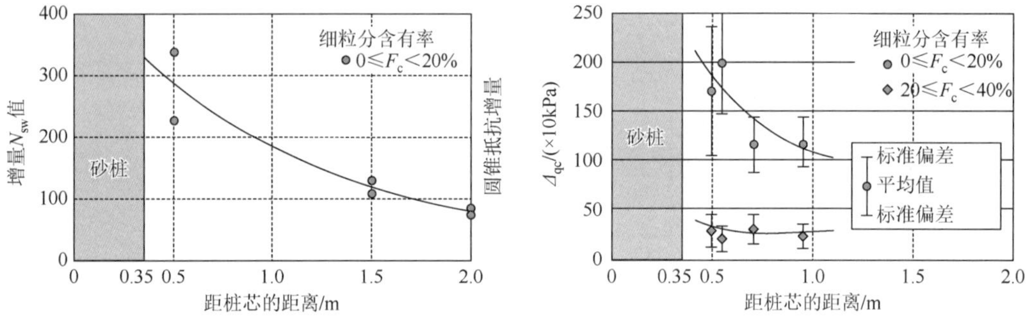

(a) SWS试验 (b) 芯部贯入试验

图 8-66 砂桩的距离和强度

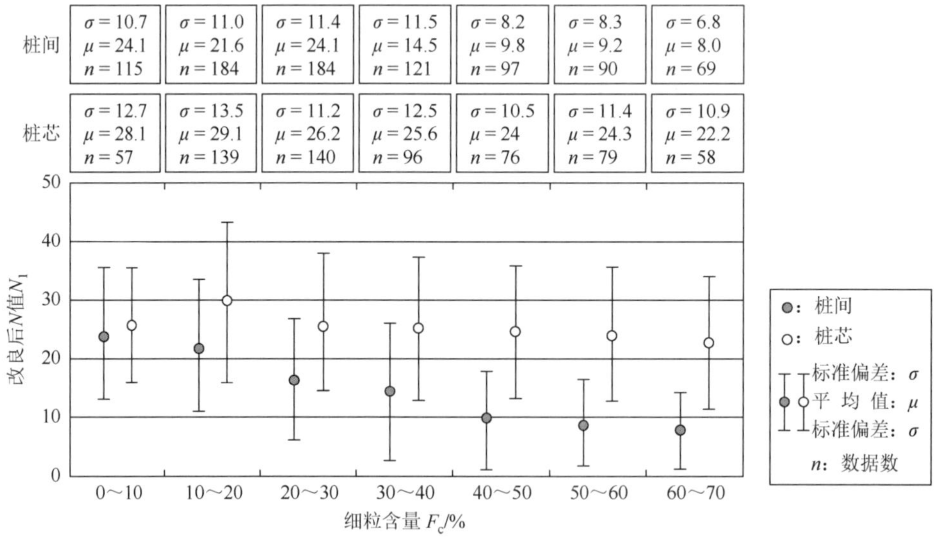

图 8-67 桩芯与桩间强度的关系

3. 饱和度低下导致的液化强度的增加

除上述效果外，相关专家提出的冻结抽样试验报告中提出，有 SCP 加固地基在 26 年后出现饱和度降低的案例，且通过空心扭剪试验，可以确定与假定为饱和地基的抗液化性能相比，实际的抗液化能力较强。

4. 挤密改良地基的液化强度的评价

基于上述三种情况，相关专家等提出将复合地基的效果分成①～⑥类，除①（以 $R_{L（桩间地基）}$ 进行评价）以外的效果均以调整系数 C 来总结，与通过桩间位置的 N 值算出的抗液化能力比 R_L 相乘，进行定量评估，并提出了基于过去的地震受损实例分析的具体调整系数 C。

①地基的密度增加（考虑地基的细粒含量）（ C_1 ）；

②水平有效应力的增加（静止土压系数 K_0 的增加）（ C_2 ）；

③挤密桩所带来的地基强度的增大（复合地基效果）（ C_3 ）；

④距挤密桩的距离不同导致的挤密效果的差异（ C_4 ）；

⑤挤密桩的排水效果（ C_5 ）；

⑥饱和度的地下（ C_6 ）。

$$R_{L(复合地基)} = C \cdot R_{L(桩间地基)} = C_2 \cdot C_3 \cdot C_4 \cdot C_5 \cdot C_6 \cdot R_{L(桩间地基)} \tag{8-37}$$

以下对推算出调整系数 C 的具体数值的具体过程进行概述。

通过使用兵库县南部地震中地基沉降量与地基条件，根据相关的指南所规定的液化判定方法，基于如表 8-21 所示的某区域地震中地基沉降量与地基条件，将液化时的地基沉降量与液化时的地表面动态变形 D_{cy} 、液化指数 P_L 、平均 F_L （液化对象层中每 1 m 的深度求得的 F_L 的平均值），以及 $F_L \leqslant 1.0$ 的比率 P 的整理结果如图 8-68 所示。

表 8-21 兵库县南部地震受灾案例的某区域地震中地基沉降量与地基条件

液化判定	• 判定方法：《建筑基础构造设计标准》 • 地表面加速度：Port 岛 500 Gal，六甲岛 400 Gal • 判定对象层：液化对象层全层 • 液化强度：液化强度的上限为 $R_L = 0.5$
计算平均 F_L	• 无处理：液化对象层全层的平均 • 改良域：改良对象层的平均
计算 P_L	• $P_L = \int_0^{20}(1-F_L)(10-0.5x)\mathrm{d}x$ • 平均 P_L：所有区域 P_L 值的平均值
F_L＜1.0 时的比率 P	• P = （F_L＜1.0 部分的数量）/（判定为液化部分的数量）×100%

如图 8-68 所示的无处理地基的地基沉降量及各指标的分布，作为不发生沉降（认为受害轻微）的范围，大概可解读为 $D_{cy} \leqslant 5 \sim 10$ cm 、 $P_L \leqslant 5 \sim 10$ 、平均 $F_L > 1.0$ 、 $P < 30\% \sim 40\%$ ，可认为大地震时的液化中的界限值的一个参考值。

另外，改良地基中 D_{cy} 、 P_L 、平均 F_L 、 $F_L \leqslant 1.0$ 的比率 P 的计算值范围较广，但并未产生沉降。特别是 D_{cy} （图 8-68a），即使有液化的可能性（ $F_L \leqslant 1.0$ ），预测值较大，从实际上并未发生沉降这一点来看，实际的改良地基的抗液化能力可能具有式（8-37）的 $C_2 \sim C_6$ 的效果。

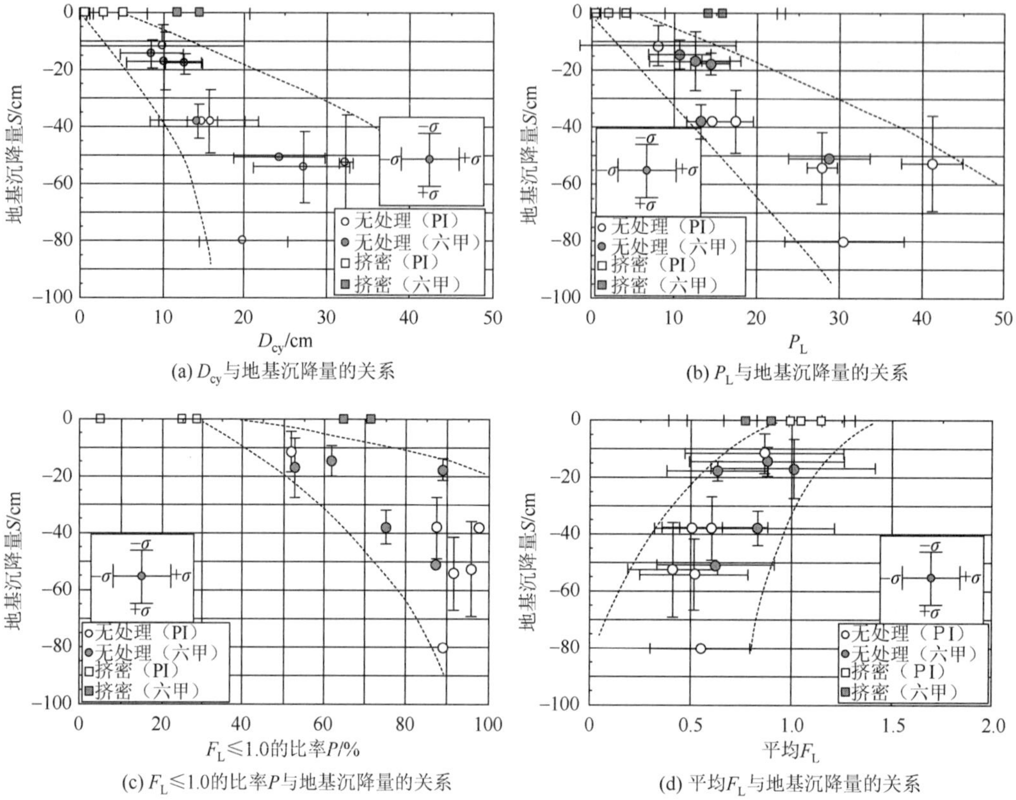

图 8-68　对兵库县南部地震时受灾案例的分析结果

图 8-69 是将图 8-68 的数据平均值以式（8-37）所示的抗液化能力的调整系数 C 为参数，将加固地基的 D_{cy}、P_L、平均 F_L 及 $F_L \leqslant 1.0$ 的比率 P 再次整理绘得的图。港口人工岛（PI）及六甲岛（六甲）中的 D_{cy} 的值存在较大差异（图 8-69a），但是当调整系数 C 变为约 2.5 时，D_{cy} 接近 0 。

8.3.5.4　挤密改良地基的水平方向地基反力系数的评价

设计受到水平力的基础桩时，一般结合挤密改良前的地基的 N 值与通过孔内水平载荷试验结果推定变形系数来进行设计。挤密改良后虽然 N 值有所增加，但根据改良后的孔内水平载荷试验等，改良地基的变形系数也相应增加，故设计桩时使用改良后的地基参数最为理想。

图 8-70 中所示的是挤密改良后（包含除 SCP 工法以外的挤密工法）的桩间 N 值与通过改良后的孔内水平载荷试验结果得到的变形系数 E_0 的关系。改良后的变形系数分布为 $E_0 = 500 \sim 1000N(\mathrm{kN/m^2})$，其近似式为 $E_0 = 700N(\mathrm{kN/m^2})$。

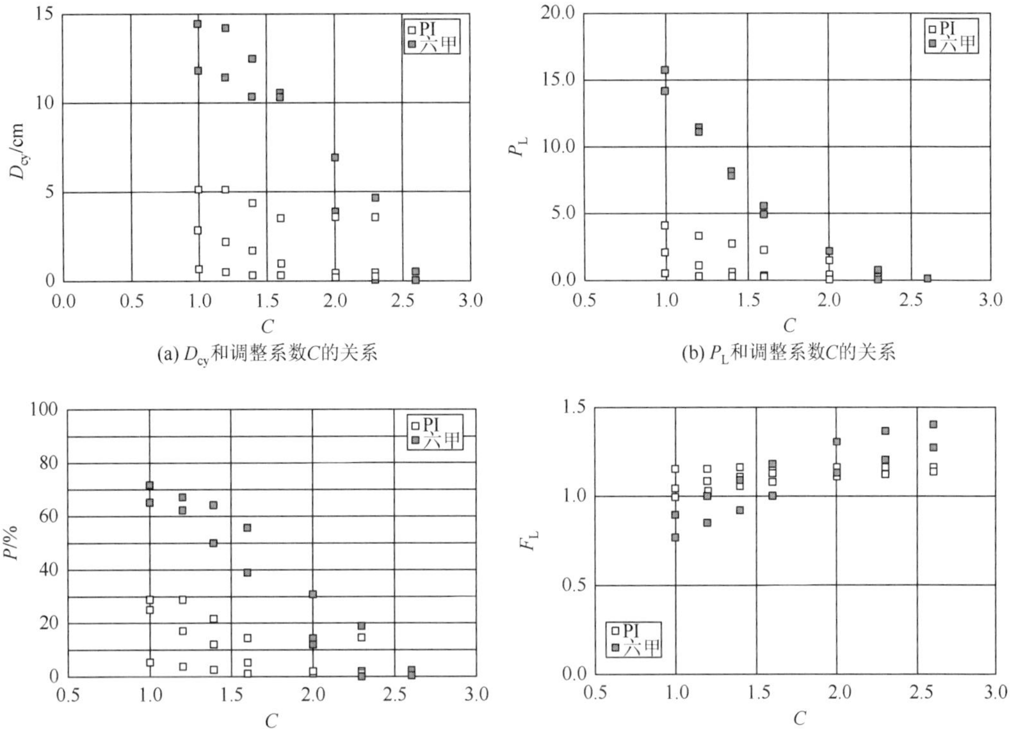

(a) D_{cy}和调整系数C的关系　(b) P_L和调整系数C的关系

(c) $F_L \leqslant 1.0$的比率P和调整系数C的关系　(d) 平均P_L和调整系数C的关系

图 8-69　各指标和调整系数的关系

用于改良后桩的水平阻力研究中水平方向地基反力系数的设定方法：

①根据改良后的试验桩的水平载荷试验直接设定；

②通过改良后的孔内水平载荷试验结果，掌握变形系数后设定；

③通过地基改良设计时推测的桩间 N 值，推测变形系数后设定。

上述三种方法，①、②有设计期限的问题，在工程上难以实现，现实中可行的方法只有③，故提出此时设计时的变形系数推定为 $E_0 = 700N(\text{kN}/\text{m}^2)$。

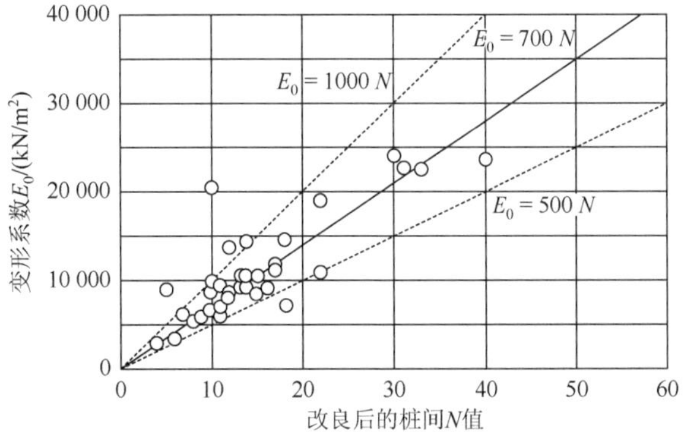

图 8-70　改良后 N 值和地基变形系数的关系

8.3.6　流程设计

对砂质地基的SCP工法的“流程设计”中，在“地基设计”中明示的SCP地基所要求的性能，决定具体的施工参数（使用材料、改良间距）。

砂质地基的地基设计中动态问题、静态问题各自的研究事项与SCP改良地基所要求的性能，以及必要的地基参数总结于表8-22。流程设计是要给出要满足表8-22所示SCP加固地基性能要求的加固规格。因此，地基参数与SCP改良参数有关的基础数据对于各类研究项目是必要的。至今为止砂质地基中SCP的流程设计中，仅将压入材料后导致的体积变化以孔隙率降低将其定量化，并整理改良参数与N值有关的基础数据。因此，现实操作中基本都是由N值推算确定SCP加固地基的性能要求所需的参数。

本节中主要介绍SCP改良后的N值的推定方法，但是今后随着面向性能设计的转移，必须考虑构筑SCP加固地基的各种性能要求和加固规格的相关基础数据。

表8-22　地基设计相关的研究事项和必要的地基参数

地基设计相关的研究事项		SCP改良地基的性能要求	必要的地基参数和试验项目	备注
动态问题	液化	·改良地基的液化强度	N值，细粒含量F_c（静止土压力系数K_0） 液化强度试验	
	地基和构造物的变形	·改良地基的变形特性 ·改良地基的动力特性 ·改良地基的液化强度	变形系数E，G，h-γ关系 N值，静止土压力系数K_0 液化强度试验	
静态问题	承载力	·改良地基的承载力	承载力系数 平板荷载试验	求解承载力系数所需的φ由N值换算
	沉降	·改良地基的瞬时沉降	变形系数E、N值	

8.3.6.1　基本思想

图8-71是砂性土的SCP工法改良原理。同图8-71中原地基的孔隙率设为e_0，

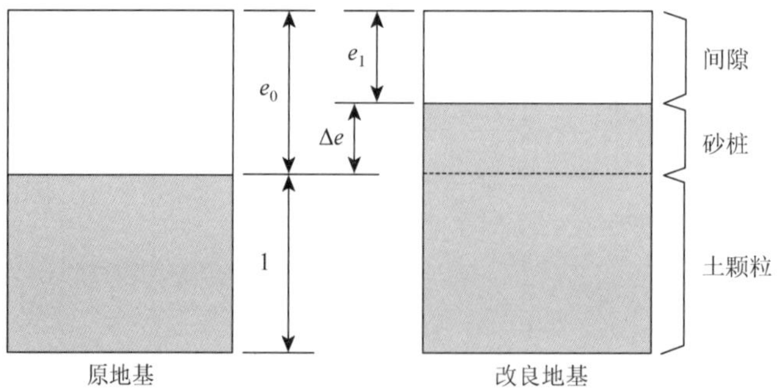

图8-71　砂性土的SCP工法改良原理

通过向$(1+e_0)$的体积的地基中振动压入与Δe相当的砂、碎石等填充材料挤密。综上所述，置换率如式（8-36）所示。

$$a_s=\frac{\Delta e}{1+e_0}=\frac{e_0-e_1}{1+e_0} \tag{8-38}$$

其中，a_s——置换率；

e_0——原地基的孔隙比；

e_1——改良后的地基孔隙比。

8.3.6.2 改良后N值的推定方法

SCP工法的设计中，必须了解N值和孔隙比的关系。如图8-72所示有4种SCP的砂性地基的设计方法。这些方法中，方法A、方法B是基于以往的施工实例中的设计图表的推定法，主要用于只求加固的大致规格时。平常的工序设计中，需考虑细粒含量的影响，采用方法C和方法D，且以可以解释说明地基土体隆起的方法D为主。此外，下文还将对这4种方法以外的方法进行介绍。

1. 方法A（基于实际的简易设计图表法）

方法A是根据过去的施工实例总结了原地基N值N_0-置换率a_s-改良后桩中间N值（N_1）或基于砂桩中心N值N_p的关系（图8-73）。如图8-73所示，评估加固后的地基强度，可通过砂桩中间的N值，或者结合中间N值与砂桩中心N值的平均N值进行。一般按前者进行设计的较多。

另外，图8-73为细粒含量20%以下的地基的施工案例。如图8-74所示，随着细粒含量F_c的增加，改良后的N值降低，故细粒分多的砂质地基并不适用图8-73。

2. 方法B（使用了N-D_r-e关系的设计法）

方法B为使用了吉布斯-亥姆霍兹（Gibbs-Helmholtz）的N-D_r-e的关系（图8-75b、c）及粒度与最大、最小孔隙率的关系（图8-75a）的方法。根据各种砂质土的不同，挤密特性也各不相同，故使用改良对象土的60%粒径D_{60}，推定e_{max}值、e_{min}值，然后设定孔隙比e与相对密度D_r的关系。通过原地基N值N_0及改良目标N值N_1及其深度上的有效上载压σ_v'，然后决定原地基的孔隙比e_0及改良后地基的孔隙比e_1，根据式（8-36）求得置换率。此时设定有效上载压，一般多会简单地取改良对象层1/3或1/2深度的土覆压。

3. 方法C（考虑了细粒含量的设计法）

方法C基本与方法B相同，但考虑了由细粒含量引起的N值增加效果的降低率β，定义如式（8-37）所示。另外，方法C在N-D_r-e的关系上使用了迈尔霍夫式，在推定e_{max}值及e_{min}值时使用平间的试验式。

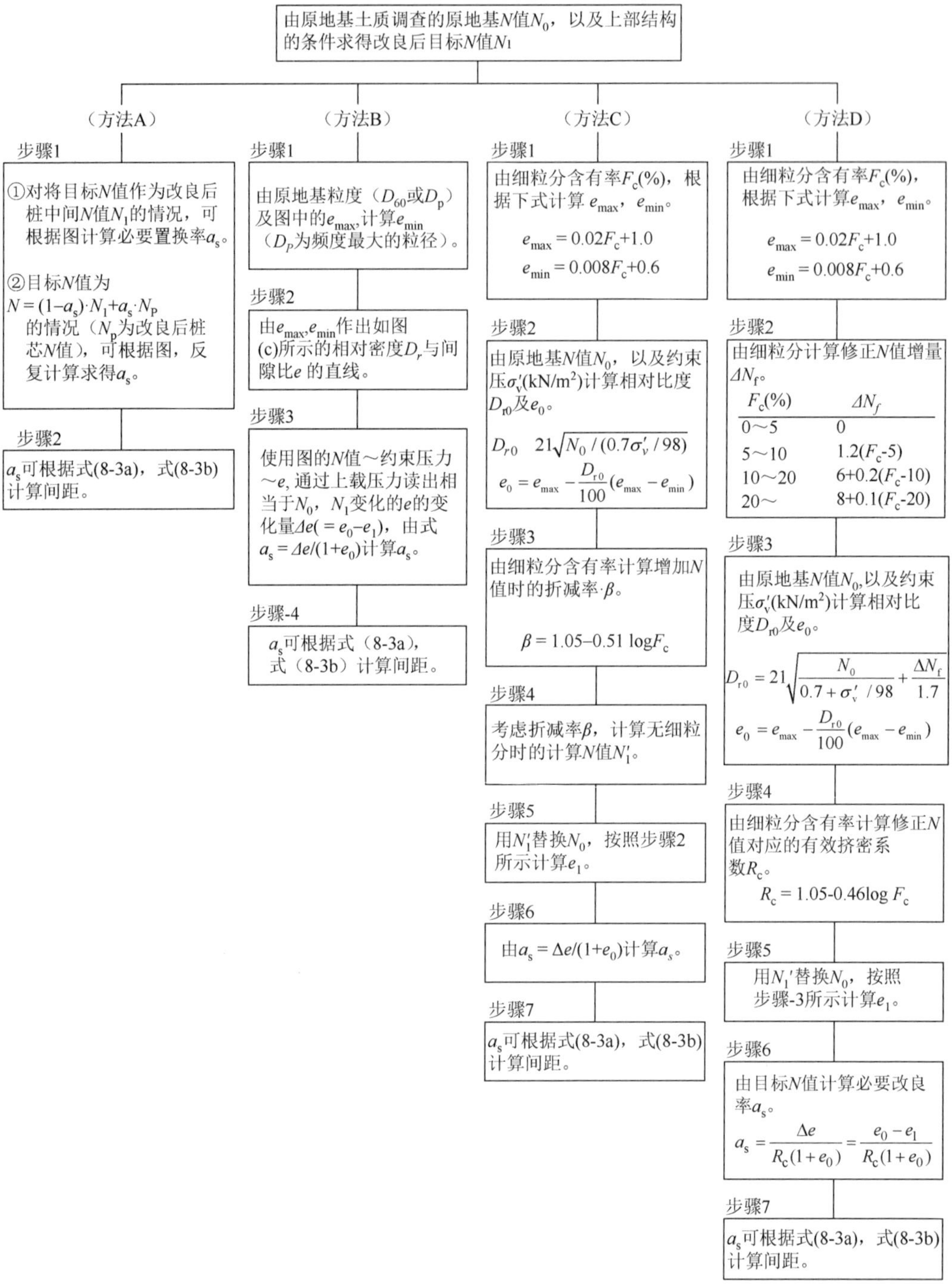

图 8-72　SCP 的砂性地基的设计方法

$$\beta=\frac{\Delta N}{\Delta N'}=\frac{N_1-N_0}{N_1'-N_0'}=1.05-0.51\cdot\log F_c \tag{8-39}$$

其中， β——与细粒部分改良效果相关的折减率；

N_0——原地基 N 值；

N_1——改良后 N 值；

N_1'——无细粒部分影响时的改良后 N 值。

这一细粒含量与降低率的关系如图 8-76 所示。细粒多时取 $\beta<1$，图 8-72 中的步骤 6 中计算的置换率 a_s 比没有细粒状态下计算的 a_s 要大。

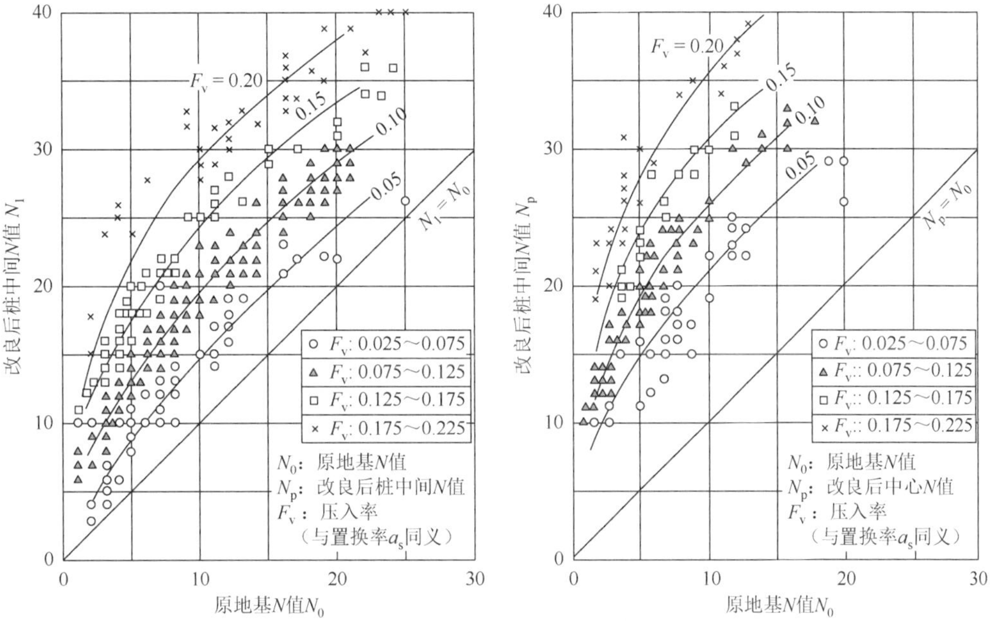

(a) 原地基 N 值 N_0 与桩中间 N 值 N_1 的关系　　(b) 原地基 N 值与桩中心 N 值 N_p 的关系

图 8-73 适用于砂性土地基 SCP 的设计图表（1）（细粒含量小于 20%）

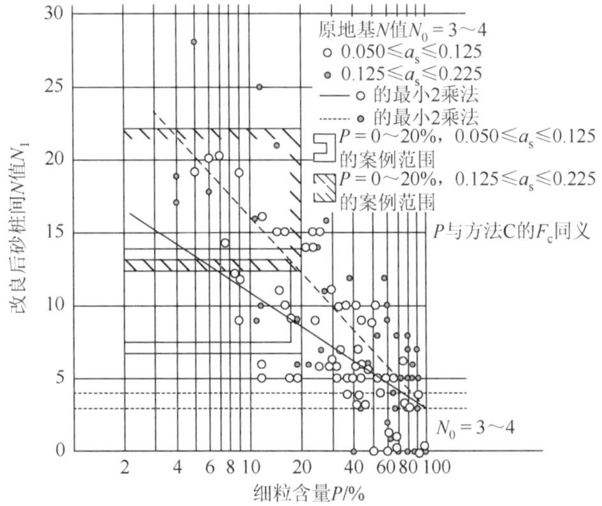

图 8-74 细粒含量和改良后砂桩间 N 值的关系

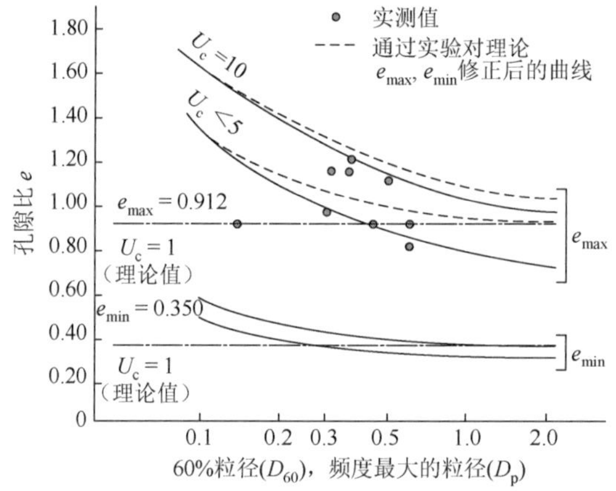

(a) 粒径、粒度与e_{max}，e_{min}的关系

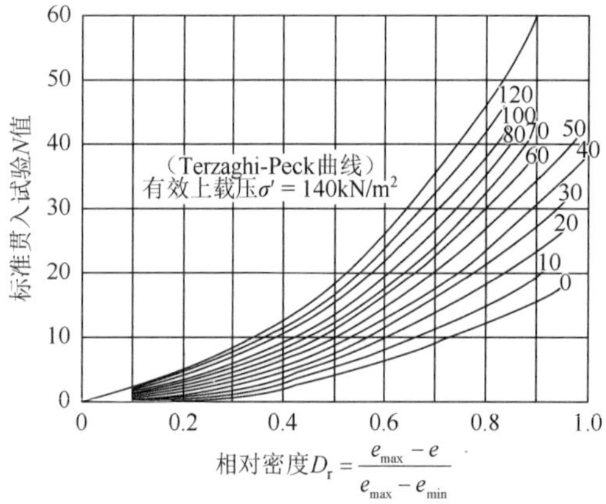

(b) N-D_r-σ'的关系

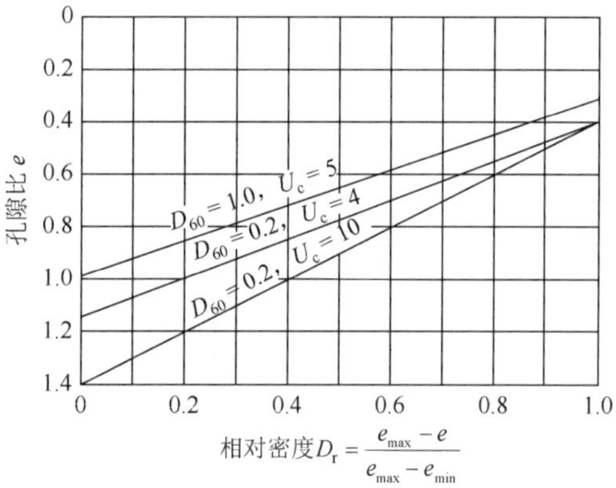

(c) N-D_r-e的关系

图 8-75　适用于砂性地基 SCP 的设计图（2）（细粒含量小于 20%）

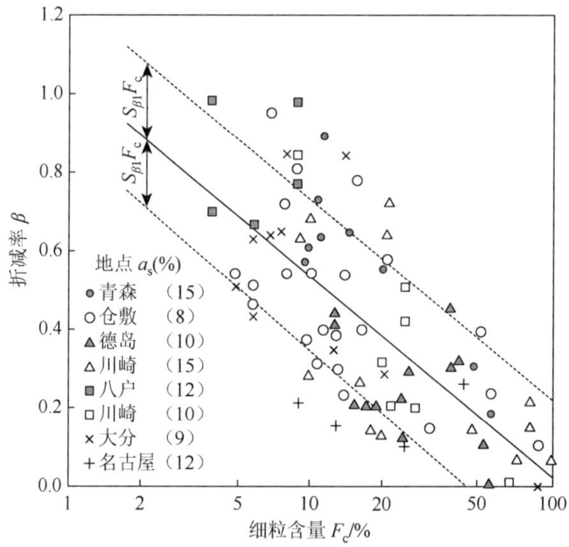

图 8-76　细粒含量 F_c 和折减率 β 的关系

4. 方法 D

方法 C 中地基改良后的 N 值 N_1 通过施工前的 N 值 N_0、细粒含量 F_c 及置换率 a_s 推定，如图 8-77a 所示，假定砂桩打设时地基不发生体积变化。也就是说，砂桩压入时认为增加所有地基的密度，并首先求得此时的密度状态下的推定 N 值 N_1'。但是，实际上如果地基中的细粒含量增加，由于挤密加固效果的产生，导致砂桩压入时地基土体产生隆起，因此设计计算的最终阶段结合改良效果降低率 β 以求得事后 N 值 N_1。综上所述，计算过程中得到的改良后的孔隙比 e_1 及相对密度 D_{r1} 在含有细粒的地基中并不是妥当的值。方法 D 如图 8-77b，考虑砂桩打设后的地基变化，并将体积变化率与地基细粒含量 F_c 相关联。据此，就有可能对 e_1 及 D_{r1} 进行正确的评价，认为其可与现场的地基的隆起或室内挤密试验等的结果相关联。将“有效挤密系数 R_c”作为细粒含量引起的体积变化率的参数导入，可得改良后的孔隙比 e_1，如图 8-77b 所示：

$$e_1 = e_0 - R_c(1 + e_0)a_s$$

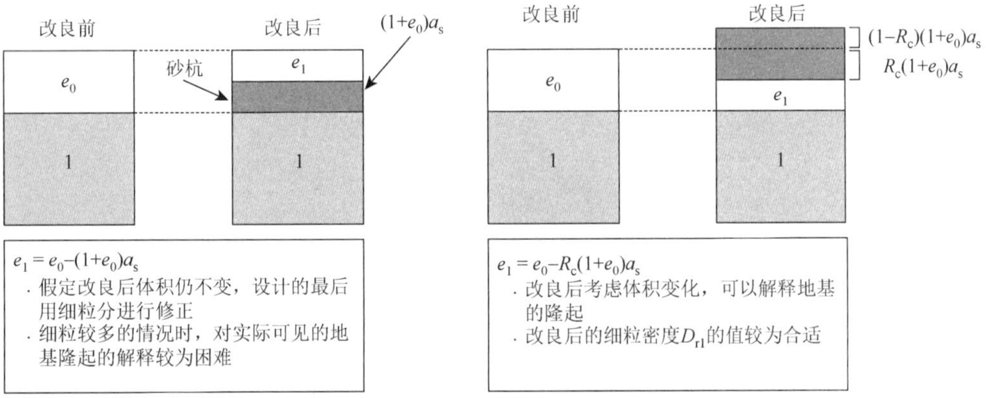

(a) 方法C的设计思路

(b) 方法D的设计思路

图 8-77 有效挤密系数 R_c 的考虑方法

通过对现场实测数据的分析结果表明，在本推算方法提出的各项对 R_c 有较高影响力的地基要素参数中，细粒含量 F_c 与 R_c 的相关关系最为密切。图 8-78 和图 8-79 所示分别为振动式 SCP 和静力挤密砂桩的细粒含量 F_c 和有效挤密系数 R_c 的关系。

不管使用何种方法，在对砂质地基进行大规模的施工时，首先应进行试验性施工，确认其结果以后再正式展开工程整体施工。

5. 其他方法

在其他推算加固规格的方法中，也有使用地基累积剪切变形的方法。通过置换率 a_s 可按照如下流程求得目标 N 值（图 8-80）。另外，流程中的 κ 为通过 SCP 施工前、后的 N 值实例所求得的系数（图 8-81）。

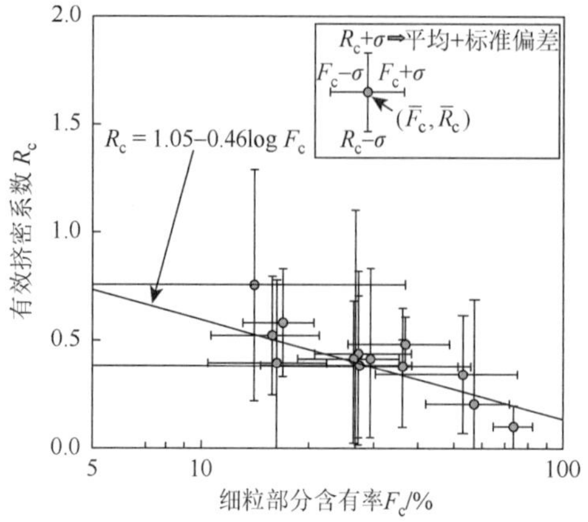

图 8-78　F_c-R_c 关系（SCP）

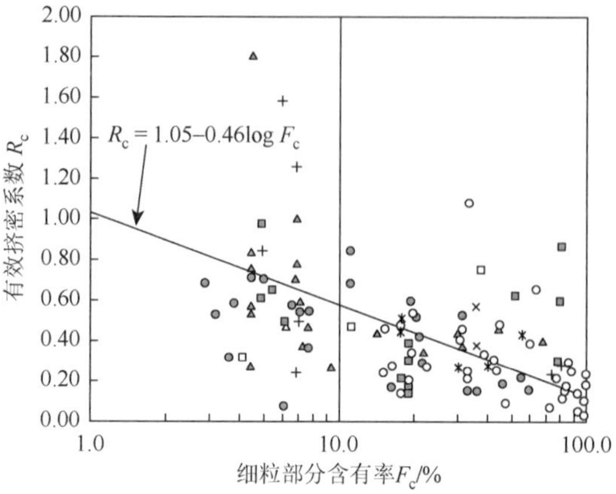

图 8-79　F_c-R_c 关系（静力）

1. e_{max}，e_{min}可由细粒分含有率F_c(%)按下式计算。

$$e_{max} = 0.02F_c+1.0,\ e_{min} = 0.6$$

2. 原地基的相对密度D_{r0}可按下式计算（迈尔霍夫式）。

$$D_{r0} = 0.16\sqrt{\frac{167}{69+\sigma_v'}N_0}$$

3. 使用步骤2中的D_{r0}按下式计算地基的初期累积剪切应变γ_i^*。

$$D_{r0} = \frac{\gamma_i^*}{c_1/c_2+\gamma_i^*}$$

$$\kappa = 5\times10^{-0.01F_c}$$

$$c_1 = e_{max}-e_{min},\quad c_2 = 1+e_{max}$$

4. 将步骤2式中的N_0用目标N值N_1代入，可计算相对密度D_{r1}。

$$D_{r1} = 0.16\sqrt{\frac{167}{69+\sigma_v'}N_1}$$

5. 根据下式，使用步骤4的D_{r1}可求解置换率a_s。

$$D_{r1} = \frac{k\times a_s+\gamma_i^*}{c_1/c_2+(k\times a_s+\gamma_i^*)}$$

图 8-80　置换率计算流程（κ 法）

8.3.6.3　SCP 的使用材料

适用于砂质地基 SCP 的使用材料如“8.2.7.1 SCP 的使用材料”中所示，0.075 mm 以下的细粒含量较少，且基本上在施工过程中也要保证材料不会变成更细小的颗粒。图 8-82

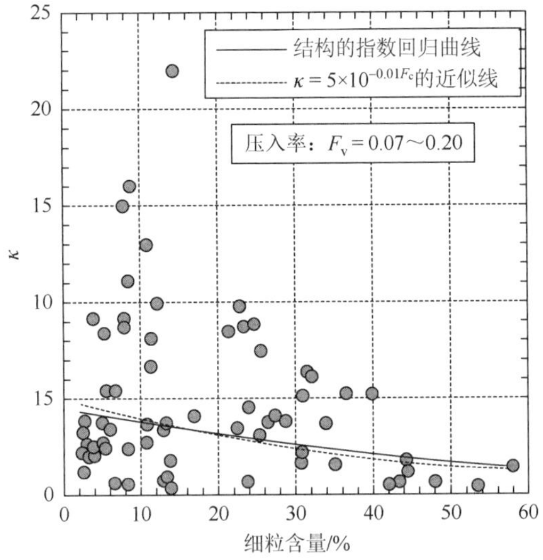

图 8-81 κ 和细粒含量的关系（基于 SCP 的业绩）

是陆上工程中循环材料使用目的分类图。据此，以液化对策及液化与承载力增加为目的的砂质地基改良中有 80%使用的是循环材料。

另外，图 8-83 是陆上工程中循环材料使用数量分类。如图 8-83 所示，再生碎石的比例占 80%，这是因为近年来以液化对策为目的的 SCP 工程中使用再生碎石的比例在逐步增加。另外，循环材料中 20%左右利用的是矿渣，使用矿渣时，如 8.2.7.1 SCP 的使用材料中所示，在实施了有害物质溶出及 pH 影响等相关实验的基础之上，必须使用满足标准的材料。

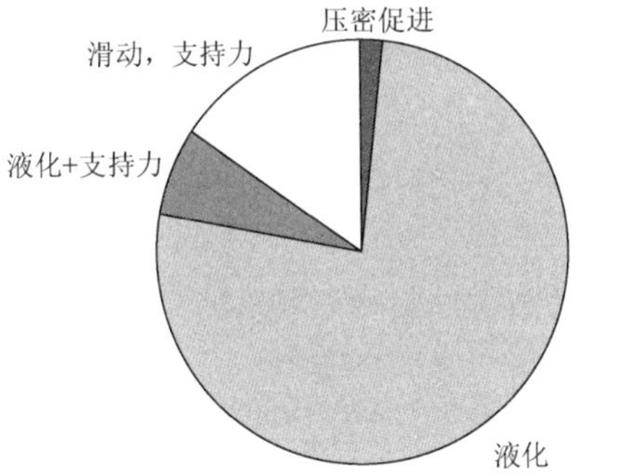

图 8-82 陆上工程中循环材料使用目的分类图

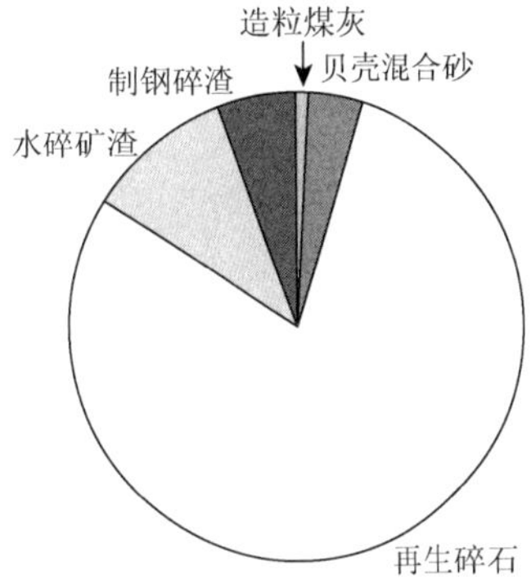

图 8-83 陆上工程中循环材料使用数量分类

8.3.7 施工及施工管理

施工及施工管理基本与以黏性土地基为对象时所用的施工机械、施工工法、施工记录、施工管理等相同。SCP 工法相关的主要施工管理项目如表 8-23 所示。施工中所使用的材料的质量、用量及施工位置、深度为主要的管理项目。施工后的管理以地质调查为中心。其中，砂质地基的标准贯入试验中，必须要留意会影响改良效果的细粒含量，要对其采取试验并事先测定。

表 8-23　SCP 工法相关的主要施工管理项目

时期	管理项目	管理方法	管理标准项目
施工前	・使用材料的质量 ・施工管理仪器的检查 ・施工机械的检查	・粒度试验等	・使用材料的规定
施工中	・施工位置和地基高度的确认 ・施工深度的确认 ・各深度砂量的确认 ・使用材料的质量	・测量 ・以定位桩表示 ・用自动记录仪（GL 仪）管理施工深度 ・用自动记录仪（SL 仪）管理砂量 ・粒度试验 ・体积变化率的测定	・施工位置的偏差量 ・施工深度 ・各深度的砂量 ・使用材料的规定 ・使用材料的调整率
施工后	・改良效果的确认 砂桩间强度 砂桩强度	・标准贯入试验 ・粒度试验 ・地层 PS 检测 ・孔内水平荷载试验等	・改良目标强度的规定

另外，本书中的各种理论、基础数据及设计方法均以“8.4.1.2 施工方法”中实施的现场数据为基础所构成，故一般不需要进行试验再施工。但是，如果在大规模施工现场或将以前设计中从未使用过的新施工方法引入设计，以新施工方法施工时，正式施工以前应实施试验施工，在确认改良效果的基础上再推进工程。

8.3.8　质量管理

8.3.8.1　改良效果的确认

以砂质地基为对象的 SCP 改良地基中的质量确认是为了满足地基设计时所设定的建筑物所要求的性能，以确认是否满足必要的改良目标值为目的而实施。质量确认时具体的调查、试验项目、调查位置等根据地基设计中的研究项目及 SCP 改良地基的评价方法不同，其内容也会发生变化。

表 8-24 是为了确认 SCP 改良效果的调查、试验项目和利用方法。调查位置一般选择在如图 8-84 所示的 SCP 桩的对角位置，而在地基设计评价中若要包含 SCP 桩芯强度时，有时也须在砂桩芯位置进行调查。

以下对 SCP 改良效果确认调查中的注意事项进行论述。

表 8-24 为了确认 SCP 改良效果的调查、试验项目和利用方法

调查、试验项目		确认项目	利用方法		
			液化判定	承载力研究	沉降研究
原位置调查	钻孔	地层、地下水位	○	○	○
	标准贯入试验	N 值	○	○	○
	CPT	Q_c，f_s，u	△	△	△
	平板荷载试验	荷载-沉降关系 极限承载力	—	○	○
	PS 检层	P 波，S 波	○	○	△
	孔内水平荷载试验	k_h，K_0	○	—	—
室内试验	粒度试验	粒度	○	—	—
	密度试验	湿润密度	○		
	液、塑性界限试验	I_p	○	—	—
	液化试验	液化强度 R_L	○	—	—

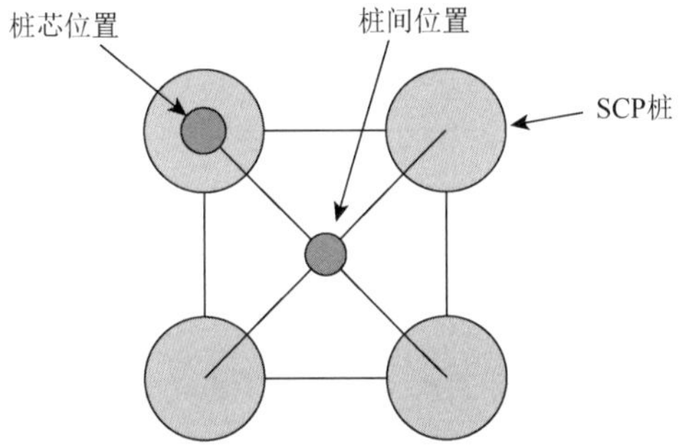

图 8-84 SCP 改良后调查位置

1. 调查数量

改良效果确认措施的数量未明确规定，但应取决于施工工程量、施工机械台数、地基的复杂程度、建筑物等。

2. 调查时期

砂质地基中的 SCP 在细粒含量高时，施工时发生的超静孔隙水压如消散缓慢，会导致改良效果也出现延缓。因此，须充分留意改良效果的确认时期，并应在超静孔隙水压充分消散时实施。

8.3.8.2 注意事项

砂质地基中的 SCP 工法所预想到的注意事项及处理方法总结见表 8-25。

表 8-25 SCP 工法相关的注意事项及处理方法

分类	状况	原因	处理方法
调查、设计阶段	改良效果的不足	细粒含量比预想的大	超静孔隙水压消散后再试验，追加施工
		粒度分布很差	追加施工
	表层部位挤密不足	表层部位的约束压力低	追加辅助工法（振动夯实）
	改良区域效果迟缓	细粒含量比预想的大	超静孔隙水压消散后再试验
施工阶段	无法贯入	存在硬质层、瓦砾、砾石等	撤去瓦砾，先行削孔
	临近构造物变形	以往案例及周边环境的调查不足	位移对策的实施
	振动、噪声	以往案例及周边环境的调查不足	振动隔断，静力工法的适用

发包形态是指对设计、施工等进行分包、规定加固规格时，事前调查的不足、地基设计、工序设计、对周边环境的影响等相关不良后果的责任均在发包方。另外，包括设计、施工等一系列内容，责任则在施工方。尽管如此，表 8-25 的注意事项中，在某种程度范围内，是可以在施工前进行判断的，发包方和施工方应事先协商，防止不良事态的发生。

1. 改良效果的不足

地基的细粒含量有时比预想还要高或粒度分布不好，或有时会因施工不良导致 SCP 桩间 N 值不足。加固的目的是为抵抗液化的情况下，如果地基细粒含量较高，会因细粒含量较高导致液化强度较高，因此为满足根据加固后的调查结果进行再度液化判定所需要的性能要求，在确认基本的加固效果不足的要因的基础上，进行追加施工。

不论哪一种，在设计阶段预想到有对象地基细粒含量较高的土层存在时，要注意事前调查的内容与规模。

2. 表层部位的挤密不足

砂质地基上以直接地基支持箱形基础等建筑物时，因表层附近的拘束压力较小，故会有 N 值发现不足的情况。对于这样的情况，设计阶段对周边施工实例的情况也需进行分析，如有必要，可将振动锤法等工法与 SCP 工法组合进行施工。

3. 邻接建筑物的变状

SCP 施工中，由于是向地下强行压入砂等填充材料，因此施工时会发生变形。陆上 SCP 施工时产生的周围地基变形，与黏性土地基为对象时的数据相比，砂质地基的地基变形相对较小，附近有既有建筑物时，需要采取必要的变形控制措施。一般采取变形控制措施如图 8-85 所示，采用设置位移缓冲孔、位移缓冲沟的方法。

另外，砂质地基中的 SCP 虽然不及海上工程，但施工时也会有数十厘米的隆起。砂质地基中的隆起，可以用改良后 N 值的计算方法 D 通过有效挤密系数 R_c 来推定的方法

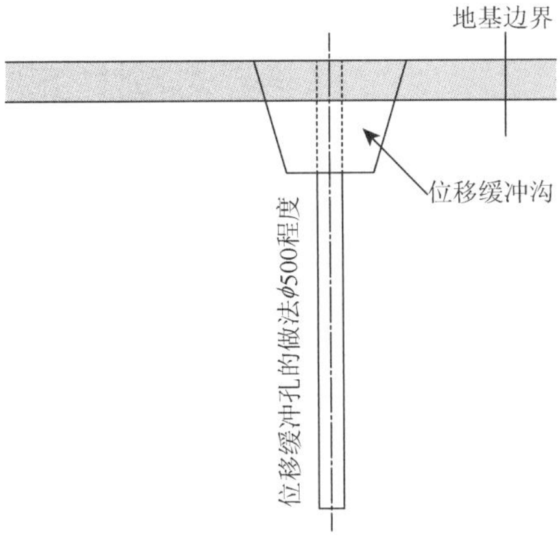

图 8-85　设置位移缓冲孔的示例

$$\Delta H = (1 - \alpha \cdot R_c) D_{id} \cdot a_s \quad (8\text{-}40)$$

其中，　ΔH ——隆起高度；

R_c——有效挤密系数；

D_{id}——改良深度；

α——修正系数（$\alpha = 1.4 \sim 1.9$）。

4. 振动、噪声

对于施工中的振动、噪声，通常的 SCP 施工中，为将振动基准值控制在 75 dB 以下，施工机械的间隔应设置在 60 m 左右，噪声如要控制在 85 dB 以下，间隔也控制在 20～30 m。近年来，正在普及考虑施工时的振动、噪声等对周边环境的影响的静压挤密工法。详细的静压挤密工法将在 8.4 节中进行介绍。

8.4　施工

8.4.1　施工机械、施工方法和施工记录

8.4.1.1　施工机械

SCP 工法一般所使用的施工机械如图 8-86 所示。图 8-86a 所示的是海上施工机械及船队构成。另外，该图表示了施工船只的大致尺寸，但实际上存在多种尺寸。图 8-86b 为陆上施工机械的概况，但现今常采用的施工机械几乎都是桩架式。

表 8-26 所示的是振动锤的规格及陆上、海上工程中各自的适用地基、适用深度的估计值。选择施工设备时需参考表 8-26，在考虑地基条件和应用深度的基础上，选择最合适的振动锤。

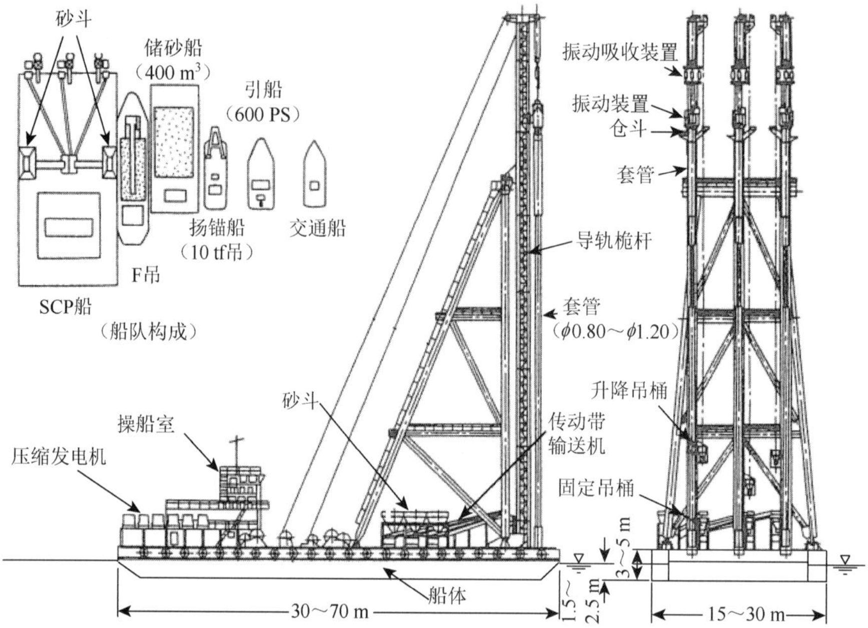

(a) 海上施工机械

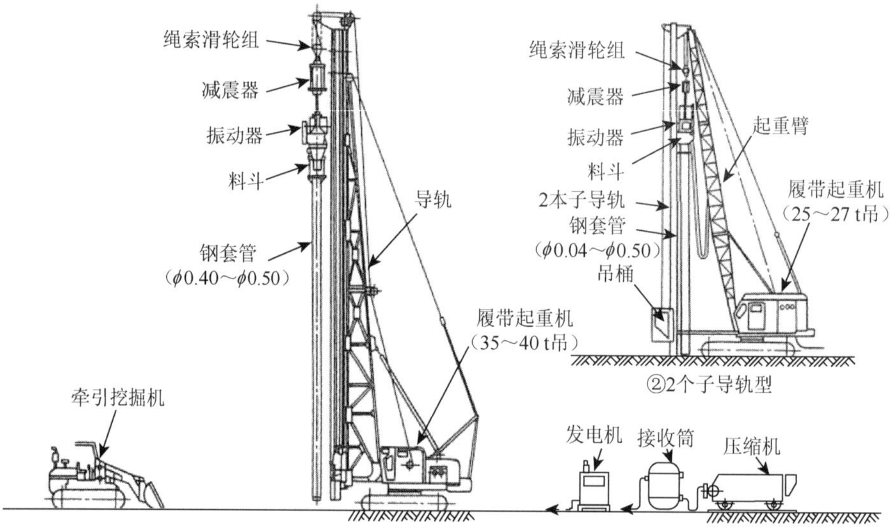

(b) 陆上施工机械

图 8-86　SCP 工法的施工机械

表 8-26　振动锤的规格和适用范围

机种	V-75	V-120	V-180	V-240	V-300
输出功率/kW	75	120	180	240	300
起振力/t	41.8	43.6～59.9	70.2～87.7	94.7～126.3	78.9～157.9

续表

机种	V-75	V-120	V-180	V-240	V-300
陆上，海上	陆上	陆上	陆上、海上	海上	海上
适用地基	软弱黏性土	黏性土、砂质土	陆上：硬质地基 海上：软弱黏性土	黏性土、砂质土	黏性土、砂质土
适用深度	～10 m	10～30 m	陆上：30 m～ 海上：浅深度	海上：中深度	海上：大深度

8.4.1.2 施工方法

SCP 的施工如 8.1 所述有各种各样的方法，但这里以重复地将桩管提升再回打以制作砂桩的方法（回填挤密方法）为对象，叙述其施工方法。图 8-87 是回填方式的施工循环。通过砂面计在拔出桩管时进行确认是否已提升相当于应形成的砂桩长（l_s）的砂，然后将桩管回填至所定高度形成砂桩。

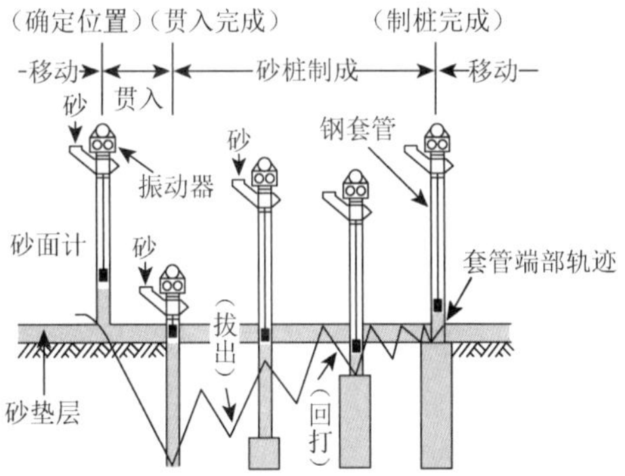

图 8-87 回填方式的施工循环

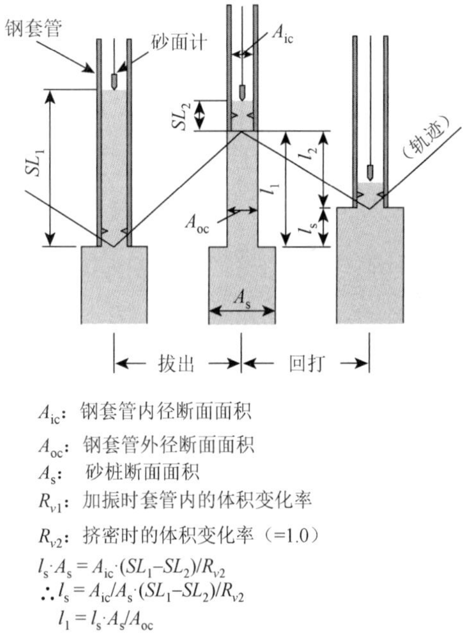

图 8-88 砂量的管理方法

现场投入的砂量与设计投入的砂量之比称为砂的调整率。这其中包含振动挤密导致的体积变化与施工上的浪费。砂的调整率一般在陆上为 1.4 左右，海上为 1.4～1.5。砂量的管理方法如图 8-88 所示，包括振动导致的桩管内的体积变化率 R_{v1} 与挤密扩径导致的体积变化率 R_{v2} 两种。两种所使用的材料与施工条件不同，R_{v1} 在 1.3 左右，R_{v2} 在 1.0～1.05。

8.4.1.3　施工记录

SCP 的施工如 8.2.8 节的施工记录所示，边确认桩管前端的深度与桩管内的砂面边进行施工。以往的 SCP 施工，在模拟信号式记录计上进行记录。近年来，随着过去的模拟信号式记录变为数字信号式记录，逐渐开始使用自动计算桩长与使用砂量等的施工管理系统。施工中的深度计与砂面计所检出的值每时每刻都被输入数据处理装置，以使用砂量的输入值为基础，自动演算处理桩管回填长度，并基于此形成砂桩。此施工过程用自动监视器显示的同时，还记录在内存卡中。图 8-89 为操作屏幕示例。

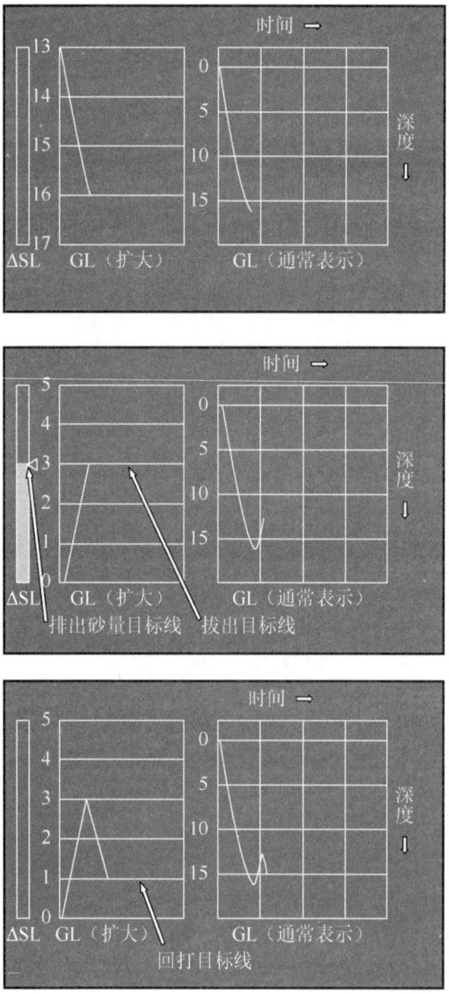

① 钢套管贯入到指定深度后，熄灭操作显示器，同时用蜂鸣器指示开始拔出套管。

② 为排出砂，将钢套管拔出，排出砂量及拔出目标线如图所示，达到改线则拔出完成。同时挤密开始，用指示灯和蜂鸣器指示。

③ 挤密开始后，回打目标线如图所示，达到该线时挤密完成。同时开始钢套管再拔出，用指示灯和蜂鸣器指示。

④ ②及③重复操作，按照设计的方法制作砂桩。

图 8-89　操作屏幕示例

8.4.2 施工计划

按照陆上工程及海上工程的施工流程，阐述各施工阶段的注意事项。

8.4.2.1 陆上工程

1. 施工流程

图 8-90 是陆上工程的施工流程。

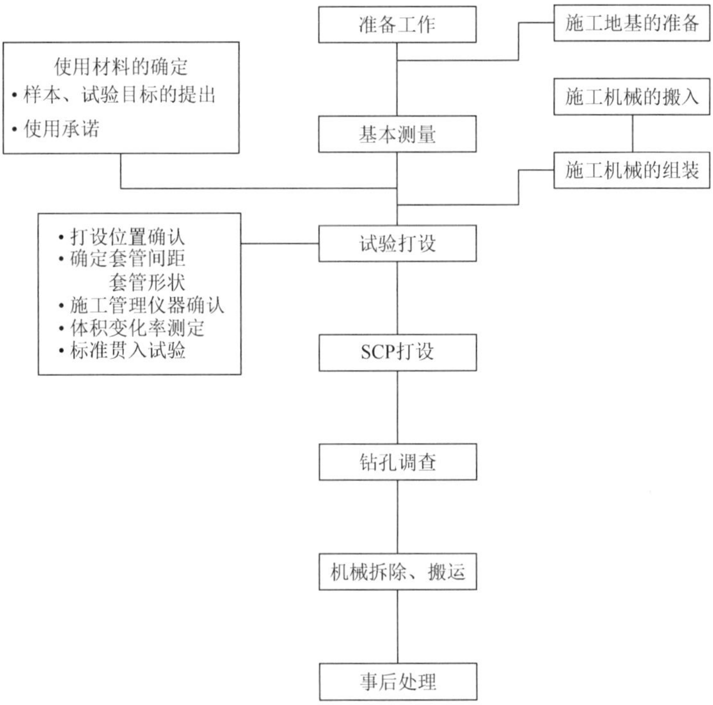

图 8-90　陆上工程的施工流程

2. 测量

作为基准测量，参照工程基准点，在施工中无障碍或桩芯复原较容易且打设不会产生位移的合适位置设置数个参考桩点。砂桩的打设位置参照参考桩使用经纬仪或卷尺测定，通常将附有皮带的圆钉（小标桩）打入地面，用以明示（图 8-91）。

3. 施工机械的搬运

搬运施工设备时，对施工设备主体、辅助重型机械等的搬运所需的道路情况有必要事先通过现场勘查等进行确认。特别需要留意道路宽度、十字路口的平面形状（可能推翻拖车等大型车辆）等。

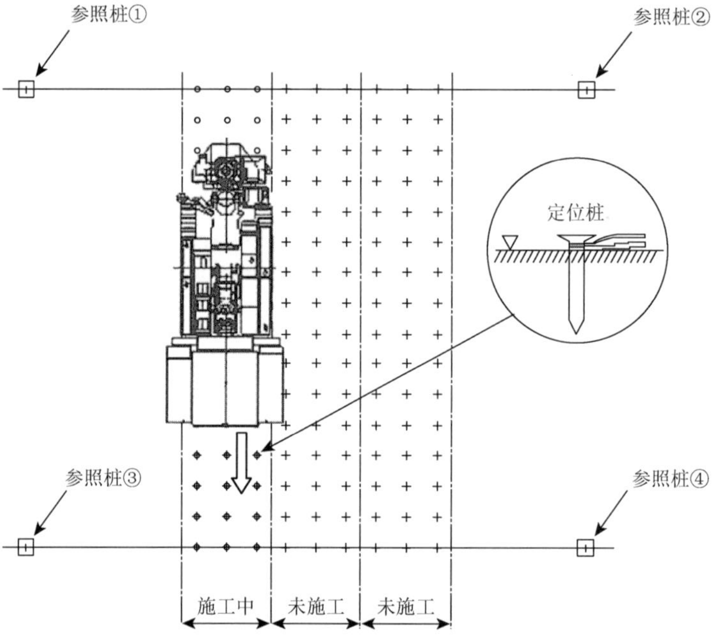

图 8-91　打设位置测量

4. 施工机械的安装、拆卸

施工机械的安装及拆卸需要在水平且坚固的地基区域。图 8-92 为施工机械安装、拆卸示意图，图中包括场地的大致标准，使用的设备有汽车起重机、高空作业车等，需要 50 m×40 m 的区域。另外，对于拆卸需要的天数，安装若需要 7 d，则拆卸大概 3 d。

5. 施工场地承载能力

计划施工时，需要确认对应施工机械接触地面压力的施工地基。一般通过事前调查的结果和现场勘查进行确认，而在不能确认作为作业地基适当与否的情况下，有必要进行圆锥体贯入试验或静力触探等追加调查。在地基支撑力不足时，须进行地基改造或加固，确保应用施工设备时有必需的支撑力。

施工地基改造时，一般铺设钢板。另外，判定认为不需要改造时，但有时也会因履带或施工损伤地基，故要设置 1 块钢板。另外，仅靠铺设钢板来养护不能给施工地基提供足够的承载力时，可通过砂垫层及表层改良对施工地基进行加固。

8.4.2.2　海上工程

1. 施工流程

图 8-93 为海上工程的施工流程。

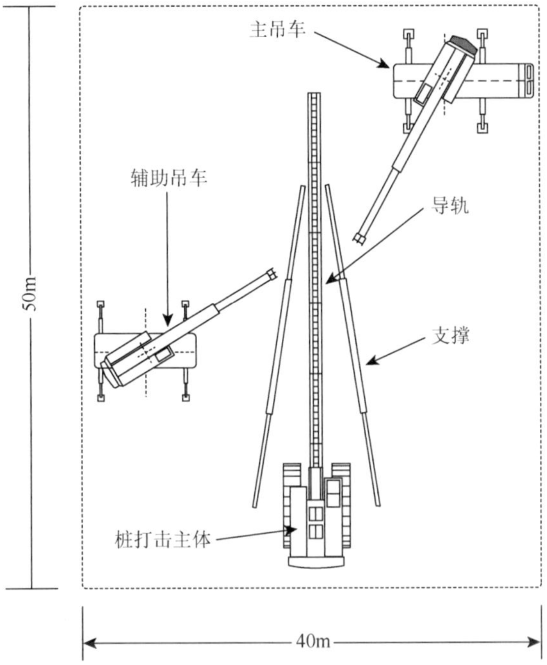

图 8-92　施工机械的安装、拆卸示意图

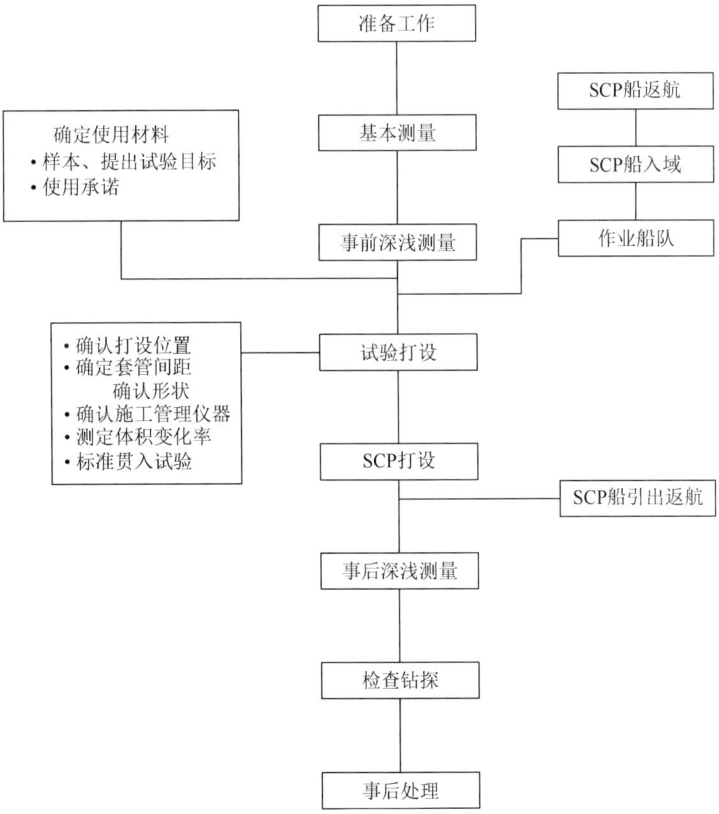

图 8-93　海上工程的施工流程

2. 施工船位置的引导

可利用配有GPS的施工船的定位系统来引导其打桩位置（图8-94）。该系统通过固定站（基准点）与移动站（SCP施工船）捕捉GPS卫星发出的电波，求出SCP施工船的位置。将数据输入计算机，计算SCP施工船当前位置与设计位置的差值，其结果以数值和图形表示在显示器上。驾驶船的人员一边确认其图形位置，一边移动船只，移动到指定位置。

3. 详细施工顺序

SCP施工顺序如表8-27所示。

4. 海上工程中的制约条件

（1）海上SCP施工中浅水部位中的隆起

在海上进行SCP施工时，在水深较浅的位置有时会因施工时的隆起给运砂船及SCP施工船的施工带来障碍。需要采取先挖掘而后打设SCP等对策。

（2）海上SCP施工中退潮时的施工

在海湾内部涨落较大的地区进行SCP施工时，会发生SCP施工船接触到海底地基的情况。这样的情况就是所谓的“待涨潮施工”，需要留意作业时间十分有限。

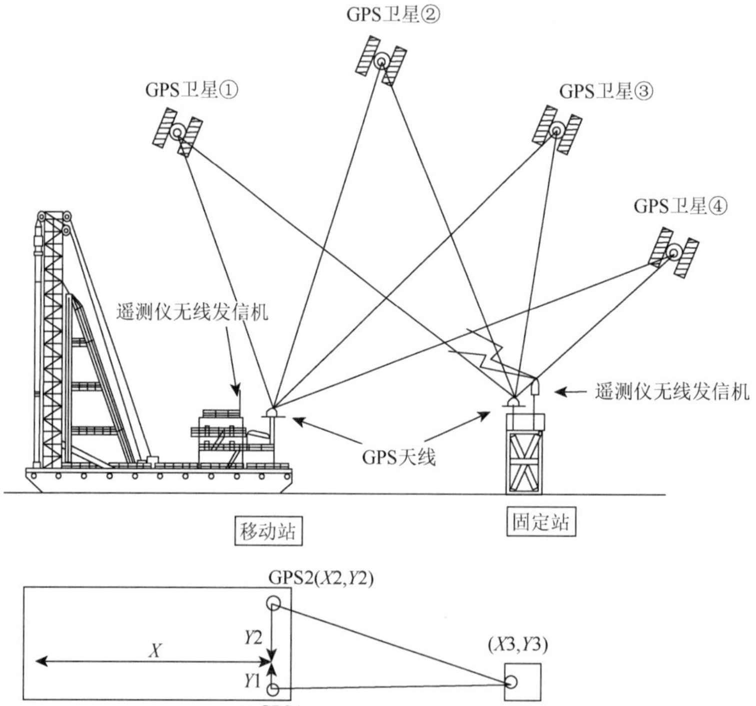

图8-94　SCP施工船的定位系统

表 8-27　SCP 施工顺序

序号	①	②	③	④	⑤	⑥	⑦	⑧
项目	打设位置导航	测量仪器零位设定 潮位、地基高度测定	铅直度测定 砂桩投入	钢套管 贯入	钢套管 拔出	扩径、挤密	挤密砂桩连续制成	施工完成
状况	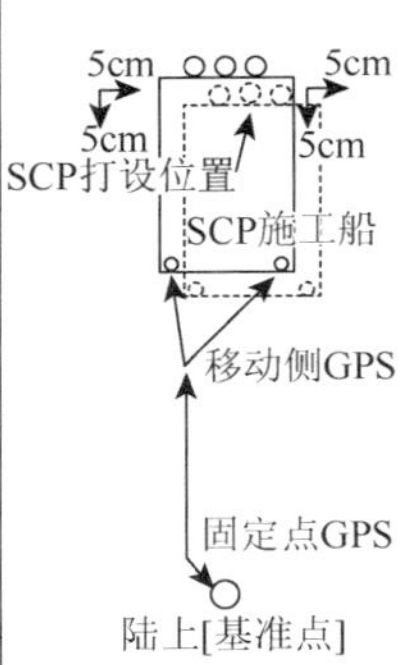	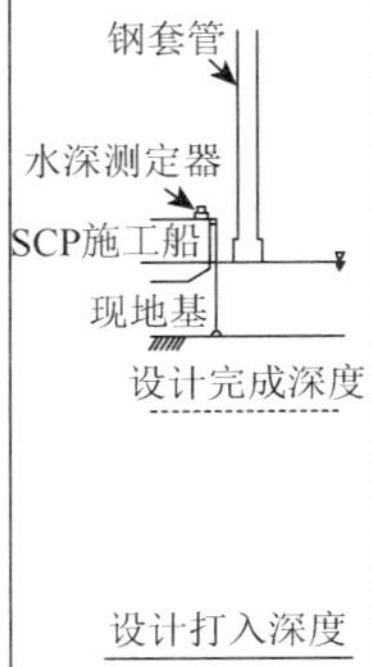	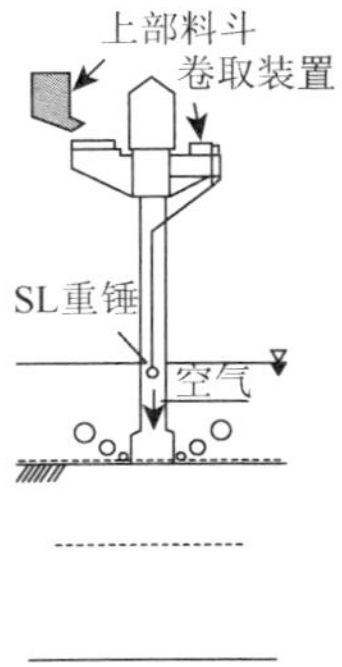	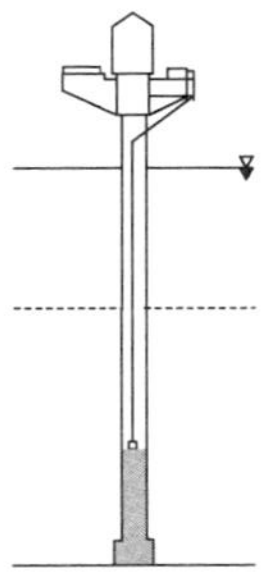	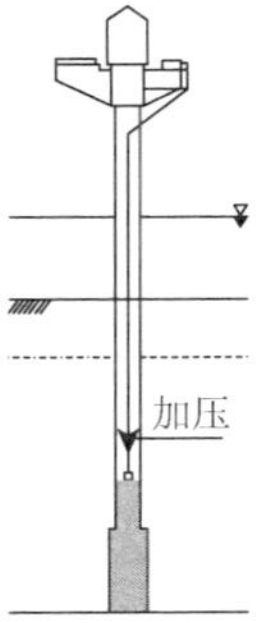	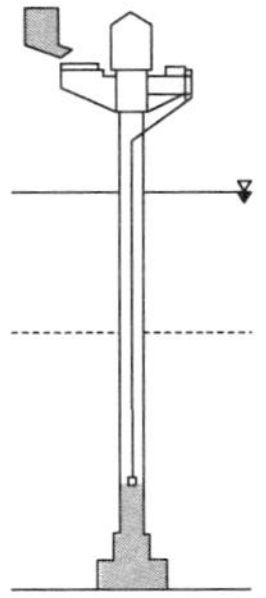	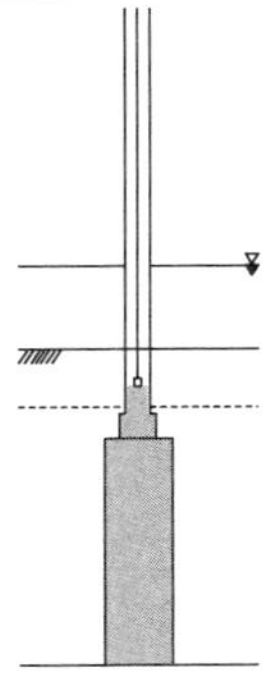	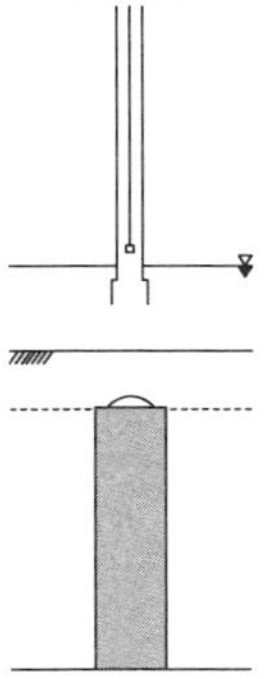
方法	挤密砂石船根据GPS定位系统，导航打设位置并组装	投定GL计（套管贯入记录）和SL计（砂面记录）的零位，测定潮位及现场地基高度	在确认套管到现场地基位置处的铅直度后，用空气将套管内的水排出，从上部料斗投入砂。该砂是为了阻止黏土从套管端部逆流	开始振动，套管开始向下端深处贯入	在对套管内的空气（最大0.7MPa）加压的过程中拔出套管，将规定量的桩砂从套管下端排出	回打套管，通过振动将排出的桩砂扩径、挤密，从而制成设计的挤密砂桩（适时投入砂）	重复④～⑤的操作，连续施工直至制成砂桩到设计的顶端深度处	将套管与海底地基分离，移动至下一个打设位置，回到步骤①继续作业
流程	开始 打设位置移动 GPS	仪器零位设定 潮　位　测　定 地基高度测定	铅直度确认 套管下降 砂投入	贯　入	上　拔 砂 排 出	回　打 扩径，挤密	砂桩连续制成	制桩完成
循环划分	移　动		贯入		SCP　制成			施工完成

（3）施工区域的限制

在接近航路的地方进行海上 SCP 的施工时，无法实现在航路上设置拉桩。因此，有时需要打设钢管然后在钢管上设置拉桩，或设置沉块等措施。

（4）施工时的污浊

在海上 SCP 施工场所接近养殖场时，有时会有施工带来的浑浊问题。作为对策，SCP 施工船周围铺上防污膜（保护罩）以防止污染，同时，定期检测污染等施工管理措施也十分重要。

8.4.3　施工注意事项

8.4.3.1　施工时的振动、噪声

因 SCP 工法是通过振动锤将砂强制压入地基中的工法，须特别留意施工时的振动、噪声。图 8-95 是 SCP 工法的振动、噪声的距离衰减。如图 8-95 所示，为了使振动在标准值 75 dB 以下，距离振源 50～60 m 的隔离（施工区域起的隔离）是必要的。为了使噪声在标准值 85 dB 以下，距离振源约 30 m 左右的隔离是必要的。

SCP 工法中的降低振动对策如图 8-96 所示，大致可分为以振动源为对策的方法及在振动源与对象物之间采取振动隔断对策的方法。

首先，针对 SCP 工法的振动源对策有表 8-28 所示的方法。其中小口径高频率 SCP 是指 SCP 工法的振动发生源振动锤通过使用高频率类型从而降低振动的方法。但是，与一般的振动锤相比起振力较差，故桩径为 40～50 cm，比一般的 SCP 小。静压砂桩是指不使用振动锤，而是通过液压式强制升降装置贯入、提升桩管的方法，是一种低振动、低噪声的工法。

接着介绍为减轻振动，在对象物与改良区域之间进行振动隔断对策的案例。振动隔断的基本原理是在振动的传递路程中吸收或反射振动。空沟或刚性隔断壁的振动传递路程如图 8-97 所示。从振源发生的波动随着传入地基而逐渐衰减，但传递路程中如果设置空沟，就不会有透过沟的波动，而会因沟底部或周边折射的折射波的影响在空沟的背面产生。另外，设置隔断壁时，壁面发生反射，使壁前面的高振动水平在背面被降低。

图 8-98 所示的在实施前述的小口径高频率 SCP 时，设置空沟与不设置空沟的振动等级与距离的关系。据此，空沟具有 5～10 dB 的振动降低效果。

另外，作为适用刚性隔断壁的案例，如图 8-99 所示，对于止水壁和挡土墙，采用水泥回固土排柱墙（SMW）与搅拌处理法（CDM）施工的现场中，分别测定墙壁的振动隔断效果。测定结果如图 8-100 所示，壁厚小的 SMW 墙基本看不到振动隔断效果，而壁厚大的深层混合处理壁则有显著效果。该案例中壁厚为 9.8 m，作为一般的振动对策虽然不具有经济型，但像该案例中挡土墙与振动隔断并用时，是非常有效果的。

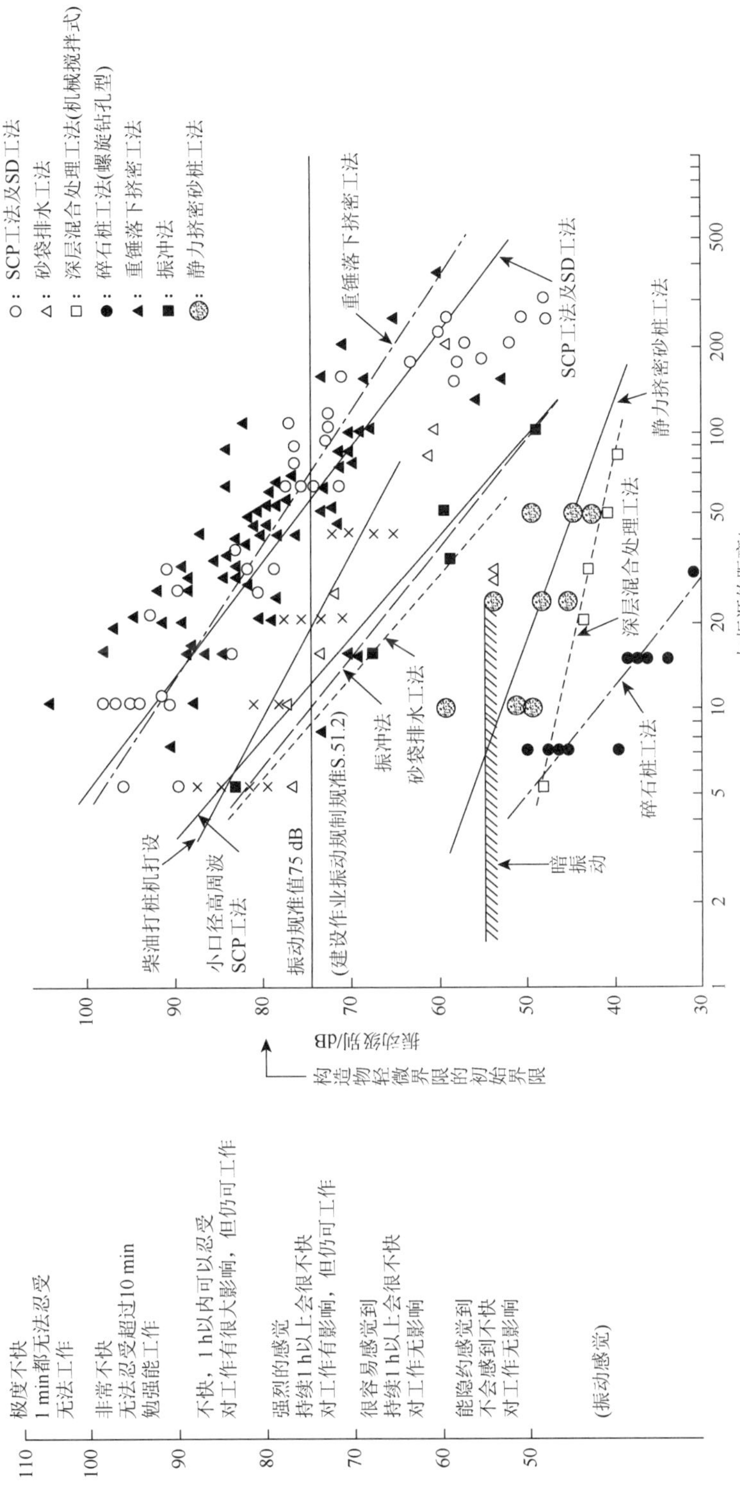

×：柴油打桩机打设
○：SCP工法及SD工法
△：砂袋排水工法
□：深层混合处理工法(机械搅拌式)
●：碎石桩工法(螺旋钻孔型)
▲：重锤落下挤密工法
■：振冲法
静力挤密砂桩工法
重锤落下挤密工法
SCP工法及SD工法
静力挤密砂桩工法
深层混合处理工法
碎石桩工法
振冲法
砂袋排水工法
暗振动
柴油打桩机打设
小口径高周波
SCP工法
振动规准值75 dB
(建设作业振动规制规准S.51.2)
与振源的距离/m
振动级别/dB
构造物轻微界限的初始界限
极度不快
1 min都无法忍受
无法工作
非常不快
无法忍受超过10 min
勉强能工作
不快，1 h以内可以忍受
对工作有很大影响，但仍可工作
强烈的感觉
持续1 h以上会很不快
对工作有影响，但仍可工作
很容易感觉到
持续1 h以上会很不快
对工作无影响
能隐约感觉到
不会感到不快
对工作无影响
(振动感觉)

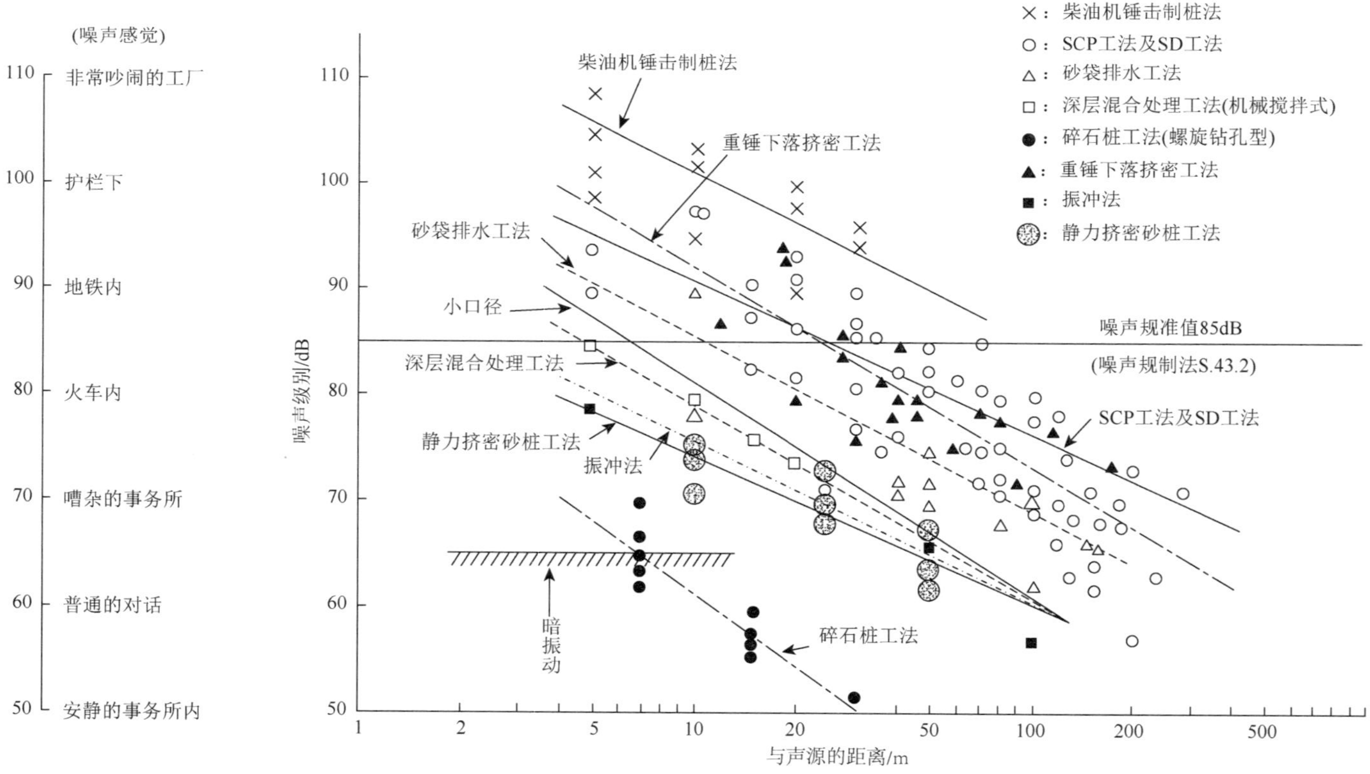

图 8-95　SCP 工法的振动、噪声的距离衰减

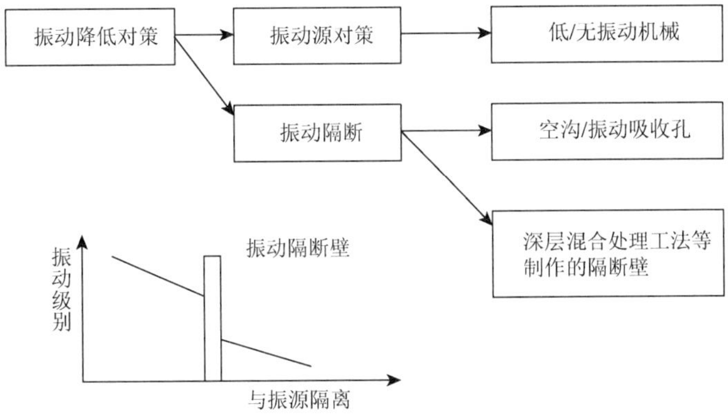

图 8-96　降低振动对策

表 8-28　SCP 工法的振动源对策

	SCP	小口径高频率 SCP	静压砂桩
贯入机械	振动锤 约 10 Hz	振动锤 约 20 Hz	强制升降装置
桩径/cm	70	40～50	70
距离 10 m 的振动级别/dB	约 90	约 75	约 50
开发时间/年份	1955	1988	1995

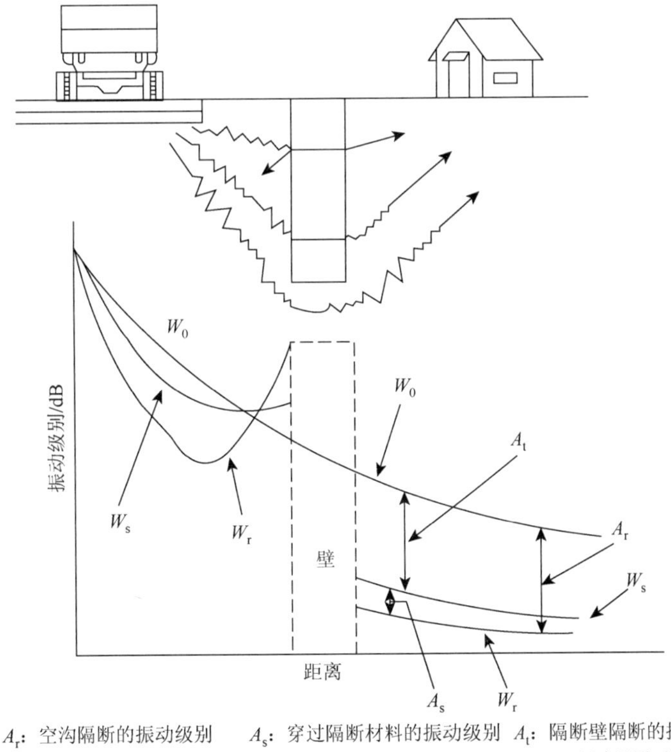

A_r：空沟隔断的振动级别　A_s：穿过隔断材料的振动级别　A_t：隔断壁隔断的振动级别
W_r：空沟施工后的振动级别　W_0：空沟施工前的振动级别　W_s：隔断壁设置后的振动级别

图 8-97　振动的隔断

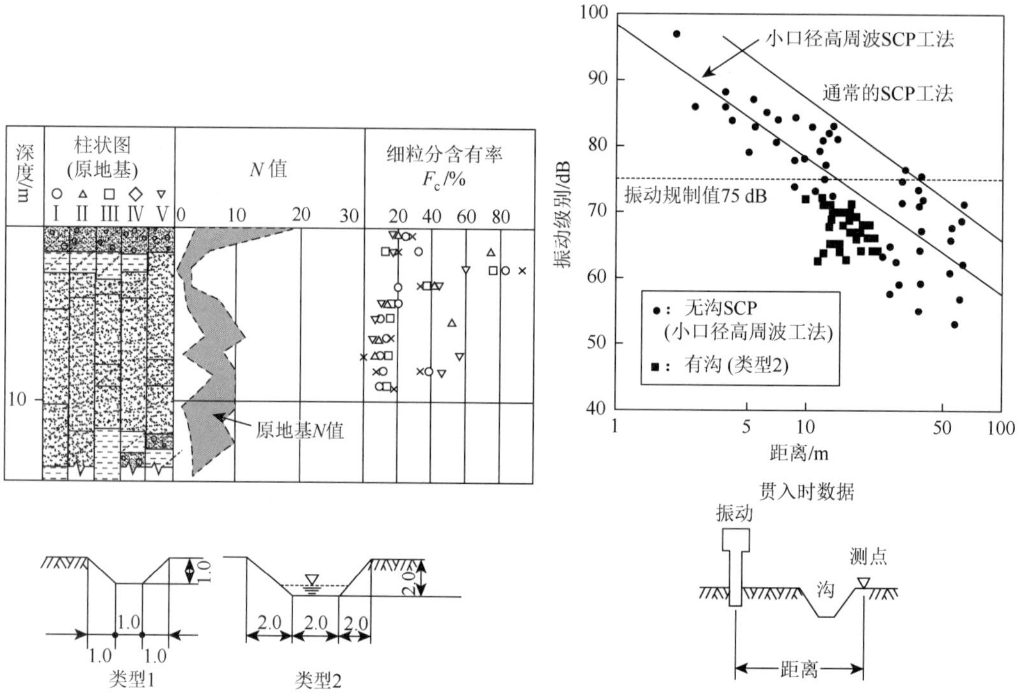

图 8-98　空沟振动降低效果监测案例（单位：m）

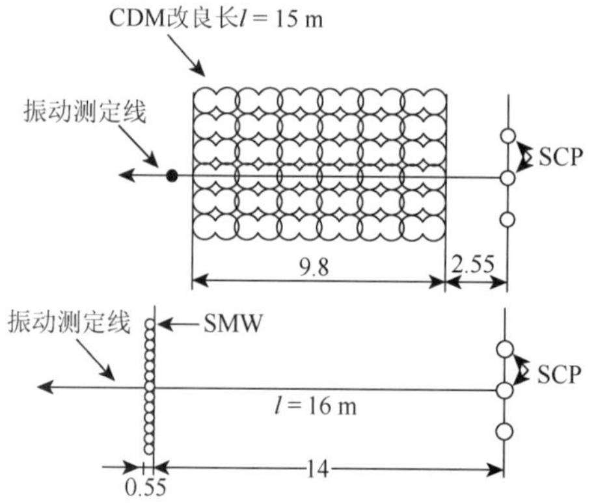

图 8-99　施工状况（单位：m）

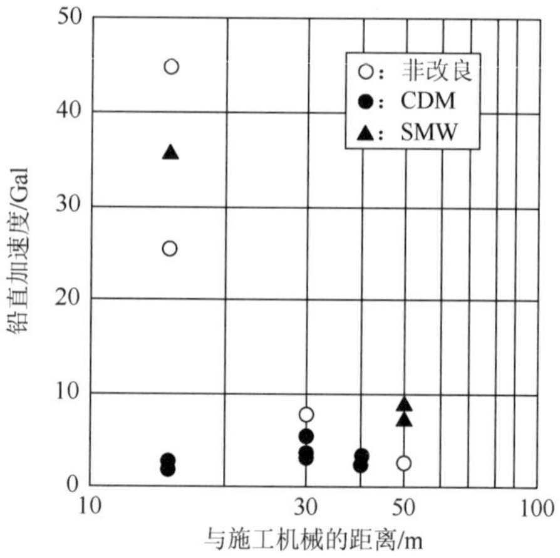

图 8-100　振动隔断效果

8.4.3.2　SCP 施工时的周边变形

SCP 工法因强制将砂等材料压入地基中，故施工时有极大的可能使周边地基或周边建筑物产生变形。图 8-101 是陆上 SCP 施工产生的周边地基变形。如图 8-101 所示，黏性土与腐殖土地基相比砂质地基，其周边地基变形更大，且影响范围大约在 45° 以内，也就是说与最大改良深度大致相当。作为 SCP 施工时的地基变形对策，一般采用设置变形缓冲孔及变形缓冲沟的方法，变形缓冲工程如图 8-102 所示。

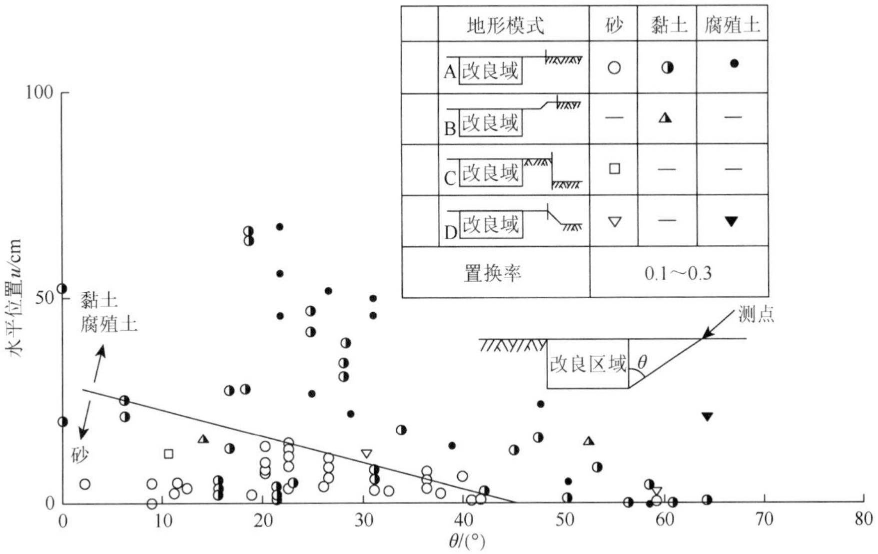

图 8-101 陆上 SCP 施工产生的周边地基变形

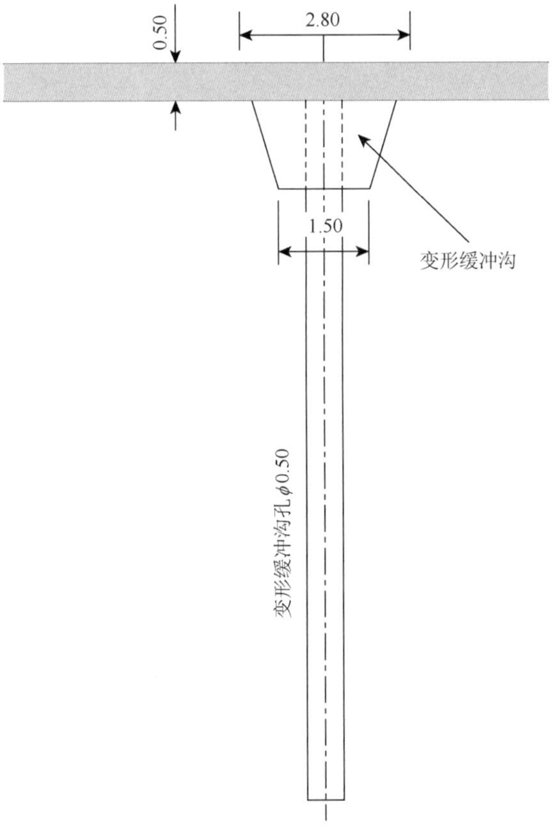

图 8-102 变形缓冲工程（单位：m）

图 8-103 为 SCP 施工中的地基位移监测案例。如图 8-103 所示，若设置变形缓冲工程，

则即使与改良区域近，位移量也很小，可以确认变形对策是有效的。另外，与既有建筑物邻近施工的施工顺序，应从离既有建筑物较远的方向开始施工。

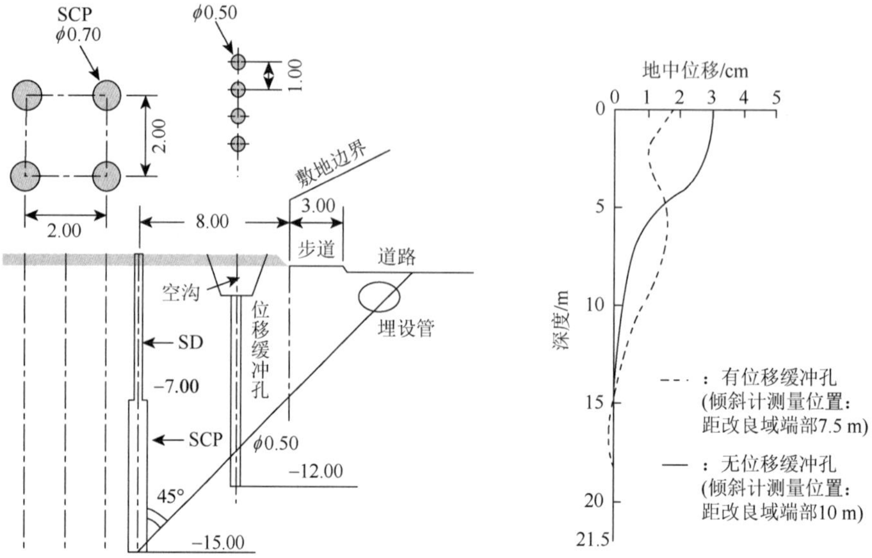

图 8-103　SCP 施工中的地基位移监测案例（单位：m）

8.4.3.3　材料的再利用

近年来，SCP 工法中也积极将类似建造废料等作为桩的材料进行利用。利用循环材料作为 SCP 工法桩材料时的注意事项与确认方法如表 8-29 所示。设计时必须要求确切的粒度、作为排水管的通水性能、作为桩材料的强度，施工时必须掌握桩管内的可通过性、材料的供给能力、体积变化特性等。除此之外，也必须调查对周边环境的影响（有害物质溶出等问题）。

表 8-30 总结了近年来作为 SCP 工法桩材料所使用的循环材料及使用时的注意事项。

表 8-29　使用再利用材料作为 SCP 工法桩材料时的注意事项和确认方法

要求项目	注意事项	确认方法、处理方法
设计的项目	排水材料的性能（要求透水性时）	透水试验
	满足必要的强度（颗粒不破碎）	大型三轴试验 破碎性确认试验
施工的项目	施工可行性（材料供给、桩管内的材料通过时间较短）	桩管内材料通过实验 施工机械的改良（仓斗及材料供给吊桶的角度、桩管的连续等）
	材料的含水率控制（细粒分较多时）、粒径管理	石灰等含水率调整材料的配比试验 筛分试验
	体积变化率的控制	现场调查
其他	对周边环境造成的影响	有无有害物质溶出

表 8-30 作为 SCP 工法桩材料使用的循环材料一览表

			规格、特性	适用案例	适用技术标准	注意点
再生碎石			粒度 调整粒度的混凝土残渣	对液化对策的适用增加	挤密砂桩工法使用范围 JIS 道路用碎石 C-40	有将细粒分较多的材料搬入的情况。要注意由粒子破碎造成的细粒化。此时，可能会产生超静孔隙水压消散迟缓，*N* 值发现不足等情况
矿渣	制钢		重量大 $\gamma_s = 23\ \text{kN/m}^3$（水中为 $16\ \text{kN/m}^3$），硬质，水刚性，内摩擦角大，$\varphi_s = 35°$	多用于海上 SCP 材料	港湾工程用制钢矿渣利用指导书	不适用于对材料的透水性有要求的低置换率 SCP 工法材料。在出货前物理性质会发生变化
矿渣	高炉	水淬	轻量，透水性大 潜在水硬性 内摩擦角大	陆上 SCP 材料	—	由自硬性产生的透水性的降低，不适用于排水材料。掘削搬出时可作为工业废弃物
矿渣	高炉	徐冷	水硬性	有海上 SCP 案例	—	由自硬性产生的透水性的降低，不适用于排水材料。掘削搬出时可作为工业废弃物
煤灰造粒材			水泥固化	有海上 SCP 案例	—	比砂更轻
贝壳混合砂			牡蛎壳、贝壳	海上 SCP 陆上 SCP （液化）	—	破碎费用较高
施工废弃土			若细粒含量在 25%以下，可作为 SCP 代替材	陆上 SCP + 塑料板排水并用	—	由事前石灰处理降低含水率（25%以下）。以桩管内的材料通过来考虑

8.4.4 静压工法

以挤密砂质地基为主要目的，可以与 SCP 工法形成同样的砂桩的静压工法在近年以来作为环境友好型工法被开发、应用。静压工法包括施工机械及施工方法各不相同的几种工法。

表 8-31 是静压工法的一览表。本节将介绍表 8-31 中各工法的工法概要、施工机械、施工方法等。表 8-31 中的任意一种工法可在低振动、低噪声下施工的基础上，确认可得到以砂质地基为对象的 SCP 工法同等的改良效果（*N* 值的增加效果）。

8.4.4.1 SAVE 组合工法

1. 工法概要

静压高级无振动组合（SAVE 组合）工法是使用了强制升降装置的旋转压入施工，通过不运用振动能的静态压入来形成挤密砂桩的工法。

2. 施工机械构成

SAVE 组合工法的施工机械将通用的履带式吊车作为主机械，并由回转桩管的驱动装置及齿轮驱动的强制升降装置等构成。SAVE 组合工法的施工机械构成如图 8-104 所示。

表 8-31 静压工法一览表

工法	SAVE 组合工法	SDP 工法	Geo-KONG 工法	KS-EGG 工法	STEP 工法
工法概要	利用强制升降机装置旋转并压入，对桩管进行贯入和拔出，并将材料排除从而进行挤密	不是通过动能进行挤密，而是在由内管与外管构成双重构造中，贯入和拔出内管，从而排出材料，实现挤密	不使用振动机，而用双重桩管，通过拉拔内管使其上下运动，边将材料捣实，边压入地基中进行挤密	不使用振动机，在桩管端部装备偏芯挖掘头和扩径头，通过旋转端头及上下抽动桩管将桩管压入原地基并实现桩材的扩径挤密	在桩管内装备独立驱动的内置螺旋桨，从该端部间歇喷射空气的同时，一边不断旋转内置螺旋桨，一边将材料从桩管强制排出，实现扩径

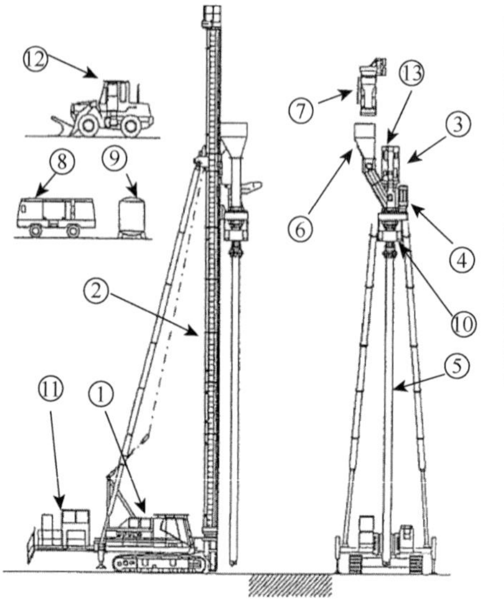

记号	名称	做法
①	基础机器	50t吊辊式起重机
②	向上引导部	圆杆，三点支持，最长33 m
③	强制升降装置	
④	旋转驱动装置	45kW×2台
⑤	钢套管	ϕ0.40×t16
⑥	仓斗	容量1.2 m^3
⑦	吊桶	容量1.0 m^3
⑧	压缩机	700 kN/m^2×19 m^3/min
⑨	接收筒	容量3 m^3
⑩	旋转装置	耐压2000 kN/m^2
⑪	发电机	350 kVA
⑫	轮胎铲车	容量1.2 m^3
⑬	消声装置	SAVE专用

图 8-104 SAVE 组合工法的施工机械构成

3. 施工管理装置

静压高级无振动组合工法的施工管理系统的构成图如图 8-105 所示，施工深度计与砂面计的检测值实时传入数据处理装置，基于使用砂量的输入值自动换算出桩管回打长度，以此为基础进行砂桩修建。此施工过程用自动监视器显示，并同时记录在内存卡中。施工结束后，从内存卡中将施工记录及管理表等作为施工结果输出到计算机。

4. 施工方法

SAVE 组合工法的施工顺序如图 8-106 所示。振动式 SCP 工法通过振动锤的起振力将套管贯入、回打，整个施工过程中，SAVE 组合工法的贯入、提升均需持续旋转套管，将施工设备本身的自重作为反力通过强制升降装置进行。

①套管设定在预定位置，砂投入套管内。

②通过旋转驱动装置旋转套管的同时，用强制升降装置一边给套管施加压入力一边贯入套管。

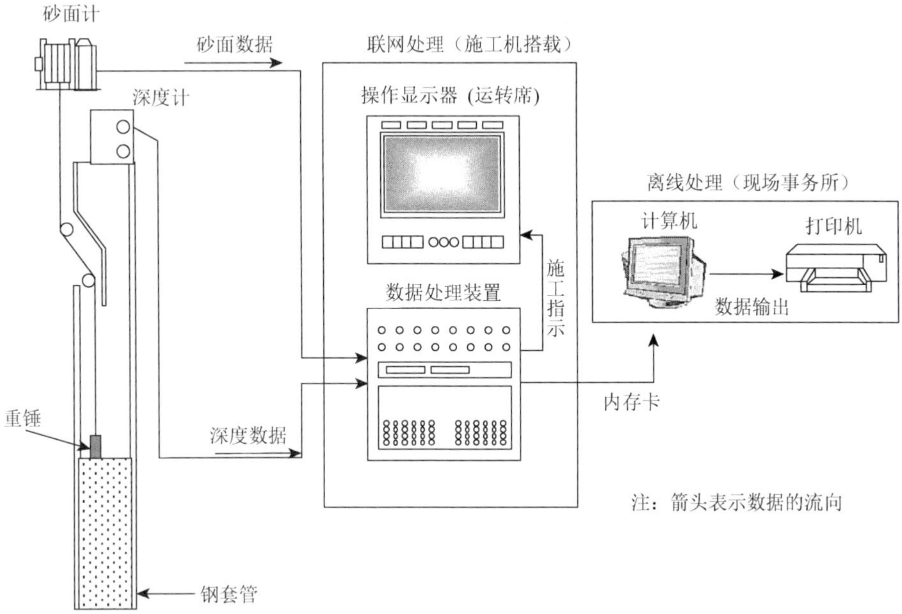

图 8-105 施工管理系统的构成

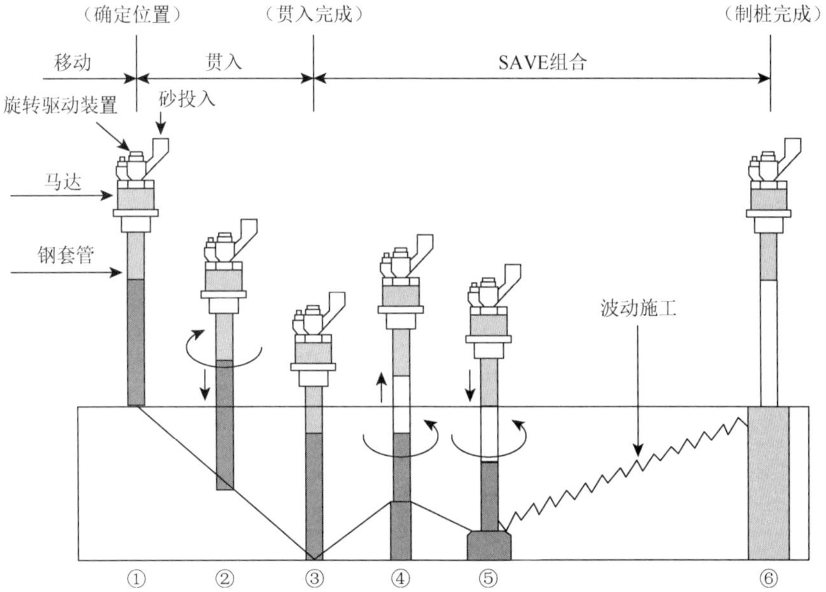

图 8-106 SAVE 组合工法的施工顺序

③贯入套管至预定深度。

④套管提升至预定长度（通常约 50 cm），排出套管内的砂至地下。此时为了辅助排出砂，向套管内填充压缩空气。

⑤结合步骤④的砂排出量，为了得到所要的桩径，通过回打必要的回打长度（通常约 30 cm），扩径并挤密排出的砂的同时，挤密周边地基。

⑥通过反复上述步骤④、⑤操作的曲线施工，形成挤密砂桩。

8.4.4.2　SDP 工法

1. 工法概要

SDP 工法，是由连接旋转贯入装置的外套管和连接液压缸的内套管形成双层套管，通过外套管的旋转贯入地下，通过内套管的上下运动及管内压缩空气强制性压出补充材料，构筑挤密桩，从而提高地基密度防止液化的挤密工法。图 8-107 所示的是 SDP 工法的概要。

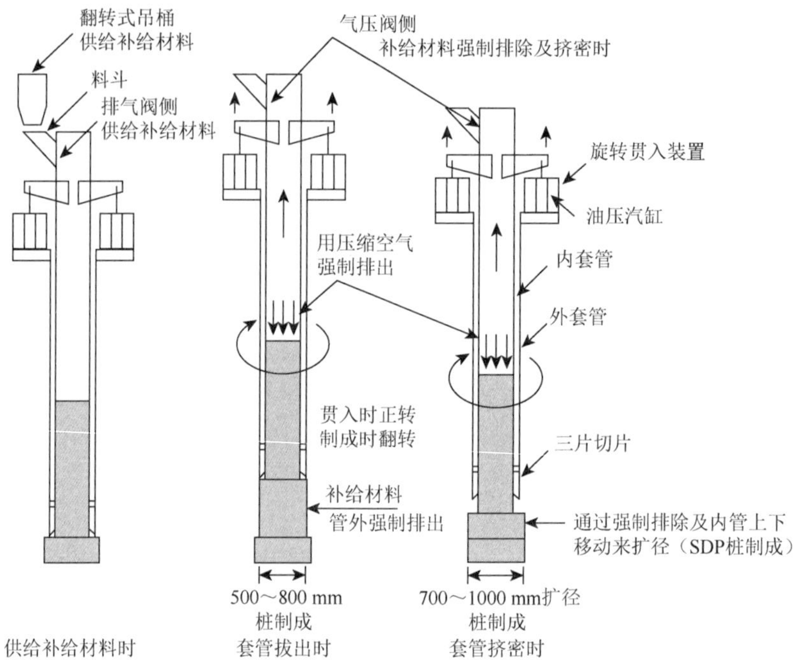

图 8-107　SDP 工法的概要

2. 施工方法

SDP 工法的施工顺序如图 8-108 所示。

8.4.4.3　Geo-KONG 工法

1. 工法概要

Geo-KONG 工法是不使用振动锤而使用二重套管，提升时使内管上下运动，借此将材料压入地中的静压工法。图 8-109 是桩管前端构造图。

2. 施工方法

Geo-KONG 工法的施工顺序如图 8-110 所示。

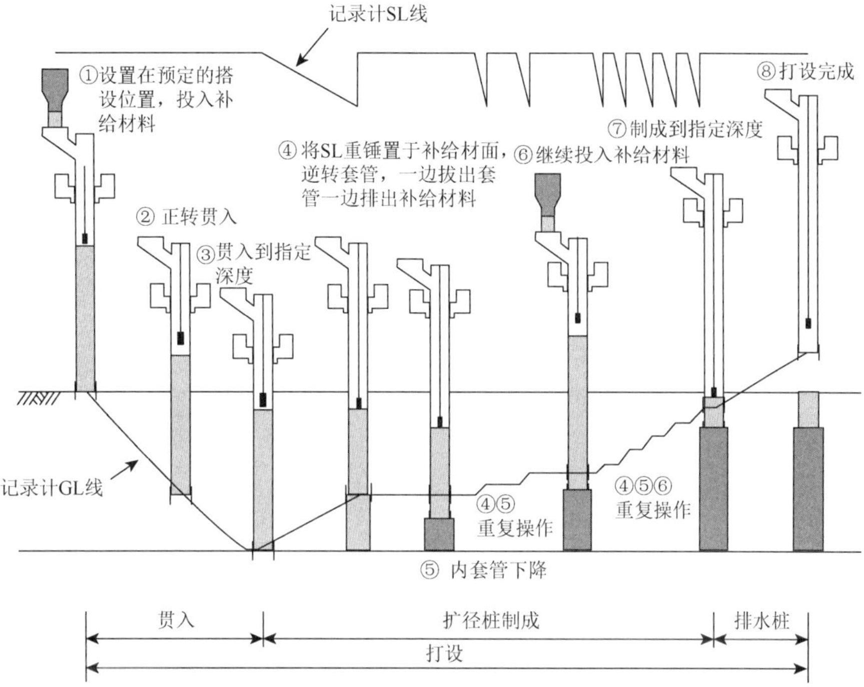

图 8-108　SDP 工法的施工顺序

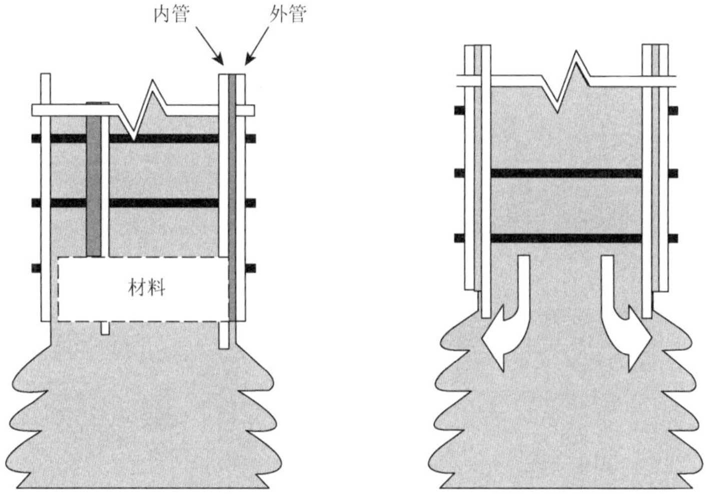

图 8-109　桩管前端构造

①设置套管至预定位置，将材料事先投入内管内。

②旋转套管，一边投入材料一边贯入至预定深度。

③贯入结束后，结束回转套管。

④将内管以上下 30 cm 左右，8～12 转/m 的速度运作，一边捣实补充到地基中的材料，一边提升套管。

⑤将套管抽回至地面，桩体形成结束。

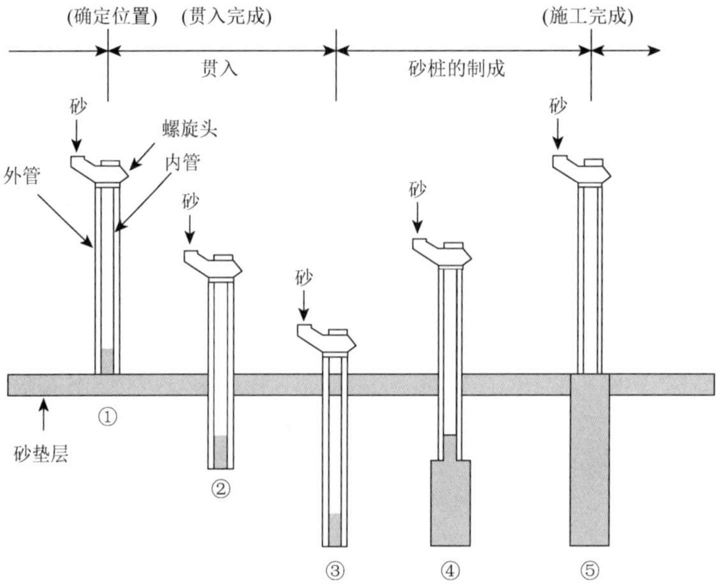

图 8-110　Geo-KONG 工法的施工顺序

8.4.4.4　KS-EGG 工法

（1）工法概要

KS-EGG 工法是将一般振动式 SCP 中使用的振动锤取代，通过液压旋转驱动和压入卷扬机形成挤密桩的静态工法。套管前端如图 8-111 所示装上偏心的掘削钻头，提起倾斜空隙部分的挖掘土形成成形滚轴，具有推压单侧的新功能。

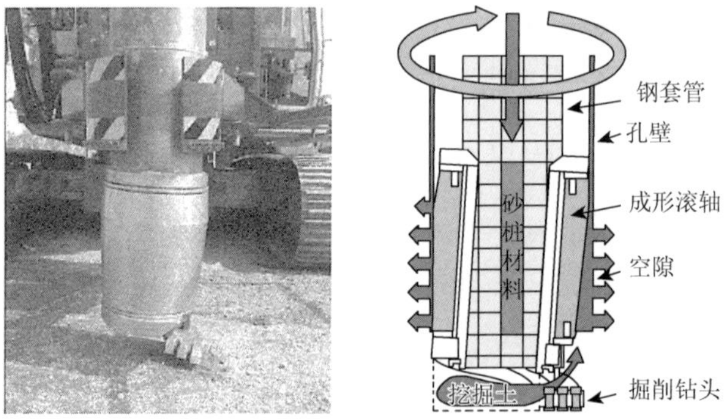

图 8-111　前端端头

（2）施工方法

KS-EGG 工法的施工顺序如图 8-112 所示。

①套管设置于打设位置的桩心。

②点砂投入套管内后，通过转盘驱动装置旋转掘削钻头并贯入至地基（此时，随着前端端头在转动，掘削钻头也在转动，搅乱钻头前端部的土壤并压至上部。被压上来的挖掘

土移动至成形滚轴与孔壁之间的空隙。移动的挖掘土随着钻头的回转，通过成形滚轴被压至侧壁，进而被挤密）。

③挖掘贯入结束后，向套管内填充材料，边逆向回转边提升任意长度。通过此做法排出间隙内的材料。

④再次贯入套管。

⑤重复上述②的工序，材料被压至侧壁，进而被挤密的同时，钻头下方的材料因为再贯入从而被挤压，形成砂桩。

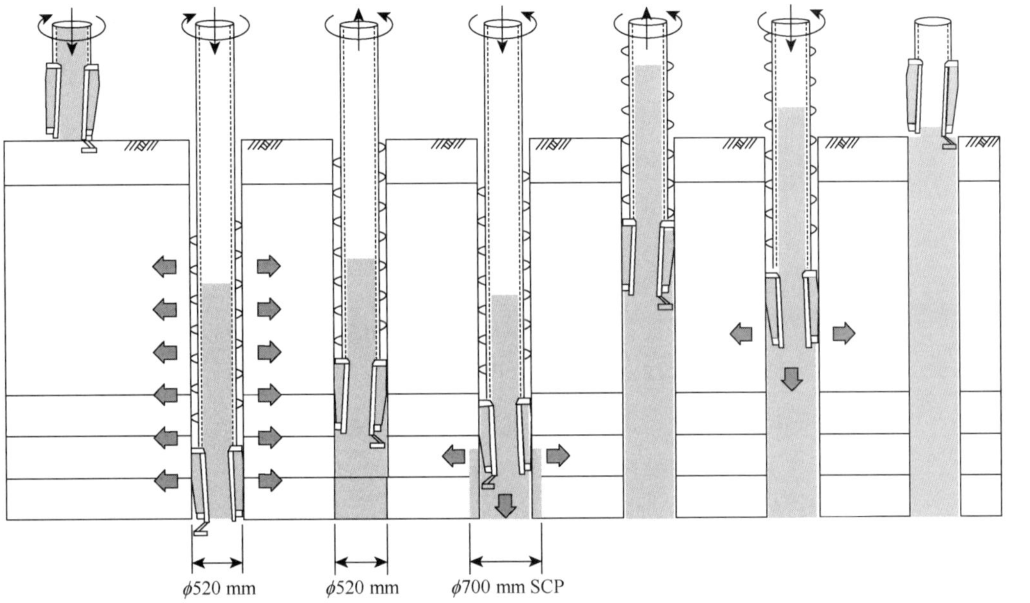

图 8-112　KS-EGG 工法的施工顺序

8.4.4.5　STEP 工法

（1）工法概要

STEP 工法通过在套管内安装独立驱动的内部螺旋，并在其前端侧面喷射间歇空气，在内部螺旋回转扭矩起作用的同时，将套管内的材料强制排出，是一种静音形成挤密桩的工法。图 8-113 是该工法的前端构造。

（2）施工方法

STEP 工法的施工顺序如图 8-114 所示。

①设置套管至所定位置，内部螺旋作为桩管的盖子，起到防止原地基土混入的作用，但为了进一步确保无原地基土混入，应在设置结束后投入材料。

②正转驱动套管钻，并将其贯入。

③贯入套管至所定深度后，再次投入材料。

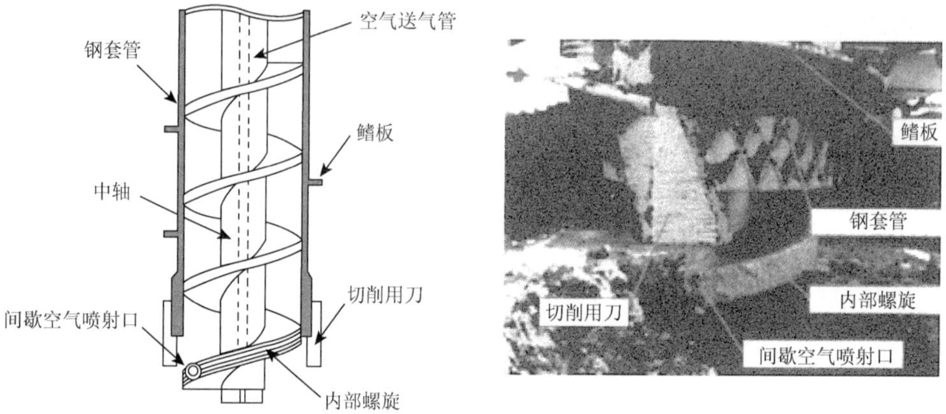

图 8-113　前端构造

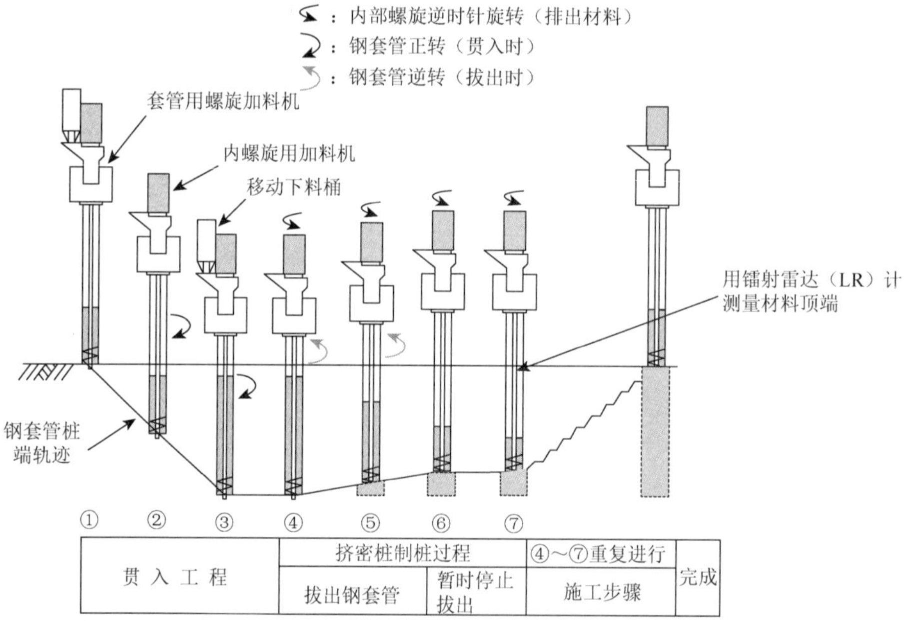

图 8-114　STEP 工法的施工顺序

④贯入结束后，将内部螺旋突出于套管前端 20 cm 左右。材料顶端位置通过 LR 计确认后，开始正转驱动间歇空气喷射装置、内部螺旋用钻，并逆转驱动并提升套管用钻。

⑤继续启动各装置，一边提升桩管，一边通过 LR 计追踪套管内的材料的顶部。

⑥提升所定长度（通常提升长约 1.0 m）后，停止提升，仅启动内部螺旋及间歇空气

喷射装置。通过内部螺旋排出材料，进一步挤密。

⑦通过 LR 计的记录，确认排出了规定数量的材料。

⑧在每个单位长度重复上述④～⑦的工序（施工步骤），形成挤密桩。

8.5 设计、施工案例

8.5.1 概述

SCP 工法广泛应用于工程中，如处理路上填土及护岸、岸壁的沉降、稳定问题，以及作为油库和建筑物的抗液化对策等。设计方法大致有黏性土的稳定、沉降对策（低置换率、高置换率）及砂质土的挤密对策。

表 8-32 所示的设计案例及表 8-33 所示的施工案例是作为黏性土的稳定、沉降对策的设计实例。

表 8-32 黏性土的设计案例一览表

案例	构造物	区分	改良目的
8.5.2	道路填土	陆上	稳定、沉降对策
8.5.3	缓倾斜护岸	海上	稳定、沉降对策
8.5.4	直立式护岸	海上	稳定、沉降对策

表 8-33 黏性土的施工案例一览表

案例	构造物	区分	土性	改良目的
8.5.5	道路填土	陆上	黏性土	稳定、沉降对策
8.5.5	道路填土	陆上	腐殖土	稳定、沉降对策
8.5.5	造成填土	陆上	黏性土	稳定、沉降对策
8.5.6	缓倾斜护岸	海上	黏性土	稳定、沉降对策
8.5.7	直立防波堤	海上	黏性土	稳定、沉降对策
8.5.8	外套式基础	海上	黏性土	桩的横向抵抗对策

另外，8.5.9 的内容是将 SCP 工法作为解决砂质土液化问题的方法应用于房屋建筑地基的设计施工实例。

8.5.2 道路填土的设计案例

8.5.2.1 地基条件

土层构成：腐殖土层（Apt）　　G.L.　0.0 m～−6.0 m

　　　　　黏性土层（Ac）　　−6.0～−9.0 m

洪积黏性土层（Dc） –9.0 m 以下

地下水位： G.L. –0.5 m

各土层的土性值、*e*-log*p* 曲线数值与图见表 8-34、表 8-35 和图 8-115。

表 8-34 各土层的土性值

土层	湿润密度/(kN/m³)	黏聚力/(kN/m²)	强度增加率 *c*/*p*	自然含水率 w_n/%
Apt	11.0	10.0	0.30	500
Ac	14.5	30.0	0.25	100

表 8-35 *e*-log*p* 曲线数值

土层	固结压力/(kN/m²)	4.9	9.8	19.6	39.2	78.5	156.9	313.8	627.6
Apt	孔隙比 *e*	11.0	10.7	9.4	7.2	5.7	4.6	3.6	2.7
Ac	孔隙比 *e*	2.9	2.9	2.8	2.6	2.3	2.0	1.8	1.5

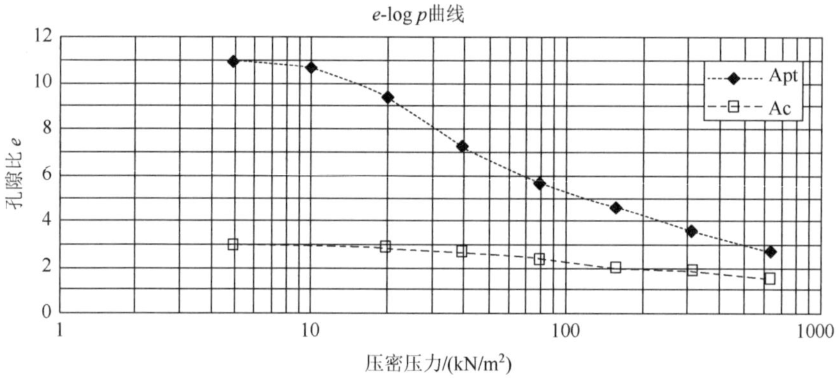

图 8-115 *e*-log*p* 曲线

固结系数

腐殖土层（Apt）： $C_v = 140\ \text{cm}^2/\text{d}$

黏性土层（Ac）： $C_v = 100\ \text{cm}^2/\text{d}$

8.5.2.2 改良条件

作为稳定对策，在坡面下部打入 SCP 桩（桩材料因使用碎石，图 8-116 中以 GCP 表示），作为填土中央部位的沉降对策，设置排水砂桩（SD）。各工法的改良参数如下所示：

SCP 桩径：0.7 m

材料：碎石

置换率：17.1%

桩配置：正方形配置边长 1.5 m

桩土应力比：$n=4$
内摩擦角：$\varphi=35°$
浮容重：$\gamma'=10.0\ \mathrm{kN/m^3}$
SD 桩径：0.4 m
桩配置：正方形配置边长 2.5 m

8.5.2.3　填土条件

计划高度：5.5 m
填土：$\gamma=18.0\ \mathrm{kN/m^3}$、$\gamma'=10.0\ \mathrm{kN/m^3}$、$\varphi=25°$、黏聚力 $c=10.0\ \mathrm{kN/m^2}$
上部荷载：$w=10.0\ \mathrm{kN/m^2}$
工期：设计填土加载速度 $V_E=3.0\ \mathrm{cm/d}$
固结放置期间：6 个月（180 d）

8.5.2.4　容许残留沉降量、固结度及安全系数

容许残留沉降量、固结度在堆起填土时、使用时的容许安全系数分别如下所示，断面图见图 8-116。

容许残留沉降量：$S_r\leqslant 30\ \mathrm{cm}$；
堆起填土时：强度增加考虑为填土荷载的固结度 $U=80\%$，$F_s\geqslant 1.10$；
使用时：强度增加考虑为填土荷载的固结度 $U=90\%$，$F_s\geqslant 1.25$。

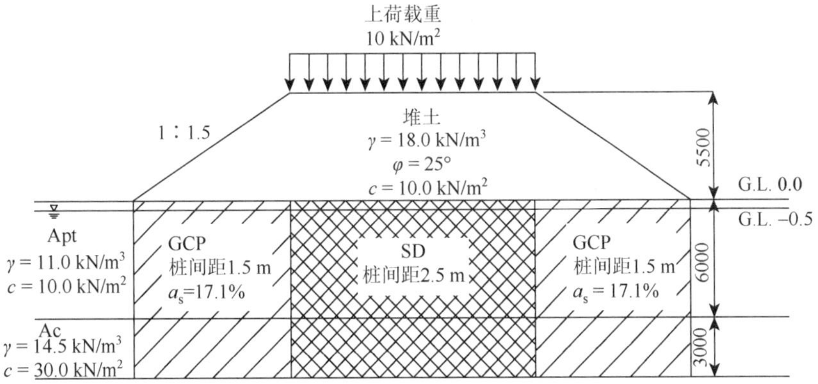

图 8-116　对象断面图

8.5.2.5　沉降计算

填土下部设为 SD 桩间距 2.5 m 时的沉降计算结果：沉降结束时的填土高度为 5.5 m，为满足此条件，填土施工高度取 9.2 m。填土完成时的顶端高度为 6.3 m，沉降计算结果如图 8-117 所示。

根据沉降计算结果，最终沉降量为 368 cm。使用时（填土荷载开始后 500 d）的平均固结密度超过 90%，残余沉降量为 10 cm。

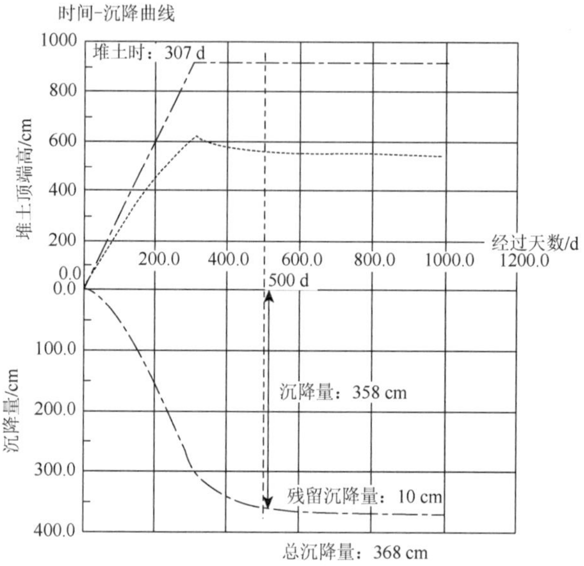

图 8-117　沉降计算结果

8.5.2.6　稳定计算

稳定计算中，考虑强度增加的问题时，填土完成时固结率 $U=80\%$ 、使用时则为 $U=90\%$ 。

填土完成时及使用时的稳定性计算结果如图 8-118 所示，可以确定无论哪种情况都能满足所用的安全系数。

8.5.3　海上斜坡式护岸的设计案例

8.5.3.1　设计条件

潮位：H.W.L　+ 3.00
　　　L.W.L　0.00
　　　R.W.L　+ 1.00

8.5.3.2　地基条件

地基高度：–10.0 m
土层构成：黏性土层　–10.00～–25.00 m；

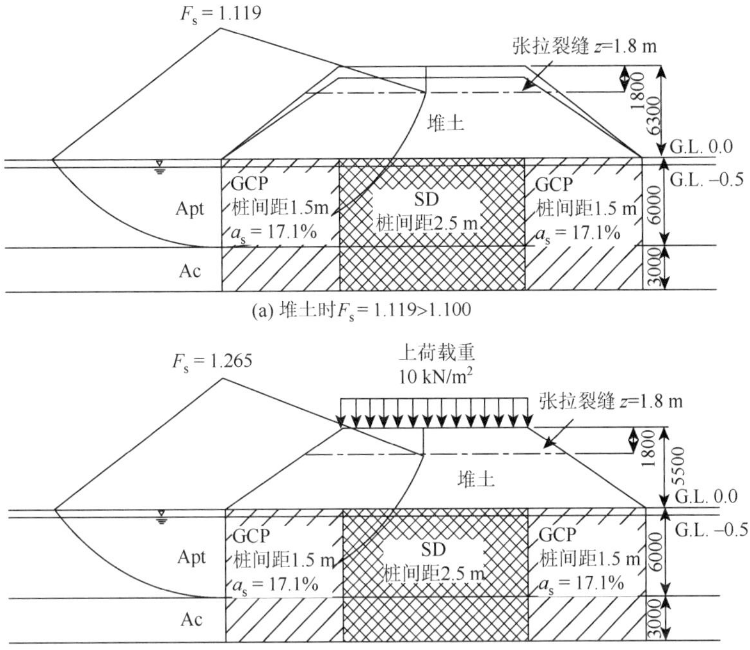

(a) 堆土时F_s = 1.119>1.100

(b) 使用时F_s = 1.256>1.250

图 8-118　稳定性计算结果

砂砾层　–25.00 m 或更深

土体特征：容重$\gamma = 15.0\ \text{kN}/\text{m}^3$，$\gamma' = 5.0\ \text{kN/m}^3$

黏聚力：$c = 2.2 + 1.5\ z\ \text{kN}/\text{m}^2$，此处$z$指至海底的深度（m）

强度增加率：$c/p = 0.3$

体积压缩系数：$m_v = 0.15\ p^{-1.0}\ \text{m}^2/\text{kN}$

固结系数：$c_v = 140\ \text{cm}^2/\text{d}$

8.5.3.3　改良条件

SCP 桩径：2.0 m

置换率：30%

桩位配置：三角形配置 4.2 m×4.2 m

桩土应力比：$n = 3$

内摩擦角：$\varphi = 30°$

浮容重：$\gamma' = 10.0\ \text{kN/m}^3$

8.5.3.4　护岸的条件

计划护岸高：+ 5.0 m

回填地基高：+4.0 m

筑堤材料：土砂、填埋砂、回填土，$\gamma=18.0\ \text{kN/m}^3$、$\gamma'=10.0\ \text{kN/m}^3$、$\varphi=30°$

基础碎石垫层，$\gamma=18.0\ \text{kN/m}^3$、$\gamma'=10.0\ \text{kN/m}^3$、$\varphi=40°$

混凝土块，$\gamma=15.0\ \text{kN/m}^3$

上部荷载：$w=10.0\ \text{kN/m}^2$

工期：各施工阶段的固结期间设为 6 个月

8.5.3.5 固结度及安全系数

各施工阶段：$U=80\%$（前阶段为止的荷载），$F_s\geqslant1.2$

完成时：$U=90\%$（除上覆荷载外的其他所有何在），$F_s\geqslant1.3$

对象构造物见图 8-119。

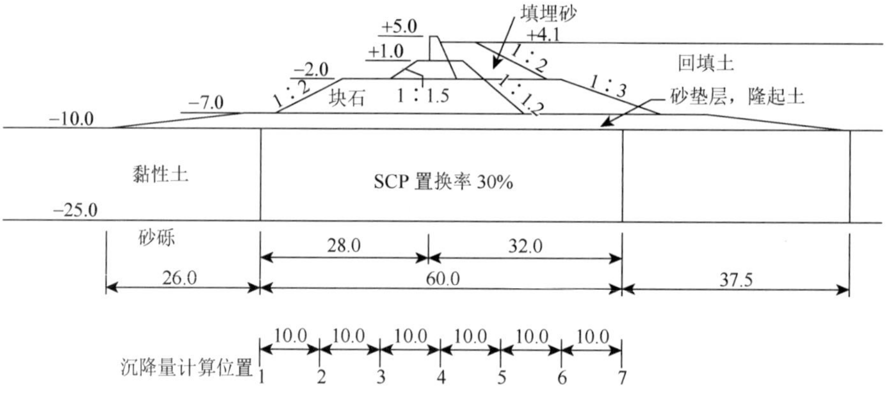

图 8-119　对象构造物（单位：m）

8.5.3.6 不考虑隆起及沉降的稳定计算

不考虑隆起及沉降，直接进行稳定计算，确认改良范围与填坡的坡度。计算结果如表 8-36 所示。

表 8-36　各施工阶段的安全系数（不考虑隆起与沉降）

施工阶段	标高(厚度)/m	法面坡度		滑动圆弧安全系数	
		海侧	填埋侧	海侧	填埋侧
第 1 阶段	−7.0（3.0）	1：5	1：5	1.235	1.235
第 2 阶段	−2.0（3.0）	1：2	1：3	1.426	1.225
第 3 阶段	混凝土顶端 + 5.0	基础碎石垫层 1：1.5	回填砂 1：2	1.334	1.225
填埋完成时	填埋顶端 + 4.0	同上	同上	1.312	—
完成时	填埋顶端 + 4.0	同上	同上	1.304	—

8.5.3.7 沉降计算

沉降计算以m_v法进行。沉降折减率则根据$n=3$、$a_s=0.3$计算。

$$\beta = 1/[1+(n-1)a_s]$$
$$=1/[1+(3-1)\times 0.3]=0.625$$

沉降量计算结果如表 8-37 所示。

表 8-37 最终沉降量的计算

计算位置	层厚 H/m	有效被动土压力 p_0/(kN/m²)	应力增量 Δp/(kN/m²)	$p_0+\Delta p$ /(kN/m²)	m_v/(kN/m²)	沉降量 S_0/m	下降折减率 β	改良后沉降量 S_t/m
1	15.0	37.5	32.4	53.7	0.002 79	1.36	0.625	0.85
2	15.0	37.5	61.1	68.05	0.002 2	2.02	0.625	1.26
3	15.0	37.5	89.5	82.25	0.001 82	2.45	0.625	1.53
4	15.0	37.5	143.6	109.3	0.001 37	2.96	0.625	1.85
5	15.0	37.5	158.1	116.55	0.001 29	3.05	0.625	1.91
6	15.0	37.5	159.5	117.25	0.001 28	3.06	0.625	1.91
7	15.0	37.5	159.8	117.4	0.001 28	3.06	0.625	1.91

接着，计算固结度与时间的关系。固结系数根据图 8-29，$a_s=0.3$时$\alpha=0.33$。则固结系数

$$c_v=\alpha c_{v0}=0.33\times 75.0\approx 25\text{cm}^2/\text{d}$$

固结度与时间的关系如表 8-38 所示。

表 8-38 固结时间的计算

U/%	10	20	30	40	50	60	70	80	90
T_h	0.002	0.005	0.008	0.011	0.015	0.020	0.026	0.035	0.050
日/d	11.8	25.0	40.0	57.3	77.7	102.7	134.9	180.4	258.1

注：SCP 径为 2.0 m，正方形配置桩间距为 3.17 m。

离填筑法线 2 m 内的各施工阶段的沉降量如表 8-39 所示。

表 8-39 各施工阶段的沉降量

施工阶段	层厚 H/m	有效被动土压力 p_0/(kN/m²)	应力增量 Δp/(kN/m²)	$p_0+\Delta p$ /(kN/m²)	m_v/(kN/m²)	沉降量 S_0/m	下降折减率 β	改良后沉降量 S_t/m
1	15.0	37.5	29.9	52.45	0.00286	1.28	0.625	0.80
2	15.0	37.5	79.3	77.15	0.00194	2.31	0.625	1.45
3	15.0	37.5	105.7	90.35	0.00166	2.63	0.625	1.65
4	15.0	37.5	143.6	109.3	0.00137	2.96	0.625	1.85

8.5.3.8　隆起的推定

土体隆起的计算模型见图 8-120。

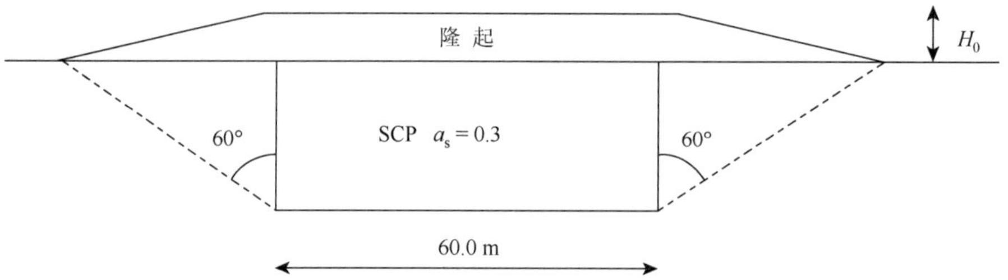

图 8-120　土体隆起计算模型

隆起率的计算：

$$\mu = 2.803 \times 1/15 + 0.356 \times 0.3 + 0.112 \approx 0.406$$

隆起土体未改良时的高度 H_0' 为

$$H_0' = (60 \times 15 \times 0.3 \times 0.406)/(60 + 15 \times \tan 60°) \approx 1.27(\mathrm{m})$$

隆起土改良后的高度 H_0：

（此处，改良隆起内部时的隆起率设为 $\mu = 1.0$）

$$H_0 = (60 \times 15 \times 0.3 \times 0.406 + 60 \times 1.27 \times 0.3 \times 1.0)/(60 + 15\tan 60°) \approx 1.54(\mathrm{m})$$

根据上述计算，以 $H_0 = 1.5$ m 实施稳定性计算。

8.5.3.9　考虑隆起及沉降的稳定计算

各施工阶段的圆弧滑动面计算结果与沉降计算结果如表 8-40 及图 8-121 所示。

由表 8-40 和图 8-121 可以看出，与不考虑隆起和沉降的情况相比，除堤身的坡度有差异外，加固程度是相同的。

表 8-40　计算结果一览表

施工阶段	高度（厚度）/m	法面坡度		滑动圆弧安全系数		改良区域平均沉降量	
		海侧	填埋侧	海侧	填埋侧	S_f/m	$S_U = 80\%$
第 1 阶段	–6.0（1.5）	1∶6	1∶6	1.328	1.270	0.71	0.57
第 2 阶段	–1.0（5.6）	1∶2	1∶3	1.380	1.266	1.32	1.05
第 3 阶段	混凝土顶端 + 5.5	基础碎石垫层 1∶1.5	回填砂 1∶2	1.325	1.205	1.46	1.17
填埋时	混凝土顶端 + 5.4 填埋顶端 + 4.4	同上	同上	1.299	—	1.72	1.54※
完成时	混凝土顶端 + 5.4 填埋顶端 + 4.1	同上	同上	1.311	—	同上	同上

※$U = 90\%$。

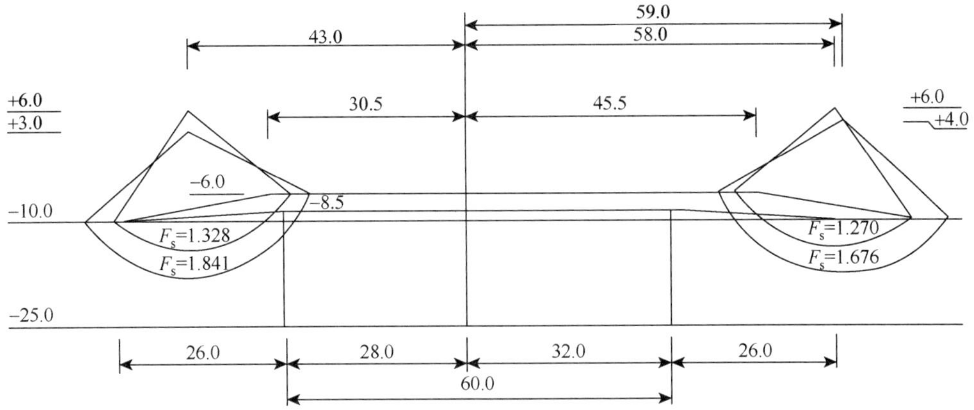

(a) 第1阶段荷载时

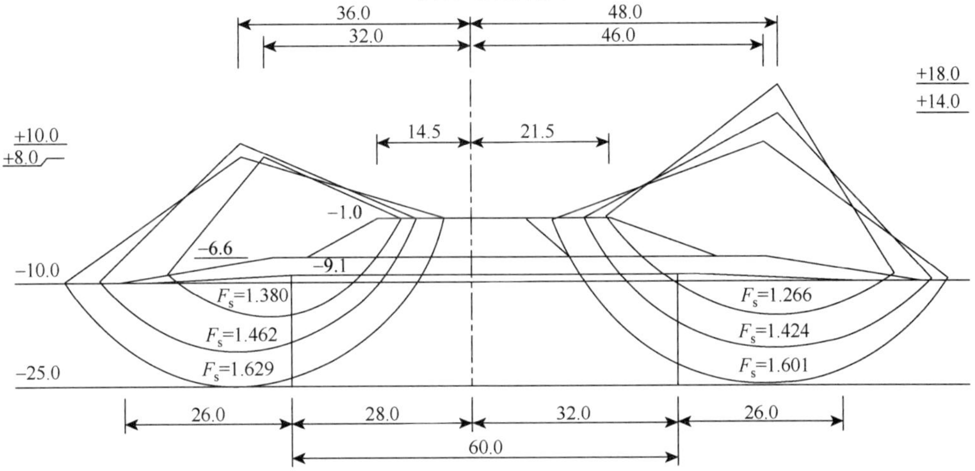

(b) 第2阶段荷载时

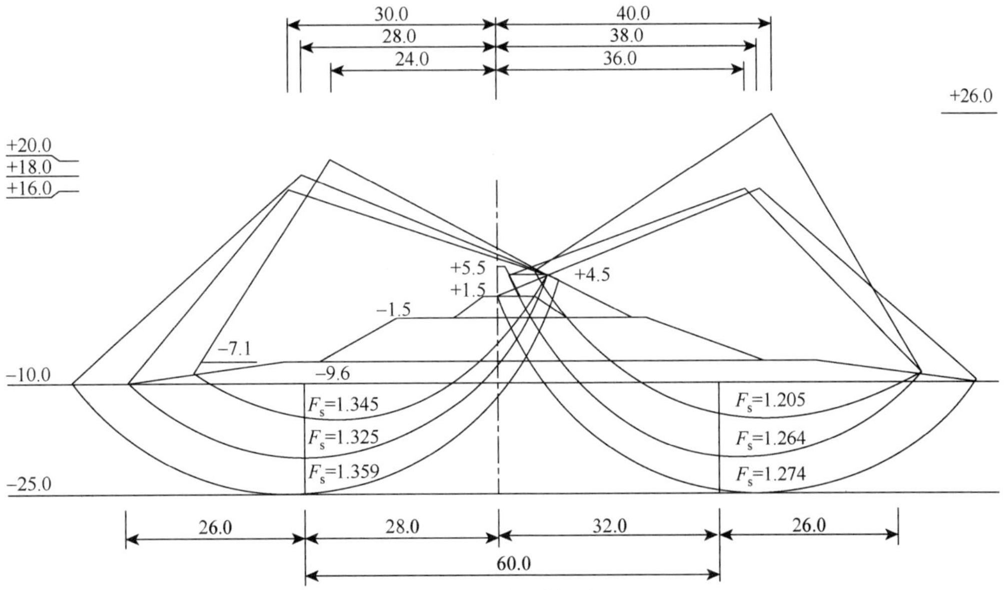

(c) 第3阶段荷载时

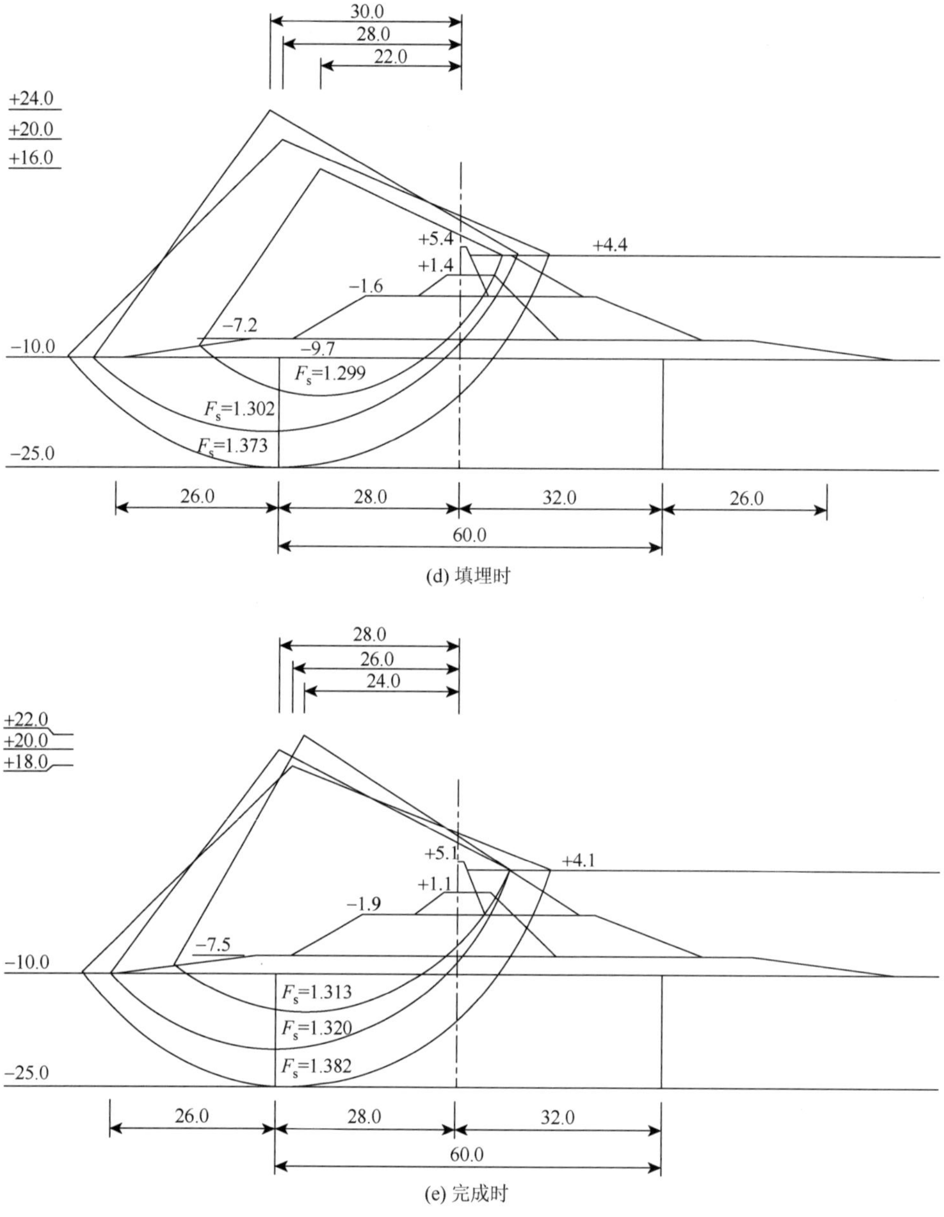

图 8-121 各施工阶段的稳定计算（单位：m）

8.5.4 海上直立式防波堤的设计案例

8.5.4.1 设计条件

潮位： H.W.L ＋2.00

L.W.L 0.00

8.5.4.2 地基条件

地基高度：–6.0 m
土层构成：黏性土层 –6.00～–16.00 m
砂砾层 –16.00 m 以下
土体特征： 容重 $\gamma = 17.5\ \mathrm{kN/m^3}$
$\gamma' = 7.5\ \mathrm{kN/m^3}$
黏聚力：$c = 4.0 + 3.0\ z\ \mathrm{kN/m^2}$，此处 z 指至海底的深度（m）
强度增加率：$c/p = 0.3$
体积压缩系数：$m_v = 0.060 p^{-0.90}\ \mathrm{m^2/kN}$
固结系数：$c_v = 75\ \mathrm{cm^2/d}$

8.5.4.3 改良条件

SCP 桩径：2.0 m
置换率：70%
桩配置：正方形 2.1 m
桩土应力比：$n = 3$
内摩擦角：$\varphi = 30°$
浮容重：$\gamma' = 10.0\ \mathrm{kN/m^3}$

8.5.4.4 防波堤的条件

基础碎石垫层：$\gamma = 18.0\ \mathrm{kN/m^3}$、$\gamma' = 10.0\ \mathrm{kN/m^3}$、$\varphi = 40°$
上部混凝土块：$\gamma = 15.0\ \mathrm{kN/m^3}$

8.5.4.5 安全系数

根据毕肖普法的偏心倾斜荷载的承载力 $F_s \geqslant 1.0$
圆弧滑坡面 $F_s \geqslant 1.3$
对象结构见图 8-122。

8.5.4.6 无对策时根据毕肖普法得出的偏心倾斜荷载的承载力

用毕肖普法计算无对策时的偏心倾斜荷载的承载计算。填土材料的土质参数取比一般情况下普通碎石垫层所对应的标准强度参数稍小的值。

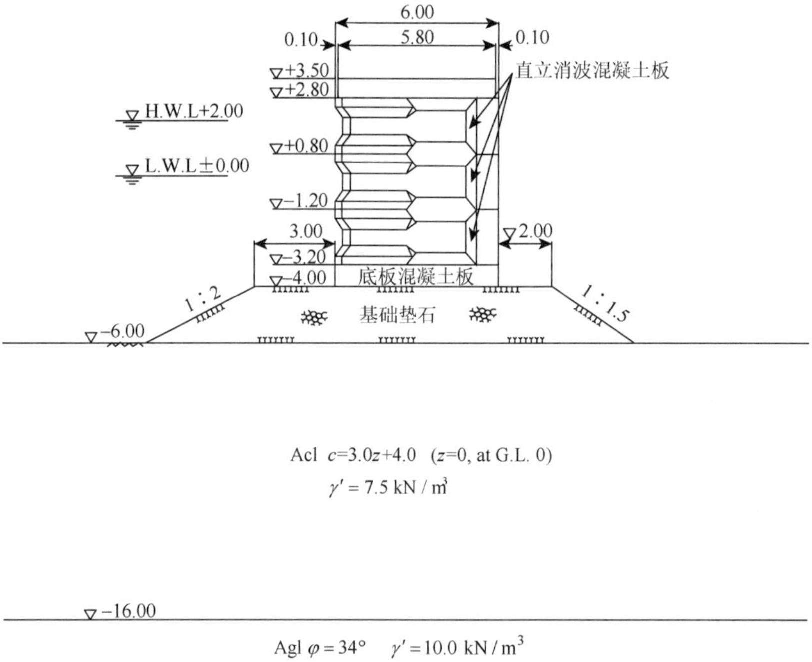

图 8-122　对象结构

黏聚力：$c = 20\ \mathrm{kN/m^2}$

内摩擦角：$\varphi = 35°$

根据相关行业规范给出的荷载条件如图 8-123 所示。

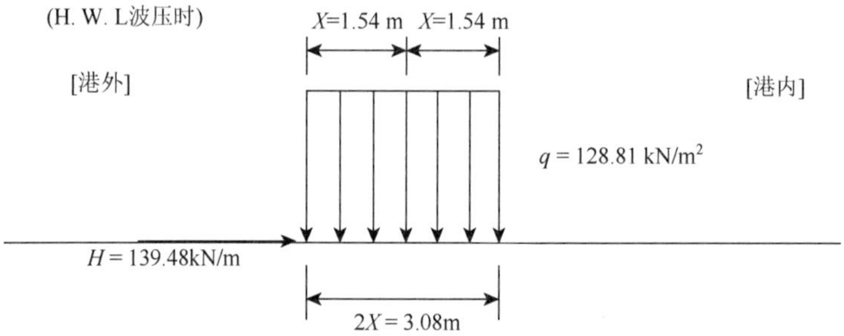

图 8-123　荷载条件

其结果不能满足安全值规定范围（表 8-41）。

表 8-41　毕肖普法的稳定计算结果

研究案例	最小安全系数 F_s	目标安全系数
H.W.L 波压时	0.416	＜1.0

8.5.4.7 SCP 改良宽度的设定

首先，基于二层的荷载分布方式，求得对原地基的分散幅度。分散荷载为 H.W.L 的波压时如下。

$P = 171.74\ \text{kN/m}^2$

$P' = 108.25\ \text{kN/m}^2$

港内侧分散宽度＝距离堤身后侧 2.33 m，见图 8-124。

据此，SCP 的最小加固范围设定如下。

最小加固范围：$B = 3.00\ \text{m} + 6.00\ \text{m} + 2.33\ \text{m} = 11.33(\text{m})$

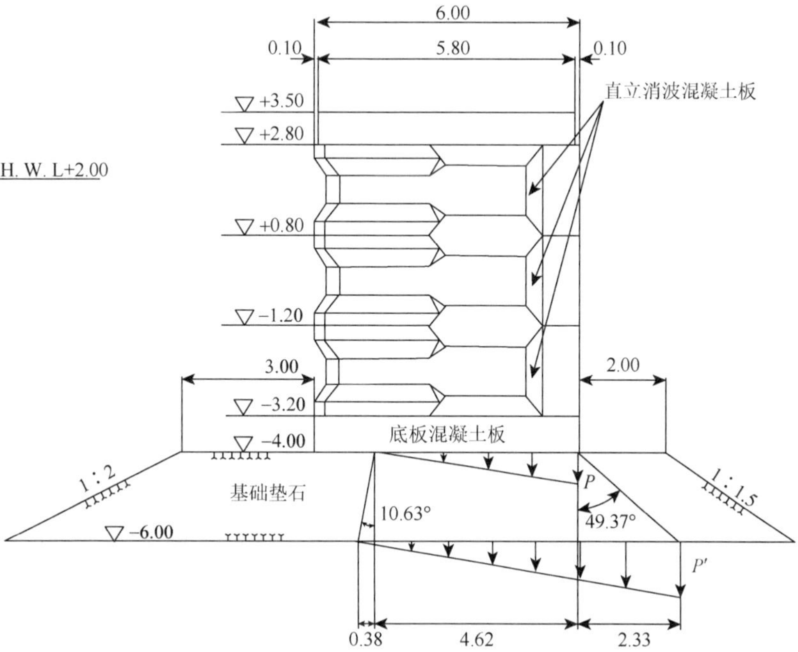

图 8-124 荷载的分散宽度（单位：m）

8.5.4.8 未改良时基于毕肖普法偏心倾斜荷载作用下的承载力

SCP 加固范围设定为前述的最小加固范围，加固范围设为 $B = 11.33$ m。

SCP 置换率考虑到固结沉降的降低，设定为高置换率，$a_s = 70\%$。

SCP 改良地基作为由砂桩及黏性土构成的复合地基进行评价，如下式设定地基参数。

①改良地基的平均容重：$\gamma_m = (1 - a_s)\gamma_c + a_s \cdot \gamma_s$。

②改良地基的平均内摩擦角：$\varphi_m = \tan^{-1}(a_s \cdot \mu_s \cdot \tan\varphi_s)$。

③改良地基的黏聚力：$c_m = (1 - a_s)c$。

此处，a_s——SCP 改良率；

c ——黏性土的黏聚力，等于 $4.0+3.0z\text{kN}/\text{m}^2$；
γ_c ——黏性土的容重，$\gamma=17.5\ \text{kN/m}^3$，$\gamma'=7.5\ \text{kN/m}^3$；
γ_s ——砂的容重，$\gamma=18\ \text{kN/m}^3$，$\gamma'=10\ \text{kN/m}^3$；
μ_s ——应力集中系数，等于 $n/[1+(n-1)a_s]$。

此处，毕肖普法使用以下参数。

n ——桩土应力比，等于 2；
φ_s ——砂桩的内摩擦角，等于 45°。

根据毕肖普法的安全系数的计算结果如表 8-42 所示。

表 8-42　毕肖普法的稳定计算结果

研究案例（SCP70%改良）	SCP 改良宽度	最小安全系数 F_s	目标安全系数
H.W.L 波压时	最小宽度（$B=11.3$ m）	1.110	＞1.0…OK

据此，毕肖普法中最小幅度满足目标安全系数。

8.5.4.9　圆弧滑坡面计算

SCP 改良地基为置换率 $a_s=70\%$ 的高置换改良，故作为与 $a_s=30°$ 一样的地基进行计算。SCP 改良式的圆弧滑动计算结果如下所示。

最小加固范围的研究的结果如表 8-43 所示，最小加固范围不满足目标安全系数。因此，港外侧、港内侧扩大加固范围进行研究。其结果显示，加固范围是必要的。

必要加固范围：$B=2.00$ m(港外侧)$+11.33$ m(最小幅度)$+2.67$ m(港内侧)$=16.00$(m)

表 8-43　稳定计算结果

研究案例（SCP70%改良）			最小安全系数 F_s	目标安全系数
潮位	港外/港内	SCP 改良宽度	—	—
L.W.L	港外侧	最小宽度（$B=11.33$ m）	1.233	＜1.3…NO
		港外侧 + 1.0 m	1.272	＜1.3…NO
		港外侧 + 2.0 m	1.309	＞1.3…OK
	港内侧	最小宽度（$B=11.33$ m）	1.207	＜1.3…NO
		港内侧 + 1.0 m	1.246	＜1.3…NO
		港内侧 + 2.0 m	1.282	＜1.3…NO
		碎石垫层法底部处（港内侧 + 2.67 m）	1.305	＞1.3…OK

8.5.4.10 沉降计算

计算固结沉降量时通过使用体积压缩系数 m_v 的公式，计算结果见表 8-44。

$$S_0 = m_v \cdot \Delta P \cdot H$$

此处， S_0 ——无处理的沉降量；

m_v ——体积压缩系数；

ΔP ——增加应力；

H ——固结层的层厚。

表 8-44 沉降量计算结果

层区划分	标高/m	层高 H/m	计算深度/m	有效被动土压力 P_0 /(kN/m²)	荷载增量 ΔP /(kN/m²)	平均固结压力 $P_0+\Delta P/2$ /(kN/m²)	体积压缩系数 m_v /(kN/m²)	层沉降量 S_f/cm	沉降量 S/cm
Ac1①	−6.00～−8.00	2.0	−7.00	7.50	142.03	78.52	1.2E−03	33.6	109.8
Ac1②	−8.00～−10.00	2.0	−9.00	22.50	120.61	82.81	1.1E−03	27.2	
Ac1③	−10.00～−12.00	2.0	−11.00	37.50	95.31	85.16	1.1E−03	20.9	
Ac1④	−12.00～−14.00	2.0	−13.00	52.50	76.70	90.85	1.0E−03	15.9	
Ac1⑤	−14.00～−16.00	2.0	−15.00	67.50	63.55	99.28	9.6E−04	12.2	
总沉降量									109.8

计算位置：防波堤中央下部。

无处理地基中，防波堤中央部的 Ac1 层的固结沉降量为 $S_0 = 109.8$ cm 。

SCP 高置换改良（ $a_s = 70\%$ ）时，沉降降低系数为 $\beta = 1 - 0.7 = 0.3$ 。

$$S_2 = S_{02} \times \beta = 109.8\text{cm} \times 0.3 = 32.94\text{ cm}$$

综上所述，SCP 改良地基的固结沉降量为 33 cm 。

8.5.4.11 SCP 的改良规格

SCP 的改良参数如图 8-125 所示。

①砂桩径： ϕ2000 mm；

②置换率： $a_s = 70\%$（桩间距 2.1 m×2.1 m）；

③改良长度： $L = 10.0$ m （D. L.−6.00 m～D. L.−16.00 m）；

④数量： $n = 8$ 根/每断面。

8.5.5 陆上填土的施工案例

8.5.5.1 道路填土案例

道路填土的案例第三京浜北侧地区在厚 7 m 的有机质软弱黏性土上覆盖厚约 15 m

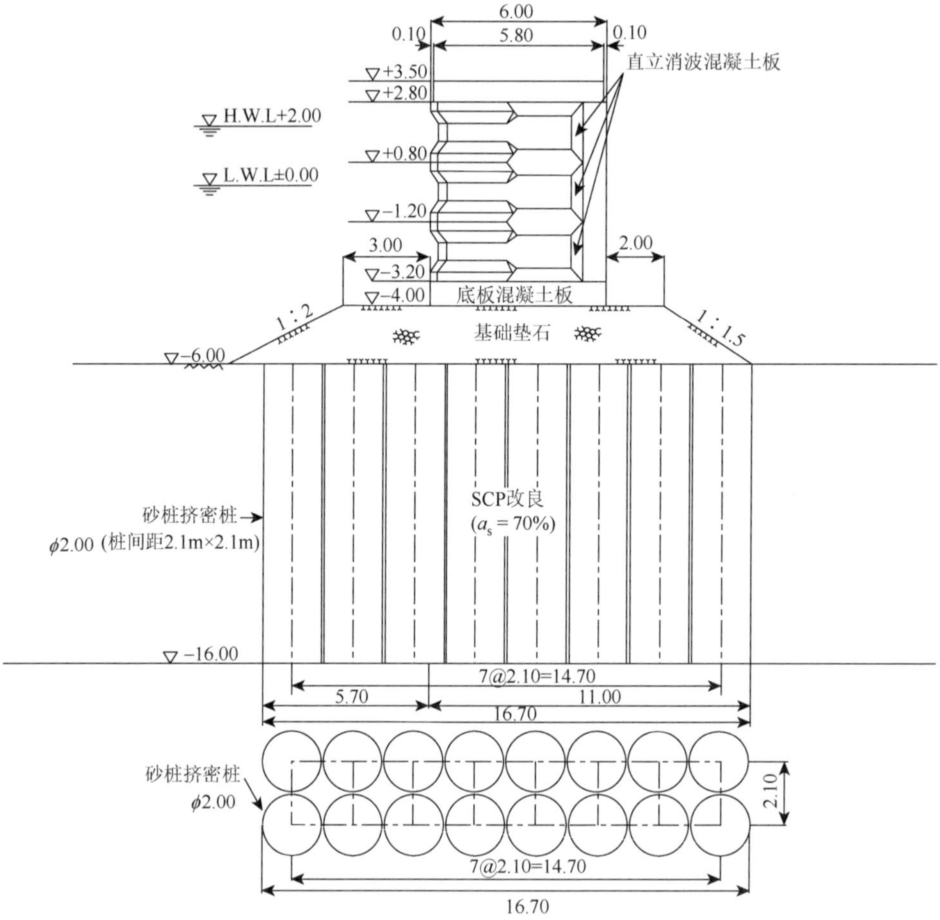

图 8-125　SCP 的改良断面（单位：m）

的高填土。SCP 工法作为适用软弱地基的工法被采用。填土断面图如图 8-126 所示，SCP 施工工法能有效抵抗滑动面的斜面部分较密的配置组合桩，而在中央顶部和坡脚底部较疏的配置组合桩。另外，施工时的沉降时间关系如图 8-127 所示。沉降量与设计计算值大致吻合。

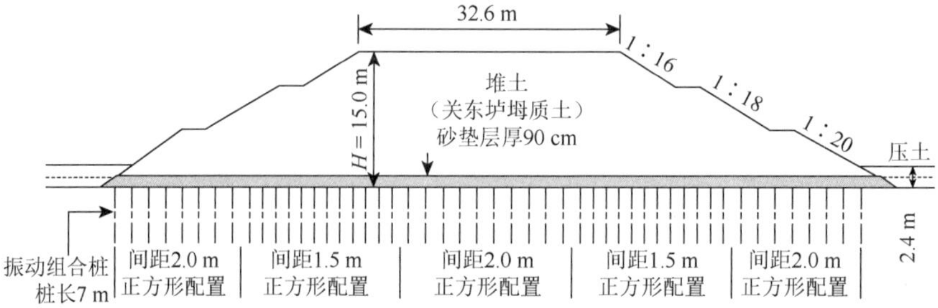

图 8-126　填土断面图

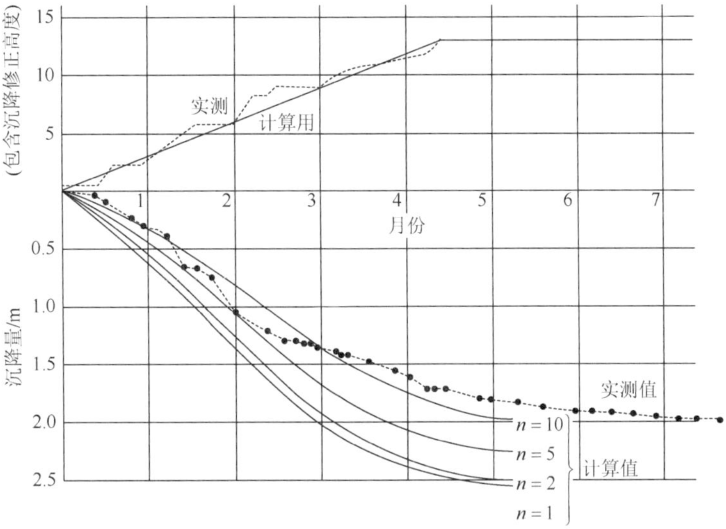

图 8-127　沉降时间关系

8.5.5.2　腐殖土中的填土试验施工案例

本案例为北海道江别市所实施的为了高速道路的填土建设的试验工程的概要及结果。当地地基为超软弱地基的泥炭（含水率 400%～1000%）上的填土时，原地基的土质特性见图 8-128，填土的断面图见图 8-129。

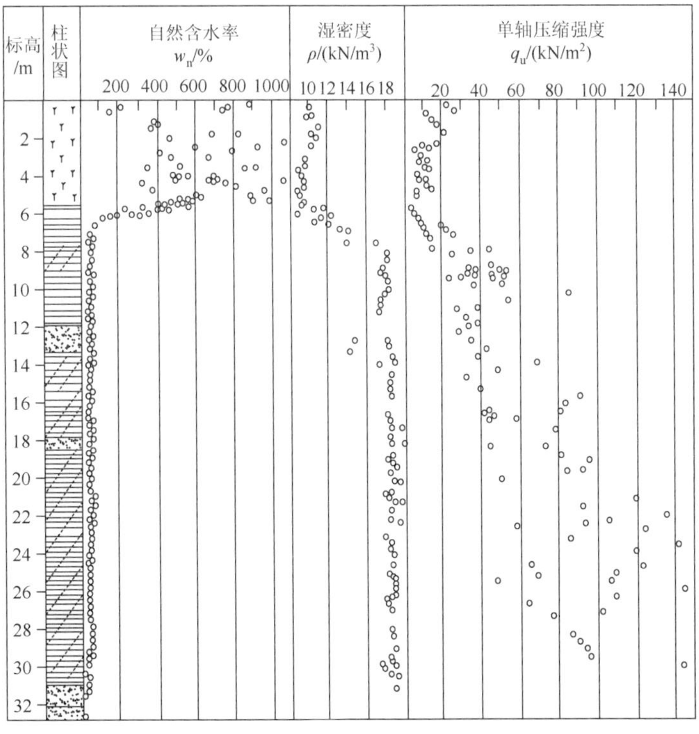

图 8-128　原地基的土质特性

固结沉降的历时变化如图 8-130 所示，但无处理在填土 3.5 m 时发生了垮塌，因此施工被迫中止，而与此对比，实施了地基改良的则填土 8.0 m 也安然无恙。

单轴压缩强度的历时变化、稳定计算结果分别如图 8-131 及表 8-45 所示。

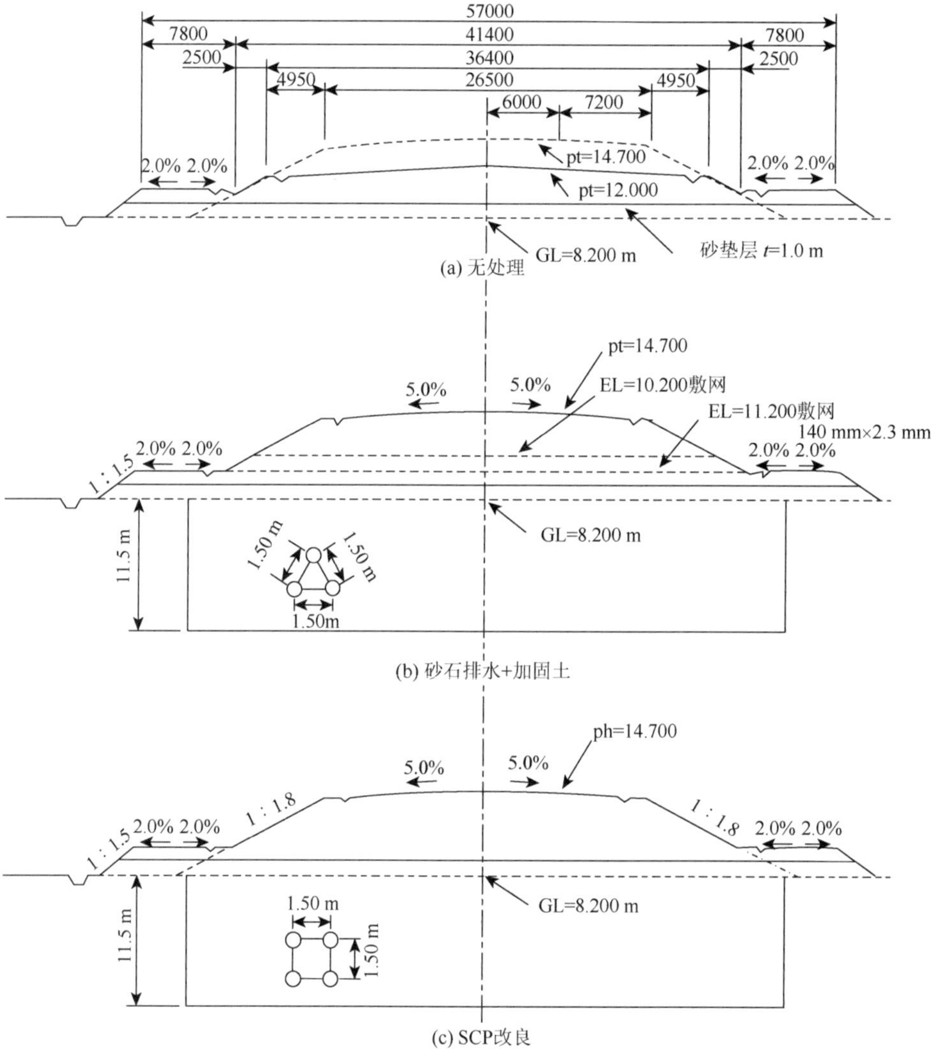

图 8-129　填土的断面图

注：尺寸单位为 mm，标高单位为 m

8.5.5.3　形成填土的案例

本案例是鸟取县立布势综合运动公园中作为形成填土稳定、沉降对策的 SCP 工法的实施案例土质断面图和 SCP 标准断面图分别见图 8-132 和图 8-133。其基础地基为层厚 10～18 m 的冲积软弱土，由有泥炭、有机质黏土、砂质粉土及砂质黏土组成，SCP 工法作为公园内的各种设施的固结沉降措施被使用。

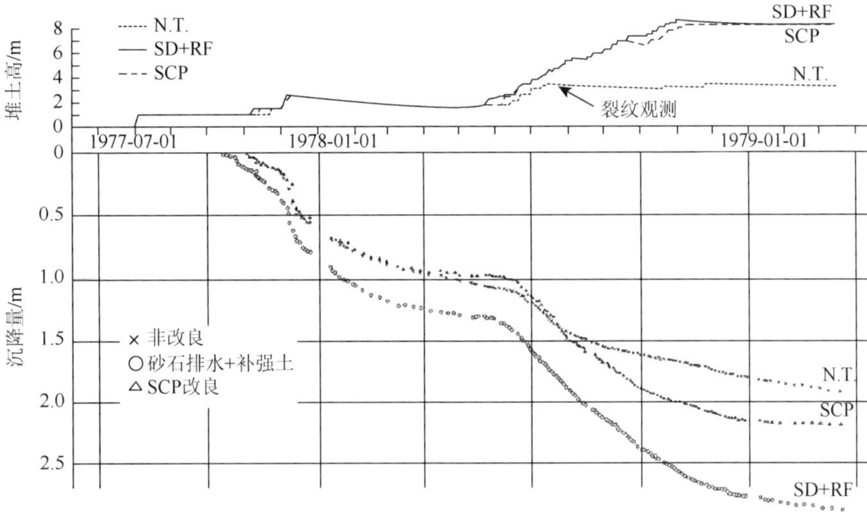

图 8-130 固结沉降的历时变化

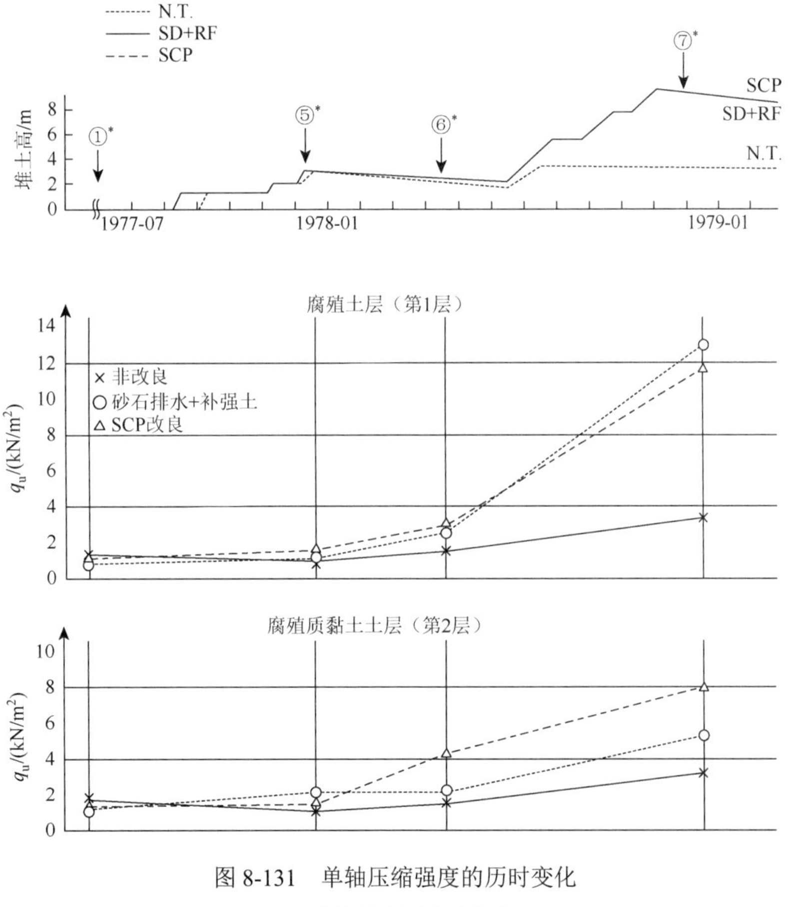

图 8-131 单轴压缩强度的历时变化

*各数值表示土质调查阶段

表 8-45　稳定计算结果

工法	填土高/m	安全系数（滑动圆弧法）
未改良	3.5	0.73
砂石排水＋加固土	8.0	1.22
SCP	8.0	1.26

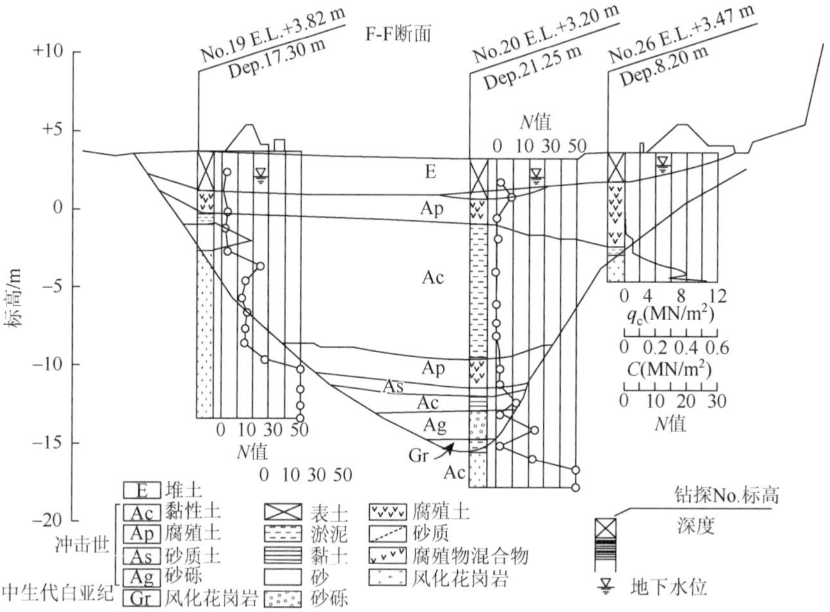

图 8-132　土质断面图

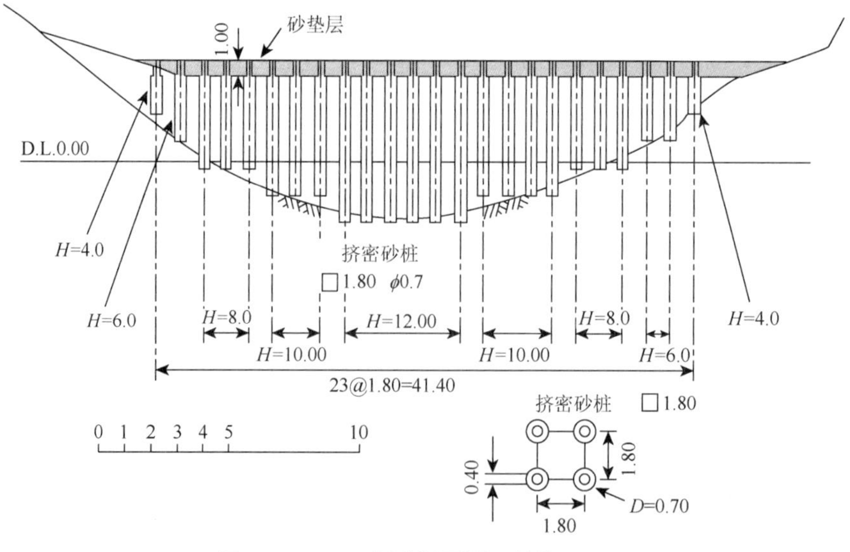

图 8-133　SCP 标准断面图（单位：m）

8.5.6 斜坡式护岸的施工案例

北九州港新门司层冲土砂处理场护岸为北九州港新门司中关门航路等疏浚所计划产生的土砂处理场，外周护岸 5.8 km 中的 1200 m 区间采用了 SCP 工法，新门司层冲土砂处理场护岸标准断面图见图 8-134。该区域为水深–8 m 左右的平坦地基，距离海底面堆积有约 10 m 左右的软弱黏性土，其下部为优质砂质土。作为上部黏性土的沉降与稳定措施，比较研究了掘地置换、SCP 工法 50%改良、SCP 工法 30%三种情况，虽然从经济角度掘地置换略有优势，但从有效利用土砂处理场的目的出发，采用了 SCP 工法（置换率 30%）。

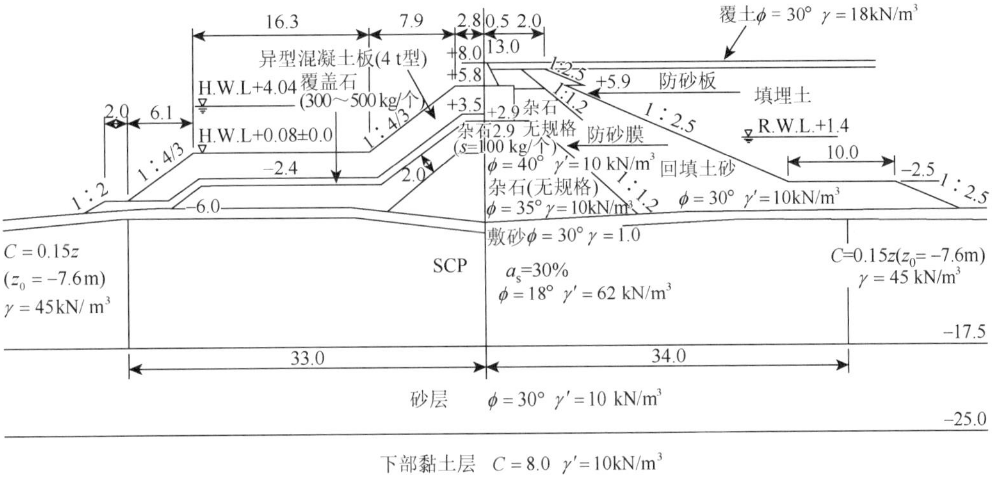

图 8-134 新门司层冲土砂处理场护岸标准断面图（单位：m）

8.5.7 直立防波堤的施工案例

神户港第八防波堤工程采用 SCP 工法加固形式对 T 型断面进行加固，以缩小地基加固断面，提高经济价值。图 8-135 为该防波堤的断面和地基构成状况。加固时对防波堤从施工中至施工后的沉降量和侧向位移进行了监测。为了确认 T 型断面使用 SCP 工法对加固地基的影响，采取多元固结 FEM 解析。沉箱顶端的沉降量历时变化见图 8-136。

8.5.8 确保外套式基础承载力的案例

东京湾横断道路川崎人工岛建造了以钢制外套式为护岸的岛上至地下的连续墙，其内侧建造了混凝土侧壁，作为人工岛的主体。SCP 工法应用于外套式部位与人工岛中央部位。建造外套式部位时，为了固定外套式，以确保桩的侧向抗力为目的，以 ϕ1.6 m、置换率 $a_s = 78.5\%$ 的参数进行施工；建造人工岛中央部位时，为确保内部挖掘时施工机械可通行，以 ϕ1.4 m、置换率 $a_s = 30.1\%$ 的参数进行，川崎人工岛的概要见图 8-137。

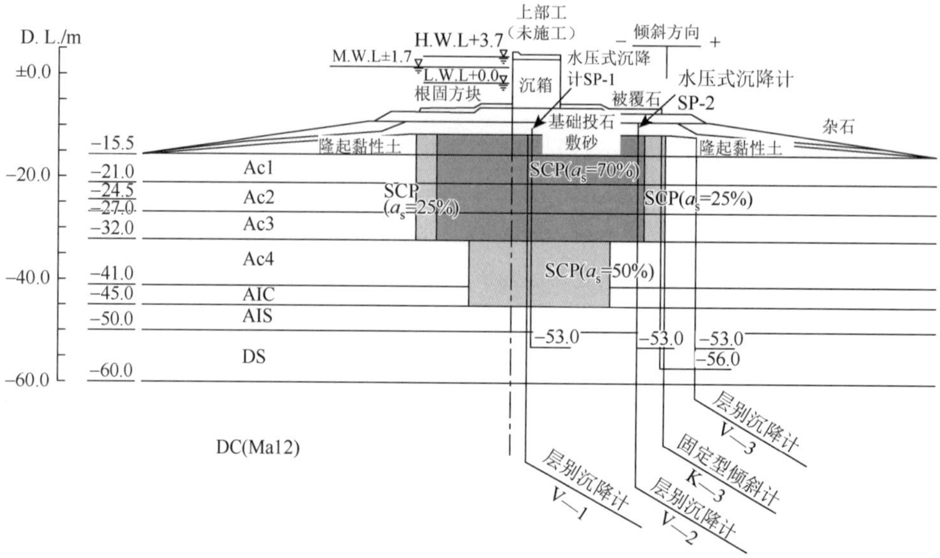

图 8-135　防波堤断面和地基构成状况

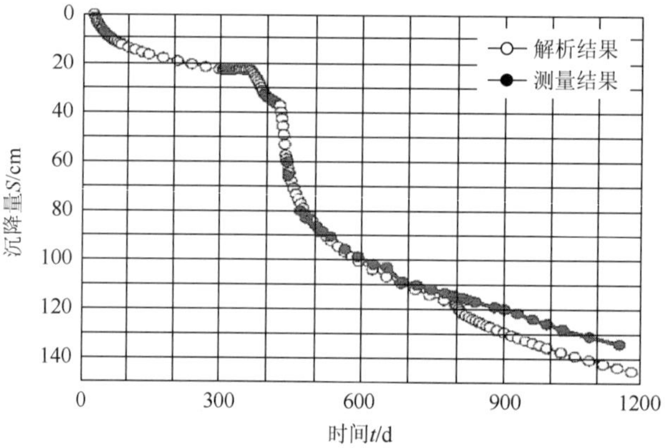

图 8-136　沉箱顶端的沉降量历时变化

过去因海上 SCP 工法的改良地基为海底面下，无法目测其成形的形状及状态。但是，本工程因内部挖掘施工，海上施工的 SCP 改良地基变得可直接目测，对砂桩的成形形状及配置进行回声（试验测试）、打设的砂桩与砂桩间黏土的物理力学特性进行确认，以此为主要目的进行了调查。另外，内部挖掘时的调查（第一次调查：1993 年 4 月；第二次调查：1993 年 9 月）是从打设开始经过 4 年后进行的。

图 8-138 是原地基的土性及砂的出现率调查结果。砂的出现率是指砂的面积占调查对象面积的比例，对应于 SCP 工法设计中的置换率 a_s。由图 8-138 可知，有效土覆压小，含水率高，单轴压缩强度低的直至 TP-40 m 附近的土层中，砂的出现率比设计值（$a_s = 78.5\%$）高，为 80%以上；深度深、低含水率、强度也高的土层中，砂的出现率比设计值略低。另外，图 8-139 是桩间黏性土的物理与强度试验结果。原地基黏性土与砂桩间黏性土的强度对比后发现，桩间黏性土的单轴压缩强度比原地基增加约 $\Delta q_u = 50\ kN/m^2$。

本次调查是在砂桩施工后经过 4 年实施的，但其间没有将任何会产生增加固结强度的新的增加荷载作用于 SCP 改良地基。其原因是 SCP 打设时会有砂桩形成应力。近年来，考虑砂桩打桩造成周边黏性土固结强度增加的设计方法也被建议使用。

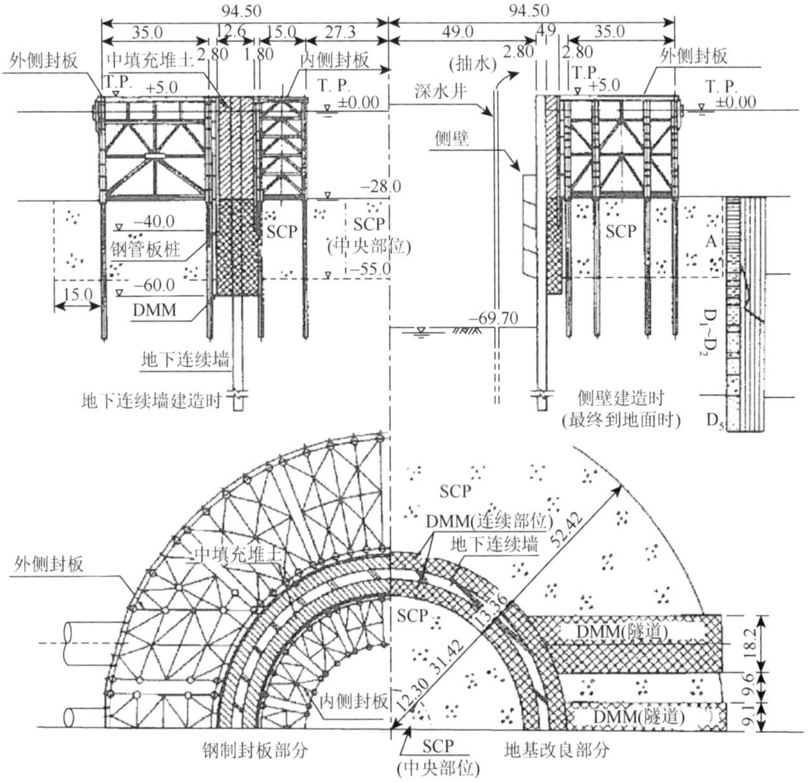

图 8-137　川崎人工岛的概要

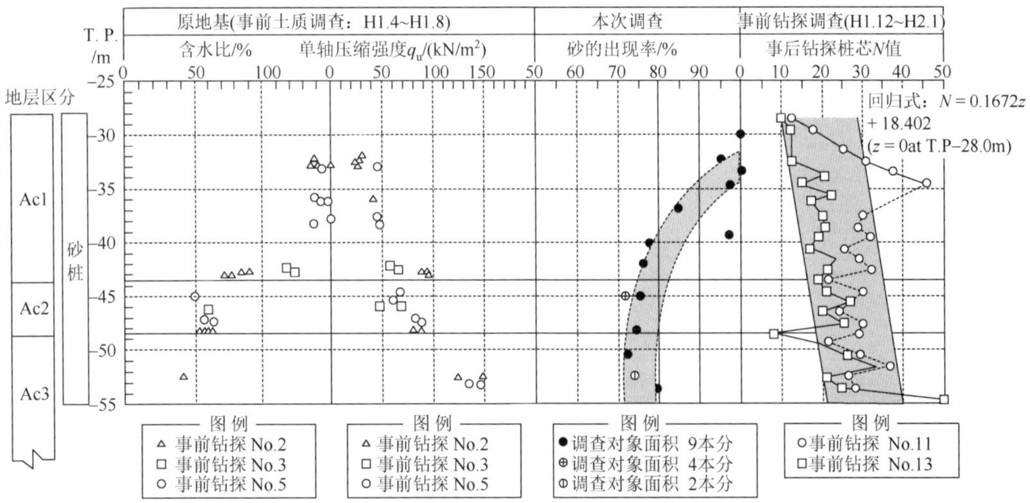

图 8-138　原地基的土性和砂的出现率调查结果

9 本分指的是 9 个调查对象的情况，其余类似

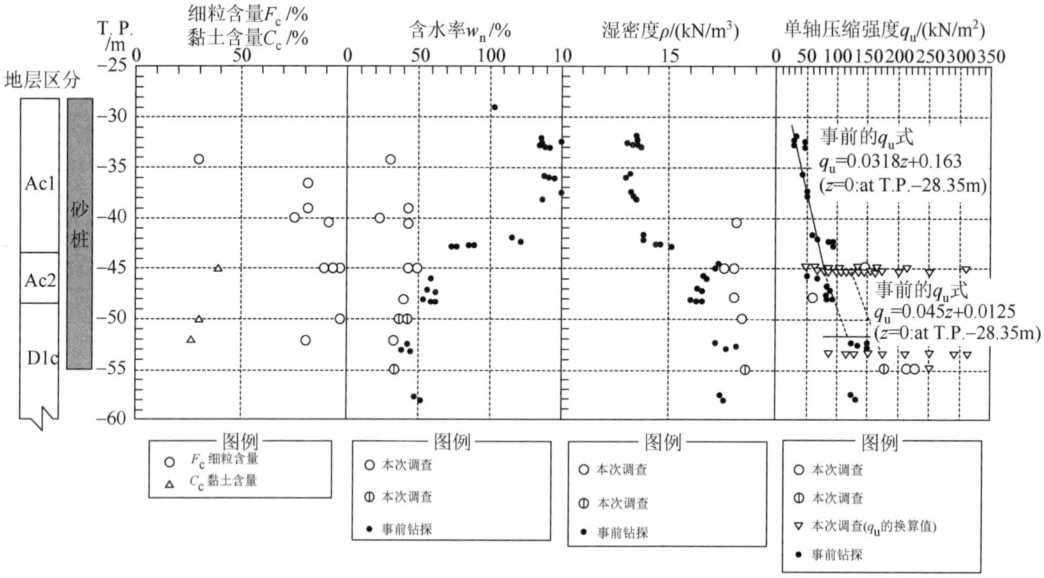

图 8-139　桩间黏性土的物理与强度试验结果

8.5.9　建筑物基础液化对策的设计与施工案例

8.5.9.1　对象建筑物及地基概要

对象建筑物为钢结构地上 6 层＋铁塔，基础工法是在 G. L.–44 m 的地下采用支承桩支持 N 值 50 以上的砂砾层的预钻孔基础加固法。地基中至 G. L.–28 m 位置为软弱冲击砂层堆积而成，地震时有较大的液化可能性。

8.5.9.2　液化判定

研究液化时可使用相关行业规范的简易判定法进行。该建筑物要求即使是二类的地震（这里的设计用地表面加速度为 $\alpha_{max} = 400$ Gal）也要有良好的抗震性能，并能在保证建筑物在震级 $M = 8$ 的地震中大致不受损害（这里的设计用地表面加速度为 $a_{max} = 400$ Gal）。表 8-46 为 $a_{max} = 400$ Gal 时的液化判断结果。

表 8-46　$a_{max} = 400$ Gal 的液化判定

深度/m	N 值	F_c/%	σ_v/(kN/m^2)	σ'_v /(kN/m^2)	τ_l/σ'_z	τ_d/σ'_z	F_L	N_a
0.31	4.7	13	5.89	5.89	0.5	0.264	—	25.966
1.31	1.9	13	24.89	18.79	0.137	0.345	0.397	10.983
2.3	7	7	43.7	27.7	0.172	0.404	0.427	15.7
3.31	4.7	7	62.89	36.79	0.131	0.431	0.304	10.149
4.3	9	7	81.7	45.7	0.173	0.444	0.389	15.713
5.3	15	6	100.7	54.7	0.279	0.45	0.62	21.481
6.35	2.3	10	120.56	64.11	0.122	0.451	0.271	8.873

续表

深度/m	N值	F_c/%	σ_v/(kN/m^2)	σ'_v/(kN/m^2)	τ_l/σ'_z	τ_d/σ'_z	F_L	N_a
7.31	3.9	10	138.8	72.75	0.134	0.451	0.297	10.573
8.31	4.8	16	157.8	81.75	0.147	0.448	0.328	12.509
9.3	14	16	176.7	90.7	0.294	0.445	0.66	21.9
10.32	6.2	16	196.08	99.88	0.154	0.44	0.349	13.404

8.5.9.3 SCP 设计

SCP 改良目标为即使是 2 级地震，上部构造、免振装置、基础构造必须全部无损伤，为了实现这一点，改良对象区域所有区域均设置了 $F_L \geqslant 1.0$ 的目标值。另外，该地区位于市中心，故只能紧挨着邻近建筑物进行施工，因此采用了噪声、振动等对周边环境影响小的静压砂桩工法。深度方向改良范围为从地表面其 10 m 位置的砂层，水平方向根据相关行业规范，设置了基础桩外围起改良深度 1/2 左右的范围。另外，上部 3 m 为基坑，不在改良范围内（图 8-140）。

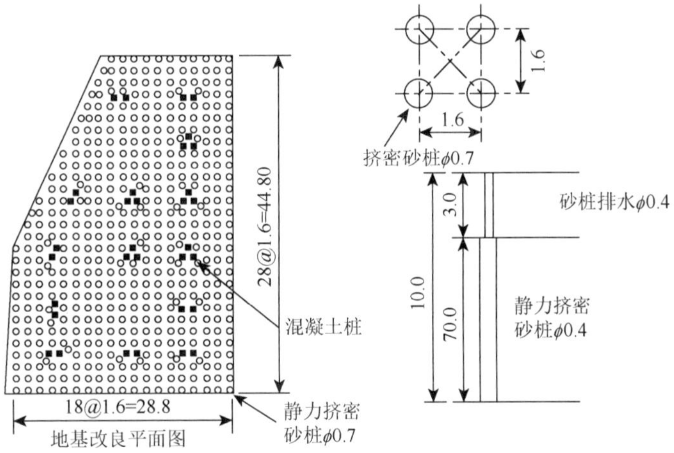

图 8-140 改良范围（单位：m）

SCP 的改良参数使用 8.3 中图 8-72 所示的设计步骤中的方法 D，推定改良后 N 值，根据使用了改良后 N 值的液化判定决定了正方形 1.6 m 配置，置换率 $a_s = 15\%$。表 8-47 所示的桩间距 1.6 m 配置中使用了改良后推定 N 值的液化判定结果。

表 8-47 桩间距 1.6 m 时 F_L 的分布

深度/m	N值	N_1	ΔN_f	N_a	F_L	判定
0.31	4.7	50.59	6.6	57.19	—	—
1.31	1.9	21.89	6.6	28.49	1.451	可以确认
2.3	7	38.85	2.4	41.25	1.237	可以确认

续表

深度/m	N值	N_1	ΔN_f	N_a	F_L	判定
3.31	4.7	29.47	2.4	31.87	1.16	可以确认
4.3	9	37.33	2.4	39.73	1.127	可以确认
5.3	15	48.31	1.2	49.51	1.112	可以确认
6.35	2.3	19.18	6	25.18	1.053	可以确认
7.31	3.9	21.73	6	27.73	1.109	可以确认
8.31	4.8	18.5	7.2	25.7	1.115	可以确认
9.3	14	30.43	7.2	37.63	1.124	可以确认
10.32	6.2	19.83	7.2	27.03	1.136	—

8.5.9.4　确认改良效果

为掌握改良前后的SCP改良地基的性状，进行了标准贯入试验、地层密度检测、地层PS检测及膨胀试验。另外，满足事前的设计值是通过使用了改良后N值的液化判定来确认的。

1. 标准贯入试验

改良前后所进行的标准贯入试验结果如图8-141所示。根据图8-141，实施了地基改良的深度中的N值比改良前提高了6～13，由此可知改良效果显著。

2. 地层PS检测结果

研究改良地基带给建筑物的影响及对改良后的地基的刚性评价进行了悬置方式PS检查，通过改良前后地基S波（切断波）的传播速度确认了改良效果。图8-142是地层PS检测得到的S波速度深度分布。由图8-142可知，改良后的测定值几乎在每个深度均比改良前的值要高，可知具有改良效果。

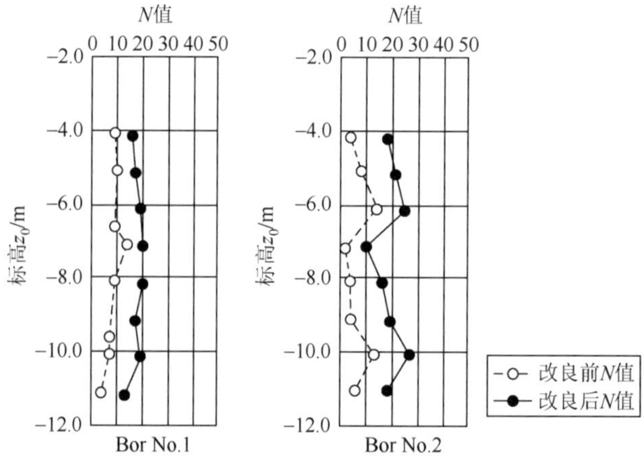

图8-141　改良前后的N值比较

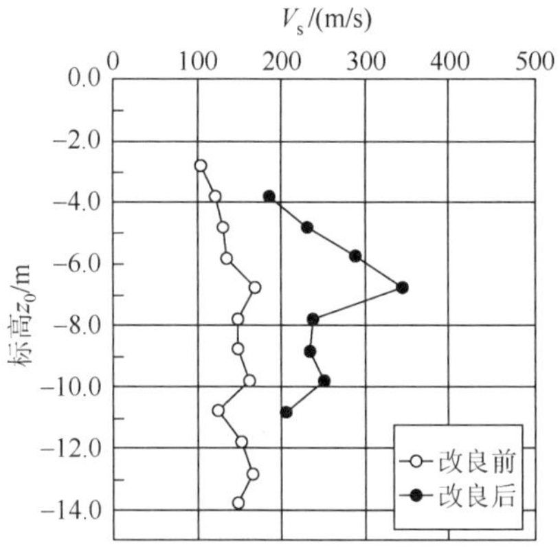

图 8-142　地层 PS 检测结果

3. 密度检层

为调查改良前后的密度增加，进行了利用钻孔的密度检层。密度检层结果如图 8-143 所示，改良前为 $\rho_t = 1.68 \sim 1.88 (g/cm^3)$，改良后为 $\rho_t = 2.01 \sim 2.05 (g/cm^3)$，可知通过打设砂桩地基得到了挤密。

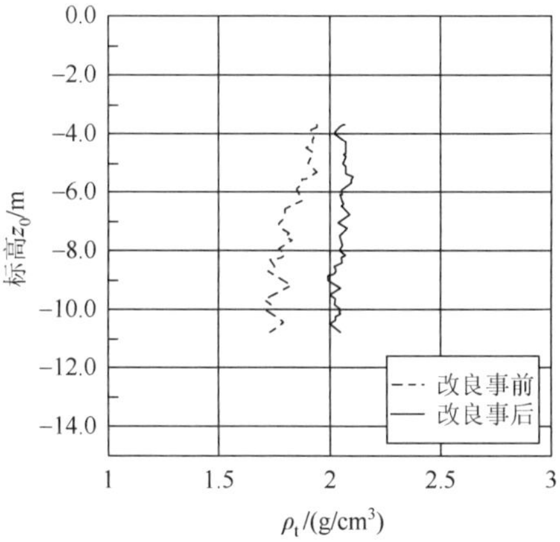

图 8-143　密度检层结果

4. 膨胀试验结果

膨胀计测试中，将刮土板贯入到测定深度，使刮土板上的钢制外壳膨胀，向地基施加横向荷载，从而推算各种土质参数（剪切强度、静止土压力系数、超固结比、变形系数等）。钢制外壳逐渐膨胀时，其从刮土板上分离时的压力，中心位置 1.1 m 膨胀时的压力，以及接触荷载时重新与刮土板连接时的压力，从这些数值可以得出膨胀指数。

①材料指数 $I_D = (p_1 - p_0)/(p_0 - u_0)$。

②水平应力指数 $K_D = (p_0 - u_0)/\sigma'_v$。

③膨胀系数 $E_D = 34.7(p_1 - p_0)$。

此处，p_0、p_1、p_2——测定值（Pa）；

u_0——静水压（Pa）；

σ'_v——有效土覆压（N/m^2）。

材料指数 I_D 与膨胀系数 E_D 的关系如图 8-144 所示。两者为 Marchetti 所建议的土质分类及湿润密度推定图中本次测定值。由图 8-144 可知，改良后的膨胀系数 E_D 明显具有增加的趋势，说明地基的刚性得到了提高。

另外，基于膨胀试验结果，K_0 值的计算结果及深度分布分别如图 8-145 和图 8-146 所示，确认 K_0 值上升了 0.6～1.0。

$$K_0 = 0.376 + 0.095K_D - C_3 \times (q_c / \sigma'_v) \tag{8-41}$$

其中，$C_3 = 2 \times 10^{-3}$。

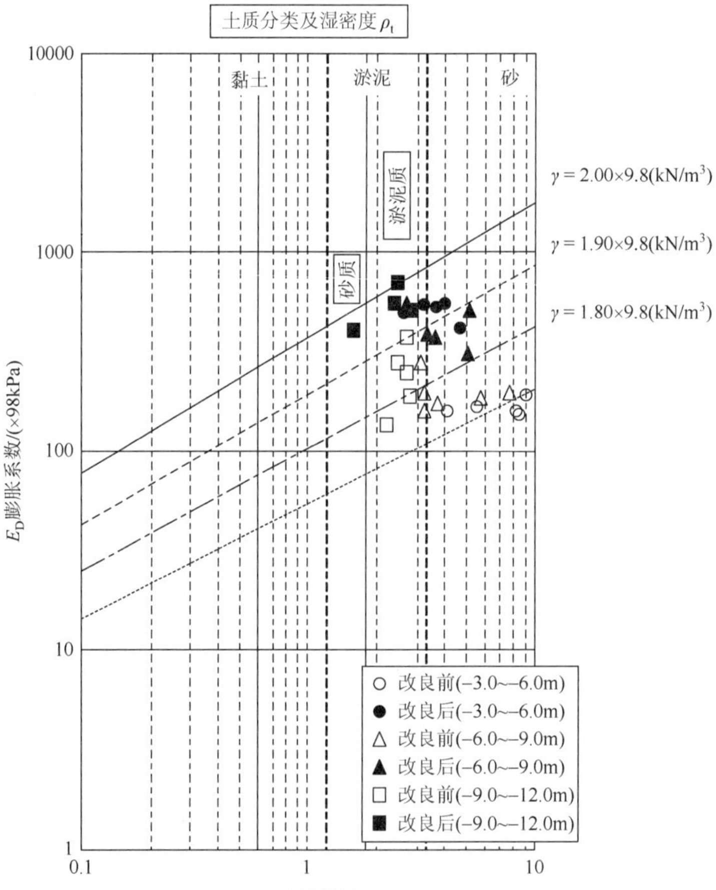

图 8-144　E_D-I_D 的关系

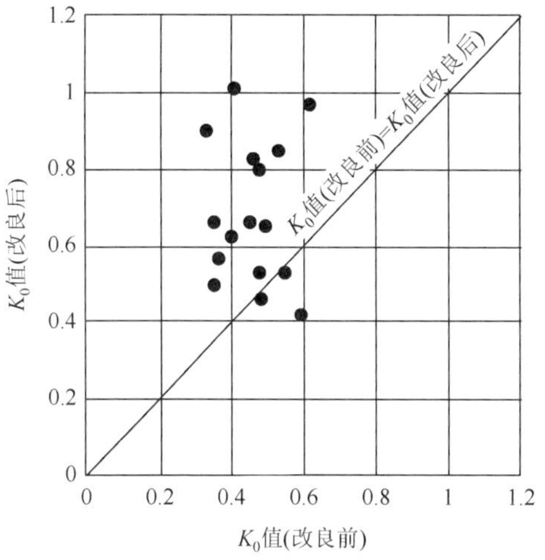

图 8-145 改良前后的 K_0 值

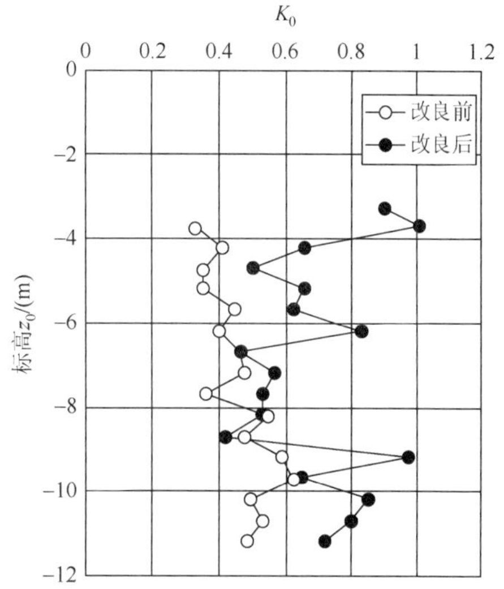

图 8-146 改良前后的 K_0 值深度分布

附录 A SCP 工法地基改良效果的数值分析

A.1 附录的目的和分析内容的概要

本附录的目的是说明 SCP 形成的地基改良效果的工法原理，并基于最新的计算土力学以助于理解。

使用 SCP 工法进行地基改良的原理通常分为两部分。

第一，通过 SCP 的打设（砂桩扩径）促进未改良地基的压缩，减少原地基的孔隙率，从而改良原地基土的强度和变形特性。对于砂性地基、黏性土地基及典型的中间土地基，采用静压工法进行 SCP 打设，通过真实模拟此情况进行数值计算，时刻观察包括打设后的固结在内的压缩地基实际情况，以及强度和变形特性的改善情况。

第二，改良后的复合地基在外力作用下，其变形、沉降和承载力特性较原地基虽有所改善，但这也会造成挤密砂桩的应力集中，使得砂桩自身也要抵抗外力，即存在预应力。限于篇幅，本附录仅对中间土地基的 SCP 改良进行计算机模拟分析并确认其实际状态。虽然计算案例仅限于中间土地基，但外力取静力与动力两种。

A.2 分析方法的说明

计算土力学由两部分组成。类似于汽车的引擎和底盘，计算土力学的引擎就是土的弹塑性本构关系，其底盘就是再现存在孔隙水会对土骨架的体积变化产生约束的状况，即水-土骨架耦合的有限变形分析。关于两者的详细内容可参考相关文献，通过以下的说明，即可充分理解本附录的内容。

A.2.1　砂和黏土有何区别——弹塑性本构关系的说明

将松散砂装入茶筒内，在砂上放置透水石，在砂上作用很大的力不会产生很好的压缩效果。然而，只要在茶筒侧面敲击几下，也就是给砂土施加微小的反复的剪切作用，便可实现很好的压缩效果——砂被挤密了。砂的挤密以在不增加平均有效应力 p'的情况下实现压缩为特征。即便从另一个方向敲击茶筒，挤密了的砂也不会变得松散，这种压缩称为塑性压缩。

图 A-1a 通过弹塑性本构关系的响应分析反映，仅仅由剪切产生的一点点塑性变形就破坏了原来砂粒组成的骨架构造，实现了明显的压缩。最初的敲击虽然产生了很大的压缩，但随着敲击次数的增加，压缩量逐渐减少，此弹塑性响应分析计算的结果与以往的经验相一致。另外，挤密后的挤密砂会存在超超固结的状态，但如图 A-1 所示，由 e-logp'曲线可知，并未施加如想象中那样巨大的压缩荷载。通过微小的反复荷载，土体仅会累积塑性变形的超固结。如图 A-1b 所示，记录了从松散砂到挤密后的挤密砂，侧压一定的情况下，不排水三轴压缩试验的计算结果。从松散砂到中松散、中挤密、挤密砂，虽然这些砂样使用的都是同一种砂，只是改变了对松散砂敲击的次数，其效果却完全不同，计算结果也是如此。因此，它们的弹塑性常数都相同，只是孔隙比、超固结比、构造的状态有所不同。

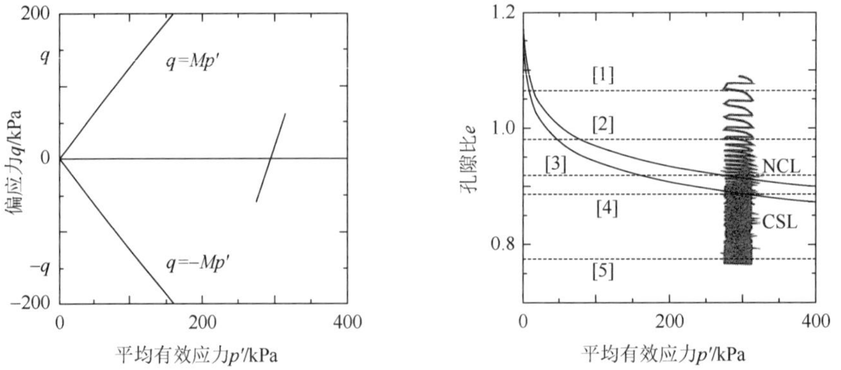

(a) 砂的挤密

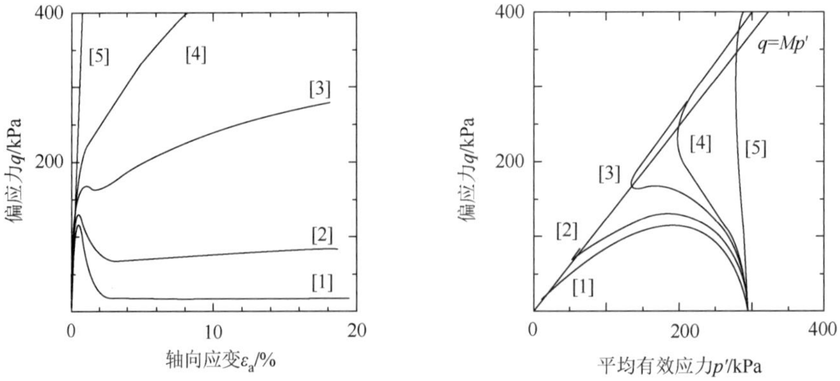

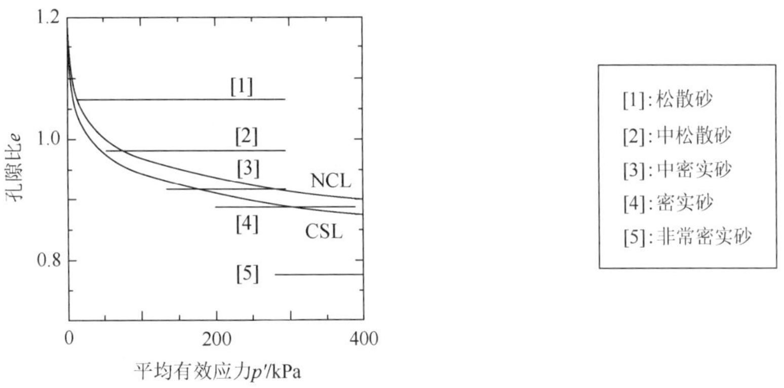

(b) 砂的不排水剪切响应

图 A-1　反复剪切作用下砂的挤密和不排水剪切响应

通过塑性变形破坏土体骨骼的构造实现（塑性）压缩的过程称为“上负荷面概念”，而通过反复荷载产生塑性变形使土超固结的过程称为“下负荷面概念”。

对“下负荷面概念”还需要再进一步说明。现在所说的反复荷载作用下的塑性变形是什么意思？由于超固结土是弹性体，因此在弹性变形量范围内，仍能恢复到最初的正常固结状态，这属于土力学的范围。所以即便反复荷载作用，重复加载、卸载过程，也只会得到弹性响应结果，故“反复荷载作用下的塑性变形”的称呼可能不太符合规范。现代弹塑性力学中最重要的一点是，处于超固结状态的土体要回到正常固结状态，就必须产生塑性变形，即“下负荷面概念”。即使卸载时仍只能得到弹性体，在接下来的再加载过程中，土体会发生弹塑性响应，产生塑性变形。回归正常屈服状态产生的塑性变形如图 A-2 所示。超固结的消除（正常固结化）与构造的破坏相反，会因为体积膨胀向侧边移动，这一点也很重要。但是，本附录会对此进行补充说明。以前，联动性很强的土粒子的咬合就相当于解除超固结后伴随的膨胀。

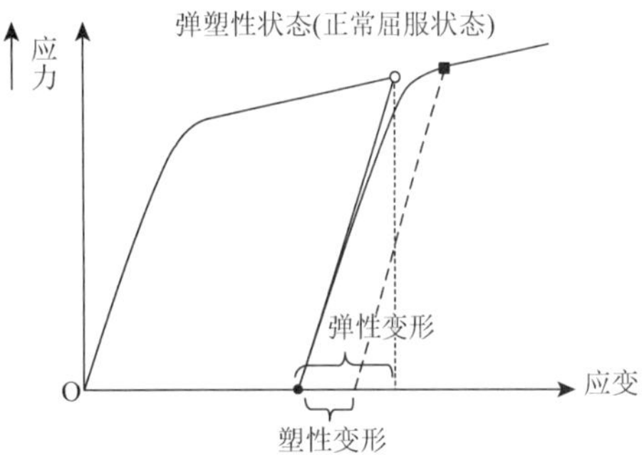

图 A-2　回归正常屈服状态产生的塑性变形

上文对砂的概念已做说明，那么黏土又如何呢？首先，黏土也有其“构造”。“原状土、扰动土”或“扰动”等词，与砂相比，在描述黏土时经常会被使用。图 A-3 为构造形成后的自然堆积黏土的一维压密试验结果，以 *e*-log*p*′曲线表示（铅直有效应力和平均有效应力的关系通过一维压缩中的计算同时求得）。随着压缩的进行土体构造被破坏，直到构造丧失，与重新混合黏土的 *e*-log*p*′曲线重合。砂与黏土在构造破坏后会产生很大的压缩这点是相同的。其次，关于“超固结、正常固结”，超固结黏土再压缩时的运动再次用 *e*-log*p*′图示于图 A-4 中。从超固结向正常固结状态移动时所产生的塑性变形结合图 A-2 就很容易理解了。也就是说，以上所述的关于构造和超固结的内容，对砂和黏土而言没有区别。

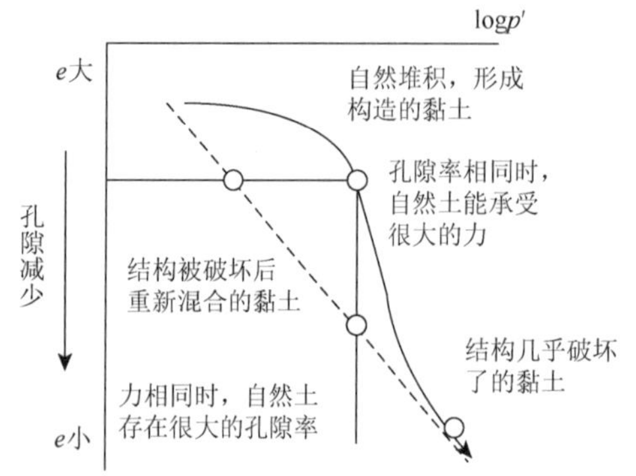

图 A-3　构造发展后自然堆积黏土的一维压缩试验

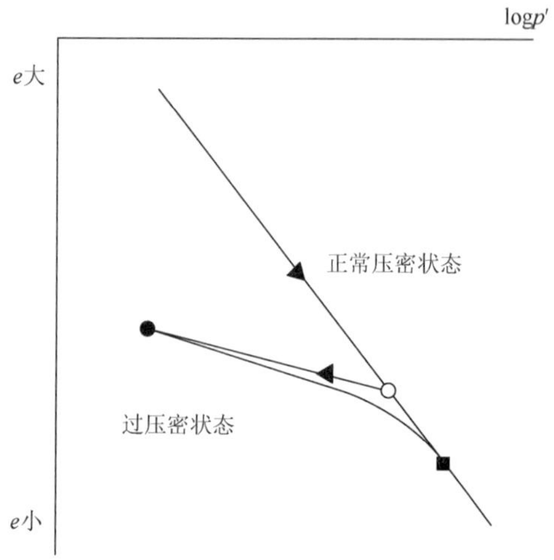

图 A-4　超固结黏土再压缩时的运动

那么，砂和黏土在哪些方面有所不同呢？

自然堆积土或地基中的砂或黏土都会有一定程度的超固结状态，且其构造在不断发展。这种土或地基如果产生塑性变形，则会像前述一样从超固结状态向正常固结状态靠近，且慢慢丧失被扰动了的构造，然后，回归到没有构造的正常固结土。那么，产生“单位”塑性变形时，是超固结消除的速度快还是构造丧失的速度快呢？这将作为下一个问题提出。先说结论，砂的构造丧失速度非常快，超固结消除的速度则很缓慢。所以，砂要回到正常固结状态就需要很大的塑性变形。一般而言，黏土与砂正相反，需要很少的塑性变形就能立刻消除超固结接近正常固结状态，但其构造则不易被破坏。要将自然黏土完全重新混合，通过室内试验便可知道要耗费大量的劳动力。该过程如图 A-5 和图 A-6 所示。如图 A-6a 所示，砂先发生构造破坏，此时开始挤密。构造损失时会产生塑性体积压缩已在前文叙述过。所以，如果砂的构造丧失是由不排水条件（等体积条件）引起的，则为了填补构造丧失造成的塑性压缩，会产生很大的弹性膨胀。随着 p'（平均有效应力）的减小，会产生弹性膨胀，孔隙水压会上升，这就是液化的机制。液化后砂的 p'会减小，成为超固结状态，地震后从此状态回归到原来的有效应力状态时（再加载时），必须产生很大的塑性压缩。所以，液化后砂的固结沉降会很大，如图 A-6 所示。

黏土的情况如图 A-6b 所示，黏土仅需很小的塑性变形就能接近正常固结状态，构造的丧失一般在其后发生。构造丧失时，与砂相同，会伴随很大的压缩，但是黏土排水非常耗时，而且黏土的刚度随构造劣化而降低，使固结系数变小，因而剩余固结会变慢。二次固结很容易在从超固结跨越到正常固结的荷载附近发生，且由于沉降大，也很费时间。这样才算第一次正确理解了这个过程。

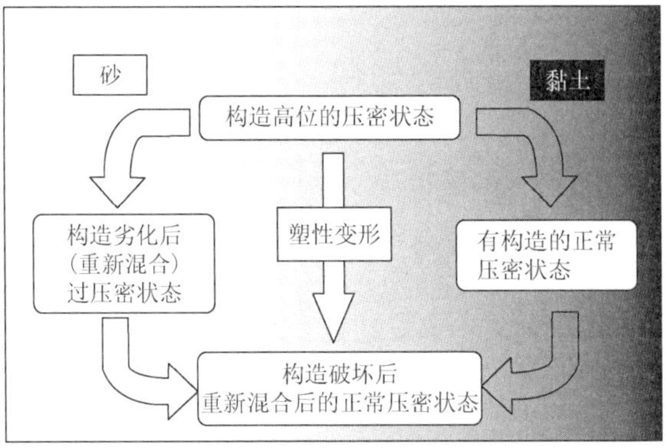

图 A-5 砂和黏土的力学特性的不同（一）

那么，回到图 A-5，图中画出了“典型砂”和“典型黏土”的线路走向，其中间的线路有无限多种。也就是说，单位塑性变形下构造的丧失速度快，还是超固结消除快，都是程度的问题。因此，也会有两者一样快或者一样慢的土体，即在砂和黏土之间还存在许多不同的土。将这些土统一称为“中间土”。从与砂接近的中间土到与黏土接近的中间土，有许多不同种类。

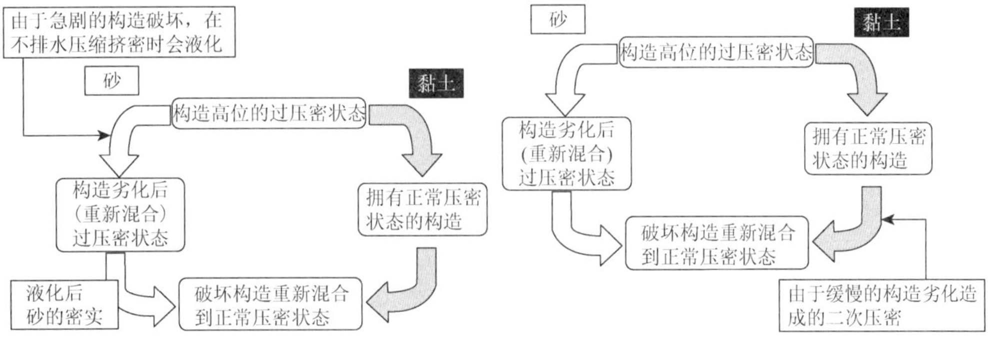

(a) 砂的挤密/液化　　(b) 黏土的二次固结

图 A-6 砂和黏土的力学特性的不同（二）

将构造、超固结等的内部状态的变化用塑性应变速度的函数表达时，称其为发展准则。于是，现代的土的弹塑性本构关系只需要调整该发展准则的参数，便可用统一的理论体系来描述从典型砂到典型黏土，包括中间土在内的所有土的力学特性。虽然，使用砂专用本构关系、黏土专用本构关系的时间持续了很久。实际上，就连“松散砂的等体积剪切专用本构关系”等也有。但是，从现在起正在发生巨大的转变。在实际问题中，存在许多不同种类的土，即使受到剪切、压缩或膨胀，也会表现出不同的力学性能。因此，即便有再多“专用本构关系”也不够用，而且其大部分也用不了。

A.2.2 从变形到破坏……水–土骨架联动及有限变形分析的说明

接下来进入计算土力学的底盘话题。

“水-土骨架耦合”是指孔隙水对土骨架的体积变化有约束作用。土体想要压缩，但不压缩的孔隙水会妨碍土体，使其无法压缩。此时，孔隙水会使无法压缩的土体从土骨架中向外扩散。根据作用与反作用原理，土骨架也会对水有压缩作用，从而产生了超静孔隙水压。孔隙水会根据水头梯度在土骨架中或快或慢地移动（达西定律）。达西定律的关键在于水头梯度。仅凭单个土单元的超静孔隙水压无法确定水是否会流动，孔隙水会向什么方向移动，会移动多远，由该单元与其周围单元的超静孔隙水压的大小关系，也就是梯度来决定。饱和土要压缩还是膨胀，总是与其相邻的单元相协调后来确定。不会发生只有一个单元任意单独行动的情况。这就是“非局部性质”。土力学的计算一直很稳定的原因就是因为这种非局部性质。

接下来对“有限变形分析”进行说明。通常，土体是强是弱由其塑性压缩程度所决定。“塑性体积应变是土的硬化和软化参数”就很好地说明了这一点。因此，要使土的弹塑性本构关系能够正常使用，正确测量土的体积变化是前提。绝对不能伪造变形的几何计算结果。由于该本构关系总是以应力增量与应变增量关系的形式出现，因此力的平衡方程及运动方程也都应以增量形式（也称为速度型）来表示。有限变形分析就是在形成这些增量方程时，对肯定会出现的几何非线性项，在基础方程阶段就对其修正的一种分析方法。限于篇幅，此处略去数学推导，但是应该注意下述关于有限变形分析与使用较多的“小变形理论”的分析的不同之处。假设一根长 1 m 的弹性棒，作用 1 kg 的压力则压缩 1 cm，作用 1 kg 的拉力则伸长 1 cm。那么作用 100 kg 的压力，棒长会变为 0 吗？棒长变为 0 是扩大小变形理论适用范围时的结论，而用有限变形理论分析时，要使棒长变为 0，则需要无穷大的压力，这才是正确的结论。因此，在压缩时使用小变形理论分析，作用相同的力，其变形结果总是偏大的。分析地基、土时，一定需要对压缩场进行分析，如果扩大小变形理论的适用范围，则变形结果总是偏大的。拉伸时则相反，此处不再详述。

那么，水-土骨架联动和有限变形分析的最大优点是，可以连续追踪从变形到破坏，或者从液化时不稳定的状态到砂固结后稳定状态的运动过程。当然，前提是前述的本构关系要适用。此外，如果在基础方程中使用带有加速度项增量的运动方程，则不需要区分静力问题还是动力问题。从砂到黏土，不论是变形还是破坏，静力还是动力，都可以用一个工具进行分析。本附录所有使用的是相关研究中的程序，为了推导各向异性，其弹塑性本构关系融合了导入旋转硬化概念的上、下负荷面修正剑桥模型。

A.3 砂质地基的 SCP 工法改良

在图 A-1 中，说明为了使砂压缩，对其作用反复剪切荷载来挤密的方法是有效的。使砂液化后，在其自重下也会压缩，但这不如挤密具有可操作性，而且这种工法到目前为止也没有得到确定。本节针对不使用内部振动的静压工法——SCP 工法进行论述。这样的 SCP 打设为什么要在桩周围的地基施加反复剪切作用呢？作为该工法首要的关键点，将在 A.3.1 中进行说明。同时，该内容不局限于砂土地基，对于后面的黏性土地基、中间土地基的砂桩打设同样适用。

A.3.1 通过反复回填与拔出桩管打设扩径砂桩

如果将地基内贯入到规定深度处的桩管（管内留有砂）向上拔出 50 cm，然后将桩管向下回填 30 cm（塞入），就制成了 20 cm 长的直径大于桩管直径的扩径挤密砂桩。接下来，采用同样的方法，拔出桩管，再回填。不断重复该过程，便可以 20 cm/次的速度在地基内制作扩径砂桩。

图 A-7a 为桩管的回打示意图，图中还画出了砂桩扩径时（桩管回填时），桩管对其周围地基产生向下的摩擦力。通过作用与反作用原理，周围土体会对桩管产生向上的摩擦力。

因此，施工机械的重量必须大于这个向上的摩擦力（周围从上到下的积分值）。图 A-7b 为桩管的拔出示意图。施工机械应该会很轻松地拔出桩管。本附录中对 SCP 打设的数值分析详细模拟了上述的过程。

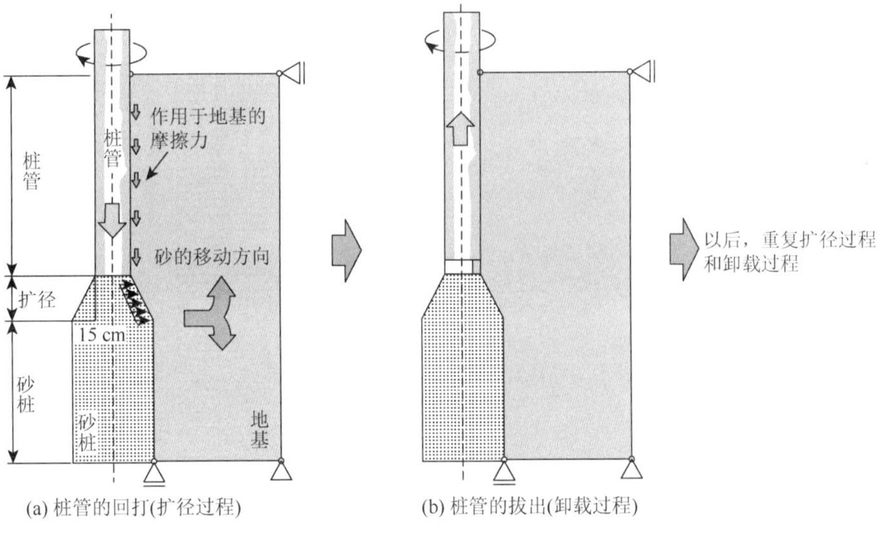

图 A-7 扩径过程及卸载过程的示意图

总之，通过反复回填与拔出桩管，可对桩管周围的地基施加反复剪切荷载。这种剪切荷载对于原地基为松散砂的情况特别有效。从桩管的下端强制注入砂，使砂桩扩径，当技术人员准备用这种方法挤密该深度附近的砂时，其实在上部桩管周围的原地基砂已经开始慢慢被挤密了。在下一节中会详细说明这部分内容。另外，虽然实例较少，但是如果碰到原地基的砂本来就已经相当密实了，还要打设 SCP 该怎么办呢？当然，要使其继续挤密，在回填桩管时就需要很大的马力。需要承受反力的施工机械需要多大的重量才行呢？这些也在下一节中进行研究。

A.3.2　打设 SCP 挤密其周围的砂土地基

在厚度为 15 m 的砂性地基中，制作半径为 20 cm 的桩管、桩间距 2 m、桩体半径为 35 cm（置换率为 12%）、长 15 m 的铅直砂桩，每根花费的时间约 14.4 min。也就是说，按 20 cm/次制作半径为 35 cm 的砂桩，那么完成 1 m 长只需 50 s。1 m 为 20 cm 的 5 倍，所以，制作 1 m 的砂桩需要反复 5 次。砂桩配置示意图及桩间砂性地基的有限单元、边界条件见图 A-8。虽然实际施工时，不会同时打设相邻砂桩，但为了简便，一根砂桩的打设过程按照轴对称条件来计算。砂桩制作过程中所产生桩间砂性土的变形见图 A-9。原地基砂的弹塑性参数、渗透系数、土粒密度如表 A-1 所示，但仍然按照表 A-2，分别考虑松散砂性地基和挤密砂性地基两种情况。结论列举如下。

砂桩打设（及其之后的固结）完成后，桩间砂性土的孔隙率减少量和地表面的隆起量（桩间平均值）列于表 A-3 中。从中可看出，松散砂性地基得到了充分的挤密，因此隆起量也很小；而挤密砂性地基则由于挤密量很少，所以隆起量较大。

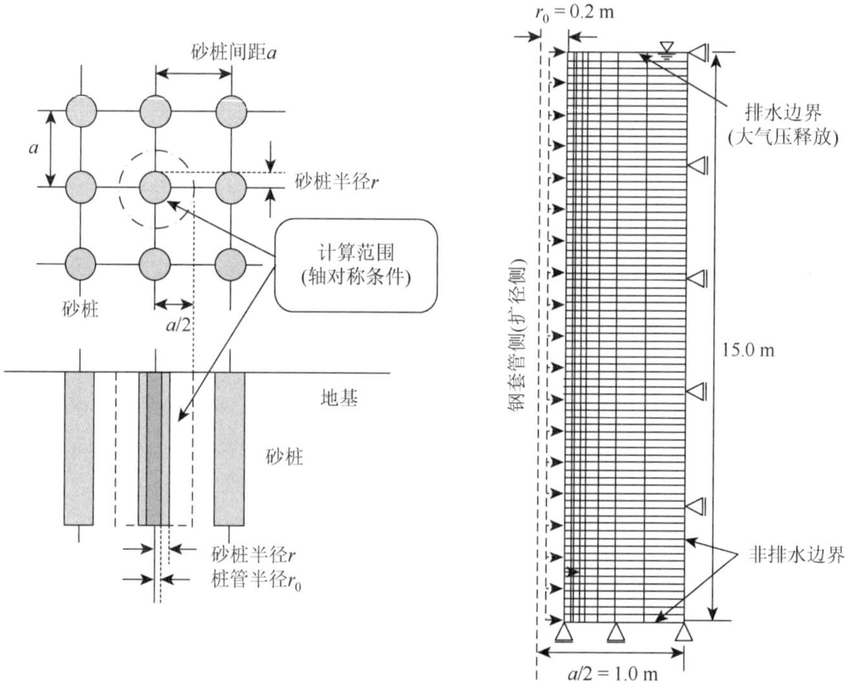

图 A-8　砂桩配置示意图及桩间砂性地基的有限单元网格和边界条件

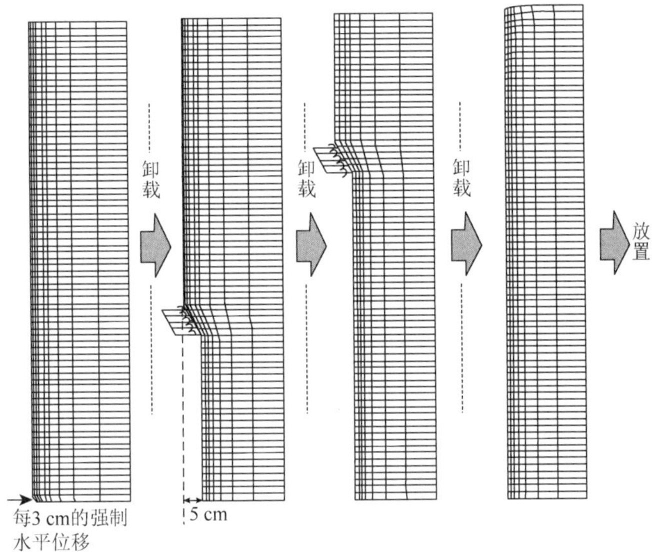

图 A-9 砂桩制作时产生的桩间砂性土的变形

表 A-1 砂的材料常数

弹塑性参数	
压缩指数 $\bar{\lambda}$	0.045
膨润指数 $\bar{x}$	0.01
界限状态常数 M	1.3
$p'=98\ kN/m^2$ 时的比体积 N	1.685
泊松比 v	0.3
渗透系数 k/(m/s)	3.0×10^{-4}
土颗粒密度 ρ_s/(kg/cm^3)	2.67
变化参数	
正常固结变化指数 m	0.14
构造劣化指数 a	（1）
构造劣化指数 b	（1）
构造劣化指数 c	1.03
旋转硬化指数 b_r	30
旋转硬化界限常数 m_b	0.5

表 A-2 砂地基的初始值

	松散砂性地基	挤密砂性地基
侧压系数	0.8	0.8
超固结比	2.0	10.0
构造的程度	10.0	2.0
各向异性程度	0.23	0.23

表 A-3　桩间砂性土的孔隙比减少量和地表面的隆起量

	松散砂地基	密实砂地基
孔隙比减少量	0.13 cm	0.06 cm
隆起量	21.9 cm	86.0 cm

进一步详细分析松散砂性地基。在慢慢挤密的过程中，通过与桩管下端位置的关系，表现了圆点记号处砂单元的变化过程，如图 A-10 所示。在桩管下端从 *a* 点上升到 *b* 点的过程中，该单元有很可观的挤密量。在这之间，平均有效应力 p'几乎没有增加，仅凭在桩管周围施加反复剪切荷载进行压缩。桩管下端从 *b* 点到经过土体单元附近的 *c* 点时，该单元在被挤密的同时也受到桩径的挤压，因此平均有效应力 p'显著增加。但是，这个过程很短，很快桩管就从单元上方（*c* 点到 *d* 点）经过了，由于已经卸载，所以对该单元已经没什么影响。

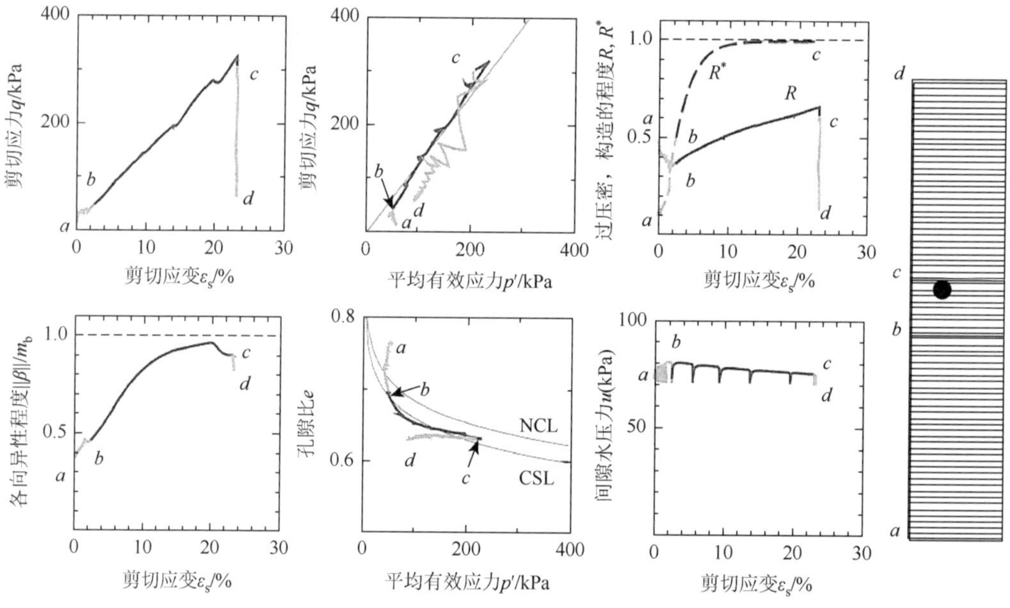

图 A-10　砂桩制作过程中砂性地基要素的变化

SCP 打设对原地基砂的剪切特性有多大程度的改善？如图 A-11 所示，给出了在图 A-10 中的单元右侧，也就是地基中央深度处桩间中央附近的砂在地基改良前后的不排水压缩、拉伸剪切化。可以看出，在改良前后有很明显的改善效果，因此不会发生液化。从图 A-11 中也可以读出改良前后的侧压增量，而图 A-12 则给出了侧压系数在改良前后的深度分布。从 0.8 上升到了平均 1.4 的水平。

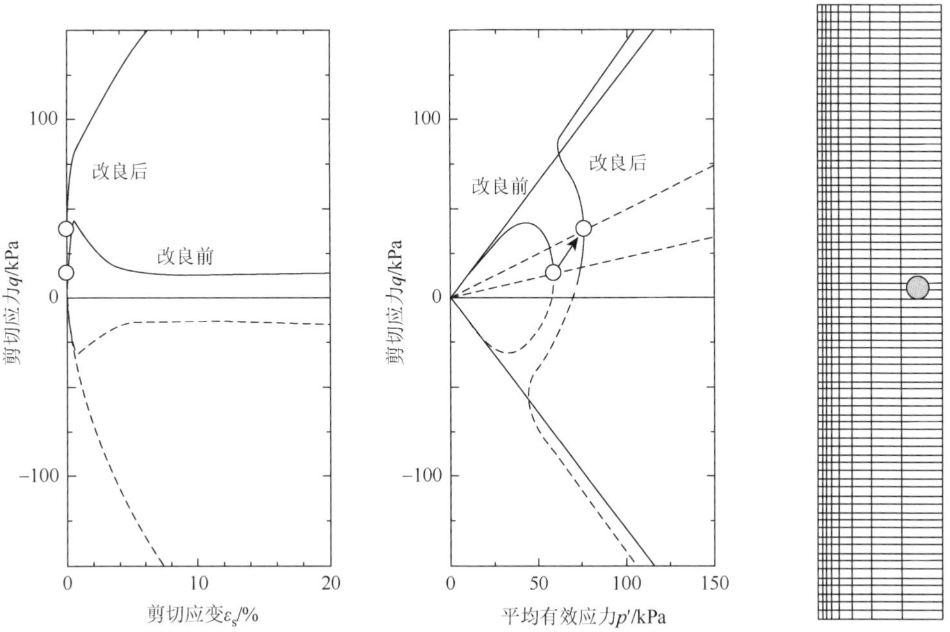

图 A-11　改良前后的不排水剪切特性

在挤密砂性地基中打设 SCP 的改良效果无明显意义，故不再介绍。但对于制作砂桩所需的必要的桩管打入力（施工机械重量）仍需要说明。为了将砂强制注入地基中，地基会相应地对桩管产生向上的反力，即桩管周围摩擦力的合力，而摩擦力会随着桩管下端所处的位置不断变化。图 A-13 以桩管下端位置为纵轴，显示了摩擦力合力在回填过程中不

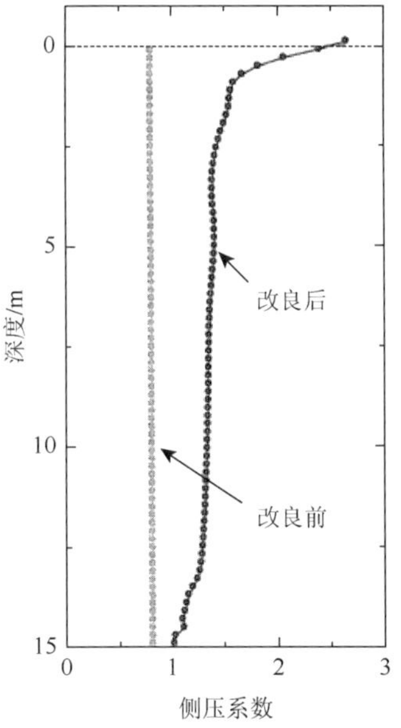

图 A-12　砂桩打设时侧压系数的变化

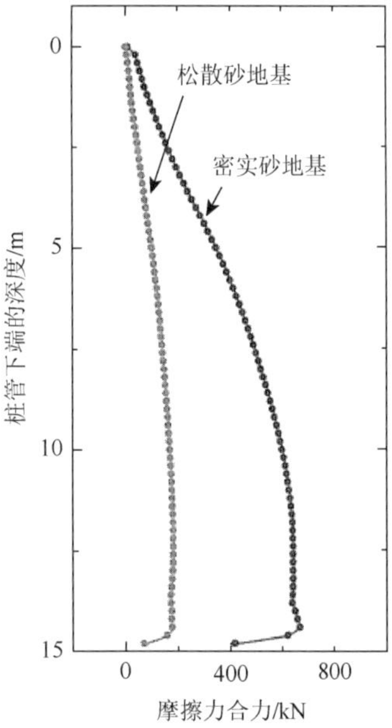

图 A-13　回填时必要的施工机械重量

同时刻的变化。对砂性地基，比起在地基深处进行砂桩扩径，在回填时需要很大的力。而对于挤密地基，该力最大可能会达到 70 tf。即便如此，就目前施工机械的能力而言，还是可以超过这个数值。

A.4　黏性土地基的 SCP 工法改良

用于黏性土地基的 SCP 工法的改良原理可以理解为，通过砂桩的强制扩径使超静孔隙水压力上升，又通过其消散来实现固结，从而减小孔隙比，提高土体强度。就像砂石排水一样，也不会出现超载的情况。这种现象在完全混合后、构造完全丧失的正常挤密黏土组成的地基（本节称为地基 A）中表现很明显。原本，黏土的构造被破坏时，需要产生很大的塑性变形，这种塑性变形虽然可以用强制扩径的方法来实现，但因为重新混合后的黏土已经丧失了它的构造，所以即便在地基 A 中打设 SCP 也不会产生剧烈的影响。地基 A 在 SCP 打设一两年后，完成了自重固结，其强度也有很大提高。但是，完全没有必要因此而感到高兴。因为像“由完全重新混合后，土体构造完全丧失的正常固结黏土改良而来的地基”，在自然中原本就不存在。

实际存在的自然堆积黏性土地基（称为地基 B），一般都存在一定的超固结，且土体构造发展很充分。换言之，就是灵敏度很高。在这样的地基中打设 SCP，在实现固结之前，砂桩扩径会产生很大的塑性变形，从而很大程度使黏土的构造劣化。也就是说，在 SCP 打设的同时，黏土的强度会降低。不仅如此，虽然构造劣化会产生塑性压缩，但由于砂桩打设的时间很短，几乎相当于是在不排水（等体积）条件下进行的，因此这部分塑性压缩会有弹性膨胀来填补。正是如此，p'减小得比地基 A 更多，这也导致即便在打设后自重固结完成时，无法恢复到原地基的水平。关于以上内容，只要计算一下就能得知是否如此。那么在这样的自然堆积黏性土地基中打设 SCP 究竟会有什么有利的效果呢？本节研究这个问题。

另外，需要注意的是，在黏土中，桩管的拔出与回填所伴随的由桩管上下细小的反复剪切作用产生的塑性变形对土的构造破坏没有砂那么大。

A.4.1　地基 A 和地基 B

与砂性地基的条件相同，假定层厚为 15 m 的黏性土地基，地表 2 m 为砂性地基。在上部放置砂的理由是希望对地基 A 进行计算。也就是说，在地表处的为正常固结黏土的地基 A 的 p'几乎为 0，其孔隙比无限大，因此计算机可将其作为像文字一样的非现实的胶体黏土进行计算。

黏土和砂的材料常数如表 A-4 所示。这与地基 B 是通用的。地基 A 和地基 B 的区别仅在于初期（SCP 打设前）的构造和超固结的程度，初期的各向异性相同（表 A-5）。地基 B 为有一些超固结的地基，其构造充分发展。但是，其与地基 A 的弹塑性参数相同，即假定把从地基 B 采样的黏土完全重新混合，再进行异方固结后，就能得到地基 A 的黏土。表 A-5 也给出了地表 2 m 处砂的初始值。砂和两种黏土的初始孔隙比分布如图 A-14

所示。显然地基 B 的黏土的孔隙比较大。另外，在图 A-3 中也已表示过，如果自然堆积的土，构造充分发展的黏土的力（此处为铅直被动土压力）相同，那么这是靠比重新混合黏土更大的孔隙比才能达到的。

表 A-4　黏土和砂的材料常数

弹塑性参数	黏土层	砂层
压缩指数 $\tilde{\lambda}$	0.20	0.05
膨润指数 $\tilde{x}$	0.05	0.01
界限状态常数 M	1.4	1.3
正常固结线的切片 N（$p'=98$ kPa 时的混合回填土的正常固结线上的比体积）	2.5	2.0
泊松比 v	0.3	0.3
变化参数	黏土层	砂层
构造低位化指数 a（$b=c=1.0$）	0.8	1.0
正常固结土化指数 m	5.0	0.05
旋转硬化指数 b_r	0.001	1.0
旋转硬化界限常数 m_b	1.0	0.5
渗透系数 k/(m/s)	7.4×10^{-8}	4.0×10^{-2}
土颗粒密度 ρ_s/(kg/cm^3)	2.65	2.65

表 A-5　地基的初始值

	黏土层		砂层
	地基 A	地基 B	
侧压系数	0.7	0.7	—
构造的程度	1.0	10.0	1.5
超固结比	1.0	2.0	3.0
各向异性程度	0.38	0.38	0.23

A.4.2　SCP 工法对黏性土地基的改良

砂桩打设的顺序和各种尺寸、置换率及计算条件全部与砂性地基时的一样，因此在此不再重新说明。一根砂桩的打设时间同样也是 14.4 min。现对计算结果分析如下。

表 A-6 给出了地基 A 和地基 B 桩间黏土的孔隙率减少量（固结完成时），以及地表面处的地基隆起量（桩间平均）。砂桩打设完成时，地基 A 与地基 B 的砂的投入量是相同的，因为打桩时间仅 14.4 min，相当于在不排水条件下进行，因此两种

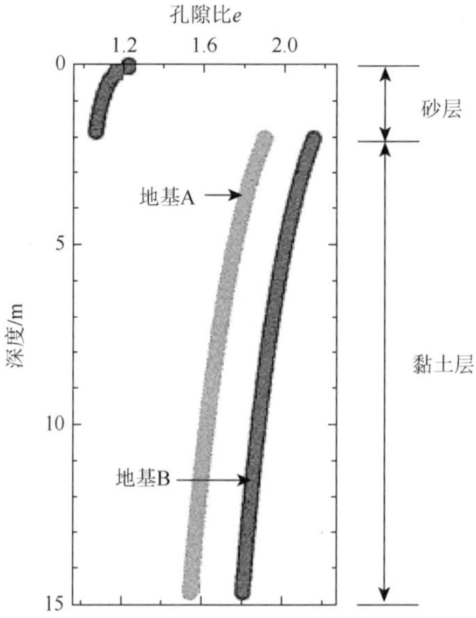

图 A-14　假定地基的初期

地基的隆起量也基本相同。但是，在这之后的固结压缩有很大的不同。由于地基 B 的构造被破坏，因此其压缩量要比地基 A 大得多。这与松散砂质地基挤密时的结果很相似。相反，地基 A 则与挤密砂质地基的情况较为相似。接下来就此展开进一步分析。

表 A-6　桩间黏土的孔隙比减少量和地表面的隆起量

	地基 A	地基 B
孔隙比减少量	0.06	0.22
地表面位移（打设完成时）/cm	135.1	135.2
地表面位移（固结完成时）/cm	101.4	27.9
砂桩打设后的沉降量/cm	33.7	107.3

注：孔隙比减少量在压缩时为正；地表面位移相较于初始状态隆起为正。

图 A-15～图 A-17 分别为地基 A 的桩间黏土在砂桩打设中与自重固结完成时（643 d）的超静孔隙水压力、孔隙比变化和超固结比的分布示意图。随着砂桩扩径的进行，桩间的黏性土地基中的超静孔隙水压力不断增大（图 A-15）。随后，在黏性土地基自重固结的作用下，孔隙水压力逐渐消散，黏土压缩，孔隙比减小（图 A-15，图 A-16）。砂桩打设后，黏土的超固结是随着砂桩扩径后桩管上拔时卸载所产生的。而且，之所以称为“自重固结”，是因为砂桩扩径的反力是靠黏土的自重。

图 A-18 为图 A-15～图 A-17 中圆点位置处黏土在砂桩打设前和自重固结完成后的不排水剪切响应的比较。可以看出，地基 A 的强度有明显上升。

以上所述只是地基 A 的一种特殊情况，而模拟自然堆积地基的地基 B 会是怎样一种情况将在后面进行研究。图 A-19～图 A-22 分别为地基 B 的初始状态、砂桩扩径中、砂桩刚打设完后及固结完成时的超静孔隙水压力、孔隙比变化、超固结比及构造状态在桩间黏土中的分布云图。超静孔隙水压力的分布与地基 A 的结果非常相似，而因为压缩是由构造的丧失引起的，因此在固结完成时，地基 B 的孔隙比变化要更大一些。虽然被施加强制位移的扩径中部分的超固结状态暂时消除了，但是下面部分的土体由于桩管上拔而卸载后又再次处于超固结状态。该超固结状态会在扩径后自重固结的作用下慢慢恢复到正常状态。构造的扰动如图 A-22 所示。

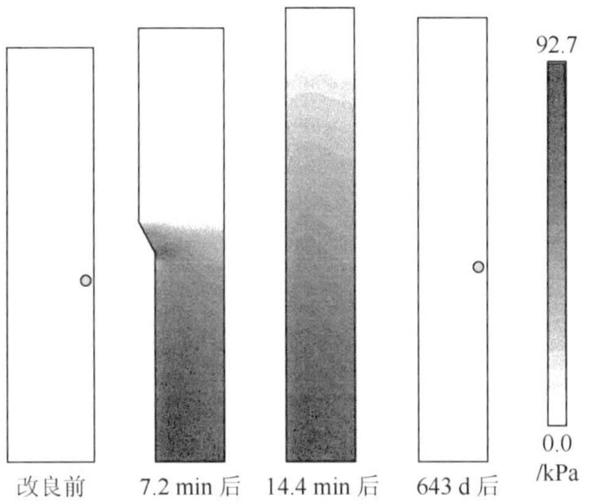

图 A-15 超静孔隙水压力分布（地基 A）

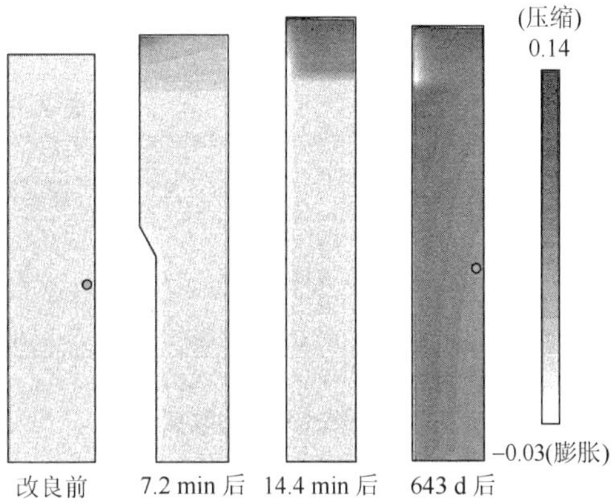

图 A-16 孔隙比变化分布（地基 A）

图 A-19～图 A-22 中圆点位置处的黏土在砂桩打设前和自重固结完成后的不排水剪切响应的比较如图 A-23 所示。由于土体被扰动，峰值强度大致降低了一半，但可知由于峰值和残留状态，土体强度变化极为微小，且在“容易设计”的地基上变化。地基 B 状态的评价宜按改善固结残留强度的 3 倍作为标准。

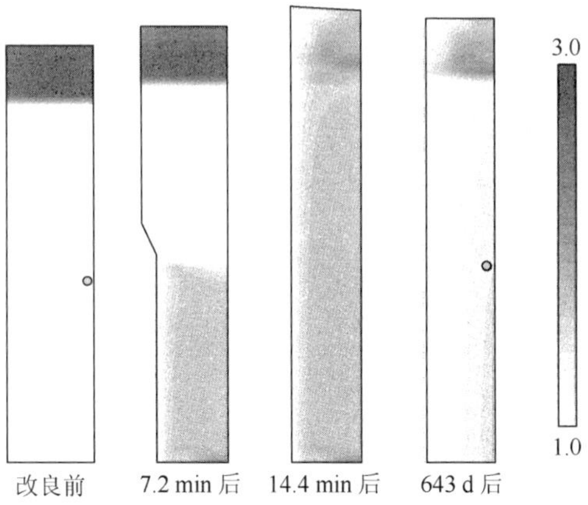

图 A-17 超固结比分布（地基 A）

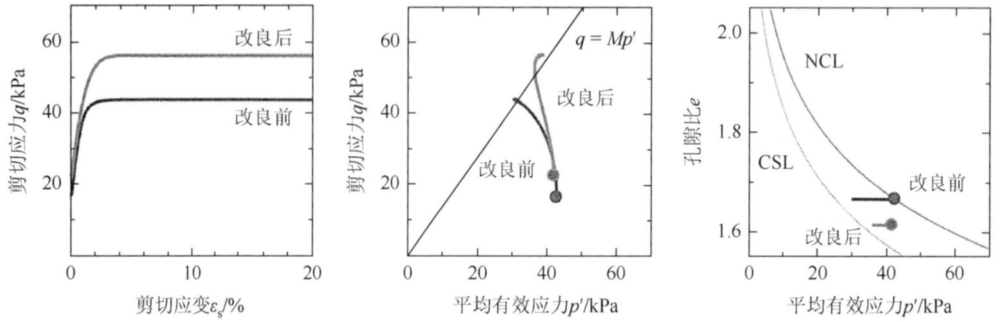

图 A-18　改良前后的不排水剪切响应（地基 A）

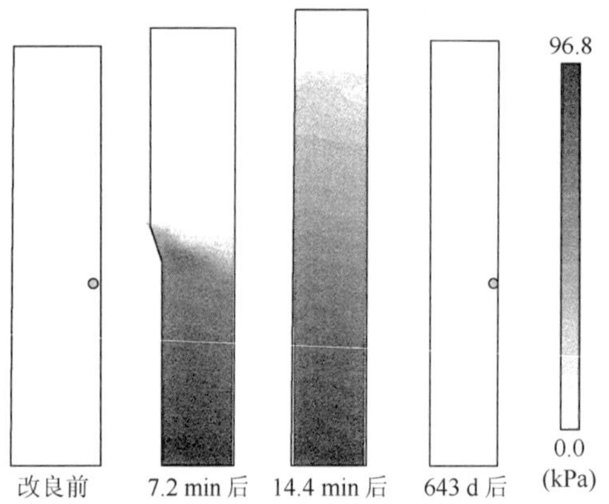

图 A-19　超静孔隙水压力分布（地基 B）

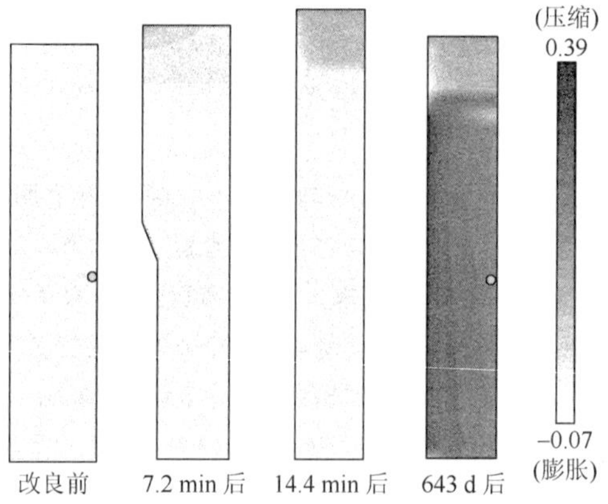

图 A-20　孔隙比变化分布（地基 B）

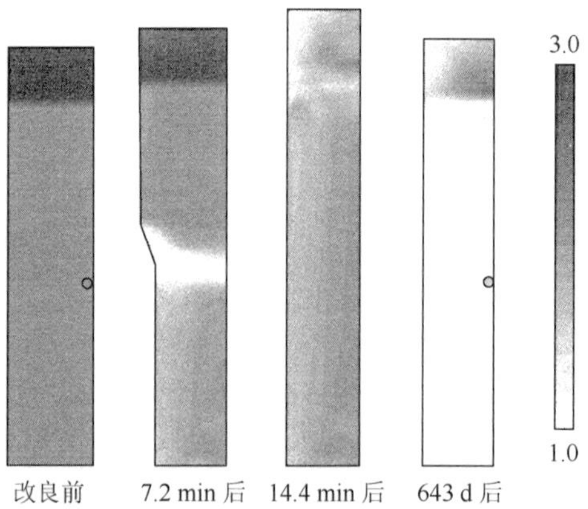

图 A-21　超固结比分布（地基 B）

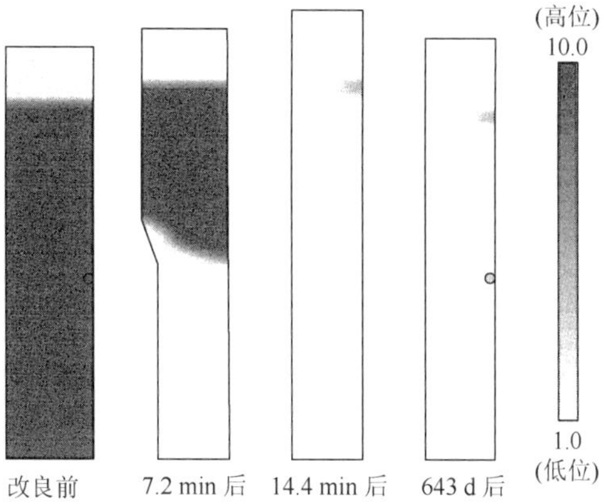

图 A-22 构造的分布（地基 B）

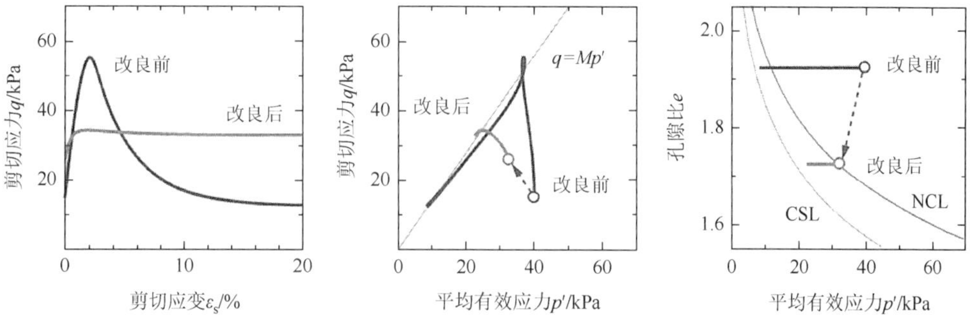

图 A-23 改良前后的不排水剪切响应（地基 B）

改良效果不仅限于强度。图 A-24 和图 A-25 分别为改良前后地基 A 与地基 B 的黏土一维压缩响应图。地基 A 没有任何变化，但地基 B 却有明显变化。改良前的地基 B 由于承受了超过“固结屈服荷载”的荷载，因此发生了很大的沉降，表示存在明显的二次固结。但改良后，在承受相同荷载时，地基 B 的沉降量很小，也节省了很多时间。大沉降已经由砂桩扩径和其后的自重固结完成。

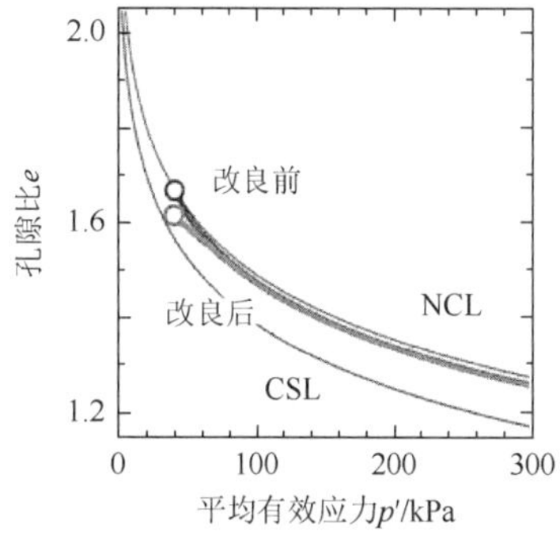

图 A-24 改良前后的一维压缩响应（地基 A）

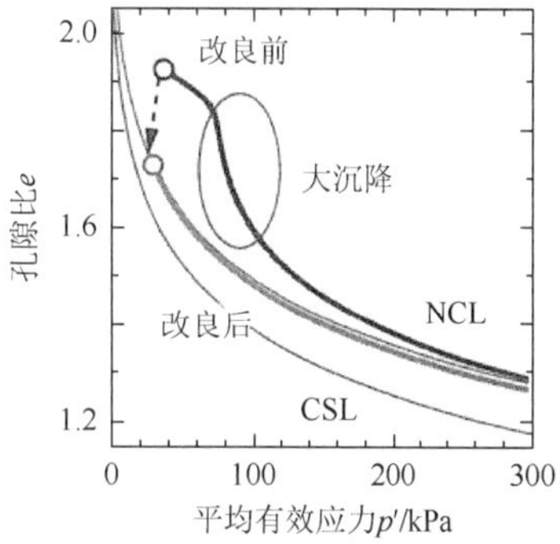

图 A-25 改良前后的一维压缩响应（地基 B）

另外，自重固结完成时间点取 643 d，这主要是为了将地基 A 与地基 B 的计算结果统一进行比较，实际上地基 A 完成的时间要更快一些。

A.5　中间土地基的 SCP 工法改良

用第三纪泥碎屑作为地基材料建造的上越的人工填埋地基，其中粗粒含量与细粒含量大约各占 50%，因此属于所谓的“中间土”类别。实际上，这种土虽然不是黏土与砂的混合物，但是其构造的低位化、超固结的消除、各向异性的发展和消失的速度都处于典型砂和典型黏土的中间。通过打设 SCP 可使砂性地基挤密，使黏性地基固结，这些内容都在上节进行了说明，那么对中间土会有怎样的改良效果呢？就以上越的人工填埋地基为例进行计算。改良效果主要研究对扩径砂桩周围土的剪切特性的改良及对作为复合地基的改良地基整体的承载力特性的改良。

A.5.1　上越填埋土的力学特性

在现场取得土体的典型粒度分布如图 A-26 所示。为了研究该泥碎屑集合体的力学特性，准备与图 A-26 粒度分布相似的最大粒径为 9.5 mm 的饱和泥岩碎屑集合体试料。此外，为了研究其在完全重新混合后的状态，也需准备泥岩再构成试料。该再构成试料是将泥岩块粉碎为粒径小于 250 μm 的粉末，以液性界限 2 倍的含水率重新混合成泥浆状后再用 196 kPa 的力进行一维固结制作而成。图 A-27 为上述两种试料的一维压缩特性的比较。可以看到，泥岩碎屑试料构造的发展程度比再构成试料要更高一些。

通过再构成试料和泥岩碎屑集合体试料的定侧压不排水三轴压缩试验，确定弹塑性参数、变化参数（以上两种试料共通）及试料的初始状态。该过程如图 A-28 所示，得到的参数和初始值群列于表 A-7 和表 A-8 中。

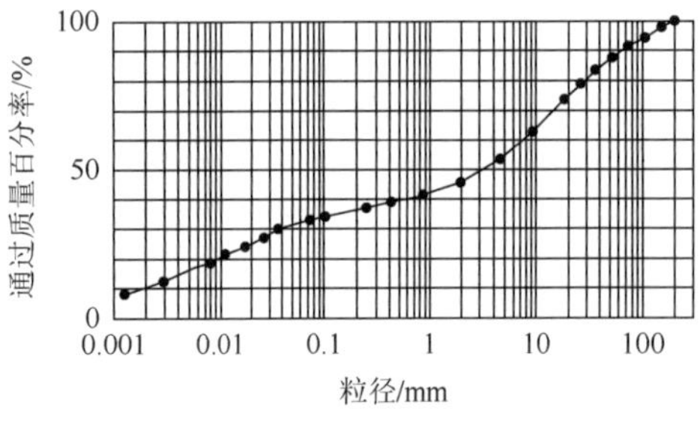

图 A-26　上越填埋地基的典型粒度分布

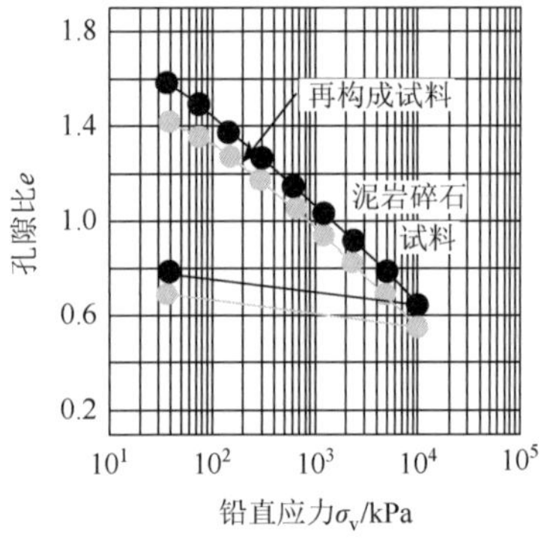

图 A-27　上越试料的一维压缩特性

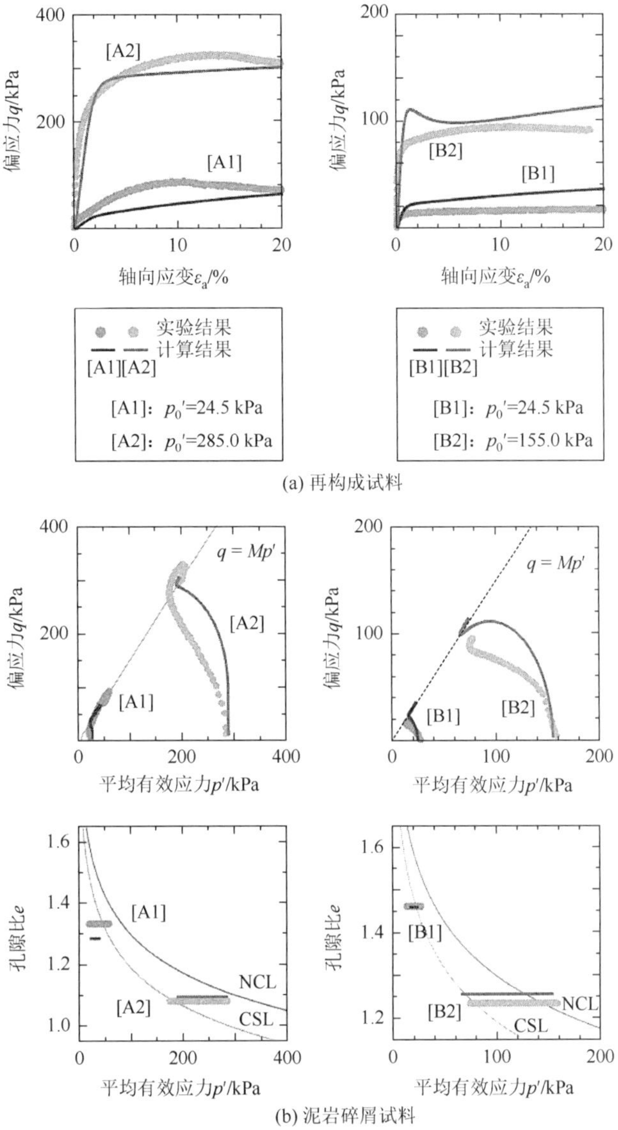

图 A-28　上越试料的不排水剪切特性和 SYS 剑桥模型再现

检查表 A-7 和表 A-8 中数据的妥当性，确认能否再现从填埋地基中采取式样的不排水试验的结果。由薄壁采样法采取的不排水剪切特性如图 A-29 所示。通过薄壁采样，能避免该地基的式样被扰动，且由孔隙比变化能把握扰动量，则计算能够再现低约束压下的反复剪切和其后的固结过程中相同孔隙比变化引起的扰动。根据实验和计算的结果可知，之后的不排水剪切特性也相当一致。

表 A-7　上越填埋土的材料常数

弹塑性参数	
压缩指数 $\tilde{\lambda}$	0.18

续表

弹塑性参数	
膨润指数 $\bar{\kappa}$	0.024
界限状态常数 M	1.5
NLC 的切片 N（p' = 98.1 kPa）	2.3
泊松比 v	0.3
变化参数	
构造劣化指数 a	2.5
构造劣化指数 b	0.8
构造劣化指数 c	2
正常固结土化指数 m	0.2
旋转硬化指数 b_r	0.2
旋转硬化界限常数 m_b	0.45

表 A-8　试料的初始状态

	再构成试料		泥岩碎岩试料	
	[A1]	[A2]	[B1]	[B2]
拘束压 p'/kPa	24.5	285.0	24.5	155.0
孔隙率	1.29	1.10	1.46	1.23
构造的程度	1.05	1.05	3.20	3.20
过固结比	4.40	1.10	5.80	2.55
各向异性程度	0.33	0.31	0.00	0.00

那么，就通过挤密和一维压缩的响应来确认这种泥岩碎屑的上越试料为中间土。典型砂、本节的上越试料及典型黏土的弹塑性参数、变化参数和试料的初始状态列于表 A-9 进行比较。挤密响应比较如图 A-30 所示，一维压缩响应比较如图 A-31 所示，可知该试料确实为中间土。上越试料的挤密程度不如砂，但比黏土高。上越试料在单调一维荷载作用下，其固结压缩量小于黏土，但比砂要大。

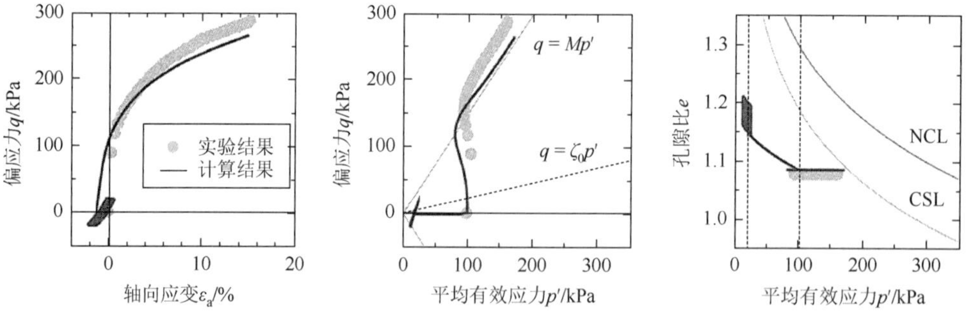

图 A-29　由薄壁采样法采取的试料的不排水剪切特性

表 A-9　典型砂、上越试料、典型黏土的材料常数和初始值

弹塑性参数	砂	中间土	黏土
压缩指数 $\bar{\lambda}$	0.05	0.18	0.29
膨润指数 $\bar{x}$	0.012	0.024	0.05
界限状态常数 M	1.0	1.5	1.90
NLC 的切片 N（$p'=98.1$ kPa）	1.98	2.3	2.75
泊松比 v	0.3	0.3	0.1
发展准则参数	砂	中间土	黏土
构造劣化指数 a	2.2	2.5	0.04
构造劣化指数 b	1.0	0.8	1.75
构造劣化指数 c	1.0	2.0	8.0
正常固结土化指数 m	0.06	0.2	2.0
旋转硬化指数 b_r	3.5	0.2	0.001
旋转硬化界限常数 m_b	0.7	0.45	0.5
初始状态	砂	中间土	黏土
平均有效应力/kPa	44.7	44.7	44.7
应力比	0.00	0.00	0.00
孔隙率	2.06	2.20	3.11
超固结比	3.39	23.1	2.43
构造的过程	9.28	5.00	4.32
各向异性的程度	0.018	0.231	0.107

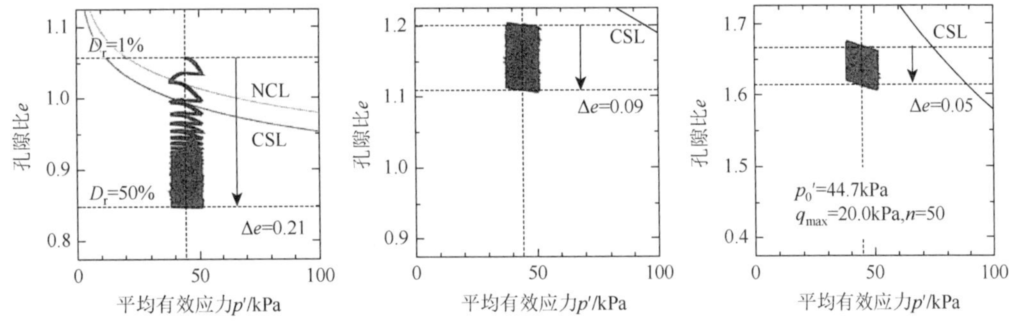

(a) 典型砂　(b) 上越试料　(c) 典型黏土

图 A-30　典型砂、上越试料、典型黏土的挤密响应比较

A.5.2　SCP 打设对泥岩碎屑填埋土的改良

砂桩打设的步骤和各种尺寸、置换率及计算条件都与砂质地基和黏性土地基时相同，因此不再重新说明。地基的层厚为 14 m，上越填埋地基的初始状态分布如图 A-32 所示。

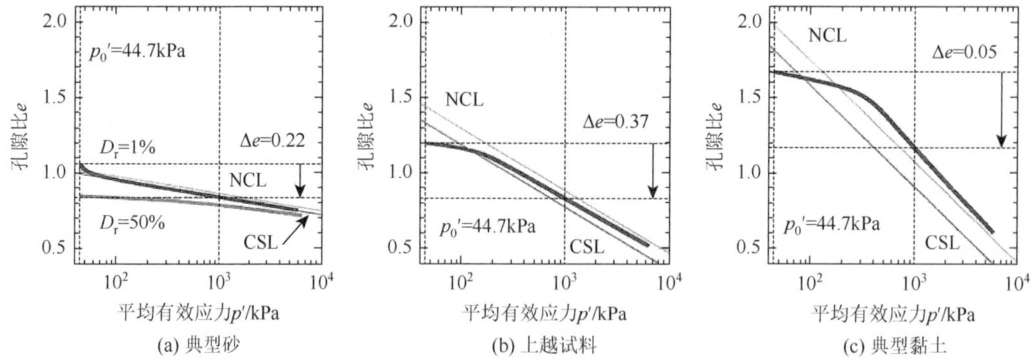

图 A-31　典型砂、上越试料、典型黏土的一维压缩响应比较

制作砂桩对地基产生的作用与之前相同，主要是桩管回填时的扩径荷载，上拔时伴随的重复卸荷，以及打设后地基的自重固结作用。但是，渗透系数有所增加，为 1.0×10^{-6} m/s，且自重固结只需砂桩打设后 1 d 即可。因此图 A-32 均证明了砂桩打桩完成后即为土体固结完成时。

图 A-33～图 A-35 分别为砂桩改良前、改良中、改良后的孔隙比变化、超固结比及构造程度的示意图。首先，由这些图可知地表面隆起量较大，桩间平均为 1.12 m。这与 A.3 节中的挤密砂相比要更大。

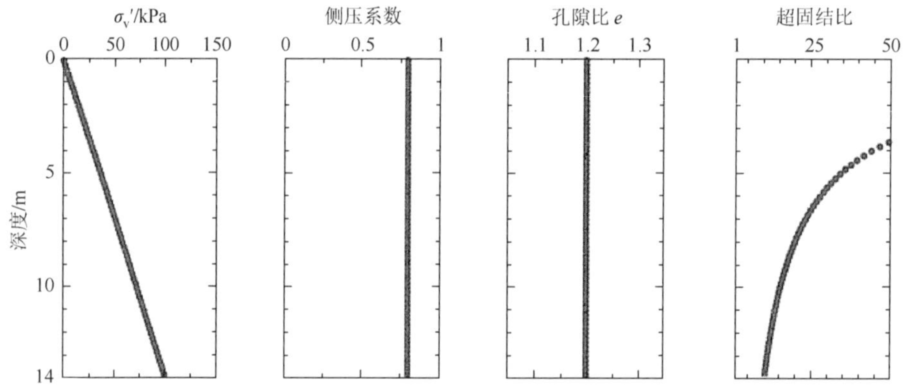

图 A-32　上越填埋地基的初始状态分布

从图 A-33 中可看出，中间土地基的孔隙比变化只在砂桩周边附近发生，而与之相比，松散砂质地基的孔隙比变化则在桩间土体中几乎都是一样的。中间土地基整体的平均孔隙比变化为 0.033，约为 A.3 节中的松散砂的 1/4 左右。但是，砂桩打设如图 A-34、图 A-35 所示，在地表面附近，初始构造处于高位的超固结程度很大的填埋地基，经过 SCP 打设后，在地基内约束压 p'上升的同时（图中省略），变成了构造处于低位的部分超固结地基。

图 A-36 表示的是地基中央深度处的地基 A 在砂桩打设中的力学特性。与图 A-10 进行对比可以看出，其特性与砂不同。桩管下端从最深处的 a 点上拔到 b 点的过程中，在深处桩管反复上拔、回填时产生的扩径荷载，以及上拔时的卸荷都会影响地基 A，由于土体

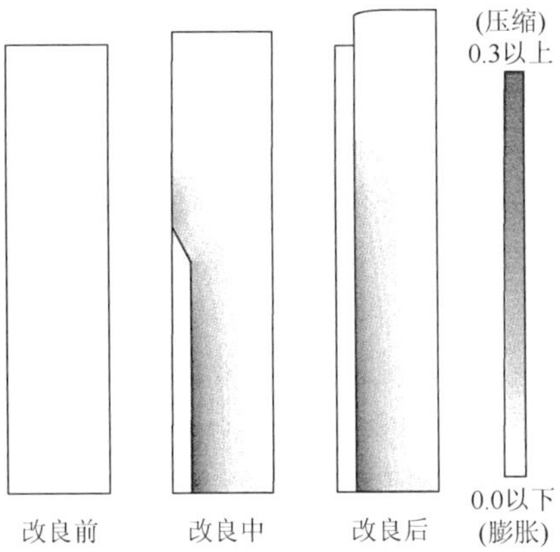

图 A-33 孔隙比变化分布

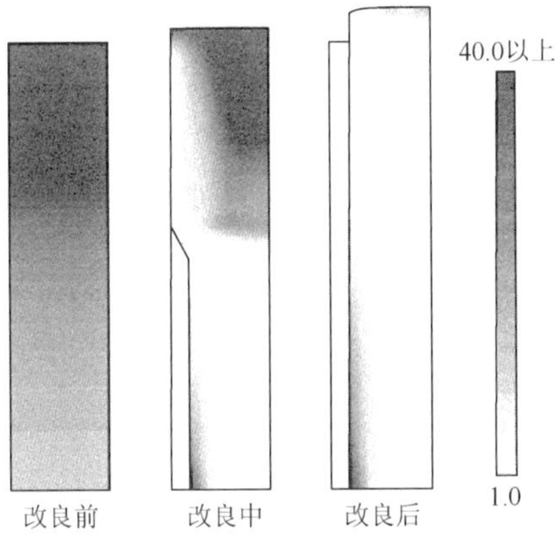

图 A-34 超固结比分布

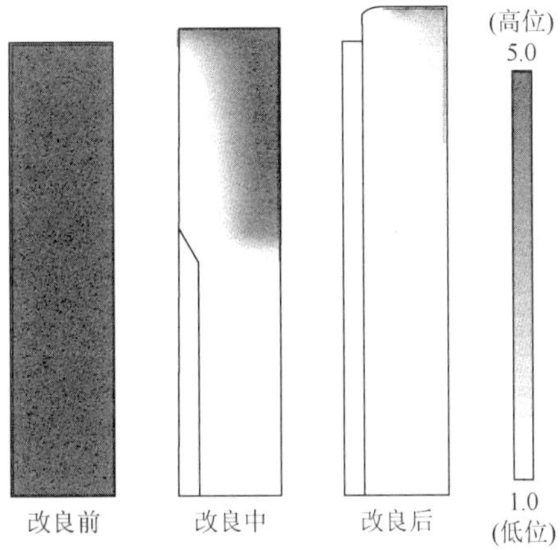

图 A-35 构造的分布

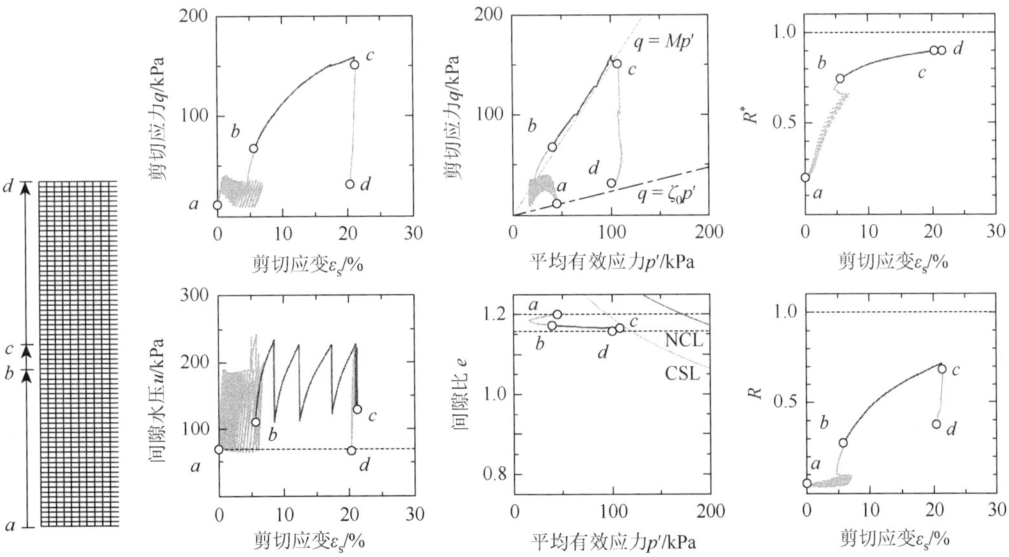

图 A-36 砂桩扩径时中间土的特性

几乎都是在不排水状态下承受反复剪切，因此构造的劣化使 p' 变小。此处的不排水状态与 A.3 节中砂的相比渗透系数要低 2 个等级。桩管下端从 b 点上拔到 c 点时，由于构造劣化，中间土会产生很大的塑性变形，因而超固结的消除十分明显，同时也产生了塑性膨胀（也就是连锁效应的消除）。由于这几乎是在不排水（等体积）状态下，伴随塑性膨胀填补弹性压缩所产生的，因此 p' 有所上升。当桩管下端从 c 点上拔到 d 点时，该土单元没有发生较大的变化。

地基 A 在 SCP 打设前后的不排水剪切特性的比较如图 A-37 所示。与图 A-10 相比，可知在 SCP 打设前后的不排水剪切特性与中挤密砂十分相似，打设后有少许改善。但是，仅凭这些还是无法判断地基究竟能改善到什么程度。

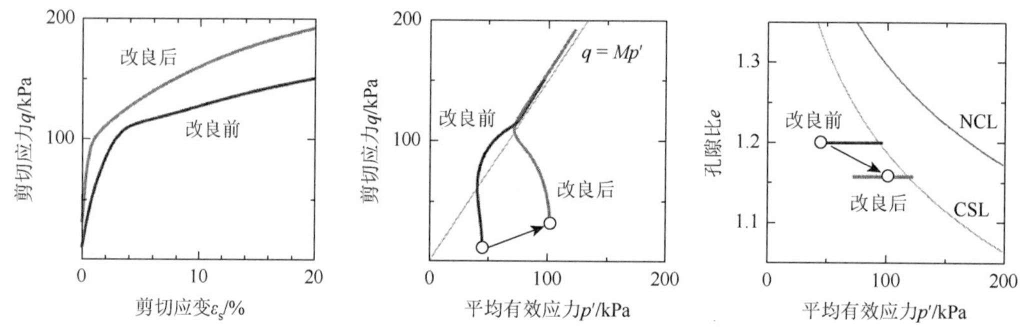

图 A-37　改良前后的不排水剪切响应

A.5.3　作为复合地基的承载力特性

该部分内容将打设了 SCP 的中间土填埋地基与砂桩一起作为复合地基来考虑，研究其整体的变形、承载力性能。

根据平面应变条件进行计算，将砂桩替换为砂壁，在这之前还需要再做一些说明。到上节为止，都假设砂桩按间隔为 2 m 的正方形配置，全部同时打设，研究砂桩间的原地基在 SCP 打设前和打设后的状态。于是得到中间地基的桩间地表面隆起量达到 1.12 m。但是，在实际现场，砂桩是一根根进行打设的，与全部同时打设的计算条件相比，现场的情况对原地基产生的约束力要小得多。因此，在现场变化各种砂桩间隔，进行施工试验，并计算和比较不同情况下的隆起量。由结果发现，在砂桩间隔为 1.52 m、2.0 m、2.4 m 和 2.8 m 时，以砂桩全部同时施工为条件计算的隆起量与实际施工中砂桩间隔为 1.2 m、1.4 m、1.6 m 和 1.8 m 的结果相同（实际上是先进行施工，再由计算求得与其隆起量相一致的砂桩间隔）。通过这种方法，可以确认，由同时打设假定计算得到的砂桩间隔为 2 m 的桩间中间土的挤密状态与实际施工中砂桩间隔为 1.4 m 时的情况相同。因此，在上越现场按照砂桩间隔 1.4 m 进行施工。

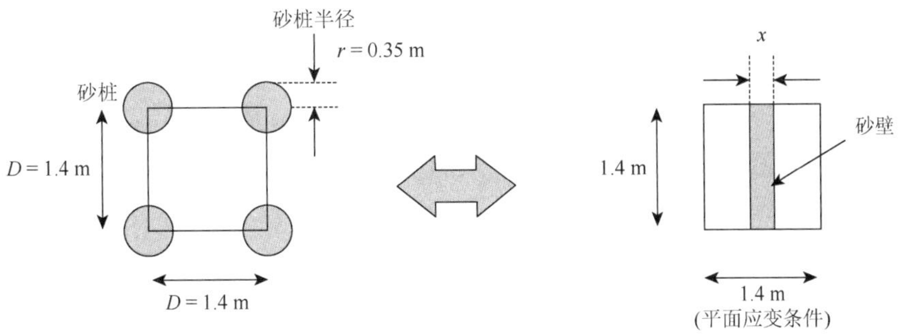

图 A-38 砂壁的模型化

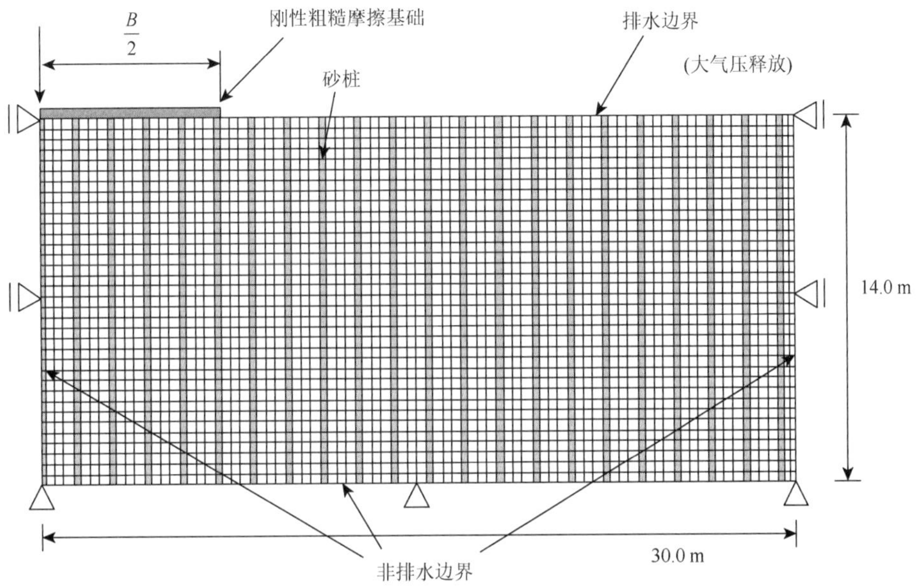

图 A-39 承载力计算用到的有限元网格

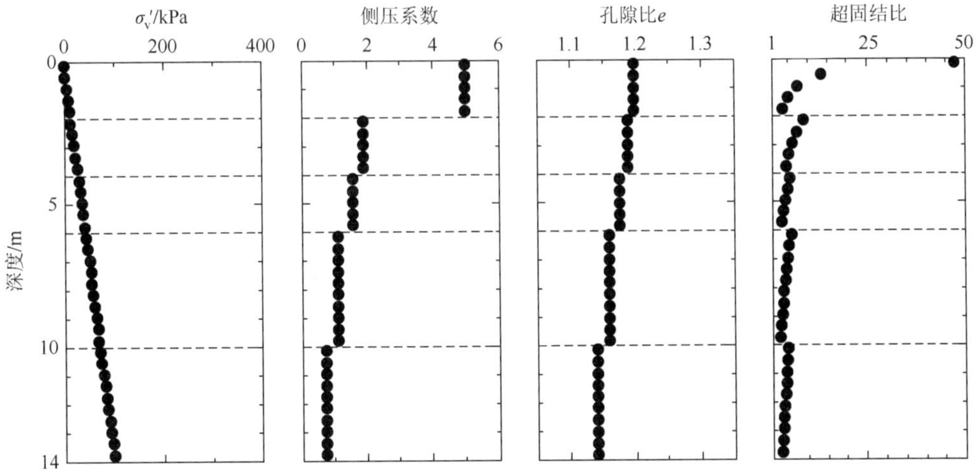

图 A-40 改良后的桩周围地基的状态

砂壁的厚度如图 A-38 所示，以相同置换率等价替换。此时，$x = 0.275$ m。在图 A-39 中，给出了静力荷载作用下，复合地基的变形与承载力特性计算结果的解析范围、有限元网格及边界条件。将半幅宽度为 7 m，水平刚度很大的摩擦基础以 1 cm/s 压入。砂桩和砂桩之间中间土的初始条件取上节得到的桩间隔为 2 m 的改良后状态水平方向的平均值。深度方向则如图 A-40 所示，分为 5 层，取各层内的平均值。按图 A-40 确定初始条件。砂桩的砂假定为在现场实测的相对密度约 64%的砂，其材料常数和初始值如表 A-10 所示。

表 A-10　砂桩（相当于 $D_r = 64\%$）的材料常数和初始值

弹塑性参数	
压缩指数 $\bar{\lambda}$	0.05
膨润指数 $\bar{\kappa}$	0.012
界限状态常数 M	1.0
NLC 的切片 N（$p' = 98.1$ kPa）	1.98
泊松比 ν	0.3
变化参数	
构造劣化指数 a	2.2
构造劣化指数 b	1.0
构造劣化指数 c	1.0
正常固结土化指数 m	0.06
旋转硬化指数 b_r	3.5
土颗粒密度 ρ_s/(g/cm^3)	2.60
渗透系数 k/(cm/s)	4.0×10^{-2}
初始值	
孔隙率	0.79
构造的过程	1.26
各向异性的程度	0.0

基础压入 10 cm 时的荷载-沉降量关系如图 A-41 所示，可以很明确地看到改良的效果。在基础的沉降数厘米的范围内，若是遇到有上面发电厂的重要附带设备，如水路等关联设施的情况时，该区间土体的承载力是相同沉降下未改良土体的数倍。由此可知，在这个范围内通过打设 SCP 可明显改善地基的挤密改良效果。将基础压入 0.5～1 m 深时的荷载-沉降量关系如图 A-42 所示，复合地基的承载力性能大约提升了 1.5～2.0 倍。但是，当产生如图 A-43 所示的大变形时，上荷载主要靠挤密砂桩自身来承受。图 A-43 显示了铅直位移为 90 cm 时（地基变形的模样、地基图形内颜色的深浅表示平均有效应力的大小），可以看到砂桩处的应力集中是很明显的。但是，实际上并不会人为地用静力方法将造好的直接基础如图 A-43 所示那样向下压入 50 cm 或 1 m。第一个问题就是，要由谁来承担如此大荷载的反力呢？挤密砂桩并不是为了这个目的而存在的。

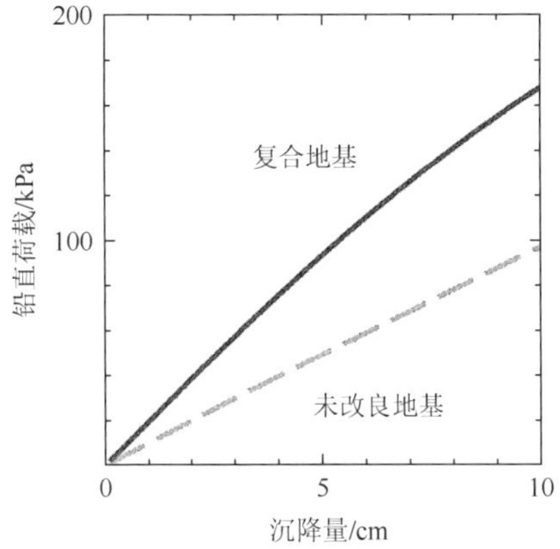

图 A-41　基础压入 10 cm 时的荷载-沉降量关系

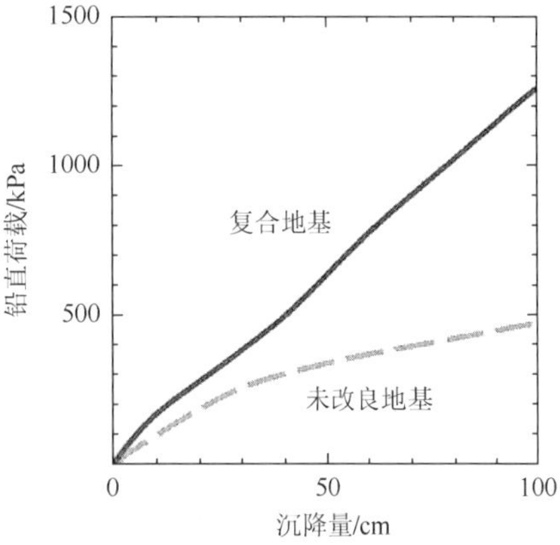

图 A-42　压入 1 m 时的荷载-沉降量关系

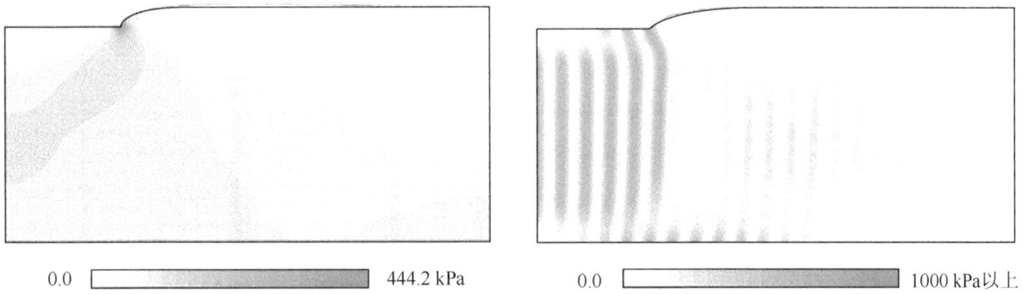

图 A-43　铅直位移为 90 cm 时的平均有效应力分布

A.5.4　复合地基的地震响应

结论是挤密砂桩需要在突遇地震时保持坚固。所以，此处举一个模拟地震时承载力特性的计算实例。由打设过 SCP 的中间土制成的填埋地基的条件与图 A-40 和表 A-10 所示完全相同。但是，如果在填埋地基刚刚完成时，也就是填埋地基还没有任何支撑时就遭遇了地震，这是谁也不希望遇见的。于是，在该填埋地基的上方覆盖了高 4 m、顶端宽 8 m、斜面坡度为 1∶1.5 充分挤密的填土。填土的材料常数和初始值见表 A-11。承受填土荷载后地基的形式分为两种情况：①无 SCP 改良的填埋土地基；②仅在填土下方土体进行 SCP 改良的复合地基，如图 A-44 所示。在这个阶段，几乎没有发生什么变化，让其在这种状态下，以最恶劣的条件，在填埋地基下部工程基岩面处输入上越最近的 2004 年新潟县中越地震的地震波。地震波形如图 A-45 所示。地震中与地震后的剪切应变分布如图 A-46 所示，从中可知 SCP 改良地基的变形非常小。这与图 A-47 中所示的地震前、地震中和地震后的平均有效应力分布的结果一样，挤密砂桩存在明显的应力集中。也就是说，砂桩在地震中不仅承担了填土的荷载，还完全承担了地震外力。因为砂桩的砂非常挤密，所以依靠自身的塑性膨胀，即有效应力的增加来抵抗由地震作用产生的强制剪切变形。由于砂桩的约束压力增加，因此地基不会产生很大的位移。填土中央下部的地震中及地震后振动及固结产生的沉降分为两种情况：①无 SCP 改良的填埋地基；②仅在填土下方土体进行 SCP 改良的复合地基，如图 A-48 所示。改良效果十分明显。

表 A-11　填土的材料常数和初始值

弹塑性参数	
压缩指数 $\bar{\lambda}$	0.18
膨润指数 $\bar{x}$	0.024
界限状态常数 M	1.5
NLC 的切片 N（$p'=98.1$ kPa）	2.3
泊松比 ν	0.3
变化参数	
构造劣化指数 a	2.5
构造劣化指数 b	0.8
构造劣化指数 c	2.0
正常固结土化指数 m	0.2
旋转硬化指数 b_r	0.2
旋转硬化界限常数 m_b	0.45
初始状态	
孔隙率	0.7
侧压系数	0.8
构造的过程	1.3
各向异性的程度	0.23

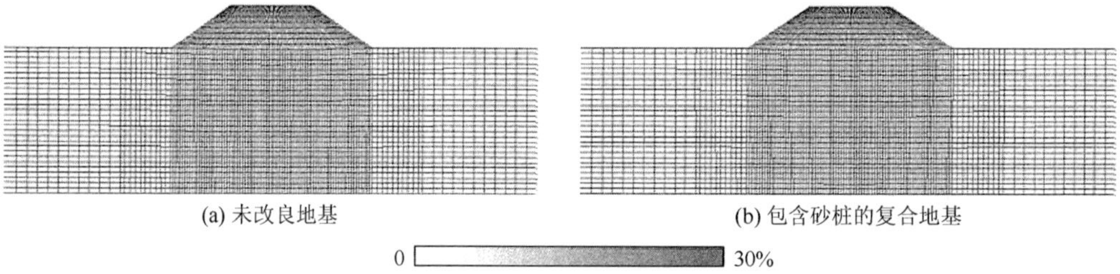

图 A-44　填土荷载后的剪切应变分布

另外，挤密砂桩在地震中会承受负压力，但即便是仍有挤密空间的土体，在地震负压消除后也不会变得松散。经过挤密的砂只要不发生“其他事”就不会变松散。因此，该砂桩还能再次抵抗地震作用。关于“其他事”的内容超出了本附录的范围，在此不做叙述。

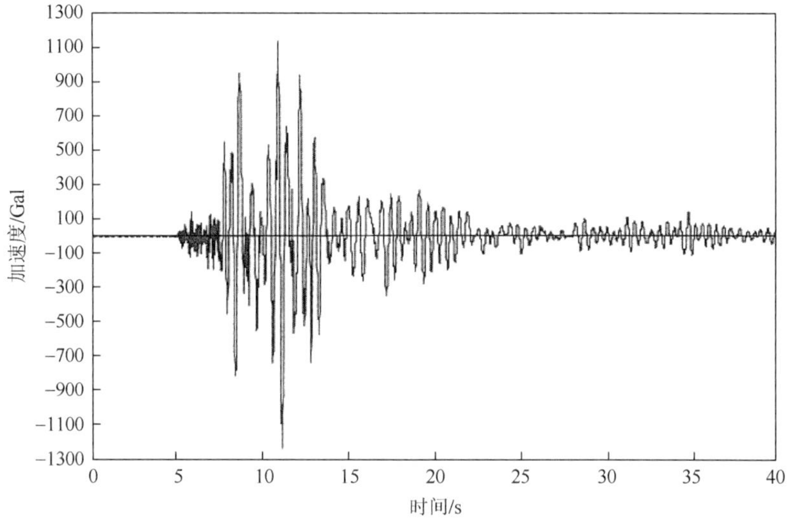

图 A-45　开放地基面处的地震波加速度（2004 年新潟县中越地震）

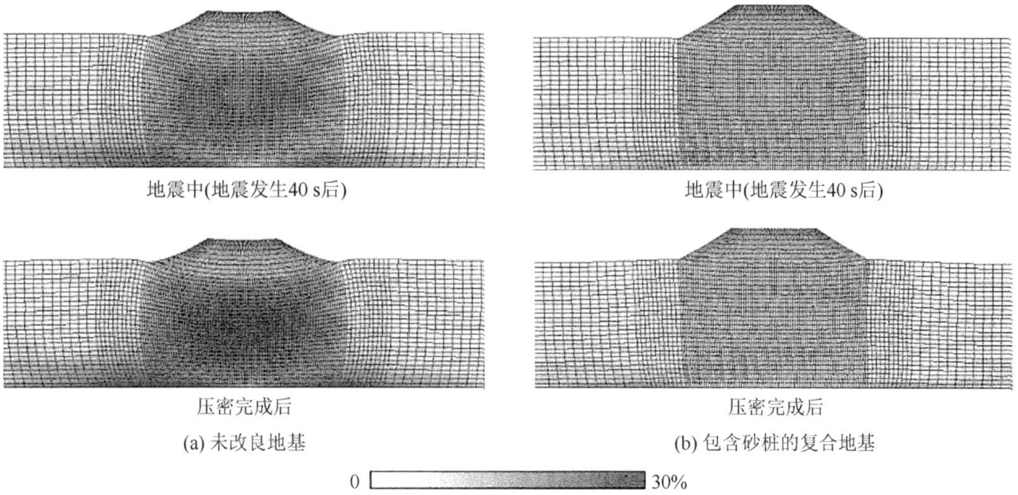

图 A-46　地震中与地震后的剪切应变分布

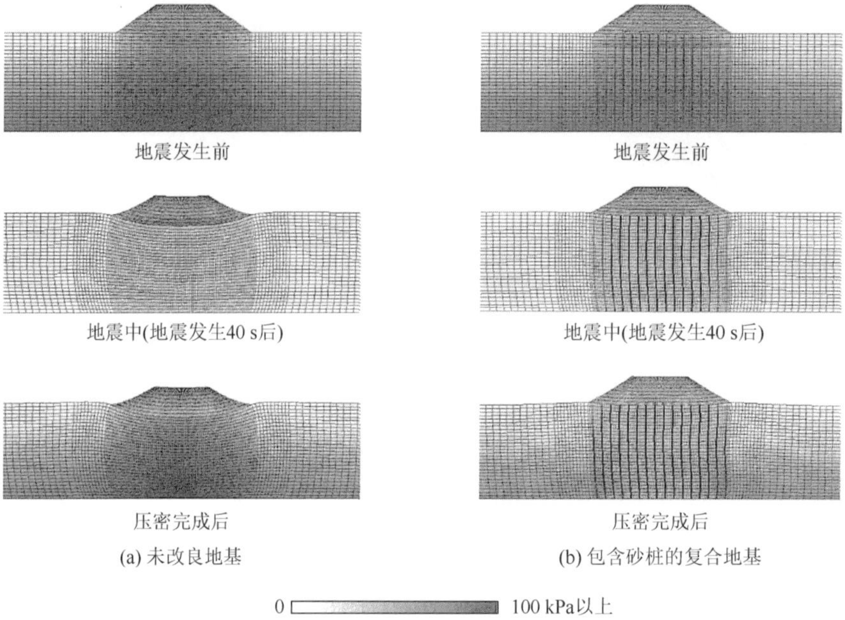

图 A-47　地震中与地震后的平均有效应力分布

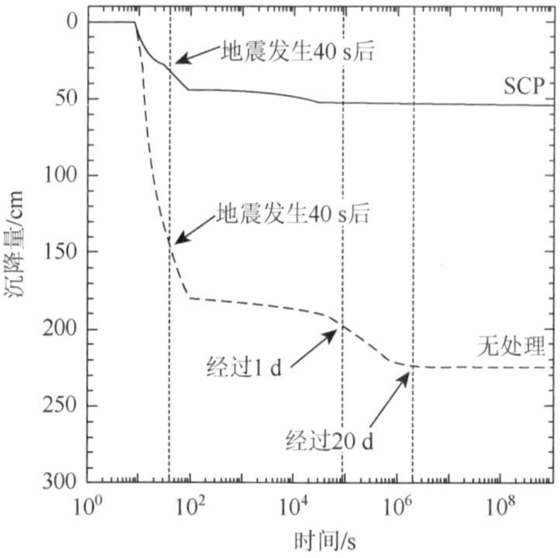

图 A-48　地震发生过程中的时间-沉降量关系

附录 B　针对性能设计的液化的相关研究

B.1　从与液化相关的研究和技术开发的历史来看引入性能设计的必要性

与液化相关的研究和技术开发以 1964 年发生的新潟地震及阿拉斯加地震为契机，开始大规模兴起。从那以后，以对受灾地的现场调查、室内和模型实验及解析等的研究为基础，提出了许多液化的预测方法和防治措施，并列入各类构造物抗震设计的标准。于是，到 1990 年左右，日本绝大多数构造物的抗震设计都需要考虑液化的影响。然而，当时所确立的技术都是与液化的发生相关的预测方法及不让其产生液化的对策方法，对于地基液化所造成的构造物变形量的预测方法及考虑液化的对策方法的研究还很少。另外，在当时，与液化相关的设计烈度设置在 0.2 左右的构造物很多，连兵库县南部地震也是使用该级别（现在称为一类地震）。

然而，从 1995 年兵库县南部地震发生后，对地基液化所造成的构造物变形量的预测方法的研究开始变得十分必要。主要的原因是抗震设计必须考虑二类地震的影响。其中，使用道路桥示方书及条文说明的判定方法，求出的砂性地基发生液化的界限 *N* 值也可见表 B-1 中，据此，将一类地震的设计水平烈度假定为 0.15，而二类地震则将 I 类波形假定为 0.35，II 类波形为 0.7。于是，液化的界限 *N* 值为一类、二类地震下分别接近 10、25。因此，在一类地震下不发生液化，而在二类地震下发生液化的地基的 *N* 值在 10～25 内。将二类地震下的界限 *N* 值与由以前的密度增大工法改良过的 *N* 值相比，两者相同或在二类地震下的值稍大一些。所以，当使用以前的密度增大工法改良过的地基遇到二类地震作用时，也有可能发生无法防止液化的情况。

但是，*N* 值在 10～25 内的地基即便在二类地震下发生了液化，由于地基具有一定的挤密度，因此其上的构造物并不会产生很大的沉降或上浮。也就是说，如表 B-1 所示，拥有这种密度的地基即便发生了液化，其上的构造物也可能不会产生很大的变形量。根据这样的结论，在考虑二类地震时，不仅要判断是否会发生液化，同时也要评估构造物的变形及位移量的稳定性。

表 B-1　地基密度、地震和液化及构造物的损害发生的关系

		标准贯入试验 *N* 值		
		10 以下（松散地基）	10～25（中等挤密地基）	25 以上（挤密地基）
一类地震（0.15～0.2G）	液化的发生	发生	不发生	不发生
	构造物的损害	很大	无损伤	无损伤
二类地震（0.35～0.6G）	液化的发生	发生	发生	不发生
	构造物的损害	很大	轻微	不发生

那么，从兵库县南部地震开始，向各种构造物的抗震设计中引入性能设计的想法是一个很好的机会。虽然不同构造物的性能设计思路会有少许变化，但是与液化相关的内容，根据以往的受灾案例来看，很少有构造物会结构破坏，大多数情况都是发生构造物整体的沉降或上浮及移动等问题，因此，以构造物的变形量作为性能评价的标准是合理的。

如上所述，从液化相关的研究和技术开发的历史过程来看，在兵库县南部地震后，开始引入以液化产生的构造物和地基的变形及位移量为基础的性能设计是十分必要的，为此，现在正处于研究和技术开发兴盛的阶段。在使用这种性能设计方法时，必须设定性能目标值和确定性能评价的方法。接下来就将与液化相关的内容分为两个部分：①设定变形量的容许值；②确定液化地基及构造物变形量的推算方法。

B.2　变形量的最大值和容许变形量

B.2.1　变形量的最大值

推理小说中经常会出现“站在液化的地基上，人会陷入地里，马上就要被大地吞没了……”这样的描写，但是实际情况不会像这样。由于重力的平衡，液化地基上的构造物的沉降量和上浮量都有一个最大值。虽然这一点没有什么争议，但是有必要在设定容许沉降量或容许上浮量时记住。

首先，对于 3、4 层高的中层钢筋混凝土建筑物，采用简单的平衡计算，可算出其最大沉降量为 2～3 m。实际上，如图 B-1 所示，1964 年新潟地震的最大沉降量在 2.5 m 左右。各河川堤防的实测沉降量汇总于图 B-2 中，可以看到，沉降率（沉降量占堤防高度的比例）的最大值约为 75%。此外，1944 年东南海地震中木曾三川堤防的沉降量最大值如图 B-3 所示，为 3.5 m。另外，对下水道窨井的上浮量进行简单的平衡计算，可知窨井深度为 4 m 时的上浮量约为 2 m。实际的最大上浮量为 2003 年十胜冲地震时的 1.7 m。除此以外，如图 B-4 所示，沉箱岸壁的拱起量在兵库县南部地震中的六甲岛中有的达到了 5.23 m，这种程度的变形量应该算是最大的。

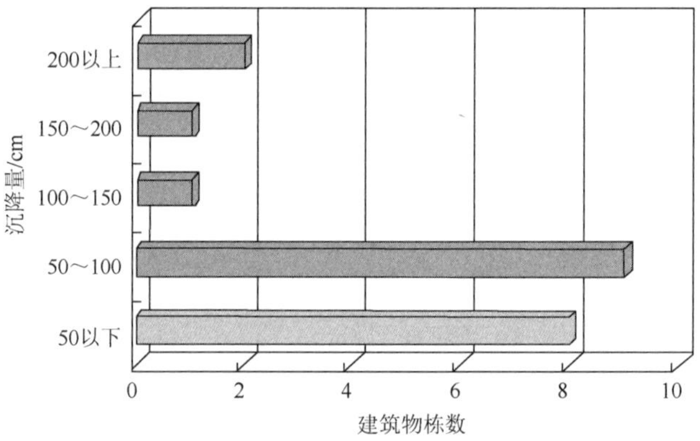

图 B-1　新潟地震中中层建筑的沉降量分布

综上所述，由液化产生的沉降或上浮及拱起量的最大值应以米为单位。此外，由于类似重铁块这样的东西与平衡无关，因此也有可能沉降到液化层的底端。

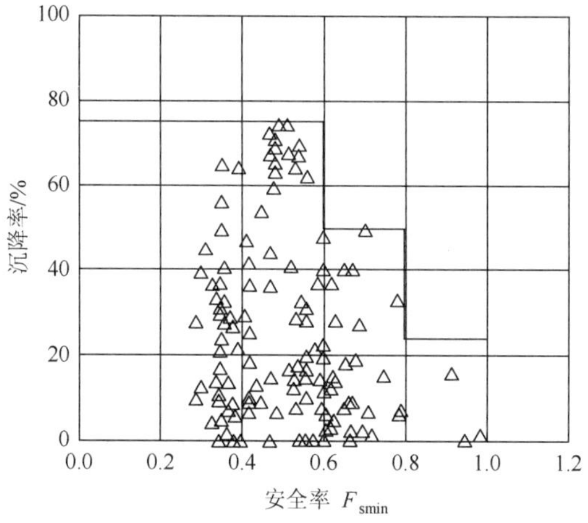

图 B-2 河川堤防的沉降率和滑动安全系数的关系

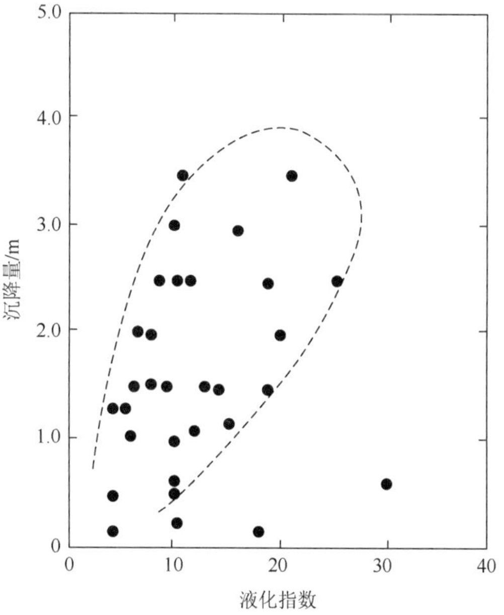

图 B-3 木曽三川的液化指数和堤防沉降量的关系

B.2.2 设定变形量的容许值时需要考虑的事项

目前，与液化时构造物的容许变形量相关的研究还较少。由于考虑所有情况十分困难，因此在设定时主要考虑以下几项。

①由构造物的结构稳定决定的容许变形量；

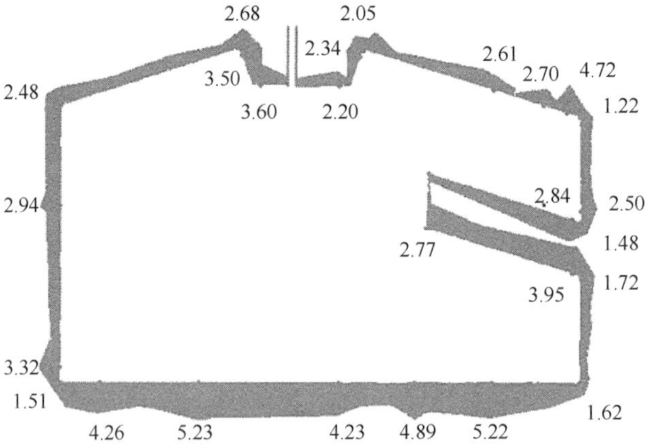

图 B-4　六甲岛岸壁的拱起量（单位：m）

②由构造物的重要度或修复难易度决定的容许变形量；

③由利用构造物的功能所决定的容许变形量；

④由对象构造物对附近构造物或社会生活产生的影响所决定的容许沉降量；

⑤由地震后的紧急应对及其后的修复所决定的容许变形量（BCP 也有关系）。

但是，目前已有相关研究事例，研究了关于如何侧重上述哪一种容许值，且已根据各类抗震设计标准设定了一些容许值。这些研究案例和由设计标准设定的容许值将在下面进行叙述。

B.2.3　变形量容许值的研究案例

2000 年鸟取县西部地震时，米子市的安倍彦名住宅区发生了大范围的液化，由此许多住宅发生了沉降、倾斜或损坏。在倾斜了的住宅中的居民产生了头晕、头痛感，无法继续正常生活。住宅区内共有 169 栋建筑，在地震中，有 116 栋建筑都发生了超过 5/1000 的倾斜。因此，对倾斜较为严重的住宅进行了倾斜纠正加固工程，加固了基础，并使其恢复水平。通过调查发现，不得不进行倾斜纠正的受灾住宅的倾斜程度均超过了 1/100，如图 B-5 所示。所以，应当以居民的正常生活为标准设置液化倾斜的容许倾角。

通过构造物自身的功能来决定上浮量容许值时，也会遇到需按照考虑对其他设施不好的影响而产生的二次灾害来确定的情况。关于该内容，相关专家使用了这两种方法对容许值进行研究。下水道管渠的上浮量和坡度的计算方法见图 B-6。首先，在调查了钏路市敷设替换的下水道在承受北海道东方冲地震作用下的上浮量和管长后，发现不得不对如图 B-7 所示的上浮量达到 3‰以上坡度的管道进行敷设替换。由于下水道大多都是设计成自然流下的，因此当管路上浮使其坡度超过一定值后，会损失自然流下的机能。另外，若下水道的窨井上浮突出路面，可能会对消防车等的通行形成障碍，因此就该内容向消防署做了问卷调查，结果如表 B-2 所示，容许上浮量在宽度较窄的道路为 13 cm，在较宽的道路上为 23 cm。

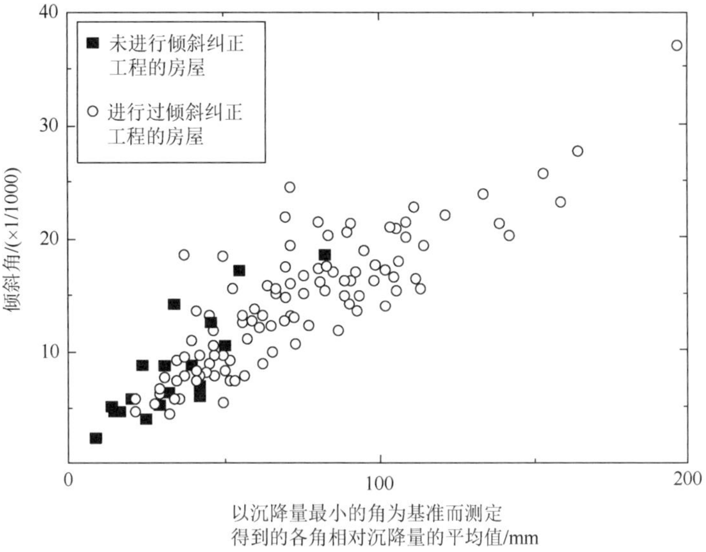

图 B-5 由液化沉降导致的不得不进行倾斜纠正工程的房屋倾斜角的界限

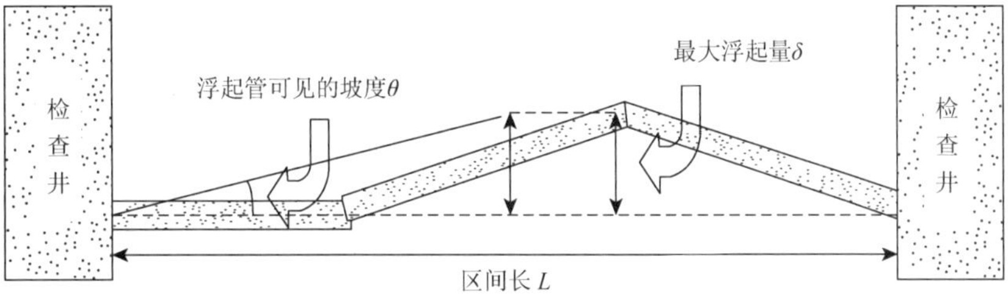

图 B-6 下水道管渠的上浮量和坡度的计算方法

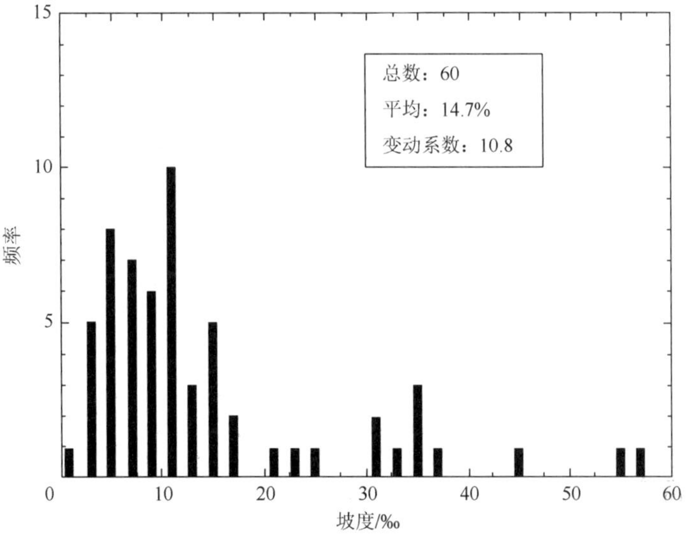

图 B-7 北海道东方冲地震后在钏路市中不得不进行敷设替换的管路的坡度

表 B-2　从消防车的消化救助活动来看窨井容许上浮量的相关调查结果汇总

车的尺寸	道路宽 5 m	道路宽 16 m
小型	12.4 cm	22.1 cm
中型	13.3 cm	22.5 cm
大型	13.5 cm	24.4 cm
无车辆	14.3 cm	13.8 cm

B.2.4　根据抗震设计各类标准设定的容许值

1. 岸壁

在港湾构造物的岸壁中，一般岸壁与抗震强化岸壁有很大的区别。如表 B-3 所示，一般岸壁仅在一类地震时，对地震动后的机能有所规定，而二类地震作用下，却没有任何规定和研究。一类地震作用下，岸壁顶端的容许变形量在沉箱岸壁时设为 10 cm，在板桩岸壁时设为 15 cm。

另外，抗震强化岸壁在一类地震和二类地震作用下都有与震后机能相应的规定，如表 B-4 所示，三种不同的设施在二类地震作用下，从震后到恢复正常使用的容许期限有所区别，且它们的性能要求和容许修复程度也不尽相同。此外，需考虑构造型式的特性来设定沉箱式和板桩式岸壁的界限状态。据此，将标准沉箱岸壁的顶端变形量界限值设定为 100 cm 以上，特殊沉箱岸壁为 30～100 cm；标准板桩岸壁为 100 cm 以上，特殊板桩岸壁为 30～100 cm。

表 B-3　一类地震对应的岸壁抗震机能和界限状态

设施的种类	地震后的机能	性能要求	容许修复程度	沉箱岸壁的界限状态	板桩岸壁的界限状态
所有岸壁	地震后，无机能损伤，可继续使用	使用性	轻微修复	•滑动、倾覆、承载力的界限值 •岸壁顶端的容许变形量 10 cm	•板桩相关的界限值 •后备工程相关的界限值 •连接材料相关的界限值 •上部工程相关的界限值 •岸壁顶端的容许变形量 15 cm

表 B-4　二类地震对应的岸壁抗震机能和界限状态

	设施的种类	地震后的机能	性能要求	容许修复程度	沉箱岸壁的界限状态	板桩岸壁的界限状态
抗震强化岸壁	标准（紧急物资输送对应的抗震强度岸壁）	地震后，保证结构的稳定，一定时间后，可装卸紧急物资	修复性 仅对紧急物资的运输	有一些修复	岸壁顶端的变形量界限值：100 cm 以上	•岸壁顶端的变形量界限值：100 cm 以上 •板桩的弯曲界限值：全塑性弯矩 •其他构件的界限值：最终值
抗震强化岸壁	特定（干线货物输送对应的抗震强化岸壁）	地震后，保证结构的稳定，短时间后，可使用船舶及装卸干线货物	修复性	轻微修复	岸壁顶端的变形量界限值：根据机能恢复期间设定，与吊车的抗震性能相同	•岸壁顶端的变形量界限值：根据机能恢复期间设定，与吊车的抗震性能相同 •板桩的弯曲界限值：屈服应力度 •其他构件的界限值：最终值

续表

	设施的种类	地震后的机能	性能要求	容许修复程度	沉箱岸壁的界限状态	板桩岸壁的界限状态
抗震强化岸壁	特定（紧急物资输送对应的抗震强度岸壁）	地震后，保证结构的稳定，马上可以使用船舶，人员乘降及装卸紧急物资	适用性 仅对紧急物资的运输	轻微修复	• 岸壁顶端的变形量界限值：30～100 cm • 岸壁的残留倾角的界限值：3 度	• 岸壁顶端的变形量界限值：30～100 cm • 岸壁的残留倾角的界限值：3 度 • 板桩的弯曲界限值：屈服应力度 • 其他构件的界限值：最终值

2. 河川堤防

河川构造物的抗震性能，按照去除堤防，由震后构造物的使用性能和修复性能来确定的方法，可分为以下三类。

抗震性能 1：在地震时，河川构造物不损失其完整性。

抗震性能 2：在地震后，河川构造物仍然保持其正常机能。

抗震性能 3：地震仅造成限定程度的损伤，河川构造物的机能可以很快得到修复。

于是，一类地震对应抗震性能 1，而二类地震下，重要度高的构造物对应抗震性能 2，其他构造物对应抗震性能 3。

与之相对，堤防则只有一种抗震性能，即“在抗震性能验算中考虑外水位，防止河川内的水越流到河川外”。其相对应的界限状态为，在不低于抗震性能验算中考虑的外水位的范围内设定地震后堤防顶端高度。在二类地震下，对该界限状态进行抗震性能验算。

3. 铁路填土

对于铁路构造物的抗震性能，应该以允许产生一定的损伤，但不会被破坏为标准。为此，考虑基础的稳定性和构件的损伤，按地震后的超填和修复程度确定了以下三种性能。

抗震性能Ⅰ：地震后不进行修复也能保持原有机能，且不发生过大的位移。

抗震性能Ⅱ：地震后需要进行修复，原有机能很快恢复。

抗震性能Ⅲ：地震作用下构造物整体结构不会倒塌。

于是，铁路填土中的填土及桥台部位的损害程度和沉降量的目标值按表 B-5 和表 B-6 所示，变形级别分为 4 个阶段。对于填土，若发生超过 50 cm 的沉降，则需要很长时间才能修复。另外，20 cm 以下的沉降量设定为轻微受灾。其中，填土的容许沉降量的目标值，在一类地震下为 20 cm，在二类地震下为 50 cm。

表 B-5 铁路填土的损害程度和沉降量的目标值

变形级别	损害程度	沉降量目标值
1	无损害	无损害
2	轻微损害	沉降量小于 20 cm
3	应急处理后可修复的损害	沉降量为 20～50 cm
4	需长时间才能恢复的损害	沉降量大于 50 cm

表 B-6　铁路桥台部位的损害程度和沉降量的目标值

变形级别	损害程度	沉降量目标值
1	无损害	无损害
2	轻微损害	桥台背面的沉降差小于 10 cm
3	应急处理后可修复的损害	沉降差为 10～20 cm
4	需长时间才能恢复的损害	沉降差大于 20 cm

B.3　变形量的预测方法和精度

B.3.1　构造物、地基在液化作用下的变形推算方法的种类

液化可以称为地基的一种破坏现象。在过去，推算液化使构造物和地基产生的变形量是最难的一项任务，但最近，已经开发出好几种计算方法，其大致分为表 B-7 中所示的三类。

表 B-7　由液化推算构造物和地基变形的方法的种类

方法的分类		方法的概要	方法的特征
基于经验推算的方法		根据过去地震中的被害案例或模型实验等的经验式推导出来的方法	简单，精度低，适用范围有限
通过分析推算的方法	静力分析方法	使用静力有限单元法等，仅推算最终变形量的方法	较简单，有一定精度
	动力分析方法	使用地震时程反应分析，详细分析变形时程的方法	精度高，方法复杂，需要详细的地基数据

在这些方法中，基于经验推算的方法虽然精度不高，但由于计算简便，已如后文所述被选入了设计标准类别中。动力分析方法是一种在地震时程响应分析中特别考虑了液化产生的变形的方法。虽然，与运用地震时程响应分析研究液化发生相关的技术开发已有很多，但对于液化后大变形还是束手无策。最近，由于分析的必要性，出现了能够分析大变形的改善方法。该方法是由静力分析方法通过使用能够分析大变形的物性开发而来的，由此可以求解液化后的变形量。但是，与动力分析相比精度不好，也无法分析变形的时间变化。

下面，列举以直接基础和填土沉降量为对象的沉降量推算方法的计算实例。

B.3.2　基于经验的沉降量推算方法实例

对于中层建筑物，有专家研究了新潟地震时沉降量和建筑物宽度、液化层深度的关系，见图 B-8。根据这个关系，就可以粗略推算出中层建筑物在液化时的沉降量。

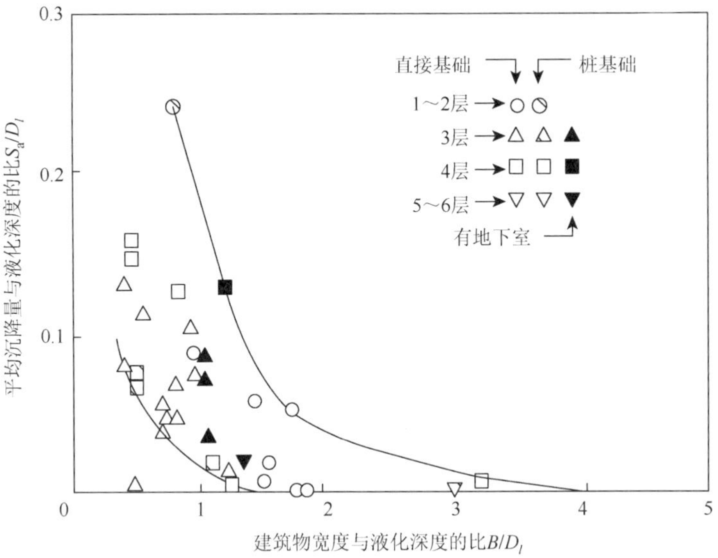

图 B-8 液化深度、建筑物宽度和建筑物的沉降量的关系

填土在地震时的稳定性通常由滑动圆弧面法来分析。为了考虑液化的影响，最近开始使用包含液化产生的超静孔隙水压力的式（B-1）求解滑动安全系数。

$$F_s = \frac{\sum cl + [(W - ub)\cos\alpha - k_h W \sin\alpha]\tan\phi}{\sum\left(W\sin\alpha + \frac{h}{r}k_h W\right)} \tag{B-1}$$

式中， u——考虑了液化产生的超静孔隙水压力的孔隙水压；

k_h——水平烈度。

但是，这样还无法求出沉降量，对于河川堤防，根据过去的受灾案例建立相关安全系数和沉降量的关系，见表 B-8。据此，可以求出河川堤防的沉降量。另外，在东南海地震时的木曾三川堤防的沉降量和液化指数 P_L 间存在如图 B-3 所示的关系。对相同堤防形状的情况，可以根据这个关系推算其沉降量。

表 B-8 河川堤防的滑动安全系数和沉降量的关系

地震时的安全系数 F_{sd}		沉降量（上限值）
F_{sd}（k_h）	F_{sd}（△U）	
$1.0<F_{sd}$		0
$0.8<F_{sd}\leqslant 1.0$		（堤坝高度）×0.25
$F_{sd}\leqslant 0.8$	$0.6<F_{sd}\leqslant 0.8$	（堤坝高度）×0.50
—	$F_{sd}\leqslant 0.6$	（堤坝高度）×0.75

另外，对铁路填土进行振动台试验，并将液化指数 P_L 和沉降量比的关系结果整理于图 B-9 中，由此计算沉降。

由岸壁和护岸背后地基的流动产生的水平位移量的分布，可按照图 B-10 顺序进行简单的推算。

以上给出了 5 种基于经验的方法，在计算液化产生的构造物沉降量或上浮量，以及地基的流动量等时，由于无法在一个经验式中考虑包括液化程度、地基密度和粒度、构造物尺寸在内的所有影响因素，因此只考虑具有代表性的影响因素。

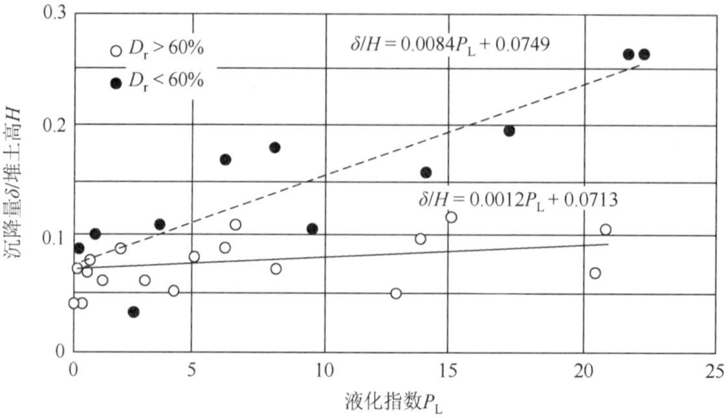

图 B-9　铁路填土的液化指数和沉降量比的关系

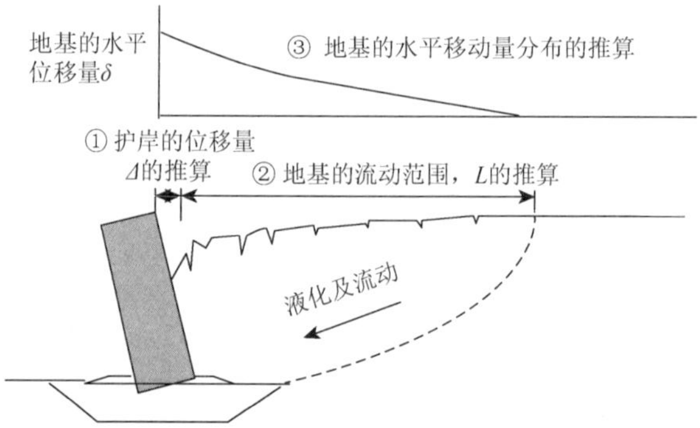

图 B-10　高压煤气设备护岸背后地基的流动变形量的推算方法

B.3.3　运用动力分析方法和静力分析方法计算储罐沉降量的实例

作为液化的详细分析方法，目前开发了许多基于有效应力法的地震响应分析方法。但是，之前这些方法的重点主要都放在判断液化是否发生方面，而没有放在分析液化使构造物和地基产生的变形量方面。最近，特别是在兵库县南部地震以后，开始要求计算变形量，并且通过比较实际受害与模型实验结果的分析值，用数个程序一起求解，来分析变形量的计算精度。作为其中一例，以液化产生的储罐沉降为对象，用 6 个分析程序同时计算并比较研究，将结果示于图 B-11 和图 B-12 中。这些程序是目前日本经常使用的基于有效应力分析的地震响应解析程序 FLIP、STADAS、LIQCA、DIANA、NUW2 和 STADAS2，使用这些程序在相同地基条件和储罐荷载下进行分析。此外，作为更简便的分析方法，使用液化残留分析方法的 ALID 也能进行分析计算，用这种方法对松散土地基及挤密后的改良地基等多种工况进行解析。图 B-11 和图 B-12 为用上述 7 种分析程序对非改良地基及全面改良的基础地基进行对比分析后得出的储罐沉降量与输入地震之间的关系。与非改良地基相比，不论使用哪种分析方法，改良地基的沉降量总是要减小 1/4～1/2。但是，不同分析程序计算的沉降量会有 2～4 倍的差距。

因此，即便使用有效应力来进行详细的地震响应分析和残留变形分析，要预测变形量还是非常困难，且对分析结果的准确性的研究也十分必要，而目前正处于研究这些的热潮中。

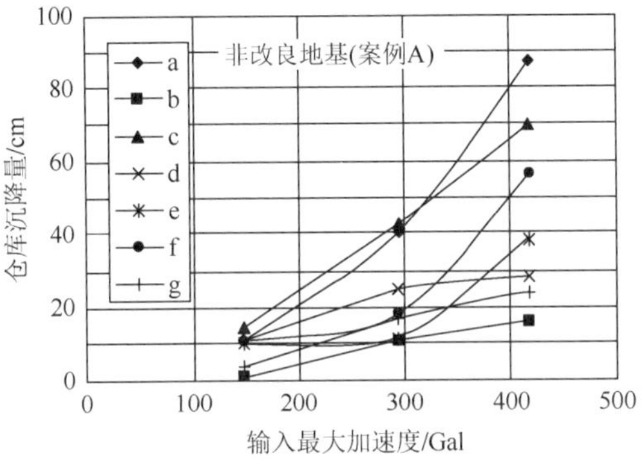

图 B-11　7 种分析程序计算的非改良地基沉降量

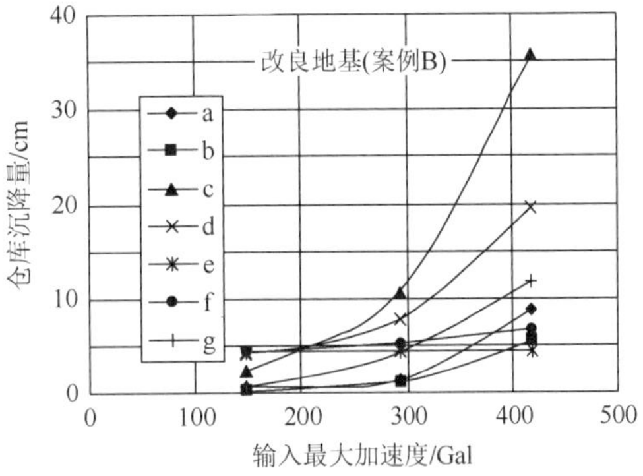

图 B-12　7 种分析程序计算的改良地基沉降量

B.4　利用性能设计研究合理挤密范围的实例

B.4.1　概述

下面介绍基于振动台实验和数值解析的研究实例，用于研究相关方法，该方法利用关于液化性能的设计思想，并设定基于挤密工法的液化对策做法及设定合理范围。

关于使用挤密工法作为液化对策时如何设定改良范围，一般都是只根据过去的一些案例和模型实验来确定，并没有考虑需要满足沉降量等构造物性能要求的界限范围。此处，以挤密工法作为液化对策施工的 4 层建筑物和储罐为例，模拟 1995 年兵库县南部地震后沉降测量记录的案例进行振动台试验，研究确保构造物性能必需的挤密改良方法。

1. 作为对象的受灾案例

以在 1995 年兵库县南部地震时受灾的以下构造物为对象进行研究。

（1）直接基础的中层建筑物

研究对象兵库县西宫市鸣尾的中层建筑所在的住宅区，在 1962 年对其中 145 栋 4～5 层的公寓进行了防液化地基改良。其地基在表层 8～10 m 为松散砂层，由于下面是冲积黏土层，有一定的超固结。另外，洪积砂砾层的深度为 20～25 m。地基改良以表面的砂层为对象，采用挤密砂桩工法。改良深度为 4～7 m，改良范围为从建筑物外围到 1/4～1/2 的改良深度处，按照间隔 2.0 m 的三角形配置施工。改良后砂层的 N 值接近 20。

兵库县南部地震时，同地区内有接近 7 级烈度的位置，且在住宅区内道路较多的地方发生了液化。另外，有报告指出在液化发生时也出现了许多喷砂现象，并有 5 栋建筑物产生了 1/60～1/75 程度的倾斜（最大不均匀沉降量 20 cm）。

（2）直接基础的储罐

对象储罐为图 B-13 中所示的位于神户市东滩区填埋地处 LP 燃气基地内的 TA-102。同地区内，地下 0 m 至 17～18 m 范围的土层是松散填埋土（砂粒混合粗砂），其下部为砂层与黏土层的混合层。改良地基以表面的填埋土层为对象，使用振冲法施工。改良范围为储罐外围 5 m 范围内，改良深度为 7 m。通过改良将 *N* 值为 8 左右的松散填埋土变为 *N* 值为 10 左右的土体。

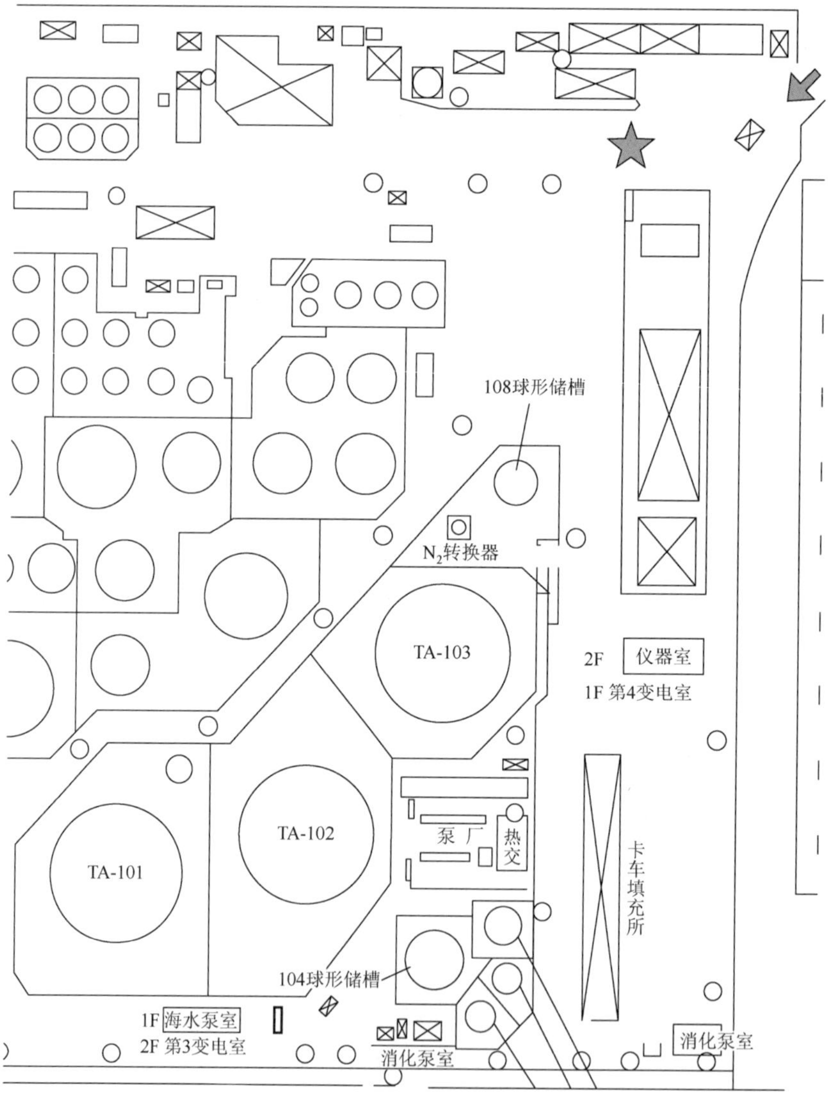

图 B-13　LP 燃气基地平面图

兵库县南部地震时，在同地区发生了液化及侧方流动，高压燃气设备受到损伤。如图 B-13 所示，由于 TA-101 是桩基础施工的，储罐的沉降很小。而储罐周围的地基由于液化产生了 35～60 cm 的沉降，地基流动也很明显。TA-102、TA-103 为采用挤密工法施工，改良深度较浅，由于下部处于液化层，储罐在荷载作用下产生了沉降。TA-102 的基础向南倾斜沉降 1/80，向西倾斜沉降 1/174（不均匀沉降量 80 cm），TA-103 向北倾斜沉降 1/1621，向东沉降 1/297。储罐周围未改良地基整体沉降约 20 cm。

2. 实验方法及实验模型

实验使用如图 B-14 所示的宽 1200 mm、深 800 mm、纵深 800 mm 的模型地基，在其上设置中层建筑模型和储罐模型。试料采用丰浦标准砂。取在神户人工岛监测到的神户海洋气象台记录的时间轴 1/5 的波形作为实验输入的地震波。另外，考虑波形的相似准则，虽然必须将原来的时间轴设定为实际的 $1/100^{0.75}$，但由于本实验已知构造物的沉降量，因此，对于实际的沉降量与实验结果相当接近的地震波形，可直接使用将时间轴变为 1/5 后的波形。关于挤密范围，仅对 4 种改良范围进行实验，即无改良对策情况、兵库县南部地震中沉降监测现场的改良范围、构造物的正下方、各构造物设计标准提到的改良范围。储罐的实验案例列于表 B-9 和图 B-15 中。中层建筑物也取同样的改良范围。

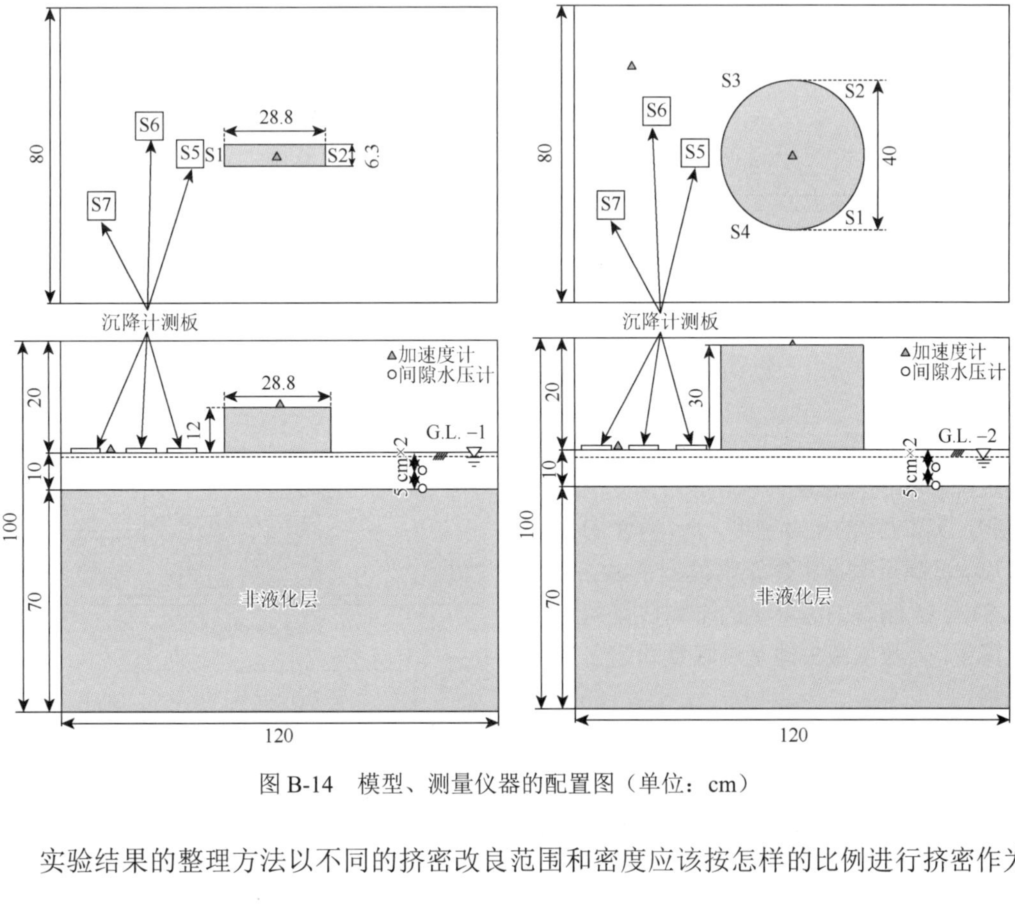

图 B-14 模型、测量仪器的配置图（单位：cm）

实验结果的整理方法以不同的挤密改良范围和密度应该按怎样的比例进行挤密作为

指标，考虑构造物宽度 L、纵深 D、液化层厚度 l 对建筑物的影响范围，将其作为一边的3倍，按式（B-2）定义考虑密度的挤密范围比 A_r。但是，式（B-2）仅在与原地基的相对密度 D_{r1} 一样的条件下才有意义。

$$A_r=\frac{B\times D_{r2}+(A-B)\times D_{r1}}{B\times D_{r1}} \tag{B-2}$$

表 B-9　实验时的挤密范围和密度的条件

实例	地基改良范围		改良部位相对密度/%		挤密面积比 A_r	备注
	储罐内侧～外侧※/cm	储罐下 D/cm	改良（外）	改良（内）		
2-1	0～0	0	—		1.00	未改良
2-2	−5～5	7	58.0	48.5	1.054	实际改良
2-3	−5～6.7	1000	71.0	63.5	1.225	遵循危险物规则的改良
2-4	−500～0	600	71.0	63.5	1.070	仅储罐下部改良
2-5	−500～670	1000	90.0	85.0	1.418	遵循危险物规则的改良

注：未改良部位的相对密度：45.6%。※改良（外）的储罐从缘到内侧为−，从缘到外侧为＋。

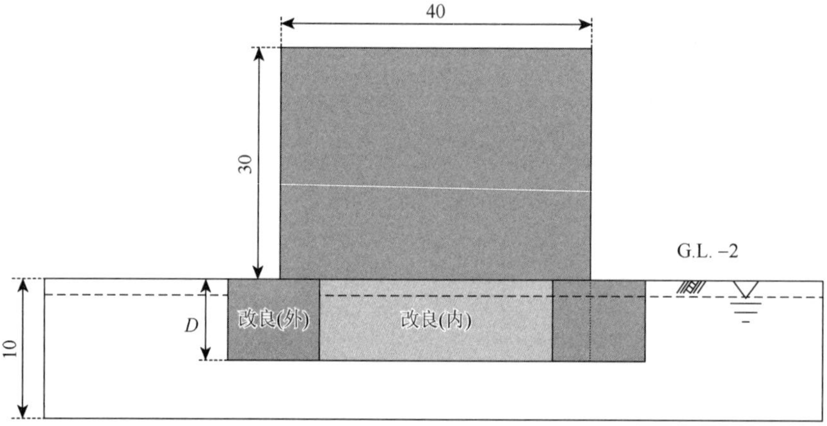

图 B-15　储罐模型实验的地基改良范围（单位：cm）

此时，如图 B-16 所示，A 为考虑了模型沉降影响的液化层体积，B 为改良地基的体积。D_{r1} 为 A 的相对密度，D_{r2} 为 B 的相对密度。沉降量数据将建筑物模型中 S1 和 S2 或 S1～S4 测得的沉降量的平均值作为绝对沉降量，该数值减去地基沉降量即定义为沉陷量。

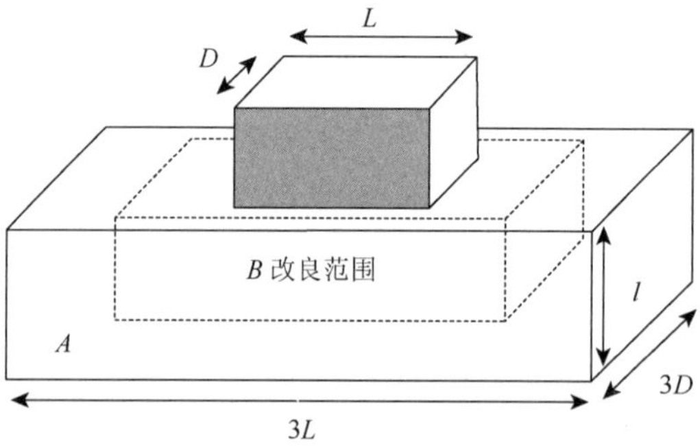

图 B-16　考虑密度的挤密范围比

3. 实验结果

图 B-17 和图 B-18 显示了考虑密度的挤密范围比 A_r 和沉陷量的关系。由此可知，当 A_r 增大时，沉陷量和绝对沉降量会减少。A_r

表示包含改良地基相对密度和构造物改良范围两者影响的改良地基等级，通过 A_r 与沉降量的关系，可以作为评价挤密改良地基性能评价的指标。

图 B-17 中，将中层建筑物在实地测得的相对沉降量 10 cm 以 1/100 的值表示，使用与现场条件相同的改良方法处理的案例 1-2 的测量值与实验值基本一致，由此可确认本实验的可靠性。从构造物的性能来看，将建筑物沉降的性能目标值设为 10～20 cm 的不同沉降时，采用现行指南所示改良范围的案例 1-4 和案例 1-5 的沉降量要低于上述的性能目标值。

另外，图 B-18 将储罐基础处实际测量的沉降量 61.7 cm 按 1/100 表示，与本次实验的案例 2-2 采用相同的改良方法。

因此，不论哪个案例，使用现行指南的改良范围，从构造物的液化沉降这一性能来看，设计可能都偏于保守。将沉降量作为构造物的性能要求时，可以降低挤密改良等级，引入性能设计的概念。

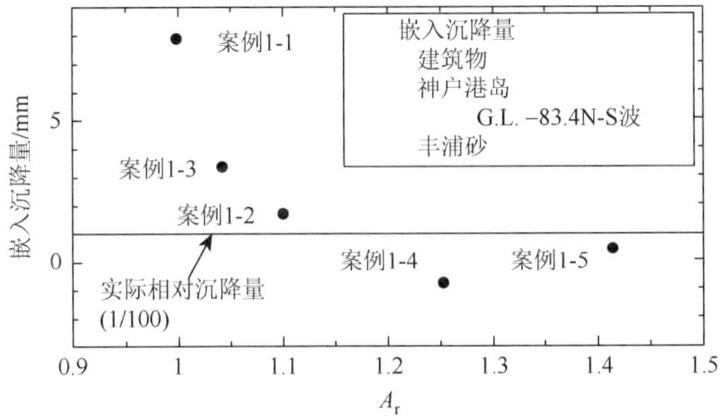

(a) 中层建筑物

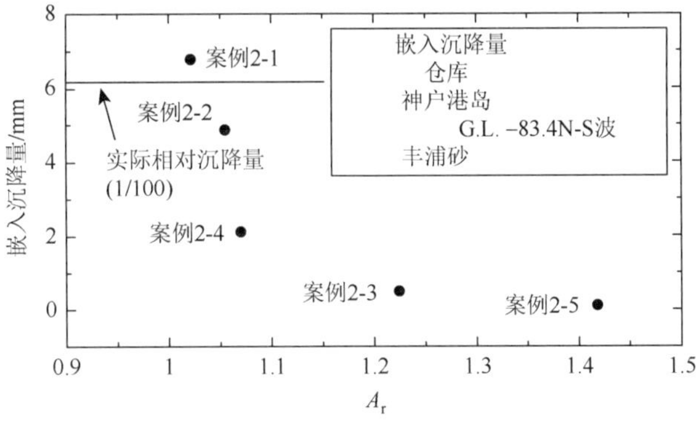

(b) 储罐基础

图 B-17 考虑密度的挤密范围比-沉降量

B.4.2 静力分析

上述实验中，通过模拟实际案例的模型振动台试验，研究了地震外力作用下构造物性能（沉降量）和挤密改良等级间的关系。静力分析考虑了性能设计的适用性，将地震外力和挤密范围比 A_r 作为参数，对同一案例进行数值分析，求解构造物的性能曲线。

1. 分析方法及模型

作为分析对象的构造物和地基与模型实验中的对象一样。对中层建筑，水平地基宽 206 m，深 10 m，地下水位 G.L. −1 m，将液化对象层 G.L. −1～−10 m 进行模型化，并在上面设置高 12 m、宽 6 m 的中层建筑物。储罐的地基为宽 240 m×高 17 m 的水平地基，地下水位 G.L. −2 m，液化层位于 G.L. −2～−17 m，并将高 30 m，宽 40 m 的地基置于其上。使用 ALID/Win 进行分析。此外，由于液化而折减的剪切弹性系数按照安田与稻垣式计算 R_L 和 F_L。分析采用与模型实验使用相同改良方法的案例，分别对地震外力为 200 Gal、400 Gal 和 600 Gal 时的情况进行分析。

2. 分析结果

在分析结果中，关于经过实际改良的地基变形图如图 B-18 所示。从图 B-18 中可知，储罐下的地基虽然经过挤密，但还是发生了液化，且在储罐荷载作用下，地基从侧面被压出，从而导致储罐也产生了沉降。地表最大加速度为 400 Gal 时，储罐的沉降量和挤密范围比 A_r 的关系如图 B-19 所示。像这样，由分析得到挤密程度与沉降量的关系，再通过与容许变形量比较，便可求出所需的挤密程度。但是，当倾斜角的问题更为突出时，仅使用该分析方法是不够充分的。

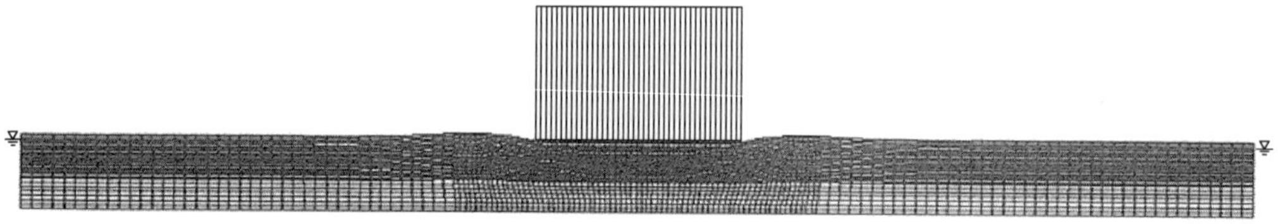

图 B-18　案例 2-2 的地基变形图

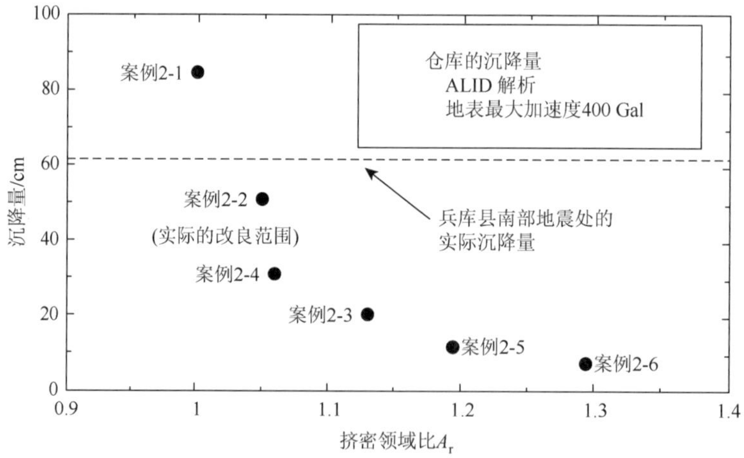

图 B-19　挤密程度与沉降量的分析结果

虽然一般情况下，沉降量越大倾斜角也越大，但这还与构造物的直径等参数有关。例如，试验储罐实际发生了 1/80 的倾斜和 61.7 cm 的平均沉降。粗略地考虑一下，容许倾斜角为 1/100 时，容许沉降量为 49 cm。也就是说，对于图 B-19 中的案例 2-4，只需要将储罐下部地基的 N 值从 12 改良到 15 以上就能够消除液化了。但是，像这种由分析求得的沉降量推算倾斜角的方法目前还没有形成明文规定，仍需要继续研究。

图 B-20 和图 B-21 为以沉降量作为构造物的性能时的性能曲线。不论是将构造物的性能作为沉降量还是绝对沉降量，随着 A_r 的增加，也就是改良地基的等级越高，性能曲线越向上，也就能抵抗更大的地震外力。例如，在提供建筑要求性能和假定的地震外力时，通过定义这样的性能曲线，便可把挤密改良地基要求的等级设定为满足构造物性能要求的最低标准。

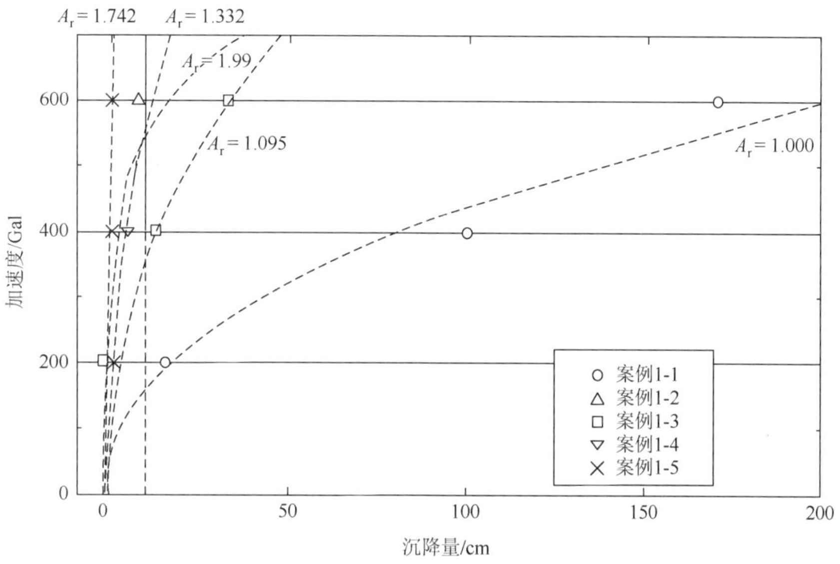

图 B-20　与沉降量相关的性能曲线（中层建筑物）

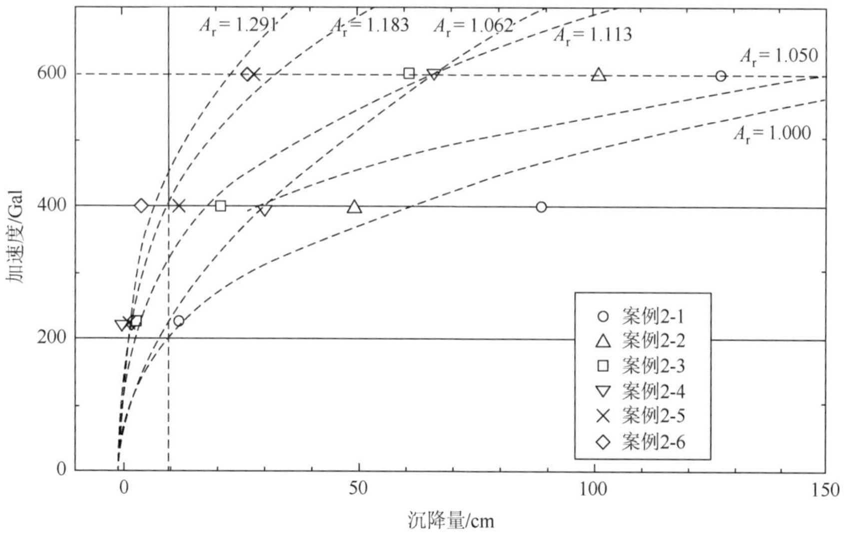

图 B-21　与沉降量相关的性能曲线（储罐基础）

B.5　将性能设计引入 SCP 液化对策的设计时的注意事项

综上，介绍了与面向性能设计的液化对策相关的历史发展背景、容许变形量和变形量的测算方法，以及利用性能设计研究挤密范围的案例。下面就仅对引入性能设计概念的 SCP 液化对策的注意事项进行说明。

①在设计时应当考虑的地震中，宜在二类地震时，特别是在 SCP 液化对策中引入性能设计概念。

②1995 年兵库县南部地震后，抗震设计开始考虑二类地震作用，但因为二类地震本身的定义还不是很明确，有必要注意今后的发展方向。特别是在南海、东南海、东海地震接连发生的持续时间很长的情况，以及以最大加速度 2G 这样极端的地震为对象的情况下，液化变形量的预测会非常困难，故需要充分注意。

③通常，根据液化相关的性能设计来确定地基或构造物的位移、变形量指标。但是，由于许多构造物还处于对容许变形量相关问题的研究中，应当考虑各种因素，尽早设定容许值。

④根据构造物的不同，容许变形量多会有数十厘米左右的差距，目前还没有一种能够达到高于这种精度的变形量预测分析方法。因此，在评价分析结果时需要考虑精度问题。另外，在对 SCP 这样的柱状改良方法进行二维变形分析时，应该如何将其模型化还没有定论，需要对相关研究和技术开发进一步深化。

⑤改良地基刚度的增加会影响上部构造物的振动性能。特别是在二类地震情况下，有时地震可能很接近构造物的极限状态，需要特别关注地基刚度的提高对上部构造物产生的影响。

9 深插钢圆筒设计施工

9.1 设计

9.1.1 设计的基本方针和设计计算的基本项目

9.1.1.1 设计的基本方针

设计时，应着眼于发挥结构体的机能，并考虑其安全性。设计结构体时，主要考虑以下事项：

①设施的配置。
②对周边的影响。
③自然条件。
④可利用条件。
⑤施工条件。
⑥造价。
⑦工期。
⑧重要性。
⑨维护管理。

9.1.1.2 设计计算的基本项目

根据设计计算进行讨论的基本项目如下：

①墙体的剪切变形。
②作为重力式墙体考虑时的稳定。
③对于圆弧滑移的稳定。
④板桩张力。

【说明】

①对于墙体的剪切变形、作为重力式墙体考虑时的稳定及对于圆弧滑移的稳定讨论，是将圆筒形状置换为垂直平面的前墙及后墙的双重墙结构的墙体进行计算。

②具有埋深的钢圆筒，由于填充土被钢圆筒外壳所约束，一般情况下钢圆筒外壳与填充土作为一体结构。对于墙体的位移，可不考虑墙体的变形，视为刚体。同时，具有埋深的钢圆筒，由于具有埋深，海底地基对其具有很强的拘束力。综上所述，可以考虑为钢圆筒在圆筒内填土不会发生剪切破坏，通过模型实验已得到验证。

但是，为了防止钢圆筒直径极小而不能满足作为刚体的条件，需要对荷载作用时的剪切变形进行讨论。讨论针对钢圆筒底面进行，钢圆筒的抵抗弯矩采用埋深比调节放大系数的公式进行计算。另外，对于海底面也需进行讨论。

③根据钢圆筒的模型实验可知，钢圆筒的状态变化可以通过假定钢圆筒为刚体，将地基作为弹簧考虑的计算模型进行预测。所以，通过墙体剪切变形的讨论，判断刚体为安全时，对于平常或地震时的荷载，通过深埋部位的地基反力等进行抵抗，从而求出地基反力及墙体的位移。地基反力及墙体的位移低于容许值时，可确保作为重力式墙体考虑时的稳定。

④假定圆弧滑移面不通过墙体内部的情况进行圆弧滑移的稳定。

⑤设计时，一般可以按照以下顺序进行讨论（图 9-1）。

9.1.2　墙体参数的假定

假定换算墙体宽及埋深长时，需考虑其设计条件、造价及施工难易度。

【说明】

①钢圆筒的形状，由圆筒外壳的直径、墙高、埋深、圆筒主体的中心间隔、圆弧的半径、圆弧的设置位置等决定。设计时，在考虑其设计条件、造价及施工难易度的基础上，假定其换算墙体宽及埋深。

②为了使设计计算简便化，如图 9-2 所示，前墙、后墙及隔墙的换算墙体宽都假想为直线情况下的墙体宽。置换为直线时，使水平剖面的截面积与实际的墙体面积相等。

9.1.3　作用于墙体的荷载

9.1.3.1　概要

设计时需考虑施工时及使用期间作用的荷载。

【说明】

作用于墙体的荷载，受结构体所处位置状态而有所不同，因此必须根据不同状况进行判断，通常考虑以下内容。

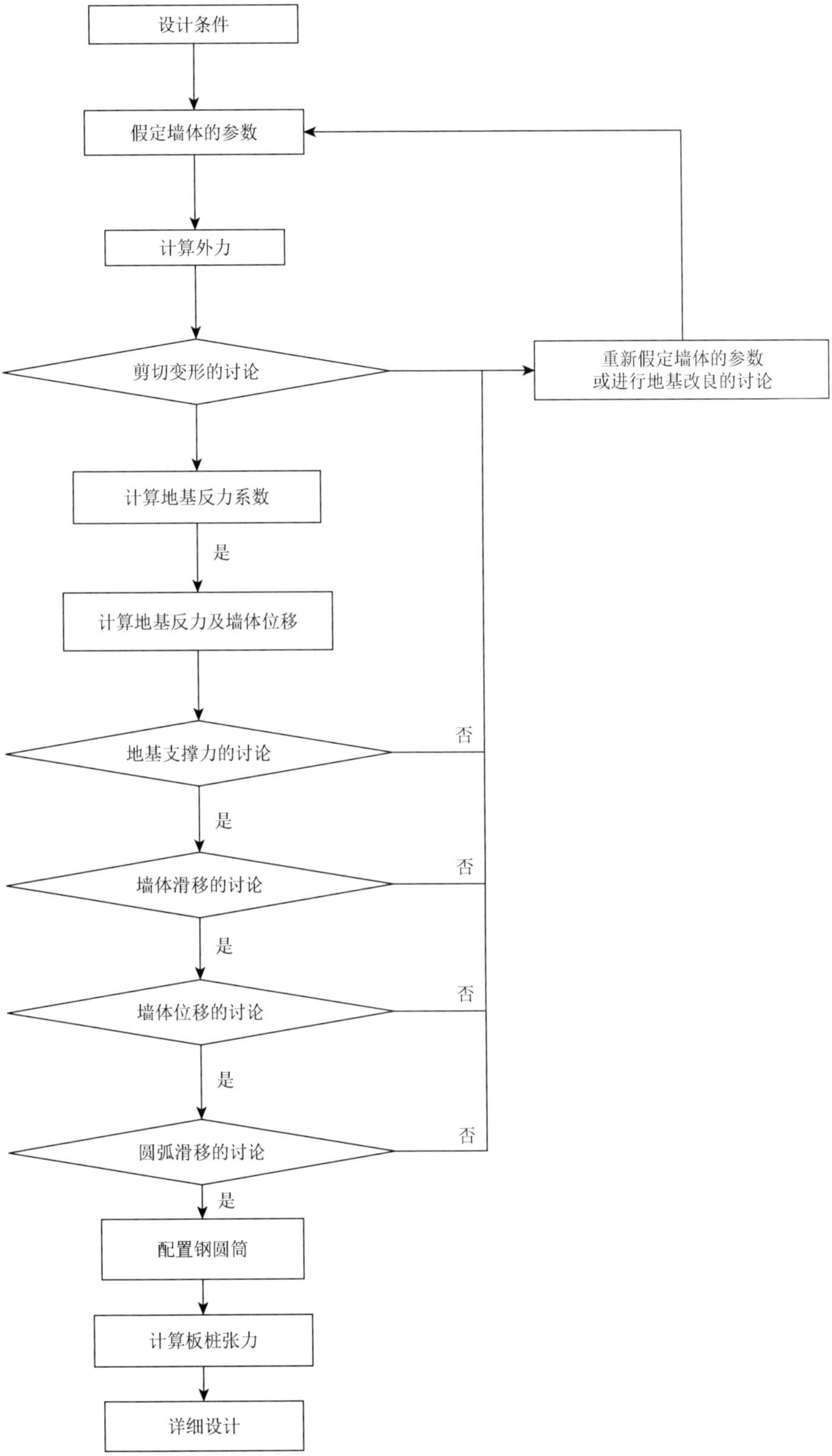
设计条件
假定墙体的参数
计算外力
剪切变形的讨论
重新假定墙体的参数
或进行地基改良的讨论
计算地基反力系数
是
计算地基反力及墙体位移
否
地基支撑力的讨论
是
否
墙体滑移的讨论
是
否
墙体位移的讨论
是
否
圆弧滑移的讨论
是
配置钢圆筒
计算板桩张力
详细设计

图 9-1 设计讨论顺序

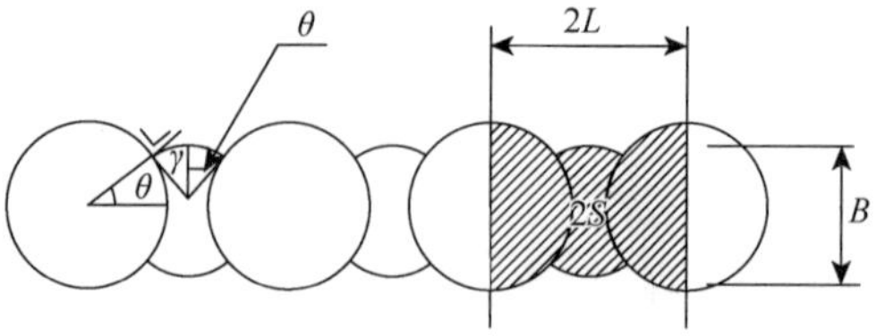

图 9-2　换算墙体宽

（1）土压

①墙体背面的土压；
②墙体前面的土压；
③填充土的土压。

（2）残余水压

（3）墙体的重量

（4）作用于墙体的地震力

（5）上置荷载

（6）作用于上置荷载的地震力

（7）波浪力

（8）浮力

（9）船舶的靠岸及牵引力

9.1.3.2　土压

对于墙体背面，地基面以上的部分受主动土压作用。地基面以下的部分，在讨论剪切变形时需考虑主动土压作用，而在讨论整体稳定时需考虑由回填土重量等所产生的土压的作用。

【说明】

地基以下部分作用于墙体背面的土压在讨论剪切变形时，以相关行业规范规定的钢板桩墙的设计时所考虑的土压及残余水压为基准，考虑主动土压。讨论整体稳定时，与钢圆筒相同，考虑为刚体弹簧模型，以相关行业规范规定的作用于埋深钢圆筒的外力为基准，考虑静止土压或者根据布西内斯克方程所得出的应力大小程度的荷载作用，根据式（9-1）计算。

$$P_{ac} = 0.5\left(\sum \gamma_i h_i + w\right) \tag{9-1}$$

式中，P_{ac}——作用于墙体背面地基以下的土压（tf/m^2 ①）；

γ_i——各层回填土的单位体积重量（tf/m^3）；

h_i——各层回填土的厚度（m）；

w——上置荷载（tf/m^2）。

9.1.3.3 地震力

作用于墙体的地震力通过震度法进行计算。

【说明】

（1）设计震度

设计震度，原则上以相关行业规范地震及地震力为基准。

设想特定的地震进行设计时，不能直接以推定地震的最大加速度与重力加速度的比作为设计震度。根据地震的最大加速度来决定设计震度时，须在过往的设计震度与地基的最大加速度关系研究成果的基础上进行充分的讨论。

（2）地震力

作用于填充土的地震力，通常可根据公式（9-2）进行计算。

$$H_w = k_h W \tag{9-2}$$

式中，H_w——地震力（tf/m）；

k_h——设计水平震度；

W——填充土和缝隙水的重量（tf/m）。

设计水平震度，直线递减至地基面以下 10 m 处为 0，并且 10 m 以下均为 0。

9.1.4 剪切变形的讨论

对于平常时的荷载，讨论墙体的剪切变形。

【解说】

①对于平常时的荷载，钢圆筒换算墙体宽及埋深需满足式（9-3）及（9-4）。

$$M_d \cdot F \leqslant M_r \tag{9-3}$$

$$M_d' \cdot F \leqslant M_r' \tag{9-4}$$

式中，M_d——钢圆筒底面的变形弯矩；

① 1tf/m^2 = 9806.65Pa。

M_d'——海底面的变形弯矩；

M_r——钢圆筒底面的抵抗弯矩；

M_r'——海底面钢圆筒内土的抵抗弯矩；

F——安全率。

并且，钢圆筒内的土为砂的情况下，安全率的标准值为1.2以上。

②变形弯矩是指钢圆筒底面或海底面以上，平常时作用的主动土压、残余水压、被动土压等的外力对于钢圆筒底面或海底面所产生的弯矩。此时，只考虑从栈桥的顶部到钢圆筒底面或海底面的土压的水平分力，而不考虑垂直分力。土压计算时需考虑上置荷载，如图9-5所示。

③通过模型实验的结果（图9-3）显示出，钢圆筒底面的抵抗弯矩能够根据埋深比D/H进行放大，其计算公式可以参照（9-5）。

$$M_r = (M_{ro} + M_{rs})\cdot(1 + \alpha\cdot D/H) \tag{9-5}$$

式中，M_r——钢圆筒底面的抵抗弯矩；

M_{ro}——钢圆筒内土的抵抗弯矩；

M_{rs}——由钢圆筒底面的接头摩擦力所产生的抵抗弯矩；

D/H——埋深比；

α——根据深埋比的放大系数。

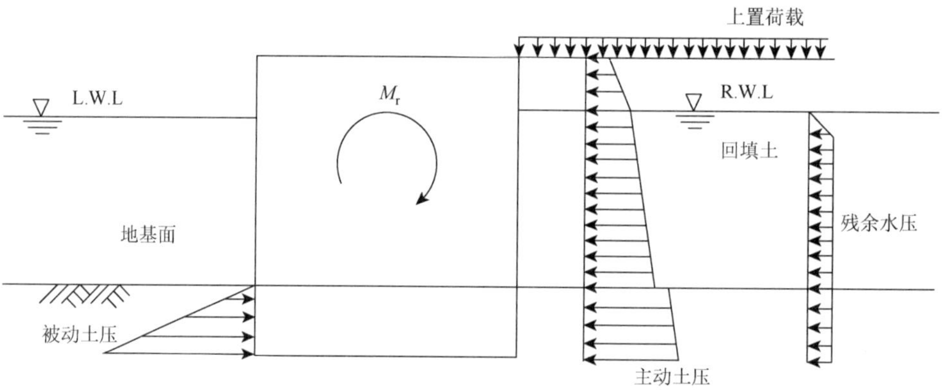

图9-3　讨论剪切变形时所考虑的荷载及抵抗力

α可以设定为1.0。公式（9-5）是基于试验结果的实验公式，理论上未得到充分的阐明，如图9-4的实验结果所示，因此取其最接近于下限值的结果$\alpha = 1.0$。

9.1.4.1　钢圆筒底面内部土的抵抗弯矩的计算公式

计算钢圆筒底面内部土的抵抗弯矩时，钢圆筒内土的剪切破坏面如图9-5所示，假定钢圆筒底面前面侧发生主动坍塌面、背面侧发生被动坍塌面，并且两处坍塌面分别受主动土压及被动土压的作用。此时，主动坍塌角、被动坍塌角及主动土压、被动土压根据朗肯公式进行计算。

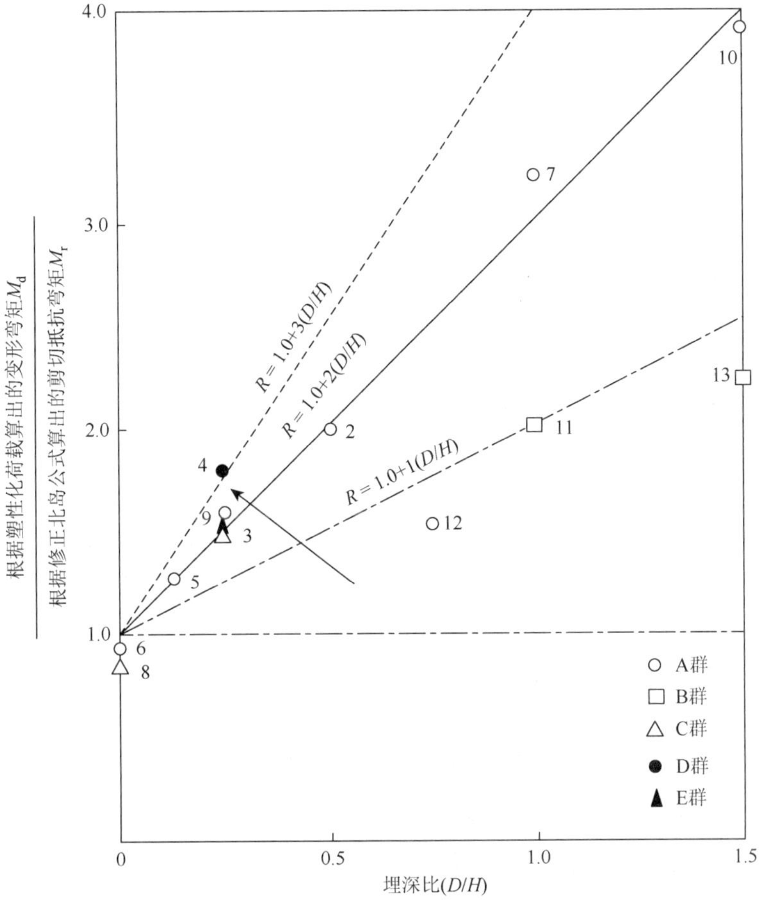

图 9-4　抵抗弯矩与埋深比的关系

作图点为各工况的平均值

$$\begin{cases}\text{主动坍塌角}\xi_a = \pi/4+\varphi/2 \\ \text{被动坍塌角}\xi_p = \pi/4+\varphi/2 \\ \text{主动土压}P_a = K_a\cdot\gamma h, \quad K_a = \dfrac{1-\sin\varphi}{1+\sin\varphi} \\ \text{被动土压}P_p = K_p\cdot\gamma h, \quad K_p = \dfrac{1-\sin\varphi}{1+\sin\varphi}\end{cases} \tag{9-6}$$

此时，剪切面上的土压所产生的弯矩，如图 9-5 所示求解。

$$M_{ra} = \int_0^d (P_p - P_a)(d-x)\cdot\frac{2}{3}\tan\varphi \mathrm{d}x$$

式中，φ——钢圆筒内土的内摩擦角。

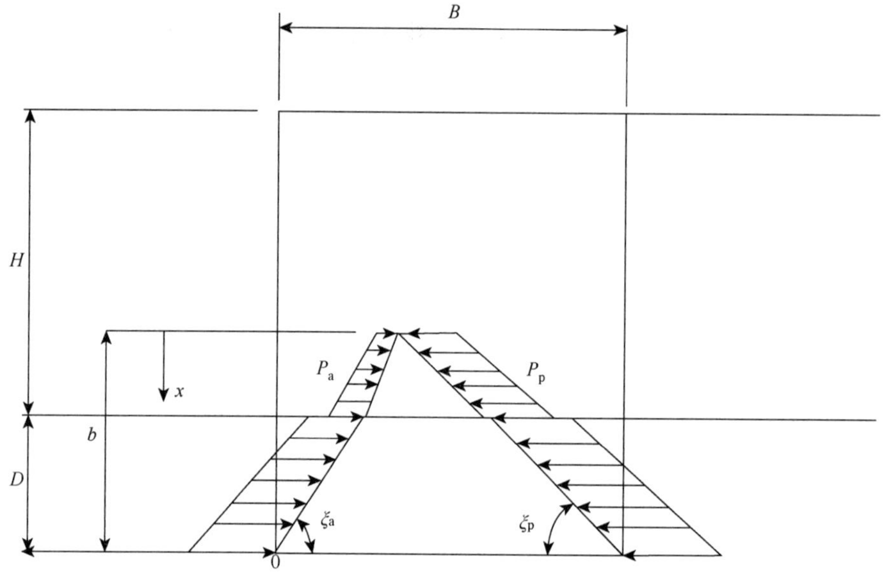

图 9-5　钢圆筒内土的假定剪切断面

地基与填充土的土质常数不同时，根据土层的变化，虽然其坍塌角及土压也会因土层变化而发生较大变化，但地基与填充土的内部摩擦角基本一致，或者埋深比较大，坍塌面未达到填充土时，可以用式（9-7）进行计算。

$$M_{ro} = \frac{1}{6}\gamma \cdot R_o \cdot H_o^3$$
$$R_o = \frac{2}{3}v_o^2(3 - v_o\cos\varphi)\tan\varphi\sin\varphi \tag{9-7}$$

式中，γ——为了便于计算，钢圆筒内土的换算单位体积重量（钢圆筒内土的单位体积重量固定时的单位体积重量）一般为 $\gamma = 1.0\ \text{tf/m}^3$；

H_o——为了计算采用钢圆筒内土的换算单位体积重量时，由钢圆筒内土所产生的抵抗弯矩，使用从圆筒底面开始的换算墙高进行计算。

$$H_o = \frac{1}{\gamma}\sum\gamma_i \cdot h_i \tag{9-8}$$

式中，γ_i——i 层的钢圆筒内土的单位体积重量（tf/m^3）；

h_i——i 层的层厚（m）。

$$v_o = B / H_o$$

式中，B——换算墙体宽（m）。

9.1.4.2　由接头摩擦力产生的抵抗弯矩的计算式

由接头摩擦力产生的抵抗弯矩的计算式如下。

$$M_{rs} = \frac{1}{6}\gamma \cdot R_s \cdot H_s^3 \tag{9-9}$$

$$R_s = \frac{3}{2} v_s f \tan\varphi \tag{9-10}$$

式中，H_s——为了计算采用钢圆筒内土的换算单位体积重量时由接头间摩擦力所产生的抵抗弯矩，从钢圆筒底面开始的换算墙高，计算时需使土压分布图 9-6（a）的合力与换算土压分布图 9-6（b）的合力相等，此时，钢圆筒内土的土压系数，采用 1/2tanφ；

f——接头间的摩擦系数，通常为 0.3。

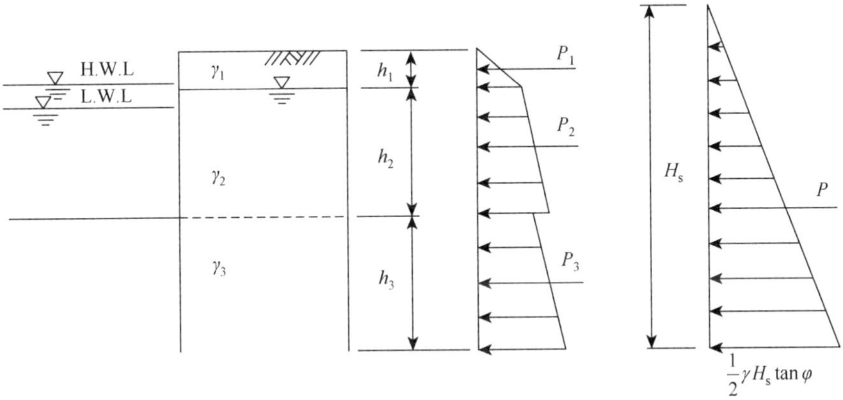

(a) 土压分布图　　(b) 换算土压分布图

图 9-6　换算墙高

$$H_s = 2\sqrt{\frac{\sum P_i}{\gamma \tan\varphi}}$$

式中，P_i——i 层的钢圆筒内土的土压合力（tf/m），此时，不考虑上置荷载；

γ——换算单位体积重量（tf/m^2）；

φ——钢圆筒内土的内摩擦角（°）。

$$v_s = B / H_s$$

式中，B——换算墙体宽。

海底面的钢圆筒内土的抵抗弯矩，可使用式（9-11）及式（9-12）进行计算。

$$M_r' = \frac{1}{6}\gamma \cdot R_o' \cdot H_o' \tag{9-11}$$

$$R_o' = v_o'^2 (3 - v_o' \cos\varphi') \sin\varphi' \tag{9-12}$$

式中，M_r'——钢圆筒的抵抗弯矩（tf·m/m）；

H_o'——为了计算采用钢圆筒内土的换算单位体积重量时由钢圆筒内土产生的抵抗弯矩，使用从海底面开始的换算墙高，根据式（9-13）进行计算；

φ'——海底面以上的钢圆筒内土的内摩擦角。

$$H'_o = \frac{1}{\gamma}\sum\gamma'_i h'_i \tag{9-13}$$

式中，γ'_i——海底面上 i 层的钢圆筒内土的单位体积重量；

h'_i——海底面上 i 层的层厚。

$$v'_o = B / H'_o$$

式中，B——换算墙体宽（m）。

9.1.5　墙体整体稳定的讨论

9.1.5.1　概要

视为对受地基弹性支撑的重力式墙体进行稳定讨论。

【解说】

对墙体整体稳定的讨论时，墙体视为受地基弹性支撑的刚体，求出其对于荷载产生的地基反力及墙体的位移。地基反力为地基弹性领域范围内的地基反力系数与位移量的乘积。地基反力及墙体的位移各自都不超过其容许值时，可作为重力式墙体，确保稳定。

9.1.5.2　地基反力系数

作为重力式墙体时的稳定讨论所使用的地基反力系数，原则上基于地基勘察的结果进行计算。

【解说】

地基反力系数有水平方向地基反力系数、钢圆筒底面的垂直方向地基反力系数及水平方向剪切弹簧常数。这些地基反力系数，基于地基勘察的结果，可通过以下方法进行计算。

（1）水平方向地基反力系数

水平方向地基反力系数，可根据相关规范的建议公式进行计算。

$$K_H = 0.2\,N \tag{9-14}$$

式中，K_H——水平方向地基反力系数（kgf/cm^3）；

N——N 值。

横山收集了日本进行的钢桩横向载荷试验的结果，对 K_H 进行反算，对比其与地表面到 β^{-1} 的平均 N 值，得出图 9-7 的结果，并且得出了桩宽超过 60 cm，地基反力系数基本不变的结果。所以，本章采用式（9-14）进行计算。

地基由不同性质的地层组成时，需求出各层的水平方向地基反力系数。

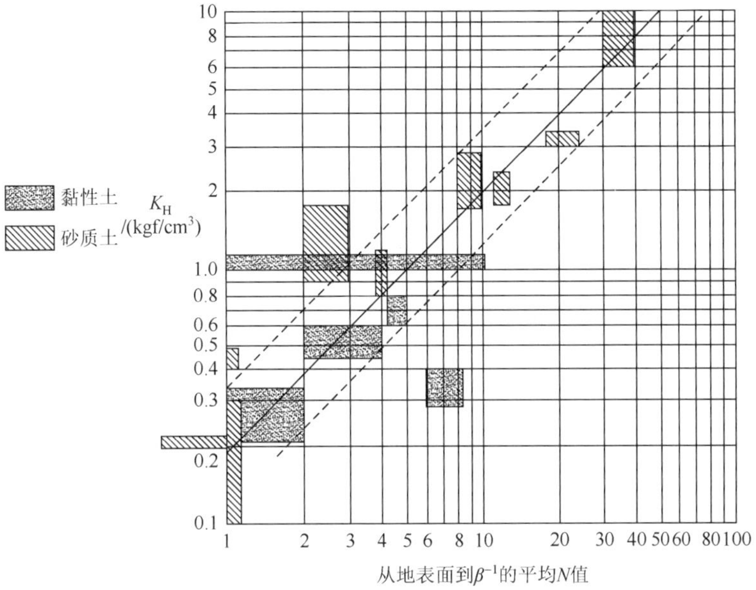

图 9-7 由桩的横向抵抗试验反算得到的 K_H 值

（2）垂直方向地基反力系数

钢圆筒底面的垂直方向地基反力系数与钢圆筒底面的水平方向地基反力系数相同。

地基由不同性质的地层所组成时，垂直方向地基反力系数采用钢圆筒底面位置的地层求出的数值。但是，如果钢圆筒底面下有极端软弱地层等情况时，需充分考虑其影响。

（3）水平方向剪切弹簧常数

钢圆筒底面的水平方向剪切弹簧常数，可使用垂直方向地基反力系数根据式（9-15）进行计算。

$$K_s = \lambda K_r \tag{9-15}$$

式中，K_s——水平方向剪切弹簧常数（kgf/cm³）；

λ——水平方向剪切弹簧常数与垂直方向地基反力系数的比；

K_r——垂直方向地基反力系数（kgf/cm³）。

根据既有的研究，建议 $\lambda = 1/2$～$1/5$，钢圆筒的情况下可设 $\lambda = 1/3$。

9.1.5.3 地基反力及位移的计算

墙体作为由荷载产生的地基反力、墙面的垂直摩擦抵抗力所支撑的物体，需计算其地基反力及墙体的位移。

【解说】

对于作用于墙体的荷载，由水平地基反力、墙体底面的垂直地基反力及剪切反力、前墙与后墙的垂直摩擦抵抗力进行抵抗。

地基反力及墙体的位移可根据以下的假定及方法进行计算。

（1）地基反力

地基反力为地基弹性领域范围内的地基反力系数与位移量的乘积。

1）水平地基反力

水平地基反力考虑地基的屈服，不得超过根据相关行业规范土压及水压的规定计算出的被动土压强度，而且计算被动土压时，标准的墙面摩擦角为–15°。

图 9-8 为水平地基反力分布实例，地基反力局部达到被动土压强度时的地基反力。

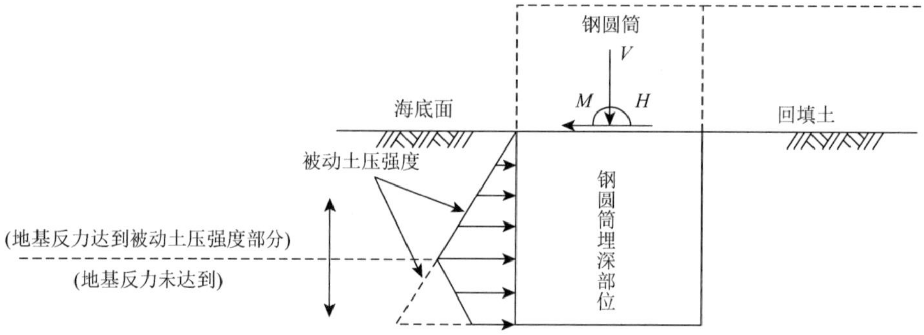

图 9-8　水平地基反力分布实例

2）垂直地基反力

钢圆筒底面的垂直地基反力呈梯形或三角形分布，不产生拉应力。

（2）垂直摩擦抵抗力

考虑钢圆筒前墙与后墙的垂直摩擦力，垂直摩擦抵抗力为水平土压或地基反力与 $\tan\delta$ 的乘积。此时，δ 为墙面摩擦角。

（3）外力的分布

作用于钢圆筒的荷载、地基反力等外力的标准分布如图 9-9 所示。

（4）钢圆筒的位移模式

钢圆筒的位移模式如图 9-10 所示，以距离中心轴 e、地基面深度 h 的点 O 为中心旋转。旋转中心在钢圆筒内时，旋转中心以下，钢圆筒的后墙产生水平地基反力。

（5）地基反力及墙体的位移计算式

墙体中央地基面位置受水平力、垂直力及弯矩作用，地基由 n 层组成时的计算模型如图 9-11 所示。

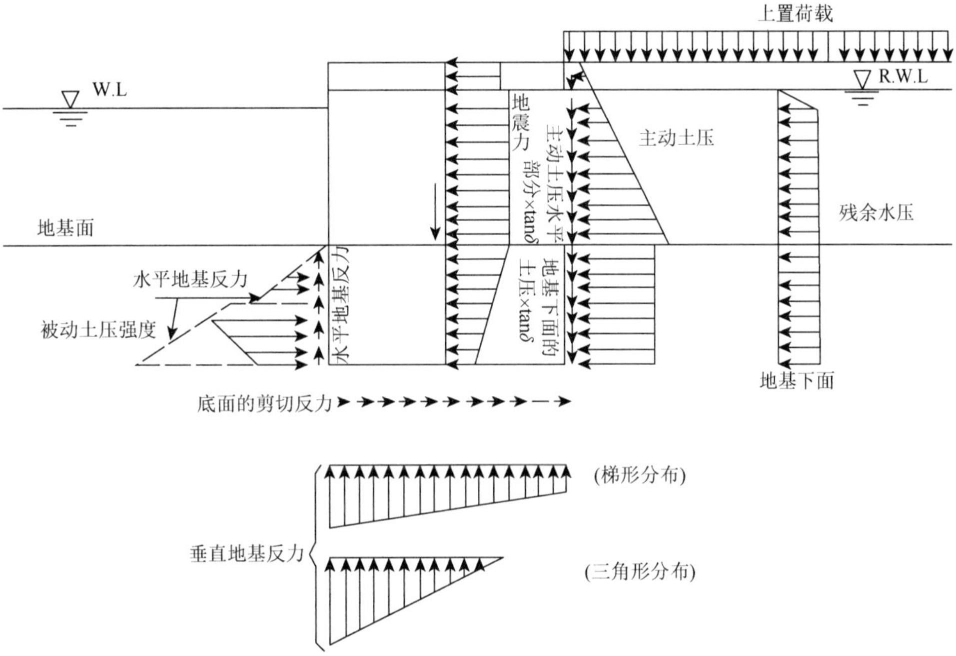

图 9-9　外力的分布

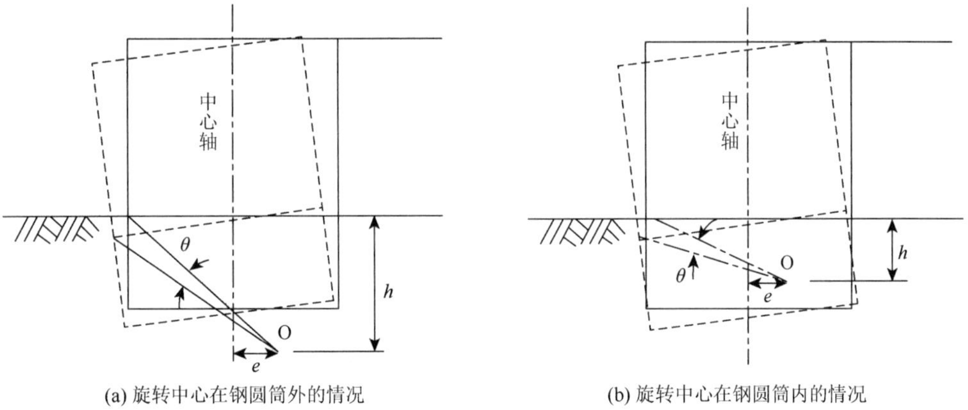

图 9-10　钢圆筒的位移模式

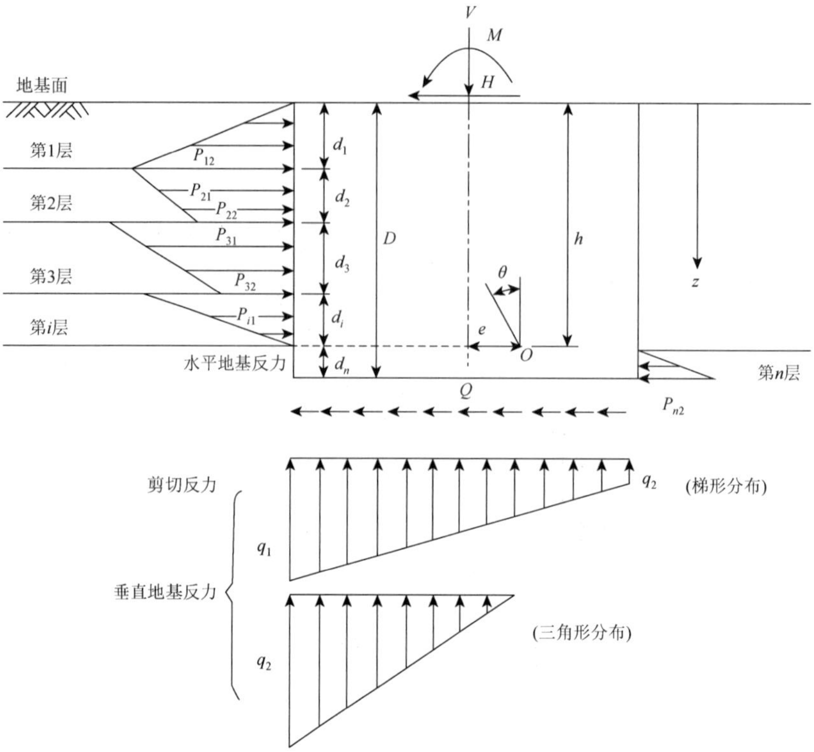

图 9-11　计算模型

如图 9-11 所示的计算模型，其地基反力、墙体的位移等的计算公式如下。

1）垂直地基反力呈梯形分布时

①水平地基反力（tf/m^2）：

$$
\begin{cases}
P_{12} = K_{H1}(h-d_1)\theta \\
P_{21} = K_{H2}(h-d_1)\theta \\
P_{22} = K_{H2}(h-d_1-d_2)\theta \\
\vdots \\
P_{i1} = K_{Hi}\left(h-\sum\limits_{j=1}^{i-1} d_i\right)\theta \\
P_{i2} = K_{Hi}\left(h-\sum\limits_{j=1}^{i} d_i\right)\theta \\
\vdots \\
P_{n1} = K_{Hn}\left(h-\sum\limits_{j=1}^{i-1} d_i\right)\theta \\
P_{i2} = K_{Hn}\left(h-\sum\limits_{j=1}^{n} d_i\right)\theta
\end{cases}
\tag{9-16}
$$

②垂直地基反力（tf/m^2）：

$$q_1 = K_r(e + B/2)\theta$$
$$q_2 = K_r(e - B/2)\theta \tag{9-17}$$

③墙体底面的剪切反力（tf/m）：

$$Q = K_s(h - D)\theta \mathrm{A} \tag{9-18}$$

④墙体的水平位移（m）：

$$\delta_z = (h - z)\theta \tag{9-19}$$

⑤墙体的旋转角（rad）：

$$\theta = \frac{MK_1 + HK_3}{K_1K_4 - K_2K_3} \tag{9-20}$$

⑥墙体的旋转中心的深度（m）：

$$\theta = \frac{MK_2 + HK_4}{MK_1 - HK_3} \tag{9-21}$$

⑦墙体的旋转中心距墙体中心轴的距离（m）：

$$e = \frac{1}{K_o A}\left\{\frac{V}{\theta} - h\sum_{i=1}^{n} K_{Hi} d_i \tan|\delta_z| + \sum_{I=1}^{n} K_{Hi} d_i \left(\sum_{j=1}^{i-1} d_j + \frac{d_i}{2}\right)\tan|\delta_i|\right\} \tag{9-22}$$

$$K_1 = \sum_{i=1}^{n} K_{Hi} d_i + K_s A$$

$$K_2 = \sum_{i=1}^{n}\left\{K_{Hi} d_i \left(\sum_{j=1}^{i-1} d_i + \frac{d_i}{2}\right)\right\} + K_s AD$$

$$K_3 = \sum_{i=1}^{n}\left\{K_{Hi} d_i \left(\sum_{j=1}^{i-1} d_i + \frac{d_i}{2} + \frac{B}{2}\tan\delta_i\right)\right\} + K_s AD$$

$$K_t = \sum_{i=1}^{n}\left\{K_{Hi} d_i \left(\frac{d_i^2}{3} + \sum_{j=1}^{i-1} d_i \sum_{j=1}^{i} d_i + \frac{B}{2}\left(\sum_{i=1}^{i} d_i + \frac{B}{2}\right)\tan\delta_i\right)\right\} + K_s AD^2 + \frac{1}{12}K_t A^3$$

墙面摩擦角 δ，水平地基反力作用于前墙的地层时为负，作用于后墙的地层时为正。

2）垂直地基反力呈三角形分布时

水平地基反力、墙体的水平位移、旋转角、旋转中心的深度与 1）计算相同。

①垂直地基反力（tf/m^2）：

$$q_1 = K_v\left(\varepsilon + \frac{B}{2}\right)\theta \tag{9-23}$$

②墙体底面的剪切反力（tf/m）：

$$Q = K_s(h-D)\theta A'$$
$$A' = e + \frac{B}{2} \tag{9-24}$$

③墙体的旋转中心距墙体中心轴的距离（m）：

$$e = \sqrt{\frac{2}{K_v}\left\{\frac{V}{\theta} - h\sum_{i=1}^{n} K_{H1} d_i \tan|\delta_i| + \sum_{i=1}^{n} K_{Hi} d_1 \left(\sum_{j=1}^{i-1} d_i + \frac{d_1}{2}\right)\tan|\delta_1|\right\}} - \frac{B}{2} \tag{9-25}$$

$$K_1 = \sum_{i=1}^{n} K_{Hi} d_i + K_s A'$$

$$K_2 = \sum_{i=1}^{n}\left\{K_{Hi} d_i \left(\sum_{j=1}^{i-1} d_1 + \frac{d_1}{2} + \right)\right\} + K_s A' D$$

$$K_3 = \sum_{i=1}^{n}\left\{K_{Hi} d_i \left(\sum_{j=1}^{i-1} d_1 + \frac{d_1}{2} + \frac{B}{2}\tan\delta_1\right)\right\} + K_s A' D$$

$$K_4 = \sum_{i=1}^{n}\left\{K_{Hi} d_i \left(\frac{d_i^2}{3} + \sum_{j=1}^{i-1} d_i \sum_{j=1}^{i} d_1 + \frac{B}{2}\left(\sum_{j=1}^{i-1} d_i + \frac{d_1}{2}\right)\tan\delta_1\right)\right\} + K_s A' D^3 + \frac{1}{6} K_n A'^2 (B-e)$$

墙面摩擦角 δ，水平地基反力作用于前墙的地层时为负，作用于后墙的地层时为正。

式中，　V——作用于墙体的垂直力（tf/m）；

H——作用于墙体的水平力（tf/m）；

M——作用于墙体的地基面中央点的弯矩（tf·m/m）；

但是，作用于墙体的外力为法向单位长度的力。

D——埋深（m）；

d_i——埋深部地基的各层厚（m）；

B——换算墙体宽（m）；

K_{Hi}——埋深部地基的各层水平方向地基反力系数（tf/m^3）；

K_s——墙体底面的水平方向剪切弹簧常数（tf/m^3）；

A——墙体底面的轴向单位长度的面积（m^2/m）；

A'——铅直地基反力为正时墙体底面的轴向单位长度的面积（m^2/m）。

9.1.5.4　地基承载力的讨论

地基承载力讨论是指对作用于墙体底面的地基反力进行的讨论。

【解说】

墙体底面位置的地基承载力，可根据相关行业规范基础进行讨论。另外，作为浅基础，根据毕肖普法对于偏心倾斜荷载的承载力进行讨论时，墙体底面以上的土作为上置荷载考虑。

9.1.5.5 墙体滑移的讨论

墙体底面与地基之间的剪切反力，不能超过容许剪切抵抗力。

【解说】

①墙体底面与地基之间的容许剪切抵抗力，可根据公式（9-26）进行计算。

$$Q_a = \frac{1}{F}(W + P_v)\tan\varphi \tag{9-26}$$

式中，Q_a——容许剪切抵抗力（tf/m）；

W——墙体的重量（tf/m）；

P_v——作用于前墙及后墙的土压垂直分力（tf/m）；

φ——墙体底面位置的土的内摩擦角（°）；

F——安全率，平常时 1.2 以上；地震时 1.0 以上。

②墙体重量不包括上置前载的重量，并且扣除了浮力后的值。

③作用于前墙及后墙的土压垂直分力，包括主动土压的垂直分力、地基面以下的土压所产生的摩擦力及由被动土压的垂直分力、地基反力所产生的垂直分力。土压的垂直分力的作用方向与墙体的重量方向相同时为正方向。

④墙体底面位置的土的内摩擦角，取墙体底面上方或下方的地基土的较小值。

9.1.5.6 墙体顶部的位移讨论

墙体顶部的水平位移不能超过容许位移量。

【解说】

容许位移量一般情况下由结构体的用途决定，但港湾结构体大多数未规定其容许位移量。

即使地基的支撑力等是安全状态，如果墙体顶部的位移量越大，会造成其机能上的障碍，因此在设计时应设定其容许位移量。设定容许位移量时，可参考以往地震受灾报告等资料所得到的重力式及板桩式结构体的顶部延伸量与受灾程度的关系。

受灾程度与顶部延伸量/墙体高度如图 9-12 所示，受灾程度 II 的结构体的顶部延伸量与墙高的比 δ/H 基本上在 1.5%以上。受灾程度与受灾状况见表 9-1。

所以，根据相关行业规范进行设计计算时，墙体顶部的容许水平位移量设定为墙体高度的 1.5%以内。

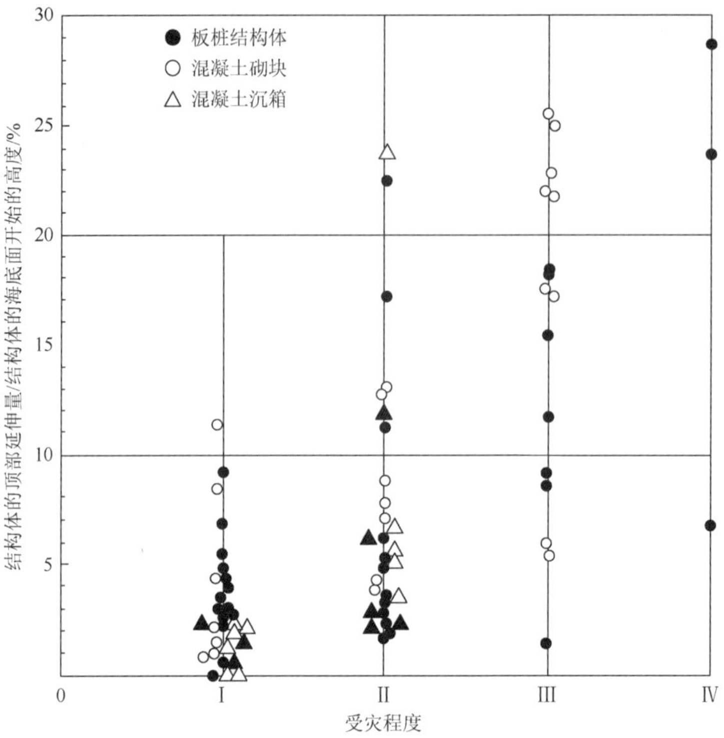

图 9-12　受灾程度与顶部延伸量/墙体高度

表 9-1　受灾程度与受灾状况

受灾程度	受灾状况
0	未受灾害
I	主体无异常，但附属结构物受到损坏与变形
II	主体有相当大的变形
III	保持着基本形状，但结构物主体受到损坏
IV	全部损坏，无法保持基本形状

9.1.6　圆弧滑移的讨论

对于地基不是非常坚固的情况，如有必要需进行圆弧滑移的讨论。此时，圆弧滑移面视作不通过墙体的内部。

【解说】

①地基及墙体背后土的内摩擦角在 30°以上时，大多数情况下省略圆弧滑移的讨论。

②墙体视为刚体时，可考虑为圆弧滑移面不会通过墙体的内部。

9.1.7 钢圆筒的布置

定义钢圆筒的平面形状时，由钢圆筒外壳及弧形钢板所包围的面积，需等同于由9.1.4、9.1.5、9.1.6所求出的换算墙体宽所得出的墙体的面积。

【解说】

由于钢圆筒的平面形状一般采用圆形，配置钢圆筒时，需考虑以下事项。

①将换算墙体宽度置换为钢圆筒时，根据式（9-27）使实际的墙体与面积相等即可（图9-13）。

$$
\begin{aligned}
&S_1 = \heartsuit \mathrm{ABC}\times 2 = zR^2\times\frac{\theta_1}{360}\times 2-\frac{\pi}{180}R^2\theta_1\\
&S_2 = \triangle \mathrm{ACD}\times 2 = \frac{1}{2}\times\overline{\mathrm{AD}}\times\overline{\mathrm{CD}}\times 2-\frac{R^2}{2}\sin 2\theta\\
&S_3 = \Gamma\mathrm{CC'D'D} = \overline{\mathrm{CD}}\times\overline{\mathrm{CC'}}-2Rr\cos\theta_t\sin\frac{\theta_2}{2}\\
&S_4 = \frown\mathrm{CGC'} = \heartsuit\mathrm{ECGC'}-\nabla\mathrm{ECC'}-\pi r^1\times\frac{\theta_2}{360}-\frac{1}{2}\times\overline{\mathrm{CC'}}\times\overline{\mathrm{FE}}\\
&\quad=\left(\frac{\pi\theta_2}{360}-\frac{1}{2}\times\sin\theta_2\right)r^2\\
&\quad\theta_1+\frac{\theta_2}{2}=90^\circ\\
&S=(S_1+S_2+S_3+S_4)\times 2\\
&B=\frac{S}{L}
\end{aligned}
\tag{9-27}
$$

②钢圆筒的中心间距，相对于栈桥总长不能过于疏松，并尽可能地缩小其间距。一般情况下，钢圆筒的中心间距可设为比钢圆筒直径大10%～15%。

③圆弧与钢圆筒主体的墙应直角连接，并且圆弧的半径必须小于钢圆筒主体的半径。

④一般情况下，圆弧的前端由于填充施工会前倾，所以弧形钢板的顶端可考虑设在距钢圆筒主体的切线内侧100～150 cm位置处。钢圆筒主体的切线位置，可设置于规划轴线内侧约30 cm处。

9.1.8 板桩张力的计算

钢圆筒主体及圆弧的板桩张力不可超过容许板桩张力。

【解说】

①通常在海底面进行板桩的张力计算。直线型板桩的接口的受拉强度为400 tf/m时，容许板桩张力为150 tf/m，受拉强度为600 tf/m时的容许板桩张力为200 tf/m。

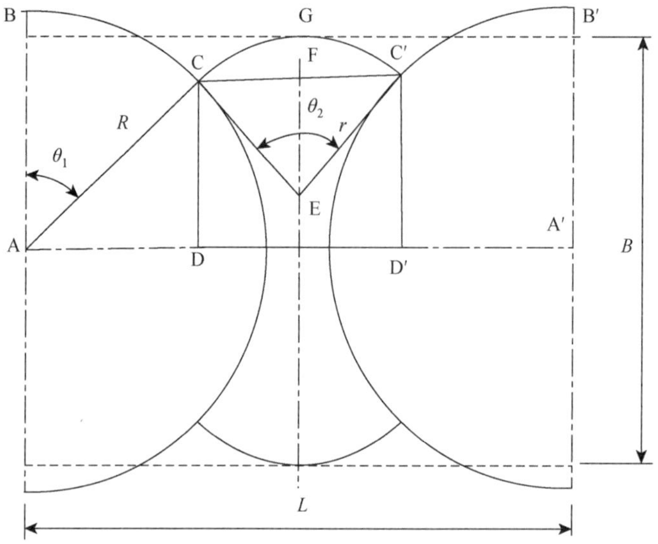

图 9-13 钢圆筒的面积与换算墙体宽

②板桩张力根据式（9-28）进行计算。

$$T=[(\gamma H_{o}'+q)K_{i}+\gamma_{w}h_{w}]R \tag{9-28}$$

式中， T——板桩张力（tf/m）；

K_i——填充土的土压系数；

γ——填充土的换算单位体积重量（tf/m^3）；

γ_w——海水的单位体积重量（tf/m^3）；

H_o'——换算墙高（m），根据 9.1.4 公式（9-13）求解；

h_w——钢圆筒内部与之前的水位差（m）；

R——钢圆筒半径（m）；

q——上载（tf/m^2）。

③钢圆筒主体的填充土的土压系数采用 tanφ。因为钢圆筒是以填充土固结为前提的，在填充土密实时内摩擦角变大的同时，钢圆筒的内压也会随之增大。填充物使用诸如碎石之类的内摩擦角较大的材料或未固结时，根据相关行业规范计算板桩张力的规定，填充土压系数设为 0.6。

圆弧的填充土压系数为 1/2tanφ。根据深插钢圆筒的模型实验及现场测定的结果，钢圆筒的中心间距与钢圆筒的直径的比在 1.5 以下时，圆弧的填充土压系数为钢圆筒主体的 1/2 以下，该结论适用于钢圆筒结构物。

9.1.9 T 形板桩的设计

9.1.9.1 概要

钢圆筒主体与弧形钢板之间的连接使用 T 形板桩。

【解说】

T 形板桩为钢圆筒主体与弧形钢板之间连接用的异形板桩（图 9-14）。

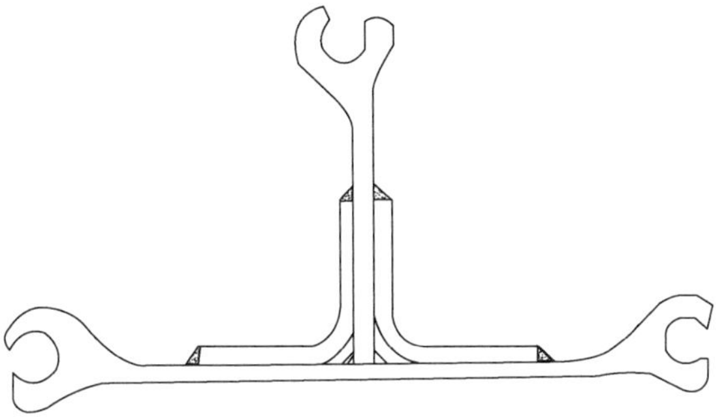

图 9-14 T 形板桩示例

9.1.9.2 T 形板桩的结构

对作用于钢圆筒主体与圆弧的板桩张力，T 形板桩的结构需充分保证其安全性。

9.1.10 细部设计

9.1.10.1 上部结构支承桩的设计

上部结构支承桩作为受垂直力与水平力或弯矩的桩进行设计。

【解说】

①上部结构必须只依靠桩承载。

②作用于上部结构的外力，按照相关行业规范结构的设计的规定考虑。

③一般情况下，作用于上部结构的水平力不会直接传递到填充物内部，首先传递的是桩水平抵抗。所以，支撑上部结构的桩，必须作为受垂直力、水平力或弯矩的桩进行设计。

④支撑上部结构的桩一般多采用直桩。桩顶弯矩因上部结构的约束程度而变化。设计桩时，地表面的设定为诸如排架桩一类，在不会发生主动土压的坍塌面的底板下端。

⑤桩的详细计算按照相关行业规范桩基础的支撑力的规定进行。

9.1.10.2 上部结构的设计

根据以下项目进行上部结构的配筋计算。

（1）直立部分

上部结构的直立部分，承受土压及残余水压的作用，作为由楼板部分所支撑的悬臂梁进行设计。

（2）楼板部分

楼板部分的设计，根据相关行业规范关于底板的规定，但是其中关于由板桩传递的水平力的相关内容除外。

9.1.11　设计资料

9.1.11.1　黏性土地基设计的考虑方法

1. 概要

对于包含黏性土层的地基，其深插钢圆筒的设计如图 9-15 所示。

黏性土地基的设计顺序与砂质地基相同。但是，由于存在黏性土，设计的考虑方法存在部分差异。本节只针对与砂质地基设计考虑方法的不同之处及所需注意的事项进行阐述。

2. 作用于墙体的荷载

（1）土压

黏性土的土压，根据相关行业规范黏性土的土压的规定内容进行计算。

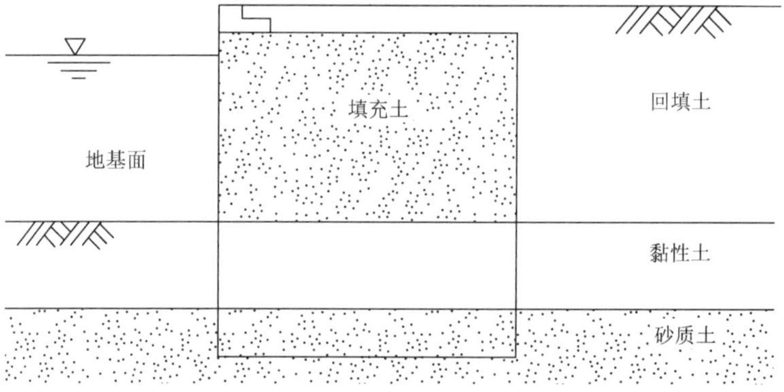

图 9-15　基于黏性土地基的深插钢圆筒的设计

（2）残余水压

计算残余水压所使用的残余水位，根据基础地基的性质的不同，通常取低潮位线以上、潮位差的 2/3。

（3）地震力

对于墙体内的砂质土部分的震度降低，其考虑方法以砂质地基为基准。但是，对于墙体内的黏性土部分，由于未能确认其状态的变化过程，根据公式（9-29）进行计算。

$$H_w = k_k W \tag{9-29}$$

式中，H_w——墙体内的黏性土部分的地震力（tf/m）；

k_k——设计水平震度；

W——墙体内的黏性土与水的重量。

按照与砂质地基相同的考虑方法，考虑地基面以下部分的震度的降低。

3. 剪切变形的讨论

根据基于黏性土地基的深插钢圆筒的有限元分析案例进行推定，钢圆筒的稳定由前面地基的变形决定，而不会由填充物的剪切变形决定。所以，墙体内有黏性土存在时的抵抗弯矩的考虑方法与砂质土的情况相同，以相关行业规范剪切变形的讨论为基准进行计算。

钢圆筒内土产生的抵抗弯矩 M_{ro} 及板桩接头间的摩擦力产生的抵抗弯矩 M_{rs} 可以根据式（9-30）、式（9-31）进行计算。

由于钢圆筒内土中包含黏性土时钢圆筒的抵抗弯矩尚未明确，讨论剪切变形时所设定的面不仅要考虑海底面及钢圆筒下端，还需要考虑黏性土层下端等存在危险的位置。这种情况下计算埋深效果时，使用相对于讨论面的埋深比。针对于剪切变形的安全率，可设为 1.2。

$$\begin{aligned} &M_{rf} = \int_o^d (P_p - P_a)\cdot(d-x)\mathrm{d}x \\ &P_a = K_a \cdot \gamma h - 2C\sqrt{K_a},\quad K_a = \frac{1-\sin\varphi}{1+\sin\varphi} \\ &P_p = K_p \cdot \gamma h + 2C\sqrt{K_p},\quad K_p = \frac{1+\sin\varphi}{1-\sin\varphi} \end{aligned} \tag{9-30}$$

式中，φ——钢圆筒内土的内摩擦角（°）；

C——钢圆筒内土的黏结力（tf/m^2）；

$$M_{rs} = \frac{2}{3}(P_1 + P_2 + P_3) fB \tag{9-31}$$

式中，P_1、P_2、P_3——图 9-16 所示的各层钢圆筒内土压的合力（tf/m）；

B——换算墙体宽（m）；

f——接头间的摩擦系数，$f = 0.3$。

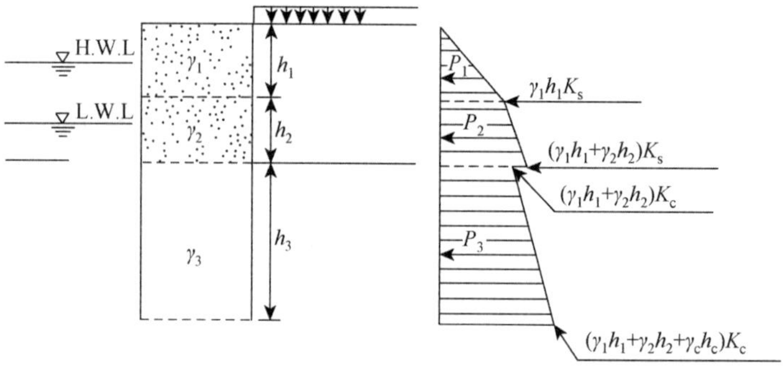

图 9-16　钢圆筒内土的土压

注：γ_1、γ_2、γ_3 为各层钢圆筒内土的材料单位体积重量（tf/m^3）；h_1、h_2、h_3 为各层钢圆筒内土的层厚（m）；K_s 为钢圆筒内砂质土的土压系数，$K_s = 0.6$；K_c 为钢圆筒内黏性土的土压系数，$K_c = 0.5$

4. 作为重力式墙体时对于稳定的讨论

（1）地基反力系数

1）水平方向地基反力系数

虽然可以使用根据土质试验求出水平方向地基反力系数 K_H，但一般情况下以 N 值及一轴压缩强度 q_u 的值为基础，通过以下方法进行计算。

已知黏性土的 q_u 值时，如图 9-17 所示，通过 q_u 值与 N 值得关系及 $K_H = 0.2\,N$ 的关系设定水平方向地基反力系数。

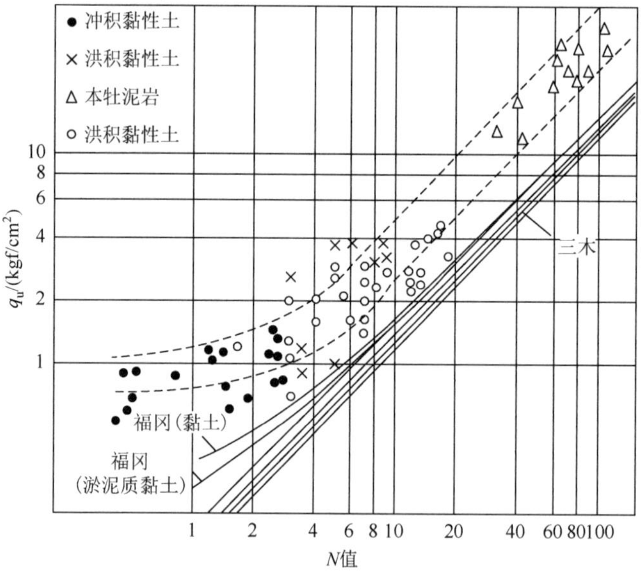

图 9-17　q_u 值与 N 值的关系

2）垂直方向地基反力系数

①黏性土地基时，墙体底面的垂直方向地基反力系数不可直接使用墙体底面的地基反力系数，应在考虑钢圆筒内黏性土的影响的基础上，计算垂直方向地基反力系数。

垂直方向地基反力系数，与砂质地基和黏性土的变形系数的比 E_s/E_c、埋深长和换算墙体宽的比 D/B 及砂质地基的埋深长和换算墙体宽的比 D/B 有关系。

垂直方向地基反力系数为砂质地基的垂直方向地基反力系数与降低率 η 的积，根据公式（9-31）进行计算。

$$K_v = \eta K_{vs} \tag{9-32}$$

式中，K_v——垂直方向地基反力系数（tf/m^3）；

η——降低率；

K_{vs}——砂质地基的垂直方向地基反力系数（tf/m^3）。

②降低率 η 可以根据图 9-18 进行计算。η 的求解顺序如下。

第一步，求出钢圆筒的总埋深与钢圆筒筒径的比 D/B。

如 $D/B \leqslant 0.5$，其值在 D/B 轴上作图（图中Ⓐ点）；

如 $D/B > 0.5$，其值作为 $D/B = 0.5$ 作图（图中◎点）。

第二步，将砂质地基的变形系数与钢圆筒内黏性土的变形系数的比值 E_s/E_c，作图于 E_s/E_c 轴上（图中Ⓑ点）。但是，$E_s/E_c \leqslant 2$ 时，$\eta = 1$。$E_s/E_c > 100$ 时，需另行讨论。

第三步，将插入砂质地基的埋深与钢圆筒径的比 D_s/B 的值，作图于 D_s/B 轴上（图中Ⓒ点）。

第四步，连接Ⓐ点、Ⓑ点的直线相交于以Ⓒ点为起点的平行于 E_s/E_c 轴的直线，其交点（图中⊗点）对应的 η 轴的刻度即为降低率 η。

图 9-18 的实线所对应的条件为 $D = 5$ m，$B = 20$ m，$D_s = 2$ m，$E_s = 300$ kgf/cm^2，$E_c = 30$ kgf/cm^2，其 $\eta = 0.9$。虚线所对应的条件为：$D = 15$ m，$B = 20$ m，$D_s = 3$ m，$E_s = 300$ kgf/cm^2，$E_c = 15$ kgf/cm^2，其 $\eta = 0.84$。

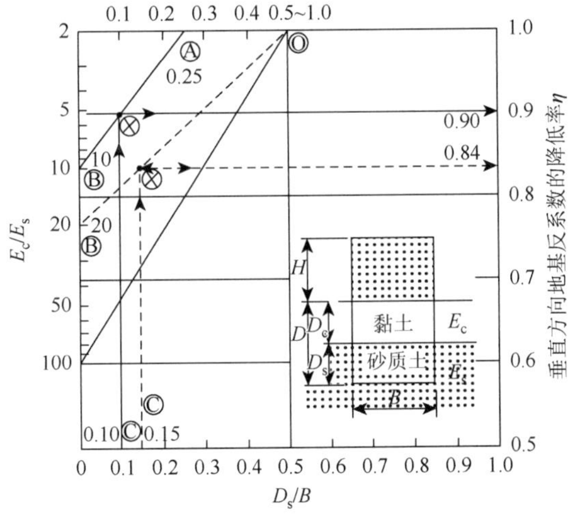

图 9-18 垂直方向地基反力系数的计算图

3）水平方向剪切弹簧常数

墙体底面的水平方向剪切弹簧常数以砂质地基为对象进行设计，通过墙体底面的垂直方向地基反力系数进行计算。此时，垂直方向地基反力系数是考虑了黏性土影响，降低后的值。

（2）地基反力及墙体的位移计算

地基反力及墙体的位移计算，以砂质地基为对象的设计计算方法为基准。

黏性土地基的被动土压，以相关行业规范中黏性土的土压为基准。

9.1.11.2　对于通过挤密砂桩进行改良过的地基的设计的考虑方法

1. 概要

图 9-19 为基于挤密砂桩改良地基的钢圆筒设计。通过挤密砂桩改良过的地基的设计顺序与砂质地基相同。但是，对于设计的考虑方法，根据挤密砂桩改良地基的特性，一部分会有所不同。本节特别针对砂质地基的设计考虑方法的不同之处及所需注意的事项进行阐述。

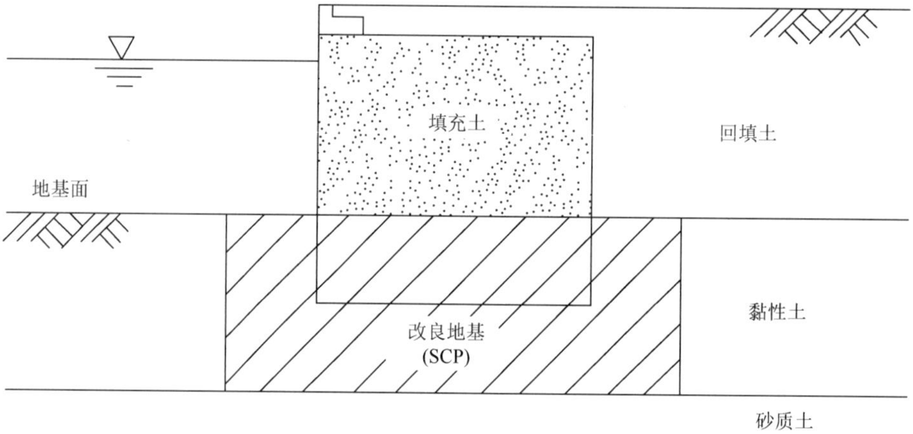

图 9-19　基于挤密砂桩改良地基的钢圆筒设计

2. 土压

挤密砂桩改良地基的墙体上作用的土压的计算方法，有以下两种方法。

（1）改良地基作为具有平均内摩擦角的均匀砂质地基考虑时计算土压的方法

作为均匀砂质地基考虑时，根据式（9-32）计算内摩擦角（以下简称换算内摩擦角）。

$$\varphi_m = \tan^{-1}(\mu_s a_s \tan \varphi_s) \tag{9-33}$$

式中，φ_m——换算内摩擦角（°）；

μ_s——应力集中率 $\mu_s = m/\{1 + (m-1)a_s\}$；

a_s——置换率；

m——应力分担比（参照 9.1.11.2 节）；
φ_s——砂桩的内摩擦角（°）；

（2）砂桩产生的土压与黏性土产生的土压按比例考虑置换率计算土压的方法

挤密砂桩改良地基的土压，根据公式（9-33）进行计算。

$$P_{S.C.P} = (1 - a_s)P_c + a_s P_s \tag{9-34}$$

式中，$P_{S.C.P}$——挤密砂桩改良地基的土压（tf/m）；
P_c——黏性土的土压（tf/m）；
P_s——砂质土的土压（tf/m）；
a_s——置换率。

3. 残余水压

计算残余水压所使用的残余水位，根据基础地基的性质等有所不同，通常取 L.W.L 以上、潮位差的 2/3。

4. 地震力

对于墙体内的砂质土部分的震度降低，其考虑方法以砂质地基为基准。但是，对于墙体内的挤密砂桩改良土部分，由于未能确认其状态的变化过程，根据式（9-34）进行地震力计算。

$$H_w = k_k W \tag{9-35}$$

式中，H_w——墙体内的改良土部分的地震力（tf/m）；
k_k——设计水平震度；
W——墙体内的改良土与水的重量。

按砂质地基相同的考虑方法，考虑其地基面以下的震度的降低。

5. 剪切变形的讨论

挤密砂桩改良地基的深插钢圆筒的变形抵抗弯矩，以剪切变形的讨论为基准。此时，挤密砂桩改良部位根据 9.1.11.2 节的规定，改良地基视为有内摩擦角 φ_m 的均匀砂质地基。

6. 作为重力式墙体的稳定的讨论

（1）地基反力系数

1）水平方向地基反力系数

通过挤密砂桩改良过的复合地基的水平反力系数，由于没有明确的计算方法，一般采用水平方向地基反力系数的计算方法进行计算。

①以黏结力 C 来反映改良地基的强度时，用 9.1.11.1 节的方法计算水平方向地基反力系数。

②使用换算内摩擦角 φ_m 的方法：

依据 9.1.11.2 节，把改良地基视作为具有内摩擦角 φ_m 均匀砂质地基，按砂质地基计算水平方向地基反力系数。

③由砂桩产生的地基反力系数与由黏性土产生的地基反力系数，按比例进行置换的方法。

挤密砂桩改良地基的水平方向地基反力系数，根据式（9-35）进行计算。

$$K_H = a_s K_{ns} + (1 - a_s) K_{HC} \tag{9-36}$$

式中，K_H——挤密砂桩改良地基的水平方向地基反力系数（kgf/cm^3）；

K_{ns}——砂桩的水平方向地基反力系数（kgf/cm^3）；

K_{HC}——黏性土的水平方向地基反力系数（kgf/cm^3）；

a_s——置换率。

砂桩的水平方向地基反力系数及黏性土的水平方向地基反力系数，分别根据砂质地基、黏性土地基的方法进行计算。

根据以往的现场测量等，低置换率时考虑①、较高置换率时考虑②、强制置换率时考虑②或者③。根据最近的测量结果显示，③的方法，其 K_H 与实际值相比存在过高评价的倾向。

2）垂直方向地基反力系数

作为墙体底面的垂直方向地基反力系数的计算法，有以下方法。

①使用换算内摩擦角 φ_m 的方法。

依据 9.1.11.2 节，把改良地基视作具有内摩擦角 φ_m 匀砂地基，按砂质地基计算垂直方向地基反力系数。

②由砂桩产生的地基反力系数与由黏性土产生的地基反力系数，按比例进行置换的方法。

挤密砂桩改良地基的垂直方向地基反力系数，根据（9-36）进行计算。

$$K_v = a_s K_{vs} + (1 - a_s) K_{vc} \tag{9-37}$$

式中，K_v——挤密砂桩改良地基的垂直方向地基反力系数（kgf/cm^3）；

K_{vs}——砂桩的铅直方向地基反力系数（kgf/cm^3）；

K_{vc}——黏性土的铅直方向地基反力系数（kgf/cm^3）；

a_s——置换率。

砂桩的垂直方向地基反力系数及黏性土的垂直方向地基反力系数，分别根据砂质地基、黏性土地基的方法进行计算。

3）水平方向剪切弹簧常数

可以根据砂质地基时的计算方法，求出水平方向剪切弹簧常数。

（2）地基反力及墙体的位移计算

地基反力及墙体的位移计算，以砂质地基为对象的设计计算方法为基准。

作为重力式墙体的稳定讨论时所计算出的水平地基反力，不得超过复合地基的被动土压。

通过挤密砂桩改良过的复合地基所产生的被动土压，有以下两种计算方法。

1）使用换算内摩擦角 φ_m 的方法

依据 9.1.11.2 节，把改良地基视作为具有内摩擦角 φ_m 匀砂地基，计算其被动土压。

2）由砂桩产生的被动土压与黏性土的被动土压，按比例进行置换的方法

挤密砂桩改良地基的被动土压，根据式（9-37）进行计算。

$$P_p = a_s P_{PS} + (1 - a_s) P_{PC} \tag{9-38}$$

式中，P_p——挤密砂桩改良地基的被动土压（kgf/m）；

P_{PS}——砂桩的被动土压（kgf/m）；

P_{PC}——黏性土的被动土压（kgf/m）；

a_s——置换率。

砂桩的被动土压及黏性土的被动土压，分别根据相关行业规范的砂质土的土压、黏性土的土压为基准进行计算。

（3）承载力的讨论

通过以下两种方法，讨论挤密砂桩改良地基的承载力。

1）使用换算内摩擦角 φ_m 的方法

依据 9.1.11.2 节，把改良地基视作为具有内部摩擦角 φ_m 匀砂地基，按相关行业规范基础为基准进行讨论。

2）砂桩的支撑力与黏性土的支撑力，按比例进行置换的方法

按毕肖普法计算圆弧滑移时，考虑砂与黏性土构成的复合地基，滑移面上的剪切抵抗根据公式（9-38）进行计算。

$$\tau = (1 - a_s)(C + k_z) + (\gamma_m z + \sigma_z)\mu_s a_s \tan\varphi_s \cos^2\theta \tag{9-39}$$

式中，$C + k_z$——原地基（黏性土）的黏结力（tf/m^2）；

k——黏结力的增加系数（tf/m^3）；

z——从改良地基上面到滑移面的深度（m）；

σ_z——改良地基上的平均荷载（tf/m^2）；

γ_m——换算单位体积重量（tf/m^3），$\gamma_m = a_s\gamma_s + (1-a_s)\gamma_c$；

γ_s——砂桩的单位体积重量（tf/m^3）；

γ_c——黏性土的单位体积重量（tf/m^3）；

a_s——置换率。

（4）墙体滑移的讨论

墙体底面的剪切反力，不得超过墙体底面与地基之间的容许剪切抵抗力。

墙体底面与地基之间的容许剪切抵抗力，有以下两种计算方法。

1）使用换算内摩擦角 φ_m 的方法

依据 9.1.11.2 节 2.小节，把改良地基视作为具有内摩擦角 φ_m 匀砂地基，其容许剪切

抵抗力按式（9-39）进行计算。

$$Q_a = \frac{1}{F}(W + P_v)\tan\varphi_m \tag{9-40}$$

式中：Q_a——容许剪切抵抗力（tf/m）；

W——墙体的重量（tf/m）；

P_v——作用于前墙及后墙的土压垂直分力（tf/m）；

φ_m——换算内摩擦角（°）；

F——安全率，平常时 1.2 以上，地震时 1.0 以上。

2）考虑为砂与黏性土构成的复合地基时的剪切抵抗力的计算方法

容许剪切抵抗力按式（9-39）进行计算。

$$Q_a = \frac{1}{F}\{(W + P_r)\mu_s a_s \tan\varphi_m + (1-\alpha_s)C_o B'\} \tag{9-41}$$

式中，Q_a——容许剪切抵抗力（tf/m）；

μ_s——应力集中系数，$\mu_s = m/[1 + (m-1)a_s]$；

a_s——置换率；

m——应力分担比；

φ_m——砂桩的内摩擦角（°）；

C_o——墙体底面的土的黏结力（tf/m^2）；

B'——垂直地基反力为正时的墙体底面的宽度（m）。

其他符号与式（9-38）相同。

7. 圆弧滑移的讨论

由于未明确改良地基的剪切抵抗力的评估方法，分高置换（置换率高于 70%）与低置换（置换率不到 70%）两种情况进行计算。

（1）高置换

1）使用换算内摩擦角 φ_m 的方法

$$\tau = (\gamma_m z + \sigma_z)\tan\varphi_m \cos^2\theta \tag{9-42}$$

式中，γ ——改良地基的剪切抵抗力（tf/m^2）；

φ_m——换算内摩擦角（°），$\varphi_m = \tan^{-1}(\mu_s a_s \tan\varphi_s)$；

μ_s ——应力集中系数，$\mu_s = m/[1 + (m-1)a_s]$；

a_s ——置换率，$a_s = A_s/A$；

m ——应力分担比（砂桩的应力与黏性土的应力比）；

A_s——砂桩的面积（m^2）；

A ——砂桩与黏性土的面积（m^2）；

φ_s——砂桩的内部摩擦角（°）；

γ_m——换算单位体积重量（tf/m^3），$\gamma_m = \alpha_s\gamma_s + (1-\alpha_s)\gamma_c$；

γ_s ——砂桩的单位体积重量（tf/m^3）；

γ_c ——黏性土的单位体积重量（tf/m^3）；

z ——从改良地基上面到滑移面的深度（m）；

σ_z ——改良地基上的平均荷载（tf/m^2）；

θ ——滑移面与水平面形成的角度（°）。

2）考虑为砂与黏性土构成的复合地基时的剪切抵抗力的计算方法

$$\tau = (1-a_s)(C_v + kz) + (\gamma_m z + \sigma_z)\mu_s a_s \tan\varphi_s \cos^2\theta \tag{9-43}$$

式中，$C+k_z$——原地基（黏性土）的黏结力（tf/m^2）；

k——常数。

其他符号与式（9-40）相同。

（2）低置换

置换率低的情况下，一般考虑砂与黏性土构成的复合地基。此时，对于黏性土固结造成的强度增加，分为考虑及不考虑两种情况。

1）考虑由于黏性土的固结致使强度增加时

$$\begin{aligned}\gamma = {} & (1-a_s)\{C_o + kz + \mu_c\sigma_z \Delta C / \Delta PU\} \\ & + (\gamma_s z + \mu_s\sigma_z)a_s \tan\varphi_s \cos^2\theta\end{aligned} \tag{9-44}$$

式中，μ_s——应力集中系数，$\mu_s = m/\{1+(m-1)a_s\}$；

$\Delta C/\Delta P$——强度增加率；

U——平均固结度。

其他符号与高置换相同。

2）不考虑由于黏性土的固结致使强度增加时

以高置换复合地基为基准。

对于砂桩的内摩擦角 φ_s 与应力分担比 m 的关系，有多种提案。表 9-2 为其一例。

表 9-2 内摩擦角 φ_s 与应力分担比 m 的关系

置换率 a_s	φ_s	m
$a_s \leqslant 0.3$	30°	3
$0.3 < a_s < 0.7$	30°	2
$a_s \geqslant 0.7$	35°	1

应力分担比与置换率无关，多数情况下取 1 或 2。此时圆弧滑移的安全率使用表 9-3 的值。

表 9-3 应力分担比与圆弧滑移的安全率

应力分担比	圆弧滑移切到砂桩	圆弧滑移未切入砂桩
$m=2$	1.2	1.2
$m=1$	1.1	1.2

9.2　施工

9.2.1　深插钢圆筒工法的概要

（1）深插钢圆筒护坡的结构

钢圆筒护坡的结构如图 9-20 所示。首先将预制好的钢制圆筒通过振动打桩机进行振沉作业，然后迅速注入填充砂使其具有刚性。由于钢圆筒是单独排列，不能形成连续性结构体，筒体与筒体之间设置圆弧部。在两侧的钢圆筒外壳的外侧，通过振动打桩机振沉圆弧部钢板后，与钢圆筒相同，在圆弧内进行填充作业。填充后，根据护坡用途，也有打设混凝土盖的情况，并且为了保证止水性，在筒体与圆弧的接头部位注入砂浆。最后，投入回填材料，完成护坡的施工。

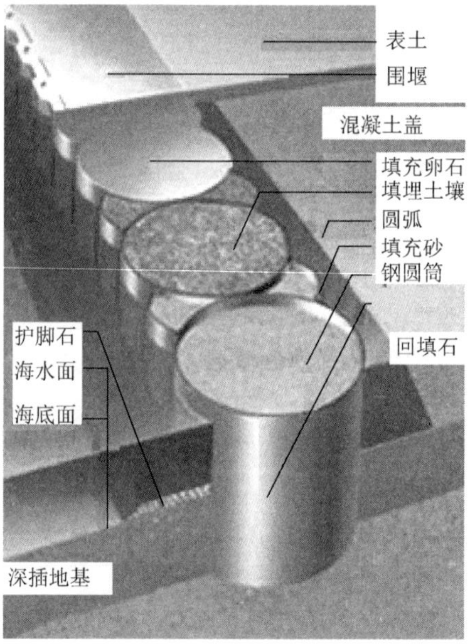

图 9-20　钢圆筒护坡的结构

（2）钢圆筒工法的特点

钢圆筒工法有以下特点。

1）高抗震性

一般情况下，沉箱等的重力式护岸的抗震性比较弱，但由于钢圆筒护坡的尖端深插入海底的支撑层，具有较高的抗震性。

2）缩短海上施工的工期

对于钢圆筒振沉位置，基本上只要支撑地基坚固即可。与需要充分地基改良的沉箱和抛石护坡等相比，钢圆筒护坡在完成前大幅降低了施工所消耗的人力和时间，从而可缩短工期。

3）通过连续作业实现快速施工

由于沉降与填充可以连续施工，20 m 左右的护坡可以在短时间内建造完成。护坡整体工程也可以在短时间内完成。

4）通过接头的处理实现高止水性

由于钢圆筒与圆弧的接头部位使用袋装砂浆进行接头处理，能够实现止水性较高，作为管理型废物处置场护坡，能够期待其机能得到充分的发挥。

5）高精度、高效率施工

运用施工管理系统，可在实时确认施工状况（钢圆筒中心位置、倾斜、插入速度、振动等）的同时进行沉降，实现高精度、高效率施工。

6）降低总体费用

通过上述高精度、高效率施工的实现及施工前地基改良的简化或省略，可以降低总体费用。

9.2.2 施工过程

钢圆筒的施工大致分为钢圆筒的制作、沉降装置的制作与组装、钢圆筒沉降及圆弧钢板沉降。

（1）钢圆筒的制作

钢圆筒的制作，首先把切割好的钢板搬入工地进行焊接组块，然后将各组块放置于弧形胎架上进行会弧形加工，并且安装横肋以保持弧度。最后如图 9-21 所示，通过大型吊车将组块竖起进行组装作业，使之形成一体。组装完成后的钢圆筒如图 9-22 所示。

图 9-21 钢圆筒组装状况图

图 9-22 组装完成后的钢圆筒（$\phi = 22$ m，$H = 24.1$ m）

（2）沉降装置的制作与组装

钢圆筒的沉降装置由在环状基础架上舾装了沉降设备的底座圈及吊具构成。

底座圈如图 9-23 所示，包括了抵抗及降低周围摩擦的在钢圆筒尖端的振动打桩机。

连接振动打桩机使其同步运行的中间连接装置，使钢圆筒保持振动的液压卡盘，以及监控施工状况的施工管理系统。

为了使底座圈的振动不会传递给起重机船，在吊具上安装有缓冲装置减震器，弧形钢板的沉降装置模仿弧的形状，在圆弧状的基础架上安装有振动打桩机等。

振动打桩机的电源及液压卡盘的液压，分别由舾装于起重机船甲板上的发电机、液压机各组液压机通过电缆、软管进行供给。

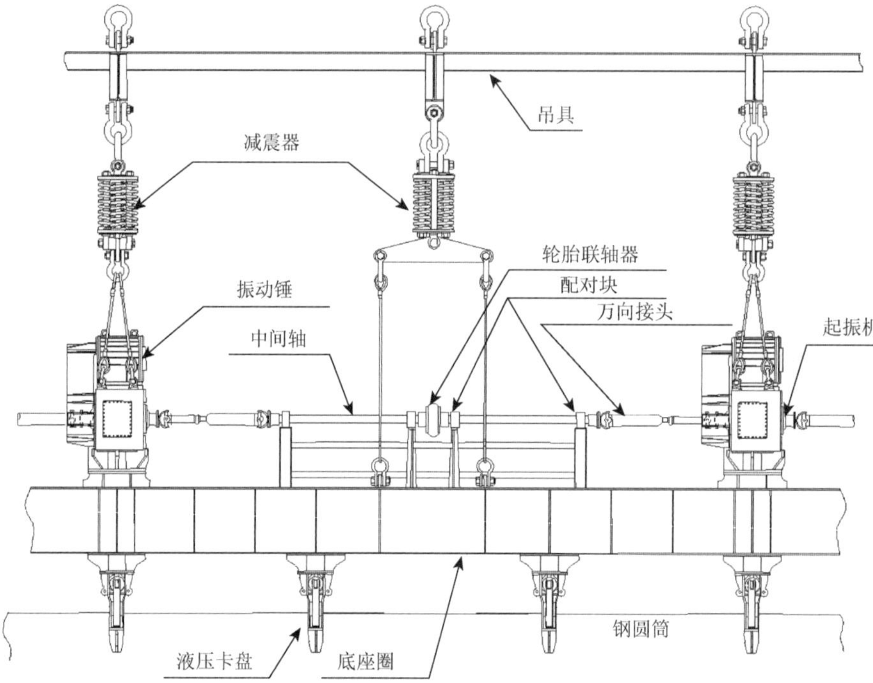

图 9-23　钢圆筒沉降装置

（3）钢圆筒沉降

1）夹紧钢圆筒-拖航

钢圆筒沉降时，通过安装在沉降装置的液压卡盘夹紧临时放置于制作堆场的钢圆筒（图 9-24），由起重机船拖航到沉降海域。

2）决定位置

在沉降海域进行起重机船的投锚作业及钢圆筒的定位。决定沉降位置时，根据陆地测量小组的诱导及位置管理系统情报，调整起重机船的位置、悬臂角度及吊钩的位置。

3）沉降

决定了钢圆筒的位置后，启动振动打桩机开始沉降作业。插入速度的标准大致在 30～50 cm/min，沉降中产生的钢圆筒位置及铅直角的轻微变化通过调整各吊钩的位置及悬臂角度进行修正（图 9-25）。

图 9-24　夹紧作业状况

图 9-25　钢圆筒沉降状况

由于不均匀的地基及存在较多石、砾石等的地基较容易发生倾斜，所以经常实行倾斜的修正作业。发生异常倾斜时，则把钢圆筒拔出、重新定位、调整倾斜后，再次进行沉降。

4）完成品的管理

钢圆筒沉降到预定深度后，确认其完成度。如表 9-4 所示为一般情况下钢圆筒沉降工程的完成品的管理基准。

钢圆筒的钢板厚度一般为 8～14 mm，因为相对于筒体而言非常薄，所以沉降时较易受气象、海况的影响。因此，满足基准要求的难度很大，需要依靠施工管理系统及起重机船的操控技术实现。

表 9-4　钢圆筒沉降工程的成型管理基准（案例）

管理项目	容许范围
钢圆筒中心位置	±20 cm
顶端高度	±10 cm
垂直度	1/100 以下

5）施工管理系统的概要

钢圆筒施工管理系统是以提高钢圆筒工程的精度及效率为目的而构建的钢圆筒工程专用的系统。

施工管理系统由诱导钢圆筒位置的“位置管理系统”，管理钢圆筒沉降时水平度的“水平度管理系统”，监控测量振动打桩机的起振数和耗电量及振动力等，监测振动打桩机的运行状态的“振动打桩机监测系统”，监测筒体由起重机船吊下时的固定状态的“夹具监测系统”构成。

①位置管理系统。

位置管理系统分别测量设置于陆地基准点的两台自动跟踪式光波仪及设置于底座圈的两台抗震型光波棱镜所瞄准的坐标。通过起重机船桥内的监控显示屏显示所得到的数据，操作员根据此位置情况决定钢圆筒的位置。

②水平度管理系统。

在底座圈的前后/左右方向设置连接管，并在管内注水。各管在垂直部位（4 处）安装抗震型水位传感器用以测量水位。从其水位差计算的钢圆筒倾斜状况，与位置管理系统一样显示于监控显示屏。

③振动打桩机监测系统。

振动打桩机监测系统是监控测量钢圆筒的沉降装置振动打桩机的耗电量、起振数（旋转数）、振动加速度的振动打桩机的运行状况的装置。

振动打桩机的耗电量通过启动盘的变流器、变压器及整流器进行检测。振动打桩机耗电量波形见图 9-26。起振数通过起振传感器（邻近传感器）进行检测。振动力通过设置于底座圈前后左右方向的振动打桩机基座的振动传感器（压电式加速拾音器）进行检测。

在监测振动打桩机是否超负荷、起振数是否降低、是否发生水平振动等的同时进行沉降作业。

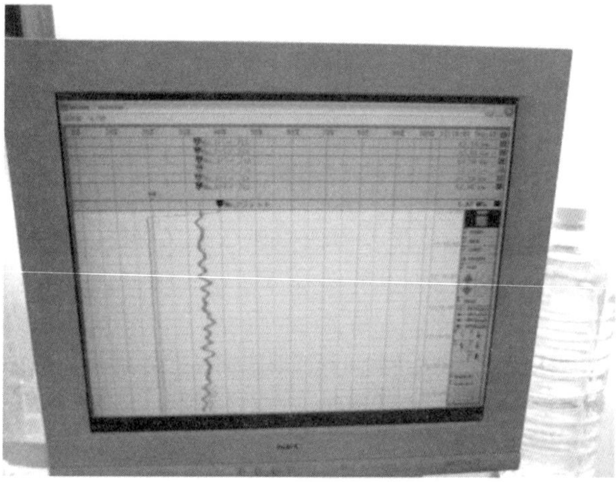

图 9-26　振动打桩机耗电量波形

④夹具监测系统。

为了确保液压卡盘能夹紧钢圆筒，在液压卡盘安装邻近传感器，确认钢圆筒是否到达卡盘齿最深部位后进行夹紧作业。

⑤投入填充砂。

深插钢圆筒作为结构物十分脆弱。由于急剧的海况变化等会造成钢圆筒的倾斜与变形，因此沉降结束后，迅速投入填充砂。根据周边地基的特性，投入时为了避免急剧的下沉与倾斜，管理投入位置十分关键。

（4）圆弧钢板沉降

1）圆弧钢板的装载、搬运

圆弧钢板如图 9-27 所示，装船并搬运至沉降地点。

图 9-27 圆弧钢板的装载状况

2）圆弧钢板架设

弧部接头如图 9-28 所示，在圆筒侧的弧部接头插入圆弧钢板侧的翼缘的同时进行架设。弧形钢板插入弧形接头时的位置是否适当，成为了圆弧钢板施工的重点。弧形接头受圆筒的制作精度、施工精度、地基的下沉及倾斜的影响，设计值会发生偏差。因此，插入圆弧钢板时，使用拉杆块、钢索等进行弧部弦长的微调。

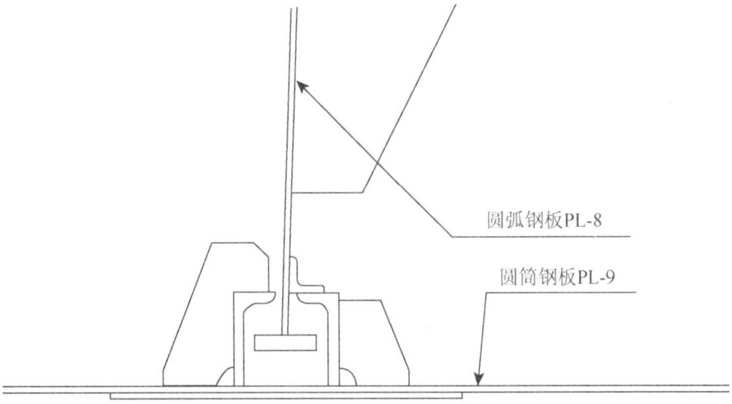

图 9-28 弧部接头

3）圆弧钢板沉降

圆弧钢板架设后，插入接头内。圆弧钢板沉到底部的同时夹紧，启动振动打桩机进行振沉。圆弧钢板的沉降状况如图 9-29 所示。

由于圆弧钢板沉降时，除地基抵抗外，接头抵抗也对沉降效率有较大影响，可通过吊车将圆弧钢板垂直之后沉降。

图 9-29　圆弧钢板的沉降状况

4）投入填充砂

圆弧钢板沉降后投入填充砂。

9.2.3　施工案例

近几年钢圆筒施工的代表案例如下。

（1）施工案例 1

地点：橘湾发电所（图 9-30）
目的：防波堤
时间：1995 年
数量：钢圆筒ϕ20 m，H = 12.5～17 m，17 个
圆弧钢板 32 片

图 9-30　施工案例 1

（2）施工案例 2

地点：七尾港大田地区（图 9-31）
目的：防波堤
时间：2000 年
数量：钢圆筒ϕ20.5 m，H = 17～27 m，13 个
圆弧钢板 24 片

图 9-31 施工案例 2

（3）施工案例 3

地点：和歌山县下津港（图 9-32）
目的：防波堤
时间：2003 年
数量：钢圆筒ϕ25 m，H = 30.9～31.4 m，11 个
圆弧钢板 20 片

图 9-32 施工案例 3

（4）施工案例 4

地点：大阪湾（图 9-33）
目的：机场护坡
时间：2007 年
数量：钢圆筒ϕ22 m，H = 24.1 m，8 个
弧形钢板 20 片

图 9-33　施工案例 4

（5）施工案例 5

地点：大阪湾（图 9-34）
目的：废物处置场临时隔断护坡
时间：2006～2008 年
数量：钢圆筒ϕ18.5 m，H = 16.0～19.5 m，31 个
圆弧钢板 60 片

图 9-34　施工案例 5

（6）施工案例 6

地点：横滨港南（图 9-35）
目的：抗震护岸
时间：2012 年
数量：钢圆筒ϕ24.5 m，$H = 32$ m，15 个
弧形钢板 30 片

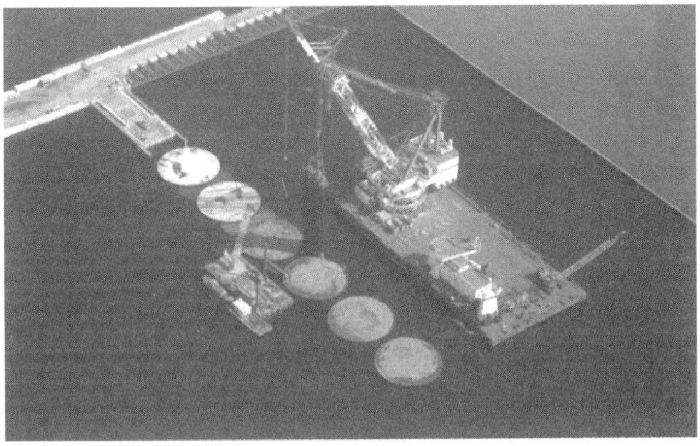

图 9-35 施工案例 6

9.3 抗震设计

9.3.1 概述

本节以位于横滨港南本牧 MC-3 岸壁的抗震强化岸壁（为了货物的干线运输）为例来解释用现行基准下的简易法（震度法）及详细解析法（考虑地基-结构体之间力的相互作用的二维地震响应分析）对抗震性能的验算结果，并用三维静态分析的响应位移法来验算钢圆筒外壳、副格仓、接头的抗震性能。

9.3.2 讨论条件

9.3.2.1 常规条件

对于 MC-3 泊位的岸壁区间（$L = 480$ m）作为基础的土层凹凸不平，其上部为冲积黏性土层，地基条件非常复杂。因为实际水深为 27～30 m，而规划水深为−16 m 以上，所以要人为地建造大规模的岸壁结构体，并且作为货物干线运输的抗震强化设施（特定）的集装箱卸货码头，需配备能抗 2 级地震的集装箱起重机。

如果该地区再次发生如关东地震（1923 年，M7.9）类似的第 2 等级地震，会产生非

常大的破坏力，地基结构会发生很大的变动，假设 20m 高的重力式岸壁倾斜了 3°，那么根据刚体位移会发生 20 m×tan3° = 1.0 m 的水平位移。如果考虑地基条件的变化，在法线方向会发生不等的水平-铅直位移的可能性很高，所以要一直维持集装箱起重机的性能是不切实际的。所以在发生可波及人身安全的塌方等自然灾害前必须要先做好预案，用平时的数据来判断地震时岸壁的性能是否受到影响，地震后进行轻微修复是否能恢复其性能来作为预案的目标。这里所说到的轻微修复是指 1 周左右就能使其恢复原有的性能。

9.3.2.2 性能要求

本案例为货物干线运输的抗震强化设施（特定），其性能要求如下所示，对于第 2 等级偶发状态时的性能要求，依据相关行业规范的规定：

①确保船舶能安全且顺畅地运行及货物能安全和顺畅地搬运；

②自重、土压、船舶的靠岸及牵引、第 1 等级地震、上置荷载等作用下的损伤不会造成设施性能的损失且能继续使用（使用性）；

③第 2 等级地震所造成的损伤等，能通过轻微修复使设施恢复原有的性能（可修复性）。

9.3.2.3 第 2 等级地震时的应对偶发状态的性能规定

从既往的灾害事例看，如兵库县南部地震（1995 年，M7.3）中的残余水平位移量和倾斜角度，性能规定值是根据与相邻的结构体的错位等和结构体的既有机能及搬运机能的对比来设定的。

兵库县南部地震时，即使岸壁的残余水平位移量达到 1.5～5 m，也可以临时使用。在发生地震后很多紧急物资使用海上运输的新港突堤地区，即使岸壁变形量在 1 m 以上（最大的有 2 m 以上）的设施也有紧急用船舶停泊。以麻耶码头地区设置了钢圆筒结构的事例来看水深–10～–12 m 的钢圆筒岸壁往前移动 100～400 cm，即会下沉 50～100 cm，副格仓、接头都没有损伤，确保了结构体的稳定性。从这个案例可知岸壁保证了结构体的稳定性，并且如果船舶可以靠岸，残余水平位移量的容许值即使超过一般容许值（1.0 m）也是可以被容许的。

岸壁法线的变量如果运用二维地震应答分析来直接假定十分困难。MC 岸壁，柔软的地基层厚度在法线上的变化很大，分工区进行各断面的计算，对各断面的残余变形量的相对量进行评估。

MC 岸壁的对象船舶为 10 万 DWT 级，船长为 350 m，地震发生时，法线变得凹凸不平，其挤压量如低于防舷材变形吸收量，船舶即可停靠（图 9-36）。防舷材的高度以类似岸壁的情况来看，一般为 110 cm，变形吸收量为其 46.5%约为 50 cm。根据性能规定，法线挤压量要控制在约 50 cm 以内。

关于装卸机械的损坏状态，通过对兵库县南部地震的受灾案例进行确认，比较轻微的是脚部零件的损坏，而较为严重的是脚部构件的屈曲的损坏（图 9-37）。损坏的主要原因是轨道墩距的打开而造成，以及轮子脱轨所造成的零件的损坏起重机的受灾模式如图 9-38 所示。

起重机的脚部构件的损坏应避免由构件的屈曲造成构件修补时更换时间过长，因此要准备好修补用的零件，以缩短修理时间。

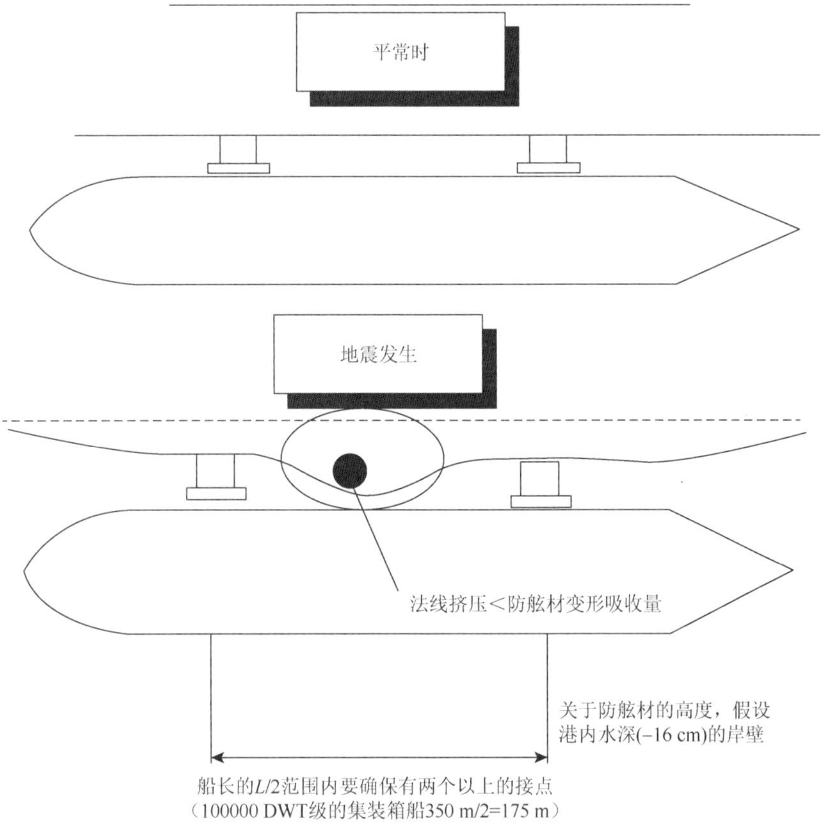

图 9-36　船舶靠岸性

图 9-37　起重机脚损坏与轮子脱轨的实例（六甲岛）

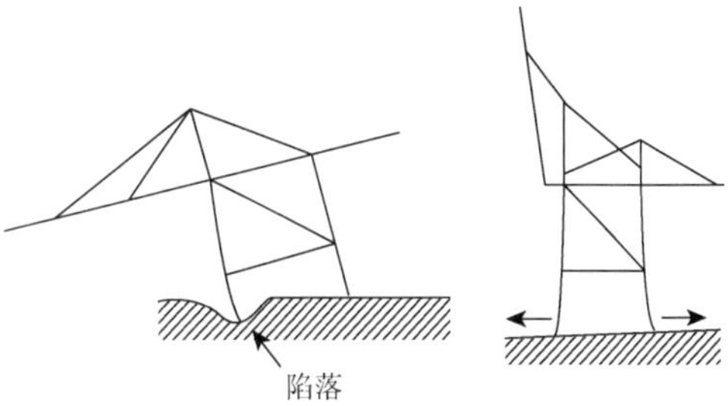

图 9-38　起重机的受灾模式

项目组对于有装卸机械的抗震性能进行了调查，以日本国内横滨港本牧 BC 和东京港大井码头作为代表，大规模的起重机均装备了免震装置（图 9-39），即免震起重机已经较为普及。装备免震装置的起重机的位移考虑方法见图 9-40。

表 9-5 为各制造厂商假定的轨道间相对水平位移量，轨道的构成构件能吸收 30～50 cm 的变形，免震装置可吸收 50～60 cm 的变形，综上所述，轨道之间的相对位移量能控制在 100 cm 左右已成为现实。

地震后再度开始装卸工作，不管是大海侧还是陆地侧，作为前提条件，起重机轨道必须恢复到平常时的管理限界内（高低差除外）。表 9-6 是轨道跨度、高低差的调整机构能力。

表 9-7 为横滨港南本牧码头 MC-1 在实施起重机基础补休工程所需要的时间。如果轨道能轻微的修复，把原来的沥青砂浆撤去要 1 d，轨道交换要 3 d（日夜施工），沥青砂浆的恢复要 1 d 的业绩来看，整个工程大概需要 1 周时间。根据在地震时能最大限度地吸收变形，支承板和轨槽宽度的设计见图 9-41。所以在地震发生后，其性能通过轻微的修复就能复原。

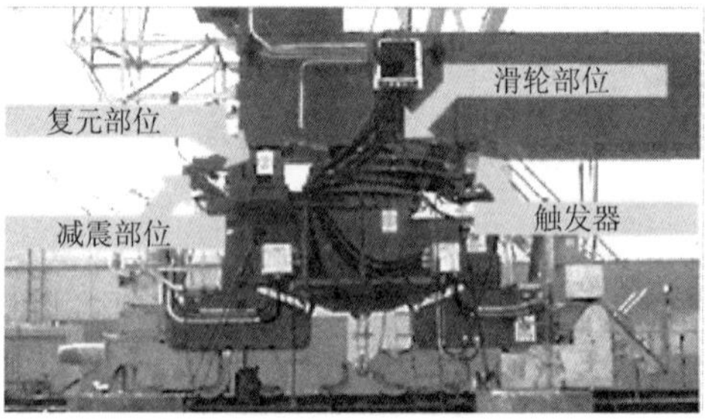

图 9-39　装备免震装置的起重机

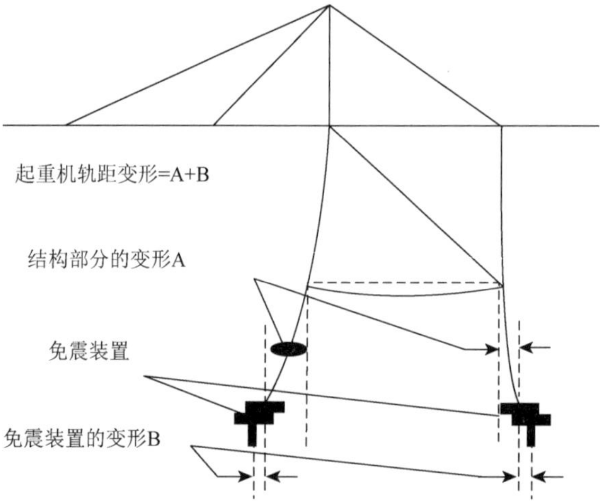

图 9-40　装备免震装置的起重机的位移考虑方法

表 9-5　各制造厂商假定的轨道间相对水平位移量

制造厂商	免震部分	结构部分
A 公司	60 cm	40 cm
B 公司	60 cm	30 cm
C 公司	50 cm	30 cm
D 公司	50 cm	50 cm

表 9-6　轨道跨度、高低差的调整机构能力

港名	轨道跨度	高低差
横滨港 MC-1.2	各脚外侧 20 cm	海侧↓50 cm 陆侧↑30 cm
六甲 C-4.5	各脚外侧 23 cm	各脚↑↓20 cm

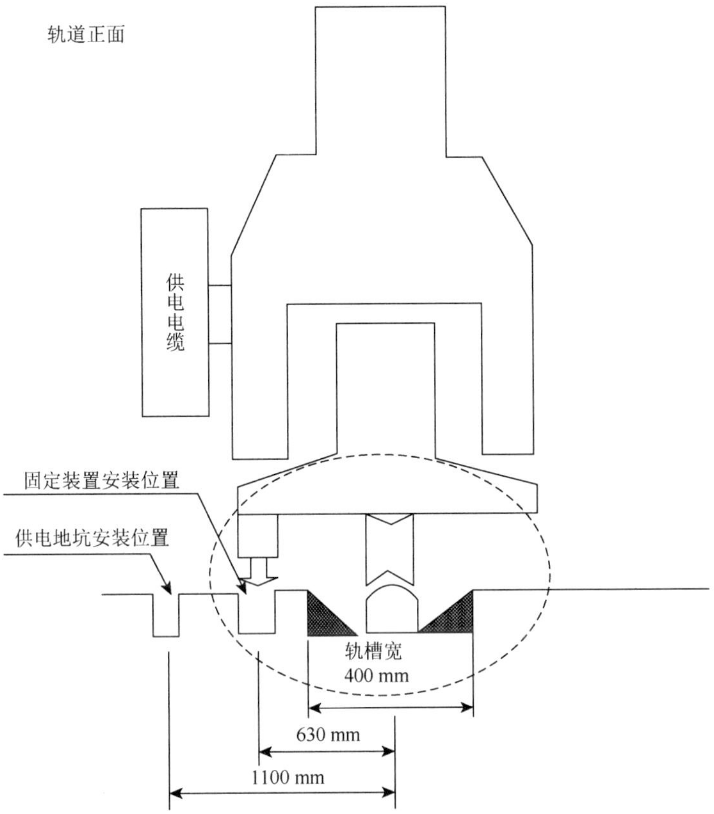

图 9-41 支承板和轨槽的宽（例）

各工种所需要的时间（工程 5 个月完成）

表 9-7 起重机基础修补工程所需要的时间（MC-1 业绩）

修补项目	时间
沥青砂浆的撤去	约 1 d
陆侧既设固定装置撤去	约 120 d
轨槽扩宽	约 90 d
陆地侧固定装置的安装	约 40 d
扩宽金属板的安装	约 30 d
轨道交换	约 3 d（日夜施工）
沥青泵浆的恢复	约 1 d

表 9-8 为钢圆筒式岸壁的受灾程度表。海底面到岸壁顶端的高为 30 m（海底面 –26 m，岸壁顶端 + 4 m），假定的变形率以岸壁顶端的水平位移量来计算，作为参考，发生第 2 等级地震时各结构体的性能值由表 9-9 来设定。图 9-42 是第 2 等级地震发生时可能发生的受灾情况。

岸壁主体的残余变形是由装卸机性能来决定的，岸壁主体的残余水平位移量约为1.5 m，倾斜角3°作为大致数值，确保结构体的稳定性由钢板及接头部位的可塑性决定。

起重机的脱轨、翻倒等事故要花费一周时间修复，残余位移发生后的短时间内必须要把轨道地基修复好。设置预备轨槽，支承板加入槽口（图 9-43），这些都是能提高修复速度的手段，必须要考虑各类问题。装备免震装置的免震的起重机轨道基础的最大水平相对位移为 100 cm，残余铅直相对位移为 50 cm，但是从地震后的修复来看，为了避免起重机载重时的重心偏移，平时要确保满足基本条件。

本案例是钢圆筒外壳及副格仓、接头在地震时的状态及分析方法的研究，关于起重机的讨论部分也重点。

表 9-8 钢圆筒式岸壁的受灾程度表

<table>
<tr><th colspan="3">容许受灾程度</th><th>受灾程度 1</th><th>受灾程度 2</th><th>受灾程度 3</th><th>受灾程度 4</th></tr>
<tr><td colspan="3">结构体受灾
（直接受灾）</td><td>无受灾～轻微受灾</td><td>一定程度的受灾</td><td>显著受灾</td><td>结构损失</td></tr>
<tr><td colspan="3">机能受灾
（间接受灾）</td><td>机能维持～轻微的机能降下</td><td>短时间机能停止</td><td>长时间机能停止～机能丧失</td><td>机能丧失</td></tr>
<tr><td rowspan="5">残余位移</td><td rowspan="2">钢圆筒本体</td><td>法线变形率</td><td>0～1.5%
（0～45 cm）</td><td>1.5%～5%
（45～150 cm）</td><td>5%～10%
（150～300 cm）</td><td>10%～
（300 cm～）</td></tr>
<tr><td>大海侧的残余倾斜角</td><td>0～3°</td><td>3°～5°</td><td>5°～8°</td><td>8°～</td></tr>
<tr><td rowspan="3">遮挡板</td><td>遮挡板上的距离</td><td>3～10 cm</td><td>—</td><td>—</td><td>—</td></tr>
<tr><td>遮挡板和背后地基的落差</td><td>30～70 cm</td><td>—</td><td>—</td><td>—</td></tr>
<tr><td>大海侧的倾斜角</td><td>2°～3°</td><td>—</td><td>—</td><td>—</td></tr>
<tr><td rowspan="2">地震时最大应力、应变</td><td>钢圆筒主体</td><td>钢板</td><td>弹性限度以内</td><td>弹性限度以内</td><td>低于容许应变</td><td>超过容许应变</td></tr>
<tr><td>钢圆筒接头</td><td>副格仓（连接接头）</td><td>弹性限度以内</td><td>低于容许应变</td><td>超过容许应变</td><td>超过容许应变</td></tr>
</table>

表 9-9 发生第 2 等级地震时的性能值

结构体	性能指标	限制值
岸壁主体	顶端的残余水平位移	100～150 cm
	岸壁（壁体）的残余倾斜角	3°左右
	躯体的损坏状态	确保结构体的稳定
	接头等的损坏状态	确保结构体的稳定
起重机主体	构件应力	确保起重机的稳定
	稳定性	不会造成起重机的翻倒和脱轨
起重机轨道基础	最大相对水平位移	100 cm
	残余相对铅直位移	50 cm

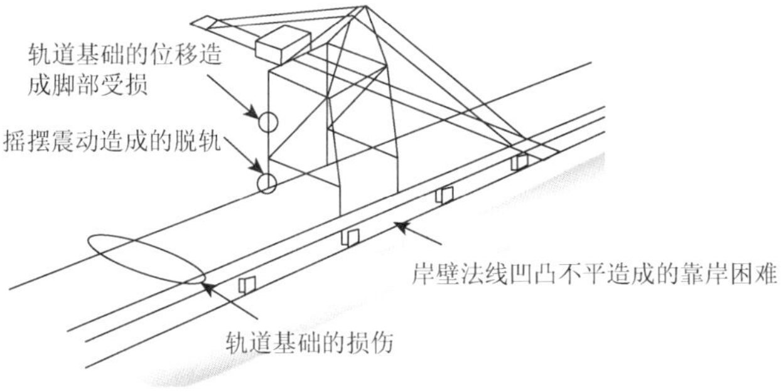

图 9-42　第 2 等级地震发生时可能发生的受灾情况

图 9-43　支承板加入槽口的案例

9.3.2.4　设计条件

需要达到以下设计条件

（1）规划条件

规划水深：–16.0 m 以上
设计水深：–16.0 m 以上
岸壁长度 MC3 岸壁：480 m（400 m + 50 m + 30 m）
岸壁顶端高度：+ 4.0 m
遮挡板宽：61.5～150.0 m
遮挡板坡度：0.5/100（ = 1/200）

（2）对象船舶

港湾规划时对象船舶条件如下。
总吨位（GT）：88 170 t
载重吨位（DWT）：100 000 t
总长（L_{OA}）：350.0 m
型垂长（L_{pp}）：335.0 m
型宽（B）：42.8 m
型吃水（d）：14.7 m

主要的集装箱船业公司对超大型船的投入设想是尽可能地展现自身的大型船只的装载能力，能停靠在 MC2 岸壁的大型船只的装载能力如下。

总吨位（GT）：170 000 t
载重吨位（DWT）：158 000 t
总长（L_{OA}）：398.0 m
型垂长（L_{pp}）：376.0 m
型宽（B）：56.0 m
型吃水（d）：16.0 m

最大排水量（M_S）：218 000 t

（3）靠岸速度

$V = 0.10$ m/s

（4）设计使用年限

设计使用年限 50a。

（5）钢材的防腐蚀对策及腐蚀速度

低潮位线–1 m 以深：电化学保护法
低潮位线–1 m 以浅：保护层法
各腐蚀环境下的腐蚀速度（mm/a）
　　海中部（L.W.L–1 m～海底部）：0.20
　　土中部 0.03
　　陆地侧（R.W.L 以浅）：0.03
　　陆地侧（R.W.L 以深）：0.02

（6）潮位

H.W.L：+2.00 m
平均潮位：+1.40 m（平均潮位）
低潮位线：+0.00 m
重量限制：+0.67 m（重力式的高排水性墙体）
　　　　　+1.33 m（板桩式的低排水性壁墙体）

（7）材料

主要材料的单位体积重量如下。
钢筋混凝土：24.0 kN/m^3
素混凝土：22.6 kN/m^3
预应力混凝土：24.5 kN/m^3
铺装混凝土：24.0 kN/m^3
钢材：77.0 kN/m^3
海水：10.1 kN/m^3
混凝土强度设计值 f'_{ck} 结构：
栈桥上部结构及沉箱：30 N/mm^2
上部结构（吊车）梁：24 N/mm^2
护岸上部结构（素混凝土）：18 N/mm^2
石材的剪切抵抗角和单位体积重量见表 9-10，上置荷载见表 9-11。

表 9-10 石材的剪切抵抗角和单位体积重量

	剪切抵抗角/(°)	水面上/(kN/m^3)	水面下/(kN/m^3)
基础抛石	40	18.0	10.0
回填石	35	18.0	10.0
砂岩淤泥	30	18.0	10.0
硬质砂岩	35	18.0	10.0
填充砂	—	18.0（饱和）	

表 9-11 上置荷载 （单位：kN/m^2）

	遮挡板上（w_1）	遮挡板背后（w_2）
永久状态	20	30
靠岸时	20	30
牵引时	20	30
暴风时	20	30
第 1 等级地震时	10	20
第 2 等级地震时	10	20

（8）集装箱起重机的车轮荷重

案例使用的集装箱起重机是日本最大级别也是世界最大级别的集装箱起重机，配置有免震设备，该起重机的规格如下。

额定荷载：80 t

起重机形式：集装箱起重机（22 列型）

抗震规格：免震型

前伸距：60 m

轨距：30 m

后伸距：22 m

保持距离：21.9 m

行走车轮数（大海侧）：8 轮/支腿

行走车轮数（陆地侧）：8 轮/支腿

自重：1915 t

集装箱起重机的荷载条件见表 9-12。

表 9-12 集装箱起重机的荷载条件

1. 轮压（kN/轮）				备注
垂直方向		大海侧	陆地侧	—
工作时	大海侧最大	1049.7	853.5	轮轨位置：前伸，风速：16 m/s
	陆地侧最大	961.4	902.5	轮轨位置：后伸，风速：16 m/s
停工时（暴风时）	大海侧最大	1177.2	1304.7	风速：60 m/s
	陆地侧最大	951.6	1540.2	风速：60 m/s

续表

1. 轮压（kN/轮）				备注
垂直方向		大海侧	陆地侧	—
地震时（装卸时）	大海侧最大	1579.4	784.8	轮轨位置：前伸，$K_h = 0.20$ G
	陆地侧最大	951.6	1402.8	轮轨位置：后伸，$K_h = 0.20$ G
地震时（停工时）	大海侧最大	794.6	1618.7	$K_h = 0.20$ G，地震方向：走行方向
	陆地侧最大	794.6	1618.7	$K_h = 0.20$ G，地震方向：走行方向
水平方向		大海侧	陆地侧	—
工作时	轨道直角	73.6	73.6	风速：16 m/s
	轨道平行	49.1	41.2	风速：16 m/s
停工时	轨道直角	57.9	119.7	风速：55 m/s
	轨道平行	108.9	101	风速：55 m/s
地震时（装卸时）	轨道直角	122.6	122.6	$K_h = 0.20$ G
	轨道平行	151.1	140.3	$K_h = 0.20$ G
地震时（停工时）	轨道直角	117.7	117.7	$K_h = 0.20$ G
	轨道平行	76.5	157.9	$K_h = 0.20$ G
2. 最大拉力（kN/支腿）		5768.3		每两个金属附件，风速：55 m/s
3. 最大溜逸力（kN/轨道）		1677.5		每两个金属附件，风速：55 m/s
4. 最大顶力（kN/支腿）		6435.4		每两个金属附件，风速：16 m/s
5. 冲击力（kN/制动器）		1667.7		行驶速度 50 m/min

注：岸壁法线 4 m，轨距 30 m。

（9）船舶牵引力

总吨位：170 000GT
系船直柱 P：2000 kN（泊位两端各设一座）
系船曲柱 P：1000 kN（约 20 m 间隔）

（10）潮位

H.W.L：＋2.00 m
M.S.L：＋1.40m（平均潮位）
L.W.L：＋0.00 m
R.W.L：＋0.67 m（重力式；墙体的排水良好时，为前面潮位差的 1/3）；＋1.33 m（板桩式；墙体的排水不好时，为前面潮位差的 2/3）

（11）深浅图

从深浅图上来看，现在水深大致在–27～–30 m。

9.3.2.5　地基条件

本设计是沿着岸壁法线前侧法线位置及背面侧位置共 32 处位置进行了地质钻探。根据现场的不同条件动态特性及固结特性的设定进行的室内实验次数不足，所以追加进行多次地质钻探，画出土层上面深度的平面分布云图，埋没要指定出谷形状，需注意所有地层的土质常数以决定调查的项目。

MC3 岸壁法线方向的地基断面图如图 9-44 所示，承载土层或是作为工学基岩的泥岩面在岸壁的法线方向及岸壁法线直角方向有很大的变化，在 Sh 层、As 层有部分砂质土分布，埋没谷是以 Ac 层为中心的堆积在一起的黏性土层。所以在考虑地基条件时需留意在施工和运营时的固结进展及侧方流动现象的发生，并且留意地震时要注意液状化所伴随的残余变形。

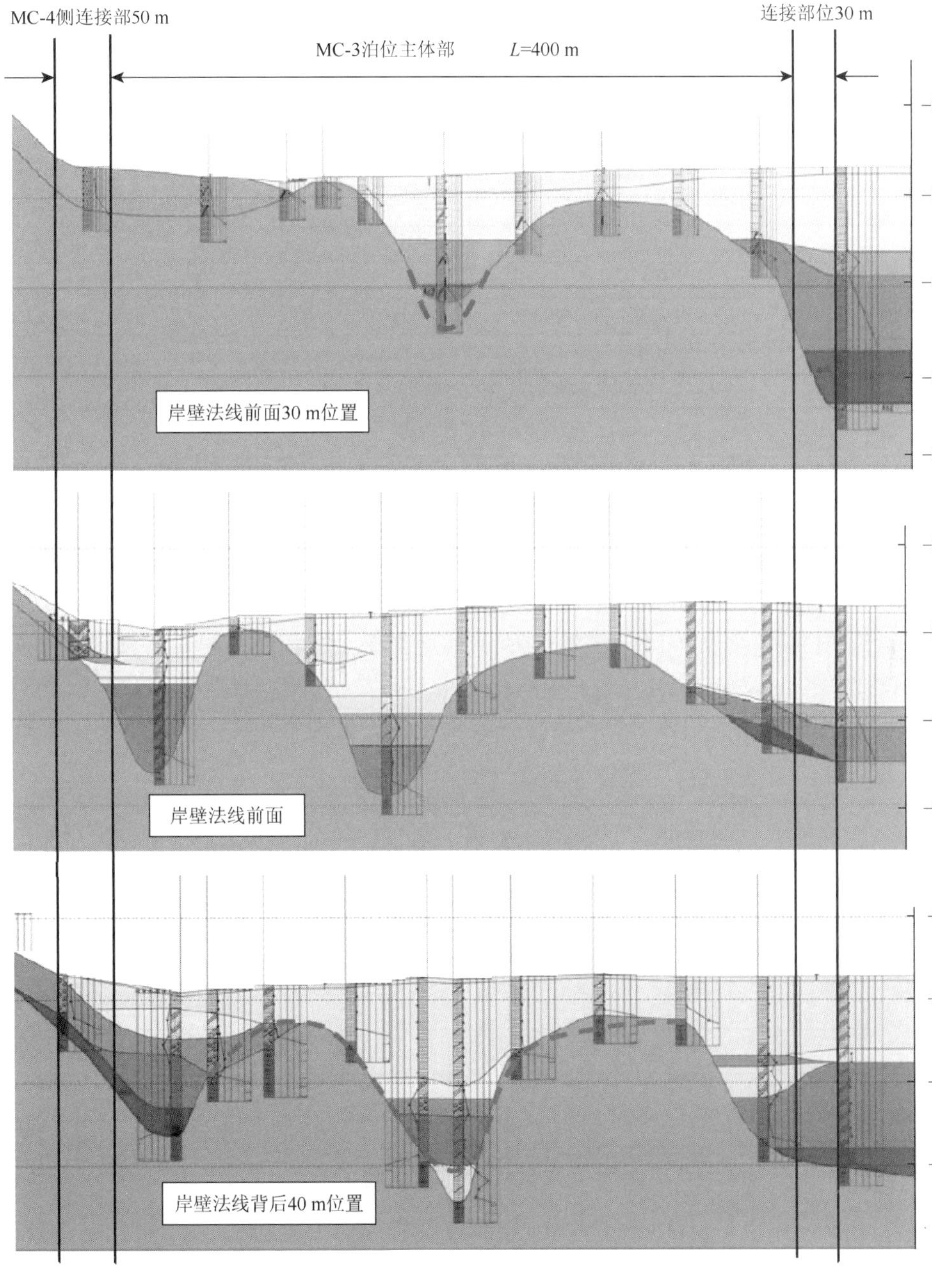

图 9-44 MC3 岸壁法线方向的地基断面图

土质常数是对于数据的数量，数据的偏差乘上其修正系数，这是对数据可信赖性的客观评估方法。本设计就是采用此方法，实验结果的分布用模型化所推定得出的参数作为 a^*（推定值：通过平均值或最小二乘法得出的最小误差的近似分布），导出值用 a 表示，a/a^*的标准偏差（SD）来求 a 的变动系数（COV），与表 9-13 所示的修正系数 b_1 及 b_2 相乘来设定其特定值。用此方法的数据需要进行充分的检查且室内实验局限性，所以为求证动的变形特性时，反复进行的空中旋转实验的弹性依赖特性及反复进行的三轴压缩实验的液状化强度特性，不是修正的对象。在层厚度十分薄时，可以忽略修正。

表 9-13　修正系数

变动系数 COV	修正系数 b_1		修正系数 b_2
	验算性能时承载力的参数（设计时促进安全侧定数）	验算性能时作用侧的参数（设计时促进危险侧定数）	$b_2 = 1 + (0.5/n)$
小于 0.1	1	1	—
0.1～0.15	0.95	1.05	n：数据数
0.15～0.25	0.9	1.1	—
0.25～0.4	0.85	1.15	10 个以上时
0.4～0.6	0.75	1.25	$b_2 = 1.0$
0.6 以上	结果的解释和模型化的再检讨或再调查		—

本设计是以冲积黏性土层很厚时（深地基）、冲积层非常薄的（最浅地基）、及其中间的（浅地基）为三个代表地基，通过设定土质常数的基本结构，讨论整体的结构布置及估算造价的预算。一般是进行两个代表地基层的讨论，但是泥岩面在施工时会受到很大的制约，在留意前面水深的同时，决定其结构体的规模或地基改良的范围。

图 9-45、图 9-46 及表 9-14～表 9-17 所示的是主要土性和通过简易法设定的土质常数结果。虽然图中所示为 Asc 层、As1 层的黏性土与砂质土的互层结构中的中间土的特性，但从粒度特性和柱状图的记述来看，可以判定其主体为黏性土，综上所述黏性土层是极厚

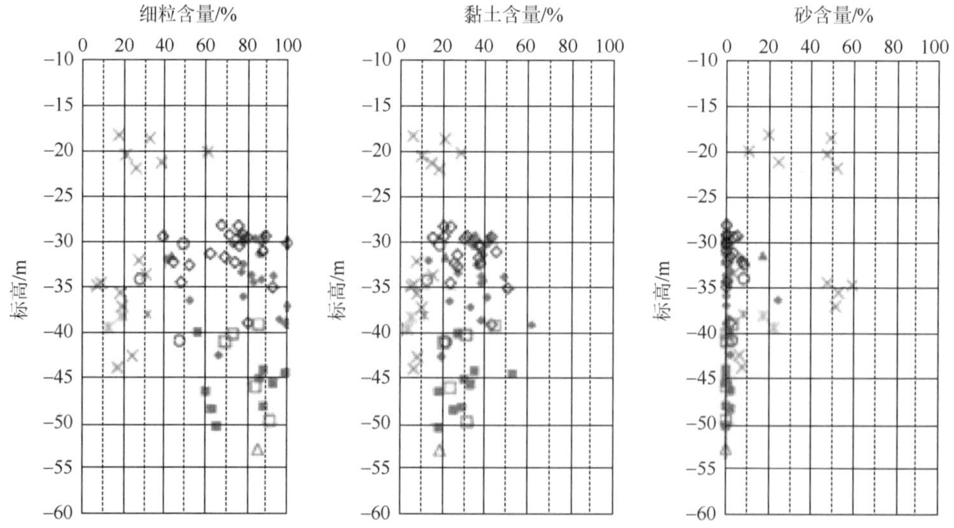

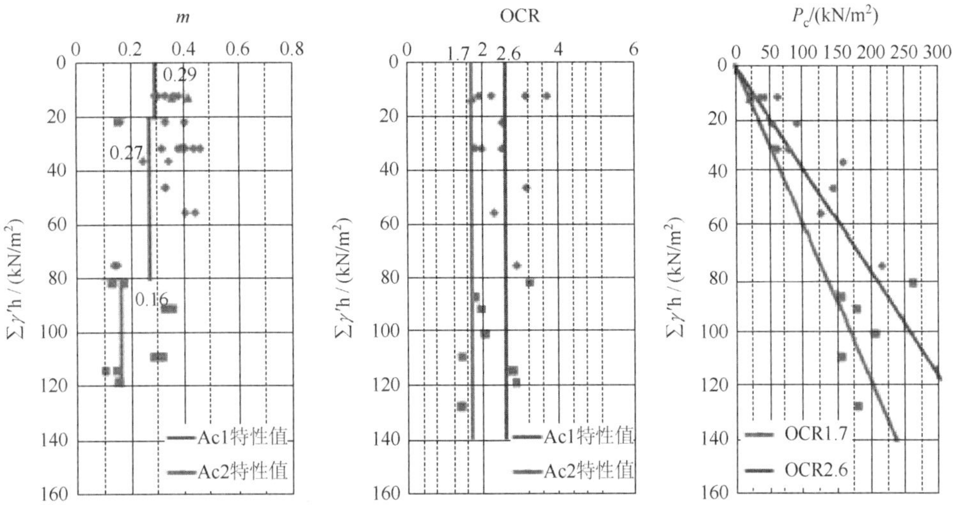

图 9-45　主要土性和土质常数的设定结果（1）

的，因为有较多实验数据，所以在进行决定时对 OCR、m、C'_u 通过统计处理进行修正，视作为砂质土的，Sh 层、As2 层由于层厚不足，对于内摩擦角通过统计处理没有进行修正，黏性土层的黏聚力 C，砂质土层的内摩擦角 φ'可以用简易法来计算，表 9-14～表 9-17 的黏性土层的内摩擦角 φ 用（—）来表示并且二维地震响应分析时，虽然黏性土及砂质土都可用内摩擦角 φ'，但是黏性土的内摩擦角 φ 设定为了正规固结黏土的一般值 30°。

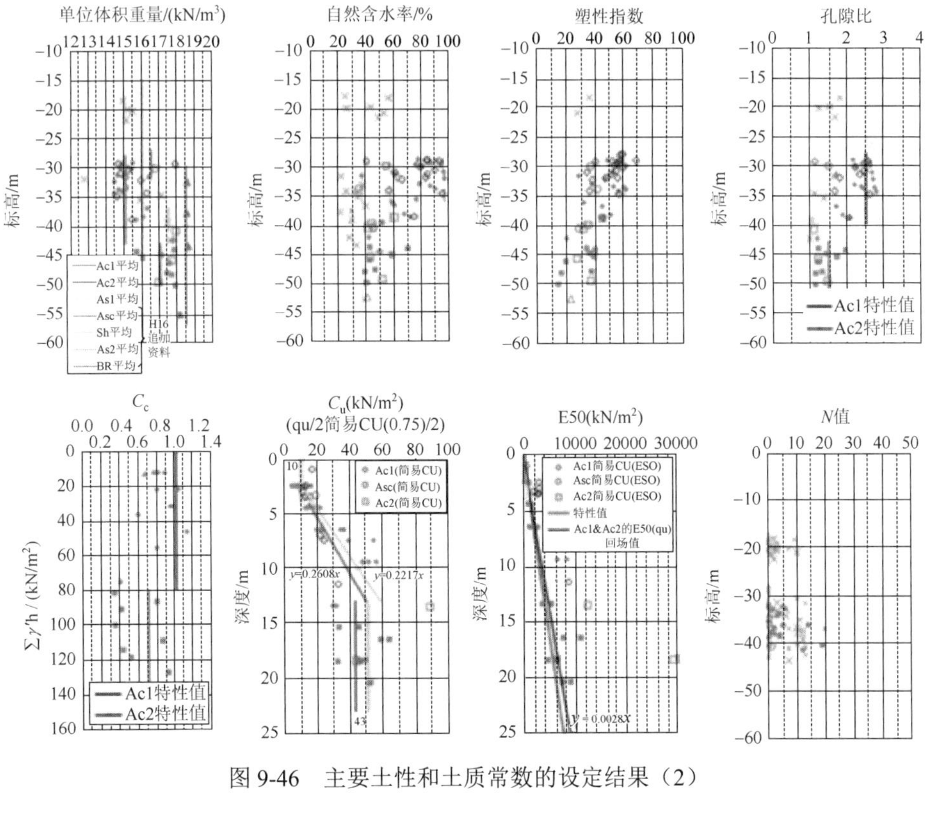

图 9-46　主要土性和土质常数的设定结果（2）

表 9-14　承载土层的深地基的土质常数

标高(DLm)−27.7 m	层厚/m	地层	平均 N 值/回	单位体积重量/(kN/m^3)	有效单位体积重量 Y_t'/(kN/m^3)	黏聚力 C/(kN/m^2)	m	OCR	角度/(°)	角度正切值	V_s/(m/s)	H_{max}
−31.70	4.00	Ac1	—	15.0	4.9	10	0.28	2.6	—	—	90	0.15
−37.30	5.60	Ac1				$C = 3.83z$	0.27	2.6	—	—		
−39.20	1.90	Asc	—	16.5	6.4	$C = 3.83z$	0.27	—	—	—	140	0.21
−43.10	3.90	Ac2	8	17.5	7.4	—	—	—	31	0.605	150	0.20
−48.70	5.60	Ac2	—	17.0	6.9	43	0.16	1.7	—	—	160	0.17
		BR	—	18.5	8.4	1400	—	—	—	—	450	—

表 9-15　承载土层的浅地基的土质常数

标高(DLm)−27.7 m	层厚/m	地层	平均 N 值/回	单位体积重量/(kN/m^3)	有效单位体积重量 Y_t'/(kN/m^3)	黏聚力 C/(kN/m^2)	m	OCR	角度/(°)	角度正切值	V_s/(m/s)	H_{max}
−31.70	4.50	Ac1	—	15.0	4.9	10	0.28	2.6	—	—	90	0.15
−35.20	3.50	Ac1				$C = 3.83z$	0.27	2.6	—	—		
−36.60	1.40	Asc	—	16.5	6.4	$C = 3.83z$	0.27	2.6	—	—	140	0.21
		BR	—	18.5	8.4	1400	—	—	—	—	450	—

表 9-16　承载土层的最浅地基的土质常数

标高(DLm)−27.7 m	层厚/m	地层	平均 N 值/回	单位体积重量/(kN/m^3)	有效单位体积重量 Y_t'/(kN/m^3)	黏聚力 C/(kN/m^2)	m	OCR	角度/(°)	角度正切值	V_s/(m/s)	H_{max}
−31.70	4.00	Ac1	—	15.0	4.9	10	0.28	2.6	—	—	90	0.15
−31.40	0.60	Ac1				$C = 3.83z$	0.27	2.6	—	—		
		BR	—	18.5	8.4	1400	0.27	—	—	—	450	—

表 9-17　回填土的土质常数

	单位体积重量 Y/(kN/m^3)	内摩擦角/(°)	初期剪切波速度 V_s/(m/s)	最大衰减常数 H_{max}
回填土（地下水位以浅）	18	30	100	0.2
回填土	20	30	100	0.2

9.3.2.6　地震动输入条件

本地区地震环境的检测结果为经常发生第 2 等级地震的地区，假设设施的地下发生 M6.5 的地震和关东地震（1923，M7.9）同级别的地震，港湾结构体的周波数由假定再发生关东地震的地震来决定。表 9-18 为假定断层参数，图 9-47 为特性化震源模型。

表 9-18 1923 年关东地震（M7.9）再发生的假定断层参数

巨视的断层参数	长度		130 km
	宽		70 km
	上端深度		2 km
	地震力矩 M_0		8.0×10^{27} dyn·cm
	走向		290°
	倾斜		25°
微视的断层参数	固着域 1	位置	图 9-47
		长度	26 km
		宽	20 km
		上端深度	10.4 km
		地震力矩 M_0	8.36×10^{26} dyn·cm
		上升时间 t	1.5s
	固着域 2	位置	图 9-47
		长度	39 km
		宽	30 km
		上端深度	6.2 km
		地震力矩 M_0	1.92×10^{27}dyn·cm
		上升时间 t	2.5 s
	破坏开始点	位置	139.22 E，35.41 N
		深度	14.6 km
其他	地震基础密度 ρ		2.6 g/cm^3
	S 波速度 V_s		3.4 km/s
	破坏传播速度 V_r		3.0 km/s

注：1 dyn = 10^{-5} N。

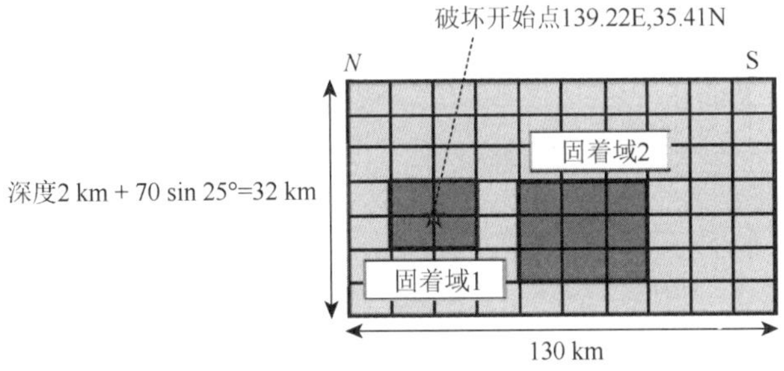

图 9-47 特性化震源模型

站点拓展特性，山下-F（港湾地域强震观测系统）以横滨市高密度强震计网站的观测记录及日常微动观测结果为基础来进行的修正设定，用山下-F 来观测中小地震记录（F-1032）也适用于位相特性，关于第 1 等级地震用其修正结果可以再现与 75 年前一样的危险傅里叶频谱计算。

工学基岩中的第 1 等级地震、第 2 等级地震的加速度时刻历波形见图 9-48，傅里叶频谱见图 9-49，衰减常数 5%为条件的加速度应答光频谱如图 9-50 所示，为了第 1 等级地震，第 2 等级地震的 EW 成分的计算，要进行岸壁法线直角方向的方向修正。

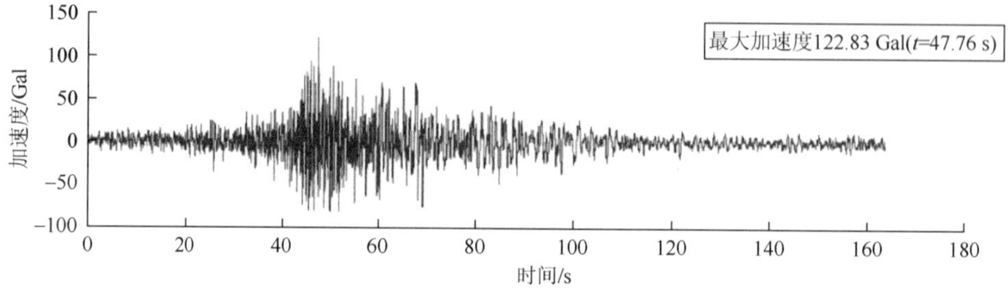

(2) 第1等级地震

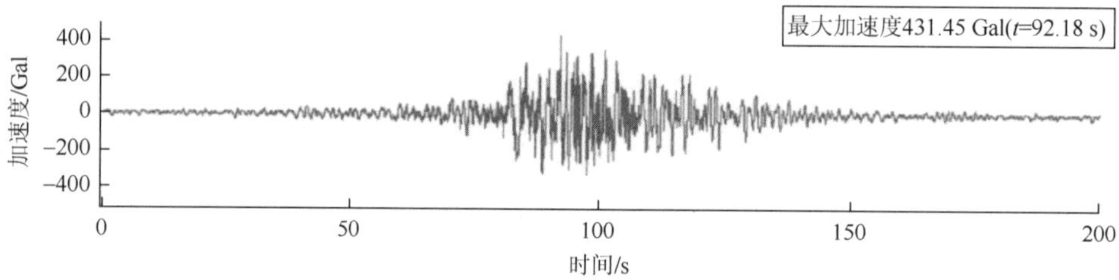

(b) 第2等级地震

图 9-48　工学基础中的加速度时刻历波形

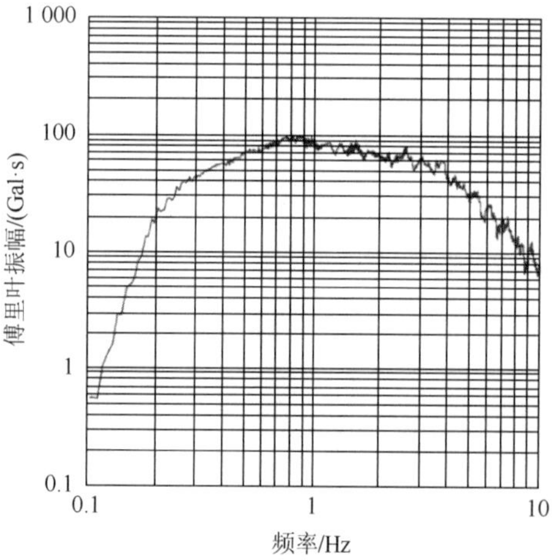

(a) 第1等级地震

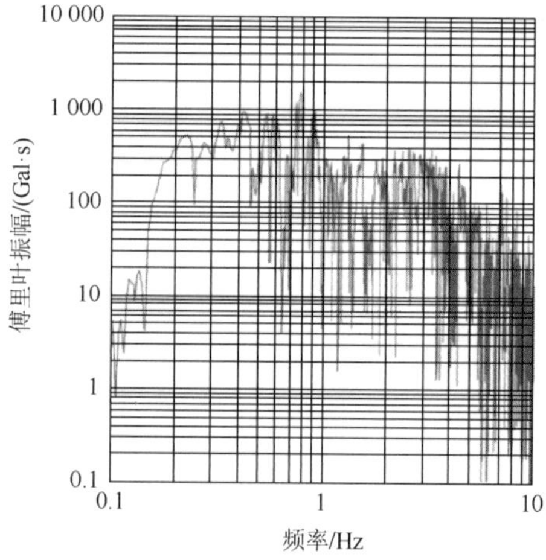

(b) 第2等级地震

图 9-49　傅里叶频谱

用填充地基的初期剪切波速度 V_s 能算出固有周期为 1.3～1.6 s，前面侧地基为 0.4～0.7 s。强震发生时预计因刚性低下而会有两倍左右的拉伸变形（V_s 为 1/2，G 为 1/4），2.6～3.2 s，0.8～1.4 s。

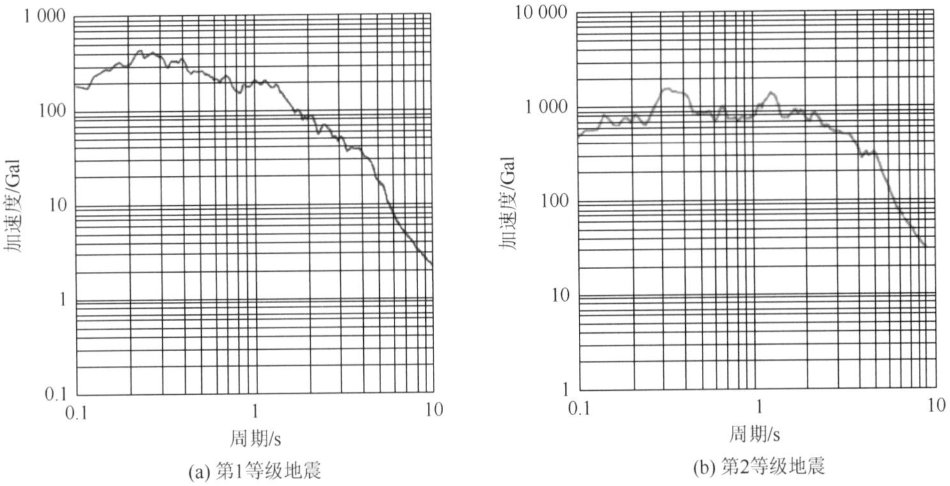

图 9-50 加速度应答光频谱（$h = 0.05$）

所以，从波形特征的整理来看，第 1 等级地震的最大振幅为 120 Gal，持续时间为 160 s 左右，第 2 等级地震的最大振幅为 430 Gal，持续时间为 200 s 左右，持续时间长为其一特征，地基及岸壁结构物在遭受强震时的固有周期为 0.4～3.2 s 内，加速度应答光频谱（$h = 0.05$）的第 1 级为 50～200 Gal，第 2 级为 500～1100 Gal，作为工学基础的波形很大。

9.3.3 简易法［震度法及详细法（二维地震响应分析）的抗震性能检查］

9.3.3.1 验算用震度

表 9-19 为钢圆筒式的验算用震度计算结果一览表，其表明前面水深越深，壁高越容易发生大位移，验算用震度的数值就变大，所以大的壁体宽很有必要。根据基础地基是否改良及地基改良种类的验算用震度也是有变化的，因为上述的 SCP 改良、COD 改良的顺序很难变形，所以 CDM 改良需要最小的验算用震度。工学基础中的泥岩面如果很浅，堆积起来的冲积层作为支撑层在很深的地基进行 CDM 改良时要用小的验算用震度。这里必须要注意的是，第 1 等级地震时的残余位移有必要进行二维地震响应分析验算。

表 9-19 验算用震度计算结果一览表（重力式适用）

钻探位置	设计水深	验算用震度			备注
		原地基	SCP 改良地基	CDM 改良地基	
4 号	−18.1 m	0.19	0.15	0.14	最浅支撑层
	−20.1 m	0.20	0.16	0.14	
8 号	−18.1 m	0.20	0.16	0.14	浅支撑层
	−20.1 m	0.20	0.16	0.14	

续表

钻探位置	设计水深	验算用震度			备注
		原地基	SCP 改良地基	CDM 改良地基	
9 号	–16.1 m	0.23	0.18	0.16	深支撑层
	–18.1 m	0.24	0.19	0.17	
	–20.1 m	0.24	0.19	0.17	
	–22.1 m	0.24	0.19	0.17	
	–24.1 m	0.24	0.19	0.17	
	–27.1 m	0.24	0.19	0.17	

9.3.3.2　钢圆筒结构的比较

作为设计的基本方针，基于第 2 等级地震发生时基础地基中存在软弱层会造成产生极大的残余位移，通过 CDM 改良来抑制残余位移的发生成为必不可少的一个环节。另外，由于作为工学基础的泥岩面会在法线上发生巨大的变化，通过经济性与施工可行性的观点，采取了在改良地基上直接安置钢圆筒的做法。

钢圆筒结构的比较包括钢圆筒直径和水深的比较。

（1）钢圆筒直径的比较

根据起重机跨度及桩的平面设置的限制，永续状态及第 1 等级地震发生时的变动状态，第2等级地震偶发状态下的抗震性检验结果分为以下三种模式。以地基条件为“深地基”为例。

①钢圆筒直径 40 m：在钢圆筒内部设置起重机基础。

②钢圆筒直径 32 m：在钢圆筒的正后方设置起重机基础。

③钢圆筒直径 24.5 m：面向第 1 等级地震的安定计算后设定的钢圆筒直径值（在钢圆筒外设置起重机基础）。

钢圆筒直径 24.5m 的标准断面图如图 9-51 所示。在表 9-20 中 FLIP 工程在深地基条件下的分析参数如下。

天顶高：+ 4.00 m

上置荷载：永续状态 20.00 kN/m^2；1 级地震状态 10.00 kN/m^2

残余水位（R.W.L）：+ 1.33 m

前面水位（R.W.L）：+ 0.00 m

嵌入石内摩擦角：40°（适用于土压计算）

埋土内摩擦角：30°（适用于土压计算）

填充砂内摩擦角：30°（适用于剪应力变形的探讨）

铺石内摩擦角：40°（适用于土压计算）

弹性值：垂直方向 60 000 kN/m^3（适用于回转变形的探讨）

　　　　水平方向 20 000 kN/m^3（适用于回转变形的探讨）

植入部位的弹性值由 2000 N（kN/m^3）计算。另外，关于 N 值，采用邓纳姆式（$\varphi=\sqrt{12N}+20$），由敷石的内摩擦角 $\varphi=40°$ 计算出，$N\approx30°$，只是水平方向的弹性值需考虑 SCP 地基，令 $\varphi=30°$ 与邓纳姆式结合算出 $N\approx10°$。安全方向上堆石的水平方向的弹性考虑无法估算在内，只能期待上置荷载的效果。

检查项目如下。

永续状态：填充砂的剪切抵抗，墙体的滑动，基础的支持（因进行地基改良，圆弧滑动可忽略不计）。

第 1 等级地震变动状态：墙体的滑动，基础的支持。

永续状态及第 1 等级地震发生时变动状态的简易法计算结果如表 9-21～表 9-23 所示。水深−20.1 m 时，钢圆筒直径 24.5 m 为满足性能规定值所能取到的最小值。随之，30 m、40 m 的状况对于限定值也绰绰有余。

表 9-24～表 9-26，图 9-52～图 9-57 为对应第 2 等级地震的二维地震响应分析结果。由于是高水深设施，钢圆筒直径 40 m 的情况下倾斜角为 0.90°，得到在 1.03 m 处残余水平位移被抑制的结果。钢圆筒直径 24.5 m 的条件下，残余水平位移变为 1.69 m，倾斜角变为 1.83°，第 2 等级地震发生时的极限值稍微向上回升，约为 1.5 m，3°。

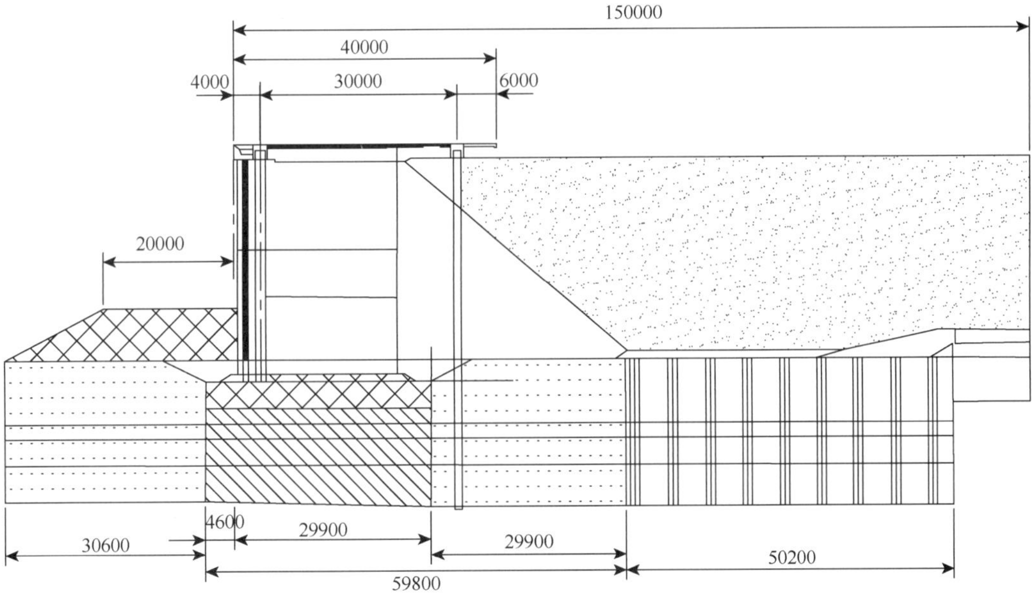

图 9-51 钢圆筒直径 24.5 m 的标准断面图（深支撑层）（单位：mm）

如实行钢圆筒结构的比较，从适应性或修复性的角度考虑基于第 2 等级地震偶发状况的性能规定十分重要。换言之，第 2 等级地震的设定与性能规定是决定结构物各元素的支配条件。

在此，简易法是以刚体变位为前提的安定计算，甚至设定刚体位移的模型在基于二维地震响应分析中也同样适用。40 m 钢圆筒直径对此刚体动作的假设是否妥当还需探讨。作为在兵库县南部地震中摩耶码头岸壁的受灾案例，菅野模型的结构为水深−10～−12 m，设计震度 0.15 m，钢圆筒直径 15.5 m，钢圆筒高 16.5 m，厚度 9 mm 的钢板放置钢圆筒。同样的，兵库县南部地震以外的地震中无受灾区域也是 40 m 的钢圆筒直径为规格外。从过去的施工技术观点来看是不合常规的，也需考虑经济性。包含钢矢板钢圆筒的实际最大为 30 m 程度，从过去的施工技术观点来看是不合常规的，经济上的评价也是必要的。

表 9-20 深地基的 FLIP 地基的分析参数

地基物性值一览表（深支撑层・原地基）

（a）

标高/m −27.70	层厚/m	名称	单位体积重量 γ_t/(kN/m^3)	有效单位体积重 γ_t'/(kN/m^3)	N 值/N	有效上载压 $\Sigma v'$/(kN/m^2)	细粒含量 F_c/%	初期剪切力波速度 V_s/(m/s)	黏聚力 C/(kN/m^2)	内摩擦角 /(°)
−31.70	4.00	Ac1-1	15.0	5.0	0	10.0	87.0	57.4	7.3	30.00
−37.30	5.60	Ac1-2	15.0	5.0	0	34.0	87.0	105.8	23.9	30.00
−39.20	1.90	Asc	16.5	6.5	0	54.2	43.0	145.4	38.0	30.00
−43.10	3.90	As2	17.5	7.5	8	75.0	43.0	157.2	0.0	39.12
−45.90	2.80	Ac2-1	17.0	7.0	0	99.4	88.0	161.2	43.0	30.00
−48.70	2.80	Ac2-2	17.0	7.0	0	119.0	88.0	176.4	48.4	30.00
−60.00	11.30	BR（地基）	18.5	8.5	0	176.8	—	450.0	—	—

（b）

标高/m −27.70	层厚/m	名称	基准平均有效力 /(kN/m^2)	基准初期剪切力 /(kN/m^2)	基准初期体积刚力 /(kN/m^2)	系数	泊松比 ν	间隙率 n	最大衰减 h_{max}
−31.70	4.00	Ac1-1	7.5	5 040	13 143	0.500	0.330	0.550	0.150
−37.30	5.60	Ac1-2	25.5	17 135	44 686	0.500	0.330	0.550	0.150
−39.20	1.90	Asc	40.6	35 613	92 873	0.500	0.330	0.550	0.210
−43.10	3.90	As2	56.2	44 148	115 130	0.500	0.330	0.450	0.200
−45.90	2.80	Ac2-1	74.6	45 089	117 584	0.500	0.330	0.550	0.170
−48.70	2.80	Ac2-2	89.3	53 979	140 769	0.500	0.330	0.550	0.170
−60.00	11.30	BR（地基）	V_P = 1653		—	—	0.460	—	—

地基物性值一览（深支撑层・埋立地基）

（c）

标高/m 4.20	层厚/m	名称	单位体积重量 γ_t/(kN/m^3)	有效单位体积重 γ_t'/(kN/m^3)	N 值	有效上载压 $\Sigma v'$ /(kN/m^2)	细粒含量 F_c/%	初期剪切力波速度 V_s/(m/s)	黏聚力 C/(kN/m^2)	内摩擦角 /(°)
1.33	2.87	埋立土（水上面）	18.0	18.0	0	25.8	15.0	100.0	0.0	30.00
−8.00	9.33	埋立土（水面下①）	20.0	10.0	0	98.3	15.0	100.0	0.0	30.00
−18.00	10.00	埋立土（水面下②）	20.0	10.0	0	195.0	15.0	100.0	0.0	30.00
−26.80	8.80	埋立土（水面下③）	20.0	10.0	0	289.0	15.0	100.0	0.0	30.00
−30.80	4.00	Ac1-1	15.0	5.0	0	343.0	87.0	208.4	96.0	30.00
−31.40	0.60	Ac1-2	15.0	5.0	0	354.5	87.0	211.9	95.7	30.00
−50.00	18.60	BR（地基）	18.5	8.5	0	435.0	—	450.0	—	—

（d）

标高/m 4.20	层厚/m	名称	基准平均有效力/(kN/m^2)	基准初期剪切力/(kN/m^2)	基准初期体积刚力/(kN/m^2)	参数	泊松比 v	间隙率 n	最大衰减 h_{max}
1.33	2.87	埋立土（水上面）	19.4	18367	47899	0.500	0.330	0.550	0.200
−8.00	9.33	埋立土（水面下①）	73.7	20408	53221	0.500	0.330	0.550	0.200
−18.00	10.00	埋立土（水面下②）	146.2	20408	53221	0.500	0.330	0.550	0.200
−26.80	8.80	埋立土（水面下③）	216.7	20408	53221	0.500	0.330	0.450	0.200
−30.80	4.00	Ac1-1	257.2	66479	173367	0.500	0.330	0.550	0.150
−31.40	0.60	Ac1-2	265.8	68708	179180	0.500	0.330	0.550	0.150
−50.00	18.60	BR（地基）	$V_P=1653$		—	—	0.460	—	—

改良地基等物性值一览表

（e）

编号	名称	单位体积重量 γ_t/(kN/m^3)	有效单位体积重 γ_t'/(kN/m^3)	N 值	有效上载压 $\Sigma v'$/(kN/m^2)	细粒含量 F_c/%	初期剪切力波速度 V_s/(m/s)	基准平均有效力/(kN/m^2)
1	SCPM 改良（78.5%）	20	10	—	—	—	—	98
2	堆石、铺石	20	10	—	—	—	—	98
3	填充土	20	10	10	65	—	—	98

（f）

编号	名称	基准初期剪切力/(kN/m^2)	基准初期体各刚力/(kN/m^2)	黏聚力 C/(kN/m^2)	内摩擦角/(°)	参数	泊松比 v	间隙率 n	最大衰减 h_{max}
1	SCPM 改良（78.5%）	134000	349451	0	40	0.5	0.33	0.45	0.24
2	堆石、铺石	180000	469412	0	40	0.5	0.33	0.45	0.3
3	填充土	84495	220350	0	39.67	0.5	0.33	0.45	0.24

改良地基等物性值一览表（线形平面要素）

（g）

编号	名称	泊松比 v	剪应力刚性 E/(kN/m^2)	质量密度 ρ
1	CDM-100%	0.330	8.0×10^5	原地基
2	CDM-50%	0.330	4.0×10^5	原地基

液状化参数

（h）

编号	名称	液状化参数						备注
		PHIP	S1	W1	P1	P2	C1	
1	As2	28.000	0.005	4.400	0.500	1.062	1.600	液状化三轴结构

表 9-21　钢圆筒直径 40.0 m CDM 改良深支撑层断面（水深–20.1 m）

		单位	耐力	作用	耐力作用比
永续状态	剪切抵抗	kNm/m	79 182.14	23 868.34	3.32≥1.0
	滑动	kN/m	7 709.44	11.22	687.12≥1.0
	顶端位移量	m	—	0.002	—
	基础的支持力	kNm/m	2 408 650	549 078	4.39≥1.0
	圆弧滑	kNm/m	—	—	—≥1.0
关于第 1 等级地震的变动状态	滑动	kN/m	7 884.19	210.62	37.43≥1.0
	顶端位移量	m	—	0.022	—
	基础支持力	kNm/m	1 623 158	671 005	2.42≥1.0

表 9-22　钢圆筒直径 32.0 m CDM 改良深支撑层断面（水深–20.1 m）

		单位	耐力	作用	耐力作用比
永续状态	剪切抵抗	kNm/m	5 533 567	2 386 834	2.32≥1.0
	滑动	kN/m	616 556	13.88	444.20≥1.0
	顶端位移量	m	—	0.003	—
	基础的支持力	kNm/m	1 712 813	363 377	4.71≥1.0
	圆弧滑	kNm/m	—	—	—≥1.0
关于第 1 等级地震的变动状态	滑动	kN/m	634 031	287.35	22.06≥1.0
	顶端位移量	m	—	0.040	—
	基础支持力	kNm/m	933 824	424 513	2.20≥1.0

表 9-23　钢圆筒直径 24.5 m CDM 改良深支撑层断面（水深–20.1 m）

		单位	耐力	作用	耐力作用比
永续状态	剪切抵抗	kNm/m	34 332.52	23 868.34	1.44≥1.0
	滑动	kN/m	4 667.59	17.55	265.96≥1.0
	顶端位移量	m	—	0.009	—
	基础的支持力	kNm/m	1 031 419	232 509	4.44≥1.0
	圆弧滑	kNm/m	—	—	—≥1.0
关于第 1 等级地震的变动状态	滑动	kN/m	4 842.34	617.52	7.84≥1.0
	顶端位移量	m	—	0.221	—
	基础支持力	kNm/m	554.679	513 581	1.08≥1.0

表 9-24 钢圆筒直径 40.0 m CDM 改良深支撑层断面（水深–20.1 m）

位置	节点号码	残余位移/m		最大位移/m		最大加速度/(m/s^2)	
		水平方向	垂直方向	水平方向	铅直方向	水平方向	铅直方向
法先	1470	–1.740	–0.717	–2.057	–0.734	–2.843	–1.869
法肩	1774	–2.290	–1.839	–2.598	–1.934	–3.109	–2.224
岸壁底面	5581	–0.653	–0.451	–0.827	–0.474	–2.622	2.862
岸壁顶端	5563	–1.030	–0.453	–1.292	–0.478	3.918	2.941
钢圆筒中央	3082	–1.057	–0.110	–1.339	–0.110	4.884	–0.575
背后地基	4486	–0.341	–0.169	0.981	–0.457	2.611	1.532
海侧轨道	6597	–1.073	–0.216	–1.303	–0.216	–4.299	–0.496
陆地侧轨道	6636	–1.077	–0.019	–1.317	–0.023	4.214	0.254
残余倾斜角 0.897°							

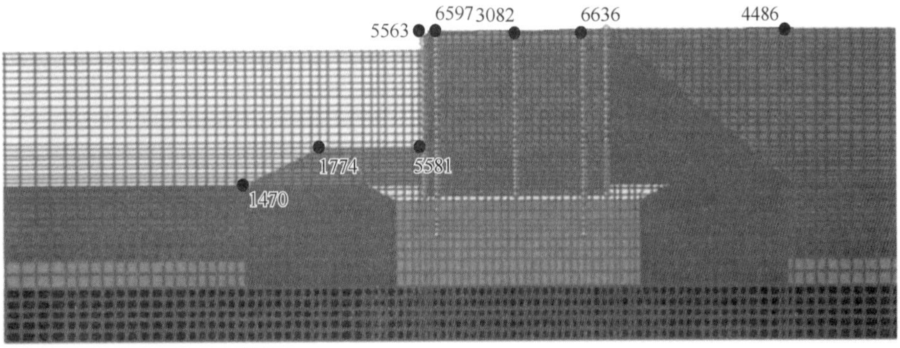

图 9-52 着目点位置的节点号码

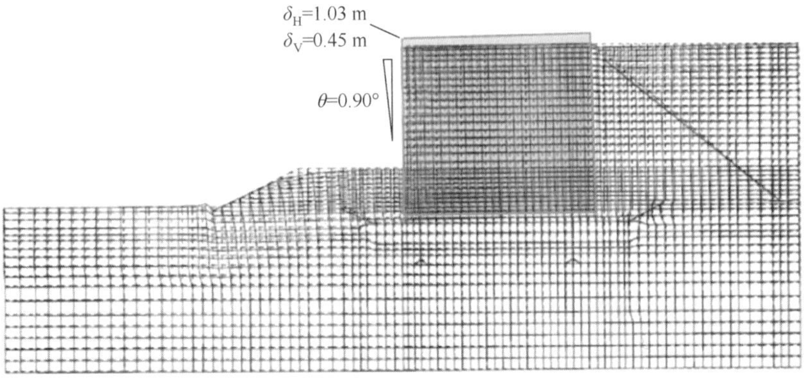

图 9-53 残余变形图

表 9-25　钢圆筒直径 32.0 m CDM 改良深支撑层断面（水深–20.1 m）

位置	节点号码	残余位移/m		最大位移/m		最大加速度/(m/sc^2)	
		水平方向	铅直方向	水平方向	铅直方向	水平方向	铅直方向
法先	1470	–1.720	–0.716	–2.042	–0.734	–2.925	–1.924
法肩	1774	–2.084	–1.620	–2.372	–1.695	–3.116	–1.982
岸壁底面	5581	–0.788	–0.491	–0.954	–0.508	–2.635	2.774
岸壁顶端	5563	–1.324	–0.492	–1.600	–0.513	4.175	2.847
钢圆筒中央	3004	–1.342	–0.114	–1.631	–0.115	4.734	–0.481
背后地基	4486	–0.452	–0.232	–1.077	–0.468	–2.867	1.563
海侧轨道	6597	–1.357	–0.201	–1.607	–0.201	4.481	–0.625
陆地侧轨道	9374	–1.300	0.016	–1.589	0.061	4.923	–0.838
残余倾斜角 1.275°							

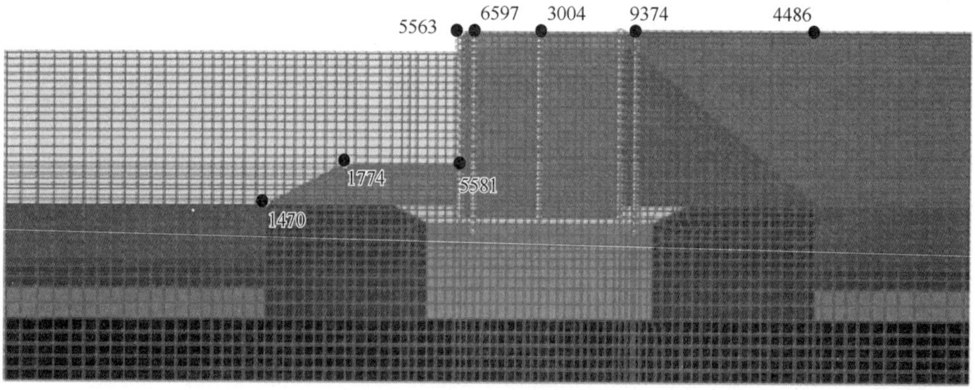

图 9-54　着目位置的节点号码

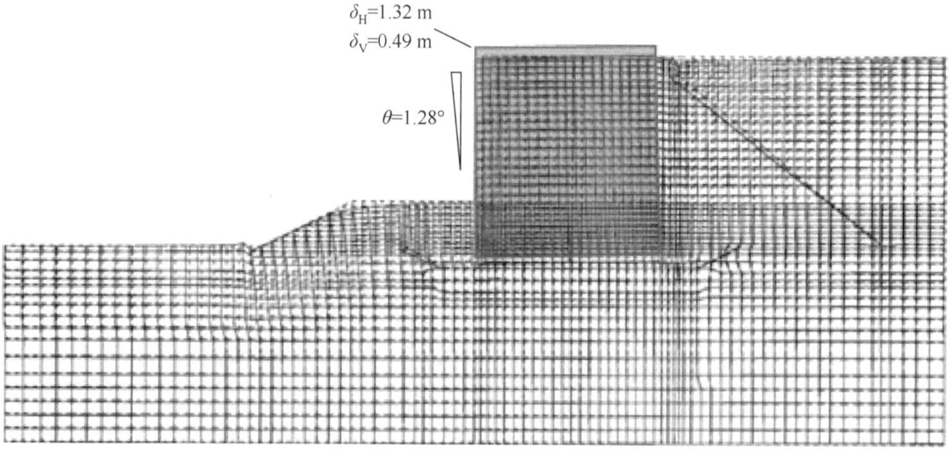

图 9-55　残余变形图

表 9-26 钢圆筒直径 24.5 m CDM 改良深支撑层断面（水深–20.1 m）

位置	节点号码	残余位移/m		最大位移/m		最大加速度/(m/s^2)	
		水平方向	铅直方向	水平方向	铅直方向	水平方向	铅直方向
法先	1470	–1.672	–0.707	–1.992	–0.718	–3.105	–1.852
法肩	9493	–1.850	–1.371	–2.125	–1.411	–3.008	–2.049
岸壁底面	9521	–0.920	–0.513	–1.067	–0.519	–2.461	2.421
岸壁顶端	5563	–1.692	–0.516	–1.970	–0.524	–4.717	2.608
钢圆筒中央	2926	–1.702	–0.120	–1.986	–0.120	5.381	0.435
背后地基	4486	–0.547	–0.295	–1.212	–0.462	–3.281	1.674
海侧轨道	6597	–1.753	–0.184	–1.970	–0.184	–5.019	0.568
陆地侧轨道	9357	–1.243	0.029	–1.683	0.058	–6.189	0.182
残余倾斜角 1.834°							

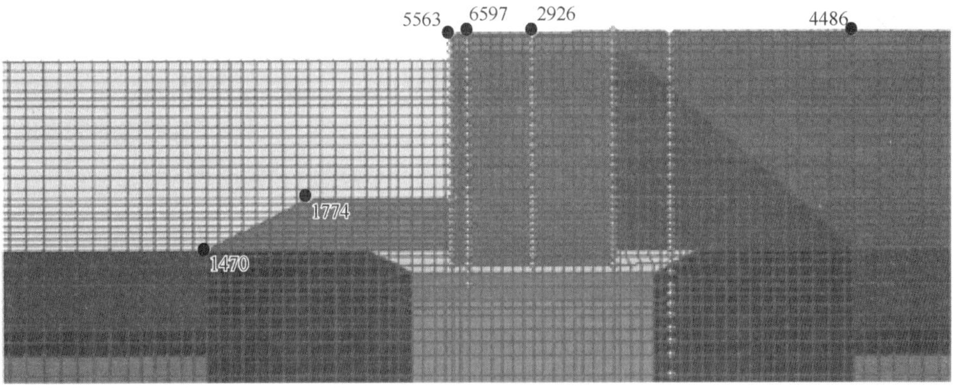

图 9-56 着目位置的节点号码

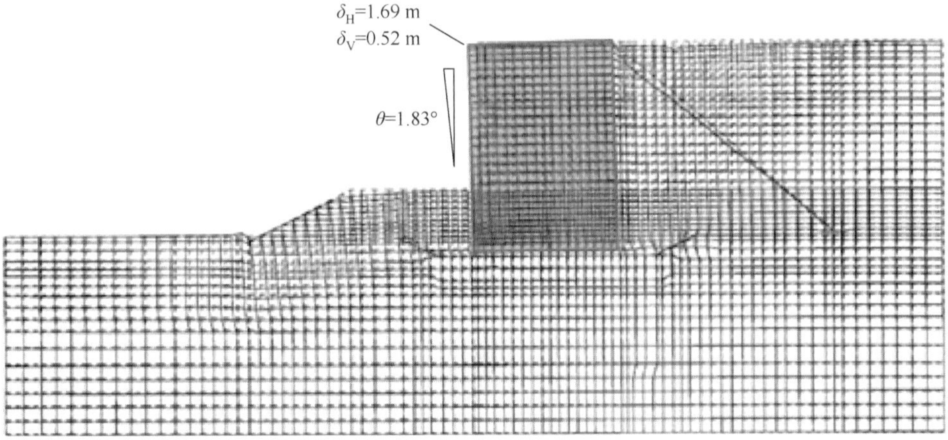

图 9-57 残余变形图

（2）水深的比较

在港湾计划的水深–16 m 以上的条件（为最经济的前面水深条件）下，求出了–18.1 m、–20.1 m 和–22.1 m 三个成立的钢圆筒直径，表 9-27～表 9-29 表示基于永续状态或第 1 等级地震发生时使用简易法得到的计算结果。无论何种情况，钢圆筒的各元素均由基础地基的支持力决定，各个钢圆筒直径为 24.0 m、24.5 m 和 25.0 m。

表 9-30～表 9-32，图 9-58～图 9-63 所示为第 2 等级地震对应结果。残余水平位移为水深–18.1 m 的条件下，残余水平位移 1.46 m，倾斜角 1.47°，水深–20.1 m 的条件下，残余水平位移 1.69 m，倾斜角 1.83°，水深–22.1 m 的条件下残余水平位移 1.68 m，倾斜角 1.96°，在经济性方面比较前面盛石与 SCP 改良范围，钢圆筒直接与 CDM 改良范围的结果，变形量根据壁后与 SCP 改良范围等会有微小的不同。

图 9-64 为假设水深–20.1 m 的工程花费为 100%，地基改良工程、钢板钢圆筒工程、盛石工程及其他工程的花费比。在钢圆筒直径增大导致钢板钢圆筒也增大的同时，水深的减小也会导致地基改良工程的费用增大。从经济性上的合理选择来看水深–20.1 m 是最好的选择。

从设计的判断方面考虑，也有预算及工程时间等的依存条件，被第 2 等级地震的偶发状态支配时，对于二维地震的响应分析有必要反复进行以确定各元素。

表 9-27　钢圆筒直径 24.0 m CDM 改良深支撑层断面（水深–18.1 m）

		单位	耐力	作用	耐力作用比
永续状态	剪切抵抗	kNm/m	33 150.12	23 868.34	1.39≥1.0
	滑动	kN/m	4 519.57	–0.06	–75326≥1.0
	顶端位移量	m	—	0.008	—
	基础的支持力	kNm/m	1 675 140	312 172	5.37≥1.2
	圆弧滑	kNm/m	—	—	—
关于第 1 等级地震的变动状态	滑动	kN/m	4 694.32	579.90	8.10≥1.0
	顶端位移量	m	—	0.254	—
	基础支持力	kNm/m	212 944	177 565	1.20≥1.0

表 9-28　钢圆筒直径 24.5 m CDM 改良深支撑层断面（水深–18.1 m）

		单位	耐力	作用	耐力作用比
永续状态	剪切抵抗	kNm/m	34 332.52	23 868.34	1.44≥1.0
	滑动	kN/m	4 667.59	17.55	265.96≥1.0
	顶端位移量	m	—	0.009	—
	基础的支持力	kNm/m	1 031 419	232 509	4.44≥1.2
	圆弧滑	kNm/m	—	—	–≥1.0
关于第 1 等级地震的变动状态	滑动	kN/m	4 842.34	617.52	7.84≥1.0
	顶端位移量	m	—	0.221	—
	基础支持力	kNm/m	554 679	513 581	1.08≥1.0

表 9-29 钢圆筒直径 25.0 m CDM 改良深支撑层断面（水深–22.1 m）

		单位	耐力	作用	耐力作用比
永续状态	剪切抵抗	kNm/m	35 556.25	23 868.34	1.49≥1.0
	滑动	kN/m	4 808.04	31.56	152.35≥1.0
	顶端位移量	m	—	0.010	—
	基础的支持力	kNm/m	861 178	208 961	4.12≥1.2
	圆弧滑	kNm/m	—	—	—
关于第 1 等级地震的变动状态	滑动	kN/m	4 982.79	649.84	7.67≥1.0
	顶端位移量	m	—	0.196	—
	基础支持力	kNm/m	462 506	442 050	1.05≥1.0

表 9-30 钢圆筒直径 24.0 m CDM 改良深支撑层断面

位置	节点号码	残余位移/m		最大位移/m		最大加速度/(m/s²)	
		水平方向	铅直方向	水平方向	铅直方向	水平方向	铅直方向
法先	1470	–2.086	–0.724	–2.454	–0.745	–2.692	–1.732
法肩	8833	–2.306	–1.763	–2.623	–1.823	–2.695	–2.104
岸壁底面	9527	–0.844	–0.461	–0.996	–0.465	–2.652	2.414
岸壁顶端	5563	–1.461	–0.463	–1.726	–0.468	4.628	2.573
钢圆筒中央	2926	–1.469	–0.128	–1.738	–0.128	5.273	0.491
背后地基	4486	–0.465	–0.253	–1.116	–0.472	–3.089	1.913
海侧轨道	6597	–1.516	–0.182	–1.725	–0.183	4.906	0.549
陆地侧轨道	9357	–1.037	0.021	–1.501	0.060	–6.017	–0.753
残余倾斜角 1.467°							

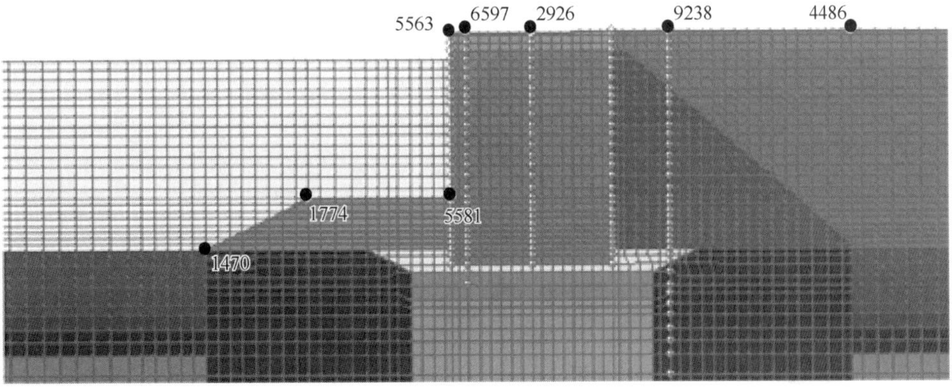

图 9-58 着目位置的节点号码

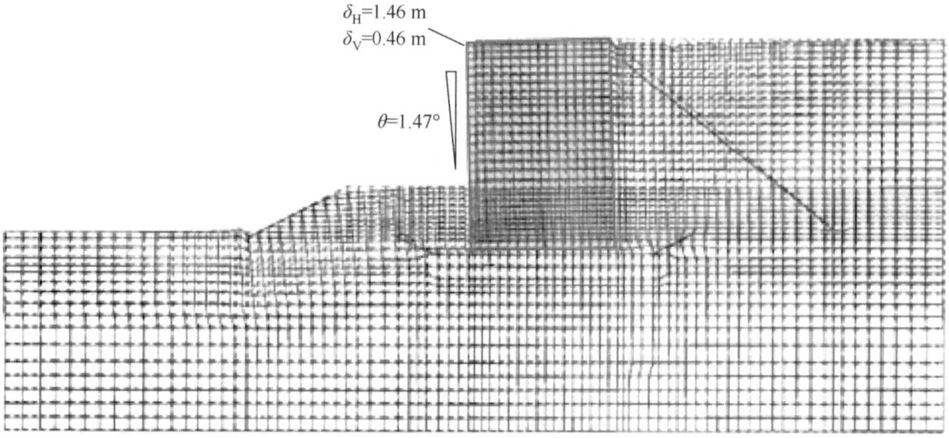

图 9-59　残余变形图

表 9-31　钢圆筒直径 24.5 m CDM 改良深支撑层断面（水深−20.1 m）

位置	节点号码	残余位移/m		最大位移/m		最大加速度/(m/s^2)	
		水平方向	铅直方向	水平方向	铅直方向	水平方向	铅直方向
法先	1470	−1.672	−0.707	−1.992	−0.718	−3.105	−1.852
法肩	9493	−1.850	−1.371	−2.125	−1.411	−3.008	−2.049
岸壁底面	9521	−0.920	−0.513	−1.067	−0.519	−2.461	2.421
岸壁顶端	5563	−1.692	−0.516	−1.970	−0.524	−4.717	2.608
钢圆筒中央	2926	−1.702	−0.120	−1.986	−0.120	5.381	0.435
背后地基	4486	−0.547	−0.295	−1.212	−0.462	−3.281	1.674
海侧轨道	6597	−1.753	−0.184	−1.970	−0.184	−5.019	0.568
陆地侧轨道	9357	−1.243	0.029	−1.683	0.058	−6.189	0.182
残余倾斜角 1.834°							

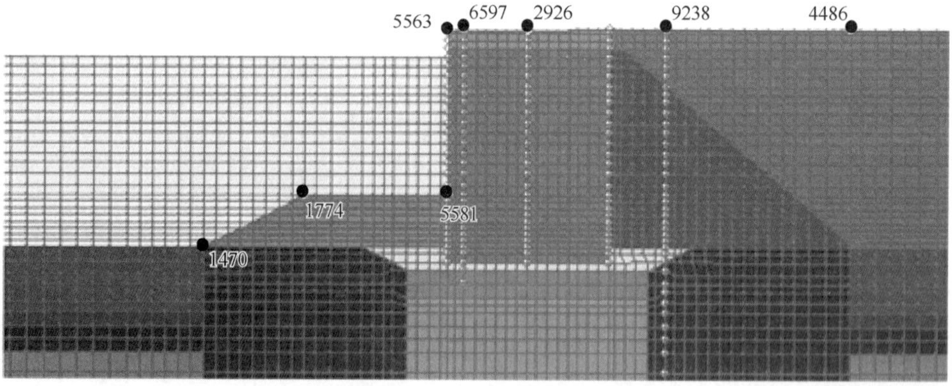

图 9-60　着目位置的节点号码

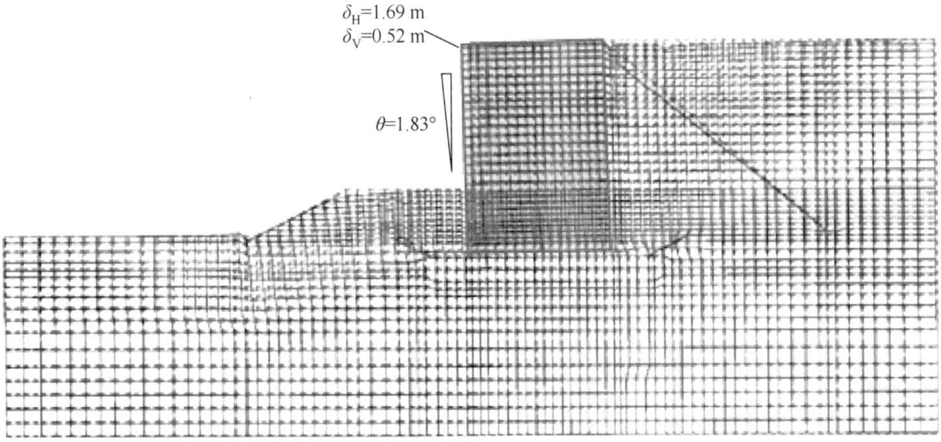

图 9-61 残余变形图

表 9-32 钢圆筒直径 25.0 m CDM 改良深支撑层断面（水深−22.1 m）

位置	节点号码	残余位移/m		最大位移/m		最大加速度/(m/s²)	
		水平方向	铅直方向	水平方向	铅直方向	水平方向	铅直方向
法先	1470	−1.522	−0.680	−1.803	−0.688	−3.064	−1.884
法肩	1698	−2.082	−1.611	−2.360	−1.649	−3.301	−2.555
岸壁底面	5583	−0.850	−0.538	−0.975	−0.543	−2.496	2.343
岸壁顶端	5563	−1.675	−0.540	−1.933	−0.545	4.468	2.609
钢圆筒中央	2926	−1.686	−0.140	−1.949	−0.140	5.125	0.382
背后地基	4486	−0.549	−0.303	−1.214	−0.471	−3.269	1.740
海侧轨道	6597	−1.737	−0.200	−1.993	−0.201	4.749	−0.551
陆地侧轨道	9357	−1.265	0.013	−1.664	0.056	−5.893	−0.811
残余倾斜角 1.961°							

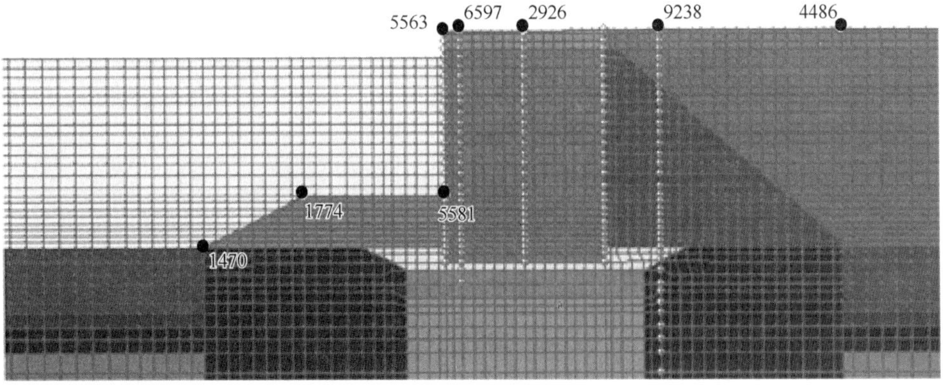

图 9-62 着目位置的节点号码

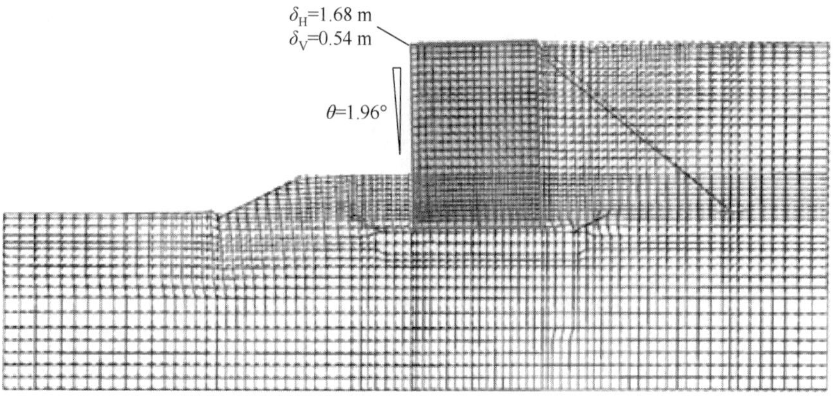

图 9-63　残余变形图

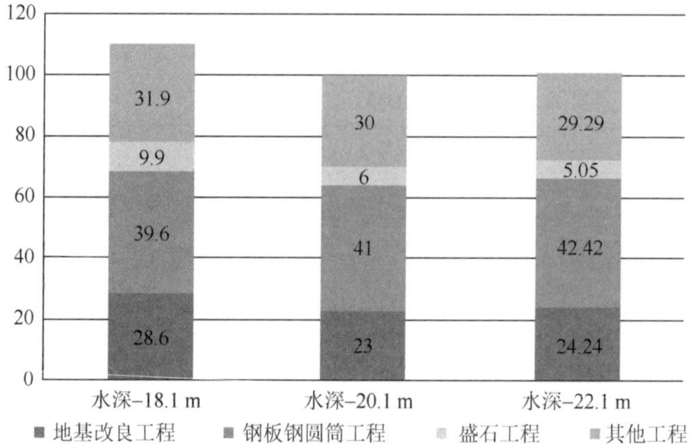

图 9-64　花费比（水深–20.1 m 的工费）

9.3.3.3　板厚度的检查讨论

以现行的港湾技术基准，在海地面设置钢圆筒壳及打设之后，采用中部在被填满状态下的应力计算来设定钢板厚度的方法。中间填充部位的土压系数为 0.6，永续状态下的极限值为钢材屈服强度的 0.65 倍。另外，关于副格仓，根据现场测量计算的结果显示钢圆筒的中心间隔与钢圆筒的直径比在 0.5 以下的情况下，中间填充土的土压系数在钢圆筒直径的 1/2 以下，板厚度应减少 1/2。

以下为关于直径 24.5 m 钢圆筒及副格仓的板厚度设定的设计计算。另外，因为第 1 等级地震发生时的变动状态，第 2 等级地震发生时的偶发状态下，不进行钢板厚度及接头应力的确认，使用 9.3.4 三维静态分析的对应位移法进行检证。

1. 钢圆筒的钢板厚度

（1）检查讨论条件

1）计划

天顶高：4.00 m

海底面：–20.10 m

前面水位：H.W.L 为 2.00 m

L.W.L 为 0.00 m

内水位：1.33 m

2）上置荷载

上置荷载：20.0 kN/m^2

3）海水的单位体积重量 10.1 kN/m^3

4）土质条件

中间填充土（到海底面为止，见表 9-33）。

表 9-33　土质条件

土质		E.L		γ_i/(kN/m^3)	φ/(°)	C/(kN/m^2)
		上端/m	下端/m			
中间填充土	空气中	4.00	1.33	18.0	30.0	0.0
中间填充土	水中	1.33	0.00	10.0	30.0	0.0
中间填充土	水中	0.00	–20.10	10.0	30.0	0.0

5）部分系数

钢材屈服强度：$\gamma_{\sigma y}$ 0.65

中间填充土土压系数 γ_{ki}：1.15

中间填充土的换算单位体积重量 γ_{w0}：1.00

荷载重 γ_q：1.00

残余水位 $\gamma_{R.W.L}$：1.05

（2）换算壁高的计算

$$H_0' = \frac{\gamma'}{\gamma_0} H_w + \frac{\gamma}{\gamma_0}(H_d - H_w)$$

式中，H_0' ——换算壁高；

H_d——从海底面到天顶的高度（m）$H_d = 24.10$ m；

H_w——从海底面到内水面的高度（m）$H_w = 21.43$ m；

γ——内水面到上部中间填充的单位体积重量 $\gamma = 18.0$ kN/m^3；

γ'——被水饱和的中间填充的单位体积重量 $\gamma' = 10.0$ kN/m^3；

γ_0——中间填充的换算单位体积重量 $\gamma_0 = 10.0$ kN/m^3；

$H_0' = 10.0 \div 10.0 \times 21.43 + 18.0 \div 10.0 \times (24.10 - 21.43) = 22.10$ m。

（3）作用在钢圆管壳上的最大水平方向张力

$$T = \{(w_{0d} \cdot H_0' + q_d) \cdot K_{id} + \rho_0 \cdot g \cdot h_{wd}\} \cdot R$$

式中，　T——水平方向张力；

$w_{0\mathrm{d}}$——中间填充换算单位体积重量 $w_{0\mathrm{d}} = \gamma_{w0} \cdot w_{0\mathrm{k}} = 10.00\ \mathrm{kN/m^3}$；

$w_{0\mathrm{k}}$——中间填充的换算单位体积 $w_{0\mathrm{d}} = 10.00\ \mathrm{kN/m^3}$；

H_0'——海底面上的换算壁高 $H_0' = 26.24\ \mathrm{m}$；

q_d——荷载重 $q_\mathrm{d} = \gamma_y \cdot q_\mathrm{k} = 20.00\ \mathrm{kN/m^2}$；

q_k——荷载重 $q_\mathrm{k} = 20.00\ \mathrm{kN/m^2}$；

K_id——中间填充土压系数 $K_\mathrm{id} = \gamma_{ki} + k_{ik} = 0.69$；

K_ik——中间填充土压系数 $K_\mathrm{ik} = 0.6$；

ρ_0——海水的密度 1.025 $\mathrm{t/m^3}$；

g——重力加速度 9.805 m/s；

h_wd——钢圆管内与前面的水位差，

$$h_\mathrm{wd} = \gamma_{hw} \cdot [\mathrm{LWL} + 2/3 \cdot (\mathrm{HWL} - \mathrm{LWL})] - \mathrm{LWL} = 1.40;$$

R——钢圆管壳的半径 $R = 12.25\ \mathrm{m}$

$$\therefore T = [(10.00 \times 26.24 + 20.00) \times 0.69 + 1.03 \times 9.81 \times 1.40] \times 12.25$$
$$= 2560.27\ \mathrm{kN/m}。$$

（4）钢圆筒壳的必要板厚

$$t_0 = \frac{b \cdot T}{\sigma_\mathrm{yd}}$$

式中，　t_0——必要板厚；

b——单位宽度，$b = 1.000\ \mathrm{m}$；

T——水平方向张力 $T = 2559.35\ \mathrm{kN/m}$；

σ_yd——可容许的拉伸剪应力度 $\sigma_\mathrm{yd} = 211\ \mathrm{N/mm^2}$；

$\sigma_\mathrm{yk} = 325\ \mathrm{N/mm^2}$ SM490

$t_0 = 1 \times 2560.27 \div 211$

$= 12.13\ \mathrm{mm}$。

（5）腐蚀余量

$$\Delta t - v_1 T_0 (1 - \varepsilon / 100) + v_1 (T_\mathrm{L} - T_0) + v_2 (T_\mathrm{L} - T_i)$$
$$= 2.00\ \mathrm{mm}$$

设计可用时间：$T_\mathrm{L} = 50\mathrm{a}$

防腐蚀期间钢圆筒壳外面：$T_0 = 50\mathrm{a}$

钢圆筒壳内面：$T_i = 0\mathrm{a}$

腐蚀速度水中：$v_1 = 0.2\ \mathrm{mm/a}$

土中：$v_2 = 0.02\ \mathrm{mm/a}$

电化学保护效率：$t = 90\%$。

（6）使用板厚

$$t = t_0 + \Delta t = 12.13 + 2.00 = 14.13\ \text{mm}$$
$$\rightarrow t = 15.00\ \text{mmSM490}$$

因此，减去腐蚀余量 2.00 mm 的板厚为 13.00 mm，调整为 N 与 mm 的单位、$\sigma_d = T/(b \cdot t_0) = 2559.35 \times 10^3/1.000 \times 10^3/13 \times 10^{-3} = 197\ \text{N/mm}^2$

2. 副格仓的板厚

（1）检查讨论条件

1）计划

天顶高：4.00 m

海底面：–20.10 m

前面水位：H.W.L 为 2.00 m

L.W.L 为 0.00 m

内水位：1.33 m

2）上置荷载

上置荷载：20.0 kN/m^2

3）海水的单位体积重量 10.1 kN/m^3

4）土质条件

中间填充土（到海底面为止，见表 9-34）。

表 9-34　土质条件

土质		部位		γ_i /(kN/m^3)	φ/(°)	C/(kN/m^2)
		上端/m	下端/m			
中间填充土	空气中	4.00	1.33	18.0	30.0	0.0
中间填充土	水中	1.33	0.00	10.0	30.0	0.0
中间填充土	水中	0.00	–20.10	10.0	30.0	0.0

5）部分系数

钢材屈服强度 γ_{σ_y}：0.65

中间填充土土压系数 γ_{ki}：1.15

中间填充土的换算单位体积重量 γ_{w0}：1.00

荷载重 γ_q：1.00

残余水位 $\gamma_{R.W.L}$：1.05

（2）换算壁高的计算

$$H_0' = \frac{\gamma'}{\gamma_0} H_w + \frac{\gamma}{\gamma_0}(H_d - H_w)$$

式中，H_0'——换算壁高；

H_d——从海底面到天顶的高度，$H_d = 24.10$ m；

H_w——从海底面到内水面的高度，$H_w = 21.43$ m；

γ——内水面到上部中间填充的单位体积重量，$\gamma = 18.0$ kN/m^3；

γ'——被水饱和的中间填充的单位体积重量，$\gamma' = 10.0$ kN/m^3；

γ_0——中间填充的换算单位体积重量，$\gamma_0 = 10.0$ kN/m^3；

$H_d' = 10.0 \div 10.0 \times 21.43 + 18.0 \div 10.0 \times (24.10-21.43) = 22.10$ m。

（3）作用在副格仓上的最大水平方向张力

$$T = \left[\frac{1}{2}(w_{0d} \cdot H_0' + q_d) \cdot K_{id} + \rho_0 \cdot g \cdot h_{wd}\right] \cdot R$$

式中，T——水平方向张力；

w_{0d}——中间填充换算单位体积重量，$w_{0d} = \gamma_{w0} \cdot w_{0k} = 10.00$ kN/m^3；

w_{0k}——中间填充的换算单位体积，$w_{0k} = 10.00$ kN/m^3；

H_0'——海底面上的换算壁高，$H_0' = 26.24$ m；

q_d——荷载重，$q_d = \gamma_y \cdot q_k = 20.00$ kN/m^2；

q_k——荷载重，$q_k = 20.00$ kN/m^2；

K_{id}——中间填充土压系数，$K_{id} = \gamma_{ki} + k_{ik} = 0.69$；

K_{ik}——中间填充土压系数，$K_{ik} = 0.6$；

ρ_0——海水的密度 1.025 t/m^3；

g——重力加速度 9.805 m/s^2；

h_{wd}——钢圆管内与前面的水位差，

$$h_{wd} = \gamma_{hw} \cdot \{\text{LWL} + 2/3 \cdot (\text{HWL} - \text{LWL})\} - \text{LWL} = 1.40;$$

R——副格仓的半径，$R = 7.57$ m。

$$\therefore T = \left[\frac{1}{2} \times (10.00 \times 26.24 + 20.00) \times 0.69 + 1.03 \times 9.81 \times 1.40\right] \times 7.57 = 844.62 \text{ kN/m}$$

（4）副格仓的必要板厚

$$t_0 = \frac{b \cdot T}{\sigma_{yd}}$$

式中，t_0——必要板厚；

b——单位宽度，$b = 1.000$ m；

T——水平方向张力，$T = 844.62$ kN/m；

σ_{yd}——可容许的拉伸剪应力度，$\sigma_{yd} = 159$ N/mm^2；

$\sigma_{yk} = 245$ N/mm^2 SM490；

$t_0 = 1 \times 844.62 \div 159 = 5.31$ mm

（5）腐蚀余量

$$\Delta t - v_1 T_0 (1 - \varepsilon / 100) + v_1 (T_L - T_0) + v_2 (T_L - T_i) = 2.00 \text{ mm}$$

设计可用时间：$T_L = 50$a
防腐蚀期间钢圆筒壳外面：$T_0 = 50$a
钢圆筒壳内面：$T_i = 0$a
腐蚀速度水中：$v_1 = 0.2$ mm/a
土中：$v_2 = 0.02$ mm/a
电化学保护效率：$t = 90\%$

（6）使用板厚

$$t = t_0 + \Delta t = 5.31 + 2.00 = 7.31 \text{ mm}$$
$$\rightarrow t = 8.00 \text{ mm SM490}$$

因此，减去腐蚀余量 2.00 mm 的板厚为 6.00 mm，调整为 N 与 mm 的单位、$\sigma_d = T / (b \cdot t_0) = 844.62 \times 10^3 / 1.000 \times 10^3 / 6 \times 10^{-3} = 141$ N/mm^2

9.3.4 由三维静态分析的检查讨论

以根据 FLIP 二维地震的对应分析的对应结果为前提，进行岸壁的抗震性能检查，设定了结构物的各元素与地基改良范围及各元素，并确定了断面。然而，二维地震响应分析因钢圆筒及副格仓的各元素被模式化，难以确定钢板上发生的应力、变形，以及接口处产生的错位。

在此，本节将模式化钢圆筒及副格仓为三维 shell 参数，中间填充土为固体参数，根据对应变位法实施三维静态分析，设置了地面或背后的三维模型。为求地震前的初期应力对施工步骤进行自重分析，接着通过 FLIP 抽出钢圆筒的对应变位与对应加速度，强制变位作用在发条末端的同时，通过惯性力在中间填土及钢板构件做功求得建筑物的响应。

9.3.4.1 三维模型的构筑

图 9-65 所示为分析模型图，以邻接“深支撑层的地震”与“最浅地基”的钢圆筒为对象。

钢圆筒、副格仓：厚壁四边形 shell 参数
钢材的弹性系数：$E_S = 2.0 \times 10^8$ kN/m^2
泊松比：$\nu = 0.3$
单位体积重量：$\gamma = 77.0$ kN/m^3
板厚：$t = 15$ mm

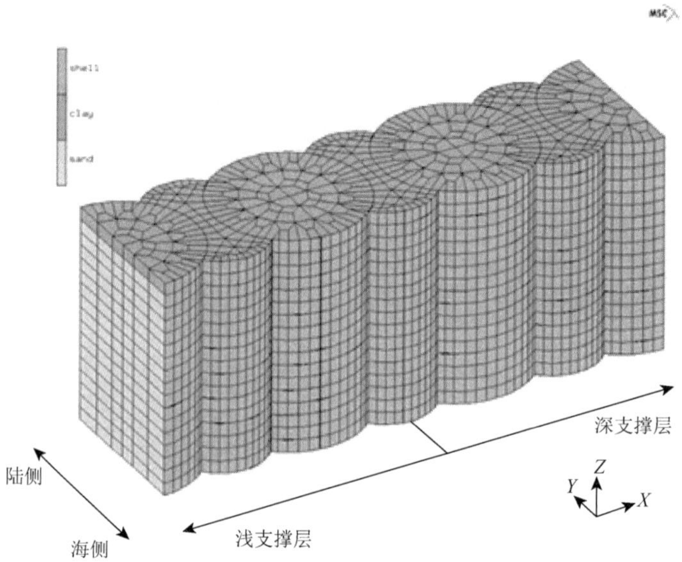

图 9-65　分析模型图

材质钢圆筒壳：SM490（σ_y = 315 N/mm^2）

副格仓：SS400（σ_y = 235 N/mm^2）

中间填充沙：固体参数→φ = 30°相当于（N = 10）

变形系数：$E_0 = 2800\ N = 2800 \times 10 = 2.8 \times 10^4$ kN/m^2

$= K_H/(1 + K_H) = 0.6/1.6 = 0.375$

设计静止土压系数：$K_H = 0.6$

湿润单位体积重量：γ_t = 20.0 kN/m^3

饱和单位体积重量：γ_t' = 10.0 kN/m^3

接口：双线性型非线形 2 节点发条（3 个并进发条 + 1 个回转发条）（图 9-66）

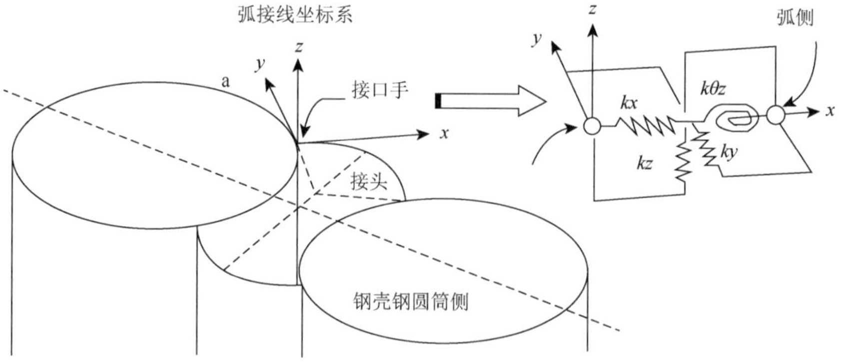

图 9-66　接头发条的模型化

设定了在铅直方向上有摩擦型的上限值的接口特性

发条值：$kz = 1200\ \text{MN/m}^2$（与 p-p 接口同样）

发条反力的上限值：

在水平轴方向上拉伸时 $\tau_{\max} = \mu\sigma_x$（$\mu = 0.6$，$\sigma_x$ 为水平轴方向反力）

超过 $\tau_{\max}$ 时，K 为初期斜率的 1/1000

在水平轴方向上压缩时 $\tau_{\max} = 0$，K 为初期斜率的 1/1000

另外，随着水平轴防线发条反力的符号每次反转，铅直方向发条的相对位移会重置到 0。

基础敷石：线形 2 节点发条（铅直 + 水平剪应发条）→$N = 10$

变形系数：$E_0 = 2800\ N = 2800\ \text{kN/m}^2$

泊松比：$\nu = 0.33$

铅直方向发条：

$$k_v = k_{v0}(B_v/0.3)^{-3/4}，\ k_{v0} = \alpha E_0 / 0.3$$

式中，B_v——基础的换算荷载宽度；

α——地基反力系数推定下的系数；

水平剪切发条：$k_s = 0.3\ k_v$

前面盛石：线形 2 节点发条（水平 + 铅直剪切发条）→$\varphi = 40°$ 相当于（$N = 30$）

变形系数：$E_0 = 2800\ N = 2800 \times 30 = 8.4 \times 10^4\ \text{kN/m}^2$

泊松比：$\nu = 0.33$

水平方向发条 $K_H = K_H = \alpha_K \cdot K_{H0}(B_e / 0.3)^{-3/4}, K_{H0} = \alpha E_0 / 0.3$

在此，α_K——井筒侧面剪切抵抗或中间填充物内部的抵抗的比例增加系数，此时为 1.0；

B_e——作为连续壁设定 $B_e = 10$ m；

α——基于地基反应力系数的系数，适用于地震时 $\alpha = 2$。

铅直剪切发条：$K_{SVB} = 0.3\ K_H$

背后嵌入：线形 2 节点发条（水平 + 铅直剪应力发条）

与前面盛石相同。

接触部位（中间填充沙）：非线型 2 节点发条（水平 + 铅直剪切发条）

连系钢圆筒壳与中间填充沙的水平方向发条在压缩方向是坚硬的，拉伸方向 $k \cong 0$，考虑钢圆筒壳与中间填充沙的分离，抽出在钢圆筒壳上做功的土压。铅直方向剪切发条设定为上限值为 $P_h \cdot \tan\varphi$ 双线性型非线形发条。在此，发条值使用高强度的值。

9.3.4.2 二维地震的响应分析

使用三维静态分析注意单位时间的地基位移，为求惯性力，需确认二维地震响应分析的响应。由于响应位移法中无视了减衰力故假设速度为 0，应注意最大位移时间点即残余位移时间点。然而，由于此地基条件在法线方向上发生变化，也有必要注意关于邻接的其他钢圆筒的相对位移达到极大值状态，如图 9-67～图 9-70，表 9-35、表 9-36 所示“深支撑层地基”与“最浅的地基”的两断面为对象。

图 9-67　网格图（深地基）

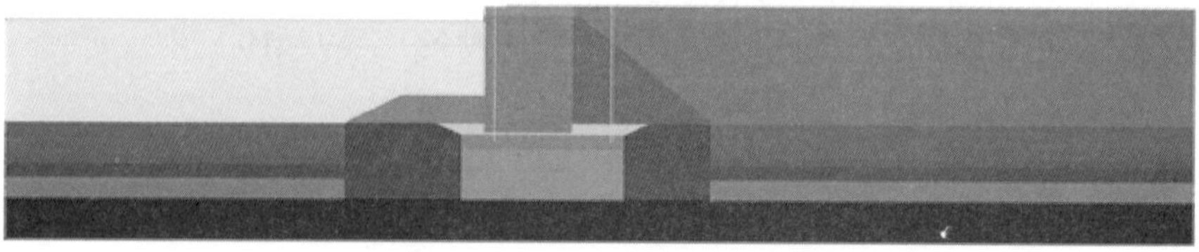

图 9-68　土层区分图（深地基）

图 9-69　网格图（最浅地基）

图 9-70　土层区分图（最浅地基）

表 9-35　深地基的 FLIP 地基的解析参数

地基物性值一览表（深支撑层·原地基）

（a）

标高/m −27.70	层厚/m	名称	单位体积重量 γ_t /(kN/m³)	有效单位体积重 γ_t' /(kN/m³)	N 值	有效上载压 $\Sigma v'$ /(kN/m²)	细粒含量 F_c/%	初期剪切力波速度 V_s/(m/s)	黏聚力 C /(kN/m²)	内摩擦角 /(°)
−31.70	4.00	Ac1-1	15.0	5.0	0	10.0	87.0	57.4	7.3	30.00
−37.30	5.60	Ac1-2	15.0	5.0	0	34.0	87.0	105.8	23.9	30.00
−39.20	1.90	Asc	16.5	6.5	0	54.2	43.0	145.4	38.0	30.00
−43.10	3.90	As2	17.5	7.5	8	75.0	43.0	157.2	0.0	39.12
−45.90	2.80	Ac2-1	17.0	7.0	0	99.4	88.0	161.2	43.0	30.00
−48.70	2.80	Ac2-2	17.0	7.0	0	119.0	88.0	176.4	48.4	30.00
−60.00	11.30	BR（地基）	18.5	8.5	0	176.8	—	450.0	—	—

（b）

标高/m −27.70	层厚/m	名称	基准平均有效力/(kN/m²)	基准初期剪切力/(kN/m²)	基准初期体积刚力/(kN/m²)	参数 mG，mK	泊松比 v	间隙率 n	最大衰减 h_{max}
−31.70	4.00	Ac1-1	7.5	5 040	13 143	0.500	0.330	0.550	0.150
−37.30	5.60	Ac1-2	25.5	17 135	44 686	0.500	0.330	0.550	0.150
−39.20	1.90	Asc	40.6	35 613	92 873	0.500	0.330	0.550	0.210
−43.10	3.90	As2	56.2	44 148	115 130	0.500	0.330	0.450	0.200
−45.90	2.80	Ac2-1	74.6	45 089	117 584	0.500	0.330	0.550	0.170
−48.70	2.80	Ac2-2	89.3	53 979	140 769	0.500	0.330	0.550	0.170
−60.00	11.30	BR（地基）	V_P = 1653		—	—	0.460	—	—

注：V_P 指纵波传播速度，余同。

地基物性值一览表（深支撑层・埋立地基）

（c）

标高/m 4.20	层厚/m	名称	单位体积重量 γ_t/(kN/m³)	有效单位体积重 γ_t'/(kN/m³)	N 值	有效上载压 $\Sigma v'$/(kN/m²)	细粒含量 F_c/%	初期剪切力波速度 V_s/(m/s)	黏聚力 C/(kN/m²)	内摩擦角/(°)
1.33	2.87	埋立土（水上面）	18.0	18.0	0	25.8	15.0	100.0	0.0	30.00
−8.00	9.33	埋立土（水面下①）	20.0	10.0	0	98.3	15.0	100.0	0.0	30.00
−18.00	10.00	埋立土（水面下②）	20.0	10.0	0	195.0	15.0	100.0	0.0	30.00
−27.70	8.80	埋立土（水面下③）	20.0	10.0	8	293.5	15.0	100.0	0.0	39.12
−31.70	4.00	Ac1-1	15.0	5.0	0	352.0	87.0	211.1	98.5	30.00
−37.30	0.60	Ac1-2	15.0	5.0	0	376.0	87.0	218.2	101.5	30.00
−39.20	1.90	Asc	16.5	6.5	0	396.1	43.0	243.9	107.0	30.00
−43.10	3.90	As2	17.5	7.5	18.9	416.9	43.0	241.5	0.0	39.12
−45.90	2.80	Ac2-1	17.0	7.0	0	441.4	88.0	228.7	86.6	30.00
-48.70	2.80	Ac2-2	17.0	7.0	0	464.0	88.0	240.3	89.8	30.00
−60.00	11.30	BR（地基）	18.5	8.5	50	518.8	—	450.0	—	—

（d）

标高/m 4.20	层厚/m	名称	基准平均有效力/(kN/m²)	基准初期剪切力/(kN/m²)	基准初期体积刚力/(kN/m²)	参数 mG，mK	泊松比 v	间隙率 n	最大衰减 h_{max}
1.33	2.87	埋立土（水上面）	19.4	18 367	47 899	0.500	0.330	0.550	0.200
−8.00	9.33	埋立土（水面下①）	73.7	20 408	53 221	0.500	0.330	0.550	0.200
−18.00	10.00	埋立土（水面下②）	146.2	20 408	53 221	0.500	0.330	0.550	0.200
−27.70	8.80	埋立土（水面下③）	220.1	20 408	53 221	0.500	0.330	0.450	0.200

续表

标高/m 4.20	层厚/m	名称	基准平均有效力/(kN/m^2)	基准初期剪切力/(kN/m^2)	基准初期体积刚力/(kN/m^2)	参数 mG，mK	泊松比 v	间隙率 n	最大衰减 h_{max}
−31.70	4.00	Ac1-1	264.0	66 224	177 917	0.500	0.330	0.550	0.150
−37.30	0.60	Ac1-2	282.0	72 876	190 049	0.500	0.330	0.550	0.150
−39.20	1.90	Asc	297.1	100 157	261 193	0.500	0.330	0.550	0.210
−43.10	3.90	As2	312.7	104 108	271 497	0.500	0.330	0.450	0.200
−45.90	2.80	Ac2-1	331.0	90 747	236 654	0.500	0.330	0.550	0.170
−48.70	2.80	Ac2-2	345.7	100 166	261 218	0.500	0.330	0.550	0.170
−60.00	11.30	BR（地基）	$V_P = 1653$		—	—	0.460	—	—

改良地基物性值一览表

（e）

编号	名称	单位体积重量 γ_t/(kN/m^3)	有效单位体积重 γ_t'/(kN/m^3)	N 值	有效上载压 $\Sigma v'$/(kN/m^2)	细粒含量 F_c/%	初期剪切力波速度 V_s /(m/s)	基准平均有效力(kN/m^2)
1	SCPM 改良（78.5%）	20	10	—	—	—	—	98
2	盛石.敷石.里入石	20	10	—	—	—	—	98
3	填充土	20	10	10	65	—	—	98

（f）

编号	名称	基准初期剪切力 /(kN/m^2)	基准初期体积刚力 /(kN/m^2)	黏聚力 C /(kN/m^2)	内摩擦角 /(°)	参数 mG，mK	泊松比 v	间隙率 n	最大衰减 h_{max}
1	SCPM 改良（78.5%）	134000	349451	0	40	0.5	0.33	0.45	0.24
2	盛石.敷石.里入石	180000	469412	0	40	0.5	0.33	0.45	0.3
3	填充土	84495	220350	0	39.67	0.5	0.33	0.45	0.24

改良地基物性值一览表（线形平面要素）

（g）

编号	名称	泊松比 v	剪切刚性 E/(kN/m^2)	质量密度 ρ
1	CDM-100%	0.330	8.0E + 05	原地基
2	CDM-50%	0.330	4.0E + 05	原地基

液化状参数

（h）

编号	名称	液状化参数						备注
1	As2	PHIP	S1	W1	P1	P2	C1	液状化三轴结构
		28.000	0.005	4.400	0.500	1.062	1.600	

表 9-36 最浅地基的 FLIP 的地基分析参数

地基物性值一览表（浅支撑层·原地基）

（a）

标高/m	层厚/m	名称	单位体积重量 γ_t/(kN/m³)	有效单位体积重 γ_t'/(kN/m³)	N值	有效上载压 $\Sigma v'$ /(kN/m²)	细粒含量 F_c/%	初期剪切力波速度 V_s (m/s)	基准平均有效力 /(kN/m²)	基准初期剪切力 /(kN/m²)
−26.80										
−30.8	4	Ac1-1	15	5	0	10	87	57.4	7.5	5040
−31.4	0.6	Ac1-2	15	5	0	21.5	87	84.1	16.1	10836
−50	18.6	BR（地基）	18.5	8.5	0	102.1	—	450	VP = 1653	

（b）

标高/m	层厚/m	名称	基准初期体积刚力 /(kN/m²)	黏聚力 C /(kN/m²)	内摩擦角 /(°)	参数 mG，mK	泊松比	间隙率 n	最大衰减 h_{max}
−26.80									
−30.8	4	Ac1-1	13143	7.3	30	0.5	0.33	0.55	0.15
−31.4	0.6	Ac1-2	28258	15.1	30	0.5	0.33	0.55	0.15
−50	18.6	BR（地基）	—	—	—	—	0.46	—	—

地基物性值一览表（最浅支撑层的情况·埋立地基）

（c）

标高/m	层厚/m	名称	单位体积重量 γ_t /(kN/m³)	有效单位体积重 γ_t' /(kN/m³)	N值	有效上载压 $\Sigma v'$ /(kN/m²)	细粒含量 F_c/%	初期剪切力波速度 V_s/(m/s)	黏聚力 C /(kN/m²)	内摩擦角 /(°)
4.20										
1.33	2.87	埋立土（水上面）	18.0	18.0	0	25.8	15.0	100.0	0.0	30.00
−8.00	9.33	埋立土（水面下①）	20.0	10.0	0	98.3	15.0	100.0	0.0	30.00
−18.00	10.00	埋立土（水面下②）	20.0	10.0	0	195.0	15.0	100.0	0.0	30.00
−26.80	8.80	埋立土（水面下③）	20.0	10.0	0	289.0	15.0	100.0	0.0	30.00
−30.80	4.00	Ac1-1	15.0	5.0	0	343.0	87.0	208.4	96.0	30.00
−31.40	0.60	Ac1-2	15.0	5.0	0	354.5	87.0	211.9	95.7	30.00
−50.00	18.60	BR（地基）	18.5	8.5	0	435.0	—	450.0	—	—

（d）

标高/m	层厚/m	名称	基准平均有效力 /(kN/m²)	基准初期剪切力/(kN/m²)	基准初期体积刚力 /(kN/m²)	参数 mG，mK	泊松比	间隙率 n	最大衰减 h_{max}
4.20									
1.33	2.87	埋立土（水上面）	19.4	18 367	47 899	0.500	0.330	0.550	0.200
−8.00	9.33	埋立土（水面下①）	73.7	20 408	53 221	0.500	0.330	0.550	0.200

续表

标高/m 4.20	层厚/m	名称	基准平均有效力/(kN/m²)	基准初期剪切力/(kN/m²)	基准初期体积刚力/(kN/m²)	参数 mG，mK	泊松比 v	间隙率 n	最大衰减 h_{max}
−18.00	10.00	埋立土（水面下②）	146.2	20 408	53 221	0.500	0.330	0.550	0.200
−26.80	8.80	埋立土（水面下③）	216.7	20 408	53 221	0.500	0.330	0.450	0.200
−30.80	4.00	Ac1-1	257.2	66 479	173 367	0.500	0.330	0.550	0.150
−31.40	0.60	Ac1-2	265.8	68 708	179 180	0.500	0.330	0.550	0.150
−50.00	18.60	BR（地基）	$V_P = 1653$		—	—	0.460	—	—

改良地基等物性值一览表

（e）

编号	名称	单位体积重量 γ_t /(kN/m³)	有效单位体积重 γ_t' /(kN/m³)	N 值	有效上载压 $\Sigma v'$/(kN/m²)	细粒含量 F_c/%	初期剪切力波速度 V_s /(m/s)	基准平均有效力 /(kN/m²)
1	SCPM 改良（78.5%）	20	10	—	—	—	—	98
2	盛石.敷石.里入石	20	10	—	—	—	—	98
3	填充土	20	10	10	65	—	—	98

（f）

编号	名称	基准初期剪切力 /(kN/m²)	基准初期体积刚力 /(kN/m²)	黏聚力 C (kN/m²)	内摩擦角 /(°)	参数 mG，mK	泊松比 v	间隙率 n	最大衰减 h_{max}
1	SCPM 改良（78.5%）	134000	349451	0	40	0.5	0.33	0.45	0.24
2	盛石.敷石.里入石	180000	469412	0	40	0.5	0.33	0.45	0.3
3	填充土	84495	220350	0	39.67	0.5	0.33	0.45	0.24

基于主要的点的响应结果的一览表如表 9-37 及表 9-38 所示，残余变形图如图 9-71～图 9-76 所示。

“深地基”下岸壁天顶的残余水平位移为 1.65 m，“最浅地基”下为 1.47 m，显示为同程度的响应结果。另外，通过观察残余变形图，发现中间填充部的底部产生了较大的变形区域，重力式应重视由基槽及基础地基的变形造成的位移，钢圆筒结构应重视中间填充及敷石附近的变形。

起重机基础天顶的最大响应加速度为 460～500 Gal，推理观察发现对于起重机本体来说是相当大的地震。另外，起重机基础在临近陆地侧与临近大海侧面的变位动作是不同的，陆地侧的基础与大海侧的基础的天顶在水平方向上扩大。然而，最大水平相对位移被压制在 90 cm 程度。

表 9-37 变形验算结果一览表（深地基）

位置	节点号码	残余位移/m		最大位移/m		最大加速度/(m/s²)	
		水平方向	铅直方向	水平方向	铅直方向	水平方向	铅直方向
法先	1470	−1.657	−0.710	−1.969	−0.719	−3.082	−1.860
法肩	9493	−1.876	−1.457	−2.144	−1.498	−3.046	−2.325
岸壁底面	9521	−0.890	−0.518	−1.021	−0.522	2.571	2.067
岸壁顶端	5563	−1.645	−0.520	−1.920	−0.524	4.699	2.366
钢圆筒中央	2926	−1.658	−0.141	−1.940	−0.141	5.250	0.519
背后地基	4486	−0.532	−0.286	−1.211	−0.464	−3.289	−1.754
海侧轨道	6597	−1.724	−0.199	−1.928	−0.200	5.075	0.472
陆地侧轨道	9357	−1.211	0.014	−1.679	0.055	−61.57	−0.806
残余倾斜角 1.795°							

表 9-38 变形验算结果一览表（最浅地基）

位置	节点号码	残余位移/m		最大位移/m		最大加速度/(m/s²)	
		水平方向	铅直方向	水平方向	铅直方向	水平方向	铅直方向
法先	1508	−0.889	−0.211	−1.098	−0.224	−3.403	1.095
法肩	9422	−0.951	−0.456	−1.152	−0.462	−3.368	1.517
岸壁底面	9518	−0.745	−0.408	−0.894	−0.451	−2.590	1.886
岸壁顶端	5563	−1.465	−0.410	−1.754	−0.455	−4.048	2.077
钢圆筒中央	2926	−1.470	−0.051	−1.763	−0.051	−4.643	0.328
背后地基	9616	−0.513	−0.325	−1.311	−0.499	−3.226	−1.125
海侧轨道	6597	−1.520	−0.059	−1.750	−0.059	−4.585	−0.242
陆地侧轨道	9357	−1.099	0.018	−1.583	−0.018	5.929	−0.142
残余倾斜角 1.711°							

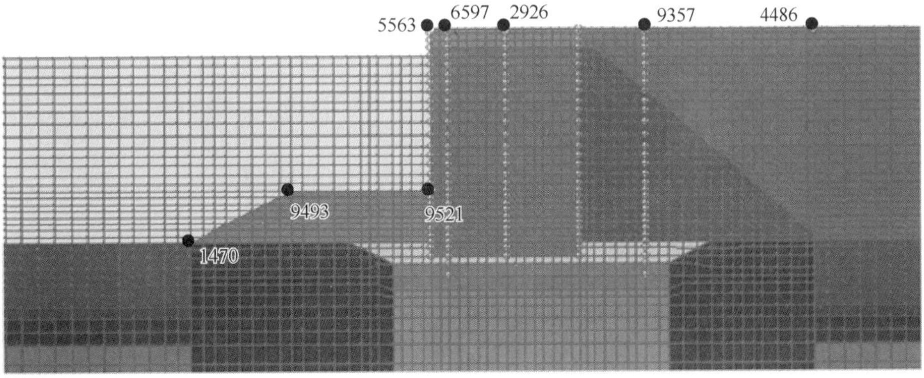

图 9-71 着目节点位置和节点号码（深地基）

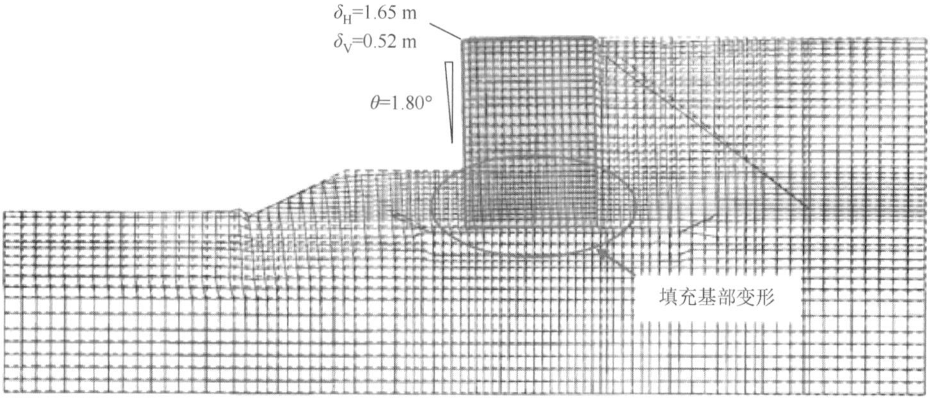

图 9-72　残余变形图（深地基）

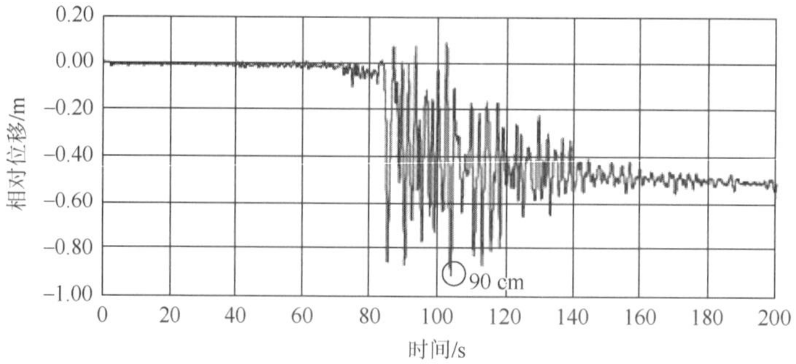

图 9-73　起重机基础相对水平位移（深地基）

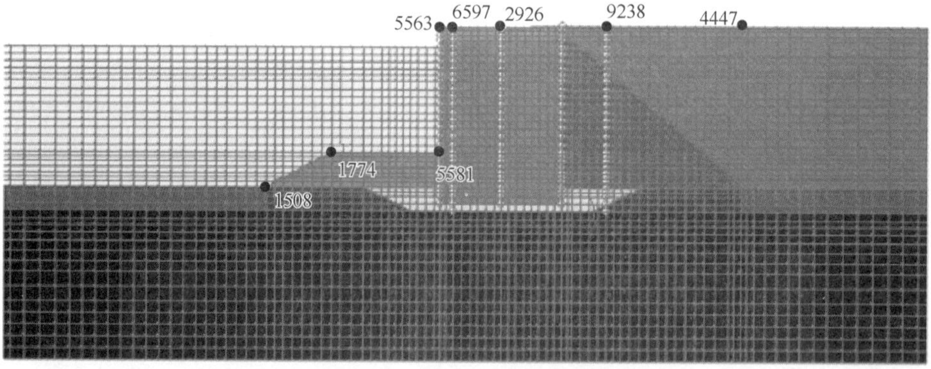

图 9-74　着目节点位置和节点号码（最浅地基）

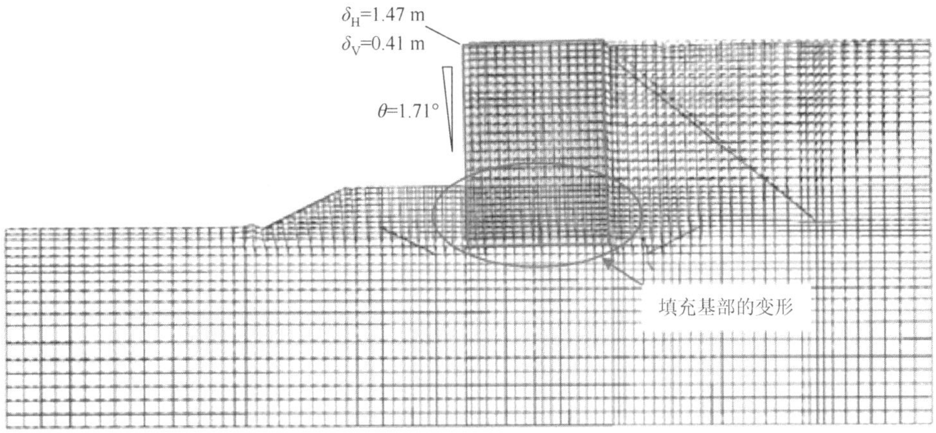

图 9-75　残余变形图（最浅地基）

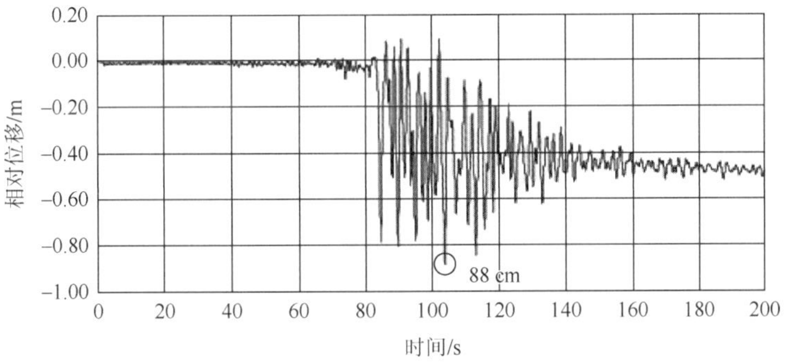

图 9-76　起重机基础相对水平位移（最浅地基）

图 9-77、图 9-80 所示为“深地基”，图 9-78、图 9-81 所示为“最浅地基”的岸壁天顶位移时刻历，图 9-79、图 9-82 所示为上述两者的相对位移时刻历。另外，图 9-83～图 9-97 所示为基于各时刻的剪应力 τ_{max}、剪切变形 γ_{max} 的分布图。

80 s 附近到 120 s 附近为主要的残余位移的发生时刻，其中抽出①～⑮的尖峰值。

基于“深地基”与“最浅地基”的岸壁天顶的水平位移的相对量位移最大时是 95 s 附近，水平位移的相对量为 35 cm。另外，虽然铅直变位的相对量也在 95 s 附近达到较大值，结论上残余时达到最大值。然而，这个量为微小的 12 cm。

观察 $t = 83.16$ s（①）的响应，剪应力 τ_{max} 集中在前趾侧面与后趾侧面的嵌入石直下的 CDM 改良体。另外，剪切变形 γ_{max} 集中于前面盛石的地面及钢圆筒前面邻接部位没钢圆筒正背后邻接部位嵌入石，嵌入石基底部，甚至，伴随着钢圆筒刚体的动作前趾侧面与后趾侧面基底部敷石层也为剪切变形 γ_{max} 集中处。

$t = 84.36$ s（②）时如图 9-77 所示为钢圆筒在临近大陆侧面处震动时的性状。这种情况下，剪应力集中在嵌入石直下的 CDM 改良体。另外，剪切变形 γ_{max} 集中在埋立土与嵌入石的边界部位。表现为钢圆筒向着临近陆地侧刚体地回转动作，剪切变形 γ_{max} 集中在前面盛石与嵌入石的边界部位。

震动性状虽然在 $t = 88.56$ s（③），90.52 s（⑤），92.76 s（⑦），101.92 s（⑩），109.40 s（⑫），113.96 s（⑭）的时刻在临近海洋侧面与 $t = 83.16$ s（①）的动作相同，经过长时间剪切变形在不断积累。

$t = 89.52$ s（④）91.64 s（⑥）94.84 s（⑧）98.48 s（⑨）103.40 s（⑪）112.60 s（⑬）的时刻反之在临近陆地侧处震动时的性状与 $t = 84.36$ s（②）的响应有类似的动作。与上面所述同样，经过长时间剪切变形在不断积累。

确认残余时 $t = 200$ s（⑮）后，钢圆筒在保持刚体动作的状态向前面方向翻倒的模式下产生残余位移。钢圆筒下端部中间填充土为直线的剪切变形集中，形成滑面。无论前趾侧与后趾侧的敷石层发生剪切变形，钢圆筒中央下端的敷石层所产生的剪切变形较小。虽然前面侧盛石沿着法线进行变形，CDM 改良体成为坚固的基础地基抑制全体变形。另一边，背后地基形成主要动作领域，对于钢圆筒的翻倒模式，其背后的嵌入石与边界部位发生剪应力错位，另外，背后地基的地表面下沉。可以认定在临近陆地侧的基础桩周边的埋立土受到桩的影响，此处为变形集中的区域。

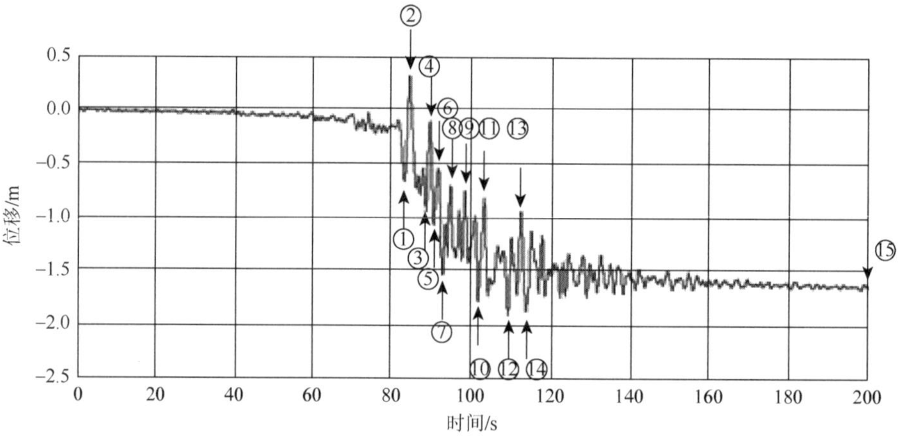

图 9-77　岸壁天顶水平位移时刻历（深支撑层）

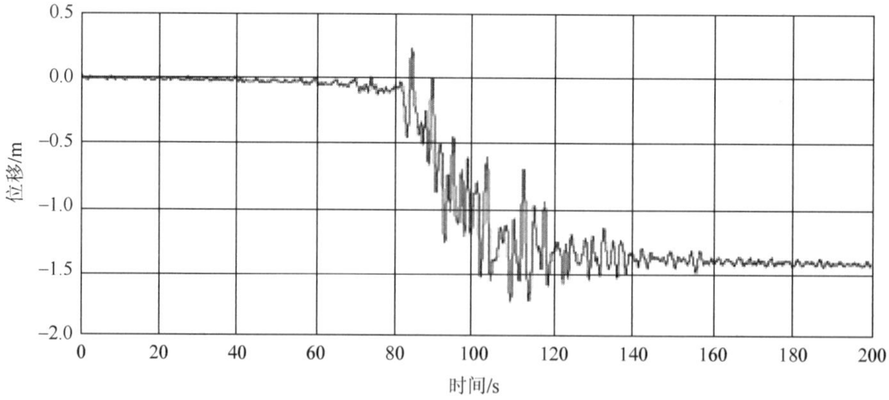

图 9-78　岸壁天顶水平位移时刻历（最浅支撑层）

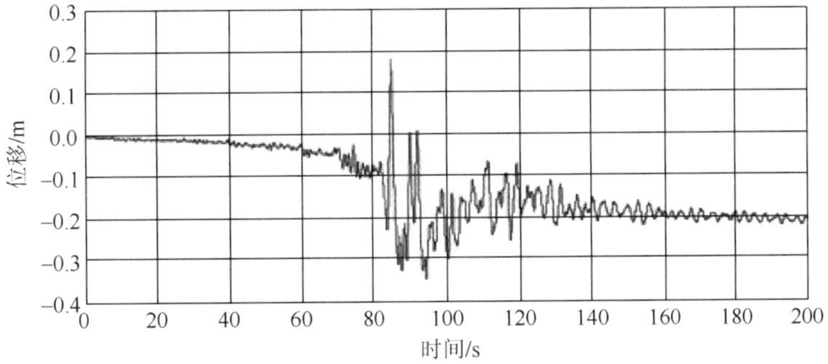

图 9-79 岸壁天顶相对水平位移时刻历

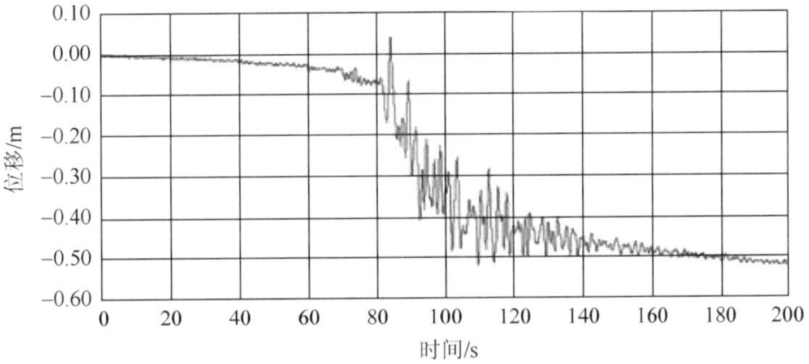

图 9-80 岸壁天顶铅直位移时刻历（深支撑层）

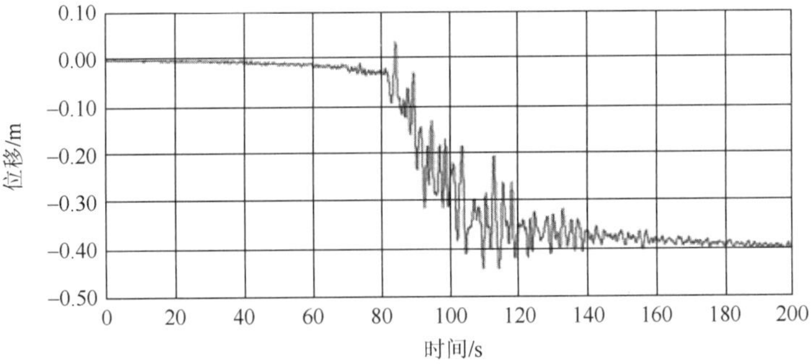

图 9-81 岸壁天顶铅直位移时刻历（最浅支撑层）

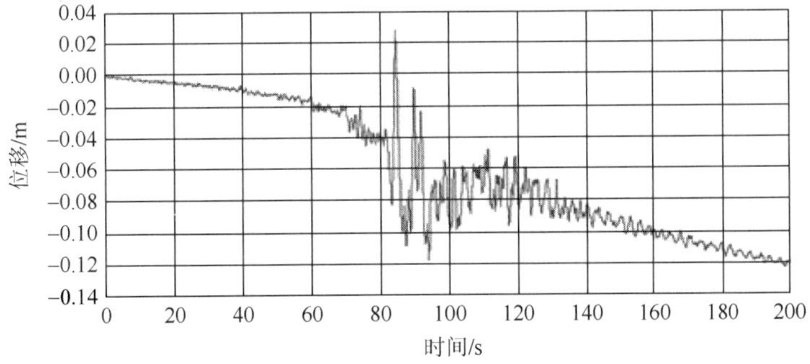

图 9-82 岸壁天顶相对铅直位移时刻历

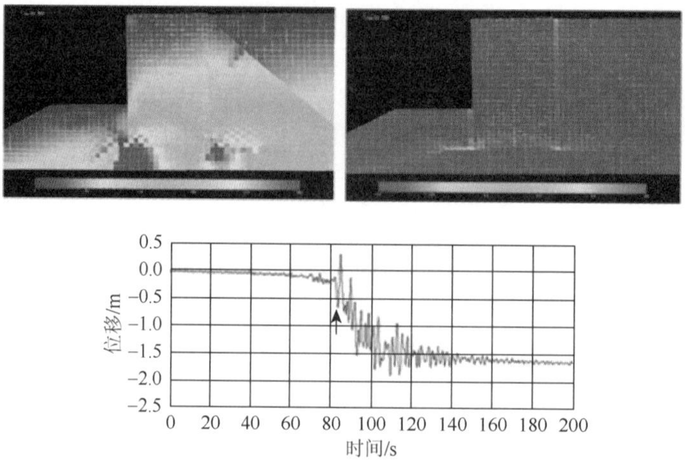

图 9-83　天顶水平时刻历的着目时刻的变形图及 τ_{max}、γ_{max} 分布图（① $t=83.16$ s 深支撑层）

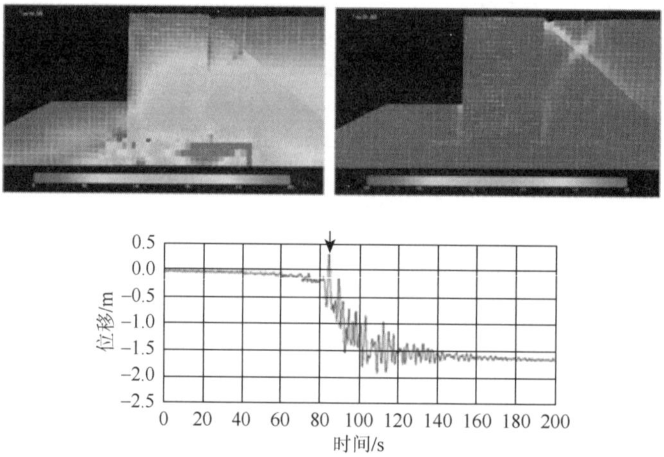

图 9-84　天顶水平时刻历的着目时刻的变形图及 τ_{max}、γ_{max} 分布图（② $t=84.36$ s 深支撑层）

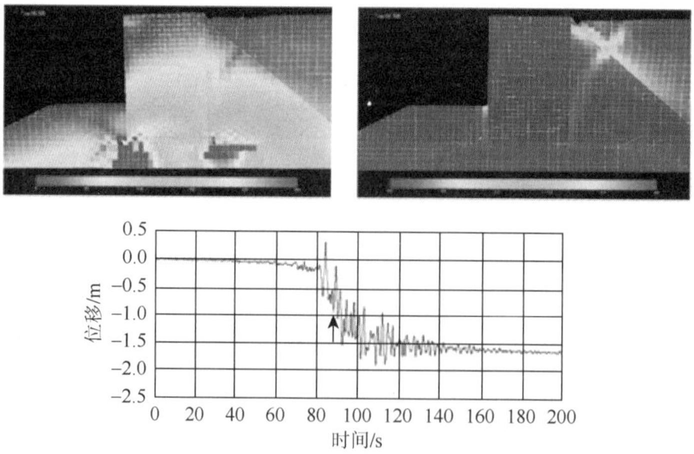

图 9-85　天顶水平时刻历的着目时刻的变形图及 τ_{max}、γ_{max} 分布图（③ $t=88.56$ s 深支撑层）

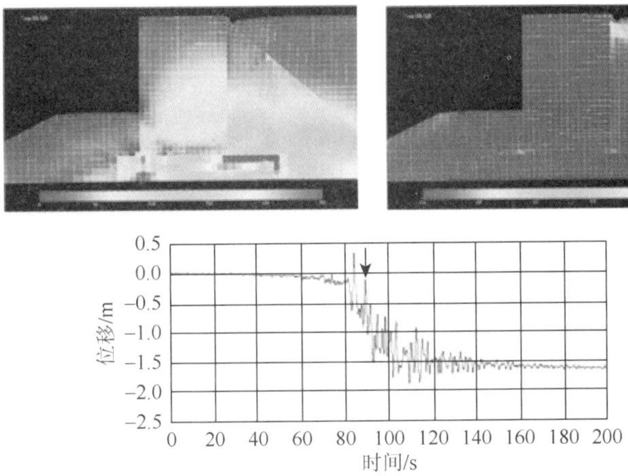

图 9-86 天顶水平时刻历的着目时刻的变形图及 τ_{max}、γ_{max} 分布图（④ $t = 89.52$ s 深支撑层）

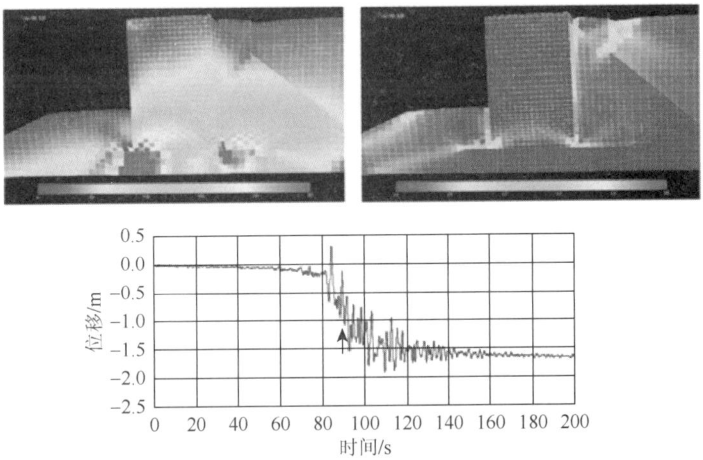

图 9-87 天顶水平时刻历的着目时刻的变形图及 τ_{max}、γ_{max} 分布图（⑤ $t = 90.52$ s 深支撑层）

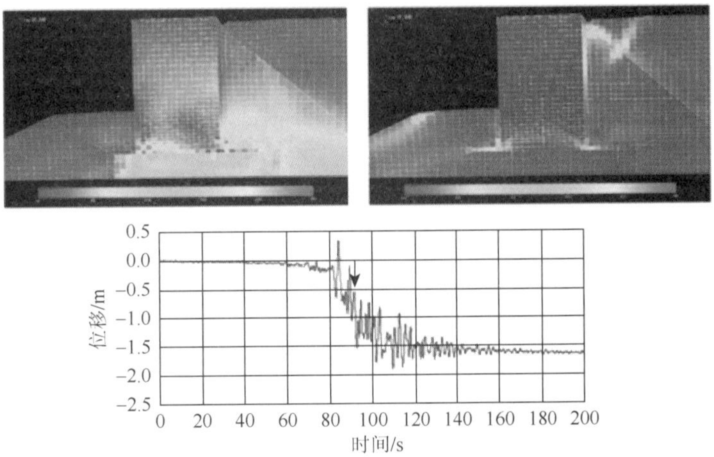

图 9-88 天顶水平时刻历的着目时刻的变形图及 τ_{max}、γ_{max} 分布图（⑥ $t = 91.64$ s 深支撑层）

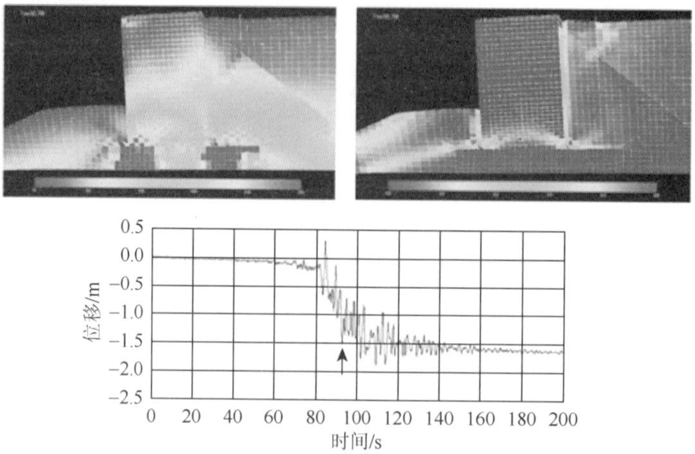

图 9-89　天顶水平时刻历的着目时刻的变形图及 τ_{max}、γ_{max} 分布图（⑦ $t = 92.76$ s 深支撑层）

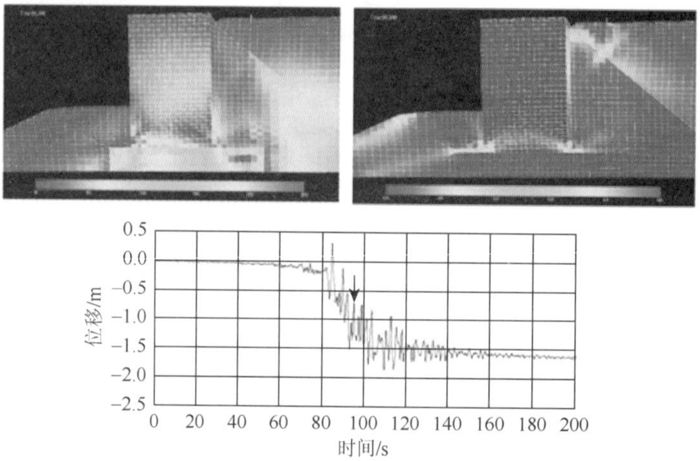

图 9-90　天顶水平时刻历的着目时刻的变形图及 τ_{max}、γ_{max} 分布图（⑧ $t = 94.84$ s 深支撑层）

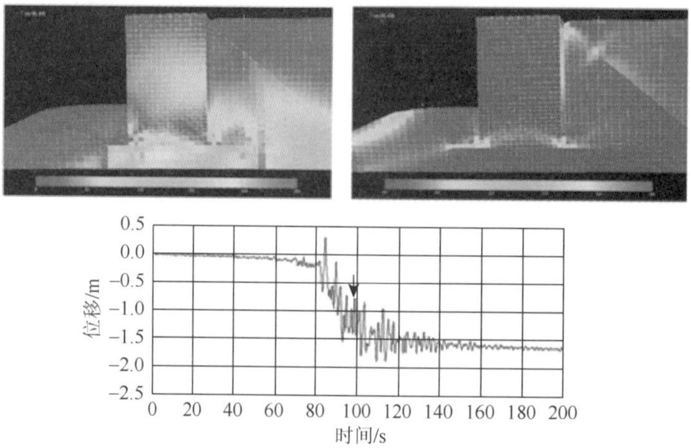

图 9-91　天顶水平时刻历的着目时刻的变形图及 τ_{max}、γ_{max} 分布图（⑨ $t = 98.48$ s 深支撑层）

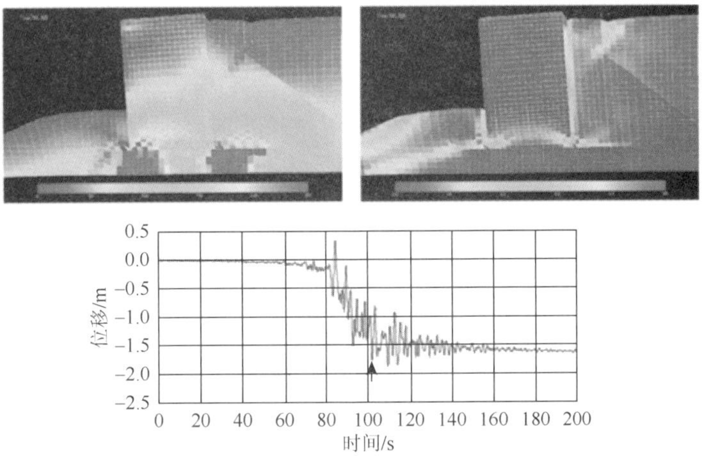

图 9-92 天顶水平时刻历的着目时刻的变形图及 τ_{max}、γ_{max} 分布图（⑩ $t = 101.92$ s 深支撑层）

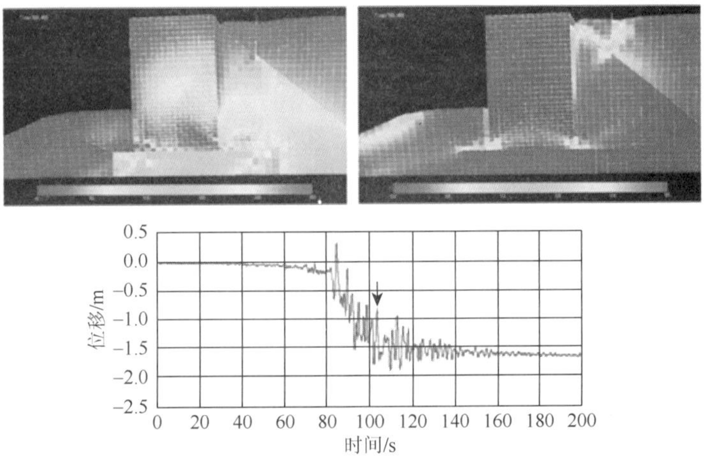

图 9-93 天顶水平时刻历的着目时刻的变形图及 τ_{max}、γ_{max} 分布图（⑪ $t = 103.40$ s 深支撑层）

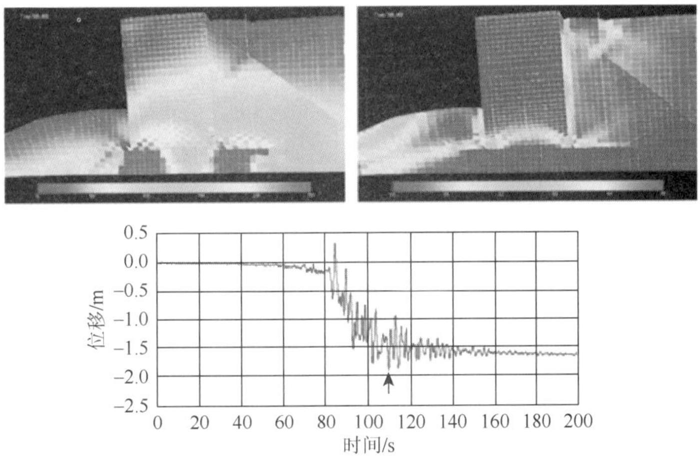

图 9-94 天顶水平时刻历的着目时刻的变形图及 τ_{max}、γ_{max} 分布图（⑫ $t = 109.40$ s 深支撑层）

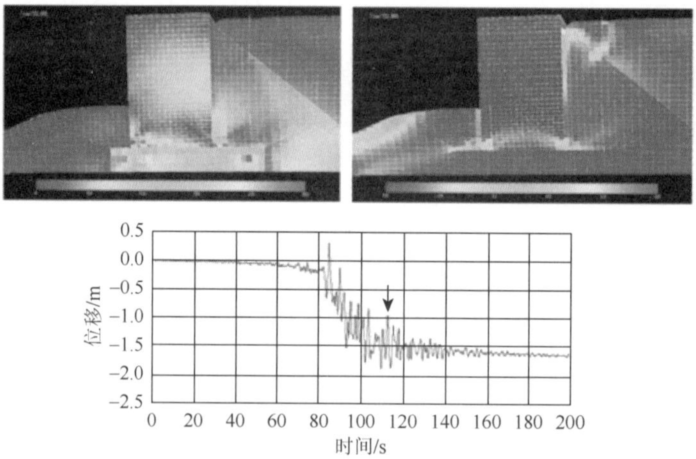

图 9-95　天顶水平时刻历的着目时刻的变形图及 τ_{max}、γ_{max} 分布图（⑬ $t = 112.60$ s 深支撑层）

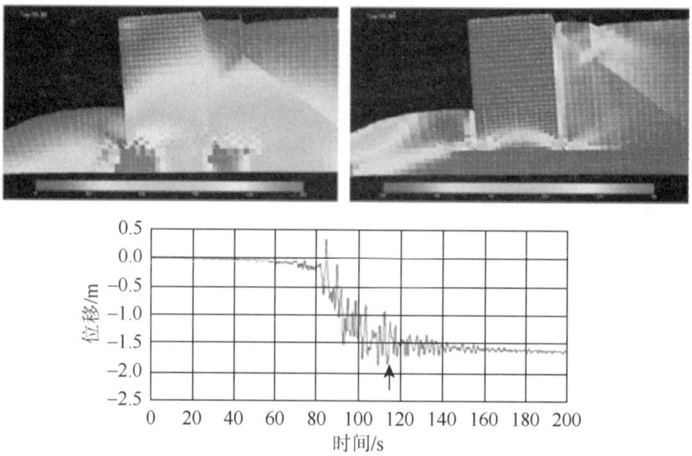

图 9-96　天顶水平时刻历的着目时刻的变形图及 τ_{max}、γ_{max} 分布图（⑭ $t = 113.96$ s 深支撑层）

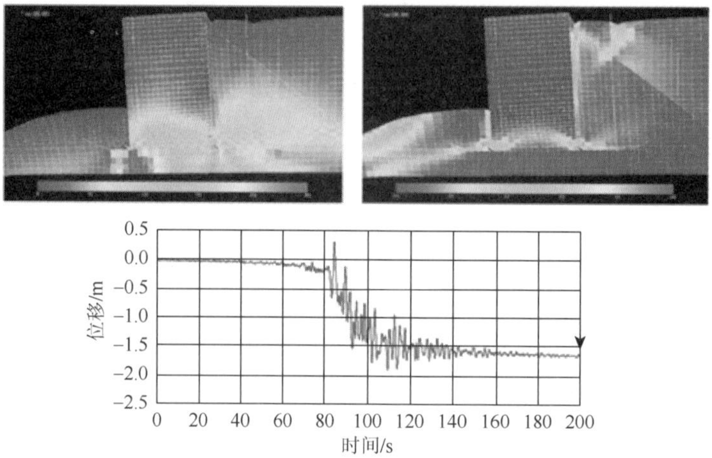

图 9-97　天顶水平时刻历的着目时刻的变形图及 τ_{max}、γ_{max} 分布图（⑮ $t = 200.00$ s 深支撑层）

兵库县南部地震中的摩耶码头岸壁，在用地面挖掘沙置换改良过的地基里设置钢圆筒，已说明随着置换沙的过剩间隙水压上升、脉动剪切力的累积导致前面侧发生位移。另外CDM改良地基上中间填充土的底部及通过敷石上剪切变形集中翻倒模式以位移的方式会伴随下沉发生水平方向上的位移。这种变形程度集中于前趾、后趾附近，最大剪切力变形显示20%以上的值。CDM改良体是即使有微小的剪切变形也几乎不发生变形，剪应力震动中前趾侧、后趾侧，CDM改良体做出抑制基础底盘的变形的动作。

二维地震响应分析，由于假设平面变形，加上假设刚体位移的菅野模型非常适用，钢圆筒壳、副格仓及中间填充土成为了二重壁的模型，应力、变形所集中的前趾、后趾部分的钢板或接头的损坏是否产生的问题，都是重要的关注点。

9.3.4.3 分析状况的设定及作用荷量的设定

基于二维硬分析元地震钢圆筒结构物进行的活动，注意钢圆筒及副格仓钢板应力与接头应力即为接头错位量，列出了三种情况于表 9-39。另外，初期应力分析为再现表 9-40的步骤，增设了要素，发挥了荷重作用。图 9-98、图 9-99 为变形图及位移轮廓。在自重分析下向铅直方向下沉的同时，情况 1 发生左右的位移差，情况 2 与情况 3 几乎以同样的向临近大海侧翻倒的模式发生位移。

表 9-39 解析情况一览

情况	内容	注意点
情况 1	最大水平相对位移量最大时	为“深地基”与“最浅地基”上岸壁天顶的水平位移的差最大的时间点，可能造成钢圆筒或副格仓及接头负担
情况 2	水平位移最大时	有对于钢圆筒或副格仓及接头岸壁天顶的水平位移达到最大的时间点有变得最严重的可能性
情况 3	残余时	对于钢圆筒或副格仓及接头的残余应力及残余变形达到最严重的可能性

表 9-40 分析步骤

步骤	内容	结构系统	作用荷重
第 1 步	钢圆筒设置	底面发条支持钢圆筒结构	钢圆筒的自重作用
第 2 步	钢圆筒中间填充	底面发条支持钢圆筒结构与中间填土	中间填充土的自重作用
第 3 步	副格仓设置	底面发条支持钢圆筒结构与中间填土，接头部位在铅直方向自由	副格仓的自重作用
第 4 步	副格仓中间填充	底面发条支持钢圆筒结构与中间填土、副格仓与中间填土，接头部在铅直方向自由	副格仓中间填充土的自重作用
第 5 步	背后地基埋入（初期状态）	第 4 步的结构中，由钢圆筒及副格仓前面侧盛石发条配置的结构系中，接头部位反应铅直方向上的摩擦特性	来自背后埋入的土压作用
第 6 步	地震时	配置了背后地基发条的第 5 步结构系的结构系统	钢圆筒与副格仓周边地基发条的尖端在地震时的位移为强制位移，惯性力也同时作用

Inc：10
Time：0.000e + 00

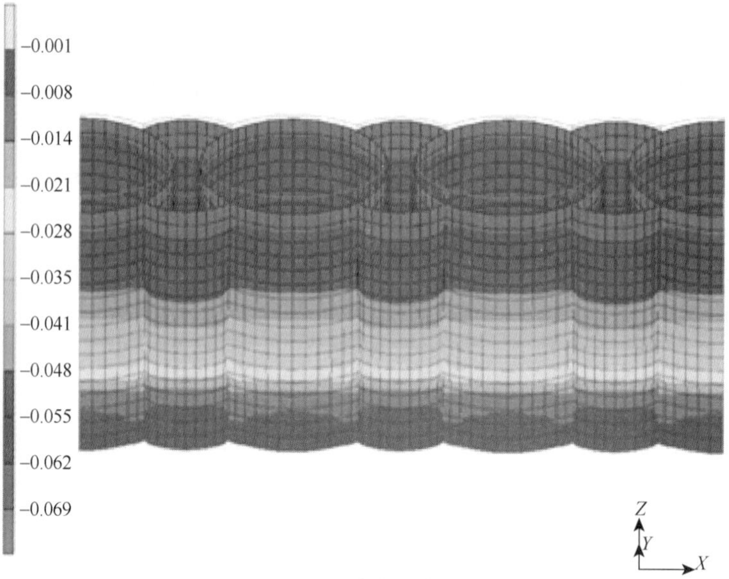

(a) 初期应力分析

Inc：210
Time：0. 000e + 00

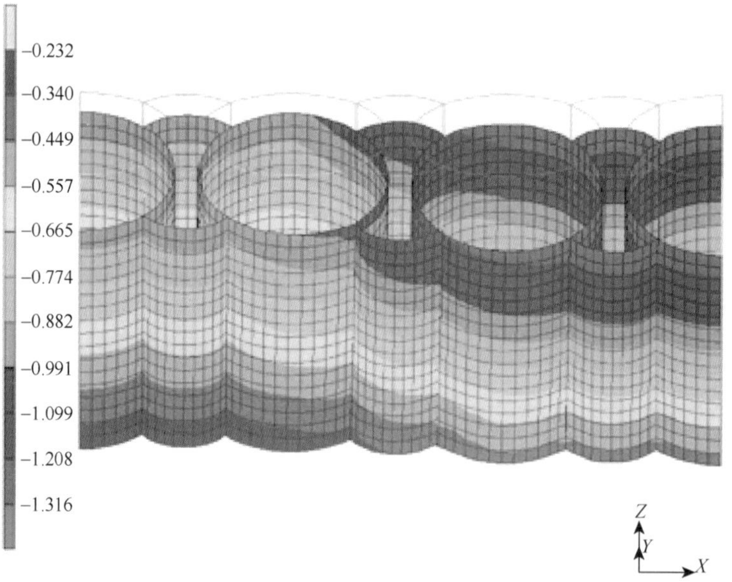

(b) 相对位移最大时

图 9-98　护岸法线方向位移等高线 m（变形倍率 50 倍）（后附彩图）

自重受力后的位移

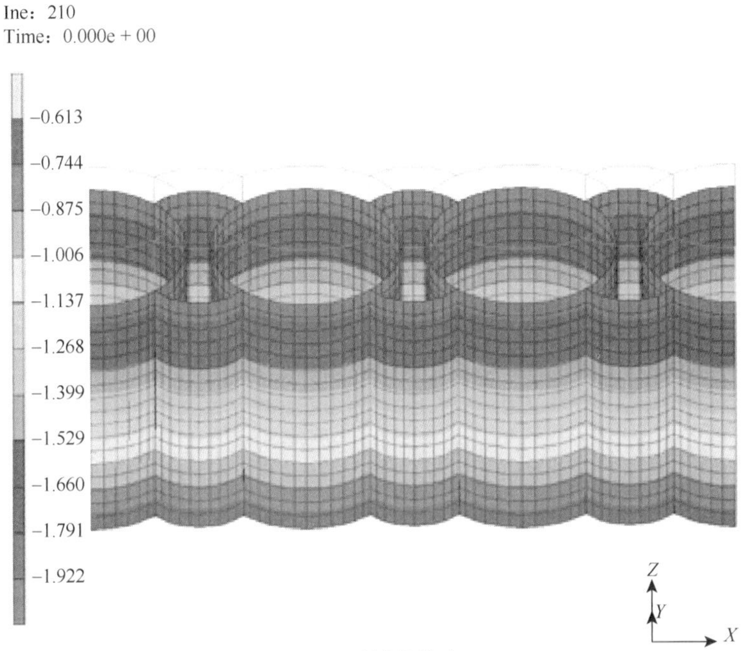

(a) 最大位移时

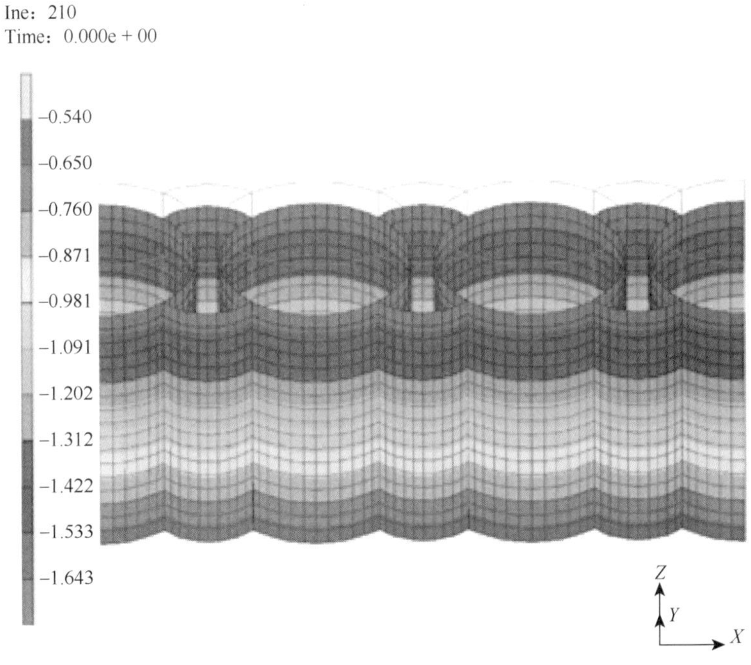

(b) 残余时

图 9-99 护岸法线方向位移等高线 *m*（变形倍率 5 倍）（后附彩图）

土压受力后的位移

9.3.4.4 钢板及接头应力的检查

图 9-100～图 9-108 为以圆周方向应力度、铅直方向应力度的轮廓图表示初期应力状态，以及情况 1 的钢圆筒和副格仓在临近大海侧与临近陆地侧的分布。

初期应力分析是指荷载物为自重及来自背后的土压，作用土压为基于二维地震响应分析，使用初期应力分析中得到的要素应力。初期应力状态为圆周方向的应力方向多数为拉伸领域。钢圆筒、副格仓双方都在与临近大海侧的盛石衔接处 D.L.–20～–25 m 附近应力减小，一部分发生压缩。另外，铅直方向应力在临近大海侧被压缩，在临近陆地侧被拉伸，极值为圆周方向上同样的 D.L.–20～–25 m 附近。

关于情况 1 的圆周方向应力，显示为左右的应力水准不同的性状，到 D.L.–20 m 临近大海侧拉伸，临近陆地侧压缩。临近大海侧 D.L.–20～–25 m 附近为一部分压缩。另外，临近陆地侧的深部向着圆周方向应力拉伸。另一侧，铅直方向应力在临近大海侧压缩，临近陆地侧拉伸的范围较广，副格仓与钢圆筒的倾向几乎是一样的，副格仓的应力水准与钢圆筒相比显示为较小。

图 9-109、图 9-110 为基于钢圆筒及副格仓最外位置的初期应力状态，以及情况 1 的圆周方向应力、铅直方向应力的深度分布。结果显示，圆周方向应为以 D.L.–20 m 为边界，浅部与深部的压缩，拉伸发生反转的倾向，显著表示铅直方向应力与临近大海侧发生压缩，临近陆地侧发生拉伸的倾向。可显示因左右的位移不同钢圆筒的 A、B、C、D，副格仓的 a、b、c 的各个宽度所持应力分布，倾向大致相同。副格仓与同样的钢圆筒相比之下应力水准较小。然而，这个倾向在铅直方向应力上与圆周方向应力上相比，差值更小。

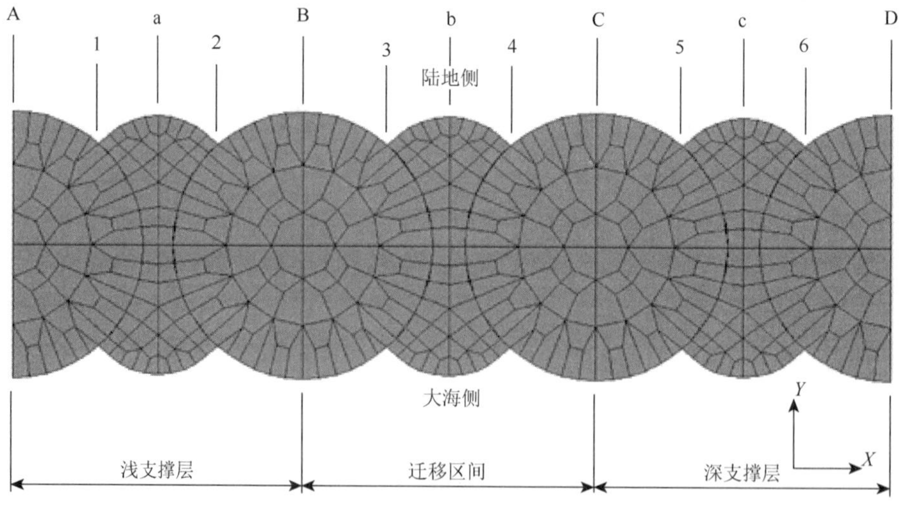

图 9-100　分析模型的着目位置

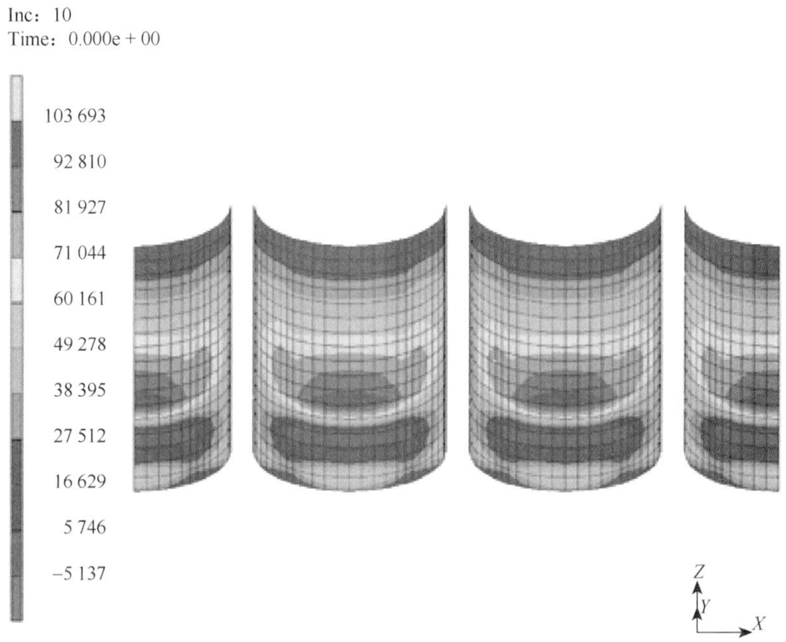

(a) 初期应力分析

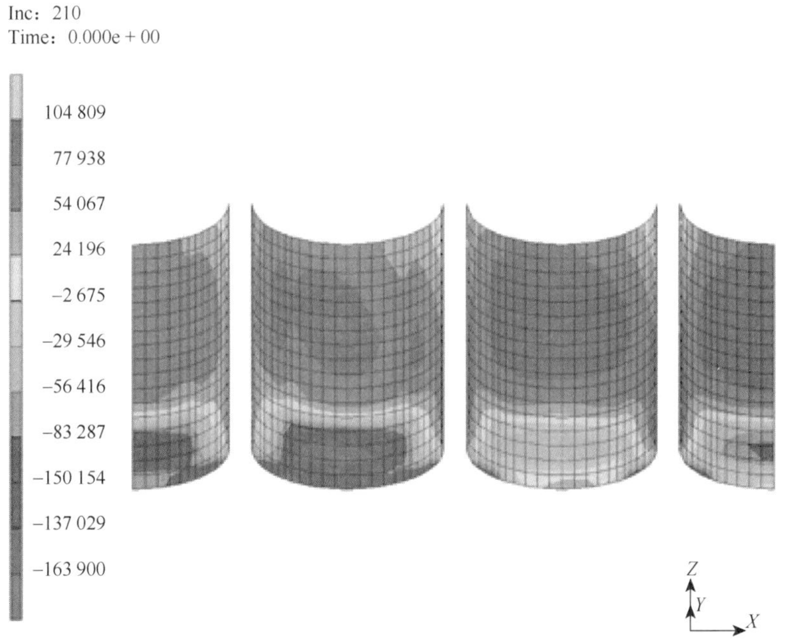

(b) 相对位移最大时

图 9-101　钢圆筒大海侧圆周方向应力等高线（单位：kN/m^2）（后附彩图）

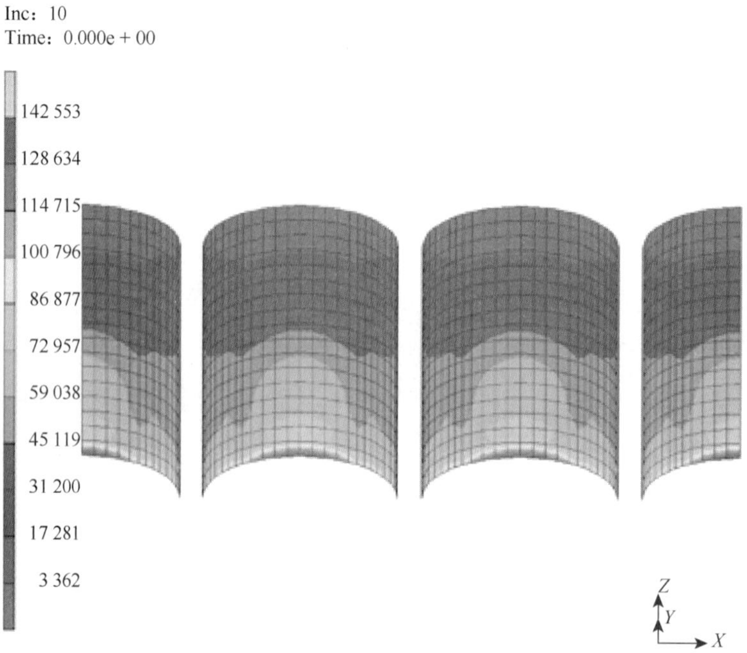

(a) 初期应力分析

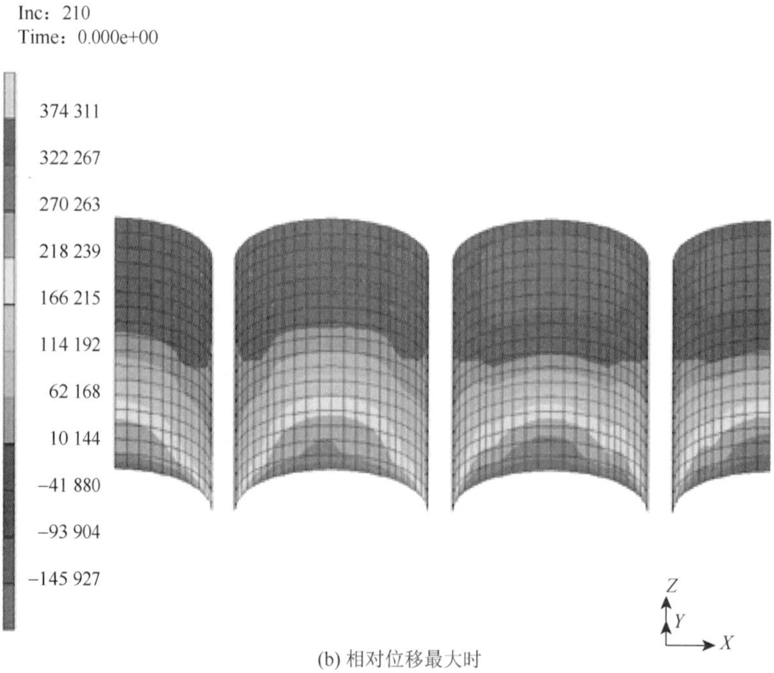

(b) 相对位移最大时

图 9-102　钢圆筒陆地侧圆周方向应力等高线（单位：kN/m^2）（后附彩图）

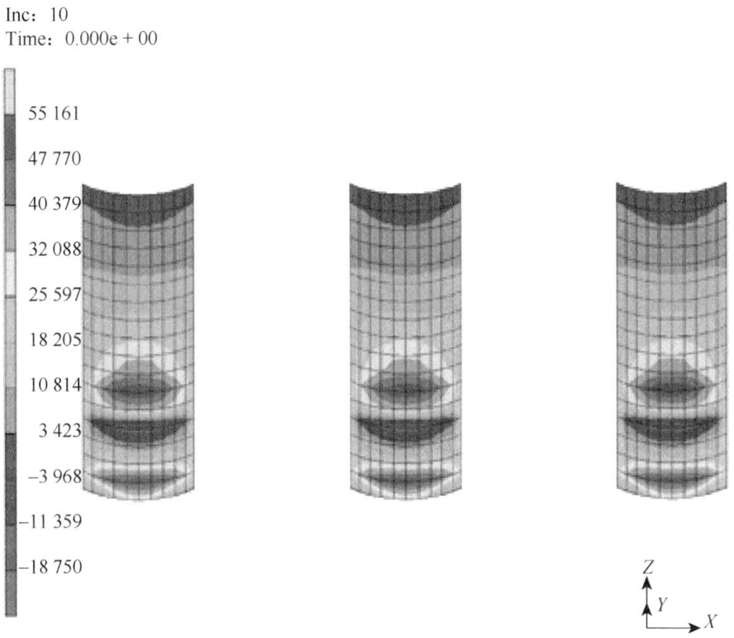

(a) 初期应力分析

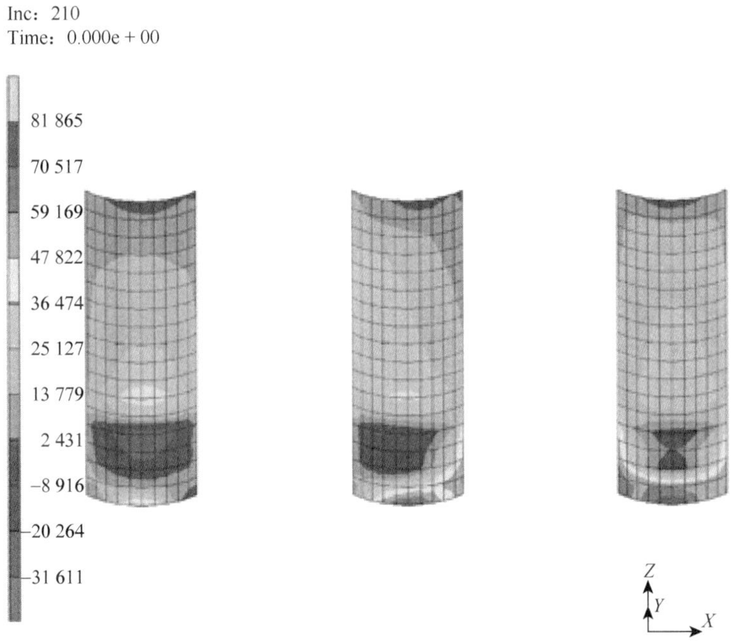

(b) 相对位移最大时

图 9-103　大海侧副格仓圆周方向应力等高线（单位：kN/m^2）（后附彩图）

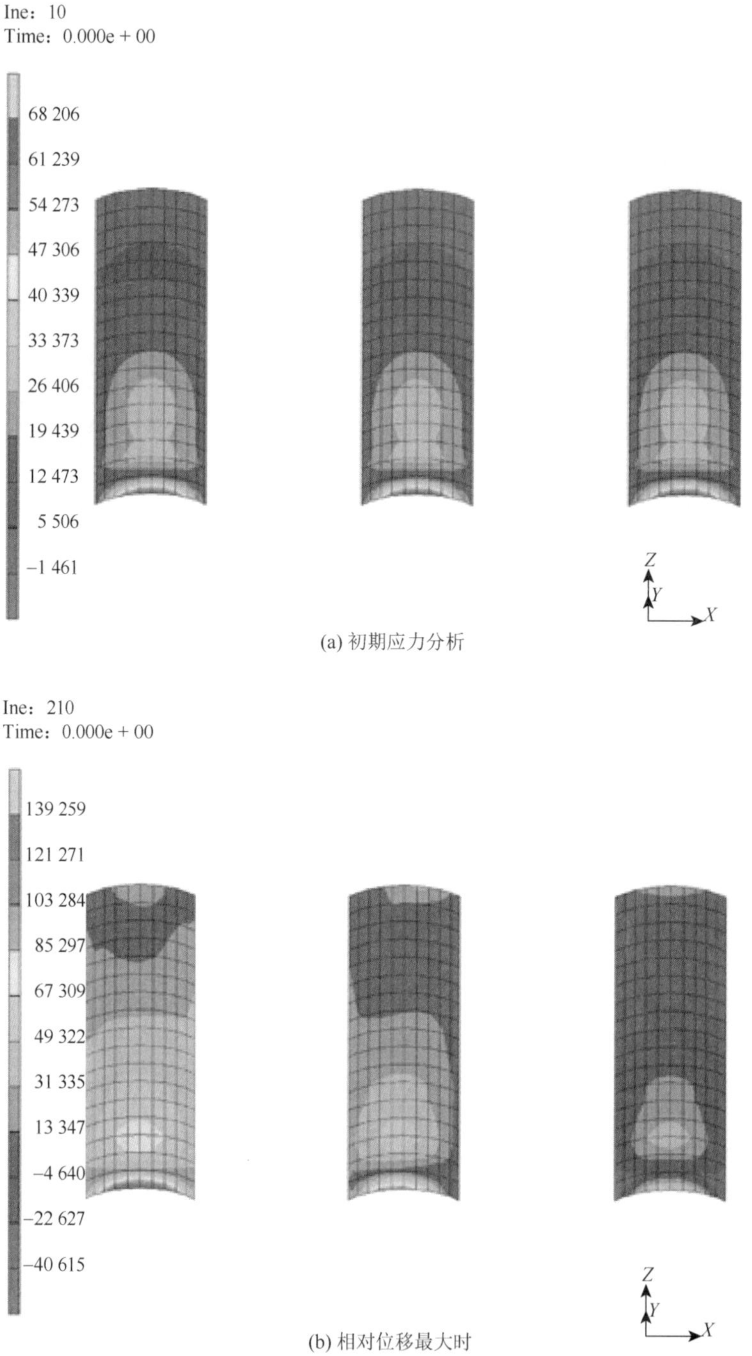

图 9-104　陆地侧副格仓圆周方向应力等高线（单位：kN/m²）（后附彩图）

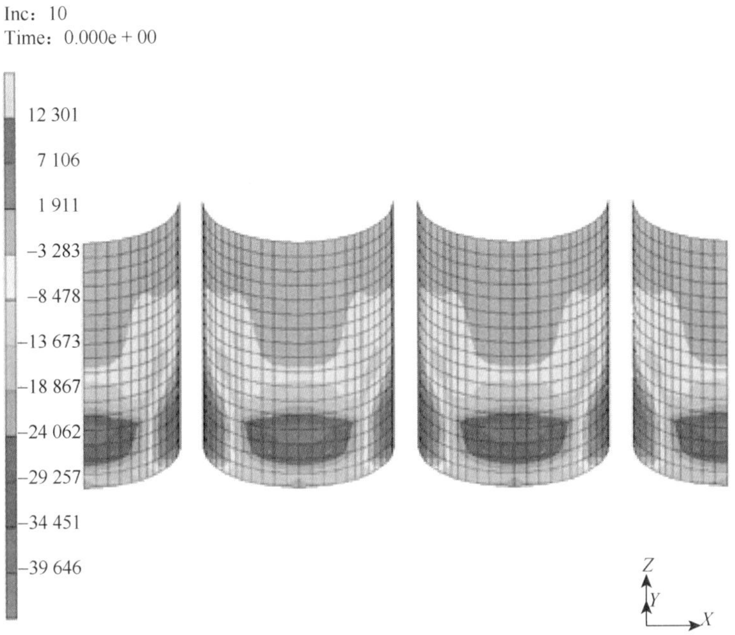

(a) 初期应力分析

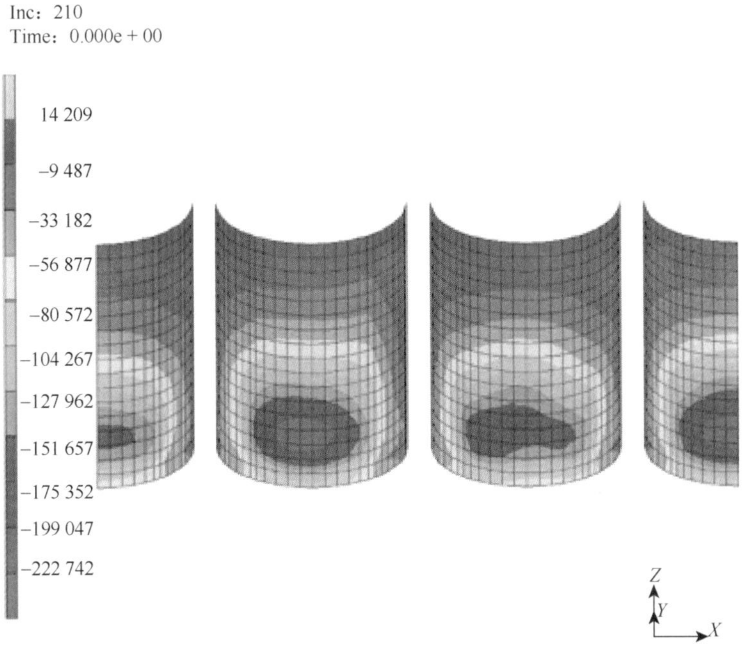

(b) 相对位移最大时

图 9-105　钢圆筒大海侧铅直方向应力等高线（单位：kN/m^2）（后附彩图）

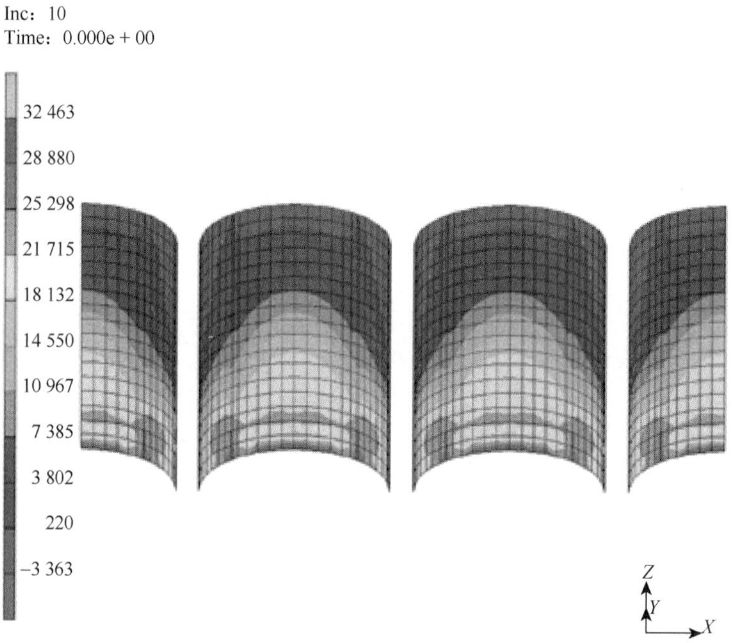

(a) 初期应力分析

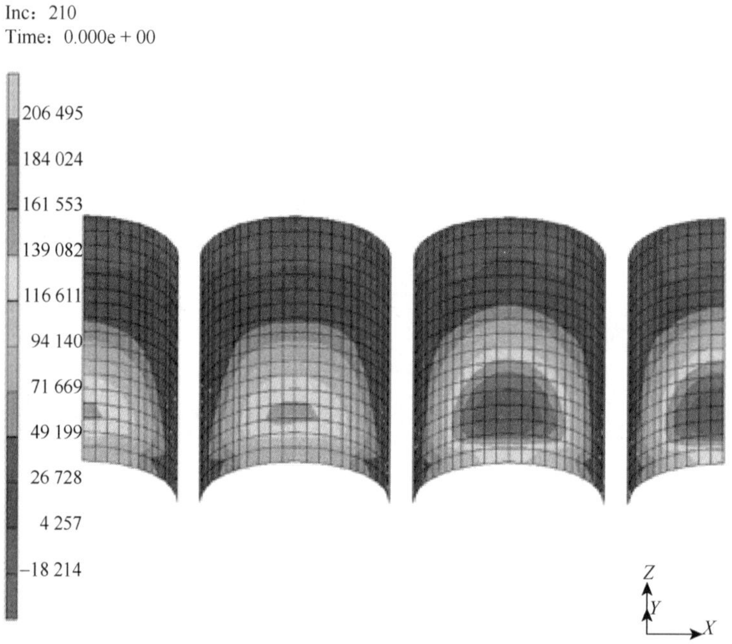

(b) 相对位移最大时

图 9-106　钢圆筒陆地侧铅直方向应力等高线（单位：kN/m^2）（后附彩图）

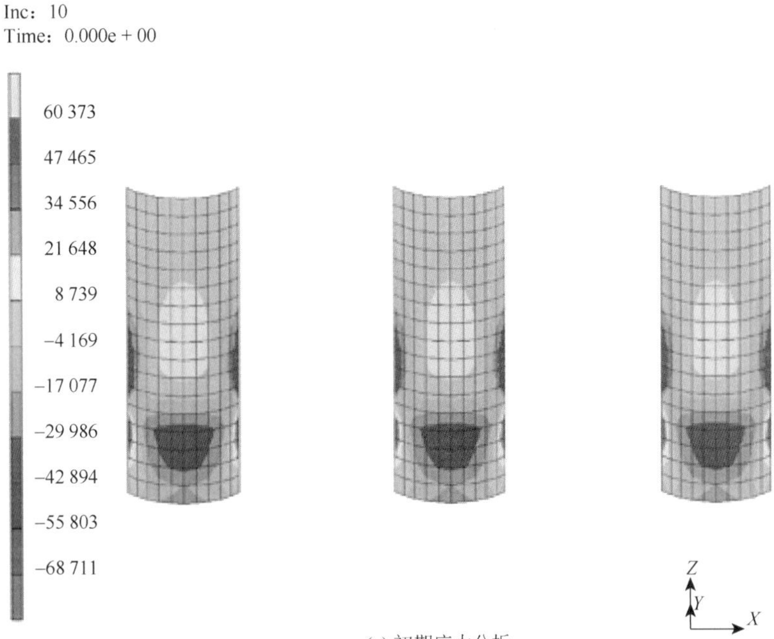

(a) 初期应力分析

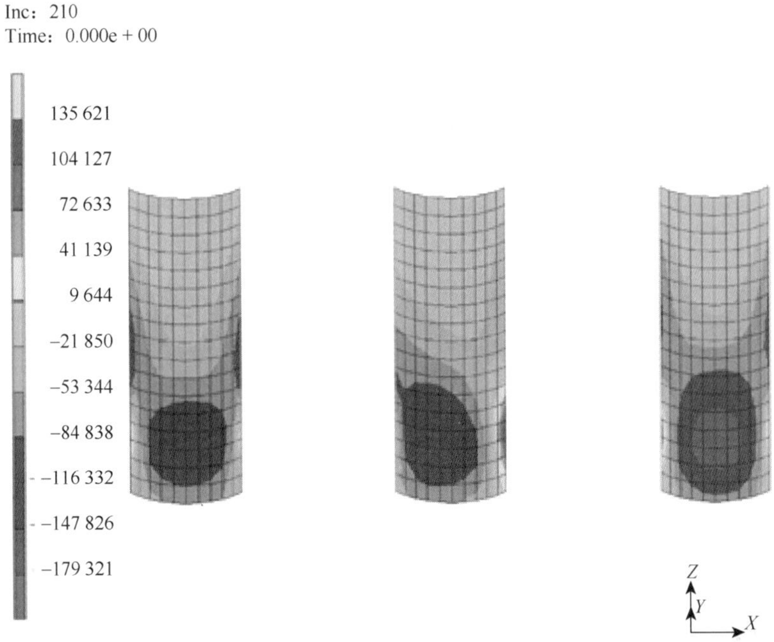

(b) 相对位移最大时

图 9-107　大海侧副格仓铅直方向应力等高线（单位：kN/m^2）（后附彩图）

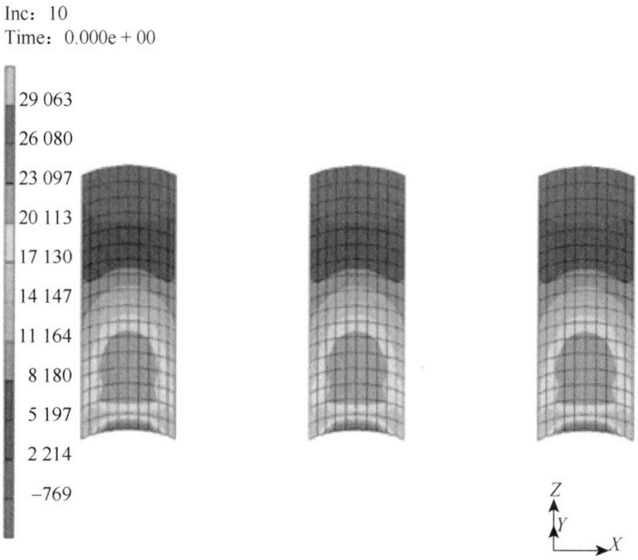

(a) 初期应力分析

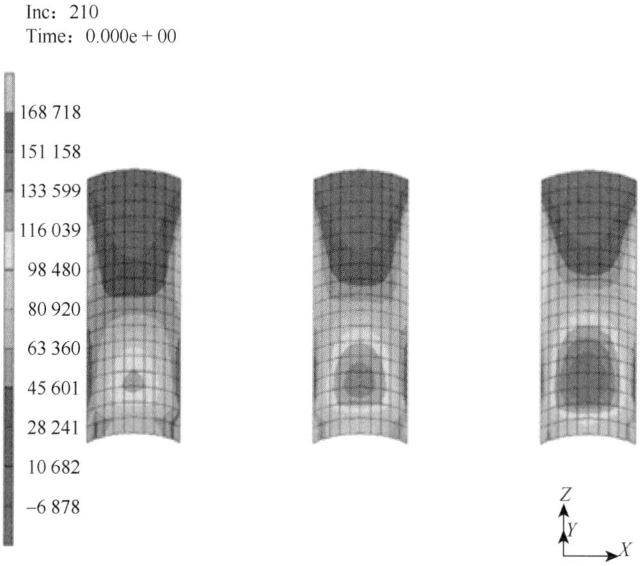

(b) 相对位移最大时

图 9-108 陆地侧副格仓铅直方向应力等高线（单位：kN/m^2）（后附彩图）

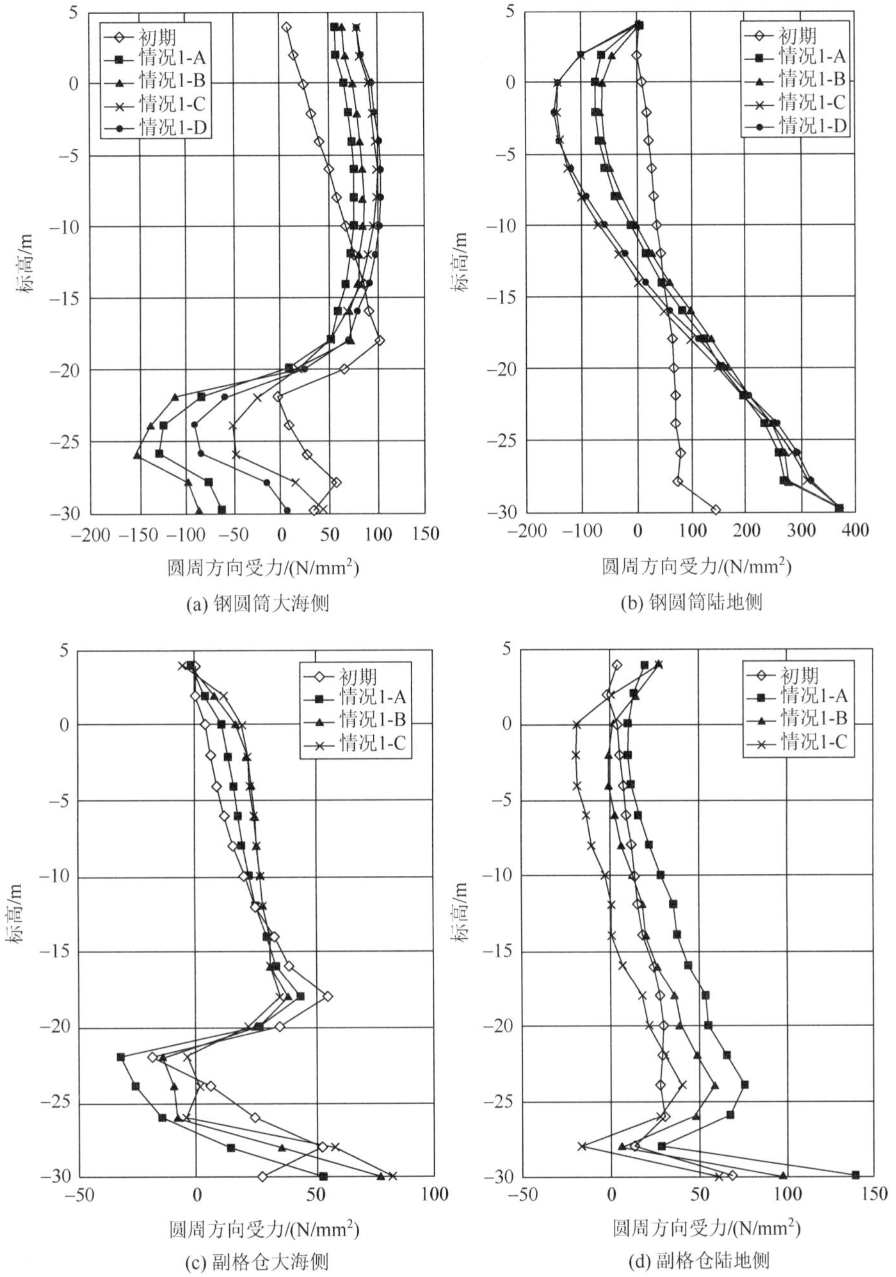

图 9-109 钢壳钢圆筒圆周方向受力（–：压缩，+：拉伸）

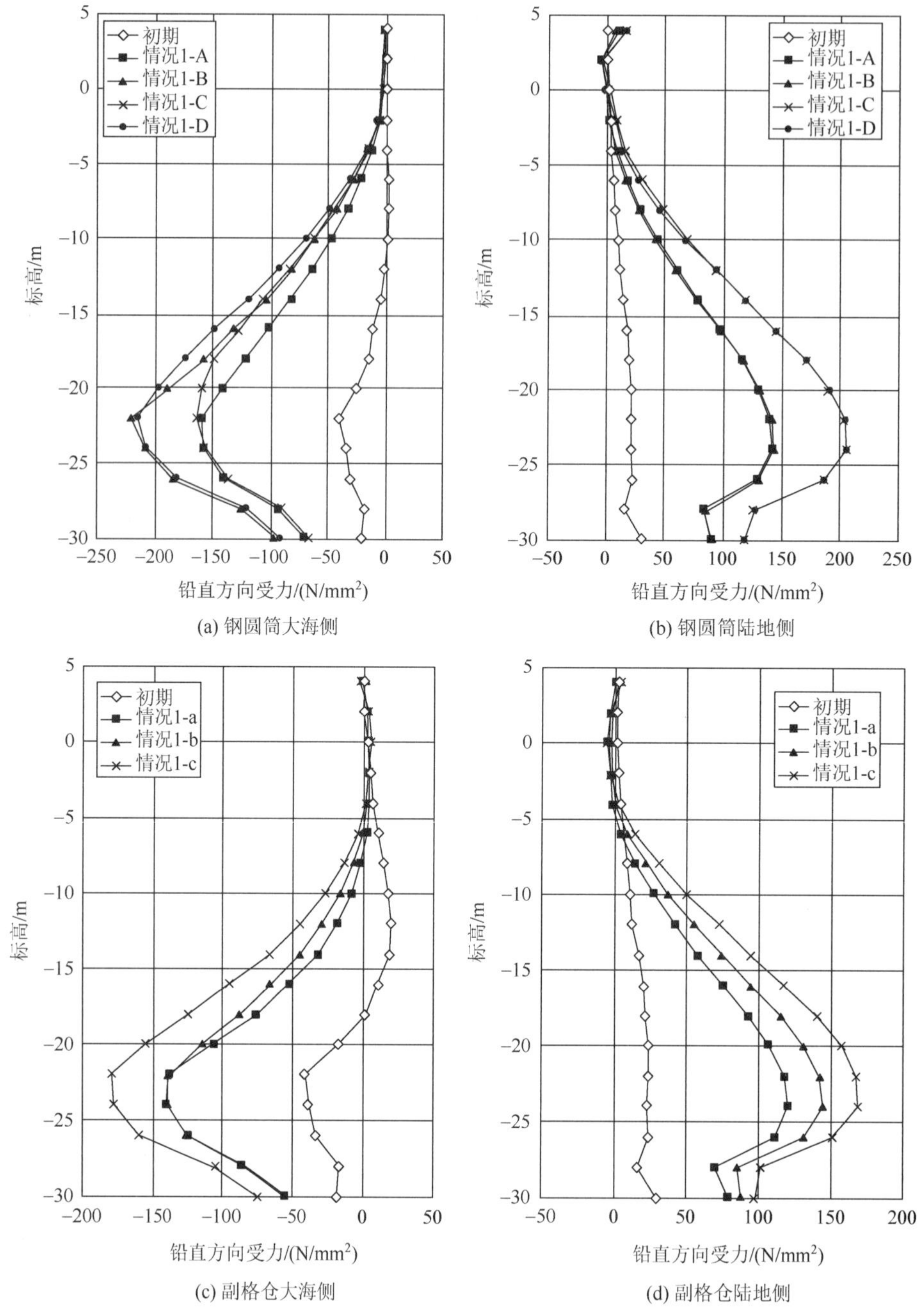

图 9-110　钢壳钢圆筒铅直方向应力（–：压缩，+：拉伸）

图 9-111～图 9-119 为基于情况 2 及情况 3 的圆周方向应力度，铅直方向应力度的轮廓图为钢圆筒及副格仓的临近大海侧与临近陆地侧的分布。与情况 1 的倾向相同，因为情况 2 与情况 3 为左右对称的同样的应力分布，图线为 1 条线。

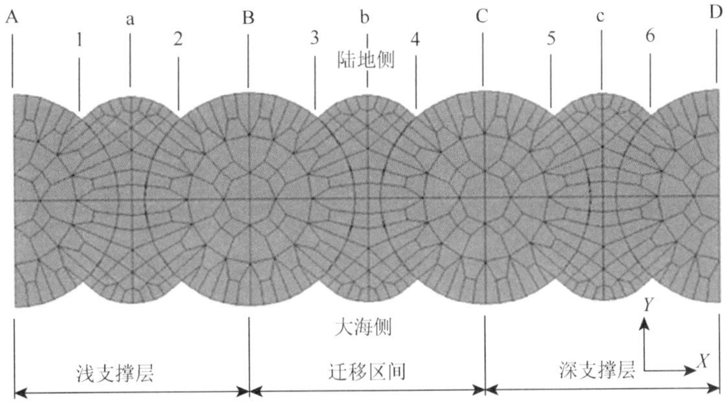

图 9-111 分析模型着目位置

分布形状与情况 1 完全相同，关于圆周方向应力，到 D.L.–20 m 为止临近大海侧拉伸，临近陆地侧压缩。临近大海侧 D.L.–20～–25 m 附近一部分为压缩，以及临近陆地侧的深部处，圆周方向应力为拉伸。另一边，铅直方向应力在大海侧压缩，临近陆地侧拉伸。副格仓与钢圆筒的倾向虽然完全相同，副格仓的应力水准与钢圆筒相比显示为较小的倾向。

图 9-120、图 9-121 为基于钢圆筒及副格仓的最外缘位置上的情况 2、情况 3 的圆周方向应力、铅直方向应力的深度分布。与同样的钢圆筒相比，副格仓的应力水准较小，此程度在圆周方向应力上更明显。

然而，情况 2 与情况 3 为几乎相似的性状，向临近大海侧的最大位移时的情况 2 显示出最大的应力。基于情况 2 从临近陆地侧钢圆筒的 D.L.–24 m 附近的深部达到极限。

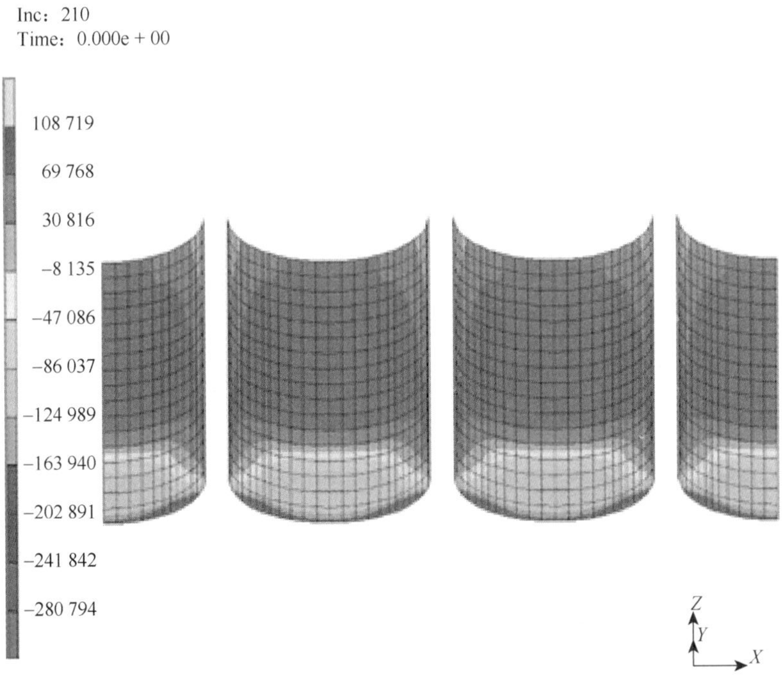

(a) 最大位移时

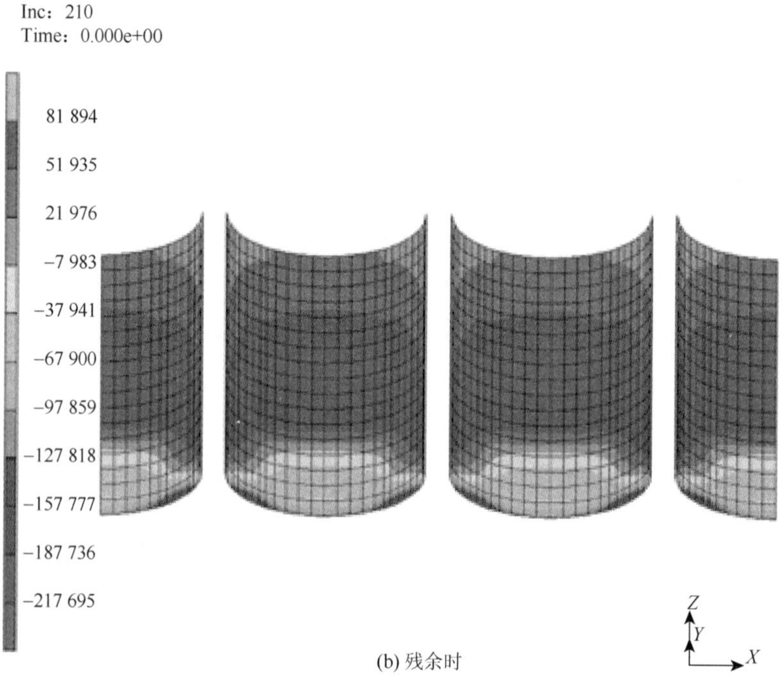

(b) 残余时

图 9-112　钢圆筒大海侧圆周方向应力等高线（单位：kN/m²）（后附彩图）

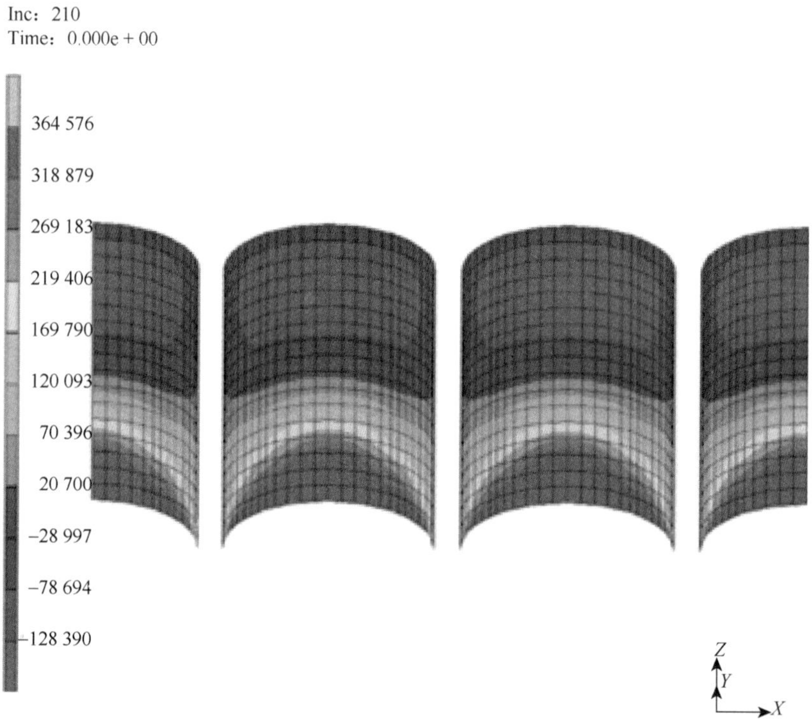

(a) 最大位移时

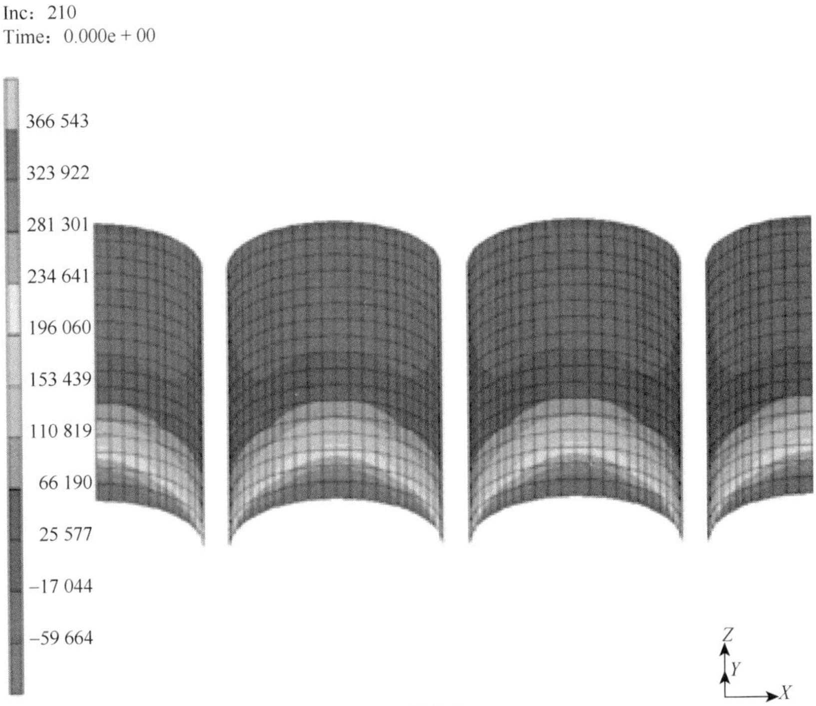

(b) 残余时

图 9-113 钢圆筒陆地侧圆周方向应力等高线（单位：kN/m²）（后附彩图）

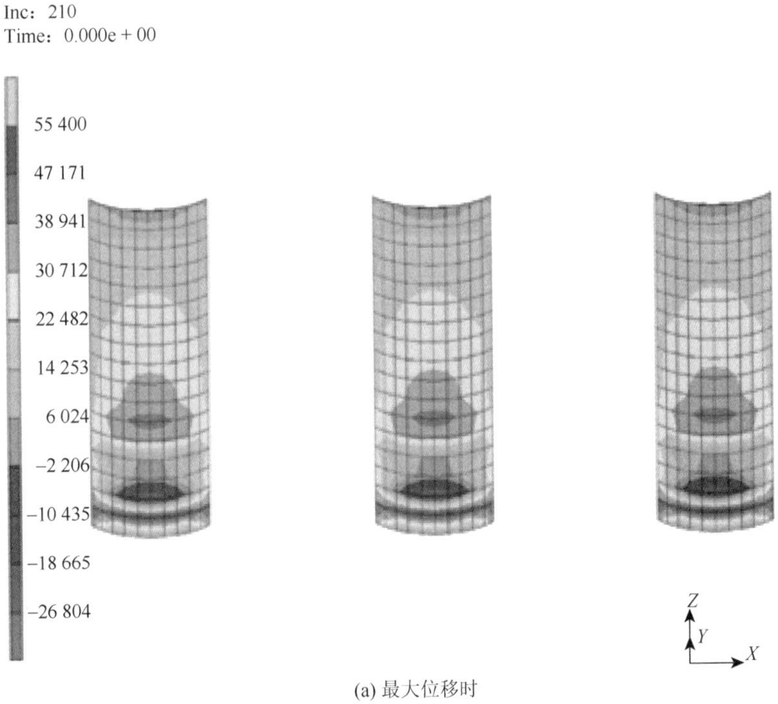

(a) 最大位移时

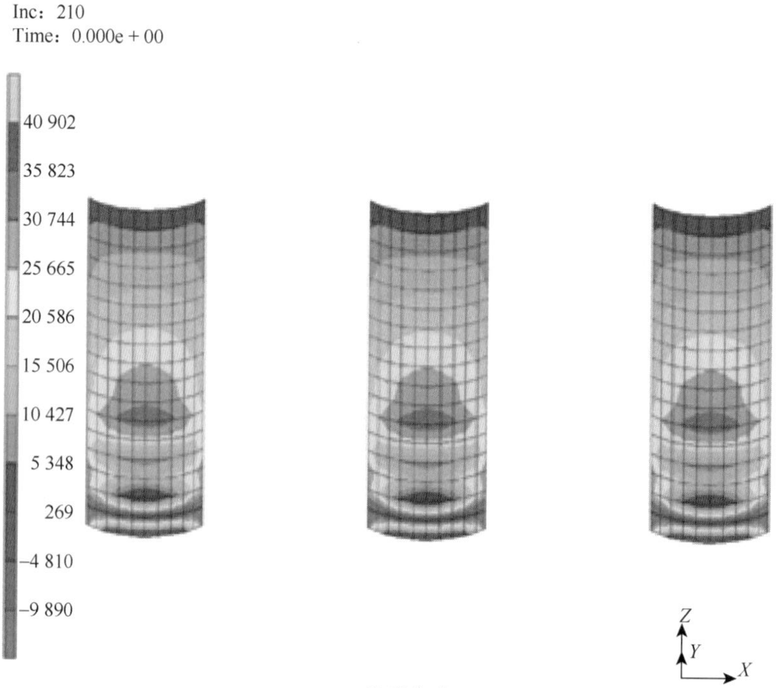

(b) 残余时

图 9-114　大海侧副格仓圆周方向应力等高线（单位：kN/m^2）（后附彩图）

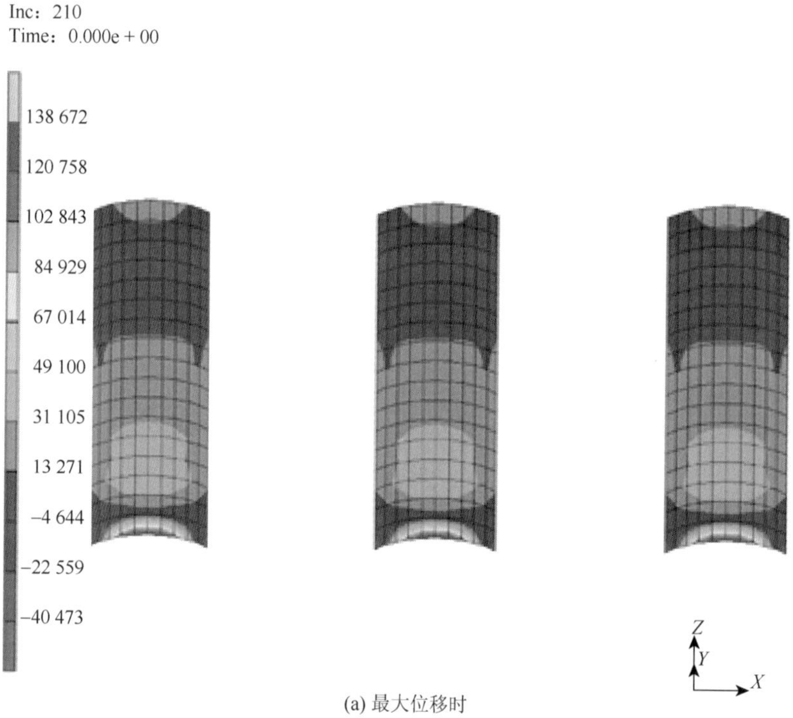

(a) 最大位移时

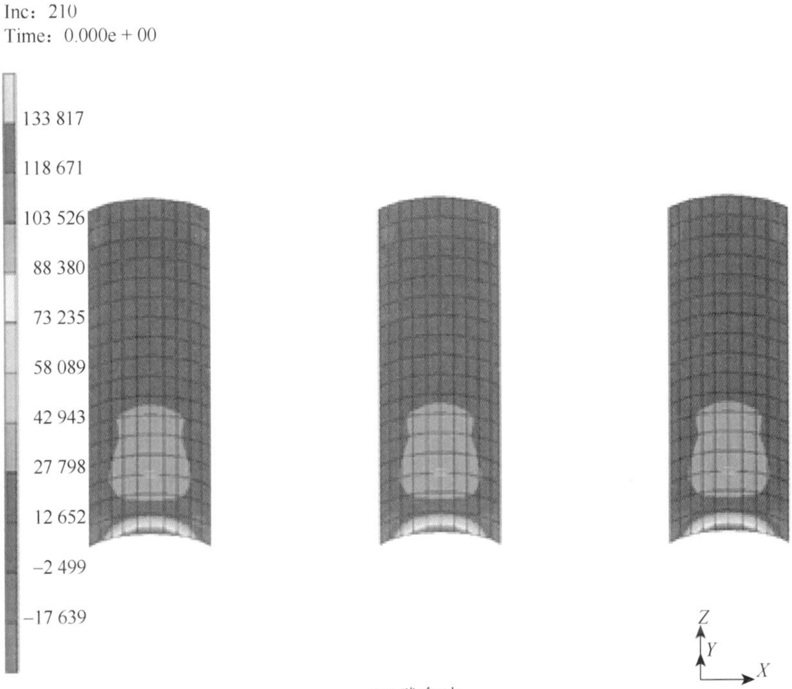

(b) 残余时

图 9-115　陆地侧副格仓圆周方向应力等高线（单位：kN/m^2）（后附彩图）

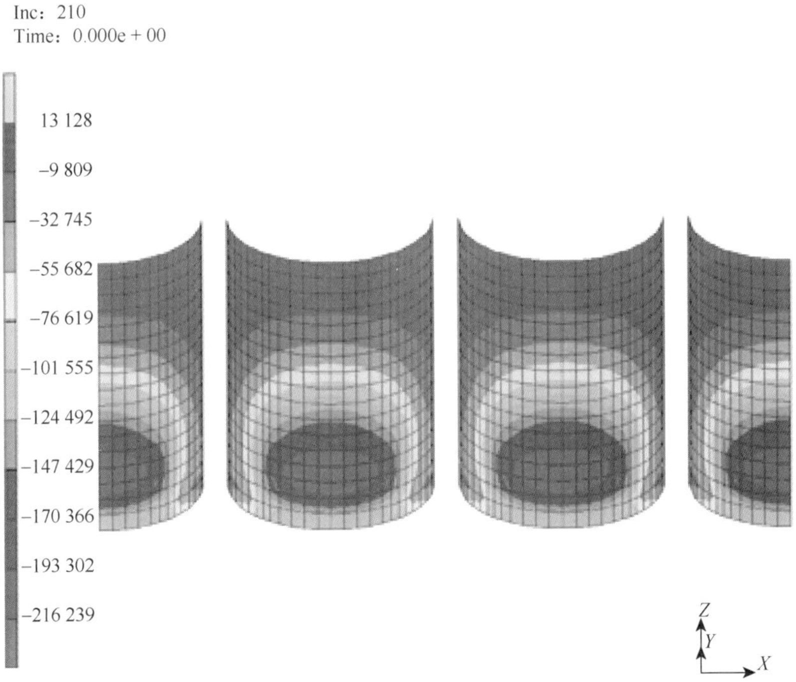

(a) 最大位移时

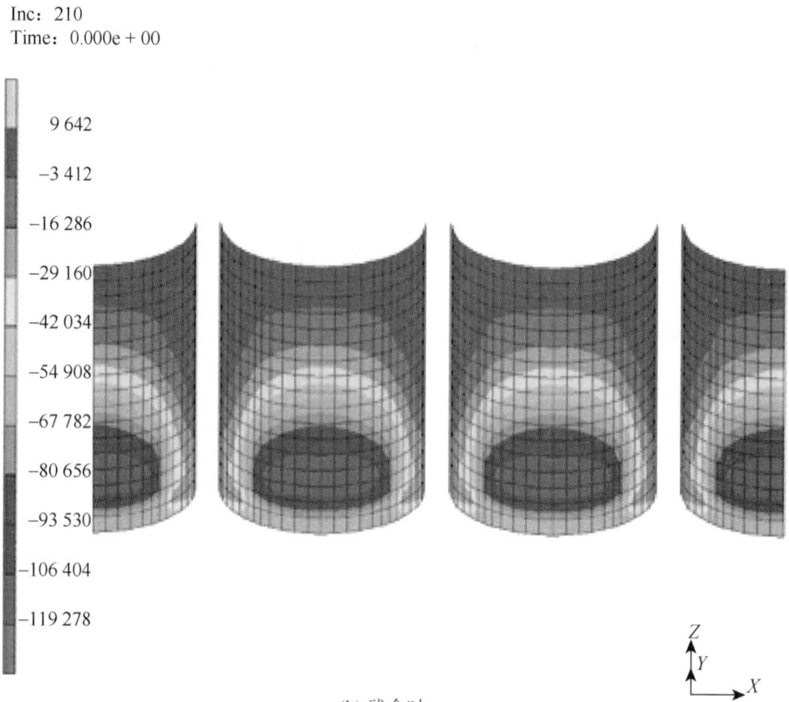

(b) 残余时

图 9-116　钢圆筒大海侧铅直方向应力等高线（单位：kN/m^2）（后附彩图）

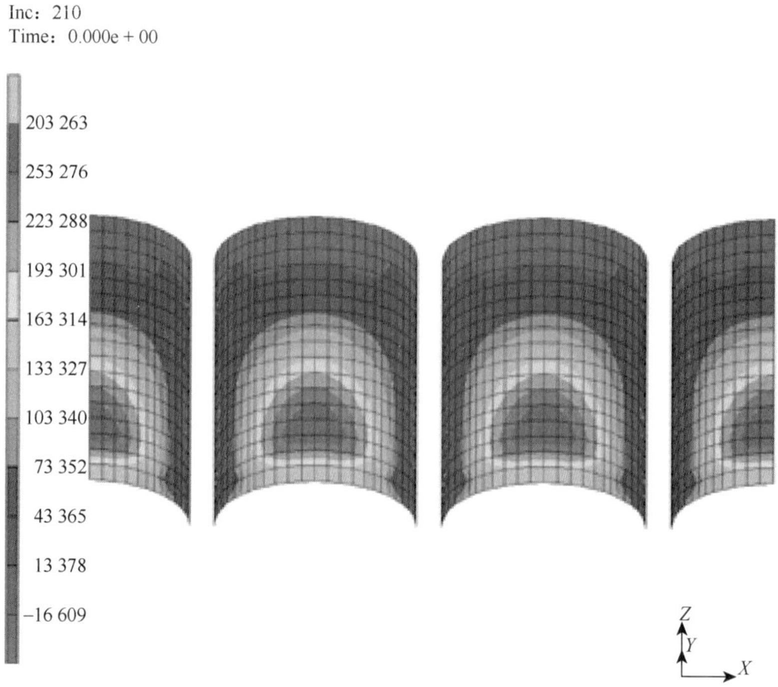

(a) 最大位移时

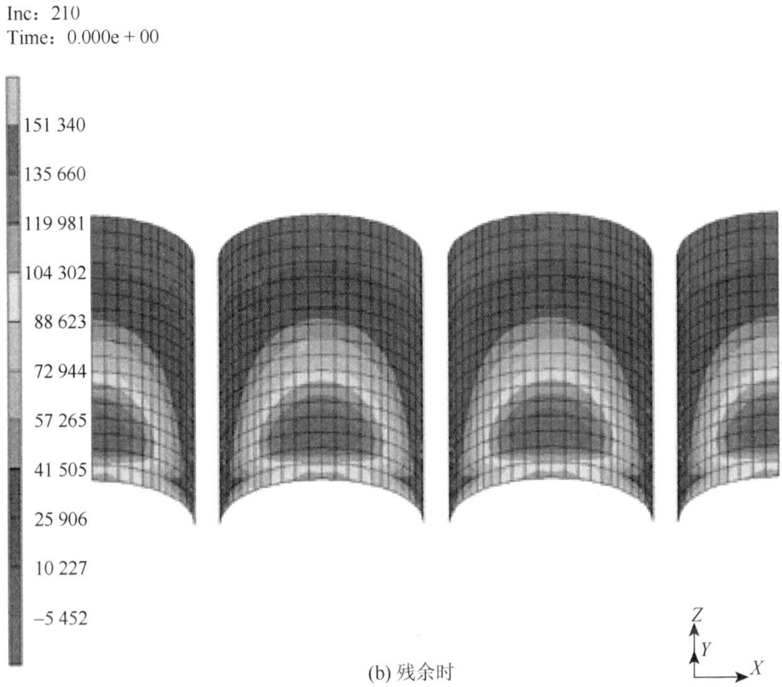

(b) 残余时

图 9-117 钢圆筒陆地侧铅直方向应力等高线（单位：kN/m²）（后附彩图）

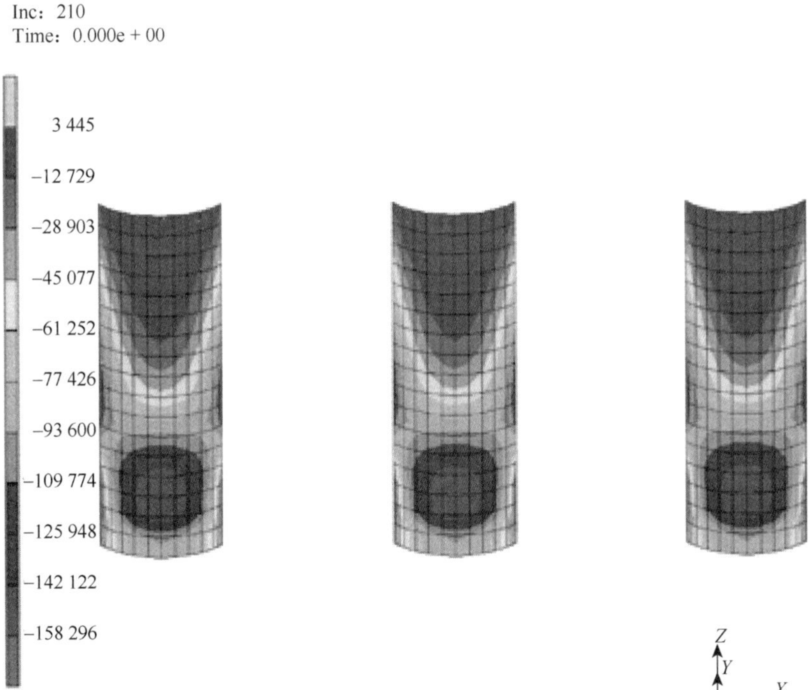

(a) 最大位移时

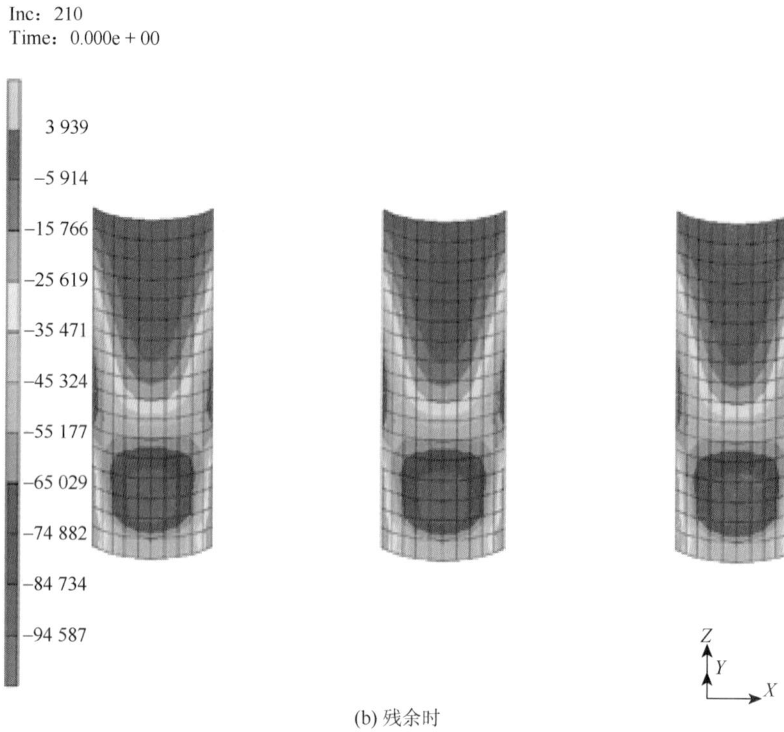

(b) 残余时

图 9-118　大海侧副格仓铅直方向应力等高线（单位：kN/m^2）（后附彩图）

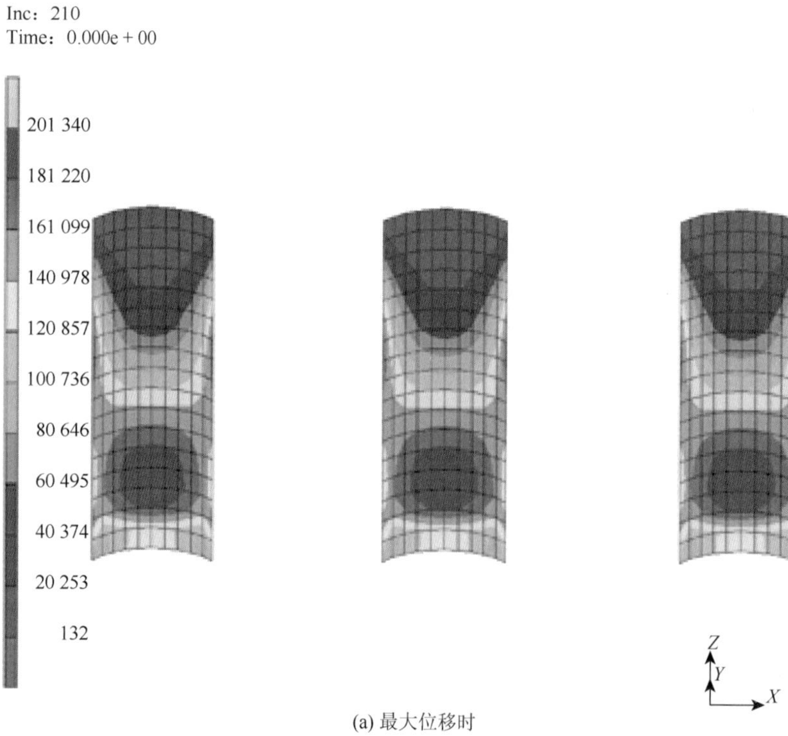

(a) 最大位移时

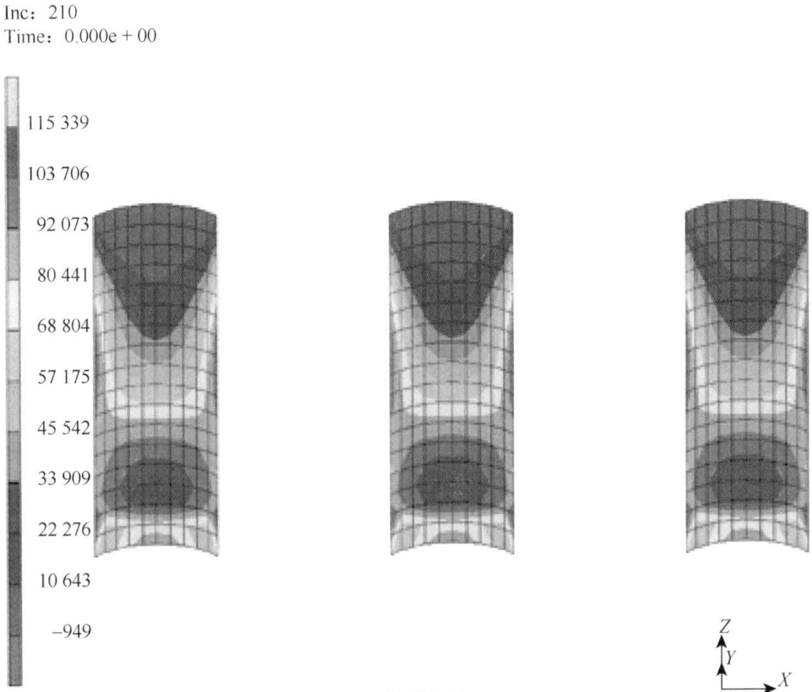

(b) 残余时

图 9-119 陆地侧副格仓铅直方向应力等高线（单位：kN/m^2）（后附彩图）

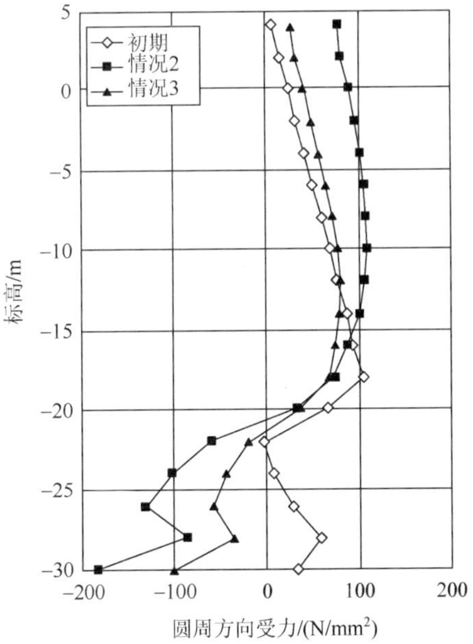

(a) 钢圆筒大海侧

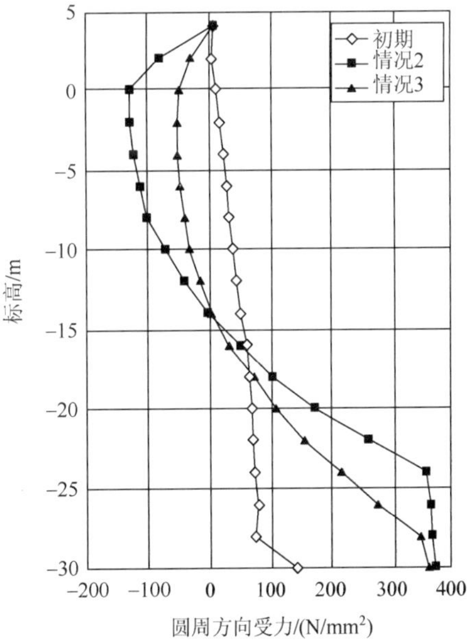

(b) 钢圆筒陆地侧

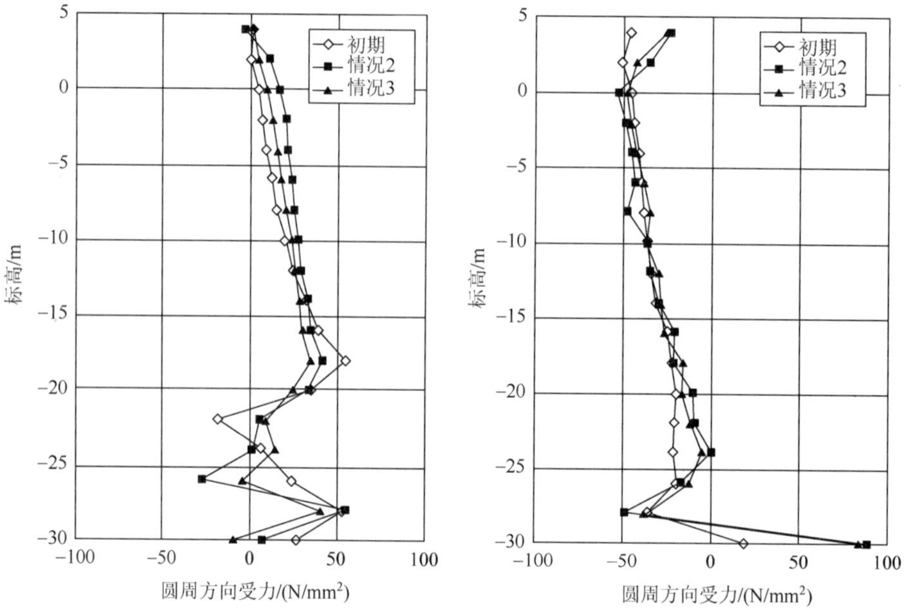

(c) 副格仓大海侧　　(d) 副格仓陆地侧

图 9-120　钢壳钢圆筒圆周方向应力（–：压缩，+：拉伸）

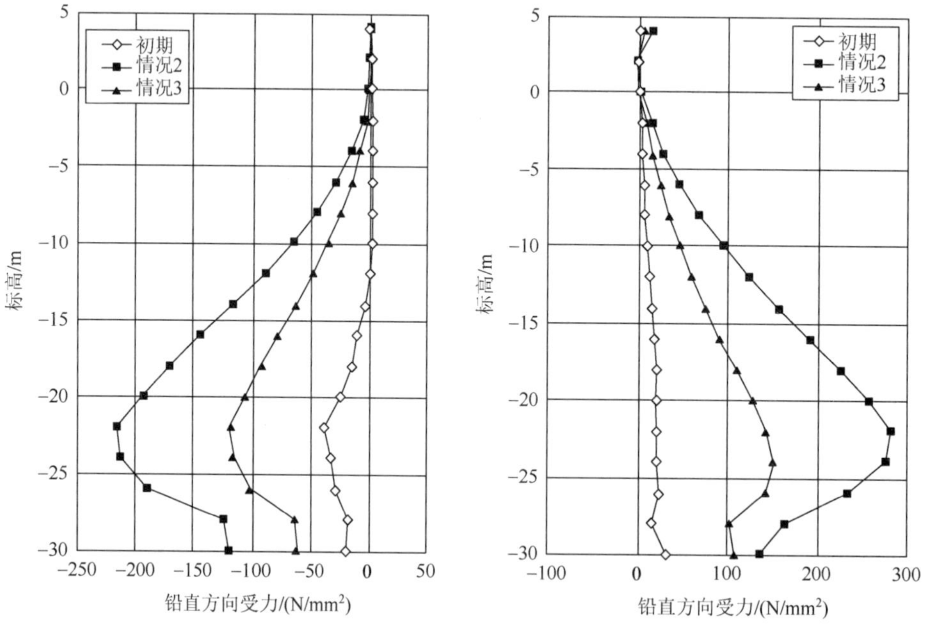

(a) 钢圆筒大海侧　　(b) 钢圆筒陆地侧

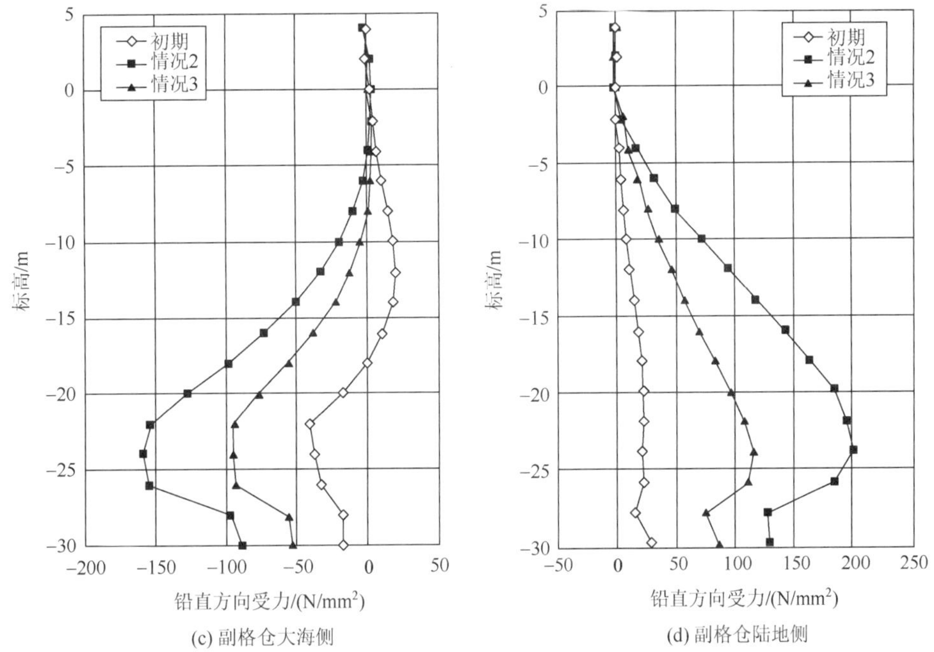

图 9-121 钢壳钢圆筒铅直方向应力（−：压缩，+：拉伸）

图 9-122 为分析模型着目位置，图 9-123～图 9-126 为基于初期应力状态及情况 1 的米泽斯（Mises）相当应力的深度方向分布图。基于初期应力状态，与钢圆筒临近大海侧的盛石天顶的 D.L.−20 m 相比，应力在稍微上方的 D.L.−18 m 附近集中，临近陆地侧在钢圆筒下端更明显。

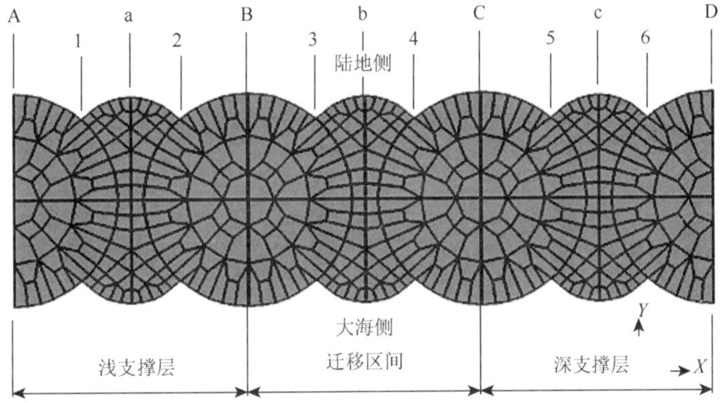

图 9-122 分析模型着目位置

另一侧，情况 1 为应力在临近大海侧的钢圆筒侧面处集中，临近陆地侧则有钢圆筒侧与下端更集中的倾向。因为钢圆筒侧的米泽斯应力在圆周方向应力或铅直方向应力有较小的几个地方，推理观察到副格仓与钢圆管的动作不同点导致的剪切力，反之钢圆筒下端在圆周方向应力和铅直方向应力上有较大的几个地方，可观察到两者的连接影响作用。

如图 9-127 所示为钢圆筒及副格仓的最外缘位置的初期应力状态，以及基于情况 1 的米泽斯应力的深度分布。由此可知，钢圆筒临近大海侧为 D.L.−18 m 处，钢圆筒临近陆地侧在下端产生最大应力。另外，副格仓在 D.L.−22～24 m 时产生最大应力。

基于情况 1 的米泽斯应力达不到钢圆筒 315 N/mm^3，副格仓 235 N/mm^3，明确地在弹性范围内。

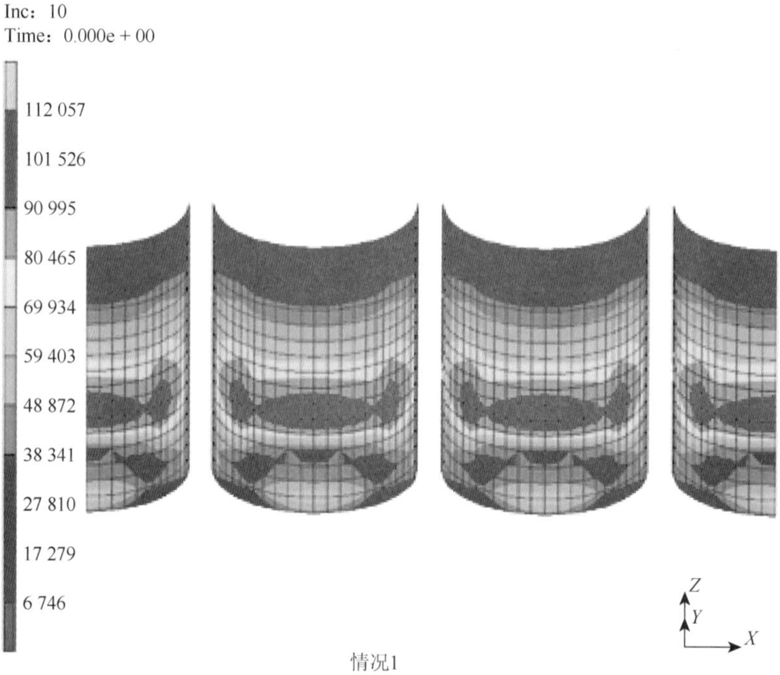

情况1

(a) 初期应力分析

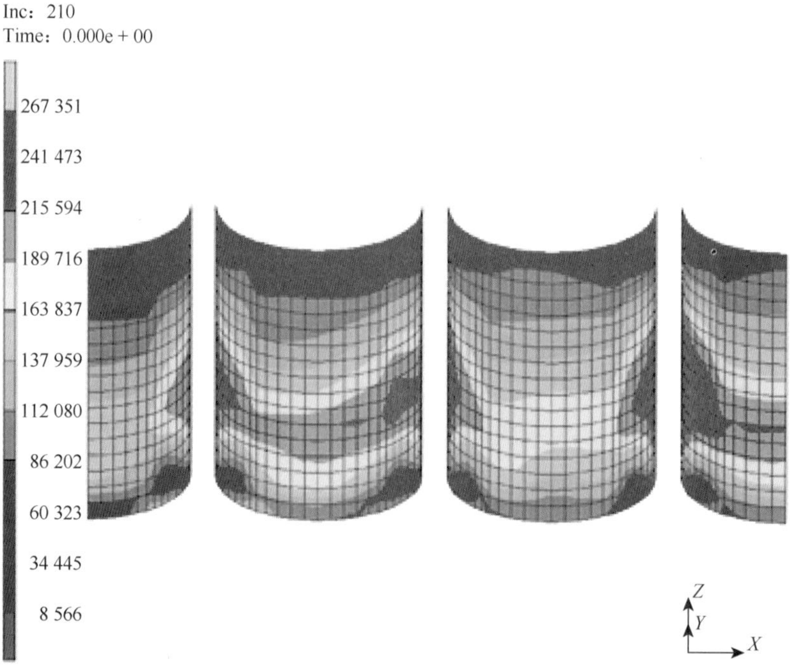

(b) 相对位移最大时

图 9-123　钢圆筒大海侧米泽斯相当应力等高线（单位：kN/m^2）（后附彩图）

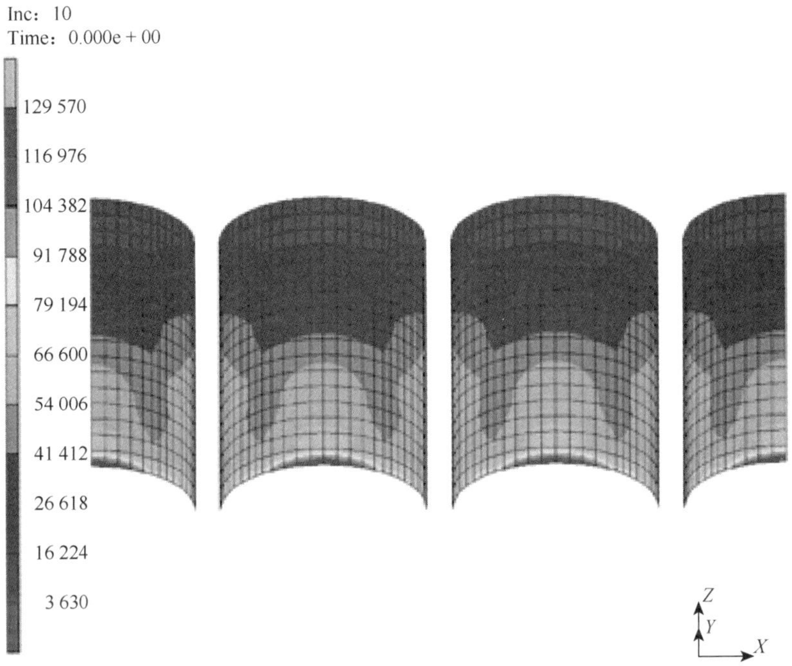

情况1
(a) 初期应力分析

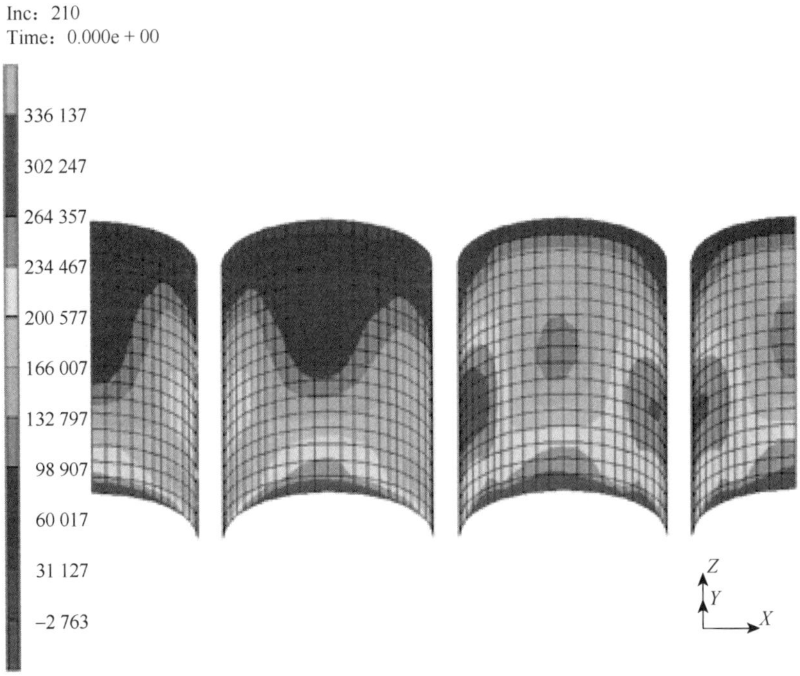

(b) 相对位移最大时

图 9-124　钢圆筒陆地侧米泽斯相当应力等高线（单位：kN/m^2）（后附彩图）

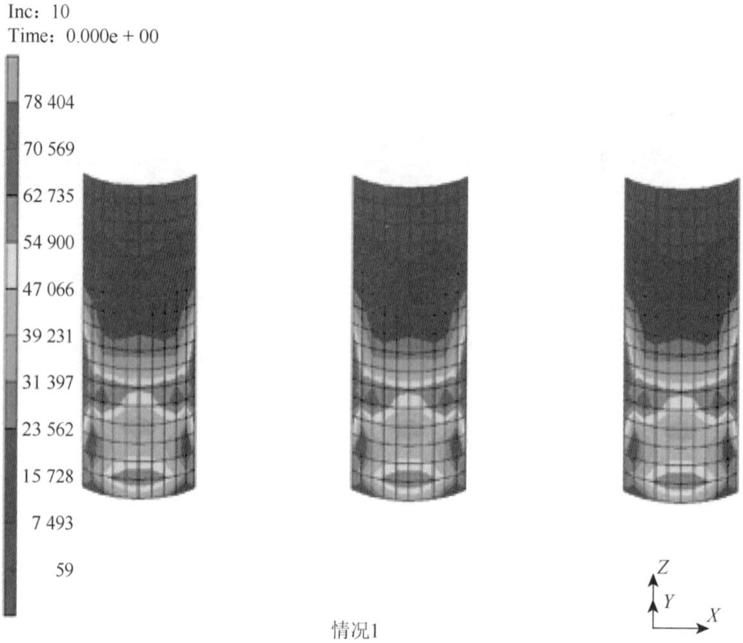

(a) 初期应力分析

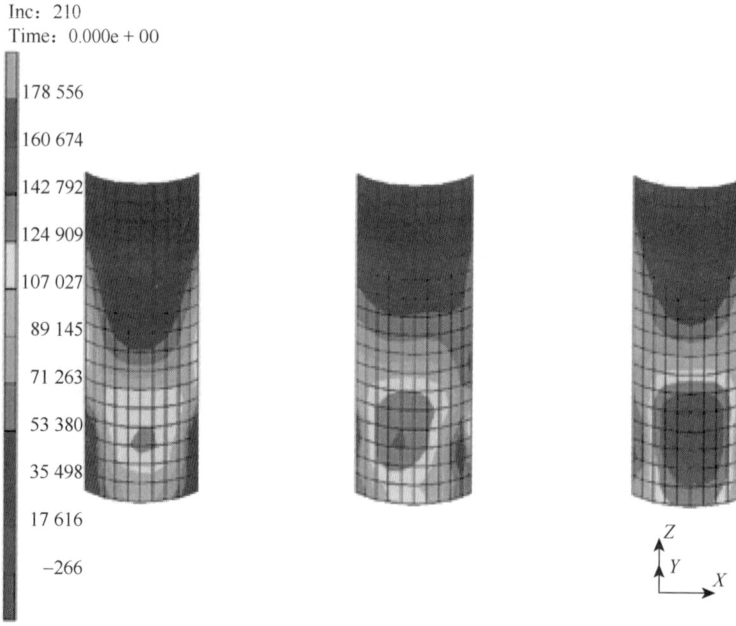

(b) 相对位移最大时

图 9-125　大海侧副格仓米泽斯相当应力等高线（单位：kN/m^2）（后附彩图）

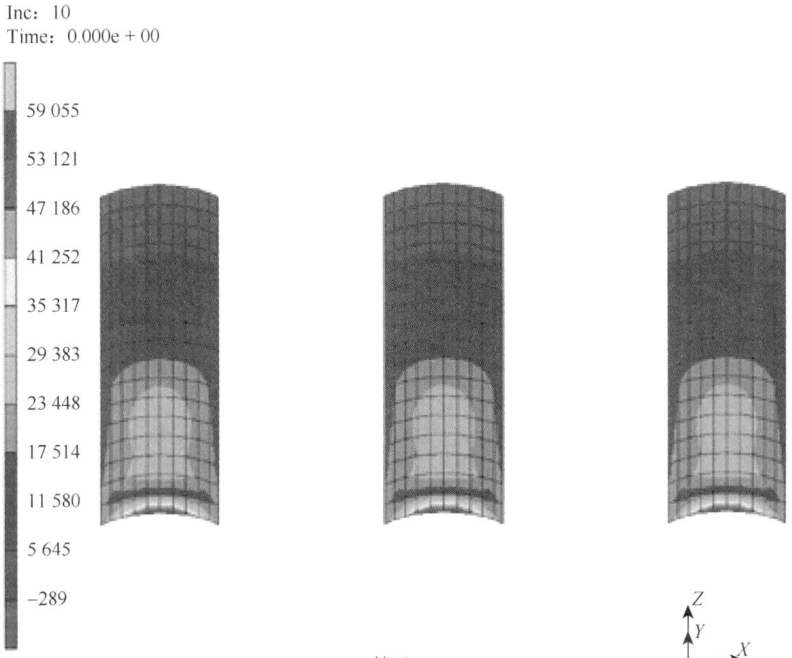

情况1

(a) 初期应力分析

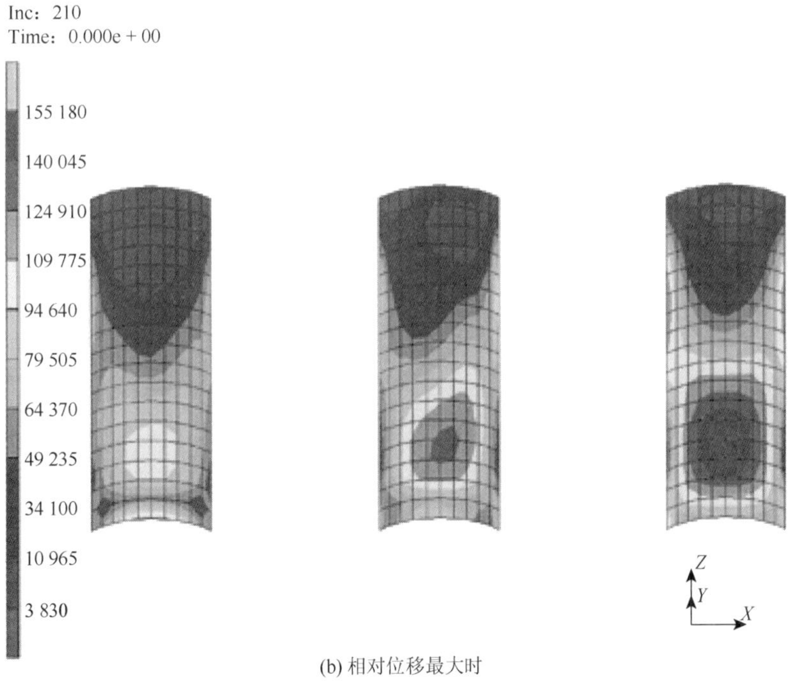

(b) 相对位移最大时

图 9-126　陆地侧副格仓米泽斯相当应力等高线（单位：kN/m^2）（后附彩图）

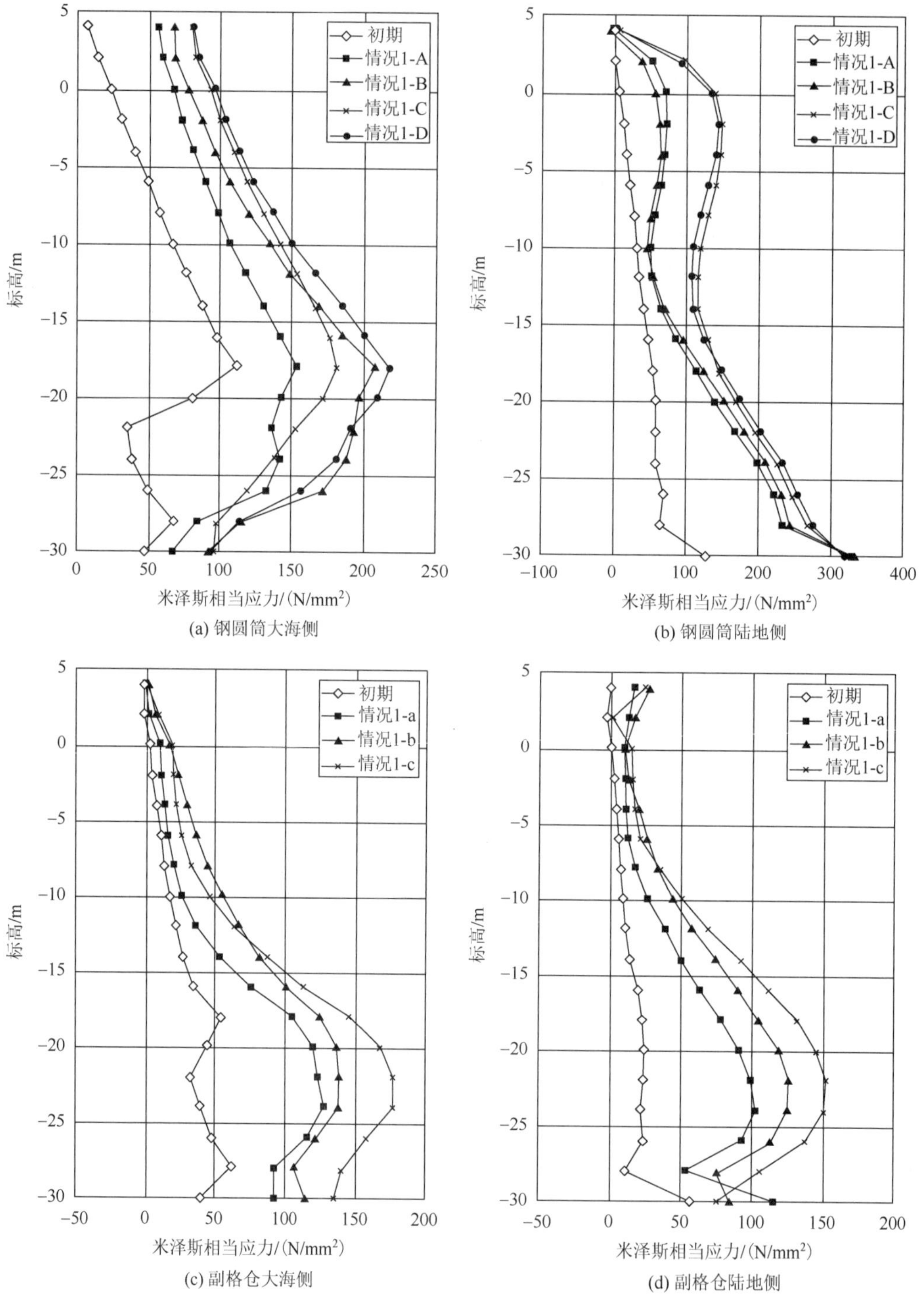

图 9-127　钢壳钢圆筒米泽斯相当应力

图 9-128～图 9-131 为基于情况 2 及情况 3 米泽斯相当应力的深度方向分布图。情况 2、情况 3 与情况 1 倾向相同，应力集中在临近大海侧的钢圆筒侧面处，临近陆

地侧则在钢圆筒侧面与下端。钢圆筒侧面的米泽斯应力在圆周方向应力或铅直方向应力比较之下有较小的几处，推测观察出是因为副格仓与钢圆筒的动作的不同处的剪切力不同所致，两者的联系合成作用导致。

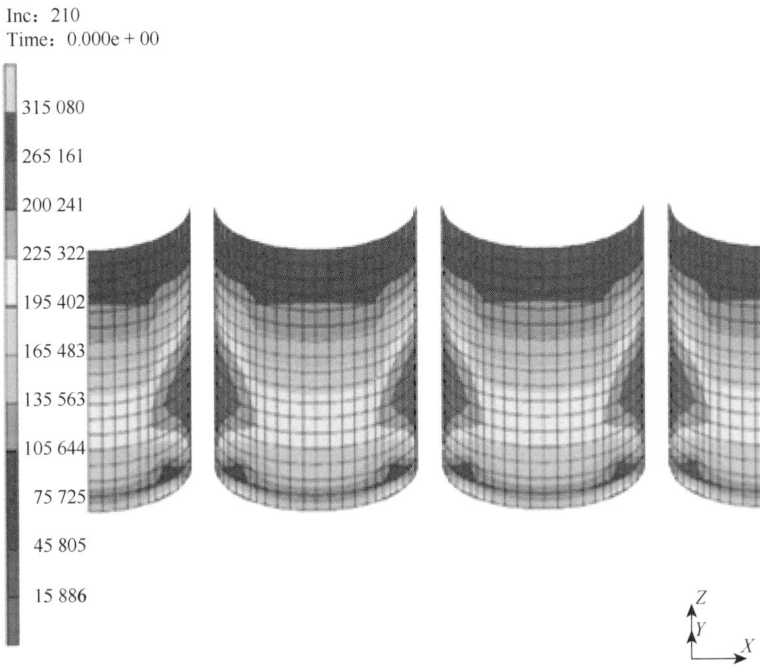

(a) 最大位移时

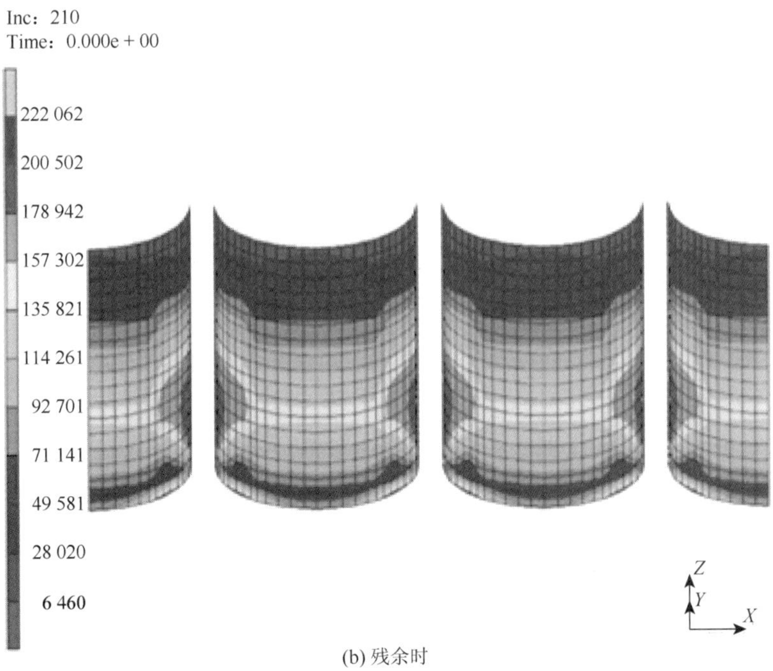

(b) 残余时

图 9-128　钢圆筒大海侧米泽斯相当应力等高线（单位：kN/m^2）（后附彩图）

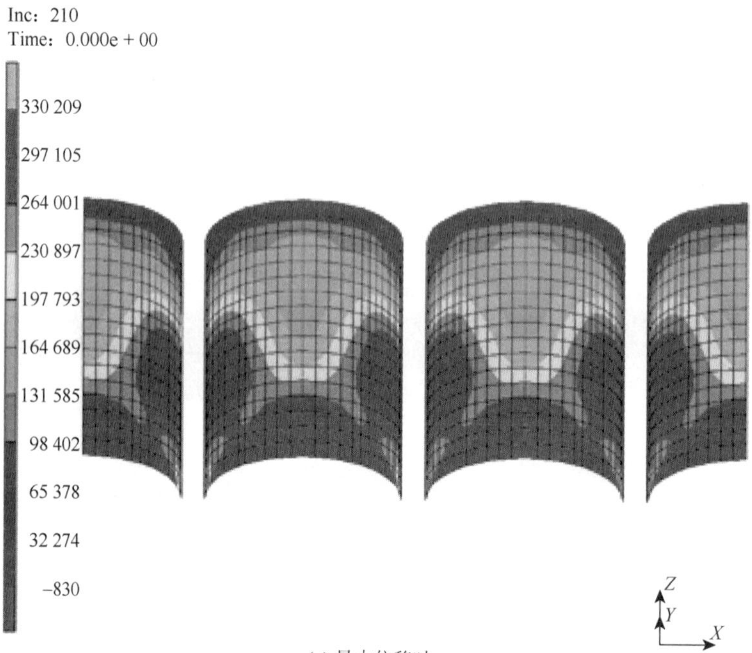

(a) 最大位移时

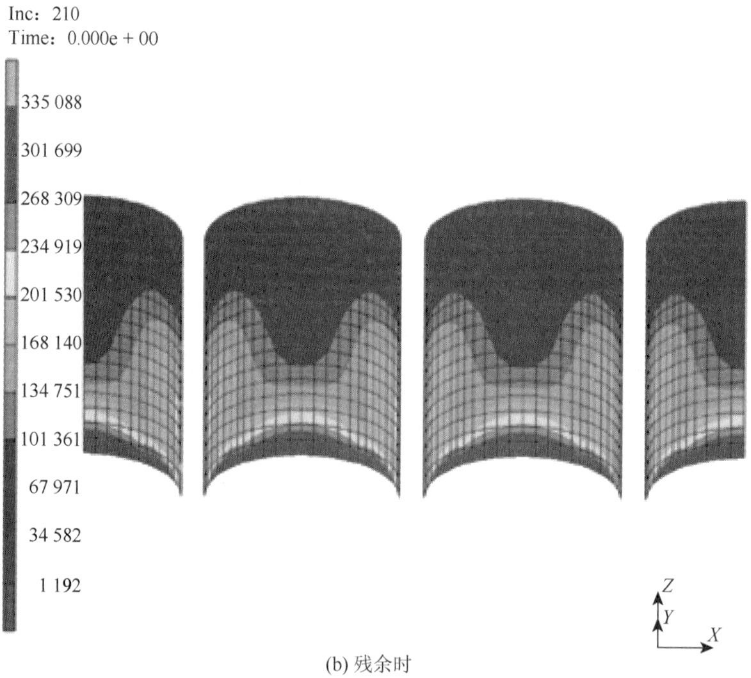

(b) 残余时

图 9-129　钢圆筒陆地侧 mises 相当应力等高线（单位：kN/m^2）（后附彩图）

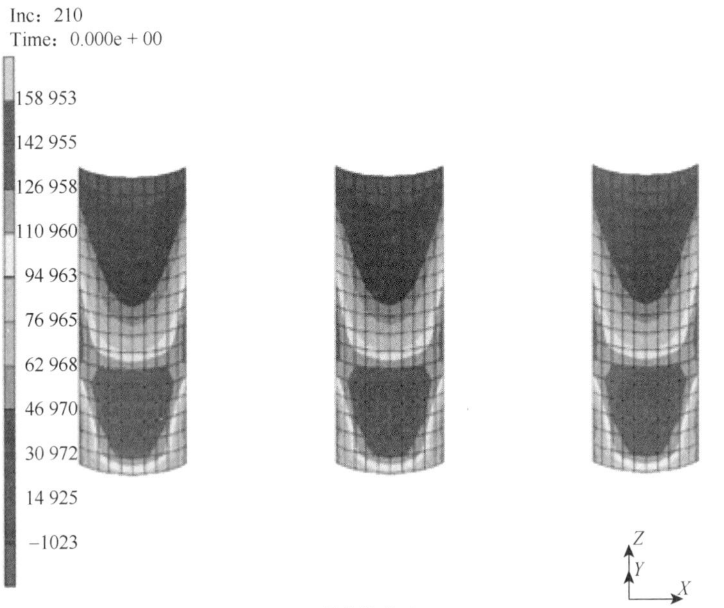

(a) 最大位移时

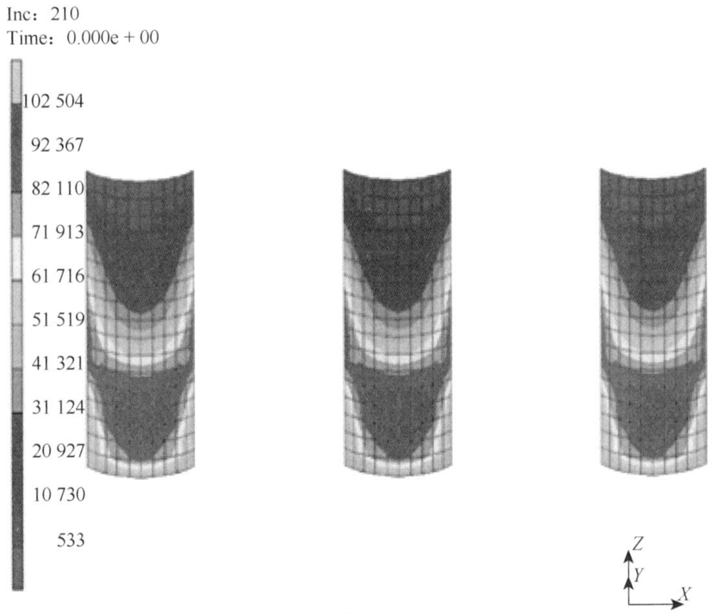

(b) 残余时

图 9-130 大海侧副格仓米泽斯相当应力等高线（单位：kN/m^2）（后附彩图）

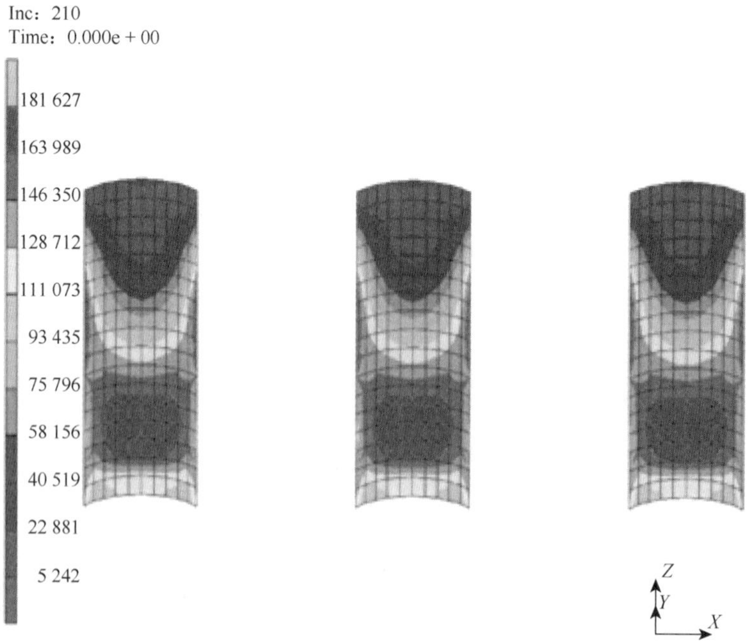

(a) 最大位移时

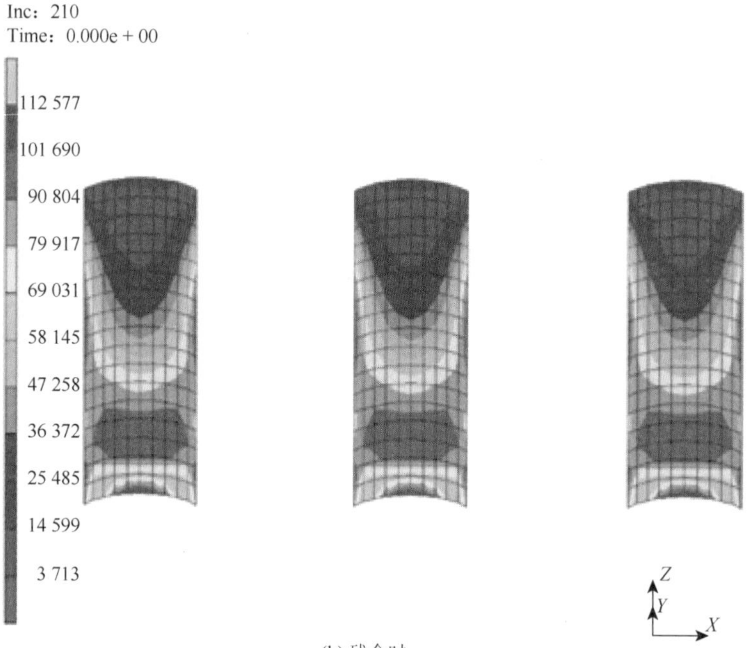

(b) 残余时

图 9-131　陆地侧副格仓米泽斯相当应力等高线（单位：kN/m²）（后附彩图）

图 9-132 为钢圆筒及副格仓的最外缘位置的初期应力状态，以及基于情况 2、情况 3 的米泽斯应力的深度分布。自此，钢圆筒临近大海侧在 D.L.–18 m。钢圆筒临近陆地侧在下端产生最大应力，达到顶峰。应力的值为 315 N/mm^2，可知基于临近陆地侧钢圆筒

下端发生了塑性化。另外，弧在 D.L.–22～24 m 的产生的最大应力达不到屈服值。

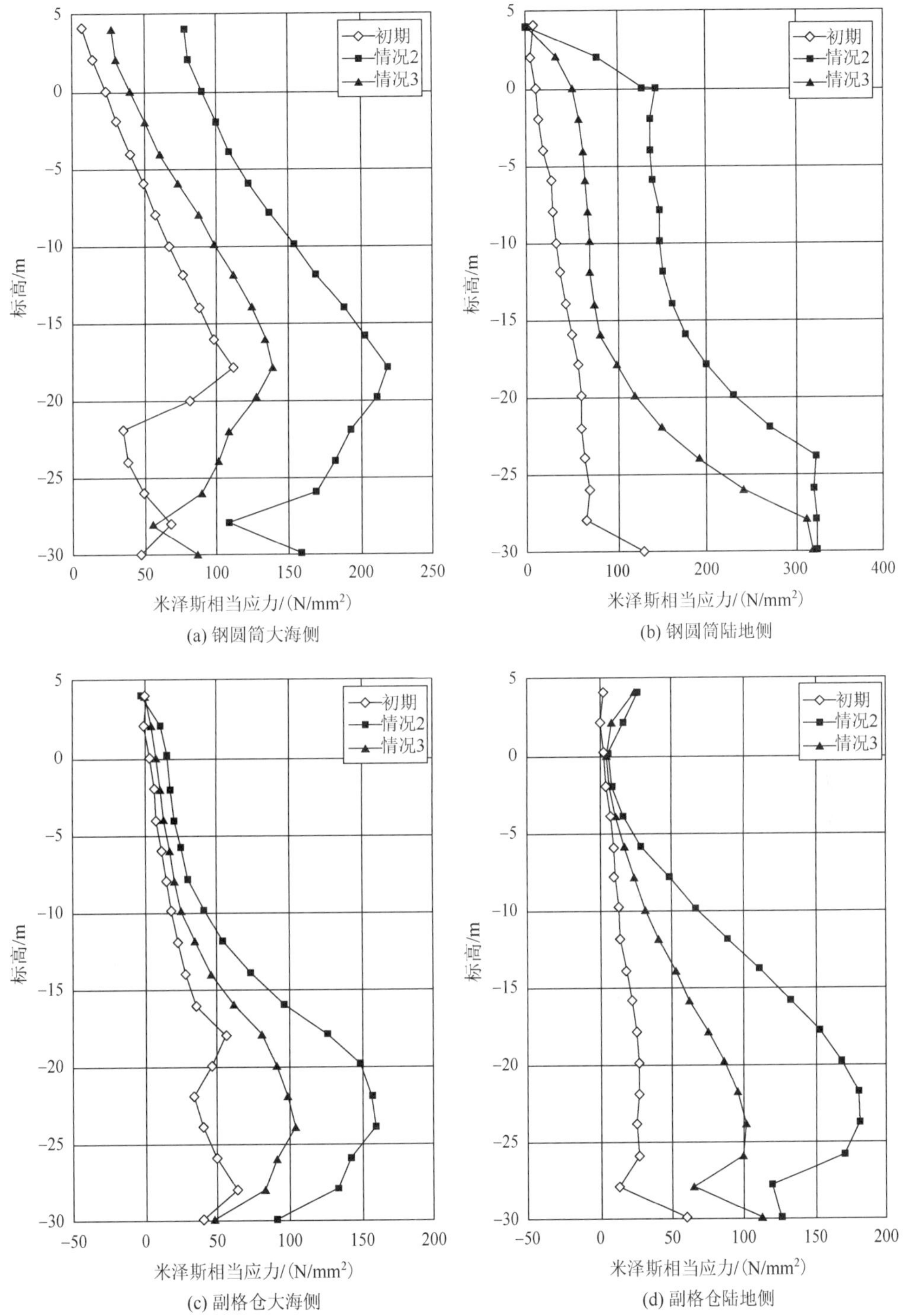

图 9-132 钢壳钢圆筒米泽斯相当应力

图 9-133 为基于情况 2 及情况 3 的塑性变形的轮廓图。由此，塑性化领域在临近陆地侧钢圆筒下端的中央部，与钢圆筒侧面的临近陆地侧接头的接触部钢圆筒下端附近。

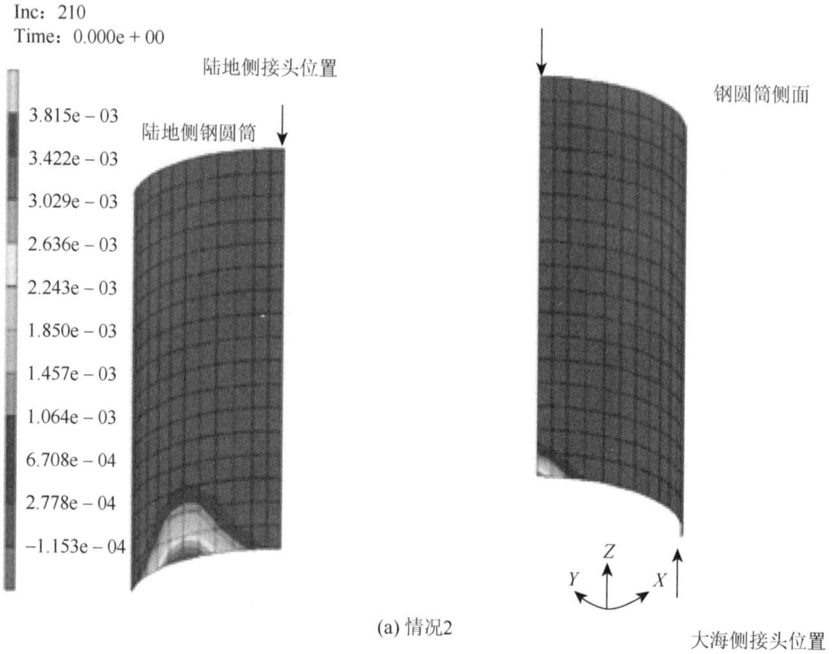

(a) 情况2

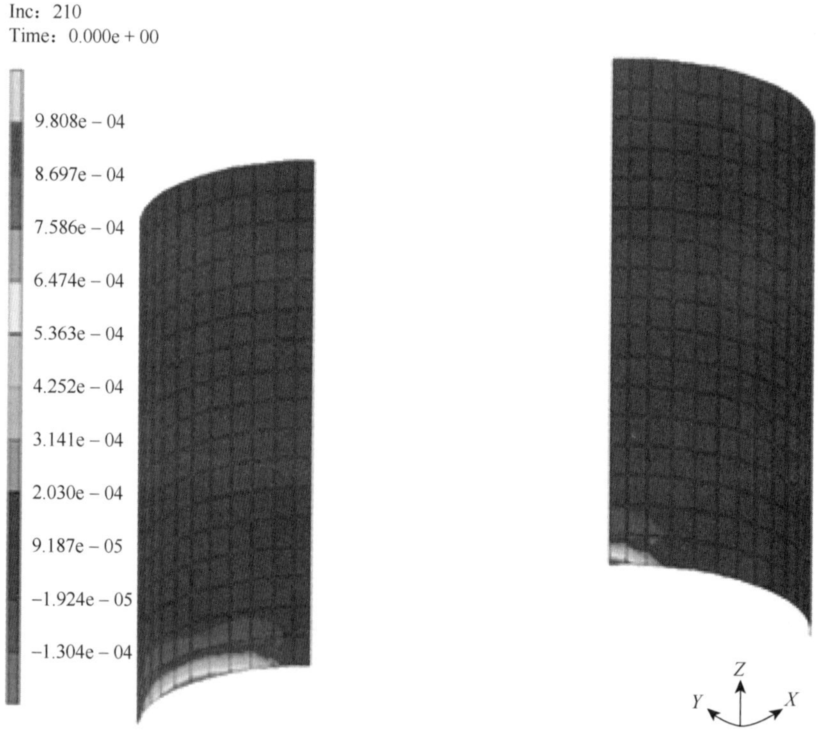

(b) 情况3

图 9-133　相当塑性形变等高线

此后，图 9-134 为钢圆筒下端的应力分布，而图 9-135 为同样的钢圆筒下端的塑性变形分布。由此，塑性化大部分为圆周方向应力在支配，最大的变形量在 0.5%（相当塑性变形则为 0.4%），属于 1%以下的微小的变形量。另外，因为被限定于临近陆地侧的下端领域，非影响结构系统全体的稳定性的问题。

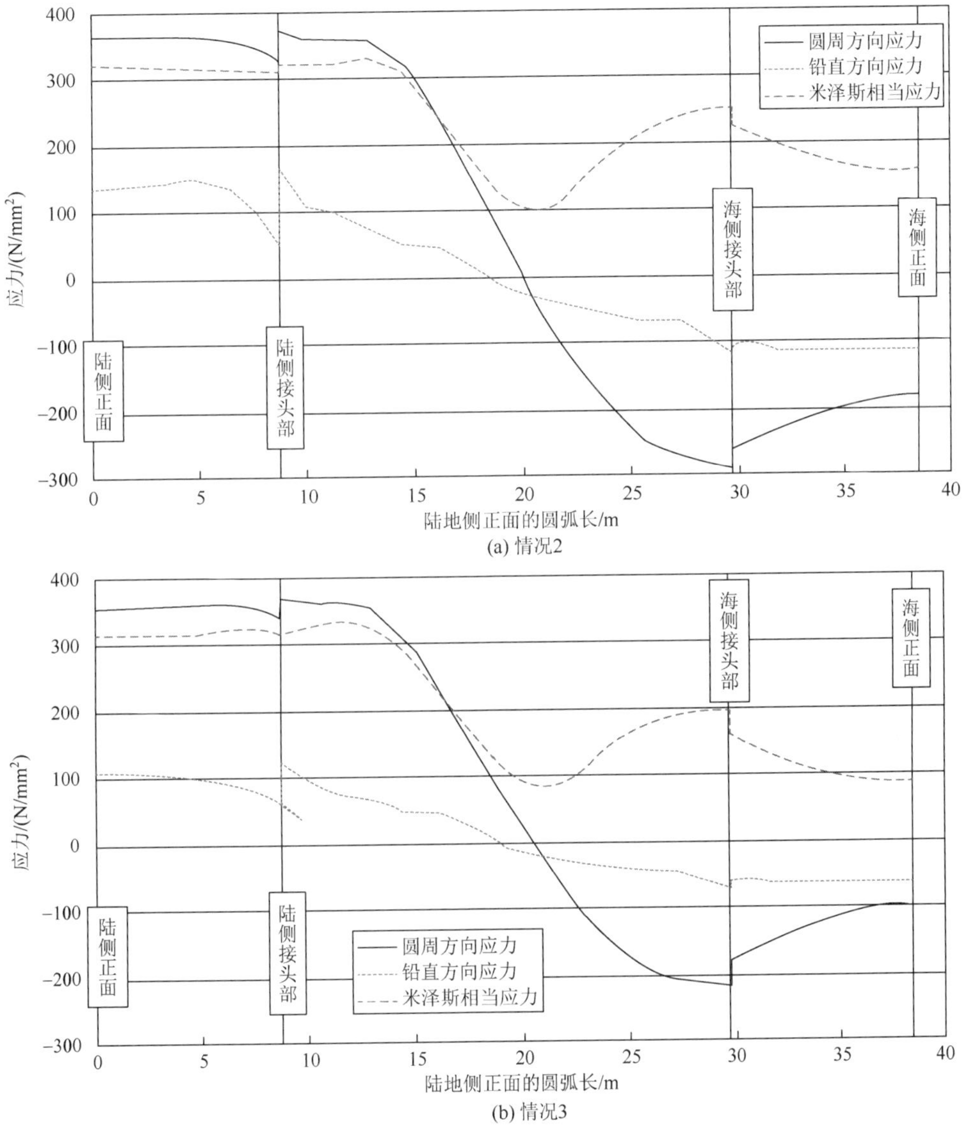

图 9-134　钢圆筒下端的应力分布

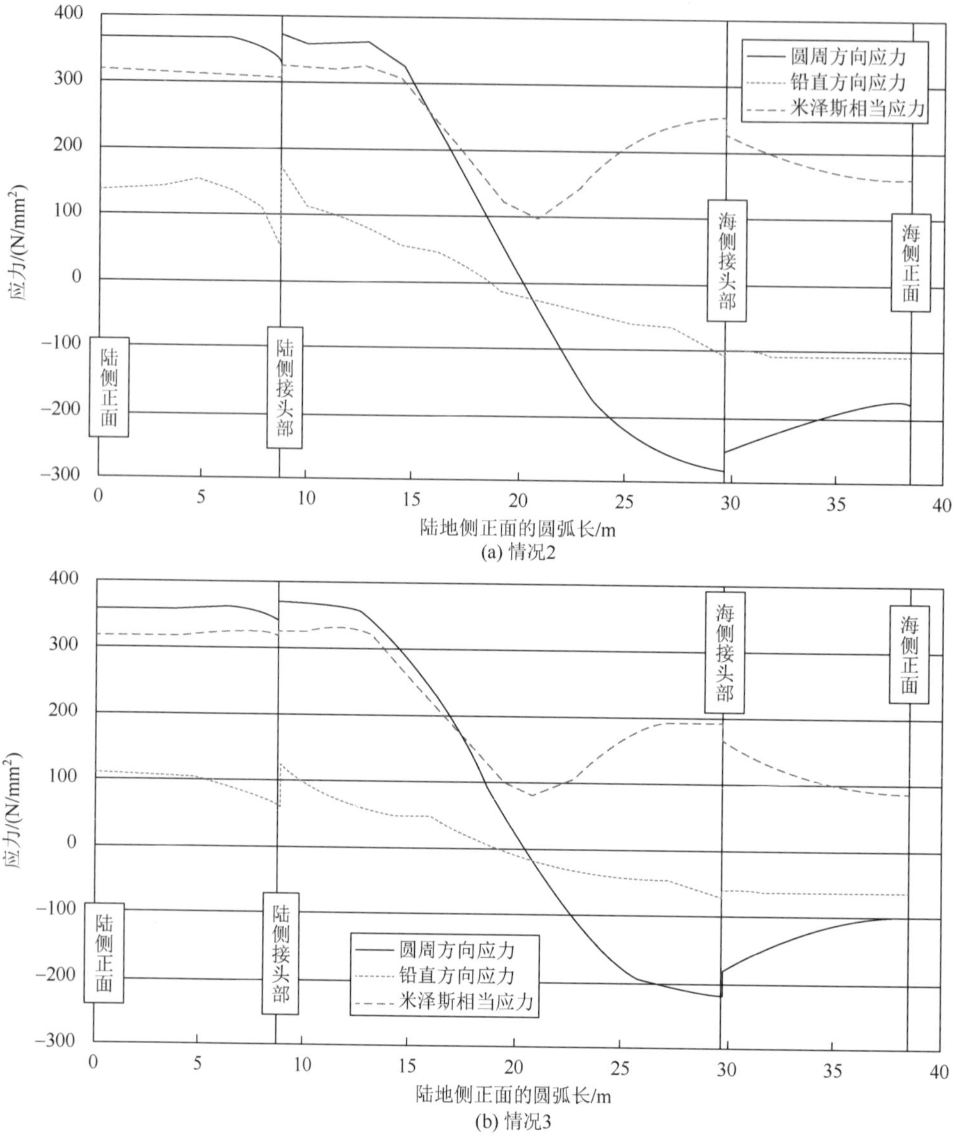

图 9-135 钢圆筒下端的形变分布

接头几乎在所有的领域都有伴随着铅直错位，将发生的最大反作用力与错位量汇总成为一览表，见表 9-41、表 9-42。接头结构被要求与钢板持有同等强度特性的规格，评价为除去板厚 13 mm（考虑板厚 15 mm 减去腐蚀量的 2 mm），钢板应力度相当。这个结果显示为，铅直方向的最大错位量 46 mm，最大应力度（铜板应力度换算值）68（N/mm^2），与“SM490、SS400”钢材材质的屈服强度 315 N/mm^2、235 N/mm^2 相比属于较低的应力程度。

图 9-136～图 9-141 为接头处反力的深度分布。

表 9-41　最大反作用力及最大错位的一览表（1 m 的力来表示）

	水平轴方向 K_x		铅直方向 Kz				水平剪应力方向 Ky	
	最大反作用力/(kN/m)		最大反作用力/(kN/m)		最大错位/(mm)		最大反作用力/(kN/m)	
	大海侧	陆地侧	大海侧	陆地侧	大海侧	陆地侧	大海侧	陆地侧
初期受力时	279	226	168	97	2.0	0.2	164	182
地震时情况 1	884	463	539	270	45.8	19.3	508	794
地震时情况 2	520	578	334	192	22.0	17.3	210	742
地震时情况 3	513	395	314	103	7.4	9.7	178	538

表 9-42　最大受力及最大错位的一览表（受力表示）

	水平轴方向 Kx		铅直方向 Kz				水平剪应力方向 Ky	
	最大应力/(N/mm^2)		最大应力/(N/mm^2)		最大错位/(mm)		最大应力/(N/mm^2)	
	大海侧	陆地侧	大海侧	陆地侧	大海侧	陆地侧	大海侧	陆地侧
初期受力时	21	17	13	7	2.0	0.2	13	14
地震时情况 1	68	36	41	21	45.8	19.3	39	61
地震时情况 2	40	44	26	15	22.0	17.3	16	59
地震时情况 3	39	30	24	8	7.4	9.7	14	41

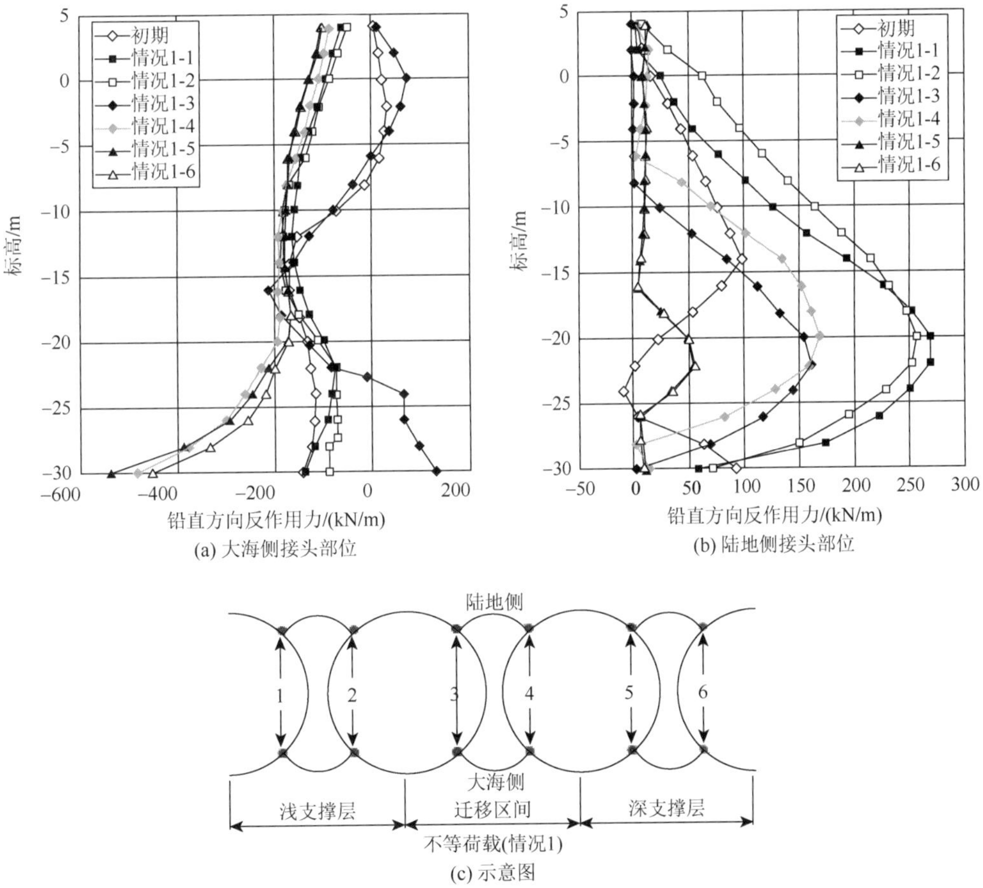

图 9-136　接头部位的铅直方向反作用力

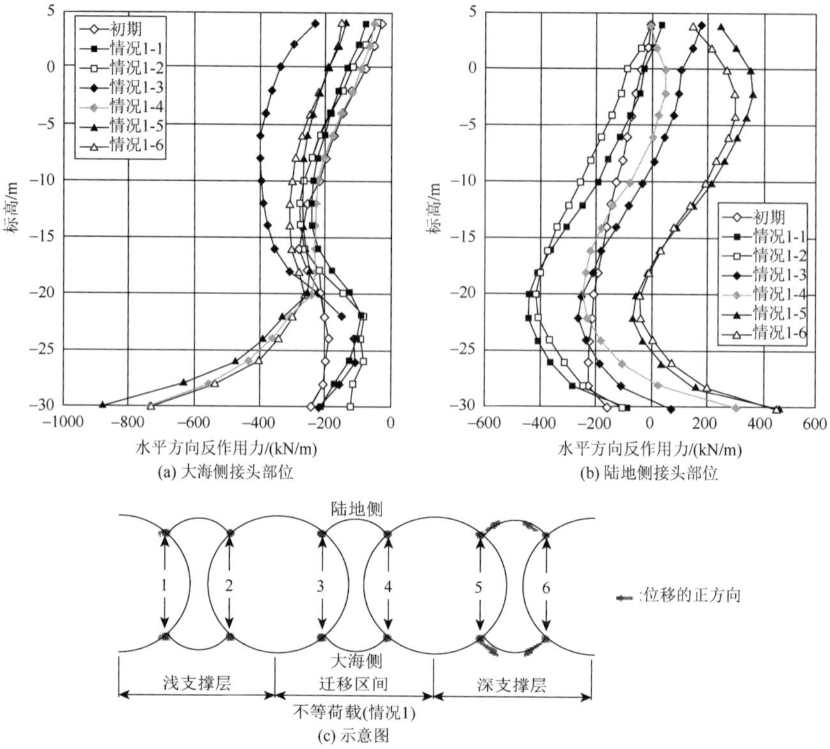

图 9-137　接头部位的水平方向（副格仓圆周方向）反作用力（+：压缩，−：拉伸）

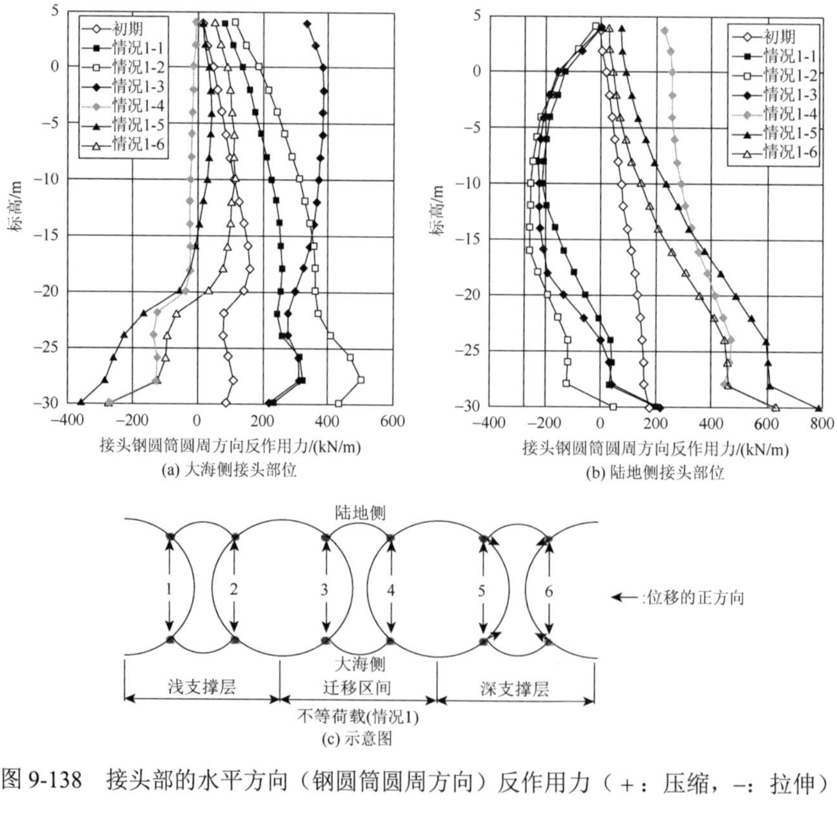

图 9-138　接头部的水平方向（钢圆筒圆周方向）反作用力（+：压缩，−：拉伸）

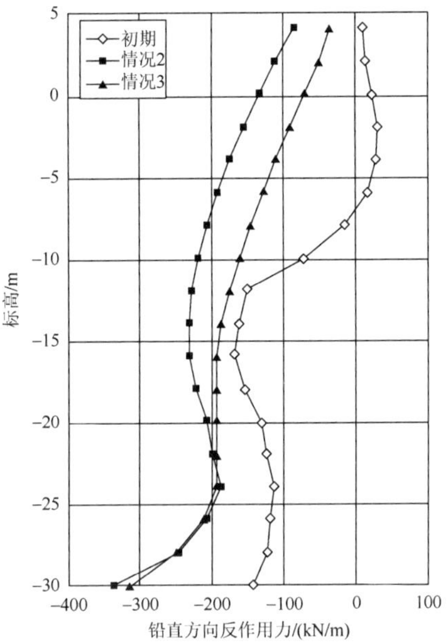

(a) 大海侧接头部位

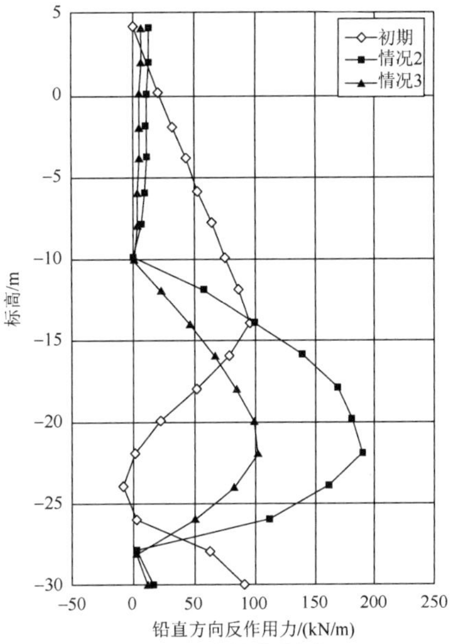

(b) 陆地侧接头部位

图 9-139 接头部位的铅直方向反作用力

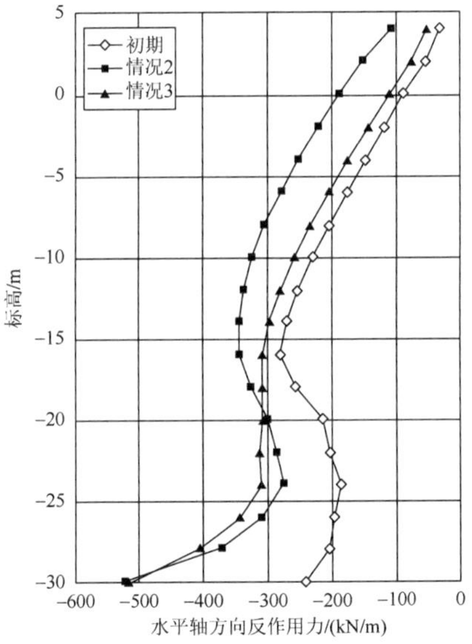

(a) 大海侧接头部位

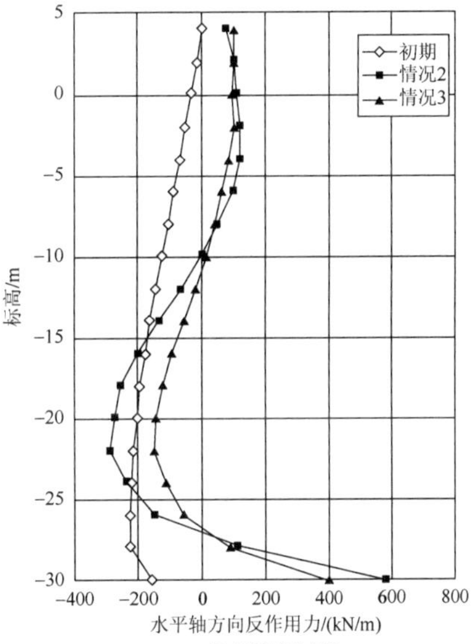

(b) 陆地侧接头部位

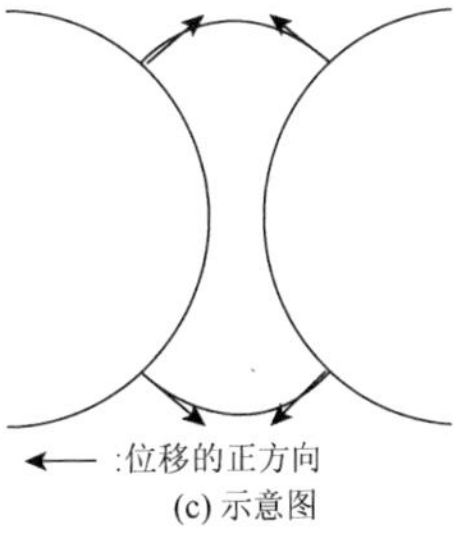

(c) 示意图

图 9-140 接头部位的水平轴方向（副格仓圆周方向）反作用力（+：压缩，−：拉伸）

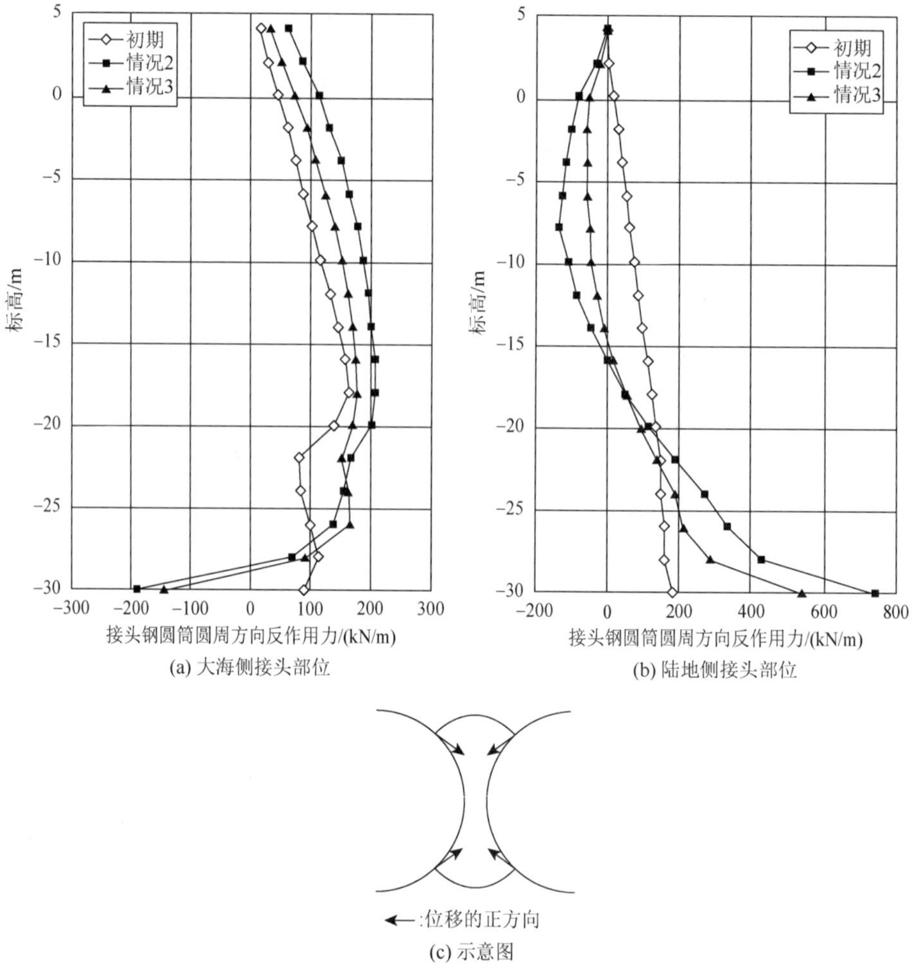

图 9-141　接头部位的水平剪切（钢圆筒圆周方向）反作用力

9.3.4.5　三维静态分析总结

本节讨论为钢圆筒及副格仓的三维 shell 要素，中间填充土以 solid 要素模式化，地面及背后的地基发条配置的三维模型的结构，采用响应位移法进行三维静态分析。结果由表 9-43 所示事项说明。

表 9-43　分析结果

结构材料	分析结果
钢圆筒钢板（SM490）	·地震时情况 2（最大水平位移时）达到最严重的响应结果 ·圆周方向应力在临近大海侧基部（D.L.–20～25 mm）处压缩，临近陆地侧（D.L.–20～30 mm）处拉伸 ·铅直方向应力在临近大海侧压缩，临近陆地侧拉伸 ·临近陆地侧部圆周方向的应力得到支配（钢圆筒中央部与钢圆筒侧面接头接触部），导致塑性化。然而，不超过 0.5%的最大变形量
副格仓钢板（SS400）	·圆周方向应力，铅直方向应力都与钢圆筒动作相同 ·圆周方向应力与钢圆筒的应力程度相比非常小 ·铅直方向应力是与钢圆筒应力程度相同 ·在所有材料的弹性范围内

续表

结构材料	分析结果
接头 （CT 型）	• 显示结果为地震时情况 1（相对位移最大时）有最严重的响应结果 • 接头几乎在所有领域都伴随着铅直错位 • 铅直方向上最大错位量为 46 mm • 接头的最大应力度（钢板应力度换算值）为 68（N/mm^2），与钢材的屈服强度相比较低

以上可知，钢板的塑性化领域是被限定的，变形程度最大在 0.5%程度，以及接头处的铅直方向错位量的最大值在 46 mm，由反力钢板换算应力也小至 68 N/mm^2，可确定此断面的岸壁建筑物在地震时的稳定性是可以确保的。

9.3.5 检查

二维地震响应分析为先假设平面变形，适当使用假设刚体位移的菅野模型后，以钢圆筒壳、副格仓及中间填充土塑造二重壁模型，应力、变形所集中的前趾、后趾部分的钢板和接头是否有损伤成为了疑问点，根据钢圆筒岸壁天顶的位移响应时刻历，进行了达到尖峰水平的时刻的检查，虽然情况 2（最大位移时）、情况 3（残余时）皆为向邻近海洋侧面的翻倒和水平移动的模式，但位移最大的情况 2 也产生了极大的应力。前趾侧因为有前面盛石，被发条所拘束，圆周方向应力产生压缩，而且从翻倒形状判断邻近海洋侧面铅直方向应力压缩。另外，后趾向前面侧方向的移动与翻倒模式应力向圆周方向拉伸，临近大陆方向铅直方向应力拉伸，可以说前趾侧和后趾侧都在应力方面处于艰难的条件下。看初期应力状态，圆周方向应力在前趾侧及后趾侧都处于拉伸状态，这个结果表明，后趾侧的米泽斯应力因足够大可达到塑性化。

可以确认在钢圆筒侧面的来自剪切力的米泽斯应力增加，它的集中度与前趾侧和后趾侧对比之下稍弱，这个动作中，中间填充土与所有的承担剪切力的菅野模型不同。被副格仓与钢圆筒侧面圈起来的范围承担了一定的剪切力，表明动的动作有剪切力相对来说更集中的可能性。甚至，必须要留意接头铅直方向的剪切力刚性或剪切力耐力造成的不同负担。

钢圆筒、副格仓及接头处发生的应力，在无视速度的影响下，理论上是可以说明存在静的相互作用的。因此，以惯性力的分布、地基刚性及变形的分布上反映的地基变形应表现为响应变位法与动的解析两者几乎同样的结果。然而，由于着眼时刻的抽出，二维模型的剪切力刚性与三维模型的剪切力刚性的不同，即为自由度的不同，在中间填充土的刚性分布及发条值的妥当性之类的问题上，需要认识到不仅是动的动作与静的分析相近，必须考虑简便性的假设对于结果的影响。

另外，根据情况 1 的相对位移发生的位移方式，接头处会产生较大的应力。法线方向地基位移急变的程度由响应位移法给予的位移分布所支配。当前，伴随着向着法线方向的地盘条件的变化而产生响应的变化，因为此变化的表现需要三维的扩大的模式的变化，也有在设计上不得不依赖响应位移法的一部分原因。

同样地，在埋立地的护岸法线与岸壁法线地震时的动作是非常复杂的，由地震后法线的形状来左右护岸或岸壁结构体的相对位移。作为实际现象，地基条件或结构体条件即地震条件动的相互作用会决定法线形状，由此可知，角落部位有集中变形的可能。钢圆筒结构体为连续的壁状结构体，虽然重力式一般的地震后不发生错位，然而通过法线的形状变化造成的应力负担成了难题。由此，即使是没有受灾事例，不仅是壁体单独的安定是必要的，今后也将可能必须在法线相对位移上最大位置的损伤的观点上来设置临界状态的过程。

参考文献

[1] 《工程地质手册》编委会. 工程地质手册[M]. 第四版. 北京：中国建筑工业出版社，2006.

[2] 曹慧江，肖烈兵. 港珠澳大桥岛隧工程沉管基槽开挖回淤强度研究[J]. 水运工程，2012，（1）：12-17.

[3] 陈贵红. 沉管隧道抗震数值分析[D]. 成都：西南交通大学，2002.

[4] 杜朝伟，王秀英. 水下隧道沉管法设计与施工关键技术[J]. 中国工程科学，2009，11（7）：76-80.

[5] 金塑，蒋国飞. 海底沉管隧道沉降问题的分析[J]. 中国科技博览，2012，（24）：80.

[6] 李毅，付佰勇，徐国平，等. 沉管隧道纵向计算原则与软件研发[J]. 公路，2015，（4）：33-36.

[7] 林鸣. 港珠澳大桥岛隧工程精细化勘察组织与实施[J]. 水运工程，2013，（7）：1-8.

[8] 林鸣，梁桁，刘晓东，等. 海上挤密砂桩工法及其在港珠澳大桥岛隧工程的应用[J]. 中国港湾建设，2012，（4）：72-77.

[9] 林鸣，刘晓东，林巍，等. 沉管隧道规划综述[J]. 中国港湾建设，2017，37（1）：1-7.

[10] 刘鸿哲，黄茂松. 超长沉管隧道纵向地震响应频域分析方法[J]. 岩土工程学报，2015，37（11）：1971-1978.

[11] 蒙庆辉，刘吉福，赵永伦. 沉管法隧道纵向变形浅议[J]. 地下工程与隧道，2001，（3）：12-15.

[12] 沿岸技術研究センター. 深層混合処理工法技術マニュアル[M]. 東京：沿岸開発技術研究センター，2001.

[13] 地盤工学会. 打戻し施工によるサンドコンパクションパイル工法設計・施工マニュアル[M]. 东京：地盤工学会，2012.

[14] 尚乾坤，王殿文. 钢筋混凝土沉管管节与基床摩擦阻力的试验研究[J]. 中国港湾建设，2015，35（7）：46-48.

[15] 沿岸開発技術研究センター. 鋼矢板セルの設計に関する技術検討報告書[R]. 东京：沿岸開発技術研究センター，2000.

[16] 孙英广，梁桁，毛剑锋. 港珠澳大桥岛遂工程桂山沉管预制厂总平面设计[J]. 水运工程，2014，（2）：42-45.

[17] 日本港湾協会. 港湾の施設の技術上の基準・同解说[M]. 东京：日本港湾協会，2009.

[18] 王吉云. 港珠澳大桥岛隧工程沉管隧道施工新技术介绍[J]. 地下工程与隧道，2011，（1）：22-26，53.

[19] 王艳宁，熊刚. 沉管隧道技术的应用与现状分析[J]. 现代隧道技术，2007，44（4）：1-4.

[20] 王艳珍. 港珠澳大桥沉管隧道干坞坞址方案比选与环境影响研究[D]. 天津：天津大学，2013.

[21] 王勇，乔春生，孙彩红. 外海深埋沉管隧道基槽水下边坡设计与稳定性分析[J]. 北京交通大学学报，2013，37（1）：57-61.

[22] 王智强. 超长沉管管段沉放过程的模拟研究[D]. 青岛：中国海洋大学，2013.

[23] 魏纲，朱昕光，苏勤卫. 沉管隧道竖向不均匀沉降的计算方法及分布研究[J]. 现代隧道技术，2013，50（6）：58-64.

[24] 尹海卿. 港珠澳大桥岛隧工程设计施工关键技术[J]. 隧道建设，2014，34（1）：60-66.

[25] 岳夏冰. 外海大回淤沉管隧道软基沉降特征与控制计算研究[D]. 西安：长安大学，2014.

[26] 张建军，尚乾坤. 沉管安装碎石回填质量控制[J]. 中国港湾建设，2015，（7）：113-115.

[27] 张志刚，刘洪洲. 公路沉管隧道的发展及其关键技术[J]. 隧道建设，2013，33（5）：343-347.
[28] 中华人民共和国交通部. 公路路线设计规范：JTG D20—2006[S]. 北京：人民交通出版社，2006.
[29] 中交股份联合体港珠澳大桥岛隧工程项目总经理部. 港珠澳大桥岛隧工程地基与基础施工方案[Z]. 珠海：中交股份联合体港珠澳大桥岛隧工程项目总经理部， 2012.
[30] 中交股份联合体港珠澳大桥岛隧工程项目总经理部. 港珠澳大桥岛隧工程沉管隧道监测报告[Z]. 珠海：中交股份联合体港珠澳大桥岛隧工程项目总经理部，2017.

彩　图

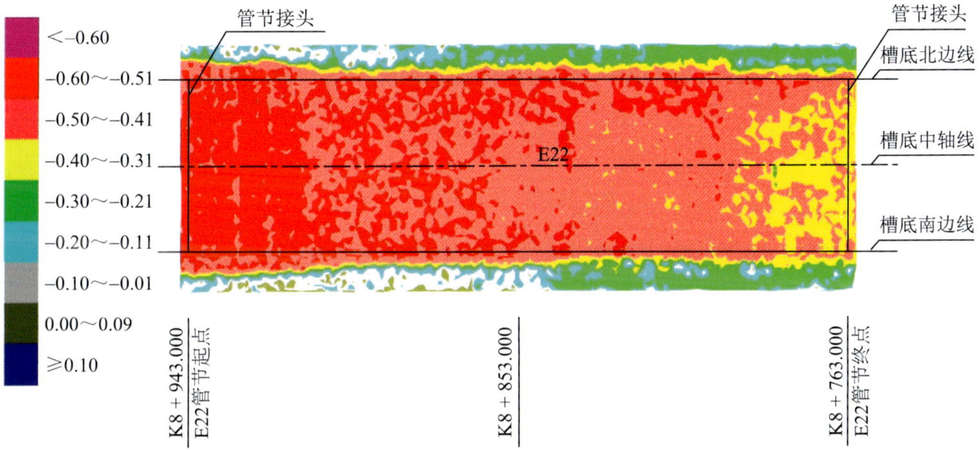

图 6-27　E22 管节抛石夯平前清淤前色差图

负值表示回淤厚度，正值表示未回淤

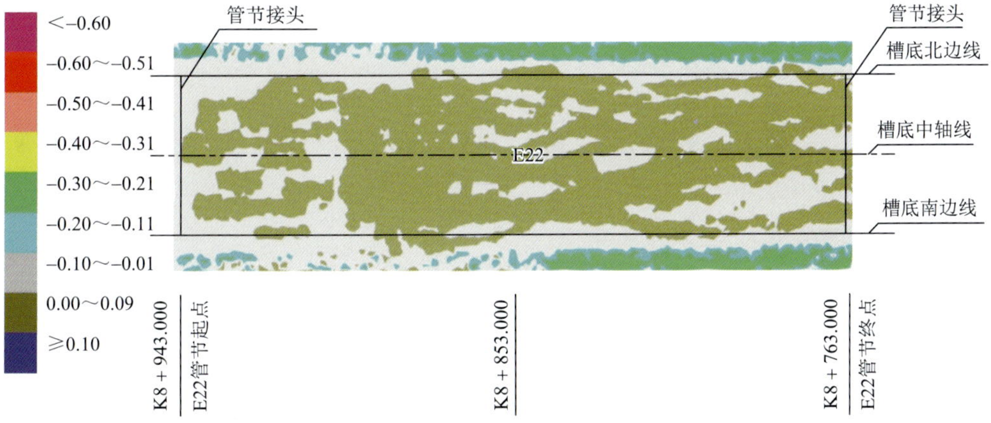

图 6-28　E22 管节抛石夯平前清淤后色差图

负值代表残余回淤厚度，正值代表回淤物已清除

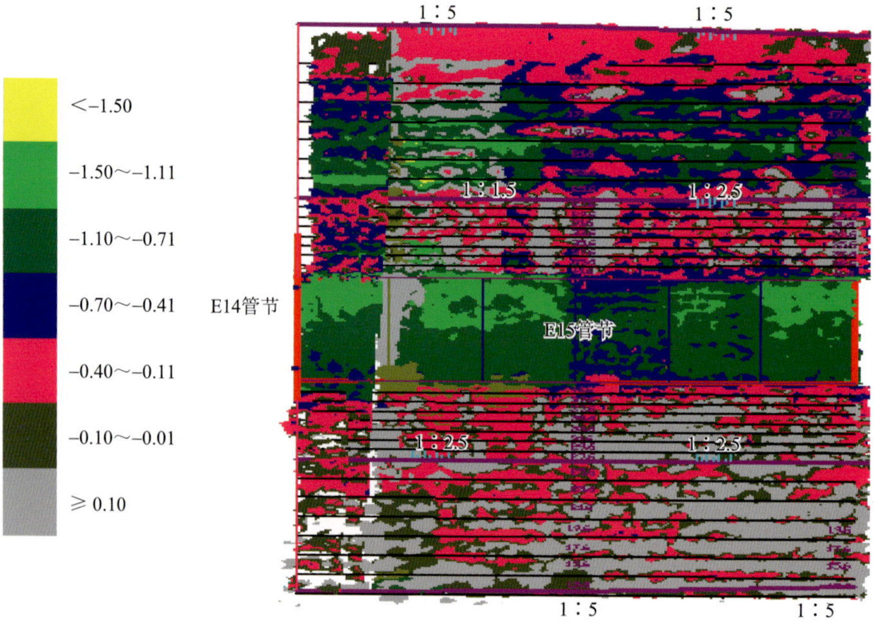

图 6-30　E15 管节基槽边坡回淤后水深值与基槽理论水深值色差比对图

负值表示回淤物厚度，正值表示未回淤

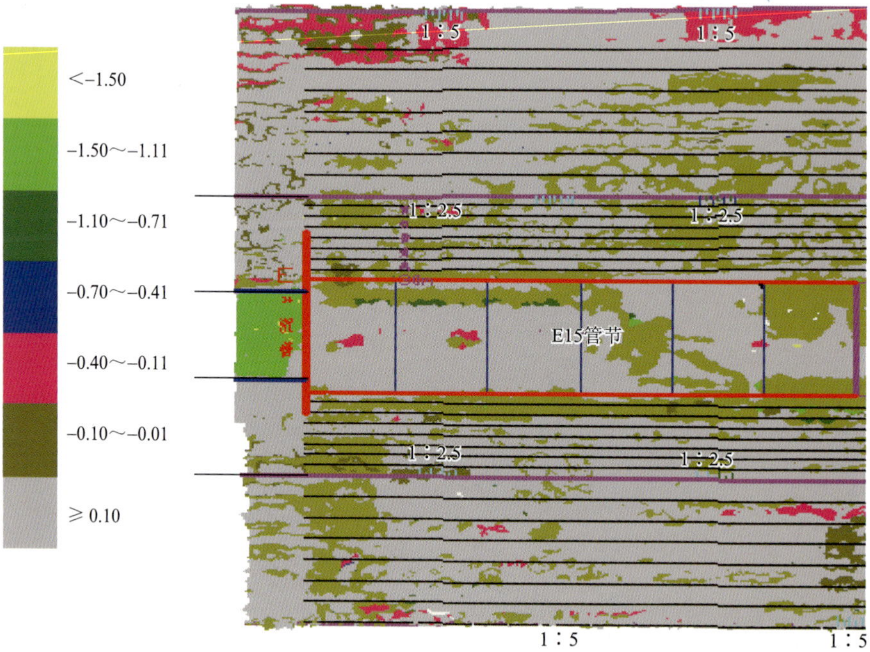

图 6-31　E15 管节基槽边坡清淤后水深值与基槽实际水深值色差比对图

负值表示回淤物厚度，正值表示回淤物已清除

图 7-150　最大过剩孔隙水压比的分布图

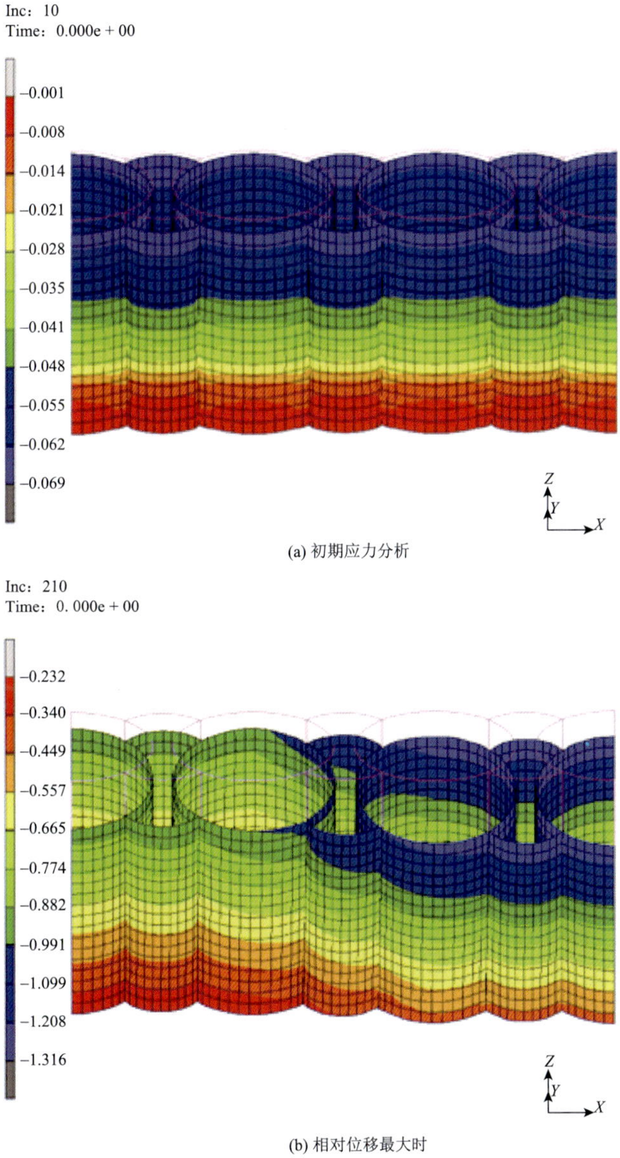

图 9-98　护岸法线方向位移等高线 *m*（变形倍率 50 倍）

自重受力后的位移

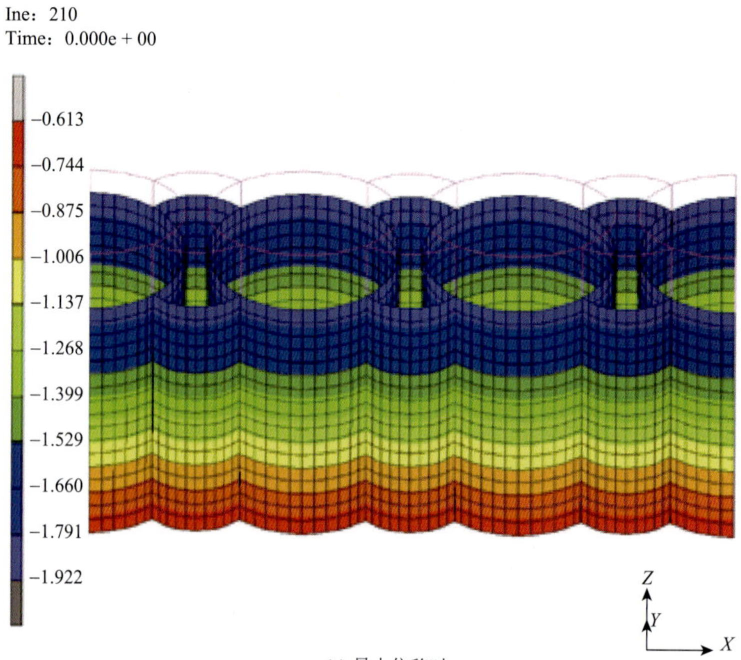

(a) 最大位移时

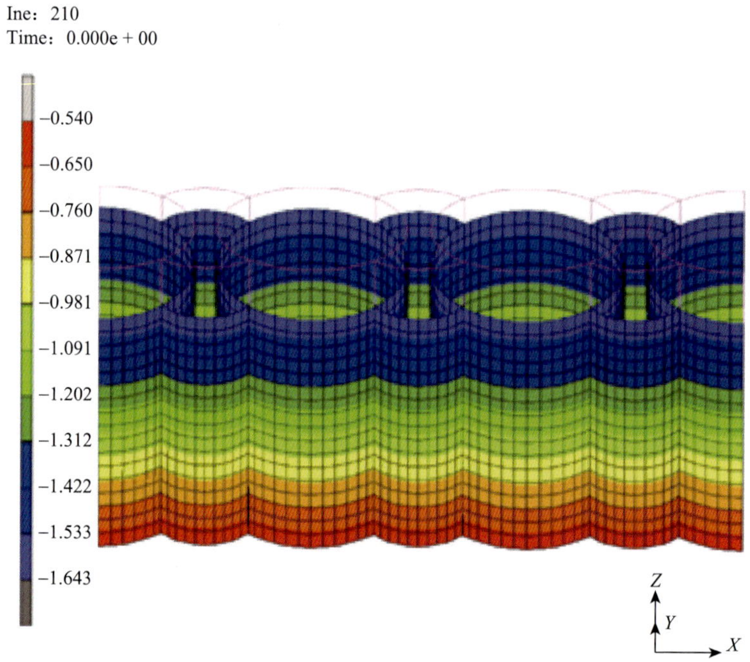

(b) 残余时

图 9-99　护岸法线方向位移等高线 *m*（变形倍率 5 倍）

土压受力后的位移

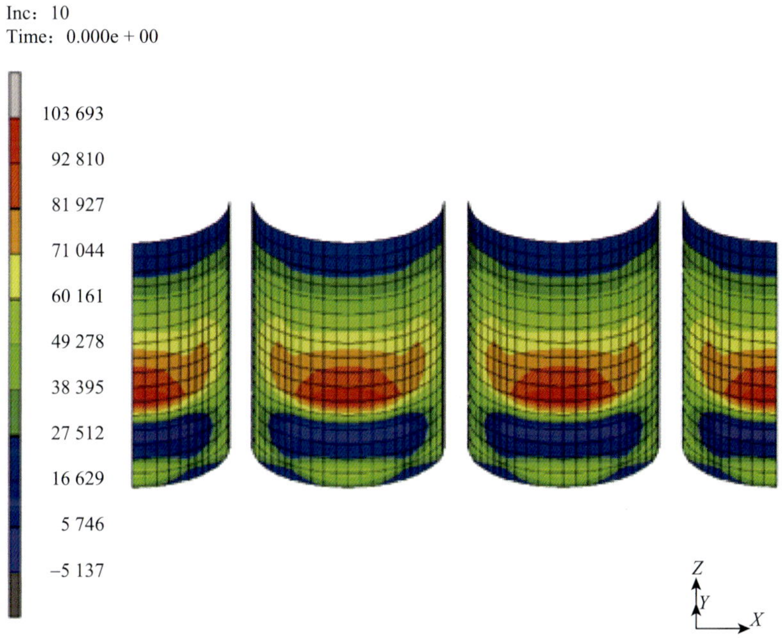

(a) 初期应力分析

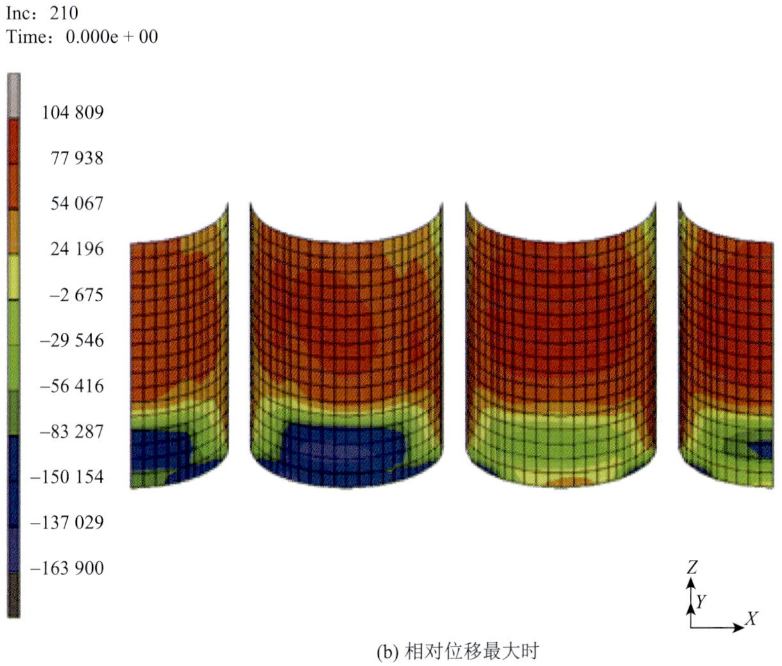

(b) 相对位移最大时

图 9-101　钢圆筒大海侧圆周方向应力等高线（单位：kN/m^2）

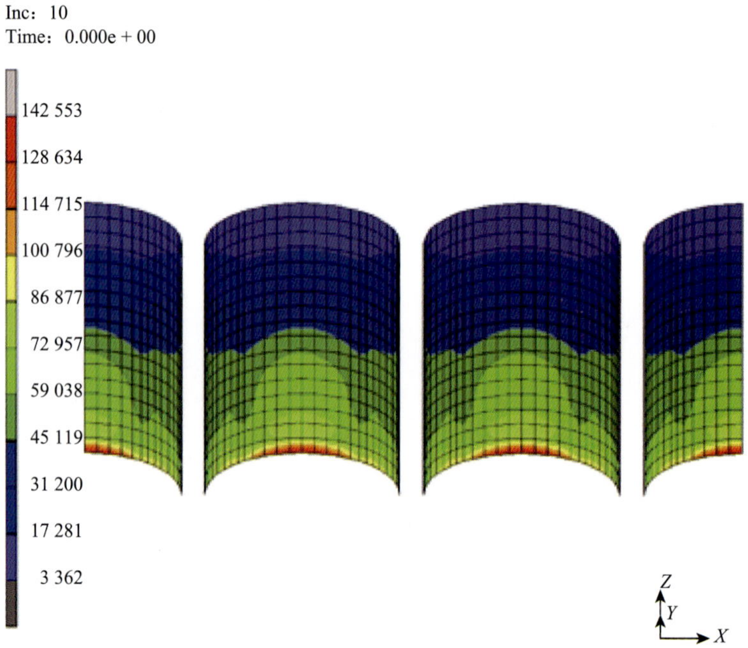

(a) 初期应力分析

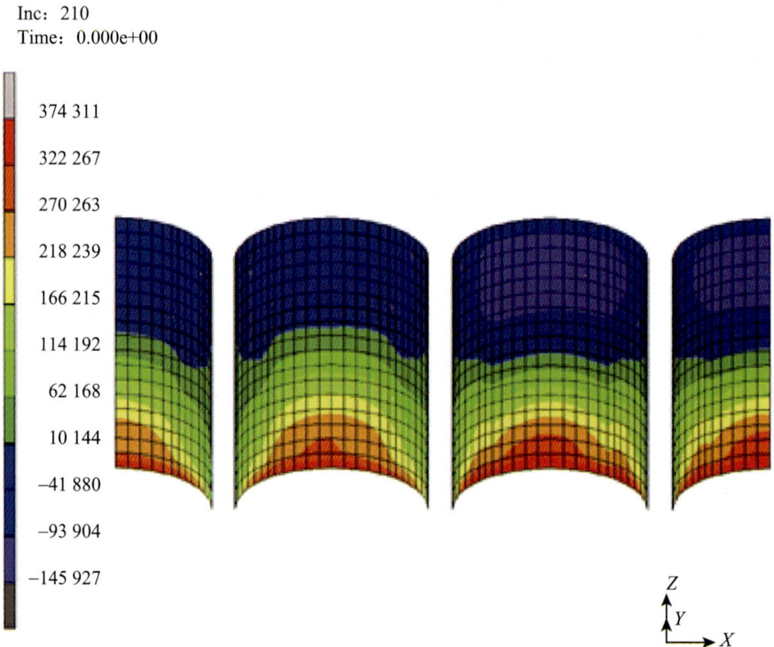

(b) 相对位移最大时

图 9-102　钢圆筒陆地侧圆周方向应力等高线（单位：kN/m^2）

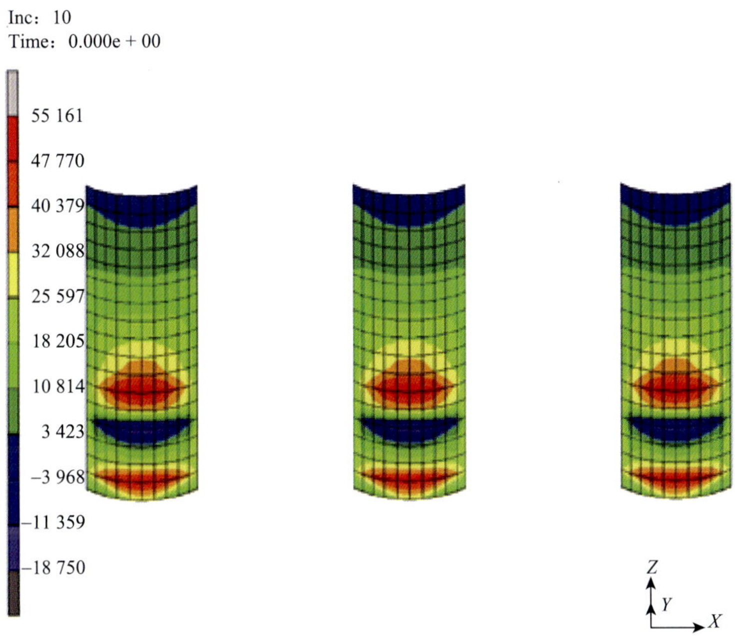

(a) 初期应力分析

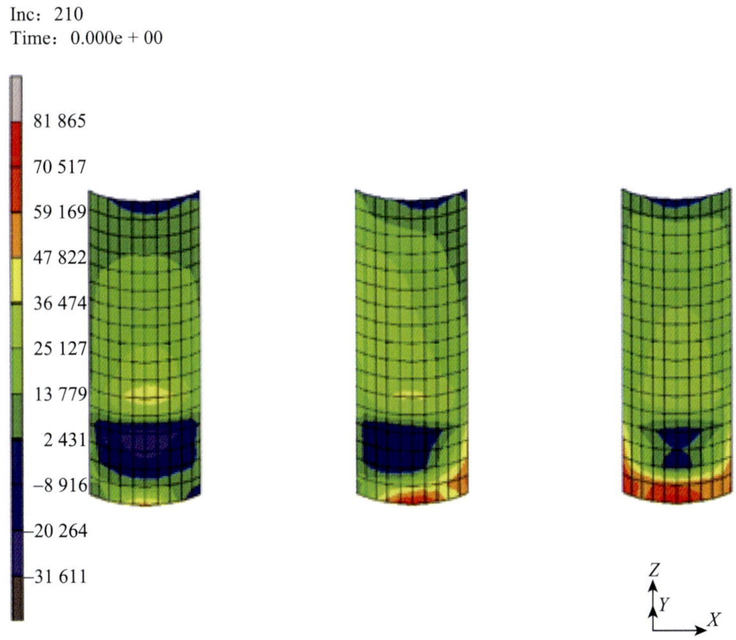

(b) 相对位移最大时

图 9-103　大海侧副格仓圆周方向应力等高线（单位：kN/m^2）

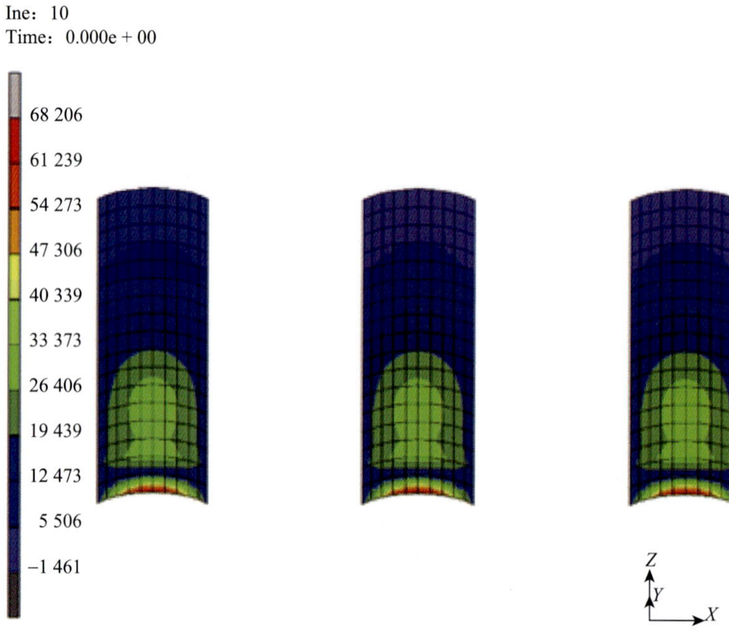

(a) 初期应力分析

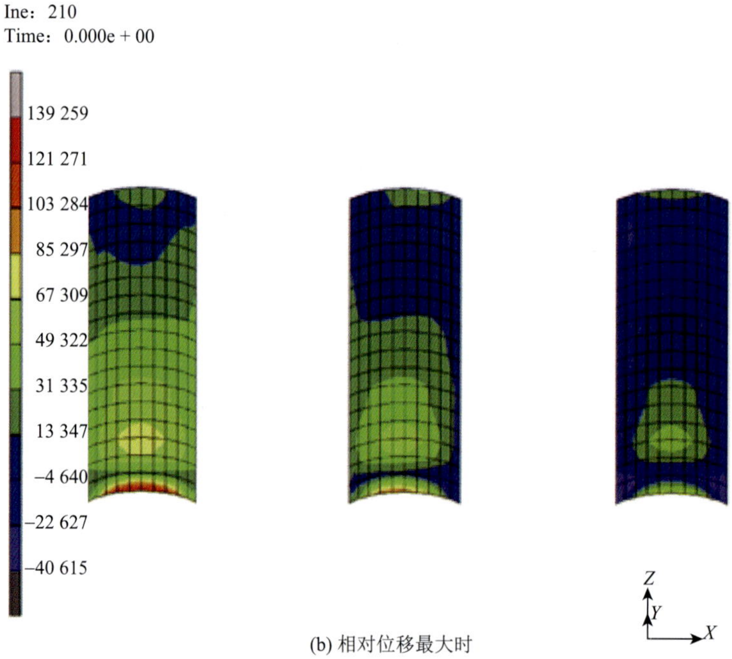

(b) 相对位移最大时

图 9-104　陆地侧副格仓圆周方向应力等高线（单位：kN/m^2）

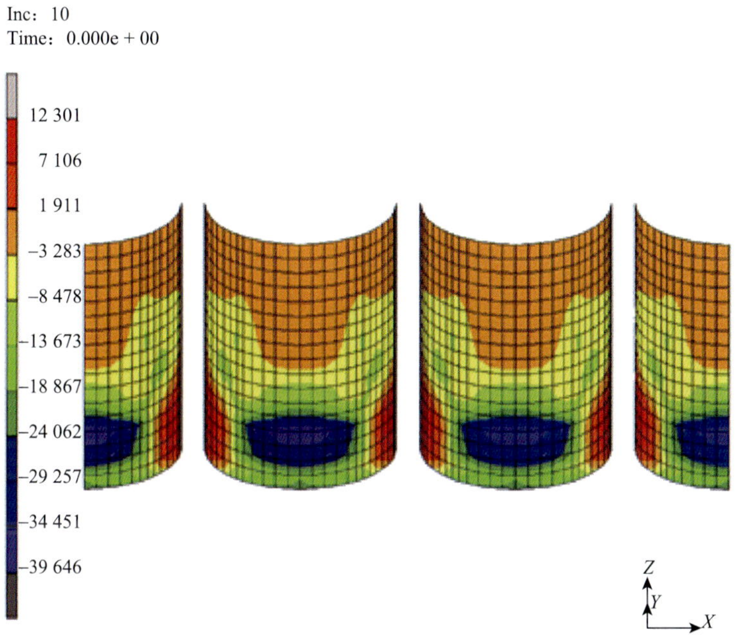

(a) 初期应力分析

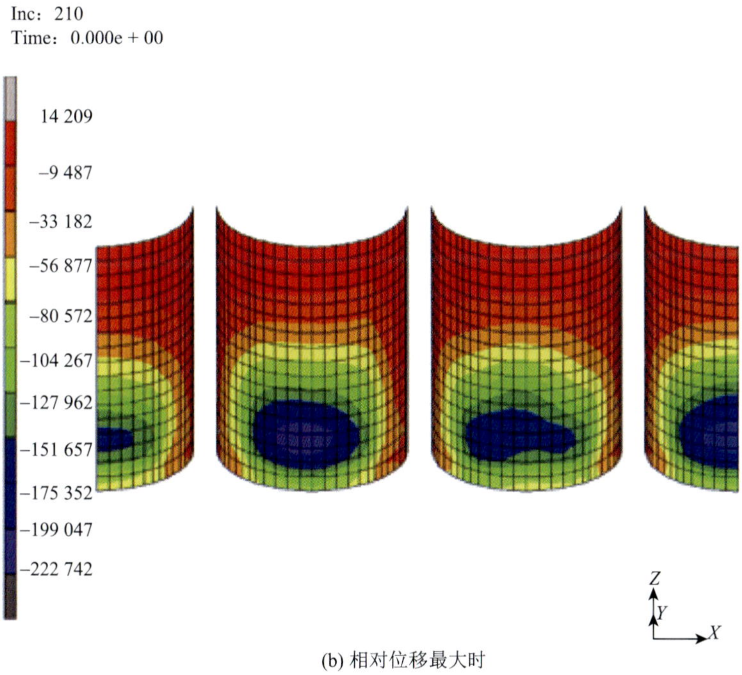

(b) 相对位移最大时

图 9-105　钢圆筒大海侧铅直方向应力等高线（单位：kN/m^2）

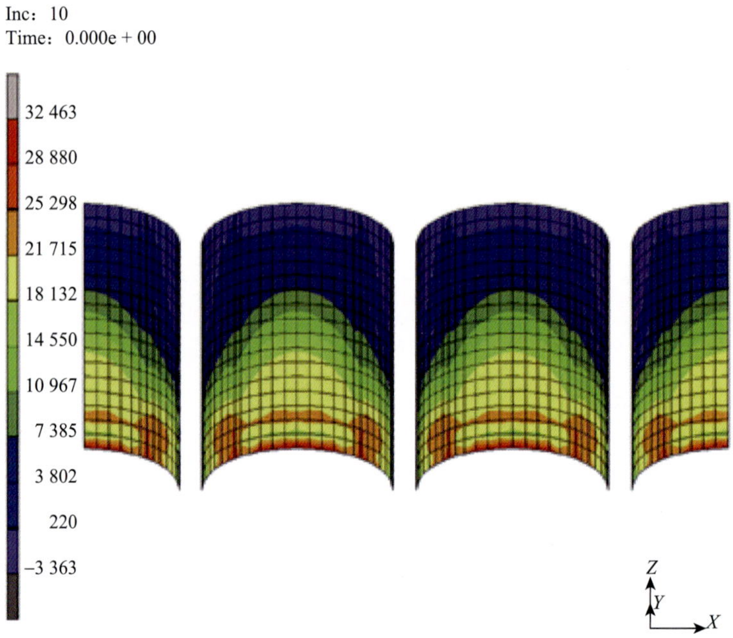

(a) 初期应力分析

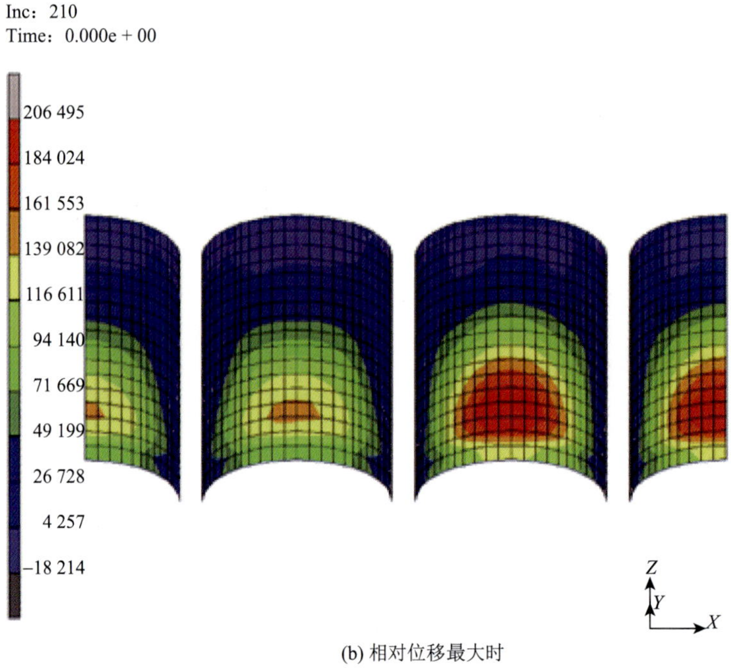

(b) 相对位移最大时

图 9-106　钢圆筒陆地侧铅直方向应力等高线（单位：kN/m^2）

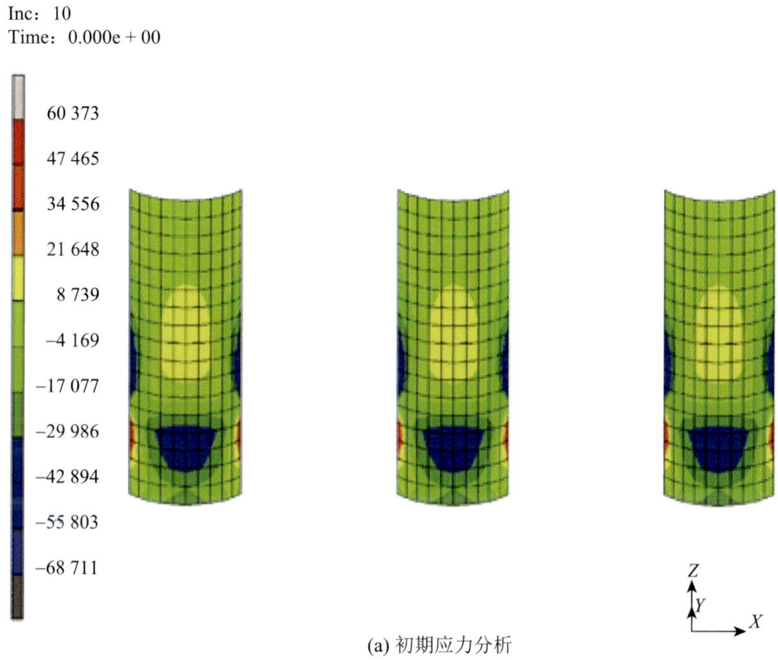

(a) 初期应力分析

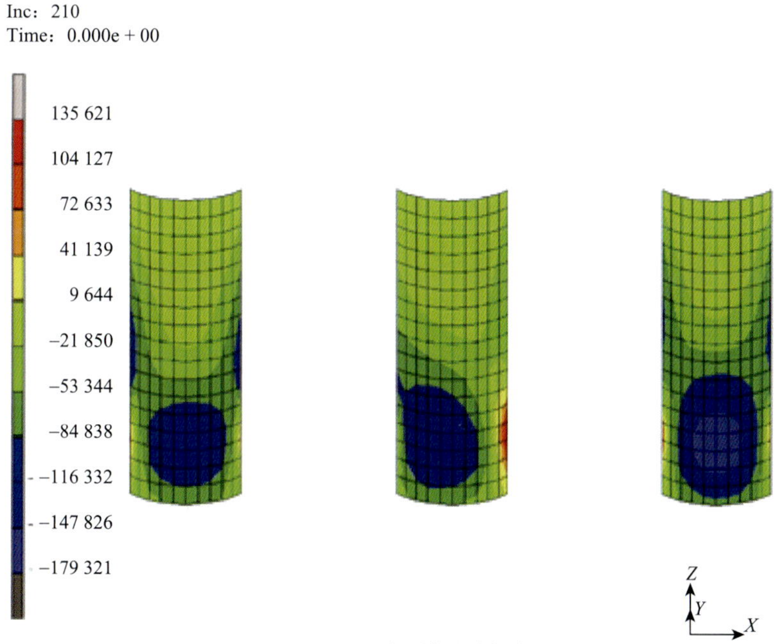

(b) 相对位移最大时

图 9-107　大海侧副格仓铅直方向应力等高线（单位：kN/m^2）

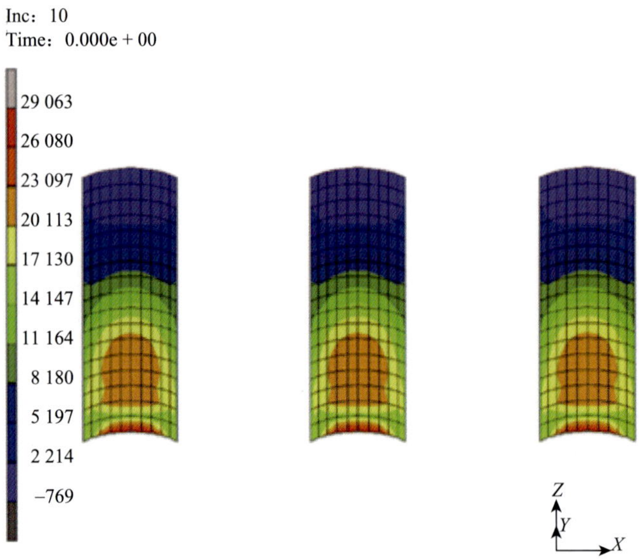

(a) 初期应力分析

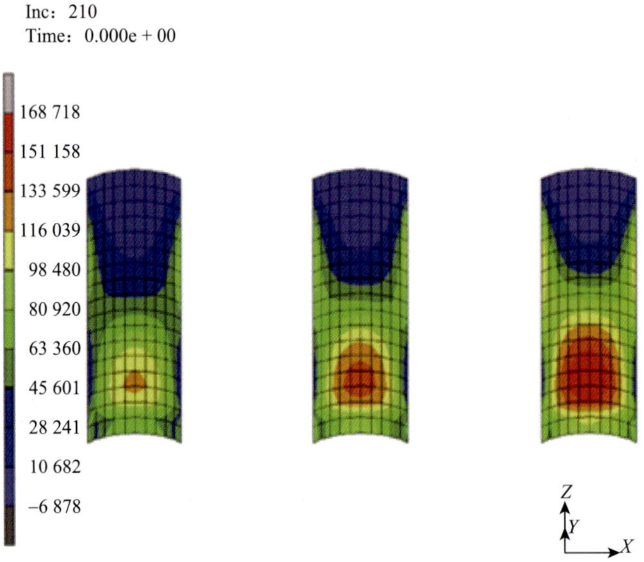

(b) 相对位移最大时

图 9-108　陆地侧副格仓铅直方向应力等高线（单位：kN/m^2）

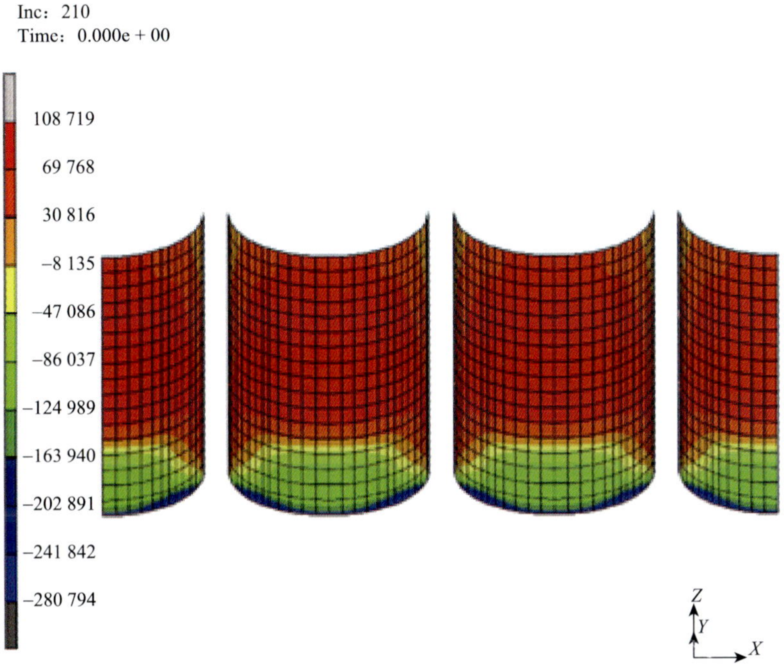

(a) 最大位移时

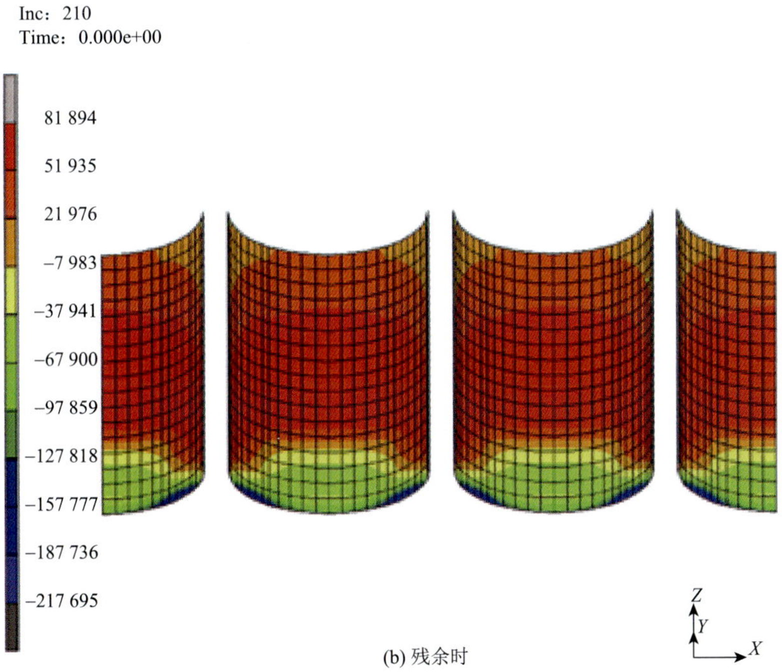

(b) 残余时

图 9-112　钢圆筒大海侧圆周方向应力等高线（单位：kN/m^2）

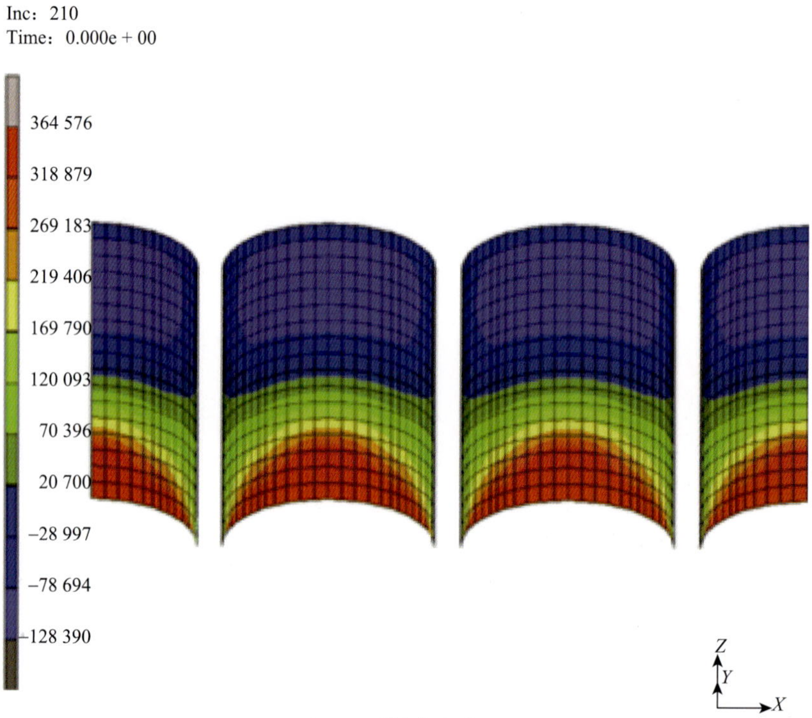

(a) 最大位移时

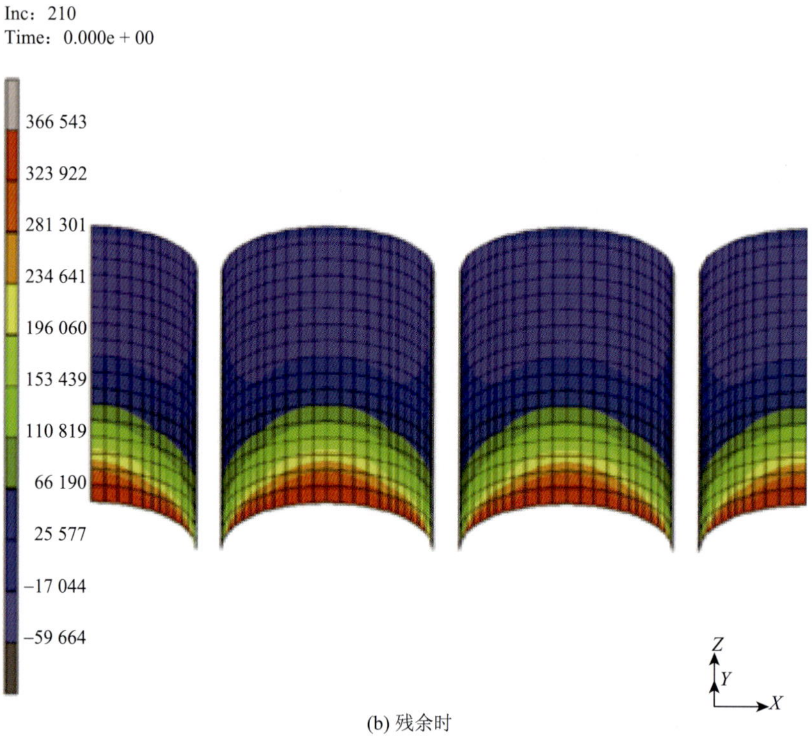

(b) 残余时

图 9-113　钢圆筒陆地侧圆周方向应力等高线（单位：kN/m²）

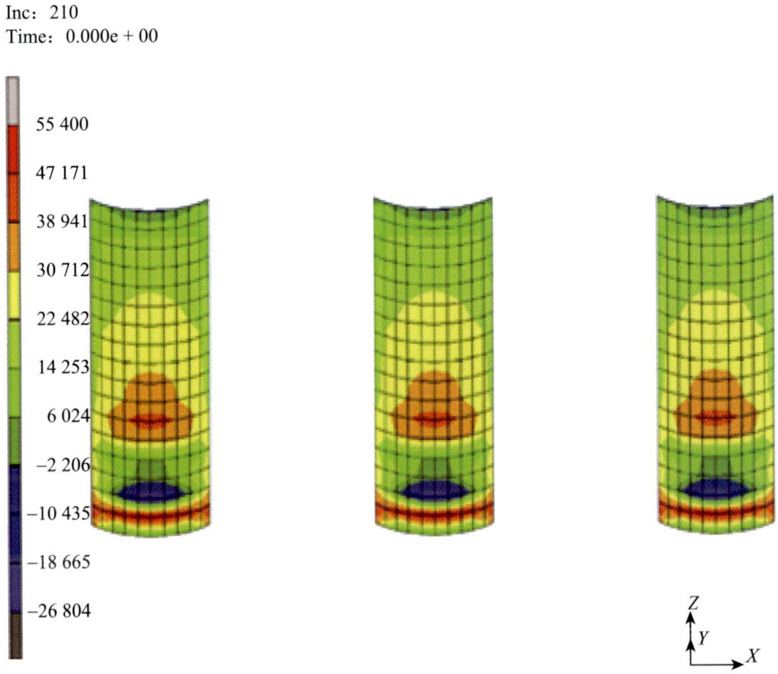

(a) 最大位移时

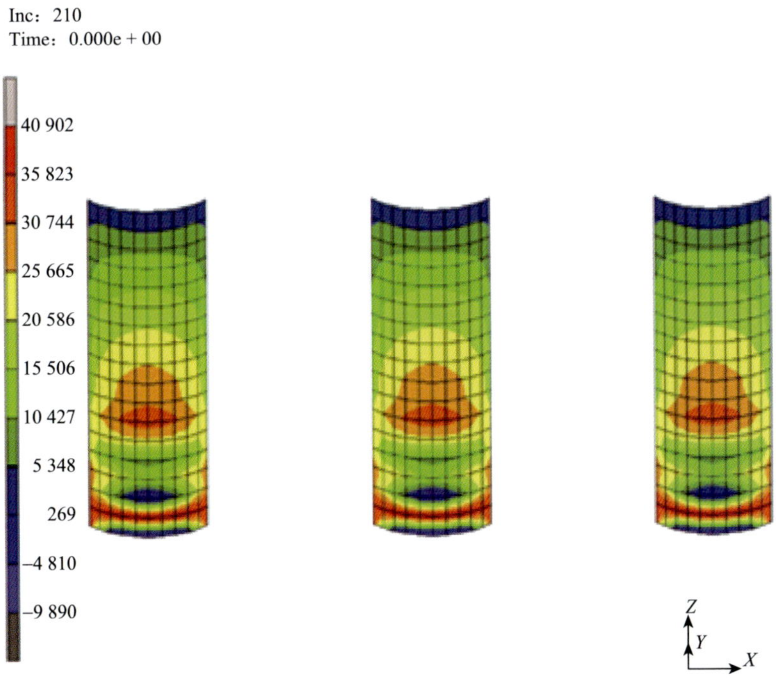

(b) 残余时

图 9-114　大海侧副格仓圆周方向应力等高线（单位：kN/m^2）

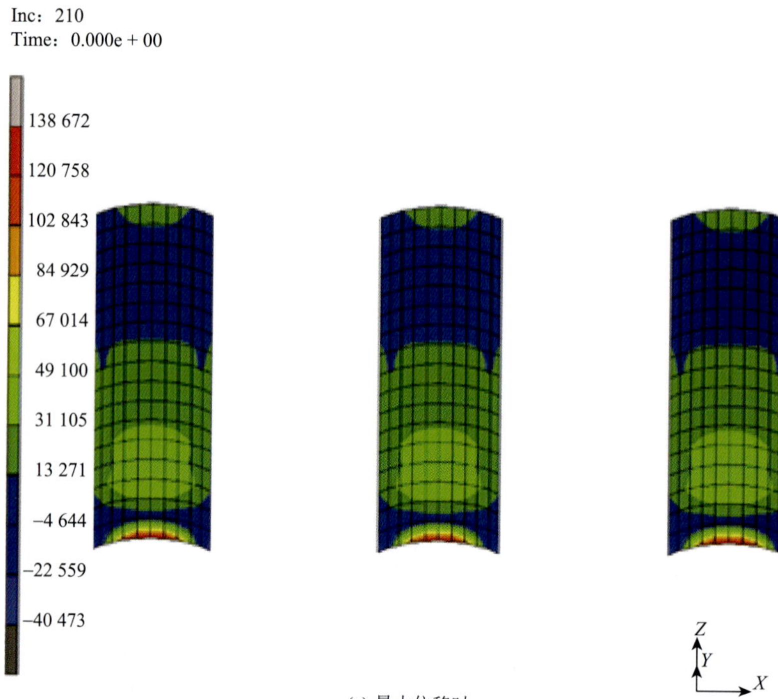

(a) 最大位移时

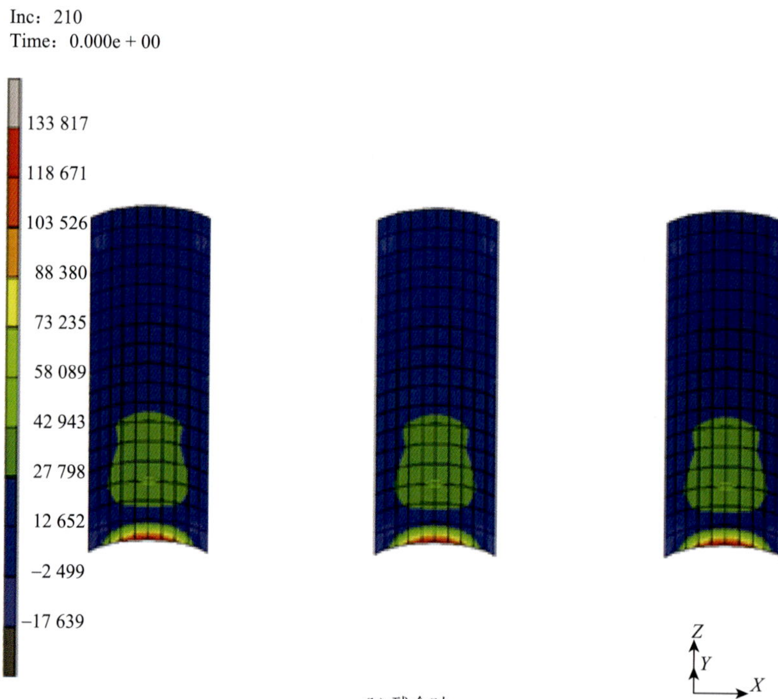

(b) 残余时

图 9-115　陆地侧副格仓圆周方向应力等高线（单位：kN/m²）

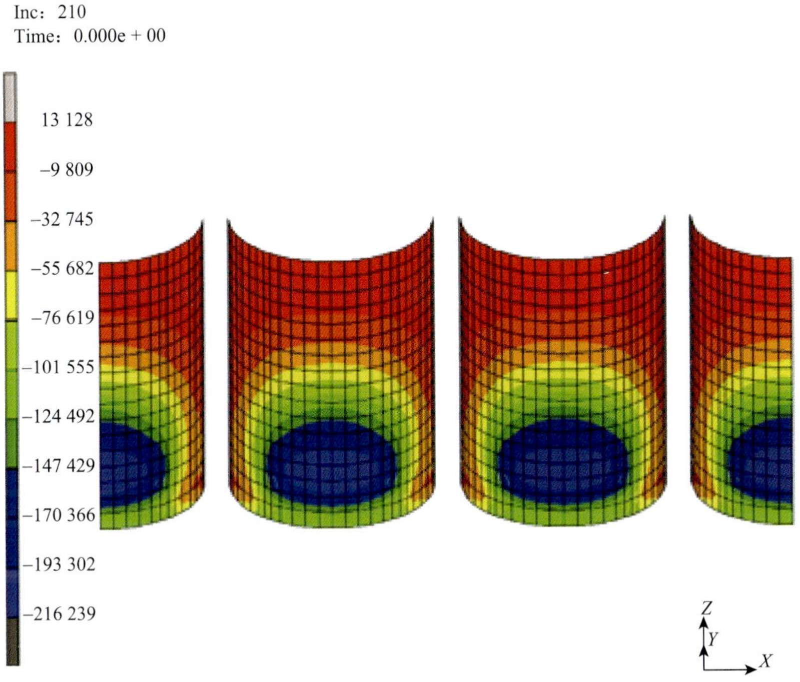

(a) 最大位移时

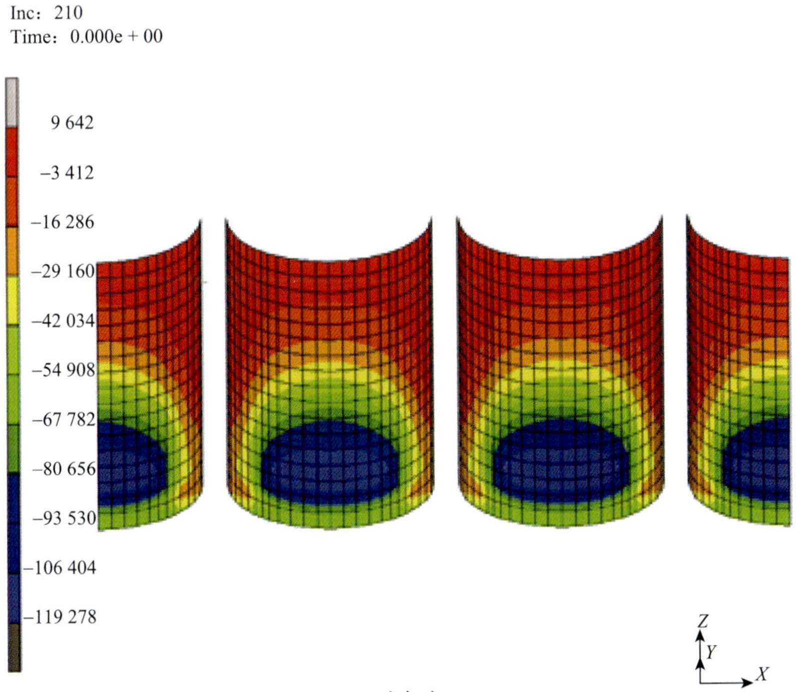

(b) 残余时

图 9-116　钢圆筒大海侧铅直方向应力等高线（单位：kN/m^2）

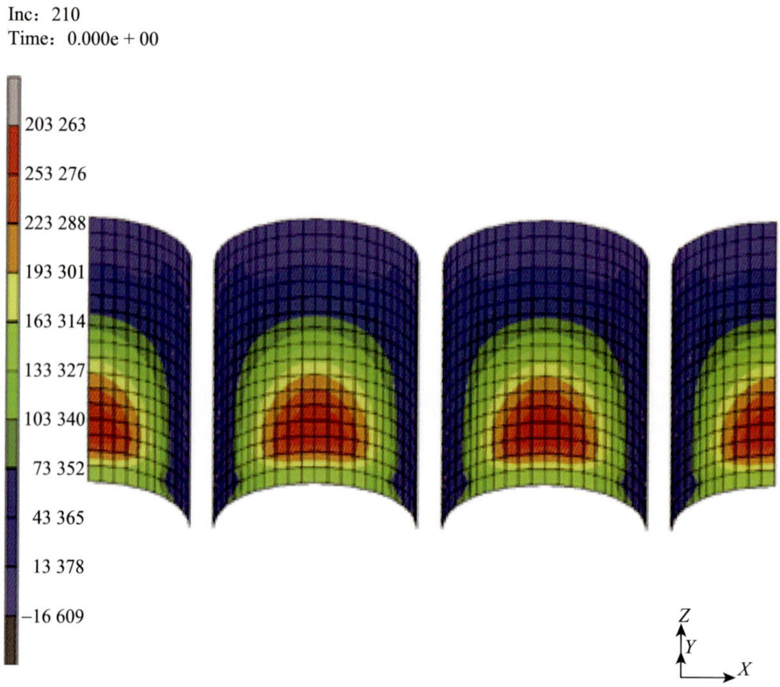

(a) 最大位移时

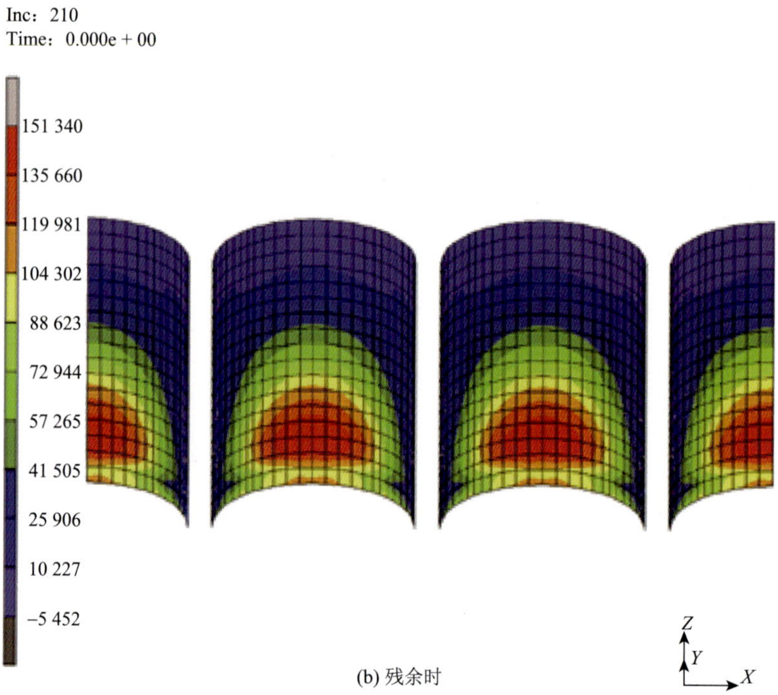

(b) 残余时

图 9-117　钢圆筒陆地侧铅直方向应力等高线（单位：kN/m^2）

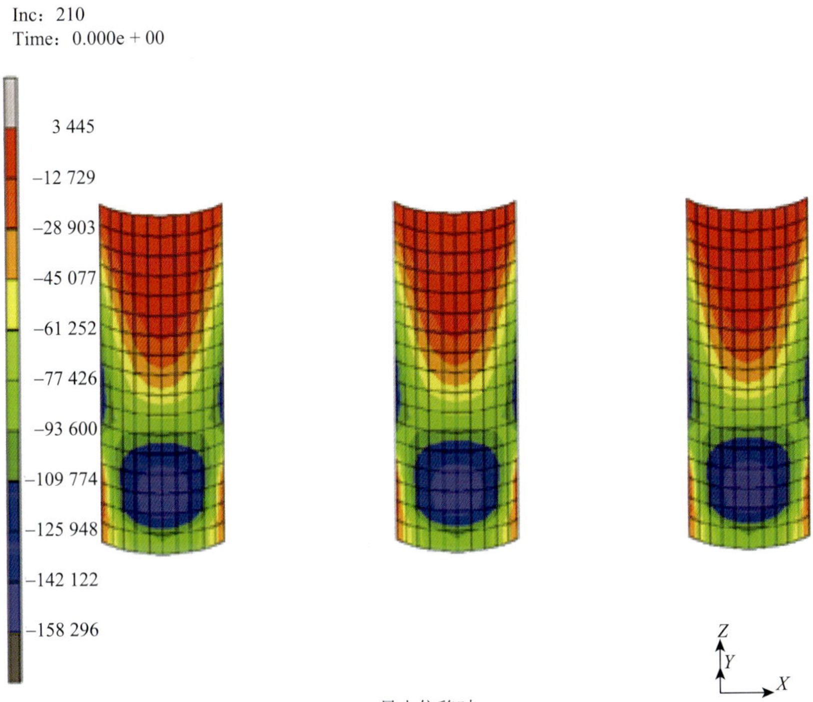

(a) 最大位移时

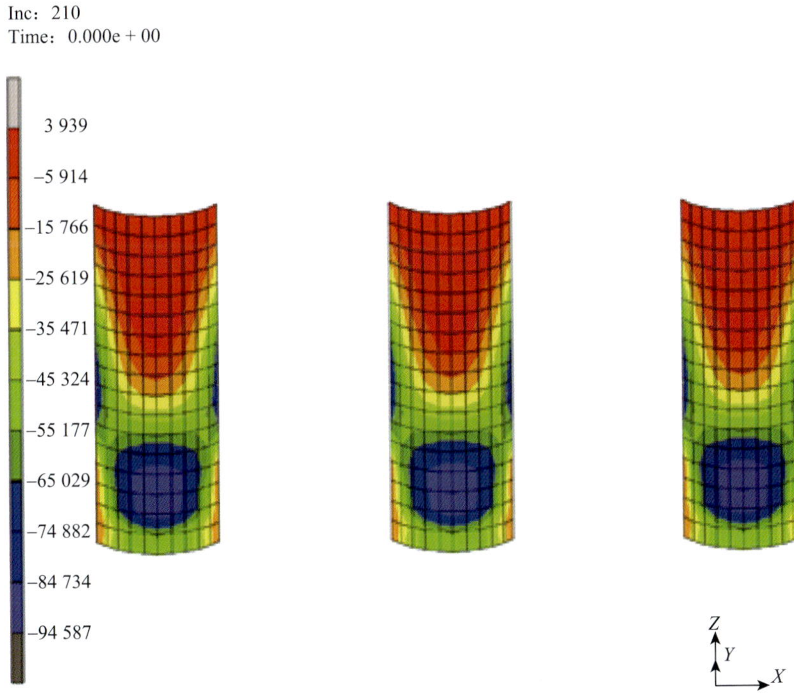

(b) 残余时

图 9-118　大海侧副格仓铅直方向应力等高线（单位：kN/m^2）

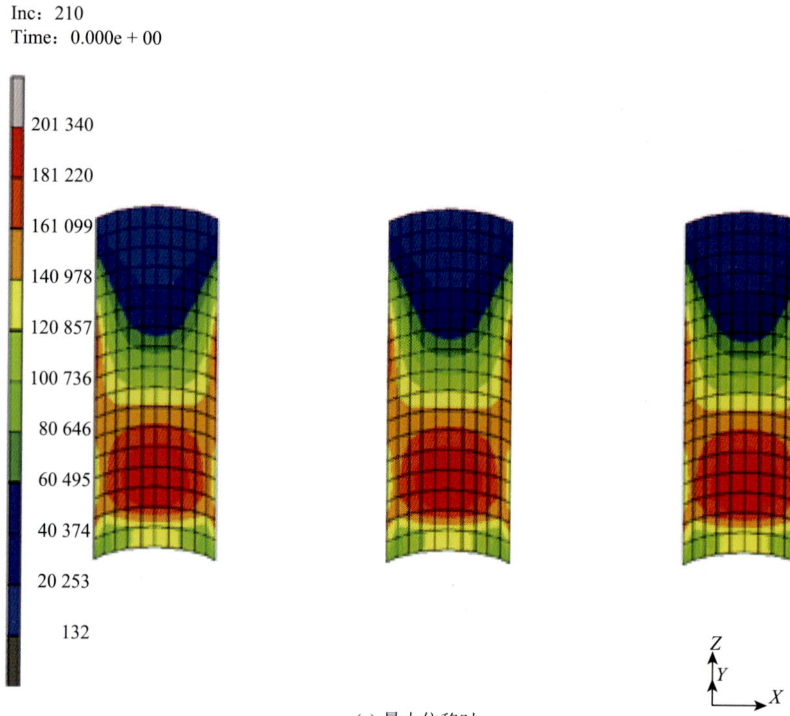

(a) 最大位移时

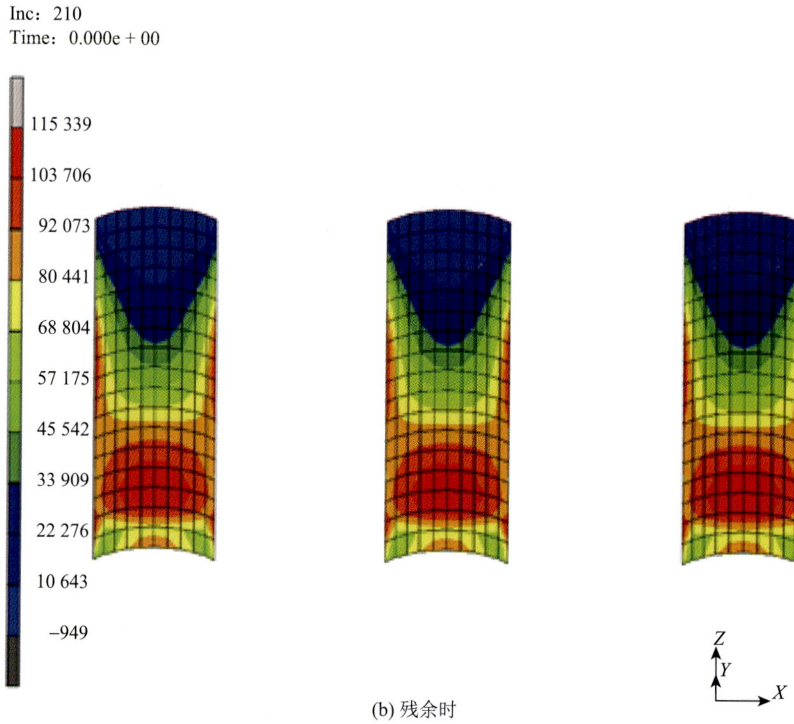

(b) 残余时

图 9-119　陆地侧副格仓铅直方向应力等高线（单位：kN/m²）

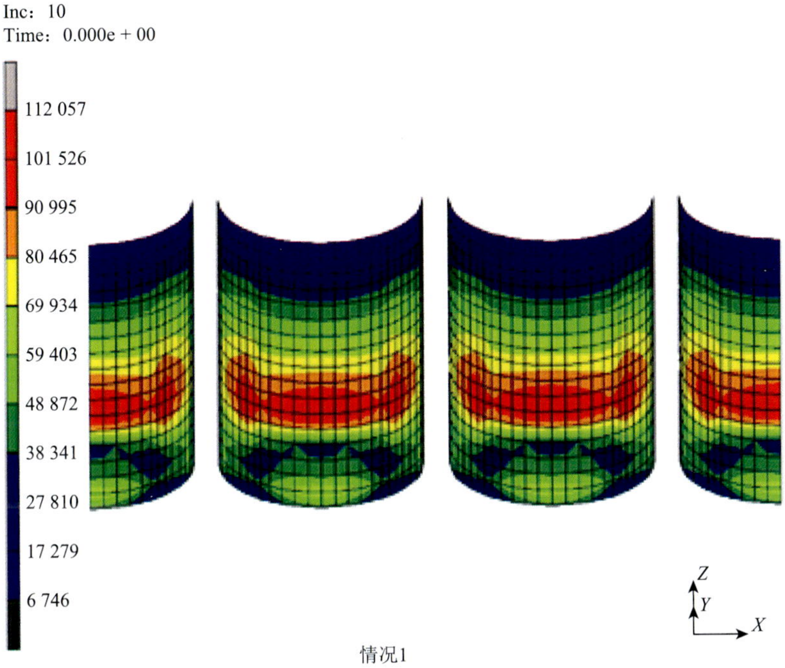

(a) 初期应力分析

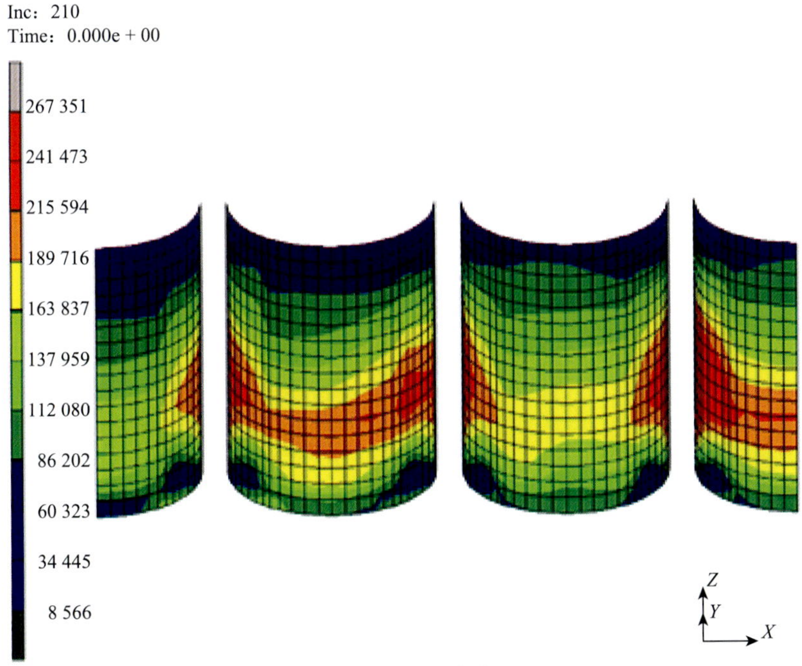

(b) 相对位移最大时

图 9-123　钢圆筒大海侧米泽斯相当应力等高线（单位：kN/m^2）

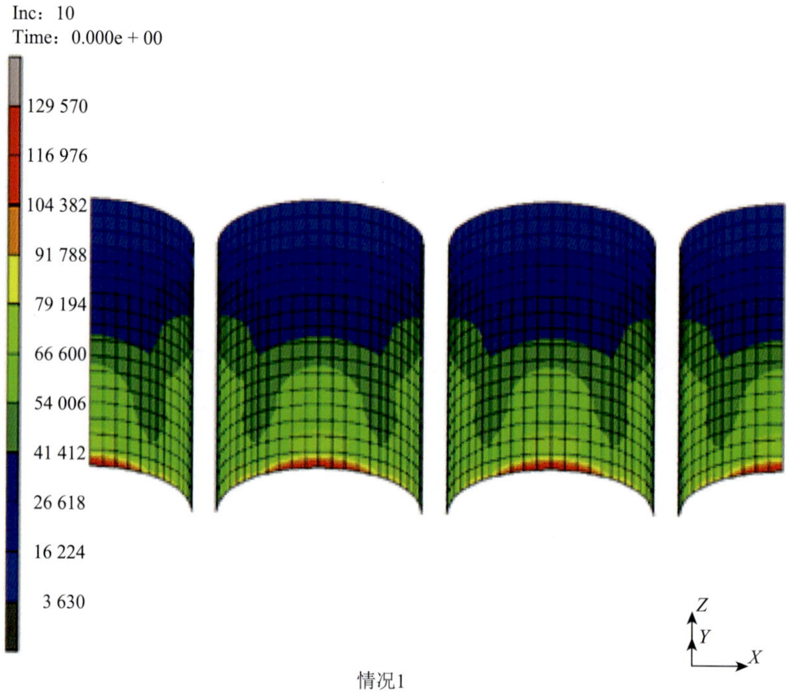

(a) 初期应力分析

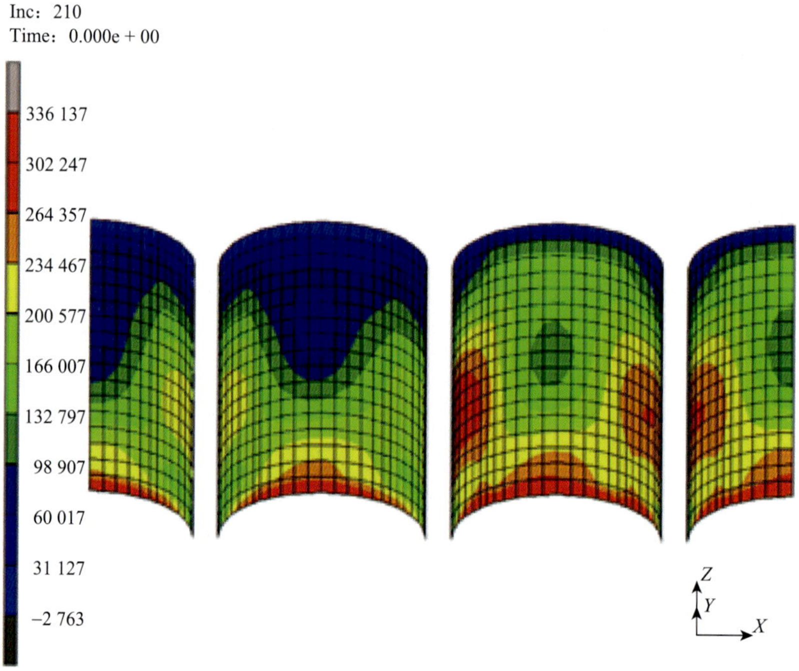

(b) 相对位移最大时

图 9-124　钢圆筒陆地侧米泽斯相当应力等高线（单位：kN/m²）

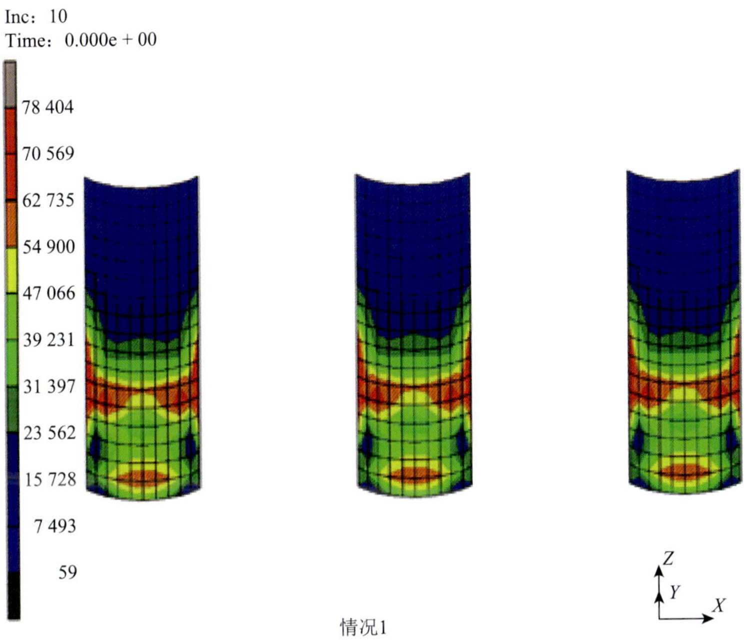

(a) 初期应力分析

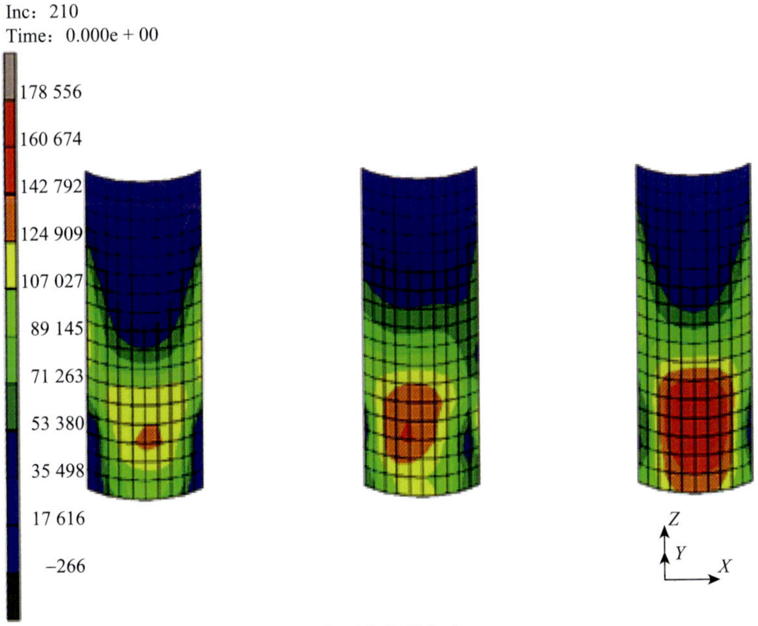

(b) 相对位移最大时

图 9-125　大海侧副格仓米泽斯相当应力等高线（单位：kN/m^2）

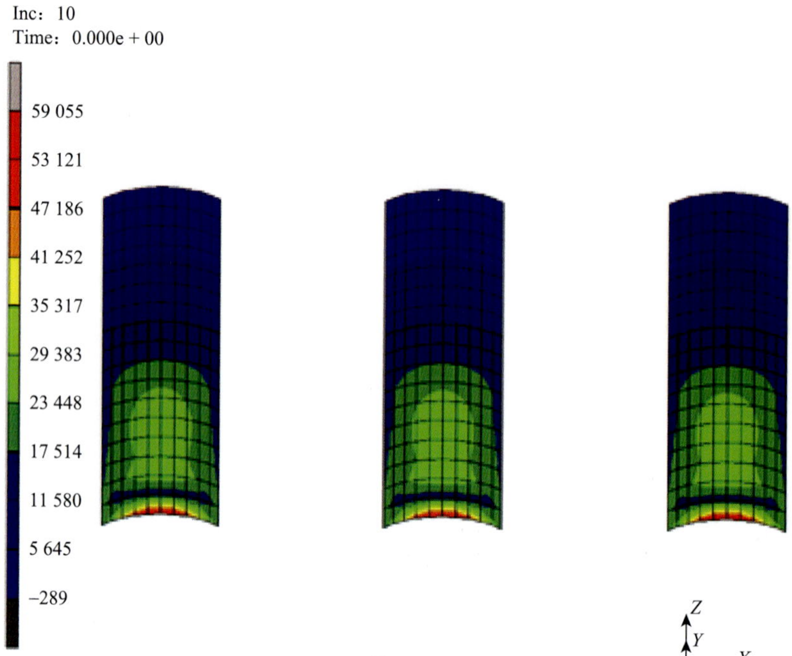

情况1

(a) 初期应力分析

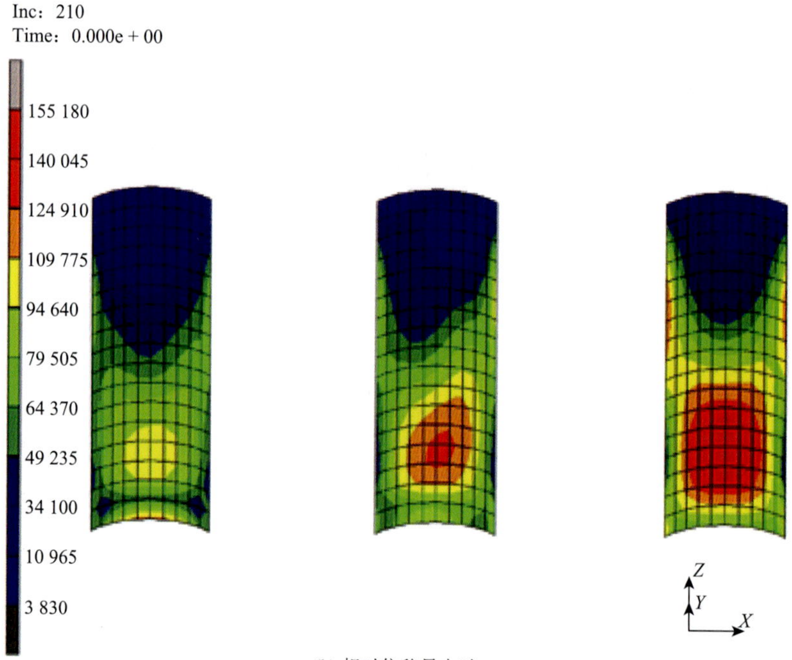

(b) 相对位移最大时

图 9-126　陆地侧副格仓米泽斯相当应力等高线（单位：kN/m^2）

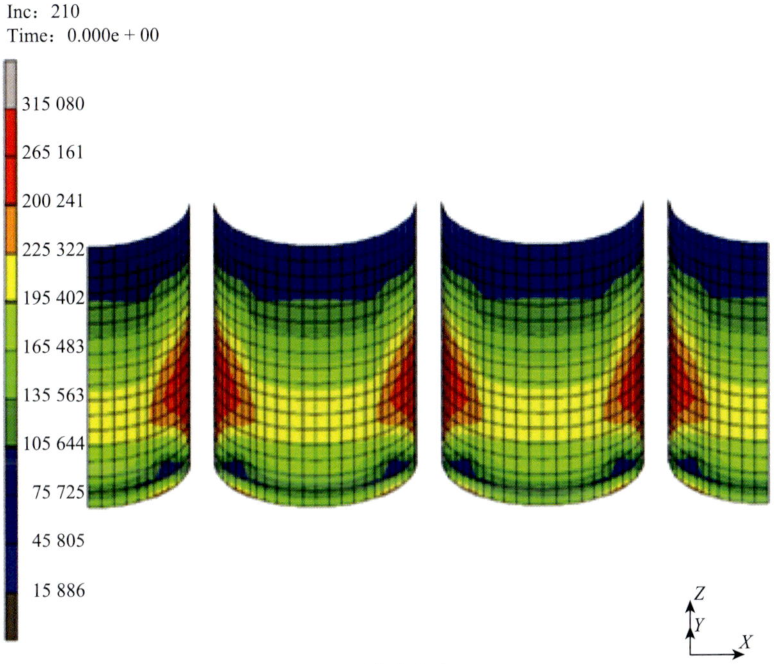

(a) 最大位移时

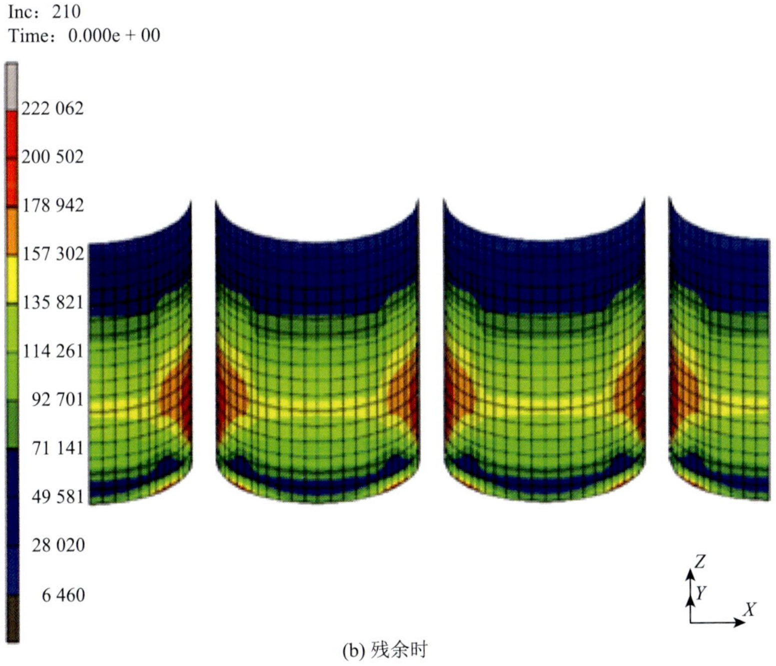

(b) 残余时

图 9-128　钢圆筒大海侧米泽斯相当应力等高线（单位：kN/m^2）

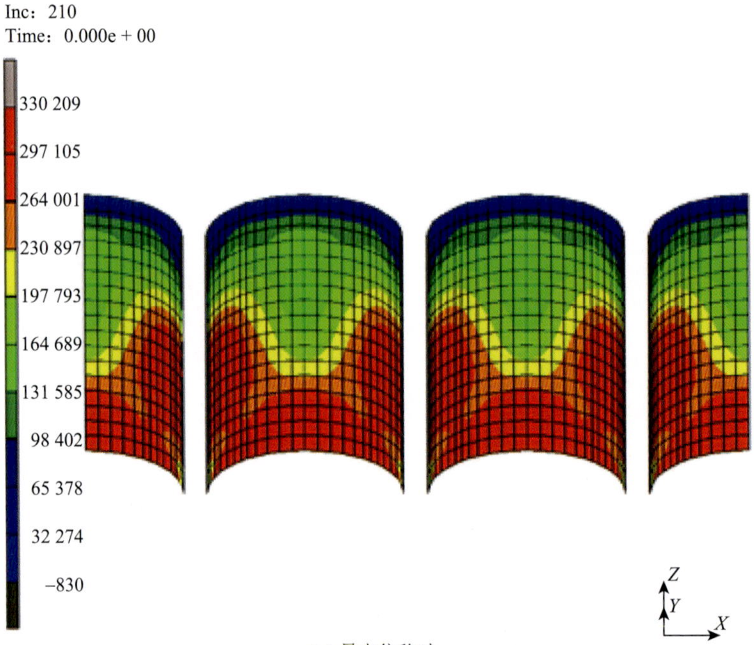

(a) 最大位移时

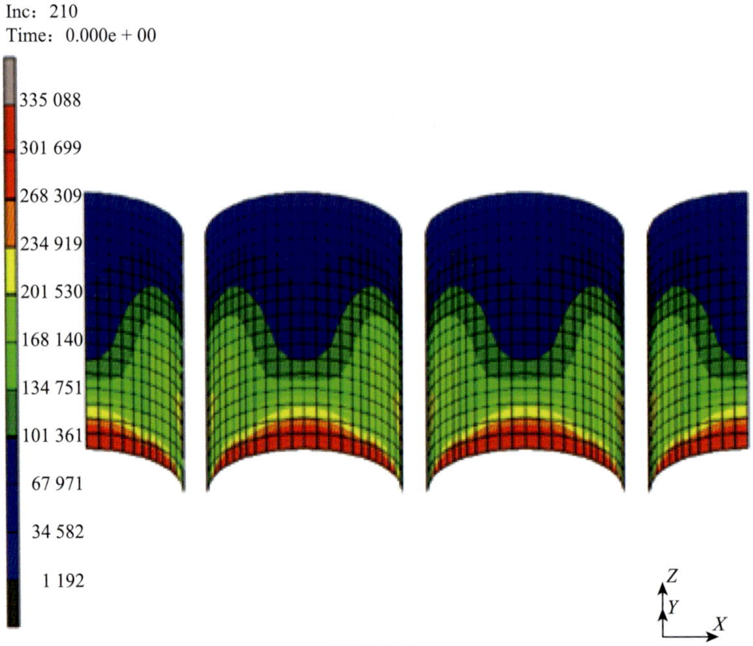

(b) 残余时

图 9-129　钢圆筒陆地侧 mises 相当应力等高线（单位：kN/m^2）

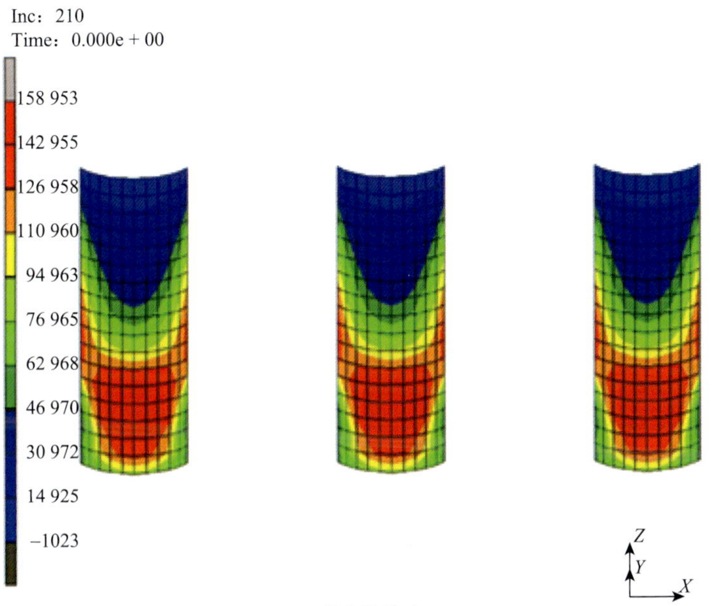

(a) 最大位移时

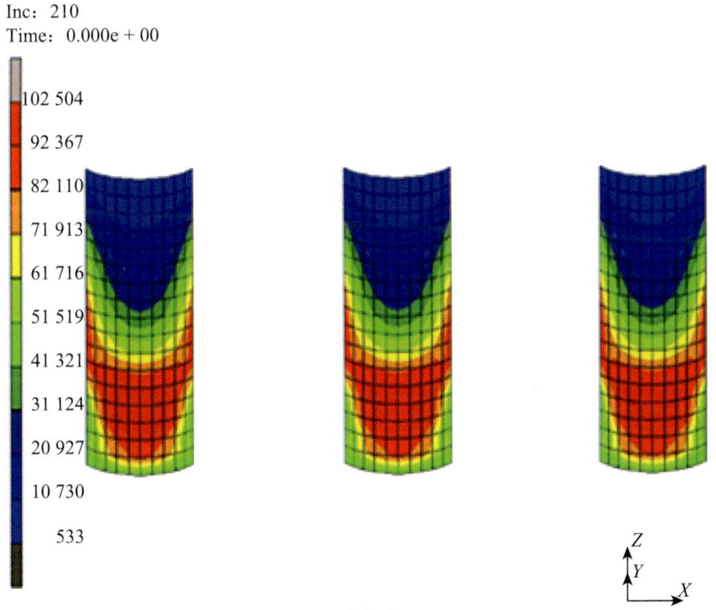

(b) 残余时

图 9-130　大海侧副格仓米泽斯相当应力等高线（单位：kN/m^2）

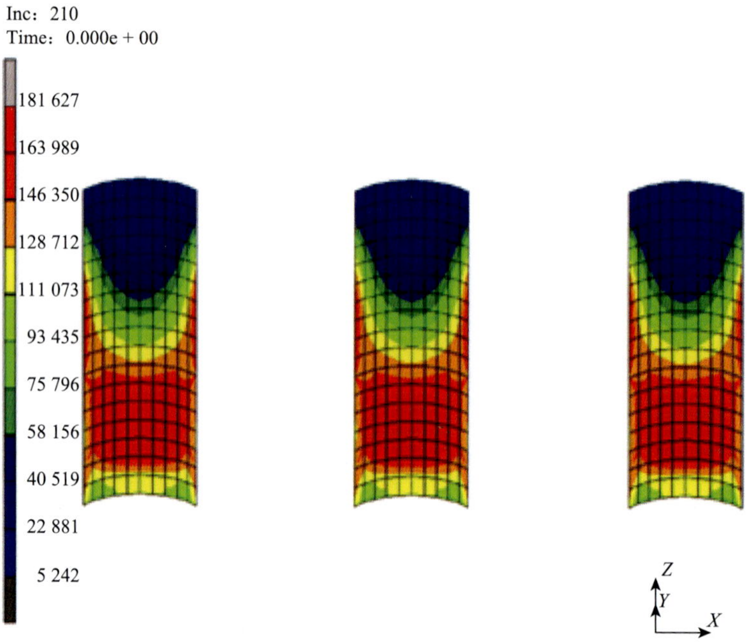

(a) 最大位移时

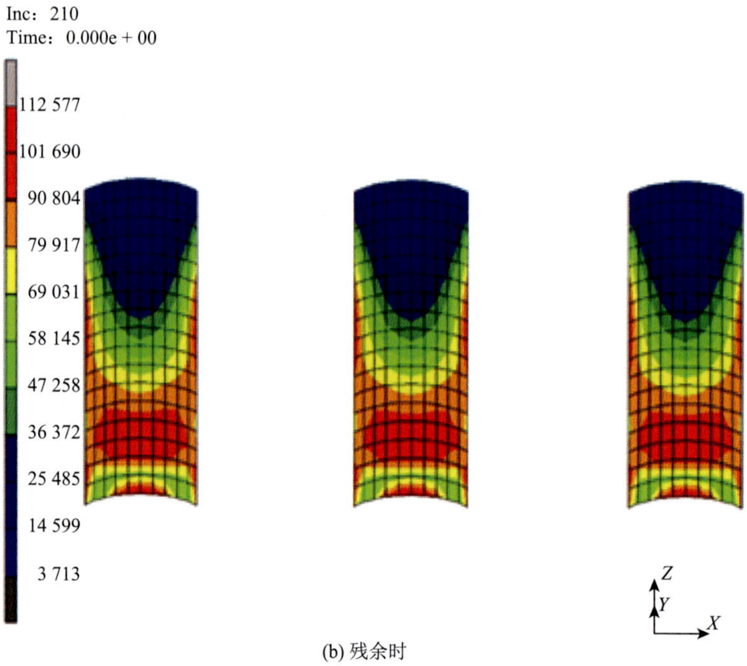

(b) 残余时

图 9-131　陆地侧副格仓米泽斯相当应力等高线（单位：kN/m^2）